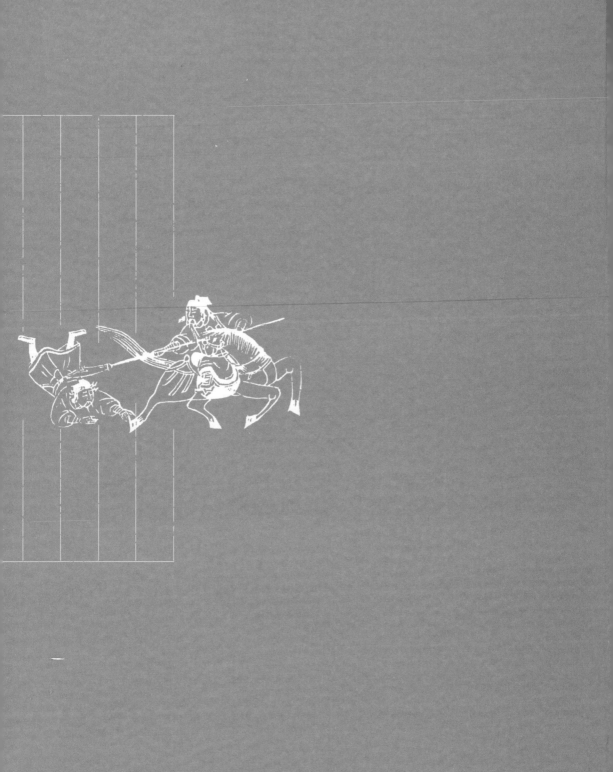

三国志

（晋）陈寿 撰

金古生 等 译

全译

（上）

人民出版社

序

　　古文今译,时下形成一股热。对这股热,人们有不同的评说。我想从雅文化与俗文化、古文化与现代文化的关系上略述浅见。

　　随着文明时代的到来,文化就出现了雅、俗之分。历史上的许多著作,在当时都属于雅文化之列,只有那些经过专门训练和具有相当文化修养的人才能看得懂。由于时代变迁、文化构成的重新组合,古文化中的绝大部分,不管在当时是雅文化还是俗文化,到后世,特别是到现代,几乎都变成了雅文化。古谣、古谚、评话等等,本是当时的大众口语,现在却被请到专业人员的案头,成为研究对象,许多问题非专家莫能解。

　　古文化犹如源头水,不管它多么遥远,总是浑然而活泼地徜徉在文化长流中。因此,从事现代文化创造的人要通今,也要知古。可以这样说:文化产品内涵丰富与否,在很大程度上取决于文化人是否博学,是否深知历史。另外,随着人们文化素质的提高,越来越多的人渴求了解我们民族的过去。要知古,就需读古书。可是,我们这一代人(指四五十岁)以及后来者,有多少人能顺畅地阅读古书呢? 我们这些"吃古人饭的",又有几人能兼通经、史、子、集呢? 这不是哪一个人的失误,而是时代变了。

　　为疏通古文化与现代文化、雅文化与俗文化之隔,古文今译便应运而兴了。

　　考之于史,把古文译成时文由来已久,可以上溯到两千年以前。毫不夸大地说,它是文化发展史中的重要一环。在中华文库中,有数不尽的对古文献进行"注""疏""解""诂""证""正义""索隐"之类的著作。中华文化之所以能一系相袭,这类著作有不可磨灭之功。在这类著作中,有一项重要内容,就是把古文译成时文。今日之古文今译,应该说是古来"翻译"的继续和发展。所不同的,以往只限于译句,现在却是成本大套地译。

　　古文今译绝非易事,做到信、达、雅固然难,而最难的是传神。译者不仅需要具备广博的知识,精通训诂,深刻体味原作者的甘苦和心蕴,还需有妙笔生花的再创造才能。时下出版的今译本,良莠不齐,瑕瑜并存。我相信,在竞争、探索和不断实践中,会出现佳篇。正像训诂之学有著名大师一样,古文今译也会出现旷世名家。最后我用下面一句话结束这个小序:

译好非常之作,需有非常之才!

刘泽华

1992 年 3 月于南开大学困醢斋

目 录

上

卷一　魏书一

武帝纪第一

太祖武皇帝是沛国谯县人,姓曹名操,字孟德,是西汉相国曹参的后代。东汉桓帝在位的时候,曹腾任中常侍大长秋,被封为费亭侯。他的养子名叫曹嵩,继承了他的爵位,曾官至太尉,但人们都不知道他是从谁家过继来的。曹嵩是太祖的父亲。

太祖小时候就机灵聪明,遇事能随机应变,但放荡无行,任侠使气,不注意操行和学业,所以当时的人都不看重他,只有梁国人桥玄、南阳人何颙两人能认识到他的非同凡响。桥玄曾经对太祖说:"天下就要大乱了,非经邦济世之才不能拯救,能安定天下的,恐怕就是你吧!"太祖二十岁的时候,被举荐为孝廉,做了郎官,后又被任命为洛阳北部尉,升为顿丘县令,被征召入朝做议郎。

汉灵帝光和末年(184),发生了黄巾军起义。太祖被任命为骑都尉统率羽林骑兵,征讨颍川的贼寇,后升为济南国国相。济南国有十几个县,各县长官大都攀附皇亲贵族,贪赃枉法,声名狼藉,太祖上书皇帝,罢免了其中八个官员。又下令禁止过分的祭祀鬼神的活动,使违法犯纪的奸佞之徒抱头鼠窜,一时济南国中秩序井然,生活安定。过了许久,他又被朝廷召回任命为东郡太守,他没有赴任,以生病为理由回到了家乡。

不久,冀州刺史王芬、南阳许攸、沛国周旌等人联络四方豪杰,密谋废除汉灵帝,拥立合肥侯为皇帝,他们拉拢太祖参加,被太祖拒绝。王芬等后来果然失败了。

金城人边章、韩遂杀掉刺史、郡守,举行叛乱,聚集十多万人,一时使天下骚动不安。朝廷任命太祖为典军校尉,正赶上汉灵帝去世,太子刘辩即位,由何太后执掌朝中大权。大将军何进与袁绍密谋诛杀宦官,太后没有采纳他们的意见。何进便召董卓入京，想以武力胁迫太后，可董卓还没赶到，何进就被杀死了。董卓一到京城，立即把皇帝废为弘农王，另立刘协为献帝，京都乱作一团。董卓上书举荐太祖做骁骑校尉，准备与他共议朝事。太祖改名换姓，从小路向东逃往家乡。出虎牢关，途经中牟县境时，引起当地亭长怀疑，被捉住送往县城。城中有人暗中认出他，为他求情，他因此被释放。董卓此时已杀掉太后和弘农王。太祖到了陈留县，变卖家财，聚集义军，准备讨伐董卓。到冬十二月，才在己吾县起兵。这是汉灵帝中平六年(189)的事情。

汉献帝初平元年(190)春正月，后将军袁术、冀州牧韩馥、豫州刺史孔伷、兖州刺史刘岱、河内太守王匡、勃海太守袁绍、陈留太守张邈、东郡太守桥瑁、山阳太守袁遗、济北国相鲍信同时起兵讨伐董卓，每人都拥兵数万，推举袁绍为盟主，太祖代理奋武将军的职位。

这年二月，董卓得知各地兴兵讨伐的消息，便胁迫献帝迁都长安。董卓仍带兵驻守在洛阳，一把火烧毁了皇宫。这时袁绍驻扎河内，张邈、刘岱、桥瑁、袁遗驻扎酸枣，袁术驻扎南阳，孔伷驻扎颍川，韩馥驻扎邺城。董卓兵多将广，袁绍等都不敢率先进军。太祖说："我们举义军是为讨伐暴乱的，现在各路大军都已会齐，众位还有什么疑虑？假如董卓获知太行山东起兵的消息时，倚恃天子的威望，占据中原洛阳一带的险要之地，向东发兵控制天下，尽管他做这些事背离了道义，仍然是很大的忧患。如今，他焚烧宫殿，挟持天子西迁，使全国震惊，百姓不知依附何人，这正是上天要使他灭亡的时机。一战就能安定天下，机不可失。"便向西进军，准备占据成皋县。只有张邈派部将卫兹带一部分兵随太祖前去。太祖部队到了荥阳汴水，与董卓部将徐荣相遇，双方交战，太祖军队失利，士兵死伤很多。太祖被流箭射中，坐骑也受了伤，他的堂弟曹洪把自己的战马让给他，他才得以连夜逃脱。徐荣见太祖带的兵虽然很少，但都能尽力奋战，坚持了一天，因此认为酸枣难以攻克，也带兵返回。

太祖回到酸枣，只见各路军队已有十多万人，每日置酒设筵，大喝大吃，不图进取。太祖前去责备他们，并谋划说："众位听从我的计谋，让勃海太守袁绍带领河内郡的部队到孟津；酸枣的各位将领守住成皋，控制敖仓，封锁辕辕、太谷二关，占领所有险要之地；再让袁术将军率领南阳的军队进军丹水县和析县，进入武关，使三辅地区震惊；各路大军都高筑垒壁、深挖沟壕，不与敌兵交战，多设疑兵，迷惑敌人，表明天下形势，以正义讨伐叛逆，天下立刻就可以平定。如今已经以正义之名召集了各路军队，却顾虑重重，不敢进兵，使天下百姓失望,我为你们感到羞耻!"张邈等人没有采纳他的谋略。

太祖因为兵少,便与夏侯惇等人一同去扬州招募士兵,扬州刺史陈温、丹杨太守周昕拨给他四千多名士兵。回到龙亢县时,士兵大都叛逃了,到了铚县、建平县,又重新招收一千多名士兵,进驻河内郡。

刘岱与桥瑁彼此仇恨,刘岱杀死桥瑁,让王肱任东郡太守。

袁绍与韩馥商量要立幽州牧刘虞为皇帝,遭到太祖的拒绝。袁绍曾经得到一块玉印,用胳膊护着举向太祖的座位,太祖因此发笑并厌恶他。

汉献帝初平二年(191)春,袁绍、韩馥便推举刘虞做皇帝,但刘虞最终也不敢答应。

这年夏四月,董卓回到长安。

秋七月,袁绍迫击韩馥,夺取了冀州。

黑山贼寇于毒、白绕、眭固等率领十多万人到魏郡、东郡抢掠,王肱抵抗不住,太祖带兵前往东郡,在濮阳向白绕发动攻击,大破贼兵。袁绍因此上书朝廷,荐举太祖为东郡太守,郡治在东武阳。

初平三年(192)春,太祖驻军顿丘,于毒等攻打东武阳。太祖带兵向西,进攻于毒在黑山的大本营。于毒听到这个消息,放弃东武阳回军。太祖截击眭固,又在内黄县攻击匈奴于夫罗,把他们全部击溃。

这年夏四月,司徒王允与吕布一起杀死董卓。董卓的部将李傕、郭汜等又杀死王允,攻打吕布。吕布兵败后,向东逃出武关。李傕等人把持了朝政。

青州黄巾军百万人攻入兖州,杀死任城国相郑遂,又转入东平境内。兖州刺史刘岱准备派兵攻打他们,济北国相鲍信劝阻说:"现在贼寇已有上百万人,百姓们都惊恐不安,士兵们也丧失了斗志,不能与他们直接交锋。我看贼寇有成群老少相随,军中缺少必备的物资,只依靠抢夺供给部队,如今我们不如养精蓄锐,先固守城池。他们求战不得,攻城又攻不下来,势必离散,然后我们再挑选精锐部队,占据险要地势,那时就可以一击而攻破贼寇。"刘岱不听从他的意见,带兵与黄巾军交战,果然被杀死。鲍信便和州吏万潜等人一同到东郡去迎接太祖,请他做兖州牧。于是太祖带兵在寿张县东向黄巾军发动进攻,鲍信力战身亡,才勉强击溃贼军。太祖悬赏寻求鲍信的尸体,没有得到,众人只好用木头刻出鲍信的形象,哭着祭奠他。太祖带兵追赶黄巾军一直到了济北,黄巾乞求投降。这年冬天,太祖得到降兵共有三十多万人,家属男女共计百万多口,收编了其中的精锐,号称"青州兵"。

　　这时袁术与袁绍产生了矛盾。袁术向公孙瓒求援，公孙瓒派刘备驻扎在高唐县、单经驻扎在平原县、陶谦驻扎在发干县，用来威胁袁绍。太祖与袁绍合兵进攻，把他们一一击溃。

　　初平四年（193）春，太祖移军鄄城。荆州牧刘表切断袁术的粮道，袁术带兵进入陈留郡，驻扎在封丘，黑山贼寇余部和于夫罗等都帮助他。袁术派部将刘详驻扎在匡亭，太祖率兵进攻刘详，袁术带兵救援，双方交战，太祖大获全胜。袁术兵败退，守封丘。太祖率军包围，尚未合围之时，袁术又逃往襄邑。太祖追到太寿，派兵挖开河渠，用水灌城。袁术逃往宁陵，太祖乘胜追击，袁术只得逃往九江。这年夏天，太祖收兵，驻扎在定陶县。

　　下邳县阙宣聚集数千人，自称皇帝；徐州牧陶谦也与他一起出兵，攻占了泰山郡的华县、费县等地，又夺取了任城。秋天，太祖征讨陶谦，攻克十多座城池，陶谦躲在城中坚守，不敢出来。

　　这一年，孙策受袁术的派遣渡过长江，几年后就占据了江东一带。

　　汉献帝兴平元年（194）春，太祖从徐州返回兖州。当初，太祖的父亲曹嵩解职后回到谯县，因发生董卓之乱，到琅邪（yá）避难，被陶谦杀害，所以太祖立志东伐陶谦，以报父仇。这年夏天，太祖派荀彧、程昱守鄄城，自己又亲自带兵征讨陶谦，接连攻克五座城池，夺取了直至东海郡的大片土地。收兵经过郯县时，陶谦的部将曹豹和刘备驻扎在郯县东面，截击太祖，被太祖军队击败，太祖又乘胜攻下襄贲县，所过之处，大多进行残酷的屠杀。

　　适逢张邈和陈宫叛变，迎接吕布，各郡县纷纷起来响应。荀彧、程昱保住了鄄城，范县和东阿县因死守幸免，太祖闻此，带兵返回。吕布一到，就进攻鄄城，攻城不下后引兵西行，驻扎在濮阳。太祖说："吕布一日之间得到一个州，却不能占据东平，切断亢父、泰山的通道，乘险要地势拦击我，反而驻兵濮阳，我因此断定他没有大的作为。"于是进军攻打吕布。吕布出战，先派骑兵冲击青州兵。青州兵被冲散，四处奔逃，太祖军阵势大乱，他飞马冒火突围，掉下马来，烧伤了左手掌。行军司马楼异扶太祖上马，带他冲出包围。他们没有直接回到军营。众将没见到太祖，都十分惊慌。于是太祖强自支撑，带伤慰问部队，命令部队尽快赶做攻城的器械，再次进军攻打吕布，与吕布军队相持一百多天。这时闹起了蝗灾，百姓们饥饿不堪，吕布军中的粮食也吃光了，双方各自撤兵。

　　这年秋九月，太祖回到了鄄城。吕布到了乘氏县，被当地人李进击败，东退驻扎在山阳。此时袁绍派人劝说太祖，想与太祖和解，联合行动。太祖刚刚失去兖州，军粮也快用完了，就要答应他。程昱劝阻太祖，太祖听从了他的意见。这年冬十月，太祖来到东阿县。

这一年谷米一斛值五十多万钱，以至于"人吃人"，太祖便解散了刚刚招募来的士兵。此时陶谦已死，刘备接替他做了徐州牧。

汉献帝兴平二年（195）春，太祖率兵袭击定陶，因济阴太守吴资奋力保卫定陶南城，而未能攻克。正赶上吕布来到，太祖又击败了他的部队。这年夏天，吕布部将薛兰、李封驻扎在钜野，太祖前往攻击，吕布带兵救援，但薛兰已败，吕布只好逃走，薛兰等人被斩首。吕布又会合陈宫所带一万多人从东缗赶来交战，此时太祖兵少，设下埋伏，出奇兵攻击，大破吕布。吕布连夜逃走，太祖继续追击，攻克定陶，分兵平定诸县。吕布向东投奔刘备，张邈跟随吕布同行，令他弟弟张超带家属保守雍丘。这年秋八月，太祖兵围雍丘。冬十月，天子封太祖为兖州牧。十二月，雍丘守军溃败，张超自杀身亡。太祖诛杀张邈三族。张邈前往袁术处请救兵，被他的部下所杀。兖州平定后，太祖又向东攻取陈国的土地。

这一年，长安城中大乱，献帝向东迁徙，护卫军在曹阳被乱党打败，献帝渡过黄河，到达安邑县。

汉献帝建安元年（196）春正月，太祖的军队到了武平，袁术任命的陈国相袁嗣向太祖投降。

太祖准备去迎接献帝，众将中有人产生疑虑，唯有荀彧、程昱极力劝说，便派曹洪带兵西行，迎请献帝，卫将军董承和袁术部将苌奴占据险要，曹洪不能前进。

汝南、颍川一带的黄巾军何仪、刘辟、黄邵、何曼等人，都有数万军队，当初追随袁术，后来又依附孙坚。二月间，太祖派兵征讨，大败贼军，将刘辟、黄邵等斩首，何仪带领部下投降。献帝任命太祖为建德将军，夏六月，又提升他为镇东将军，封为费亭侯。秋七月间，杨奉、韩暹护送献帝回洛阳，杨奉另外带兵驻扎在梁县。太祖便赶到洛阳，护卫京都，韩暹悄悄逃走了。献帝授予太祖符节、黄钺，统领内外诸军，总领尚书事务，总揽朝政。此时洛阳城已残破不堪，董昭等人劝太祖迁都许县。九月间，献帝的车驾出了辕辕关，向东进发。献帝任命太祖为大将军，封为武平侯。自从献帝被董卓逼迫西迁长安，朝廷一天比一天混乱，直到此时，宗庙、社稷的祭祀制度才又确立起来。

献帝迁都许县的时候，杨奉准备在梁县拦截，但没有赶上。冬十月，曹公举兵征讨杨奉，他南逃到袁术那里，于是曹公进攻他在梁县的驻军，占领了梁县。这时献帝封袁绍为太尉，袁绍以位置在曹公之下而深感耻辱，不肯接受。曹公便极力辞去自己的职位，把大将军让给了袁绍。因此，献帝任命曹公为司空，代理车骑将军。这一年曹公又采纳了枣祗、韩浩等人的建议，开始实行屯田制。

吕布袭击刘备，攻克下邳。刘备来投奔曹公，程昱劝说曹公："依我看刘备有雄才大略，又深得民心，不会久居人下，不如早些除掉他。"曹公回答："如今正是招揽英雄的时候，为杀掉一人而失去天下人之心，得不偿失。"

张济从关中逃到南阳，他死了以后，侄子张绣统领他的人马，建安二年（197）春正月，曹公到达宛县。张绣率兵投降，过后又后悔，重新反叛。曹公与他交战，遭到失败，自己被流箭射中，大儿子曹昂、侄子安民都被杀死。曹公带兵退回舞阴县，张绣率骑兵抄袭，被曹公击败。张绣逃到穰县，与刘表合兵一处。曹公对众将说："我使张绣等人投降，却犯了没有立即扣押他们人质的错误，所以才到了这种地步。我明白了失败的原因，请大家看着，从今以后我不会再失败了。"便撤兵回许都。

袁术准备在淮南称帝，派人通告吕布。吕布扣留了他的使者，把他的信呈送朝廷。袁术大怒，派兵攻打吕布，被吕布击败。这年秋九月间，袁术率兵侵略陈国，曹公出兵东征。袁术听说曹公亲自出马，弃军逃走，留下部将桥蕤、李丰、梁纲、乐就；曹公大兵一到，击败了桥蕤等人，把他们全部斩首。袁术逃窜过了淮河，曹公回到许都。

曹公从舞阴回来以后，南阳、章陵等县重新反叛，归附张绣，曹公派曹洪去攻打，出师不利。曹洪撤军，驻扎在叶县，又多次遭到张绣、刘表的侵犯。这年冬十月，曹公亲自南征，来到宛城。刘表的部将邓济占据湖阳，曹公攻城取胜，活捉邓济，湖阳投降。又进攻舞阴，一举攻克。

建安三年（198）春正月间，曹公回到许都，初次设置了军师祭酒的职位。三月，曹公在穰县包围了张绣。夏五月间，刘表派兵救援张绣，切断曹军的后路。曹公预备带兵撤回，张绣军队追来，曹军不能前行，只得结成连营，才逐渐前进。曹公给荀彧的信中写道："贼兵紧紧追赶我军，虽然我们每天只能走几里路，但我已算计好了，到安众县的时候，一定会打败张绣。"到了安众县，张绣和刘表的部队合力守在险要地方，曹军前后受敌。曹公派兵趁夜晚在险要处挖了一条地道，把军事物资全都运送过去，又设下奇兵。此时正值天亮，贼军认为曹公已逃走，全军追赶。曹公便派出奇兵，步兵、骑兵两面夹攻，把贼军打得大败。秋七月间，曹公回到了许都。荀彧问曹公："战前您料定一定会打败贼兵，是根据什么呢？"曹公回答："敌人阻止我回归的部队，与我处于没有退路的军队作战，所以我知道一定会胜利。"

吕布又帮助袁术，令高顺攻打刘备，曹公派遣夏侯惇去救援，交战失利。刘备被高顺击败。九月间，曹公东征吕布。冬十月间，大肆残杀彭城的守军和百姓，活捉了彭城国相侯谐。曹军继续前进，来到下邳，吕布亲自率骑兵迎战。曹公把吕布打得大败，活捉他的勇将成廉。曹军乘胜追击，直逼城下，吕布十分害怕，想要投降。陈宫等人阻止了他的计划，向袁术请求救兵，又鼓励吕布出城迎战，再次失败后，退回城中坚守。曹军攻城，一时难以攻克。此时曹公因连续作战，士兵们疲惫不堪，准备收兵，便采用荀攸、郭嘉的计谋，挖开泗水和沂水，灌淹下邳城。这样过了一个多月，吕布的部将宋宪、魏续等人抓住陈宫，全城投降，曹公活捉吕布、陈宫，把他们都杀掉了。太山郡臧霸、孙观、吴敦、尹礼、昌豨等人都聚集起队伍，在吕布打败刘备时，都追随吕布。吕布失败后，曹公捉获了臧霸等人，对他们盛情款待，还分割青州、徐州靠近海边的地区委任他们治理，又从琅邪、东海、北海三个郡国中分出部分地区，设置城阳、利城、昌虑郡。

当初，曹公做兖州牧时，任命东平人毕谌做别驾。张邈叛乱，劫走了毕谌的母亲、弟弟、妻子和儿女，曹公便辞退毕谌，对他说："你的老母亲在叛贼那里，你可以离开我。"毕谌向曹公叩头，表示决不因此而怀有异心，曹公十分赞赏，并感动得流下了眼泪。毕谌离开曹公后，就跑到张邈那里，归附了张邈。等到吕布被打败，毕谌也被活捉，众人都为他担心，曹公说："凡是孝敬父母双亲的人，难道不也是忠于君主的人吗？这正是我所需要的人。"任命他做了鲁国国相。

建安四年（199）春二月，曹公回军来到昌邑县。张杨的部将杨丑杀死张杨，眭固又杀掉杨丑，带领他的部队归附袁绍，驻扎在射犬邑。夏四月间，曹公进军到了黄河岸边，派史涣、曹仁渡过黄河攻击眭固。眭固命令张杨原来的长史薛洪和河内太守缪尚留在原地防守，自己带兵北行，迎接袁绍，请求援兵，却和史涣、曹仁在犬城遭遇。两军交战，曹军大胜，眭固也被斩首。于是曹公渡过黄河，包围了射犬。薛洪、缪尚率众人投降，被封为列侯。曹公回军敖仓，任命魏种做河内太守，把黄河以北的地方都托付给他。

当初，曹公举荐魏种为孝廉。兖州叛乱时，曹公说："只有魏种还没有抛弃我。"等听到魏种逃走的消息，曹公愤怒地说："只要你魏种向南不逃到越地，向北不逃到胡地，我一定不会饶恕你！"等到攻下射犬，活捉魏种，曹公又说："只因为他是个有才能的人啊！"便解开绑他的绳索，仍然任用他。

这时袁绍已经打败了公孙瓒，兼占了青、冀、幽、并四州的土地，有士兵十多万人，要进军攻打许都。众将都认为难以抵挡，曹公说："我知道袁绍的为人，志向宏大却缺少智慧，外表厉害却胆小如鼠，妒忌刻薄却又毫无威信，虽然兵多但指挥布置不当，将领们骄横使政令不能统一，所以他土地虽然很广阔，粮食很丰富，却正好作为送给我的礼物。"秋八月间，曹公进军黎阳县，命令臧霸等人进入青州，攻下齐国、北海国、东安县，留下于禁驻扎黄河边。九月，曹公回到许都，分派兵力防守官渡。冬十一月间，张绣率众投降，被封为列侯。十二月，曹公驻军官渡。

袁术自从在陈国失败以后，逐渐衰弱。袁谭从青州派人迎接他。袁术想从下邳北面经过，曹公派刘备、朱灵途中拦截。正巧此时袁术因病而死。程昱、郭嘉听说曹公派出刘备，就对曹公说："不能放走刘备。"曹公也后悔了，派人追赶却没有赶上。刘备还没有走之前，私下里与董承等人谋反，到了下邳，便杀死徐州刺史车胄，带兵驻扎沛县。曹公派刘岱、王忠攻打刘备，没有取胜。

庐江太守刘勋率领部下投降，被封为列侯。

建安五年（200）春正月，董承等人的阴谋败露，都被处死。曹公想要亲自率兵东征刘备，众将都劝阻说："与您争夺天下的人是袁绍，如今袁绍要来攻打，您弃之不顾，却要东征刘备，倘若袁绍乘机从背后进攻，该怎么办呢？"曹公回答："刘备是个大豪杰，现在不打击他，以后一定会成为心腹大患。袁绍虽然有远大的志向，但反应迟钝，一定不会马上出兵。"郭嘉也支持曹公的看法，于是东征刘备，把他打败，活捉了他的部将夏侯博。刘备逃奔袁绍，曹军只捉住了他的妻子和儿子。刘备的大将关羽驻扎下邳，曹公又乘胜进攻，关羽投降。昌豨先前叛变投靠了刘备，也被打败。曹公回师官渡，袁绍终究没有出兵。

二月，袁绍派郭图、淳于琼、颜良进攻驻扎白马的东郡太守刘延，袁绍带兵到黎阳，准备渡过黄河。夏四月，曹公北上救援刘延。荀攸劝说曹公："如今我军兵少，与敌军不成比例，必须分散敌军的兵力才行。主公先带兵到延津，做出好像要渡过黄河、切断敌军后路的样子，袁绍一定会分兵向西应战。那时主公就可以率轻装部队偷袭白马，攻其不备，一定能活捉颜良。"曹公听从了他的建议。袁绍听说曹公要渡黄河，就分兵西去应战，曹公带兵昼夜兼行，直奔白马。离白马还有十多里，颜良得知消息，大吃一惊，忙来迎战。曹公命张辽、关羽先与敌军接战，击败敌军，把颜良斩首。于是便解了白马之围，把当地的居民都迁走，沿着黄河往西转移。此时袁绍渡过黄河，追赶曹公的部队，一直到了延津关的南面。曹公令部队停止前进，在白马山南坡安下营寨，派人登上高垒瞭望敌情，这人报告说："袁军大约有五六百骑兵。"过了一会儿，又报告："骑兵还在增多，步兵数不胜数。"曹公说："不要再报告了。"便命令骑兵解下马鞍，放开战马。这时，从白马缴获来的辎重满道都是。众将认为敌人骑兵太多，不如退回保守营寨。只有荀攸说："这正是为了引诱敌人，为什么退回呢？"袁绍的骑兵大将文丑与刘备带着五六千骑兵先后赶到。众将又说："可以上马了。"曹公说："时候还没到。"一会儿，敌人骑兵又增多了一些，有人去抢夺辎重。曹公说："可以上马出击了。"于是众人都跃上战马。这时曹军的骑兵还不到六百，便挥兵出击，把敌军打得大败，文丑也被杀了。颜良、文丑都是袁绍手下有名的战将，两次战斗就都被杀死，袁绍的部队都十分震惊。曹公撤军回到官渡，袁绍进军保卫阳武县，关羽逃回刘备那里。

八月间，袁绍前后连营，往前推进，并依靠沙堆扎寨，东西军营长达数十里。曹公也分开阵营，与袁绍军相对抗，但交战失利。这时曹公的军队不到一万人，受伤的有十分之二三。袁绍又重新进军，直逼官渡，堆起土山，挖掘地道。曹公也在营垒内堆山挖沟，用来抵抗。袁绍令士兵持弓向曹营中发射，一时箭如雨下，营内走路的人都得举着盾牌，众人都非常害怕。这时曹军粮食短缺，曹公给荀彧写了一封信，和他商量，准备撤回许都。荀彧认为："袁绍全部兵马都聚集在官渡，准备与主公决一胜败。主公用最弱的军队抵挡最强的军队，如果不能战胜敌军，就一定会被敌军打败，这是成败的关键时刻。况且袁绍不过是一个普通的人才而已，能聚集人，却不能正确使用。凭着主公的聪明威武，雄才大略，再加上奉天子之命讨伐叛乱，就会无往不胜！"曹公听从了他的话。

孙策听说曹公与袁绍相持不下，便密谋袭击许都，还没有发兵，就被刺客杀死。

汝南投降的贼寇刘辟等叛变，作为袁绍的内应，抢掠许都附近城郊。袁绍派刘备去援助刘辟，曹公令曹仁出击，打败刘备。刘备仓皇逃走，于是曹军攻克了刘辟的营寨。

袁绍几千辆运送粮食的军车来到,曹公采用荀攸的计谋,派徐晃、史涣截击,把袁军打得大败,粮车全部烧光。曹公与袁绍相持几个月,虽然每次交锋都能斩杀袁军的大将,但兵少粮尽,士兵们都疲惫不堪。曹公对运粮的人说:"十五天后一定打败袁绍,不再劳累你们了。"冬十月间,袁绍派军运粮,命淳于琼等五人带一万多名士兵护送,在袁绍大寨北面四十里的地方宿营。袁绍的谋士许攸贪图财物,袁绍不能满足他的要求,他便来投奔曹公,劝说曹公派兵攻击淳于琼等人。曹公左右的人都怀疑他,只有荀攸、贾诩二人劝说曹公采纳这个建议。曹公便留下曹洪守大营,自己带着步兵和骑兵五千人,连夜出发,正好在天亮时赶到。淳于琼等看见曹公的兵少,就在营外摆开阵势,曹公下令奋勇冲击,淳于琼退回营内固守,曹军攻打营寨。袁绍派骑兵救援淳于琼。左右的人中有的说:"敌人骑兵越来越近了,请派兵迎敌。"曹公大怒说:"等敌人到了背后再来报告。"曹军士兵都殊死奋战,把淳于琼等打得大败,他们全部被杀死。袁绍刚听到曹公攻打淳于琼的消息时,对大儿子袁谭说:"趁他攻打淳于琼的机会,我们攻占他的大本营,他就无处可归了。"便派张郃、高览进攻曹洪。张郃等人听说淳于琼被打败,就投降了曹公。袁绍的军队一败涂地,袁绍和袁谭等弃军逃跑,渡过黄河。曹军追赶不及,缴获了他们的全部军事物资、图册书籍、珍珠宝物,俘虏了他们的士兵。曹公在缴获的袁绍的书信中,发现了在许都的官员和自己军队中的人给袁绍的信件,立即全都烧掉了。冀州各郡见曹公打了胜仗,纷纷献城投降。

当初,汉桓帝时,在楚国和宋国一带天空中出现了一颗黄星,辽东人殷馗善于观察天文,预言五十年后该有真命天子出现在梁国和沛国一带,其锐势不可抵挡。到现在正好五十年,而且曹公打败了袁绍,天下再也没有人能抵挡他了。

建安六年(201)夏四月间,曹公在黄河岸边炫耀兵力,攻打袁绍在仓亭的驻军,击败了袁军。袁绍逃回冀州后,又收罗打散的士兵,攻占、平定了那些叛变的郡县。九月间,曹公回到许都。袁绍还没被打败的时候,派刘备攻占汝南郡,汝南的贼寇共都等人都依附刘备。曹公派蔡扬攻打共都,战斗失利,被共都打败。曹公南征刘备。刘备听说曹公亲自率兵前来,逃奔刘表,共都等人都四散而走。

建安七年(202)春正月间,曹公在谯县驻军,下令说:"我举起义旗,召集兵马,是为天下铲除暴乱。可是我故乡的人民,都要死光了,我在境内走了一天,没有看见一个相识之人,这种情形真叫我伤心悲痛。自从我起兵以来,将士们凡是牺牲了没有后代的,让他的亲戚作为他的后嗣,分给他们田地,官府配给耕牛,设置学校,派教师教育他们。给他们修建宗庙,使他们能够祭祀自己的祖先,如果魂魄真有灵知,我死后也没有什么悔恨的了!"从这里又到了浚仪县,治理好睢阳渠,又派使者用牛、羊、猪三牲祭品去祭祀已故太尉桥玄。然后又进军官渡。

袁绍自从部队被击溃以后,得病吐血,夏五月间就死了。他的小儿子袁尚接替了他的职位,袁谭自封车骑将军,驻扎在黎阳城。这年秋九月,曹公征伐他们,接连打了几仗,袁氏兄弟屡战屡败,退回城中死守。

建安八年(203)春三月间,曹公攻打黎阳城外城,袁氏兄弟出战,曹军奋勇冲击,把他们打得大败,袁谭、袁尚连夜逃走。四月间,曹公进军邺城。五月回到许都,留贾信驻扎在黎阳。

五月二十日,曹公下令说:"兵书《司马法》上规定:'将军临阵脱逃要处以死刑,所以赵括的母亲请求不要因为赵括打败仗而受牵连,与他一同被治罪。所以古代的将领,在外面打了败仗,家属在国内也要被治罪。自从我派遣将领带兵出征,只奖赏有功的人,而不处罚犯罪的。这不是国家的法律。现在公布命令:今后众将出征,打败仗的要依法治罪,作战失利的要免去官爵。"

秋七月间,曹公又颁布政令:"自从战乱祸丧以来,已经十五年了,年轻人没见过仁义礼让的风尚,我为此非常担忧。现在公布法令:自此以后,各郡国都要提倡学习和研究儒家经典,够五百户人家的县就要设置学校,挑选当地优秀学生进行教育,这样或许可以使先王的思想不致废弃,从而对天下有利。"

八月间,曹公讨伐刘表,在西平县驻军。先前曹公离开邺城南下时,袁谭、袁尚为争夺冀州而交战,袁谭被袁尚打败,逃到平原县固守。袁尚攻城很急,袁谭派辛毗到曹公处投降,请求救兵。众将都有疑虑,荀攸劝说曹公答应下来,于是曹公带兵返回。冬十月间,曹公到了黎阳城,让儿子曹整与袁谭的女儿结婚。袁尚听到曹公北返的消息,就撤走了平原的围兵,回到邺城。东平县的吕旷、吕翔背叛袁尚,驻扎在阳平县,带着自己的部队投降了曹公,被封为列侯。

建安九年(204)春正月,曹公率兵渡过黄河,截断淇水,导入白沟,作为运粮的通道。二月,袁尚又攻打袁谭,只留下苏由、审配守卫邺城。曹公进军到了洹水，苏由投降。到达邺城后就开始攻击，堆起土山，挖掘地道。武安县长尹楷驻扎在毛城，保护通往上党的运粮道路畅通。夏天四月间，曹公留下曹洪攻打邺城，自己带兵攻打尹楷，打败后又回师邺城。袁尚的部将沮鹄守卫邯郸县，曹公又攻克了该城。易阳县令韩范、涉县长梁岐献城投降，赐给他们关内侯的封爵。五月间，曹军毁去土山和地道，绕邺城挖了一圈大壕沟，掘开漳水河灌淹邺城，城中的人饿死了一半多。秋七月间，袁尚回兵救邺城，曹军众将都认为"这是回返驻地的部队，人人都可以积极奋战，不如避开他们"。曹公说："袁尚如果从大道上返回，应该避让；如果沿着西山而来，这次就会被捉住。"袁尚果然沿着西山前来，靠着滏水河扎下营寨，半夜里派兵攻击围城的曹军。曹公迎战袁军，把他们打得大败，并下令乘胜包围他们的营寨。还没有合围，袁尚就害怕了，派原来的豫州刺史阴夔和陈琳请求投降。曹公没有答应，加紧围攻。袁尚连夜逃走，保守祁山，曹军追击不止。袁将马延、张顗等人临阵投降，袁尚军崩溃瓦解，袁尚逃往中山国。曹军缴获了袁军全部军用物资，还得到了袁尚的印章、绶带、符节、斧钺，又让袁尚军中投降的士兵举着这些东西给他们城中的家属看，城中人心沮丧崩溃。八月间，审配哥哥的儿子审荣乘夜打开自己守卫的城东门，接纳曹兵入城。审配迎战失败，被活捉后斩首，邺城平定了。曹公亲自到袁绍墓旁祭祀，痛哭流泪；还慰劳袁绍的妻子，送还他家的仆人和珍宝，又赠送给他们各种丝绸棉絮，令官府供给他们粮食。

当初袁绍与曹公一同起兵的时候，袁绍曾问曹公："如果事情不成功，那么什么地方可以据守呢？"曹公反问："您认为怎么办好呢？"袁绍回答："我南面据守黄河，北面依靠燕、代之地的险阻，再吞并戎、狄的兵力，然后向南进军争夺天下，这样或许可以成大事了吧？"曹公回答："我依靠天下有才智的人的力量，用先王的思想驾驭他们，就会无往不胜。"

九月间，曹公颁布命令："黄河以北遭受了袁氏父子造成的灾难，特此命令不交今年的租税。"又加重了对豪强兼并土地的处罚，老百姓都十分高兴。献帝下令让曹公兼任冀州牧，曹公便辞去了兖州牧的职务。

曹公包围邺城的时候，袁谭攻占了甘陵县、安平国、勃海国、河间国几个地方。袁尚被打败以后，逃回中山国。袁谭又进攻中山国，袁尚只得逃到故安县。他的部队都被袁谭吞并。曹公写信给袁谭，谴责他违背和约，并与他断绝姻亲关系，让他的女儿回娘家去，然后进军讨伐。袁谭很害怕，从平原县撤出，跑到南皮县。十二月，曹公进入平原县，平定了被袁谭攻占的郡县。

建安十年（205）春正月间，曹公向袁谭发起进攻，打败了袁军，把袁谭斩首，并杀死了他的妻子儿女，冀州被平定了。曹公又颁发命令："凡是与袁氏一同做过坏事的人，允许他们改过自新。"又命令百姓们不得再报私仇，禁止铺张浪费办丧事，违法的人一概以法律制裁。这个月内，袁熙的大将焦触、张南等反叛，攻打袁熙、袁尚，他们二人逃往辽西、上谷、右北平三郡的乌丸地区。焦触等人献出县城投降，被封为列侯。当初讨伐袁谭时，一些百姓逃避破冰行船的差役，曹公命令官吏不准接受他们投降。不久，逃亡的人有到军中自首的，曹公对他们说："接受你们自首，就违背了军令；杀死你们，又处死了认罪之人。你们回去好好躲藏起来吧，不要让官吏们捉着。"这些百姓流着泪走了，后来还是被捕获了。

这年夏四月，黑山贼寇张燕率领手下十多万人马投降，被封为列侯。故安赵犊、霍奴等人杀了幽州刺史、涿郡太守。三郡的乌丸族在犷平攻打鲜于辅。秋八月间，曹公带兵出征，把赵犊等人斩首，又渡过潞河救援犷平，乌丸人逃到塞外。

九月间，曹公又颁布命令说："结党营私，互相勾结，是古代圣贤们所憎恨的事情。听说冀州一带民俗，父亲和儿子各自树立自己的宗派，相互诽谤，又胡乱吹捧。从前直不疑连哥哥都没有，却有很多人攻击他与嫂子有私情；第五伯鱼娶了三位夫人，都是没有父亲的孤女，还有人说他打过岳父；王凤独揽朝政，谷永却把他比成同朝的贤相申伯；王商忠正不阿，张匡却诋毁他搞邪门歪道——这些都是颠倒黑白，欺骗上天蒙蔽君王的事情。我准备整治社会风俗，上面所说的四项鄙习不清除，是我终身的耻辱。"冬十月，曹公回到了邺城。

当初，袁绍让他的外甥高干做并州牧，曹公攻克邺城的时候，高干投降，曹公让他做刺史。高干听说曹公前往讨伐乌丸族，于是在并州发动了叛乱，逮捕了上党太守，派兵守住壶关口。曹公派乐进、李典二人前去讨伐，高干退到壶关城固守。建安十一年（206）春正月，曹公亲自领兵征讨高干。高干听到这个消息，就留下其他将领守壶关城，自己逃到匈奴，向匈奴单于求救，但单于并没有出兵。曹公围困壶关城三个月，攻下了它。于是高干逃到荆州，被上洛县都尉王琰抓住并斩首。

秋八月间，曹公东征海贼管承，到了淳于县，派遣乐进、李典进攻，将之击败，管承逃到海岛之上。分割东海郡的襄贲、郯、戚三个县充实琅邪郡，撤销了昌虑郡。

三郡乌丸趁天下大乱之机,攻破幽州,抢掠汉族百姓十多万户。袁绍把他们的酋长和首领都立为单于,并把本族人的女儿作为自己的女儿,嫁给他们为妻。其中辽西单于蹋顿势力尤其强大,被袁绍厚爱,所以袁尚兄弟来投奔他,他们多次侵入边塞抢掠破坏。曹公准备征讨乌丸,先开凿河渠,从呼沱河直到泒水,起名叫平虏渠。又从沟河口凿通潞河,起名叫泉州渠,与大海相通。

建安十二年(207)春二月,曹公自淳于返回邺城。二月初五,又下令说:"自从我举起义旗,诛杀暴乱到现在,已经整整十九年了,这期间每战必胜,难道都是我一个人的功劳吗?这都是贤才、智士、文武官员尽心尽力的结果呀!现在虽然天下还没有完全平定,还需要我和他们一起去平定;但是我一个人享受功劳,怎么能安心呢!应该尽快给大家评定功劳,进行封赏。"于是大封功臣,功劳大的二十多人封为列侯,其余的也论功行赏,还免除为国死难者子女的徭役租税,轻重差别,各有等级。

曹公想要北征三郡乌丸。众将都说:"袁尚只不过是个四处逃亡的敌手而已。乌丸人又贪财忘义,不讲究亲朋之情,怎么能被袁尚利用呢?如今大兵深入其境征伐,刘备一定会劝说刘表袭击许都。万一真的发生变故,就会悔恨不及。"只有郭嘉推断刘表一定不会相信刘备,鼓励曹公出兵。夏五月,曹公带兵来到无终县。秋七月,因大雨而发水,靠海边的道路都不能通行,田畴请求当向导,曹公答应了。田畴带领大军出了卢龙塞,塞外道路断绝不通,便挖山填谷五百多里,经过白檀县,穿越平冈县,深入鲜卑族的居住地,向东直奔柳城县。距柳城二百多里的时候,敌寇已得知消息。袁尚、袁熙与蹋顿,以及辽西单于楼班、右北平单于能臣抵之等带几万名骑兵前来迎战。八月间,曹公登上白狼山,突然与敌兵相遇,敌人数量很多。当时曹公的辎重都在后面,穿战甲的人很少,身边随从的人都很害怕。曹公登上高处,望见敌军队伍混乱不整,便命令张辽为先锋,率先主动向敌人发起冲锋,乌丸军四散崩溃,蹋顿以及部族中许多有名之王都被斩首,胡、汉两族投降的人有二十多万。辽东单于速仆丸及辽西、右北平的众位头领,抛弃他们的族人,与袁尚、袁熙逃往辽东,只剩下几千骑兵。当初,辽东太守公孙康自恃地域偏远,不服从管辖。等到曹公打败了乌丸,有的人劝曹公应该征伐公孙康,那样就可活捉袁氏兄弟。曹公说:"我正要叫公孙康砍掉袁尚、袁熙的脑袋送来,不用再派兵了。"九月间,曹公带兵从柳城回返,公孙康立即把袁尚、袁熙、速仆丸等人斩首,把头送到曹公军中。有的将领问:"主公回兵,而公孙康却砍下他们的脑袋送来,这是什么缘故呢?"曹公说:"公孙康平素就害怕袁尚等人,攻打太急,他们就会合力对付我们,暂缓进攻,他们就会自相残杀,这是势必会发生的事情!"十一月,曹公到达易水岸边,代郡乌丸代理单于普富卢、上郡乌丸代理单于那楼带领本族的有名之王赶来庆贺。

建安十三年(208)春正月,曹公回到邺城,开凿玄武池训练水军。这时,朝廷废除了三公的官职,设置丞相、御史大夫。这年夏六月,任命曹公为丞相。

秋七月间,曹公南征刘表。八月,刘表病死,他的儿子刘琮接替他的职位,驻扎襄阳,刘备驻扎樊城。九月,曹公率兵抵达新野县,于是刘琮投降,刘备逃到夏口。曹公又向江陵进军,命令荆州地区的官吏和百姓同他们一起实行新的法规。还评定荆州投降官员的功劳,封侯的有十五人,任命原刘表手下的大将文聘做江夏太守,让他统领自己的兵马,并举荐任用荆州名士韩嵩、邓义等人。益州牧刘璋开始接受征兵和纳税的任务,遣送士兵补充军队。十二月,孙权帮助刘备进攻合肥,曹公从江陵出发征讨刘备,到达巴丘山,派张憙救援合肥。孙权听到张憙到来的消息,才撤兵离开。曹公抵达赤壁,与刘备交战,战斗失利,这时发生了大的瘟疫,官吏和士兵死了很多。曹公便带兵撤回。于是刘备占据了荆州所辖的江南一带各个郡县。

建安十四年(209)春三月,曹公大军到了谯县,制造快船,操练水军。秋七月间,曹军从涡水进入淮河,经过肥水,在合肥驻扎。八月二十四日,曹公下令说:"最近几年以来,军队多次远道征伐,有时还遇到瘟疫,官兵都有死亡,不能够再回家乡,夫妻难以团聚,百姓流离失所,这难道是仁爱之人所喜欢的? 是不得已才这样的。特此命令,凡是死的士兵家中没有产业、难以维持生活的,政府不得停止供应粮食,官吏必须慰问救济他们,这样才合乎我的心意。"这年又任命扬州郡县的官员,在芍陂围堤屯田。十二月,曹军返回谯县。

建安十五年(210)春,又颁布命令:"自古以来,凡是开国和中兴的君主,没有不是靠贤人君子帮助共同治理天下的! 君主得到贤才,几乎不出街巷,这难道是侥幸碰上的吗? 是高高在上的执政者不去访求罢了。如今天下还没有安定,这正是最需要寻找贤才的时候。孔子说:'孟公绰做赵、魏两家的家臣之长,是富富有余的,却不能做滕、薛两个小国的大夫。'假如一定是廉洁之士才能任用,那么齐桓公怎么能称霸天下呢! 难道现在天下就真没有像吕尚那样富有才华却穿着破衣服在渭水边垂竿钓鱼的人吗? 又有没有像陈平那样被诬蔑为与嫂子私通、接受贿金却还没有遇到识才的魏无知那样的人呢? 你们各位一定要帮助我明察荐举出身低贱的有才之士,只要有才能就推荐,使我能够重用他们。"这年冬天,建造铜雀台。

建安十六年(211)春正月,汉献帝任命曹公的世子曹丕做五官中郎将,并设置所属官员,让他做副丞相。太原商曜等人据守大陵县反叛,曹公派夏侯渊、徐晃带兵包围大陵,打败了商曜。张鲁占据汉中郡,三月,曹公派钟繇前去讨伐,又命令夏侯渊等人从河东郡出发,与钟繇会合。

这时,占据关中的各将都怀疑钟繇要袭击自己,于是,马超与韩遂、杨秋、李堪、成宜等人起兵叛乱。曹公派曹仁去征伐。马超等人驻扎潼关;曹公告诫众将说:"关西兵精勇强悍,你们坚守营垒,不要与他们交战。"秋七月间,曹公西征,与马超的军队隔着潼关驻扎下来。曹公迅速拖住马超的部队,却暗中派徐晃、朱灵等将趁夜晚渡过蒲阪津,占领黄河以西,安营扎寨。曹公自潼关北面强渡黄河,渡了一半,马超赶来,猛攻曹军的船只。校尉丁斐见情况危急,放出大批牛马引诱贼兵,贼兵争抢牛马,军队大乱,曹公才渡过黄河,沿着河边向南修筑通道。贼兵退走,占据渭口抵抗,曹公便四处设置疑兵,暗中用船运送部队入渭水,架设浮桥,乘夜分兵在渭水南岸扎营。贼军于夜间向营地进攻,曹公用伏兵把他们击败。马超等人驻扎渭南,派人送信,以割让黄河以西为条件求和,曹公没有答应。九月,大军渡过渭水,马超等人多次挑战,曹公并不应战;再三请求割让土地,并派儿子做人质求和,曹公听从贾诩之计,假意答应下来。韩遂请求与曹公会面。曹公与韩遂的父亲同一年被推举为孝廉,又与韩遂是平辈之人,因此两人马靠马在阵前谈了好长时间,不说军事情况,只说京城里那些老朋友、老相识。说到高兴时,二人拍手大笑。相见结束后,马超等人问韩遂:"曹公说了些什么?"韩遂回答:"没说什么。"于是马超等人对他产生了怀疑。过了几天,曹公又给韩遂写了封信,上面故意涂抹改动了许多地方,好像是韩遂改的一样,马超等人更加怀疑。于是曹公与他们约定日期会战,先用轻装部队挑逗敌军,打了很长时间后,派出精锐勇猛的骑兵夹攻,把他们打得大败,成宜、李堪等都被斩首。韩遂、马超等人逃到凉州,杨秋跑到安定郡,关中被平定了。有的将领问曹公:"开始时,贼兵守卫潼关,渭水以北没有防备,我们不从河东出击攻打冯翊,反而在潼关与敌兵相持,拖延许久才北渡黄河,这是为什么呢?"曹公回答:"贼兵占据潼关,如果我军进入河东,贼兵必然会带兵守住黄河上的各个渡口,那么我们就不能渡过西河;我故意重兵逼近潼关,贼兵全力来守卫南边,西河的防备空虚,因此徐晃、朱灵二将才能轻易占领西河。在此以后我带大军北渡黄河,贼兵不能与我们抢夺西河,是因为有他们二将的军队在那里。连接战车、竖起栅栏做通道向南前进,既创造了使敌军不能取胜的条件,同时又向敌人示弱,麻痹他们。渡过渭水后深沟固垒,敌军挑战不应,是为了使敌人骄傲自大;所以贼军不造营垒,只求割地讲和。我顺着他们的意思答应下来,之所以依着他们的意图,是为了使他们自以为平安无事而不做一点准备。我军此时养精蓄锐,一旦出击,就是所说的迅雷不及掩耳之势。用兵之道的变化,本来就不是墨守成规,只有一种方法的。”当初,贼兵每到一支部队,曹公脸上就有喜色。贼兵被打败以后,众将问他高兴的原因,曹公回答:“关中地域辽阔,如果贼兵各自依靠险阻抵抗,征讨他们,没有一两年的时间就不能平定。如今都来此处聚集,虽然人数众多,但彼此都不服,没有统一的主帅,一战就可以消灭敌人,较为容易成功,所以我才高兴。”

冬十月,曹军从长安出发,北征杨秋,包围了安定。杨秋投降,又恢复了他的爵位,让他留下来安抚他所辖之地的百姓。十二月,从安定返回,留下夏侯渊驻扎长安。

建安十七年(212)正月,曹公回到邺城。汉献帝命令曹公朝拜时赞礼官不必在旁点名唱礼,入朝时可以不像别的大臣那样小步快走,可以穿着朝靴,佩着宝剑上殿,就像西汉丞相萧何那样。马超的余党梁兴等人驻扎在蓝田县,曹公命令夏侯渊出兵征伐,平定了他们。割划出河内郡的荡阴、朝歌、林虑等县,东郡的卫国、顿丘、东武阳、发干等县,钜鹿郡的廮陶、曲周、南和等县,广平郡的任城县,赵郡的襄国、邯郸、易阳等县扩充魏郡。

冬十月,曹公征讨孙权。

建安十八年(213)正月,曹公进军濡须口,攻破孙权在长江以西的营寨,抓住了孙权的都督公孙阳,然后带兵撤回。此时,汉献帝下诏合并十四州,恢复九州的建治。夏四月,曹公回到邺城。

五月初十,汉献帝派御史大夫郗虑拿着皇帝的符节到邺城,册封曹公为魏公,册文说:

> 我因为没有德行,小时就遭受忧患和灾难,被远远地劫持到长安,后来又流离逃难到唐、卫。在那时候,我就像旗上的飘带动摇不定,祖宗的祠庙无人祭祀,社稷没有固定的位置;群雄都觊觎皇位,割裂天下,全国的百姓,我都无权管理,高祖开创的基业也快崩溃了。我早起晚睡,不敢安

息，内心中痛苦异常，祷告说："我的祖宗啊，有才能的先臣们，谁能怜悯我呢！"于是感动了上天，诞生了曹丞相，保护我们皇室平安，在艰难之中把我拯救出来，我终于有了依靠。如今要举行授您魏公的典礼，请您敬听我的命令。从前董卓首先动乱，使国家蒙受灾难，各地郡守放弃自己的政务，一同解救王室之难。您督促众人进军，并率先与贼兵交战，可见您对王室的忠诚。后来黄巾军违背天命，举行叛乱，侵占我们三个州，祸乱波及百姓，您又扫除他们，平定了东方，这又是您的功劳。韩暹、杨奉二人专权，乱发命令，您就讨伐他们，清除他们引起的动乱，又把都城迁到许县，建造京都，重新设置百官，修建宗庙，恢复以前的典章制度、文物，因此天地鬼神都得到安宁，这又是您的功劳。袁术称帝造反，虽在淮南横行一时，但仍然惧怕您的神威。您施展宏谋，在蕲阳战役中，把桥蕤斩首，威势不断，继续南行，使袁术丧命，部下崩溃，这又是您的功劳。回军东征，诛杀吕布；班师途中，处死张杨，眭固认罪受死，张绣俯首投降，这又是您的功劳。袁绍淆乱天纲，举行叛乱，阴谋颠覆国家，依靠兵多将广，起兵侵凌朝廷，这个时候，国家军队很少，力量弱小，普天下之人，个个心惊胆寒，没有人有坚定的信心，只有您以忠于国家的高尚气节，感动了上天，振奋起您的威严气势，运用了您的神机妙算，亲自前往官渡指挥作战，歼灭了众多贼兵，把国家从危如累卵的形势中拯救出来，这又是您的功劳。率师渡过黄河，开拓平定四州，袁谭、高干二人都被斩首，众海盗四处逃窜，黑山贼投靠朝廷，这又是您的功劳。三郡乌丸，已经作乱两代，袁尚依靠他们，盘踞在塞北，您率军翻山越岭，一战消灭他们，这又是您的功劳。刘表背叛朝廷，不再交纳贡品税收，您率军出发，神威先行，荆州的郡城，接连不断，望风而降，这又是您的功劳，马超和成宜狼狈为奸，据守黄河、潼关，企图实现他们的欲望，您在渭水南把他们消灭，杀敌取其左耳数以万计，于是安定了边境，与戎狄和好，这又是您的功劳。鲜卑族、丁零族，辗转翻译，到京城朝见；箄于族、白屋族，俯首称臣，遵循职守，这又是您的功劳。您有平定天下的大功劳，您注意用德行教化百姓，使天下秩序井然，宣传改善风俗，不断地向全国百姓施以教导，小心谨慎地施以刑罚，使官吏们不施行苛政，百姓们没有狡诈之心；您极其尊崇皇帝的亲族，使没有后代的人能够被继承下来，对于以前德高功大的人，无不发给合理的俸禄；即使像伊尹那样德达上天，周公那样光照四海的贤人，和您相比，也相差得太远了。

我听说先代的帝王分封大德之人,要赏赐给他土地、分给他百姓,使他得到优厚的待遇,给他完备的礼物。之所以这样是为了让他保卫王室,辅助君主。在周成王时,管叔和蔡叔作乱,他们被平定以后,成王顾念有功之臣,便派邵康公赐给齐国姜太公所管辖的土地:东边到大海、西边到黄河,南边到穆陵关,北边到无棣边境,公、侯、伯、子、男五种王侯,九州的官长如果有罪,都可以征伐。世代担任太师,以表彰他的功绩;到了周襄王时,也有楚国人不称臣、不献贡,又命晋文王为诸侯的盟主,赏赐给他两辆辂车、勇士、铁钺、美酒和弓箭,开辟南阳的大片土地封给他,让他世代担任诸侯的盟主。所以周王室不灭亡,完全依靠齐国和晋国。如今您功德显著,保护我的安全,顺应天命,发扬宏伟的功绩,安定九州,使天下人没有不遵循法律的,您的功劳比伊尹、周公还高,但赏赐却比齐太公、晋文公少,我感到很惭愧。我以区区渺小之身,居于亿万百姓之上,常常忧虑执政的艰难,如临深渊,如履薄冰,如果不是您的辅助,我就无法胜任。现在把冀州的河东、河内、魏郡、赵国、中山、常山、钜鹿、安平、甘陵、平原共十个郡县都赏给您,封您为魏公。赐给您用白茅草包的黑土,您可以去烧龟占卜,建立魏国的宗庙社稷。从前在周朝时,毕公、毛公都曾入朝做公卿,周公、邵公不但在朝中做太师、太保,也在外做一方之伯。内外兼职,对于您是非常合适的,您仍然以丞相的身份兼任冀州牧。另外赐给您九锡,您敬听我的命令。因为您制定礼制法律,给百姓规定了行为准则,使他们安心职守,没有人怀有二心,所以赐给您金辂车、战车各一辆,黑红色的公马八匹。因为您教导百姓们有无相济、崇本务农,使农民努力耕种,积蓄了大量的布帛粮食,国家大业兴旺发达,所以赏给您绣龙的礼服和礼帽,配上一双红色的鞋子。因为您推崇谦虚礼让的美德,使百姓们效仿实行,老少之间互有礼貌,上下之间彼此和睦,所以赏给您三面悬挂的乐器,用六队三十六人的舞蹈。因为您以教令感化百姓,远达四方,使边远不开化的民族都洗心革面,中原地区更加充实富有,所以赐给您红门的房子居住。因为您研究先王的智慧,思考连尧帝都为难的事情,选择官员只任用有才能和贤德的人,凡是优秀的人才一定被举荐,所以赐您可以上殿登阶的权力。因为您执掌国家大权,为政庄严,不偏不倚,即使有一丝一点的恶行,也没有不加以斥责和黜退的,所以赐给您三百名护卫的勇士。因为您小心谨慎地督察刑法,公布揭露那些罪犯,凡是触犯了国家法律的,没有不被杀头处死的,所以赐给您铁、钺各一件。因为您高瞻远瞩,旁观八方,征伐乱臣贼子,捍卫四海平安,所以赐给您红色的弓一张,红色的箭一百支;黑色的弓十张,黑色的箭一千支。因为您以温良恭俭为根本,孝顺双亲、友爱兄弟为美德,聪明、守信、笃实、忠诚,感动了我的内心,所以赏给您美酒一卣,还配有一把玉制的勺子。魏国可以设置自丞相以下的文武百官,都像西汉初年各诸侯王的建制一样。望您回到魏国后,恭敬地服从我的命令,选拔、安抚您的部下,随时明察政事,完成您的伟大功德,报答和弘扬汉高祖的美善的旨意!

这年秋七月,开始修建魏国的社稷和宗庙。汉献帝聘娶了曹公的三个女儿,封她们为贵人,其中年纪最小的暂时留在魏国,等长大后再进宫。九月,曹公修筑金虎台,开凿渠道,把漳河水引入白沟,流入黄河。冬十月,把魏郡分为东西两部分,设置都尉。十一月,魏国开始设置尚书、侍中、六卿等官员。

马超在汉阳郡,又依靠羌族人和其他少数民族作乱,氐族王千万,也叛变响应马超,他们驻扎在兴国,曹公命夏侯渊讨伐他们。

建安十九年(214)春正月,曹公开始到征用百姓所耕之田中举行亲耕的仪式。南安郡赵衢、汉阳郡尹奉等人率兵讨伐马超,杀了他的妻子儿女,马超逃往汉中。韩遂迁移到金城,进入氐族王千万的部落中,率领羌族等一万多骑兵与夏侯渊交战,夏侯渊出击,把他打得大败,韩遂逃往西平郡。夏侯渊与众将一同进攻兴国,屠戮金城。撤销了安东、永阳两个郡。

安定郡新任太守毌丘兴要去上任,曹公告诫他说:"羌族想与中原往来,自会派人前来,注意千万不要派人前去。好人难得,坏人一定会教唆羌族求得非分之物,以便自己从中渔利。如果不答应他们的要求,就会拂却少数民族的心意;要是答应了,对国家没有好处。"毌丘兴到了任上,派校尉范陵到羌人那里,范陵果然唆使羌人,请求让自己做属国校尉。曹公说:"我预先就知道一定会这样,这不是因为我是先知的圣人,而是因为经历的事情多罢了。"

三月,汉献帝把魏公的地位迁升到诸侯王之上,改授给他金印章、红色绶带和远游冠(三者皆东汉诸王之制)。

秋七月,曹公率兵征伐孙权。

当初,陇西郡人宋建自称河首平汉王,在枹罕聚众为乱,改年号,设百官,已经有三十多年了。曹公派遣夏侯渊从兴国出发去征讨他。这年冬十月,屠杀枹罕县城,杀死宋建,凉州被平定了。

曹公从合肥回到邺城。

十一月,汉献帝皇后伏氏因为从前给她的做屯骑校尉的父亲伏完的一封信而犯罪,上面说献帝因为董承被杀而怨恨曹公,言辞十分恶毒,被发觉后,伏氏被取消皇后称号,处以死刑,她的兄弟也一同被处死。

十二月,曹公到达孟津。汉献帝命令曹公出行时设置如同皇帝一样的先驱骑兵,宫殿中摆设刻着猛兽的钟磬木架。十二月十九日,曹公下令说:"有德行之士,未必能够上进;上进之士,未必能够有德行。陈平难道有淳厚的德行吗?苏秦难道恪守信用吗?但是陈平奠定了汉朝的基业,苏秦却辅助弱小的燕国渡过难关。由此而论,才智之士即使有缺点,难道就可以不重用吗?各层官府要仔细考虑,弄清此点,那么,有才能的人就不会被遗漏,不会不被提拔,官府的事务也就不会被荒废了。"又说:"刑罚,事关百姓的身家性命,如果军队中主管刑狱的人有不称职的,却把三军将士生死之事委任给他,我非常害怕。应该选用通晓法律的人,让他主持刑罚。"因此又设置理曹掾属。

建安二十年(215)春正月,汉献帝把曹公的二女儿立为皇后。撤销云中、定襄、五原、朔方四郡,每郡设一县管理当地的百姓,合并四县为新兴郡。

三月,曹公西征张鲁,抵达陈仓县,准备从武都郡进入氐族人部落;氐族人堵塞了道路,曹公先派张郃、朱灵等人进攻并击败他们。夏四月,曹公从陈仓出发,经过大散关,到达河池县。氐王窦茂带领手下一万多人,依仗险要,并不顺服。五月,曹公向他们发起进攻,并将他们全部屠杀。西平、金城将领麴演、蒋石等人一起杀了韩遂,把他的头送给曹公。秋七月,曹公到达阳平。张鲁让他的弟弟张卫和部将杨昂占据阳平关,沿着山腰修筑十多里长的城墙,曹军难以攻克,便撤军而走。贼兵见曹公大军退走,便解除了这里的防备。曹公便暗中派解慓、高祚等人冒险乘夜偷袭,把敌军打得大败,杀了杨任,又攻击张卫,张卫等人连夜逃走。张鲁溃不成军,逃往巴中。曹公大军进入南郑县,张鲁府库中的珍宝都被缴获。巴郡、汉中郡全部投降。把汉宁郡的名称恢复为汉中郡;划出汉中郡的安阳、西城建置西城郡,设置太守;分设锡、上庸县,设置都尉。

八月,孙权围攻合肥,被张辽、李典击败。

九月,巴郡的七姓族王朴胡、賨邑侯杜濩率领巴地夷人和賨民前来归附,于是把巴郡分为东西两部分,让朴胡做巴东太守,杜濩做巴西太守,都封为列侯。汉献帝命令曹公按照天子的旨意,分封任命诸侯、太守、国相。

冬十月,开始设置到五大夫的各种爵位,与以前的列侯、关内侯加在一起共有六等,用来奖赏有战功的人。

十一月,张鲁从巴中率领残余的部队来投降。曹公封张鲁和他的五个儿子为列侯。刘备袭击刘璋,夺取益州,占领了巴中;曹公派张郃攻打他。

十二月,曹公自南郑返回,留下夏侯渊驻扎汉中。

建安二十一年(216)春二月,曹公回到邺城。三月初三,他亲自到籍田中耕种。五月,汉献帝加封曹公为魏王。代郡乌丸代理单于普富卢和他部下的侯王来朝见汉献帝。献帝命魏王的女儿为公主,并赐予她收租赋之地。秋七月,匈奴南单于呼厨泉率领他的名王来朝贺,魏王用客礼款待他们,并留他们住在魏国,让右贤王去卑代管他们的国家。八月,魏王任命大理钟繇做魏国相国。

冬十月,魏王训练部队,然后征伐孙权,十一月到了谯县。

建安二十二年(217)春正月,魏王驻军居巢,二月进军,驻扎江西郝谿。孙权在濡须口修筑城墙抵抗,魏王率军猛攻,孙权退走。三月,魏王带兵返回,留下夏侯惇、曹仁、张辽等人驻扎居巢。

夏四月,汉献帝命令魏王使用皇帝用的旌旗,出入之时如皇帝一样加强警戒,清理道上行人。五月,建造学宫。六月,魏王任命军师华歆做魏国的御史大夫。冬十月,汉献帝命令魏王冠冕上用只有皇帝才能用的十二根玉串,乘坐特制的金根车,套着六匹马,配着五彩的从车——五时副车。同时,献帝还任命五官中郎将曹丕做魏王的太子。

刘备派张飞、马超、吴兰等人驻扎下辩;魏王令曹洪迎击。

建安二十三年(218)春正月,汉朝太医令吉本与少府耿纪、司直韦晃等密谋造反,进攻许都,放火烧了丞相长史王必的兵营,王必和颍川典农中郎将严匡带兵讨伐,并将他们全部斩首。

曹洪击败吴兰,杀了他的部将任夔等人。三月,张飞、马超逃往汉中,阴平道氐族人强端杀了吴兰,把他的头送来。

夏四月，代郡、上谷乌丸族无臣氏等人反叛，魏王派鄢陵侯曹彰带兵征伐，打败了他们。

六月，魏王下令："古代丧葬，一定要安置在贫瘠的土地上。如今我把西门豹祠以西的高原地带划为死后的墓地，就照原来地基的高度，不再培土加高，也不种树。'周礼'上说由冢人掌管国家墓地，所有的诸侯葬在王墓左右靠前的地方，卿大夫葬在后面，汉朝的制度也叫作陪陵。凡是公卿大臣和众将有功之人，都应该在寿陵陪葬，要扩大墓地的范围，让它足能够容纳下众人。"

秋七月，魏王操练士兵，然后西征刘备。九月，到了长安。

冬十月，宛城守将侯音等人反叛，捉住南阳太守，抢劫官吏和百姓，据守宛城。当初，曹仁征讨关羽，驻扎樊城，当月派曹仁包围了宛城。

建安二十四年（219）春正月，曹仁屠宛城，侯音被斩首。

夏侯渊与刘备在阳平交战，被刘备杀死。三月，魏王从长安出兵经过斜谷，派出先头部队扼守险要之处向汉中进军。刘备依仗险要地势顽抗。

夏五月，魏王带兵回到长安。

秋七月，魏王把夫人卞氏立为王后。魏王派于禁帮助曹仁攻打关羽。八月，汉水四溢，淹灌了于禁的军队，全军覆灭后，于禁被活捉，关羽趁机包围了曹仁。魏王派徐晃去救援。

九月，魏相国钟繇因为西曹掾魏讽谋反而被解职。

冬十月，大军回到洛阳。孙权派使者来送信，用讨伐关羽表示自己的忠心。

魏王从洛阳出发南征关羽，大军还没到，徐晃向关羽进攻，并把他打败，关羽逃走，曹仁的包围圈被解除了。魏王驻扎摩陂。

建安二十五年（220）春正月，魏王到了洛阳。孙权打败关羽并把他斩首，送来了他的首级。

正月二十三日，魏王在洛阳去世，终年六十六岁。临终时说："天下还没有安定，不能遵循古代的规章。把我埋葬以后，都要脱掉丧服。凡是带兵在外戍守的将领，都不准离开驻扎的地方。官吏们要各尽其职。装敛用当时所穿的衣服，不要放金玉珍宝等陪葬品。"魏王被谥为"武王"。二月二十一日，被埋葬在高陵。

评：东汉末年，天下大乱，群雄四起，袁绍虎视四州，兵强地广，没有人能抵挡。太祖运筹帷幄,深谋远虑,东征西讨,足迹遍布九州,运用申不害、商鞅的治国方法,兼采韩信、白起的奇谋妙策,按才能授予官职,克制自己的感情,不计私怨,最终能够总揽朝政大权,完成建国大业,是因为他的聪明、智慧超出常人的缘故。他也可以称得上是一个非凡的人物、超绝一世的豪杰了吧!

卷二　魏书二

文帝纪第二

　　魏文帝名丕,字子桓,是魏武帝曹操的太子。汉灵帝中平四年(187),在谯县出生。建安十六年(211),被任命为五官中郎将、副丞相:建安二十二年(217),被立为魏王太子。太祖死后,他继位为丞相、魏王。尊奉魏王后为王太后。这一年,把建安二十五年改为延康元年。

　　延康元年(220)二月十六日,魏王任命大中大夫贾诩为太尉,御史大夫华歆为相国,大理王朗为御史大夫。设置散骑常侍、侍郎各四人,下令太监做官不得超过众署令一级;并把这个命令刻在金册上,收藏在石室之中。

　　当初,汉灵帝熹平五年(176)时,谯县天空中出现了黄龙,光禄大夫桥玄问太史令单飏说:"这是什么吉祥预兆?"单飏回答:"以后要有称王的人在这里兴起,不到五十年,黄龙还会出现。天象经常和人事相应,这就是上天的感应。"内黄人殷登把这话默默记下来。四十五年后,殷登还健在。延康元年三月,黄龙又在谯地出现,殷登听到这个消息时说:"单飏的话,现在果然应验了。"

　　三月九日,任命前将军夏侯惇为大将军。濊貊、扶余族的单于,焉耆、于阗族的首领都派使者送来贡品。

　　夏四月十二日,饶安县报告说出现白野鸡。二十五日,大将军夏侯惇去世。

　　五月三日,汉献帝命令魏王追赠皇祖太尉曹嵩,尊奉为太王,他的夫人丁氏称太王后,封魏王的儿子曹叡为武德侯。同月,冯翊一带的山贼郑甘、王照率领部下投降,都被封为列侯。

　　酒泉人黄华、张掖人张进等都挟持本郡太守叛乱。金城太守苏则讨伐张进,把他斩首。黄华投降。

六月七日,魏王在东郊操练士兵。二十六日,开始南征。

秋七月六日,魏王曹丕下令说:"黄帝轩辕设立明台议论政事,尧帝放勋筑室于道,听取民言,都是为了更广泛地征求臣民百姓的意见。各级文武百官,务必要尽到规谏的职责,出征将帅要陈述兵法,朝中大臣要申明国家制度,州牧郡守述说政事,缙绅考核六艺,我要兼听众人的意见。"

孙权派使者进献礼物。蜀将孟达率部下投降。武都氐王杨仆率领族人来归附,让他居住在汉阳郡。

二十日,大军停驻谯县,魏王在城东举行盛大宴会,犒赏六军和谯县的父老乡亲。八月,石邑县报告说有大群凤凰翔集。

冬十月一日,魏王下令说:"众将征战讨伐,士卒死亡之人可能有没被收敛的,我感到十分哀痛;特此通知各郡国供给小棺材收殓,送到亡者家中,官府为他们祭祀。"四月,魏王来到曲蠡。

汉献帝因为众人都希望魏王做皇帝,便召集公卿百官,在汉高祖庙祭告,派兼职御史大夫张音拿着符节、捧着玉玺,把皇位禅让给魏王。册命信中写道:"魏王啊:从前帝尧把皇位禅让给虞舜,虞舜也同样禅位给大禹,天命无常,只归有德之人。汉朝前途坎坷,失去应有的秩序,传到我身上,天下大乱,阴霾满天,群贼横行不法,国内动荡不堪,濒于颠覆崩溃。幸亏魏武王神明英武,四方奔波,拯救危难,使华夏清平,保护我祖宗庙宇平安,这难道仅我一个人获益吗?全国百姓都得感激武王的厚赐。如今你继承先王的事业,彰显你的宏德,完备文武大业,光耀先王的宏大功绩。皇天有灵,降下祥瑞,人神求告,显示征兆,辅助我认清我的使命,都说您的气度能与虞舜相媲美,我遵循唐尧的典故,恭敬地把皇位禅让给您。噫!上天的大命已落在您的身上,诚信地把握这个命运吧,上天的福禄就会永远延续下去;您应恭敬地接受大礼,享有万国,以顺承天命。"于是在繁阳修筑拜天的祭坛。二十八日,魏王登上祭坛,接受皇帝之位,文武百官都在两旁陪拜。事后,魏王下坛,参加完燃火祭天地的大礼后返回。把年号延康改为黄初,大赦天下。

黄初元年(220)十一月一日,尊奉汉献帝为山阳公,把河内郡的山阳邑一万户作为他的封地,实行汉朝的历法,可以用天子的礼仪祭天,上书的时候不用称臣,京都中有事,到祖庙中祭祀;又封山阳公的四个儿子为列侯。魏文帝追赠皇祖太王为太皇帝,父亲武王为武皇帝,尊奉王太后为皇太后。赏赐每个男子一级爵位,赏赐继承人以及孝敬双亲友爱兄弟、努力从事耕田的人二级爵位。把汉朝的众位诸侯王封为崇德侯,列侯封为关中侯。把颍阴的繁阳亭改为繁昌县,增封爵位各有不同。把相国改为司徒,御史大夫改为司空,奉常改为太常,郎中令改为光禄勋,大理改为廷尉,大农改为大司农。郡国县邑,也有许多改动。还把原魏国的玉玺授给匈奴南单于呼厨泉,赏赐他青盖车、乘舆、宝剑、玉玦。十二月,开始修建洛阳宫,八日,驾临洛阳。

这一年,长水校尉戴陵劝谏文帝不应该常常打猎,文帝十分愤怒,戴陵被判免除死刑,降罪一等。

黄初二年(221)春正月,在郊外祭祀天地和祖先。三日,围猎到了原陵,派使者拿着牛、羊、猪三牲之礼祭祀汉朝历代皇帝。四日,在东郊举行祭太阳之礼。开始命令各郡国凡是人口满十万的,每年要推举孝廉一人;其中有隽秀卓越之人,不受人口限制。十日,分封给三公户邑,他们每人的一个儿子也被封为列侯。十一日,免除颍川郡一年的田租。把许县改为许昌县。把魏郡分为两部分,东部为阳平郡,西部为广平郡。

魏文帝颁布诏令:"从前孔子凭借着圣人的才能,胸怀帝王的本领,却身处衰微的周朝末年,没有接受天命的运气,只得在鲁、卫两国洙、泗二水一带,以仁德教导人们,每日悽悽惶惶、忙忙碌碌,准备委屈自己以保存古代圣王的思想,抑损自己以拯救当世芸芸众生。当时天子和诸侯王最终没有重用他,他只得退隐归家,考证黄帝、唐、虞、夏、殷五个朝代的礼法,撰写远古帝王的事纪,根据鲁史而写成《春秋》,参照太师的音乐而纠正《雅》《颂》,使得千载以后,没有人不宗法他的文章而著述,仰仗他的圣哲而做事,可叹啊!他可以说是闻名于世的大圣人,亿万年的师表啊!如今遭受天下大乱,各种祀典都被荒废,旧时的庙宇,都因长久不修而毁坏,对孔氏的封爵也都停止,他的故乡阙里再也听不到讲礼颂诗的声音,四时看不到祭祀的情形,这难道是那些要崇尚礼德、报答功业,大功大德百代帝王要祭祀的人吗!特封议郎孔羡为宗圣侯,食邑百户,伺奉孔子的祀庙。"命令鲁郡把旧时的庙宇重新修建,布置一百户官吏士兵守卫,又在外围建造许多房屋,让志学之士居住。

三月,文帝加封辽东太守公孙恭为车骑将军。开始恢复使用五铢钱。夏四月,任命车骑将军曹仁为大将军。五月,郑甘再次叛乱,文帝派曹仁去征讨并把他斩首。六月一日,开始祭祀五岳四河,其他各种祭祀也都有秩序地进行。二十八日,文帝夫人甄氏去世。二十九日,发生了日食,官吏请求免去太尉的职务,文帝下诏说:"上天显示灾难,是用来谴责元首的,而现在却把过错推到大臣身上,难道是大禹、汤王归罪于自己的道理吗?特此命令文武百官小心虔诚地履行自己的职责,以后凡是有自然灾害,不要再弹劾三公。"

秋八月,孙权派使者送来奏章,并送回于禁等人。十九日,文帝派太常邢贞为使者,拿着符节去江东,封孙权为大将军、吴王,赏赐车马、衣服、乐器、朱户、纳陛、虎贲、铁钺、弓矢、秬鬯九锡。冬十月,任命杨彪为光禄大夫。因为谷物太贵,停止使用五铢钱。十二日,任命大将军曹仁为大司马。十二月,往东方巡视。这一年修筑陵云台。

黄初三年(222)春正月初一,发生了日食。五日,文帝驾临许昌宫。发布诏令道:"现在考核官吏、选举孝廉,就是古时候诸侯王推举才士;十户的小邑,一定会有忠诚守信的贤人,如果限制年龄选取士人,那么吕尚、周晋就不会在前代显达了。特令各郡国选举才士,不分老幼;只要儒生通晓经术,吏人明达文法,都可以考试选用。官府纠察故意作伪之人。"

二月,鄯善、龟兹、于阗各族酋长都派使臣来奉献贡品,文帝下诏说:"从前西戎各国臣服就绪,氐族、羌族来朝见汉王,《诗》《书》都称颂此事。现在西域的各少数民族都叩开边塞大门来依附我们,特此命令使者去慰劳安抚。"从此以后便与西域往来,设置戊己校尉。

三月初一,齐公曹叡被立为平原王,文帝的弟弟鄢陵公曹彰等十一人也都被封为王。开始制定规章,封王的庶子为乡公,嗣王的庶子为亭侯,公的庶子为亭伯。十日,封皇子曹霖为河东王。三十日,文帝巡行驾临襄邑。夏四月十四日,鄄城侯曹植被立为鄄城王。二十九日,文帝巡行回到许昌宫。五月,把荆、扬以及长江以南的八郡定为荆州,仍然让孙权领荆州牧;荆州江北各郡归郢州。

闰月,孙权在夷陵打败了刘备。当初,文帝听说刘备大军东下,与孙权交战,竖立栅栏、连接营寨七百多里,对群臣说:"刘备不懂兵法,难道有用七百里连营抵抗敌军的吗?'苞原隰险阻而为军者为敌所擒',这是兵家大忌。孙权的奏书马上就要到了。"七天后,孙权打败刘备的奏书果然到了。

秋七月,冀州发生大的蝗灾,百姓饥饿不堪,文帝派尚书杜畿拿着符节到各地打开粮仓,赈济灾民。八月,蜀国大将黄权率部下投降。

九月三日,文帝下诏说:"妇人参与政事,是动乱的本源。从此以后,群臣有事不得向太后奏说,皇后家族的人不能在朝中担任重要职务,也不能无功而被封王封侯;把这条命令传给后世,如果有人违背了,天下人可以一同诛杀他。"九日,把郭氏立为皇后。赏赐全国男子二级爵位;鳏夫、寡妇、重病、衰老和贫苦难以生存的人,国家赐给粮食。

这年冬十月三日,明示首阳山东侧为寿陵,发布关于丧葬的文告说:"按照礼制,国君即位以后,就应该制作内棺,表示活着的时候不忘记死亡。从前尧葬在谷林,四周都是树木;禹葬在会稽,农夫不迁移田地,因为葬在山林中,就与山林为一体。聚土造坟、植树为记的规定,并不是上古就有的,我不采用。寿陵与山成为一体,没有必要造坟植树,也不要建立寝殿,修筑园邑,修设神道。葬,是埋藏的意思,就是想让别人看不见。尸骨没有痛痒的感觉,坟墓也不是神灵的住宅,礼制不到墓上祭祀,是不亵渎亡灵,做好棺椁足可以使骨头腐朽,穿好衣衾足能够让肉体腐烂就罢了。我之所以在这不长庄稼的地方建造坟墓,是为了使后代人找不到我葬在哪里。不要放防腐的灰炭,也不要用金、银、铜、铁等陪葬品,全部用瓦制品,这样才合乎古代殉葬用涂彩的泥车、茅草扎成的人马的规定。棺木漆刷三遍,口中不必含有珠玉,也不要穿着珍珠做的服装,放在玉制的匣子中,这些都是愚蠢的世俗之人才做的事。季孙用美玉丧殓,孔子忙前去劝阻,说这样做就像要把尸骨暴露在荒原中一样。宋公被厚葬,有识之士都说华元、乐莒没有做到臣子的职责,认为这是把君主抛在罪恶之中。汉文帝墓没有被挖开,是因为霸陵中没有什么东西让人贪图;光武帝坟被掘开,是因为原陵造墓种树的缘故。所以霸陵得以保全,功劳在于释之;原陵被掘毁,罪责在于明帝。这是因为释之忠心,得以保全君主;而明帝的敬爱之心却害了自己的亲人。忠臣孝子,都应该想想孔仲尼、左丘明、释之的话,以华元、乐莒、明帝为前车之鉴,引以为戒,心中常常存着一个使君主亲人安定、魂灵万载不受危害的想法,这就是贤圣之人的忠和孝了。从古到现在,没有不灭亡的国家,也没有不被挖掘的坟陵!自从祸乱以来,汉朝历代皇帝的陵墓没有不被挖掘的,以至于烧掉棺椁拿取玉匣金衣、骸骨也一同化为灰烬,这样焚烧就同上刑一样,难道不令人哀痛吗!祸害的根源就在于厚葬和造陵种树。古人说:'桑、霍为我戒',不是说得很明白吗?皇后及贵人以下的嫔妃,凡是不和国王埋在一起的,死后都葬在涧西,先前已经说明在何处了。舜帝安葬在苍梧,两个妃子都没有和他葬在一起;延陵葬子,也远在嬴、博,魂魄有灵,没有不能去的地方,一涧之隔,并不遥远。如果谁违背了这条诏令,擅自变更改造,我在地下就会被戮尸、戮而重戮,死而又死。为臣为子者轻视欺侮已死去的君王、父亲,就是不忠不孝,假设死者有知,将不会保佑你。特令将这条诏令收藏在宗庙之中,抄录副本存在尚书、秘书、三府之中。"

这个月,孙权再次反叛。恢复郢州为荆州。文帝从许昌出发南征,诸路大军并进,孙权依靠长江拒守。十一月十一日,驾临宛地。三十日,发生日食。这一年,开凿了灵芝池。

黄初四年(223)春正月,文帝发布诏令说:"自从祸乱以来,兵革不断,天下之人,互相残杀。如今海内刚刚安定,有敢私下里复仇的人都要灭其九族。"在宛城修筑南巡台。三月八日,从宛城回到洛阳宫。十五日,月亮冲犯心宿中央的大星。十九日,大司马曹仁去世。这个月发生了大瘟疫。

夏五月,大批鹈鹕鸟聚集在灵芝池,文帝发布诏令说:"这就是诗人所说的污泽呀!《诗经·曹风》中说'刺恭公远君子而近小人',如今难道有贤能才智之人被埋没吗?否则这些鸟为什么都来了?特令广泛举荐天下隽德大才和洁身自好的君子,用来应对曹人的讽刺。"

六月十七日,任城王曹彰在京都去世。二十八日,太尉贾诩又死了。太白星白天出现。这个月大雨连绵不断,伊水、洛水泛滥,淹死百姓、冲坏房屋。秋八月十一日,任命廷尉钟繇为太尉。十五日,在荥阳打猎,然后东巡,评判征伐孙权的功劳,众将以下都晋爵增户,各有奖赏。九月十九日,驾临许昌宫。

黄初五年(224)春正月,开始颁布命令,只有谋反的大逆不道之罪才能检举揭发,其余的控告官府不准受理;有敢诬陷别人的人,就用他诽谤别人的罪行来处罚他。三月,文帝从许昌回到洛阳宫。夏四月,设立太学,制订五经课试的方法,设置《春秋谷梁》博士。五月,官府因为众公卿在初一、十五两天朝见,奏报疑难之事,文帝听取众人意见,断定方针大策,与众公卿讨论利弊得失。秋七月,文帝出发东巡,驾临许昌宫。八月,成立水军,文帝亲自驾驶龙舟,沿着蔡、颍二州,渡过淮河,到达寿春。扬州郡内将吏百姓,被判五年以下徒刑的罪犯,全部免去罪行、放回家中。九月,到达广陵,大赦青、徐二州,调换二州的将领和郡守。冬十月六日,太白星在白天出现。回到许昌宫。十一月十一日,因为冀州发生饥荒,文帝派使者开仓放粮,赈济百姓。这个月最后一天,发生了日食。

十二月,文帝发布诏令说:"先王制定祭祀的礼法,是为了表明对祖先的孝顺,重大的到郊社去祭祀,其次到宗庙中去祭祀,日月星辰,名山大川,都不在此列,祀典中不包括它们。三世衰乱,崇信巫史,以至于宫殿之内,门窗之间,无处不置酒祭祀,迷惑众人已经达到了非常严重的地步。自此以后,有人敢举行不该举行的祭祀以及巫祝的活动,一律当作旁门左道论处,把这条命令著录到法典上。"这一年,挖通了天渊池。

黄初六年(225)春二月,文帝派遣使者从许昌往东巡视各地,一直到沛郡,访问百姓疾苦,对贫困的人给予赈济和借贷。三月,文帝到达召陵,修通讨虏渠。二十八日,回到许昌宫。并州刺史梁习征伐鲜卑人轲比能,把他们打得大败。闰月二十四日,文帝亲率战舰东征,五月二日到达谯县。十六日,火星侵入太微星。

六月,利成郡兵丁蔡方等人举众造反,杀死太守徐质。文帝派遣屯骑校尉任福、步兵校尉段昭与青州刺史前去征伐,平定了那里;其中被胁迫和逃亡的人,都被赦免了罪行。

秋七月,封皇子曹鉴为东武阳王。八月,文帝带着水军从谯地出发,沿着涡水入淮河,改从陆路到徐州。九月,筑起东巡台。冬十月,驾临广陵故城,临江检阅军队,士兵十多万人,旌旗飘扬数百里。这年非常寒冷,水路都结了冰,舟船不能入江,文帝便往回走。十一月,东武阳王曹鉴去世。十二月,从谯县回还路过梁地,遣派使者用三牲之礼祭祀已故的汉朝太尉桥玄。

黄初七年(226)正月,文帝要驾临许昌,许昌城南门无故自行崩塌,文帝心中不快,没有进许昌。十日,回到洛阳宫。三月,修筑九华台。夏五月十六日,文帝病重,宣召中军大将军曹真、镇军大将军陈群、征东大将军曹休、抚军大将军司马宣王,他们都接受遗诏辅助继位的皇上。把后宫中淑媛、昭仪以下的嫔妃遣送回家。十七日,文帝在嘉福殿去世,时年四十岁。六月九日,在首阳陵安葬。从发丧到埋葬,都按照他先前的规定办理。

当初,文帝喜好文学,以著述为业,自己创作作品近百篇。又命令众儒生撰写收集经传,按类排列,共一千多篇,称为《皇览》。

评:文帝天资聪颖,文采丰赡,下笔成章,博闻强记,才艺双全;如果再具备旷大的气度,磨砺公平的用心,追求远大的志向,心存宏伟的道义,推广仁德之心,那么与古代的贤主相比,也差不太远了。

卷三　魏书三

明帝纪第三

　　明皇帝名叡,字元仲,是文帝曹丕所立的太子。他自幼受到祖父武帝的喜爱,经常被带在身边参加宫廷宴会及朝政活动。十五岁那年被封为武德侯,文帝黄初二年(221)被封为齐王。次年晋封为平原王。但由于生母甄夫人被文帝赐死的原因,他一直未被册立为太子。黄初七年(226)夏五月十六日,文帝病危,才正式立他为太子。次日文帝驾崩,叡遂即皇帝位。诏令大赦天下,尊封皇太后为太皇太后,文帝郭皇后为皇太后,朝中公卿群臣晋爵加俸各有所得。六月十四日,追谥生母甄夫人为文昭皇后。二十三日,加封其弟曹蕤为阳平王。

　　这年八月,东吴孙权的军队进犯江夏郡,江夏太守文聘坚守城池抵抗,朝中群臣纷纷建议赶紧发兵救援。明帝对他们说:"孙权军队的长处是善于水战,这次他们之所以敢于离开战船而转到陆地上攻城,不过是想钻文聘防守不严的空子,打他一个措手不及。可眼下文聘已和他们战成相持之势,他们并不占有明显的优势,所以是不会坚持长久的。"在这之前,明帝曾派遣治书侍御史荀禹慰劳戍边将士,闻知吴军进犯的消息,荀禹便在去往江夏的路上沿途召集各县兵马,加上自己身边的随从卫士共得步骑兵千余人。到达江夏城外,荀禹指挥军队借山势举火向吴兵发起攻击,东吴军队撤兵退走了。

　　十二月,明帝立皇子曹冏为清河王。东吴将军诸葛瑾、张霸等又率部侵犯襄阳。抚军大将军司马懿指挥魏军大破吴军,斩吴将张霸。征东大将军曹休也在寻阳打败了其他东吴将军指挥的军队。朝廷对他们一一论功行赏。这年冬十月,清河王曹冏去世。十二月,迁太尉钟繇为太傅,征东大将军曹休为大司马,中军大将军曹真为大将军,司徒华歆为太尉,司空王朗为司徒,镇军大将军陈群为司空,抚军大将军司马懿为骠骑大将军。

太和元年(227)春正月,明帝在郊外祭天,以太祖武皇帝配享;又率宗族在明堂奉祀天帝,以文皇帝配享。接着将与吴国接壤的江夏郡南部地区分出,另设置江夏南部都尉。这时西平郡麴英反叛,连杀临羌令、西都长等地方官员,于是派遣将军郝昭、鹿磐率兵平定叛乱,斩杀了麴英。二月五日,明帝为表示重视农事,鼓励农耕,照例到属于他名下的籍田中从事象征性的耕作劳动。十五日,诏令在邺城修建文昭皇后寝庙。二十一日,明帝一大早到东郊祭祀太阳。夏四月初十,发行五铢钱。十九日,开始动工营建宗庙。秋八月,明帝又在西郊举行祭祀月亮的仪式。冬十月四日,在东郊训练军队。西域焉耆国国王特送其儿子来到明帝身边侍奉。十一月,立毛氏为皇后,赐天下男爵子爵各进二级,对孤寡老弱不能维持生计者由官府赐给谷物。十二月,封毛皇后的父亲毛嘉为列侯。新城太守孟达叛乱,诏令骠骑将军司马懿讨伐。

太和二年(228)春正月,司马懿挥兵攻破新城,斩叛将孟达,将其首级送往京都洛阳。朝廷将原属新城的上庸、武陵、巫县划出,新置为上庸郡,锡县新置为锡郡。

蜀国大将诸葛亮指挥军队侵犯边境,天水、南安、安定三个郡的官吏和百姓皆叛魏响应诸葛亮。明帝遣大将军曹真督师出兵关右,又派右将军张郃率军在街亭向诸葛亮发起攻击,把他打得大败。诸葛亮引兵退回汉中,天水、南安、安定三郡得以平定。三月十八日,明帝亲临长安,夏四月返回京都洛阳,诏令赦免除罪不容赦者以外的所有囚犯。十六日评判征伐的战功,依据功劳大小对将士们封爵增邑。五月,大旱。六月,明帝下诏令说:"尊奉儒家学说,提倡学术研讨风气,乃是国家实行王教的根本大计。但近来发现有些儒官很不称职,如此下去将何以传播圣道?只有通过严格考核选拔上来的博学之士,才可以担任侍中、常侍这样的重要官职。今特别告诫各地,今后向朝廷举荐的人才应以精通儒家经典为先决条件。"这年秋九月,大司马曹休率军开到皖地,与东吴大将陆逊交战于石亭,魏军被吴军击败。二十九日,明帝立皇子曹穆为繁阳王。十月十四日,大司马曹休去世。冬十月,明帝诏令朝中公卿近臣各荐举良将一人。十一月,司徒王朗病死。十二月,诸葛亮指挥蜀军包围陈仓,大将军曹真派将军费曜等人带兵抵抗。此时辽东太守公孙恭哥哥的儿子公孙渊劫夺了叔叔的官位,为稳定后方,朝廷遂任命公孙渊为辽东太守。

太和三年(229)夏四月,元城王曹礼病死。六月二十一日,繁阳王曹穆死。

二十六日,明帝追尊在东汉桓帝时当过大长秋的高祖曹腾为高皇帝,夫人吴氏为高皇后。

这年秋七月,明帝下诏说:"按照礼法,皇后如果没能生养嫡子以继承王位,可以在近亲旁支中选择贤明有德者以承嗣大宗。但像这种本非正宗而入主朝廷者理应奉公义而行,怎么能借皇上的地位一味去照顾自己的家人和亲戚呢? 汉代的时候宣帝以旁支承嗣昭帝,当了皇帝便先给自己死去的父亲追赠皇号;哀帝也是从诸侯王的子孙中选立的,他手下的董宏等人投其所好,援引亡秦之先例为他加封亲属提供依据,搞乱了当时汉朝的礼法,不仅他的父亲被尊为恭皇在京都立庙,甚至连他父亲的四位后妃也同时受宠,分别尊称为皇太后,享受先帝时皇太后的全部待遇。于是朝廷中出现了父子在前殿同时称皇、四位皇太后并立后宫的极不正常的现象。这样的僭越无礼无法,无论人民还是神灵都不会保佑他们。朝臣师丹忠心耿耿进言力劝反而获罪,导致了丁、傅受焚刑这样的灾祸。从此之后,类似出身的帝王纷纷仿效。当年鲁文公颠倒祭祀秩序,罪过在于夏父;宋国君主超越规格厚葬,世人讥议华元无礼。我如今特别告知公卿和各级官吏,一定要以前代的教训为戒。今后万一出现由曹姓诸侯王入朝承嗣帝位的情况,务必应使他明白是作为先帝后人以继位的大义。如果有人以歪门邪道引诱和阿谀当朝君主,肆意加封皇号来扰乱皇亲正统,称新君的父亲为皇,母亲为后,那么朝廷的股肱大臣可以杀死他。此诏令当用金册记录下来,藏于宗庙,并写进国家典章法令之中。"

冬十月,将平望观改名为听讼观。明帝经常对别人说:"审理公案,关系着天下人的性命,不可不明察公断。"因此每逢审断重大案件,他常常亲自前往听讼观审。

当初,在洛阳宗庙尚未建成时,先帝们的神位都安放在邺城宗庙。十一月间洛阳宗庙落成,特派朝中礼官太常韩暨持节迎高皇帝、太皇帝、武帝、文帝的神位于邺城。十二月十日,尊奉各位先帝神位入洛阳宗庙。

二十四日,大月氏王波调派使者来朝见,向明帝进献珍贵礼物。明帝封波调为亲魏大月氏王。

太和四年(230)春二月四日,明帝诏令说:"世上朴实有用的文章,都是随着王教的变化而不断改变的。自汉末兵乱以来,儒家经典不为人看重,年轻人的兴趣和追求,也不放在经典的学习研究上,这岂不是官府训导不力,在官员的选拔任用上不能以德是举造成的严重后果吗? 官吏们只有真正学通一部经典,其才识方可胜任管理百姓的责任。对博学高才者要严格考核,从中擢拔出名副其实的优秀者立即予以重用,而对那些华而不实不能重用的人,则一律予以罢退。"十日,明帝又传令太傅三公,将文帝所著《典论》一书刻在石碑上,立在宗庙门外。十五日,任命大将军曹真为大司马,骠骑将军司马懿为大将军,辽东太守公孙渊为车骑将军。夏四月,太傅钟繇病死。六月十一日,太皇太后崩。十九日,明帝到上庸郡巡视。秋七月,将太皇太后灵柩合葬于武帝之高陵。接着,传诏命大司马曹真、大将军司马懿率魏军伐蜀。八月五日,明帝东巡,遣使者以一头公牛的牲礼祭祀中岳山神。十九日到达许昌宫。九月,天连降大雨,伊水、洛水、黄河、汉水等水势猛涨,溢出河堤,乃诏令曹真、司马懿等人班师。冬十月十一日,明帝一行返回洛阳宫。十六日,明帝传令各地:狱中所押囚犯除罪不容赦的死囚外,其余一律按罪过大小由家人赎回。十一月,太白冲犯岁星。十二月,改葬文昭甄皇后于朝阳陵。二十三日,下诏令公卿们为朝廷举荐贤良的人才。

太和五年(231)春正月,明帝亲往属于他名下的籍田中从事农耕。三月,大司马曹真病死。诸葛亮率蜀军进犯天水一带,明帝诏令大将军司马懿统兵抵御。自去年十月至此半年时间无雨。九月,明帝率朝臣举行盛大的祭祀求雨仪式。夏四月,北方鲜卑附义王轲比能率族人及丁零大人儿禅到幽州贡献名马,又重置护匈奴中郎将。秋七月六日,蜀军自动退走,朝廷对抵抗蜀军有功的将士分别封爵升官加以褒奖。十五日,皇后生皇子曹殷,传令大赦天下。

八月,明帝诏令说:"古代诸侯们有经常往来相见的方便,所以大家能和睦相处,各个国家也能相保平安。本朝先帝立下法令,不让分到封地的诸王们住在京都,说幼主在位,母后执掌政权,为了防止诸侯王篡位,这是关系到国家安危盛衰的大事。由于这个原因,我已有十二年没有见到各位诸侯王了。手足之情殷殷,怎能不让我格外思念!今特令诸王及公侯各将其嫡子一人送到都城来见我。以后有少主、母后在宫中者,则仍照先帝的法令办。此规定申明天下并著之于典册。"这年冬十一月十七日,月犯轩辕大星。此月的最后一天,有日食出现。十二月六日,月亮再犯镇星。二十日,太尉华歆病死。

太和六年(232)春二月,明帝诏令说:"古代的帝王们分封自己的兄弟亲族为四方诸侯,故而他们能齐心合力拱卫王室。《诗经》上说:君王以恩德施及他人,谋求国家安宁,亲族们也就竭尽力量辅佐天子,保卫王城。周王朝以后的秦、汉两代强弱不定,皆是由于失去了这个根本。想我魏王朝创业之初,全是靠诸王们齐心奋斗打出了天下。当时的一些分封之事都是根据那时的现状决定的,并无定制,也不足以为后世永远效仿。今决定将诸王们改封为诸侯王,各以自己所统领的郡为诸侯国。"三月七日,明帝东巡,所过之处,嘱咐对于年老体弱的鳏寡孤独者赐予谷物和衣帛。九月,月犯轩辕大星。四月六日,明帝一行到达许昌宫。二十八日,携时鲜水果到祖庙举行祭祀。转过五月,皇子曹殷夭折,谥封为安平哀王。秋七月,提升卫尉董昭为司徒。九月,明帝巡行到摩陂。传令大修许昌宫,新建景福、承光二殿。这年十月,珍夷将军田豫率部在成山征讨吴将周贺,击败吴军并将周贺杀死。十一月四日,白天太白星显现,又有彗星在其两侧,接近太微上将星。二十七日,陈思王曹植去世。十二月,明帝返回许昌宫。

青龙元年(233)春正月二十三日,位于郏县之摩陂的水井中有青龙出现。二月六日,明帝亲往摩陂观龙,并改太和年号为青龙年号,改摩陂为龙陂,赐男爵子爵各进二级,鳏寡孤独的人免除当年租赋。三月三日,又下诏让公卿荐举贤良笃行之士各一人。夏五月十二日,诏令将已故大将军夏侯惇、大司马曹仁、车骑将军程昱的灵位列于太祖庙庭,配享祭祀。十八日,北海王曹蕤死。闰月初一月出之时,有日食发生。八日,改封诸侯王女以外的各宗室女皆为邑主。传诏诸郡国凡山川不在祭祀典册者不可举行祭祀活动。六月,京都洛阳宫中的鞠室发生火灾。

当初归顺了魏国并驻扎边地为魏国守卫边塞的鲜卑首领步度根与反叛的鲜卑首领轲比能私通。并州刺史毕轨上书明帝报告此事,还经常借操练兵马的机会向他们炫耀武力,对外以威胁轲比能,对内以警告步度根。明帝看到毕轨的奏书说:"步度根对于轲比能的拉拢引诱,本来可能还存有疑心。如今毕轨这么一搞武力威胁,只能使他们二人惊恐之下合为一体,加速步度根的反叛,这哪谈得上是什么威镇呢?"于是急忙给毕轨下达命令,所辖兵马切勿越过边塞开到句注一带。但等诏书传递到毕轨手中,他早指挥军队开过边塞驻扎阴馆,并派手下将军苏尚、董弼二人向轲比能的军队发起进攻。恰逢轲比能的儿子率千余名骑兵驰往步度根的营寨,两军在楼烦相遇随之展开激战。苏尚、董弼二将不敌鲜卑骁勇骑兵,魏军溃败。步度根乘机率本部兵马人众反叛出塞,与轲比能合兵一处骚扰魏国边境。明帝派遣骁骑将军秦朗统率精锐部队开赴边塞讨伐,叛军战败后远遁大漠之北。

秋九月,屯驻安定地区保卫边塞的匈奴首领胡薄居姿职等人又率部反叛。

大将军司马懿派遣部将胡遵指挥进剿，很快打败了叛军并迫使叛军首领投降。

冬十月，步度根部落的另一名首领戴胡阿狼泥等人到并州，表示愿意向魏军投降。骁骑将军秦朗班师还朝。

十二月，车骑将军公孙渊将前来劝降的东吴特使张弥、许晏二人斩首上报。封公孙渊为大司马乐浪公。

青龙二年(234)春二月十日，太白金星犯火星。十八日，明帝下诏说："以鞭笞作为官方的刑罚，本是为了改变对法令的轻视，近年由于许多无辜者死于鞭杖之下，朝廷决定减少鞭刑的使用范围，并明确载入法令。"三月六日，汉献帝、禅让曹氏后被封为山阳公的刘协病逝，明帝着素服志哀，并派特使代表他参加葬礼。二十五日，诏令大赦天下。夏四月，国内发生大瘟疫，京城崇华殿发生火灾。十二日，明帝特诏令负责祭祀的朝中礼官备下牛羊猪齐全的祭品，到文帝庙中举行祭祀活动，又追谥山阳公为汉孝献皇帝，以汉代天子的规格礼仪安葬。

也就在这个月，蜀相诸葛亮率大军出斜谷，进驻渭南。大将军司马懿指挥魏军迎战，两军在渭水南岸成对峙势态。明帝传诏司马懿说："我军只要坚壁拒守，避免与蜀军交锋，诸葛亮的进兵计划便不能遂愿。撤军他不甘心，久驻则粮草无法接济，最后出师无获他只能自动退兵。等蜀军撤退之际我军以逸待劳，大举追击，定可大破蜀军而获全胜！"

五月，太白金星白日出现。东吴孙权率军北上到达巢湖，向合肥新城发动进攻；同时派将军陆议、孙韶各带一万多兵马分别进入淮河和沔水。六月，征东将军满宠率部在新城抵抗吴军。满宠向明帝提出建议，打算弃守新城，把吴兵引诱到寿春。明帝不从，传令满宠说："过去汉光武帝派遣少量的精兵坚守遥远的略阳郡，终于借此打败了强悍的隗嚣。我朝先帝东置合肥，南守襄阳，西边防御祁山，故军来犯每每在这三座城下吃败仗，可知这都是些兵家必争之地。这次纵然是孙权亲率大军进攻新城，新城也决不会陷于敌手。希望守城诸位将军努力作战，我也将亲自督师前往与吴军会战。说不定等我到达新城时，吴军早已败走了呢。"七月十九日，明帝亲乘龙舟率师出征。孙权军队围攻新城多日，魏将张颖等拒守力战，吴军难以取胜。闻听明帝亲率大军前来增援，已经疲惫不堪的吴军赶紧撤走了。孙权这路一退，陆议和孙韶两路兵马也不敢恋战，吴军的进攻于是全部瓦解。魏国群臣认为西边渭水上大将军司马懿正与诸葛亮重兵对峙难决胜负，皇帝可乘战胜吴军的有利时机西巡到长安。

明帝听到这些建议后说:"孙权败走,诸葛亮已经吓破了胆,西边有大将军就足可以对付,我不必再为那边的事操心了。"于是率大军到达寿春,对参战诸将各录其功,并按战功大小分别予以封赏。八月七日,明帝隆重典阅兵马,置丰盛的酒食犒劳三军,同时派出专门使者持节杖到合肥等地慰问驻军。把这些事情做完,二十八日,明帝才返驾回到京都。

大将军司马懿率魏军与诸葛亮对峙旷日持久,蜀军三番五次向魏军挑战,司马懿只是紧闭营垒坚守不出。后来诸葛亮劳累过度病逝军中,蜀军只好撤兵退走。

这年冬十月十四日,月犯镇星及轩辕星。二十七日,月再犯太白星座。十一月,京都发生地震。其震从东南来,能听到隐隐的轰鸣声,房屋为之摇动。十二月,明帝诏令负责司法的官员修订法律条令,减免处死罪的刑罚。

青龙三年(235)春正月八日,任命大将军司马懿为太尉。十九日,重新设置朔方郡。这时,京都又闹大瘟疫。二月八日,皇太后驾崩。二十六日,天降陨石落在寿光县境内。三月十一日,按丧葬之制为皇太后修建陵墓于文帝首阳陵涧西。

与此同时,明帝诏令大修洛阳宫,新建昭阳殿和太极殿,筑总章观。为了这些浩大的工程,大量百姓贻误农时无法从事耕种。耿直的朝臣杨阜、高堂隆等人曾多次恳切进谏,虽没能使明帝回心转意,可他倒也能和颜悦色地对待谏臣。

秋七月,京都洛阳宫中崇华殿被火烧毁。八月二十四日,册立皇子曹芳为齐王,曹询为秦王。九月二日,明帝返回洛阳宫,命官吏重新修复崇华殿,并改名为九龙殿。这年冬十月三日,中山王曹衮病死。二十六日,太白金星在白天出现。十一月二十二日,明帝到达许昌宫。

青龙四年(236)春二月,太白星又在白昼出现。月犯太白,又犯轩辕星,入太微星而出。夏四月,明帝诏令设置崇文观,征召天下善于撰文的人进观。五月十三日,司徒董昭病死。十五日,北方肃慎国进献用楛木制成的石弩弓箭。

六月初一,明帝诏令说:"从前唐虞氏把五刑之状画成图像张贴出去,百姓们就不再触犯法律;周王朝虽然设置了刑法却很少用得着。我自继位治理天下以来,虽极力仿效以往各朝代帝王们施政的长处,想重现过去好的社会风气,但现在看来想做到那些是太不容易了。法令越是明确地昭示天下,违法的人越是增多,刑罚实行得很是普遍,而种种犯罪活动仍然不能制止。既然如此,我决定把过去所颁布法令中的一些严苛条文,大多予以免除,这也是救百姓们的性命,是我的真诚的心愿。听说各地审断的犯人每年有数百之多,这岂不是因为我在治理国家时引导不够,使百姓们对违犯法令看得很轻不以为然,而刑罚上又采用一些严苛的手段,从而把百姓们引入陷阱吗? 有关执法人员在议定案件的处理意见时,务应以宽松为本。有些向我请求宽恕的犯人,往往还来不及申诉情由而案子已经判决,这怎么有利于把事情全部搞清楚,从而做到合情合理地断决呢? 现在我特别诏令朝中最高司法官廷尉及各郡国所有司法官吏,今后再遇有应处以死罪的囚犯,在案情全部理清并断决后,除谋反之类大逆罪及亲手杀人的凶犯外,其他的死罪犯人都应尽快通知其亲属。如有向我乞请宽恕的犯人,司法机关应将他所写的陈请书信和有关的案情文书一起送给我,我当尽力设法保全其生命。望将此诏令布告天下,使全国各地的官吏百姓都能知道我的意愿。"

秋七月,辽东高句丽国王宫将东吴孙权派去联络的特使胡卫等人斩首,并把首级送到幽州。十三日,太白犯轩辕大星。冬十月十日,明帝返回洛阳宫。十五日,一颗来历不明的亮星出现在大辰星周围,十六日,又出现在东方。十一月六日,天上出现彗星,犯宦者天纪星。十二月十五日,司空陈群死去。十七日,明帝巡行至许昌宫。

景初元年(237)春正月二十四日,山茌县报称有黄龙出现。负责典礼祭祀的官员趁机进奏。说魏王朝占有地卜元气三统五行中的地统,宜以殷历的建丑之月(夏历的十二月)为正月。于是朝廷中议定改变历法变更年号,以青龙五年三月为景初元年四月,又因魏王朝占有地统,为土行,故服色尚黄色。加以推行殷代历法,以建丑为正,所以国家大事也一如殷礼,崇尚白色。祭祀所用牛、羊、猪等祭品皆选取白色,逢战事乘黑首白马,举大红旌旗。朝会赠用纯白色的大旗。太和历改称为景初历。其春、夏、秋、冬四季的孟、仲、季各月时间虽与正岁不同,但诸如皇帝到郊外祭祀天地,举行祭迎五帝祈求丰年的仪式,春、夏、秋、冬四时的祭祀祖先,以及天子出巡、围猎的时间安排,朝廷颁布诏令和一年中十二节气的早晚,乃至于民间各项迎神赛社活动的日期等等,仍然以正岁的农历之月建为历数之序。

五月二日,明帝自许昌宫返驾回洛阳宫。二十二日,诏令国内实行大赦。六月一日,京城洛阳地震。四月,提升尚书令陈矫为司徒,尚书仆射卫臻为司空。十一日,从魏兴郡中分出魏阳,锡郡中分出安富、上庸等地新设置上庸郡,同时撤销锡郡建制,把锡县划归于魏兴郡。

朝中掌管礼乐的官员们进奏说:我朝武皇帝于汉末乱世之际拨乱反正,是为魏太祖,宫廷中演奏武始之乐舞。文皇帝应天受命,改朝换代,是为魏高祖,宫中演奏咸熙之乐舞。如今圣上继承先帝之大业,使国家得以大治,是为魏烈祖,乐宜用章斌之舞。三祖之庙,将存留万世永远不毁,其余四座宗庙,则随着后世历代新君的不断登基嗣位而陆续变更所属,在礼仪上完全如同周王朝时后稷、文王、武王的三座宗庙与其他四座宗庙的关系。

秋七月二日,司徒陈矫死去。东吴孙权又遣部将朱然率兵二万围攻江夏郡。荆州刺史胡质指挥魏军反击,吴军出师不利退走。在这之前,孙权曾派特使走海路到高句丽国进行联络,图谋南北夹击攻袭辽东。明帝闻知这个情况,便派遣幽州刺史毌丘俭率本部兵马以及归顺的鲜卑、乌丸部族军队开到辽东南部地区,又传递诏书给辽东太守大司马乐浪公公孙渊,命他督师与毌丘俭配合,以击破孙权和高句丽军队的联合进攻。不料公孙渊率部反叛,毌丘俭只得进军对他进行讨伐。适逢大雨连绵十月不停,辽河水大涨,军事行动难以展开。明帝便传令毌丘俭引军退到右北平郡一带休整。乌丸单于寇娄敦、辽西乌丸都督王护留等也各带部属随毌丘俭军退到内地。十四日,朝廷发布通告,宣布辽东的军队将领、地方官吏及士民百姓凡为公孙渊胁迫而不能向朝廷投降者,朝廷均宽大赦免其罪。二十六日,太白星白日出现。公孙渊自从毌丘俭退兵后,遂自封为燕王,设置朝臣百官,并称这年为绍汉元年。

为从海上出兵配合讨伐公孙渊的军事行动,明帝诏令青、兖、幽、冀四州大量建造海船。九月,冀、兖、徐、豫四州发生水灾,明帝派侍御史为朝廷特使到灾区巡视,对于洪水中幸存的灾民以及由于水灾失去财产无法生活的难民,特使所到之处皆打开官仓放粮加以赈济。九月十六日,皇后毛氏患病不治而亡。冬十月十三日,月犯荧惑(火星)。十九日,为毛皇后举行葬礼并在愍陵安葬。二十一日,在京都洛阳南郊委粟山营造圜丘用于祭祀皇天。十二月十九日冬至完工,举行祭祀大礼。当月二十四日,从襄阳郡分出临沮、宜城、旍阳、邔四县,另设立襄阳南部都尉管辖其军政事务。二十六日,朝中掌管典礼的官员奏请在京都为明帝生母文昭皇后建立祀庙。朝廷从襄阳郡中分出鄀叶县划归义阳郡。

景初二年(238)春正月,明帝下诏命太尉司马懿统率大军征讨割据辽东的叛将公孙渊。

二月十一日,提升大中大夫韩暨为司徒。二十一日,月犯心距星,又犯心中央大星。夏四月九日,司徒韩暨卒。十一日,朝廷划出沛国的萧、相、竹邑、符离、蕲、铚、龙亢、山桑、洨、虹等十县设置汝阴郡。宋县和原属陈郡的苦县划归谯郡,以沛、杼秋、公丘、彭城丰国、广戚五县合成沛王国。十九日,国内实行大赦。五月十五日,月再犯心距星,继而再犯中央大星。六月,撤销渔阳郡的狐奴县,恢复其安乐县的名称。

秋八月,烧当羌王芒中、注诣等人率部反叛,凉州刺史指挥诸郡兵马予以征讨,大获全胜,并斩杀了注诣。二十四日,彗星在张宿出现。

九月七日,太尉司马懿挥师将公孙渊包围在襄平,彻底打垮了叛军,公孙渊的脑袋被砍下来送到洛阳示众。辽东叛乱被荡平,诸郡重新归属于朝廷。冬十一月,朝廷总结讨伐公孙渊战争中将士们的功劳,自太尉司马懿以下建立军功者增邑封爵各有不同。当初朝中商议派司马懿统兵讨伐公孙渊时,准备以四万兵马出征。群臣都以为出动四万兵马太多了,军费开支及后勤粮草都难以支持。明帝坚持说:“四千里漫长的军事征伐,虽说可以出其不意以奇制胜,但毕竟还是要以强大的军事实力为前提。如此大规模的战事出兵四万并不为多,不应该过于计较军费开支的多少。”于是仍以四万大军出征辽东。待司马懿率师抵达辽东后,又赶上大雨连绵下个没完,无法展开对公孙渊的进攻。朝中群臣又议论说魏军最后不一定能打败公孙渊,应该传令让司马懿退兵。明帝不为这些议论所动摇,告诉群臣说:“司马太尉统兵善于随机应变,有勇有谋,我相信用不了多少日子他一定能够活捉公孙渊。”后来战事的发展果然都不出他的预料。

九月二十四日,任命司空卫臻为司徒,司隶校尉崔林为司空。闰月,月犯心中央大星。十二月八日,明帝卧病。二十四日,册立皇后,赐天下男爵子爵各进二级,鳏夫寡妇孤独无靠者由官府赐给粮谷。又下诏任命燕王曹宇为大将军。二十七日,免去曹宇大将军职务,另以武卫将军曹爽代替。

当初在青龙三年(235)的时候,寿春某农民之妻自称是天神所派,应当被安置在皇宫中,为帝王驱灾辟邪,纳福增寿。她取水给有病的人喝,饮者多能治愈,用水给人清洗疮口,也能收到明显的效果。明帝很是惊异,于是专门为她在后宫修建了住处,又下诏书褒扬她的才能,很是宠爱了一阵子。等到现在明帝病重,饮她的神水却不起任何作用,明帝一怒之下令人将她杀掉了。

景初三年(239)正月初一,太尉司马懿率师从辽东回到黄河以北的河内郡驻扎。明帝传令以驿马急召司马懿入朝。待司马懿匆匆赶来,马上被引入内室。明帝拉着他的手嘱咐说:"我的病看来是难以痊愈了。现在我就把后事托付给您。您和大将军曹爽共同辅佐太子吧! 我在死前能见到你,也没有什么遗憾的了。"司马懿痛哭流涕连连磕头,答应了明帝托孤的嘱咐。当天,明帝驾崩于洛阳宫嘉福殿,终年三十六岁。正月二十七日,被安葬在高平陵。

评:明帝治理国家沉着刚毅,见识超群。凡军国大事皆有自己的主见和谋略,不为他人所迷惑动摇,这些都显示了他作为一代帝王的良好素质和雄才大略。遗憾的是他在位期间国家尚处于分裂之中,百姓们由于连年战争加上自然灾害生活极为困苦。在这样的情势下,作为一国之主的明帝不是积极仿效艰难创业的先帝,进一步开拓宏基,励精图治,反而追随秦皇、汉武的奢侈行为,耗费大量人力国力去营建宫殿馆阁,从而影响了结束分裂、统一天下的长远大计,这大概是他的缺点和不足之处吧!

卷四　魏书四

三少帝纪第四

　　齐王名芳,字兰卿。明帝无子,抱养了他和秦王询。这属于宫廷中的秘密,没有人知其底细。明帝青龙二年(234),立他为齐王。景初三年(239)正月初一,明帝病重,立他为皇太子。同日明帝死,曹芳正式即皇帝位,传诏大赦天下,尊皇后为皇太后,大将军曹爽和太尉司马懿辅佐朝政。少帝发布诏令说:"我以很小的年龄继承先帝之鸿业,内心充满孤独无靠的忧愁,不知向谁诉说。大将军和太尉遵照先帝的遗嘱,共同辅佐我执掌朝政,又有司徒、司空、冢宰、元辅统领百官,维护了我曹氏江山社稷的安宁。加上朝中各位公卿大臣们都齐心协力,这一切都让我感到高兴。现在各项准备开工的宫殿台阁工程,遵先帝的遗诏都予废止,官府及公卿府中六十岁以上的奴婢,放他们出去做一般的平民。"二月间,西域地区的国家通过翻译辗转进献火浣布,少帝诏令大将军、太尉亲自试验给朝中百官看。

　　二月二十一日,少帝下诏说:"太尉办事遵行道义,为人正直,尽忠朝廷已历三代,曾经南擒孟达,西破蜀虏,东灭公孙渊,战绩卓著,功盖天下。古代周成王为了社稷的安定设置太保太傅之官,近世汉光武帝为了取得天下而宠信邓禹,所以为帝王者优遇重用的有才德的英杰,必须要对他们格外授以尊位。现在我决定提升太尉司马公为太傅,依旧掌握节制统领全国兵马都督军事的权力。"三月,任命征东将军满宠为太尉。夏六月,因为辽东东沓县官吏百姓渡海到齐郡居住,把过去的纵城改名为新沓来安置迁徙来的百姓。秋七月,齐王开始亲自临朝,听取公卿官员奏事。八月,诏令大赦天下。冬十月,以镇南将军黄权为车骑将军。

　　十二月,少帝下诏令说:"烈祖明皇帝在正月离开了人世,做臣子的永远不会忘记先帝驾崩的日子。现在重新恢复夏历的正月为岁首，虽然违背了先帝的通三统意旨，但这种变化确也是依据礼制而来的。又夏历正月从气数上得天之正，所以决定以夏历建寅之月为正始元年正月，以建丑月为岁末十二月。"

正始元年(240)春二月十五日，加封侍中中书监刘放、侍中中书令孙资为左右光禄大夫。三月八日，组织辽东汶、北丰两县百姓大规模渡海迁徙。又划出齐郡之西安、临淄、昌国三个县的土地设置新汶、南丰县，让远途迁徙而来的百姓定居。

自去年十二月到四月滴雨不见。四月十八日，诏令全国各地司法官员们赶快着手复查冤案，审理出的冤狱要妥善处理；公卿群臣及各级官员们有什么对国家有利的高见和谋略，也尽管提出来。夏四月，车骑将军黄权病死。秋七月，少帝诏令说："《易经》中说过减少上层的花费而使百姓多得到些实惠，以节俭为原则，不白白耗费资财，不使百姓负担过重。现在的情况恰恰是老百姓很贫困而宫廷及官府中大量以金银制作杂物，这样下去怎么行呢？现在决定从宫廷中拿出用黄金白银做成的用品一百五十种，计有一千八百斤，全部销毁重新冶炼以作军用。"八月，皇帝视察洛阳一带秋季的庄稼，对于高龄的种田人予以不同程度的赏赐。

正始二年(241)春二月，皇帝能初步读懂《论语》，派负责宗祀礼仪的太常以牛、羊、猪作为祭品在国学馆祭祀孔子，以颜渊配享祭祀。

夏五月，东吴将军朱然引兵围攻襄阳郡的樊城，太傅司马懿带领魏军抵御吴军。六月二十九日，吴军撤退。闰月七日，任命征东将军王凌为车骑将军，冬十二月，南安郡发生地震。

正始三年(242)春正月，东平王曹徽病死。三月，太尉满宠死。秋七月十八日，南安郡地震。十日，任命领军将军蒋济为太尉。冬十二月，魏郡又发生地震。

正始四年(243)春正月，为皇帝举行加冠典礼。公卿朝臣都得到不等的赏赐。夏四月二十四日，立甄氏为皇后，宣布大赦天下。五月初一，出现日全食。秋七月，下诏在太祖曹操庙庭中举行祭祀仪式，祭祀已故大司马曹真、曹休、征南大将军夏侯尚、太常桓阶、司空陈群、太傅钟繇、车骑将军张郃、左将军徐晃、前将军张辽、右将军乐进、太尉华歆、司徒王朗、骠骑将军曹洪、征西将军夏侯渊、后将军朱灵、文聘、执金吾臧霸、破虏将军李典、立义将军庞德、武猛校尉典韦等功臣名将。冬十二月，日本国女王俾弥呼派特使来朝进贡礼品。

　　正始五年(244)春二月,皇帝委派大将军曹爽率兵征伐西蜀。夏四月初一,出现日食。五月十八日,天子完全听懂了《尚书》的内容,特命太常以牛、羊、猪在国学馆祭祀孔子,以颜渊配享祭祀,并对太傅、大将军及侍讲者各有赏赐。二十一日,大将军曹爽率军还洛阳。秋八月,秦王曹询病死。九月,北方鲜卑部族南来归附天子,朝廷把他们安置在辽东属国,设立昌黎县让他们生活居住。十一月十二日,天子下诏在太祖庙中祭祀已故尚书令荀攸。十八日,恢复秦国原名为京兆郡。十二月,司空崔林病死。

　　正始六年(245)春二月十七日,南安郡发生地震。二十六日,任命骠骑将军赵俨为司空。夏六月,赵俨死。八月十九日,以太常高柔为司空。九月十一日,以左光禄大夫刘放为骠骑将军,右光禄大夫孙资为卫将军。冬十一月,合祭先祖先帝于太祖庙,这时才开始祭祀前面评定的二十一位辅佐太祖的大臣。十二月五日,天子下诏用已故司徒王朗所著《易传》作为授课和考试必用书。二十九日,又发出通告:“明日太子在朝堂大会群臣,太傅年老功高,特许可以乘坐轿子上殿。”

　　正始七年(246)春二月,幽州刺史毌丘俭讨伐高句丽,夏五月,又征伐濊貊,都取得了胜利。韩那奚等数十国纷纷率其部族投降。秋八月六日,天子诏令说:“我派人到市场上看到官家所辞退而出卖的奴婢,年纪差不多都已有七十岁,有的已经病弱不堪,正是通常所说的天子臣民中的穷困者,而官家却以他们老弱不中用再转手卖掉,使他们进退无着。现在把这些人一律作为良民,对于年老体弱确已失去生活能力的,各郡县官府应该赈济他们。”

　　七日,天子下诏说:“我原计划于十九日亲往宗庙祭礼,昨天出去已见有人正在整修道路,如以后下雨还要重新整治,一遍遍地白下功夫。我每每想到百姓人力不足而徭役太重,总是日日夜夜挂在心头。道路只要修通就可以了,但听说已催逼驱使老少民众昼夜劳作,而且极修饰之能事,致使百姓疲困流离,哀怨叹息。这令我怎能安心乘车通过这条道路,到先帝的宗庙中去奉献自己的孝心和忠诚呢?从今天开始以至将来,我明确宣布改变这种做法。”冬十二月,天子通晓了《礼记》,派太常以牛羊猪的祭礼在国学馆祭祀孔子,以颜渊配享祭祀。

　　正始八年(247)春二月初一,出现日食。夏五月,从河东郡中分出汾北十县新置平阳郡。

　　秋七月,尚书何晏上书说:“善于治理国家者必先修身,善于修身者必然对所学的慎之又慎。学的知识正则其身正,其身正则没有法令的约束也会择善而行,所学的东西不正则其身也不会正,其身不正则明知法令禁止仍然要肆意妄为。有鉴于此,作为人君者,交游时必须要选择有德行的正派人士,所读所看的必须合乎礼法大义,不要去听靡靡之音,疏远奸佞之徒不去亲近,这样下去自然也就不生邪念而一心弘扬正道了。古来各个朝代末期愚蠢昏聩的帝王,不分贤愚忠奸是非黑白,排斥和疏远君子,宠幸小人,疏远忠良,相互勾结,谄媚逢迎,举止放荡,就像粮仓中的老鼠。不过认真追究,正是由于这些恶习积累而成,所以圣贤也总是谆谆教诲,对此处心积虑。舜告诫禹说:'邻哉邻哉',意思是说君王和臣下犹相邻而居,需相互扶持,慎重处理两者的关系;周公告诫成王说:'孺子其朋,孺子其朋',是说要慎重选择交往的友人。《书经》中说:'为君王者一人贤明有德,天下百姓都赖以享受安宁。'恳请从今以后,陛下到式乾殿或在后园游乐时,都邀请一些大臣陪同,从而在游乐宴饮之际,兼能审阅文书奏章,商议朝政大事,或者探讨经典要义。这实在是保证江山万古不变的长久之策。"冬十二月,散骑常侍、谏议大夫孔乂又进奏说:"古来礼法,天子的居室,有斫其椽木而砻之的做法,没有用朱丹之色加以装饰的。为人君者,宜仿效古法恢复古制。现在天下已经平定,君臣的地位分明,但陛下仍不应有所松懈,而应以公正之心,以严格的赏罚制度来治理朝政。陛下自己也应停止在后园学习骑马,出入宫廷必须御辇乘车而行。这是天下人民的福分,也是我们做臣子的愿望。"何晏、孔乂都常常针对天子的过失而进谏规劝。

正始九年(248)春二月,卫将军中书令孙资,三十日,骠骑将军中书监刘放,三月二十二日,司徒卫臻,分别辞去自己的职务。少帝念他们功高德重,赐位特进,位同侯爵。四月,任命司空高柔为司徒,光禄大夫徐邈为司空。徐邈极力推辞不肯接受任命。秋九月,提升车骑将军王凌为司徒。冬十月,遇大风,刮倒房屋,摧折大树。

嘉平元年(249)春正月六日,少帝拜谒高平陵。太傅司马懿奏免大将军曹爽和他的三个弟弟中领军曹羲、武卫将军曹训、散骑常侍曹彦的官职。十日,根据主管司法的官员的奏请,逮捕宦官张当送交执掌刑狱的廷尉。经审讯得出口供,称曹爽被免职后怨恨朝廷,图谋不轨。另有尚书丁谧、邓飏、何晏,司隶校尉毕轨,荆州刺史李胜,大司农桓范等人都参与了曹爽的反叛活动,于是这些人全部被处死,并诛灭其三族。此事在《曹爽传》中另有记载。十八日,大赦天下。十九日,天子任命太傅司马懿为丞相,因司马懿极力推辞才作罢。

夏四月八日,改正始年号为嘉平元年。十九日,太尉蒋济死。冬十二月九日,任命司空王凌为太尉。十八日,任命司隶校尉孙礼为司空。

嘉平二年(250)夏五月,任命征西将军郭淮为车骑将军。冬十月,任命孙资为骠骑将军。十一月,司空孙礼死。十二月二十七日,东海王曹霖死。十八日,征南将军王昶率兵过江,乘东吴军队不备发动袭击,取得胜利。

嘉平三年(251)春正月,荆州刺史王基,新城太守州泰带兵攻吴,大获全胜。投降的吴军士兵有数千人。二月,在南郡新置夷陵县,以安居降附的东吴吏民百姓。三月,任命尚书令司马孚为司空。四月九日,任命征南将军王昶为征南大将军。十七日,大赦天下。五月三日,传来太尉王凌企图废除皇帝曹芳,另立楚王曹彪的消息,太傅司马懿亲自督师东征王凌。五月十日,王凌自杀。六月,天子赐楚王曹彪死。秋七月十九日,皇后甄氏病亡。二十八日,任命司空司马孚为太尉。八月五日,太傅司马懿病死。少帝任命他的长子、卫将军司马师为抚军大将军,总领尚书事。二十二日,安葬甄皇后于太清陵。二十七日,骠骑将军孙资病死。十一月,朝中负责祭祀礼仪的官员奏请皇上,将各位已故功臣的灵位放置于太祖庙中,以配享祭祀。排列上分别以生前担任的官职大小为序。太傅司马懿功高爵显,列为第一。十二月,任命光禄勋郑冲为司空。

嘉平四年(252)正月二日,少帝任命抚军大将军司马师为大将军。二月,册立皇后张氏,大赦天下。夏五月,在京师兵器仓库的屋顶上,发现了两条鱼。冬十一月,朝廷派遣征南大将军王昶、征东将军胡遵、镇南将军毌丘俭等率军攻吴。十二月,东吴大将军诸葛恪引兵反击,在东关大败魏军。魏军折师而还。

嘉平五年(253)夏四月,大赦天下。五月,东吴太傅诸葛恪率兵围攻合肥新城。朝廷派太尉司马孚督师增援。秋七月,东吴撤兵。

八月,天子诏令说:"已故中郎西平人郭修,节操高尚,行为可嘉,忠于朝廷,矢志不移。当初蜀将姜维侵犯西平郡,将郭修抓获带往西蜀。后来伪大将军费祎率蜀军北上,又想偷袭我们的边境。路经汉寿的时候,军中大宴宾客,郭修于宴席间当场刺杀费祎。其勇敢超过聂政之刺韩相侠累,功绩不下傅介子斩楼兰王悬首北门。真堪称是杀身成仁、舍生取义的壮士。现在朝廷为他追加荣誉,目的是为了弘扬忠诚正义;赐福给他的后人,完全是鼓励世人学习他的精神,为国为君不惜自己的生命,给子孙后代留下富贵和荣耀。朝廷决定追封郭修为长乐乡侯,食邑千户,谥号威侯。他的儿子承袭父亲的封号爵位,另加任命为奉车都尉,赐银千饼,绢帛千匹。以此来表示我对于死者和生者的爱宠,并使郭修的忠诚勇敢永远传颂下去。"

自少帝曹芳即位以来,凡十四年间,国内的郡、国、县、道等行政区划多有变化。有的甚至刚刚设置又撤销,撤销不久又复置,数不胜数。

嘉平六年(254)春二月七日,镇东将军毌丘俭上书说:"去年诸葛恪统领吴军围攻合肥新城时,城中守将派士兵刘整潜出城传送消息,不幸被吴军抓获。他们拷问刘整所传递消息的内容,并诱骗他说:'我们太傅诸葛公不想加害于你,你只要把知道的都说出来就会平安无事。'刘整闻此言怒骂道:'死狗,这是什么话?我落到你们手中只希望死了做魏国的鬼,从来就没想过投降你们再苟活下去。你们想杀就赶快把我杀掉,想从我这里得到情报没门!'一直到死,他也没说过乞生求饶的话。此后城中又派士兵郑像出城传送消息,有奸细给吴军透露此事,司马恪命骑兵绕城搜索,郑像不幸又落入敌手。为了瓦解城中守军斗志,吴军将郑像捆绑起来绕城而行。逼迫他对守军喊:'朝廷派的救援大军已退回洛阳,我们是守不住城的。不如早点投降吧,投降可以免死!'郑像不听吴兵威胁,反而趁机对守城将士高呼:'我们的救兵已经来到,马上就要对吴军发起进攻。守城将士努力作战啊!'吴兵用刀刺入他的嘴中,使他喊不出话来,郑像遂忍痛发出很大的声音,让守城的人们知道。像刘整、郑像这样的人,虽然只是普通的士兵,却能深明大义,保持气节,为国家不惜献出生命。他们的子弟也应该得到一定的优遇。"少帝为此发布诏令说:"国家分封显爵是为了褒扬建立丰功伟业的文臣武将,制订重赏是为了鼓励为国捐躯的烈士英杰。刘整、郑像受命传递军情,在敌人的重重包围之中,迎着刀枪冒死出城,堪称是轻身重义、视死如归的壮士。不幸落入敌军之手,在生死关头依然坚持气节,不屈不挠,从而弘扬了我军的军威势气,激励了守城将士们以身报国的决心。面对死亡而不惧,唯把所担负的使命视为至高无上。过去晋国大臣解杨出使宋国时为楚所获,宁肯被杀也不愿背叛晋国;齐国路中大夫被吴楚士兵擒住,不惜一死终于在阵前告知齐王援军将至,完成了自己请求救兵的使命。刘整、郑像比起先前这些刚烈志士,并不显得逊色。我决定追封刘整、郑像为关中侯,免去他们的士兵名分,由他们的儿子继承其爵位。他们的葬礼也按照军队阵亡将领的规格去办。"

二十二日,中书令李丰与皇后的父亲、光禄大夫张缉等人私下谋划撤换朝臣,让太常夏侯玄当大将军。事情暴露后,所有与此事有牵连的人都被杀掉。二十三日,大赦。三月,废掉了张皇后。夏四月,立王氏为皇后,大赦天下。五月,封皇后的父亲奉车都尉王夔为广明乡侯和光禄大夫,赐位特进,位居三公之下。其妻田氏为宣阳乡君。秋九月,大将军司马师谋划废少帝曹芳另立新帝,把他的打算告诉了皇太后。十六日,皇太后下诏说:"皇帝曹芳年龄已经不小,不亲自处理国家大事,却一味宠爱身边小人,沉溺于女色,整天和倡优泡在一起,纵容他们种种不合礼仪的言行。还曾召来六宫家人在内房留住,破坏人伦之大礼,扰乱男女之节操。况且他对于母后也不够孝敬,狂傲不听管教。如此作为,已不可承受天命,再做皇帝,奉祀宗庙。故而我决定派司徒兼太尉高柔带着免去曹芳皇帝之位的文告,用一头大牛的牲礼告祭于曹氏宗庙各位先帝,将安排曹芳去做齐国的藩王,以避开皇位而让贤。"当天曹芳即迁到别处宫中。朝廷派出使者持节护送他到齐国,并在河内郡的重城门为他修建了一座"齐王宫"。曹芳此年才二十三岁,以后所享受的只是一个藩国之王的待遇。

十九日,皇太后又下诏说:"东海王曹霖是高祖文皇帝的嫡子。曹霖的几个儿子都是魏国的至亲。听说曹霖诸子中高贵乡公曹髦有成就大业的气量,特诏命他为明帝的继承人,承嗣明帝的天子之位。"

高贵乡公名髦,字彦士,是魏文帝曹丕的孙子,东海定王曹霖的儿子。正始五年(244)封郯县高贵乡公。自幼勤勉,学业早成。齐王曹芳被废后,公卿朝臣商议迎立他为皇帝。十月四日,他到达京都洛阳北郊邙山的玄武馆。群臣奏请他住在前殿,曹髦回答说前殿乃是先帝寝殿,不敢越礼,于是暂住在西厢房中。群臣又奏请以天子之礼迎他入京,他照样不同意。五日,曹髦正式进入京都洛阳,公卿群臣都到西掖门南拜迎,曹髦见状也赶紧下车答拜百官。司礼官奏说:"按礼仪您为天子,不必答拜臣下。"曹髦回答:"眼下我也是别人的臣子啊!"遂对群臣答拜还礼。行到宫廷的止车门,曹髦也要和群臣一样下车步行。左右皆劝阻:"按惯例您可以一直乘车进去。"他说道:"我被皇太后征召而来,至于安排我做什么现在还说不定呢!"还是下车和群臣一样步行到太极东堂。皇太后在那里会见了他。当天他便在太极前殿正式即位做了皇帝。朝中公卿百官都很高兴。曹髦下诏说:"本朝三位先帝神武圣德,顺应天命而承受帝位。但齐王曹芳在承嗣继位后肆意妄行,不循礼法,以致失去了作为君王应有的仁德。皇太后以国家社稷为重,接受辅政朝臣们的建议,把我召来京都取代失德于天下的齐王。想我本人年纪轻轻,便置身于诸多王公朝臣之上,确实一天到晚心中都非常紧张,生怕自己不能嗣守祖先创立的江山弘业,完成中兴魏室、统一天下的重任。每念及此,都令我为之战战兢兢,如临深渊。幸有朝中诸位公卿大臣给我以股肱之辅,镇守四方的将帅给我以有力的扶持,我依赖先祖先父的这些有德之臣,定可以实现国家的长治久安,达到天下大治的目的。听圣贤说作为一国之主的人,应该德厚如同天地,恩泽遍及四海,对天下亿万臣民先以关怀慈爱为本,示之以好恶,然后再从天子公卿朝臣开始为百姓们做出好样子,使他们懂得怎样去守礼法,行大义。我虽然没有太多的仁德,也不能深悟这种道理,只愿与天下贤者共同朝这个方向努力。《书经》上不是说么:君王对百姓施以恩泽,百姓是会深深感激难以忘怀的。"接着,宣布大赦天下,改齐王曹芳嘉平年号为正元,又下令削减天子的车马服饰和后宫费用,并罢除宫廷及官府中的百工技巧靡丽无益之物。

正元元年(254)冬十月七日,皇帝曹髦派遣他身边的一批侍从官员持节到国内各地巡视,代表天子了解各地世态人情,慰问地方官员和百姓,同时调查有无冤狱和官员失职的情况。八日,授予大将军司马师统领全国兵马及京师内外诸军的权力,并特许大将军入朝时不必小步快走来表示对天子的尊敬,向君王奏事时只称官职不直呼姓名,还可以穿着鞋佩剑上殿。十三日,邺城某水井中出现了黄龙。十九日,曹髦命礼官议定在废立天子过程中出谋献策的公卿朝臣们的功劳,并按功绩的大小分别给予封爵、增邑、晋升、赏赐钱物等不同程度的奖励。

正元二年(255)春正月十二日,镇东将军毌丘俭、扬州刺史文钦反叛朝廷。二十五日,大将军司马师督师征讨叛军。三十日,车骑将军郭淮病死。闰月十六日,司马师在乐嘉战胜文钦的军队,文钦兵败逃奔东吴。二十一日,安凤津都尉斩杀毌丘俭,并将其脑袋送到京都。二十九日,朝廷宣布特赦淮南一带受毌丘俭、文钦裹挟连累的官吏百姓。又任命镇南将军诸葛诞为镇东大将军。大将军司马师此时病死在许昌。二月五日,提升卫将军司马昭为大将军,总领尚书事务,代其兄主持朝政。

十二日,东吴大将孙峻率领号称十万的军队开至寿春。魏国镇东大将军诸葛诞率部迎击,斩杀东吴左将军留赞,并将胜利的捷报送到京都。三月,立皇后卞氏,传令大赦天下。夏四月三日,封皇后卞氏之父卞隆为列侯。二十三日,任命征南大将军王昶为骠骑将军。秋七月,任命征东大将军胡遵为卫将军,镇东大将军诸葛诞为征东大将军。

　　八月二日，西蜀大将姜维率师进犯狄道，雍州刺史王经领兵在洮西迎战，大败，只好退守狄道城。二十三日，朝廷任命长水校尉邓艾代理安西将军，与征西将军陈泰合力抗击蜀军。九月十九日，又派太尉司马孚率精锐部队增援。九月二十一日，皇帝曹髦学完《尚书》，对执经讲课的司空郑冲、侍中郑小同等人分别予以赏赐。二十五日，姜维引军退回蜀地。冬十月，皇帝下诏说：“我由于年幼仁德不足，不能遏止敌寇的暴虐，以致造成蜀贼进犯我边陲土地和洮西之战的失败。将士在此役阵亡者数以千计，或抛尸于疆土，冤魂难返；或战败被俘，流落于异域。念及于此，我深感悲痛，心中每每为阵亡将士们哀悼。现特令阵亡将士家庭所在各郡的典农和安抚夷二护军以及各部官员到他们家中去慰问并给予抚恤，免除其家庭一年的赋役。在战斗中英勇杀敌壮烈牺牲者，按往例申报予以表扬，不要有所遗漏。”

　　十一月二十七日，鉴于陇右四郡及金城等地连年兵灾，不少人叛逃到西蜀，留在本土的家人和亲戚又恐惧不安的情况，朝廷宣布对这些人一律赦免无罪。十二月十六日，皇帝又下诏说：“数月前洮西大战的时候，我方将吏士民有的英勇战死沙场，有的不甘被俘跳入洮水溺亡，其尸骨都无人收拾，弃于荒野。我常常为这件事心中难过。今特告征西、安西两将军，各令部下到战场旧地和附近河道中清理寻找我方人员尸体，然后一一收殓安葬，以慰死者，以安生人。”

　　甘露元年（256）春正月二十四日，在轵县某地的水井中发现了青龙。二十八日，沛王曹林死去。

　　夏四月四日，皇帝特赐大将军司马昭穿戴和天子同样的龙袍王冠，另有红色的鞋子相配。

　　十日，皇帝来到太学，向学者们问道：“古代的圣人得力于神明的帮助，能够仰观天理，俯察人世，因而推演出阴阳八卦，后来的圣贤进而发展成六十四卦，又推衍出数量繁多的爻，举凡天地人间之大义，无所不备。但这部书的名称却前后不一，夏时称作《连山》，殷代称作《归藏》，周王朝时又叫作《周易》。《易经》这部书，到底是怎么回事？”《易经》博士淳于俊回答皇帝的询问说：“远古时代包羲氏依据燧皇之图而创立八卦，神农氏又将其演进为六十四卦。此后的黄帝、尧帝、舜帝各通其变，三代都依据社会的发展而不断对它进行补充完善。故‘易’者，即变易也。把它叫作《连山》，是形容它好似大山吞吐云气，连接天地；把它称作《归藏》，意思是说天下万事莫不归藏于其中。”皇帝又问道:"如果说是包羲氏根据燧皇的图案而创立《易经》,那孔子为何不说燧人氏之后的包羲作《易经》呢?"淳于俊答不出来了。皇帝进而问:"孔子为《易经》作传(《彖传》《象传》共十篇),郑玄为《易经》作注,虽然他们是不同时代的圣贤,但对《易经》经义的解释是相同的。现在孔子的《彖传》《象传》,不和《易经》的正文放在一起,而是与郑玄的注文连为一体,这又是什么原因?"淳于俊说:"郑玄把孔子的传和他自己的注合在一起,是便于学习《易经》者明白好懂。"皇帝问:"说郑玄把传和注合起来是为方便学习和理解《易经》,那在他之前的孔子为何不把自己的传与《易经》正文合在一起呢?"淳于俊答:"孔子担心把他的传与文王所作的《易经》合在一起会引起混淆,所以没有这样做。这说明圣人是以不合表示谦虚。"皇帝又问:"如果说圣人以不合为谦虚,郑玄为什么独独不谦虚呢?"淳于俊说:"古代经典意义弘深,圣上您所问的又如此深奥玄远,不是臣下我所能解释清楚的。"皇上又问:"《易经》中的《系辞》说:'黄帝、尧、舜垂衣裳而天下治'。远古包羲、神农之世人们还不曾有衣裳,圣人以德教化天下,为什么差别这么大呢?"淳于俊回答:"远古三皇时代,世上人少而禽兽多,所以得到的兽皮羽毛就足够人们穿用了。到了黄帝时代,变得人多而禽兽少,人们只好制作衣裳以根据不同的季节穿用。"皇帝再问道:"在《易经》中乾代表天,而复为金,为玉,为老马,这不是说又和微小的东西一样了吗?"淳于俊说:"圣人取其意象,故有时可远,有时也可近。近者取眼前的各种东西,远者则取天地。"

讲完《易经》,皇上又命学者们讲《尚书》。他问道:"郑玄说'稽古同天,言尧同于天也'。王肃说'尧顺考古道而行之'。三种意思并不相同,哪一个才算是正确的呢?"博士庾峻答:"先儒的说法,各有其偏颇之处。我们做臣子的不好说哪个正确哪个不正确。然而《洪范》篇说:'三人占卜,从两个人的说法。'既然贾、马与王肃等人都以为'顺考古道'为是,那按照《洪范》的说法,应该以王肃的说法为优。"皇上又问:"孔子说过'唯天为大,唯尧则之'。尧之所以至善至美,在于他顺应和参照天意。遵循古代的做法,并不是尧的目的。现在我们探究其含义以明确尧帝的圣德,舍其大而言其小,这可以说是作者的意思吗?"庾峻答:"臣只是遵奉老师教过的说法,不能理解更深的含义。至于这两种说法如何统一起来,还取决于圣上自己的判断。"接着又谈起尧舜时代四岳举鲧的事。皇上问:"作为圣贤的君主,应该做到仁德像天地一样宽厚,思想像日月一样放射光芒,思考问题没有不周密之处,明察一切事物。今王肃说:

'尧由于不了解鲧,所以要对他加以试用。'如此说来,圣人在观察人物、考虑问题上也有不足的地方,是不是?"庾峻回答:"虽说圣人的贤明非常人可比,但他们毕竟也有自己的局限。所以禹这样说:善于识人者就是哲人,但对帝王来说办好这种事是很困难的。但尧帝最终仍改正了自己用人的失误,将自己的帝位传授给了圣贤,所以他毕竟不愧为圣人。"皇上又问:"若说有始又能善终,这只有圣人才能做到。如果连个好的开端都没有,又怎能称之为圣贤呢?禹说办好这件事对帝王来说是很困难的,然而最终尧帝还是做到了废去不肖之人,改授圣贤,也算得上是知人了。《经》上说:知人者为圣哲,能选拔贤能的人做官。若尧对鲧的品德没有把握,试用长达九年,使得在继位者选择上失去了章法,这又怎能称得上是圣哲呢?"庾峻回答:"臣下我读经卷认为,圣人办事也不是没有一点失误。所以就出现了尧帝信用鲧、共工、獾兜、三苗等四凶的失误。周公失误于重用管叔、蔡叔等叛臣,孔子失误于错误地对待宰予。"皇上说:"尧任用鲧治水,九年没有取得成效,反而把天下河道弄得乱糟糟,给百姓带来痛苦和灾难。至于仲尼失误于宰予,言语之间的事,与尧用鲧的失误有着根本的不同。说到周公和管、蔡之间的复杂关系,本来在《尚书》中都有记载,作为博士应该知道得很清楚吧!"庾峻说:"这些事情都是先贤们说不清楚的,臣下孤陋寡闻就更难以细究其是非曲直了。"于是皇帝又和他们探讨起《尚书》所言"有鲧在下曰虞舜"一句话的意思。皇上问:"在尧做首领的时代,天下洪水为害,又有四凶在朝为虐,当时急需选拔任用贤明的君主来解救受难百姓。舜当时在社会上已有一定的影响,世人也都知道他是个有仁德的贤者,可尽管如此他却长期得不到重用,这又是什么原因造成的呢?"庾峻回答:"尧帝也曾咨询四岳以征求贤者,想禅让自己的帝位。四岳告诉他如果挑选一个仁德不足的人是会辱没您这个帝位的。尧又让他们向他举荐那些贫贱无名的贤士,于是他们举荐了舜。所以说舜被四岳推举,主要原因还在于尧。尧这样做也是为了让天下的人都满意啊!"皇上又问:"尧既然已闻舜的贤名而不提拔,同时对一些忠臣也未见重用,最后还是让四岳向他举荐贫贱无闻的贤者时才推举了舜,这岂不是说尧并非急于选用圣贤治理天下以解救受难百姓吗?"庾峻摇摇头:"这就不是愚臣所能回答的问题了。"

继而皇帝又命学者们讲《礼记》。他问:"《礼记》上说'太上立德,其次务施报'。同样是治理天下,为什么政策和统治手段不一样呢?应该采取什么样的方法和政策才能做到建立德政、施而不报呢?"博士马照回答皇帝的提问说:

"所谓太上立德,是说远古三皇五帝之世帝王们以自己的德行感化民众,治理天下;所谓其次报施,是指后来的尧、舜、禹时代帝王们以礼法治理天下。"皇上又问:"上述两个不同时代帝王们对民众施以教化的薄厚各有不同,这是因为帝王们本身的优劣所造成的呢,还是时代使然?"马照肯定地回答:"当然是各自所处的时代使然。诚如人类发展有质朴简单的时期和具备礼乐典章制度的时期,故而帝王们教化薄厚也自然有所不同了。"

这一年的五月,邺城和上洛等地都报称有甘露降临,于是夏六月初一,朝廷改年号为甘露。二十日,在元城县的一口水井中又有青龙出现。秋七月五日,卫将军胡遵死去。九日,安西将军邓艾督师在上邦大胜西蜀大将姜维。天子下诏说:"我军并未投入全部的力量,已经大胜西蜀敌寇。战场上杀死和擒获的敌兵,不下一万人。近年来在我军的征战中,还没有取得过像这次这样重大的胜利。现在我特派使者前去犒劳赏赐将士,安排盛大的酒宴招待所有参加战斗的人员。大家畅饮终日酒足饭饱,方才符合我的心愿。"

八月二十六日,给大将军司马昭加大都督封号,给他上朝奏事只报官职不报姓名的特殊待遇,并授予他统领全国各路兵马和京师内外诸军的黄钺。二十九日,任命太尉司马孚为太傅。九月,任命司徒高柔为太尉。冬十月,任命司空郑冲为司徒,尚书左仆射卢毓为司空。

甘露二年(257)春二月,温县某水井中有青龙出现。三月,司空卢毓死去。

夏四月三日,皇帝下诏说:"玄菟郡高显县官吏士民反叛,县令郑熙为叛贼杀死。乡农王简背着郑熙的尸体,昼夜兼行到达郡治。其忠节可嘉,特授予王简忠义都尉职务,以表彰他不同寻常的行为。"

二十四日,任命征东大将军诸葛诞为司空。

五月一日,皇帝来到国学馆,命群臣赋诗。侍中和逌、尚书陈骞等人作诗时拖延时间,掌管文化教育的朝官奏请免除他们的官职。皇上说:"我是不太聪明的人,却比较爱好文雅。今天让群臣们即席吟咏,不过是想从中了解朝政的得失。但你们不能理解我的意图,说得不着边际。这次就原谅和逌等人,从今以后群臣们都应该认真钻研古书中的含义,弄明白经典的意旨,这样我才会高兴。"

五日,诸葛诞不接受司空的任命,拒绝入朝,举兵反叛,并杀了扬州刺史乐綝。六日,朝廷宣布赦免淮南将吏士民受诸葛诞牵累者无罪。七月,天子下诏令说:"诸葛诞背叛朝廷,制造战乱,祸害扬州。当年黥布叛逆,汉高祖亲自督师讨伐;隗嚣违命,光武帝也曾御驾亲征。及本朝烈祖明皇帝亲率大军征伐吴、蜀,都堪称是振扬国威的重大行动。现在为了迅速平定诸葛诞的叛乱,皇太后和我都将直接参与军机,以安定东面的局势和国家社稷。"九日,天子又下诏说:"诸葛诞拥兵反叛,胁迫忠义之士也加入他的行动。但他的部下平寇将军临渭亭侯庞会和骑督偏将军路蕃两人,各自带着身边的人员,杀掉营门的哨兵一路冲出投向朝廷。其忠诚勇敢行为值得嘉奖,特加封庞会为爵乡侯,路蕃为封亭侯。"

六月六日,天子下诏说:"东吴持节代吴王都督夏口军事的镇军将军沙羡侯孙壹,本是吴王的同宗近族,置身上将军的高位,却能畏天知命,辨清时局,毅然率部属向我朝投诚。古者微子离开殷国,乐毅逃出燕国,也比不过孙将军的行为啊!我特别任命孙壹为侍中车骑将军,授予符节;兼任交州牧,封吴侯。将军之官府人员征召任命规格与三司相同。再依古代伯侯八命之礼,赐给他三公所穿戴的礼服和冠冕,所有待遇一切从优。"

二十五日,天子又下诏令:"现在我已来到项县督师。大将军秉承天意对叛贼进行征伐,马上就要前往淮浦前线。以前每逢相国或大司马出征,总有尚书陪同行动,这次也按往例去做。"于是朝廷派散骑常侍裴秀和给事黄门侍郎钟会与大将军同行。秋八月,天子下诏说:"过去燕刺王谋反,韩谊等人力谏不成被杀。汉朝官府给韩谊的子孙以优厚的待遇。今诸葛诞聚众叛乱,其主簿宣隆、部曲督秦絜也固守大义,在事发之时犯颜抗争,结果被诸葛诞杀死。这正是世人所说的无比干之亲而出于大义杀身成仁的壮士。颁令提升宣隆、秦絜的儿子为骑都尉,予以赏赐,并广为宣传,以褒扬效忠朝廷的忠义之士。"

九月,诏令大赦。冬十二月,东吴大将全端、全怿率部投降。

甘露三年(258)春二月,大将军司马昭攻克寿春城,斩诸葛诞。三月,天子下诏说:"古代军队打了胜仗,都要把敌军的尸首收起来运到京都示众,其目的是为了惩罚叛逆而炫耀朝廷的武力。西汉武帝元鼎年间,改桐乡为闻喜县,新乡为获嘉县,都是为了纪念汉军攻克南越。如今我朝大将军亲率六军,屯居丘头,对内征伐叛乱的反贼,对外抵御敌国的进犯,功在国家,名扬四海。平定叛逆的得胜之地,也应留下个值得纪念的名字。因而我意将大将军屯兵的丘头改名为武丘,以标志用武力平叛的事实,令子孙后代永远不忘暴敌尸于京都和修改地名的原意。"

夏五月,任命大将军司马昭为相国,封晋公,食邑为八郡,加九锡之礼。大将军前后辞让九次才作罢。

六月十三日，天子下诏："当年南阳郡有山贼聚众骚扰，欲劫持太守东里衮为人质。功曹应余独自挺身而出保护太守，才使东里衮幸免于难。应余在掩护其长官转移的过程中历尽艰辛，终于力战身死。司徒应过问一下这件事，安排应余的孙子应伦以相应的职务，以使应余的忠心得到报偿。"

二十八日，朝廷中大举评议在平定诸葛诞叛乱的战斗中诸将校军吏的功绩，依据各人功绩大小封爵行赏各有不同。秋八月十二日，任命骠骑将军王昶为司空。九月四日，天子下诏说："尊崇有德行的老人，推行教化，这是古代尧、舜、禹三代树立风范垂之不朽的仁政。朝廷理应推举德高望重的三老、五更给予极高的荣誉，不断请他们对国家大事和朝政得失予以指导，把他们的德行言语记录下来，然后全国都仿效他们，便可以收到教化之功。现在我们就应该找出这样仁德兼备的长者，来作为三老、五更的人选。关内侯王祥，历来以仁、义的标准修身处事，温文尔雅；关内侯郑小同，温良恭俭，依礼而行，都是当今著名的贤者。朝廷决定推举王祥为三老，郑小同为五更。"诏令发布后，天子亲自率领有关朝臣，按照古代的习惯举行聘任礼仪。

这一年，在顿丘、冠军、阳夏等县的水井中，仍有青龙、黄龙相继出现。

甘露四年（259）春正月，宁陵县一水井中有两条黄龙出现。夏六月，司空王昶死去。秋七月，陈留王曹峻亡故。冬十月十日，朝廷将新城郡一分为二，重新恢复上庸郡。十一月十八日，车骑将军孙壹被他的奴婢杀死。

甘露五年（260）春正月初一，日食。夏四月，皇帝曹髦诏令有关部门按照前面的决定，再次宣布由大将军司马昭出任相国职务，封晋公，加九锡之礼。

这年五月十三日，高贵乡公曹髦身亡，年仅二十岁。皇太后下令说："我的仁德不足，所以家中接连出现不幸事件。之前我推荐了东海王曹霖的儿子曹髦，让他来继承明帝的嗣位，见他爱好读书，喜欢审阅朝臣们的奏章，期望他能做出一番大事业。不想他性情暴戾，一天甚于一天。我多次对他加以斥责，他对我由此也产生了愤恨，散布种种卑鄙恶劣的谣言来诽谤我，并且不再与我来往。至于他所攻击我的一些话，简直让人无法听下去，为天地所不容。我曾私下给大将军下令说：这个小子不能奉祀宗庙，让他做君王势必要颠覆社稷，断送江山，使我无颜见先帝于九泉之下。大将军总是说念他还年幼，我们还是多多加以教诲引导，使他改心从善。谁知此儿恨我所言，越发变得放肆无礼，竟持弓箭遥射我的住处，诅咒要射中我的喉咙。那箭矢就落在我的面前。我只好告诉大将军:这小子不可不废了。前后说了数十遍,此儿把这些都知道了,他自知罪重,企图杀掉我。他买通我身边的人,乘机在我服用的药中放置鸩毒,想暗中毒死我,并设计了许多方案,事情败露后,他便想在会面时拥兵闯入西宫杀死我,再去伤害大将军。他找了侍中王沈、散骑常侍王业、尚书王经,掏出怀中写在黄绢上的诏书出示给他们,要他们马上就去执行。我的危险处境,恰如覆巢下的累卵。我本是个年老守寡之人,对自己一条老命并不看得很重。但辜负了先帝的遗愿,断送了列祖列宗创立的江山社稷,这不能不令我万分痛心啊!幸赖祖宗在天之灵的保佑,王沈、王业两人把小子的阴谋马上报告了大将军,使他有时间加强戒备。而此儿还是带着身边的士兵冲出皇宫云龙门,亲自擂鼓举刀,乱哄哄地与大将军的军队交锋,结果在混战中身亡。此儿既行大逆不道之事,继而又自己惹祸丧身,这使我越发难过,说不出什么来。过去汉朝的昌邑王曾因有罪被废为庶人,眼下此儿也应该以普通百姓的习俗埋葬掉,并把这小子的所作所为通告天下。另有尚书王经,也是罪恶累累的逆臣,着令将他和他的家人全部逮捕送交司法机关查处。"

十四日,太傅司马孚、大将军司马昭、太尉高柔、司徒郑冲前去见皇太后。他们跪奏说:"我们敬读了皇太后的命令。已死去的高贵乡公悖逆不道,自取大祸以致亡身。太后令依汉朝昌邑王因罪被废的先例以百姓之礼来埋葬他,但我们这些朝廷重臣没能尽到自己的责任,做到制止奸逆,匡救灾难,见到这个命令也是触目惊心,想起来深感痛悔,难过万分。《春秋》之义,做帝王的也不能例外。而书中所说'襄王出居于郑',正是指襄王不能听从母亲的教诲,故不再让他继承王位。如今高贵乡公肆行不轨,危害社稷,自取灭亡,为世人和祖宗神灵所不容。依百姓之礼来埋葬他,确是合乎前人法规的。然而我们做臣下的深知太后您非常仁慈,虽从大义出发宣布高贵乡公的罪恶,但心中为他的死也很难过,我们做臣下的心中也非常不安。我们请求太后,是否可以加恩,考虑以王侯的葬礼仪式来安葬他?"太后同意了他们的请求。

皇太后派代理中护军中垒将军司马炎持旌节北迎常道乡公曹璜入朝承嗣帝位。十五日,群臣进奏太后说:"殿下圣德光耀国家,保佑国泰民安四方安宁。可至今殿下的旨意仍只称为令,与下边的藩国王侯一样。请从今开始殿下的令书一律改称诏制,就像前代太后们临朝亲政的先例一样。"

二十一日,大将军司马昭极力辞却授予他的相国职位、晋公封号和九锡之礼。皇太后下诏说:"有了功劳不隐瞒,这也是《周易》之大义。不过成人之美，也是古来的圣贤们所推崇的。今天我愿意接受大将军的意见，但要把这件事告知天下，以表彰大将军的谦虚美德。"

二十六日，大将军司马昭上书说："高贵乡公那天带领他身边的卫士和其他一些人，举着刀枪鸣鼓向我的住处进攻。我担心我属下的士兵与他们兵刃相接，便严令将士们不得对高贵乡公有所伤害，违令者军法从事。骑兵都尉成倅的弟弟、太子舍人成济冲入交锋的兵阵中间刺伤高贵乡公，致他丧命。我立即就把成济给抓起来按军法处置了。臣知道做臣下的在君王面前除了以死效忠没有别的选择，君让臣死，臣引颈就戮才符合大义。那天事变突然而至，灾祸如射出的弓矢迎面飞来。臣也想坐在那里不作任何反抗，一切听从命运的安排。可是又考虑到事变的主谋是想要谋害皇太后，断送江山社稷。臣作为朝中辅政重臣，更大的责任还在于使国家安宁，否则即便尽忠死去，所应担负的罪责不是更大吗？所以仓促之中臣欲效仿伊尹、周公等先贤，挺身而出以安定江山社稷。但同时也一再告诫部下，不得伤着皇上。可成济不听命令冲入兵阵之中逞凶，以致造成严重后果。臣为此肝肠欲断，后悔莫及，不知何地可以一死了之。法律上说犯大逆无道罪行的人，其父母妻子同母兄弟都要抄斩。成济凶戾悖逆，公开触犯国家法律，罪不容诛。请太后马上诏令逮捕成济的家属交给司法机关，按其罪行予以严惩。"太后阅书下诏说："法律上五刑之罪，没有比不孝之罪更大的。一般百姓家的儿子忤逆不孝，尚且还要告之于官府给予惩治，高贵乡公这小子的所作所为算是君王吗？我妇道人家不太懂得大义，但我以为成济并不见得就是犯了大逆不道之罪。然而大将军既恳切陈词，言语感人，我也就同意你的奏请。同时也要把这件事通告四方，使天下人都知道事情的来龙去脉。"

六月初一，皇太后又下诏说："古代君王所起的名字，一般不容易犯讳且又容易避讳。今常道乡公名璜，讳字甚难避开。公卿朝臣们可议论一下改个什么样的名字才好，考虑好了便启奏上来。"

陈留王名奂（改名为奂），字景明，是武帝的孙子，燕王曹宇的儿子。甘露三年（258）的时候被封为安次县常道乡公。高贵乡公死后，朝中公卿大臣商议迎他承嗣帝位。六月二日，他来到洛阳，见皇太后，同日在太极前殿正式登基做了皇帝。接着宣布大赦天下，改甘露年号为景元。对众人分别赐以不同的爵位和谷帛。

景元元年（260）夏六月四日，新即位皇帝曹奂拜大将军司马昭为相国，封晋公,食邑增加两个郡,加上先前已有的达到十个郡,并加九锡之礼。另外,对司马氏的家族子弟,其尚未有爵位者皆封亭侯,赐钱千万,帛万匹。司马昭极力推辞才作罢。七日,已故前汉献帝(山阳公)的夫人死去,皇帝幸临华林园,派特使持节代表朝廷追谥夫人为献穆皇后。举行葬礼时,车马服饰和种种礼仪都用汉代旧制。十一日,提升尚书右仆射王观为司空。冬十月,王观病亡。

十一月,燕王曹宇给曹奂上表祝贺冬至,向他称臣。皇帝曹奂下诏说:"古代的诸侯王们,也有对皇帝不行君臣之礼的。今父王您也可以依照古人的做法不向我称臣,这也是我对您的一种报答。被选中承嗣帝位当了君王的人,反而使自己的亲属都变成了臣下,难道只有这样才算表示对皇帝的尊重吗?若是燕王和群后都自称是'臣''妾',从情理上讲,我也是于心不安的。今后一切都依照典章礼仪去做,尽量做得合情合理些。"朝中的礼官闻此向皇上进奏说:"最高的礼仪莫过于对祖宗的尊敬,最严格的制度莫过于正典。今陛下以自己的宏德而承受天运,继承王位,统治天下,肩负着曹氏宗族的厚望,振兴着三代先帝开辟的基业。而燕王是陛下的至亲,又有先帝分封的王爵,但他却对朝廷和皇上毕恭毕敬,以自己的行为和仁德为天下做出了榜样。如果完全依据正典,对燕王的称呼恐怕不太方便。臣等建议陛下把这件事当作特殊情况处理,给燕王以不作臣下看待的礼遇。我们商议后以为燕王上奏的表章,可由他按旧的体式去写。皇上您写给燕王的书信,则可在其中表示尊敬。用标准的写法,如'燕王见信,知敬'可以稍稍表示您的敬意。如用合乎礼仪的称呼,表示长幼礼节,则宜用'皇帝敬问大王侍御'。至于正式的文书,国家的典仪,那是向天下昭示礼仪的,陛下还是要按照正式的礼仪法规去办。故而称'制诏燕王'。凡是天子诏命,国家文书,朝臣奏事、上书等称到燕王时,都可用上述称谓。除非到宗庙祭祀列祖列宗之外,其他场合一律不准直呼燕王的名字。朝臣奏事、上书、文告及天下吏民一律不准触犯燕王名讳。以此作为一种特别的礼仪,对诸位王后也同其例。陛下奉崇王典所规定的尊祖之制,又对自己的父王表现出拳拳孝心,这二者都没有什么过失,也不发生矛盾。礼法执行起来就应该灵活机动,以上奏请望陛下诏告天下并予实行。"

十二月六日,在华阴县井中出现了黄龙。七日,任命司隶校尉王祥为司空。

景元二年(261)夏五月初一,发生日偏食。秋七月,乐浪的外族韩、濊貊等部族首领各率其部属来朝进贡,表示归附。八月三日,赵王曹干死去。九日,皇帝曹奂又下诏封大将军司马昭为晋公,拜相国,赐九锡,一如先前的诏命。又被司马昭力辞方罢。

景元三年(262)春二月,在轵县某水井中发现青龙。夏四月,辽东郡报告肃慎国派使节翻译辗转前来进贡,献上他们国家制造的弓三十张,每张长三尺五寸;楛木制作的箭矢长一尺八寸。另有石弩三百枚,牛皮加铁制成的盔甲二十套,貂皮四百张。冬十月,西蜀大将姜维带领军队进犯洮阳郡。镇西将军邓艾率部迎击,在侯和击败蜀军。姜维退回蜀地。这年皇帝下令在太祖祀庙祭祀已故军祭酒郭嘉。

景元四年(263)春二月,皇帝下诏封大将军司马昭为相国,并赐九锡,一如前诏。司马昭固辞不受。

夏五月,皇帝下诏说:"西蜀,不过是一个弹丸小国,土地和百姓都不多。而姜维好大喜功,肆意驱使士卒侵犯我疆土。去年被我击败后,姜维进而带领部属在沓中屯驻下来,垦荒种田,作长期打算。当地羌族民众被百般欺凌,劳役无度,老百姓都不能忍受。且联合弱小攻伐无道,本来就是战争的原则;采取主动进攻而不被动地受制于人,更是兵家上策。西蜀所依赖的,不过是姜维所统领的一支军队。眼下姜维远离后方,孤立无援,正是我战而胜之的大好机会。今决定派征西将军邓艾统领各部,开赴甘松、沓中地区向姜维军队发动进攻;雍州刺史诸葛绪率军开赴武都、高楼,与邓艾军队形成两面夹击之势。若能将姜维的军队彻底消灭,两军则可乘胜东西对进,平定西蜀。"另外又传令镇西将军钟会率师出骆谷向西蜀展开攻击。

秋九月,太尉高柔死去。冬十月,皇帝下诏封大将军司马昭为晋公,拜相国,加九锡之礼。十一日,册立卞氏为皇后。十一月,传令大赦天下。

自邓艾、钟会率师伐蜀,魏军几乎所向披靡。就在这个月,蜀主刘禅到邓艾军中请降,西蜀被平定了。十二月十九日,朝廷任命司徒郑冲为太保。二十一日,从益州分出一部分设置梁州。二十二日,朝廷宣布特赦益州士民,五年内免除他们一半的租赋。

二十四日,任命征西将军邓艾为太尉,镇西将军钟会为司徒。皇太后驾崩。

咸熙元年(264)春正月初一,诏令用囚车押送邓艾回京都洛阳。三日,皇帝到达长安巡视。十一日,派特使持玉璧做成的钱祭祀华山山神。钟会这时候在蜀地反叛,遭到其他将领的讨伐。邓艾在押送洛阳途中被杀。二月初一,朝廷特赦益州境内的各土著人。三十日,礼葬明元郭皇后。三月十七日,任命司空王祥为太尉,征北将军何曾为司徒,尚书左仆射荀颙为司空。十九日,皇帝加封大将军、晋公司马昭为晋王,增加食邑十郡,连同先前所有共二十郡。二十七日,封前蜀主刘禅为安乐公。夏五月初一,相国、晋王司马昭奏请恢复五等爵位。十五日,改年号景元为咸熙。二十四日,皇帝追封舞阳宣文侯司马懿为晋宣王,舞阳忠武侯司马师为晋景王。六月,镇西将军卫瓘的部下在成都县得到璧玉印各一块,印文像是"成信"二字。依照古代周文王得晋国唐叔嘉禾赠予周公的方式,将此二玉宣示于朝臣百官,然后收藏于相国府。

自魏军灭蜀之后,东吴军队进逼永安,又调动驻守荆州、豫州等地的军队成掎角之势互相策应。到七月间,各路吴军都撤退了。八月三日,任命中抚军司马炎为副相国,与他的父亲、相国司马昭共同主持朝政,如同鲁公让自己的儿子做副手一样。

六月,皇帝下诏说:"前叛逆之臣钟会在蜀地图谋不轨,他把部属诸将校召集到一起,告知众人其阴谋,口出反叛之言,胁迫大家顺从他。在仓促发生的事变面前,众人无不惊恐失措。当时相国左司马夏侯和、骑士曹属朱抚正出使成都,与中领军司马贾辅、郎中羊琇都参与了钟会的军事活动。夏侯和、羊琇、朱抚都坚守大义,临危不惧,严词斥责钟会的反叛阴谋,表现得慷慨壮烈。贾辅趁机对钟会手下的散将王起说:'钟会此人暴虐无道,想把不听从他指挥的将士全部杀死';又说:'相国已率三十万大军从洛阳出发,讨伐钟会叛乱,跟他走没有好结果'。其目的是为了辨明形势,激励钟会的部属起来反抗叛变。王起听后走到外面,把贾辅的话告诉了诸将校和士兵们,遂使将士群情激愤,转而向钟会发起攻击。朝廷决定对这些力挽狂澜的有功之士予以重赏,以褒扬忠义,昭示后人。持封夏侯和、贾辅为乡侯;羊琇、朱抚为关内侯。钟会部散将王起将贾辅之言传给将士,也应给予奖励,任命他为部曲将。"

十六日,任命卫将军司马望为骠骑将军。九月初一,任命中抚军司马炎为抚军大将军。

十四日,皇帝下诏说:"东吴贼寇政刑暴虐,赋敛无度。孙休派邓句为特使,命令交趾太守把所辖的民众捆绑起来送给他补充兵源。吴将吕兴基于民情鼎沸,又乘王师平定巴蜀,结交当地豪杰,杀死邓句,驱逐太守及下属官吏,占据交趾等地;安抚百姓,等待听从国家的命令。九真、日南两个郡听说吕兴杀死了吴国使臣,打算归顺魏国,也齐心响应,与吕兴协同一致。吕兴给日南郡写信商讨大计,兵临合浦,决定下一步的行动。他们派都尉唐谱等人到乘县,通过南中都督护军霍弋给我朝廷上表归附。又有交趾郡将吏也纷纷上书,称:'吕兴在交趾干了一番大事业,这里的民众都很拥戴他。本地尚有山寇与各州郡互相联合,他们怕吕兴变计,所以各怀二心。权宜之计恳请朝廷命吕兴都督交趾军政,拜他为大将军,封为定安县侯。请朝廷给我们以褒奖和恩惠,以慰我边荒的民众。'他们确是一片诚心善意,这从他们的奏表中就能看得出来。古代仪父朝鲁,在《春秋》中受到高度赞扬;窦融归汉,天子给予特殊的礼遇。现今我国声威远扬,令天下为之归心。不管中原华夏还是四方蛮夷,都将置于一统治理之下。吕兴率先归附王朝,率交趾郡的官吏军民稽首臣服,又不远万里上书表达诚意,请求为朝廷治理边远之地,对如此忠义的行动,应该给予特别的优宠,既使吕兴等人感到高兴和鼓舞,也能给他人树立起好的榜样。因此我决定任命吕兴为朝廷特使,持节代表朝廷都督交州一切军政事务。同时拜他为南中大将军,封定安县侯。遇事可相机行事,有先行后奏的权力。"朝廷的任命文书尚未传递到交趾,吕兴已被他手下的人杀死。

冬十月初一,皇帝下诏说:"古代圣贤的君主,能够安定战乱造福百姓,开创宏业稳定江山。文治武功虽是不同的方面,但皆可成就功业。他们有的能手执兵器亲自征伐叛臣逆子,有的能统率大军抵御强暴的侵犯。至于爱护民众,恩及百姓,总是先创办文教,教给民众礼仪,除非不得已才动用刑罚和干戈,其盛德在这些方面都是相同的。汉末之际天下大乱,九州分崩,刘备、孙权又趁机作乱。我朝武、文、明三位先帝为了平定战乱,一天到晚忙不过来,遂使贼寇长时间里不能剿灭。今幸赖先帝神灵的帮助,相国大将军的忠诚勇武,我王朝大军得以征讨四方,平定巴蜀。近年来江东孙吴政权日益衰败,由于西蜀已经灭亡,他们已陷入孤立无援的境地。交州、荆州、扬州、越州等地的官吏百姓纷纷归附我朝,靡然成风。又有交趾吴将吕兴带领三郡万里归命,武陵邑侯相严纠合五县请为我朝的臣属,豫章庐陵山民举众叛吴,以助北将军作为他们首领的称号。加上东吴国内孙权病死,主帅易人,面对危局,上下各思自保。伪将施绩,本是东吴的名臣,却遭众人猜忌,处境很是危险。如今的东吴政权,可说是众叛亲离,人心惶惶,自古到今,没见过哪个国家有如此明显的亡国之兆。倘若我大军出师征伐,南抵江汉,东吴都城一带的百姓也会扶老携幼迎接王师,这是用不着怀疑的事实。然而大军出师远征,毕竟劳民伤财,不如对东吴政权告以威德,示以仁信,使他们明白归附王朝避免兵火的好处。朝中相国参军事徐绍,水曹掾孙彧,都是当年寿春战役中被俘人员。徐绍本是东吴南陵督,很有军事政治才干;孙彧是孙权的同宗,为人处世以忠良著称。现在我决定派遣徐绍为特使、孙彧为副使南返,其使命是宣扬我魏王朝的威德,将我们的建议告诉东吴君臣,以事实促使他们认清形势。若是他们能觉悟过来,我们可以不动干戈。对重大决策深思熟虑,为自古用兵之道。特任命徐绍兼散骑常侍,加奉车都尉,封都亭侯。孙彧兼给事黄门侍郎,赐爵关内侯。二人身边的妻妾及男女家人,愿留愿随悉听自便。完成任务后二人也不必回来了,以此显示国恩,并表明对两位使者的信任。"

二十日,皇帝诏命抚军大将军新昌乡侯司马炎为晋王世子。这一年,朝廷撤销各地的屯田行政机构,罢免屯田官改任相应的职务。原任典农都改为太守,诸典农都尉皆为县令、长。又在蜀地劝募愿向内地移民者迁往内地,由官府供给两年的生活用粮,并在二十年内不征赋税。安弥、福禄等县都上报有嘉禾生长于田中。

咸熙二年(265)春二月十九日,朐䐉县得到灵龟进献给朝廷,灵龟收归于相国府。二十五日,天子追念虎贲张修当初在成都驰马至诸军营报告钟会谋反的消息,以至为此献身。为褒奖烈士,特赐张修的弟弟张倚为关内侯。夏四月,南深泽县上报天降甘露。东吴遣特使纪陟、弘璆来魏王朝请和。

五月,皇帝下诏说:"相国晋王大展神思妙运,光被四海。统兵征伐,则威德震撼远夷荒漠;推行王教,则礼仪传播国土内外。对于江东孙吴政权,他不忍让众多的士兵百姓死于战火,故而务求用和平手法解决问题。在他的武力威慑和仁德感召下,孙吴政权已有归附之意。遣特使进献宝物,正是他们这种打算的具体表示。而晋王谦让之至,对东吴所献礼品登记入簿,全送交给我。这并不是安慰孙皓来归附,而是遵从孙皓的愿望。对于孙皓进贡来的礼品,我决定都归于晋王,这样才符合古人的尊贤之义。"晋王极力辞谢,方才作罢。于是,皇帝特别准许晋王戴只有皇帝才能戴的前后有十二根玉串的冠冕,使用天子的旗帜,出入有御林军沿途警卫并禁止路人通行,乘坐皇帝专用的六匹马拉的金根车,后面跟随配以青、白、红、黑、黄五种色彩的五辆从车。又特许晋王出行时有羽林骑兵披发先驱,宫殿中设置悬挂钟磬的木架,可以演奏皇帝宫廷中的八佾乐舞。进王妃为王后,世子为太子,王子、王女、王孙爵号皆如旧仪。三十日,大赦天下。秋八月九日晋王、相国司马昭死去。十日,晋太子司马炎继承王位,统领百官,独揽朝政。是月,襄武县报称有异人出现,高三丈有余,脚迹长三尺二寸,白发,着黄衣黄巾,拄杖。他喊来乡民王始,对他说:"现在天下太平了。"九月十四日,大赦天下。十月六日,任命司徒何曾为晋丞相。十一日,任命骠骑将军司马望为司徒,征东大将军石苞为骠骑将军,征南大将军陈骞为车骑将军。二十三日,为晋文王举行葬礼。闰月,西域康居、大宛来朝进献名马,都归于相国府,以表彰司马相国怀柔万国的不朽功勋。

十二月十三日,曹魏王朝的天禄永远地结束了。朝廷政权转到了司马氏手中,是为晋王朝,魏元帝曹奂诏令公卿群臣商议在京都南郊筑坛举行祭天仪式,又派遣特使捧着皇帝的王玺、绶带和诏书,正式禅位于晋嗣王,如同当初汉献帝禅位给曹氏皇帝一般。十五日,晋武帝派人给前魏元帝曹奂送去文书,把他迁置到金墉城居住,后来又改驻邺城,最终他病死在那里。曹奂禅让帝位那年,正好二十岁。

评:古代人们以天下为公,圣贤方能被推举为帝王人君。后来的帝王们把江山视为一家所有,故而把皇帝的位置世代相传,让自己的儿子来承嗣。若赶上帝王自己没有嫡子,便在同宗近支中选择贤明有德者继承王位,像汉代的文帝、宣帝都是如此。这样做也没有改变正常的传位原则。明帝既然无嫡子可立,而又情系自己所爱之人,乃在宗族中抱养婴儿,传与江山社稷之大任。但他所托付的辅佐之臣不专,异姓宗族占了上风,以致终于使曹爽被诛,齐王被废。高贵乡公聪明好学,大器早成,喜欢探讨经典大义,似有文帝之文才风流。然而他处事沉着冷静不够,往往凭激情而行动,终于自蹈大祸。陈留王在位期间明哲保身,做了个老实的皇帝,一切朝政大权统统交给司马昭来执掌,最后又效仿汉献帝禅让曹丕的先例,把江山社稷拱手让给司马家族。他因此也被封为藩国之王,以宾客的身份生活在晋朝。不过比起汉献帝禅位后仅被封为山阳公,他所得到的待遇还算是大大提高了吧!

卷五 魏书五

后妃传第五

　　《易经》中说:"男正位乎外,女正位乎内;男女正,天地之大义也。"综观古代贤明的帝王人主,无不明确地制定其后妃制度和礼仪,以顺应天地间之道德伦理规范。故而尧帝将他的两个女儿嫁给虞舜,使他的事业得以发展和昌盛;太任、太姒两位贤惠女人先后嫁给姬氏,周王朝正由此变得兴旺发达。一个王朝的兴废存亡,不能不说与它的后妃制度有着直接的关系。《春秋》说天子可以拥有十二个女子,诸侯为九个,从情理上说,这确是一个无可挑剔的规定啊!遗憾的是各个王朝接近末期的时候,为帝王者往往变得奢侈腐化,放纵淫欲,以至于怨夫旷女互伤和气;唯色是崇,不辨贤淑与泼悍。于是造成整个国家风气堕落,纲纪败坏,终于把江山社稷给断送掉,这岂不是令人极为可惜的事吗?! 呜呼,身为人主而拥有天下的人,应该永远以这些亡国之君的教训为前车之鉴。

　　汉代礼仪,皇帝的祖母称为太皇太后,皇帝的母亲称为皇太后,皇帝的正妻称为皇后,其余的女官、妃嫔又分为十四个等级。魏王朝承袭汉代制度,太皇太后、皇太后、皇后等称号一如旧制,但自夫人以下众妃嫔的叫法,各个时期却不太一样。太祖建国之初,册立王后,王后以下又分为夫人、昭仪、婕妤、容华、美人五等;文帝时增加了贵嫔、淑媛、修容、顺成、良人。明帝时除去顺成称号,但增加了淑妃、昭华和修仪。太和年间才开始册封夫人,其地位列于淑妃之上。自夫人以下共封爵号十二等:贵嫔、夫人,地位仅次于皇后,爵号没有什么人能和她们相比;淑妃地位等同于相国,爵号和诸侯王一样;淑媛地位等同于御史大夫,爵号和县公相同;昭仪爵号等同于县侯;昭华爵号等同于乡侯;修容爵号等同于亭侯;修仪爵号等同于关内侯;婕妤爵号等同于中二千石;容华爵号等同于真二千石;美人爵号等同于比二千石;良人爵号和千石相同。

武宣卞皇后,琅邪郡开阳人,是文帝的母亲。本出身于倡优之家,二十岁那年,太祖在谯郡纳之为妾。后来跟随太祖到达洛阳。董卓拥兵洛阳叛乱的时候,太祖仓促间微服逃出洛阳东行,不久袁术带来太祖已死的噩耗,太祖身边的一些人都是当初跟随他从故乡来到京师的,听到这个消息大家都吵吵嚷嚷要返回老家去。卞后这时候挺身制止说:"曹君吉凶现在并无确切消息,今天大家都跑回家去,明天若是他返回来,我们还有什么面目再见他?就是真的有什么大祸临头,我们大家一起就义又有什么大不了的?"众人佩服她的见解和深明大义,都愿意听从她的安排。太祖后来听说了这件事,心里也非常赞赏。建安之初,丁夫人被废,太祖遂以卞后为继室。身边失去母亲的几个儿子,太祖都交给卞后加以抚养和照顾。当太祖立文帝曹丕为太子时,太祖和太子身边的一些随从纷纷跑到卞后那里表示祝贺说:"将军被立为太子,天下都为之高兴,王后应当把您府库中收藏的金银玉帛全部拿出来进行赏赐。"卞后回答他们:"魏王因为曹丕已经长大,方才立他为太子承嗣王位。我得以免除教子无方的过错就已是莫大的荣幸了,又有什么值得大肆张扬赏赐众人的呢?"人们把这些话转告给太祖,太祖高兴地赞扬卞后:"发怒的时候容颜不改,兴奋的时候不忘乎所以,这的确不容易啊!"

建安二十四年(219),太祖封卞后为王后,并发布文书说:"夫人卞氏,数年来辛劳抚养各位王子,大有慈母之仁德风范。今特进位为王后,命太子和各位诸侯王陪位,群卿为之上寿。国内犯人死罪各减一等,以示庆贺。"建安二十五年(220),太祖病逝,太子曹丕即王位,尊王后为王太后。及曹魏代汉,尊王太后曰皇太后,居所称永寿宫。明帝即位后,进而尊称为太皇太后。

文帝黄初年中,曾打算追封皇太后父母。尚书陈群进奏说:"陛下以自己的圣德应天承运,开创江山社稷之大业,您所制订的种种礼仪制度,也应当永为子孙后世遵照执行。从历代典章制度来看,从没有因妇人而封王拜侯的做法,在礼仪上,妇人也只是随着丈夫的爵位而显贵。秦王朝违背古代的礼法,汉王朝又照着秦王朝去做,但这并不是先王所规定下的。"文帝回答说:"你说得很对,我前面的决定就不要执行了。同时把你的这个建议写下来,用我的名义形成诏制,藏之于台阁,以作为后世永久的制度。"这样一直到太和四年(230),明帝才追谥太皇太后的祖父卞广为开阳恭侯,父亲卞远为开阳敬侯,祖母周氏为阳都君及敬侯夫人,并都赠予印绶。这年五月,太皇太后驾崩。七月,与太祖合葬于高陵。

当初,卞皇后的弟弟卞秉,因为有功被封为都乡侯。文帝黄初七年(226)进封开阳侯,食邑一千二百户,拜昭烈将军。卞秉死后,儿子卞兰承嗣爵位。卞兰少有才学,官至奉车都尉、游击将军,加散骑常侍。卞兰死后,其子卞晖承嗣爵位,又分卞秉的爵位及次子,封卞兰之弟卞琳为列侯,官至步兵校尉。卞兰之子卞隆的女儿后来做了高贵乡公的皇后。卞隆以皇后父亲的身份当上了光禄大夫,赐位特进,封睢阳乡侯。其妻王氏封显阳乡君,并追封卞隆前妻刘氏为顺阳乡君,这是由于刘氏为皇后生母的缘故。再以后,卞琳的女儿又做了陈留王的皇后。这时候卞琳已经死去,因而封其妻刘氏为广阳乡君。

文昭甄皇后,中山无极人,是明帝的母亲,汉太保甄邯的后代。家中世袭两千石俸禄的官职。父亲甄逸,曾任上蔡令,但甄后三岁的时候父亲就死去了。汉末天下大乱,灾荒连年,百姓们为糊口活命纷纷卖掉家中的金银玉器等值钱东西。当时甄家有大量的谷物储备,趁机收买了很多金银宝物。甄氏当时才十几岁,看到这种情形便对母亲说:"如今遭逢乱世而多求宝物,这可不是善策呀!一个人本来没有罪,但拥有一件珍宝便可能被定为有罪,这便是人们通常所说的因财丧身。再说眼下众多百姓都在饥饿之中,不如将我家谷物开仓赈济四方乡邻,这才算是一种惠及众人的德行。"全家人都认为她说得有理,是个好主意,于是便按照她的意见将家中的粮谷全都无偿分发给了邻里乡亲。

建安年间,袁绍为他的次子袁熙聘娶了甄后。袁熙出任幽州刺史,甄后留在邺城侍奉婆母。及冀州收复,文帝在邺城后宫见到她,非常喜欢她的美貌,于是收为自己的妻子。她一度很受文帝喜爱,为他生下明帝和东乡公主一双儿女。汉献帝延康元年(220)正月,文帝即王位,六月率军南征,甄后留驻在邺城。魏文帝黄初元年(220)十月,汉献帝禅让帝位给文帝。禅位之后,改封为山阳公的献帝把两个女儿许配给文帝,另有郭皇后和李、阴两位贵人也都深得文帝宠幸,甄后则日益受到冷落,为此她不免流露出一些怨言。文帝听到后大怒,黄初二年(221)六月,派人去通知她让她自杀。死后葬在邺城。

明帝即位后,朝中掌管礼乐祭祀的官员奏请为甄后追加谥号。于是明帝派司空王朗持节奉策以三牲之礼到甄后陵墓祭祀,又专门为她修建了寝庙。太和元年(227)三月,明帝以中山国魏昌县之安城乡追封甄后的父亲甄逸,谥号安城乡敬侯,其孙甄像承袭爵位。四月,明帝下诏在洛阳营建祖庙,施工中从地下挖出一块玉玺。此玉玺一寸九分见方,上面刻有"天子羡思慈亲"六个字。明帝持玺为之动容,因而备下牲礼到宗庙祭告。此后明帝又多次在梦中见到母亲,愈发增加了对母亲的思念之情。于是对诸舅氏按亲疏排出顺序,分别予以任用,赏赐累计达到万两之巨。又擢升甄像为虎贲中郎将。是月,甄后母亲病故,明帝披麻戴孝亲自参加了葬礼,朝中文武百官陪同致祭。太和四年(230)十一月,明帝感到母亲甄后的陵墓过于低矮简陋,便委派甄像以兼职太尉的身份,持皇帝节杖到邺城,祭告土神,改葬甄皇后于朝阳陵。甄像完成使命返朝后,升为散骑常侍。青龙二年(234)春,明帝下诏追谥甄后之兄甄俨为安城乡穆侯。这年夏天,东吴军队进犯扬州,明帝任命甄像为伏波将军,持旌节代表他督师出征。战后,又任命甄像为射声校尉。青龙三年(235)甄像死去,追赠卫将军,改封魏昌县,谥号为魏昌县贞侯。儿子甄畅继承其爵位。又封甄畅的弟弟甄温、甄韡、甄艳皆为列侯。青龙四年(236),明帝诏令改变甄逸、甄俨的安城乡侯封号,皆追封为魏昌县侯。谥号敬侯、穆侯不变。同时加封甄俨之世妇刘氏为东乡君,追封甄逸的世妇张氏为安喜君。

景初元年(237)夏,朝中掌管礼乐祭祀的官员议定七座宗庙的排列顺序,分别祭祀列祖列宗和先帝。冬季,他们又奏请明帝说:"作为一代帝王的兴起,既是受命于先帝的安排和重托,同时也有赖于圣妃神灵的保佑。在此基础上,君王才能振兴江山社稷,成就一番王业。远古时期高辛氏预料他的四个妻子所生的儿子皆可拥有天下,成就王业,果然在他身后帝挚、陶唐、商、周一代一代都兴旺起来(他的四个儿子尧、挚都是自己做了帝王,后稷、契则分别是周族和商族的祖先)。周人拥有天下后,推举祖先后稷的文德功勋可配上天,又追溯本族的起源,于是周王朝特地为后稷的母亲姜嫄建立了宫庙,世世代代对她加以祭祀朝拜。《周礼》中所载:'奏夷则,歌中吕,舞大濩,以享先妣',正是描绘周人祭祀姜嫄的情形。诗人也写诗称颂道:当初生下了我们周人的,正是那位姜嫄啊!这就更明白地指出了周王朝的起源和周朝民众的由来。诗人们还写道:姜嫄的神庙静谧而祥和,充满着一种庄严和崇高的气氛。为周人建立了不朽功绩的姜嫄啊,您的仁德还能再回来吗?《周礼》和《诗经》中周人对祖先的赞美和推崇,达到了如此的程度。如今我大魏王朝继承有虞氏的天运占有天下,自太祖开拓宏基以来已有三世繁荣昌盛的历史。宗庙之数,实也与周王朝相同。考虑到武帝之武宣皇后,文帝之文德皇后都已列位于先帝祀庙,享受子孙万代的祭祀香火,而文昭皇后承受上天之灵符,生养了圣明的君主,可谓是功济天下民众,仁德充满宇宙之间。大魏王朝的江山社稷传之有人,正是赖于文昭皇后的功绩啊！现在皇上为文昭皇后修建了寝庙，这正如同周人所建的姜嫄神庙一般。但皇上却没有明确发布诏令，宣布文昭皇后的寝庙永远享受祭祀和保护，这样如果论起甄皇后的功绩和报答生母仁德的道理，皇上您在历史上可是要留下一个缺点和遗憾的。后人不能完全体察到您的一片忠孝之心啊！臣等奏请皇上恩准，文昭皇后的寝庙应该世世代代享受祭祀，和祖宗神庙享受同等的待遇，并由朝廷颁布万世不毁的法令，以弘扬文昭皇后圣明贤德的遗风。"明帝完全赞同这项奏请，于是下达诏令，宣布文昭皇后寝庙和另外七座宗庙享受同等祭祀礼仪，并将此规定铭刻于金鼎，藏之于金匮，以传示子孙后代。

明帝对他的舅舅们格外怀念。甄畅此时年纪尚小，到景初末年（239），明帝便任命他为射声校尉，加散骑常侍官职。还特别为他修建了一座豪华气派的大宅第，落成之日明帝亲自前往验看，并传令在府第后园为甄像的母亲建起一座观庙。这个里巷取名为渭阳里，意在寄托对母亲的思念。嘉平三年（251）正月，甄畅病亡，被追赠为车骑将军，谥号恭侯。其子承嗣爵位。太和六年（232），明帝的爱女曹淑死去，追封为平原懿公主，为她修了祭庙，并将她与甄皇后已死的堂孙甄黄合葬，追封甄黄为列侯，又过继甄黄夫人郭氏的堂弟郭惪为他们的后人，郭惪改从甄姓，封平原侯，承袭公主的爵位。青龙年间（233—237），明帝封甄皇后堂兄的儿子甄毅和甄像的三个弟弟皆为列侯。甄毅后来不断上疏对朝政提出建议，明帝便提升他做了越骑校尉。嘉平年间（249—254），朝廷又封甄畅的两个儿子为列侯。甄皇后哥哥甄俨的孙女被立为齐王曹芳的皇后。甄皇后的父亲早已作古，母亲被封为广乐乡君。

文德郭皇后，安平广宗人。祖父曾做过县吏一级的官职。郭后自幼聪慧异常，非一般女子可比，父亲郭永为之惊奇，对家人说："这孩子真是我们家的女王啊！"遂以"女王"为字。她早早就失去了父母双亲，在乱离中漂泊无靠，被铜鞮侯收养长大。太祖为魏公时她应召入太子东宫，因有智有谋，经常向曹丕提出一些好的建议，颇受他的赏识。太祖死后，曹丕以太子身份继承王位，封郭后为夫人。等到曹丕取代汉献帝当了皇帝，又封她为贵嫔。甄皇后被文帝赐死，其中主要原因就是由于文帝对郭后的宠幸。黄初二年（221），文帝想要立她为皇后，中郎栈潜上书表示反对。他在奏书中说："古代帝王们治理天下，不仅离不开公卿朝臣的忠心辅佐，也离不开贤惠的后妃鼎力相助。能否处理好这两者的关系，可以说决定着一个王朝的兴衰存亡。故而远古时期黄帝迎娶西陵氏之女,尧帝的两个女儿娥皇和女英嫁给虞舜,都以贤明有德而著称,成为流芳千古的美谈。而夏桀亡国狼狈逃往南巢,其祸根正由于宠幸妹喜,不修朝政;商纣王以炮烙剖心等惨无人道的手段对待臣下,目的也不过是取悦于妲己的欢心。鉴于这些在历史上曾直接导致了王朝废兴事业成败的经验教训,所以历来贤明的君主都格外慎重地对待册立皇后这件大事,总是在世族豪门之家选择知书达礼的贤惠淑女来充任元妃,以统领六宫,虔敬地奉祀宗庙,暗修教化之功。《易经》中说:'家道正而天下定',说的是由小到大、由内及外的道理。这正是先王所规定的法典啊!《春秋》中记载鲁哀公的礼官峄夏说:世上没有以妾为夫人的礼法。齐桓公在葵丘接受爵位时,也特别申明:不能让妾成为妻子。可如今后宫中有些嫔妃,常常借着皇上的宠幸而越礼,与皇帝一同乘舆。如果陛下再因为宠幸而册立她为皇后,使贱人骤然富贵,位极人臣,那么我担心后世会出现下面众心不服肆意轻慢,上面无能为力难以控制的局面。朝廷礼法不攻自破,这样的乱子不是由上面引起的吗?"文帝不理会栈潜的劝谏,照样册立了郭皇后。

郭皇后的哥哥和弟弟都早已死去,于是她的堂兄郭表过继给她的父亲郭永为子。郭永因此拜为奉车都尉。郭皇后的外亲刘斐要与他国女子通婚,她听说了此事专门告诫家人及亲戚:"各位亲戚遇婚嫁之事,都应该与乡里门户相当者联姻,不得借权势地位强与他方人家通婚。"她姐姐的儿子孟武归还乡里后求娶小妾,她又专门下一道敕文劝阻说:"当今由于战乱,妇女不多,应当尽可能地将她们配给前方将士为妻。有权势地位的人家不可以聘娶为妾。各位亲属在这件事情上都务必小心谨慎,不要自取其咎,遭受刑罚的处置。"

黄初五年(224),文帝率师东征,郭皇后留守许昌都永始台。当时大雨泛滥连降百余日,城楼多有倒塌损坏。有关的官员奏请皇后移居他处,郭皇后拒绝说:"当年楚昭王出游,他的妻子贞姜留在渐台。长江水汹涌而来的时候,使者迎接王后转移,但急切中忘了带上楚昭王的符信,结果贞姜坚持不走,以至在洪水中丧生也在所不辞。今天皇上御驾远征,我在后方还没有遇到贞姜那样的危急情况,有什么必要迁移住处呢?"群臣闻此言无话可说,再也不提请皇后迁居的话。黄初六年(225)文帝再次督师东征,大军开赴广陵,郭皇后留守谯宫。郭表此时留守负责警卫工作,他想拦住河水捉鱼,皇后制止他说:"这河水是通着运送军粮河道的,你筑坝截水又需要木材,自己的家产不在眼前,只好私自挪用公家的竹木来筑水坝。如今你这位奉车将军所缺少的难道只是鱼吗?"

明帝即位后,尊郭皇后为皇太后,住处称永安宫。太和四年(230),明帝下诏封郭表为安阳亭侯,继而又晋爵为乡侯,增加食邑连同前面所有的共五百户。还任命他为中垒将军,任命他的儿子郭详为骑都尉。同年,明帝追谥皇太后的父亲郭永为安阳乡敬侯,母亲董氏为都乡君。又提升郭表为昭德将军,加金章紫绶,赐位特进。郭表的次子郭训也被任命为骑都尉。后来孟武的母亲(皇太后的姐姐)病故,明帝想予以厚葬,为她修建祠堂。皇太后知道了制止道:"自汉末天下大乱以来,许多王侯公卿的陵墓都被人盗掘了,其原因大都在于厚葬。今安葬亡人最好以文帝首阳陵的薄葬为法。"青龙三年(235)春,皇太后驾崩于许昌。朝廷按皇太后丧葬的规格为她营建陵墓。三月十一日,将她安葬在文帝首阳陵的西侧。明帝进封郭表为观津侯,增加食邑五百户,连同以前所有共千户。又提升郭详为驸马都尉。青龙四年(236),明帝发布诏令,改封皇太后的父亲郭永为观津敬侯,母亲董氏为堂阳君;追封皇太后的哥哥郭浮为梁里亭戴侯,郭都为武城亭孝侯,郭成为新乐亭定侯。分别派出使节捧着朝廷的追封文书,以牛、羊、猪的牲礼进行祭祀。郭表死后,其长子郭详继承了他的爵位,又分郭表的爵号给他的三子郭述,郭述因而也成为列侯。郭详死后,其爵位又传给了他的儿子郭钊。

明悼毛皇后,河内人。文帝黄初年间(220—226),以才貌入选太子东宫。当时明帝还是平原王,对她非常宠爱,进出每每同辇同车。明帝即位做了皇帝后,便封她为贵嫔。太和元年(227),正式册立她为皇后。她的父亲毛嘉,拜为骑都尉;弟弟毛曾,授以郎中官职。

当初明帝还是平原王的时候,曾先纳河内虞氏为王妃。到明帝即位,虞氏却没能被立为皇后,为此她很是感伤和不平。太皇太后卞氏接见她加以慰勉,虞氏冲着太皇太后吵闹说:"曹氏从来好立贱人为后,没有过以德取人的时候。然而皇后管理六宫内事,皇帝执掌天下大政,两人的职责本是相辅相成的。如今皇上没有一个好的开端,也很难说会有好的结果。也许在他们身上就会亡国丧祀,断送掉祖宗创立的江山社稷!"明帝闻知此言大怒,遂将虞氏废黜送还邺宫,永远不再相见。继而擢升毛嘉为奉车都尉,毛曾为骑都尉,优宠日益加深。不久,又加封毛嘉为博平乡侯,升迁光禄大夫,毛曾为驸马都尉。毛嘉此人本是典虞车工出身,一夜间富贵骤至,身价倍增。明帝传令公卿朝臣到毛嘉家中去饮宴,毛嘉举止行为显得非常粗鲁无知,开口闭口以"侯身"自诩,一时间被世人传为笑谈。后来明帝又对毛嘉赐位特进,提升毛曾为散骑常侍。青龙三年(235),毛嘉死去,追赠光禄大夫,改封安国侯,增加食邑五百户,连同前面的共达千户,谥号节侯。青龙四年(236),明帝追谥毛皇后的母亲夏氏为野王君。

明帝后来又宠幸郭元后,对毛皇后的恩情日益淡漠。景初元年(237),明帝赏游后园,召后宫才人以上的嫔妃参加饮宴娱乐。郭元后问明帝:"应该把皇后请来吧!"明帝不同意,于是左右随从被告知不得宣请毛皇后。第二天明帝和皇后见面时,皇后问他:"昨天宴游北园,玩得开心吗?"明帝以为是左右侍从向毛皇后泄露了消息,因而下令把十几名随身侍从全部杀掉,又赐毛皇后自尽。不过在她死后仍给她加了谥号,安葬在愍陵。毛曾先被提升为散骑常侍,后又被任命为羽林虎贲中郎将、原武典农。

明元郭皇后,西平人。世代为河右大族。黄初年间(220—226),所在西平郡反叛朝廷,郭后遂被没收入宫。明帝即位,对她颇为喜爱,封她为夫人。并任命她的叔父郭立为骑都尉,伯父郭芝为虎贲中郎将。明帝病重之际,册立她为皇后。齐王即位,尊她为皇太后,住所称永宁宫。又追谥她的父亲郭满为西都定侯,令郭立之子郭建承袭其爵位;封她的母亲杜氏为郃阳君。伯父郭芝调任散骑常侍、长水校尉,叔父郭立升为宣德将军,皆封列侯。郭建之兄郭悳,被敕命为文昭甄皇后已死的从孙甄黄之子,并承袭明帝亡女平原懿公主的爵位,封为平原侯,改甄氏姓。郭悳与郭建兄弟二人同为镇护将军,都封为列侯,共同掌握京师警卫的军权。明帝以后的三位皇帝皆年幼势弱,因而主持朝政大事的宰辅们每遇国内外重大情况,总是先向郭太后请示汇报,然后方可决定如何处理或直接执行太后的指示,毌丘俭、钟会等人先后拥兵反叛朝廷,都是借郭太后的名义发布讨伐文告,然后堂而皇之发兵剿灭的。元帝景元四年(263)十二月郭太后驾崩。次年二月,安葬在明帝的高平陵西侧。

评:有魏一代后妃之家,虽然也都荣华富贵,但却从未像东汉中后期那样,趁天子年幼势弱,外戚乘机抢夺权力,控制朝政。鉴于前代的流弊和教训,不能不说魏王朝历代的后妃们在这方面是值得赞扬的。而追观文帝时期陈群的建议,栈潜的进奏,同样也足以成为规范帝王们行为的准则,堪为后世垂诫。

卷六　魏书六

董二袁刘传第六

　　董卓，字仲颖，陇西临洮人。少年时代就任侠尚武，曾到西北少数民族羌族所驻屯生活的地方漫游，与羌族的许多首领相识并结为朋友。游历结束后他返回故乡，从事农业劳动。某日正在田中耕作时，有一些到内地来办事的羌族首领顺便来看望他。董卓看见远道而来的朋友非常高兴，邀众人一起回到家中，将正用于犁田的耕牛宰杀掉招待客人，大家畅怀豪饮非常快乐。羌族首领们为董卓重义气又豁达豪爽的行为所感动，他们回去后收聚了牛马羊等各类牲畜千余头（匹）赠送给董卓。

　　东汉桓帝末年，朝廷从汉阳、陇西、安定、北地、上郡、西河等六个郡中选拔良家子弟来充任负责皇帝宿卫侍从的羽林郎，董卓因为武艺高强，力气过人，能够备两只箭袋在纵马急驰中左右开弓，故而被朝廷选中。他先在军中担任掌管行军之事的军司马职务，不久跟随中郎将张奂攻打并州立下战功，被授予负责守卫京城皇宫诸殿门的郎中官职，并赏赐细绢九千匹。董卓接受了官职，却把得到的九千匹细绢全部分给手下的官员和士卒。此后，他的职务不断提升，先后担任过广武令、蜀郡北部都尉、主管西域诸民族事务的西域戊己校尉，后被免。任并州刺史、河东太守，最后又调回京都，拜中郎将。由于在率部讨伐黄巾起义军的战斗中吃了败仗，他被撤职以抵战败之责。直到西北韩遂在凉州聚众反叛，朝廷才恢复了他的中郎将职务，派他带兵参与围剿韩遂的军事行动。董卓率领的军队开到望垣硖以北地区，被羌、胡数万兵马所包围。在内无粮草、外无救兵的危急情况下，董卓故意做出捕鱼虾以济军粮的假象，在河道上游筑堰，使数十里河水大涨。汉军从大坝下悄悄穿过，然后把水坝掘开。等胡兵闻知汉军突围而组织追击时，河水已深，无法渡过，董卓的军队因而摆脱了险境。当时朝廷共派出六路兵马出征陇西讨伐韩遂,其他五路都连吃败仗丧师折将,只有董卓指挥的这一路完整地撤退回来,没遭受什么损失。董卓率师突围后驻扎在扶风郡,朝廷因其有功提升他为前将军,封鳌乡侯,并调升并州牧。

灵帝刘宏死后,少帝刘辩即位。大将军何进与司隶校尉袁绍密谋斩除朝中的宦官。皇太后坚决反对何进等人的计划。为了争取外援,何进私下给董卓写信,让他带所统辖的兵马开进京师,并让他给皇帝上书说:"中常侍张让等人借着太后和陛下的宠幸为非作歹,扰乱朝廷,祸及海内。古时晋臣赵鞅曾率晋阳的兵马进入京城,铲除了朝中佞臣荀寅和士吉射等人;今天臣下我也要鸣钟鼓督师立即开往洛阳,以讨伐张让这些乱臣贼子。"何进安排董卓这样做的目的无非是想胁迫太后,使她同意诛杀宦官的计划。谁知何进等人谋划不周,董卓的军队尚未赶到洛阳,宦官张让、段珪等人已先下手杀掉了大将军何进,然后在何进部将袁绍等人的反击下,又裹挟着少帝仓皇逃到黄河岸边的小平津渡口。董卓于是率公卿群臣到洛阳北郊的北邙山迎接少帝,请少帝返回皇宫。此时,何进的弟弟、原任车骑将军的何苗也在京都的这场混乱中被何进的部属杀掉,因为将士们怀疑是何苗勾结宦官谋杀其兄以夺取军权。在这种情况下,何进、何苗的部属皆因失去了主帅而无所适从,便都归属了董卓。董卓又唆使吕布杀死负责京师治安的执金吾丁原,把他所掌握的军队也收编在自己麾下。这样,京都的兵权便全部集中到了董卓手中。

先前,大将军何进曾派遣骑都尉太山鲍信到外地招募兵马。鲍信这时正好归返洛阳,看到京都的严峻局面,他找到袁绍说:"董卓如今手握重兵,有篡位的野心。我们如不趁早动手,日后必然要吃他的大亏。趁他现在刚到京都不久,军队疲惫不堪,我们给他来个突然袭击,一定可以成功地擒拿住董卓。"可是袁绍害怕董卓,不敢做主办这样的大事。鲍信见袁绍不足为谋,不愿坐等董卓加害自己,便弃官返归故里了。

董卓先是以国内久旱不雨罪在朝臣为借口,逼迫少帝下诏免去司空刘弘,自己取而代之。不久,他又当上了东汉王朝的最高军事官太尉,被授予总统诸军的权力和调动全国兵马的符节。董卓在控制了朝廷军政大权后,便自作主张废掉了他看着不顺眼的少帝刘辩,把他贬封为弘农王,随即又把他和他的生母何太后杀死。然后立灵帝的幼子陈留王刘协为皇帝,就是汉献帝。董卓自以为拥立新君有功,他人无法与之相比,便恢复设置西汉初年的相国职务由自己担当,又封自己为郿侯,享有朝见天子时司礼官只称官职而不直呼姓名,以及可以穿鞋佩剑上殿的特殊待遇。他的母亲也被封为池阳君，并违背朝廷礼法设置家令、家丞一类官职。由于董卓是带着精锐的兵马来到京都的，又正好赶上朝中公卿权贵们相互倾轧杀戮不止，因而使他能够拥兵自重，操纵皇帝的废立去留甚至生死存亡。东汉王朝的武库甲兵，统由他来掌管，国家的珍宝财富，也都成了他的囊中之物。位高权重，威震天下。他本来就是个残忍暴戾、不讲仁德的武夫，如今为了防止公卿大臣们对他进行反抗，更是不惜以残酷的刑罚来威慑众人，即便有谁对他的无道行为瞪上一眼，他也必然报以无情的迫害，使得从天子到满朝文武大臣人人心有余悸，如履薄冰，不能自保。某日董卓派遣他的部下到洛阳东南方不远的阳城巡行，正遇到当地的百姓们在唱歌跳舞祭祀神灵，祈求农业丰收。士兵们包围上去，把正在举行祭祀仪式的人们全部抓获，把他们的牛车也都抢掠过来。然后把抓到的男子统统杀死，砍下的脑袋一颗颗挂在车辕上，妇女和财物都装在车上，驱赶牛车一辆接一辆地返归洛阳，谎称攻贼大获全胜而归。一路上士卒们唱着得胜歌，甚至不断发出"万岁"的呼叫。进洛阳开阳门后，将杀戮的人头举火焚烧，掳掠来的妇女则分给士卒们为婢为妾。董卓竟然还大逆不道地淫乱于后宫，肆意霸占奸淫宫中嫔妃和公主，其凶狂残暴无法无天到如此地步。

董卓垄断朝政之初，一度很信任尚书周珌和掌管洛阳城门的校尉伍琼等人。周、伍推荐给董卓的韩馥、刘岱、孔伷、张咨、张邈等人，都被安排担任了州牧郡守一级的重要官职。而韩馥等人到职后，就联合起各自所辖兵马讨伐董卓。董卓闻讯大怒，以为周珌、伍琼与韩馥等人皆为同党，互相串通起来反对他，于是把周珌、伍琼斩首。

河内太守王匡，派遣泰山兵马开到河阳县境内的黄河渡口驻扎，准备进兵洛阳讨伐董卓。董卓先派出一支疑兵到平阴县境内的黄河边上，假装从此渡河，而精锐主力则悄悄从洛阳北面的小平津渡口渡过黄河，绕到王匡军队背后出其不意地发起进攻。王匡军队在河阳津北被董卓打得措手不及，几乎全军覆没。此后，董卓看到崤山以东黄河流域的各地诸侯豪杰纷纷起兵对他进行讨伐，害怕驻在洛阳不得安宁，便胁迫皇帝和朝廷迁都长安。献帝初平元年（190）二月，董卓挟持年幼的皇帝和公卿群臣离开洛阳去长安，行前纵兵举火将洛阳都城的宫殿付之一炬，又大肆挖掘历代王公贵族的陵墓，抢掠宝物。董卓迁都长安后，位居太师，每以姜太公自比，号称"尚父"。出入乘坐皇太子专用的青盖金华车。此车以金花装饰，车盖弓头为龙爪形，有两个车厢，极为豪华高贵，时人称之为竿摩车。董卓的弟弟董旻，被任命为左将军，封鄠侯；他哥哥的儿子董璜，也担任了侍中、中军校尉典兵两个重要职务。一时间，董氏宗族亲眷纷纷加官晋爵，权倾朝野，不可一世。公卿大臣们遇到董卓，都要通名报姓拜于车下，董卓根本不予还礼。他还动辄传令让尚书、御史、符节三台尚书以下的朝臣们到他家中商议朝政大事。他又在离长安二百多里的郿县大兴土木，修建他的私人城池，取名曰"郿坞"。其城墙修得跟都城长安一样高，把从洛阳等地搜刮来的大量金银财宝和粮食积藏在城中，其中光是储藏的粮食就足够吃上三十年的。董卓扬言说："我的大事成功，整个天下都是我的；即便不成，我守在郿坞中也可享受一辈子了。"他把朝廷大事交给亲信们去办，自己经常到郿坞去住着。有一次他离开长安去郿坞时，公卿们在西出长安的城门外为他置酒钱行。董卓令部下搭起帐篷与群臣在此畅饮。席间，他突然令人押上在北地郡诱降捕获的反叛士卒和百姓数百人，当着众多王公大臣的面施以酷刑：先割去被俘者的舌头，然后或砍其手足，或剜其双目，或放在大锅里烹煮。受刑未死之人，在宴席桌案下挣扎哀号，公卿朝臣们无不被眼前的惨景惊得浑身发抖，拿不住筷子，唯董卓坐在那里又吃又喝，像是在自享其乐。掌管天文和历法的太史官观察天象，说要有大臣死在董卓手里了。果然有以前曾当过太尉、现为九卿之一卫尉的张温，平日因看不惯董卓的跋扈骄横，颇受董卓怨恨，这次因天象有变，董卓为了塞责，便捏造个罪名说张温与袁术勾结谋反，于是张温就被鞭杖活活打死了。在董卓专权的不长时间里，以严酷的法令和毒辣的刑罚，制造出了大量冤狱，枉死者成百上千，致使天下百姓怨声载道。他还凭借权势为所欲为，将宫中铜人和钟虡全部打坏，改变自西汉武帝以来数百年间流通的五铢钱币制度，另铸五分小钱，上面没有花纹和文字，周边和中间的孔洞也无轮廓，不作磨冶加工，粗糙不堪，结果造成钱币贬值、物价猛涨的严重后果，一斛谷竟达到数十万钱，从此以后商业凋敝。

献帝初平三年（192）四月，司徒王允、尚书仆射士孙瑞和董卓部将吕布共同商定诛杀逆臣董卓。此时正巧献帝患病新愈，传诏在未央殿会见群臣。吕布派他的亲信、骑都尉李肃带士兵十几人，打扮成宫中卫士的模样把守在宫门，吕布怀中藏着诛杀董卓的诏书。董卓进入宫门后，李肃率伏兵一拥而上举刀枪击杀，董卓措手不及，惊呼："吕布何在？快来救我！"吕布转出应声喝道："皇帝有诏令杀贼臣董卓！"随即杀死董卓，夷灭三族。朝中主簿田景赶紧扑向董卓的尸体，也被吕布杀掉。这样连杀董卓的亲信三人，其他人皆畏惧不敢动弹。长安城的官吏百姓闻听董卓伏诛,都相互庆贺除灭国贼。平日投靠奉迎董卓的官吏被一个个抓进监狱处以死罪。

当初,董卓的女婿、中郎将牛辅率军驻屯陕县一带,又派出他手下的校尉李傕、郭汜、张济等人分别占据陈留、颍川二郡的一些县。董卓伏诛后,吕布派李肃持献帝的诏书去陕县,想借皇帝的名义杀掉牛辅。不料牛辅等人作困兽斗,带领部属与李肃拼杀起来。李肃身边兵力不足,吃败仗后退往弘农郡。吕布闻报大怒,以贻误军机的罪名处死李肃。在这之后不久的一个晚上,牛辅军中有些士兵看到没有出路而开小差,从而在军营里引起一阵骚动。牛辅心虚,以为部下将要反叛,急忙提起金银宝物,带上身边最为亲信的支胡赤儿等五六人悄悄溜出军营,翻越城墙后北渡黄河仓皇逃去。哪知相随的支胡赤儿等人见牛辅携带的金银宝物甚多,竟起贪心。他们杀死牛辅,瓜分其金银宝物。又把牛辅的脑袋送到长安邀功。

等到李傕几个知道朝中政局的变化赶回陕县老巢时,牛辅已经逃亡被杀。众人失去头领无所依托,因而打算就此散伙各回老家。可想想朝廷并无赦书免除他们的罪过,跑回家去也不是个办法,又听说长安城中公卿大臣们恨透了董卓和他的部属,发誓要把凉州人全部杀光,这越发使他们惶惶然不知所措。最后他们接受了贾诩的计策,聚拢各部兵马向西直奔长安而去,沿途又收集了逃散的董卓部下不少人马,等到达长安城下时,已经有浩浩荡荡十几万人了。他们与董卓旧部樊稠、李蒙、王方等合兵围攻长安城。十日后长安被攻破,又和吕布在城中展开激烈的战斗,最后吕布败走。李傕等人纵兵疯狂抢掠长安城财富,对全城男女老幼不分官吏百姓大肆屠戮。一时间京都长安遍地尸体狼藉,死者不可胜数。同时大肆捕杀参与诛杀董卓的人,司徒王允也被杀死陈尸街头。叛军还收殓董卓的尸骨送到郿地安葬,葬礼间大风暴雨震动董卓墓,雨水流入墓穴,把董卓的棺材冲了出来。长安既占,李傕当了车骑将军,封池阳侯,领司隶校尉,统领全国军队;郭汜为后将军,封美阳侯;樊稠为右将军,封万年侯。李傕、郭汜、樊稠三人挟持天子,完全控制了朝政。张济当了骠骑将军,封平阳侯,领兵驻屯弘农,拱卫长安。

也是在这年,西北的韩遂、马腾二人向朝廷投降,各率其部属来到长安。朝廷任命韩遂为镇西将军,率本部兵马回凉州驻守;任命马腾为征西将军,率本部兵马驻扎郿县。朝廷里侍中马宇和谏议大夫种邵、右中郎将刘范等人暗中谋划,准备让马腾率精兵自郿县突袭长安,他们在朝中为内应,一举消灭李傕等叛军首领。不料在马腾进兵到距长安只有五十里的长平观时,马宇等人准备与马腾里应外合的秘密泄露了出去。马宇等人仓皇逃向槐里县,樊稠率兵迎击马腾。马腾失去内应,无心恋战,败退引军返回凉州。樊稠乘势再向槐里县进攻,马宇、种邵、刘范等人都被杀害。当时渭水流域长安周围的三辅地区尚有百姓数十万户,是一处比较富庶的地方,李傕等叛将纵容部下肆意劫掠百姓,攻剽城邑,人民饥饿困苦,两年之内,人吃人,以致这里成了无人区。

叛军首领之间争权夺势又闹起内讧。先是李傕杀掉了樊稠,将他的人马收归自己所有。继而郭汜与李傕又互相猜疑,并在长安城中各自拥兵展开攻杀。李傕把天子扣押在他的军营做人质,纵兵放火烧毁宫殿和城门,又把官府抢掠一空,从皇帝的车马服饰到其他宫廷御物金银财宝统统搬到他自己家中。干完这一切,他便不断地派公卿朝臣到郭汜那里去说和,以求双方罢兵。郭汜不愿与他媾和,把受李傕逼迫前来说项的公卿朝臣都关了起来。两人相互争斗数月之久,其部属战死者不下万人。

李傕的部将杨奉和军吏宋果准备杀掉李傕,由于谋划不周,事情败露,于是杨奉带领自己所统辖的一支兵马叛离李傕而去。李傕失去杨奉一支精兵,实力受到一定的影响。驻扎弘农的张济此时也来长安从中调解,这样李傕才答应把被他扣押良久的献帝放了出来。献帝逃出叛将之手,不敢在长安停留,匆匆来到新丰、霸陵间。郭汜见有机可乘,又想把献帝胁迫到郿城,控制在他的手中。献帝赶到杨奉军营中避难。杨奉发兵向郭汜进攻,郭汜兵败向南山一带退走。杨奉和将军董承保护献帝及公卿朝臣们还都洛阳。这时,李傕、郭汜都后悔不该把献帝放走,于是两人又联合起来,集中兵力向弘农郡的曹阳涧一带追击杨奉军队。杨奉见李、郭人多势众,料难抵挡,便紧急向河东的白波军求援。白波军将领韩暹、胡才、李乐等赶来增援。杨奉指挥军队与李傕、郭汜大战于曹阳涧,结果失败退走。李、郭纵兵杀戮公卿朝臣,然后带着劫掠的后宫妇女返回弘农。献帝逃脱先进入陕县,又向北渡过黄河,车马早已没有了,只得步行跋涉,身边也只有皇后与贵人相伴左右。一直到了黄河北边的大阳县,才找到一处房子住了下来。杨奉、韩暹追踪找到献帝后,只好暂且以安邑县治为都城让他住下来,出入也只能以牛车代步,身边仅有太尉杨彪、太仆韩融及从者十余人。献帝分别拜韩暹、胡才、李乐三人为征东、征西、征北将军,让他们与杨奉、董承共同主持朝政。又派遣太仆韩融前往弘农与李傕、郭汜谈判,索回了被他们劫掠去的宫人和公卿大臣,献帝的乘舆车马也要回来了一些。这一年黄河以北地区蝗虫肆虐，酿成大害，加上长时间的大旱无雨，农田几乎颗粒不收。朝廷在安邑一带筹集不到粮食，官员们没有饭吃，只好到处摘点青枣，或到田间挖些野菜充饥。军队也断了粮饷，士兵们开始骚乱，将军们无法控制不满情绪。无奈，杨奉、韩暹、董承等人商议还是应该保护献帝到洛阳去。献帝和文武朝臣及军队离开安邑，出箕关，路经轵道，有晋阳侯张杨携带粮食在路边迎接。献帝拜他为大司马，此事在本书《张杨传》中也有记载。献帝和朝廷还都洛阳后，见这里的宫殿早已被烧成一片废墟，街陌上也都长满了荒草。他们既无粮食接济，又无房屋居住，只得砍去荆棘荒草，在断壁残墙或土丘旁半躺半卧地歇息。此时各州、郡的长官们都拥兵自重，没有哪一个来洛阳朝见献帝。有数的一点粮食越来越少，自尚书郎以下的官员们只好每天到郊外寻些野菜野果充腹，不断有人饿死在断墙残垣间。

于是太祖曹操把献帝迎接到许县，将许县作为临时都城。韩暹、杨奉不能遵守朝廷礼法，各自带兵背朝廷而去，在徐州、扬州间流窜骚扰，不久被刘备所擒杀。董承追随太祖一年多时间，也因罪被诛。建安二年（197），朝廷派遣谒者仆射裴茂统领关西各路兵马讨伐李傕，李傕兵败身死，并被夷灭三族。叛将郭汜被他的部将五习袭击，死于郿城。张济因军中缺粮，带兵到南阳郡抢掠，在穰县被民众包围起来杀掉。他的侄子张绣收聚并统领了他的残部。胡才、李乐二人留在河东，后来胡才被他的冤家对头谋杀，李乐患病而亡。西北的马腾、韩遂二人自返回凉州后，越发拥兵自重。马腾奉诏入朝担任卫尉职务后，其部属由他的儿子马超统领。建安十六年（211），马超、韩遂联合关中诸将共同反叛朝廷，太祖率师西征，大败叛军，此事在本书《武帝纪》中有详细记载。韩遂兵败逃奔金城，被他的部将杀死。马超率残部退居汉阳郡。马腾因为儿子的叛逆大罪被诛，夷灭三族。又有赵衢等人举义兵讨伐马超，马超只得引兵前往汉中依附张鲁，继而投奔刘备，最后死在西蜀。

袁绍，字本初，汝南汝阳县人。其高祖袁安，在东汉章帝时曾担任过司徒的重要职务。自袁安以后，又接连四世在朝廷中官居司徒、司空、太尉"三公"的高位，因而袁氏家族权倾朝野，名震天下。袁绍长得身材魁梧，容貌威严，虽出身豪门望族，却也能放下架子结交社会下层的贤达之士，所以很多人都愿意投靠他。太祖曹操少年时就曾与他有过交往。等到长大进入仕途后，先是以大将军属员身份任侍御史，在朝中负责监察举劾工作，不久提升为中军校尉，以后又做到司隶校尉。

灵帝死后,何太后之兄、担任大将军职务的何进和袁绍密谋诛杀朝中的宦官。何太后坚决不同意这件事。何进和袁绍无奈,便暗中联络并州牧董卓,让他带兵入京请诛宦官,想以此来吓唬一下何太后。朝中的常侍、黄门等宦官们听到这个消息,一个个跑到何进家里去求情,说只要能饶过他们的性命,其余任凭大将军处置。袁绍劝何进不妨就在这时候下手,把这些送上门来的宦官一个个收拾了。何进不同意这么做,袁绍再三相劝,何进就是不听,只是命他谋划派出一些机智的武吏监视、检查宦官们的行动,同时安排袁绍的弟弟、虎贲中郎将袁术选拔二百名可靠的士兵开入宫中,取代原来那些持兵器把守宫门的黄门侍者。中常侍段珪等人不甘心束手就擒,他们假传太后的命令,召何进入宫议事。何进对宦官的活动没有防备,结果一进入宫门就被他们抓住杀掉了。一时间宫中大乱。袁绍、袁术兄弟闻讯立即带兵赶来,宦官们紧闭宫门负隅顽抗。袁术命士兵举火烧南宫嘉德殿的青琐门,以逼迫宦官出来投降。段珪等宦官首领见难以支撑,便劫持少帝刘辩和他的弟弟陈留王刘协,仓皇逃向黄河边小平津渡口。洛阳城中袁绍率兵打开皇宫大门后,先擒杀了宦官所任命的司隶校尉许相,然后命令士兵满宫中搜捕阉人,不分年幼年长,凡抓获者一律斩首。有的人本来并不是宦官,只是由于没长胡子,也被士兵们当成宦官胡乱给杀掉了,以至于有的人为了证明自己不是宦官,只好脱下衣服让士兵们当场查验才得以幸免。宦官中有些行善自守的人也被杀害,可见滥杀的残酷。被杀者不下两千人。袁绍发现宦官们劫持皇帝向北逃窜,又率兵急追。宦官们在袁绍追击下无路可走,段珪等人投黄河自杀,少帝得以返回洛阳宫。

率兵入京的董卓来找袁绍,和他商量废掉少帝刘辩,另立九岁的陈留王为皇帝。此时袁绍的叔父袁隗为朝中太傅,袁绍假装同意,对董卓说:“另立新君乃国家大事,容我回头找太傅再商量一下。”董卓很不高兴,蛮横地说:“刘氏皇帝的江山气数已尽,刘家的种也不足以再保存下去了。”袁绍没有说话,抽出佩刀握在手里径自去了。他知道自己处境危险,离开董卓便急忙去了冀州。朝中大臣如侍中周毖、城门校尉伍琼、议郎何颙等人,都是当时的名士,董卓很信任他们,但这些人内心都向着袁绍。因而他们劝说董卓:“朝廷中君王废立大事,本来就不是一般人可以参与的。袁绍眼光短浅不识大体,他是做错了事害怕您才逃出京城的,并非是要图谋反叛朝廷。如今您如果对他缉拿过急,把他逼得无路可走,反而会促成他的背叛。他们袁氏家族连续四代在朝中做官,门生故吏遍布天下。若是袁绍号召四方英雄豪杰与您作对,那么各地都会响应他的召唤而起兵,如此一来山东的大片土地就不是您能控制的了。不如宣布赦免袁绍的罪过,任命他为某个郡的太守,这样袁绍必然会为免罪又得官而高兴,您也就没什么可担心的了。"董卓认为这些话有道理,于是宣布任命袁绍为勃海太守,同时封邟乡侯。

袁绍马上以勃海郡为基地起兵,通告天下讨伐董卓。此事在本书《武帝纪》中另有记载。袁绍自号为车骑将军,为各路讨董联军的盟主。他与冀州牧韩馥商议欲立幽州牧刘虞为皇帝,还派特使把请刘虞即位的奏表送给他。可刘虞这人胆子小,不敢接受袁绍等人的奏章,也不敢当这个皇帝。后来韩馥的军队驻扎安平,被公孙瓒率部袭击打败,公孙瓒遂引兵进入冀州,名义上打着讨伐董卓的旗号,实际是想消灭韩馥,吞并冀州。韩馥自料难敌公孙瓒,心中非常紧张,不知道怎么办才好。适逢此际董卓裹挟献帝和朝廷迁都长安,退回关西,袁绍率大军东还驻在延津。听说韩馥在公孙瓒的压力下惶惶不安,袁绍便派手下谋士陈留人高干和颍川人荀谌前往游说韩馥道:"公孙瓒乘胜挥师向南进攻,各个州郡都会响应他。袁车骑将军引军东进,也不知他有什么样的打算。我们实在为将军您目前的处境感到担心啊!"韩馥闻此言赶紧向他们求教:"先生您说我该怎么办才好?"荀谌说:"公孙瓒统辖燕、代二州精锐之师,其锋芒势不可当;袁绍为一代雄杰,肯定也不愿居于将军您之下。而您所拥有的冀州,恰是争夺天下者必先要得手的一处要地。若是公孙瓒、袁绍两人都打上冀州的主意,那冀州的危亡就是眼前的事了。袁将军这个人,是将军您的老朋友,而且又是讨董联盟的盟主。眼下要说为将军您打算的话,我看不如您把整个冀州都让给袁绍。袁绍得到冀州,则公孙瓒无法与他争夺,这样袁绍对将军您必然施以厚德。而您把冀州交到可靠的亲密朋友手中,也留下了让贤的美名,从此可以确保您平安无事,请将军早作决断,勿再迟疑。"韩馥这人向来性格懦弱,居然听从了荀谌的建议。他手下的长史耿武、别驾闵纯、治中李历等官员劝阻他说:"我们目前的军力虽然较弱,可我冀州能拿起武器打仗的男子不下百万,我们储存的粮食可供十年之需。袁绍他带一支穷困的军队远离后方打仗,全靠我们的接济才能吃上饭,这恰如一婴儿在我股掌之上,断了他的奶水,马上就会把他饿死,怎么能把我们这么大一个冀州拱手送给他袁绍呢?"韩馥道:"我韩馥本来就在袁家做过部属,况且我的才能确实也不如袁绍。衡量一下自己的德行和才能而让位于贤者,这自古以来就是人们提倡和赞赏的事,诸位又何必责难我呢?"从事赵浮、程奂等人请求韩馥派兵到西边驻守监视袁军,以防不测,韩馥根本不听。结果韩馥还是把冀州让给了袁绍,袁绍以勃海太守的身份兼任冀州牧。

袁绍手下的从事沮授向他进言说:"将军您在二十岁的时候入仕朝廷,名声很快就传遍海内;后来遇上朝政混乱奸臣阴谋废君另立,又是您忠义刚直主持公道,不答应乱臣贼子的胡作非为。您单骑奔出洛阳,使得董卓始终怀有恐惧之心;您渡黄河北行,勃海郡吏民百姓诚挚欢迎您的到来。如今您统率着勃海郡的精兵强将,又新增加了冀州的土地和百姓,可谓是威震河朔,名重天下。眼下虽然黄巾反贼到处袭扰,黑山一带也有草寇不听号令,但只要您挥师东征,则青州的黄巾反贼定可一举剿平;还师扫荡黑山,那里的草寇也不难消灭。锋芒指向幽、燕,公孙瓒逃脱不了覆灭的下场;武力威胁戎狄,匈奴也必然会俯首称臣。这样将军您就可以纵横驰骋于大河之北,一下子拥有四个州的土地和百姓。您借此收罗天下英才,麾下拥有百万雄兵,把天子和公卿百官从长安接回来,在洛阳重新恢复都城和宗庙。然后您再以朝廷的名义号令天下,征讨那些不肯归附的叛将乱臣。以这样堂堂正正的名义和雄师,天下谁堪与您为敌?用不上几年,这样的盖世功业就要在您手中完成了。"袁绍听了沮授的话大为高兴,对他说:"您正说出了我的抱负和志向啊!"于是马上提升沮授为监军和奋威将军。董卓派朝中执金吾胡母班、将作大匠吴修带着皇帝的诏书去见袁绍,袁绍让河内太守王匡把这两个人抓住杀掉。董卓得知袁绍已割据关东与他对抗,便把京城中袁氏家族的男女老幼包括袁绍做太傅的叔父袁隗全部杀掉了。当时,天下豪侠之士多依附袁绍,都想替袁氏家族报这个大仇。各州、郡纷纷起兵讨伐董卓,几乎都借袁绍的名义,韩馥看到这种局面非常害怕,加上袁绍的部下对他也有非礼行为,因此他不敢在袁绍那里住下去了,请求袁绍同意他离去。韩馥离开袁绍后前往依附陈留太守张邈。后来袁绍的特使到张邈那里去商量一些重要军机,话说到当紧处,特使与张邈附耳而谈。韩馥在座中看到这种情形,怀疑是袁绍派人来与张邈共同谋害他,于是起身到厕所中自杀了。

当初废少帝刘辩、立陈留王刘协为皇帝并不是袁绍的意愿。但既然已成事实,袁绍也不便再废立君主。等献帝和公卿群臣逃出长安在安邑住下后,袁绍派部下颍川人郭图前去朝拜。郭图回来后劝说袁绍把献帝迎接到邺城来,袁绍不同意郭图的建议。不久,太祖曹操把献帝迎到许县,用朝廷的名义收复了河南一带的土地。关中诸州、郡也都表示臣服,袁绍这才明白了借重于天子的重要,为自己拒绝郭图的建议而后悔不已。他试图让曹操把献帝送到鄄城,以便自己有机会接触天子和公卿百官,但遭到曹操拒绝。为了安慰和鼓励袁绍,献帝任命他为太尉,继而又加大将军之职,封邺侯。袁绍推辞不接受封侯。不久,袁绍军队在易京打败了公孙瓒,把公孙瓒的人马都收编过来。接着,袁绍安排自己的长子袁谭担任青州刺史。沮授极力劝谏,告诫袁绍说:"这样做必然是一切灾祸的开始。"袁绍听不进规劝,反而说:"我正想让我的儿子们每人拥有一个州呢!"于是又任命其次子袁熙为幽州刺史,外甥高干为并州刺史。此时袁绍实力大增,已握有雄兵几十万人。他任命审配、逢纪统管军事,田丰、荀谌、许攸为谋士之首,颜良、文丑为军中大将,挑选精锐步兵十万,骑兵万余,准备向驻守许都的曹操发起进攻。

先前,太祖曾派刘备南下徐州抵挡袁术的进攻。等刘备率部到达下邳,袁术已病死于寿春。刘备不听曹操要他还师的军令,反而用突然袭击方式将曹操任命的徐州刺史车胄杀死,然后引兵驻扎沛县,公开打出反曹操的旗号。袁绍也派了一支骑兵前来支援刘备。太祖命部将刘岱、王忠带兵讨伐,不能取胜。建安五年(200),太祖亲率大军东征刘备。谋士田丰劝袁绍趁曹操后方空虚袭击他的大本营许昌,袁绍以儿子有病为理由加以拒绝。田丰走出屋外,以手杖连连击地,痛心地喊道:"遇到这样一个难得的制胜良机,却因为婴儿闹病而白白放过,可惜呀,可惜!"太祖兵至徐沛,把刘备打得落花流水。刘备逃脱后,北上投靠了袁绍。

袁绍率大军进抵黎阳,派大将颜良在白马县进攻曹操的东郡太守刘延。沮授进谏说:"颜良性情急躁,遇事沉不住气,虽然作战骁勇却不胜任独当一面。"袁绍对沮授的话不予置理。太祖曹操发兵救援刘延,打垮了颜良带领的军队并杀死了颜良。袁绍督师渡过黄河,在延津以南地区修筑工事与曹军对峙。袁绍派刘备和文丑出阵挑战,太祖挥兵击退袁军,再杀其大将文丑,袁军受到很大的震动。太祖引军退往官渡构筑防御阵地,准备与袁绍的大军决战。沮授又劝袁绍:"我们的军队数量虽多,但战斗士气和勇敢精神都不如曹军。而曹军粮食短缺,后勤物资供应远不如我们。因此对曹军来讲速战速决有利,可对我军来说却是打一场持久战更有利。我们稳扎稳打与曹军对峙下去,用不了几个月时间,曹军粮食用尽必然会不战自溃。"袁绍不听,指挥大军进逼官渡,与曹军交锋。曹军受挫退入营地坚守,袁绍命士兵在阵前修造了多座望敌楼,又筑起高高的土山,弓箭手们埋伏在山上,看见曹操军营中有人走动便弓矢齐发。曹军很害怕,士兵们出门都要持盾牌遮挡身体。太祖也采取相应对策,命令工匠们突击赶制出一种发石车,用它抛射石块很有威力,袁绍修建的哨楼都被摧毁,士兵们也不敢再伏在土山上放箭了。由于发石车在抛射石块时有隆隆的响声,如同打雷一般,故而袁军士兵都恐惧地称这种发石车为"霹雳车"。袁绍又命令士兵们挖掘地道,直通曹操军营,准备对曹军实行突然袭击。太祖针锋相对,命令士兵在军营前沿挖掘了一条又深又长的壕沟截断袁军的地道,同时派出一支奇兵潜入敌后截击袁绍的运粮车队,把运送的全部军粮连同车辆尽数烧毁。太祖与袁绍两军对峙日久,曹军粮草渐渐接济不上,百姓们为战争所苦不堪承受,也纷纷跑到袁绍那边去了。眼看曹军难以支持下去,恰巧这时候袁绍派将军淳于琼带一万多兵马北上迎接保护运粮车队。沮授建议:"应当再派蒋奇将军另带一支军队与淳于琼配合行动,以防备曹操的偷袭。"袁绍仍是不予采纳,淳于琼迎到运粮车队,驻屯乌巢,离袁绍军队的大本营有四十里。太祖得知这一消息,留下曹洪带兵守卫军营,自己亲率精锐步骑五千人连夜突袭乌巢。袁绍闻报派出骑兵增援,也被曹军击溃。曹军大破淳于琼守军,淳于琼等将领都被斩杀于阵中,士兵死伤无数,全部军粮辎重都被付之一炬。太祖引军得胜还师,未等回到军营,已有袁绍手下的将军高览、张郃各自带着本部兵马前来投降。曹军一鼓作气乘胜追击,袁绍军队全线崩溃。袁绍与长子袁谭在乱军之中仅带少数亲随渡过黄河得以逃脱,其部属大部分被曹军抓获俘虏。曹军发现被俘的袁军将士心怀二心,便把他们全部活埋了。沮授在混乱中没来得及随袁绍渡过黄河,被曹军擒获押解到太祖那里。太祖爱惜他的才能而给予礼遇,想争取他为己所用。但沮授后来仍想逃到袁绍那里去,太祖只好把他杀掉了。

袁绍率大军南下之初,谋士田丰曾劝谏他说:"曹操善于用兵,变化多端。他的军队数量上虽不比我们,但我们也切不可掉以轻心。不如从长远计议与他相持。将军您占据险要的山河地势,拥有四个州的土地和百姓,以此为前提,您可以对外结交天下英雄豪杰,对内大力发展农业生产,操练兵马,然后选出一些精锐部队,编组成几支奇兵,在曹军不备的情况下轮流出击,骚扰河南地区。曹军救援右边则击其左翼,救援左翼则又攻其右边,如此连续不断,使曹军疲于奔命,百姓不得安居,田野荒芜,士卒厌战,我军不曾大动干戈而敌军已经疲惫不堪了。用不了两三年,拖也会把曹操给拖垮了。可眼下将军您放着深思熟虑的长远大计不用,却要倾全力毕其功于一役,万一这一仗打不赢,您可是后悔也来不及了。"袁绍不愿听从田丰的劝谏，田丰再三陈词，力谏不可轻率出征。袁绍大怒，以为田丰是有意散布失败情绪扰乱军心，破坏他的出兵大计，于是下令给田丰戴上脚镣手铐囚禁起来。等到袁绍大军溃败后，有人对田丰说："你的预言都已变成现实，这下子大将军会更加看重你了吧！"田丰叹气道："如果袁公打了胜仗回来，我倒是能够活命；如今他大败而归，我是注定活不成了。"果然袁绍回到邺城后对左右的人说："当初我没有听从田丰的劝阻，眼下真的要被他耻笑了。"于是传令把田丰杀掉了。袁绍其人外表宽容娴雅，喜怒不形于色，颇有大将风度，而内心却多猜忌，嫉贤妒能，妄加陷害。田丰之死正是最好的说明。

自袁绍官渡大败后，冀州不少城邑纷纷起兵背叛他的统治，袁绍费了不少力气才一一平定下来。但这次惨败对他的打击实在太大了，他恼怒交加，终于病倒。建安七年（202），在极度的忧郁中死去。

袁绍生前最喜欢他的小儿子袁尚。袁尚长得很漂亮，颇得他的欢心。他想让袁尚在他身后继承主公地位，但却一直没有明确宣布。他身边的重要将领谋臣审配、逢纪与辛评、郭图由于互相争权夺势而勾心斗角。审配和逢纪拥护袁尚，辛评和郭图则支持他的长子袁谭。其他人也多以为袁谭为长子，应由他来嗣位。审配等人担心袁谭继位后辛评他们会陷害自己，便顺着袁绍平时的意愿，假传遗诏奉袁尚嗣位。等袁谭从外地匆匆赶回邺城，袁尚早已继位在先。袁谭没能承嗣父亲的主公地位，便自号为车骑将军，从此谭、尚兄弟二人心中结下了矛盾。太祖曹操督师北伐，袁谭奉命驻守黎阳迎击曹军。但袁尚只拨给他很少的军队，还派自己的亲信逢纪随同监军。袁谭派人向袁尚请求多调拨一些兵马给他，审配等人与袁尚商量后决定不给。袁谭大怒，把逢纪抓起来杀掉了。曹军渡过黄河向袁谭进攻，袁谭再次向袁尚紧急求援。袁尚知道非发兵救援黎阳不可，但又怕派去的军队被袁谭控制住据为己有，于是留下审配镇守邺城，他自己亲自带兵开赴黎阳。自建安七年（202）九月至建安八年（203）二月，曹军与袁军大战于黎阳城下，最后袁军不支，退入城中据守。太祖挥师想紧紧包围住黎阳城，袁军见势不妙乘黑夜逃遁。曹军跟踪追击至邺城，沿途把成熟的小麦抢收一空，又攻克了阴安县城，缴获大批物资，方才撤军返回许都。此后太祖挥师南征荆州刘表，大军刚开到西平，北边的袁谭、袁尚两兄弟在外无压力的情况下自己火并起来了。袁谭被打败逃到平原县，袁尚仍穷追猛打不肯放过，带兵将平原城团团围住。袁谭无路可走，只好派辛评的弟弟辛毗到太祖曹操那里请求发兵救援。曹军于是转头向北援救袁谭，十月间到达黎阳。袁尚得知曹操大军北上，赶紧撤除对平原城的包围退回邺城去了。其部将吕旷、吕翔背叛袁尚而投向太祖。袁谭知道了这件事，私下刻了大将军印鉴征召吕旷和吕翔二将归附自己。曹操知道了袁谭的狡诈，便与他结成儿女亲家。以自己的儿子聘定袁谭的女儿，想以此来安抚和稳定袁谭。做完这些事，曹军才陆续撤回河南。袁尚一听曹操退兵，留下审配和苏由守卫邺城，自己再度率兵围攻驻在平原县的袁谭。这一次，曹操率大军直接去攻打袁尚的老巢邺城。队伍开到邺城西南的洹水驻扎下来，距邺城只有五十里的路程。守将苏由暗中与曹操联络，欲为曹军做内应，内外夹攻拿下邺城。不料机密泄露，审配领兵与苏由在城中展开激战。苏由战败逃到曹操的军营中，曹操遂督师开始攻城。曹军用挖掘地道的方法企图偷袭破城，审配也命令士兵掘深壕阻挡曹军。审配部将冯礼打开突门放曹军入城，曹军刚冲入三百余人即被审配发觉。他命令从城墙上推下大石块砸向突门的中栅门，栅门被关闭，突入城中的三百多士兵失去接应全部战死。强攻不成，曹军围绕邺城挖掘了一条长达四十里的壕沟。开始很浅，好像随便就能过去。审配在城墙上望着曹军士兵忙忙碌碌地凿土止不住发笑，也不派兵出城袭扰曹军。哪知一夜工夫，曹军竟挖出了一条深、宽各有两丈的大壕，并决开漳河大堤，引水灌满了围城河，这下子邺城的兵马再也无法轻易出城了。从五月到八月，在邺城被围困的四个月时间里，城中由于粮食短缺有一大半的人被饿死了。正在围攻袁谭的袁尚闻知后方老巢吃紧，忙带了一万多精兵回救邺城。袁尚的人马沿西山而来，行至邺城以西十七里远的阳平亭，袁尚令士兵们燃起火炬与城中联络，城中守军也举火相应。于是审配传令守军从城中冲出，企图与袁尚配合两面夹击曹军。曹操命令将士迎头截击突围的邺城守军，守军顶不住曹军的攻击，又乱糟糟退回城中。袁尚也被另一支曹军击溃，败退到曲漳扎营。曹军乘胜追击，又对袁尚形成包围之势。袁尚不敢接战，派出阴夔和陈琳到曹营请降。曹操不接受袁尚的投降，袁尚率部又急忙逃到滥口。曹军一路穷追猛打，再度包围了袁尚。袁尚部将马延阵前投降，全军溃败，袁尚狼狈逃奔中山。曹军缴获了袁尚的全部粮草和作战物资，并得到了袁尚的印绶、节钺及衣物。曹军把这些东西送到邺城前线，举示给袁尚家人及守城将士，告诉他们袁尚已被彻底打垮。守城将士看到外援已经无望，军心顿时大乱。审配的侄子带兵把守东门，夜间向曹军献门请降。曹军攻入邺城，与审配指挥的守军在城中展开激战，最后活捉了审配。审配被擒后声气壮烈，始终没有一句屈服求饶的话语，见者无不为之叹息。曹操下令杀了审配。袁绍的外甥高干以并州刺史的身份向曹操投降，曹操接受了他的投降并加以慰勉，仍让他做并州刺史。

太祖曹操率大军围攻邺城期间，袁谭乘机攻占了甘陵、安平、勃海、河间等不少地方，然后又带兵攻打败逃到中山的袁尚。袁尚无力迎战，奔固安投靠次兄袁熙去了，袁谭把他的残部顺势都搜罗在自己麾下。曹操眼见袁谭实力日增，将成隐患，于是发兵加以征讨。袁谭连克平原、南皮诸县，引军驻屯龙凑。十二月间，曹军进逼袁谭军营附近，袁谭非常害怕，连夜带着自己的兵马退到南皮，傍清河而设营驻扎。建安十年（205）正月，曹军攻占袁谭军营，袁谭和他的谋士郭图等人皆被擒杀。北边的袁熙、袁尚两兄弟被他们的部将焦触、张南袭击，逃到辽西投奔乌丸去了。焦触赶跑了袁熙和袁尚，便自号为幽州刺史，用武力迫使各州郡的太守令长背叛袁氏转向曹操。焦触把他的数万军队布置停当，然后杀白马而盟约立誓，并警告各位太守令长"违命者斩！"众人没有敢表示反对的，依次饮酒以示诚意。轮到别驾韩珩，他却拒绝参与此事，并表示："我韩珩受袁氏父子厚恩多年，如今袁氏家族败亡，我作为下属智不能为他们排忧解难，武不能替他们战死沙场，这于道义上就已经欠缺了，怎么能再背叛他们而投降曹操呢？无论如何，这种事情我不能做！"听了韩珩的话，满座的人都为他的命运担心。焦触却说："我们要办的是一件与国家社稷有关的大事，因此更应该重视以仁德和道义服人。至于事情成功与否，也不在乎多个人少个人参加。韩珩既然有这样的志向，我们也不妨成全他，以鼓励他忠于旧主。"不久，并州刺史高干降而复叛，抓去了上党太守，并派兵控制壶口关抵御曹军。曹操派乐进、李典带兵征讨，未能取胜。建安十一年（206），曹操亲自率军西征高干。曹军攻势凌厉，高干难以抵挡，于是令其部将夏昭、邓升守城，自己跑到南匈奴向匈奴单于求救。南匈奴害怕惹怒曹操，不敢接纳他。走投无路之下他只好带着几个贴身卫士南逃，企图投靠荆州刘表，途中被上洛都尉捉住杀掉了。建安十二年（207），太祖曹操督师开赴辽西征伐乌丸，袁熙、袁尚兄弟与乌丸合力迎战曹军，被曹操打得溃不成军。二袁逃奔辽东太守公孙康，公孙康害怕曹操的进攻，担心二袁把灾祸引到辽东，便杀了二袁，并派人把他们的脑袋送给曹操。曹操对韩珩忠心事主宁折不屈的气节颇为赞赏，多次征召他到朝中做官。韩珩坚持志向屡辞不就，最终死在自己家里。

袁术，字公路，是司空袁逢的儿子，袁绍的堂弟。青少年时代他以侠气为人所知，后来举孝廉，官拜郎中，先后担任过朝廷内外的多种职务，一直升迁到折冲校尉、虎贲中郎将。董卓率兵入京控制朝政后，打算依自己的意愿废掉少帝刘辩另立陈留王刘协为皇帝，让袁术担任后将军。袁术不愿意追随董卓而祸及自身，于是逃出京都跑到南阳。正巧这个时候长沙太守孙坚杀掉了南阳太守张咨，孙坚本是袁术的部将，袁术也就趁这个机会占据了南阳。南阳人口有数百万，由于袁术割据后恣情肆欲，征敛无度，致使百姓饥寒交迫，苦不堪言。袁术与割据冀州的堂兄袁绍有矛盾，又与相邻的荆州刺史刘表不和，因而和远在幽州的公孙瓒结成同盟；而与幽州咫尺之间的袁绍却对公孙瓒视若仇敌，转而和荆州的刘表结为盟友。兄弟二人各打各的算盘，舍近交远竟到如此程度。袁术领兵到陈留，遭到曹操和袁绍的联合攻击而溃败。袁术带着残部逃到九江，杀了扬州刺史陈温，夺扬州为己有。又封部将张勋、桥蕤为大将军。董卓部将李傕等人拥兵攻入长安控制朝政后，欲收买袁术为其外援，任命袁术为左将军，封阳翟侯，授予符节。李傕派太傅马日磾到各地给受封的将军侯爵举行拜授仪式，袁术抢夺了马日磾所携的军中符节，然后把他关押起来不再放他回去。

当时的沛相下邳人陈珪，是已故太尉陈球的侄子。袁术和陈珪都是豪门世族出身，少年时代交往甚密。袁术给陈珪写信说："当年秦王朝丢失了朝廷政权和王位，天下群雄竞起而争夺之，最后被智勇双全者捷足先登而拿到了手。现如今天下事情一片乱糟糟，刘氏江山有瓦解之势，诚然又到了天下英雄逐鹿之时。我与足下有多年的交情，难道您不肯帮助我吗？若是要做谋取天下的大事，只有您才是我最值得相信的人呵！"陈珪的儿子陈应此时也在下邳，袁术威胁要以陈应做人质，以把陈珪彻底绑在他的战车上。陈珪读过袁术的来信，答复他说："从前暴秦末世之际，恣情肆虐，以严刑酷法统治天下，荼毒生民，致使百姓忍无可忍，以死相拼，故而促成了秦王朝的覆亡。而今刘氏虽也衰微，可天下并没有秦王朝崩溃前夕的那种酷刑暴政。朝廷内曹操将军努力辅佐天子，有勇有谋，被乱臣贼子们践踏的朝纲正逐步恢复。荡平凶恶的叛匪，清定海内，我相信用不了多少时间了。我本以为将军您出身于世代蒙受皇恩的公卿之家，自当与天下英雄同心协力，匡扶汉室，不意足下竟要图谋不轨，以身试祸，这岂不令人为之痛心！眼下您若迷途知返，力改前非，我想或许还能免去您的罪过。我与您是多年故交，因此才把这些心里的话讲给您听。虽然您听起来不免逆耳，但对我来说确是表达了一种情同骨肉的心意。至于您要我为了私利而与您合作,我是宁可掉了脑袋也不会去干的。"

献帝兴平二年(195)冬,叛将李傕和郭汜在弘农郡的曹阳涧一带追击天子及公卿朝臣,保护献帝和朝廷的杨奉被叛军打败,献帝只身逃脱,跑到黄河北边去了。袁术以为时机已到,召集部属们开会说:"现在刘氏天下已经衰微,海内鼎沸,我们袁家四代都是朝中重臣,百姓们都愿意归附于我。我想秉承天意,顺应民心,现在就登基称帝,不知诸君意下如何?"众人听了袁术的话,谁也不敢再说什么,只有主簿阎象发言道:"当年周人自其始祖后稷直到文王,积德累功,三分天下可说有他们的两分,可他们还是小心翼翼地做殷商王朝的臣子。明公您虽然累世高官厚禄,但恐怕还比不上姬氏家族那样昌盛;眼下汉室虽然衰弱,似乎也不能与残暴无道的殷纣王相提并论吧!"袁术听了阎象这番话不吭声,心里却非常恼怒。时过不久,河内人张炯为他卜卦,说他有做皇帝的命,他以此为理由,正式宣布登基做了皇帝,建号称仲氏。袁术称帝后,任命九江太守为淮南尹,广置公卿朝臣,还在城南城北筑起皇帝祭祀天帝所用的祭坛。生活上他奢侈荒淫,挥霍无度。后宫妻妾有数百人,皆穿绮罗丽装,精美的食品应有尽有,而他军中的士兵却吃不饱穿不暖,饥寒交迫。在他的腐败统治下,江淮一带民不聊生,许多地方断绝人烟,饥荒之中甚至出现人吃人的现象。袁术在与各路诸侯的混战中先为吕布击败,后来又被曹操军队打垮。他带着少数残兵败将投奔占据灊山的旧部雷薄和陈兰,雷、陈二人却拒绝接纳他。袁术内心忧虑不知投向何处。后来他想把他的皇帝称号送给他堂兄袁绍,投奔在青州的侄子袁谭,结果在路途上发病而亡。袁术死后,他的妻子儿子依附于他的老部下庐江太守刘勋。孙策打败刘勋后,便把他们一并带往江东。袁术的女儿被选入孙权后宫,儿子袁耀在东吴做过郎中官职,袁耀的女儿又嫁给了孙权的儿子孙奋。

刘表,字景升,山阳高平人,少年时就很有名,是汉末名士"八俊"之一。他身高八尺左右,长得高大雄伟,相貌堂堂。入仕后先是以大将军随员的身份任北军中侯。灵帝死后,接替王叡做了荆州刺史。当时,关东各州、郡纷纷起兵讨伐董卓,刘表也带领荆州兵马驻扎襄阳。袁术这时候是南阳太守,他与长沙太守孙坚串通起来企图夺取荆州,让孙坚向刘表发起进攻。交战中孙坚被流矢射中身亡,军队溃败,袁术因而无力战胜刘表。李傕、郭汜等董卓旧部率兵叛乱占据长安后,也想联合刘表以为援军,于是宣布任命刘表为镇南将军、荆州牧,封成武侯,并授予他相应的符节。太祖曹操迎接献帝到许都,刘表虽然也派出使节前往朝拜，送上一些贡品，但暗中仍与割据冀州和勃海的袁绍来往密切。治中邓羲进谏劝他不能这样做，刘表不听，邓羲于是辞去官职离开了他，一直到刘表死也不愿再在他手下做官。董卓部将张济引兵进入荆州地盘攻打穰城，城未攻下而张济中流矢阵亡。荆州的官吏们听到这个消息都高兴地互相祝贺，刘表却说："张济是因穷困无路可走才到我们荆州来的，我们这些做主人的没能以礼相待，才造成了双方兵戎相见的不幸后果，这实在不是出于我这个荆州牧的本意啊！如今张济将军不幸阵亡了，大家应该难过才是。我作为荆州牧只接受大家的祭吊，不能接受祝贺。"他派人去集合收编张济的军队，张济的将士们闻知刘表这么说都很高兴，于是便都归附了刘表。长沙太守张羡背叛刘表，刘表带兵前往征讨，围城数年而不克。后来张羡病死，部属们又拥立他的儿子张怿为长沙太守。刘表趁机加紧进攻，终于打败了张怿，收复了长沙郡的土地和军队。刘表又乘胜进军西南，收取了零陵、桂林等地。这样，刘表的势力范围已经南达零陵、桂林，北据汉川，拥有地方数千里，兵马十几万。

太祖曹操与北方的袁绍各率大军在官渡紧张对峙。袁绍派人请刘表出兵帮助自己，从背后袭击曹操。刘表答应下袁绍的请求，却不发兵马，同样他也不帮助曹操。企图保存自己的实力，坐江汉之间而观天下变。从事中郎韩嵩和别驾刘先劝说刘表："如今天下豪杰竞起，曹操与袁绍两雄相持。匡扶汉室、重整社稷的重任，很大程度上要由将军来承当。将军要是想成就一番事业，可乘眼下这两雄相争之际，找机会建功立业；如果不愿意这样，也应该在两雄中选择贤明者而依附之。您现在拥有十余万精兵强将，怎么能在两雄相争中坐而观望呢？再说看到贤者力量较弱而不肯救助，答应下别人的事情又不去做，日后曹、袁两边的怨恨不是都要集中到您身上吗？曹操将军不愧是一位有雄才大略的人，天下的有识之士多归附于他，他战胜袁绍大概是没有什么问题的。等他打败袁绍转过来出兵江汉，恐怕将军您是无法抵挡的。因此我们为将军考虑，您不如以整个荆州归附曹公，这样曹公他必然感激您的诚意，以更大的仁德来报答您。您就可以避开兵火灾难，长期享受和平安宁的富贵生活，子孙世代也能把您的地位继承下去，我们觉得这对于将军您实在是个万全之策啊！"刘表手下的大将蒯越也以这样的话劝告他。刘表拿不定主意，便派韩嵩到太祖曹操那里去观察一下虚实。韩嵩返回荆州后，极力陈说曹操如何有威有德，非他人可比，反复动员刘表下决心归附，还劝刘表把儿子刘琮送到许都去充当人质,以示诚意。刘表反而怀疑韩嵩为曹操游说,大怒,要把韩嵩拉出去斩首。又令人严刑拷打韩嵩的随行人员,直到把人打死,也没有得到韩嵩私通曹操的口供,这样韩嵩才总算保住了一条性命。刘表虽然外貌儒雅谦和,其内心却狭隘多疑,横生猜忌,在许多事情的处理上都是这个样子。

刘备在徐州被曹操打败,辗转投奔刘表。刘表对他厚礼相待,但并不予以信任和重用。建安十三年(208),太祖曹操率大军南征刘表,曹军未至荆州,刘表已经病死。

刘表在世时,夫妻两人都喜爱他们的少子刘琮,想让他嗣位。刘表的部将蔡瑁、张允也拥立刘琮,于是刘表把长子刘琦派到外地出任江夏太守。等到刘表死后,刘琮便在蔡瑁等人的帮助下嗣位,刘琦和刘琮兄弟间遂结下了仇恨。大将军蒯越、从事中郎韩嵩和东曹掾傅巽等人劝说刘琮归附曹操,刘琮说:“如今我与诸位拥有整个楚国的地盘,守着先君传下来的家业,观望天下的变化,有什么不好呢?”傅巽回答刘琮:“反对谁和归附谁要合乎天下公理和大义,力量的强与弱也依据形势而变化。如今我们以天子的臣下抗拒天子,这是大逆不道的行为;我们占据刚获得不久的土地来抵御国家的军队,形势对我们极为不利。再说我们以刘备来迎击曹操的南下雄师,怎么能够挡得住呢? 以上三者都是我们的短处,处于这样明显的劣势而想和朝廷派出的南征大军打仗,那岂不是自取灭亡吗? 将军自以为您与刘备谁更有本事?”刘琮回答说:“我的确不如刘备。”傅巽进而说道:“倘若连刘备也不能战胜曹操,那么您的大片土地即便能保住,可您有可能继续当这个荆州牧吗? 反过来说假如刘备打败了曹操,他能甘心久居在您之下吗? 希望将军不要再犹豫不决了。”刘琮被傅巽说服,曹操的大军开到襄阳,刘琮便带领整个荆州的官吏军队和百姓归降了朝廷。刘备失去依附,只好放弃樊城向夏口退走。

曹操以朝廷的名义任命刘琮为青州刺史,封列侯,自大将蒯越以下封侯者达十五人。又提升蒯越为光禄大夫,韩嵩为大鸿胪,邓羲为侍中,刘先为尚书令。其他许多人也都当了大官。

评:董卓狼子野心,搅乱朝纲,暴虐不仁,屠戮成性。自有史籍记载以来,还从未有过这样的乱臣贼子。袁术侈靡恣肆,荒淫无度,致使好名声和优裕生活不能保持到底,这也是他本人咎由自取。袁绍和刘表,都长得相貌堂堂,在社会上有很大的名气和影响。刘表拥有江汉千里富庶之地,袁绍纵横驰骋于河朔山川平原之间,都具有成就事业的大好条件和依托。然而二人都是那种外表儒雅大度、内心狭隘多忌的人物,遇大事拿不出自己的主见,有贤明的人才不能重用,有绝好的计策不愿采纳,而且都还干出废长子立庶子的蠢事,为了满足自己的宠子不惜违背世之理法,由此引起身后儿子们矛盾重重,互相勾心斗角,乃至于兵戎相见,反目成仇,把父辈南征北战创下的基业全部葬送。这并非完全在于天时不济,而是为父者所种下的祸根!从前楚霸王不听从范增的计谋,以致失去了眼看就要到手的王业;而袁绍杀害谋士田丰,岂不比项羽做得更加过分!

卷七　魏书七

吕布臧洪传第七

　　吕布,字奉先,五原郡九原人。凭借着他的骁勇善战,在并州任职。刺史丁原兼任骑都尉之职后,屯守在河内,任命吕布为主簿,非常重用他。汉灵帝去世后,丁原带领部队前往洛阳,与何进密谋诛杀亲近灵帝的众位黄门官,丁原被任命为执金吾。何进被宦官所杀,董卓乘机进入洛阳,想要挑起战乱,杀掉丁原,继而吞并丁原的兵众。因为吕布是丁原所亲近的人,董卓便引诱他去杀丁原。吕布背叛了原主,砍下了丁原的首级献给董卓,于是董卓任命吕布为骑都尉,非常宠爱并信任他,发誓永远像父亲对待儿子那样对待吕布。

　　吕布熟习骑射,膂力过人,被称为"飞将"。不多久又被擢升为中郎将,并被封为都亭侯。董卓自知对人无礼,唯恐别人算计他,出外或者居家,都让吕布跟随着他,以保证安全。但是董卓生性刚烈又心胸狭小,一时气愤就忘了自己的危险,曾经有一件小事,使他很不高兴,他随手拔出手戟投向吕布。吕布敏捷地避开了,并为这件事情向董卓道了歉,董卓的怒气也就平息了。但就因为这件事,使吕布对董卓暗中产生了怨恨。董卓常派吕布守卫他的内宫,吕布借机与董卓的侍婢私通,但又时时害怕董卓发现,心中惴惴不安。

　　在吕布未被丁原重用以前,司徒王允因为吕布是并州城里最壮健的人,对他优礼相待。吕布怀恨董卓后,去见了王允,述说了董卓几次想要杀他的情况。王允此时正与仆射士孙瑞密谋杀死董卓,因此便让吕布为这次行动做内应。吕布有些犹豫,说:"我们亲如父子,怎么好下手呢?"王允说:"你自己姓吕,本来并不是亲骨肉,现今你忧虑自己的性命还来不及,还说什么亲如父子!"吕布于是同意参加这次行动,并亲手杀死了董卓。这件事记录在《董卓传》中。王允任命吕布为奋武将军,授予他符节指挥军队,仪礼比照三司,进而又封他为温侯，与他一起处理朝廷中的事务。吕布自从杀死董卓后，对凉州人是又害怕又厌恶，凉州人对他也是又恨又怨。因此李傕等人纠集在一起共同攻打长安城，吕布抵挡不住，李傕等一举攻进长安。董卓去世不到两个月，吕布也被打败，带着百余名残兵出武关，想去投奔袁术。

吕布以为杀了董卓，是替袁术报了仇，袁术会厚待他。不料袁术讨厌吕布的反复无常，拒绝接纳他。吕布只得带上人马北上去投袁绍。袁绍接纳了他，并与他一起去常山攻打张燕。

张燕有精兵万余，骑兵数千。吕布有一匹良种马，名叫赤兔。吕布与他亲信的将领成廉、魏越等一起，冲锋陷阵，大破张燕的军队。吕布击败张燕以后，乘机扩大自己的队伍，加之他手下的将士也时时抢劫、掠夺，袁绍开始忌恨他。吕布也感觉到了袁绍不会重用他，于是他去见了袁绍，请求离开。袁绍同意了。吕布刚一离去，袁绍害怕他杀回来加害于自己，派遣壮士要他们在夜里悄悄杀死吕布，但壮士们没能找到吕布。这件事被吕布知道后，他急忙去了河内，与张杨的部队会合。袁绍再次派兵追杀吕布，那些兵士都害怕他，追上了也没有一人敢逼近。

张邈，字孟卓，东平寿张人。少年时以豪侠闻名，救济贫困，急人所难，倾尽家产，毫不在意，壮士多有归附于他的。太祖、袁绍都是张邈的朋友。汉朝征召他做官，他以优异的考试成绩被任命为骑都尉，不久被任命为陈留太守。董卓引兵进入长安，犯上作乱，太祖与张邈首先举义率军反对董卓。汴水之战，张邈派遣得力将帅卫兹率部跟随太祖作战。袁绍成为盟主后，时常表现得高傲、矜持、不可一世，张邈经常严正地责备他。袁绍派太祖杀死张邈，太祖不听，而且责怪袁绍说："孟卓是我亲密的朋友，好坏都应该容得下他。如今天下未定，不应当自相残杀呀！"张邈听说这件事后，更加敬重太祖。太祖在征讨陶谦前给家中留下话说："我如果回不来，你们可以去投靠孟卓。"太祖打了胜仗归来，见张邈，两人相向而泣。他们的关系就是这样的亲密。

吕布离开袁绍去投奔张杨，经过张邈住处，与他告别，两人拉着手立下了誓言。袁绍听说这事，很是气愤。张邈担心太祖最终将会替袁绍杀了自己，心中总是不得安宁。兴平元年(194)，太祖再次征讨陶谦。张邈的弟弟张超，与太祖的将帅陈宫、从事中郎许汜、王楷共同商议背叛太祖。陈宫动员张邈说："当今雄杰四起，天下分崩，您拥有那么广阔的土地和众多的兵士，处于四面受敌的位置，抚剑四顾，也可称得上是人中豪杰，却反而受制于人，不是太自甘低下了吗？今天兖州城里的军队开拔东征，兖州城内空虚，吕布是位壮士，善于打仗，一往无前，如果暂且将他迎来，共同占据兖州，静观形势的变化，相机行事，这样或许也能纵横天下，做出一番大事业来呢。"张邈听从了他的话。太祖东征陶谦时派陈宫带领部分将士留守东郡，于是陈宫带着这批人马向东迎接吕布，让他做了兖州牧，并占据了濮阳。周围各郡县纷纷投向吕布，只有鄄城、东阿、范县没有反叛曹操。太祖带领大部队回来，与吕布在濮阳一带激战，形势对太祖很不利，两军相峙了一百多天，不分胜负。当时正值大旱，又有蝗灾，庄稼颗粒无收，出现了人吃人的现象。吕布领兵向东驻扎山阳。在两年的时间里，太祖将失地如数收回，并在巨野打败了吕布。吕布向东逃跑，投靠了刘备。张邈跟着吕布一起逃跑，留下张超带着家眷驻扎雍丘。太祖围攻雍丘数月，攻破了城池，杀死了张超及其家属。张邈去向袁术讨救兵，尚未及见到袁术，自己却被部下杀害了。

刘备东征袁术，吕布征讨并攻取了下邳，刘备只好返回下邳归附吕布。吕布派遣刘备驻扎小沛。吕布自称徐州刺史。袁术遣大将纪灵带领步、骑共三万人马征讨刘备，刘备向吕布求救。吕布手下将领对吕布说："将军您一直想杀刘备，这次可借袁术的手干掉他。"吕布说："不对。袁术如果占领了小沛，就将联合北面太山一带的部队，我们就会被袁术所包围，我不能不去救刘备啊。"于是率领步兵千人、骑兵二百，飞速赶往小沛。纪灵等人听说吕布前来援救刘备，只好收兵，不敢轻易进攻。吕布在离小沛西南一里的地方扎下营盘，派护卫的兵士去请纪灵等将领，纪灵等人也请吕布一起饮酒作乐。吕布对纪灵等人说："玄德，是我吕布的弟弟。我弟弟被诸位所围，所以我赶来救他。我吕布生性不喜欢看别人相互争斗，只喜欢为别人排解纷争。"吕布命令门候在营门中竖起一支戟，说："诸位看我射戟上的小支，如一发射中，诸君当立刻停止进攻，领兵离开这里，如果射不中，那你们就留下来与刘备决一死战。"他引弓向戟射出一箭，正好中了小支。诸将都大为震惊，夸赞说："将军您真是有天神般的威力呀！"第二天，吕布又同诸将宴饮欢会，然后各自息兵。

袁术想联合吕布，让他援助自己，于是向吕布提出让他的儿子和吕布之女结亲，吕布同意了。袁术派韩胤为使节，向吕布正式转达他将更换年号、登基做皇帝的事情，同时请求接吕布的女儿与自己的儿子去完婚。沛相陈珪唯恐袁术、吕布成了亲家，徐州、扬州联为一体，将会危害国家，于是前往游说吕布："曹公奉迎天子，辅助国家政事，征讨八方，威震四海，而将军您应该与他合作，以取得天下的安宁。如果您与袁术成了亲家，将会担上不义之人的罪名，那样形势就危如累卵了。"吕布心里也怨恨当初袁术不接纳自己，虽说女儿此时已经随着韩胤走了，他还是把她追了回来，拒绝了这门亲事，并将使者韩胤戴上枷锁、镣铐，在许都街市上枭首示众。陈珪想派遣儿子陈登到太祖那里，表示吕布愿意与曹操合作，吕布不同意。正巧这时太祖的使者来到，传天子命，任命吕布为左将军。吕布大喜，于是听任陈登启程，还命令陈登带着书信，向天子谢恩。陈登拜谒太祖，述说了吕布有勇无谋、反复无常等缺点，希望太祖早日剪除他。太祖说："吕布是个具有狼子野心的人，实在不能让他长久活在世上，你当然是最熟悉内情的。"当即把陈珪的俸禄提高到年二千石的规格，任命陈登为广陵太守。临别时，太祖拉着陈登的手说："东方的事，便托付给你了。"命令陈登私下瓦解吕布军队，为太祖做内线。

开始时，吕布想通过陈登求得徐州刺史的职位，陈登回来，吕布得知自己的愿望没能实现，大怒，拔出戟来砍着桌子说："你父亲劝我与曹公合作，我才拒绝了袁术的婚约；而现在我一无所获，你们父子倒地位显赫、重权在握，我被你们出卖了！你倒是说说看，你在太祖面前替我说了什么？"陈登脸不改色，从从容容地说道："我见曹公时说：'对待将军您，就像养着一头猛虎，应当让他吃饱肉，如果不饱，他会吃人的。'曹公说：'并不像你所说的那样，就像是养鹰，饥饿时可以利用，而当他吃饱了，却会自己飞去。'我们议论您的就是这样的话。"吕布这才消了气。

袁术听说吕布回绝了婚事还杀了自己的使者，与韩暹、杨奉等联合，派大将张勋带队前去讨伐吕布。吕布对陈珪说："招来袁术的大军，都是因为你！你看怎么办呢？"陈珪说："韩暹、杨奉、袁术仓促合兵一处，策略都不是事先谋划好的，肯定不能很好地合作，就像鸡生性不能一起栖息一样，他们也合不到一块儿，派我的儿子陈登前去策反，可以把他们分解开来。"吕布采用了陈珪的计策，派人去游说韩暹、杨奉，让他们与自己合力改而攻打袁术，军械、物资一概由吕布出。于是韩暹、杨奉追随了吕布，张勋打了大败仗。

建安三年（198），吕布再次叛投袁术，并派高顺去进攻在沛县的刘备，刘备大败。太祖派遣夏侯惇去救刘备，也被高顺打败。太祖亲自征讨吕布，到了下邳城下，写了一封信给吕布，陈述了祸福得失。吕布意欲投降，陈宫等人感到自己罪过太大，便劝阻他放弃这种想法。吕布一面派人向袁术求救，一面带着千余名骑兵出来应战，大败，只得退回城中固守，再也不敢出战。袁术也不能救他。吕布虽然骁勇刚猛，但缺少计谋，而且心胸狭窄，多猜忌，他不能控制部下，对手下诸将只是言听计从。而他的将领也是三心二意，相互猜疑，所以每次战斗，多以失败告终。太祖在城下挖了壕沟，把吕布包围了三个月，吕布等人与手下离心离德，将领侯成、宋宪、魏续捆着陈宫，率领着士兵向太祖投降。吕布与他的麾下登上了白门楼，眼见得太祖军队层层密密地包围着他，只得下城投降。太祖生擒了吕布，在捆绑时，吕布说："绑得太紧了，稍微松一点儿吧。"太祖说："捆老虎，不得不捆紧一点。"吕布请求说："明公所担心的不就是我吕布吗？今天我臣服了，天下就没有值得您忧虑的事了。明公您率领步兵，就让我率领骑兵，那天下就不难平定了。"太祖犹豫不决。刘备进言说："明公难道没见吕布侍奉丁建阳及董太师时的情形吗？"太祖点头表示赞同。吕布于是责骂刘备道："你这个人是最无信无义的。"太祖将吕布绞杀了。吕布、陈宫、高顺都被枭首，首级送往许都，然后才埋葬尸体。

太祖活捉陈宫时，问他想不想让老母及女儿活，陈宫回答说："我听说，以孝治天下的人是不会杀绝对手的亲人的；将仁义施于四海的人，是不会让对手缺乏继承人的。老母能否留下性命，决定权在你，而不在我陈宫！"以后，太祖接来陈宫的母亲，养老送终，并将陈宫的女儿许配了人家。

陈登，字元龙，在广陵有很高的威望。又因为在消灭吕布一事上有功，加封伏波将军。他活了三十九岁便去世了。有一次，许汜与刘备同在荆州刺史刘表的府上做客，刘表与刘备一起评论着天下的人，许汜说："陈元龙真是湖海之士，至今豪气没有减退。"刘备问刘表说："许君的说法对不对？"刘表说："如果说不对，许君是位好人，不会随便乱议论的；如果说对呢，元龙确实名重天下。"刘备问许汜说："你说他豪气不减，有什么事可以证明吗？"许汜说："从前在战乱时我路经下邳，去见元龙。元龙没有以主人的身份待客的意思，久久也不和我说一句话，而且径自上大床睡觉，而让客人睡在下床上。"刘备说："你有国士的名声，现今天下大乱，帝王流离失所，这种时候，希望的是你为国担忧，考虑国家大事，要胸怀救世之意愿，但你却去求田问舍，言谈也没什么新意，这是元龙所讨厌的，那还有什么话可以与你说的呢？如果是我，我会独自卧在百尺高楼上，而让你睡在地下，哪里只会有上下床的距离呢？"刘表大笑。刘备于是叹息着说："像元龙这样具有文胆武略、志向高远的壮士，大概只有到古人那里去找了！当今的芸芸众生，没有可以和他相比的人了！"

臧洪，字子源，广陵射阳人。其父臧旻，历任匈奴中郎将，中山、太原太守，每到一处,都留下了办事干练的好名声。臧洪体貌魁梧,不同于一般的人,举孝廉后为郎官。当时从三个署的郎中里选择人才以补县令的缺:琅邪赵昱做了莒县的县令,东莱刘繇当上了邑县的县令,东海王朗被任命为菑丘县的县令,臧洪也荣任即丘县的县令。灵帝末年,他弃官回家,太守张超招他做了功曹。

董卓杀死少帝,图谋国家政权,臧洪对张超说:"明府历代受皇室的大恩,兄弟几个都是大郡的长官,现在王室危在旦夕,贼臣未被枭首示众,这正是天下义士效忠报恩的大好时机啊!今天您治下的郡还未受战乱而得以保全,吏民都很富足,如果您一擂战鼓,马上会有两万人前来响应。用这支军队去诛除国贼,为天下倡先,这就是义士好的表现啊。"张超听从了他的意见,与臧洪一起西行到陈留去见兄弟张邈,计议这件事。张邈也早有此意,于是两军在酸枣会合。张邈对张超说:"听说弟弟为郡守,教导人民施威施恩,并不都是自己做主,而是任用了臧洪,臧洪是什么人啊?"张超说:"臧洪,真是海内的奇士。他的才干智慧都超过我,我很看重他。"张邈就会见臧洪,与他叙谈,深感惊讶。于是又将他介绍给兖州刘公山、豫州孔公绪,他们与臧洪也成了好朋友。于是设立了一个坛场,准备每人都发誓愿,永结同好。各州的君长互相推让,谁也不肯第一个上坛,他们一致推举了臧洪。臧洪于是登上祭坛,拿起承盘,歃血发誓说:"汉室不幸,朝廷纲纪陷于混乱,贼臣董卓,乘战乱大肆祸害,杀死皇帝,虐杀百姓,大有侵吞国家政权,让天下归其所有的野心。兖州刺史刘岱、豫州刺史孔伷、陈留太守张邈、东郡太守桥瑁、广陵太守张超等人,组织了义兵,同赴国难。今天一起发誓的人,都应该齐心协力,贡献为臣的一份力量,即使抛头颅洒热血,也不心存二志。如果谁违背盟约,不但他自己性命难保,还会祸及他的子嗣家族。皇天后土,祖宗有灵,请仔细地看着!"臧洪宣誓时激扬慷慨,涕泪横下,听到他的誓词的人,即使是地位最低下的兵士、仆人,也都激动起来,人人都愿尽自己的一份力量。可是没有多久,各路军队尚未决定谁先出战,却因粮食吃光而作鸟兽散。

张超派遣臧洪到大司马刘虞处与他商议对策,这时公孙瓒已杀了刘虞,到了河间,又遇上幽、冀二州开仗,他没能完成使命。而袁绍见到臧洪,又非常器重他,与他结交,不管在一起还是不在一起,两人都是好朋友。适逢青州刺史焦和去世,袁绍让臧洪去统领青州,以便抚慰那里的百姓。臧洪在青州任职两年,州里的强盗纷纷离去。袁绍赞叹他的才干,派他做东郡太守,治理东武阳。

　　太祖在雍丘围攻张超,张超说:"我所能依靠的只有臧洪了,他应该来救我。"众人都以为袁绍与太祖关系已经缓和,而臧洪很明显地为袁绍所重用,他必定不会毁了自己的前程自招灾祸,远道赶来援助。张超说:"子源是天下有名的义士,他终究不会背叛原主,恐怕是被袁绍所禁止,来不及赶上帮忙啊。"臧洪听说张超的消息,果然赤着脚边跑边哭,召集了他手下的军队。他又请求袁绍拨给他一部分兵马,以便去救张超,被袁绍拒绝了。张超终于被灭了九族。臧洪因此怨恨袁绍,与袁绍断绝了一切往来。袁绍举兵围攻他,历经数年都没能够成功。于是,袁绍便命令臧洪的同乡陈琳给他写信,以个人的利害祸福劝谕他,以恩德情义来责备他。臧洪回信答复说:

　　离别后的思念,无论在梦中还是醒着,时时袭上心头,为我们相距不很遥远而感到安慰庆幸,但是,由于我们的选择取舍的原则标准不同而不能相见,悲伤凄怆,充满心间。前些日子,承你不忘,接连赐给我两封高雅的书信,陈析利害祸福,于公于私,都是恰当透彻的。我之所以没有立刻答复,既因为学问浅薄,才性迟钝,不足以回答你的诘难;也因为你带着小妾,在袁绍那里逍遥自在,可你的家还在城里,我又是袁绍的仇敌。你自己这样子事奉别人,虽然坦白真心,披肝沥胆,却仍是被疏远的有罪之人,虽言辞中听也还要被嗔怪,自己尚自救不及,怎么能顾怜别人呢? 同时,凭你穷尽典籍的才学,岂会在大道上犯迷糊,不了解我的作为呢! 然而你却还说来说去的,我由此而得知,你的话是言不由衷,想解救自己的灾祸的。假如一定要计较长短、辩论是非的话,那么关于是非的议论,天下人各有各的说法,真的说来,反倒更不能明了了,不说却也没有什么损失。再者,若要说了,便会宣告绝交,有损道义,那不是我所能忍心去做的。因此便丢开纸笔,全然没有答复。也希望你能忖度其中用心,知道我主意已定是不会再改变的。可又一次得到来信,援古引今,洋洋洒洒地写了六张纸,尽管原来打算不对你说,却又怎么能作罢呢?

　　我是一个微末小人,本来靠着给主人(袁绍)效劳,窃居了大州职掌,(主人与我)恩深谊厚,我难道乐于反过来与他兵刃相接? 每次登城指挥连队,望着主人的旗鼓,感念着故友的斡旋,抚弦搦箭,不由得泪流满面。什么缘故呢? 自以为辅佐主人,没有什么可悔憾的;主人对我的恩宠,超出了与我身份地位相同的人。在刚接受委任(主持会盟)的时候,发誓要了结天下大事,共尊王室。岂知天子不高兴,张超的州郡被曹操所攻,郡将遭遇周文王被拘囚羑里似的困厄,张超败走陈留,要我出兵增援,打击曹军。假如我的计划执行得晚,则丧失忠孝的声名,假如挂杖背物而走,则亏损交朋友的道义。面对这个矛盾,真是不得已啊!丧失忠孝的声名和亏损交朋友的道义,轻重不同,亲疏相异,故而便忍痛宣告绝交。假如主人稍稍垂怜故旧友人,对在手下工作的朋友侧座礼让,对因故离开的友人宽宏大量,不去汲汲追究友人的离去,昭信刑戮惩罚以帮助自己,那么,我就取高姿态,学吴季札恭让君位的高风亮节,今天也不会与主人开战了。但袁绍不是这样做的,又叫我如何去效仿季札呢?过去,张景明(超)亲自登台歃血盟誓,凭借辞令奔走游说,终于使冀州牧韩馥让出印信,主人得到了冀州地盘。然而,他后来却仅仅因为迎吕布为兖州牧的缘故,转瞬之间,不仅不能得到宽谅,反而蒙受夷族灭家之祸。吕布为讨伐董卓来投奔请兵,没有得到应允,便告辞离去,这有什么罪过?却受围攻,差一点死掉。刘子璜为袁绍效命超过了年限,辞职得不到批准,由于畏惧权威又怀念父母亲人,便说谎请求放还,这可以称得上是有志于忠孝,本无损于袁绍的权威,然而不仅没得到恩准,反而立即被打死在主人的旌幡之下。我虽然不聪敏,又从来不能够推察初始预见终结,由小见大,揣测主人之心,却又怎么能说这三个人应该死,对他们的刑罚恰如其分呢?其实袁绍打算一统泰山以东,扩充兵力,讨伐仇人,担忧战士们怀疑,没有办法阻止和劝勉,所以贬抑废止君王的命令来推崇顺承辖制,敬慕其义而来的人受到欢迎,简慢离去的人遭到杀戮。这是主人的利益,并非游宦之士的心愿。所以我们以前人的遭遇为鉴戒,困守死战。我虽然愚蠢之极,也曾经听到过君子的言论。这样做,实不是我的本心,而是主人让我不得不这样做。大概我之所以背弃国民,下命令死守城池,正是以违背君子之道,而不顺从敌国的缘故。因此得罪了主人,被围攻多时,而你却又援引这个义理来规劝我,不恰是言辞相同而旨趣相反吗?这不是君子对待祸与福的态度。

我听说过,义不背叛父母,忠不违逆君王,所以东面我奉张超为宗主,把他当作至亲,在东郡为袁绍扶助郡将,安宁社稷,一举两得以求尽忠尽孝,有什么不对的?而你却要想使我舍弃至亲,只奉袁绍为君,这是让我轻视我的至亲啊。主人(袁绍)对于我来说,年纪可以做我的兄长,情分上是我交厚的朋友,意见不同,离他而去,以使至亲得安,可以说是名正言顺。而照你的话去办,那申包胥就应该为伍子胥卖命,不应当在秦国朝廷上哭号了。你仅仅是为了排除自己的灾祸,但却不知道你的话已经违背自己的道理了。或者你是看到城池被围困不解,救兵没有赶到,有感于姻亲之义,顾念平生之好,认为屈降志节而偷生,胜似坚持道义而灭亡。过去,晏婴面对楚人刀斧而不降志折节,齐国史官南史宁死不愿用手中笔为君主隐讳,因此被图画成像,名垂后世,何况我据有铜墙铁壁般牢固的防御,指挥调动全体官吏平民的力量,发放三年的储备来作一年的用度,匡济穷困,补偿匮乏,以此让天下人高兴,何必去想盖房子、种地以求安逸呢?我只怕秋风吹起尘土,伯珪的马头掉向南方,张杨和"飞燕"挥臂发难,北部边陲告急,袁绍的左右心腹都乞假归家。主人(袁绍)应该鉴察我们这些人的意志,掉转旗帜,撤退兵马,回到邺城去休整军队,又怎么能听任怒气长时间地折磨自己,在我的城下显摆威风呢?你嘲讽我恃仗黑山军作救援,偏不想想黄巾军的联合呢?再加上"飞燕"的部属全都接受王命了。过去,高祖皇帝在巨野杀败彭越,光武皇帝始创立基业于绿林,最终却能中兴汉室,成就帝业,假如可以辅佐君主成就王业,那又有什么可不甘心的呢?何况我是亲自奉持君王玺书,来与他们处事的。

去吧,陈琳!你追逐利益于境外,臧洪我却听受命令于君亲;你托身于盟会的主人,臧洪我书名于首都长安。你说我身死而名灭,我也笑你无论生死都默默无闻。可悲哟!你和我同出一根而枝梢分离!努力吧努力吧,还能说什么呢!

袁绍看到臧洪的复信,知道他没有投降的意思,增兵加强了进攻。城中粮食已尽,城外又没有援军相救,臧洪忖度自己不免一死,招呼手下人说:"袁氏无道,所图不轨,而且不顾恤臧洪的郡将。臧洪从大义上来说,不得不死,可诸君并没有得罪袁绍,却白白地遭受这种灾祸,你们可在城被攻破之前,带着妻儿老小先逃出去。"那些将士、吏民都感激得流下了眼泪,说:"明府与袁氏本来没有恩怨过节,今天为着本朝郡将的缘故,以致落到这步田地,我们哪里忍心丢下您而独自去逃命啊!"开始时,守城官兵及民众还掘老鼠、挖树根充饥,到后来一点可吃的都没有了。主簿从内厨拿出三斗米来,吩咐从中拿出一部分为臧洪做稠粥,臧洪叹息说:"我独自吃它干什么呢!"让做成薄粥,大家分着喝了。臧洪还杀了他爱妾让将士们分吃。将士们都涕泗横流,以至不敢抬起头来。男女七八千人相枕着死去,没有一个离叛的。

城被攻破,袁绍生擒了臧洪。袁绍向来与臧洪亲善,排出盛大的仪仗,让他手下的将领都来见臧洪,对他说:"臧洪,你为什么要这样负心呢?今天你服不服?"臧洪撑在地上,瞪大双眼回答说:"袁氏几代在汉室做官,四朝之中,有五人位列三公,可以说受恩匪浅。现今王室衰弱,你没有扶助王室的意愿,反而乘着这个机会,生出非分之想,杀死了众多的忠良以树立自己的奸威。我亲眼见你称张陈留(张邈)为兄,那么我的府君张超就是你的弟弟,就应该同心合力,为国除害,为什么你拥着强大的兵力而看着别人残杀!可惜臧洪力量不够,不能举刀为天下报仇,又如何能服呢!"袁绍本来是爱惜臧洪的,希望他回到自己身边来,可以原谅他;看见臧洪言辞激烈,知道终究不会为己所用,于是杀了他。

臧洪同乡陈容年轻时是读书人,他倾慕臧洪,随臧洪做了东郡的一名小官。城未破时,臧洪借口有事,将他派出城外。袁绍见臧洪时,也让他就座。看见臧洪要被处死,他起身对袁绍说:"将军要成就大事,为天下除暴,但却先诛杀了忠良之士,这哪里符合天意!臧洪也是你提拔的郡将,怎么能杀了他?"袁绍面有愧色,派手下人将陈容带出去,并对他说:"你和臧洪不是同类人,说这番话又有什么用?"陈容回头对袁绍说:"仁义在哪儿都是一成不变的,遵循它就是君子,违背它则是小人。今天我宁愿与臧洪同日死,而不愿与将军同日生。"于是他也被杀了。在袁绍庭上坐着的人无不叹息,私下里互相议论说:"怎么能在一天中杀死两位壮士呢!"

城未被攻破前,臧洪曾派两名司马出城去向吕布求救;等到返回时,城已被攻陷,两位司马冲入敌阵,奋战而死。

评:吕布有猛虎般的勇猛,但没有英才奇略,而且反复无常,唯利是图。自古及今,这样的人没有不被剪灭的。过去汉光武帝被庞萌所骗,近世有魏太祖被张邈所蒙蔽。知人的人才是有智慧的人,就是帝王也难以做到,真对呀!陈登、臧洪都有英雄的气概和节操,可惜陈登英年早逝,功业未遂;臧洪因为兵弱敌强,壮志未酬,可惜呀!

卷八　魏书八

二公孙陶四张传第八

　　公孙瓒,字伯珪,辽西令支人。曾任郡县门下书吏。仪表堂堂,声音洪亮,侯太守器重他,便将女儿嫁与他为妻,并让他去涿郡跟随卢植学习经书。以后又做了一段时间的郡县小官吏。刘太守出了事,被招去见廷尉,公孙瓒亲自为他驾车,并一直在他身边侍奉。待到刘太守被贬去日南时,公孙瓒准备了米和肉,在北邙山祭祀祖先,高举着酒杯祷祝说:"过去是家人的儿子,今天是人家的臣下,我们将要到日南去,日南有瘴气,或许我们回不来了,在此与祖先们告别了。"又行了大礼,然后意气激昂地站了起来,当时看见这一场面的人,没有一个不唏嘘感叹的。刘太守行至中途,得到了赦还的敕书。公孙瓒因为孝廉,升为郎中,任辽东属国的长史。他有一次带领着十几名骑兵出塞,路遇数百名鲜卑族骑兵,公孙瓒于是退进一处空亭,对他的骑兵们说:"今天我们如果不冲出去,那我们都会死呀!"公孙瓒自己拿着矛,两头都装上了枪头,飞驰出去刺杀,杀伤鲜卑数十人,自己部下也伤亡近半,才得以免除灭顶之灾。鲜卑人受到这次惩罚,此后再不敢入塞来捣乱了。公孙瓒被任命为涿县的县令。光和年间(178),凉州出现了一支叛军,朝廷组织了幽州地区突骑三千人,临时提升公孙瓒为都督,行使都督所有的一切权力,让他带领三千骑兵进剿。部队开拔到蓟中,渔阳张纯引诱辽西的乌丸国丘力居等反叛,攻打蓟中,自称将军,又征集蓟中的小官吏、老百姓去攻略右北平、辽西属国诸城,每到一处,城池必破,生灵涂炭。公孙瓒带领着他的部队,追赶、讨伐张纯等有功,被升为骑都尉。属国的乌丸贪至王率领他的部族向公孙瓒投降。公孙瓒又被升为中郎将,封都亭侯,进而驻扎辽西属国,与胡人相互攻击五六年。丘力居等人劫掠青州、徐州、幽州、冀州,四州被他们害得很苦,但公孙瓒没有力量抵御。

朝廷议论认为宗正官(九卿之一,主管皇族事务)东海刘伯安(虞)既有德行威仪,又曾任幽州刺史,他的恩德信义很有名,戎狄等少数民族也曾归附于他,如果派他去镇守安抚,可以不兴师动众而得到安定,于是便派遣刘虞去担任幽州刺史。刘虞上任伊始,即派使者去胡人那里,告之以利害,并责成他们交出张纯的首级。丘力居等人听说刘虞回来了,十分高兴,各派出自己的使者去见刘虞,并将部队撤回了自己的领地。公孙瓒害怕刘虞功高于自己,偷偷派人杀死了丘力居的使者。胡人得到了这一消息,改道去见刘虞。刘虞撤回了各路军队,只留公孙瓒带领着步、骑兵近万人,驻扎右北平。张纯丢下妻儿老小,逃到了鲜卑,被他的门客王政所杀,将首级献给了刘虞。王政被封为列侯。刘虞因为有功被拜为太尉,封襄贲侯。适逢董卓到洛阳,迁升刘虞为大司马,公孙瓒为奋武将军,封为蓟侯。

关东义军讨伐董卓,董卓于是劫持皇帝西迁长安,征召刘虞为太傅。道路阻隔,这一命令没能传达到。袁绍、韩馥等商议,认为皇帝被奸臣所挟持,天下人心无归处,刘虞乃是皇帝亲族,而且知名度很高,是众望之所归,于是推举刘虞为皇帝。派使者去告诉刘虞,刘虞始终不肯接受。袁绍等人又劝刘虞总领朝政,按照制度执行分封爵位、执掌任命职官的权力,刘虞又不听,但仍旧与袁绍等保持着联系。刘虞的儿子刘和任侍中,住在长安。天子想从长安回洛阳,派刘和改妆从董卓那里溜出来,偷偷地出武关去找刘虞,让他带着兵接自己东返。刘和途经袁术驻地,与他述说了天子的意思。但袁术想利用刘虞做他的后援,于是他硬性留下了刘和,不让他去见刘虞,同时许诺带部队向西开拔,让刘和写信把这事告诉刘虞。刘虞得到刘和的书信后,派遣了数千名骑兵到了刘和那里。公孙瓒得知袁术别有想法,不想派遣军队,也阻止刘虞发兵,刘不听。公孙瓒害怕他劝阻刘虞出兵的事被袁术知道而招致怨恨,也派遣他的堂弟公孙越,带领数千名骑兵去袁术那里,以便与袁术结为友好,暗地里又让袁术将刘和抓起来,夺了他的兵权。因此一事,刘虞与公孙瓒之间矛盾更深了。刘和从袁术那里逃了出来,在往北行进的路上又被袁绍所扣留。

这时候,袁术派孙坚屯扎阳城,以防御董卓,袁绍派周昂去占领阳城。袁术派公孙瓒与孙坚一齐向周昂发起进攻,遭遇失败,公孙越被流箭射中,当场死亡。公孙瓒非常气愤,说:"我弟弟死了,这个灾祸实由袁绍而起。"于是派兵驻扎磐河一线,准备向袁绍报仇。袁绍害怕了,将自己所佩的勃海太守印绶交给公孙瓒的另一堂弟公孙范,派他回勃海郡任太守,想与他拉关系,以为援手。

公孙范却带领勃海兵去帮助公孙瓒,打败了青州、徐州的黄巾军。公孙瓒的士兵斗志更加旺盛,一鼓作气又向界桥进军。任命严纲为冀州牧,田楷为青州牧,单经为兖州牧,设置了几个郡县。袁绍驻军广川,派麹义做先锋与公孙瓒交战,生擒了严纲。公孙瓒的军队被打败后撤回勃海,与公孙范合兵一处退还到蓟县,在大城的东南面筑起一座小城,这座小城与刘虞相近,两人互怀怨恨地对峙着。

刘虞担心公孙瓒生变,于是举兵前去进攻,被公孙瓒击败,逃到了居庸。公孙瓒攻克居庸,生擒了刘虞,并将他押回蓟县。适逢董卓去世,天子派使者段训来增加刘虞的封邑,让他总督六州。公孙瓒被擢升为将军,封易侯。公孙瓒诬告刘虞有自做皇帝的非分做法,胁迫段训杀死刘虞,又让段训做幽州刺史。公孙瓒于是显出骄矜的样子来。他记人之过而忘人之善,很多人为他所害。刘虞的部将渔阳人鲜于辅、齐周、骑都尉鲜于银等人,率领州兵替刘虞报仇,改打公孙瓒,因为燕国的阎柔向来讲求信用,大家共同推举他为乌丸司马。阎柔从乌丸、鲜卑等地招募劝导兵士,共得胡、汉士兵近万人。这支队伍与公孙瓒所设置的渔阳太守邹丹在潞北开了战,大获全胜,斩了邹丹。袁绍又派遣麹义及刘虞的儿子刘和,带领军队与鲜于辅合兵,共击公孙瓒。公孙瓒的军队连连败北,于是退到易京固守。在易京城里挖了数十道壕沟,在壕内堆起土丘,都有五六丈高,在上面盖房子;中间壕围里的土堆最高,足有十丈,留给自己住,还在那里储存了三百万斛的粮食。公孙瓒说:"过去说,天下事可以凭军事力量来决定,今日看来,也不是我所能决定的,不如休兵,种田地,养牲畜。兵法说:百楼不易攻破。今天我盖了像林立的橹杆那么多的楼,吃完这些粮食,就可以知道天下的定局了。"公孙瓒想以此拖垮袁绍。袁绍派遣将领去攻打,几年都没有攻破。建安四年(199),袁绍大军全面围攻公孙瓒。公孙瓒派儿子去向黑山的反贼求救,又想自己带领骑兵突围出来,依傍着西南的高山,带领黑山的人马,攻击冀州,断了袁绍的后援。长史关靖劝公孙瓒说:"现在将佐、士兵心理上都已不堪一击,他们之所以能坚守下去,是为了他们居处的妻儿老小,更以将军您为主心骨啊。将军如果旷日持久地坚持下去,袁绍必定会撤回军队,待他退回去之后,四方的兵士必将会重新聚合起来的。如果您舍弃他们而突围,军队没有了强有力的领导,易京马上就会出现险情,将军失去了依靠之地,孤独地在旷野上,那能成就什么事啊!"公孙瓒于是消除了突围的念头,等待着救兵的到来,想要内外夹攻袁绍。又派人给儿子送信,定下时间带援兵到来,点起火把作为接应的信号。袁绍的巡逻兵劫获了这封信,按时间点起了火把。公孙瓒以为救兵到了,于是出城与袁绍开战。袁绍设下了埋伏,公孙瓒遭到迎头痛击,又退回了易京城。袁绍挖了地道,破坏了公孙瓒的壕沟和住处,马上要攻到中京。公孙瓒自知必败,于是悉数杀了他的妻子、孩子,又自杀而死。

鲜于辅归向天子麾下。天子任命鲜于辅为建忠将军,总督幽州六郡。太祖与袁绍在官渡开战,阎柔派使者到太祖那里接受任务,太祖任命他为护卫乌丸的校尉。鲜于辅亲自去见太祖,被任命为左度辽将军,封亭侯,并派他回本州去治理地方。太祖攻下南皮,阎柔带着部下及鲜卑少数民族给太祖献上名马以慰劳军队,并跟随太祖征讨乌丸三郡,因为功劳显赫,被封为关内侯。鲜于辅其时也率领着部下跟从太祖征讨。文帝接受禅让登基后,任命鲜于辅为虎牙将军,阎柔为度辽将军,都晋封为县侯,赐位特进。

陶谦,字恭祖,丹杨人。年轻时好学,是儒生,出任州郡吏,被推举为茂才,当上卢氏县令,又升迁为幽州刺史,受征召被任命为议郎,参与车骑将军张温的军事行动,西讨韩遂。适逢徐州黄巾军起义,又让陶谦做了徐州刺史,以消灭黄巾军。黄巾军大败,被迫逃散。董卓乱起,各州郡纷纷兴兵,天子在长安建都,与外界断绝了联系,陶谦派使者从小路去向天子进献,被天子提升为安东将军、徐州刺史,封为溧阳侯。这时候,徐州百姓都很富足,谷米屯满了粮仓,四方流民都涌向徐州。但陶谦却违背正道任意所为:广陵太守琅邪人赵昱是徐州的名士,因为忠信正直而被他疏远;曹宏等奸谗小人,陶谦反倒亲近并重用他们。于是刑罚、政事开始出现问题,善良的好人多被他所害,社会由此渐渐产生了动乱。下邳的阙宣自称为天子,陶谦起兵联合其他州县去攻打,杀死了阙宣,收编了他的部队。

初平四年(193),太祖领兵征讨陶谦,攻打了十余座城池,到了彭城,大战一场,陶谦兵败逃走,死了近万人,泗水因此而断流。陶谦退守郯县。太祖亦因粮草不够而引军回长安。兴平元年(194),太祖再次东征,攻占了琅邪、东海等县。陶谦害怕了,想要退回丹杨。适逢张邈背叛天子而迎奉吕布,太祖于是改道去讨伐吕布。这一年陶谦病死。

张杨,字稚叔,云中人。凭借自身的武艺和勇敢在并州做事,为武猛从事。灵帝末年,天下渐乱,灵帝用他所宠爱的小黄门官蹇硕为西园上军校尉,戍守在京都,想以此抵御来自各方的侵扰,并征募天下的豪杰做裨将。太祖和袁绍等人当时都任校尉,就归附了他。并州刺史丁原派张杨带兵去蹇硕那里,被封为假司马。灵帝驾崩,蹇硕被何进杀害。张杨又被何进派遣回并州招募兵士,征得千余人,张杨带着这些兵士驻扎上党,打击山贼。何进兵败,董卓开始作乱。张杨带着他的部队在壶关向上党太守进攻,没取胜,改道攻略附近的郡县,部队扩大了数千人。山东义兵起,欲杀董卓。袁绍到了河内,张杨与袁绍合兵一处,又与匈奴单于於夫罗一起驻扎漳水一带。单于想要背叛朝廷,袁绍、张杨都不同意。单于胁迫张杨与他一起离开,袁绍派将领麹义追赶到邺城的南面,大破单于的军队。单于带着张杨又到了黎阳,打败度辽将军耿祉,队伍又重新振作了起来。董卓任命张杨为建义将军、河内太守。天子当时在河东,张杨带着队伍到了安邑,天子任命他为安国将军,封晋阳侯。张杨想要迎接天子回洛阳,手下将领都不同意,张杨带着队伍到了野王。建安元年(196),杨奉、董承、韩暹挟持天子回旧都,路上粮草告罄,张杨带着粮食上路迎接,天子得以回到旧都洛阳。张杨对手下将领说:"天子应当与天下共存,朝廷中有公卿大臣,我张杨可以抵御外来的战难,留在京都做什么呢?"于是回到了野王。天子当即任命他为大司马。张杨向来与吕布友好。太祖围攻吕布时,张杨想要去援救,但没能成行,只能将兵带到东市,遥遥地做吕布的后援。张杨手下将领杨丑,杀死了张杨以奉迎太祖。张杨手下的另一个将领睢固又杀死了杨丑,带领着张杨的部队,想往北与袁绍联合。太祖派史涣前去阻击,在犬城大破睢固的军队,将睢固斩首,悉数收编了张杨的部下。

公孙度,字升济,本是辽东襄平人。公孙度的父亲公孙延,逃避做官到了玄菟,而公孙度却做了郡吏。当时玄菟太守公孙域的儿子公孙豹十八岁就去世了。公孙度小名也叫豹,又与公孙域的儿子年龄相仿,公孙域一见他,就非常喜欢他,让他去学习,并为他娶了妻。后来又向别人举荐,让他任尚书郎一职,后又升为冀州刺史,但因谣言,旋即被罢免。同乡徐荣是董卓手下的中郎将,他推荐公孙度做了辽东太守。但因为公孙度是从玄菟的小官吏发迹的,所以辽东郡的人都很看不起他。在这之前,辽东属国的公孙昭为镇守襄平的县令,他让公孙度的儿子公孙康做了伍长。公孙度一上任,就把公孙昭抓了起来,在襄平市中鞭打而死。郡中豪门大姓如田韶等家,与他无冤无仇,却都被他找借口杀了。被他弄得家破人亡的,有一百多家,郡中人个个惊恐万状。他又东伐高句丽,西击乌丸,声威传到了海外。初平元年(190),公孙度了解到中原一带正处于动乱之中,便对他亲信部下柳毅、阳仪等说:"汉皇室将要灭绝,我到了与各位商量夺取王位的时候了。"当时襄平县延里祭祀社神的地方生成了一块大石头,长一丈多,下面有三块小石头做它的足。有人对公孙度说:"这块石头的形状与汉宣帝的皇冠相似,它所在的延里,又与你父亲的名字相同。社是祭祀土地神的地方,表明您应该拥有天下的土地,而有三公作为辅佐。"公孙度更加高兴。原河内太守李敏,在郡中知名度很高,他讨厌公孙度的所作所为,又恐怕公孙度迫害自己,于是带领全家迁居到了一处海岛。公孙度得知后,大为愤怒,掘开李父的坟,打开棺材焚烧尸体,又夷灭了李氏宗族。他分辽东郡为辽西和中辽两郡,设置了太守的职位,渡海收取东莱各县,设置营州刺史。自封为辽东侯、平州牧,追封其父公孙延为建义侯。为汉朝的两位祖先立庙宇,按照古制在襄平城南设坛,在郊外祭祀天地,亲耕籍田,治理自己的军队,出行坐着只有皇帝才能乘坐的銮驾,帽子上悬垂着九条玉串,以头戴旄帽的骑兵为羽林军。太祖征召公孙度做武威将军,封永宁乡侯,公孙度说:"我在辽东称王,要永宁干什么呀!"将印绶藏之于武器库。公孙度死后,儿子公孙康继承了父位,将永宁乡侯封给了弟弟公孙恭。这一年是建安九年(204)。

建安十二年(207),太祖带兵征讨三郡乌丸,在柳城大战一场。袁尚等人逃到辽东,公孙康斩了袁尚的头献给太祖。这件事记录在《武帝纪》中。太祖封公孙康为襄平侯,任命为左将军。公孙康死的时候,他的儿子公孙晃、公孙渊等年纪都还小,大家于是拥戴公孙恭为辽东太守。文帝即位,遣使者任命公孙恭为车骑将军,授以符节,封平郭侯;追赠公孙康为大司马。

当初,公孙恭因病渐渐地变成了阉人,柔弱得不能治理地方。太和二年(228),公孙康的儿子公孙渊逼迫他让了位。明帝即位,任命公孙渊为扬烈将军、辽东太守。公孙渊派使者到南方去联络孙权,带去了很多礼品。孙权派使者张弥、许晏等人,带来金玉珍宝,立公孙渊为燕王。公孙渊又怕离孙权太远依靠不上,且贪图财物,引诱孙权的使者到来,将张弥、许晏等都杀了头并献给明帝,明帝于是任命公孙渊为大司马,封乐浪公,还让他继续持符节任辽东太守,统领诸郡。明帝的使者到来,公孙渊安排带甲士兵,以军阵相迎,然后才出来见使者,又数次对陪伴使者的国内宾客口出恶言。景初元年(237),明帝又一次派遣幽州刺史毌丘俭等带着书信印章去征召公孙渊。公孙渊闻讯,立即发兵,在辽隧阻击毌丘俭,并与之激战。毌丘俭见形势对己不利,便撤退了。公孙渊于是自立为燕王,设置了百官有司。派遣使者拿着符节,借了鲜卑单于的王印,给边疆少数民族加爵封官,并引诱鲜卑族人去侵扰北方地区。

景初二年(238),明帝派遣太尉司马宣王征讨公孙渊。六月,部队到达辽东。公孙渊派将军卑衍、杨祚等率领步、骑兵共一万多人屯扎辽隧,在周围挖壕沟二十多里。宣王的军队到了辽隧,公孙渊命令卑衍迎上去作战。宣王派将军胡遵与他对阵,卑衍军大败。宣王命令军士们突破卑衍的围堑,引兵向东南进发,然后突然转向东北,直趋襄平。卑衍等将领唯恐襄平没有守城的军队,连夜赶往襄平增援。行军到首阳山,公孙渊又下命令让他们与宣王的军队进行殊死较量。这次出击,卑衍军又大败。宣王于是带着军队直奔辽隧城下,挖好了壕沟。正巧当时连日大雨,三十几天不停,辽水暴涨,宣王的运输船可以从辽口直驶到辽隧城下。雨一停,宣王立即在城周围堆起土丘,造望楼,准备了大量的石头,用弩弓直向城中发射。公孙渊又窘又急。城中粮食吃尽,人们开始吃人,死者不可胜数。杨祚等将军投降。八月的一天晚上,一颗长约十丈的大流星,从首山的东北面坠入襄平城的东南面。没多久,公孙渊全军溃败,他与他儿子公孙修带着数百名骑兵向东南突围而逃。宣王的大军在后面紧紧地追赶,在流星坠地的地方,杀死了公孙渊父子。辽隧城被攻破,相国以下的数千名官吏被斩首,公孙渊的首级被送到洛阳,辽东、带方、乐浪、玄菟等城也相继被平定。

当初,公孙渊家中几次出现怪事:狗穿着官服、戴着官帽上了房;做饭时有小孩儿被蒸死在锅中。襄平北市有一块肉,周长数尺,有头有眼有口,没有手脚,却能移动。占卜的说:"有形但又不完全成形,有头部的各器官但又不能发声,这种怪事出现在哪国,哪国就该灭亡了。"当初公孙度在中平六年(189)据有辽东,到公孙渊一共是三代,历五十年而灭亡。

张燕,常山真定人,原来姓褚。黄巾军起义时,张燕聚集了一帮少年为强盗,在山水间转战出击,待回到真定时,已是有一万多人的一支人马了。博陵的张牛角也聚合起一伙人,自称将军从事,与张燕的部队合兵一处。张燕推举张牛角为统帅,一起进攻廮陶。牛角被飞来的箭射中,身受重伤,濒临死亡,他告诫众人要集合在张燕的麾下,说:"你们一定要以张燕为统帅。"牛角死后,大家一致推举张燕做了统帅,所以张燕改褚姓为张。张燕剽悍敏捷超出常人,所以军中又称他为"飞燕"。

其后他的部队不断壮大,与常山、赵郡、中山、上党、河内等山贼都互相联络,那些拉起小队伍的如孙轻、王当等,都带着部队归附到张燕的手下,队伍发展到百万人,名号为"黑山"。灵帝无法征讨,河北各郡县都深受其害。张燕派使者到京都拜见灵帝,提出归顺的愿望,灵帝接受并拜张燕为平难中郎将。这以后,董卓挟持灵帝到了长安,天下各路豪杰纷纷起兵,张燕于是率领自己的部下与各路豪杰联合。袁绍与公孙瓒争夺冀州,张燕派将领杜长等人帮助公孙瓒与袁绍激战,被袁绍击败,手下兵士有些自行离去了。太祖将平定冀州,张燕派使者去求见,希望能做太祖的辅佐,太祖任命他为平北将军;他率领部下刚到邺城,又被封为安国亭侯,封邑五百户。张燕死后,儿子褚方继承了他的爵位。褚方去世,褚方的儿子褚融继承爵位。

张绣,武威祖厉人,骠骑将军张济同族兄弟的儿子。边章、韩遂在凉州起兵,金城麹胜袭击并杀死了祖厉的最高长官刘隽。张绣当时任县吏,他寻找机会杀了麹胜,郡内的百姓都认为他很讲道义。张绣募集了一些地方上的少年,成了祖厉一带的豪杰。董卓兵败,骠骑将军张济与李傕等人一齐攻打吕布,为董卓报仇。这件事在《董卓传》上另有记载。张绣追随着张济,因为作战勇敢被任命建忠将军,封宣威侯。张济驻扎弘农,缺吃少穿,只得带着部队向南面的穰县转移,战斗中他被乱箭射死。张绣接替了张济的兵权,屯兵宛县,与刘表合兵一处。

太祖向南方征讨,驻军于淯水,张绣等人率全军投降。太祖将张济的遗孀纳入后宫,张绣对此很气愤。太祖得知张绣对自己很不满,私下里准备杀了张绣。这件事被张绣探知,他带着部队偷袭太祖。太祖军猝不及防,大败,太祖的两个儿子战死。张绣领兵退守到穰县,太祖连年征讨,终究没能攻破。太祖与袁绍在官渡摆下战场,张绣听取了贾诩的计策,又带领部队向太祖投降。这事记载在《贾诩传》上。张绣到了太祖营中,太祖拉着他的手,与他欢会筵宴,并替儿子曹均娶了张绣的女儿为妻,拜张绣为扬武将军。官渡一战,张绣出力甚多,立了战功,又升为破羌将军。张绣跟随太祖在南皮攻破袁谭的军队,太祖又增加给他封邑二千户。当时天下人口急剧减少,只有原来的十分之一,太祖分封给其他将领的没有满千户的,而张绣特殊得多。张绣又跟随太祖去柳城征讨乌丸,途中去世,谥号为定侯。他的儿子张泉继承了父亲的爵位,后因参与魏讽谋反一事,被杀死,封邑也被取消。

张鲁,字公祺,沛国丰邑人。祖父张陵,客居四川,在鹄鸣山中学道,编造出道书来迷惑百姓,跟随他学道的人须交纳五斗米,所以当地人称他为"米贼"。张陵死后,他的儿子张衡继承了父亲的遗业。张衡死,他的儿子张鲁也操起了这一行当。益州牧刘焉任命张鲁为督义司马,命他与别部司马张修一起带兵去攻打汉中太守苏固,张鲁借机杀死了张修,夺取了他的兵马。刺史刘焉死,他儿子刘璋继立,因为张鲁不顺从他,将张鲁母亲一家尽数杀掉。张鲁据有汉中后,用鬼道教诲老百姓,自称"师君"。那些来学道的人,开始时都被称为"鬼卒",其中笃信鬼道的,改称为"祭酒"。那些教民手下都有军队,拥有兵马最多的,做治头大祭酒。张鲁教导人们要诚实讲信用,不要欺诈,有了缺点、错误,要自我反省和检讨,这一教的宗旨大致与黄巾军的相似。各位祭酒都盖起了义舍,就像今天路旁的驿亭和驿站一样。又置买义米、义肉挂在义舍中,行路人视自己肚量大小吃饱为止;如果吃得太多,鬼神就让他生病。教民如果犯了法,前三次可以原谅,再犯就被处以死刑。不设置长官,一切都由祭酒来管理,汉人和少数民族都很乐于接受。张鲁等人雄踞四川东部、汉宁一带近三十年。东汉末年,汉室的力量不足以征讨他们,于是就让张鲁做了镇民中郎将,领衔为汉宁太守,其实只是要他将地方上的贡物奉上罢了。有一个老百姓从地底挖出一枚玉印,教民们因此想尊奉张鲁为汉宁王。张鲁的功曹巴西人阎圃劝张鲁说:"汉川的老百姓有十万多户,他们拥有财富和肥沃的土地,四面又有高山作屏障;对上匡扶天子,则可以做齐桓公、晋文公一样的人,再次就可像窦融一样,割据一方,也不失富贵。现在奉皇帝之命设置官员,凡事都可做主,根本用不着称王。还是不要招致灾祸啊。"张鲁听从了他的劝告。韩遂、马超作乱,关西百姓从子午谷逃来汉中投奔的,大约有数万家。

　　建安二十年(215),太祖亲自带兵,自散关出武都来征讨张鲁,一直到达阳平关。张鲁想要交出汉中以示投降,他的弟弟张卫不同意,率领数万人在阳平关内拒守。太祖攻破了阳平关,进入了四川。张鲁听说阳平关已失守,想要磕头归降,阎圃又献计说:"今天你被迫去谒见,肯定不会得到太祖的重用,不如依照杜濩所说,先到朴胡去抵抗。然后再向他献礼称臣。这样才会得到太祖的重视。"于是张鲁带着部队前往巴中。临行前,左右的人想要将宝货仓库悉数焚毁,张鲁说:"我已有归顺朝廷的愿望,但这一愿望还没能让太祖知道。我们今天离开,不过是避开锐锋,并没有什么恶意。宝货仓库,应该归国家所有。"于是将宝货都妥善藏好才带队离去。太祖到达南郑,对张鲁的行为深加赞许。又因为张鲁本来就已经有归顺的意向,所以派人前去慰问、晓喻。张鲁带着全家谒见太祖,太祖任命张鲁为镇南将军,待他以客礼,封阆中侯,食邑一万户。封张鲁的五个儿子及阎圃等人都为列侯。为自己的儿子彭祖娶了张鲁的女儿为妻。张鲁去世,谥号为原侯。儿子张富继承了父亲的爵位。

    评：公孙瓒想保全易京，坐以待毙；公孙度残暴而没有节制；公孙渊继承了他们事业而更加凶残，这样做的结果，只能使他们的宗族灭亡啊！陶谦因昏乱而忧郁致死，张杨死在了他臣下的手里。他们都拥有州郡，但为人连匹夫都不如，所以也就不必多说他们了。张燕、张绣、张鲁，一改强盗行径，名列于功臣，为国赴难，保全了宗祀，他们与陶谦、张杨相比，则是好得多了。

卷九　魏书九

诸夏侯曹传第九

夏侯惇,字元让,沛国谯郡人,夏侯婴的后代。十四岁时,他跟着一位老师学习,有个人污辱了他的老师,夏侯惇将那人杀了,由此,他以刚烈的气概闻名于郡里。太祖刚刚兴兵时,夏侯惇经常做他的副将,跟随太祖南征北战。太祖兼任奋武将军时,以夏侯惇为司马,让他驻扎在白马一带,又任命他为折冲校尉,兼任东郡太守。太祖征讨陶谦时,留下夏侯惇守卫濮阳。张邈背叛太祖奉迎吕布,当时太祖的家小在鄄城,夏侯惇听到这一消息,轻车简从前往鄄城,在途中与吕布相逢,两军交战。吕布往后撤退,到了濮阳,以偷袭得到了夏侯惇的辎重,又派将领假装投降,把夏侯惇逮了起来,要挟他交出宝物,夏侯惇军中一时震恐。夏侯惇的得力将领韩浩守在营门口,把各将领及官吏都召集在一起,让他们都安抚手下的士兵,不得贸然行动,夏侯惇的军队才慢慢稳定下来。韩浩到了夏侯惇的住所,斥责挟持夏侯惇的人说:"你们这些凶残的叛逆者,居然敢将大将军挟持为人质,还想不想活了? 而且我有讨伐贼军的使命,难道我会因为一个将军,而放任你们为所欲为吗?"又哭着对夏侯惇说:"国法如此,我不得不这样做!"立即召集兵士去攻打劫持者。劫持者害怕得连连叩头,说:"我们只求给我们路费,让我们回去吧!"韩浩痛责劫持者的行为,把劫持者全都杀了。夏侯惇免于一死。太祖听说了这件事,对韩浩说:"你的做法可以作为万世的法规。"于是发布命令,今后如有劫持人质的,一起消灭,不要顾忌人质。从此之后劫持人质的做法就被杜绝了。

太祖从徐州回来,夏侯惇跟随太祖去征讨吕布,被飞来的箭射中,伤了左眼。他又领任了陈留、济阴太守的职务,加建武将军,封高安乡侯。当时天大旱,蝗虫四起,夏侯惇截断太寿水形成一个池塘,他亲自担土,率领将士们一起宣传种稻的好处,老百姓得以渡过难关。夏侯惇不久后又被任命为河南尹。太祖平定河北,夏侯惇担任后卫以阻挡后面的追敌。攻下邺县后,升他为伏波将军,仍担任河南尹一职,允许他见机行事,不受各种等级的限制。建安十二年(207),太祖将夏侯惇前前后后的立功次数统计了一遍,又给他增加了封邑一千八百户,加上以前历次封赏的,共二千五百户。二十一年(216),夏侯惇跟从太祖去征讨孙权,回来后,让他都督二十六个军,留守在居巢。又赐给他各种乐器和有名的倡优,说:"魏绛联合西戎有功,尚能得到钟磬之类的乐器,何况将军你呢!"二十四年(219),太祖在摩陂击破吕布的军队,以后,时常招呼夏侯惇与他同乘一辆车,夏侯惇也可以出入太祖的卧室,太祖对他倍加看重,一般的将军是比拟不了的。又任命他为前将军,带领各路军队回到寿春,又转移到召陵驻扎。文帝即位,任命夏侯惇为大将军,夏侯惇数月后去世。

夏侯惇虽然南征北战,但却亲自迎接老师跟随学习。品行清俭,有多余的财产则分施给众人,不从官位上得到任何非分的好处,家中也不置备产业。死后谥为忠侯。儿子夏侯充继父爵位。文帝追思夏侯惇的功绩,想让他的子孙们都享受"侯"的待遇,分给夏侯惇家眷封邑一千户,赐给夏侯惇七子二孙关内侯的爵号。夏侯惇的弟弟夏侯廉及他的儿子夏侯楙早已封了列侯。早先,太祖将女儿清河公主嫁与夏侯楙。夏侯楙历位侍中尚书、安西镇东将军,假以符节。夏侯充死,他儿子夏侯廙继承爵位。夏侯廙死,儿子夏侯劭继承爵位。

韩浩,河内人。他与沛国的史涣都以忠勇显赫一时。韩浩位至中护军,史涣位至中领军,都掌握着皇家军队,封为列侯。

夏侯渊,字妙才,夏侯惇的同族兄弟。太祖未出仕时,曾有人因一桩诉讼案将被治罪,夏侯渊代替此人领受了重罪,太祖又设法营救了他,使他免去一场灾难。太祖起兵,夏侯渊以别部司马、骑都尉的职务追随于后,又被任命为陈留、颍川太守。太祖与袁绍在官渡开战,他任督军校尉。袁绍被击败后,太祖又让他督掌兖州、豫州、徐州的军粮。当时征集军粮很难,夏侯渊想尽办法转运粮食,军队得以重新振奋。昌豨谋反,太祖派于禁去讨伐,没有成功,派夏侯渊与于禁协同作战,击败了昌豨叛军,攻下了十余个屯,昌豨向于禁投降。夏侯渊得胜回朝,被任命为典军校尉。济南、乐安的黄巾军首领徐和、司马俱等人,攻打城池,屠杀官吏,夏侯渊带领泰山、齐、平原郡的军队还击,大破黄巾军,杀死了徐和,平复了诸县,收缴了他们的粮草分配给部下。建安十四年(209),太祖再次任命夏侯渊为行领军。太祖征讨孙权回来,派夏侯渊督领诸将去击破庐江叛首雷绪,雷绪被击散后,又行使征西护军一职,督领徐晃攻击太原的叛贼,攻下二十多个屯,杀死了贼帅商曜,夷平了他的城池。又跟随太祖征讨韩遂等人,在渭南作战。又督领朱灵平定隃糜、汧氐。与太祖在安定会合,迫使杨秋投降。

建安十七年(212),太祖回到邺县,让夏侯渊担任护军将军一职,督领朱灵、路招等人在长安驻扎,击破了南山的叛贼刘雄,迫使他的部下全部投降。在鄠县,围歼韩遂、张超的余党梁兴,攻克鄠县后,斩了梁兴,夏侯渊被封为博昌亭侯。马超在冀州围攻凉州刺史韦康,夏侯渊前去救援,尚未到达,韦康已经被打败。马超在距离冀州二百余里的地方迎战夏侯渊,形势对夏侯渊很不利。汧氐反叛,夏侯渊领着军队返回。建安十九年(214),赵衢、尹奉等人商议讨伐马超,姜叙在卤城起兵响应。赵衢等人欺骗马超,让他去讨伐姜叙,而他们在马超离去后,将马超的妻子儿女全部杀死。马超奔向汉中,围攻祁山。姜叙等人见马超来势凶猛,着急地请求援助,各位将军议论纷纷,认为只有太祖才能节制。夏侯渊说:"主公在邺县,来回四千里路,等到书信到来,姜叙等人必定已被打败,这不是救急的办法。"于是他自己披挂上阵,派张郃督领五千名步、骑兵在前,从陈仓狭道直趋汉中,他自己督粮草紧随其后。张郃行军到了渭水,马超带领数千名氐羌族兵士前来抵御,没有开战,马超便逃跑了,张郃进军收取了马超的军队和军用器械。等夏侯渊到来,附近诸县都已经投降了。韩遂驻扎在显亲,夏侯渊想要袭击他,韩遂闻风而逃。夏侯渊没收了韩遂的军粮,追到略阳城,离韩遂还有二十多里地,手下将领有的提议首先攻打韩遂,有的认为应该先攻打兴国的氐族。夏侯渊认为,韩遂兵马精良,而兴国城又比较坚固,如果先去围攻兴国,未必能马上拿下,不如先去攻打长离的各路羌人。长离的羌人有很多在韩遂的军队里,只要攻打长离,那些在韩遂军队里的羌人必定回去救家。韩遂如果舍弃羌人独守,就孤独无援;如果他去救长离,那么我们的官兵就可以在旷野里与他作战,那样一定能将他俘获。于是夏侯渊留督将守着辎重,轻兵简从到了长离,焚烧羌人的村子,杀死了许多羌人。那些韩遂部队里的羌人,纷纷回到了自己的部落。韩遂果然去救长离,与夏侯渊的军队对阵。诸将见韩遂兵马甚多,非常担心,商量先扎下营盘、挖好战壕后再与他交战。夏侯渊说:"我们已经转战千里,如果今天扎营盘、挖壕沟,士兵们更容易疲劳松懈;敌兵人数虽多,但很容易击破。"于是擂起战鼓,一鼓作气大破韩遂的军队,得到了韩遂的指挥旗。回到略阳,再次出兵围攻兴国。氐王千万投奔了马超，其余人皆投降。转而进攻高平、屠各，那里的守军纷纷逃走，夏侯渊尽收那里的粮草牛马。于是朝廷授予夏侯渊符节。

当初，枹罕的宋建因为凉州动乱，自称"河首平汉王"。太祖派夏侯渊带领一些将领前去讨伐宋建。夏侯渊到后，围攻枹罕一个多月，终于攻克了该城，斩了宋建以及他任命的丞相以下的各官。夏侯渊又另外派遣张郃等人去平定河关，他们的部队刚渡过黄河到达小湟中，河西各羌族部落就相继投降了，陇西得以安定。太祖感慨地说："宋建制造动乱、违逆抗上三十余年，夏侯渊一举剪灭了他，并像猛虎般威武地纵横在关右，所向无敌。就像仲尼曾说的，我不如你啊！"建安二十一年(216)，太祖增加了夏侯渊的封邑三百户，加上以前历次分封的，共食邑八百户。夏侯渊回过头来又去攻打武都的氐人和羌人，在下辩，得到了氐人的稻谷十余万斛。太祖西征张鲁，夏侯渊等人带领凉州已投降的诸将、侯王，与太祖在休亭会面。太祖每次接见羌人、胡人，都要提及夏侯渊来威慑他们。张鲁投降，汉中平定后，太祖又任命夏侯渊为都护将领，督领张郃、徐晃等人平定巴郡。太祖回邺县，留夏侯渊守汉中，又任命他为征西将军。建安二十三年(218)，刘备驻军阳平关，夏侯渊率领诸将前去抵抗，两军相持数年。建安二十四年(219)正月，刘备半夜偷袭夏侯渊的营房，夏侯渊派张郃护卫东面，自己带一支轻兵护卫南面。刘备向东面发起进攻，形势对张郃很不利。夏侯渊分出一半兵力去援助张郃，被刘备在途中截获，夏侯渊在这一仗中战死。谥为愍侯。

当初，夏侯渊虽然连连得胜，但太祖还是经常告诫他说："为将也应该有怯弱的时候，不可以只是凭借着自身的勇气。为将应当以勇为本，又要有智慧谋略，光知道一味地勇敢，只是一匹夫罢了。"

夏侯渊的妻子，是太祖的妻妹。夏侯渊的儿子夏侯衡，娶了太祖弟弟海阳哀侯的女儿，恩宠非同一般。夏侯衡继承了父亲的爵位，不久又被封为安宁亭侯。黄初年间(220—226)，赐封夏侯渊的次子夏侯霸为关内侯。太和年间(227—233)，又赐封夏侯霸的四弟为关内侯。夏侯霸，正始年间(240—249)为讨蜀护军右将军，进而封为博昌亭侯，一向被曹爽所厚待。曹爽被杀，他唯恐祸及自己，逃到了四川。因为夏侯渊建有功勋，因此赦免了夏侯霸的儿子，将他们迁到了乐浪郡。夏侯霸的弟弟夏侯威，官至兖州刺史。夏侯威的弟弟夏侯惠，曾任乐安太守。夏侯惠的弟弟夏侯和，曾任河南尹。夏侯衡死后，他的儿子夏侯绩继位，为虎贲中郎将。夏侯绩死，儿子夏侯褒嗣位。

曹仁，字子孝，太祖的堂弟。年轻时爱好骑马射猎。以后各路豪杰并起，曹仁也私下纠集少年，共有一千多人，在淮、泗之间活动。以后，他又追随太祖为别部司马，行使厉锋校尉的职权。在攻打袁术的一场战役中，曹仁杀死和俘获的敌兵最多。在跟随太祖征讨徐州时，曹仁经常督领骑兵，为部队的前锋。又作为侧翼去攻打陶谦的将领吕由，大获全胜，掉过头与大军在彭城会合，大破陶谦军。再次跟随太祖进攻费、华、即墨、开阳等县，陶谦派将领去援救这几个县，曹仁率领骑兵击败了这些援兵。太祖前去征讨吕布，曹仁独自带着军队前往句阳，在那里生擒了吕布的将领刘何，大获全胜。太祖平定黄巾军，迎接天子在许昌建都，在这几件事上都有曹仁的功劳，他被任命为广阳太守。太祖器重他的胆气和谋略，不让他去郡县，而任他为议郎并督领骑兵。太祖征讨张绣，曹仁辅助攻略附近的郡县，俘虏了那里的男女三千多人。太祖攻打张绣不利，引军回来，张绣在后面紧追不舍，太祖军士气低落。曹仁率领着一批威猛的将领奋勇当先，重新振奋了士气，于是一举击败了张绣。

太祖与袁绍在官渡相持了很长时间，袁绍派刘备先去攻略濦强诸县，诸县纷纷投降。自许昌以南，官吏、百姓人心惶惶，太祖深以为忧。曹仁说："南方因为有大兵压境，才有目前的急难，这阵势很难相救，刘备率领强兵攻打，他们背叛您也是可以理解的，但是，刘备最近刚刚开始指挥袁绍的军队，未必那么得心应手，如果我们先向他进攻，一定能够击破。"太祖采纳了他的意见，派他带领骑兵前去，一举击败了刘备，刘备逃走，曹仁尽收叛县而回。袁绍遣别将韩荀截断曹仁的归路，曹仁在鸡洛山与韩荀相遇，大败韩荀军。袁绍从此再不敢分兵出战了。曹仁又与史涣等人偷袭袁绍的运输队，将袁绍的军粮全部烧了。

河北平定后，曹仁又跟随太祖进攻壶关。太祖命令说："攻下城池，将里面的人都活埋了。"围攻几月，没能攻下。曹仁对太祖说："围攻城池，必须给城里的人留一条生路。而您登出告示说要将城里的人尽数活埋，他们当然要全力以赴抵御您而保卫自己。而且壶关城城池坚固，储粮又多，如果我们硬攻，伤亡肯定惨重，如果包围，又旷日持久。今天您屯兵在坚固的城池下，以攻击必死的敌人，这不是个好办法啊。"太祖撤回了他的命令，壶关自动投降了。历数曹仁前后的功劳，太祖封他为都亭侯。

曹仁再次与太祖一起征讨荆州，太祖任命曹仁为征南将军，驻守江陵，以抵御吴国将领周瑜。周瑜率领着数万名士兵来进攻，当前锋数千名士兵到了城下时,曹仁登上城墙察看了一番,接着招募了三百名勇士,派部曲将牛金带领,前去应战。贼兵人多,牛金兵少,三百人被一千多人团团围住。长史陈矫等人都在城墙上观战,看见牛金寡不敌众,一个个吓得变了脸色。曹仁怒气激昂,吩咐牵过自己的坐骑,陈矫等人都来拦他,说:"敌兵人数众多,其势不可阻挡啊!不如舍弃这几百名兄弟,将军您何必以身赴难呢?"曹仁不理睬,披挂整齐,带领手下数十名壮士冲出城门。离开贼兵百余步的地方有一条河沟,陈矫等人都以为曹仁会在沟旁停住,与周瑜的队伍形成对峙,但曹仁越沟而前,冲入敌人的包围圈,将牛金等人解救了出来。还有一些兵士被围困在敌军里,曹仁再一次冲入敌围,救出那些兵士,消灭了数名敌人,贼兵开始后退。陈矫等人起初见曹仁执意冲出去援救,都十分担忧,及至曹仁得胜归来,他们无不叹息,说:"将军您真是天人啊!"三军都佩服他的勇敢,太祖更壮大了他的部队,又封他为安平亭侯。

太祖征讨马超,任命曹仁为安西将军,督领诸将在潼关抵御,曹仁等人在渭南击破了马超的军队。苏伯、田银反叛,太祖让曹仁行使骁骑将军的职权,督领七军讨伐田银等人,大获全胜。又让曹仁行使征南将军的职权,假以符节,驻扎樊城,镇守荆州。侯音据宛以叛,抄略附近郡县的百姓数千人,曹仁带军攻破叛军,砍了侯音的头,又带队回到了樊城,于是被任命为征南将军。关羽向樊城进攻。当时汉水暴涨,于禁等人率领的七军营房都遭了水淹,于禁向关羽投降。曹仁率领数千名士兵据守樊城,水几乎淹没了整座城市。关羽乘船攻城,围了好几层,城内城外断绝了音信,粮食也所剩无几,但援兵尚未赶到。曹仁激励将士们的勇气,表示了誓死守城的决心,将士们被他的精神所感动,都没有二心。徐晃带援兵赶到时,大水也渐渐地消退了,徐晃从外围向关羽进攻,曹仁得以突围出城,关羽撤兵。

曹仁年轻时也较轻浮、风流,及至为将,行为检点且严格遵守法令,经常将条律放在左右,以依照条律行事。鄢陵侯曹彰北征乌丸,文帝在东宫给他写信,告诫他说:"为将应当奉法,难道不应当像征南将军那样吗!"及至曹丕当了魏王,任命曹仁为车骑将军,都督荆州、扬州、益州的各项军事,进而封为陈侯,增加封邑二千户,加上以前封的,共三千五百户。追赐曹仁父亲曹炽谥号为陈穆侯,搬迁十户人家去守曹炽的墓地。后来又召曹仁回来驻扎宛城。孙权遣将陈邵据守襄阳,文帝命令曹仁去讨伐。曹仁与徐晃一起打败了陈邵,带部队进驻襄阳,又派将军高迁等人将汉南的归附百姓迁移到汉北,文帝当即派使者任命曹仁为大将军。又命令曹仁移屯临颍，又任命他为大司马，督领诸军守卫乌江，后来又回到合肥驻扎。黄初四年（223）死，谥号为忠侯。儿子曹泰继承爵位，官至镇东将军，假以符节，继而又被封为宁陵侯。曹泰死，儿子曹初继承爵位。又分封曹泰的弟弟曹楷、曹范为列侯。牛金最后官至后将军。

　　曹仁的弟弟曹纯，起初以议郎的身份参与司空的军事活动，督领虎豹骑跟随太祖围攻南皮。袁谭出战，太祖军伤亡惨重。太祖意欲按兵不动，曹纯说："今天我们不远千里来攻打敌人，前进不能取胜，如果后退，必定丧失了兵士的信心，而且带兵深入，难以持久。袁谭得胜，必定骄傲；我们失败，已有戒惧，以戒惧攻打骄傲，一定能攻克。"太祖采纳了他的意见，向袁谭发起猛烈的进攻，袁谭溃不成军，曹纯手下的骑兵斩了袁谭的头。及至北征三郡，曹纯的骑兵又获得了单于蹋顿。统计曹纯前后的功劳，他被封为高陵亭侯，封邑三百户。又跟随太祖征讨荆州，追击刘备直到长坂，截获了刘备的两个女儿和辎重，收罗了那些散兵游勇。又迫使江陵投降。跟随太祖返回谯郡。建安十五年（210）去世。文帝即位，追谥威侯。儿子曹演继承爵位，官至领军将军，正元年间（254—256）进封平乐乡侯。曹演死，曹演的儿子曹亮继承爵位。

　　曹洪，字子廉，太祖的堂弟。太祖兴义兵讨伐董卓，到了荥阳，被董卓的将领徐荣击败。太祖失去了坐骑，而后面敌兵追赶甚急，曹洪跳下马来，把坐骑让给太祖，太祖推辞不肯接受，曹洪说："天下可以没有我曹洪，但不可以没有您啊！"于是步行跟随太祖到了汴水旁。水深流急，不能涉水过河，曹洪循着河道寻找，终于觅得了一条船，于是太祖得以渡河，返回了谯郡。扬州刺史陈温与曹洪是好朋友，曹洪曾率领家兵千余人和陈温一起去招募，募得庐江上等士兵二千人，东到丹杨，又募得数千人，带着这支队伍，与太祖在龙亢会合。太祖征讨徐州，张邈以兖州之地叛迎吕布。当时正值饥荒，曹洪在前面开路，占据了东平、范县，收集粮食以接济后面的部队。太祖在濮阳征讨张邈、吕布，吕布失败后逃走，太祖遂占领了东阿，转而又攻克了济阴、山阳、中牟、阳武、京、密等十余个县城。曹洪在这些战役中立下了汗马功劳，被任命为鹰扬校尉，迁升为扬武中郎将。天子建都许昌，任命曹洪为谏议大夫。又作为别部征讨刘表，击败刘表的将领于舞阳、阴叶、堵阳、博望。曹洪作战有功，擢升为厉锋将军，封国明亭侯。屡次追随太祖征伐，被任命为都护将军。文帝即位，任命他为卫将军，迁骠骑将军，进而分封为野王侯，增加食邑一千户，加上以前分封的，共二千一百户，赐位特进，后又被任命为都阳侯。当初，曹洪家很富裕，但他生性吝啬,文帝年轻时曾向他借钱,他没有借给文帝,文帝怀恨在心,借曹洪的门客犯法一事,将曹洪打入大牢并要处死。群臣前去说情,没能成功。卞太后对郭皇后说:"假如曹洪今天死,明天我就敕帝废除皇后。"郭皇后于是痛哭着屡次请求赦免曹洪。曹洪免于一死,但官位、爵号、封邑都被削夺了。曹洪是太祖的功臣,而文帝如此对待他,当时的人颇多抱怨。明帝即位,重新任命曹洪为后将军,更封乐城侯,食邑千户,赐位特进,又被任命为骠骑将军。太和六年(232)去世,谥为恭侯。儿子曹馥继承了爵位。当初,太祖分封曹洪的户封子曹震为列侯。曹洪的族父曹瑜,修身养性,谨慎从事,恭敬对上,官至卫将军,被封为列侯。

曹休,字文烈,太祖的族子。天下大乱,各大家族纷纷离京,回归乡里。曹休十多岁时丧父,他自己与一个客人把父亲暂时安葬了,之后带着母亲,渡江到了吴国。太祖举义兵讨伐叛贼,他隐姓埋名辗转到了荆州,又从小路北上,去见太祖。太祖对部下说:"这是我们家的千里驹呀!"让他与文帝在一起,待他如亲骨肉。曹休经常跟随太祖去征伐,太祖让他行使虎豹骑宿卫的职权。刘备派将领吴兰驻扎下辩,太祖派遣曹洪去征讨,任曹休为骑都尉,参与曹洪的军事。太祖对曹休说:"虽然只让你参与军事,其实你也是将帅。"曹洪耳闻这句话,也放手让曹休参与军事。刘备派张飞驻扎固山,想要截断太祖军的后援。众人议论纷纷,犹疑不定,曹休说:"贼兵如果真要断我们的后路,那他们会悄悄地带伏兵前去。今天尚未行动而大造声势,说明他们另有预谋。我们应该赶在他们尚未集结之前,先去攻打吴兰,攻克吴兰,张飞也就会不战而退。"曹洪听取了曹休的见解,进兵攻打吴兰,吴兰丢盔弃甲,张飞果然撤兵了。太祖攻克汉中后,各路军队都回到了长安,曹休被任命为中领军。文帝即位,任命他为领军将军,统计前后的功劳,封为东阳亭侯。夏侯惇去世后,任命曹休为镇南将军,假皇帝的符节以督领各部队的军事。有一次他要远行征伐,文帝下车,拉着他的手与他告别。孙权的将领驻扎历阳,曹休大军到来,大破孙权军,曹休又派另外一些士兵渡过长江,烧毁了孙权设在芜州的营盘。战后,曹休被封为征东将军,领任扬州刺史一职,进而被封为安阳乡侯。文帝前往征讨孙权,委任曹休为征东大将军,假之以黄钺,督领张辽等各郡县的二十余军,在洞浦痛击孙权的大将吕范等人,把他们打得大败。曹休又被任命为扬州牧。明帝即位,进封长平侯。吴国将领审悳驻扎安徽,曹休向他发起进攻并杀了他,吴国将领韩综、翟丹率领部下先后向曹休投降。增加食邑四百户,加上以前分封的，一共二千五百户，迁升为大司马，仍都督扬州。太和二年（228），文帝准备兵分两路向吴国进攻，派司马宣王从汉水下，曹休直攻寻阳。吴国的军队诈降，曹休带着部队深入吴国境内，战斗形势对曹休很不利，曹休只得带兵退守石亭。半夜营房中又有骚乱，士兵莫知所以，纷纷丢盔弃甲逃命。曹休上书向皇帝请罪。皇帝非但没有责备他，反而派屯骑校尉杨暨来安慰他，并待以很高的礼节给予大量的赏赐，宠爱有加。曹休因这一仗的失利，后背长了大毒疮，疮发而死，谥为壮侯。儿子曹肇继承了爵位。

曹肇具有世人认同的才干，被任命为散骑常侍、屯骑校尉。明帝卧病在床时，才向燕王宇等人吩咐后事。不久明帝改变了主意，诏令曹肇以列侯的身份归第。正始年间（240—249）去世，追赠卫将军。儿子曹兴继承爵位。当初文帝分给曹休家族每家三百户食邑，封曹肇的弟弟曹纂为列侯，曹纂在灭吴的战斗中去世，被追赠为前将军。

曹真，字子丹，太祖的族子。太祖起兵时，曹真的父亲曹邵也招募兵士，被州郡中的人杀死。太祖因为他从小失去父亲而同情他，收养了他，视同亲骨肉，让他与文帝生活在一起。曹真爱好打猎，一次一头猛虎向他扑来，他镇定地一箭射去，虎应声而倒。太祖因为他勇敢、刚毅，指令他率领虎豹骑。他带兵前去讨伐灵丘的敌兵，大获全胜，被封为灵寿亭侯。以偏将军的身份带兵去下辩攻打刘备的别将，又赢得胜利，被任命为中坚将军。跟随太祖入长安，又领任中将军之衔。当时，夏侯渊在阳平阵亡，太祖很是担忧，于是以曹真为征蜀将军，督领徐晃等将领，在阳平攻打刘备的别将高详，高详败北。太祖到了汉中后，拨出一部分军队，让曹真率领，去武都迎接曹洪等人，完成任务后，把队伍驻扎在了陈仓。文帝即魏王位，任命曹真为镇西将军，假以符节，都督雍州、凉州的军事。统计前后的功劳，晋封为东乡侯。张进等人在酒泉叛乱，曹真派费曜前去讨伐，杀死了张进，平定了叛乱。黄初三年（222），文帝回京都，任命曹真为上军大将军，都督内外各项军事行动，假以符节、斧钺。与夏侯尚等一起征讨孙权，袭击牛渚的东吴驻兵，大获全胜。又被拜为中军大将军，加封给事中。黄初七年（226），文帝病入膏肓，曹真与陈群、司马宣王等人按遗诏辅佐朝廷政事。明帝即位，曹真进封邵陵侯，迁升为大将军。

诸葛亮围攻祁山，南安、天水、安定三郡的守军叛魏而向诸葛亮投降。明帝派曹真都督诸军进军郿县，遣张郃袭击诸葛亮的将领马谡，大获全胜。定安城的百姓杨条等人掳掠了一些官吏、百姓保卫着月支城，曹真包围了他们，杨条对手下人手说:"如果大将军亲自来招安,我也愿意早些投降。"于是将自己捆绑起来,出来投降。叛向诸葛亮的三郡相继平定了。曹真意识到诸葛亮兵伐祁山,以后必定来攻打陈仓,于是派将军郝昭、王生守卫陈仓,做好了应战的准备。第二年春天,诸葛亮果然带大军攻打陈仓,因陈仓早已有战争的准备,诸葛亮没能得逞。朝廷给曹真增加封邑,加上以前封的,共二千九百户。四年(230),在洛阳朝见天子,升为大司马,天子赐予他佩剑,给予他穿履上殿、入朝参见免跪拜的极高待遇。曹真上书,指出目前的局势是蜀军经常出兵骚扰边境,应当立即给予还击,兵分几路前去攻打,一举消灭蜀国。明帝听从了他的计策,曹真带兵征讨诸葛亮,临行时,明帝亲自前去送行。曹真八月从长安出发,从子午道向南前进。司马宣王逆着汉水前行。两军约定在南郑会合。其他几路军队,有的从斜谷道进军,有的从武威入蜀。适逢大雨连绵,三十多天不停,入蜀的栈道很难行走。皇帝下诏令曹真等人率队返回。

曹真年轻时与皇族的曹遵、同乡朱赞一起侍奉过太祖,曹遵、朱赞都过早地去世,曹真怜悯他们的家人,请求皇上将分封给他的食邑分一部分给曹遵、朱赞的子孙。皇帝下诏说:"大司马有叔向抚养孤儿的仁义之心,笃守着晏平年间的约定。君子成人之美,那就将曹真的封邑分给曹、朱之子,并赐予他们关内侯的爵位,封邑各百户。"曹真每次出发征战,总是与将士们同甘苦,军饷不够,就将家产拿出来贴用,士卒都愿意为他效劳。曹真因病回到洛阳,明帝亲自去他的府邸探视病情。曹真去世,谥为元侯。儿子曹爽继承爵位。明帝追念曹真的功绩,下诏说:"大司马一生忠孝节义,辅佐二祖。对内,不因为自己是皇帝的亲戚而邀宠;对外,也不鄙视贫寒之士,真可谓是能守住成业、忠于职守、道德高尚的人啊!分封曹真的五个儿子——羲、训、则、彦、皑为列侯。"当初,文帝分封给曹真食邑二百户,封曹真的弟弟曹彬为列侯。

曹爽,字昭伯,年轻时就意识到自己是皇亲而谨慎、持重,明帝尚是皇太子时,与他很友好。明帝即位,即任命曹爽为散骑侍郎,累次迁升,官位至城门校尉,加散骑常侍,又升他为武卫将军,对他宠爱有加。明帝病重时,将曹爽叫到床前,任命他为大将军,假之以符节、斧钺,都督内外各项军事,总揽朝政,与太尉司马宣王一起接受遗诏辅助小皇帝。明帝死,齐王即位,又任命曹爽为侍中,改封武安侯,封邑一万二千户,特赐佩剑、穿履上殿、入朝不疾走、朝见皇上不唱礼。丁谧出谋划策,让曹爽出面对齐王说,让齐王下诏任命司马宣王为太傅,对外以这个名号尊称他,对内则由尚书处理一切事务,任何事情都经过尚书之手,可以权衡轻重利弊。曹爽的弟弟曹羲为中领军，曹真的次子曹训为武卫将军，四子曹彦为散骑常侍侍讲，其余的几个弟弟都以列侯的身份在皇上身边，出入皇宫禁地，其尊贵，其受宠，没有人能比得上。南阳的何晏、邓飏、李胜，沛国的丁谧，东平的毕轨在当地都有很高的声名，他们谒见皇帝，但明帝认为他们过于浮华，没有重用他们。及至曹爽辅佐少主，与他们推心置腹地叙谈，倒与他们成了忘年交。邓飏等人感念曹爽，劝说他去讨伐蜀国，以此传播他的声威。曹爽听取了他们的意见，司马宣王想阻止这一行动，没能成功。正始五年（244），曹爽在长安集合了六七万大军，从骆谷向蜀国进发。当时，关中及氐、羌的供给供应不上，饿死了无数头牲畜，沿路都是乞讨的百姓。入骆谷行走了数百里，蜀军依山设防，部队无法前进。曹爽的参谋杨伟为曹爽分析了形势，认为当务之急应该引军撤退。邓飏与杨伟在曹爽面前争执得不可开交，杨伟说："邓飏、李胜这样做，将会败坏国家的利益，应该杀了他们。"曹爽见这种局面，很不愉快，撤回了军队。

起初，曹爽因为司马宣王年事、德行俱高，经常像对待父亲那样敬重他，事事向他请教。及至何晏等人被皇上任用，他们都推举、拥戴曹爽，说一些重要职位不应交给外人的话给曹爽听。齐王任命何晏、邓飏、丁谧为尚书，何晏主管选举，毕轨为司隶校尉，李胜为河南县令，之后，曹爽有事很少向司马宣王讨教了。司马宣王声称有病，也避开了曹爽。何晏等人滥用职权，擅自将洛阳野王属下的桑田分割了，又破坏了汤沐地并据为己有，依仗势力攫取公物，还向各州郡索要财物。各地方官慑于他们的威势，没有一个敢于违抗的。何晏等人与廷尉卢毓向来不和，他们抓住了卢毓的一点小错误，援用苛刻的法律条文将卢毓绳之以法，他们命令主管者先没收了卢毓的印绶，然后才上书皇帝。他们就是这样滥用职权。曹爽的饮食住行，都比拟着皇上；皇宫里才有的珍玩，他家也随处摆放，并且妻妾满房，又私自将先帝的才人七八人，及将吏、师工、鼓吹、良家女子共三十三人作为使人养在家中以供自己取乐。又伪作诏书，发送五十七名才人前往邺台，以便让先帝的婕妤教习成为伎工。擅自将太乐乐器、武器库中的兵器占为己有。挖造一座窟室，用漂亮的丝绸装饰四周，经常与何晏等人在里面聚会，饮酒作乐。曹羲对此深以为忧，数次上谏，制止曹爽的行为。曹羲还写了三篇文章，力陈骄奢淫侈的祸害，辞意恳切，但不敢直接斥责曹爽，借口告诫众位弟子但其用心在于曹爽。曹爽知道他的这几篇文章是针对自己的行为而写，很不高兴。曹羲有时因谏谕不被采纳而哭着离去。司马宣王秘密地做着准备。正始九年（248）冬，李胜出任荆州刺史，前去与司马宣王话别。宣王称自己已病入膏肓，并装出一副赢弱的样子。李胜没有看出破绽,以为司马宣王确实已经不行了。

正始十年(249)正月,皇帝离开京都前往高平陵,曹爽兄弟都跟随前往。司马宣王率领自己的部队首先占据了武器库,再出兵驻扎在洛水浮桥。给曹爽写了一封信,说:"从前我从辽东回来时,先帝诏告你、我及秦王辅佐政事,他拉住我的手臂,告诉我他为身后的国家大事深感担忧。我说:'二祖也曾将身后事托付于我,这陛下您是知道的,您也知道我是怎样完成先帝交给的任务的,没有什么可担忧的。万一发生不测,我会以死报答您对我的信任。黄门令董箕等人、侍候皇上疾病的才人,他们都是听见的。今天大将军曹爽背弃了皇上的诏命,毁败国家的法典,在内模拟皇上的饮食起居,在外擅用职权,破坏军队,将皇家禁兵据为己有,各部门要职,都任用亲戚朋友;殿中的宿卫、历世的旧人都被你贬斥出宫。任用新人以树立你的威权,互相勾结,日甚一日。对外既已如此,你又任黄门张当为都监,与他勾结在一起,整天盯着皇上,企图谋取皇位。你又离间二宫,使皇室骨肉互相仇视。天下大乱,人人自危,陛下的地位也不得稳定,哪里能长久地安宁呢?这不是先帝诏示你、我辅佐政权的本意啊!臣虽老朽年迈,哪里敢忘记当年说过的话?昔日赵高擅权,秦氏最终将其消灭;吕后、霍光的后代专权,很快就被除灭,汉朝地位得以永固。这是陛下最好的借鉴,也是我受命的时刻。太尉蒋济、尚书令司马孚等人,都认为曹爽有犯上作乱的行为,他的兄弟不应该典领军队、守卫皇宫。我们已将这件事奏请了永宁宫的皇太后,皇太后敕令我们按照奏折上所请行事。我已命令主管者及黄门令罢去曹爽、曹羲、曹训管理军队的权力,保留侯爵,不得再跟随皇上;如敢逗留,便以军法从事。我则支撑着病体,将部队带到洛水浮桥驻扎,密切注意你们的动向。"

曹爽接到司马宣王的信,不敢告诉皇帝,自己窘迫得手足无措。大司农沛国郡人桓范听说有变,不听太后的劝告,谎称有诏打开了平昌门,拔出剑戟,劫走管城门的门侯,向南奔跑去给曹爽出主意。司马宣王听说了这事,说:"桓范去出谋划策,曹爽肯定不会听他的。"桓范劝曹爽将皇帝挟持到许昌,招募一些兵士。曹爽兄弟犹豫不决。桓范又对曹羲说:"时至今日,你想求得贫贱还有可能吗?且匹夫抓到一个人质,尚且希求活命,今天天子在你的控制之下,你们可以利用天子向天下发号施令,哪个敢不响应?"曹羲还是不用他的计策。侍中许允、尚书陈泰劝说曹爽回去接受惩处,被逼无奈,曹爽派许允、陈泰来见司马宣王,表示愿意接受处罚;又将司马宣王的奏章交给皇上,皇上立即免去曹爽兄弟的职位,让他们回自己的封邑。

当初,张当私下选择才人张、何等送与曹爽。司马宣王怀疑其中有奸情,将张当抓起来治罪。张当供出曹爽、何晏等人企图谋反,已经开始练兵,定于三月中旬发难。于是将何晏等人也抓起来关进监狱。在京的公卿聚集在朝廷议事,认为《春秋》的旨义,在于"被皇帝宠爱的人不能让其过于强大,否则皇帝必定受其挟制"。曹爽本是皇族,世代蒙受朝廷的殊恩,亲手接下先帝的遗诏,受托辅佐天下,但却包藏祸心,蔑弃先帝辅佐政权的嘱托,与何晏、邓飏、张当等人阴谋篡夺帝位,桓范与他们勾结一起,也是大逆不道的罪人。于是将曹爽、曹羲、曹训、何晏、邓飏、丁谧、毕轨、李胜、桓范、张当等人抓了起来,全部处以死刑,并诛灭三族。嘉平年间(249—254),为使功臣有继承人,特册封曹真的族孙曹熙为新昌亭侯,封邑三百户,以延续曹真的后嗣。

何晏,是何进的孙子。母亲尹氏,为太祖的夫人。何晏生长在宫廷里,又娶了公主为妻。他从小就以才华和容貌清秀闻名,喜好老子、庄子的言论,写了《道德论》及各种文赋共数十篇。

夏侯尚,字伯仁,夏侯渊的侄子。文帝与他相从甚密。太祖平定冀州,夏侯尚为军司马,率领骑兵跟随太祖征伐,后为五官将文学。魏国初建,升为黄门侍郎。代郡匈奴叛乱,太祖派鄢陵侯曹彰前去平乱,夏侯尚参与鄢陵侯的军事,这一仗他们平定了代郡,大胜而还。太祖在洛阳驾崩,夏侯尚被派手持符节,护送太祖的灵柩回邺都。总结夏侯尚前后功绩,他被封为平陵亭侯,拜散骑常侍,迁中领军。文帝受禅让做了皇帝后,改封为平陵乡侯,迁征南将军,领任荆州刺史,持朝廷符节都督南方诸军事。夏侯尚上书说:"刘备的一部分军队驻扎在上庸,那里山高路险,他们肯定不会想到我们会去偷袭,因此,我们可以派奇兵悄悄地前去,出其不意,那样一定能将他们消灭。"于是他带领一部分兵士一举攻下了上庸,平定了周围的三郡九县。这一仗后,他被任命为征南大将军。孙权虽然自称藩国,但夏侯尚还是做好了攻伐他的准备。孙权后来果然产生了自立为王的野心。黄初三年(222),皇帝驾临宛城,派夏侯尚与曹真一起,率领诸军共同围攻江陵。孙权派诸葛瑾与夏侯尚隔江对峙,诸葛瑾带队渡河到了江中小洲,而将水兵分遣在附近江面上。夏侯尚夜里用许多小船,运载着一万多名步、骑兵,从下游悄悄地渡河,攻打诸葛瑾的各路军队,夹江烧他们的船只,水陆两路并力攻打,击败了诸葛瑾的军队。江陵城尚未攻下,适逢瘟疫蔓延,皇帝诏令夏侯尚带兵返回。又增加食邑六百户,加上以前陆续分封的,一共是一千九百户,又假之以斧钺,进而为州牧。荆州地面荒凉残破,又与少数民族接壤,东面与吴国以汉水为界,那里的百姓大都居住在江南。夏侯尚攻占上庸后,以此为通道,向西行进七百余里,山民及少数民族都来投奔他,在五六年的时间里,向他投降并归附于他的有数千家。黄初五年(224),夏侯尚被封为昌陵乡侯。夏侯尚有一个爱妾,被过于宠幸,几乎夺去了正室应有的权力,而夏侯尚的原配夫人是曹家的公主,所以文帝派人杀死了他的爱妾。夏侯尚悲愤过度,生了一场大病,神情恍惚,爱妾已经下葬了,他还思念不已,又挖开墓穴,一睹芳容。文帝听说,很是恼怒,说:"杜袭看不起夏侯尚,实在是有道理的。"然而因为夏侯尚的官职是先帝任命的,因而文帝也没有撤去他的官职。黄初六年(225),夏侯尚病重,回到了京都,文帝数次去看他,拉着他的手流下了眼泪。夏侯尚去世,谥号为悼侯。儿子夏侯玄继承爵位。文帝又赐给夏侯尚家三百户封邑,赐给夏侯尚的弟弟夏侯奉关内侯的爵位。

夏侯玄,字太初,自小就很出名。二十岁时当上了散骑黄门侍郎。有一次他晋见皇上,侍卫官将他安排在了皇后的弟弟毛曾的身旁,夏侯玄看不起毛曾,并在行动、语言中表现了出来。明帝对此很气愤,将他贬为羽林监。正始初年,曹爽辅政。夏侯玄是曹爽姑姑的儿子,于是他又被重用,历任散骑常侍、中护军。

太傅司马宣王与他谈及时事问题,夏侯玄认为:

> 根据才干选官授职,是掌管国家的权柄,因此,考察委派由尚书台专管,那是上级的职分;(人)的言德行孝表现于街巷中,优劣高下听凭乡邻议论,那是下层的评价。要想使政教清明,选派官吏审慎得当,就要明确上级评判和下层评价的界限,不使它们相互干涉而已。这是什么原因呢?假如上级的评判过度,就恐怕评判的形成脱离了真实依据,而投机钻营、溜须拍马的门就打开了;假如下层的评价过分,就恐怕天设官爵与外人相通,而机巧权变的门道就多了。天设官爵与外人相通,这是老百姓非议的把柄;机巧权变的门道变多,这是动乱纷扰的根源。自从州郡以中正品评衡量才干和官职以来,已经有数年了,可(各自的标准)相差很远很乱,从没听说有过整齐统一的时候,这岂不是上级的评判和下层的评价混杂相涉,各自失去它们的侧重所造成的吗?如果选中正只考察那些同辈人的行为,那些人就应与他行为一致,这样才可以为官。为什么呢?如果他在

家里显示出孝行,难道会在官任中不尽忠尽责吗?仁爱宽恕被九族称道,难道会不贯彻在办理政务中吗?在乡党里行义决然,难道会承担不起责任吗?这三者都取决于中正。他们虽然并没有什么官名,但任命他们,就知道他们会干得不错。德行有大小,排列有上下,那么他们所应担任官职的级别次序,也就区别清楚、一目了然了。干吗一定让中正在下层干预选派的职权,而掌握选派权力的人在上面又对中正有所倚仗,上级和下层相互干扰,生出纷乱错杂呢?并且尚书台到下层去考核他们的功绩与失职,而各种职守原有自己的官长,一天到晚地考察,没有比这更烦琐的了,(同时)街头巷尾的议论,只是个人的主观判断,却弄得主管者失去了本来的位置,众人各自惊骇,要使风俗清静,这样能行吗?天台遥远,断绝了众人上进的意愿。能够到达的人,尽在旁边近处,谁又不装好人来谋图实现目的?如若实现目的有了门道,那在家门里修养自己,便已不如自己去请求于乡党了;自己去请求于乡党,便已不如到州郡里去谋求了。假如开了门道,而担心他们掩饰真情、背离本来(的情况),尽管再去严厉地要求中正,以刑罚来监督,还是没有用的。怎么能比得上让(上下)各自管辖自己的职务,做官长的,就各以他的属下能力大小与否,汇报尚书台阁;尚书台阁便依据官长所作的能力大小与否的排列,参考其人在乡党中德行评价的次序,拟定其人的类属和等级,不使有所偏颇;中正便仅仅考察其人的日常行为,区分出高下,判定属于哪一类,不使升职降级。由尚书台阁来总揽它,如果尚书台阁的选派有什么差错失当,那责任便自在于主管部门。根据长官所作能力大小与否的排列、中正所作的分类和高下评价,按照相应的职级来任派,如果不相称,责任便在于尚书台阁之外。那便内外相互考察,得失都有凭据,相互对照检查,还有谁能相掩饰?这样就会人心安定,事情有条理,差不多可以使风俗清静,而才干与官职确当了。

他又认为:

古时候设立官职,是用来帮助、养育人民百姓,掌管民众,管理财物的,因此设立君长,以职权来辖治它们。长官的职权,应该要有统一的安排而专门化。安排统一,便官职明确而上下级安定;专门化,便业务好而办事不乱,职掌简明而业务精通,上下相安却不能治理民物的,那是没有的。先王建立万国，虽然他的详细情况不能尽明，但划分各国疆界，使它们各自保守土地边境，便不是以相互束缚牵累为重的体制。向下考察商周的五等爵位的评定，只有职位的大小贵贱的差别，也没有君主与官僚、大臣与民众的两个系统的互相牵制的制度。

官职系统紊乱，业务便不精通；业务不精通，职掌怎么能够简明？职掌不简明，人民怎么能够安宁？人民不安宁，种种邪恶的东西便都会兴起，而奸诈巧伪就滋长出来了。先王知道是这样，所以使官守的职权专门化，统一规划官守的分工。

从秦开始，不师法圣人之道，以私心来掌管职务，以奸心对待下属。害怕主宰官员不好，设立监察部门来监督他们；畏惧督监宽容枉法，设立司察部门来纠察。（使得）官员相互牵制，监、司相互督纠，每个人都怀着异心，上上下下干的事不同。汉代承继秦的余绪，没有谁来纠正变改它。

魏国兴起，每天忙得没工夫顾及，五等分别的典制，尽管难以一下恢复，可以树立仪礼标准来统一官制。现今委派的长吏，都是代君主管理人民，以郡守为重，上面再累加一层刺史之职。如果郡所掌理的，只是在大的方面，便和州相同，（也就）不要去再以它为重了。应该省略郡守这一层，只派任刺史；有刺史一职存在，对下面的监察便不会荒废。郡吏有数万人，遣放下去亲操农耕事业，以节省繁多的费用，扩充财力，增加粮食收入。这是第一。

大县县令的才干，都比得上郡守，于是，他们之间争讼是非，常常产生不同的意见。顺从对方便相安，坚持自己的意见便争执。调和肉羹的美，在于合同异样的东西；上下级相安得益，在于能相互帮助。顺应对方就会安和，这是让琴与瑟同奏一声（这是不容易的），荡除郡守这一层，便也减省官任而使职掌简明。这是第二。

再者，主管一郡的官员，职责是监督几个县，（他们往往利用职权）照顾、回护朋党亲戚和乡邑的旧交故友，如果有谁不合意，便借着公家的由头去收拾折腾。民生的艰难困苦、凋散，祸害就产生在这里，如若把它们都并合（到州一层），造成动乱的根源便会自然堵住。这是第三。

今天上承前世的衰败局面，人口减少，贤良才干的人更少见，担任公职的很少。郡县两级贤能的官吏，情况也不一样。而郡在上坐享县的成就，繁难的工作却由下面担当，但官吏的提升，郡却可以捷足先登。这样做就使与民相亲的官吏，专门被留在下层；官吏是百姓的命之所寄，而这么一来,(他们变得)常常愚顽鄙陋了。假如现在合并郡县,多选拔清良官吏去任职,王德风化宣布流传,百姓也就可以安宁了。这是第四。

作出规定,使有一万户人口的县,(长官)称为郡守;五千户人口以上的,(长官)称为都尉;一千户人口以下的,(长官)照旧称为令、长。长吏以上的官位,通过考核来选用,又以能力政绩来提升,所掌握的人口、权力也随之增加,这是促使施展才干建功效力的奖赏办法。如果这种制度统一规定下来,那就会使官职与才干有了等级,治理和功绩井然明朗,(任免升降也就不会乱了)。这是第五。

假如省略了郡守这一层,县便都可以直接通达上层,事情(的上传下达)便不会壅塞堵滞,官员的迁调便不会迟留,夏商周三代的风化,虽不一定能实现,但简明统一的官制精神,差不多可以达到了。方便百姓、节省开支,就在于这里了。

他又认为:

文与质的交替使用,就好比四季的互相兴替。君王奉天来治理天下,就一定要根据它的弊端来疏通救治。现实过分质实,便以礼仪来装饰它;现实过分奢华,便以质朴来匡救它。现在,承继百王的后绪,秦、汉的残余,世俗风习非常虚华,应该大力改变它,以改变下民的仰慕(方向)。今天的等级规定,从公、列侯以下,大将军以上,都可以穿戴绫锦、罗绮、纨素、金银饰镂,从他们以下,杂乱彩色的服饰,都与平民相通,尽管上下等级各有差别显示,但朝臣的服制,已经能够比得上君王了,玄、黄的色彩,已经能够通用于下面了。要想使市上不卖华丽颜色(的东西),商人不贩运难得稀罕的货物,工匠不去做雕琢刻镂的东西,是办不到的。因此,应该大力治理它的根本,以古代的法规为衡量标准,文和质适当采用,择取它的折中原则,以此立为礼法制度。车辆轿乘、服饰纹绣,都遵行质朴,下令禁止平民奢侈华靡之风,使朝臣和有爵位的家庭,不再有锦绣绮罗的装饰,没有两种以上颜色的衣服和纤巧的东西,自上到下,差别的反映也要朴素,只是表示出有等级区分罢了,不要使它有哪怕是很小的过分之感。假如是因为功勋德绩所得的赏赐,由君王特颁的恩宠,都要书面报告有关部门,然后(才能够)去穿戴。君上感化改变下属臣民,就像风吹草低一样。朴素的教化从本朝兴起,那么下民后代的奢侈之心也就自然消除了。

司马宣王给他写信说:

审核官守,选择人才,省除重复的官职,改变服饰制度,(这几项,你说得)都非常好。依礼来分类区别在乡里的行为,朝廷考核职任,大致也应当像你所说的。然而,(现行制度)中有习惯上的承继,不能一下就改变。秦朝时,没有刺史一官,只有郡守长史。汉代虽有刺史之职,只不过是奉持六卿的条敕,所以(那时的)刺史又称作"传车",他的职责是传达话(和政令),没有固定的治所府衙,官职也不是正式的臣,以后才进而变为专署长官罢了。过去,贾谊也担忧过服制问题,汉文帝采纳了,虽然身穿粗绨,却还是不能使上上下下满意。恐怕(你所说的)这三桩事,应该等贤能的人来了之后再解决了。

夏侯玄又写信说:

汉文帝虽然自己身穿绨袍,然而却不改革修正法规制度,使得朝廷内外有模仿僭越职位的服饰,宦臣得到没有(制度礼仪规范)限制的赏赐,由这里来看,大概他的宗旨只是在于修立自己的声名,并非属意于齐家治国。现在,公侯您主宰一世,追赶上古,将要实现极大的安治,排抑末细,端正根本,如果在上面决定礼仪制度,下层众人便会化而行之了。在适宜改革(旧的弊端)的时候,心怀尽忠竭诚,那么在命令发布的时候,下面的反应也就会像回音追随声响一样了。可您却还表示谦逊,说"等待贤能",这就如同伊尹、周公不端正商、周的制度。我自认为没说明白道理。

不久,夏侯玄担任征西将军,持朝廷符节都督雍、凉二州的各种军务。他和曹爽共同发动骆谷战役,当时的人嘲笑他。曹爽被诛杀后,征聘夏侯玄为大鸿胪,几年后调升为太常卿。由于曹爽的缘故,夏侯玄遭连累,心里不舒服。中书令李丰尽管一直被大将军司马景王所亲近厚待,然而私下里内心却偏向夏侯玄。于是,他结交皇后的父亲、光禄大夫张缉,谋图让夏侯玄来辅政。李丰既在内把掌权力,儿子与公主联姻,又和张缉都是陕西冯翊人,所以张缉听信他。李丰暗地命令他的弟弟、兖州刺史李翼请求入朝,想使他率兵进来,并力起事。等李翼请求朝见,却没有被批准。嘉平六年(254)二月,应当朝拜贵人,李丰等打算借君王御临,各门有卫兵之机,诛杀大将军司马景王,以夏侯玄代替他,以张缉为骠骑将军。李丰秘密地告诉黄门监苏铄、永宁署令乐敦、冗从仆射刘贤等说:"你们几个人在内廷,不法的事很多,大将军司马景王这人严厉刚毅,反复强调,张当(的下场)可以作为鉴戒。"苏铄等人都应诺听从他的命令。大将军司马景王悄悄听到了他的计划,请李丰来相见。李丰不明就里去了,立即就被杀了。这件事下交给主管部门,逮捕了夏侯玄、张缉、苏铄、乐敦、刘贤等人,押送给廷尉监管。廷尉钟毓启奏说:"李丰等人阴谋胁迫君主,擅自诛杀丞相,大逆无道,请依法论处。"于是会集公卿朝臣廷尉来合议,都认为"李丰等人各受特殊的恩宠,掌管机要;张缉得到君王姻亲的尊位;夏侯玄列为世代大臣,(他们)位居高官,然而却包藏祸心,谋划暴力叛逆,勾结宦官太监,授以奸计。由于畏惧顾虑天子之威,不敢明目张胆公开干,便想要胁君王,施展机诈作孽,图谋诛杀出色的辅政丞相,擅自互相委任,将要颠覆朝廷政权。钟毓所判处的都符合刑法条律,告诉钟毓去施行"。皇帝的诏书说:"齐长公主,是先帝遗留在人间的骨肉,宽恕她三个儿子的死刑。"于是,李丰、夏侯玄、张缉、乐敦、刘贤等,都被夷灭三族,其余的亲属徙到乐浪郡。

夏侯玄胸襟阔大,格调很高,在东市临刑时,颜色不改,举止自如,和平常一样。那一年他四十六岁。

正元年间(254—256),朝廷封赏功臣后世,封夏侯尚的从孙夏侯本为昌陵亭侯,食邑三百户,以奉养夏侯尚的后裔。

当初,中领军高阳人许允和李丰、夏侯玄友善。在那件事之前,有一伪造的一尺一寸长的诏书,委任夏侯玄为大将军,委任许允为太尉,共同统领朝政。有一个身份不明的人,趁着天没亮,骑着马来把诏书交给许允家看门的人,说声"有诏",随即驰马而去。许允随即把它扔掉烧毁,没有打开呈报给司马景王。后来,李丰等人的事情败露,便调他为镇北将军,持朝廷符节都督黄河以北的各项军务。任命没有公布,又以放散官物的罪名,把他抓起来交付廷尉议处。最后判处他流放乐浪郡,他死在了半路上。

清河郡的王经,也和许允一样被称为冀州的名士。甘露年间(256—260),任职尚书,受高贵乡公曹髦之事牵连,被杀了。起初,王经做郡守,他的母亲对他说:"你是农家之子,今天做到二千石的官,事情太过头了不吉祥,可以到此为止了。"王经不能听从,历任两州刺史、司隶校尉,最后招来灾祸。许允的同乡朋友崔赞,也曾经以处世太招摇劝告过许允。

评:夏侯氏、曹氏两家,是世代的姻亲,因此夏侯惇、夏侯渊、曹仁、曹洪、曹休、夏侯尚、曹真等,都由于是亲戚旧好、肺腑之人而显贵一时,追随在君王左右,建立功业,也都有所贡献。曹爽缺乏深厚的道德素养却地位显贵,又过分沉溺声色服玩的享乐,这原本就是《大易》上已经阐明的危害,是有道的人所忌讳的。夏侯玄以规划设计政治格局制度而名称于世,然而和曹爽内外纠扰厮缠在一块儿,地位如此荣耀,却从来没有听说他帮助改正曹爽的错误,为他引荐良才。从这些来分析论证,他们怎么能够避免可悲的结局呢?

卷十　魏书十

荀彧荀攸贾诩传第十

　　荀彧,字文若,颍川郡颍阴县人。他的祖父荀淑,字季和,曾任郎陵县令,在汉顺帝、桓帝期间,很有名气。荀淑有八个儿子,号称"八龙"。荀彧的父亲荀绲,曾任济南国相,叔父荀爽,曾任司空。

　　荀彧年少时,南阳人何颙十分看重他,说:"这是个可以辅佐帝王的人才!"永汉元年(189),荀彧被推荐为孝廉,授为守宫令。董卓之乱时,请求出任地方官,被任命为亢父县令,终于弃官回乡,对父老们说:"颍川是四面受敌的争战之地,天下一有变故,常常成为军事要冲,应当赶紧离开这里,不要久留。"乡里人有很多怀恋故土,犹豫不决。适逢冀州牧同郡人韩馥派遣骑兵来迎接,没有人跟他走,只有荀彧带领宗族迁到冀州。而这时袁绍已夺了韩馥的官位,用对上宾的礼仪接待荀彧,荀彧的弟弟荀谌及同郡人辛评、郭图,都被袁绍所任用。荀彧推测袁绍最终不能成就大业。当时魏太祖任奋武将军,驻在东郡。初平二年(191),荀彧离开袁绍去追随太祖。太祖很高兴,说:"你是我的张良啊!"任他为司马。这时荀彧二十九岁。当时董卓以其权势凌驾全国,太祖以此事询问荀彧,荀彧说:"董卓暴虐过分,必定要以乱亡告终,不会有什么作为。"董卓派李傕等出关东,所过之处大肆掳掠,直到颍川、陈留才返回。荀彧家乡留下来的很多人都遭到杀害掳掠。第二年,太祖兼任兖州牧,后来任镇东将军,荀彧常常作为司马跟随。

　　兴平元年(194),太祖征讨陶谦,任用荀彧主持留守事宜。适逢张邈、陈宫在兖州反叛,暗中迎接吕布。吕布到了以后,张邈就派刘翊告诉荀彧说:"吕将军来帮助曹使君打陶谦,应当赶快供给他军粮。"众人感到疑惑。荀彧知晓张邈已经叛乱,当即约束士兵,设置防备,飞马召东郡太守夏侯惇,而兖州各城都响应吕布了。其时太祖全军攻陶谦，留守的兵力很少，而督将大官大多与张邈、陈宫通谋。夏侯惇来到，当夜杀了谋叛者几十人，众兵才平定下来。豫州刺史郭贡率兵众数万来到城下，有人说他与吕布是同谋，大家都很恐惧。郭贡求见荀彧，荀彧准备前往。夏侯惇等人说："您是一州的镇守者，前去必定危险，不能去！"荀彧说："郭贡与张邈等人，本不是平素就有勾结，现在他来得很急，主意准是还没有打定；趁他主意未定去说服他，即使不能为我所用，也可以使他中立；如果先猜疑他，他将会恼怒而与张邈合谋。"郭贡看到荀彧没有惧意，认为鄄城不容易攻下，因此领兵离去。荀彧又与程昱计议，让他去说服范和东阿二县，终于保全了三座城，以等待太祖。太祖从徐州返回，在濮阳攻击吕布，吕布向东逃去。

兴平二年（195）夏，太祖驻军乘氏县，饥荒严重，竟有人吃人的事情发生。这时陶谦已死，太祖想要趁机夺取徐州，回来再平定吕布。荀彧说："过去汉高祖保守关东，光武帝占据河内，都是先巩固根本之地以控制天下，这样进足可以战胜敌人，退也可以坚守，所以虽有困难失败却终于完成大业。将军本来是凭借兖州起事，平定山东的祸乱，百姓无不心悦归服。况且兖州跨黄河、济水，是天下要地，现在虽然残破，还是容易自保的，这里就是将军您的关中、河内，不可以不先稳定它。现在已击破了李封、薛兰，如果分兵东击陈宫，陈宫必定不敢西顾，我们趁这个空隙组织部队收割成熟的麦子，节约粮食，储备谷物，然后一举就可以打垮吕布。打垮了吕布，然后向南联合扬州的刘繇，共同讨伐袁术，以控制淮水、泗水一带。如果舍弃吕布不打而东攻徐州，多留守兵则不够攻城之用，少留守兵就会造成百姓也都来守城，不能打柴拾草。吕布乘虚侵暴杀掠，民心将更加危惧，只有鄄城、范、卫三处可以保全，其余的地方都不是我们所有，这样实际上是失去了兖州。要是徐州拿不下来，将军将安身何处？况且陶谦虽然已死，徐州也不容易攻克。他们那里鉴于往年的失败，将会因畏惧而紧密联结，内外相互配合。现东方都已收麦，必定会坚壁清野以防备将军，将军进攻攻不下，抢掠又没有收获，不出十天，十万人马尚未战斗自己先已困乏了。上次讨伐徐州，实行了以暴力相惩罚，他们徐州子弟想到父兄被杀的耻辱，必定每人坚守，没有投降的念头，即使能够攻破徐州，还是不能占有它。天下事确实有弃这件取那件的情形，以大换小，是可以的；以平安换危殆，是可以的；权衡一时的形势，不顾忌根本之地不稳固，也是可以的。现今这三者无一有利，希望将军对这种情况深思熟虑。"太祖这才中止了攻徐州的打算，大力收割麦子,再次与吕布交战,分兵平定各县。吕布败走,兖州因此而平定。

建安元年(196),太祖击破黄巾军。汉献帝从黄河以东返回洛阳。太祖计议迎接献帝迁都于许县,有人认为山东尚未平定,韩暹、杨奉新近将天子送到洛阳,北边联合张杨,尚不能很快控制他们。荀彧劝太祖说:"从前晋文公迎接周襄王返回王城而诸侯服从,汉高祖东征项羽、为义帝穿素服丧而天下归心。自从天子流亡,将军您首先倡导义兵勤王,只是因为山东地区纷扰战乱,还不能远赴关右,但还是分派将帅,冒着危险与朝廷通使节;虽然抵御国难于朝廷之外,而心无时不牵念于皇室,这是将军匡扶天下的一贯志向。现今天子大驾已返回京城,而洛阳榛莽丛生,一片荒芜,义士有保存朝廷的想法,百姓感念旧主而更增哀伤。如能趁此时机,拥戴主上以顺从民众的愿望,这是大顺;秉持大公无私之心以使天下英雄豪杰归服,这是大略;扶持正义以招揽英才俊杰,这是大德。这样,天下虽有叛逆之辈,必定不能成为我们的忧累,这是很清楚的。韩暹、杨奉岂敢为害? 如不及时安定朝廷,四方产生叛离之心,以后即使谋虑此事,也来不及了。"太祖于是到了洛阳,迎接天子迁都许昌。天子任命太祖为大将军,提升荀彧为汉朝侍中,代理尚书令。荀彧经常居于朝中承担重任,太祖虽然征伐在外,军事国政大事都要与荀彧筹划。太祖问荀彧:"谁能替代您为我谋划?"荀彧说:"荀攸、钟繇。"原先,荀彧谈到出谋划策之士,曾推荐了戏志才。志才死后,又推荐了郭嘉。太祖认为荀彧很能知人。他所推荐的人大多都是称职的,只有严象做扬州刺史、韦康做凉州刺史,后来是兵败身亡。

自从太祖迎奉天子之后,袁绍内心不服。袁绍已经兼并了黄河以北,天下人畏惧他的强横。太祖正在忧虑东边的吕布,抗拒南边的张绣,而张绣在宛县打败了太祖军。袁绍更加骄横,给太祖写信,言辞无理而傲慢。太祖大怒,出入举止不同于平常,众人都说是因为失利于张绣的缘故。钟繇就这事问荀彧,荀彧说:"曹公是聪明人,必定不会追究往事,恐怕有其他忧虑。"于是见太祖而询问,太祖便将袁绍的信给荀彧看,说:"我现在想要讨伐不义,而力量敌不过他,怎么办?"荀彧说:"古来较量于成败场上的,如果真有才能,纵然弱小,也必将变得强盛;如果不是那号人,纵然强大,也容易变为弱小。刘邦、项羽的存亡,足可以使人看到这一点。现今与您争夺天下的人,只有袁绍了。袁绍这人貌似宽容而内心忌刻,任用人才却有疑人之心,您明正通达,不拘小节,只依其才能之所相宜而用人,这在度量上胜过袁绍;袁绍遇事迟疑犹豫,少有决断,往往错过时机,您能决断大事,随机应变,不守成规,这在谋略上胜过袁绍;袁绍统御军队失于宽纵,法令不能确立,士兵虽多,其实却难以为用,您法令严明,赏罚必行,士兵虽少,都争先效死,这在用兵上胜过袁绍;袁绍凭借其世代名门的资本,装模作样,耍弄小聪明,以博取名誉,所以士人中缺乏才能而喜好虚名的人很多都归附于他,您以仁爱之心待人,推诚相见,不求虚誉,行为谨严克己,而奖赏有功之人无所吝惜,因此天下忠诚正直、讲求实效的士人都愿为您所用,这是在德行上胜过袁绍。凭借这四方面的优胜辅佐天子,扶持正义,征伐叛逆,谁敢不从?袁绍的强大又有什么用处?”太祖很高兴。荀彧又说:“不先攻取吕布,河北也还是不易谋取。”太祖说:“你说得对。我所疑惑的,是又恐怕袁绍侵扰关中,引发羌人、胡人作乱,向南勾引蜀、汉中二郡的刘璋;那样我将单独以兖、豫二州抗击全国的六分之五。那该怎么办呢?”荀彧说:“关中将帅数以十计,没有人能统一起来,只有韩遂、马超最强。他们见崤山以东地区正在争战,必定各自拥兵自保。现在如果用恩德安抚他们,派遣使者与其连和,维持和好,即使不能长久安定,但在您平定山东之前,足以不生变动。关西的事情可以交托给钟繇。这样您就可以不必忧虑了。”

建安三年(198),太祖已经攻破张绣,东擒吕布,平定徐州,进而与袁绍相对抗。孔融对荀彧说:“袁绍地广兵强,田丰、许攸等智谋之士替他谋划;审配、逢纪等尽忠之臣为他干事;颜良、文丑勇冠三军,为他统率军队,恐怕很难战胜啊!”荀彧说:“袁绍兵虽多而法令却不整肃。田丰刚愎而好犯上,许攸贪婪而不检束。审配专权而无谋,逢纪果决而刚愎自用,这两个人留下主持后方事务,如果许攸家犯了法,必定不能宽纵,不能宽纵,许攸必然叛变。至于颜良、文丑,不过匹夫之勇罢了,可以一战而擒!”建安五年(200),与袁绍连续交战。太祖保守官渡,袁绍进行包围。太祖军粮将尽,写信给荀彧,与他商议可否退兵许县以引开袁绍军队。荀彧回信说:“眼下军粮虽少,还比不上楚、汉在荥阳、成皋之间那样困难。当时刘、项双方都不肯先退,先退的一方必定处于被动地位。您以仅及敌方十分之一的兵力,划地而守,扼住敌人咽喉使其不能前进,已经半年了。敌人的底细已经毕现,锐气已经枯竭,局面必将有所变化,这正是使用奇谋的时机,不可失去啊。”太祖于是留了下来。进而以奇兵袭击袁绍的其他军营,斩杀了他的大将淳于琼等,袁绍退走。审配因为许攸家有不法行为,收捕其妻儿,许攸一怒之下背叛了袁绍;颜良、文丑于阵上被斩首;田丰由于劝谏而被杀,都正如荀彧所预想的那样。

建安六年(201),太祖为筹粮到了东平国的安民亭,粮食少,不足以与河北相持,想要趁袁绍刚刚失败,利用这个空隙讨伐刘表。荀彧说:"现在袁绍失败,部众离心,应当趁其困难之时,一举平定河北;而如果背对兖州、豫州,远征江、汉,假若袁绍收集其残余部队,乘虚攻击我们的背后,您的大事就完了。"太祖于是再次驻军于黄河岸上。袁绍病死,太祖渡过黄河,攻击袁绍之子袁谭、袁尚;而高干、郭援侵略河东郡,关右震动,钟繇率马腾等打败了他们。此事载于本书《钟繇传》。建安八年(203),太祖记载荀彧前后的功绩,上表封荀彧为万岁亭侯。

建安九年(204),太祖攻下邺城,兼任冀州牧。有人劝太祖:"应当恢复古代区划,设置九州,那么冀州所控制的地面广大,天下就会服从您了。"太祖将要听从这个主意,荀彧说:"如果这样,冀州应当包括河东、冯翊、扶风、河西、幽州、并州的地盘,所夺占的地方众多。过去您打败袁尚,捉住审配,全国震动惊骇,必定人人害怕不能保持自己的土地,拥有自己的军队;现在使他们分属冀州,将会人心骚动。况且很多人在劝说关右诸将闭关自守;现在听到这个消息,以为必然要挨个被攻夺。一旦关西发生变乱,即使有守善之人,被胁迫之下也会为非作歹,那么袁尚得以宽限死期,袁谭也会怀有二心,刘表因此保守江、汉之间,天下就不那么容易平定了。希望您迅速领兵先平定河北,然后修复旧京洛阳,南征荆州,指责刘表不向朝廷贡奉,那么天下都了解您的心意,人人安心。天下完全平定之后,再计议恢复古制,这才是国家长久的利益。"太祖于是搁置了恢复九州的建议。

这时荀攸常常是太祖主要的谋士。荀彧的哥哥荀衍任监军校尉驻守邺城,统领河北军事。太祖征讨袁尚时,高干秘密派遣士兵图谋偷袭邺城,荀衍事先觉察,将高干等全部诛杀,因功被封为列侯。太祖把女儿嫁给荀彧的长子荀恽,后来称为安阳公主。荀彧、荀攸均权重显贵,但又都谦虚节俭,得到的赏赐、俸禄都分给宗族故旧,自己家无余财。建安十二年(207),又增加荀彧的封邑一千户,合计二千户。

太祖将要讨伐刘表,问荀彧采用什么计策,荀彧说:"现在中原地区已经平定,南方该知道其处境困难了。可以明里出兵宛、叶二县,而暗中由小路轻装行进,打他个出其不意。"太祖于是进军。恰好此时刘表病死,太祖按照荀彧的计策直趋宛、叶,刘表之子刘琮出城迎降,献出荆州。

建安十七年(212),董昭等人认为太祖应该晋升爵位为国公,得到九锡的最高礼遇,以表彰他特殊的功勋。他们就此事秘密征询荀彧的意见。荀彧认为太祖本来是发起义兵以匡正朝廷、安定国家,怀着忠贞的诚心,保持退让的实际行动;君子爱人是依据高尚的德行,不应该这样做。太祖从此心中对他产生不满。正好遇上征讨孙权,太祖上表请派荀彧到谯县慰劳军队,乘机擅自留下荀彧,让他做侍中、光禄大夫,持节加衔,参谋丞相军事。太祖军队到了濡须,荀彧因病留在扬州寿春,因内心忧郁而死,享年五十岁。追谥为敬侯。第二年,太祖就升为魏公了。

荀彧的儿子荀恽,继承了其父的侯爵位,官位最高时做到虎贲中郎将。当初,有议论称魏文帝与平原侯曹植都有世子的资格,文帝曲意以礼对待荀彧。到了荀彧去世,荀恽又与曹植友善,而与和文帝亲善的夏侯尚不和睦,文帝因此深恨荀恽。荀恽死得早,有荀甝、荀霬两个儿子,因为是文帝外甥的缘故还能得到宠待。荀恽的弟弟荀俣,曾任御史中丞;荀俣的弟弟荀诜,曾任大将军从事中郎,都有名望,死得早。荀诜的弟弟荀顗,咸熙年间(264—265)任司空。荀恽的儿子荀甝继承他父亲的职务任散骑常侍,晋升爵位为广阳乡侯,三十岁时死去。荀甝的儿子荀頵继承爵位。荀霬官位到了中领军时死去,谥号是贞侯,追赠骠骑将军,儿子荀恺继承爵位。荀霬的妻子,是司马景王、司马文王的妹妹,二王都与荀霬亲善。咸熙年间(264—265),开建五等爵位,因为荀霬在前一朝功勋卓著,改封荀恺为南顿子。

荀攸,字公达,是荀彧的侄子。荀攸的祖父荀昙,曾任广陵太守。荀攸少年时死了父亲。荀昙死后,荀昙的故吏张权请求为荀昙看守墓地。这年荀攸十三岁,怀疑张权,对叔父荀衢说:"这个人脸色不正常,恐怕有隐情!"荀衢醒悟了,于是追查审问,张权果然是杀了人逃亡的。从此人们对荀攸另眼看待。何进把持政权,征召国内知名士人荀攸等二十多人。荀攸到了以后,授官为黄门侍郎。董卓制造动乱后,关东起兵,董卓把都城迁到长安。荀攸与议郎郑泰、何颙、侍中种辑、越骑校尉伍琼等人商议说:"董卓不守道德,比夏桀、商纣还厉害,天下人都怨恨他,虽然拥有强大的兵力,实际上不过是一介匹夫而已。现在我们索性杀了他以通告百姓,然后占据崤山、函谷关,辅佐君王,以向全国发号施令,这正是当年齐桓公、晋文公的行为。"事情将成时被发觉了,何颙、荀攸被拘捕关在狱中,何颙忧虑惧怕,自杀了;荀攸饮食、言谈自若,适逢董卓死了,得以免于一死。放弃官位返归,又被公府征召,考试名列优等,升迁为任城相,没有赴任。荀攸因为蜀汉险阻坚固,人民生活殷实丰盛,于是请求担任蜀郡太守,因道路断绝不得到达,停驻荆州。

太祖迎接天子到许县建都,给荀攸信说:"现今天下大乱,正是智谋之士劳心费神的时代,而您却在蜀汉静观时局变化,不是已经太久了吗!"于是征召荀攸为汝南郡太守,入京任尚书。太祖素来知道荀攸的名声,与他一谈话,十分高兴,对荀彧、钟繇说:"公达不是平常人,我能够与他谋划事情,天下事有什么可忧虑的!"让他做了军师。建安三年(198),荀攸随从太祖征讨张绣。荀攸对太祖说道:"张绣与刘表互相依赖,力量才强,但张绣是流动部队,食物要仰仗于刘表,刘表无力供给他,双方势必背离。我们不如暂停进军等待一下,这样可以诱使他们发生矛盾;如果急于进攻,他们势必互相救援。"太祖没有听从这个意见,终于进军,到了穰县,与张绣作战。张绣危急,刘表果然来救。太祖军作战不利。于是太祖对荀攸说:"没有采纳您的建议才会这样。"随即设置奇兵再次作战,打得张绣大败。

这一年,太祖从宛县出发征讨吕布,到了下邳,吕布败退下来,坚持守在那里。太祖进攻,没有拿下。连续作战,士卒疲惫,太祖想要返回,荀攸和郭嘉劝说道:"吕布勇敢而没有谋略,现在三次作战都失败了,他的锐气已经衰落了。军队以大将为主干,首领衰疲,部队就没有奋战的意志了。那个陈宫有智谋却迟钝,现在趁着吕布锐气还没恢复,陈宫谋划还没确定,我们推进,急速攻打,吕布就可以被拿下了。"随即引来沂水、泗水灌进城去,城被瓦解,活捉了吕布。

荀攸后来随从太祖在白马救援刘延,筹划计谋斩了颜良。这些记在本书《武帝纪》中。太祖攻下白马城返回,命令运军用物资沿黄河向西行进。袁绍渡过河去追赶,仓促中与太祖相遇。曹军众将领都有些恐慌,劝说太祖退回军队保守军营。荀攸说:"这些东西正是用来诱捕敌人的,我们为什么要退呢?"太祖看着荀攸而笑。于是让士兵将军械粮食装备等弃在路上引诱贼兵,贼兵争着朝那里奔去,阵势大乱。太祖随即放出步兵和骑兵攻击,打得袁兵大败,斩杀了他的骑兵将领文丑,与袁绍在官渡形成对峙的态势。双方军粮将要用尽,荀攸对太祖进言说:"袁绍运输车一天之内就要到达,押车将领韩荀精干但是轻敌,攻击他可以获胜。"太祖说:"谁可以差遣?"荀攸说:"徐晃可以。"于是派遣徐晃及史涣半路截击,打败赶走了韩荀,烧了他押送的军用物资。适逢许攸前来投降,说袁绍派遣淳于琼等人率领一万多兵士迎运粮食,将领骄恣,士兵懈怠,可以中途截击。众人都怀疑他的话,只有荀攸和贾诩劝说太祖听从。太祖于是留下荀攸和曹洪守营,亲自率兵进攻打败了袁军,全部斩杀了淳于琼等人。袁绍的大将张郃、高览等人烧掉进攻用的器具,投降了曹军,袁绍只得丢弃部队逃走。张郃前来投降时,曹洪怀疑他,不敢接受,荀攸对曹洪说:"张郃有计谋而不被袁绍使用,一怒之下前来,您怀疑什么呢?"这才接受了张郃等人。

建安七年(202),荀攸随从太祖到黎阳讨伐袁谭、袁尚。第二年,太祖正在征讨刘表时,袁谭、袁尚又争夺冀州。袁谭派遣辛毗乞求投降并请求救助,太祖将要许诺,就此事询问部下。众人大多认为刘表强大,应该先平定他,袁谭、袁尚不值得担忧。荀攸说:"天下正是多事之秋,而刘表却安守江、汉之间地区,他没有吞并四方的志向不问可知。袁氏占据四个州的地盘,率领甲兵十万,袁绍凭借宽厚得到众兵,假使他的两个儿子和睦相处、保守他们的已成功业,那么天下的灾难就不会停息。现在袁氏兄弟交恶,这种情势不会使双方都得到保全。二袁如果一有机会合并,力量就会专一,力量专一就不容易谋取了。趁他们内部争乱谋取他们,天下就平定了,这个时机可不能失去啊。"太祖说:"正确。"于是答应与袁谭结亲,随即回兵击败袁尚。这以后袁谭背叛,荀攸又随从太祖在南皮斩杀袁谭。冀州平定,太祖上表为荀攸请求封爵说:"军师荀攸,从开始就辅佐臣下,没有哪次出征没有跟从,前后多次战胜敌人,都是荀攸的谋划。"于是封荀攸为陵树亭侯。建安十二年(207),颁布命令大行论定功绩,实行封赏,太祖说:"忠诚正直缜密谋划,抚慰安定内外人心,是文若的功劳。公达仅在他以下。"给荀攸增加封邑四百户,连同以前的共七百户,转任中军师。魏国刚建立时,荀攸任尚书令。

荀攸多谋深算,心思缜密,明智而能保守机密,自从随从太祖四处征伐,常常运筹帷幄,当时人和子弟没有人知道他向太祖进献了什么计策。太祖每每称赞他说:"公达外愚内智,外怯内勇,外弱内强,不夸耀自己的好处,不夸大自己的功劳,他的内智别人或者可以达到,他的外愚别人却达不到,即使是颜子、宁武也不能超过他。"文帝在东宫做太子时,太祖对他说:"荀公达,是人之师表,你应当尽到礼节尊敬他。"荀攸曾经生病,太子前去慰问,单独在床下礼拜,他就是受到这样的特别尊敬。荀攸与钟繇友善,钟繇说:"我每次有所行动,都反复思考,自以为没有什么要改变了;但拿去一问公达,他的答复总是超出我的意料。"公达前后共筹划奇策十二条,只有钟繇知道。钟繇把它们撰写编辑成册,还没完成,就去世了,所以世人无法知道它们全部的内容。荀攸在随从太祖征讨孙权时,中途去世。太祖说起他来就流泪。

荀攸的大儿子荀缉,有荀攸的风范,但死得早。由二儿子荀适继承他的爵位。荀适没有儿子,荀攸绝了后代。黄初年间(220—226),续封荀攸的孙子荀彪为陵树亭侯,封邑三百户,后又转封为丘阳亭侯。正始年间(240—248),追谥荀攸为敬侯。

贾诩,字文和,武威郡姑臧县人。少年时默默无闻,只有汉阳人阎忠特别看中他,说他有张良、陈平的奇才。被举荐为孝廉,任郎官。贾诩得病辞去官职,向西返回,到了汧县,中途遇上反叛的氐人,同行的几十人都被氐人逮住了。贾诩说:"我是段公的外孙,你别活埋我,我家一定会拿很多钱来赎我。"当时太尉段颎,早年做守边大将多年,威震西方疆土,所以贾诩借他的名字来威吓氐人。氐人果然不敢害他,与他立誓盟约送走了他,其余的人都死掉了。贾诩实际上并不是段颎的外孙。善于权变以成事,他做的都是这一类事情。

董卓进入洛阳,贾诩以太尉掾的身份任平津都尉,升为讨虏校尉。董卓的女婿、中郎将牛辅驻扎在陕县,贾诩在牛辅的部队中任职。董卓失败,牛辅又死,众人恐慌惧怕,校尉李傕、郭汜、张济等人想要解散队伍,走小路返回故乡。贾诩说:"听说长安城里议论要把凉州人全部诛杀,而各位丢弃众人单独行动,即使是一个亭长也能把你们逮住。不如率领众人向西走,沿途收集士兵,用来攻打长安,为董公报仇,侥幸事情成功,就奉国家的号令以征讨全国,如果不成功,再走也不算太晚。"众人认为他说得对。李傕于是向西攻长安。此事记在本书《董卓传》中。后来贾诩任左冯翊,因为他的功劳,李傕等人想要封他为侯,贾诩说:"那不过是救命的措施,有什么功劳!"坚决推辞没有接受。又让他做尚书仆射,贾诩说:"尚书仆射是官员的师长,为天下人所瞩望,贾诩名字素来没有分量,不能使众人信服。即使贾诩在荣誉利益面前昏了头同意了,这对国家朝廷又有什么好处呢!"李傕等人于是改授贾诩为尚书,主管选举事务,做了很多辅助、有益的事情,李傕等人对他亲近而又忌惮。适逢母亲逝世,贾诩辞去尚书官职,被授为光禄大夫。李傕、郭汜等人在长安城里争斗,李傕又请贾诩担任宣义将军。在李傕等人和好、放出被扣留的天子、保护大臣等事情上,贾诩都出了力。天子放出之后,贾诩交还官印绶带。这时将军段煨驻军在华阴县,与贾诩故乡在同一个郡,贾诩于是就离开李傕投奔了段煨。贾诩平素有名气,为段煨部队所盼望,段煨内心惧怕贾诩夺了他的兵权,但表面上对待贾诩却礼节周全,贾诩更加不能安生。

张绣这时在南阳,贾诩暗中和他联系,张绣派人迎接贾诩。贾诩将要出发时,有人对他说:"段煨对待您很优厚,您为什么要离去呢?"贾诩说:"段煨性情多疑,有猜忌我的意思,礼节虽然周到,却不可依靠,时间一长就将被他算计。我离开他,他一定高兴,又希望我在外面为他联系到强有力的援兵,必定会厚待我的妻儿。张绣没有主要的谋臣,也愿意得到我,这样我的家庭和人身都能保全了。"贾诩终于去了。张绣对他秉持后辈的礼节,段煨也果然好好照顾了他的家眷。贾诩劝说张绣与刘表联合、和好。太祖接连征讨张绣,一次早晨带领军队退去,张绣亲自追击。贾诩对张绣说:"不能追,追一定会失败。"张绣没有听从,进兵交战,大败而回。贾诩又对张绣说:"赶快追他们,再战必胜。"张绣推辞说:"没听您的话,才到了这个地步。现在已经败了,为什么又要去追?"贾诩说:"用兵的情势常有变化,急速前往,必定有利。"张绣信了,随即收拢散乱的士兵赶赴追击,与曹军大战,果然获胜归还。问贾诩:"我用精兵追击败军,而您说必定失败;退下来以后,用败兵追击打胜了的士兵,而您说必能打胜。结果都正像您说的一样,为什么您预料的与一般常情相反却又都应验了呢?"贾诩说:"这个容易理解。将军您虽然善于用兵,却不是曹公的敌手。曹军虽然开始退却,曹公却必定亲自压阵断后,追兵虽然精锐,将领既然不是对手,对方的士兵也就强了起来,所以知道追兵必败。曹军进攻将军您并没有失策的地方,力量没有衰竭却撤退,必定是他们国内发生了变故;已经打败了将军,他们必定轻装快行,即使留下几个将领断后,这几个将领虽然勇猛,也不是将军您的敌手,所以虽然您用败兵追击却必定能够取胜。"张绣这才表示佩服。这以后,太祖在官渡抗拒袁绍,袁绍派人招揽张绣,并给贾诩写信要求结交互援。张绣想要答应他,贾诩在张绣座位前面公开地对袁绍的使臣说道:"回去替我辞谢袁本初,兄弟之间不能互相容纳,还能容纳天下的杰出的人士吗?"张绣惊惧地说:"怎么能这样说话!"私下对贾诩说:"像这样,我们归附谁呢?"贾诩说:"不如归从曹公。"张绣说:"袁强曹弱,我们又与曹操曾是仇家,为什么归从他呢?"贾诩说:"这正是应该归从曹公的原因。曹公事奉天子以号令天下,这是应该归从他的第一个原因。袁绍强盛,我们以这么少的人去归从他,必然不把我们看重。曹公的队伍弱小,他得到我们必定高兴,这是第二个原因。有称王称霸志向的人,本来就会放弃私人恩怨,以向天下显示他的德行,这是第三个原因。希望将军您不要疑虑了!"张绣听从了他,率领众人归附了太祖。太祖见到他们,十分高兴,拉着贾诩的手说:"使我在全国得到信任和尊重的人,就是您啊。"上表任命贾诩为执金吾,封为都亭侯,升调为冀州牧。当时冀州尚未平定,留任参司空军事。袁绍在官渡包围太祖,太祖粮食将要用尽,询问贾诩有什么计策,贾诩说:"您明智胜过袁绍,勇敢胜过袁绍,用人胜过袁绍,当机决断胜过袁绍,有这四个胜过而半年之久不能平定袁绍的原因,是只考虑万全之策的缘故。必须在关键时刻作出决断,那样片刻就可以将敌人平定。"太祖说:"好。"随即合兵而出,包围袭击了袁绍三十多里的营地,打垮了他。袁绍军队大举溃逃,黄河以北终于被平定了。太祖自己兼任冀州牧,调贾诩任太中大夫。建安十三年(208),太祖攻破荆州,想要顺着长江东下。贾诩劝告说:"明公您当初攻破袁氏,现今收复汉南,威名远扬,军事势力已经十分强大;如果利用过去楚国的富饶,来招揽官吏士人,安抚百姓,让他们安居乐业,那么就可以不用兴师动众而使江东地区低首臣服。"太祖没有听从,出兵终于失利。太祖后来在渭南与韩遂、马超作战,马超等人要求太祖割让一块地盘换取和平,并且索要嗣子作为人质。贾诩认为可以假装许诺他们。太祖又向贾诩询问计策,贾诩说:"离间他们罢了。"太祖说:"懂了。"一概接受使用了贾诩的谋策。此事记载在本书《武帝纪》中。最终打败韩遂、马超,贾诩是根本的谋划者。

　　这个时期,文帝还是五官中郎将,而临淄侯曹植才名正盛,两人各有自己的势力,都有争夺太子地位的打算。文帝让人询问贾诩巩固自己地位的办法,贾诩说:"希望将军宏大自己的德行气度,亲自践行普通士子的修业,朝朝夕夕,孜孜不倦,不违背人子之道。就是这些罢了。"文帝听从了他的劝告,深深地自我砥砺。太祖又曾经支开左右人等就此事询问贾诩,贾诩默然不答。太祖说:"和您说话却不回答,为什么?"贾诩说:"下属正好在琢磨事情,所以没有回答。"太祖问:"琢磨什么呢?"贾诩说:"琢磨袁本初父子、刘景升父子。"太祖大笑,就在这时太子终于确定了下来。贾诩自己认为不是太祖的旧臣,而又多谋善策,恐怕被猜忌怀疑,于是闭门自守,在家里没有私交,子女不与高门大户结亲,全国有智谋计策的人都来归附他。

　　文帝即位,让贾诩做太尉,晋升爵位为魏寿乡侯,增加封邑三百户。加上以前的共八百户。又分封邑二百户,封贾诩的小儿子贾访为列侯。让他的大儿子贾穆任驸马都尉。文帝问贾诩说:"我想要讨伐不听从我的命令的人,以统一天下,吴国、蜀国,先打哪一个呢?"贾诩回答说:"致力于攻取敌国的人以军事实力为先,致力于建设根本的人则崇尚道德教化。陛下合乎时机地接受禅让,占有、统治着全国,如果用文教道德来安抚他们,等待他们的演变,那么平定他们是不难的。吴、蜀虽然是很小的国家,但有山作依凭,有水作阻隔,刘备有雄杰之才,诸葛亮善于治理国家,孙权明白虚实大势,陆议懂得军事形势,他们占据险地,把守要塞,我们要攻就得在江湖中摆弄船只,这都是难以仓促谋取的因素。用兵的规律,是先有取胜的把握然后再开战,估量敌人的情况再讨论调兵遣将,所以每有举动都不会失算。臣下私自估量我们这群大臣,没有人能是刘备、孙权的对手,即使以天子的威势临敌,也看不出万无一失的情势。过去舜舞盾与斧而有苗臣服,臣下认为现在应该先用文德后用武力。"文帝没有采纳这个建议,后来发起江陵战役,士卒死了很多。贾诩七十七岁时去世,谥号是肃侯。他的儿子贾穆继承爵位,做过太守。贾穆死去,贾穆的儿子贾模继承爵位。

评:荀彧清通秀雅,具有辅佐帝王的风范,然而虽然能识见先机,却未能完成他的志向。荀攸、贾诩,几乎可以说得上是计谋一出,万无一失,在通达、善于权变方面,大概是仅仅次于张良、陈平的人吧!

卷十一　魏书十一

袁张凉国田王邴管传第十一

　　袁涣,字曜卿,陈郡扶乐县人。袁涣的父亲袁滂做过汉朝的司徒。当时各家公子大多违越法律制度,而袁涣清雅宁静,一举一动必定符合礼节。郡守命袁涣任功曹,郡里的奸吏都自动躲避离去。后袁涣被公府征召,考试名列优等,升迁为侍御史,又被任命为谯县县令,但没有到任。刘备统治豫州时,举荐袁涣为茂才。后来袁涣迁移到江、淮之间避祸,被袁术所任用。袁术每次咨议询问,袁涣往往有严正的言论。袁术不能违抗,也不敢不很有礼貌地尊敬他。不久,吕布在阜陵攻击袁术,袁涣前去随从袁术,于是也被吕布拘留。吕布当初与刘备结亲和好,后来有了嫌隙。现在吕布想要让袁涣写信辱骂刘备,袁涣没有答应,再三强迫他,仍然不许可。吕布大怒,用兵器威胁袁涣说:"你做就能活,不做就得死。"袁涣脸色不变,笑着回应说:"袁涣听说只有德行才能使人蒙受耻辱,没听说过辱骂也能。假使他本来就是个君子,那他将不以将军的话为耻辱;假使他本来是个小人,那他将像将军一样写信,回骂将军,那样耻辱将在这一方而不在他那一方。况且袁涣我异日事奉刘将军,就像现在事奉将军您一样,如果我一旦离开这里,回过头来骂您,可以吗?"吕布感到羞惭,不再逼他。

　　吕布被诛杀后,袁涣得以归附太祖。袁涣进言说:"兵,属于凶器,要到不得已的时候才使用它。以道德、仁义来进攻、征伐,加上安抚民众,为他们除害,这样做了,才可以与他们同生共死,命运相关。自从天下大乱以来,已有十几年了,民众渴望安定,比被倒悬在树上而渴望解脱还迫切,然而暴乱远未止息的原因是什么?想来大概是政治没走上正道吧!袁涣听说明智的君王善于拯救人世,所以世道纷乱就用仁义来统一,世道虚伪就用质朴来克制;世道不同,事势变易,治国的手段就应有所不同,这一点不可以不明了。对于制度的增益减损,这是今天与古代所不必相同的。要是能够兼爱天下人,拨乱反正,即使以武力平定动乱并以道德相济助,也确实是百代君王不可改变的原则。曹公您明哲超出世人,古代那些所用来获得民心的措施,您已经尽力而为了;今天那些所以会失掉民心的事情,您已经戒除了,海内依仗有您得以免除了危亡的灾祸,然而民众还不知道其中的道理。希望您用这些道理来教诲他们,那样就是天下的大幸了!"太祖完全接受了这个建议,任命袁涣为沛郡南部都尉。

这时太祖刚刚招募民众开办屯田,百姓不乐意,有很多逃亡的。袁涣对太祖说:"民众安于故土,把迁移当作大事,不可以仓促改变;顺遂他们心愿行事容易,违逆他们心愿的举动就困难。应该顺从他们的心意,他们喜欢的才能采取,他们不想做的就不要勉强。"太祖听从了他,百姓十分高兴。袁涣升任梁国相。袁涣每每告诫各县:"务必要抚恤鳏夫、寡妇、高龄老人,表彰孝顺的子孙和贞节的妇女。常言说'世道安定礼仪就周详,世道动乱礼仪就简略',这个分寸全在于临事斟酌。现今虽然仍不太平,难以推广礼仪,然而这也全在于我们怎样做了。"袁涣治理政务崇尚教化训育,凡事宽容,思虑以后才行动,外表温和柔顺而内心能够决断。袁涣因病离开了官位,百姓思念他。后来袁涣被授官为谏议大夫、丞相军祭酒。先后得到的赏赐很多,都被他分送没了,家里没有什么积蓄,他也始终不过问家中产业,缺乏了就从别人那里去取,没有什么貌似清白明察的举动,然而当时的人都佩服他的清廉。

魏国刚刚建立时,袁涣任郎中令,行使御史大夫的职权。袁涣对太祖说:"现今天下大难已除,文武并用,才是长治久安的途径。我认为可以广泛地收集文章典籍,阐明先代圣人的教诲,用来改变民众的所见所闻,使全国形成文明的风气,那样,对于偏远地区的异族人,虽不能用武力征服,却可以用文明的道德使他们向往而来。"太祖认为他的话正确。当时有人传说刘备已死,众大臣都表示庆贺,袁涣因为曾经被刘备举荐为吏,独独不去庆贺。袁涣担任官职几年以后去世。太祖为袁涣的死流下眼泪,赏赐谷物两千斛,一份叫"用太仓谷一千斛赐给郎中令家",一份叫"用垣下谷一千斛送给曜卿家",外人不明白他的意思。太祖的教令说:"用太仓谷,是依据官法;用垣下谷,是因为他是我亲密的老部下啊。"魏文帝听说袁涣过去抗拒吕布的事情,问袁涣的堂弟袁敏:"袁涣在勇敢怯懦方面是什么样的?"袁敏回答说:"袁涣外貌似乎平和柔顺,但他在大节面前,处于危难当中时,即使是孟贲、夏育也比不过他。"袁涣的儿子袁侃,也有和父亲一样的清平纯粹、悠闲素雅的风度,历任郡守、尚书。

起初,袁涣的堂弟袁霸,公正谨慎,有很好的才干,魏国初年任大司农,与同郡人何夔一起在当时很有名。袁霸的儿子袁亮、何夔的儿子何曾,与袁侃很友善,也同样很有名气。袁亮坚贞不移,学问品性优秀,厌恶何晏、邓飏等人,曾撰著论文加以讥刺批评;袁亮做官做到河南尹、尚书。袁霸的弟弟袁徽,以儒雅朴素著称,遇上天下大乱,到交州避难,司徒征召他,不去。袁徽的弟弟袁敏,有武艺,水中功夫很好,官做到河隄谒者。

张范,字公仪,河内郡修武县人。张范的祖父张歆,是汉朝的司徒。张范的父亲张延,任太尉。太傅袁隗想要让女儿做张范的妻子,张范辞谢没有接受。张范性情恬淡平静,乐于守道,藐视荣名利禄,凡有征召任命全不接受。张范的弟弟张承,字公先,也有名气,因为行为端方正派被征召,授官为议郎,又升任伊阙县都尉。董卓发动兵乱时,张承想要聚合徒众与天下豪杰一起讨伐董卓。张承的弟弟张昭当时任议郎,正好从长安来,对张承说:"现在想要诛杀董卓,众寡悬殊,我们敌不过他,况且在一个早上仓促发动计划,用田间农民作战,士人平素没有得到抚慰,兵士少有练习,难以成功。董卓倚仗兵力,不守正义,本来就不能持久;我们不如选择一方,向其归附,等待时机成熟再行动,这样做以后才可以实现我们的愿望。"张承同意了,于是解下官印绶带辞职,从小路回到家里,与张范迁移到扬州避乱。袁术备好礼物前去招请,张范自称有病没有前往,袁术也不勉强他。张范派遣张承与袁术相见,袁术问道:"过去周王室衰颓,就出现了齐桓公、晋文公的霸业;秦朝政治失败,就有汉朝来接替利用。现在我凭借土地广阔、士民众多的优势,想要求取齐桓公那样的福分,追随汉高祖的足迹,怎么样?"张承回答说:"这事在于德行而不在于强力。如果谁能推行德政,以此来统一天下人的欲望,即使只凭着匹夫的资历,而去成就称霸称王的功业,也是不难的。假若有超越本分的追求,冒犯天时而轻举妄动,那就成了众人所抛弃的对象,谁还能使他兴旺呢?"袁术很不高兴。这个时候,太祖将要征讨冀州,袁术又问道:"现在曹公想要以几千人的疲惫士兵抵敌我的十万大军,可真是不自量力了!你认为怎么样?"张承随即说道:"汉朝的德行虽然衰颓了,但它的天命还没改换,现在曹公挟制天子以号令天下,即使是与百万之众交战也是可以战胜的。"袁术脸色一变,很不喜欢,张承于是离去了。

太祖平定了冀州,派遣使者迎召张范。张范因为生病留在了彭城,派遣张承到太祖那里去，太祖上表荐任张承为谏议大夫。张范的儿子张陵和张承的儿子张戬被山东贼人捕去，张范径直去贼人那里，请他们放了两个孩子。贼人把张陵还给了张范，张范道谢说："诸位把孩子还给我，这份情意很重。虽然人出于感情很爱自己的孩子，但我怜惜张戬年龄更小，请允许我用张陵换回张戬。"贼人认为他的话很重义气，把两个孩子都还给了张范。太祖从荆州返回，张范得以在陈郡与他见面，太祖让他做议郎，参丞相军事，很是敬重。太祖出兵征讨时，常常让张范与邴原留下，和世子曹丕一同居守。太祖嘱咐曹丕："若有所举动必须向这两个人咨询。"世子对他遵行了孙对长辈那样的礼节。张范热心救济抚恤贫穷困乏的人，以至于自己家里没什么富余，许多地方的孤儿寡妇都来依附他。对于给他的馈赠，不退回去，但也始终不去使用，到了离开的时候，就都拿来退还了。建安十七年（212）张范去世。魏国刚建立时，张承以丞相参军祭酒的身份兼任赵郡太守，那里的政治教化得到普遍实施。太祖将要西征时，征聘张承参军事，张承到了长安后，因病去世。

凉茂，字伯方，山阳郡昌邑人。少年时喜好学习，议论事情常常引经据典，用以处理是非。太祖征召凉茂任司空掾，考试时名列优等，补官为侍御史。当时泰山盗贼很多，让凉茂担任泰山郡太守，一个月之内，背负婴儿前来归服的人有一千多户。又转任乐浪太守。公孙度在辽东自作主张留下凉茂，不派遣他去做官，然而凉茂始终没有屈服。公孙度对凉茂及众将领说："听说曹公远途出征，邺城没有防守的准备，现在我想要用三万步兵、一万骑兵，直攻邺城，谁能抵御？"众将领都说："对。"公孙度又看着凉茂说："您认为这主意怎么样？"凉茂回答说："近来海内大乱，国家将要倾覆，将军您拥有十万人之多的兵力，安坐家中，观看各方的成功与失败，作为君主的臣下，本来应该是这样的吗？曹公忧虑国家的危机败亡，怜悯百姓的疾苦危害，率领正义之师为天下人诛杀凶残的民贼，功劳巨大，德行广被，可以说是独一无二的了。因为国内刚刚平定，百姓初步安顿下来，所以没有责罚将军的罪过罢了！而将军您却想要兴兵向西进攻，那么生存与灭亡的效验，不要一个早晨就可以决定。将军您好自为之吧！"众将领听到凉茂的话，都震惊心动。过了许久，公孙度说："凉君的话对啊。"凉茂后来被征聘升任为魏郡太守、甘陵相，在他任职的地方都有政绩。文帝任五官中郎将时，凉茂被选任长史，又升任左军师。魏国建立初期，凉茂升任尚书仆射，后来任中尉奉常。文帝居东宫做太子时，凉茂又是太子太傅，很受文帝的尊敬和礼遇。凉茂死在官任上。

国渊，字子尼，乐安国盖县人。曾师从事奉过郑云。后来与邴原、管宁等人到辽东郡躲避兵乱。返回故乡以后，被太祖征召任司空掾属，每次在曹公府上议论政事，常常正色直言，谦让无私。太祖想要广泛地兴办屯田，让国渊主管这项事务。国渊屡次陈述应当减损增益的项目，考察土地，安置民众，计算百姓数量，设置官吏，明确考核的办法，五年的时间里，就使粮仓丰实，百姓竞相勉励，乐于从事这项事业。太祖征讨关中，让国渊任居府长史，主管留守事宜。田银、苏伯在河间县谋反，田银等人失败后有许多余党，按理说也都应该依法治罪，国渊认为这些人不是首恶分子，请求不对他们执行死刑。太祖听从了他的意见，依赖国渊这个建议得到活命的有一千多人。写战胜贼兵的文书，旧例往往夸大，以一为十，到了国渊上报斩杀首级数量的时候，实有多少就报多少。太祖询问他这样做的原因，国渊说："在征讨境外敌寇时，多报斩首捕获士兵数量的人，是想要夸大战绩，并且用来显示给百姓去看、去听。而河间在我们境域之内，田银等人叛逆，虽然战胜他们是有功的，但国渊私下里仍为这事感到耻辱。"太祖很高兴，提升国渊为魏郡太守。

当时有人写匿名信诽谤别人，太祖厌恶这种举动，想要知道写信人是谁。国渊请示把原信留下，而不把它宣传泄露出去。那信很多地方引用了《二京赋》的内容，国渊嘱咐功曹说："这个郡很大，现在虽是首都，却少有喜好学问的人。这封信颇能开导启发年轻人，我想要派人去拜师学习。"功曹分派了三个人，国渊在派遣前先召见了他们，教训说："你们所学习的东西还不广泛，《二京赋》是有关博物的书籍，世上人忽略了它，很少有能讲解它的老师，你们可以去找寻能读懂它的人，向他请教。"又秘密地告诉他们自己的意旨。几天就找到了能读《二京赋》的人，三人就去拜师。跟着请那个人写了一纸笺书，与那封信一比较，看出与写信的人是一种笔迹。随即把那人拘捕审问，得到了全部事情真相。太祖提升国渊为太仆。国渊虽然居于列卿的官位，但是仍穿布衣吃素食，把俸禄赏赐都分给亲朋故旧，自己却保持着谦恭节俭，最后死在官任上。

田畴，字子泰，右北平郡无终县人。喜好读书，善于击剑。初平元年（190），关东义兵兴起讨伐董卓，董卓将汉献帝迁至长安。幽州牧刘虞叹息说："贼臣制造叛乱，朝廷流亡失所，四海倾覆，谁也没有坚定的信念。我身为皇家宗室的遗老，自然不能与众人相同。现在我想要请一使臣前去朝廷进致我作为忠臣的礼节，怎样才能得到不辜负使命的人士呢？"众人议论，都说："田畴虽然年轻，但很多人称赞他是个奇人。"田畴这时才二十二岁。刘虞随即礼貌周全地请来田畴相见，对他十分满意，让他暂时担任从事，为他准备置办车马。将要出发时，田畴说："现在道路阻塞断绝，贼寇纵横劫掠，我如果自称官员奉命出使，将会被众人指名道姓，多有不便。我愿以私人身份赶路，只期望能够顺利到达。"刘虞听从了他的意见。田畴于是回到家里，自己挑选了家人和慕名而来愿做随从的勇壮少年共二十多人，骑马一同前往。刘虞亲自出来祭祀路神，为田畴宴饮送行。上路以后，田畴就另去居庸关，出了边界关塞，靠近阴山，直接奔赴朔方郡，顺着小路走去，终于到了长安，完成了使命。朝廷下诏授官给田畴为骑都尉。田畴认为天子流亡在外刚刚归还，尚未安定，自己不可以承受这样的尊荣宠幸，坚持辞让不受。朝廷尊重他的心意。三公府同时征召田畴，田畴都没有接受。得到答复后，田畴加力赶马返回，还没到达，刘虞已被公孙瓒害死。田畴回来后，到刘虞坟墓前拜谒祭扫，又发出报告章表，哭泣着离去了。公孙瓒知道了大怒，以重赏通缉，捕获了田畴，对他说："你为什么自己到刘虞的墓去哭，却不来给我送报告章表？"田畴回答说："汉朝王室衰落颓败，人人怀有其他想法，只有刘公没有失掉忠信的节操。报告章表中所说的，关于将军没有什么好话，恐怕不是您所乐意知道的，所以没有送上。并且将军正在兴办大事以满足自己的欲求，既已经杀死了没有罪的主君，又与坚守忠义的臣子为仇，果真做了这件事，那么燕、赵地区的士人将都只会投东海而死，哪还有人忍心跟从将军您呢！"公孙瓒因为田畴的回答理直气壮，给他解开捆绑，没有杀掉。公孙瓒把田畴拘留在军营中，禁止他的朋友与他往来。有人劝说公孙瓒说："田畴是个义士，您不能有礼貌地对待他，反而把他关了起来，恐怕会失去众人的心。"公孙瓒于是释放并送走了田畴。

田畴得以北归，率领所有宗族里的和从别处前来依附的共几百人，扫地盟誓说："您的仇不报，我就不再立于人世！"随即进入徐无山中，营造了一块地处深远险峻又很平敞的空地居住，亲自耕种粮食用来供养父母。百姓都来归附，几年间达到五千多户。田畴对父辈老者们说："诸位不认为我田畴不贤，从远处前来相就。人多就形成了城镇，但还没有统一，恐怕不是长久安定的做法，希望推举择定贤能或年纪大的人做首领。"大家都说"很好"，一起推举了田畴。田畴说："现在我们来到这里，不是只图眼前的安定而已，而是要图谋大事，报复仇人，洗雪耻辱。我私下担心还没有实现我们的志愿，而那些轻佻浮薄的人先自己互相侵扰欺侮，苟且快乐一时，却没有深远的计策、考虑。田畴我有一条不成熟的计划，希望和诸位一同施行，可以吗！"众人都说："可以。"

田畴就为大家制定了有关杀伤、盗窃、诉讼的法律,规定犯法重的人可以治死罪,其次的也要抵罪,一共有二十多条。又制定了婚丧嫁娶的礼仪,兴办学校讲授知识的规划,向众人颁布。众人都熟习了,到了路不拾遗的程度。北方边境地区百姓纷纷聚拢,服从他的威信,乌丸、鲜卑也都各自派遣使者来送贡物,田畴都接纳、慰劳了他们,使他们不再进行侵扰。袁绍几次派遣使者前来招请,又立即授予将军印,以便安抚田畴统治下的百姓,田畴都拒绝了,没有接受。袁绍死后,他的儿子袁尚又来征召,田畴终究没有去。

田畴时常为乌丸过去残杀当地士大夫而愤恨,有讨伐他们的心思,但实力不够。建安十二年(207),太祖向北征讨乌丸,还没到时,先派遣使者征召田畴,又命令田豫告知他的旨意。田畴戒令门客赶快整理行装,收拾行李。门客对他说:"过去袁公倾慕您,礼物和命令来了多次,您一点也不屈服;现在曹公使者第一次来,您就像恐怕来不及一样,这是为什么?"田畴笑着回答说:"这就不是您所明了的了。"随即跟随使者到了太祖军中,暂任司空户曹掾,准备引见咨议。第二天太祖公布诏令说:"田子泰不是我所应该任命为吏的人。"就举荐为茂才,授官为蓨县县令。田畴没去上任,随着军队暂驻无终县。当时正当夏季降水,滨海低洼地区,泥泞不能通行,贼兵又把守险要路段,魏军不得前进。太祖很忧虑,拿这事询问田畴。田畴说:"这条道路秋夏季节常常积水,浅处不能通行车马,深处又载不动船只,形成这种灾难已经很久了。原先的北平郡治在平冈县,从卢龙塞穿过,直通柳城;从汉光武帝建武年间以来,破败断绝接近二百年了,但还有隐蔽的小路可以找到。现在贼方将领大队军马正在通向无终的路上,不得前进,正在后退,松懈没有准备。如果我们军队悄悄返回,从卢龙口越过白檀的险要,从空旷地区走出,路又近又好走,乘他们没有准备去攻打,蹋顿的首领就可以不用战斗而擒获了。"太祖说:"好"。就带领军队返回,而在水边路旁竖起大木头,写上:"现在正是暑热夏季,道路不通,姑且等到秋冬两季,再次进军。"贼军骑兵侦探看到了,真的以为魏国大军已经走了。太祖命令田畴带领他的部下做向导,走上徐无山,过了卢龙,经过平冈,登上白狼堆,离柳城二百多里时,贼军这才警觉起来,单于亲自上阵。太祖与他交战,终于大获全胜,追赶奔逃的敌兵到了柳城。魏军返回,进入关内,论功行赏,封田畴为亭侯,封邑五百户。田畴自己认为当初为了主君死难,率领众人逃遁,报仇的志向还没有实现,反而靠它获取利禄,这不是自己本来的意思,坚持推让。太祖知道他心意至诚,没有勉强他。

　　辽东斩了袁尚的首级送来,太祖下令"三军有谁敢为袁尚而哭的,斩首"。田畴因为曾被袁尚所征召,就前往吊唁祭奠。太祖也不追究。田畴率领他的家属及族人三百多户全部到邺县居住。太祖赐给田畴车马粮谷丝帛,他又都分送给了族人和旧友。田畴随从太祖征讨荆州回来,太祖追念他的功劳很大,后悔上次听从了田畴的辞让,说:"这是成全了你一个人的志向,而损害了国家的法律制度啊。"于是就又把上次的爵位封给田畴。田畴上疏陈述自己的诚意,以死来发誓不愿接受。太祖没有听从,想要把他招引来授官,再三再四,田畴终究没有接受。官府弹劾田畴狭隘固执,违背正道,只知固守小节,应该罢免他的官职,施加刑罚。太祖敬重田畴的行事,犹豫不决了好长时间。终于把此事交给世子曹丕及大臣们广泛讨论。世子曹丕认为田畴和过去楚国令尹子文辞让封地、申包胥逃避封赏是相同的,应该不要勉强他,而成全他的忠节。尚书令荀彧、司隶校尉钟繇也认为可以听从他自己的意愿。太祖还想要给田畴封侯。因田畴平素与夏侯惇友善,太祖对夏侯惇说:"你且去用你们的情谊劝谕他,一切都从你嘴里说出,不要告诉他是我的意思。"夏侯惇到田畴那里住宿,就像太祖所告诫的那样去做。田畴揣测到了他的意图,有关受封的事什么话都不再说。夏侯惇临离去时拍着田畴的后背说:"田君,主上的心意这么诚恳周到,你连这都不能顾及吗!"田畴回答说:"这话说得太过分了! 田畴,不过是个背负信义逃窜的人,蒙受恩惠得以全活,实在是太幸运了。怎么可以卖卢龙要塞,来换取赏赐利禄呢? 即使整个国家独加恩宠给我田畴,田畴难道就不问心有愧吗? 将军素来是知道田畴的,还要这样做,如果一定不得已的话,我希望就在这里自刎,献出我的生命。"话没说完,就痛哭流涕。夏侯惇把这情形都报告了太祖。太祖喟然感叹,知道不可以勉强了,这才授官给田畴为议郎。田畴在四十六岁的时候死去。儿子也死得较早。魏文帝受禅让即位后,敬重田畴的德行信义,赐给田畴的侄孙子田续爵位为关内侯,作为对田畴后代的尊奉。

　　王修,字叔治,北海郡营陵县人。七岁时丧母。他的母亲是在社日那一天死的,第二年邻里在社日祭祀土神,王修感念母亲,极为哀痛。邻里知道了,为此停止了社日活动。王修二十岁时,外出到南阳郡问学,住在张奉的家里。张奉全家人得了疾病,没有照顾的人,王修亲自精心抚恤他们,直到他们病好了才离去。初平年间(190—193),北海国相孔融召王修为主簿,暂任高密县令。高密人孙氏素来为当地豪侠,门客屡次触犯法律。民间有抢劫案发生,贼人进入孙氏门下,吏役没法捕捉到。王修率领吏役百姓包围了孙氏家宅,孙氏抗拒坚守,吏役百姓畏惧忌惮不敢靠近。王修命令他们:"谁敢不向前进攻,与孙氏一同治罪。"孙氏害怕了,终于交出贼人。从此,豪强们都被震慑,因畏惧而敬服。荐举孝廉时,王修推让给邴原,孔融不听从他。正赶上天下大乱,这事终于没有实行。不久,郡中有人反叛。王修听说孔融有了危难,连夜赶往孔融那里。反贼开始发难时,孔融对左右人说:"能冒着危难来的,只有王修而已!"话刚说完,王修就到了。后来王修又暂任功曹。当时胶东多有贼寇,又命令王修暂任胶东县令。胶东人公沙卢宗族强盛,自己设置营寨壕堑,不肯响应官府的发派调遣。王修独自带领几个人骑马径直闯进公沙卢家门,斩杀了公沙卢兄弟几人,公沙氏族人震动惊愕,没有人敢有举动。王修对其余的人进行了安抚,自此贼寇逐渐止息。孔融每次有危难,王修即使是在家里休息疗养,没有不马上到的。孔融往往依仗王修得以免于祸患。

袁谭在青州时,征召王修任治中从事,别驾刘献几次诽谤诬陷王修。后来刘献因为某件事情应当判死罪,王修审理这件案子,刘献得以免于一死。当时的人因此更加称赞王修。袁绍又征召王修任即墨县令,后来王修又做了袁谭手下的别驾。袁绍死后,袁谭、袁尚之间有嫌隙。袁尚攻打袁谭,袁谭的部队失败了,王修率领吏役百姓前往营救袁谭。袁谭高兴地说:"成全我的部队的人,就是王别驾啊!"袁谭失败时,刘询在漯阴起兵,各个城池都起来响应。袁谭叹息说:"现在全州都背叛了我,难道是因为我不讲道德吗?"王修说:"东莱太守管统虽然远在海外,但这人不会反叛,他一定会来。"十几天后,管统果然抛弃了妻儿赶来袁谭这里,妻儿被叛贼杀害。袁谭让管统改任乐安太守。袁谭又想要进攻袁尚,王修规劝他说:"兄弟之间往复攻击,这是走向失败灭亡的道路啊!"袁谭不高兴,但理解他的志向节操。过后袁谭又问王修:"有什么计策可以使用?"王修说:"兄弟就像一个人的左右手。比如一个人将要与别人角斗,却砍断了他的右手,反而说'我一定能胜',像这样行吗?抛弃了兄弟,不相亲近,天下人还有谁能亲近!您的部下有进谗言的人,本来就在你们兄弟之间参与争斗,以求取有朝一日他们的利益,我愿意明白地告诉使君:堵上耳朵不要听他们的。如能斩杀几个奸佞的臣下,兄弟重新亲近和睦,以抗御四面八方的敌人,可以凭这个横行天下。"袁谭没有听从,随即与袁尚互相攻击,又向太祖请求援助。太祖攻破了冀州以后,袁谭又背叛了太祖。太祖于是带领军队在南皮县进攻袁谭。王修这时正在乐安运送粮食,听说袁谭危急,率领他带去的士兵和属下的几个从事一共几十人，向袁谭那里赶。到了高密县时，听到袁谭已死的消息，王修下马放声大哭，说："没有您，我回到哪里去啊？"终于去了太祖那里，请求他收葬袁谭的尸体。太祖想要观察王修的诚意，沉默着一声不吭。王修又说："我曾受过袁氏的厚恩，如果让我得以收殓袁谭尸体，然后让我就死，我也不会后悔。"太祖赞美他的义气，听从了他。太祖让王修担任督军粮，返回乐安。袁谭被击破后，全州各个城池都服从了太祖，唯独管统据守乐安，不愿服从。太祖命令王修去取管统首级，王修因为管统是亡国的忠臣，于是解开他的捆绑，让他去见太祖。太祖很高兴并且赦免了他。袁氏政令宽纵，很多在职的有权势的人都积聚财物。太祖攻破邺城，查抄没收审配等人的家财物资数万计。待到攻破南皮县，察看王修家，粮谷不满十斛，另有书籍几百卷。太祖感叹着说："王修作为士人真是名副其实。"于是礼聘王修为司空掾，代理司金中郎将，升任魏郡太守。王修治理政务，抑制豪强，扶助弱小，赏罚分明，被百姓所称赞。魏国建立，王修任大司农郎中令。太祖计划实行肉刑，王修认为时机还不允许实行，太祖采纳了他的建议。调王修为奉尚。后来严才反叛，与他的属下几十人攻打宫殿旁门。王修听说兵变，召唤车马没到，就率领属下官吏步行到了宫门。太祖在铜爵台望到他们，说："那赶来的人一定是王叔治。"相国钟繇对王修说："过去，京城发生变故时，九卿是居守各自官府不出的。"王修说："靠国家的薪俸吃饭，怎么能躲避国家的危难呢！居守官府虽是旧制，但不符合奔赴危难的大义。"不久，王修病死在官任上。王修的儿子王忠，官做到东莱太守、散骑常侍。当初，王修在高柔二十岁时就赏识他，在王基还是幼童时就看出他的特异才能，这两人最终都有远大的发展，世人因此称赞王修善于知人。

邴原，字根矩，北海国朱虚县人。年轻时与管宁一同以节操高尚著称，州府征召任命都没有接受。黄巾军起事后，邴原带领家人进入东海，住在郁州山里。当时孔融为北海国相，推举邴原为有道。邴原认为黄巾军正在兴盛时期，于是到了辽东郡，与同郡人刘政都富于勇略雄气。辽东郡太守公孙度畏惧厌恶刘政，想要杀死他，把他全家都拘捕收监，但刘政得以脱身。公孙度通告各县："敢有窝藏刘政的人，与刘政同样治罪。"刘政窘迫危急，前去投奔邴原，邴原把他藏了一个多月，这时东莱郡太史慈正要返回，邴原于是把刘政交给了太史慈，然后对公孙度说："将军前些日子要杀刘政，把他当作自己的祸害。现在刘政已经离去，您的祸害难道不是已经除去了吗？"公孙度说："是这样。"邴原说:"你所以害怕刘政,是因为他有智谋。现在刘政已经脱身,他的智谋将有使用的机会了,为什么还拘押刘政的家属呢?不如赦免了他们,别结下又一重仇怨。"公孙度于是放出了刘政家属,邴原又出资把他们送到刘政家里,使他们都得以返回原郡。邴原在辽东郡,一年内前往归附居住的人有几百家,游行问学的士人,教授学问的声音,络绎不绝。

后来邴原得以从辽东返回,太祖征召他为司空掾。邴原的女儿早已死去,这时太祖心爱的一个儿子仓舒也死去了,太祖想要把这两个孩子合葬,邴原推辞说:"合葬,是不符合礼仪的。邴原之所以追随明公,明公之所以接纳邴原,是因为都能遵守规则制度,决不改变的缘故。如果我这次听从了明公的命令,那就会变得凡常庸俗,明公难道认为这事值得做吗?"太祖于是打消了这个主意,调邴原代理丞相征事。崔琰是东曹掾,在他推让官职的奏记里说:"征事邴原、议郎张范,都是禀赋德行纯正美好,志向行为忠正端方,清廉洁净足可以激励凡俗,坚贞自守足以求取事功,正是所谓龙凤的羽翼、国家的重宝。推举任用他们,将使不讲仁德的人远遁。"邴原代替凉茂为五官将长史,闭门自守,不是公家事务不出门参与。太祖征讨吴国时,邴原随从出发,不幸死去。

这以后大鸿胪钜鹿人张泰、河南尹扶风人庞迪以清廉贤明著称,永宁太仆东郡人张阁以简洁质朴闻名。

管宁,字幼安,北海国朱虚县人。十六岁时失掉了父亲,中表兄弟们怜悯他孤独贫困,都送给他治丧的费用,管宁全都推辞没有接受,称量自己的财力为父亲送了终。管宁身高八尺,胡须眉毛长得很美。与平原人华歆、同县人邴原为好友,一同外出到其他郡国问学,都敬重亲善陈仲弓。天下大乱以后,管宁听说公孙度在海外推行政令,就与邴原及平原人王烈等到了辽东郡。公孙度空出馆舍等候他们。拜见了公孙度之后,管宁随即就居住在山谷中。当时渡海避难的人大多住在郡的南部,而管宁却住在郡的北部,表示没有迁徙的意思,后来的人渐渐都来跟从他。太祖任司空后征召管宁,公孙度的儿子公孙康截断诏命,不对管宁宣布。

王烈,字彦方,在当时的知名程度还在邴原、管宁之上。王烈辞掉了公孙度手下的长史职位,从事商贾以自轻自贱。后来太祖任命他为丞相掾、征事,没有上任,死在海外。

中原地区稍稍安定后,逃到辽东的客人都返归了,只有管宁安闲快乐,就像要在那里终老一样,黄初四年(223),文帝诏令公卿大臣举荐特立独行的君子,司徒华歆举荐了管宁。文帝即位后征召管宁,管宁终于带着家眷部属渡海回到北海郡,公孙恭把他送到南郊,加倍赠给他服饰器物。自从管宁东渡,公孙度、公孙康、公孙恭前后所给他的资助馈赠,他都接受后收藏起来。西渡之时,全都封好退还给了公孙氏。文帝下诏任命管宁为太中大夫,管宁坚持辞让没有接受。明帝即位,太尉华歆退位让给管宁,明帝于是下诏书说:"太中大夫管宁,讲究道德,熟习六艺,他的清静虚心足以比美古人,他的廉洁清白可以称名当世。过去遭遇王道衰落缺损,渡海隐居,大魏受命于天,他于是携妻带子来到这里,这就是神龙潜伏出升的道理,圣贤用世弃世的准则。黄初年间(220—226)以来,征召的命令几次颁布,他每次都称病辞谢,拒绝、违命不来应召。谁道朝廷的政事,与先生你的志趣不同,将要在山林中安逸享乐,一去不返吗?以姬公的圣明,老成有德之辈不肯降低志向,凤鸣之声就无法听到。以秦穆公的贤明,还想着向黄发人咨询。何况凭我这样缺乏德行的人,怎么能不愿向士子大夫问道呢!现在任命管宁为光禄勋。礼有至高无上的伦常顺序,君臣的关系准则不可废弃。希望迅速前来,以称合我的意旨。"又诏命青州刺史说:"管宁坚守道德操守,潜隐海角,接连颁下诏书,他违抗命令不来就职,逗留在他的居处,从事他认为高尚的事业。虽然富于隐士高人的操守,而失却考父增益恭敬的意蕴,使我虚心等待已有年余,这怎样解释呢?他白白想要自安,我一定要扩大他的志向,不想想古人也有幡然改变节守以为民造福的人吗!日月流逝,时机将要过去,洁身自好,将要干些什么呢?孔仲尼说过:'我不是这人的徒党又会是谁的呢!'我命令别驾从事郡丞掾:奉诏按礼节遣送管宁来往京都,供给他安车、随从、褥垫、路上厨司食物,上路之前先行奏闻。"管宁自称草莽臣上疏说:"臣下不过是居处海边的孤立无助的微下之人,不事农耕,也不是行伍之人,俸禄幸好尚属优厚。承蒙陛下继承洪大的统绪,德行可比三皇,教化超过有唐。长久以来承受恩泽,已有十三年了,不能报答陛下降下的恩养之福。沉溺委顿,病重弥留,迟延、违背了臣下隶属服从的职责,昼夜惊恐,无地自容。臣下于太和元年(227)十一月承蒙公车司马令颁下州郡,以八月甲申日诏书征召臣下,并赐予安车、衣被、褥垫,按礼遣送,光荣宠幸一起来到,优厚的命令屡屡下达,使我竦息震惊,不知所措。想要自己陈述剖白我的心情,但诏书明令不准书写章表上奏,因此停滞不前,直到今日。本来以为陛下恩泽已到了极点,不想却更加隆重煊赫。今年二月,承蒙州郡颁下三年十二月辛酉日诏书,重行赐予安车、衣服,别驾从事与郡功曹按礼遣送,又特别得到任命,以臣下为光禄勋,有劳陛下亲自谦虚劝喻,引周秦事例,反复指示。受诏之日,臣下魂飞魄散,存身无处。臣下重新反思,论德行不是园公、绮里,而蒙受赏赐安车的荣耀;论功劳不是窦融,而蒙受赐玺封官的宠幸;本是短柱,才能低劣,却肩负栋梁的责任,垂死之人,却获取了九棘尊位,恐怕会有朱博鼓妖的灾祸。并且我疾病日重,有加无减,无法担当重大的责任。心慕皇宫,徘徊庭中,谨拜奉章奏,陈述愚情,请求蒙受哀怜,收抑洪恩,听任臣下流放,不要让我的骸骨埋葬在都市大路之上。”从文帝黄初年间(220—226)直到明帝青龙年间(233—236),征召管宁的命令接连不断,常常在八月时赐予牛酒。明帝又下诏书询问青州刺史程喜:“管宁究竟是守节自高呢,还是老病委顿呢?”程喜上报说:“管宁有一个族人叫作管贡,现为州吏,与管宁是邻居,臣下常常让他探听消息。管贡说:‘管宁常常戴黑色帽子,穿着布衣布裙,随季节不同或单或夹,出入于内室外庭,能自己凭借手杖走路,不须别人扶持。一年四季的祭祀,总是自己强力支撑,改换衣服,着粗丝棉巾,穿着过去在辽东时所有的白布单衣,亲自布置食物供品,跪拜行礼。管宁小时就失去了母亲,不记得母亲的形象,常常特意加设酒觞,泪流满面。另外他的住宅离水池有七八十步远,夏天时到水中洗手洗脚,步行在园圃中。’臣下揣测管宁前后推辞谦让的心意,只在于认为自己生长在隐居潜逸中,年纪老迈,智力衰退,因此安于休息,每次都谦逊退让。这是管宁志向行事所一定要保全的理想,算不得故意矫情以显示自己的高尚。”

正始二年(241),太仆陶丘一、永宁卫尉孟观、侍中孙邕、中书侍郎王基荐举管宁说:

臣下听说龙凤隐藏它们的光彩,只与美德相呼应才显现,明哲的人士潜遁隐逸,等待时运出现才有所行动。因此凤在岐山上鸣叫,周朝的运道兴隆;四皓作为辅佐,汉帝康宁。我们看到太中大夫管宁,应合天地的中和,凝结了各种德行的纯美,包含文采,内质素雅,冰清玉洁,玄虚淡泊,逍遥守道;爱好黄老,熟习六艺,升堂入室,学问深湛,胸怀古今韬略,包蕴道德机要。中平年间,黄巾作乱,中原动荡,王纲废弛,于是躲避时乱,乘船渡海,留居辽东三十多年。藏匿身影,隐匿光辉,退隐而合于正道。颐养浩然之气,潜心于儒墨之学,心情畅达,不同于流俗。

黄初四年(223),高祖文皇帝向群臣咨询,征求贤俊,所以司徒华歆推举管宁应选,公车特别征召,他从边远之地振翅飞来。途中遭遇困厄疾病，于是授官为太中大夫。烈祖明皇帝赞美他的德行，授予光禄勋。管宁病重弥留，未能成行。现在管宁旧病痊愈，年将八十，志气并不衰败倦忽。退居陋巷柴门之中，以粥饭糊口，吟咏《诗经》《尚书》，不改其乐。困厄时能够通达，遭遇危难必能渡过，经历危险，不改节操，金声玉色，历久更显。察其始末，是天所降福，应当赞助大魏。职位有阙，众人瞩望。过去高宗刻像，以求贤哲，周文王用龟骨占卜，以求良臣。况且管宁为前朝所表彰，名声德行著称于世，而长久逗留，没有按时引致，这算不上遵奉明训，继承前朝意志。陛下即位，承续洪大的统绪。圣明日进，超越了周成王。每次发布德音，常常向太师太傅咨询。如能继续二祖招贤旧例，礼敬贤哲，以广揽才俊，盛大的教化将超越前代。

管宁清高恬淡，可以比拟前贤，德行卓绝，海内无双。观察前代所任命的，如申公、枚乘、周党、樊英等人，观测他们的来源，考察他们的清浊，没有拒俗独行像管宁这样的。实在应该以丝帛玉璧，礼貌征聘，重新授予几杖，尊为国老，由他宣讲典籍，坐而论道，上助朝廷，下启群生，天地人的常道顺序，必有可观，使国家教化发扬光大。如果管宁固执不出，心坚如石，守志箕山，追迹洪崖，学步巢父、许由，那也是圣朝与唐尧、虞舜时代相同优待贤士，表扬政绩，垂声千年。虽然出处途径不同，去就体式不一，但说到国家兴盛，风俗美好，道理却是一样的。

于是特地备好安车，用蒲裹上车轮，束帛加璧前往礼聘管宁。适逢管宁去世，时年八十四岁。授官给他的儿子管邈为郎中，后来又为博士。当初，管宁的妻子先于他死去了，知心故友劝他再娶，管宁说："每次阅读曾子、王骏的话，心里常常表示赞许，哪里能自己遇到了这种事却违反本心呢？"

这个时期内，钜鹿县人张臶，字子明，颍州县人胡昭，字孔明，也都一心养志，不愿做官。张臶少年时去到太学学习，既习五经之学，也习图谶之学，后来返回故乡。袁绍前后几次征召任命，张臶没有响应，移居上党县。并州牧高干上表任命张臶为乐平县令，他没有任职，转移到常山，门徒尚且有几百人，又迁居任县。太祖任丞相后，征召张臶，他没有前去。太和中期，明帝下诏征求隐逸有学问的人士特别是能够消除灾患解答有关异常现象的人，郡里屡次向上推荐张臶，遣送他去京城时，却因年老有病不能成行。广平郡太守卢毓上任三天，纲纪报告可承继以前的事例送交名帖去见张臶。卢毓教训说："张先生是所谓对上不事奉天子,对下不和诸侯为友的人。对这样的人难道用名帖请见就可以为他增光美饰吗!"于是派主簿带着信送上有羊和酒的仪礼。明帝青龙四年(236)诏书说:"张掖郡有玄妙的川流涌溢,波涛激荡,其中出现了宝石背负图像,图像画的是一只灵龟,岿然屹立于川西,青色的质地,素色的纹路,又画有麟凤龙马,形状光亮鲜明,文字宣告天命,粲然可观,意义著明。太史令高堂隆上告朝廷说:'这种宝物的显示是古代圣明皇帝所没有蒙受过的,实在是大魏的吉祥命运,东序的罕见之宝。'此事颁告天下。"任县县令于绰连诏书及石图致送、询问张臸,张臸秘密地对于绰说:"神明只显示未来,不追究以往,吉祥的征兆先行显现,而兴废的实际随之而来。汉朝已经灭亡很久了,魏已得到了天下,哪还用得着进寻吉祥的征兆呢!这块石是当前将发生变异和将来的吉祥命运的预兆。"正始元年(240),有戴鵀鸟在张臸家门背后筑巢。张臸告诉看门人说:"那戴鵀属于阳鸟,却在门阴作巢,这是凶兆啊。"于是拿过琴来歌唱吟咏,作诗两篇,十天后去世了,享年一百零五岁。这一年,广平太守王肃到任,对属下县吏教诲说:"先前我在京都,听说过张子明这个人,来到这里一问,赶上他已经亡故,实在感到痛惜。这位先生学问深湛,隐居不出,不与时运竞争,靠道行使自身快乐。当年绛县老人屈身隐居,如在泥途,赵孟提升了他,诸侯因此而和睦。我怜惜张子明老而勤勉,喜好道行,却不接受荣誉宠幸,信到之时,派吏役慰劳他的家眷,题字光显门户,务必给以特殊照顾,借以慰藉已逝的人,劝勉将来的人。"

胡昭开始时外出到冀州避乱,也辞谢了袁绍的任命,归回隐居故乡。太祖任司空丞相后,频频以礼征召。胡昭前往应答任命。到达以后,他自己陈述本是一个在野书生,对军对国都没有用处,归心诚恳,请求离去。太祖说:"人各有志,出仕隐居,各异其趣,勉力完成你高雅的喜好吧,按道理我是不会勉强你的。"胡昭于是移居陆浑山里,亲自耕种,以求道为乐事,以研读经籍自娱。邻里人尊敬并且喜爱他。建安二十三年(218),陆浑县长张固被命令调集壮丁,将到汉中服役。百姓厌恶害怕远道服役,都怀着不安的心情。平民孙狼等人趁这个机会起兵杀了县主簿,背叛作乱,县镇因此而残破。张固率领十几个吏役士兵,在胡昭住所周围,招呼聚集留下的百姓,恢复了政权。孙狼等人于是向南归附了关羽。关羽授给他们官印,拨给他们士兵,他们回去后成了草寇贼兵,到了陆浑以南的长乐亭,互相发誓约定,说:"胡居士是个贤者,一致不得侵犯他的部落。"整个地方依赖胡昭,都用不着担心害怕了。国内安定后,胡昭迁居到了宜阳县。正始年间(240—248),骠骑将军赵俨、尚书黄休、郭彝、散骑常侍荀颛、钟毓、太仆庾嶷、弘农太守何桢等人相继荐举胡昭说:"他心地天真、行为高洁,越老越是坚定。玄远虚心,静穆朴素,有伯夷、四皓的节操。应该得到征召任命,以勉励世风世俗。"到了嘉平二年(250),公车特别征召,适逢胡昭去世,享年八十九岁。授官给他儿子胡纂为郎中。当初,胡昭善撰史书,与钟繇、邯郸淳、卫颛、韦诞一同有名,他的书信墨迹,往往成为人们学习的楷模。

评:袁涣、邴原、张范行为清高,进退遵循原则,与贡禹、龚胜、龚舍不相上下。凉茂、国渊也仅次于他们。张承名声行为都逊于张范,可说是会做弟弟的了。田畴刚正守节,王修忠诚坚贞,足以矫正俗弊;管宁渊深雅致高尚,坚毅不拔;张臶、胡昭闭门守静,不热衷于当世事务,所以一并传录于此。

卷十二　魏书十二

崔毛徐何邢鲍司马传第十二

崔琰，字季珪，清河郡东武城县人。年少时性格朴实，言辞迟钝，喜好击剑，热衷于武功。二十三岁时，乡时按照规定将他转为正卒，才开始感慨发奋，研读《论语》"韩诗"。到了二十九岁时，与公孙方等人结交，到郑玄门下受学。学了没有一年，徐州的黄巾军攻破了北海，郑玄与其弟子到不其山躲避兵难。那时买进的粮谷十分缺乏，郑玄只好停止授学，辞谢众学生。崔琰既被遣散，又到处都是盗寇，西去的道路不通，于是从此周旋于青、徐、兖、豫四州郊野，向东到过寿春，向南也几乎到了长江、洞庭湖地区。从离开家乡算起，四年后才得返回，在家中以弹琴读书自娱。

大将军袁绍听说后征召崔琰来手下。当时袁绍的士兵专横暴虐，挖掘坟墓，崔琰规劝说："昔日荀况有过这样的话：'对士兵平素不进行教训，战斗力就不会强大，即使是商汤、周武王那样的人，也不能凭借他们作战取得胜利。'现今道路上尸骨暴露，百姓没有见到您的德政。应该命令各个郡县掩埋尸骸，以显示您为死者伤痛的爱心，追随周文王的仁慈之举。"袁绍让崔琰做了骑都尉。后来袁绍在黎阳县带兵，将部队驻扎在延津渡口，崔琰又规劝说："天子现在许昌，百姓的愿望支持顺从朝廷的一方，我部不如谨守治境，向天子述职，以便安定这一地区。"袁绍却不听从，于是在官渡大败。待到袁绍死后，他的两个儿子互相争斗，争着想要得到崔琰。崔琰说自己有病，坚决推辞，因此获罪，被关进了监狱，依靠阴夔、陈琳营救，才免于一死。

太祖打败袁氏后，兼任冀州牧，征召崔琰任别驾从事，对崔琰说："昨天查核户籍，可以达到三十万之多，冀州可称得上是大州了。"崔琰回答说："现在全国九州分裂，袁谭、袁尚兄弟二人大动干戈，冀州地区的百姓尸骨遍野。没有听说王师以仁政为先导，访问民风民俗，救民于水火之中，反而却算计甲兵多少，把它当成头等大事，这难道是我们这个州的男女百姓所期望于明公您的吗？"

太祖征讨并州，留下崔琰在邺城辅佐文帝。文帝照旧出外打猎，改换服装、车辆，兴趣全放在追逐猎物上面。崔琰上疏规劝说："曾听说周文王不敢以打猎为乐，《尚书》记载此事以为后人戒鉴；鲁隐公外出观鱼，《春秋》因其非礼而讥刺之。这是周公、孔子笔下的格言，两部经典所阐明的大义。夏桀无道，成为商朝的一面镜子。《诗经》说'殷鉴不远'；王者的疾日不该举乐，《礼记》记载此事作为忌戒。这又是比较切近的得失成败的事例，不可以不深思明察啊。袁氏家族富强，而其公子放纵，游玩作乐，极为奢侈，正义之举天下不闻，明哲君子顷刻间便欲离去，勇武壮士不肯为其尽爪牙之用。这就决定了袁氏虽然拥有百万民众，地盘跨越整个河北，却没有立足之地。现今国家衰败，恩惠的施予尚不普遍，男女百姓企望、想念德政。况且您父亲亲自参与戎马征讨，上上下下，操劳辛苦，世子您应当遵行正道，谨慎地使行为端正，思虑治国的最高战略，对内有所鉴戒，对外发扬高远的节操，深加思索你世子的责任，宝贵你的自身。而您却失了身份，随意穿着管理山泽园圃者的卑贱的服装，急急地四处奔驰，身临险地，志向只限于猎获野鸡兔子这类小小的娱乐，忘了国家社稷才是最重要的，这实在使有识者痛心啊。希望世子您烧毁射猎用具，舍弃行旅戎服，以满足众人的愿望，不使老臣获罪于上天。"世子答复说："昨天奉悉您谆谆的教诲，要我烧猎具、弃戎服。现在猎具都已焚毁，戎服也已脱去了。以后再有类似的错误，还望您再次给我教诲。"

太祖做了丞相，崔琰又做了东西曹的掾属征事。第一次授予他东曹职务时的文告说："您具有伯夷的风范，史鱼的耿直，贪夫因敬仰您的大名而变得清廉，壮士因崇尚您的名称而更加勉励自己，这是可以作为时代表率的。所以授予东曹之职，你去履行职责吧。"魏国刚刚建立，任命崔琰为尚书。这时尚未确立谁是太子，临淄侯曹植有才华而且有爱人之心。太祖怀疑犹豫，发出信函命令在外地秘密访探。只有崔琰信不封口答复说："我知道《春秋》有依据长幼立嗣子的大义，并且五官中郎将曹丕仁孝聪明，应当继承正统、继承王位。崔琰将用死来坚守这个原则。"曹植，本是崔琰哥哥的女婿，太祖十分赞赏崔琰的大公无私和高风亮节，喟然叹息，调其职为中尉。

崔琰体态雄伟，声音洪亮，眉目疏朗，须长四尺，很有威重的仪态，朝廷中人很是敬仰,而太祖对他也有几分敬畏。崔琰曾经推荐过钜鹿人杨训,说他虽然才能不足,却清廉贞洁,遵守正道,太祖于是很有礼貌地征召了杨训。后来太祖做魏王,杨训上表称赞太祖功绩,夸述太祖的盛德。当时有人讥笑杨训虚伪地迎合权势,认为崔琰荐人不当。崔琰从杨训那里取来表文的草稿一看,就给杨训写信说:"读表文,是事情做得好罢了! 时代啊时代,总有变化的时候。"崔琰的本意是讽刺那些批评者好遣责呵斥而不寻求合于情理。有人却报告说崔琰这封信是傲世不满怨恨咒骂,太祖发怒说:"谚语说'不过生了个女儿罢了''罢了'(译按:原文为"耳")不是个好词。'总有变化的时候',意思很不恭顺。"从此罚崔琰为做苦工的囚徒,派人去看他,崔琰言谈表情一点也没有屈服的意思。太祖的令文说:"崔琰虽然在服刑之中,却与宾客来往,门庭若市,接待宾客时虬须直视,好像有所怨愤。"于是赐令崔琰死。

原先崔琰与司马朗友善,那时晋宣王司马懿正值壮年,崔琰对司马朗说:"你的弟弟聪敏明哲公允,刚强果断英勇,几乎不是你能比得上的。"司马朗认为不是这样,而崔琰总是坚持这个看法。崔琰的堂弟崔林,年少时没有名望,即使是亲戚也大多都轻视他,崔琰却常说:"这是个所谓大器晚成的人,最终必定有远大的发展。"涿郡的孙礼、卢毓刚刚进入魏王军府,崔琰又评论说:"孙礼诚信耿直,刚毅果断,卢毓清醒机警,深明事理,百折不挠,都是可做三公的人才。"后来崔林、孙礼、卢毓三人都官至宰辅。还有,崔琰的朋友公孙方、宋阶死得早,崔琰抚养他们留下的孤儿,那份恩情像对待自己的孩子一样。他的明鉴卓识,笃于情义,大都像这个样子。

本来,太祖性格忌刻,凡是他所不能容忍的人,如鲁国人孔融、南阳人许攸、娄圭,都因为依仗自己是太祖的老朋友,有所不恭而被诛杀。而崔琰最被世人所痛惜,至今仍有人为他抱冤。

毛玠,字孝先,陈留郡平丘县人。年轻时为县吏,以清廉公正著称。他本想到荆州躲避战乱,尚未到达,听说刘表政令不严明,于是改往鲁阳县。太祖在兖州执掌州政,征召他为治中从事。毛玠对太祖说:"现今国家分裂,君主迁移,民众失业,饥饿流亡,公家没有能维持一年的储备,百姓没有安定的心思,这种状况是难以持久的。眼下袁绍、刘表虽然兵民众多,力量强盛,却都没有长远的考虑,没有树立基础、建设根本的人。用兵之事,合乎正义的才能取胜,保守权位需要财力,因此,应当拥戴天子以命令那些不肯臣服的人,致力于耕植业,积蓄军用物资,这样,称霸称王的大业就可以成功了。"太祖郑重地采纳了他的意见,转任他为将军府中的功曹。

太祖任司空、丞相时,毛玠曾做过东曹掾,与崔琰一起主持选举。他所推荐任用的都是清廉正直的人士,那些在当时有盛名而行为虚浮、不务根本的人,始终没有得到引荐任用。他力求以俭朴作风为人表率,因此全国士人无不以廉洁的操守自我勉励,即使是地位尊贵、受到宠信的大臣,车马服饰也不敢超越制度。太祖感叹说:"用人能做到这样,使天下人自己治理自己,我还有什么可做的呢!"魏文帝做五官中郎将时,亲自去见毛玠,托他任用自己的亲属。毛玠答复说:"老臣我因为能够恪守职责,才幸而得以免于获罪。现在您所提到的人不合升迁的次第,因此我不敢奉行您的命令。"大军返回邺城,商议省并官职一事。因毛玠对以私情向他请托为官的一概拒绝,当时一些人很害怕他,都想要撤除东曹。于是他们一起禀告说:"依旧制,西曹为上,东曹为次,应该撤销东曹。"太祖知道其中实情,下令说:"太阳出于东方,月亮明于西方,凡人说到方位,也是先说东方,为什么要废撤东曹?"随即省弃了西曹。起初,太祖平定柳城,分赏所缴获的器物,特意把素色屏风、素色凭几赐给毛玠,说:"您有古人的风范,所以赐给您古人的用具。"毛玠居于显要之位,却常常穿布衣吃素菜,抚育哥哥的孤子尽心尽意,所得的赏赐用来救济贫苦族人,自己家里没有多余的财物。毛玠后来升任右军师。魏国刚刚建立时,毛玠做尚书仆射,又主持选举。当时世子还没有确定,而临淄侯曹植受到恩宠,毛玠秘密地劝告太祖说:"近来袁绍因为嫡子庶子不分,导致家破国亡。废立太子是件大事,如果您要废嫡子而另立,可不是我所愿意听到的消息。"后来群臣聚会,毛玠起身去厕所,太祖看着他说:"他正是古人所说的国中正直之士,是我的周昌啊!"

崔琰被杀之后,毛玠心中不悦。后来有检举毛玠的人说:"他出门看见脸上刺字的造反犯人,那人的妻子儿女被籍没为官府的奴婢,他就说:'使老天不下雨的原因大概就是这个吧。'"太祖大怒,把毛玠逮捕下狱。大理寺卿钟繇责问毛玠说:"自古圣明帝王惩治犯罪,都连及妻儿。《尚书》说:'作战中车左不尽车左的职责,车右不尽车右的职责,我不但要杀了你们,还要罚你们的妻儿为奴。'《周礼》所记司寇的职分:将犯罪的男人没入官府为奴隶,女人没入官府做春米制弓箭的苦役。汉朝法律:罪人的妻子儿女没入官府做奴婢,脸上刺字。汉朝法律所实行的脸上刺字的刑罚,在古代经典中已有记载。现今真的奴婢祖先有罪,即使经历百代,还是要接受脸上刺字为官府服劳役的惩罚,一则可以宽减良民的劳役负担,二则饶恕犯人的死罪,这怎么会违背神明的意志而导致旱灾？按照《尚书》经典的说法，法令峻急，则天气寒冷，法令平缓，则天气炎热，法令宽松，则阳气过盛，所以造成旱灾。毛玠你说这样的话，是认为魏王的法令过宽了呢，还是过严了呢？如果是过严了，应当导致阴雨连绵，怎么会反而天旱？成汤时代可称圣世，但田野不生青草，周宣王也是好的君主，但当时也是大旱成灾。眼下的大旱从发生以来，已有三十年之久，归罪于给犯人脸上刺字，这扯得上吗？春秋时卫人征伐邢国，本来是干旱天气，但刚出兵天就下雨，要不是邢国罪恶确凿，怎么会感应上天？你毛玠讥刺诽谤的言论已流传到百姓当中，心怀不满的声音，魏王已有所闻。毛玠你说出这样的话，肯定不是一个人自言自语，当时你看见的脸上刺字者，总共是几个人？那些黥面的奴婢，你认识吗？因为什么能够见到那些人，对他们叹息谈话？当时你这些话是对谁说的？他是怎样回答的？是在几月几日？在什么地方？事情已经暴露，不得隐瞒欺骗，要原原本本地写出供状。"毛玠说："我听说萧望之自杀，是因为石显的陷害；贾谊被贬斥在外，是因为周勃、灌婴的谗言中伤；白起被赐剑自刎于杜邮；晁错被斩首于东市；伍子胥命断于吴都，这几位人士的遭遇，或是由于有人公开妒忌，或是由于有人在背后暗害。我从少年时就做县吏，积累勤勉取得官职，我的职务处在中枢机要之所，牵涉复杂的人事关系。如有人以私情请托，他再有权势我也要加以拒绝，如有人将冤屈告诉我，再细微的事件我也要审理。人的情欲无限制地追求私利，这是法律所禁止的，谁要按照法律去禁止非法求利，有权势的人就可能陷害他。进谗言的小人就像青蝇一样一哄而起，对我进行诽谤，诽谤我的肯定不是其他人。过去王叔、陈生与伯舆在朝廷上争辩曲直，范宣子进行评断，他叫双方举出证词，这样使是非曲直，各得其所。《春秋》称许此事，所以加以记载。我并没有说过那样的话，也谈不上什么时间、对象。说我说过，则必须举出证据。我请求得到范宣子那样的评辨，和王叔陈生那样的诬陷者对质。如果曲在于我，行刑的日子，我就像得到安车驷马的赠予；送来让我自杀的赐剑，我将把它比作重赏的恩惠。谨以此状作申诉如上。"当时桓阶、和洽进谏营救毛玠。毛玠于是免于废黜，后来死在家中。太祖赐给棺木、祭器、钱和绢帛，授给他的儿子毛机郎中的官职。

徐奕，字季才，东莞人。曾经到江东避难，孙策有礼貌地聘任他。徐奕改换姓名，身着平民服装回到原郡。太祖任司空，征召徐奕为掾属，跟随西征马超。马超被打败，太祖军回返。当时关中刚刚被征服，还不十分安定，太祖留下徐奕任丞相长史，坐镇管理西京，西京人称颂他的威信。后转任雍州刺史，又恢复为东曹掾。丁仪等人在当时很受宠信,都忌妒徐奕,而徐奕的地位始终不为其所动。又出任魏郡太守。太祖征讨孙权,调徐奕为留府长史。太祖对他说:"您的忠贞诚信,虽古人也不能超过,但有些过于严苛了。过去西门豹佩戴皮绳以缓解自己的性急,能以柔弱克制刚强的策略,是我们希望于您的。现在让您统管留守大事,我就不再有后顾之忧了。"魏国建立之后,徐奕任尚书,又主持选举事宜,调任尚书令。

太祖征讨汉中时,魏讽等人图谋反叛,中尉杨俊因此被降职。太祖叹息说:"魏讽之所以萌生叛乱的心思,是因为作为我的爪牙的大臣们没有能遏制内奸防备阴谋的人。怎样得到像诸葛丰那样的人,让他替代杨俊呢?"桓阶说:"徐奕就是这样的人。"太祖于是用徐奕为中尉,手书令文说:"过去楚虽败于晋国,但有子玉尚在,晋文公因此席不安坐;汉朝有汲黯在,淮南王因此不敢谋反。《诗经》有'国家的正直之士'的说法,说的就是您啊!"徐奕做中尉几个月,因病重请求退职,被授为谏议大夫,不久去世。

何夔,字叔龙,陈郡阳夏人。他的曾祖父何熙,在汉安帝时做官做到车骑将军。何夔幼年失去父亲,与母亲、哥哥一起生活,以孝顺友爱著称。何夔身高八尺三寸,容貌庄重严肃。曾经到淮南避乱。后来袁术到了寿春,征召他,何夔没有响应,但是却因此被袁术收留。过了一段时间,袁术与桥蕤都去攻打、围困蕲阳,蕲阳被太祖一方牢牢守住。袁术因为何夔是蕲阳郡人,想胁迫他去游说蕲阳守军。何夔对袁术的计谋之臣李业说:"过去柳下惠听说鲁君攻伐齐国的谋划而产生忧虑,说:'我听说攻伐别国的事不应向仁者询问,这话为什么要和我说!'"随即悄悄离去,躲藏在灊山。袁术知道何夔终究不会为己所用,这才不再追逼。袁术的堂兄山阳太守袁遗的母亲,是何夔的姑姑,所以袁术虽然恨何夔,却没有加害于他。

建安二年(197),何夔将要返乡时,揣度袁术必定急追,于是走小路才得脱身,第二年回到陈郡,不久,太祖征召他任司空掾属。这时有人传言说袁术军队内乱,太祖问何夔说:"您认为这消息确实吗?"何夔回答说:"上天所帮助的是那些顺从天意的人,人民所帮助的是那些诚信的人。袁术没有顺天意明信义的实际行动,而盼望得到天、人之助,这就决定了他不可能得志于天下。那些丧失道义的霸主,连亲戚都会背叛他,何况他手下的人!在我看来,袁术军中的叛乱是一定的。"太祖说:"治理一个国家,如果失去贤士的支持,这个国家就会乱亡。您不为袁术所用,他的内乱不是很自然的嘛!"太祖性情严厉,对于掾属所办公事,若不如意,往往用杖责打,何夔常常存藏着毒药,誓死不受屈辱,因此终于没有发生这种事情。何夔后出任城父县令,又调任长广太守。长广郡背山临海,黄巾军尚未平定,豪杰人物多数背叛,袁谭就接近他们,给以官位。长广县人管承,手下信从者有三千多家,成为草寇,为害一方。议论此事的人希望派军队攻打他们。何夔说:"管承等人并不是生来就乐于叛乱的,他们习惯了作乱,不能靠自己的力量改正,又没能接受道德教育,所以不知回心向善。现在如果军队逼迫得很急,他恐怕被平定消灭,必定全力死战。攻打既不容易拔除,即使胜了,也一定会伤着官吏平民。不如慢慢地向他们讲明白太祖的恩德,使他们有机会自己悔改,那样可以不劳动兵马而平定此乱。"随即派遣郡丞黄珍前去对他们讲述成败的大势,管承等人都请求接受他们降服。何夔派遣佐吏成弘兼任校尉,长广县丞等到郊外迎接,奉送牛酒慰劳,一同到达郡所。牟平县贼人从钱,兵众也有几千,何夔率领郡兵与张辽一起讨伐平定了他们。东牟县人王营,兵众有三千多家,胁迫昌阳县一同作乱。何夔派遣佐吏王钦等,教授给他们计谋策略,让他们使对方离心散乱。旬月之间,这几起叛乱都被平定了。

　　这时太祖开始制定新的法律条文颁发到各州、郡,并且征收租税绵绢。何夔认为长广郡刚刚得到,近来正处在师旅征战之后,不宜仓促间绳之以法,于是向上进言说:"这个地区自从丧失、动乱以来,百姓流离失所,现在虽然初步安定,但他们接受教化的日子太少。这次所颁布的新法律条文,都是靠严明的刑罚来整顿法律秩序,是整齐划一的全面教化。长广所管辖的六县,疆域刚刚划定,又加上饥馑流行,如果一切都用法律禁令统一治理,恐怕会有些人不服从政教,对这些人不得不予诛杀,那样就不是观民风而设教化、随时制宜的意思了。先代圣王以距王畿之地远近辨析'九服',对九个不同地区分别征收九种不同赋税,制定轻典、中典、重典三种不同程度的刑典分别治理新国、平国、乱国。我认为长广这个郡应该依循离王畿较远的地域和新邦轻典来对待,那里民间发生的小纠纷,就让负责管理的官吏在发生的当时依据不同情况随时酌情处理。这样做对上不违背正大的法典,对下则随顺了百姓的心意。待到三年左右,民众安居乐业,然后再施以统一的法律,就会没有行不通的了。"太祖听从了何夔的意见。何夔后被召回,参谋丞相军事。海贼郭祖骚扰侵犯乐安、济南地界,有关各州郡深受其害。太祖因为何夔上次在长广郡很有威信,授官为乐安太守。何夔到任几个月后,被郭祖侵占的几个城池均被平定。

　　何夔又入丞相府,任东曹掾。何夔对太祖进言说:"自从起兵以来,各种制度都处于草创阶段,用人方面未能详细地制定根本性的原则,因此各人引荐他们的同类,时时忘记了应该遵循的道德。何夔听说依据贤者的标准制定爵位,百姓在道德方面就会慎重;依据效用来制定俸禄,百姓就乐于立功。我认为从现在起在用人上,必须首先在其家乡进行审核考察,使得长幼顺序没有相逾越的情况发生。明确地显示出对忠诚正直品德的奖赏,对公正诚实行为的报答,那样贤者与不肖之徒的区分,就判然而别了。另外可以制定官员担保举荐用人故意不根据实际的法令,使主管部门特别担当责任。在朝的大臣,时常接受教诲与官署一并选举的人,各负其责。在上可以观察朝臣的节操,在下可以堵塞竞争的源泉,借以监督下级。统率民众,如能这样去做,那么天下人就幸运极了。"太祖认为这个建议很好。魏国建立后,何夔被授官为尚书仆射。文帝做太子时,让凉茂做太傅,何夔做少傅;特别任命二傅和尚书东曹一并选用太子诸侯的官属。凉茂去世,让何夔代替凉茂任太傅。每月初一日,太傅入见太子,太子端正法服履行礼仪;其他日子就没有会见的礼仪。何夔升迁太仆,太子想要和他讲话,前一天就斋戒供奉,何夔没有前往的意思;太子于是写信请他,何夔认为国家有一贯的制度,终究没有前往。他行为之端正,都像这样。但是对于节约俭省的时代来说,何夔是极为豪奢汰侈的。文帝即位以后,封何夔为成阳亭侯,分邑三百户。后来何夔患病,屡次请求逊位。文帝下诏答复说:"礼敬贤者亲近旧臣,是帝王经常的任务。说到亲近,您有辅佐的功勋,说到贤明,您有淳朴坚定的美德。有阴德的人一定会有阳报,现在您的病虽然没有痊愈,神明会有公正的判断的。您请安心,以顺遂我的心意。"何夔去世,追谥为靖侯。何夔的儿子何曾继承爵位,在咸熙年间(264—265)任司徒。

　　邢颙,字子昂,河间国鄚县人。曾被举荐为孝廉,又被司徒征召,都没有接受。改变姓名,到了右北平郡,与田畴交往。五年以后,太祖平定了冀州。邢颙对田畴说:"黄巾军起来二十多年,海内鼎沸,百姓流离失所。现在听说曹公法令严明。民众已经厌恶了动乱,动乱到了极点就要平定了。请让我先行一步。"随即整装返回故乡。田畴说:"邢颙,是平民中首先觉悟的人。"于是拜见太祖,请求做向导去攻克柳城。

　　太祖征召邢颙为冀州从事,当时人称赞他说:"德行堂堂邢子昂"。被任命为广宗县长,因为原先的郡太守死去,他弃官不做了。官署举报纠正这件事,太祖说:"邢颙对旧友情谊深厚,有前后一致的节操。"没有追究。邢颙后又被征召为司空掾,任命做行唐县令,他勉励百姓从事农桑,风化大行于世。后来邢颙入京,做丞相门下督,迁到左冯翊,患病,离开官位。这时,太祖的各个公子大选官属,诏令说:"侯爵家的官吏,应该得到法度渊深像邢颙那样的人。"于是邢颙就成了平原侯曹植的家丞。邢颙严守礼仪,对不合标准的不屈不挠地防备禁阻,因此二人关系未能亲和。曹植的家臣、庶子刘桢写信劝告曹植说:"家丞邢颙,是北方俊彦,少年时即秉持高尚的节操,性情玄远虚静淡泊,言少理多,真是一位雅士。刘桢实在不足以和他为伍,并列您的左右。但刘桢受到的礼遇很是特殊,邢颙反被疏忽简慢,私下里恐怕旁观的人将会说您习惯于接近不贤之人,而对贤者礼遇不够,采摘了春天的花朵,忘却了秋天的果实;顾了庶子,忘了家丞。为圣上招来诽谤,罪过不小,因此辗转反侧不能自安。"邢颙后来参丞相军事,转任东曹掾。当初,太子尚未确定,而临淄侯曹植受到宠幸,丁仪等人一同赞助他的美誉。太祖就此事询问邢颙,邢颙回答说:"以庶子代替嫡子,是前代的禁戒。希望殿下深入地考虑这件事!"太祖记得他的心意,后来终于让邢颙做了太子少傅,又升为太傅。文帝即位后,邢颙任侍中尚书仆射,赐爵位为关内侯,又出任司隶校尉,调任太常。邢颙在黄初四年(223)去世,他的儿子邢友继承了他的爵位。

鲍勋,字叔业,泰山郡平阳县人,是汉朝司隶校尉鲍宣的第九代孙。鲍宣的后代中有人从上党县迁移到泰山,于是就在那里安了家。鲍勋的父亲鲍信,汉灵帝时任骑都尉,大将军何进曾派遣他东去招募士兵。后来任济北相,协助规谏太祖,遇害身亡。鲍信的事迹记在本书《董卓传》《武帝纪》中。建安十七年(212),太祖追记鲍信的功绩,上表封鲍勋的哥哥鲍邵为新都亭侯。征召鲍勋任丞相掾。

建安二十二年(217),确立了太子,让鲍勋任中庶子。调任黄门侍郎,出任魏郡西部都尉。太子郭夫人的弟弟是曲周县吏,被判定偷盗官府布匹,按法应于闹市砍头曝尸。太祖当时在谯县,太子留在邺县,几次亲自写信替那人请罪。鲍勋不敢擅自宽纵,全部写明上报。鲍勋先前在东宫时,坚守正义不屈服,太子本来就不喜欢他,到了加上现在这件事,对他的恼怒怨恨就更加厉害。适逢魏郡边境军队休整有人失期,太子就秘密命令中尉上奏罢免鲍勋官职。很长时间以后,又授官鲍勋任侍御史。延康元年(220),太祖去世,太子登上王位,鲍勋以驸马都尉的身份兼侍中。

文帝受禅登帝位之后,鲍勋常常陈述:"当今的急务,只在于军事、农业,宽待恩惠百姓。楼台水榭林苑园囿,应该放在以后再议。"文帝将要出宫游猎,鲍勋停住车子上疏说:"臣下听说三皇五帝,无不明确根本,树立教化,以孝义治理天下。陛下仁慈圣明,有恻隐之心,有与古代相同的功业。臣不希望您将继承前代的踪迹,让万世可以效法。怎么却在守丧之中,从事驰骋之事呢!臣下冒着死罪让你听到这些,希望陛下深思。"文帝亲手撕毁了鲍勋的奏表,争逐行猎,中途停下休息时,问身边侍臣说:"游猎作为娱乐,比八音乐器怎么样?"侍中刘晔回答说:"游猎胜过音乐。"鲍勋驳斥说:"音乐上通神明,下可中和人世的道理,使政治兴隆,达到天下大化,万邦安定。移风易俗,没有比音乐更好的了。况且游猎的事,在原野中暴露帝王的车盖,损伤生息化育的至高原理,迎风冒雨,不是有违时间的规律吗?过去鲁隐公到棠地去观看捕鱼,《春秋》讽刺了他。即使陛下把游猎当作急务,也是愚臣所不希望的。"接着又奏:"刘晔巧言谄媚,不忠,阿谀顺从陛下的游戏之言。过去梁丘据在遄台取媚于齐侯,刘晔就是这样的人。请主管官员议定他的罪名,以使皇朝清净。"文帝恼怒得变了脸色,停止游猎返回,随即让鲍勋出京任右中郎将。

黄初四年(223),尚书令陈群、仆射司马宣王一同举荐鲍勋为宫正,宫正就是御史中丞。文帝不得已而任用了他,百官尊敬畏惧,无不肃然。黄初六年秋天,文帝想要征讨吴国,众大臣广泛讨论,鲍勋当面规劝说:"我国部队屡次征伐而没能攻克的原因,是因为吴国、蜀国唇齿相依,凭依山水险要阻隔,有难以攻拔的态势的缘故。往年龙舟漂荡,被隔断在南岸,陛下圣体遭遇危险,臣下心惊胆破。那时朝廷几乎导致倾覆,成为百世的警戒。现在又劳动士兵,袭击遥远的目标,每天耗费千金,国中白白消耗财力,使得狡黠的敌人轻视我国的威势,臣下认为不可。"文帝更加恼怒鲍勋,把他降职为治书执法。

文帝从寿春归还,驻军陈留郡境内。郡太守孙邕见了,出来探望鲍勋。当时营垒还没建成,只立了标记矮栏,孙邕斜着穿行而过,没走正路,军营令史刘曜想要推求他的罪责,鲍勋认为壕堑营垒还没建成,调解了这件事情,没有举报。大军返回洛阳,刘曜犯了罪,鲍勋上奏要求将他废黜遣派,而刘曜却秘密上表,说了鲍勋私下开脱孙邕一事。文帝下诏说:"鲍勋指鹿为马,逮捕他交给廷尉。"廷尉依法议决:"治罪刑罚,剃发戴枷做劳役五年。"三官驳回:"依照律条罚交金子二斤。"文帝大怒说:"鲍勋没有活的资格了,但你们竟敢宽纵他!逮捕三官以下人员交付刺奸官,让你们十鼠同穴。把你们一网打尽!"太尉钟繇、司徒华歆、镇军大将军陈群、侍中辛毗、尚书卫臻、守廷尉高柔等人一同表奏"鲍勋的父亲鲍信在太祖时有功劳"，请求赦免鲍勋的罪过。文帝不许可，终于杀了鲍勋。鲍勋内心修养行为本就美好，廉洁而能施舍。死的时候，家里没有多余的财物。二十天后，文帝也去世了，没人不为鲍勋叹息遗憾。

司马芝，字子华，河内郡温县人。少年时是个书生，到荆州躲避战乱时，在鲁阳山遇到贼寇，一起赶路的人都丢弃老人弱者逃走，司马芝独自坐在那里守着老母亲。贼人来到后，把刀放在司马芝头上，司马芝磕头说："我母亲年纪很大了。只有拜托各位了！"贼人说："这是个孝子，杀了他不义。"于是得以免于被害，用小车把母亲推走了。司马芝住在南方十多年，亲自耕种，坚守节操。

太祖平定荆州后，让司马芝担任菅县县长。那时政权刚建立，人们多数都不遵守法纪。郡主簿刘节是个出身旧巨族的豪杰，有宾客一千多家，在外成为盗贼，在郡内扰乱吏治。不久，司马芝差遣刘节的门客王同等人参军，掾史依据过去的情况汇报说："刘节家从未派人服过徭役，如果到时他们把人藏匿起来，您必定要为滞留误期负责的。"司马芝不听这套，写信给刘节说："您是巨族大宗，在郡中地位重要，但您的宾客每次都不服役，众百姓怨恨失望，有时也会传给上面知道。现在调派王同等人参军，希望按时派出他们。"新兵已在郡里集中，但刘节藏起了王同等人，还为此让督邮以征兵为借口责问县府。县掾史没有办法，只得请求代替王同上路。司马芝于是派人飞马向济南呈报檄文，全盘陈述了刘节的罪行。太守郝光素来敬重信任他，立即让刘节代替王同服役，青州人称司马芝"让郡主簿当兵"。司马芝升任广平县令。征虏将军刘勋，依恃贵宠，骄恣强横，又因是司马芝故乡河内郡的大将，他的宾客子弟在境内多次犯法。刘勋给司马芝寄信，不署姓名，却常有嘱托，司马芝对此不给回复，全都依法办事。后来刘勋以图谋不轨罪被诛杀，与他有交往的人都获了罪，而司马芝则以有识见被人称道。

司马芝被升任为大理正。有人偷盗了官府的白丝绢放在厕所上面，吏役怀疑是一名女工干的，把她逮捕关了起来。司马芝说："惩罚犯罪时的失误，在于用刑苛酷暴虐。现在先得到赃物而后审讯口供，如果犯人经不住拷打，有可能导致无辜而服罪，这种情况是不可以断罪结案的。况且简明而易于服从，是德行高尚的人的教化原则。不放过有罪的人，是庸常之世的治理方法，现在饶恕了被怀疑的人，以便发扬简而易从的原则，不也是可以的吗！"

太祖听从了他的建议。司马芝又历任甘陵郡、沛国、阳平郡的太守，在所任职的地方都有政绩。黄初中期，入京任河南尹，抑制豪强，扶助弱小，对私下请托不予实行。适逢宫中内官想要请托司马芝办事，不敢开口，于是托司马芝的妻子的伯父董昭说情，董昭尚且畏惧司马芝，没有传话。司马芝为此教训下属众人说："君主能设立教令，却不能做到让属吏必定不去违犯。属吏能违犯教令，也不能做到不让主君知道。设立教令而有人违犯，是主君过于软弱；违犯教令而让人知道，是属吏的危害。在上主君软弱，在下有属吏危害，这就是政事所以不能治理的原因。难道各自不应该努力吗？"自此属下吏役没有不自我勉励的了。司马芝属下的循行曾经怀疑门干偷了发簪，门干的口供与事实不符，官曹将他拘捕下狱。司马芝说："大凡事物都有互相类似而难于分别的，如果不是离娄那样的人，很少有不迷惑的。就这件事的实际情况而言，循行怎么忍心把一支簪子看得很重，而把伤害他的同类人看得很轻呢！还是放下这事别再过问了。"

明帝即位后，赐爵位给司马芝，为关内侯。不久，特进曹洪乳母名当者与临汾公主侍者因为共同奉事无涧山神被拘捕入狱。卞太后派遣黄门到司马芝府中传达旨令，司马芝不予向上通报，自行命令洛阳狱吏把这二人拷打致死，以后上疏说："各种应判死罪的情况，都应事先上表审报。先前曾制订文书禁绝淫犯以端正风俗，现在当等人触犯了有关妖邪罪行的刑法，供词刚刚确定，黄门吴达就来到臣下这里，传达太皇太后命令。臣下不敢见使者，恐怕会有人救援保护他们，急速报给圣上知晓，如不得已，也只好对他们施予包容庇护。此事没有早些结案，是臣下的罪过，因此冒犯常规制度，自行命令县吏把他们打死了，擅自执行刑戮，请求圣上予以诛罚。"明帝手书答复说："看了奏表，了解了你的心意，你想要奉诏，所以权宜从事，是正确的。这是您奉行诏书的诚意，哪里用得着谢罪？以后黄门再去你处，千万不要见他。"司马芝任大理正官十一年，几次处理法律条文所不便治罪的案子。他在公卿之间，秉持正直原则行事。适逢诸王来京朝见，与京城人交往串通，司马芝获罪被免职。

司马芝后来任大司农，在这以前，各地典农属下的吏民，从事商业以谋生计，获取利益。司马芝上奏说："君王治理天下，尊崇本业，抑制末业，发展农业，重视谷物。《王制》说：'没有三年的粮食储备，国家就不成其为国家。'《管子·区言》以积存粟谷为急务。现今吴、蜀两个虏国尚未剿灭，军旅没有止息，国家的首要之务，只在于粮谷布帛。武皇帝特意开设管理屯田的官府，专门以农桑为业务。建安年间（196—220），全国仓库充实，百姓富足。从黄初（220—226）以来，听任各个典农自己发展经济，他们各自为部下打算，实在不是创立国家大业所应有的做法。称王者以海内为家，所以《春秋左传》说：'百姓不富足，君王靠什么能富足！'富足的由来，在于不违背天时而尽量利用地力。现在行商所求得的，虽有成倍的明显的利润，但是对于一统天下的大计，已有不可计算的损失，还不如多开垦一亩地。农民侍奉田地，从正月里开种耕地播种，然后耘锄采桑，抗旱种麦，收割建场，到了十月里才结束。又得修仓库，架桥梁，运送租赋，清道路，刷房子，一年到头，无时不在为农事忙碌。现在各位典农，都说：'留下的人为外出经商的人代干田里的农活，替他们服劳役，情势决定了不得不这样做。想不荒废农耕，就应当素有余力。'臣下认为不应该仍然让商业杂乱其间，应专门以农业为急务，为国家考虑，这样比较有利。"明帝听从了这个意见。

平常官员每当有上司召见问话时，常常先见上官的掾史，让他帮助推断上官意旨，教授怎样答复能让上官满意，然后一切答问都像掾史测度的那样去做。司马芝性情诚信正直，不以廉洁方正自矜。与宾客谈话论事时，有认为不对的，就当面指出那人的错误，背后却不说不满的话。司马芝死在官任上，家里没有多余的钱财，从魏朝到现在，做河南尹的人没有人能比得上司马芝。

司马芝死后，他的儿子司马岐继承了他的侯爵位，从河南丞转为廷尉正，升任陈留相。梁郡关在狱中的囚犯，牵连到许多人，几年不能结案。诏书命令将这些官司迁到司马岐下属的县里，县里申请预先制造监牢器具。司马岐说："现在囚犯有几十人，他们狡诈，供词难于相答，并且已经被酷刑弄得疲倦了，其中情势显而易见。怎么能仍然长久关在监狱中呢？"等囚犯到了，责问他们，没人敢于隐瞒欺诈，一个早上就判决结案，司马岐于是被提拔为廷尉。这时大将军曹爽专权，尚书何晏、邓飏等人做他的辅佐。南阳人圭泰曾用言语触犯了他们，被廷尉审查拘捕。邓飏审讯，要判圭泰重刑。司马岐责备邓飏说："中枢机要大臣是王室的辅佐，你们本来已经不能辅助教化，成全道德，与古人比美，却竟然为泄私愤，冤枉无辜。使百姓心情忧惧的，不是你们这种做法又是什么呢？"邓飏羞惭恼怒，退让了。司马岐终究怕时间久了会获罪，托病离开了官位。在家里住了不到一年就死了，年仅三十五岁。他的儿子司马肇继承了侯位。

评：徐奕、何夔、邢颙尊贵高尚，峻急严厉，是当世的知名人士。毛玠清白公正，行为朴素。司马芝忠贞诚信，不偏不私，差不多可以做到不吐硬吞软、欺弱怕强。崔琰高尚的品格最为优秀,鲍勋秉持正义,无所欠缺,但都没能免于杀身之祸,可惜啊!《诗经·大雅》以"既能明晓善恶,又能辨知是非"为贵,《尚书·虞书》以"刚直而又能够温和"为尚,如果不是天生的兼具之才,又有谁能同时具备这两种品格呢?

卷十三　魏书十三

钟繇华歆王朗传第十三

　　钟繇,字元常,颍川郡长社县人。钟繇曾经与同族的一位叔父钟瑜一同去洛阳,路上遇到一个相面的人,那人说:"这个孩子有贵人的相貌,但命当困厄于水,要努力小心避免啊!"钟繇走了没有十里,过桥时马惊了,掉下水去几乎死掉。相面的人说中了,钟瑜因此更加看重钟繇,就供给他资金,使他能够专心学习。钟繇被举荐为孝廉,任命为尚书郎、阳陵县令,因病离职。又被三府征召,任廷尉正、黄门侍郎。这时,汉帝在西京,李傕、郭汜等人在长安城中作乱,与关东地区断绝关系。太祖兼任兖州牧,才开始派遣使者上书。李傕、郭汜等人认为,"关东想要自行奉立天下。现在曹操虽然派来使者,却不是他们的真实意图",商议扣留太祖使者,拒绝接受他的诚意。钟繇劝说李傕、郭汜等人说:"现今英雄并起,各人都假传命令独断专行,只有曹兖州才心系王室,如果违逆他的忠心诚意,是不能符合他将来的声望的。"李傕、郭汜等人采用了钟繇的建议,对太祖给以优厚的答复回报,因此太祖奉命出行的使者才得以与朝廷沟通。太祖已经多次听到荀彧称赞钟繇,又知道他对李傕、郭汜的劝说,心里更加有了他的位置。后来李傕胁迫天子,钟繇和尚书郎韩斌一同策划计谋对付。天子得以离开长安,钟繇是出了力的。他随后被授官为御史中丞,升迁为侍中尚书仆射,并且采录他上次的功劳封为东武亭侯。

　　这时关中众将领马腾、韩遂等人,各自拥有强兵,相互争战。太祖正在山东征战,忧虑关右的事态。于是上表任命钟繇以侍中的身份任司隶校尉,持符节督察关中各路部队,将后方事务委托给他,特别授予他不受等级制度拘束的权力。钟繇到达长安后,送信给马腾、韩遂等人,为他们陈述利弊祸福,马腾、韩遂各派一个儿子入宫侍奉天子。太祖在官渡与袁绍相持,钟繇送去两千匹马供给军用。太祖给钟繇写信说："得到你送来的马匹，很适应部队的急需。关右地区平定，朝廷没有西顾之忧，都是足下的功勋。当年萧何镇守关中，供给充足的食物，成全了前方军队，也正好拿来相比。"这以后匈奴单于在平阳郡作乱，钟繇率领各路军队包围他们，未能攻下；而袁尚所任命的河东太守郭援到了河东，人数很多。众将领议论想要放弃离去，钟繇说："袁氏正在强盛的时候，郭援现在到来，关中众将暗中与他勾结，之所以还没全部反叛的原因，不过是顾忌我的威名罢了。如果我们放弃离去，向他们示弱，这里所有的居民，谁不是我们的仇敌？即使我想要回去，难道能够达到目的吗？这是尚未开战先自行败退啊！并且郭援刚愎自用，争强好胜，必定轻视我军，如果他们渡汾河扎营，我们趁他们没到对岸时打击他们，可以大获全胜。"这时张既劝说马腾来会合攻击郭援，马腾派他的儿子马超率领精锐部队迎面攻来。郭援到了以后，果然轻率地下渡汾河，众人劝止，他不听从。还没渡到河中央，钟繇发兵攻击，打得他们大败，斩杀了郭援，降服了单于。此事记在本书《张既传》中。这以后河东卫固制造叛乱，与张晟、张琰及高干等人一同成为寇匪，钟繇又率领众将领讨伐打败了他们。自从天子向西迁徙，洛阳百姓人口减少将尽，钟繇将关中民众迁徙过来，又招纳逃亡叛民来充实人口，几年之内百姓人数逐渐增多。太祖征讨关中时，得以用来作为人力资源，因此上表任钟繇为前军师。

魏国建国之初，钟繇任大理，升迁为相国。文帝在东宫做太子时，赏赐给钟繇"五熟釜"，在釜上铭刻文字说："堂堂魏国，做汉室屏障。可做相国的人唯有钟繇，实在像心脏脊骨一样重要。昼夜毕恭毕敬，不知怎样安处，您是百官的师长，记在这里以为众人的楷模。"几年后，钟繇因西曹掾魏讽谋反事获罪，被罢免官职。文帝即王位后，钟繇又任大理。到了文帝即帝位，改任廷尉，晋升爵位被封为崇高乡侯。又升迁为太尉，转封为平阳乡侯。当时司徒华歆、司空王朗，同是上一朝代的著名大臣。文帝退朝后对身边人说："这三位，都是一个时代的伟大人物，后世大概很难出现了！"明帝即位，给钟繇晋升爵位为定陵侯，增加封邑五百户，连同以前共一千八百户，升迁为太傅。钟繇有腿病，下拜起身不方便，当时华歆也因年老而患病，上朝晋见时都让他们乘坐车轿，由卫士抬上殿就座。这以后三公有病，就把这种做法当成了旧例。

当初，太祖下令，让众臣公平地议论关于死刑可以改行宫刑割势的设想。钟繇认为，"古代的肉刑，为圣人所设置，现在应该再次施行，以代替死刑"。参加讨论的人认为肉刑不是使民众愉悦的方法,于是不再讨论这件事。到了文帝主持管理朝政时,下诏说:"大理想要恢复肉刑,这确实是圣王的法律。各位公卿应当好好地共同讨论这个建议。"这个建议还没确定下来,赶上有军事行动,再次停止了讨论。太和中期,钟繇上疏说:"大魏承受天命,继承虞、夏的踪迹。汉文帝改革刑法,不合于古道。先代皇帝圣德,本来就是天之骄子,三坟五典的事业,是一脉相承的。因此文帝继承前世,接着颁发明智的诏令,打算恢复古刑,作为一代的法典。因为接连有军事行动,终于没有施行。陛下追随两位父祖的遗志,痛惜于斩趾的刑罚可以禁除罪恶,遗憾于被判死刑的人的无辜,让臣下好好地学习律例法令,与众大臣共同商议。建议本当斩去右趾而改划入大辟的,恢复执行斩趾的刑罚。《尚书·吕刑》说:'皇帝清楚地询问下民,鳏夫寡妇对有苗有无怨恨之辞。'这是说尧将要废除蚩尤、有苗的虐刑,先详细询问百姓中那些有怨恨之词的人。如果现在审断官司时,传讯询问三槐、九棘、众吏役、万民百姓,就让他们按照汉景帝的法令规定的那样,对那些应当执行弃市死刑的犯人,自己想要改行斩右趾的肉刑,就允许他们。对那些应当执行黥、劓、斩左趾、宫等肉刑的人,仍然依照汉文帝的办法,改为髡、笞等刑罚。能有男女奸情的人,大多数年纪在二十到四五十岁之间,即使斩了他们的脚,还是能够生育。现今全国人口少于汉文帝的时代,臣下的建议所能全活的人,每年约有三千人。张苍废除肉刑,而所杀的人每年数以万计。臣下想要恢复肉刑,每年可以使三千人生存。当年子贡问能给百姓以好处可以称为仁吗?孔子说:'哪里仅仅是仁,那一定是圣德了,尧舜大概也难以做到完美无缺呢!'又说:'仁难道离我们很远吗?我想要它,它就来了。'如果真心地实行这些,百姓将能永久地得到好处。"奏上以后,明帝诏书说:"太傅学问优长,才华高超,留心政事,又深通刑法理论。这是件大事,公卿众大臣们还要好好地共同进行公正的讨论。"司徒王朗的评议认为:"钟繇想要减轻大辟的律条,增加刖刑的数量,这就好像是把躺下的人竖立起来,把尸体转化为活人了。但是臣下愚蠢,仍然有与这个建议不完全符合的稍稍有异的意见。五刑之类,都明确记载在法律条文之中,法律条文本来就有减死一等的规定,不执行死刑,就是减刑了。这个规定施行已经很久了,不必远借斧凿来施行肉刑,然后才有比死罪次一等的处理办法。前世仁爱的人,不忍心于肉刑的惨虐残酷,因此废弃了它,不再使用。从不用肉刑以来,已经历了几百年。现在恢复实行,恐怕减轻死刑的文书还没显现在万民眼前,有关我们滥施肉刑的质问已经宣扬到仇敌耳中了,这可不是用来招徕边远人民的做法。现在可以按照钟繇所想要减轻的那些死罪种类,把死刑减轻为髡、刖的刑罚。这样惩处还嫌太轻的那些罪行,可以加倍增添犯人服劳役的年限。这样做,可以说对内有起死回生不可估量的恩德,对外没有用砍足代替脚镣的骇人听闻的名声。"参加这次讨论的有一百多人,意见与王朗相同的人居多。明帝因为吴、蜀尚未平定,暂且停止了这次讨论。

太和四年(230),钟繇去世。明帝身穿素服前往吊唁,追谥为成侯。钟繇的儿子钟毓继承爵位。当初,文帝曾分给钟毓封邑,封钟繇的弟弟钟演和钟演的儿子钟劭、孙子钟豫为列侯。

钟毓,字稚叔,十四岁时做了散骑侍郎,机智敏捷,善于谈笑,有他父亲钟繇的风度。太和初年(227),蜀国丞相诸葛亮包围了祁山,明帝想要西征,钟毓上疏说:"谋划贵在出于朝廷之中,战功以运筹于帷幄之中为上,不用走下殿堂,而决定胜负于千里之外。君王的车驾应该镇守在国土中心,以作为四方军事威势的后援。现在大军西征,虽然威势百倍,对于关中造成的损失却不止一项。并且在盛暑时节出动军队,曾被《诗经》作者看得很重,实在不是至尊君王车驾行动的时机。"迁升钟毓为黄门侍郎。当时正在洛阳大兴土木,营造宫室,明帝车驾就到了许昌,全国官员都应当到许昌来朝见。许昌地方狭促,于是在城南铺上毛毡,上演鱼龙曼衍的文艺节目,百姓疲于劳役。钟毓劝谏,认为"现在水旱灾害无常,国库空虚,这一类事情,应该等待丰收年份再去进行"。又向上进言,"应该恢复在关内地区开垦荒地,使百姓把力气用到农业上"。这事立即得到施行。正始中期,钟毓任散骑常侍。大将军曹爽在盛夏时节发动军队攻伐蜀国,蜀国拒守,魏军不得推进。曹爽正想要增加兵力,钟毓给他写信说:"我认为朝廷上制订克敌制胜的计策,不应冒飞箭滚石的危险;王者之兵,应该只需出征而用不着大动干戈。果真是舜舞动盾与斧可以征服有苗,晋文公后退三十里就足以降服原国敌寇,不必像吴汉那样长驱直入江关,像韩信那样驰骋出井陉口。见可而进,知难而退,是自古以来的正道。希望公侯您慎重啊!"曹爽最后没有建功,带兵返回。后来钟毓因为不合曹爽的心意,调任侍中,出京为魏郡太守。曹爽被诛杀后,钟毓又入京任御史中丞、侍中廷尉。有关判决君父已死,臣子可以处理毁谤,以及士人有了侯位以后,他们的妻子不得再嫁的规定,都是钟毓所创设。

正元年间(254—256),毋丘俭、文钦反叛,钟毓持符节到扬州、豫州颁布施行朝廷敕令,通告士人百姓,回来后任尚书。诸葛诞反叛,大将军司马文王打算亲自到寿春县讨伐诸葛诞。适逢吴国大将孙壹率领兵众来投降,有人认为"吴国刚刚有过灾祸,必定不能再次出兵。我们在东线的兵力已很多,可以等待以后再管"。钟毓认为:"评论事情,估量敌人,应当以己之心,度人之腹。现在诸葛诞将全部淮南土地送给吴国,而孙壹带来的人口不到一千,士兵不过三百。吴国几乎没有什么损失。如果寿春的包围没有解除,而吴国国内转趋安定,他们不一定不出兵。"大将军说:"对。"随即带着钟毓出发了。淮南平定以后,钟毓任青州刺史,加封为后将军,又迁升为都督徐州诸军事,假节,又转为都督荆州诸军事。景元四年(263),钟毓去世,追赠为车骑将军,追谥惠侯。儿子钟骏继承爵位。钟毓的弟弟钟会,另有传记记叙。

华歆,字子鱼,平原郡高唐县人。高唐是齐国有名的都邑,士绅无不游逛于市里。华歆做吏时,假期离开官府,就回家关门不出。议事论人公正持平,始终也不毁谤伤人。同郡人陶丘洪也是个知名人士,自认为见解明智超过华歆。当时王芬与一些豪杰人物谋划废掉汉灵帝。此事记载在本书《武帝纪》中。王芬暗中招呼华歆、陶丘洪共同商定计策,陶丘洪想要前去,华歆劝住他说:"废立皇帝是一件大事,连伊尹、霍光都感到为难。王芬性情疏忽又不勇敢,这次必定不能成功,灾祸将要涉及族人。你还是不要去!"陶丘洪听从了华歆的话没有去。后来王芬果然失败,陶丘洪这才服气。华歆被举荐孝廉,任命为郎中,患病,辞去官职。汉灵帝去世后,何进辅佐执政,征召河南人郑泰、颍川人荀攸及华歆等人。华歆到达后,任尚书郎。董卓把天子迁到长安,华歆请求出都任下邽县令,因病不能成行,于是从蓝田到了南阳。这时袁术在穰城,留下了华歆。华歆劝说袁术让他进军讨伐董卓,袁术没有采用他的建议。华歆想要离去,适逢天子派太傅马日磾安定关东,马日磾征召华歆为掾。华歆向东到了徐州,朝廷下诏授官,任命他为豫章太守,他处理政事清静而不烦扰百姓,受到官吏民众的感激爱戴。孙策在江东夺取地盘,华歆知道孙策善于用兵,就以幅巾束发前往迎奉。孙策因为华歆是年长的人所以用对尊贵客人的礼节对待他。后来孙策死了。太祖正在官渡,上表给天子,征召华歆。孙权不想让他走,华歆对孙权说:"将军您奉帝王之命,才与曹公交好,料想情义尚未巩固,假使我得以为将军报效忠心,岂不是有益吗?现在空留下我,是养一个无用之人,这不是个好主意。"孙权高兴了,这才送走了华歆。宾客旧友为华歆送行的有一千多人,赠送了数百金的钱物。华歆都没有拒绝,秘密地题写好标记,到了临走时,把各种礼物都聚在一起,对众宾客说:"我本来没有拒绝各位的心意,但所接受的终究太多。念我单车远行,将因怀藏美玉而得罪,希望各位宾客替我考虑考虑。"众人于是各自收回了自己的赠品,对华歆的德行表示佩服。

华歆到了太祖那里,授官为议郎,参司空军事,任尚书,转侍中,代替荀彧任尚书令。太祖出征孙权,上表任华歆为军师。魏国建立后,华歆为御史大夫。文帝即王位时,任相国。到了文帝即帝位后,又改任司徒。华歆素日以清贫自守,封禄赏赐用来救济、送给亲戚故旧,家里没有一担米的储藏。朝廷曾赏赐公卿罚没为奴的女子,而只有华歆把她们放出嫁人。文帝叹息,下诏说:"司徒,是国家的才智过人的老者,为国调和阴阳管理日常事务。现在大官都用丰盛的膳食,而司徒却吃素食,这是很没有意义的。"文帝特别赐给华歆御衣,又为他的妻子儿女都制作了衣服。三府建议:"荐举孝廉,本来应以德行为标准,不再用考试经书来限制。"华歆认为:"天下动乱以来,六经毁坏衰败,应当务必给以保存扶持,以发扬王道。制定法令,是用来治理衰落的事业的。现在如果听任举荐孝廉不用经过经学考试,恐怕经学事业就要从此废弃。如果有优秀特出的人才,可以特别征召使用。我们担忧的是没有人才,哪里担忧有人才而不能得到呢?"文帝听从了他的意见。

黄初年间(220—226),朝廷下诏命公卿举荐有独特行为操守的君子,华歆举荐了管宁,文帝派安车征召了他。明帝即位后,晋升华歆爵位,封为博平侯,增加封邑五百户,连同以前的共一千三百户,转封为太尉。华歆称病请求退职,把官位让给管宁,明帝没有允许。临近朝廷大型宴会时,明帝派遣散骑常侍缪袭奉诏宣布圣旨称:"朕新近治理各种日常事务,日理万机,恐怕见闻判断不明智。依赖有德行的大臣在朕左右辅佐,而您却屡屡称病辞让职位。选择、考量主君,不在朝廷占据位置,推却、抛弃荣名利禄,不去追求官位,这种事例,古人确实已经有过,但是对于周公、伊尹那样的人来说就不能这样了。洁身自好,甚至以身殉节,平常人可以那样做,但我却不希望您那样。您还是勉力来参加大会吧,就算是给我一个好处。我将在餐桌前站立,也让百官都像我一样,以等待您的到来,然后我才会入座。"明帝又命令缪袭:"等到华歆答应出任了,你才能回来。"华歆不得已,终于出任。

太和年间(227—233),明帝派遣曹真从子午谷山道讨伐蜀国,明帝车驾向东到了许昌。华歆上疏说:"自从军事动乱发生以来,已超过了两纪二十四年。

大魏承受天命,陛下凭借圣德主持周成王、周康王那样的隆盛事业,应该弘扬一个时代的治绩,继承三王的遗迹。虽然还有吴、蜀两个贼国依凭险阻苟延残喘,如果圣王教化日益发展,僻远地方的人民感怀德政,也将背负幼儿前来投奔。兵要到不得已的时候才用,所以平时要刀枪入库,停止用兵,有了合适时机才可以行动。臣下诚恳希望陛下先留心于治理国家的方法,把出兵征伐作为以后的事情。并且从千里之外运送军粮,不是用兵的有利条件;通过险阻,深入敌国,难有独力克复的功效。听说今年征招兵役,颇有损于农桑业。治国的人以民为基础,民以穿衣吃饭为根本。假使中原地区没有饥饿寒冷的忧虑,百姓没有离开故土的心思,那样就是全国最大的幸运,两个贼国的祸乱,可以坐等时机。臣下忝居宰相之位,年老与疾病日甚一日,将不能再效犬马之劳,恐怕不能再侍奉陛下了,所以不敢不竭尽臣子的忠诚,希望陛下考察裁决!"明帝答复说:"您深入考虑了国家大计,我很是赞赏。贼国凭借依恃山川险要,武帝、文帝二祖先前为之辛劳,尚且不能攻克平定,我岂敢自我夸耀,说必定能消灭他们呢!众将领认为如果一次也不试探谋取,他们不会自动灭亡,因此出兵观察以寻找他们的破绽。如果天时还没到来,周武王曾休兵罢战的先例,就是戒鉴,朕将不会忘记您的告诫。"当时正有秋季大雨,明帝诏令曹真带领军队返回。太和五年(231),华歆去世,追谥敬侯。儿子华表继承他的爵位。当初,文帝曾赐华歆封邑,封华歆的弟弟华缉为列侯。华表在咸熙年间(264—265)任尚书。

王朗,字景兴,东海郡人。因为通晓经学,被授官为郎中,任命为菑丘县长。师从于太尉杨赐,杨赐去世,他放弃官职服孝守丧。被举荐为孝廉,公府征召,他都没有响应。徐州刺史陶谦举荐王朗为秀才。当时汉帝在长安,关东义兵兴起后,王朗任陶谦手下的治中,他和别驾赵昱等人劝说陶谦:"《春秋》的义旨是,求诸侯不如勤王。现在天子远在西京,应该派遣使者去接奉承受君王的命令。"陶谦于是派赵昱带着章奏到了长安。天子赞美他的心意,任命陶谦为安东将军。让赵昱任广陵郡太守,王朗任会稽郡太守。孙策渡过长江抢掠土地,王朗的功曹虞翻认为兵力不能抗拒,不如躲避他。王朗自认身为汉朝官吏,应该保住城镇,于是发兵与孙策作战,失败后,过海到了东冶。孙策又来追击,打得他大败。王朗这才到孙策那里去。孙策认为王朗风度儒雅,只诘问责难了一番而没有杀害他。王朗虽然流亡迁徙,穷窘困乏,朝不保夕,但是仍然收容和抚恤亲戚故旧,分给别人的东西多,从别人那里拿到的东西少,施行仁义甚为显著。

太祖上表征召王朗，王朗从曲阿出发，辗转于江海之上，走了一年才到。被授官为谏议大夫，参司空军事。魏国刚建立时，王朗以军祭酒的身份兼任魏郡太守，又升迁为少府、奉常、大理。处理案件务求宽恕，对嫌疑犯从轻判处，钟繇则对刑法研究得很透，两人都以管理司法著称于世。

文帝即王位，王朗被升迁为御史大夫，封为安陵亭侯。王朗上疏劝谏有关抚育民众减省刑罚事宜说："军事动乱兴起以来三十多年，四海动荡倾覆，万邦劳瘁绝灭。依赖先王清除贼寇，扶助抚育孤弱百姓，才使中原重新有了秩序和法纪。把亿万人民聚集在魏国土地上，使疆域内鸡鸣狗叫的声音传到四面八方，欣欣向荣，蒸蒸日上，喜遇升平世界。现今远方的贼寇还没顺从，军事服役还没停止，果真免除徭役，可以使远方民众归附，贤能的官员可以向天下宣示德行恩泽，田间道路都被修复，四方百姓殷富强盛，必定会恢复得比过去还好，比平时还要富足。《周易》称颂赦法，《尚书》突出了祥刑，'天子一人有善，亿万人民依赖他'，说的就是慎重实施刑罚的意思。过去相国曹参告诫继任者要重视狱市，路温舒憎恶严酷的狱吏。掌管司法的人善于调查到真实情况，那么就没有冤枉而死的囚犯；壮年男子得以充分利用土地，那么就没有遭受饥饿的百姓；穷困年老的人得以依靠国库积蓄生活，那么就不会出现饥饿而死的尸体；到了一定年龄的人都能及时出嫁或迎娶，那么男人女人就没有无妻无夫的怨恨；对胎儿的供养一定要完全，那么怀孕的妇人就没有自身受到伤害的哀痛；对新出生的婴儿必定免除赋税，那么孩童就没有不得养育的牵累；到了壮年以后才服徭役，那么年幼的人就没有离开家庭的愁思；有了白头发的人不必当兵，那么老年人就没有困顿倒伏的忧患。有医有药，以治疗那些患了疾病的人，宽减徭赋，以使劳动者乐业，有威有罚，以抑制强横之徒，施恩旌仁，以帮助弱者，发放赈贷，以赡养那些贫苦困乏的人。十年以后，成年女子必定充满里巷。二十年以后，能胜任当兵的人必定到处都是了。"

到了文帝即帝位时，王朗改任司空，晋封爵位为乐平乡侯。这时文帝常常外出游猎，有时黄昏夜晚才回宫。王朗上疏说："帝王的居处，外面设置周密的护卫，里面有重重禁门，将要出行则在布置卫队以后才走出帷幄，发出警报以后才走下台阶，弓弦拉开以后才登上车驾，清除道路以后才出发，遮蔽拦阻以后才回转车驾，房室清静以后才休息，都是用来突出至尊地位，保持警戒慎重，贯彻法制教化的。近些天来陛下车驾出行捕虎，午后出发，到了黄昏才返回，违背了帝王出行警戒清道的常设法规,不是君王极端慎重行动的做法啊。"文帝答复说:"看了你的奏表,即使是魏绛称引虞人的箴言以劝谏晋悼公,司马相如敷陈猛兽形状以告诫汉武帝,也不足以比喻它。现在吴、蜀二寇还没灭绝,将帅都去远方征战了,所以我要不时走入原野以练习武装戒备。至于夜里返回时的警戒,已经诏令相关部门施行了。"

当初,在建安末年,孙权才派遣使者来自称为属国,与刘备交战。文帝下诏命大臣讨论"是否应当出兵和吴国一起攻取蜀国",王朗发表意见说:"天子统率的军队,比华山、泰山还要尊重,实在应该安坐不动,稳重如山,以发散天威。假使孙权亲自与蜀国贼寇相对立,双方搏战旷日持久,势均力敌,不能迅速决定胜负,需要我们出兵以促成他们的胜败局势,那时应该选用行为持重的将领,针对敌人的要害,观察时机然后采取行动,选择地点然后出兵,一举成功就不需要做其他事情。现在孙权的部队尚未行动,那么我们援助吴国的部队就用不着先行出征。并且现在雨水正盛,不是兴师动众的有利时机。"文帝采纳了他的建议。黄初年间(220—226),有鹈鹕聚集在灵芝池上,文帝下诏命令公卿举荐有独特品行的君子。王朗推荐了光禄大夫杨彪,并且自称有病,把自己的职位让给杨彪。文帝为杨彪安置吏卒职位,使他的地位仅次于三公。文帝诏令说:"我向您求取贤才却没有得到,您却一下子自称有病,使我非但徒然不能得到贤才,更开了失去贤才的先例,增加了失去重臣的危险。莫非是我在宫中说话不注意,有得罪您的地方吧!您还是别再推辞了。"王朗这才重新出任。

孙权想要派遣他的儿子孙登入朝做侍臣,却又没有来。这时文帝车驾到许昌,正大搞屯田,想要出兵东征孙权。王朗上疏说:"过去南越奉行善举,派遣太子婴齐入侍汉朝,这才成了继承王位的人,回国做了君王。康居骄傲狡猾,说话与真情不符,都护郭舜奏议,认为应该把他入朝做侍臣的儿子遣送回去,以贬斥他的无礼。并且当初吴王吴濞的灾祸,就萌发于他的儿子入侍汉帝朝廷,隗嚣反叛,也顾不上他的儿子隗恂会被杀掉了。以前听说孙权有过送儿子来朝的话,但却没有来到,现在六军戒备森严,臣下恐怕众人没有明白您旨意,该说国家怨恨于孙登拖延入朝,所以为之兴师动众。假设部队还没出发而孙登来了,那么就是所发动的事情极大,而所引发的原因却极细微,还不足以为之庆贺。假设他傲慢凶狠,一点也没有入侍朝廷的意思,恐怕那些未能明白圣旨的舆论,将一同怀有忧愤。臣下愚见认为应该命令各路出征的将领,各自明确地奉行禁令,谨慎地看守所率领的部队。对外炫耀烈烈声威,在内广泛从事耕稼,使它们像大山一样静止,像深渊一样安详,它的威势不可动摇,它的计谋不可测量。"这时文帝已布置好部队,因此出征了。孙权的儿子没有来,文帝车驾到了江边,还是返回了。

明帝即位,晋升王朗,封兰陵侯,增加封邑五百户,连同以前的共一千二百户。他被派到邺城察看文昭皇后陵墓,看到百姓中有一些人不能维持生活。这时明帝正在营修宫室,王朗上疏说:"陛下即位以来,屡次发布施恩的诏书,百官万民无不欢欣。臣下刚刚奉命出使到北方,往返路途中听说各种徭役中可以免除减轻的有很多。希望陛下重新保留兼听大臣意见的习惯,用计谋制御敌寇。过去大禹想要拯救天下的大灾患,就首先减少自己的宫室,节俭衣服食物,因此能够全部占有九州之地,收服五服四方。越王勾践想要扩大边城御儿的边界,在姑苏打败吴王夫差,所以也约束他自己,还有他的家属,节省家用以供给国用,因此能够囊括五湖,席卷三江,威震中原,确定了他的霸主地位。汉朝的文帝、景帝也想要恢复弘扬祖先的功业,增加崇高洪大的统绪,所以能打消主意,不建耗费百金的建筑,明确宣布节俭,不穿黑色丝织衣服,在朝廷内减少太官,不接受贡献,在外省减徭役税赋,专务农桑,因此能够号称升平,几乎无人犯法,致使刑法搁置不用。汉武帝之所以能振奋他的军事势力,开拓境外疆土,实在是因为祖上蓄积的实力素来充足,所以能成就大的功业。霍去病,不过是个中等才分的将领,也因为匈奴没有消灭,不去整治自己家的宅第。要明确这一点,忧虑远方事务的人,对近旁的事务应务求简略,从事对外事务的人,对内务应力求简单。从汉朝初建到它的中兴,都是在金戈铁马的战事大致停息以后,才建造起众多高大的皇家宫殿。现在建始殿前面足够用于朝会,崇华殿后面足够用于排列内官,华林园、天渊池足够用于开展游园宴会,或者且先建成高大的宫门观阙,使它足够用来排列边远地区来朝贡的人,修整城池,使它足够用来阻绝逾越侵略的人,成为国家的险要,至于其余的一切,暂且等到丰收年分再去考虑。一心一意以努力农耕为急务,练习军事防备日常事务,那样就令国人没有怨恨,人口增长,民众充足,兵士强盛,而贼寇不来归顺,光明不兴的情况,是不会有的。"后王朗被转为司徒。

当时皇帝屡次失去儿子,但后宫中与皇帝同居的人却不多,王朗上疏说:"过去周文王十五岁生有周武王,才享有十个儿子的福祚,扩大了姬姓的后代。

周武王老了以后才生了周成王，成王因此兄弟很少。这两位周王，各个树立了圣德，没有人能比得过，但说到享有子孙的福祚，则大不相同。都是因为他们生育有早有晚，所生下的孩子有多有少的缘故。陛下已经德行福祚兼具两位圣人之美，年寿高于文王生育武王之时，而您那个像姬发一样的儿子还没有在后妃宫中出生，藩王们没有在众宫嫔的居室中多多出生，拿周成王的出生来作比喻，虽然还不算晚，但如果取譬于武王的哥哥伯邑的出生时间，就不算早了。《周礼》规定六宫宫人为一百二十人，而诸种经典的平常说法，都以十二人为最低限度，至于秦朝汉朝末年，有时就数以千百计了。但虽然姬妾很多，而及时生育的却极少，可以明了所谓'儿子多多'的根本，实在在于一心一意，不只在于贪多务广。老臣勤勤恳恳，希望国家有与轩辕黄帝生育二十五个儿子同样的福祚，而现今还不及周文王的生育十个儿子，因此悒郁。另外幼儿常常苦于被褥太暖和，太暖和了就不便于柔弱的体肤，所以难以防病护理，而易生感冒。如果常常让幼儿的丝棉袍不至于太厚，就必能全部保存金石般坚强的体性，而能寿比南山。"明帝答复说："忠诚至深的人言辞恳切，爱心深厚的人言辞深刻。您既劳心思虑，又手写奏疏，顺势且成美善之事，几次三番阐述有德之言，使我欣喜无量。我继承帝位的儿子尚未确立，成为您的忧虑，我恭敬地听受您至诚的言论，很高兴地接纳您确定的良好规范。"王朗著有《易》《春秋》《孝经》《周官》的注释，还有他的奏议论记各类著作，都流传于世。王朗在太和二年（228）去世，追谥成侯。他的儿子王肃继承爵位。当初，文帝赐王朗封邑，封他的一个儿子为列侯，王朗请求封给他哥哥的儿子王详。

王肃，字子雍。十八岁时，师从宋忠研读《太玄》，另外还为此书作了注解。黄初年间（220—226），王肃任散骑黄门侍郎。太和三年（229），授官为散骑常侍。太和四年（230）大司马曹真征讨蜀国，王肃上疏说："以前有过这样的话：'靠千里以外转运粮食，士兵面有饥色，靠砍柴打草以后烧火做饭，部队难以保持温饱。'这说的是在平坦道路上行军的情况。又何况是深入险阻地区，靠修凿道路前进，这样行军的劳苦更要超出百倍。现在又加上雨水连绵，山坡又高又滑，众人走在山路上面，狭窄难于展开，粮食悬于千里之外，难以为继，这实在是行军的大忌。听说曹真出发已经超过了一个月，而子午谷的道路才走了一半，战士们把精力都用在修整道路以便通行上面了。这使贼寇居然得以以逸待劳，是兵家最害怕的事了。说到以前的朝代，周武王讨伐商纣王，出了关又回去；论到较近的事例，武帝、文帝分别征讨孙权，到了江边却没有渡过。难道不是所谓随顺天意、知晓时运、通于权变的举动吗？亿万人民如果知道圣上是因为水雨连绵、路途艰险的缘故，才停止出征、与民休息，那么以后的日子里要是有了什么机会，再乘隙而入，他们就会像平时所说的心悦诚服地去犯难冒险，人民就将舍生忘死了。"于是停止了这次出征。王肃又上疏说："应该遵行旧时礼仪，为大臣吊唁哀哭，建议设位于宗庙。"这些事情都施行了。王肃又上疏陈述处理政事的根本原则说："废除无事可做的官位，减少并不急需的俸禄，停发白领俸禄之人的经费，裁并无所事事的官员；使官员必有职责，有职责就要做事，做事一定接受俸禄，用俸禄代替耕作的劳役，这是自古以来的常规，当今所适宜的原则。官贤而不多，而每人的俸禄丰厚，那样公家投入的成本就少，进身为官者还能得到勉励。每个人各自施展自己的才力，没有什么可以互相倚仗。要发表见解，就陈述章奏，检查政绩功劳，要通过公开的考试，这个官员有能力还是没有能力，简单明了全在帝王心里。因此唐尧、虞舜设置官员，分派职位，命令公卿各负其责，然后只让龙一个人担任纳言，就像今天的尚书，靠他来向帝王报告信息，向下宣布帝王的命令而已。夏朝、商朝是什么情况不得详知。《甘誓》提到'六事之人'，明确了六卿也是主管日常事务的人。《周官》就记载得详备了，帝王五天一次到朝廷处理公务，公卿大夫一同进朝，而由司事确定他们各自贵贱不同的位置。《周礼·考工记》称'坐而论道，说的是王公；起来做事，说的是士大夫'。到了汉朝初年，依傍比拟前代，公卿都亲自到朝廷处理公事。所以汉高祖亲身追赶为办公事而来，见高祖拥姬作乐而走的周昌，汉武帝因未戴皇冠远远地躲起来许可汲黯奏事，汉宣帝让公卿五天一次上朝，汉成帝开始设置五个尚书员。从此以后这些做法就都废弛了，朝廷的礼仪于是就有欠缺了。可以恢复五天一次朝廷共同办公的礼仪，让公卿尚书们各自就自己主管的事情进奏。把废弛的礼仪复兴起来，光大弘扬圣王的传统，这才真是所谓名声好听而又名至实归啊。"

青龙年间（233—237），山阳公去世。山阳公是先汉朝的皇帝。王肃上疏说："过去唐尧禅让给虞舜，虞舜禅让给夏禹，都是完成了三年的居丧期，然后才即天子的尊位的，因此皇帝的称号没有亏损，君父的礼仪仍然存在。现今山阳公承顺天命，答允满足了民众的愿望，将帝位进奉禅让给了大魏，自己退处宾客的位置。山阳公奉事魏朝，不敢不尽礼节，魏朝对待山阳公，优待尊崇，不按一般的臣对待。到了山阳公去世，棺木入殓的制式，车子役夫的装饰，都与有王位的人相同，因此远近都肯定魏朝的仁慈，认为这个安排隆盛而美好。另外汉朝将'帝''皇'两个称号结合起来,号称'皇帝'。有区别的需要时称为'帝',没有时称为'皇',那么'皇'这一称号是分量较轻的了。所以当汉高祖的时候,国土上没有两个君王,他的父亲还健在,于是让人称他父亲为'皇',明确了并不是有两个君王。何况现在是用来赠送给已死的人,可以让人称山阳公为皇,以和他的谥号相配。"明帝没有听从称山阳公为"皇"的建议,追谥山阳公为汉孝献皇帝。

后来王肃以常侍的身份兼任秘书监,又兼崇文观祭酒。景初年间(237—239),宫室建造十分兴盛,民众无法从事农业生产,规定的劳役期限不守信用,判决死刑执行得仓促。王肃上疏说:"大魏承继下百王造成的极限,人民所剩无几,战火未熄,实在应该使民休息,给他们得以有安静时间的恩惠。欲求蓄积财物而使疲倦的百姓得以休息,在于省减徭役而努力耕种。现今宫室没有造就,功业没有完成,漕运调派粮物,需要层层辗转供奉。因此役夫勉力劳作,疲惫不堪,农民离开了他们的田地,种粮的人很少,吃粮的人很多,旧粮已经没有了,新粮却无法接续。这是一个国家的最大忧患,而不是储备预防的长远策略。现在可以看到施工的人有三四万人,九龙殿可以安顿天子圣体,殿内足以排列六宫,显阳殿也将要完工,只有太极殿以前的工程还很浩大,正逢酷寒,疾病时有发生。诚恳希望陛下发出仁德的声音,颁下贤明的诏令,深深怜悯役夫的疲惫辛劳,哀怜亿万民众的困乏不足,选取那些常食官粮的人,没有紧急要务须办的人,选择其中壮年男子,留下一万人,使他们一个工期就得到替换,都知道休息替代有固定的日期,那样就没有人不高兴地做事,虽劳累而不怨恨。合计一年有三百六十万役夫的工作日,也不算少了。按原计划应当一年完成的工程,且让它三年完成。分散遣返那些其余的劳力,使他们都从事农业生产,这是使国家不会穷困的计划。粮仓有流溢出的米,民众有多余的劳力,用这些来建立功业,有什么功业不能建立?用这些来推行教化,有什么教化不能成功?取信于民,是一个国家最宝贵的东西。孔仲尼说:'自古以来人都要死掉,民众如果不信任,国家是立不起来的。'那个小小的晋国,小小的晋国公子重耳,想要使用他的人民,先让大家看到他的信用,因此原国虽然将要投降,但重耳固守信用退兵归回,因此能经过一次战斗而开始称霸,至今仍被人称道。前一段时间,天子车驾将要到洛阳去,征发民众劳役建立大营,官府许诺说大营建成就停止服役。但是建成以后,又利用这些劳力继续为他们谋利,没有按时遣返这些役夫。官府中人只知谋取眼前的利益,而不顾及治理国家的规则。

臣下认为从今以后,如果再使用民间劳役,应该明确宣布命令,必定遵守规定期限。如果接着还有别的事情需要劳力,那就宁可再次征发,不要有一次失信之举。凡属陛下临时下令执行刑罚的,应该说都是些犯有罪行的吏役,应该处死的人。但是众百姓不知道这种情况,把它说成是仓促行事。所以希望陛下干脆把这种判决交给下面的官吏,宣布那些犯人的罪行。权衡他们的死罪,不让他们玷污宫廷且使远近的人们疑惑。并且人命关天,杀死容易,再让他活可就难了,断了气就无法接续了,因此圣贤把这事看得很重。孟轲宣称杀一个无辜的人而获取天下,仁者不做这样的事情。汉朝时常有人触犯帝王车驾,惊动了乘坐车马的天子,廷尉张释之上奏请求判决犯罪人交纳罚金。汉文帝奇怪为什么罚得这么轻,而张释之却说:'要是在事情发生的当时,圣上把他杀了也就罢了。现在下交廷尉,廷尉是国家的天平啊!只要有一点倾斜,天下施用法律都会跟着畸轻畸重,民众不就会手足无措了吗?'臣下认为这些话很没有道理,不是忠臣所应该陈述的。廷尉,是天子的吏役,如果他尚且不能丧失公平,难道以天子的身份,反而可以迷惑、失误吗?重视为己,轻视为君,是最不忠实的行为。周公说:'天子没有玩笑话;他的话,史官要记录,官吏要诵读,士人要称颂。'说话尚且不开玩笑,何况是行动呢?所以对张释之的话不可不明察,对周公的告诫不可不依循。"王肃又陈述:"各种鸟兽都是没有用的东西,却有割草粮谷人力等种种浪费,都可以免除。"

明帝曾经询问说:"汉桓帝时,白马县令李云上书说:'帝的意思就是谛(认真、仔细)。现在的情况是皇帝想要不谛(认真、仔细)。'应当怎样才能使李云得免死罪?"王肃回答说:"李云只不过是说话忘了悖逆顺从的尺度。推究他本意,都是想要尽自己的心意,念念不忘弥补国事的缺失。并且帝王的威势,比雷霆还要厉害,杀死一介匹夫,跟杀死一只蝼蚁没什么两样。宽容并且原宥李云那样的人,可以表明自己能够容纳接受恳切的言论,把德行风度推广到全国。所以臣下认为杀李云未必是正确的。"明帝又询问说:"司马迁因为受了宫刑的缘故,内心怀有怨恨,写作《史记》非难贬低汉武帝,令人切齿痛恨。"王肃回答说:"司马迁记叙事情,不虚泛地作溢美之词,不隐瞒人的恶劣的行为。刘向、扬雄佩服他善于记叙事实,具有优秀史官的才能,把它称为实录。汉武帝听说他在写作《史记》,索取汉景帝和他自己的本纪阅览,于是大怒,删改了以后又扔掉了。到了今天这两篇本纪只有目录,没有文字。司马迁后来遭遇李陵事件,竟把他下蚕室处以宫刑。这样看来,怨恨是在汉武帝心中,而不在作《史记》的司马迁心中啊。"

正始元年（240），王肃出京任广平郡太守。后因公事被征召回京，授官议郎。不久，任侍中，升迁为太常。当时大将军曹爽专权，委任重用何晏、邓飏等人。王肃与太尉蒋济、司农桓范谈论到时政，王肃严肃地说："这类人也就是弘恭、石显之流，还提他们干什么！"曹爽知道了这话，告诫何晏等人说："你们都得小心！公卿们已把各位比作前世恶人了。"王肃因宗庙事件犯了罪，得到赦免。后任光禄勋。当时有两条一尺长短的鱼，聚在武器库房里，官府认为是吉祥的事。王肃说："鱼是生活在深渊里的，现在却躲避在屋里，长有鳞甲的动物丧失了居住的地方。边境上的将领难道要有弃甲投降的变故吗？"这事以后果然发生了东关战役失败之事。王肃被调任河南尹。嘉平六年（254），王肃持节符，兼任太守，在元城接奉天子车驾，迎接高贵乡公。这一年，有白气经过天空，大将军司马景王询问王肃是什么缘故，王肃回答说："这是蚩尤的旗帜，东南方面难道将有动乱吗？您如果能自修其身以安定百姓，那样天下乐意安定的人就会归附德行，倡导变乱的人先就灭亡了。"第二年春天，镇东将军毌丘俭、扬州刺史文钦反叛，司马景王对王肃说："霍光有感于夏侯胜援引《尚书·洪范》之言，开始重视儒学人士，实在是有原因的。安定国家，使君主权位稳固的方法策略在哪里？"王肃说："当年关羽率领荆州士兵，在汉水边上降服了于禁，随即产生了向北发展争夺天下的志向。后来孙权偷袭获取了他的将领士兵的家属，关羽手下众兵一下子就瓦解了。现在淮南将领士兵的父母妻儿都在内地州郡，只要急速赶往那里防御毌丘俭、文钦来犯，不让他们前进，同时护卫淮南将士们的亲属，那就一定会出现当年关羽那样土崩瓦解的局势了。"景王听从了他的计策，于是打败了毌丘俭、文钦。后来王肃升迁为中领军，并任散骑常侍，增加封邑三百户，连同以前的共有二千二百户。王肃在甘露元年（256）去世，门生穿着丧服的数以百计，追赠他为卫将军，谥号是景侯。他的儿子王恽继承爵位。王恽死，没有儿子，封国的继承断绝。景元四年（263），又封王肃另一个儿子王恂为兰陵侯。咸熙年间（264—265）年间，开始设立五等爵位，因为王肃在前朝功勋卓著，改封王恂为承子。

当初，王肃精通贾逵、马融的学问，而不喜好郑玄，采集会通他与当时人相同或相异的见解，为《尚书》《诗经》《论语》《三礼》《春秋左氏传》作了注解，加上他编定的父亲王朗所作的《易传》，都列于学官。他所论述、辩驳有

《三国志》全译

关朝廷典章制度、郊野祭礼、宗族庙宇、丧礼法度、商品货币等问题的文章，共有一百多篇。当时乐安国人孙叔然，在郑玄门下学习过，人称他是东州大儒。征召他为秘书监，没有上任。王肃撰著《圣证论》来讥刺贬低郑玄，孙叔然进行了反驳和解释，后来作了《周易》《春秋例》《毛诗》《礼记》《春秋三传》《国语》《尔雅》等各种经书的注解，又著书十多篇。另外，从魏国初年开始征召的士人：敦煌人周生烈，明帝时的大司农弘农、董遇等人，也陆续对经书及其传文作了注解，在当时流传颇广。

评：钟繇开朗通达精明干练，华歆清廉纯洁德行素朴，王朗文辞渊博富丽堂皇，确实都是一个时期杰出卓越的人士。魏国刚刚接替帝位，他们开始登上太尉、司徒、司空这三司的职位，多么兴旺啊！王肃诚信正直见闻广博，能够承继父业。

卷十四　魏书十四

程郭董刘蒋刘传第十四

　　程昱,字仲德,东郡东阿县人。身高八尺三寸,胡须长得很美。黄巾兵起时,县丞王度反叛响应,烧了仓库。县令跳墙逃走,官吏百姓纷纷背负老幼向东逃奔到渠丘山,程昱派人侦察探视王度的情形,王度等人只得到一座空城,不能据守,出城在城西四五里的地方驻扎。程昱对县中大族薛房等人说:"现在王度等人得到城郭而不能据守,其成败大势就可以知道了。他们不过想要抢掠财物,并非有扩大装备训练军队攻城坚守的志向。现在我们为什么不相继返回城中守城? 并且城墙又高又厚,城中积存的谷米很多,现在如果回去请求县令,一同坚守,王度一定不能持久,那时便一攻可破。"薛房等人认为他说得对。但吏役百姓不肯听从,说:"贼在西边,我们只有向东去。"程昱对薛房说:"不可和愚民商议大事。"于是秘密派遣几人骑马到东山上举起幡旗,让薛房等人能望到,大喊说"贼已来了",随即下山直奔城内,吏民奔走跟随,找到县令,共同守城。王度等人来攻城,攻不下,想要离去。程昱率领吏民打开城门紧紧追击,王度等被打败逃跑。东阿县城因此得以保全。

　　初平年间(190—193),兖州刺史刘岱征召程昱,程昱没有答应。当时刘岱与袁绍、公孙瓒和亲,袁绍让他的妻儿住在刘岱处,公孙瓒也派从事范方带领骑兵去援助刘岱。后来袁绍与公孙瓒发生嫌怨。公孙瓒打败袁绍军队,接着派使臣告诉刘岱,让他遣返袁绍妻儿,与袁绍绝交。另外敕令范方:"如果刘岱不遣返袁绍家眷,你就带领骑兵返回。我肯定袁绍就要发兵与刘岱开战了。"刘岱连日商议,不能决断,别驾王彧告诉刘岱:"程昱很有计谋,能决断大事。"刘岱于是召见程昱,问他有何计策,程昱说:"如果放弃袁绍切近的援助而寻求公孙瓒远距离的援助,这正是所谓从越地借人来救已经溺水的儿童。那个公孙瓒，不是袁绍的敌手。现今虽然挫伤了袁军，但是最终要被袁绍擒住。如果只顾一时的权变而不考虑远大的计划，将军您终有一天会失败的。"刘岱听从了他。范方带领他的骑兵返回，还没到达，公孙瓒已被袁绍打得大败。刘岱上表推荐程昱为骑都尉，程昱以有病为由辞拒。

刘岱后来被黄巾军所杀。太祖到了兖州，征召程昱。程昱将要上路，他家乡的人对他说："怎么前后的态度这么不一样啊！"程昱笑而不答。太祖与他交谈，劝说他做寿张县令。太祖征讨徐州，让程昱与荀彧留守鄄城。张邈等人反叛迎接吕布，各郡县纷纷响应，只有鄄城、范县、东阿没有变动。吕布军中投降的人，说陈宫正要自己带兵攻取东阿，又让汜嶷攻取范县，官吏百姓都生了恐慌。荀彧对程昱说："现在兖州整个反叛，我们只有这三个城池了。陈宫等人以重兵逼临城下，若非有人深入其中，团结一心，这三个城也必生变动。您是民众的希望，如能回城劝说他们，大概是可以成功的！"程昱于是归还，路过范县，劝说县令靳允："听说吕布拘捕了您的母亲、弟弟、妻子、儿女，这是孝子所绝对不能容忍的！现今天下大乱，英雄并起，必定会有命世之才，有能力平息天下之乱的人出现，这就需要智者审慎地加以抉择。得遇明主的一定昌盛，失遇明主的一定败亡。陈宫叛变，迎接吕布，而众城都去响应，好像他们能有所作为似的；然而在您看来，吕布是个什么样的人啊！那吕布粗鲁而六亲不认，刚愎而蛮横无理，不过是个匹夫英雄罢了。陈宫等人以势力大小进行合作，是不能帮助您的，他们兵士虽多，最终必定不会成功。曹使君杰出的智慧韬略世所稀有，几乎可说是上天所授。您一定能固守范城，我将守住东阿，这样，像田单那样的收复失地的功劳就可以建立了。谁会去违背忠义顺从恶人而导致母子双亡呢？希望您仔细考虑这件事！"靳允流着眼泪说："我不敢有另外的心思。"这时汜嶷已经在县里，靳允于是召见汜嶷，埋伏兵士刺杀了他，回去约束兵士守城。程昱又派骑兵堵住仓亭津渡口，陈宫来到，不得渡河。程昱到了东阿，东阿县令枣祗已经率领激励官吏民众，依城坚守。又有兖州从事薛悌与程昱协力谋划，终于保全了三城，等待太祖。太祖回来后，握着程昱的手说："如果不是你的力量，我就无处归还了。"于是上表推荐程昱为东平相，驻扎范县。

太祖与吕布在濮阳作战，几次不胜。这时发生了蝗虫灾害，于是双方带兵退还。在这时袁绍派人劝说太祖与他联合，想要让太祖迁到邺城居住。太祖刚刚失掉兖州，军粮用尽，打算同意袁绍。这时程昱出使正好回来，太祖召他相见,程昱于是说:"听说将军想要迁家,与袁绍联合,确实有这件事吗?"太祖说:"是的。"程昱说:"我看将军大概是遇到事情而产生了恐惧,要不然怎么考虑得这样不深呢!那袁绍占据燕、赵地区,有吞并天下的心愿,但他的智谋却不能助他成事。将军您自己揣度能安居于袁绍之下吗?将军凭借龙虎般的威势,可以做韩信、彭越做过的事情吗?现在兖州虽然残破,但还有三城在我手中。能够死战的士兵,不下万人。凭将军的神武,与荀文若和我程昱等,收拾余部,发挥他们的力量,称霸称王的事业就可以成功了。希望将军三思!"太祖于是停止了与袁绍联合的打算。

汉天子迁都到许县,任命程昱为尚书。兖州尚未安定,又任命程昱为东中郎将,兼任济阴太守,都督兖州事务。刘备失了徐州,前来归附太祖。程昱劝说太祖杀了刘备,太祖不听。他们说的话载于本书《武帝纪》。后来太祖又派遣刘备到徐州半路截击袁术,程昱与郭嘉劝说太祖:"您前些天没有谋杀刘备,我等确实不如您想得周全。现在借给刘备兵力,他一定会生异心。"太祖后悔了,追赶刘备,却来不及了。恰逢袁术病死,刘备到了徐州,随即杀了车胄,发动士兵背叛了太祖。不久,程昱升任振威将军。袁绍驻黎阳,正要南渡。这时程昱只有七百名兵士守卫鄄城,太祖知道这个消息,派人通知程昱,要给他增兵两千。程昱不肯接受,说:"袁绍拥有士兵十万之多,自以为所向无敌。现在见我兵少,一定轻易不来进攻。如果增加我的兵力,人多了,袁绍则不可能不来进攻,进攻就一定会攻下,徒然使我们两处损失力量。希望您不要怀疑!"太祖听从了这个建议。袁绍听说程昱兵少,果然不去攻城。太祖对贾诩说:"程昱的胆识,比得过孟贲和夏育。"程昱收罗藏于山泽中的亡命之徒,得到精兵数千人,随即率领军队与太祖在黎阳会合,讨伐袁谭、袁尚。袁谭、袁尚被打败逃走。授程昱为奋武将军,封安国亭侯。太祖征讨荆州,刘备奔向东吴。议论的人认为孙权一定要杀刘备,程昱预料说:"刘备刚刚登上权位,尚未被国内所惧怕。曹公无敌于天下,刚刚攻下荆州,声威震动江南,孙权虽然有谋略,但不能独立对抗,刘备有英名,关羽、张飞都能抵敌万人,孙权必定借助他们以与我们对抗。刘备的灾难得以解脱;势力范围也被分定,刘备依靠这个帮助站稳了脚跟,再要捉住杀他是不可能的了。"孙权果然多给刘备兵力,以抗御太祖。此后中原地区逐渐平定,太祖抚摸着程昱后背说:"兖州那一场败仗以后,如果不采用您的意见,我怎么能达到今天这个地步?"宗人奉上牛酒慰劳程昱,程昱说:"知道满足就不会招致侮辱,我可以告退了。"于是自己上表要求将手下士兵归还太祖。关门隐居，不再出仕。

程昱性情刚直猛烈，与人多有抵触。有的人就告发程昱阴谋反叛，太祖对他的赏赐和待遇却更加丰厚。魏国建立以后，程昱做了卫尉，与中尉邢贞为威仪事相争，被免职。魏文帝即位后，复官为卫尉，又封为安乡侯，增加封邑三百户，连同以前的共八百户，又分封程昱的小儿子程延及孙子程晓为列侯。正要封程昱为公，他恰在这个时候去世了。文帝为他的死而流泪，追赠他以车骑将军的称号，追谥为肃侯。程昱的儿子程武继承了这一爵位。程武去世，程武的儿子程克继承。程克去世，程克的儿子程良继承。

程晓，嘉平年间（249—254）任黄门侍郎。当时校事官放纵横暴，程晓上疏说："《周礼》说：'设置官位，分派职掌，以此作为民众行事的标准。'《春秋左传》说：'天上有十个太阳，人间有十个等级。'愚人不得统治贤人，贱人不得统治贵人。从此一并建立起圣王哲人的权威，树立起他们的风范。对各种官吏的功绩进行严明的考试，这样人们各自专心于自己的职业，心思不会逸出自己的本位。所以栾书想要拯救晋厉公，他的儿子栾针却不听从；死尸横陈在街道上，汉宰相邴吉不闻不问。处上位的人不追求不属自己职责的功绩，处下位的人不追求自己分外的奖赏，官吏没有兼管并统的权势，百姓没有两种以上的劳役，这些实在是治理国家的重要原则，国家安定或动乱的原因啊！往远处说，阅览古代的典章记载，往近处说，观察秦、汉两朝，虽然官位的名称有所变化，职责范围不同，但说到尊崇上位，制抑下位，那种分别和体制却是很明显的，其原则是一致的。本来就没有校事官参与干预各种政务的情况。过去魏武皇帝宏大的事业处在草创时期，各种官职配置还不完备，而且军队行旅辛勤劳苦，民众心情尚未安定，于是往往发生小小罪行，不可以不进行检察，所以才设置了校事一职，是为了用来统一人们的行为，但是因为检查制御有方，不至于形成放纵恣意的局面。这是称霸时期的权宜之计，而不是皇帝圣王的正式法典。后来就渐渐滋生了放纵的任意，反而成了一种弊病，辗转因袭，没有人能正本清源。于是就使校事能够向上察考宫殿宗庙，向下统报各个官府，他们的官位没有一定范围，职务不受限制，随意任情，全凭他们主观意志行事。法条就在笔下形成，根本不依据于国法诏令；官司就在门下结案，从来不顾及复审。他们选用官员，把谨慎当作粗疏，把匆忙草率认为贤能。他们处理事情，将刻毒暴戾作为公正严明，将遵循法理作为怯懦软弱。对外，他们盗用朝廷的威望为自己壮大声势，对内，他们又聚集一批奸诈小人作为心腹。大臣们耻于和他们争权夺势,含愤忍怒,一言不发,小民们畏惧他们的锋芒,冤屈郁结在心中,无从告诉。以至于使尹模公敢于在人们注视之下肆无忌惮地行奸作恶;其罪恶昭彰,路人皆知,却连纤细微小的过错都多年不使君主知晓。这种局面的形成,既不是《周礼》设置官职的本意,也不符《春秋》中人有十等的大义。现今对外有公卿将校从总体上管理各个部门,对内有侍中尚书综合治理各项事务,又有司隶校尉监督检察京师重地,御史中丞管理宫殿禁区,都有严格选举贤能人才充任这些职务,公布明确国法诏令以监督他们是否有违法之处。如果说这些贤才还不称职,那么校事不过是区区小吏,更加不可信任。如果这些贤才个个尽忠竭力,那么区区校事,也仍然是没有益处。如果重新严格选举一国杰出的人士来做校事,那又不过是在中丞司隶以外重复增设一个官位而已。而如果仍然依照旧例选举校事,那么尹模的奸行今天将重新出现。像这样进一步、退一步,反复推断计议,可以肯定校事一职实在是没有什么用处。过去桑弘羊为汉朝谋取盈利,卜式认为只要烹了他一人,天就可以下雨。如果一定要把政治上的得失与天地自然现象的感应联系起来,在我看来,恐怕近年的水旱灾害,未必就不是校事的作为所引起。过去曹恭公疏远君子,亲近小人,《国风》话物讽咏,以为讥刺。卫献公舍弃大臣,而与小臣议谋,定姜认定他有罪。即使认为校事对国家有益,但从礼义的角度说,还是伤害了大臣们的感情,何况这些任校事的人奸邪行为早已暴露于世,而仍然不罢免这个职位,这就是君上有所缺失而不能补过,陷于迷途而不知回返啊。"于是从此废除了校事官职。程晓后调任汝南太守,四十多岁时去世。

郭嘉,字奉孝,颍川郡阳翟县人。当初,郭嘉曾北行去见袁绍,对袁绍的谋臣辛评、郭图说:"明智的人能审慎周到地衡量他的主人,所以凡有举措都很周全,从而可以立功扬名。袁公只想要仿效周公的礼贤下士,却不很知道使用人才的道理。思虑多端而缺乏要领,喜欢谋划而没有决断,要想和他共同拯救国家危难,建立称霸称王的大业,实在很难啊!"于是离开了袁绍。在这之前,颍川郡人戏志才,是个善于筹划的人士,太祖很器重他。戏志才死得早。太祖给荀彧写信说:"自从志才去世后,我就没有可以与之计议大事的人了。汝川、颍川本来多有奇特人士,有谁可以继承戏志才呢?"荀彧推荐了郭嘉。太祖召见郭嘉,议论天下大事。太祖说:"能使我成就大事业的人,一定就是这个人了。"郭嘉出来后,也高兴地说:"这才是我真正的主人啊。"太祖上表让郭嘉做了司空军祭酒。

太祖征讨吕布,经过三次战斗,打败了吕布。吕布后退坚守。这时因士兵疲倦,太祖想要率领军队撤回,郭嘉劝说太祖猛烈攻打吕布,随即将吕布捉住。这件事记载在本书《荀攸传》中。

孙策转战千里,占据了全部江东地区,他听说太祖与袁绍在官渡相持不下,于是想要渡过江向北袭击许县。众人听到这个消息都有些害怕。郭嘉估计说:"孙策刚刚吞并了江东,所诛杀的都是些英雄豪杰,他是个能让人为他拼死而战的人。但是孙策这个人轻佻而不善于预先防备,虽然他的部队有一百万人之多,却和他一个人来到中原没什么两样。如果有刺客伏击,那他就不过是一人之敌罢了。在我看来,孙策必定要死在一个平常的人手中。"孙策到了江边,尚未渡江,果然被许贡派出的刺客所杀死。

后来郭嘉随从太祖打败袁绍,袁绍死,又随从太祖到黎阳讨伐袁谭、袁尚,接连几次战斗都打败了对方。众将领想要乘胜顺势攻击,郭嘉说:"袁绍爱他这两个儿子,一直没有立哪一个继承他。二人分别有郭图、逢纪做他们的谋臣,一定会在其间交相争斗,互相离间。我们攻得太急,他们就会互相扶助,我们攻势一缓和,他们互相争斗的心思就产生了。我们不如向南面的荆州做出像要征讨刘表的样子,以等待二袁那里的变化;变局已成,而后再向他们攻击,就可以一举成功了。"太祖说:"好。"于是向南面进军。军队开至西平县。袁谭、袁尚果然开始争夺冀州。袁谭被袁尚军队打败,逃走保守平原县,派遣辛毗乞请投降。太祖回兵救助袁谭,随即顺势平定了邺县。郭嘉后来又随从太祖在南皮攻打袁谭,平定了冀州。太祖封郭嘉为洧阳亭侯。

太祖将要征讨袁尚和辽西、上谷、右北平三郡的乌丸人,手下众将领大多顾虑刘表支使刘备袭击许县,以此征讨太祖,郭嘉说:"太祖虽然威势震撼天下。但乌丸依恃他们地处偏远,一定不会防备。乘他们没有防备的时机,突然实行攻击,就可以攻破消灭他们。况且袁绍对汉人、乌丸人有恩,而袁尚兄弟还在。现在四州的百姓,只因他们的威势而归附,德政恩惠并未施加,如果我们舍弃进攻他们的时机转而南征刘表,袁尚就会凭借乌丸的资助,招募他们的能为主人尽死力的臣仆,胡人一有动作,当地的汉人、乌丸人都会响应,就将助长蹋顿的野心,坚定他们非分侵吞中原的计划,那时恐怕青、冀二州就不在我们手里了。刘表不过是个纸上谈兵的人罢了,自己知道才能不足以抗御刘备,看重刘备。又怕不能控制他,不给刘备重任。刘备不会为他所用。所以我们虽然在国内兵力空虚的情况下远征,您也不用忧虑。"太祖这才出征。走到易县时,郭嘉建议说:"兵贵神速。现在我们奔波千里偷袭敌人,军用物资太多,难以顺利迅速地前进,并且对方要是知道了,一定作了防备;不如留下军用物资,让轻装的士兵加倍赶路,出其不意地攻击敌人。"太祖于是秘密从卢龙塞出兵,直接攻向乌丸单于居住的地方。乌丸人仓促中听到太祖军队到了,惊慌惶惑中合兵作战。太祖军大败乌丸军,斩杀了蹋顿和各个有名的首领等。袁尚和他哥哥袁熙逃去辽东郡。

郭嘉深沉通达,富有运筹韬略,通晓事物情理。太祖说:"只有郭奉孝能知道我的心思。"三十八岁时,郭嘉从柳城回来,病得很重,太祖派去探问病情的人一个接着一个。郭嘉去世以后,太祖亲自前去吊丧,对荀攸等人说:"你们诸位的年纪和我是同辈,只有郭奉孝年纪最轻。天下战事完毕,我还要把身后的事务托付给他,而他却中年夭折,真是天命啊!"随即上表说:"军祭酒郭嘉,自从随我征伐各地,已有十一年。常常作出重大的建议,善于在大敌当前的时候随机应变。我的决策还未作出,郭嘉往往已经谋划成熟。在平定天下的大业中,郭嘉参与谋略的功劳是很高的。不幸的是他短命夭折,远大的事业尚未完成。现在追思郭嘉的功勋,实在不可忘却。可以增加他的封地八百户,连同以前所有,共一千户。"追加给郭嘉的谥号是贞侯。由他的儿子郭奕继承。

后来太祖征战荆州返回时,在巴丘遇上了流行疾病,烧掉了船只,太祖叹息说:"郭奉孝如果还健在,不会使我落到这个地步。"当初,陈群曾批评郭嘉行为不很检点,几次在太祖面前诉说郭嘉的不是,郭嘉不以为意,神情自若。太祖更加器重他,但同时因为陈群能秉持公正,对陈群也很欣赏。郭奕后来任太子文学,去世较早。他的儿子郭深继承。郭深去世,又由郭深的儿子郭猎继承。

董昭,字公仁,济阴郡定陶县人。曾被举荐为孝廉,又被任命为廮陶县长、柏人县令,袁绍又让他做了参军事。袁绍在界桥迎战公孙瓒,钜鹿太守李邵和郡中仕宦认为公孙瓒兵力强盛,都想要归属于他。袁绍听说了,让董昭兼任钜鹿太守。袁绍问:"你想用什么办法制驭他们?"董昭回答说:"凭我一个人的微力,不能消弭众人的预谋,我想假作应和同意的样子,引诱他们说出实情,然后再根据具体情况临时权变,这样来制驭他们。计策只能临时想出,现在没法预先谈论。"当时钜鹿郡里的大姓人家孙伉等几十人是主要的策划者,鼓动官吏和百姓。董昭到了郡里,伪造了一份袁绍的檄文告诉全郡说:"得到贼人的侦察兵安平、张吉的口供,他们会来进攻钜鹿,贼方原孝廉孙伉等人作为内应,此檄文传到郡中，即将孙伉等逮捕军法从事，只惩罚他们本人，妻儿不予连坐。"董昭依照檄文的控诉、命令，将孙伉等人立即斩首。全郡人惊惶恐慌，董昭挨个予以安慰，于是全都安定下来。事情结束后董昭向袁绍汇报，袁绍十分赞许。恰逢魏郡太守栗攀被士兵所害，袁绍就让董昭兼任魏郡太守。当时全郡境内秩序大乱，贼人数以万计，他们派使者相互往来，进行买卖贸易。董昭十分重视这种情况，找机会在他们中间进行离间，乘他们力量虚弱时发兵征讨，总是打得贼方大败。两天之中，带羽毛的紧急告捷文书就送了三次。

董昭的弟弟董访在张邈的军中任职。张邈与袁绍有嫌怨，袁绍接受谗言将要找机会把董昭治罪。董昭想要到汉献帝那里去，到河内时，被张杨留下。因为张杨曾将印和绶带送还朝廷，被授官为骑都尉。这时太祖兼任兖州太守，派使臣来见张杨。想要让他借路，向西到达长安，张杨不听从。董昭劝告张杨说："袁、曹现在虽然还是一家，但其趋势是不会长久联合下去的。曹操现在虽然弱些，但却实在是天下的一位英雄，您应当有意地和他结交。况且现在正有机缘，应该帮助他与朝廷联系，并且上表章荐举他；如果这件事能够成功，那将永远是一种很深的情分。"张杨这才向朝廷通报太祖的情况，又上表荐举。董昭又替太祖写信给长安的各个将领如李傕、郭汜等人，根据他们的地位轻重不同分别表示殷勤友好。张杨也派遣使臣去见太祖。太祖赠给张杨犬马金帛，从此与西部地区有了往来。汉天子这时在安邑，董昭从河内前去拜谒，被诏令授为议郎。

建安元年(196)，太祖在许县平定了黄巾军，派遣使臣到河东去。这时天子回到洛阳，韩暹、杨奉、董承及张杨相互间意见对立不和。董昭因为杨奉兵马最强而缺乏祖护援助，以太祖名义写信给杨奉说："我对将军早已闻名，倾慕您的大义，所以推心置腹，赤诚相见。现在将军您将天子从艰难中解救出来，归还旧都，扶助辅佐天子的功劳，当代没有人能和您相比，是多么的美善啊！现今群凶扰乱中原，四海不得安宁，天子朝廷至尊至重，我们的责任就在于维护和辅佐；必须依靠众位贤士来重建王朝秩序，这委实不是一个人能够独力建立的。心腹与四肢互相依赖，互为支持，缺一不可。将军您应当作为京城内的主要力量。我做外部的援军。现在我有军粮，您有军队，我们互通有无，足以互相接济。同生死，共患难。"杨奉接到信后十分喜悦，对各位将军说："兖州的军队驻扎许县，近在眼前，他们有兵有粮，国家应当依靠仰仗他们。"于是众人一同上表荐举太祖为镇东将军，继承他父亲的爵位为费亭侯；董昭调任符节令。

　　太祖到洛阳朝见天子，带着董昭，二人坐在一起。太祖问："现在我来这里，应当实行什么计策？"董昭说："将军发起义兵，诛杀暴乱之徒，入京朝拜天子，辅佐扶助王室，这是可以媲美春秋诸侯五霸的功绩。但下面的各个将领，人心各异，未必肯服从您，现今您留在这里匡扶辅弼天子，情势对您不利，只有转移圣驾到许县了。当然朝廷流亡迁徙之后刚刚回到旧时京城，无论远近都在企望，希图在一个早上安定下来。现在又一次迁移圣驾，不能满足众人的心愿。做不同寻常的大事，就得有超越常规的举措，希望将军筹划怎样做利多弊少。"太祖说："这正是我本有的心意。但杨奉离得很近，就在梁县，听说他的队伍精锐，能够使他不成为我的隐患吗？"董昭说："杨奉缺少祖护援助，将会独自归顺。镇东、费亭的事情，都是杨奉所确定的，又听说他写信命令约束自己的士兵，足可以看出他的诚信之心。应该时常派遣使者送上优厚的馈赠，答谢他的好意，以便安定他的心意。就说'京城缺乏粮食，想要将圣驾暂时移至鲁阳，鲁阳离许县较近，转相运输较为容易，就可以没有粮食严重缺乏的忧虑了'。杨奉为人勇敢而缺少思虑，一定不会怀疑我们，等到双方使者有了往来，那时足可以确定计策了。杨奉哪里能成为隐患！"太祖说："好。"立即派遣使者到了杨奉那里，然后即将天子迁移到许县。杨奉从此失去盼望，与韩暹等到定陵劫掠骚扰。太祖不予回应，秘密地攻击杨奉的梁县军营，降的降、杀的杀，即时平定。杨奉、韩暹失去兵众，向东投降袁术。建安三年（198），董昭调任河南尹。这时张杨被其部将杨丑所杀，张杨的长史薛洪，河内太守缪尚守住城池，等待袁绍来救。太祖令董昭单身入城，劝喻薛洪、缪尚等人当日率领众人投降太祖。太祖让董昭做冀州牧。

　　太祖令刘备抗拒袁术，董昭说："刘备英勇而志向远大，关羽、张飞做他的辅佐，恐怕刘备的心思还真不好说啊！"太祖说："我已经答应他了。"刘备到了下邳，杀了徐州刺史车胄，宣告反叛。太祖亲自征讨刘备，调董昭任徐州牧。袁绍派遣大将颜良进攻东郡，太祖又调董昭任魏郡太守，随从太祖讨伐颜良。颜良死后，太祖进兵围困邺城。袁绍的同族袁春卿是魏郡太守，正在城里，他的父亲袁元长住在扬州，太祖派人把他接了来。董昭写信给袁春卿说："听说孝敬父母的人不离开双亲去谋取利益，仁慈的人不忘记君上去徇私情，有志之士不趁动乱之机侥幸取利，明智的人不行诡异之道而给自己招致危难。您的父亲过去因逃避国内动乱，向南游到百越地方，并非有意疏远骨肉之亲，在吴会乐而不返，明智的人深深懂得这一点，也许只有这样做才是正确的。曹公哀怜他坚守自己的志向,清廉恭敬,离群索居,没有伴侣,所以特意派遣使者前往江东,有时是迎接,有时是陪送,现在马上就要到了。即使您现在处在最平安的地方,依从的是有德重义的主人,又占据有泰山一样坚固的地盘,过的是仙人一样的日子,从道义上说,都还应该背弃那边,面向这里,舍弃百姓,奔向父亲。并且过去邾仪父与鲁隐公盟誓,鲁国人赞美这事,却没有记载他的爵位,可见王室所没有任命的,爵位之尊就不能实现,这是《春秋》的义旨。何况您今天所依托的是一个危难动乱的地方,所接受的是一些假造不实的命令呢?假若你与那些作恶的人为伍,而对父亲却不加体恤,那就不可以谈论什么尽孝了。忘记了祖宗所居住的本朝,安于不是正统的奸邪的职位,实在难说是尽忠。忠与孝都被废弃,更难说得上是明智。再说您过去曾被曹公所尊敬地征召,现在却亲近族人而疏远生父,以所寄托之处为内而以王室为外,留恋不正当的利禄而背叛知己,不去追求福祉而却走近危亡,放弃明正大义而接受奇耻大辱,不也是很可惜的吗!如果能够幡然悔悟,改变立场,奉戴天子,侍养老父,委身于曹公,那样就能忠孝不失,荣耀的名声显扬天下了。您应该十分留心计议,尽早决定妥善的办法。"邺城平定之后,太祖任命董昭为谏议大夫。后来袁尚依附于乌丸蹋顿,太祖准备征讨,但顾虑军粮难以运到,于是凿开平虏、泉州两条河渠,引水入海成一运粮通道,就是根据董昭的建议。太祖上表荐封董昭为千秋亭侯,又转授为司空军祭酒。

后来董昭提出建议:"应该研究古代的制度建置分封五等爵位。"太祖说:"建设五等爵位的是圣人,又不是做大臣的所能制定的,我怎么能担当得起呢?"董昭说:"自古以来,大臣辅佐扶助天下的,谁也没有建立过像您今天这样的功绩。即使有今天您这样的功绩的,也没有长久自居于臣子的地位的。现在明公您为自己德行上尚有缺陷,未达到尽善之境而感觉羞愧,为能保守名誉节操,没有更大的责任而快乐,德行的美好超过了伊尹、周公,达到了至善至美的极致。然而太甲、周成王那样的君主未必可以再次遇到,今天百姓的难于教化,更甚于殷代、周代,处在大臣的地位上,让别人在大事上怀疑自己,实在是不可以不重新加以思虑啊。明公您虽然威信德行超越前人,又深明法度,然而如果不能在此时奠定根基,为子孙万世考虑,还是没有做到家啊。奠定基础的根本,在于地和人,应该在这两方面逐渐有所建立,以便自我保障和护卫。明公您忠诚的节操已经脱颖显露出来,天子的威仪也显现在容颜上,但当年耿弇在床前对光武帝说的'天下无比重要,不可被他姓之人得到'的话,朱英对春申君说的'处在不可预期的时代,奉事不可期望的主人,怎么可以没有出人意料的人呢'的话,却无法听到。董昭我受您的恩惠非同寻常,所以不敢不如实讲出。"后来太祖终于接受了魏公、魏王的称号,都是因为董昭的这个创议。

后来,到了关羽将曹仁包围在樊城时,孙权派遣使者来告诉太祖说:"我想要派兵向西攻打夺取关羽的地盘,江陵、公安两县十分重要,关羽失掉了这两座城池,一定会自动奔逃,对樊城的包围就会虽不直接去救而自行解除。请对这个计划保密,不能泄露而让关羽有所准备。"太祖追问大臣们该怎样对待孙权的要求,大家都说应当替他保密。董昭说:"军事上的事情注重权变,要求它合乎时宜。应该表面上答应孙权,为他保密,但实际上要把它泄露出去。关羽听说孙权出兵西上,如果退兵保护自己,樊城的包围就会很快解除,我们很方便地获得利益,还可以使孙权、关羽两支贼军像两匹马一样互相对峙攻击,我们坐等他们的困乏疲惫。如果我们保密而不使它泄露,让孙权的计划实现,那不是上策。另外,围城中的将领官吏如果不知道外有救兵,算计粮食越来越少,会产生恐惧情绪,倘若有了其他的想法,造成的危难将不会小,所以还是泄露出这个消息对我们有利。并且关羽为人强横凶暴,自己倚仗江陵、公安二城防守坚固,必定不会立即退兵。"太祖说:"我同意。"随即命令前去救助曹仁的大将徐晃把孙权的来信射到围城里和关羽的军营中,围城里面的人知道了这个消息,士气增加百倍。而关羽果然犹豫不决,等到孙权军队到了江陵、公安,得到了关羽的这两座城池,关羽惨遭失败。

魏文帝继承王位后,授董昭为将作大匠。到了文帝登上帝位,又调董昭任大鸿胪,晋升爵位封为右乡侯。黄初二年(221),分一百户封邑,赐封董昭的弟弟董访为关内侯,调任为侍中。黄初三年(222),征东大将军曹休面对长江驻军洞浦口,上表自荐:"愿率领精锐部队像猛虎一样扑向江南,打败敌人,获取资财,此事必定胜利告捷;如果臣下死于敌手,不必顾念臣下。"文帝恐怕曹休随即渡江,派驿马传送诏书命令他停止行动。这时董昭正在旁边奉事,于是说:"我私下里窥见陛下脸上有忧虑的神色,难道只是因为曹休将要过江的缘故吗?现在渡江,从人之常情上说,都认为很难,即使曹休有这个愿望,从形势看,他不能独自实行,还应当有各个将领协同。但臧霸等人既有财富又享受着尊贵,不再有其他愿望,只想要平安到老,保守利禄福祚不失而已,怎么肯在危险的时刻自己投身必死之地,以谋求侥幸成功呢?假如臧霸等人不向前推进,曹休自然会沮丧停止。臣下恐怕陛下即使有命令他渡江的诏书,他也许还要沉吟犹豫,未必就一定听从命令呢。"这以后时间不长,暴风吹送贼方船只到了曹休等人的军营下,被曹军斩首一部分,捕获一部分,贼军随即四散奔逃。文帝下诏书命令各路军队赶快渡江。部队还没按时进军,贼方救助的船只就到了。

文帝大驾到达南阳郡宛城,征南大将军夏侯尚等人攻打江陵,没有成功。当时长江水浅江面狭窄,夏侯尚想要乘船率领步兵骑兵进入江中陆地驻扎,制作浮桥,桥南北可以往来,计议的人多数认为这样就一定能攻克江陵城。董昭上疏说:"武皇帝智慧勇敢都超过常人,而他用兵时都十分重视敌人,不敢像这样轻敌。士兵愿意前进,不喜后退,是人之常情。平坦的陆地上没有危险,尚且还很艰难,即使应当深入前进,也还应当趋利避害,用兵有时应当前进,有时就应后退,不能任意而行。现在驻扎洲渚中,已经很深入了;乘浮桥渡水,是非常危险的;只从一条道路行进,是十分狭窄的。这三种情况都属于兵家所忌讳的,而现在竟然都实行了。如果贼兵频繁攻击浮桥,我们防守上有一点疏漏,那么,洲渚中的精锐力量,就将不再属于魏国所有,而将转化为吴国的了。臣下私下为这种情势忧愁,废寝忘食。而那些计议这件事的人却怡然自得,不以为忧虑,不是太糊涂了吗! 再加上江水向来是要涨的,一旦江水暴涨,用什么来防御? 破不了贼兵,自己先完蛋了。为什么在危险的地势,却不害怕? 事情将会十分危险了,希望陛下考察这些情形!"文帝明白了董昭的话,立即命令夏侯尚等人急速撤出。贼兵分两路向前挺进,魏军成一路退却,随时得以离去,将军石建、高迁才得以幸免于难。魏军退出十来天,江水暴涨。文帝说:"您论断这件事情,多么周密确实! 即使张良、陈平遇到这种情况,也不会超过您的。"黄初五年(224),董昭被转封为成都乡侯,授官为太常。当年,又调任光禄大夫、给事中。随从文帝大驾东征,黄初七年(226)返回,授官为太仆。魏明帝即位后,晋升爵位为乐平侯,封邑达一千户,转任尉卫。又给他的一个儿子分邑一百户,赐关内侯爵位。

太和四年(230),董昭代行司徒职事,太和六年(232),正式任司徒。董昭上疏,陈述末流的弊病说:"凡是占有天下的人,没有人不崇尚敦厚朴实忠诚守信的人士,而对那些虚伪不真的人深恶痛绝,因为他们败坏礼教,扰乱国家管理,伤风败俗。近年的事例:魏讽在建安末年被诛杀,曹伟在黄初初年被斩首。我恭敬地注意到圣上前后所颁布的诏令,对浮华虚伪表示深恶痛绝,想要击破解散不正当的结党,常常使用切齿的言辞;然而那些执法的官吏都畏惧那些人的权势,没有人能够对他们进行揭发纠查,这样就使得对风俗的败坏侵犯越来越严重。我私下看到当今少年不再以学问为做人的根本,转而把四处交游作为他们的职业;国中杰出的人士不把孝悌和清廉的修养当作首务,竟然把追逐权势、唯利是图当作第一位的事情。他们群相纠结,合成团体,互相吹捧赞叹,以毁谤骂诋来惩罚和羞辱,以祖护赞誉为封爵赏赐,谁依附他们就对谁赞叹不已,谁不依附就成了缺点和罪过。以至于竟然相互谈论:'这一生一世有什么发愁不能度过的?只求各方在人事上不很勤勉,各种人才收罗得不十分广博罢了;又怕什么不知道自己,只需以美誉当作良药让他们服下,自然就柔服调顺,对我们没有抵触了。'又听说还有人让家奴门客书记和有职位的家属冒用他的名字,出入往来官府禁地,交换流通书信公文,侦探查问。所有这些事情,都是国法所不允许、刑罚所不能赦免的,即使是魏讽、曹伟的罪行,也不会超过这些了。"文帝于是发出严厉的诏令,斥责、罢免了诸葛诞、邓飏等人。董昭在八十一岁时去世,谥号是定侯。由他的儿子董胄继承。董胄历位郡守、九卿。

刘晔,字子扬,淮南郡成惪县人。是汉光武帝的儿子阜陵王刘延的后代。刘晔的父亲叫刘普,母亲名修,生了刘涣和刘晔两个孩子。刘涣九岁、刘晔七岁时,母亲病危,临终时告诫刘涣、刘晔:"刘普的侍妾有谄媚害人的性情,我死了以后,恐怕她一定会搞乱我们这个家。你们长大了能除掉她,我就没有遗憾了。"刘晔到了十三岁时,对哥哥刘涣说:"亡母的话,今天可以实行了。"刘涣说:"哪能这样做呢!"刘晔随即进屋杀了父亲的侍婢,直奔母亲的墓前跪拜。家里人大吃一惊,告诉了刘普,刘普大怒,派人追赶刘晔。刘晔返回拜见父亲,道歉说:"我是按照亡母临终嘱咐的话行事的,愿受不请示而擅自行事的惩罚。"刘普心里惊异,于是没有责备他。汝南郡人许劭以善于知人闻名,正在扬州避难,称赞刘晔有辅佐天下的才能。

扬州士人有许多人轻视侠义,狡黠而残暴,郑宝、张多、许乾等人,各自拥有私人武装。其中郑宝最为勇健果敢,才能力量超过常人,当地人都惧怕他。郑宝想要驱赶掳掠百姓渡水到江南去,因为刘晔出身巨族,又是有名的人,想要强逼刘晔为他倡导这个谋划。刘晔当时二十多岁,心里为这件事忧虑,但没有合适的机缘解决它。适逢太祖派遣使者来到扬州,进行考察探问。刘晔去见使者,为他评论世事形势,又邀请他一起回府,住了好几天。郑宝果然带了几百人携带牛酒来问候使者,刘晔命令家里的奴仆带领郑宝的随从坐在中门外面,为他们设置酒饭;自己与郑宝在内室设宴饮酒。秘密安排了壮健军卒,命令他们听敬酒的信号而砍杀郑宝。郑宝的性情不喜欢饮酒,观察得十分清楚,敬酒的人不敢发出信号。刘晔于是自己拔出佩刀砍杀了郑宝,斩下他的首级以号令他的士兵,说:"曹公有命令,敢有反抗行动的人,与郑宝一样治罪。"众人都震惊害怕,逃奔军营。军营中有将领精兵几千人,刘晔恐怕他们发动暴乱,随即骑着郑宝的马,带领几个家里的奴仆,来到郑宝军营门前,叫出他们的首领,向他讲明祸福利害,众首领都叩头,开门让刘晔进去。刘晔对士兵进行安抚慰劳,大家都心悦诚服,拥戴刘晔为首领。刘晔目睹汉朝皇室渐渐衰微,自己作为宗室支派,不想拥有军队,于是将那部分私人武装托付给庐江太守刘勋。刘勋奇怪他为什么这样做,刘晔说:"郑宝没有法制,他的部下平素只知抢劫图利,我素来没有名位作资本,由我来整顿约束他们,必定使他们心怀不满,难以长久,所以才送给您。"这时刘勋的兵力在汉、淮之间是很强盛的。孙策讨厌他,派遣使者携带厚礼,言辞恭敬,送信劝说刘勋说:"上缭的土著宗族,屡次欺负我方,我为此愤恨,已有好几年了。我去袭击它,路途不方便,希望由您来讨伐它。上缭很是富有,得到它可以使国库富足,请出兵作为外援。"刘勋信从了他,又得到孙策送来的珠宝、葛布,很是高兴。内外官员都来庆贺,而刘晔独独不这样做。刘勋询问他什么缘故,刘晔回答说:"上缭虽小,但城池坚固,进攻难,防守易,不可能在十天之内取胜,那样就会造成在外面的士兵疲惫,而国内空虚。如那时孙策乘国内空虚袭击我们,我们的后方不能独自坚守。那时将军进攻就会被敌人所屈服,后退又没有归路。如果我军一定出兵,灾祸现在就会到来了。"刘勋不听从刘晔的劝阻,发兵攻伐上缭,孙策果然袭击了刘勋的后方。刘勋穷困窘迫,终于投奔了太祖。

太祖到达寿春县,这时庐江郡境内的山贼陈策,有几万兵众,依凭险要地势据守。以前曾派遣副将前去诛杀,没有人能够攻克。太祖询问各位部下,可以讨伐与否?部下都说:"那里山势险峻,而山谷又深又窄,防守易、攻打难;并且没有它不足以对我们造成损失,得到它也不能给我们益处。"刘晔说:"陈策这些小子,是趁着动乱奔赴险地,于是互相依赖,称强称霸,而不是有爵位诏令威信等能使他们服从的。过去派去的副将资望太轻,而中原地区又尚未平定,所以陈策敢于凭借险要坚守。现在天下初步平定,各种贼兵先后降伏。畏惧死亡,亲近赏赐,不论愚民智者都是相同的,因此广武君为韩信筹划计策,说韩信的威名足可以先利用声威再用实力而使邻国服从。更何况明公如此仁德,东征西讨,率先进行赏赐招募,大队兵马到达,诏令宣布的时候,陈策军营就会大门四开而贼兵自行溃散了。"太祖笑着说:"您说的和我想的差不多。"随即派遣猛将在前先行,大军在后声援,到那里就攻克了陈策,就像刘晔所测度的那样。太祖回去以后,任命刘晔为司空仓曹掾。

太祖征讨张鲁,调刘晔任主簿。太祖军到了汉中郡,山势险峻,难于攀登,军粮非常缺乏。太祖说:"这是个妖妄的地方,或有或无,无关轻重。我军缺少食物,不如迅速回兵。"就亲自率领部队返回,命令刘晔督责后面的各路军马,让它们依顺序出山。刘晔算计张鲁可以攻克,加上运粮的通道不能接续,虽然退出,军马还是不能完好无损,于是飞马告诉太祖:"不如致力于进攻。"随即进兵,多用弩弓射击张鲁军营。张鲁奔逃,汉中郡终于平定。刘晔进言说:"明公当初带领五千步兵,诛杀董卓,北破袁绍,南征刘表,九州百郡,十个里面兼并了八个,威势震撼天下,连海外也惧怕。现在攻拔汉中,蜀人望风而胆战心惊,连连失守,把这种攻势向前推进,传出檄令蜀国就可以平定。刘备是杰出的人物,有计谋,但行动较迟,得到蜀地的日子很短,还不能以蜀地人民为依赖。现今我们攻破汉中,蜀人震动惊恐,他们的势力将会自我倾覆。依凭您的聪慧明智,趁着他们势力倾覆而施加压力,没有不能攻克的。如果稍稍有些迟缓,那么诸葛亮善于治国而做丞相,关羽、张飞英勇冠于三军而做大将,蜀地民众已经安定,他们凭借险地坚守,就不可触犯了。现在不攻取他们,必定成为日后的隐患。"太祖没有听从刘晔的建议,大军于是就返回了。刘晔从汉中返回后,任行军长史,兼任领军。延康元年(220),蜀将孟达率领兵众投降。孟达的仪容举止才能都颇好,太祖十分器重喜欢他,让孟达做新城太守,又任散骑常侍。刘晔认为:"孟达有苟且求得的心思,又依仗才分,好用手段,必定不能感恩图报,心怀忠义。新城与吴、蜀接连,如果那里有什么变局,将为国造成祸害。"文帝终究没有调换孟达的职位,后来孟达终于叛乱败亡。

黄初元年(220),任刘晔为侍中,赐爵为关内侯。文帝下诏书询问众大臣,让他们预测刘备是否会出兵吴国为关羽报仇。众人的议论都说:"蜀不过是个小国,有名的将领只有关羽一人。关羽已死,军力衰败,国内士气担忧恐惧,没有机会再次出兵。"刘晔却说:"蜀虽然又小又弱,但刘备的图谋是想要依仗威武自强,势必要动用众兵以显示他力量有余。并且关羽和刘备的关系,名义上是君臣,但从恩情上说却如同父子;关羽被杀死而刘备却不能为他起兵报复仇敌,这在他们全始全终的情分上是说不过去的。"后来刘备果然出兵攻击吴国。

吴全国应战,而派遣使臣到魏国自称藩属。朝中大臣都表示祝贺,只有刘晔说:"吴国处在江、汉之南,我们与那里隔绝难通,他们没有来臣服的心思,是很久以来的事实了。陛下您的仁德虽然与虞舜相同,但那些丑陋的蛮敌性情,却没有被感化。因为遭遇灾难而来臣服,一定很难讲信用。他们一定是在外有蜀军追境,内部也很困难的情况下才派来这个称臣的使者。我们可以趁他们穷困的机会,攻袭夺取。放纵敌人一天,就是几代人的隐患,不可不加以考察啊。"后来刘备军队失败退走,吴国的礼敬态度也转变了,文帝想要发动众兵讨伐他们,刘晔认为"他们新近得志,上下齐心,又被江湖所阻隔,我军一定难于仓促取胜"。文帝不听从这个劝告。黄初五年(224),文帝亲自到广陵郡的泗口,命令荆州、扬州各路军马一同进发。召见众大臣,问:"孙权自己会不会来?"大家都说:"陛下亲自出征,孙权害怕,一定会以全国的力量应战。又不敢把大军的指挥委托给大臣,一定会自己率领前来。"刘晔说:"他认为陛下会以皇帝的贵重身份牵束自己,而领兵渡江作战的是别的将领,所以一定会整治军队,等待事情变化,不会亲自进攻。"文帝车驾停住多日,孙权果然不来,文帝于是带军队返回,说:"您的估计是正确的。应当考虑为我消灭孙、刘二贼的方略,不能只明了他们的情形而已。"

魏明帝即位后,刘晔被晋升爵位为东亭侯,封邑三百户。明帝的诏书说:"尊崇祖先,是为了表彰孝行;追溯尊敬自己的根本、始祖,是为了重视传播教化。所以成汤、周文王、周武王,缔造了商朝、周朝,《诗经》《尚书》的本义,是追慕尊崇稷、契,歌颂契的母亲有娀、稷的母亲姜嫄的事迹,为了阐明盛德的源流和受命于天成为皇帝的由来。自从我魏室上承天定的秩序,发迹于高皇、太皇帝,功绩最大的是武皇、文皇帝。至于高皇的父亲处士君,具有渊深的修养和谦让的美德,行动聪慧明智,这是天地给予的福分、神异灵光的来源。然而他的精神已经远去,没有什么称号,这不符合所谓崇敬孝行重视本源的原则。现特令公卿大臣会同商议给予谥号。"刘晔表示意见说:"圣明皇帝作为孙辈想要褒奖崇敬祖先,确实是无上好事。然而亲疏远近的原则礼数,都有礼记作为标准,靠它来割断私情,形成公法,成为万世遵循的法式。周王所以祖述后稷,是因为他辅佐唐尧有功,名义符合祭祀典则的缘故。至于汉氏在创始时,汉高祖追谥祖先,不过只涉及了他的父亲。往上比拟周室,那么大魏的发迹是从高皇帝开始的;往下比论汉氏,那么追谥的礼仪也不涉及他的祖父。这实在是前代已成的法式,当今明确的义例。陛下发自内心的孝思,确实是没有止境,然而您举例必定出自经书，可见您是很谨慎地遵守礼仪制度的。我认为追谥尊崇的准则，应该以高皇那一代为限。"尚书卫臻与刘晔的意见相同，追谥一事于是按照他们的建议施行。辽东太守公孙渊夺取了他叔父公孙恭的位置，擅行自立，派遣使者上表陈述。刘晔认为公孙氏是汉朝时所任用的，所以世袭辽东太守官位，由于山水海陆阻隔，地处偏远，所以胡夷之民难于制驭，世袭权位日久。现在如果不将公孙渊诛杀，以后必定造成祸患。如果他们怀有二心，又依恃武力，那时想再行诛杀，事情就难办了。不如趁他刚刚上任，既有自己的势力，也有自己的仇人，出其不意，兵临城下，开出赏赐招募的条件，可不劳动军队而平定。后来公孙渊终究反叛了。

刘晔在朝廷上一点也不和当时人士相交往。有人问他原因，刘晔回答说："魏室登上皇帝位时间不长，明智的人知晓天命，而世俗的人有的还不知晓。我在汉朝属于皇室宗族，在魏国又是心腹大臣，少一些朋友下属，还是比较适宜的。"太和六年(232)，刘晔因病授官为太中大夫。病稍好，任大鸿胪，在任两年后退让辞官仍做太中大夫，不久就去世了。谥号为景侯。儿子刘寓继承。刘晔的小儿子刘陶，也是才分很高而品行不佳，官做到平原太守。

蒋济，字子通，楚国平阿县人。曾任九江郡计吏、扬州别驾。建安十三年(208)，孙权率领众兵包围合肥。当时太祖大军征讨荆州，遇上流行疾病，只派了将军张喜一个将领、一千骑兵，带领汝南兵士去解围，也染上了疾病。蒋济于是秘密告诉刺史假装得到了张喜的信，说步兵骑兵四万人已经到达雩娄，派遣主簿迎接张喜。三个使者携带信件告诉城中众将领，一件得以传送入城，两件被贼兵得到。孙权听信了，匆匆烧了围城工事退走，合肥城因此得以保全。第二年蒋济出使到了谯县，太祖问他说："过去我与袁本初争夺官渡，迁徙燕、白马两地民众，百姓行走不便，贼兵也不敢抢掠。现在想要迁徙淮南民众，怎么样？"蒋济回答说："这个时候我军兵弱而贼兵强盛，百姓不迁徙我们一定会失去他们。自从我们打败袁绍，向北拔除柳城，向南打到江、汉，荆州失之交臂，威震天下，百姓没有其他心思。然而百姓怀恋故土，实在不愿意迁徙，恐怕他们一定会不安的。"太祖没有听从，而江、淮间十几万民众都惊慌地逃向吴国。后来蒋济作为使者到邺县去，太祖迎见他，大笑着说："本来我是想使他们躲避贼兵的，却把他们赶跑了。"授蒋济为丹阳太守。大军南征归还后，让温恢做扬州刺史，蒋济做别驾。太祖的诏令说："当年有季子做大臣，则吴国就应该有君主。现在您回到扬州来了，我也就没有忧虑了。"有人诬告蒋济是阴谋叛乱的主要策划人,太祖知道了,指着原先的诏令对左将军于禁、沛相封仁等人说:"蒋济岂能有这种事!如果有这种事,我就太不了解人了。这一定是愚民幸灾乐祸,胡乱说罢了。"催促法官把这个案子驳回。征召蒋济为丞相主簿西曹属。诏令说:"过去舜举荐了皋陶,使不仁慈的人远去,褒贬批评持中公正,就寄希望于你这位贤官了。"关羽包围樊城和襄阳,太祖因为汉帝在许县,离贼军太近,想要迁都。司马宣王和蒋济劝说太祖说:"于禁等人被水淹没,不属于攻战的失败,对国家大计没有构成损害。刘备、孙权外表亲密,实际疏远,关羽得志,孙权必定不情愿。可以派遣人常去跟随孙权身边,许愿割划江南封赏给孙权,那样樊城的包围就会自动解除。"太祖依从他们说的那样去做了。孙权知道了,立即带兵向西攻袭公安、江陵两县。关羽终于被擒获。

魏文帝即王位时,蒋济转任相国长史。到了文帝即帝位时,又出任东中郎将。蒋济请求留下,文帝的诏书说:"汉高祖当年歌唱说'怎么能得到猛士守卫四方!'现在天下尚未安定,重要的是须有良臣来镇守边境。如果那里没有什么事情发生,那时再归还鸣玉辞职,也不算晚。"蒋济献上《万机论》,文帝认为不错。蒋济进入朝廷任散骑常侍。这时文帝有一封诏书,诏令征南将军夏侯尚说:"您是我的心腹,重要将领,特地让您担任这个使命。这种恩情的施予足可以使你效死,这种惠爱你可以怀记在心。从此你就可以作威作福了,可以杀人,也可以让人活。"夏侯尚把这个诏书给蒋济看了。蒋济到了京城,文帝问他说:"您所听到看到的天下风俗教化怎么样呢?"蒋济回答说:"没什么其他好的地方,只听见亡国的言谈而已。"文帝愤然变了脸色,问他为什么说这话,蒋济全都告诉了他,接着说:"那'作威作福'的话,是《尚书》中明明白白的告诫的话。'天子无戏言',是古人所慎重提出的。希望陛下看清楚。"这时文帝的心情稍稍缓解,派人去追回原先那封诏书。黄初三年(222),蒋济与大司马曹仁征讨吴国,由蒋济另外袭击羡溪。曹仁想要攻进濡须洲中,蒋济说:"贼兵占据西岸,将船排列在上游,而我方士兵进入洲中,那是自己把自己放进地狱,是会导致危亡的做法啊。"曹仁没有听从,结果失败了。曹仁去世后,又由蒋济任东中郎将,代替曹仁率领他的部队。诏书说:"您具备文武全才,志向气节慷慨豪迈,常常有跨越江湖吞并吴会的大志,因此又授予您率领军队的重任。"不久,蒋济被征召为尚书。文帝车驾到了广陵,蒋济上表陈述水路难于通行,又献上《三州论》用来劝告文帝。文帝没有听从,于是几千条战船都停滞在水中不能前行。计议的人想要就在那里留下士兵进行屯田,蒋济认为那里东边靠近湖水,北边面对淮河,如果到了水盛时,贼兵容易前来骚扰侵犯,不可在那里安营屯田。文帝听从了他的意见,车驾立即出发。归还到精湖时,湖水逐渐退尽,文帝把船都留给蒋济。那些船只本来散置于几百里长的水中,蒋济又凿地做成四五条通道,将船聚拢,预先制作土墩用来阻断湖水,把水引到船后,一下子打开阻遏,船就被积水推进淮河里。文帝回到洛阳,对蒋济说:"这事不可不让你知晓。我原先决意在山阳池中烧掉一半船只,而您后来才开始做运船这件事,结果却大致与我一同到达谯县。再有每次得到你的条陈,实在合乎我的心意。从今以后有关讨伐贼兵的计划,请你好好加以考虑、评论。"

魏明帝即位时,赐蒋济关内侯爵位。大司马曹休率领军队向皖地进发,蒋济上表认为曹军"深入贼虏的地盘,与孙权的精锐部队相对峙,而朱然等人正在上游,处于曹休的背后,臣下没有看出这样做有什么好处"。曹休军队到皖地以后,吴国出兵安陆,蒋济又上疏说:"现在贼兵有向西行动的迹象,一定是想要合兵向东有所图谋,应该迅速下诏命令各路军队前往救助。"适逢曹休军队已经失败,丢弃了全部仪仗辎重撤退返回。吴军正想要在夹石围堵曹军,遇上救助的军队到了,因此曹休才不致全军覆没。蒋济升任中护军。当时中书监、中书令这两个职位被称为"专任",蒋济上疏说:"作为一个君王,左右大臣权柄太重的,国家就要有危难,过于亲近身边的人,就会受到蒙蔽,这是古代最高的警戒。过去曾有过大臣主持政事,致使内外鼓动为奸。陛下眼界高远,日理万机,没有人不恭敬肃然。大臣们不是不忠诚,然而威仪权力如在大臣手中,就会使众人的心里轻慢皇上,这是正常的趋势。陛下既然已经在对待大臣方面有所明察,还希望您不要忘了怎样对待左右近侍。左右近侍在忠诚公正和远大的谋略方面,未必比大臣贤能,至于逢迎谄媚取悦,也许能够精通。现在外面说话,动不动就说中书如何如何,虽然您让他们谦恭谨慎不敢交结外面的势力,但是一有了这个名声,还是能够蛊惑世俗的。何况这些人握有重要的实际权力,每天在您的眼前活动,假如陛下疲倦的时候有所剖割专断,众臣下看到他们能够使事情产生变化,就也会趁着时机趋向他们。一旦有了这个开头,随着就当然地要加强他们内部的建设和完善,利用这种舆论来私自招引他们所交往的人,为他们做内援。这样一来,褒贬毁誉之风就必定产生,功过赏罚就必定有所改易;通过正常渠道向上面反映情况的也许会被阻塞,曲附那些左右近臣的反而能够畅达无阻。他们如影随形,出入紧随,不离左右,陛下对他们亲近而信任,不再猜疑觉察。这种情况明智的圣上应该早就闻知,对外显示出对国事十分经意,那样他们的形迹自然会显露无遗。也许是朝廷大臣畏惧因言语不和而得罪陛下左右近臣,所以没有人把这种情况反映上来让您知道。臣下我诚挚地相信陛下能沉思默想,听得下各方面的不同意见,如果发现事情有不完全符合情理,事物有没完全发挥作用的情况,将会改弦易辙,往远处说,可以与黄帝、唐尧的功绩媲美,往近处说,可以光大武帝、文帝的事迹,难道还用说眼下的风习吗? 然而再圣明的君王也不可能知悉全天下的事情,应当有所托付。一个大臣身兼数职,如果他既没有周公旦的忠诚,又没有管夷吾的公正,就会有玩弄机巧败坏官风的弊病。当今可做柱石的人才虽然不多,但品行能符合一州长官的要求,智能足可以在一个官职上效力,忠诚守信、竭尽全力、忠于职守的人,还有很多可以供朝廷驱策,他们将不会使圣明的朝廷背上官吏专权的名声。"明帝的诏书说:"刚直的大臣,是君王所倚仗的。蒋济文武全才,服事勤勉,尽心尽力,每有军国大事,总有奏议,忠诚奋发,我十分看重他。"随即升任蒋济为护军将军。加官为散骑常侍。

景初年间(237—239),魏国朝廷对外频繁出征,兵役繁重,内部大兴宫室,心生怨恨的人很多,而又赶上粮谷歉收,发生饥馑。蒋济上疏说:"陛下正应当发扬光大前代的事业,实在还没到高枕而卧、天下大治的时候。现在虽然在名义上有十二个州的地盘,说到人口数量,却不过汉代时一个大郡的人数。孙、刘二贼还没有被诛杀,而士兵驻守边陲,又耕种又作战,怨恨的情绪积蓄了多年。宗庙宫室,各种事务都还在草创时期,从事农桑业的人少,要穿衣吃饭的人却很多,当今紧急的任务,只有停止消耗百姓,使他们不至于十分困乏。困乏的人民如果赶上水旱灾害,数以百万计的人将无法为国所用。凡是役使百姓必须乘农闲的机会,不能耽误农时。想要建立大功业的君王,先要估计他的民力,然后抚慰他们的病痛疾苦。过去勾践鼓励百姓养胎生育等待大用,燕昭王抚恤疾病死亡的人以备将来洗雪仇耻,所以他们能够凭靠弱小的燕国征服强大的齐国,羸弱的越国消灭了强劲的吴国。现在对吴国蜀国这两个敌人,不进攻他们就不能消灭他们,既然不想奉事他们,就应当进攻他们,您在世的时候不剪除他们,百代以下,还是您的责任。凭借陛下圣明神武的韬略,舍弃那些不急之务,专心于讨伐贼国,臣下认为这没有什么困难。此外,沉溺于欢娱之乐,将有害于精神;精神使用得过分就会枯竭,身体太劳顿了就会疲惫。希望您大力简选后宫,把能够为您生养'百斯男'的贤妙之人留下,其他多余闲散、年龄幼小的分遣出去,务必保持清静。"明帝下诏书说:"如果没有护军将军,我听不到这样的话啊!"

齐王即位后,蒋济被调任为领军将军,封爵昌陵亭侯,升为太尉。当初,侍中高堂隆议论郊外祭祀的事,认为魏是舜的后裔,推舜作为在祭天时的配祭。蒋济认为舜本来姓妫,他的后代叫田,并不是曹氏祖先,于是写文章追问高堂隆。这个时候,曹爽专擅政事,丁谧、邓飏等人随意篡改法律制度。恰好有日食,齐王下诏给众大臣询问这种现象所反映的政事的得失,蒋济上疏说:"过去大舜佐助治国,以结党营私为戒;周公辅佐政事,告诫成王对交友结党要十分谨慎;齐景公询问灾情,晏子回答说应当布施恩惠;鲁僖公询问灾异,臧孙回答说缓减劳役是当务之急,顺应天意阻遏灾变,其实质全在于人事。现今孙、刘二贼尚未剿灭,将领士兵们露营露宿已有几十年,男男女女怀有怨恨,百姓贫苦。一国的法律制度,只有闻名于世的有大才能的人才能设立这种统治国家的重要法纪以流传于后世,哪里是下中层的普通官吏所能够改换的呢?那样做终究对治国毫无益处,恰恰足以使民众受到伤害,希望您能让文武大臣各自忠于职守,遵循清静平和之道,祥和吉瑞之气息就可以感应而至了。"后蒋济因为随司马宣王在洛水浮桥驻军、诛杀曹爽等,被晋升爵位封为都乡侯,封邑七百户。蒋济上疏说:"臣下愧被上司宠任,而曹爽竟敢包藏祸心,这是臣下的失职。太傅发扬独断的计谋,陛下明了臣下的忠信节操,使罪人遭到惩罚,这是社稷国家的福分。封赏宠信庆贺,必定要施加给有功的人。现在论谋划,臣下不能先知,论作战,士兵也不是臣下所统率,在上,有失制驭的责任,在下,又受到了蒙蔽。臣下供职于官府,一言一行都为民众所注视,实在担心冒领封赏的欺诈行为从我这里产生,推辞谦让的风气从我这里废弃。"蒋济坚持辞让,而曹芳不予许可。蒋济于当年去世,谥号为景侯。儿子蒋秀继承。蒋秀死后,蒋秀的儿子蒋凯继承爵位。咸熙年间(264—265),开设五等爵位制度,因为蒋济对前一朝功勋卓著,改封蒋凯为下蔡子。

刘放,字子弃,涿郡人,是汉代广阳顺王的儿子西乡侯刘宏的后代。曾任涿郡主簿,被举荐为孝廉。遇到世事大乱,那时渔阳人王松据守着当地领土,刘放前去投靠。太祖攻克冀州,刘放劝说王松说:"过去董卓倒行逆施,英雄们纷纷起事,拥兵自立,擅自发号施令,只有曹公能够拯救危乱的局面,拥戴辅佐天子,尊奉朝廷的旨意讨伐罪逆,所向披靡。像袁绍、袁术那么强大的势力,守,守不住淮南;战,在官渡大败。曹公乘胜前进,势如席卷,必将扫清河北地区,威权与刑罚已经结合,天下大势已十分明显。快些投靠的总会得福,后来臣服的先被消灭,这是不等整天奔走趋赴就会到来的时运。过去黥布放弃为王的尊贵地位,执剑归依汉朝,确实是懂得兴盛衰败的法则,明了归依叛离的命运的举动。将军您应该投身于曹公,把自己的命运交付给他,用优厚的礼物去与他结交。"王松照着他的意见去做了。适逢太祖在南皮县讨伐袁谭,写信召降王松,王松献出雍奴、泉州、安次三城,归附了太祖。刘放替王松写了答复太祖的信,文辞很是华丽。太祖很赞赏,又知道了他劝说王松的那番议论,因此就征召了刘放。建安十年(205),刘放与王松一同到了太祖那里。太祖十分高兴,对刘放说:"过去班彪归依窦融,才有了窦融带着河西归附汉朝的功劳,现在的事和它多么相似啊!"随即让刘放参司空军事,后历任主簿记室,郿阳、祋祤、赞县三县县令。

魏国建立之后,刘放与太原人孙资都做了秘书郎。先前,孙资也历任过县令、参丞相军事。魏文帝即位后,刘放、孙资转为左右丞。几个月后,刘放调任为县令。黄初元年(220)朝廷改秘书为中书,让刘放做中书监、孙资做中书令,每人都加官为给事中;刘放被赏赐爵位为关内侯,孙资为关中侯,于是二人开始掌握机密。黄初三年(222),刘放晋升爵位为魏寿亭侯,孙资为关内侯。魏明帝即位后,二人尤其被宠信重用,一同被加官为散骑常侍;晋升刘放的爵位为西乡侯,孙资为乐阳亭侯。太和末年(233),吴国派遣将领周贺从海路到达辽东,对公孙渊进行引诱招降。明帝想要从半路拦截讨伐周贺,朝廷中的议论多数认为不可以,只有孙资决断执行这一计策,果然大败吴军,孙资被晋升爵位为左乡侯。刘放善于起草文书,武帝、文帝、明帝三朝的诏书命令凡是有所招喻的,多数都是刘放所撰写的。青龙初年(233),孙权与诸葛亮联合,想要一起出兵攻魏。边境上的侦探得到孙权的信,刘放就更改其中的词句,抽换了原来的本文却能使文句符合,将信送给征东将军满宠,让他做出想要归附于蜀的样子,将孙权的信封好送给诸葛亮。诸葛亮把信传给吴国大将步骘等人,步骘等人拿着信去见孙权。孙权担心诸葛亮怀疑自己,竭力为自己辩解。这一年,刘放、孙资都加官为侍中、光禄大夫。景初二年(238),辽东平定后,因为参与谋划的功劳,二人各自晋升爵位,封在本县,刘放为方城侯,孙资为中都侯。

这一年,明帝病重,想要任命燕王曹宇为大将军,与领军将军夏侯献、武卫将军曹爽、屯骑校尉曹肇、骁骑将军秦朗共同辅佐朝政。曹宇性情谦恭良善,陈述诚意坚持辞让。明帝召见刘放、孙资,二人到了卧室里面,明帝问道:"燕王为人处世就是这样的吗?"刘放、孙资回答说:"燕王实在是因为自己知道不能担当这么大的责任罢了。"明帝说:"曹爽可以代替曹宇吗?"刘放、孙资随即表示赞成,又竭力陈述应该迅速召回太尉司马宣王,以维持护卫皇室。明帝接受了他们的意见,随即给刘放黄色专用纸让他书写诏书。刘放、孙资出去后,明帝又改了主意,下诏制止宣王,不要他来。不久又召见刘放、孙资说:"我自己要召回太尉,而曹肇等人反让我制止他来,几乎败坏了我的大事!"命令他们再次书写诏书,明帝独独宣召曹爽和刘放、孙资一同接受诏命,终于罢免了曹宇、夏侯献、曹肇、秦朗等人的官职。这时太尉司马宣王也到了,走近明帝的卧床接受诏令,事后明帝去世。魏齐王曹芳即位后,因为刘放、孙资决定了关系明帝身后的重大谋划,给他们增加封邑三百户,刘放连同以前的封邑达到一千一百户,孙资是一千户;又封二人各自爱子一人为亭侯,次子为骑都尉,其余各子都是郎中。正始元年,再为二人加官,刘放为左光禄大夫,孙资为右光禄大夫,授金印、佩紫绶,礼仪与太尉、司徒、司空三司相同。正始六年(245),刘放转任骠骑将军,孙资为卫将军,二人兼任中书监、中书令,仍同以前一样。正始七年(246),又封二人各一个儿子为亭侯,二人各自因年老退位,以列侯的身份在朔望的时候接受朝见,位居特进。曹爽被诛杀后,又让孙资担任侍中,兼任中书令。嘉平二年(250),刘放去世,谥号为敬侯。他的儿子刘正继承爵位。孙资又退位回家,授为骠骑将军,转任侍中,照旧为特进。嘉平三年(251),孙资去世,谥号为贞侯。他的儿子孙宏继承爵位。

刘放的才智计谋优于孙资,而自我修养不如孙资。刘放、孙资既善于顺承君主,又从来没有明显地议论过朝政得失,压制辛毗而帮助王思,因此受到世人的讥评。然而他们还是能够时常顺着众大臣的谏诤,扶助、赞同他们的意见,并时常秘密地陈述朝政的应损应益之处,而不是专事引导阿谀之言。到了咸熙年间,开设五等爵位,因为刘放、孙资在前一朝代功勋显著,改封刘正为方城子,孙宏为离石子。

评:程昱、郭嘉、董昭、刘晔、蒋济等人以他们的才智策划谋略,是当时的奇人,虽然在清廉治绩德行功业方面,与荀攸不同,而他们的筹划料想,却与荀攸不相上下。刘放精通文墨,孙资勤勉谨慎,一同管理朝廷的喉舌机关,权倾一时,高雅诚信不是他们的主流,因此讥讽他们阿谀的声音,时常言过其实。

卷十五　魏书十五

刘司马梁张温贾传第十五

　　刘馥,字元颖,沛郡相县人,避乱到扬州。建安初年(196),前去游说袁术部将戚寄、秦翊,使他们率领部众同自己一同投奔曹操。曹操对他很赏识,由司徒府召为掾吏。后来孙策派置的庐江太守李述引兵攻打扬州,杀死扬州刺史严象。庐江一带的梅乾、雷绪、陈兰等趁势在江淮地区聚集起几万人马,攻掠州县、涂炭生灵。当时曹操正被袁绍围攻,不能分身去平定叛乱,他认为可以把东南地区的政事委托给刘馥,于是便上表请朝廷任命刘馥为扬州刺史。

　　刘馥一接受任命,就单人匹马奔赴合肥空城,建立起州城的治安措施,对合肥南部的雷绪、梅乾等势力采取恩抚的策略,让他们都安定地集结,使雷绪等人很感动,不断地奉献物品。几年中,这种感化恩抚的政策收到了极大的效果,百姓安居乐业,当初流离逃难的人成千上万地渡江越岭返回故乡。这时候,刘馥开始集中众儒生,建立学校;扩大屯田;兴修治理芍陂、茹陂、七门、吴塘等阻水的土堰,用来灌溉稻田,使粮食增产,官府和百姓都有储备。又高高地构筑起城池防御工事,大量贮存滚木礌石,编制了千千万万领草苫,并增加了几千斛鱼脂油的储积,作为战斗防御的准备。

　　建安十三年(208),刘馥去世。孙权乘机率领十万军队攻打合肥,合肥被包围了一百多天。正赶上连天下雨,城墙几乎要坍塌了。守城的军民用草苫蓑席覆盖住城墙,夜间点燃鱼脂照亮城外,观察敌方的动向而采取相应的防御措施。敌方终于因为损失惨重被迫撤退。扬州地区的官吏百姓因此对刘馥更加怀念,认为刘馥的守御策略比起春秋时期守晋阳的董安于还要出色。他所兴修的水利设施,到今天还在发挥作用。

　　刘馥的儿子刘靖,黄初年间(220—226)由黄门侍郎升任庐江太守,魏文帝下诏说："您父亲过去在那里任职，现在您又要去管辖这个郡，真可以说是能为国家担当重任了。"后来刘靖又被调到河内郡任太守，升为尚书，朝廷赐予他关内侯的爵位，又出任河南尹。散骑常侍应璩给刘靖写信说："你由外边来担任纳言的职位，在京城做官。使百姓富足的政策，在于日积月累，循序渐进。院墙篱笆要造得又高又陡，来杜绝那些偷盗的企图；播种的时候，一定要选好搭配黍、稷、麻、麦、豆五类种子，以避免水旱灾害。农具一定要完备充足，不能耽误农时。养蚕、种麦要有苫盖的准备，才能保证不受雨淋。吏员要按期升迁，不要让他们滞留原位。鳏寡孤独的人，让他们享受到官仓的赈济。再加上明察秋毫，执法如山，不为权势所屈的魄力；各级官吏遵奉朝廷的旨意，举国上下都能垂手听命，那么，即使是前朝治理京兆的能臣赵广汉、张敞、王尊、王章、王骏，也不能同你相比。"而刘靖施政大多做到了应璩所说的那样。起初似乎让人感觉琐碎繁复，但最终还是便利了百姓，行事有他父亲的遗风。因为母亲去世，刘靖离任奔丧，后来又担任大司农卫尉，晋封广陆亭侯，食邑三百户。刘靖曾上疏陈说儒家教化的根本道理，他说："学问之道，乃是关系到治乱的法则仪制，是圣人最重要的训诲。自从文帝黄初年推崇建立太学，到现在已有二十多年，但鲜少培养出有成就的人才，原因就在于博士的选送太轻易，众儒生又是为了逃避兵役而来，高门贵族的子弟诋毁太学，引为耻辱，所以没有真正来求学的。虽然挂着学校的招牌却没有学习的人；虽然设立了教育的体制却没有什么功效。应该用高标准来选拔博士，选择那些行为能够作出表率，通经学能够胜任教师的人来执掌太学，教导儒生。遵照古代的制度，让食邑两千石以上官员的子孙，从十五岁开始，都进入太学。明确地制定升降奖惩的学习法规。对那些能通晓经术、修养德行的，要提升他们以发扬盛德；对那些敷衍了事、荒废学业的，要开除他们以示惩罚。推选出素质好的人来接受教育，对一般人则劝勉他们行善，这样一来，那种浮华庸俗的风气不用禁止就会自行消灭。阐发弘扬儒家思想的根本宗旨，使那些还没有归顺的地区也得到安抚，使四方百姓承受儒家风尚的沐浴，边远地方的人民也自动前来归附，这就是圣人的教化，达到治世的根源。"刘靖后来升为镇北将军，持节总管河北地区的军事，他认为"边防一贯的、最重要的策略是守御，没有比守御更好的办法，要分清百姓和蛮夷的界限"。他开拓了边疆的防线，在险要的地方屯兵据守。又修凿拓宽了戾陵渠大堰，引水灌溉蓟州南北的大片农田。采用三次轮作的方式耕种稻田，边疆的人民都得到利益。嘉平六年（254）刘靖逝世，朝廷追赠他为征北将军，并追封他为建成乡侯,谥号景侯。他的儿子刘熙承袭了他的爵位。

司马朗,字伯达,河内郡温县人。九岁的时候,有人说起他父亲称字而没有称名,司马朗说:"不尊重别人的父母,也就等于不尊重自己的父母。"那个人对他表示了歉意。十二岁的时候,通过经学考试,成为一名童子郎。因为司马朗长得又高又壮,监考的官员怀疑他隐瞒了年龄,便盘问他。司马朗说:"我内外的亲戚,历来都长得高大。我虽然幼稚柔弱,却没有攀高依赖的习气,折损年岁来谋求学业的成就,这不符合我的志向。"监考官对他的回答感到惊异。后来关东一带黄巾军起事,原来的冀州刺史李邵家住野三县,临近险要的山区,打算迁徙到温县居住。司马朗劝说李邵道:"唇亡齿寒的道理,难道只限于春秋时的虞国和虢国吗? 温地与野三县就是一种唇齿相依的关系。现在您离开野三而迁居温地,只不过是逃避了早晨死亡的期限,却不能把死期延缓到明天。而且您身上寄托着一郡人民的希望,现在贼寇还没到您就要先离开,沿山一带州县的人民必然恐惧震惊,这等于动摇民心,为那些强盗坏人打通犯罪的途径啊! 我私下里真为全郡担忧。"李邵不听劝告,边境一带的山民果然发生动乱,往内地迁徙,很多人遭到贼寇的洗劫。

这时候,董卓强迫皇帝迁都长安,他自己却因而得以留在都城洛阳。司马朗的父亲司马防官居治书御史,照理应当随皇帝同往长安。由于全国到处都不太平,就让司马朗带着家眷先回乡。于是有人报告说司马朗要逃路,抓住他来见董卓。董卓对他说:"您与我死去的儿子同岁,可是您却几乎大大地辜负了我。"司马朗回答说:"明公您凭着崇高的德行,在灾荒兵乱交加的年月,能够为国家清除大批的乱臣贼子,推举大量的贤士,这真可以说是处心积虑,使国家得到大治的措施。您的威望品德因此而更加崇高,功勋业绩也因而更加卓著。但是现在兵燹一天比一天严重,各州郡人心惶惶,城郊境内的百姓,不能安居乐业,抛弃了居室产业,四处流亡藏匿。尽管四边的城门都设置了关卡,用重刑杀戮来惩罚逃亡的人,仍然禁止不住这股逃难的势头。这就是我所以忧郁不舒的原因。希望明公您能洞察借鉴过去的历史,稍稍考虑一下。那么您的光辉业绩就将与日月同辉,连伊尹、周公也难和您比肩。"董卓说:"我也明白这个道理,您的话很有意义。"

司马朗断定董卓必然灭亡,担心被他留下来,就用家中财物贿赂他手下管事的官吏,请求放自己还乡。司马朗到了家乡,对乡亲父老说:"董卓大逆不道,普天下的人都把他看作仇敌,这正是忠臣义士奋发有为的时刻。我们这个郡土地同京城连接。洛阳的东边有成皋县,县北临黄河,各地起兵讨伐董卓的诸侯倘若进展不利,必然要在此地停留,这地方实在是兵家必争的危险区域,谁在这儿也难得安生。不如趁现在道路还通畅,带着整个家族往东到黎阳。黎阳驻有军营,监军的官员赵威孙过去同咱们乡里有姻亲,他统领兵马,足能主持一方。今后如果遇到什么变故,在那慢慢观望也不晚。"然而,父老乡亲都怀恋故土,没有肯听从司马朗的,只有同县的赵咨,带着家属和司马朗一起去了黎阳。过了几个月,关东地方的州郡纷纷起兵,聚集了十几万兵马,驻扎在荥阳和河内郡。各路领兵的将军意见分歧,放纵士兵烧杀抢掠,百姓死了一大半。过了很久,关东的军队纷纷瓦解,曹操和吕布各统兵将在濮阳相持,司马朗于是携带家眷回到温地。正赶上大饥荒,严重到人吃人的程度。司马朗收养抚恤自己宗族的人,教育族中的兄弟,不肯因为世道衰败便放弃自己的责任。

　　司马朗二十二岁时,曹操征召他为司空掾吏,任命他为成皋县令,因病离职,又复职任堂阳县长。他治理地方政策宽厚仁惠,不用鞭、杖等刑罚,百姓也不犯法。早先,有些老百姓迁徙到都城内居住,后来朝廷征调堂阳县制造船只,迁走的县民担心司马朗不能完成使命,就互相联络,一同悄悄回来帮助他。司马朗就是这样得到百姓的爱戴。后来他升任元城县令又入朝担任丞相府的主簿。司马朗认为天下四分五裂的局面,是因为秦朝废除了五等爵位的制度,而郡国也不再进行狩猎演习的战争准备的缘故。现在虽然已经不可能恢复施行五等爵位,却可以下令让州、郡都驻军,对外防备异族侵略,对内威慑那些图谋不轨的人,这才是最好的策略。司马朗还认为应当恢复井田制,过去由于百姓都有承继了几代的地产,很难断然收归国有,所以一直拖到今天。现在正赶上大乱之后,百姓分散在各处,土地没有主人,都成了公田,应该趁这个时机恢复井田制。他的建议虽然没有实施,但后来州、郡属下设置军队,仍然是司马朗原来的主张。他升任兖州刺史,政策和教化得到了全面推行,受到百姓的称赞。即使在行军打仗的时候,司马朗也总是穿着粗布服,吃粗劣的饭食,用俭朴的生活给部下作出表率。他非常喜爱有关伦理的典籍,他的同乡李觌等人具有很高的名望,可是司马朗却常常当众贬损这些人,后来李觌等人果然身败名裂,人们都佩服司马朗有远见。钟繇、王粲著书立论说:"不是圣人治国就不能达到太平盛世。"司马朗认为:"伊尹、颜渊等人虽然不是圣人,但让这样的人连续几代继承下来,就可以导致太平盛世。"建安二十二年(217),司马朗与夏侯惇、臧霸等人征伐吴国,行军到居巢的时候,部队中发生了瘟疫。司马朗亲自巡视军营,为生病的士卒请医配药。自己也染上了疾病,死时年龄为四十七岁。遗嘱只穿布衣,束发不带冠。入殓的时候只穿平常的服装。兖州人民对他十分怀念。魏明帝即位,封司马朗的儿子司马遗为昌武亭侯,食邑百户。司马朗的弟弟司马孚又把自己的儿子司马望过继给司马朗家。司马遗死后,司马望的儿子司马洪承袭了爵位。

当初同司马朗一起迁徙到黎阳的赵咨,官做到太常,是当时的好官。

梁习,字子虞,陈郡柘县人,担任郡国的主簿。曹操做司空时,征召他任漳县长,后来又曾调任乘式县、海西县、下邳县县令,任职期间,有善于治理地方的名声。后来又入朝担任西曹令史,升为属官。建安十一年(206),并州的土地刚刚被收复,梁习以别部司马的官职兼任并州刺史。当时正是高干作乱骚扰之后,南匈奴部落就在并州界内,又有个叫作张雄的大户,飞扬跋扈、仗势欺人,并州的官吏百姓纷纷反叛逃亡,加入张雄的部落。州中的豪强聚集壮丁,也不时地骚扰迫害人民,各种势力互相煽动挑衅,往往相持不下。梁习到任以后,采用诱导、说明、招抚的策略,对于那些豪强大户都很礼貌地召请,并稍稍加以推荐,让他们到幕府中去任职。豪强大户都得到安置以后,紧接着发动壮丁前去参军,又借着大军出征的机会,分别去请求让他们充当勇士。做吏的和当兵的都离去以后,梁习又让他们的家属作适当的迁移,前后送往邺县的共有好几万人。对那些不执行命令的,梁习派兵前去讨伐,杀死了一千多人,上万人投降归顺。南匈奴的单于恭恭敬敬地服从了梁习,各部落的酋长也俯首听命,部民都听从梁习的驱使,同入籍的百姓一样。边境从此得到安定,百姓都分布在田地里耕作,梁习不断鼓励农民发展农桑,命令都得到了不折不扣的贯彻。州里的儒生、名士经过梁习的推荐,都得到朝廷的任用,有关的事记载在《常林传》。曹操对梁习予以嘉奖,赐给他关内侯的爵位,并实授他刺史的官品。州中的父老称颂梁习的事迹,认为从来没有任何一个刺史能够赶得上梁习。建安十八年(213),并州隶属于冀州,任命梁习为议郎、西部都督从事。统辖所属地方,总管原来的部队。又出使到上党督运大木材以供修建邺城宫殿。梁习上表请求设置两名屯田都尉,带领六百个民夫,在大道边耕种粮食,满足来往人畜的需要。后来单于入朝称臣,西北边境没有了忧虑,这是梁习的功绩。魏文帝即帝位,重新设置并州,梁习再次担任刺史,晋封为申门亭侯,食邑百户。他治理的地方总是全国最好的。太和二年(228),朝廷征召他担任大司农。梁习在并州任职二十多年，他的饮食起居都十分简朴，家里没有一点地方特产的珍贵物品，魏明帝对此感到很诧异，对他很尊重，赏赐优厚。太和四年（230），梁习逝世，他的儿子梁施承袭了他的爵位。

当初，济阴郡的王思与梁习都担任西曹令史的时候，有一天轮到王思向曹操汇报事情，由于底下的人说话不恰当，惹得曹操大发雷霆，叫人召来主事的官吏，要以重罪论处。正赶上王思不在周围，梁习便替他去面见曹操，到了就被关押起来。王思急忙赶回来，主动承认自己的罪责，按他的罪过应该被处以死刑。曹操对梁习默默地代人受过十分感动，也很满意王思能勇于承担罪责，他说："想不到我的部队中竟然有两名义士！"后来两个人同时升为刺史，王思统领豫州，也算是个能干的官员，只是苛刻琐碎，不识大体。他后来官至九卿，封为列侯。

张既，字德容，冯翊郡高陵县人，十六岁的时候，在郡中担任小吏，后来曾转任重要的职务。乡里推举他为孝廉，他没有应召去求官。曹操做司空的时候，征召他进京，他也没有去。而后他被推举为茂才，担任新丰县令，他治理的新丰县，在三辅地区名列第一。

袁尚在黎阳同曹操的兵马对抗，派他所设置的河东郡太守郭援和并州刺史高干以及匈奴单于攻取平阳，并派遣使者到西部同关中的各路诸侯联合抵抗曹操。曹操部下的司隶校尉钟繇派张既去游说马腾等将军，张既给马腾等人分析利害关系，马腾等人被说服归顺了曹操。马腾派儿子马超带领一万多人马，会同钟繇的部队攻击高干、郭援，把对方打得溃不成军，郭援被斩首，高干和匈奴单于都被迫投降。

后来高干再次反叛，并州失去控制。河内郡的张晟拥兵一万多人独往独来，在崤山、渑水一带为寇，河东郡的卫固、弘农郡的张琰都带兵响应张晟。曹操任命张既为议郎，在钟繇的部队中参谋军事，让西征的马腾等将军会同钟繇，联合攻击张晟等势力，结果大败敌人。杀死了张琰、卫固，高干逃奔荆州。曹操封张既为武始亭侯。

曹操将要讨伐荆州，却担心马腾等人分别据守着关中，怕他们乘虚而入。就又派张既到马腾等人处陈说利害，让他们放弃部下军队回朝待命。马腾已经答应了而又犹豫不决。张既恐怕发生兵变，就发文到沿途各县催促作迎接的准备，食禄两千石的官员到郊外迎接。马腾不得已，启程回朝。曹操上表请封马腾为卫尉，封他的儿子马超为将军，统领原来的部属。后来马超反叛，张既随同曹操在华阴县大败马超,平定了关东一带。

曹操任命张既为京兆尹,招抚流离失散的人民,恢复兴建原来的县城,百姓都十分爱戴张既。

魏国建立以后,张既担任尚书,又离京去做雍州刺史。曹操对他说:"让您回去治理自己的家乡,可以说是穿着锦绣的衣服白天行走了吧。"

后来,张既又跟随曹操去征讨张鲁,他单独领一支部队进入散关讨伐叛变的氏族人,收割氏族人的麦子来供给军需。张鲁投降以后,张既劝说曹操将汉中的几万户人家移民到长安及三辅,来充实那个地区。以后,张既又同曹洪在下辩攻破了吴兰,又同夏侯渊讨伐宋建,单独领兵攻打临洮、狄道两县,平定了那一带。这时候,曹操正移民充实河北地区,陇西、天水、南安各郡的人民恐惧骚动,扰攘不安,张既给予这三郡人中做将官、吏员的免去赋税的待遇,让他们盖房修屋,制作水碓,于是民心得到安定。

曹操将要拔除汉中的守备,又担心刘备向北征服武都的氏族人而威胁关中,便向张既问计。张既说:"可以劝说氏族人出关往北到产粮的地方躲避敌寇,先到者予以重赏厚待,那么,先去的就会知道有利可图,后面的人一定会效仿他们。"曹操听从了张既的计策,亲自到汉中带出各路军队,命令张既到武都郡,使五万多户氏族人迁移到扶风、天水郡界内。

这时候,武威郡的颜俊、张掖郡的和鸾、酒泉郡的黄华、西平郡的麴演等连同他们所管辖的各郡一同谋反,自称将军,互相攻击。颜俊派人将自己的母亲、儿子送到曹操那儿做人质,请求曹操发兵援助。曹操向张既求教,张既说:"颜俊等人对外借助国家的威势压人,内心里又狂妄自大,计策都制定妥了,势力也很强大,然后便要造反。现在您刚刚在筹划平定蜀国的大计,应该让颜俊等势力并存而互相争斗,就像春秋时鲁国的卞庄子刺虎一样,坐等他们两败俱伤。"曹操说:"好!"

过了一年多,和鸾果然杀了颜俊,武威郡的王秘又杀了和鸾。那时候没有设置凉州,从三辅地区直到西城,都属于雍州。曹丕即王位,才开始设凉州治,任命安定太守邹岐为凉州刺史。张掖郡的张进捉住郡守率兵抗拒邹岐,黄华、麴演等人也赶走了原来的太守,领兵响应张进。张既统兵进发,为护羌校尉苏则的部队壮大声势,所以苏则能够借此立功。张既也被加封为都乡侯爵。

凉州、庐水一带的羌族人伊健妓妾、治元多等反叛,河西地区遭到严重骚扰。文帝曹丕十分担忧,说:"除了张既,没有人能安定凉州。"于是便召来邹岐，让张既代替他凉州刺史的职务，并颁布诏书说："昔日贾复请求统兵去攻打郾县的贼寇，光武帝笑着说：'执金吾去攻打郾县，我还有什么烦恼呢？'您智谋胆略都胜过别人，现在正是您施展本领的时机，我允许您因利乘便，相机行事，不用再先向我请示。"又派护军夏侯儒、将军费曜等人领兵在他后面接应。

张既率军到达金城，要渡过黄河，部下将领、守备都认为兵少路险，不可深入敌方腹地。张既说："道路虽然险峻，却不像井陉那样狭窄，夷狄都是乌合之众，不会有李左车那样的计谋，现在武威郡很危急，应该迅速赶到那儿。"就断然下令渡河。有七千多敌人骑着马在鹯阴口阻击张既的部队，张既佯作要由鹯阴口渡河，却悄悄地经过且次县到达武威。胡人都以为遇到了神仙，退却到显美县。

张既已然占据了武威，费曜的接应部队才赶到，而夏侯儒的部队还没到达。张既犒劳赏赐部下，打算进军攻击胡人。将领们都说："我方士卒疲倦，敌人却保存着锐气，很难同他们打仗。"张既说："现在军中没有现成的粮草，应当就敌人处取来应用，如果敌人发现我方兵力聚集，就要退进深山，那时候再追击他们，道路既险峻难走，士兵又饥饿疲累；如果退兵不追，又会遭受敌人的抄袭。这样的话，部队就总也得不到休息，正应了前人所说的'一旦放跑了敌人，危害会延续好几代'。"于是便领兵挺进到显美县。遭遇敌人的几千骑兵，要借助大风放火烧毁魏兵的营盘，张既部下的将士都很恐惧。张既夜间埋伏下三千精锐士卒，让参军成公英督率一千多骑兵挑战，命令他们佯装败退，敌人果然争先恐后地来追赶。于是伏兵四出，截断了敌人的队伍，分别攻击他们的首尾，结果大获全胜，斩首俘虏一万多人。文帝非常高兴，下诏说："您渡黄河，历险境，用疲劳的军队攻击有准备的敌人，以少数胜多数，功劳盖过了周宣王时的南仲，勤劳超过了尹吉甫。这个功绩不仅仅是打败了胡人，而是使河西一带永远宁静，让我再也不用顾虑西边的国土了。"文帝转封张既为西乡侯，给他增加了二百户食邑，连同以前的食邑，一共四百户。

酒泉郡的苏衡谋反，同羌族的大户邻戴以及丁令一带的匈奴一万多人马攻打边境各县，张既同夏侯儒前往迎击，大败敌人，苏衡、邻戴等都投降了。于是，张既上书请求与夏侯儒共同治理左南城要塞。筑起防御工事，修建烽火台，在邸阁储备军粮防御匈奴人。西部的羌族人害怕了，带着两万多户人家来投降。后来西平郡的麹光等人杀死郡守，张既部下将领要去攻打他们。张既说："造反的只有麹光等人，郡中的百姓不一定都愿意跟随他们。如果因为这就兴兵讨伐,当地的官吏百姓、羌人、匈奴人就会说国家不辨是非,就会联合起来对政府持敌对态度,这就等于为虎添翼。麴光等人想让羌人和匈奴人援助他们,现在我们先让羌人和匈奴人包围攻击他们,用重金招募奖赏应征的,把俘虏也都送给羌人和匈奴人。从外面扼制他们的势力,从内部离间他们的盟友,就一定会不战而平定这个地方。"于是便发布檄文通告各部落的羌人;凡是被麴光等人诱惑欺骗而加入叛军的一律原谅,能够杀死敌人将帅来送首级的加倍封赏。檄文发布以后,麴光的部下杀死了他并送上了他的首级,其余的人都像过去一样安居无事。

张既治理雍、凉两州二十多年,实施了许多好的政策,非常著名。他依礼征召的扶风郡的庞延、天水郡的杨阜、安定县的胡遵、酒泉郡的庞淯、敦煌郡的张恭、周生烈等人,后来都做了官而且很有名。

黄初四年(223)张既去世。朝廷颁布诏书说:"春秋时候的苟林父在翟土立功,晋侯赏给他千户之国作为他的封地;冯异为东汉贡献出自己的力量,光武帝为此赐封他两个儿子。已故的凉州刺史张既能够收容安抚民众,使各部落的羌族人归顺朝廷,可以称作国家的良臣。他不幸逝世,朕非常痛惜,现在赐给他小儿子张翁归关内侯的爵位。"魏明帝即位以后,追赠张既肃侯的谥号,由他的儿子张缉承袭。

张缉由中书郎的职位稍稍升任东莞郡太守。嘉平年间,他的女儿做了皇后,他也因而被召拜为光禄大夫,赐位特进,他的妻子向也被封为安城乡君。后来张缉同中书令李丰犯了同谋罪,被处死。有关记载在《夏侯玄传》中。

温恢,字曼基,太原郡祁县人。父亲温恕,任涿郡太守,去世的时候,温恢十五岁,送丧回乡,发现家里十分富有。温恢说:"世上刚刚开始大乱,要这么多钱有什么用呢?"一下子把家财全都散出给自己宗族的人,帮助他们振兴家业。州里认为他的行为高尚,把他同州里的先贤郇越相比。

后来温恢被推举为孝廉,做过廪丘县长,鄢陵、广川县的县令,彭城、鲁城的相,所在的地方对他都有好评。又入朝做丞相主簿,出任扬州刺史。曹操对他说:"我非常愿意让您在我身边做事,但又认为扬州的事情更为重要。《尚书》上说,'股肱之臣良好,那么诸事都会安宁。'是不是需要让蒋济来担任治中辅助您呢?"当时蒋济正任丹杨太守,于是便下令让他回到扬州。曹操又对将军张辽、乐进等人说:"扬州刺史温恢通晓军事,凡事要和他共同商议。"

建安二十四年(219),孙权统兵攻打合肥。那时候各州都屯兵守卫,温恢对兖州刺史裴潜说："这里虽然有贼兵，但还构不成威胁，所害怕的是曹仁的征南部队遭遇变故。现在洪水已经来了，而曹仁的孤军却没有防备。关羽骁勇善战，率领精锐部队，借着地利进攻，一定会造成祸害。"后来果然有水淹樊城的事。朝廷诏书征召裴潜以及豫州刺史吕贡等人，裴潜等人拖延不动。温恢秘密地对裴潜说："这一定是襄阳危急，要让你们赶去支援。所以没有大张旗鼓急着让你们聚集，是朝廷不愿意惊动远处的部队。一两天内一定会有密书催促你们上路，张辽等人也会被召去援助，他们一向知道魏王的心思，一定会后召先到，您可就要受责备了！"裴潜听从了温恢的话，放弃了辎重，让部下改换轻装迅速出发。果然接到了催促进军的命令，张辽等人紧接着也分别被征召，完全像温恢所预料的那样。

　　魏文帝即位，用温恢为侍中，又出京担任魏郡太守。过了几年，升任凉州刺史，又持着朝廷的节钺领受护羌校尉的职务，赴任途中病死，死时四十五岁。文帝发下诏书说："温恢有支撑社稷的素质，为先帝做事，功劳卓著。为朕办事，能够忠于王室，所以把万里以外的重任委托给他，让他执掌一个方面的大事。他为什么这样不顺利，我非常悲痛！"文帝赐予他儿子温生关内侯的爵位，温生死得早，爵位便断绝了。

　　温恢去世以后，汝南郡的孟建担任凉州刺史，有善于治理的名声，官做到征东将军。

　　贾逵，字梁道，河东郡襄陵县人。幼年时和儿童们一起玩，就常常作列阵打仗的游戏。他的祖父贾习感到很惊异，说："你长大了一定会当上将帅。"口授他兵法好几万字。

　　贾逵起初在郡中做一名吏员，担任守卫绛邑的长官，郭援攻打河东郡的时候，所经过的县城都被攻破了，只有贾逵据城坚守。郭援久攻不下，召来单于领着匈奴人一同猛攻。绛邑城将要被攻破的时候，城中父老同郭援说定：不许杀害贾逵。绛邑人溃败以后，郭援听说贾逵的名声，想用他为将军，派兵把他劫持来，贾逵却不为所动。郭援的部下押着贾逵让他叩头，贾逵怒斥他们说："岂有国家的官吏对强盗叩头的道理！"郭援发怒了，要将他斩首。绛邑的吏民百姓听说要杀贾逵，都登上城墙大声呼喊："谁要背信弃义杀我们的贤君，我们就都拼死抵抗！"郭援的部下认为贾逵很有义气，很多人为他求情，于是贾逵幸免于难。

　　之前，贾逵曾到皮氏，对当地人说："两军争夺一块地方，先占据有利地形的一方必胜。"到郭援包围绛邑,形势危急的时候,贾逵知道绛邑将被攻破,就派人从小路把他的印绶送回河东郡,并让他通知郡守;赶快占据皮氏。郭援吞并了绛邑的守军以后,将要继续进军。贾逵怕他先占领皮氏,就用别的计策使郭援的谋士祝奥产生疑虑,以致郭援的军马停留了七天。河东郡郡守听从了贾逵的劝告,所以没有打败仗。

后来贾逵被推举为茂才,任渑池县令。高干谋反以后,弘农郡的张琰要举兵响应,贾逵不知道张琰的阴谋,去见他。到那以后,听说叛乱已经发生了,想回去,又怕被捉住,就替张琰出谋划策,好像是与他同谋的人。张琰相信了他。当时渑池县寄治于蠡城,城外的壕沟很不坚固,贾逵请求张琰派兵去修蠡城的城池,那些要谋反叛乱的都不隐讳他们的阴谋,所以贾逵能够把他们一网打尽。而后再修城抗拒张琰的部队。

张琰败亡以后,贾逵因为祖父去世辞官,又由司徒征召他为掾吏,以议郎职衔参与司隶军事。曹操征伐马超,到达弘农郡,说:"这里是西边道路的要地。"任命贾逵为弘农太守,召见他商议国事,曹操十分满意,对左右说:"假使天下食禄二千石的官吏都能像贾逵这样,我还有什么可担忧的呢?"后来大军进发,贾逵怀疑屯田都尉藏匿逃亡的百姓,屯田都尉认为自己不归郡守管辖,出言不逊。贾逵大怒,把他扣押起来,打折了腿。结果贾逵坐罪被免官。但曹操心里还是喜欢他,任命他为丞相主簿。

曹操征讨刘备,先派贾逵去斜谷观察地形。路上遇到水衡官押解几十车犯人,贾逵认为军情紧急,正是用人的时候,就让水衡只把一名犯重罪的押走,其余的都释放了。曹操知道以后,认为贾逵处置得当。任命他为谏议大夫,与夏侯尚共同掌管军事。曹操在洛阳逝世,贾逵主持丧事,这时候,鄢陵侯曹彰代理越骑将军职务,从长安赶来奔丧,问贾逵先王的玉玺印绶存放的地方。贾逵正颜厉色地说:"太子在邺县,国家已经有了储君,先王的玺绶,不是君侯您所应当问的。"说罢,便护送棺材回到邺县。

文帝即王位,因为邺县的几万户人家都在京城居住,很多人干不法的事,文帝便任命贾逵做邺县令,一个多月以后,升任魏郡太守。后来大军出征,贾逵再次担任丞相主簿祭酒。

贾逵曾经构陷别人,使那个人受到处罚。曹丕知道后说:"春秋时晋国的祁奚说过:对叔向那样的社稷之臣,应该原谅他后代十世子孙的过错,用来勉励有能力的臣子。何况贾逵自己建立了那么多的功德,对他的过失当然更应该原谅了。"贾逵跟随曹丕到黎阳,渡口秩序杂乱,贾逵杀了那些乱走的士兵,整顿了秩序。到达谯郡,曹丕任命他为豫州刺史。那时候国土刚刚收复,州郡大多没有整顿。贾逵说:"州政府原来都是用御史出去监督各郡,以有关的六条诏书监察食禄二千石以下的官吏,所以关于御史的报告上都写的是严厉能干威武有督察之才,而不提安静宽厚仁爱有和乐简易的品德。现在各郡的官长吏员轻视法律,郡内盗贼公然出入,州里知道却不纠正,那么,国家用什么来树立正义呢?"州里一位兵曹从事经前任刺史准假离开职位,贾逵到任几个月后,这位兵曹从事才回来。贾逵将食禄二千石以下官员中阿谀放纵不守法的,都考察清楚,并奏报朝廷免去了他们的职务。文帝说:"贾逵真不愧是刺史。"把他的事迹布告全国,让各州都以豫州为榜样,赐给贾逵关内侯的爵位。

豫州的南边与吴国接壤,贾逵明确指定了放哨侦察的人,整治军备,为防御进攻作了充分的准备,敌人不敢来侵犯。

贾逵对外整束军队,对内治理民事,遏制鄢水和汝水,修造挖掘新陂,又阻断山间的溜河等长长的溪水,修造了小弋阳陂。修通了二百多里长的运河,就是后人所说的贾侯渠。

黄初年间(220—226),贾逵同各位将军一同征伐吴国,在洞浦大破吕范的部队,贾逵被晋封为阳里亭侯,加建威将军的头衔。魏明帝即位给贾逵的食邑增加了二百户,连同从前的一共四百户。当时孙权在东关,正好处在豫州的南部,距长江四百多里,常常出兵骚扰,西边来就从江夏,东边来就从卢江,魏国征伐吴国,也从淮河、沔水进军。那时候豫州的军队分布在项、汝南、弋阳,力量也只能够守卫边境。孙权不用顾虑北方,东边或西边一旦危急,可以全部出动去援救,所以很少打败仗。贾逵认为应该开通一条路直达江边,如果孙权被迫自保,那么东西两边就得不到救援;如果东西两边得不到援助,就可以夺取东关。于是移兵屯驻潦口,对明帝陈述攻取的计策,明帝很满意。

吴国的将军张婴、王崇率领部下来投降。太和二年(228),魏明帝命贾逵总督前将军满宠、东莞太守胡质等四路军队从西阳直向东关挺进,曹休从安徽、司马宣王从江陵出发共同征伐吴国。贾逵到达五将山,曹休上表说敌人又有请求投降的,要求派他们深入敌方去接应贾逵。明帝下诏,命令司马宣王驻扎,贾逵向东同曹休会师共同进发。贾逵料定敌人既然已经失去了东关的防备,一定会在安徽聚集,曹休如果深入作战,必然失败。便调兵遣将,水陆并进,走了二百里,捉到一名俘虏,说曹休打了败仗,孙权派兵截断了夹石,魏军各将领不知道走出山口的道路,有的人想等待后面的援军。贾逵说:"曹休兵败在夹石口外,出路断绝在口内。前进不能和敌人作战,后退又退不回来。安危的机运,不出一天就要决定了。敌人认为曹休的部队没有后援,所以把他困在这里。现在我们迅速出击,出其不意,这就是人们常说的:走在别人前面争取在心理上占上风。敌人发现我军一定会逃跑。如果等待后面的援军,现在天险已经被敌人截断了,兵再多又有什么用呢?"于是下令兼程进军,多装备旗帜战鼓虚张声势,敌人发现贾逵的部队,果然撤退了。贾逵占据了夹石口,把军粮补给曹休的部队,曹休的部队才又振作起来。

起初,贾逵与曹休不和。黄初年间(220—226),文帝曹丕打算给予贾逵符节,曹休说:"贾逵性情强硬,一向轻视怠慢众将军,不可让他统管众将。"文帝便打消了原来的想法。但夹石口的败仗,要不是贾逵,曹休的部队几乎就要全军覆没了。

贾逵病重的时候,对左右说:"我受国家的厚恩,遗憾没有斩了孙权去九泉之下见先帝。我死以后,一切丧事都不许铺张。"他去世以后,朝廷赠予他肃侯的谥号。他的儿子贾充承袭了他的爵位。豫州的官吏百姓都怀念他,为他树碑建立祠堂。青龙年间(233—237),魏明帝东征,乘车进入贾逵的祠堂,颁下诏书说:"昨天经过项城,看到贾逵的墓碑石像,想起他感到非常悲痛。古人说过:只忧虑不能树立名声,不担忧寿命不长。贾逵留下了忠于国事的功勋,死后还被人们思念,可以说是死而不朽的人。我要求把他的事迹布告天下,用来勉励后人。"贾充,咸熙年间(264—265)曾担任中护军的官职。

评:自从汉朝以来,刺史总管各郡,在外面推行政令,不再像过去只是负责监察郡一级的官吏。太祖创基立业,直到魏国的统治结束,这一卷中的几个刺史都是受到称赞、享有盛誉而又名实相符的,都精通事理,练达机变,善于恩威并用的两手策略,所以能肃清划一方圆万里的地方,为后世的人所称道。

卷十六　魏书十六

任苏杜郑仓传第十六

　　任峻,字伯达,河南郡中牟县人。汉朝末叶,四方骚乱,关东地区都受到震动,中牟县令杨原忧愁恐惧,打算弃官逃走,任峻劝他说:"董卓带头叛乱,天下人没有不怨恨他的。然而却不见有人倡议讨伐他,人们并不是没有讨伐他的愿望,而是迫于形势不敢发动。您如果能发出倡议,一定会有响应的。"杨原问:"应该怎么办呢?"任峻说:"现在关东有十多个县,能打仗的不少于一万人,如果您暂时行使河南尹的权力,把他们集中起来调遣,没有办不成的事。"杨原听从了任峻的计策,任命他为主簿。任峻便替杨原发布有关代理河南尹的文告,让各县坚守自己的领地,于是便发兵征讨董卓。正赶上曹操从关中起兵,进入中牟县界,当地人不知道该跟随谁,只有任峻与同郡的张奋商议,率全郡归顺曹操。任峻另外又召集自己宗族、宾客以及家丁一共几百人,情愿跟随曹操。曹操非常高兴,上表请求任命任峻为骑都尉,并将自己的堂妹嫁给他,对他十分亲近信任。曹操每次出征,总是让任峻留在后方主管部队的给养。当时正赶上饥荒干旱的年景,军粮不足,朝廷羽林监颍川人枣祇建置屯田,曹操任命任峻为典农中郎将,招募百姓在许下屯田,收获粮食达到百万斛,各郡都设置屯田的官员,几年间屯田的地方都储备了粮食,仓库都堆满了。官渡之战,曹操命任峻掌管军器和粮食的运输,敌人几次偷袭断绝了粮道。任峻便以一千辆粮车为一部,列成十路方队,使阵势重叠拱卫粮车,敌人不敢靠近。军队国库能够粮食充足,开始是靠着枣祇的屯田,而最终的成功是靠着任峻的努力。曹操因为任峻功高,上表请求封他为都亭侯,食邑三百户,又升任长水校尉。

　　任峻待人宽厚有器量,通晓事理,每次提出建议,曹操总是很满意。饥荒的时候,他收养抚恤朋友的亲人、贫困的中表亲戚,救助急难,周济贫乏,信义为人所称道。

建安九年(204),任峻去世,曹操为他的死曾长时间地哭泣。他的儿子任先承袭了爵位,任先没有儿子,他死后,封地便被解除。后来魏文帝追禄功臣,赐给任峻成侯的谥号,又赐封任峻的次子任览为关内侯。

苏则,字文师,扶风郡武功县人。少年时就以学问操行闻名乡里,被推举为孝廉和茂才,朝廷征召他去任职,他都没有应召。后来从家里出任酒泉郡太守,调任安定郡、武都郡,所在的地方都传诵他的威名。

曹操征伐张鲁,经过苏则所管辖的郡,见到苏则,对他很欣赏,命他担任部队的向导。打败张鲁以后,苏则平定安抚住在下辩一带的各氐族部落,打通了河西走廊,转任金城太守。当时正是战乱之后,官吏百姓流离失所,饥饿贫穷,户口锐减,苏则十分谨慎地安抚流民,对外招抚羌人、氐人等部落,得到他们的牛羊,用来赡养贫困老弱的人。他和百姓平分口粮,一个月的时间,流民都回来了,一共有几千家,于是苏则明确地宣布了禁令,有违犯的就杀掉,对听从教化的一定奖赏。他亲自教给百姓耕种的知识,当年就获得了大丰收,从那以后,前来归附的人越来越多。

陇西郡的李越发动叛乱,苏则率领羌人等少数民族军队包围了李越,李越请求投降。曹操去世,西平郡的麴演谋反,号称护羌校尉。苏则领兵讨伐,麴演害怕了,也请求投降。魏文帝因为苏则的功劳,加封他为护羌校尉,赐予他关内侯的爵位。

后来麴演又勾结邻郡叛乱,张掖郡的张进扣押了太守杜通,酒泉郡的黄华不接受太守辛机的统治。张进、黄华都自称太守响应麴演,再加上武威郡的三个少数民族都趁势掳掠,河西的道路又断绝了。武威郡太守毌丘兴向苏则告急,当时雍州、凉州的豪族大户都驱赶羌人、胡人来追随张进等叛将,郡中百姓都认为张进势不可挡。在此以前将军郝昭、魏平在金城屯兵驻守,也接到不许西进的诏书。苏则便去面见郡中的大吏和郝昭等人,同羌族的大户酋长商议说:"现在敌寇的势力虽然强盛,但都是才聚起来的乌合之众,有的还是被迫胁从,不一定就是一条心,利用他们的矛盾打击他们,好的和坏的就一定会分离,好的分离出来归顺我军,我军的数量便增加而敌人的数量便要减少。既得到人力补充的实惠,又壮大了我军的气势,这时候出动讨伐敌人,一定会打败他们。如果等候大军支援,旷日持久,好人找不到归宿,必然要和坏人同流合污,善恶一旦搅在一块儿,就很难把他们一下子分开了。现在虽然有朝廷的诏命,违背它而合于机变,我看我们可以自作主张。"郝昭等人听从了苏则的意见,于是便发兵去救武威郡,迫使作乱的三个部落胡人投降。苏则与毌丘兴率军在张掖郡攻击张进,麹演得到消息,率领步军、骑兵共三千人来迎接苏则,说是前来援助,其实打算发动叛变。苏则引诱他来见面,趁机将他斩首示众,他的党羽都四散逃走。苏则便与各路军队包围了张掖,大败敌人,杀死了张进和依附于他的党羽,敌兵都投降了。麹演的部队被打败,黄华感到恐惧,交出了他所扣押的人质乞求投降,河西一带被平定。苏则回到金城,朝廷晋封他为都亭侯,食邑三百户。

朝廷征拜苏则为侍中,与董昭在一起做官。有一次,董昭枕着苏则的膝盖睡觉,苏则把他的头推下去,说:"苏则的膝盖,不是谗佞之辈的枕头。"

当初,苏则同临淄侯曹植听说魏氏废汉自立,都穿上表服为汉朝悲哀哭泣。曹植的表现魏文帝听说了,却不知道苏则也同曹植是一样的态度。文帝在洛阳,有一次从容说道:"我顺应天命当了皇帝,却听说有人哭,为什么呢?"苏则还以为是对他质问,胡须都竖立起来,要正颜厉色地辩论。侍中傅巽连忙掐着他说:"不是说您。"这才挡住了他。文帝问苏则说:"前些时攻破酒泉郡、张掖郡,和西域互通使节,敦煌郡献来直径一寸的大珠,还能不能再从市场上买到呢?"苏则回答说:"陛下如果能把国内治理得和睦融洽,使德化流布到沙漠地区,宝珠就会不求自来;如果求了,然后得到,那么也就算不得珍贵了。"文帝听了,默默无语。

后来,苏则陪同文帝打猎,槛圈设置不牢固,被鹿撞破逃走了。文帝大怒,脚踩胡床拔出佩刀,把有关督吏都抓起来,要处死他们,苏则跪地叩拜,说:"臣子听说古代的圣王不因为禽兽而害人,现在陛下正推崇唐尧的教化,却因为打猎的游戏要杀死很多吏员,愚臣认为不能这样,愿用我的生命来请求(赦免他们)!"文帝说:"您,是正直的大臣。"便把那些督吏全部赦免了。然而苏则也因此被文帝忌惮,黄初四年(223),被降职担任东平相。赴任途中,得病去世,谥号为刚侯。他的儿子苏怡承袭了爵位,苏怡死后,没有儿子,由他的弟弟苏愉袭封。苏愉,咸熙年间曾担任尚书。

杜畿,字伯侯,京兆杜陵县人。幼年父母双亡,继母虐待他,他却以孝顺出名,二十岁时在郡中担任功曹,又试职做郑县的县令。县里关押了几百人,杜畿亲自审问,衡量犯人罪行的轻重,都一一定案发送,虽然不是都判处得很妥当,但郡中人们已经对他这样年轻却有主见感到惊奇。他被推举为孝廉,担任汉中府丞。赶上天下大乱,他便弃官旅居荆州,建安年间(196—220)才回到故乡。荀彧把他推荐给曹操,曹操委任他为司空司直,又升任护羌校尉,让他持节领受西平郡太守的职务。

曹操已经平定了河北,高干在并州反叛。当时河东太守王邑被朝廷征召,河东人卫固、范先表面以请求封地为名,背地里却同高干勾结。曹操对荀彧说:"关西的那些将领凭借险要的地形和骑兵,要是去征剿他们一定会引起叛乱。张晟在崤山、渑水之间烧杀抢掠,向南联络刘表,卫固等人也效法张晟,我担心他们为害太深。河东郡依山绕河,四周的邻郡总是发生变故,是当今天下的战略要地。请您为我推荐像萧何、寇恂那样的人去镇守河东。"荀彧说:"杜畿能够胜任。"于是曹操追授杜畿河东太守的职务。

卫固等人派了几千人马截断去陕津的路,杜畿到了那儿不能渡过黄河。曹操派夏侯惇征剿卫固。兵还未到,有人对杜畿说:"应该派大兵来。"杜畿说:"河东郡有三万户人家,绝不是人人都想作乱。现在如果大兵压境,把他们逼急了,想做好事也找不到带头的,就一定会因为惧怕而服从卫固。卫固一旦能够消除后顾之忧,必然要拼死抵抗。我们讨伐他如果不能取胜,四周的邻郡就会响应他,天下的变乱就平息不了了。如果我们能够取胜,也会摧残一郡的百姓。况且卫固等人还没有明目张胆地抗拒朝廷,表面只是以请求过去的太守为名,一定不会加害新太守。我单身前去,出其不意,卫固为人计谋很多,但缺乏决断的能力,一定会假装接受我的指挥。我只要在郡城待一个月,就能设法用计困住他,时间足够了。"就从隐秘的岔道到郖津过河。

范先要杀杜畿借以威慑部下,想先观察一下杜畿的动向,便在门前连续杀了郡中主簿以下的官吏三十多人,杜畿目睹惨状,若无其事。于是卫固说:"杀了他也不能损害他什么,徒然给咱们树立恶名,况且控制他的权力在我们手里。"便承认了杜畿的太守身份。杜畿对卫固、范先说:"你们二位,是河东的希望,我不过靠你们坐享其成罢了,但君臣之间有固定的规矩,成败都一样,遇到大事应当平等地一块儿商量。"杜畿任用卫固为都督,让他兼任郡丞,又代理功曹。将军、校尉、吏员、士兵三千多人,都归范先统管。卫固等人很高兴,虽然表面上服从杜畿,心里面却不把他当回事。

卫固要大举征兵,杜畿很担心,劝卫固说:"要想成就非常的大事,就不能轻易地动摇军心。现在倘若征召大军,部下一定会骚乱,不如慢慢用钱来招募士兵。"卫固认为他说得对,就听从了,用钱来征调,过了几十天才调度停当。而部下的将军却因为贪图钱财只招募了少于预定人数的士兵。杜畿又去面见卫固,为他分析说:"人情都顾恋家属,可以分遣将军和掾吏们回家休息,有紧急情况再召他们回来也不难。"卫固等人不愿意失去人心,又听从了杜畿的劝告。这样一来,不肯谋反的好人留在外边,可以暗地里支援自己;而坏人分散,各自回家,势力已经被离间了。碰上张白骑的兵马攻打东垣,高干的叛军进入濩泽,上党一带各县杀死县官,弘农郡扣押了郡守,卫固等人也想乘机叛变,而调兵还没有到,杜畿知道周围各县都服从自己,就出来单独率领几十名骑兵赶到张城坚守。城中百姓官吏都全力帮助杜畿,过了几十天,召集了四千多人。卫固等人与高干、张晟联合起来攻打杜畿所在的张城,却攻不破。侵犯附近的县城,也一无所得。遇上朝廷的大兵前来征剿,高干、张晟都被打败,卫固等人被抓获斩首。杜畿赦免了卫固等人的余党,让他们恢复过去的住居产业。

那时候全国的郡县都残破不全,河东郡是最先平定的,而且损失也少。杜畿治理这个郡,推崇宽松惠民的政策,让百姓休养生息。有人家曾经打官司,互相争讼,杜畿亲自为双方陈说大义,让他们回去认真思索,如果还有什么要申诉的,再来太守府中找他。乡邑的父老都生气地责备自己一方的诉讼人:"有这么好的太守,你们为什么不听他的教诲?"从那以后,很少再有打官司的了。郡中下属各县,推举出孝子、贞妇、顺孙,杜畿都一一免除这些人家的徭役,并随时去慰问勉励他们。渐渐地开始督促百姓畜养牸牛牝马,养猪、狗、鸡,都有具体的章程制度。百姓勤劳地耕作,家家户户丰衣足食。于是杜畿说:"百姓富足了,不可不进行教育。"便在冬天整备戎装,讲习武艺。又开设学宫,杜畿亲自讲授儒家的经典,郡中风气也因而有所变化。

韩遂、马超叛变的时候,弘农郡、冯翊郡很多县邑都起兵响应他们。河东郡虽然同敌境相连,百姓却没有二心。曹操西征到达蒲阪,与敌人隔着渭河列开阵势,军粮完全依赖河东郡供给。等到敌人被打败,郡中储备的粮食还剩二十多万斛。曹操下令说:"河东太守杜畿,就如同孔子所说的'禹,我简直找不到他一点毛病来批评他。'给他增加俸禄到中二千石。"

后来曹操征伐汉中,调遣河中郡的五千民夫担任运输工作。这些人自动地互相勉励:"人总免不了一死,可不能辜负了我们的太守。"始终没有一个人逃跑,杜畿就是这样得人心。

魏国建立以后,用杜畿为尚书。事情定下来以后,朝廷又下令说:"过去萧何平定关中,寇恂平定河内,您也有他们那样的功劳。即将授予您纳言的职位。但是又考虑到河东郡是我的股肱要地、充实储备的所在,占据那里就足能控制全国,所以还要麻烦您去那里坐镇。"

杜畿在河东十六年,他的治理总是全国最好的。魏文帝即王位,赐给他关内侯的爵位,召拜他担任尚书。文帝废汉自立为皇帝以后,晋封杜畿为丰乐亭侯,食邑百户、任职为司隶校尉。文帝征伐吴国,任命杜畿为尚书仆射,留在朝中掌管国家大事。后来文帝去许昌,仍然命杜畿留守。杜畿奉命制造御楼船,在陶河试航,遇到大风沉没。文帝为他的死而哭泣,下诏说:"夏朝的水官冥勤劳地工作而死在水中,后稷勤劳地播种百谷而在山上,已故的尚书仆射杜畿,在孟津试航,以至翻船沉没,这是忠心的极致,朕实在为他痛惜。"追赠他太仆的职衔,谥号为戴侯。他的儿子杜恕承袭了爵位。

杜恕,字务伯,太和年间(227—233)任散骑黄门侍郎。杜恕为人诚恳朴质,不善于表现自己,所以从小就没有什么名声。等到在朝中做官,也不结党营私,一心办公事。每当政策有失误,他总是引用纲纪法度来规谏,因此很受侍中辛毗等人的器重。当时自公卿以下,官吏们都在议论制度的增减,杜恕认为"古代的刺史,奉行宣示朝廷的六条规则,以清净无为为名誉,威风显著,为人称道。现在可以不让刺史掌握兵权,专心去管理民政"。不久,镇北将军吕昭又担任冀州刺史,杜恕便上书说:

　　帝王之道,没有比安民更崇高的。安民的办法,在于财富的积累;而积累财富,就是专务根本,节约用度。当今吴、蜀二贼还没有消灭,战车急需驾驭,这正是英雄豪杰努力奋斗的时机。但是朝中的儒臣士大夫,也意外地推崇羡慕武力,握着手腕争论,以孙子吴起为第一。州、郡一级的长官,都忽视安抚人民的治术,而从事将帅的工作。种地养蚕的百姓,争着进行打仗的准备,这不可以说是务本。国库一年比一年空虚而政令一年比一年扩大;民力一年比一年衰弱而赋役一年比一年增多,这不可以说是节用,现在魏国拥有十州的地方,由于兵乱的损耗,十州的户口还不如过去一州的多。但是现在吴、蜀僭位称帝,与我们作对,北方的胡人也没有臣服,三个地方的边境发生变乱,全国都不会太平。所以统辖一州的人民而管理九州的地域,那种艰难,就如同赶着一匹赢弱的马走远路,难道能不加倍地爱惜它吗？凭着武皇帝的节俭，府库充实尚且不能让十个州都拥有军队，何况下属的二十个郡。现在边疆的荆州、扬州、青州、徐州、幽州、并州、雍州、凉州都有军队，而能够凭借在内部充实府库扼制外族入侵的，只有兖州、豫州、司州、冀州而已。我以前认为州、郡一级的长官如果掌握兵权，就会在军事上用心，而忽略民政。应该另外安排将校守备，来完成治理地方的任务。但是陛下出于宠信吕昭的心意又把冀州刺史的职务委托给他。冀州人口最多，田地大部分已经开垦，又有桑枣副业的繁荣，是国家征粮收税的府库，实在不该让他兼任军事。倘若认为北方应当派兵镇守；当然可以专门委派大将来维持平安的局面。以这个道理推论，可知国家应该因为人才而安排官职，不应为了官职而挑选人，官吏如果得到了称职的人选，那么政治就会平顺，诉讼也会得到审理；政治平顺所以百姓能够富足充实，诉讼得到公正审理，监狱就会空虚。陛下即位的时候，全国习法的官员一百多人，年年增加，现在已经到了五百多人。百姓却没有增加得更多，法律也没有更严苛。用这些事实来推论，原因并不在政治教化的衰落，而在于州郡一级长官的不称职，不是很明显吗？往年耕牛死亡，按照通常的比例，全国的牛十头里面就要死去两头。麦子收获上来的还不到一半，而秋天的种子还没播下。要是孙、刘二贼在疆场上阴魂不散，还要厮杀，那我们即使用车船飞快地运输粮草，相隔千里，也来不及了。追究治国的方针，难道在加强兵力吗？武力劲卒越多越坏事。一个国家就如同人的身体，心腹充实了，四肢即使生了病，终究不会有大的妨害。现在兖州、豫州、司州、冀州也是国家的心腹，所以愚臣我怀着恳切恭谨的心情，希望四州的长官，专心地从事根本的事业，来承担四肢的重任。但孤论难以坚持，触犯大家的欲望难以取得成效，众人的不满难以积累到一块儿，是非难以分清，所以年复一年也没有被英明的君主察觉。凡是说这种话的，都是疏远或卑贱的人，这类人说的话，确实不容易被采纳。如果让好的政策都从亲信贵族口里说出来，亲信贵族本来就用不着冒犯我所说的四难来求取忠爱，这正是古往今来的人们所常常担忧的问题。

当时朝中又对官吏考核制度展开大规模的议论，朝廷内外的官吏都要考核。杜恕认为用人而不能让他尽力发挥自己的才能，那么即便有才的人也没有多大用处。保全的不是致力要达到的东西，而所致力的事又不是当前最重要的。他上书说：

《尚书》说："公开地用成绩来考核官吏，通过三次考试决定升降。"实在是帝王创立的伟大制度。让有才能的人做官，有功绩的人受禄，就如同大力士乌获举起千钧重物，王良、伯乐相马甄别马蹄一样。虽然经历了六代但考核的制度并不明确，虽然通过了七位圣贤但考核的规章没有流传下来。我确实认为这是由于考核的制度只能粗略地依据，而详细的章程难以一一列举的缘故。俗话说："世上有作乱的人而没有作乱的法。"要是法律可以独裁的话，那么尧、舜也就用不着稷、契的辅佐，商、周的君主也就不会那么重视伊尹、吕望的辅助了。现在上奏讨论考核的官员，振振有词地陈述周、汉两朝的制度做法，张扬京房易学的宗旨，可以说是阐明了考核的重要性了。然而对于推崇礼让的风气，建立美好的政治，我认为还没有尽善美。要想让州、郡考核儒生，必须经由四科，都要有具体的事例效果，然后调查推荐，由公府征召试用，担任直接管理民事的县长吏员，代替那些因功补任郡守的官员，或者就地增加品级、赐予爵位，这是当前考核官吏最紧急的工作。我认为对推荐上来的人就应当提高他的地位，采纳他的意见，使之成为考核州郡的制度。制度完备实施，对有功的一定要奖赏，对有过失的一定要处罚，对于公卿和皇帝身边的大臣，也应该根据他履行职务的情况进行考核。

古代的三公，坐着讨论国家的大政方针；负责内职的大臣，采纳好的建议弥补缺陷，没有一条好的意见不记录，没有一点过失不被指出。国家太大了，事务太多了，实在不能靠一个人的光明照亮所有的地方。所以皇帝被称为元首，臣子被称为四肢，说他们是一体相连、相辅相成的关系。所以古人说廊庙之材，不是一根木头能够支撑起来的；帝王的功业，也绝不是某个谋臣的策略所能完成的。由这个道理来谈，哪有大臣守着自己的职务、清楚考核的条文就能成就理想盛世的道理呢？平民百姓之间交往，还有因为看重信义而去赴汤蹈火，因为彼此知己而披肝沥胆，舍身为名而树立节义的人，何况那些束紧衣带、恭敬地站在朝中，官位达到卿相的大臣，他们所经营的应该不只是匹夫之间的那种信义，所感动的应该不只是知己间的恩惠，所为之献身的又岂能是个人的声誉呢？

那些蒙受宠幸，享用厚禄，担当重任的大臣，不单单要把英明的君主推到比尧舜还高的位置，他们自己也想跻身于稷、契的行列。所以古人对没有全心全意考虑治国的臣子并不担心，而担心那些不敢承担责任的臣子，而这实在又是君主造成的。尧、舜那样的君主，任用稷、契、夔、龙而督责他们成功，等到他们犯了罪，便处死鲧而放逐了四凶。现在做大臣的亲自领受明确的诏旨，在君主的眼皮底下办事，这些人当中有从早到晚处理公务，勤勤恳恳超过常人，不屈服于权贵的势力，办事公正不徇私情，言行都非常正直的臣子，自然是英明的君主您都知道的。还有一些空食俸禄却自认为清高，垂着手不发表意见却自认为聪明，当着官却一心想着脱卸责任，站在朝中却总不忘保住自己的职位，小心翼翼说话做事的臣子，自然也是英明的君主您都清楚的。如果真要使那些存身保职位的臣子没有放逐贬谪的罪过，而让那些为公事尽大节的臣子反而受到朝廷的怀疑，正义得不到扶植而出于私心的议论反而占了上风，那么即使是孔子来出谋划策，也不能让一个人竭尽自己的才能为国家办事，又何况普通的凡人呢！当今的学者，以商鞅、韩非为师而崇尚法制，争着指责儒家学说迂腐疏阔，不符合实际，这是不良风气流传的最坏的弊病，创业的君主最应当谨慎对待的。

后来考核官吏的制度终于没有施行。

乐安县的廉昭因为有才能被提拔，非常喜欢发表意见，杜恕上书尽力规劝说：

我看到尚书郎廉昭奏左丞曹璠审理罪案而没有遵照诏令向上级报告，被判处剖析其事而责问的罪行，又说"其他应当判罪的另外上奏"。尚书令陈矫自己上奏说不敢推脱罪责，也不敢以加重处罚来表示恭谨，意思十分恳切忧伤。臣私下里很为朝廷怜悯愧惜。圣人不挑拣时代而出现，不更换人民而进行治理。但圣人的出现必然有贤能智慧的人的辅佐，原因就在于必须让他明了治国的规律，遵循一定的礼法。古代能够治理国家、抚育人民的帝王，莫不是靠着远得百姓的欢心，近使郡臣尽心竭力。如果真能让现在任职的官员都是从全国推选出来的，不能让他们尽心竭力，仍然算不上会用人；如果不是全国推选出来的，也算不上善于量才录用。陛下日理万机，忧虑辛苦，有时甚至废寝忘食，然而众事不宁，刑法禁令一天比一天松弛，难道不是四肢不称的明显结果吗？追究它的根源，不仅仅是做臣子的有不尽忠的表现，君主也有不善用人的缺点。百里奚在虞国很愚钝而在秦国却成了智者，豫让苟且地栖身在范中行事，可是却为了智伯而舍身显其大节，这些是古人显著的例证。现在我说满朝的臣子都不忠，是诬蔑满朝的人，但其中的事理，可以推导出来。陛下感觉到库藏不充实，而四方的征战还没有平息，以至断绝了四时的赋役，减少了御用的私谷，完全是出于您的意思，满朝都称赞您英明，参与政事机密的大臣，难道有因为这些事而忧心忡忡的吗？

骑督尉王才，宠爱乐人孟思，干非法的事，震动了京城，却把他的罪状发给小吏处理，公卿大臣开始连一句话也不说。自从陛下即位以来，司隶校尉、御史中丞难道有列举纲纪法律来督察作奸犯法的官员，使朝廷秩序整肃的吗？倘若陛下认为今世没有良才，朝廷缺乏贤人辅佐，难道可以追望稷、契的遥远的踪迹，坐等来世的贤良能人吗！今天所说的贤者，有的是职位高而又享受厚禄的人。然而辅佐君主的大节没有树立，为国家办事的心意不专，原因就在于委任给他们的职责不确定，而习惯上又有很多的忌讳。我认为忠臣不一定非要亲近君主，而亲近的臣子不一定就有忠心。为什么呢？因为让他处在没有嫌疑的地位才能主动解决分内的事。现在如果有一位疏远的臣子诽谤别人而证据不确凿，人们就一定会说这位臣子是报私仇；如果他赞扬别人而缺少具体的事迹，人们就一定会说他是出于私情。周围的人也会顺势发表憎爱的言论，不单单是褒贬人有这种现象，国家政策的增减，也都有相似的地方，陛下应当考虑如何开阔臣子的胸襟，鼓励高尚的节操，让他们自动地同古人相比较，去追求名垂青史的功绩。现在却让廉昭这种人扰乱朝廷，我恐怕大臣们就要设法保住自己的职位，坐着观望得失，为后世的人作鉴戒了。过去周公告戒鲁侯说："不要使大臣报怨没有被任用"，不说贤愚，明明表示都可以任用。尧列举舜的功绩，提到去除四凶，却不说大小，意思是只要有罪，就该除掉。现在朝臣并不认为自己没有才能，认为陛下不用他们；不认为自己没有智谋，认为陛下不向他们求教。陛下何不遵循周公用人的标准、大舜处罚人的标准呢？让侍中、尚书这一类官员坐则侍奉在您的旁边，行就紧跟在您的华辇之后，您亲自召对询问他们，有什么建议一定能够顺利地上达，那么，群臣的行为、能力的高低您就都心中有数了。进用忠诚而有才能的人,斥退昏庸无能的人,那么,谁还敢敷衍塞责不竭尽自己的能力呢? 凭着陛下的圣明,亲自与群臣讨论政事,使群臣人人都能尽心竭力,人人都自认为是亲信,人人都想报答陛下。贤能的、愚钝的、强的、弱的,全在于陛下的任用。这样来治理国家,还有什么事办不成呢? 这样来建立功业,什么功绩建不成呢? 每当军情紧急,诏书常说:"谁应该为此而担忧呢? 我应该自己担忧。"最近的诏书又说:"公而忘私的一定不符合实情,但先公后私事情自然也就处理了。"拜读英明的诏书,知道陛下的思虑已经穷尽下情,但还是对陛下不从事情的根本着手反而担忧那些细枝末节感到诧异。人的才能高下,实在有他本性的制约,即便是我也认为朝臣并不都称职。英明的君主用人,应该使有才能的不敢留有余力,没有才能的不要给他胜任不了的职务。推选上来的人不合适,不一定就犯了罪:满朝都容忍不合适的人,才是怪事。陛下知道臣子不尽力,却替他担忧分内的事;知道臣子没有才能,却教导他处理公务,这难道仅仅是君主劳碌、臣子安逸的问题吗? 即使圣贤出世,终究也不能这样来治理国家呀。

　　陛下又忧虑尚书的禁令不够严密,靠着关系请托人事的总是不断,仿效伊尹的办法实行迎客出入的制度,选择司徒更换恶吏守卫台阁大门,威禁都听任他们,实际并没有找到森严禁地的根本。当初汉安帝的时候,少府窦嘉征召廷尉郭躬无罪的侄子,还被举报了,弹劾的章奏纷纷递上。而近来司隶校尉孔羡征召大将军的狂妄荒唐的弟弟,有关的官署却沉默不发表意见。迎合别人的意旨,比接受别人的请托还要严重。选举不从实际出发,这是人事当中最大的问题。窦嘉是皇亲国戚,受皇帝的宠爱,而他征召的郭躬又不是社稷重臣,可还是受到了弹劾。用今天的事来和古代相比,陛下自然是没有督责必须执行的法纪来杜绝结党营私的根源了。伊尹创立的制度,让恶吏守门,并不是治世的工具。假使我的话能被稍微采纳一些,还担心什么奸党不能铲除,又怎么会豢养像廉昭这样的人呢?

　　纠察奸佞不法,是效忠国事。然而世人都憎恶小人来主持此事,因为他们的目的只是图容身晋级而不管事情的道理。倘若陛下不去复查考验事情的整个过程,就一定会把违背众意、抵触世人的行为当作奉公,把告密侦缉的做法当作尽节,哪有学识渊博、才能出众的人反倒不会干这种事的道理? 其实是因为顾全做人的原则而不肯去那样干罢了。如果让天下的人都违背做人原则而去争逐利益,那可是人主最担忧的事,陛下还怎么放心得下,为什么不斩断它的萌芽呢?那种预先设法揣摩人主心意以图容身赞美的人,全都是世上浅薄无聊、不讲信义之辈,他们一心想的只是如何得到人主的宠爱,而不是要治理天下,让百姓安居乐业。陛下何不试一试透露不同的意向给他们,他们难道会坚持自己的操守而违背圣意吗?臣子得到人主的信任,他的职务就安定;担任尊贵显要的官职,是光荣的事;享受千钟的俸禄,既富有又实惠。做臣子的即使再愚蠢,也不会不喜欢这些而去触犯君主,只是受着为臣之道的约束,必须自强不息。我诚挚地认为陛下应当爱惜他们、维护他们,对他们稍加信任。怎么反而听信廉昭等人动摇国本的意见,而忽视上述那些臣子们呢?现在外有伺机而动的敌寇,内有贫困无依的人民,陛下应该慎重地谋划国家的利弊,政治的得失,实在不可懈怠。

杜恕在朝中八年,他的议论刚劲率直,都像上面所说的那样。

杜恕出任弘农郡太守,几年后转任赵王曹干的辅相,因病离职。又从家里出任河东郡太守,过了一年多,改任淮北都督护军,又因病离职。他在任职的地方,致力于维护国家的大体,树立了恩惠仁爱的形象,因此更加得到百姓的爱戴,只是不如杜畿。不久,朝廷任命他为御史中丞。杜恕在朝廷,因为与朝中的官员都不和睦,所以屡次在外面任职。后来又出任幽州刺史,加建威将军的官衔,朝廷让他持节,护乌丸校尉。当时,征北将军程喜在蓟县屯扎,尚书袁侃等人告诫杜恕说:"程喜曾在先帝那一朝任职,在青州排挤了田国让。现在足下拿着朝廷的节杖,让你们共同驻屯在一座城里,应该周密地考虑对策。"但杜恕没有在意。他到官不满一个月,有鲜卑族首领的儿子,带领几十人马,没有经由关口擅自来到州城,州里处死了其中一名鲜卑人,却没有写表章上报。于是程喜上书弹劾杜恕,杜恕入狱,由廷尉审理,依法应当处死,因为他父亲杜畿尽心于国事死在水中,得以减刑被免官为平民。他迁居章武郡,那一年是嘉平元年(249)。杜恕为人豪迈任性,想不到要防备别人,终于导致这次挫折。

当初杜恕从赵郡还朝,陈留郡的阮武也从清河太守的职位上被征召,两人都鄙薄廷尉。阮武对杜恕说:"我看您的才质性情可以经历公正之道,但把持得不够努力;素质能力可以担任大官,但追求不够顺利;才学可以记述古今,但不够专一,这就是人们所说的有才而没有得到适当的任用。近来有了空闲,可以深思这个问题,写出自己的独立见解。"杜恕在章武郡,便撰写了《体论》八节,又写出《兴性论》一篇,是探讨个人修养的。嘉平四年(253)死在章武。

晋武帝甘露二年(266),河东郡九十多岁的乐祥,上书颂扬杜畿遗留下来的功绩,朝廷受到感动,下诏封杜恕的儿子杜预为丰乐亭侯,食邑一百户。

杜恕的奏议论文都很可观,选取了他和当时政治紧密相关的几件大事写在传记里。

郑浑,字文公,河南开封县人。他的高祖父郑众,郑众的父亲郑兴,都是名儒。郑浑的哥哥郑泰,和荀攸等人策划诛杀董卓,在扬州刺史任上去世了。郑浑带着郑泰的小儿子郑袤在淮南避难,袁术对他非常尊重。郑浑知道袁术一定会失败,当时华歆担任豫章群太守,和郑泰是很好的朋友,郑浑便渡过长江投靠华歆。曹操听说他行为忠厚,召他担任掾史,又改任下蔡县长、邵陵县令。当时天下还没有平定,百姓都强悍浮躁,不考虑生产繁殖,那些生了儿子养不活的,就一概都不哺育。郑浑每到一地任职,就没收当地人的渔猎工具,督责他们种地养蚕,又连带开辟稻田,加重对弃婴罪的处罚。开始百姓怕犯法,后来生活好转,吃穿都有些富裕,就再没有不养育婴儿的了。生下来的男女,很多都取郑字为名。后来郑浑被征召担任丞相掾属,又转到左冯翊郡任职。当时梁兴等人掳掠了五千多户人家,强迫他们一同烧杀抢掠,周围各县无力抵抗,都很恐惧,县令都把自己的官署转移到郡城。出谋划策的人都认为应当转移到险要地方。郑浑说:"梁兴的势力都是些散兵游勇,在山间险地流窜,虽然有很多同伙,大都是被迫跟随他的。现在应当广开招降的门路,宣传晓喻朝廷的恩德信义。要是占据险地,只求防守,那是向敌人示弱。"于是便集聚官吏民众修筑城郭,做好防御的准备。而后发动民众追逐贼寇,明确赏罚的制度,商定公约盟誓,允许把他们缴获的十分之七赏给他们。百姓都非常高兴,愿意捕捉贼寇,多得妇女、财物,结果贼寇中失去妻子的,都回来请求投降。郑浑责令他们去捉获同伙的妇女,然后还给他妻子。这一来敌寇内部互相抢夺,梁兴的党羽不再团结。郑浑又派有威信的官吏平民分布到山谷中宣告劝说,跑出来投降的络绎不绝。于是让各县的官吏都回到原来管辖的地方安抚聚集投诚的敌众。梁兴等人害怕了,率领余党聚集在鄜城。曹操派夏侯渊靠近鄜城协助郑浑出击,郑浑带领民众首先登城,杀死梁兴及其党羽。另有贼寇靳富等人挟持夏阳县长、邵陵县令和很多官吏百姓进入硙山,郑浑再次带兵征剿,大破靳富,解救出两个县的官员和被劫持的百姓。又有叫赵青龙的,杀死左内史程休,郑浑听说了,派遣壮士赶去砍下了赵青龙的首级。前后归附郑浑的达到四千多家,从此山贼都被扫平,人民安居乐业,郑浑转任上党郡太守。

曹操征伐汉中,派郑浑任京兆尹。郑浑因为京兆地区的百姓都是新近迁来的,便制定了移居的法规,让宗支多的家族同单弱的人家结为伍,让温和诚实的人家同孤寡老人做邻居,督促他们勤劳地耕作,明确地发布禁令,用来揭露坏人。从那以后,百姓安心务农,盗贼也被消除。大军进入汉中的时候,京兆地区运输的军粮最多。郑浑又派遣一部分人去汉中屯田,没有中途逃跑的。曹操更嘉奖了郑浑,让他再次入朝担任丞相掾。文帝即位,郑浑担任侍御史,加驸马都尉职衔,转任阳平和沛郡两处的太守。这两个郡的地势低洼潮湿,总是遭遇水灾,百姓穷困饥饿。郑浑在萧、相两县的边界,修筑陂塘土堰,开辟稻田。郡中百姓都认为不方便。杜浑说:"地势低洼,灌溉很方便,最终会收到鱼米的长久之利。这是富民的根本。"就亲自率领官吏百姓,兴建水利设施,一个冬天都建成了。以后每年大丰收,土地年年增产,租税的收入也比平时成倍地增长。百姓依靠这些设施的利益,刻碑颂扬郑浑的功绩,把他兴建的水利工程称为"郑陂"。

后来郑浑又转任山阳、魏郡的太守,也依照治理阳平、沛郡的方法。又由于魏郡的百姓因缺少木材而苦恼。郑浑便督责他们种植榆树结成篱笆,再增种五种果树。后来,榆树都长成藩墙,五种果树结出丰硕的果实。一进入魏郡的边界,村落都整齐划一,人民都富裕丰饶。魏明帝听说后,下诏赞扬,把他的事迹传布天下。任命他为将作大匠。郑浑做官清廉朴素,妻子常常忍饥挨冻。郑浑死后,他的儿子郑崇被任命为郎中。

仓慈,字孝仁,淮南人氏。起初做郡吏。建安年间(196—220),曹操在淮南招募士卒屯田,任命仓慈为绥集都尉,黄初末年,担任长安县县令,为官清正简约,很有办法,吏员百姓既爱戴他,又畏惧他。太和年间(227—233),仓慈升任敦煌郡太守,郡在西部边陲,因为兵乱和内地隔绝,已经有二十年没有委派太守了。大姓的家族豪横跋扈,相沿成俗。前任太守尹奉等人,依照过去的章程敷衍而已,对错误的政策也不去改革匡正。仓慈到任以后,抑制豪族,抚恤贫弱的百姓,很符合做官的道理。旧的大族有剩余的田地,可是小民连立足的土地也没有。仓慈所到之处,都随人口就减除赋税,让他们只交纳接近土地本身的租值。起初属城的案件又多又杂,县里不能决断,就都集中到郡城。仓慈亲自审阅案卷,衡量罪犯的轻重,除了重罪必杀的囚犯,都处以鞭杖的刑罚,然后释放。一年中判决死刑的曾经还不到十个人。平时西域的各族胡人要来献纳礼品,郡中的豪族总是断然拒绝。即使与他们互相贸易,也是欺骗侮辱对方,最终得不到解决。胡人常常不满,仓慈慰劳他们。有要到洛阳去的,替他们办好沿路的关引文书;有要从郡城回国的,官府按照公平的价格收取他们的货物,用现成东西同他们进行交易,让官吏百姓沿途护送他们,从那以后,民众都交口称赞仓慈的德行恩惠。几年以后他死在任上,官吏百姓都像死了亲戚一样的悲痛,为他画像,寄托哀思。等到西域各族的胡人听到仓慈的死讯,全都聚集到戊己校尉和郡中官吏的治下致哀,有些人还用刀割开自己的脸,以表示血诚,又为他建立祠堂,共同祭奠。

从曹操到元帝咸熙年间(264—265),魏郡太守有陈国的吴瓘,清河太守乐安县的任燠,京兆太守济北的颜斐,弘农太守太原县令狐邵,济南相鲁国的孔乂,有的慈悲断案,有的诚实仁爱,有的廉洁清白,有的为民申冤,都是食禄二千石品级的好官。

　　评:任峻开始创建义军,率领他们归顺曹操。开垦土地,种植稻谷,仓库丰盈,建立了功绩。苏则威慑敌寇,平定了叛乱。政事既处理得当,又刚直正派,高风亮节,应该颂扬。杜畿执政宽猛相济,有利人民。郑浑、仓慈,抚恤调理百姓很有办法,都是魏朝有名的太守。杜恕屡次评论时政,陈述对于政治体制的意见,也多有可观之词。

卷十七　魏书十七

张乐于张徐传第十七

　　张辽,字文远,雁门郡马邑人,本是聂壹的后裔,因为躲避仇家而改了姓。年轻时做过郡吏。汉朝末年,并州刺史丁原因为张辽武艺高强,膂力过人,召他担任从事,让他带兵去京都。何进派他到河北招募士兵,招到一千多人,回来的时候,正赶上何进失败,就带着招来的新兵归附于董卓。董卓败亡,又带兵投靠吕布,升任骑都尉。吕布被李傕打败,张辽跟着吕布向东逃奔徐州,担任鲁相的职务,那一年他二十八岁。曹操在下邳大破吕布,张辽率众投降,曹操任命他为中郎将,赐予他关内侯的爵位。他屡建战功,升任裨将军。袁绍被打败以后,曹操另派张辽去平定鲁国的各县。张辽与夏侯渊在东海郡包围了吕布的余党昌豨,围了几个月,军粮将尽,将军们便商量撤退,张辽对夏侯渊说:“最近几天来,我每次巡视包围的阵营,昌豨总是专注地盯着我,而且他们射出的箭也更少了,这一定是他犹豫不定战还是降,所以不奋力抵抗。我想诱使他同我对话,或许可以劝他投降。”就派人传话说:“曹公有命令,让张辽对你宣布。”昌豨果然从城上下来与张辽谈话,张辽对他说:“曹公神智武勇,正在用他的仁德感化四方各派的势力,先归附的可以受大赏。”昌豨于是答应投降。张辽单人登上三公山,进入昌豨的家,向他的妻子儿女致礼。昌豨非常高兴,跟随他去见曹操。曹操让昌豨先回去,责备张辽说:“这不是大将应该做的。”张辽谢罪说:“凭着明公达于四海的威信,我拿着圣旨,昌豨必然不敢害我,所以我才敢去。”后来,张辽跟随曹操在黎阳征剿袁谭、袁尚,再次立功,代理中坚将军的职务。又随曹操在邺县攻击袁尚,袁尚据城顽抗,一时不能攻破,曹操回许昌,命令张辽同乐进拔取阴安,把当地人迁移到黄河以南。而后张辽再次跟随曹操攻打邺县,邺县被攻破。张辽单独被派往赵国、常山招降沿山各路贼寇以及黑山的孙轻等人。此后再度随曹操攻击袁谭，打败了袁谭，曹操另外又派张辽率军夺取海滨，击溃了辽东的贼寇柳毅等部。他回到邺县，曹操亲自出来欢迎他，拉着他同乘一辆车，任命他为荡寇将军。以后他又领兵攻打荆州，平定了江夏各县。回军屯扎在临颍，被封为都亭侯。后来张辽又一次随曹操征伐袁尚，在柳城突然遭遇匈奴，张辽劝曹操同匈奴作战，意气非常振奋，曹操被他的胆魄所感染，把自己手拿的麾旗交给了他。于是张辽出击，大败匈奴，杀死了单于蹋顿。

　　当时荆州还没有平定，曹操又派张辽屯驻长社。临出发的时候，部队中有谋反的，乘夜间放火呼叫，全军都被扰乱。张辽对左右的卫士说："不要动。绝不是全营都造反了，一定是制造叛乱的人，借此煽动扰乱全军。"于是传令军中，不想造反的都安静地坐下，张辽亲自带着几十个亲兵，在营盘正中列队站立。不一会全营都安定下来，便抓到了带头谋反的，处死了他们。陈兰、梅成煽动六安县的氐族人叛变，曹操派于禁、臧霸等领兵征讨梅成，命张辽督率张郃、牛盖等人征讨陈兰。梅成伪装投降于禁，等于禁撤军以后，梅成就同陈兰会兵一处，转入灊山。灊山中有天柱峰，高峻陡峭，方圆二十多里，山道狭窄嵯峨，宽度仅容一人通过，陈兰等在上面筑起营垒。张辽想要进军，众将都说："兵少路险，难以深入。"张辽说："这正是春秋时齐国的申鲜虞所说的'一与一'的形势，谁勇敢谁就能占到先机。"便前进到山下安营，发起攻击，将陈兰、梅成斩首，全部俘虏了贼众。曹操为众将评功说："登天柱峰，亲涉险境，战胜陈兰、梅成，是荡寇将军的功绩。"为张辽增加了食邑，允许他持节巡行。

　　曹操征讨孙权回朝以后，命张辽与乐进、李典等率领七千多人去合肥屯驻。曹操出征张鲁，临行交与护军薛悌一份手令，在函边上注明"敌人到了再打开"。不久，孙权带领十万兵马包围了合肥，于是各位将军一起打开首令，上面告谕："如果孙权兵来，张辽、李典二位将军出战，乐进守城，护军薛悌不得参战。"众将都疑惑不解。张辽说："主公在外远征，等救兵赶到，敌人必定已经把我们打败了。所以命令我们趁敌人尚未集中的时候立刻迎击，挫伤他们的气势，来安定军心，以后就可以防守了。胜负的机会，就在这一战，大家有什么怀疑的呢？"李典也赞成张辽的意见。于是张辽连夜招募敢死的士兵，得到八百人。杀牛犒劳将士，决定明日大战。天一亮，张辽披甲持戟，率先攻陷敌阵，连杀几十名敌兵，斩了两名敌将，大声喊着自己的姓名，冲入敌军营垒，直到孙权的旗帜之下。孙权大惊，手下都不知所措，逃上山顶，用长戟护住自己。张辽呵斥孙权下来接战,孙权不敢动。望见张辽带领的兵士很少,孙权的部下渐渐聚拢,把张辽层层包围起来。张辽左右突围,奋勇向前,冲开缺口,部下几十人随着冲出。余下的士兵高声号叫:"将军要抛弃我们吗!"张辽返身再次突破重围,救出余下的士兵。孙权的人马都望风披靡,没有敢阻挡他的。从清晨战到中午,吴兵的士气完全丧失了,退回去修筑防御工事。大家的心情才安定下来,众位将军都很钦佩张辽。孙权包围合肥十多天,看到不可能攻破,便领兵撤退了。张辽率领各路兵马追击,几乎再次捉获孙权。曹操深深为张辽的勇武而感动,封他为征东将军。建安二十一年(216),曹操再次征伐孙权,到合肥,沿着张辽当时作战的遗迹走了一趟,感慨叹息了很久。于是给张辽的部队增加了士兵,大多留在各路部队,张辽转移到居巢屯驻。关羽在樊城包围曹仁,正赶上孙权自称藩国。曹操召张辽以及各路军马一律回兵救援曹仁。张辽尚未赶到,徐晃已打败关羽,曹仁的围困被解除,张辽与曹操在摩陂会合。张辽的部队到达的时候,曹操乘车出来慰问他,张辽回军屯驻陈郡。文帝即王位以后,张辽转任前将军,他的哥哥张汛和他的一个儿子被分封为列侯。孙权再次背叛,文帝派张辽仍到合肥驻扎,进封他都乡侯的爵位。赐予张辽的母亲舆车,派兵马护送张辽的家眷到驻地,命令张母到达的时候,前导后从地迎接,部下各军的将吏都要在道边罗列下拜。观者都认为这是十分荣耀的事。曹丕做了皇帝以后,封张辽为晋阳侯,给他增加一千户的食邑,连同以前的共二千六百户。黄初二年(221),张辽到洛阳宫朝拜,文帝在建始殿会见张辽,亲自问他打败吴国的情况。文帝听了以后,叹息着对左右侍从说:"张辽也是周代召虎那样的人。"文帝为他建造了宅第,又专门为他母亲盖了殿室,把张辽招募的跟随他打败吴国的士兵都称作"虎贲"。孙权再次僭称藩国,张辽又回军屯驻雍丘,得了疾病。文帝派侍中刘晔带着太医前来诊治。那些虎贲勇士询问病情,一路上不断。病没有痊愈,文帝把他接到自己的行营,乘车亲自来探视,握着他的手,赐给他御衣,太官每天来送御膳。病势稍有好转,张辽又回到屯兵的地方。孙权再次反叛,文帝派张辽乘船,同曹休到海陵县,面临大江驻防。孙权十分害怕,告谕众将:"张辽虽然生了病,还是勇不可当,你们可要小心啊!"那一年,张辽同各位将军打败了孙权的大将吕范。张辽病重,死于江都县。文帝痛哭流涕,赠予他刚侯的谥号。他的儿子张虎承袭了爵位。黄初六年(225),文帝追怀张辽、李典在合肥的战功。下诏说:"合肥的战役,张辽、李典凭着八百步兵,打败了十万敌军,自古以来用兵,没有这样的战例,使敌人至今威风扫地,可以称作国家的爪牙了。分赐给张辽、李典食邑各一百户,赐他们每人一子关内侯的爵位。"张虎任偏将军,死后,他的儿子张统承袭。

乐进,字文谦,阳平郡卫县人。身材短小,凭着勇敢无畏跟随曹操,担任帐下一名吏员。曹操派他回本郡招募士兵,得到一千多人,回来后担任军中的假司马、陷陈都尉。随曹操到濮阳攻打吕布,到雍丘攻击张超,到苦县攻打桥蕤,都因率先登城立下战功,被封为广昌亭侯。又跟随曹操在安众讨伐张绣,在下邳包围吕布,打败了吕布手下另一支部队。又在射犬攻打眭固,到沛郡攻击刘备,都获得胜利,被封为讨寇校尉。又渡过黄河攻打获嘉城,回军后,随曹操在官渡迎击袁绍。乐进奋力作战,杀死袁绍的大将淳于琼。而后他又随同曹操在黎阳攻击袁谭、袁尚兄弟,斩了袁军大将严敬。乐进升任游击将军,领兵攻打黄巾军,大获全胜,平定了乐安郡。再次跟随曹操包围邺县,平定邺县后,又随曹操赴南皮攻打袁谭,乐进抢先登城,进入东门。袁谭被打败以后,乐进单独率兵攻破雍奴城,当时是建安十一年(206)。曹操上表给汉献帝,表彰乐进和于禁、张辽说:"武力强大,计谋周全,品性忠正,操守高洁,每次征战,总是身先士卒,勇猛顽强,无坚不摧;亲自擂动战鼓,忘了疲倦。他们单独领兵征讨,统率全军,抚慰将士,纪律严明,秋毫无犯;临敌决策,没有失误。论功记职,应该给予提升信任。"于是于禁被封为虎威将军,乐进被封为折冲将军,张辽被封为荡寇将军。

乐进再次率兵征剿高干,从北路进入上党郡,迂回到敌后,高干退守壶关,连续作战,乐进的部队大量杀伤敌人。高干坚守壶关,未能攻破,赶上曹操亲自前来征伐,打破了壶关。曹操征讨管承,在淳于驻军,派乐进和李典进攻,管承被击败逃进海岛,海滨一带得以平定。荆州还没有臣服,曹操派乐进在阳翟屯军。此后,乐进又随曹操平定荆州,留在襄阳驻军,同关羽、苏非等人作战,把他们都赶走了。南郡各处山谷中的少数民族都来投降。乐进又奉命讨伐刘备治下的临沮县长杜普、旌阳县长梁大,都大获全胜。以后,他跟随曹操征讨孙权,乐进被授予朝廷的节杖。曹操回朝后,留下乐进和张辽、李典驻军合肥,增加了他的食邑五百户,连同以前的共一千二百户。由于乐进多次立功,特分食邑五百户,封他的一个儿子为列侯。乐进升任右将军,建安二十三年(218)去世,谥号威侯。他的儿子乐綝袭爵。乐綝勇敢刚毅,有他父亲的风格,官做到扬州刺史。诸葛诞谋反的时候,袭击乐綝,杀死了他。朝廷下诏追悼他,追赠他卫尉的职衔,谥号为愍侯。他的儿子乐肇承袭爵位。

　　于禁,字文则,泰山郡钜平人。黄巾军起义,鲍信招集徒众,于禁参加了他的队伍。等到曹操管辖兖州的时候,于禁同部下都去投顺,担任一名队长,在将军王朗的部下。王朗对于禁的才能感到很惊异,就推荐他,说他可以胜任大将军的职务。曹操召见了他,同他谈话,任命他为军中司马,派他带兵到徐州,攻打广戚县,攻破了县城,曹操封他为陷陈都尉。随同曹操到濮阳讨伐吕布,于禁单独率兵在城南攻破了吕布两座营寨,又率兵在须昌打败了高雅。跟随曹操攻打寿张、定陶、离狐,在雍丘包围了张超,占领了四座城池。又随曹操讨伐黄巾军刘辟、黄邵等部,屯扎版梁。黄邵等乘夜袭击曹操营寨,于禁领部下迎击,打败了敌人,杀死了黄邵等,迫使敌人全部投降。于禁升任平虏校尉。然后再度跟随曹操在苦县包围桥蕤,斩了桥蕤等四名敌将。又随曹操到宛城,逼张绣投降。后来张绣再次反叛,曹操战斗失利,败退回舞阴。部队溃乱,士兵偷偷地各自寻找曹操,只有于禁约束几百名部下的士兵,且战且退,虽有负伤战死的也不许散开。敌人追击减慢了一些,于禁徐徐整理队伍,敲着战鼓回营。还没回到曹操驻地,途中看到十多个衣衫不整的伤兵,正在逃跑,于禁问他们缘故,回答说:"被青州兵劫持。"当初黄巾军投降的时候,号称青州兵,曹操对他们很宽容,所以敢乘机抢掠。于禁非常愤怒,对部下发布命令说:"青州兵也属曹公统辖,还敢做贼吗!"便领兵声讨他们,责备他们的罪过。青州兵很快地跑到曹操那儿去告状。于禁抵达以后,先设立营垒,没有按时去拜谒曹操,有人劝他说:"青州兵已经告了你的状了,应该赶快去曹公那里分辩。"于禁说:"现在敌人还在后面,不定什么时候就会追来,不先防备,用什么来抵抗敌人呢?况且曹公明智,他们诬告我又有什么用!"等到壕沟营垒都安排就绪,于禁才进去拜见曹操,把事情经过一一禀报。曹操很高兴,对于禁说:"淯水的危难,我已经惊慌失措,将军能在混乱当中整顿军队,责讨抢掠的暴行,安营筑垒坚守阵地,有不可动摇的节操。即使是古代的名将,也不可能做得更好!"于是记录于禁前后的功劳,封他为益寿亭侯。尔后,于禁再次随曹操到穰县攻打张绣,在下邳活捉了吕布。另与史涣、曹仁在射犬攻打眭固,打败敌人,杀死了眭固。

　　曹操开始讨伐袁绍的时候,袁绍兵势强大,于禁自愿担任前锋。曹操认为他很雄壮,派了两千名步兵,由于禁率领,守延津城抗御袁绍。曹操率军返回官渡,刘备策动徐州反叛,曹操东征刘备。这时候,袁绍引军攻打延津,于禁坚守,袁绍未能攻破。于禁又同乐进等人率领五千名马步军,攻击袁绍的其他营垒，从延津西南沿黄河直到汲、获嘉两个县，焚烧了敌人聚众保卫的三十多个驻地，杀死俘虏各几千人，袁绍部将何茂、王摩等二十多人投降。曹操又派于禁另外率军屯驻原武城，在杜氏津攻破了袁绍的又一处营寨。于禁升任裨将军，后来随曹操回到官渡。曹操和袁绍都分别把自己的营帐连接起来，筑起土山相对。袁绍的部队向曹营射箭，很多士兵被射死射伤，曹军都很害怕。于禁监督士兵守御土山，奋力作战，气势更加高昂，袁绍被打败，于禁升任偏将军。冀州平定，但昌豨又反叛，曹操派于禁征剿，于禁急行军攻击昌豨，昌豨同于禁过去有过交情，所以找到于禁投降了。众将军都认为昌豨已经投降应该送他到曹操那儿。于禁说："你们不知道曹公一贯的命令吗！被围以后投降的不赦。奉行法律，遵守命令，这是下对上的大节，昌豨虽然是我过去的朋友，于禁难道会因此而失节吗！"亲自到昌豨那与他诀别，流着泪将他斩首了。当时曹操在淳于驻军，听说后叹息说："昌豨不到我这儿投降，而去找于禁，这不是命中注定要死了吗！"从此更加器重于禁。东海平定以后，封于禁为虎威将军。后来他同臧霸等人攻击梅成的队伍，张辽、张郃等人征讨陈兰，于禁到达以后，梅成带领三千多人投降，随后又发动叛变，他的部下都投奔陈兰，张辽等人同陈兰相持，军粮不足，于禁押运粮草前后相接，张辽得到给养，于是杀死了陈兰、梅成。于禁增加食邑二百户，连同以前的共一千二百户。那时候，于禁同张辽、乐进、张郃、徐晃都成为名将，曹操每次出征，都轮替着让他们担任先锋、殿后，而于禁带兵严肃齐整，缴获的财物，自己丝毫不取，因此赏赐特重，但他以法约束部下，所以不很得人心。曹操一直痛恨朱灵，想夺了他的军营，因于禁有威信，为人看重，就派于禁带几十名骑兵，拿着命令，直接到朱灵的营地解除他的军权，朱灵和他的部下都不敢妄动，于是任命朱灵担任于禁手下的督军，大家都被镇服。于禁就是这样让人畏惧。后来于禁升任左将军，持节钺，又分给他五百户食邑，封他的一个儿子为列侯。

建安二十四年（219），曹操在长安，命曹仁去樊城讨伐关羽，又派于禁协助。赶上秋天，下暴雨，汉水泛滥，平地水深好几丈，于禁部下七军都被淹没，于禁同众将登上高坡，望着汪洋一片，无处躲藏。关羽乘着大船靠近攻击，于禁只得投降，只有庞德不屈而死。曹操听说后，哀叹了很久，说："我认识于禁有三十年，哪想得到临危处难，反而不如庞德呢？"

后来孙权擒获关羽，俘虏关羽部下，于禁又归附于吴国。魏文帝即位，孙权称藩国，命于禁回归。文帝召见于禁，看到他须发雪白，面容憔悴，叩头流泪,文帝用荀林父、孟明视的事安慰他,封他为安远将军。想派他出使吴国,先让他到邺城拜谒曹操的陵墓,预先让人在陵堂画上关羽战胜,庞德愤怒不屈,于禁屈膝投降的情形。于禁看到以后,惭愧愤恨,发病而死。他的儿子于圭袭爵封为益寿亭侯,赐给于禁厉侯的谥号。

张郃,字儁乂,河间鄚县人。汉朝末叶响应招募讨伐黄巾军,担任军中司马,在韩馥部下。韩馥失败以后,带兵归顺袁绍,袁绍让他担任校尉,抵御公孙瓒。公孙瓒被击溃以后,张郃由于军功多,升任宁国中郎将。曹操和袁绍在官渡相持,袁绍派将军淳于琼等人督运粮草屯驻乌巢,曹操亲自领兵迅速出击。张郃劝袁绍说:"曹公士兵精锐,去了一定会击溃淳于琼等人。淳于琼一旦失败,那么将军的大事业就要毁掉,应该赶快带兵援救。"郭图说:"张郃的计策不对,不如进攻曹操大本营,曹操势必回救,这叫作不救自解。"张郃说:"曹公营盘牢固,肯定攻不破。如果淳于琼等人被俘虏,我们也就全部都要当俘虏了。"袁绍只派出一支轻骑兵增援淳于琼,而用重兵攻打曹操大营,不能攻破。曹操果然大破淳于琼,袁绍全军崩溃。郭图很羞惭,更进一步诬陷张郃说:"张郃盼望我军尽快打败仗,所以出言不逊。"张郃害怕了,便投奔曹操。

曹操得到张郃非常高兴,对他说:"从前伍子胥不早觉悟,自己陷入绝境,哪比得上微子抛弃殷纣,韩信离楚归汉呢?"任命张郃为偏将军,封为都亭侯,交给他部队,让他跟随自己攻打邺城,占领了邺城。又随曹操到渤海攻打袁谭,单独率军包围了雍奴,击溃了敌人。随同曹操征讨柳城,张郃与张辽都任先锋,张郃因功升任平狄将军。又领军征讨东莱郡,讨伐管承。又同张辽等人讨伐陈兰、梅成等人,大获全胜。再次随曹操到渭南,击溃马超、韩遂。包围安定,迫使杨秋投降。同夏侯渊一同征剿鄜城的贼寇梁兴以及武都一带的氐族叛军,又再次攻破了马超的部队,平定了宋建的统治区域。曹操征伐张鲁,先派张郃督率各军讨伐兴和氐族王窦茂的军队,曹操从散关进入汉中,派张郃督率五千步兵在前开路,到阳平关,张鲁投降了,曹操还朝,留下张郃与夏侯渊等人防守汉中,抵御刘备的进攻。张郃另外领兵,迫使巴东、巴西两郡投降,将两郡的百姓移民到汉中。又进军到宕渠城,被刘备的大将张飞所阻,退回南郑,曹操任命张郃为荡寇将军。刘备屯驻阳平关,张郃屯扎广石。刘备把一万多精兵分成十部,夜里迅速发动攻击。张郃率领亲兵拼死搏战,刘备未能攻破广石。后来刘备在走马谷焚烧都围,夏侯渊去救火,在岔路上遭遇刘备,两军短兵相接,夏侯渊被杀。张郃退回阳平关。当时,刚刚丧失了元帅,魏军都害怕刘备乘机进攻，全军都惊慌失措，夏侯渊的司马郭淮便命令全军说："张将军是国家的名将，刘备也害怕他。现在形势紧迫，非张将军不能安定军心。"于是便推张郃为主帅。张郃出面调度部队排列阵势，众将都服从张郃的命令，军心这才安定下来。曹操在长安，派使臣送给张郃节钺。曹操于是亲自到汉中，刘备守住高山不敢出战，曹操便带回汉中各路军队。张郃回军屯驻陈仓。

曹丕即王位，任命张郃为左将军，晋封都乡侯爵位。等到曹丕做了皇帝，又进封他为鄚侯。下诏命令张郃与曹真征伐安定一带的卢水胡人和东部羌人。又召张郃与曹真到许昌宫朝拜，派张郃南下同夏侯尚进攻江夏。张郃独率几路军队渡过长江，夺取了百里洲上的屯坞。魏明帝即位，派张郃到南方屯军荆州，与司马宣王进攻孙权部下将领刘阿等人，追到祁口，两军交战，大破刘阿。诸葛亮率军出祁山，明帝赐予张郃特进的职位，派他总督各路军马，在街亭阻挡诸葛亮部下将领马谡。马谡依傍南山扎寨，没有下山占据城池。张郃断绝了他取水的道路。发动进攻，大败马谡。南安、天水、安定各郡叛变响应诸葛亮，张郃领兵打败叛军，平定了这几处地方。明帝下诏说："贼人诸葛亮把巴、蜀的乌合之众，当成虓虎之师。将军披坚甲、执利器，到一处平定一处，朕要嘉奖你的大功，增加食邑一千户，连同从前的共四千三百户。"司马宣王在荆州治理水军，打算沿着沔水进入长江讨伐东吴，明帝下诏命令张郃统率关中的部队去听从司马宣王的调度。到荆州以后，碰上冬天，水浅大船不能行进，于是就在方城屯驻。诸葛亮再次出山，对陈仓突然发动进攻。明帝派驿马召张郃到京城，明帝亲自到河南城，设置酒宴为张郃送行，派南北士兵三万人以及武卫、虎贲护卫张郃，因而问张郃说："等将军到了那儿，诸葛亮怕已经占领了陈仓吧！"张郃知道诸葛亮孤军深入没有粮草，不能久攻，回答说："臣还没到那儿，诸葛亮就已经撤走了。屈指计算，诸葛亮的部队粮草支撑不了十天。"张郃昼夜行军到达南郑，诸葛亮撤退了。诏令张郃回师京城，拜他为征西车骑将军。

张郃懂得事物的变化规律，善于安营布阵，根据地形布置战役计划，没有不如他所料的情况，从诸葛亮到蜀中各位大将都惧怕他，张郃虽然是武将却喜欢同儒士交往，曾经推荐同乡卑湛经学通达行为高尚，明帝下诏说："从前祭遵任将军，奏设五经大夫，处在军队中，唱雅诗投壶为戏。现在将军在外统率军旅，在内还维护朝廷礼仪。朕非常感谢将军的美意，准许提拔卑湛为博士。"诸葛亮再次从祁山出动，诏命张郃统领众将西到略阳，诸葛亮退守祁山，张郃追到木门谷,与蜀军交战,飞来的箭矢射中张郃右膝,阵亡。朝廷赐他壮侯的谥号。他的儿子张雄嗣爵。张郃前后征伐建立战功,明帝分给他食邑,封他四个儿子列侯,赐他的小儿子关内侯的爵位。

徐晃,字公明,河东郡杨县人,在郡中做吏,随车骑将军杨奉讨伐贼寇有功,被任命为骑都尉。李傕、郭汜在长安发动叛乱,徐晃劝说杨奉,让他和皇帝回洛阳,杨奉听从了他的计策。献帝渡过黄河到达安邑,封徐晃为都亭侯。到洛阳以后,韩暹、董承天天争权夺利,钩心斗角,徐晃便劝说杨奉归顺曹操,杨奉听从了他,又反悔,曹操到梁地讨伐杨奉,徐晃便投奔了曹操。

曹操授予徐晃兵权,派他出击卷县、原武的贼寇,大获全胜,升任裨将军。随曹操征伐吕布,徐晃单独逼迫吕布的将领赵庶、李邹等人投降。又同史涣在河内郡斩了眭固,随同曹操大破刘备,又随曹操打败颜良,攻取白马城,进军到延津,大败文丑,徐晃被任命为偏将军。以后又同曹洪攻打濦疆的贼寇祝臂,大破敌军;同史涣在故市攻打袁绍的运粮车队,因为功劳最多,被封为都亭侯。曹操包围了邺县,攻破了邯郸,易阳县令韩范佯装献城投降却负隅顽抗,曹操命徐晃进攻。徐晃来到以后,把一封信缚在箭尾射入城中,为韩范陈说利害,韩范悔过投降了徐晃。徐晃随即劝曹操说:“袁谭、袁尚都没有被打败,那些没有攻取的城池都在看风使舵,今天要是灭了易阳,明天各城就都要拼死守御,恐怕河北就没有平定的日子了。希望您允许易阳投降为别的城做个样子,那么各城就都会望风而降。”曹操认为很对。徐晃又单独率兵讨伐毛城敌寇,设置伏兵大举袭击,攻破了敌人三个驻地。再次随曹操在南皮击败袁谭,讨伐平原郡的叛军,平定了该郡。又随曹操征剿蹋顿,被封为横野将军。再跟随曹操讨伐荆州,徐晃单率一支军队屯扎樊城,又讨伐中庐、临沮、宜城的贼寇。再与满宠到汉津征讨关羽,与曹仁在江陵攻击周瑜。建安十五年,徐晃统兵讨伐太原郡叛军,包围大陵,拔取了城池,杀死敌帅商曜。韩遂、马超在关右谋反,曹操派徐晃屯驻汾阴安抚河东郡,赐给他牛酒,让他为祖先上坟。曹操到潼关,担心不能渡过黄河,召徐晃询问。徐晃说:“主公大兵在此地,而敌人不另派兵驻守蒲阪,可见是失策。现在给我一支精兵,从蒲阪津渡河,去充当全军的先头部队,截断敌军,就可以抓获敌人。”曹操说:“好。”派徐晃率领骑兵、步兵四千人渡过河,徐晃领兵挖堑立栅还未站稳脚跟,敌将梁兴率五千多骑兵、步兵来进攻,被徐晃击退,曹操大军得以渡河,于是打败了马超的势力。曹操派徐晃与夏侯渊平定鄜麋、汧县的各部落氐族人,同曹操在安定会师。曹操回邺县,派徐晃与夏侯渊平定鄜县、夏阳的贼寇余党,斩了梁兴,使三千多户投降。再随曹操讨伐张鲁,另派徐晃去征剿棷、仇夷各处山上的氐族人,他们都投降了。徐晃升任平寇将军,解除了将军张顺的被围困境,攻破了贼寇陈福等人的三十多个屯兵据点。

曹操回到邺县,留下徐晃与夏侯渊在阳平关防御刘备。刘备派陈式等十多个营的部队截断了马鸣阁道,徐晃从岔路攻伐,大破陈式的队伍,敌人被迫跳入山谷,死了许多人。曹操听说后,非常高兴,许徐晃持节,发布通报说:"这一条阁道是汉中的咽喉险要之地,刘备想断绝内外联系,夺取汉中。将军这一举粉碎了刘备的计划,真是妙计中的妙计啊。"曹操于是亲自到阳平关,带出汉中的各路军马,又派徐晃协助曹仁讨伐关羽,在宛城驻军。碰上汉水泛滥,于禁的部队被淹,关羽在樊城包围了曹仁,又在襄阳包围了将军吕常,徐晃的部下大多是新兵,很难同关羽作战,便进军屯驻阳陵陂。曹操又返回来,派将军徐商、吕建等人去见徐晃,传令说:"必须等兵马全部集中,再一起向前出击。"敌军在偃城屯扎,徐晃到达后,设计挖掘堑壕,作出要截断敌人后路的样子。敌军烧毁自己的营寨逃跑了。徐晃占领偃城,两面营寨相连,又稍微前进到距离敌人的包围圈三丈左右的地方,没有进攻。曹操前后派殷署、朱盖等一共十二营的部队到徐晃这儿来。敌人的围头有兵屯驻,另外还在四冢驻军,徐晃扬言要攻打围头的守敌,却秘密地进攻四冢,关羽看到四冢要被攻破,亲率五千步、骑兵出战,徐晃迎击,关羽退去,徐晃便乘胜追击一鼓作气冲入敌围,大破敌军,很多人自投沔水而死。曹操传令说:"敌人堑壕鹿角层层包围,将军作战全胜,攻陷敌围,杀死俘虏大批敌寇,我用兵三十多年,加上听到的古代善于用兵的人,也没有长驱直入冲进敌人重围的,而且樊城、襄阳的被包围,比起春秋时的莒城、即墨,情况要严重得多,将军的功勋,要超过孙武和司马穰苴。"徐晃整顿部队回到摩陂,曹操出城七里迎接徐晃,设宴庆祝。亲自举杯向他劝酒,慰劳他说:"保全住樊城、襄阳,都是将军的功劳。"当时各路军马都集中到一起,曹操巡视各营,士兵都离开队列观看曹操,只有徐晃的军营整齐,全体将士站在队列中不动。曹操叹息说:"徐将军可以说是有周亚夫的风度了。"

曹丕即王位,封徐晃为右将军,晋封逯乡侯。曹丕即皇帝位后,又晋封杨侯。同夏侯尚到上庸讨伐刘备,打破敌人。文帝命徐晃镇守阳平关,转封他为阳平侯。魏明帝即位,徐晃在襄阳抵御吴将诸葛瑾,朝廷为他增加食邑二百户,连同从前的共三千一百户。病垂危,遗嘱用平时穿的衣服收殓他。

徐晃为人小心谨慎,作风简朴。统率军队不总是依靠侦察,先做好不能打胜仗的准备,然后才开始作战,穷追不舍,争取实利。将士常常顾不上吃饭。徐晃常叹息着说:"古人顾虑遇不上英明的君主,现在幸而让我遇到了,应该建功效力,哪用自己夸耀自己呢!"始终不多交朋友。太和四年去世。朝廷赐予他壮侯的谥号。他的儿子徐盖承袭了爵位。徐盖死后,儿子徐霸袭爵。明帝分给徐晃食邑,封他两个儿孙为列侯。

起初,清河的朱灵在袁绍手下担任将军,曹操征讨陶谦的时候,袁绍派朱灵统率三个营援助曹操,作战有功。袁绍所派来的那些将领大多要被送回。朱灵说:"我阅人很多,没有像曹公这样办事的,这真是明主啊!现在已碰上了真的明主,还要投奔谁呢?"便留下来不再离开,他所带的将士都仰慕曹操,全跟着朱灵留下了。朱灵以后也成为良将,名声稍逊于徐晃,官做到后将军,封高唐亭侯。

评: 曹操建立这样的武功,而当时的良将有五个人首当其功。于禁最为沉稳凝重,但最终未能尽节。张郃以机巧善于应变出名,乐进以骁勇果断著称,但对照他们的行事,与所听说的并不相符,也许是记录有遗漏,不如张辽、徐晃的传记完备详尽。

卷十八 魏书十八

二李臧文吕许典二庞阎传第十八

李典,字曼成,山阳县钜野人。他的叔父李乾,气概雄伟,在乘氏县聚集了几千家宾客,初平年间,带着这些人投奔了曹操。在寿张打败了黄巾军,又跟随曹操攻打袁术,讨伐徐州。吕布作乱的时候,曹操派李乾回到乘氏,慰劳周围各县。吕布的别驾薛兰、治中李封招李乾入伙,打算一起叛变。李乾不听,被杀。曹操让李乾的儿子李整统领他父亲的旧部,和别的将军一起攻击薛兰、李封,大获全胜。李整又随曹操平定兖州各县,因功升任青州刺史。李整去世后,李典转任颍阴县令,担任中郎将,统领李整的部队,又转任离狐郡太守。

当时曹操同袁绍在官渡相持,李典率领自己的宗族和部下运输粮食装备以供军需。袁绍被打败以后,李典担任裨将军,屯驻安民城。曹操在黎阳进攻袁谭、袁尚,派李典与程昱用船输送军粮。遇到袁尚派魏郡太守高蕃领兵屯扎在河的上游,断绝了水路。曹操命令李典、程昱:"倘若船不能通过,就下来走陆路。"李典同众将商议说:"高蕃的部队缺乏甲胄而只靠占据着上游,有松懈的态度,进攻他一定能取胜。军队不应由朝廷内部控制,只要有利于国家,独断也可以,应迅速发动攻击。"程昱也认为有道理。便向北渡河攻打高蕃,击溃了敌人,水路得以通畅。刘表让刘备侵犯北方,到达叶县。曹操派李典随同夏侯惇抵御。一天早晨,刘备烧毁营寨撤退,夏侯惇领军追击,李典说:"贼兵无故撤退,恐怕一定有埋伏。南边道路狭窄,草木茂盛,不能去追。"夏侯惇不听,同于禁追去,李典留守。夏侯惇果然陷入敌人埋伏,战斗失利,李典前去营救,刘备望见救兵来到,便分散撤退。后来李典随曹操包围邺县,平定该地。又同乐进在壶关包围高干,在长广攻打管承,都击溃了敌人。李典升任捕虏将军,封都亭侯。李典宗族部属三千多家,住在乘氏县,自己要求移居到魏郡。曹操笑着说:"卿要学耿纯吗?"李典谦虚地说:"我愚钝胆小,功劳低微,而享受的禄位太厚,实在应该全族效力。加上现在征伐还没有停止,应当充实京郊以内,来控制四方,不是由于要效仿耿纯。"便迁移宗族部属一万三千多人到邺城居住。曹操嘉奖了他,任命他为破虏将军。与张辽、乐进屯驻合肥,孙权率众包围了合肥,张辽要按照曹操的指示出战,乐进、李典、张辽平素都不和睦,张辽怕他们不听指令。李典慨然说:"这是国家大事,只看你的计策如何,我们难道会因为私人成见而忘记公义吗?"就领兵同张辽出击,赶走了孙权。李典增加食邑一百户,连同以前的共三百户。

李典喜欢学问,看重儒雅的风度,不和众将争功。尊敬贤德的士大夫,恭顺得唯恐比不上他们,军中都称他为长者。三十六岁去世,他的儿子李祯承袭了爵位。曹丕登上帝位,追念守卫合肥的功劳,增加了李祯的食邑一百户,赐予李典一个儿子关内侯的爵位,食邑一百户,赠给李典愍侯的谥号。

李通,字文达,江夏郡平春人。以侠义在长江、汝水之间著名。与同郡人陈恭在朗陵起兵,很多人都投奔他。当时有个叫周直的,部下有两千多户人家,与陈恭、李通表面和睦其实互相仇恨,李通想设法杀掉周直但陈恭认为困难。李通知道陈恭没有决断,便独自定计,与周直聚会,趁酒酣的时候杀了周直,部下发生骚乱,李通带领陈恭杀了周直部下的首领,吞并了他的队伍。后来陈恭的妻弟陈郃,杀死了陈恭占有了他的部下。李通攻破了陈郃的部队,斩下陈郃的首级来祭奠陈恭的坟墓。又活捉了黄巾军大元帅吴霸并招降了他的部下。碰上大饥荒的年月,李通倾家荡产赈灾救民,同儒士平分糟糠,大家都争着来服从他,从那以后,盗贼不敢来侵犯。

建安初年(196),李通带领部众到许昌投奔曹操,曹操任命他为振威中郎将,屯驻汝南郡西界。曹操征剿张绣,刘表派兵援助张绣,曹操部队失利,李通带兵连夜赶到,曹操得以再战,李通抢先登城,大破张绣的军队。曹操任命他为裨将军,封建功侯。曹操分汝南两个县,命李通担任阳安都尉。李通妻子的伯父犯法,朗陵县长赵俨将他关押起来,处以大辟的刑律。当时生杀大权,掌握在州牧太守的手中,李通的妻子号哭着请他设法,李通说:"刚刚为曹公出力,大义不该以私废公。"赞许赵俨执法不徇私情,与他结成生死之交。曹操与袁绍在官渡相持,袁绍派使者到李通驻地,任命李通为征南将军,刘表也在暗中招诱他投顺,李通全都拒绝了。他的亲戚部属流着泪说:"现在我们孤军独守,失去大兵的援助,灭亡已经是眼前的事了,不如尽早投奔袁绍。"李通手按剑柄怒叱他们说:"曹公英明智慧,一定能平定天下。袁绍虽然强大,却统率无方,最终仍要被俘虏。我拼死也不怀二心。"就杀了袁绍的使者,把送来的征南将军印绶送交曹操。又攻打郡中的贼寇瞿恭、江宫、沈成等,把他们全部击溃,送上斩获的首级,平定了淮河,汝水一带。曹操改封李通为都亭侯,任命他为汝南郡太守。这时候,贼寇张赤在桃山集聚了五千多家党羽,被李通攻破。刘备同周瑜在江陵包围了曹仁,另派关羽断绝了北路的交通。李通率兵出击,下马拔除鹿角冲进敌围,一边战斗一边前进,接应曹仁的部队,全军将士中以李通最为勇敢。李通行军途中染病去世,死时四十二岁。朝廷追加他的食邑二百户,连同以前四百户。曹丕即帝位,赠他刚侯的谥号。下诏说:"当初袁绍大兵压境,从许昌、蔡县以南,人人都怀有异心。只有李通仗义,不顾个人安危,使怀二心的人都对他服气,朕非常感激他。他不幸早逝。他儿子李基虽已承袭了爵位,仍然不足以酬劳他的殊勋。李基的哥哥李绪,以前屯驻樊城,又有功,举世都认为他的功劳很大。现在任命李基为奉义中郎将,李绪为平虏中郎将,表示特殊的优待。"

　　臧霸,字宣高,泰山郡华县人,父亲名叫臧戒,在县里担任狱掾,执法严肃,不肯依从太守处死太守想杀的人,太守大怒,下令拘捕臧戒送往府中,押送的士兵有一百多人。臧霸那时十八岁,带着几十名门客直接到费县西部山上拦截,夺下臧戒,押送的士兵没有敢动的,于是他同父亲一起逃亡到东海郡,从此以勇壮闻名于世。黄巾起义,臧霸跟随陶谦打败黄巾军,臧霸担任了骑都尉,收兵到徐州,与孙观、吴敦、尹礼等人聚集兵众,由臧霸任元帅,屯驻开阳。曹操讨伐吕布的时候,臧霸领兵援助吕布,后来吕布被擒,臧霸便隐藏起来。曹操募人寻找,见到臧霸很高兴,让他招集吴敦、尹礼、孙观、孙观的哥哥孙康等人,都来见曹操。曹操任命臧霸为琅邪相,吴敦为利城郡太守,尹礼为东莞郡太守,孙观为北海郡太守,孙康为城阳郡太守,把青州、徐州委托给臧霸治理。曹操在兖州,用徐翕、毛晖为将军,后来兖州大乱,徐翕、毛晖都叛变了。兖州平定后,徐翕、毛晖逃亡到臧霸那里,曹操告诉刘备,让刘备通知臧霸送上徐、毛的首级,臧霸对刘备说:"我之所以能够自立,就是因为不干这种事。我受曹公不杀的大恩,不敢违抗命令。但致力于王霸大业的君主可以用信义来打动,希望将军替我劝说。"刘备把臧霸的话告诉曹操,曹操感慨地说:"这是古人做事的风格而王霸能施行,我也希望这样。"便把徐翕、毛晖都任命为郡守。当时,曹操正与袁绍相持,臧霸几次率精兵进入青州,所以曹操能够一心对付袁绍，不用顾虑东部的局势。曹操在南皮大破袁谭，臧霸等人都来聚会庆贺。臧霸借这个机会请求允许自己家族的子弟和部下众将的父兄家眷迁居邺县。曹操说："各位忠孝，难道还要表现在这种地方！过去萧何让子弟入京侍奉皇上，汉高祖没有阻止。耿纯焚烧了自家的住宅，带着棺材跟随光武帝，光武帝也没有阻拦，我又凭什么改变态度呢！"后来东部州郡发生骚动，臧霸等出兵执义，平定暴乱，肃清海滨泰山一带，功绩特大，都被封为列侯。臧霸为都亭侯，加任威虏将军。又同于禁讨伐昌豨，与夏侯渊讨伐黄巾军余党徐和等人，因功升任徐州刺史。沛国公武周担任下邳县令，臧霸尊重优待武周，亲自到他的居处。州从事有人夸诞违法，武周获得罪证，把他关押起来考察，臧霸于是更加看重武周。后来，臧霸又跟随曹操征讨孙权，率先占领敌军阵地。又进入巢湖，攻打居巢，攻破城池。张辽征剿陈兰的时候，臧霸被派往皖县，讨伐吴将韩当，使孙权不敢援救陈兰。韩当派兵阻拦臧霸，在逢龙展开战斗，韩当另外派兵在夹石口迎击臧霸，被臧霸打败，臧霸回军屯驻舒口。孙权派几万军马乘船也去舒口屯扎，分兵援救陈兰，听说臧霸的部队在舒口，便退回。臧霸连夜追击，到天明，行军一百多里，前后拦击敌人。敌军腹背受敌，形势尴尬，上不了船，很多人跳到水中。于是吴军未能援助陈兰，张辽便击溃了陈兰的军队。此后，臧霸又随曹操到濡须口征讨孙权，同张辽任先锋，半路遇到大雨，大军先赶到了，水势渐涨，敌船稍稍前进，魏军将士都很不安。张辽想撤退，臧霸阻止他说："曹公对军锋的利钝非常清楚，竟肯舍弃我们吗？"第二天果然接到了撤退的命令。张辽回去后，把臧霸的表现对曹操讲了，曹操对臧霸很满意，拜他为扬威将军，允许他持节。后来孙权请求投降，曹操还朝，留下臧霸与夏侯惇屯驻居巢。曹丕即王位，升臧霸为镇东将军，晋封他为武安乡侯爵，总督青州各军事。后来曹丕做了皇帝，又进封他为开阳侯，改封良成侯。臧霸同曹休讨伐东吴，在洞浦大破吕范，朝廷征召他为执金吾，位置特进。每次军事行动，文帝总是听取他的意见。魏明帝即位，为他增加五百户食邑，连同以前的共三千五百户。臧霸死后，谥号威侯。他儿子臧艾袭爵。臧艾官至青州刺史、少府，死后谥号恭侯。他的儿子臧权承袭爵位。臧霸前后立功，三个儿子被封为列侯，一个儿子赐爵关内侯。

孙观官做到青州刺史，朝廷允许他持节。曾跟随曹操讨伐孙权，战斗中负伤去世。他的儿子孙毓袭爵，官也做到青州刺史。

文聘，字仲业，南阳郡宛县人，在刘表手下任大将，刘表派他守御北方。刘表死后,他的儿子刘琮继立。曹操讨伐荆州,刘琮带着全州投降,招呼文聘让他一起投降,文聘说:"我不能保全荆州,应当等候处分罢了。"曹操渡过汉水,文聘才来投奔。曹操问他:"为什么来得这样晚?"文聘说:"先前不能辅助刘表为国家作出贡献,荆州虽然没能保全,总想占据汉川固守,保卫国土,生不辜负刘家的孤儿,死不愧于地下的旧主。然而形势迫不得已,以至到了现在这个地步,实在惭愧悲伤,没脸早和您相见。"说完流泪不止。曹操也为之感动,说:"仲业真是忠臣。"对他非常尊重,授予他兵权,让他同曹纯到长陂追击刘备。曹操先平定了荆州,江夏郡与东吴接壤,民心不安,便任命文聘担任江夏郡太守,让他统领北方军队,把边境事宜都托付给他,赐予他关内侯的爵位。文聘与乐进到寻口讨伐关羽,立功,进封延寿亭侯,加讨逆将军职衔。又在汉津攻击关羽的辎重车队,在荆城焚烧了关羽的战船。曹丕即皇帝位后,封文聘长安乡侯爵,许他持节。又同夏侯尚包围了江陵,文帝命文聘另率一支部队在沔口屯驻,暂时在石梵停住,文聘自领一队士兵抵御敌人,立了功,升任后将军,封新野侯。孙权亲自率领五万军马在石阳城包围了文聘,形势急迫,文聘坚守不动,孙权包围了二十多天,撤退了,文聘追击,打败了吴军。文帝为他增加食邑五百户,连同以前的共一千九百户。

文聘在江夏郡几十年,恩威并施,名震敌国,贼寇不敢侵犯。文帝将文聘的食邑分出一部分赐给他的儿子文岱,封文岱为列侯,又赐给文聘的侄子文厚关内侯的爵位。文聘死后,赠予他壮侯的谥号。文岱又先死去,文聘的养子文休承袭了爵位。文休死后,他的儿子文武袭爵。

嘉平年间(249—254),谯郡的桓禺担任江夏太守,清廉简约,有威名也有恩惠,名声稍逊于文聘。

吕虔,字子恪,任城人。曹操在兖州的时候,听说吕虔有勇有谋,任命他为从事,领着自己的家丁防守湖陆城。襄贲校尉杜松部下平民炅母等人作乱,与昌豨勾结。曹操命吕虔代替杜松的职务。吕虔到达以后,招诱炅母和他的首领以及党羽几十个人,赐给他们酒饭,挑选壮士埋伏在旁边。吕虔看到他们都喝醉了,使伏兵出动把他们全部杀死。安抚炅母的部下,平定了骚乱。曹操让吕虔担任泰山郡太守,该郡依山连海,世道不太平,听说郡民都逃跑或藏匿起来。袁绍所设置的中郎将郭祖、公孙犊等几十人,占山为寇,百姓深受其害。吕虔率领家兵到达泰山郡,施恩惠、讲信用,郭祖的党羽都被降服,藏到山里的百姓也都出来定居生产,吕虔挑选强壮者补充到军队中,泰山郡从那以后便有了精兵,在各州郡中名列第一。济南的黄巾军首领徐和等人,所到之处,劫持县令官吏,攻打城邑。吕虔率兵与夏侯渊共同出击,前后打了几十仗,斩首俘虏了几千人。曹操派吕虔总督青州各郡的部队讨伐东莱地区李条等各路贼寇,立了功。曹操发布通令说:"有志向,必定要成就事业,这是英烈之士所献身追求的目标。卿在泰山郡以来,捕捉奸人讨伐贼寇,百姓获得安宁。亲自冒着矢石,每次出征必能取胜。过去寇恂在汝水、颍水之间扬名;耿弇在青州、兖州献策,古今都是一样的。"吕虔被推举为茂才,加骑都尉职衔,仍然管辖泰山郡。吕虔在泰山郡十几年,有许多威德恩惠。曹丕即王位,加吕虔裨将军职衔,封他为益寿亭侯,升任徐州刺史。再加威虏将军衔。吕虔请琅邪人王祥担任别驾,民政的事情全部委托给王祥,世人都赞扬他能够任用贤人。吕虔征讨利城的叛贼,斩首俘虏有功。魏明帝即位,改封他为万年亭侯,增加食邑二百户,连同以前的共六百户。吕虔死后,他儿子吕翻袭爵。吕翻死,儿子吕桂承袭爵位。

许褚,字仲康,谯郡谯县人。身高八尺多,腰阔十围,相貌雄伟刚毅,勇气力量大得惊人。汉朝末叶,许褚聚集青年人和自己宗族几千家坚壁清野抵抗贼寇。那时候汝南、葛陂一带的强盗一万多人来进攻许褚的壁垒,许褚人少打不过,拼死力战疲劳已极,弩箭也用光了,就叫壁垒中的男女老少,把石头堆成盂斗的形状放在壁垒四角上。许褚用石头投掷敌人,碰上的身体都被打碎了。强盗不敢逼近。许褚缺少粮食,佯装同敌人讲和,用牛和敌人交换食物,强盗来取牛,牛立刻跑回去了。许褚便冲出阵前,一手倒拽牛尾,走了一百多步,强盗们大惊,便不敢取牛而逃跑了。从此,淮河、汝水、陈国、梁国一带,听说这件事的人都惧怕他。

曹操巡行淮、汝一带,许褚率部众归顺曹操,曹操看到他认为很雄壮,说:"这是我的樊哙。"当天就任命他为都尉,引进自己行营担任警卫,跟随他来的侠客,都用为虎士。许褚随曹操讨伐张绣,抢先登城,杀死了成千上万的敌人,升任校尉。又随曹操在官渡讨伐袁绍。当时常跟随曹操的谋士徐他等人阴谋反叛,因为许褚总是在曹操旁边侍卫,害怕他,不敢发动。等许褚休息不在跟前的时候,徐他等人藏着刀进了曹操的营帐。许褚到下房灵机一动,又回来侍卫。徐他等人不知道,进帐一见许褚,大惊失色。许褚觉察到徐他神色反常,就杀了他们。曹操对许褚更加亲信,出入都和他同行,不离左右。他跟随曹操包围邺县,奋力战斗建立功勋,曹操赐他关内侯的爵位。又随曹操讨伐韩遂、马超到潼关。曹操要北渡黄河，到了河北，先让士兵渡过，曹操自己和许褚及一百多名虎士留在南岸断后。马超率领一万多步、骑来追曹军，箭矢像雨点一样飞来。许褚告诉曹操，敌人来得很多，现在士兵都已经渡过河去，我们也应离开了。便扶着曹操上船。敌军猛烈攻打，曹兵争着渡河，船超重将要沉没。许褚刀砍攀船的士兵，左手举着马鞍护住曹操，船工为流矢射中死去，许褚右手撑船，勉强渡过对岸。那一天若不是许褚，曹操就要遇难了。后来曹操同韩遂、马超单独对话，左右的侍卫都不许跟随，只带了许褚一个人。马超仗着力大，想突然地冲过来捉住曹操，早听说许褚勇猛，怀疑跟来的就是他。便问曹操说："公有位虎侯在什么地方？"曹操示意许褚，许褚瞪眼盯住马超，马超不敢动，各自返回。过了几天，两军大战，击溃了马超。许褚亲自斩杀敌人，升任武卫中郎将。武卫的称号，就从许褚开始设立的。军中因为许褚力大如虎却不聪明，称他为"虎痴"。所以马超问"虎侯"，到现在人们还这样称呼他，都以为是他的姓名。

许褚性格谨慎守法，朴素凝重，沉默寡言。曹仁从荆州来拜见曹操，曹操还没出来，曹仁在殿外遇见许褚，就招呼他到偏室坐下谈话，许褚说："魏王就要出来了。"便返身进殿，曹仁心里很忌恨他。有人因此而责备许褚说："征南将军是宗室重臣，降低自己的身份来招呼你，你怎么推辞了呢？"许褚说："他虽然是亲戚重臣，却是外藩。我担任内臣，在大家面前谈话就足够了，进屋去谈莫非有什么私事吗？"曹操听说以后，更加爱惜他，升他为中坚将军。曹操去世，许褚痛哭吐血；曹丕即皇帝位，封他为万岁亭侯，升武卫将军，总督中军宿尉禁兵，对他十分亲近。起初，许褚所统率的虎士跟随曹操东征西讨，曹操以为他们都是壮士，同一天把他们都任命为将。后来，因功升任将军封侯的有几十个人，做都尉、校尉的一百多人，都是剑客。魏明帝即位，进封许褚牟乡侯，食邑七百户，赐他一个儿子关内侯的爵位。许褚死后，谥号壮侯，他的儿子许议承袭爵位。许褚的哥哥许定，也因为军功担任振威将军，都督徽道虎贲卫士。太和年间明帝思念许褚忠孝，下诏赞美他。又赐他子孙二人关内侯爵位。许仪被钟会所杀。泰始初年，许仪的儿子许综承袭爵位。

典韦，陈留郡己吾人。相貌魁伟，膂力过人，行侠仗义，有志有节。襄邑的刘氏和睢阳的李永有仇，典韦替刘氏报了仇。李永本来是富春县长，防备得很严密，典韦坐着车带着鸡和酒，伪装成迎送宾客的人，门一开，他藏着匕首冲进去杀了李永，连他的妻子也杀了。慢慢走出来，取出车上的刀戟离开了。李永的住处接近集市,整个集市都震惊了。有几百人追典韦,可是不敢靠近,走了四五里,遇到他的伙伴,转战逃跑了。从此地方上的豪杰都认识他。初平年间,张邈起义兵,典韦担任士,在司马赵宠的部下。部队的牙门旗又长又大,士兵都举不动,典韦一只手把它立了起来,赵宠对他的才力很惊异。后来典韦又到夏侯惇部下,屡次杀敌立功,升为司马。曹操在濮阳讨伐吕布。吕布在濮阳西边四五十里的地方有另一支军队屯驻,曹操夜间偷袭,到天亮击溃了敌人,还没有来得及撤军,吕布的救兵赶到,从三面交替攻战。当时吕布亲自冲阵,从早晨打到午后几十个回合,相持不下,情况紧急。曹操招募冲锋陷阵的勇士,典韦首先中选,让招募的几十个人都穿上几层衣服双重铠甲,抛弃盾牌,只拿着长矛撩戟。这时西面告急,典韦率军阻挡。敌兵弓箭乱射,箭像雨点一样,典韦看也不看,对部下说:“敌人冲到离我十步的时候再告诉我。”部下说:“十步啦!”典韦又说:“五步再告诉我。”部下都害怕了,大声疾呼:“敌人来啦!”典韦手握十几支戟,大呼跃起,碰上他的没有不应手就倒的。吕布率军退却,正好天色已晚,曹操得以撤退。任命典韦为都尉,带在自己身边,率领亲兵几百人,常常环绕大帐巡逻。典韦雄壮勇武,部下都是精选的士卒,每次战斗,总是先冲上去攻陷敌阵。典韦升任校尉,性格忠诚谨慎,总是白天在曹操旁边侍立,夜晚睡在大帐左右,很少回到自己的帐中歇宿。喜欢喝酒吃肉,吃喝都是两个人的数量,曹操每次赐他饮食,他总是纵情畅饮,左右劝酒,几个人轮番侍应才供得上,曹操认为豪壮。典韦好使大双戟和长刀等兵器,军中为他编了顺口溜说:“帐下壮士有典君,提一双戟八十斤。”

　　曹操征伐荆州,到宛城,张绣前来投降迎接,曹操非常高兴,为张绣和他的将帅设宴庆贺。曹操劝酒,典韦握着大斧站在背后,斧刃长一尺,曹操举酒到一个人的前面,典韦就举起长斧盯住那个人。酒宴从始至终,张绣和他的将帅没有敢抬头看他的。过了十多天,张绣谋反,偷袭曹操大营,曹操战斗失利,单身骑马逃走。典韦在营门里面死战,叛军攻不进去。就散开从别的门一拥而入。当时典韦身边校尉还有十多人,都拼死战斗,无不以一当十。叛军越聚越多,典韦用长戟左右攻击,一叉过去,就有十几支矛被击断。部下死伤殆尽,典韦也受伤十处,用短兵器肉搏,敌兵冲上前,典韦用双臂挟住两人打死,剩下的不敢上前。典韦又冲上前去突击敌兵,杀死几人,伤重发作,瞪眼大骂而死。敌人这才敢上前,割下他的头,互相传看,又返回来看他的躯体。曹操退到舞阴,听说典韦战死,痛哭流涕,派间谍取回他的遗体,亲自到跟前哭泣。派人送回襄邑安葬。让他的儿子典满担任郎中。曹操每次经过他家,总用士大夫的祭礼中牢来祭奠他。曹操思念典韦,任命典满为司马,让他接近自己。曹丕即王位,任命典满为都尉,赐予他关内侯的爵位。

庞德,字令明,南安狟道人。年轻时曾担任郡吏、州从事。初平年间,跟随马腾攻击反叛的羌人、氐人,屡次立功,逐渐升到校尉。建安年间,曹操在黎阳征讨袁谭、袁尚,袁谭派郭援、高干等人在河东郡抢掠,曹操命钟繇率关中众将讨伐他们。庞德随马腾的儿子马超在平阳抵御郭援、高干,庞德担任先锋,进攻郭援、高干,大获全胜,亲自斩了郭援。被任命为中郎将,封都亭侯。后来张白骑在弘农郡谋反,庞德再次随马腾征剿,在两座崤山之间大破敌军。每次出战,庞德总是攻陷敌阵,打退敌人,在马腾军中最为勇猛。后来马腾担任卫尉,庞德留在马超部下。曹操在渭南打败马超,庞德随马超逃入汉阳郡,据守冀城。后来又跟马超跑到汉中,投奔了张鲁。曹操平定汉中,庞德随部队投降了。曹操早就听说庞德骁勇,任命他为立义将军,封他为关门亭侯,食邑三百户。

侯音、卫开等人占据宛城叛变,庞德率领部下与曹仁夺取了宛城,斩了侯音、卫开,便往南驻扎樊城,讨伐关羽。樊城的众将因为庞德的哥哥在汉中蜀军里,对他产生怀疑。庞德常常说:“我蒙受国家恩惠,要为国尽义捐躯。我要亲自攻打关羽。今后我不杀关羽,关羽就该杀了我。”后来他亲自同关羽交战,射中关羽前额。那时庞德总骑白马,关羽的士兵称他为白马将军,都很怕他。曹仁让庞德在樊城北边十里的地方屯扎,碰上连着下了十几天大雨,汉水泛滥,樊城平地水深五六丈,庞德同众将上堤躲水。关羽乘船进攻,四面包围用弓箭射堤上。庞德披甲持弓,箭无虚发。将军董衡、部属将领董超等人想投降,庞德把他们都处死了。从清晨一直战到过午,关羽攻击更急,箭用完了,就靠近肉搏。庞德对督将成何说:“我听说良将不怕死,不苟且偷生;烈士不毁大节来求活命。今天就是我死的日子。”更愤怒地投入战斗。胆气也越来越壮,但水势越来越大,将士们都投降了。庞德同部下一名将领,两名伍长弯弓搭箭,乘小船要回曹仁营中。因为水大船翻了,弓箭遗失,庞德一人抱着船沉到水中,被关羽俘获。庞德站立不跪,关羽对他说:“您哥哥在汉中,我想用你为将军,为什么不早投降呢?”庞德骂关羽说:“你小子,什么叫作投降!魏王率领雄兵百万,威震天下。你们的刘备不过是个庸才,岂能和魏王对敌!我宁肯做国家的鬼,也不当贼人的将。”于是被关羽所杀。曹操听说后很悲痛,为他的死而流泪,封他两个儿子为列侯。曹丕即王位,派使者到庞德陵墓送去谥号。下诏说:"从前先轸为国捐躯,王蠋绝食而死,丧身殉节,前代人都赞美他们。庞德果敢刚毅,赴难立名,当时人们就称赞他,他的大义在当时就很崇高,寡人怀念他,赠他壮侯的谥号。"又赐给他儿子庞会等四人关内侯的爵位,各食邑一百户。庞会勇猛刚烈有他父亲的风格,官做到中尉将军,封为列侯。

庞淯,字子异,酒泉郡表氏人,起初以凉州从事的职衔担任防御破羌城的长官。碰上武威郡太守张猛叛变,杀死了凉州刺史邯郸商,并下令说:"敢有为邯郸商吊丧的,杀不赦。"庞淯听说后,弃官连夜赶路,到邯郸商遇难的地方痛哭致哀,然后来到张猛门口,怀中藏着匕首,想借见面的机会来杀死张猛。张猛知道他是义士,下令把他送走,不杀他,从此庞淯就有了忠烈的名声。酒泉太守徐揖请他任主簿。后来郡里的黄昂造反,包围了郡城,庞淯抛弃了妻子儿女,乘夜越城逃出,向张掖、敦煌两郡告急。两郡的太守开始怀疑,不肯发兵,庞淯要伏剑自杀,两郡的太守被他的义气感动,便派兵救援。援军未到而酒泉城已被攻陷,徐揖被杀。庞淯便收殓徐揖的遗体,送回他的本郡,为他穿了三年孝服。曹操听说后,征召他为掾属。曹丕做皇帝后,封他为驸马都尉,升任西海郡太守,赐予他关内侯的爵位,后来又拜他为中散大夫。他死后,儿子庞曾承袭了爵位。

起初,庞淯的外祖父赵安被同县的李寿所杀,庞淯的三个舅舅同时病死,李寿家非常高兴。庞淯的母亲赵娥悲痛父仇未报,便乘帏车,袖藏短剑,白天在都亭前刺死了李寿,然后从容地走到县令的官署,面不改色说:"父仇已报,请判我死刑吧!"禄福县长尹嘉解下印缓要放她,赵娥不肯离开,便强迫用车把她载回家,碰上朝廷赦令得以免罪,州郡的人们都十分感叹看重她。把她的事迹刻在石碑上作为表彰。

阎温,字伯俭,天水郡西城人。以凉州别驾的职衔担任防守上邽的长官。马超逃亡来到上邽,郡中任养等人率众迎接,阎温阻止任养,禁止不住,便骑马回到州城。马超又包围了凉州下属的冀城,形势紧迫。州刺史派阎温秘密出城,向夏侯渊告急。马超的军队围了几次,阎温夜里潜水出城,第二天,敌人发现踪迹,派人追踪拦截,在显亲界内追上他,捉住他来见马超,马超解开他的细缚,对他说:"现在胜败已经分明,您为了孤城请救兵却被人捉到这儿,怎么施展大义呢?如果听我的话,告诉城里,东方不会有救兵来了,这是转祸为福的计策,不然,现在就把你杀掉。"阎温假装答应了,马超便用车载着他来到城下。

阎温朝着城内大声喊："大军不出三天就会来,努力呀!"城中都为他哭泣,祷祝他万岁。马超恼怒地责问他："你不要命了吗?"阎温不回答。当时马超久攻不下,所以慢慢引诱阎温,盼他回心转意。又对他说："城里的朋友,有想跟我同心合力的吗?"阎温又不理睬,马超便严厉地责怪他。阎温说："事君之道只有一死,您却要让长者说出不义的话,我难道是苟且偷生的人吗?"马超终于杀害了他。

　　先前,河西一带骚乱,道路隔绝不通。敦煌太守马艾死在任上,太守府里又没有郡丞。功曹张恭学问品行一向都好,郡人便推举他管理长史的事,恩惠信用都很出名,就派儿子张就往东去见曹操,请求委派新太守。当时酒泉郡的黄华、张掖郡的张进都各占本郡,要与张恭分庭抗礼。张就到了酒泉,被黄华扣押,用锋利的刀相威胁,张就终不屈服,私下给张恭写信说："大人治理敦煌,忠义显然。难道因为儿子在困厄之中就放弃了自己的初衷吗?从前乐羊吃了他儿子的肉做成的羹,李通全家人都被王莽杀害,治国的大臣岂能顾念妻子儿女呢?现在大军将要来了,只应当率军牵制住他们。希望不要因为这种世俗的爱,让我死不瞑目。"张恭便派堂弟张华领兵攻打酒泉郡沙头、乾齐两县,张恭又连续派兵紧接着张华的后面,准备前后支援。另派二百名铁骑,迎接新来的官吏家属,往东沿着酒泉郡的北部边塞,直接出张掖郡的北河,迎接新任太守尹奉。这样,张进须要黄华的援助,黄华想要救张进,又顾虑张恭的部队,恐他们袭击自己的后方,便找到金城太守苏则投降了,张就最终平安。尹奉得以到达任所。黄初二年(221)朝廷下招赞扬张恭,赐他关内侯的爵位,封他为西域戊己校尉。过了几年又召他回朝,要授予他侍臣的职位,他让儿子张就代替自己。张恭到了敦煌,坚持说自己病重推辞了朝廷的征召,太和年间去世,朝廷赠他执金吾官衔。张就后来担任金城太守,父子在西州都很著名。

　　评:李典崇尚儒雅的风度,大义不记私仇,品质很好。李通、臧霸、文聘、吕虔镇守保卫州郡,恩威并著。许褚、典韦在曹操左右冲杀,差不多就是汉朝的樊哙。庞德捐躯叱骂敌人,有周苛的节操。庞淯不怕伏剑自杀,忠诚感动了邻国。阎温向城内大喊,可以和晋国的解杨、齐国路中大夫的刚烈并驾齐驱了。

卷十九　魏书十九

任城陈萧王传第十九

　　任城威王曹彰,字子文,从小就善于射箭、驾车,膂力过人,徒手能与猛兽格斗,不怕危险困难。几次跟随曹操征伐,志向慷慨昂扬。曹操曾经批评他说:"你不向往读书学习政圣之道,却好骑马击剑,这都是只能对付一个人的,哪值得珍贵!"督促他学习《诗经》《尚书》。曹彰对身边的人说:"大丈夫一旦做了卫青、霍去病那样的大将军,就能率领十万人马在沙漠上驰骋,驱逐戎狄,立功建号。哪能做博士呢?"曹操有一次问几个儿子的爱好,让他们各自说出自己的志向。曹彰说:"愿做将军。"曹操说:"做将军干什么呢?"曹彰回答:"披坚甲,握利器,面临危难不顾自己,身先士卒。有功必赏,有罪必罚。"曹操大笑。建安二十一年(216),曹彰被封为鄢陵侯。

　　建安二十三年(218),代郡的乌丸族谋反,曹操任命曹彰担任北中郎将,行使骁骑将军的职权。临出发以前,曹操告诫曹彰说:"在家里我们是父子,接受了命令就是君臣了,一举一动都要按王法办事,你要引为儆戒呀!"曹彰北征进入涿郡的境内,叛变的乌丸族几千骑兵攻到,当时曹彰的兵马尚未集结,只有步兵一千人,战马几万匹。曹彰用田豫的计策,坚守阵地的要冲。敌人溃败逃散,曹彰追击,亲自与敌人搏战,箭射敌骑,应声而倒的前后连成一串。打了半天,曹彰的铠甲中了几箭,气势更加雄壮,乘胜追击,直到桑干河,距离代郡有二百多里。军中长史和众将都认为部队远道而来,人马疲累,又有命令不许过代郡,不许深入敌境,违令轻敌。曹彰说:"率军出征,只是为了取胜,为什么要受限制呢? 敌人还没跑远,追上去就能击溃他们。服从命令放跑敌人,绝不是良将。"便上马,命令部队:"落后者斩!"一天一夜追上了敌人,出击大获全胜,斩首俘获了几千人。曹彰超过常例几倍地犒赏将士,全军没有不高兴的。当时鲜卑族的首领轲比能率领几万人马观望双方强弱,看到曹彰奋力冲杀,所向披靡,便请求臣服。这样北方便平定了。那时候曹操在长安,召曹彰到自己的行营。曹彰从代郡经过邺县,太子对曹彰说:"你刚立了功,现在去西边面见主公,注意不要骄傲自夸,回答问题要表现得谦虚。"曹彰到了长安,按照太子所说的,把功劳都归于众将。曹操很高兴,捋着曹彰的胡子说:"黄须儿居然大不简单!"

曹操回京都,任命曹彰行使越骑将军职权,留在长安。曹操到洛阳后,生了病,传驿召曹彰,曹彰没有赶到,曹操已经过世。曹丕即王位,曹彰与诸侯各去自己的封国,曹丕颁布诏书说:"古代帝王之道,用功勋来使亲人和睦,并分封母弟,建立邦国以继承家业,所以能保卫宗国,抵御侵略,防止灾难。曹彰以前奉命北伐,平定朔方的土地,功勋盛大,给他增加食邑五千户,连同以前的共一万户。"黄初二年(221),晋封公爵。黄初三年(222),封为任城王。黄初四年(223),曹彰进京朝见,生病死于官邸,谥号为"威"。下葬的日子,朝廷赐他銮辂、龙旗、虎贲勇士一百人,仿照汉朝东平王之旧例。他儿子曹楷承袭了爵位,转封在中牟县。黄初五年(224),又改封到任城县。太和六年(232),改封任城国,食邑五个县二千五百户。明帝青龙三年(235),曹楷犯了私派官属到中尚方衙门制作禁物的罪名,削去食邑二千户。正始七年(246),改封济南,食邑三千户。正元(254—256)、景元(260—264)初年,两次给他增加食邑,共四千四百户。

陈思王曹植,字子建,十几岁就诵读《诗经》《论语》以及辞赋几十万字,擅长作文。曹操有一次看到他的文章,对他说:"你请人代作的?"曹植跪下说:"话说出口就是论,下笔就成文章,只要当面考试就知道了,怎么请人代作呢?"当时铜爵台刚刚建成,曹操让儿子们都登上去作赋。曹植拿起笔来立刻就写成了,内容很可观,曹操十分惊奇。曹植性情简约平易,不喜欢摆出威严的气派,车马服饰,都不追求华丽,每次见曹操答问辩难,总是应声回答,特别受曹操宠爱。建安十六年(211),被封为平原侯。建安十九年(214),改封临淄侯。曹操征讨孙权,让曹植留守邺县,告诫他说:"我从前任顿邱令的时候,二十三岁。想起那时候所干的事,到今天也没有后悔的。现在你也二十三岁,能不努力吗?"曹植既因为有才而受宠,丁仪、丁廙、杨修等人便都来辅佐他。曹操有些犹疑。好几次几乎要立曹植为太子,可是他任性行事,不掩饰自己,饮酒没有节制。曹丕使用权术来对待曹操,掩饰真情,粉饰自己,曹操身边的宫人也替曹丕说话,所以终于定下曹丕为太子,建安二十二年(217),为曹丕增加食邑五千户,连同以前的共一万户。曹植有一次乘车在驰道上行驶,打开司马门出来。曹操大怒,处死了公车令。从那以后加重了对诸侯的约束,而对曹植的宠爱也日渐衰退。曹操顾虑曹植的势力太大会成为后患,因为杨修有才能有智谋,又是袁术的外甥,于是罗织罪名杀了杨修。曹植心里更加不安。建安二十四年(219),曹仁被关羽围困,曹操派曹植任南中郎将,行使征虏将军职衔,要让他去救曹仁。召他来要告诫他一番话,曹植喝醉了酒不能起身,曹操后悔,罢免了他的职务。

曹丕即王位,诛杀丁仪、丁廙和他们全家的男子。曹植和诸侯全部回到自己的封国。黄初二年(221),监国谒者灌均迎合曹丕的旨意上奏:"曹植醉酒傲慢,劫持要挟使者。"有关部门请求治他的罪,曹丕因为太后的缘故,只将他降为安乡侯,同年又改封鄄城侯。黄初三年(222),立曹植为鄄城王,食邑二千五百户。

黄初四年(223),转封曹植为雍丘王。那一年曹植赴京朝见,上书说:

臣自从负罪回到藩国,深切入骨地追想所犯的罪过,中午才吃饭,夜半才睡觉,确实懂得了国家法纪不可以重犯,圣恩不可能再次依恃的道理。私下里有感于《相鼠》这首诗所讲的无理还不如速死的意义,不禁形影相吊,十分惭愧。如果因为有罪就轻生,那么便违背了古代圣贤"早上犯错,傍晚改正"的劝勉。可是苟且偷生,又犯了诗人"有何脸面而不速死"的讥刺。陛下德配天地,恩如父母。陛下的恩情就像春风一样舒畅,像时雨一样润泽。所以不肯告别这个纷乱的世界,完全由于陛下的恩惠。七子都得到平等的哺育,那是布谷鸟般的仁爱;允许赦罪立功,那是圣明君主的行为。怜悯愚钝的,爱护有才的,这是慈父才有的恩德,所以愚臣徘徊在恩泽的周围不能自弃。

前些天接到诏书,拒绝臣等朝见。心意离散愿望破灭,自己忖度到老也不会再有持珪朝见的希望了。没想到圣诏竟然屈尊召唤。人刚一到,心就已经飞驰到您的身边了。住在西边偏僻的馆驿里,还没有去宫廷朝拜,那种迫不及待的心情,导致来回反复地瞻望。恭谨地呈上表文,献诗二篇。诗句是:"伟大的先父,是我的武皇。受命于天,平定四方。红旗所指,九州屈服。德化流溢,夷狄来降。超越商周,功比唐尧。我皇生而不凡,聪明盖世,武力严肃勇烈,文才应时谐和,受禅炎汉,居临万邦。万邦沐化,全依旧则。推广天命,达于至亲,分封藩国。帝命'尔侯',君此青州,统辖海滨,奄有周、鲁,车辆衣服有耀眼的光辉,旗帜徽章有高贵的品第。美好出众,做我的辅弼。无知小子,恃宠骄傲,触犯法网,扰乱国经。身为藩屏,行为越轨。怠慢皇使,违犯朝纲。国有刑律,削职降爵。依法论罪,惩罚元凶。英明天子,笃爱同胞。不忍判罪,暴露朝堂。违背法官,哀怜小子。改封鄄城,在黄河边。官吏不设,有君无臣,荒淫之罪,谁助我身?孤独一人,居住冀州,嗟乎小子,话该遭殃。赫赫天子,恩施万物,赠我冠冕,给我锦绣,锦绣荣华,剖符授玉,赐我王爵。仰承金玺,俯执圣鞭。皇恩太重,难以承当。叹我小子,厄运缠身,惭对祖宗,抱愧朝廷。非敢傲慢,实仗皇恩。神灵改封,没齿难忘。昊天无极,生命不图。常怕颠沛,抱罪黄泉。愿冒矢石,树旗东岳,建立微功,用来赎罪。危躯授命,知足免罪。甘愿奔赴江、湘,挥戈吴、越。上天为我表达忠心,得以在京畿朝见。等待侍奉圣颜,心中如饥似渴。仰慕的心情,凄凉悲痛。天高听低,君可照微!"

另一首诗写的是:

　　恭敬地接受了明诏,允许在京城朝见。披星戴月驾起车辆,喂马涂车油。命令车夫,整肃队伍。早晨从鸾台出发,夜晚宿在兰渚。茫茫原野,纷纷士女。路过公田,乐我稷黍。路有穆树,浓荫遮日,为见我皇不去休息,虽有干粮,来不及吃。有城不入,见邑不游。仆夫挥鞭,驱马上路。黑色的驷马一片蹄声,辕马昂头嘴里吐着涎沫,风从车栏边吹过,车盖上掠过浮云。涉过山涧,到达水滨;沿着山势,循着河边,翻过黄阪。西过潼关,或下或上。马匹困倦,睡醒再行。将朝圣上,谁敢稍停?止节长奔,限日速征。前驱举火,后车持旌。轮不停转,铃不住声。赶到帝都,暂住西城。圣旨未下,朝见未能。瞻仰宫阙,遥拜内廷。长怀渴望,忧心如酲。

文帝对诗词内容表示嘉许,下诏予以勉励。

黄初六年(225),文帝东征,回去的时候路过雍丘,到曹植的宫中与他见了一面,给他增加了五百户食邑。明帝太和元年(227),又改封曹植到浚仪。太

和二年(228),又回到雍丘。曹植常常自悲自怨,空有一身才能却无处施展,上书请求试用。说:

　　臣听说士人活在世上,在家侍奉父亲,出去则侍奉君主。侍奉父亲要使亲族荣耀,侍奉君主要使国家振兴。所以慈父不能爱没本事的儿子,仁君不能容忍没用的臣子。根据德行授予官职的是能成大事的君主;衡量能力接受爵位的是尽忠的臣子。所以君主没有虚任官职的,臣子也没有白白领受职务的。虚授被称为谬举,虚受被称为尸禄。《诗经》中"素餐"这句话就是因此而作。从前虢仲、虢叔不推辞两国的任命,因为他们德行很厚;周公旦、召公奭不推辞燕、鲁的封地,因为他们的功劳大。现在臣蒙受国家的大恩,已经三朝了。正赶上陛下政治升平的时候,沐浴着陛下的恩泽,感受着仁德的教化,可以说是非常幸运了。但我被封在东部的藩国,爵位列于上等,身披着轻暖的衣服,口中吃厌了各种美味,眼睛看惯了华丽奢侈的装饰,耳朵听腻了丝竹管弦的声音,原因就在于爵位太高,俸禄太厚。转念想起古代授予爵位的制度,和我这种情况不同,都是授给勤劳为国,辅佐君主,利民惠民的人。现在我没有德行可以称述,没有功劳可以记录,如果像这样长年对国家一点用处没有,那就要应了诗人"彼其之子"的讥刺。所以抬头有愧于冠冕,低头有愧于朱衣。

　　当今天下一统,九州和睦,但是西边还有违抗王命的蜀国,东边还有不肯臣服的吴国。守卫边境的将士还不能脱卸甲胄,谋士们也还不能够高枕无忧,他们实在是要统一海内以达到太和的境界啊!所以启灭了有扈氏而夏朝的武功昭彰;成王战胜商、奄两国,周的威德才得以显著。现在陛下圣明治世,将要完成文王、武王那样的功业,继承成王、康王的鼎盛,选贤任能,用方叔、召虎那样的臣子领守四方边境,做国家的爪牙,可以说是非常正确的。然而高飞的鸟没有挂在箭绳上,深渊中的鱼还没有悬在钓饵上的原因,恐怕是钓、射的技术还没有穷尽。从前耿弇不等光武帝到达,就迅速出击张步,说是为了不把贼寇留给君父。正是出于这种动机,所以齐王的车右因为左轮鸣响而伏剑自刎,雍门狄因为越兵来攻而自杀在齐境。像这两名士人,难道厌恶活着而喜欢去死吗?实在是对怠慢、凌驾于君主之上的行为痛恨的缘故。君主宠爱臣子,是要用他们兴利除害;臣子侍奉君主,一定要全身赴难,立功报答君主。过去,贾谊刚刚成人,就要求去统辖附属国,要捆住单于的脖子要他的命;终军十八岁出使南越,要用长缨牵着南越王来朝拜汉帝。这两位大臣,难道是要宣扬自己夸耀世人吗?抱负有时候郁结在心里,要施展才力,奉献给英明的君主。从前汉武帝为霍去病营建住宅,霍去病推辞说:"匈奴未灭,没有臣安家的地方!"忧国忘家,舍身救难,是忠臣的志向。现在臣居住外边,并不是俸禄不厚,可是却睡不安稳,吃不出味道,是挂念着吴、蜀还没有平定啊!

看到先武皇帝的武臣旧将,年老去世的已经有了。虽然世上不缺贤者,但老将旧卒,还是对打仗有经验。私下不自量力。还有为国效力的志向。也许能建立微小的功劳,报答所受的大恩。倘若陛下能破例下诏,让臣奉献出锥刀的用处,在西边大将军的麾下,充当一队士兵的小校;如果隶属于东边的大司马,统管一只小船,一定赴汤蹈火,骋船催马,冲锋陷阵,身先士卒。虽然不一定能擒住孙权、割下诸葛亮的耳朵,也要俘虏敌人的将帅,歼灭敌军。一定要用迅速的胜利,洗去终身的耻辱。使名垂史册,事列朝策。即使在蜀地粉身碎骨,在吴国头颅高悬,也如同获得了新生。如果微小的才能不能被试用,默默无闻地死去,白白地享受荣誉,养肥身体,活着对国家没用,死了也无损于自然规律,徒然占据很高的爵位享用优厚的待遇,养尊处优,直到白头,这只不过是圈着豢养的动物,不是臣所抱的志向。传闻征东部队失于防备,吃了小亏,不禁废寝忘食,摩拳擦掌,抚剑东望,心早已飞驰到吴会了。

臣从前跟随先武皇帝南到赤岸,东临沧海,西望玉门,北出玄关,看到行军用兵的策略变化,可以说是神妙了。所以战争不能预言,临敌要根据形势采取相应的变化。很想效力于明时,立功于圣世。每次阅读史籍,看到古代的忠臣义士,为了朝廷的使命,殉国家的危难,身体虽被宰割分裂,但功绩铭刻在鼎钟之上,姓名永垂青史,每次都抚着心叹息。臣听说英明的君主用人,不排斥有罪的,所以秦国、鲁国起用打败仗逃跑的将军孟明视、曹沫,最终成就大功;楚国、赵国赦免了绝缨盗马的臣子,结果关键时刻靠他们解救了危难。臣私自为先帝早逝而悲伤,任城威王去世,臣又凭什么能活得长久!只怕死得过早,坟上的土还没有干,而身和名已经全都泯灭了。臣听说好马长声嘶鸣,伯乐就能辨出它的潜能;卢狗悲声号叫,韩国人就知道它是名犬。所以要让好马在齐、楚之间的道路上效力,以表现它行千里的能量;让名犬追逐敏捷的狡兔,以检验它搏咬的本领。现在臣的志向是建立犬、马那么小的功劳。可是私下里忖度，却没有伯乐、韩国人那样的举荐，所以为之长叹而私自感伤。

面临搏戏而抬起脚跟看得出神的人和听见音乐而私下打拍子的人，也许是知音或懂搏道的。从前的毛遂，不过是赵国的一名陪隶，尚且借着锥和囊的比喻，警醒主人而立功，何况伟大的魏国人才济济的朝廷，竟没有慷慨赴难的大臣吗？自卖自夸，是仕女的丑恶行径；干谒求官，是道家的忌讳。而臣所以敢向陛下陈述这些话，实在是因为和国家同气连枝，忧患与共。希望能以尘土雾气那么小的力量补充山海，萤火虫、蜡烛那么弱的光为日月增辉。所以敢于暴露丑恶献上一颗忠心。

太和三年(229)，曹植被改封为东阿王。太和五年(231)，曹植再次上书请求问候亲戚，因此而致意说：

臣听说天称为高，是因为它覆盖万物；地称为广，是因为它承载万物；日月称为明，是因为它们普照万物，江海称为大，是因为它们包容万物。所以孔子说："伟大呀尧做君主！只有天可以称大，只有尧能效法天。"天的恩德对于万物来说，可算是宏大广远了。尧施行教化，是先亲后疏，由近及远。他的《帝典》说："彰明大德，以亲近九族。九族和睦，然后辨别百官。"周文王也推崇这种教化，《诗经·大雅·思齐》说："对嫡妻也要施行这种教化，以至对于兄弟，以至于治理国家。"所以能够融洽和睦，引来诗人的歌咏。从前周公怜悯管叔、蔡叔不和谐，便大肆分封至亲来做王室的藩屏。史传说："周代王室宗族，异姓的排在后面。"的确是骨肉的亲情不能分离，和睦亲人的意义非常牢固。没有讲求大义却把君主摆在后面，大谈仁德却遗漏了自己亲人的道理。

陛下取资唐尧开明的德行，体用文王翼翼的仁爱之心，融洽王室，施恩九族。群后百官，轮番休息。执政不废除公开的朝议，下情能够上达到内廷。亲戚之间的联系很通畅，庆贺慰问的感情能够抒发。真可以说是用宽容自己的心去治理别人，广泛地实施恩惠了。至于臣，人道的联系已经断绝，被禁锢在这清明的时代，私下常常自悲自怨。不敢过分地希望能与志同道合的朋友相交，办理一些俗事，叙一叙亲戚间的人情。近来婚姻不通，兄弟隔离，吉凶的消息闭塞，庆贺慰问的礼节荒废，亲情的疏绝，比路人还严重。隔绝的程度,比胡、越还要遥远。现在臣由于这一切制度,永远也没有朝见的指望了。以至于一心专注于皇帝,满腔热情凝聚在宫廷,神明都知道了。但天意如此,臣能说什么呢?退一步想诸王大概都有这种想要亲近的心意,希望陛下尽快下诏,让各封国互相慰问,庆贺四时之节,畅叙骨肉之间的欢爱,成全兄弟间和顺怡人的深意。让妃妾的家庭,互赠脂膏一类的化妆品,一年两次,让贵族家家都齐于大义,让百官平等地享受恩惠。这样的话,古人所赞叹的,古诗所咏唱的面貌,就会在今天的圣世重新出现了。

臣自己反省,连锥刀那么小的用处也没有。及至看到陛下所提拔任命的官员,似乎把臣当作异姓了。私下里忖度,臣并不比那些朝臣落后,倘若能够摘下远游冠,戴上武弁帽,解下华丽的朱衣,佩上青丝带,或驸马都尉,或奉车都尉,快快地得到一个封号,安居官室,持着马鞭,插着毛笔,出门则紧跟着皇上的华盖,入门则侍奉在皇上的身边,承接应答皇上的提问,在皇上左右拾遗补缺,是我赤诚的愿望,梦寐以求的理想。远远地向往着《鹿鸣》这首诗所描绘的君臣的宴乐;中间讽咏《常棣》诗中关于兄弟非外人的告诫;再下思《伐木》诗中"朋友"的意义;终于感怀《蓼莪》诗中表达的对死去父母的无尽哀思。每当四时节令的盟会,孤独一身,旁边只有仆人奴隶,面对的只有妻子儿女,高谈阔论却没有对象,发表见解却没人要听。听到音乐只能抚胸伤感,面对酒杯只能长声叹气。臣认为狗和马的诚意不能动人,就好比是人的诚意不能感动上天。杞梁妻哭倒长城,邹衍使夏天降霜的故事,臣起初深信不疑,可用我的心和他们相比,他们的事也只不过是编造的。向日葵转动叶子承受阳光,太阳虽然不为它回转光线,但向日葵却诚心朝向太阳。私下把自己比作向日葵,而像天地一样布施恩泽,像日、月、星辰一样普降光明的,其实就在于陛下。

臣听说文子讲过:"不做首先享福的,也不做首先惹祸的。"现在的隔绝不通,兄弟们都同样忧虑。可是只有臣一人提出来,是因为私心不愿意让圣世出现没有蒙受到恩惠的东西,如果有没受到恩惠的东西,那一定会引起强烈的怨恨。所以《柏舟》诗中有"天呐"的怨声,《谷风》诗中有"弃予"的嗟叹。所以伊尹对他的君主不效法尧舜感到耻辱。孟子说:"不像舜侍奉尧那样侍奉自己君主的人,是不尊敬自己君主的。"臣很愚蠢蒙昧,固然不是虞舜、伊尹。至于要让陛下推崇和善亲族的美德,宣扬积累光明的德行,那是臣恭谨的诚意,私下所独守的,实在是怀着孤立伫望的心情。所以敢一再陈述所听到的,是希望陛下用天生的聪明来听一听上面的话。

明帝下诏回答说:"教化所经由的途径,各有所崇也各有所弊,并不都是开始很好最终就变坏了,而是时势使它成了那个样子。所以忠厚施行到草木身上,就有人作出《行苇》的诗篇;恩泽衰薄,不亲九族,就有人作出《角弓》的诗篇讥刺。现在让各国的兄弟,情义简慢;妃妾的家庭疏略了脂膏的互赠,我即使不能同他们亲厚和睦,王援引古事讲明的道理也都知道了,为什么说精诚不能够感通呢?判明贵贱等级,崇尚亲族和睦,优待贤良之士,理顺老少关系,是国家的纲纪。本来就没有禁止各封国之间互通消息的诏令。由于矫枉过正,下级官吏害怕被处罚,所以到今天的地步。已经命令有关部门,遵照王所陈述的办理。"

曹植又上书陈述审核选举的意义,说:

臣听说天地二气交合化生万物,君臣志同道合才能办好政事。五帝的时候世上并不都是聪明人,夏、商、周的末叶世上也并不都是蠢人。是用和不用,知与不知的缘故。已经有了举荐贤人的名义,事实上却没有得到贤人,那一定是大家都各自把自己的亲朋好友推荐上来了。俗话说:"宰相门里出宰相,将军门里出将军。"宰相,必须文才品德昭著;大将,必须武功显赫。文才品德昭著,才能辅佐朝廷,使国家达到太平和乐,稷、契、夔、龙就是这样的宰相;武功显赫,才能去征伐那些异端叛逆,威服四夷,南仲、方叔就是这样的大将。从前伊尹作陪嫁的奴隶,那是最低贱的职务了;姜子牙处在屠夫渔民的行列,那是最卑下的人了。可是等到他们被推荐给汤武、周文王的时候,那真是志同道合,妙算神通,哪还用得着借助亲近之人的举荐,靠着身边宠臣的介绍呢?《尚书》说:"有杰出的君,就一定能用杰出的臣;用了杰出的臣子,就一定能建立杰出的功绩。"殷、商的汤武、文王是这样的。至于那些局促保守、停步不前、循规蹈矩、毫无魄力的事又哪里值得对陛下说呢?所以阴阳不能调和,日月星三光不能普照,官位空旷缺乏适当人选,政务得不到治理的责任,应由三司来承担;战场骚乱,领土被侵犯,败军丧师,不能平息战争的形势,应由守卫边疆的大将来担忧。难道能白白享受朝廷的恩宠而不胜任自己的职务吗?所以职务越崇高的负担越重,官位越高的责任越大。《尚书》说"不要使众官位空缺",《诗经》有"官员思虑他分内的事"的句子,讲的都是这个意思。

陛下具有天生的善良明圣,登上神位继承传统,希望听到"康哉"那样的太平歌曲,看到偃武修文的升平盛世。可是近几年来,不时发生旱涝灾害,百姓缺衣少食,军队调动一年比一年频繁,再加上东边有全军覆没的部队,西边有中箭死亡的大将。以至于蚌蛤在淮河、泗水一带浮动,黄鼠鼬兽在树枝上喧哗。臣每次想起这些事,总是吃不下饭,对着酒杯摩拳擦掌。从前汉文帝出巡代郡,顾虑朝中会发生变故,宋昌说:"朝内有朱虚侯刘章、东牟侯那样的亲人,外面有齐、楚、淮南、琅邪四个王,这都是磐石一样坚固的宗亲,希望您不必疑虑。"臣俯伏思量,希望陛下远观虢仲、虢叔对周文王的帮助,中间考虑召公、毕公对周成王的辅佐,再下保存宋昌所说的磐石一样坚固的亲族感情。从前骐骥在吴阪上徘徊,可说是走投无路了。等到伯乐相中了它,孙邮驾驭着它,身体一点不累,坐着到达了千里以外的地方。伯乐善相马,明智的君主善于驾驭臣子。伯乐奔驰千里,英明的君主达到太平盛世,实在都是任用贤能所取得的明显功效。如果朝廷各部门都选用好官,使内部的所有事物都得到治理;武将统领部队出征,平定叛乱,安定国家,陛下就能够在都城无忧无虑,还有什么事能劳动陛下的车辆,让它暴露在边境呢?

臣听说,披着虎皮的羊看见草就高兴,可看见豺狼就要哆嗦,忘了它身上披的是虎皮了。现在设置的将领不适当,和这件事很相似。所以俗话说:"怕做事的人不懂,懂的人又没机会做。"从前乐毅逃到赵国,心却不忘燕国;廉颇身在楚国,却一心想当赵国的大将。臣生于乱世,长在军中,又多次受到武皇帝的教诲,懂得行军用兵的秘诀,不用看孙子、吴起的书就能暗合他们的策略。私下在心里测度,总希望能够得到一次朝见的机会,排列在金马门旁边,脚踏着玉阶,担任有职务的臣子,赐给我不时问候的资格,让臣施展一下抱负,抒发一下蕴积,死而无憾。看到鸿胪下达的征调士兵之子的通告,集合报到的日期非常紧迫。又听说出征的旗帜已经树立,兵车也已经在快速地奔驰,陛下将再次劳动玉体,费神费心。臣实在惶恐不安,不能平静地度日。希望能够扬鞭催马,首先冒着尘土、露水,手握着风后的奇经,执掌着孙子、吴起的战策,追慕子夏启发孔子的遗风,效力先驱,尽忠尽力,虽然不一定有大用,或者能有小补。但天高距离远,情意不能通达,只能独自望着苍天而抚胸长叹。屈原说:"国家有好马却不知道骑乘,何用急急忙忙地寻找好马呢?"从前管叔、蔡叔被流放处死,周公、召公担任辅相;叔鱼触犯了刑律,叔向却扶助了国家。三监的争端,臣一人承当;《二南》诗中所描写的辅弼,去找寻一定不会太远。宗室贵族、藩王当中,一定有响应这种召唤的。所以史书上说:"不是周公的至亲,就不能办周公的事。"希望陛下稍稍留意。

近代汉皇大肆分封藩王,富的食邑几十座城相连,穷的只能享用祭祀祖宗的供品,不如周代分封各国用五等爵位的制度。像公子扶苏对秦始皇的谏诫,淳于越对周青臣的问难,可以说是懂得应时变化的道理。能让天下人竖起耳朵听,睁大眼睛看的是当权者。所以计谋能够使君主改变主意,威严能够震慑下属。豪门大族执政,权力并不在亲戚手里;权力所在的地方,即使关系疏远也一定要重用;形势需要罢免,即使是亲戚也一定要看得很轻。夺取齐国的是姓田的族人,而不是吕尚的宗族。瓜分晋国的是赵、魏,而不是姓姬的,希望陛下明察。那些在吉祥的时候独占官位,遇到灾难就仓皇逃避的人,都是异姓的臣子。想让国家安定,祈祷家族贵盛,活着共同享受荣誉,死也是为了同样的灾祸的人,都是自家宗族的臣子。现在自己家族的臣子疏远,异姓的臣子反而亲近,臣私下很困惑。

臣听说孟子讲过:"君子困厄的时候,就修养自己的品德;显贵的时候,就要改善天下人的处境。现在臣与陛下踩着冰河,走在火上,登山涉涧,寒暖燥湿,上上下下都在一起,难道能离开陛下吗?不能承受满腔郁闷的压力,拜上这篇表陈述隐情。如有不对的地方,请暂时放在书府,不要毁掉,臣死之后,所说的话也许还有供思考的价值。如有丝毫触犯圣意的地方,请求在朝堂上发表,让学问渊博的大臣们,指摘臣这篇表中的不合大义处。如果那样,臣的愿望就满足了。"

明帝很客气地写了答报的诏书。

那年冬天,颁布诏书,让诸王在太和六年(232)正月朝见。二月,把陈郡的四个县分给曹植,封他为陈王,食邑三千五百户。曹植总想与明帝单独见面交谈,讨论时政,希望能够被试用,最终没得到机会。回去以后,惆怅绝望。当时的法律对待藩国很严苛,部属都是商贾俗人,给他的士兵也都是老弱病残,总数不过二百人。而曹植因为以前的过失，样样又减去一半。十一年中竟然三次徙封，总是郁郁寡欢，就生病去世了，死时四十一岁。遗嘱要求简单地举行葬礼。让小儿子曹志守家为主，欲立他为嗣。起初，曹植登上鱼山，下临东阿县，喟然叹息，便有了在那儿终老的心思，于是兴建了坟墓。他的儿子曹志承袭了爵位，又改封济北王。景初年间（237—239），明帝下诏说："陈思王过去虽有过失，已经克制自己，谨慎行事，弥补了以前的缺失，而且从小到老，书籍不离手，实在难能可贵，命令收集黄初年间那些奏报曹植罪状的，公卿以下讨论过的，保存在尚书、秘书、中书三府和大鸿胪的有关文件，一律销毁。记录曹植前后撰写的赋、颂、诗、铭、杂论一共一百多篇，制成副本，收藏在府内外。"几次增加曹志的食邑，连同从前的共九百九十户。

萧怀王曹熊，早逝。黄初二年（221）追封谥号为萧怀公。太和三年（229），又追封为王。青龙二年（234），他儿子哀王曹炳承嗣，食邑二千五百户。正始六年（245）曹炳去世，没有儿子，封国取消。

评：任城王武艺高强，勇猛雄壮，有将领的气概。陈思王文才华丽，足能流传后世，但不能容让防嫌，结果招来猜忌。史书说："楚国是失掉了，可齐国也算不上是得到了。"说的就是这个道理吧！

卷二十　魏书二十

武文世王公传第二十

武皇帝有二十五个儿子：卞皇后生文皇帝、任城威王曹彰、陈思王曹植、萧怀王曹熊，刘夫人生丰愍王曹昂、相殇王曹铄，环夫人生邓哀王曹冲、彭城王曹据、燕王曹宇，杜夫人生沛穆王曹林、中山恭王曹衮，秦夫人生济阳怀王曹玹、陈留恭王曹峻，尹夫人生范阳闵王曹矩，王昭仪生赵王曹干，孙姬生临邑殇公子曹上、楚王曹彪、刚殇公子曹勤，李姬生谷城殇公子曹乘、郿戴公子曹整、灵殇公子曹京，周姬生樊安公曹均，刘姬生广宗殇公子曹棘，宋姬生东平灵王曹徽，赵姬生乐陵王曹茂。

丰愍王曹昂，字子修。二十岁行冠礼时被举荐为孝廉。随从太祖南征，被张绣所害。没有儿子。黄初二年（221）被追封，谥号是丰悼公。黄初三年（222），让樊安公曹均的儿子曹琬做曹昂的后代，封为中都公。一年后迁移封地，为长子公。黄初五年（224），追加曹昂封号为丰悼王。太和三年（229）修改曹昂的谥号为愍王。嘉平六年（254），让曹琬继承曹昂的爵位为丰王。正元（254—256）、景元（260—264）年间，屡次给他增加封邑，连同以前的共有二千七百户。曹琬去世，谥号是恭王。曹琬的儿子曹廉继承王位。

相殇王曹铄，去世得早，太和三年（229）追加封爵和谥号。青龙元年（233），曹铄的儿子愍王曹潜继承，当年去世。青龙二年（234），曹潜的儿子怀王曹偃继承，邑二千五百户，青龙四年（236）去世。曹偃没有儿子，封国废除。正元二年（255），让乐陵王曹茂的儿子阳都乡公曹竦继承曹铄，做他的后代。

邓哀王曹冲，字仓舒。少年时就敏于观察，十分聪慧。曹冲出生五六年，智力心思就像成年人那样聪明。当时孙权曾送来一只很大的象，太祖想知道象的重量，询问众部下，都不能想出办法来。曹冲说："把象放在大船上面，在水痕淹到的船体上刻下记号，再称量物品装载在船上，那么比较以后就可以知道了。"太祖十分高兴，马上采用了这个办法。当时军队国家事务繁多，施用刑罚又严又重。太祖的马鞍在仓库里被老鼠啃啮，管理仓库的吏役害怕一定会被处死，琢磨想要反绑双手去自首罪过，但仍然惧怕不能免罪。曹冲对他说："等待三天，然后你自动去自首。"曹冲于是拿刀戳穿自己的单衣，就像老鼠咬啮的一样，假装不乐意，脸上一副发愁的样子。太祖问他，曹冲回答说："民间风俗认为老鼠咬了衣服，主人就会不吉利。现在单衣被咬了，所以难过。"太祖说："那是瞎说，用不着苦恼。"不久库吏把老鼠咬马鞍的事情汇报了，太祖笑着说："我儿子的衣服就在身边，尚且被咬，何况是挂在柱子上的马鞍呢？"一点也没责备。曹冲心地仁爱，识见通达，都像这件事情所表现的那样。犯罪本应被杀，却被曹冲暗中分辨事理而得到帮助宽宥的，前后有几十人。太祖几次对众大臣称赞曹冲，有想要把帝位传给他的意思。建安十三年（208），曹冲十三岁时得了病，病得很重，太祖亲自为他向天请求保全生命。曹冲死去时，太祖极为哀痛。文帝宽解安慰太祖，太祖说："这是我的不幸，却是你们的幸运啊。"一说就流下眼泪，为曹冲聘了甄氏已经死去的女儿与他合葬。追赠给他骑都尉的官印绶带，命宛侯曹据的儿子曹琮做曹冲的后代。建安二十二年（217），封曹琮为邓侯。黄初二年（221），追赠谥号给曹冲为邓哀侯，又追加称号为邓公。黄初三年（222），晋升曹琮的爵位，迁移封地，为冠军公。黄初四年（223），迁移封地为己氏公。太和五年（232），加给曹冲谥号为邓哀王。景初元年（237），曹琮因为在中尚方制作禁止的器物，犯了罪，削减他的封邑三百户，降爵为都乡侯。景初三年（239），恢复爵位为己氏公。正始七年（246），转封为平阳公。景初（237—239）、正元（254—256）、景元（260—264）年间，屡次为曹琮增加封邑，连同以前的共有一千九百户。

彭城王曹据，建安十六年（211）封为范阳侯。建安二十二年（217），迁移封地为宛侯。黄初二年（221），晋升爵位为公。黄初三年（222），晋升爵位为章陵王，当年迁移封地到义阳。文帝因为南方低下潮湿，又因为曹据的母亲环太妃是彭城人，迁移曹据的封地到彭城，又迁移到济阴。黄初五年（224），文帝下诏书说："前代帝王建立国家，随着时代的变化而设建制。汉高祖增加了秦朝所设置的郡的数量，到了汉光武帝时，因为全国损缺消耗，合并减少了郡县。拿现在比较，就更不如那时多了。还是将各王都改封成县王。"曹据改封定陶县王。太和六年（231），改封各王，都以郡为封地，曹据恢复封为彭城王。景初元年（237），曹据因私自派人到中尚方制作禁止的器物，削减封邑两千户。景初三年（239），恢复了所削减的封邑。正元（254—256）、景元（260—264）年间屡次为曹据增加封邑，连同以前的共四千六百户。

燕王曹宇，字彭祖。建安十六年（211），封为都乡侯。建安二十二年（217），改封为鲁阳侯。黄初二年（221），晋升爵位为公。黄初三年（222），晋升爵位为下邳王。黄初五年（224），迁移封地到单父县。太和六年（232），改封为燕王。明帝少年时和曹宇在一起居住，特别喜爱他。到了即位以后，对曹宇的恩宠赏赐都比其他各王特殊。青龙三年（235），征召曹宇入朝。景初元年（237），返回邺县。景初二年（238）夏，又征召曹宇来到京都。这年冬天的十二月时，明帝病重，授官给曹宇为大将军，把身后事务嘱托给他。受命暂任了四天，曹宇极力坚持辞让；明帝的主意也变了，于是免去了曹宇的官职。景初三年（239）夏，曹宇回到邺县。景初（237—239）、正元（254—256）、景元（260—264）年间，屡次为曹宇增加封邑，连同以前的共有五千五百户。常道乡公曹奂是曹宇的儿子，进宫做继承人。

沛穆王曹林，建安十六年（211）封为饶阳侯。建安二十二年（217），迁移封地到谯。黄初二年（221），曹林晋升爵位为公。黄初三年（222），晋升爵位为谯王。黄初五年（224），改封谯县。黄初七年（226），迁移封地到鄄城。太和六年（232），改封为沛王。景初（237—239）、正元（254—256）、景元（260—264）年间，屡次为曹林增加封邑，连同以前的共有四千七百户。曹林去世，他的儿子曹纬继承爵位。

中山恭王曹衮，建安二十一年（216）封为平乡侯。少年时喜好学习，十几岁时能写文章。每次读书，文学官和左右近侍常常恐怕他因为精力损耗得病，屡次劝他停歇一下，但他生性喜欢读书，不能中止。建安二十二年（217），迁移封地，为东乡侯，当年又改封为赞侯。黄初二年（221），晋升爵位为公，官员属下都向他祝贺，曹衮说："我生长在深宫之中，不知收种庄稼的艰难，有很多骄奢逸乐的过失。各位贤者已经庆贺了我的喜庆事，也应该辅助我弥补缺陷。"每次兄弟们游玩娱乐，曹衮独自深思经典。文学防辅们互相商议说："我们接受诏令考察赞公的举止，有了过失应当奏闻，有好事也应当奏闻，不能隐瞒他的美好啊！"于是一同上表称赞陈述曹衮的美好。曹衮知道了，极为惊惧，责备文学官说："自己提高修养，坚守节操，不过是普通人的行为罢了，但各位却报告给上面知道，这恰恰是为我增加负担和拖累。并且如果有善言善行，何必担心别人不知道,却急忙一起这样做,这对我可没有好处。"他的警戒慎重就像这事一样。黄初三年(222),曹衮被封为北海王。当年,一条黄龙出现在邺县西边的漳水中,曹衮上书就这件事表示赞颂。文帝下诏赏赐给他黄金十斤,诏书说:"过去唐叔把一株奇异的谷子送归给周公,汉东平王刘苍向光武帝献上颂文,都是对骨肉之亲的赞美,以表彰美好的亲人。北海王对三坟五典有精深的研究,深切地玩味道行的真义,文雅的气质光彩焕发,我很是赞赏他。北海王应该能够慎重地表现出自己的德行,以成全你美好的名声。"黄初四年(223),改封曹衮为赞王。黄初七年(226),迁移封地到濮阳。太和二年(228)到了封地,崇尚节约俭朴,敦促妻妾纺线织补,形成习惯,成了家属日常的事务。太和五年(231)冬,曹衮回到京都。太和六年(232),改变封地为中山。

当初曹衮前来朝见时,违犯了京都的禁令。青龙元年(233),主管官员上奏书批评曹衮。明帝下诏书说:"中山王素来恭敬谨慎,偶然来到这里,还是用评议帝王亲属的规则来评判这事吧。"主管官员固执己见。明帝下诏削减曹衮两县、七百五十户的封邑。曹衮忧虑害怕,告诫命令属下官员更加谨慎。明帝赞赏他的心意,在青龙二年(234),恢复了所削减的两个县的封地。青龙三年(235)秋,曹衮得了病,明帝下诏派遣太医为他看病,殿中、虎贲带着手书的诏令和赏赐的珍贵膳食相跟随,又派遣太妃、沛王曹林一起去探视病情。曹衮病得很厉害,命令属下官员说:"我缺少德行,愧受天子的恩宠,现在我的生命将要走到尽头了。我喜好俭朴,朝廷也有终诰制度,作为全国遵行的法典。我气断的时候,从停放灵柩到下葬,务必遵奉诏书的命令。过去卫国大夫蘧瑗埋葬在濮阳,我看到他的坟墓,常常想到他遗留的风范,希望依托于贤人的灵魂长眠地下,营造我的坟墓的界址,一定要到那里去选,在它的近旁。《礼》规定:男子不死在妇人手里,赶快按时建成东堂。"东堂建成,曹衮把它命名为"遂志之堂",坐着车子急忙去往那里居住。又命令继承自己王位的儿子说:"你还太小,没有接受过家教,这么早就成了王爷,只知道乐,不知道苦;不知道苦,必将会有骄傲奢侈的过失。接待大臣,务必按照礼仪。即使不是大臣,对老人也应该答谢礼拜。事奉哥哥要恭敬,体恤弟弟要慈爱;兄弟有不好的行为,应当跪下劝谏他们,劝谏不听从,就流着泪讲道理给他们;讲道理还不改,那就禀告他们的母亲。要是仍然不改,应当上奏给天子知道,一起辞掉封地。与其依守恩宠而遭到灾祸,不如贫贱生活以保全自身。这也不过说的是大的罪恶,至于微细的过错,就应当为他们遮掩。你这小孩子啊,谨慎地修养你自己,用忠诚坚贞来事奉圣朝,用孝顺恭敬来事奉太妃。在家里听奉太妃的命令;在外面,接受沛王的教训。不要懈怠了你的心思,以此来安慰我的灵魂。"当年曹衮去世。明帝下诏让沛王曹林留在那里完成葬礼,让大鸿胪持节符执掌护理丧事,宗正前去吊唁祭祀,赠送的丧葬礼品十分丰厚。曹衮著有文章共两万多字,才华不如陈思王曹植,但对此的爱好与他相同。曹衮的儿子曹孚继承王位。景初(237—239)、正元(254—256)、景元(260—264)年间,屡次为曹孚增加封邑,连同以前的共有三千四百户。

济阳怀王曹玹,建安十六年(211)封为西乡侯。去世得早,没有儿子。建安二十年(215),让沛王曹林的儿子曹赞承袭曹玹的爵位和封邑。曹赞也去世得早,没有儿子。文帝又让曹赞的弟弟曹壹接续曹玹,做他的后代。黄初二年(221),改封曹壹为济阳侯。黄初四年(223),晋升曹壹爵位为公。太和四年(230)追封曹玹爵位,谥号是怀公。太和六年(232),又晋升曹玹的谥号为怀王,追加谥号给曹赞为西乡哀侯。曹壹去世,谥号是悼公。他的儿子曹恒继承。景初(237—239)、正元(254—256)、景元(260—264)年间,屡次增加他的封邑,连同以前的共一千九百户。

陈留恭王曹峻,字子安,建安二十一年(216)封为郿侯。建安二十二年(217),迁移封地为襄邑。黄初二年(221),晋升爵位为公。黄初三年(222),晋升爵位为陈留王。黄初五年(224),改封为襄邑王。太和六年(232),又封为陈留王。甘露四年(259)曹峻去世。他的儿子曹澳继承。景初(237—239)、正元(254—256)、景元(260—264)年间,屡次为曹澳增加封邑,连同以前的共有四千七百户。

范阳闵王曹矩,去世得早,没有儿子。建安二十二年(217),让樊安公曹均的儿子曹敏奉继曹矩,做他的后代,封为临晋侯。黄初三年(222)追封谥号给曹矩为范阳闵公。黄初五年(224),改封曹敏为范阳王。黄初七年(226),迁移封地为句阳。太和六年(232),追封曹矩的谥号为范阳闵王,改封曹敏为琅邪王。景初(237—239)、正元(254—256)、景元(260—264)年间,屡次为曹敏增加封邑,连同以前的共有三千四百户。曹敏去世,谥号为原王。他的儿子曹焜继承爵位。

赵王曹干,建安二十年(215)封为高平亭侯。建安二十二年(217),迁移封地为赖亭侯。当年改封弘农侯。黄初二年(221),晋升爵位,迁移封地为燕公。黄初三年(222),晋升爵位为河间王。黄初五年(224),改封乐城县。黄初七年（226），迁移封地为钜鹿。太和六年（232），改封为赵王。曹干的母亲为太祖所宠爱。对于文帝成为帝位的继承人，曹干的母亲是出了力的。文帝临去世时有遗诏，因此明帝对曹干常常给以恩宠的表示。青龙二年（234），曹干私自交结宾客，被官员上奏报告，明帝赐给他用印信封记的诏书告诫教诲他，说道："《易》称'创立国家、继承家业，不要使用小人'，《诗》载有'大车扬尘，遮人眼目'的告诫。自从太祖承受天命开设基业，深刻地观察了天下治乱的根源，明鉴国家存亡的关键，刚开始分封诸侯，就用恭敬慎重的至理名言教训他们，用天下的正直的人士辅佐他们，常常称引马援遗留的告诫，加强对诸侯的宾客互相交通结纳的禁令，竟至于把它与犯有妖恶罪同等看待。这难道是用这些措施来淡薄兄弟骨肉感情吗？只不过是想要使曹氏子弟没有过失罪愆，士人民众没有伤害的悔恨罢了。高祖文帝即位后，恭敬慎重地处理日常政务，颁布诸侯不得进入朝廷的命令。我有感于《诗经》作者创作关于兄弟之情的《棠棣》，赞赏《采菽》讥刺周幽王对来朝见的诸侯侮慢无礼的喻义，也因为诏书文字中说过'如果有诏书的命令，可以来到京都'，所以命令各王实行定期前来朝见天子的礼仪。但楚王、中山王一同触犯了私自交往结纳的禁令，赵宗、戴捷都因他们的罪过受到了惩罚。近来东平灵王又使派他的下属官员殴打寿张县吏，官员举报，我判决削减他的封县。现在有关官员认为曹纂、王乔等人为了九族的定期节日，在赵王家里集会，有不合时宜的地方，都是违背禁令的。我考虑赵王你年轻时恭敬顺从，加上受到先帝临终关照，想要给以恩爱礼貌的尊崇，并且延续到后代，何况是你本人呢？并且人非圣贤，孰能无过？所以我已诏令有关官员原宥赵王你的过夫。古人说过：'在别人看不到的时候也要警戒谨慎，在别人听不到的地方也要心存惶恐畏惧。没有什么东西可以隐蔽却不显现，也没有什么东西细微得可以不显露出来。所以君子在个人独处的时候也极为谨慎。'请叔父您遵循先世圣人的典则，以继承先帝的遗命，战战兢兢、恭恭敬敬地保守你的王位，以称我的心意。"景初（237—239）、正元（254—256）、景元（260—264）年间，屡次给曹干增加封邑，连同以前的共有五千户。

临邑殇公子曹上，去世得早。太和五年（231），追封谥号。没有后代。

楚王曹彪，字朱虎。建安二十一年（216），封寿春侯。黄初二年（221）晋升爵位，迁移封地，为汝阳公。黄初三年（222），封为弋阳王。当年迁移封地，为吴王。黄初五年（224），改封为寿春县。黄初七年（226），迁移封地为白马。

太和五年（231）冬天，到京都朝见天子。太和六年（232），改封为楚王。当初，曹彪前来朝见时违犯了禁令，青龙元年（233），被主管官员所上奏批评，明帝下诏削减了他三个县、一千五百户的封地。青龙二年（234），遇到大赦，恢复了削减的三个县的封地。景初三年（239），为曹彪增加了封邑五百户，连同以前的共有三千户。嘉平元年（249），兖州刺史令狐愚和太尉王凌谋划迎立曹彪，在许昌建都。此事记在本书《王凌传》中。齐王于是派遣太傅和侍御史去到他的封地考察验证，把各个有牵连的人逮捕治罪。廷尉请求征召曹彪治罪，于是依照汉朝惩治燕王刘旦的旧例，派人兼任廷尉大鸿胪，持节符赐给曹彪用玺印封记的诏书严厉谴责他，让他自谋出路。曹彪于是自杀。他的妻子和几个儿子都被免为平民，迁移到平原郡。曹彪手下的官员以及监国谒者，因为犯了知情而不加以斧正教导的大义，都被杀。正元元年（254）齐王下诏书说："已故楚王曹彪，背叛国家，依附奸人，自己身死，后代被废为平民，虽然是咎由自取，还是哀悯怜惜他。国君具有容忍包容的器量，是亲近自己的亲人的方法，特封曹彪的世子曹嘉为常山真定王。"景元元年（260），为曹嘉增加封邑，连同以前的共有二千五百户。

刚殇公子曹勤，去世得早。太和五年（231）追封谥号。没有后代。

谷城殇公子曹乘，去世得早。太和五年追封谥号。没有后代。

郿戴公子曹整，做了他堂叔父郎中曹绍的后代。建安二十二年（217），封为郿侯。建安二十三年（218）去世。没有儿子。黄初三年（222）追晋爵位，谥号是戴公。让彭城王曹据的儿子曹范做了曹整的后代。黄初三年（222），封曹范为平氏侯。黄初四年（223），迁移封地为成武。太和三年（229），晋升爵位为公。青龙三年（235）曹范去世，谥号是悼公。没有后代。青龙四年（236），明帝下诏书改封曹范的弟弟东安乡公曹阐为郿公，做曹整的后代。正元（254—256）、景元（260—264）年间，屡次为曹阐增加封地，连同以前的共有一千八百户。

灵殇公子曹京，去世得早。太和五年（231）追封谥号。没有后代。

樊安公曹均，做了叔父蓟恭公曹彬的后代。建安二十二年（217），封为樊侯。建安二十四年（219）去世。儿子曹抗继承。黄初二年（221），追封曹均为公爵，谥号是安公。黄初三年（222），迁移曹抗的封地，为蓟公。黄初四年（224），迁移封地，为屯留公。景初元年（237）曹抗去世，谥号是定公。儿子曹谌继承。景初（237—239）、正元（254—256）、景元（260—264）年间，屡次给曹谄增加封地，连同以前的共有一千九百户。

广宗殇公子曹棘，去世得早。太和五年（231）追封谥号。没有后代。

东平灵王曹徽，做了叔父朗陵哀侯曹玉的后代。建安二十二年（217）封为历城侯。黄初二年（221）。晋升爵位为公。黄初三年（222），晋升爵位为庐江王。黄初四年（223），迁移封地，为寿张王。黄初五年（224），改封寿张县。太和六年（232），改封东平。青龙二年（234），曹徽使派属下官员殴打寿张县官吏，被主管官员上奏控告。明帝下诏削减一个县、五百户的封地。当年恢复所削减的一个县的封地。正始三年（242）曹徽去世。他的儿子曹翕继承。景初（237—239）、正元（254—256）、景元（260—264）年间，屡次增加曹翕的封地，连同以前的共有三千四百户。

乐陵王曹茂，建安二十二年（217）封为万岁亭侯。建安二十三年（218），改封为平舆侯。黄初三年（222），晋升爵位，迁移封地，为乘氏公。黄初七年（226），改封中丘。曹茂性情骄傲乖戾，小时候太祖对他毫无宠爱。到了文帝的时候，又只有他没有封王。太和元年（227），迁移曹茂的封地，为聊城公，当年被封了王。明帝的诏书说："过去象为非作歹很厉害，而大舜在有庳封他为侯。近代汉朝刘氏的淮南王、阜陵王，都是作乱的乱臣贼子尚且有的在世时就恢复了封地，有的到了儿子时就重新赐给了封地。这种做法，虞舜创建在上古时代，汉朝文帝、明帝、章帝实行在前一个朝代，这都是按次序亲近应该亲近的人的深厚的义旨。聊城公曹茂年轻时不熟习礼教，成年后不从事美善的行为。先帝认为古代封立诸侯，都任命的是贤良的人，所以周朝姬姓中就有未被封侯的人，因此独独没有封曹茂为王。太皇太后屡次提及此事。似乎听说曹茂近来渐渐知道悔恨过去的错误，想要在以后学习向善。君子应与时间一同进步，不固守以往的错误。现在封曹茂为聊城王，以慰藉太皇太后对子孙的顾念。"太和六年（232），改封曹茂为曲阳王。正始三年（242），东平灵王去世，曹茂自称咽喉疼痛，不肯发布哀告，出入起居像没事一样。有关官员上奏请求废除他的封地，齐王下诏削减他一个县、五百户的封地。正始五年（244），迁移他的封地为乐陵，因为曹茂租俸较少，孩子多，齐王又下诏恢复所削减的封邑，并且增加了七百户。嘉平（249—254）、正元（254—256）、景元（260—264）年间，屡次为曹茂增加封邑，连同以前的共有五千户。

文皇帝有九个儿子：甄氏皇后生明帝，李贵人生赞哀王曹协，潘淑媛生北海悼王曹蕤，朱淑媛生东武阳怀王曹鉴，仇昭仪生东海定王曹霖，徐姬生元城哀王曹礼,苏姬生邯郸怀王曹邕,张姬生清河悼王曹贡,宋姬生广平哀王曹俨。

赞哀王曹协,去世得早。太和五年(231)追封谥号为经殇公。青龙二年(234),又追赠谥号。青龙三年(235),曹协的儿子殇王曹寻继承。景初三年(239),给曹寻增加封邑五百户,连同以前的共三千户。正始九年(248)曹寻去世。没有儿子。封地废除。

北海悼王曹蕤,黄初七年(226),明帝即位,立他为阳平县王。太和六年(232),改封北海。青龙元年(233)去世。青龙二年(234),让琅邪王的儿子曹赞做曹蕤的后代,封为昌乡公。景初二年(238),立曹赞为饶安王。正始七年(246),改封文安。正元(254—256)、景元(260—264)年间,屡次为曹赞增加封邑,连同以前的共有三千五百户。

东武阳怀王曹鉴,黄初六年(225)立为王。当年去世。青龙三年(235)赐给谥号。没有儿子。封地废除。

东海定王曹霖,黄初三年(222)立为河东王。黄初六年(225),改封馆陶县。明帝即位,因为先帝的遗愿,爱护恩宠曹霖不同于对其他各王。但曹霖性情粗暴,在家里内室中对婢妾常有残害。太和六年(232),改封东海。嘉平元年(249)去世。他的儿子曹启继承。景初(237—239)、正元(254—256)、景元(260—264)年间,屡次给曹启增加封邑,连同以前的共有六千二百户。高贵乡公曹髦,是曹霖的儿子,进入长房做了继承人。

元城哀王曹礼,黄初二年(221)封为秦公,以京兆郡为封地。黄初三年(222)改为京兆王。黄初六年(225),改封为元城王。太和三年(229)去世。太和五年(231),让任城王曹楷的儿子曹悌继承曹礼,做他的后代。太和六年(232),改封曹悌为梁王。景初(237—239)、正元(254—256)、景元(260—264)年间,屡次给他增加封邑,连同以前的共有四千五百户。

邯郸怀王曹邕,黄初二年(221)封为淮南公,以九江郡为封地。黄初三年(222),晋升爵位为淮南王。黄初四年(223),改封陈。黄初六年(225),改封邯郸。太和三年(229)去世。太和五年(231),让任城王曹楷的儿子曹温继承曹邕,做他的后代。太和六年(232),将曹温改封鲁阳。景初(237—239)、正元(254—256)、景元(260—264)年间,屡次为曹温增加封邑,连同以前的共有四千四百户。

清河悼王曹贡,黄初三年(222)封为王。黄初四年(223)去世。没有儿子。封地废除。

广平哀王曹俨,黄初三年(222)封为王。黄初四年(223)去世。没有儿子。封地废除。

评:魏氏家族的各个王公,徒有封土的名义,而没有管理一国的实权;又受到禁止防备阻隔,就像身陷囹圄一般;爵位封号没有定论,大小年年改动,骨肉的恩情被扭曲,《棠棣》诗中兄弟情深的义旨遭到废弃。这种做法的弊害,竟然到了如此地步!

卷二十一　魏书二十一

王卫二刘傅传第二十一

　　王粲,字仲宣,山阳郡高平县人。曾祖父王龚,祖父王畅,分别在顺帝、灵帝时做过太尉、司空,都是位列三公的汉室重臣。父亲王谦,当过大将军何进属下的长史。因为王谦是名公的后裔,何进很想和他家结成姻亲,就把两个儿子引见给他,让他从中挑选一个做女婿。王谦没有答应。以后因病被免除官职,死在家里。

　　献帝西迁的时候,王粲移居长安。左中郎将蔡邕一见面,就觉得他非比寻常。当时蔡邕的才学天下闻名,满朝敬重,他家门前经常车骑填巷,他家客厅经常宾客满堂。一天,蔡邕听说王粲在门口求见,急忙出迎,连鞋子穿倒了也顾不得正过来。王粲一进门,年纪又小,身材又矮,满屋子的人都很吃惊。蔡邕说:"这位就是王畅司空的孙子王粲,才华奇异,连我也比不上他。我家里收藏的书籍文章,应当全部送给他。"

　　十七岁的时候,司徒推荐、皇帝征召他做侍从皇帝、传达诏命的黄门侍郎。王粲因为长安很混乱,都没有赴任。

　　不久,他到荆州去投奔刘表。刘表见他相貌猥琐,身体孱弱,又有点儿不拘小节,不太看重他。刘表死后,王粲力劝刘表的儿子刘琮归附了曹操。曹操任命他当了丞相掾,还赐给他关内侯的爵位。

　　一次,曹操在汉水边上设宴款待百官,王粲给曹操敬酒说:"当今袁绍崛起河北,倚仗兵多将广,志在夺取天下,但他虽然爱惜贤才却不能重用,因此那些奇士纷纷离他而去。刘表盘踞荆楚,从容不迫,坐观时变,自以为可以仿效西伯周文王。那些因避乱到荆州来的贤士,都是海内的俊杰,可刘表却不善于任用他们,结果当国家危难之际却无人辅佐他。明公您平定冀州的时候,一下车就忙着整顿冀州的军队,收录当地的豪杰各尽其用,因此能横行天下。等到平定了江、汉,又征召这一带的贤才各居其位,使天下归心,望风归附,文武并用,英雄尽力,这些都是夏、商、周三代开国之君才能做到的事啊!"

　　后来,王粲又被调去担任参谋军事的军师祭酒。魏国建立以后,他被任命为侍中,做了皇帝的应对顾问。因为博学多识,总能做到有问必答。当时旧的礼仪制度废弛殆尽,需要重新制订,王粲从始至终参与、主持了这件事。

　　当初,王粲和友人同行,看见路边有座古碑,就站在那儿朗读起来。友人问他:"你能背诵吗?"王粲回答说:"能。"友人当即叫他转过身去背诵碑文,结果一字不差。一次,王粲看别人下围棋,有人不小心碰乱了棋子,他说能帮着人家按原来的局势把棋子重新摆好。下棋的不信,拿出块手帕盖在棋盘上,让他换个棋盘重摆。王粲摆出来之后,旁观者把两副棋盘互相比较,连一道的误差也没有。王粲就这样强记博识。

　　王粲生来就善于计算。作算术,很简捷地就能把问题解答出来。他擅长写文章,提起笔来一挥而就,从来用不着修改,当时的人常常以为他是预先写好的,但是尽管反复精心思考,写出来的文章也无法超过他。他共撰写了诗、赋、论、议近六十篇。建安二十一年(216),王粲跟随曹操征伐吴国。二十二年(217)春,病死在伐吴的路上,时年四十一岁。

　　王粲有两个儿子,因为受到魏讽谋反的牵连,都被曹丕杀了。王粲绝后。

　　当初文帝曹丕还是五官中郎将的时候,和平原侯曹植都很喜好文学。王粲与北海徐干(字伟长)、广陵陈琳(字孔璋)、陈留阮瑀(字元瑜)、汝南应场(字德琏)、东平刘桢(字公干)都是好朋友。

　　徐干曾当过司空军师祭酒、司空掾属,还当过为五官中郎将掌校典籍侍奉文章的五官将文学。

　　陈琳从前当过何进的大将军府主簿,掌管文书及府内事务。何进要把宦官统统杀掉,太后不同意,何进就去召集各地的猛将,并让他们领兵赶往京城,想以此来要挟、逼迫太后。陈琳劝阻何进说:"'周易'上说'即鹿无虞'(人在猎鹿时,当有主管山泽的虞官相助,才能找到鹿;如果没有虞官,即使入于山林,也不能得鹿),谚语说'掩目捕雀'。这些弱小动物尚且不能靠欺压诈骗获取到,何况国家的大事? 如今将军总揽朝政,掌握兵权,龙骧虎步,进退裕如。以这样的权威办事,无异于鼓洪炉以燎毛发,易如反掌。只要迅速行动,行使权力,当机立断,合乎道义,上天和百姓都会赞同和顺服;可您反而放弃兵权,征召各地兵马进京,到时候大兵合聚,强者为雄,您这样做正所谓倒持干戈,授人以柄,非但事情肯定不能成功,只怕反成了祸乱的开端。"何进不采纳他的建议,结果自取其祸。

陈琳逃到冀州避难,袁绍让他主管文书典籍。袁氏被打败后,陈琳归附了曹操。曹操对他说:"你当初为袁绍起草檄文,只数说我一个人的罪状就可以了,为什么还要上及我的祖父和父亲呢?"陈琳认了错,曹操因为爱惜他的才学,并没有加罪。

阮瑀年轻时跟着蔡邕学习过,是蔡邕的学生。建安中都护曹洪打算让他主管文书工作,他却始终不愿屈从。曹操后来让陈琳和他一起担任司空军师祭酒,主管上表章、报书记的工作。军国的文书公告,大多出自陈琳、阮瑀之手。以后陈琳调任门下督,阮瑀调任仓曹掾属,当了管理仓谷事的官员。

应场、刘桢分别被曹操征召聘用,当了丞相府的属官。以后应场转为平原侯庶子,为平原侯曹植主管侍从工作。后来又当过五官将文学,为曹丕掌校典籍。刘桢后来因为犯了"不敬"的罪被判了刑,刑满后当了一名小官。应场和刘桢都撰有文赋数十篇。

阮瑀死于建安十七年(212)。徐干、陈琳、应场、刘桢都死于建安二十二年(217)。文帝曹丕在给元城令吴质的书信中说道:"去年疫病流行,亲朋故旧大多罹难,徐干、陈琳、应场、刘桢一时间相继亡故。纵观古今文人,大都不拘小节,很少有人能以美名奇节自立于世。但是唯独徐干能够才学与品德兼备,恬淡寡欲,有许由隐居箕山那样的节操和志向,真称得上是个德才兼备的君子啊。他所写的《中论》二十余篇,词意典雅,足以流传后世。他经常有兴致勃勃的创作愿望,才学也足够著书立说,但是他的美好愿望却终于没有实现,实在让人感到痛心和可惜!陈琳的章表写得相当劲健,只是词藻稍微有些繁复。刘桢才气飘逸,但遒劲不足。阮瑀的文书写得轻灵敏捷,读来令人赏心悦目。王粲长于辞赋,可惜他的文章气质衰弱,不能振作起文采。至于他所擅长的辞赋,就是古人也比他强不了多少。从前伯牙为钟子期之死摔断琴弦,孔仲尼为子路之死倒掉肉酱,痛惜知音难遇,哀伤弟子难得。他们几位的成就只不过不及古人,但无疑都是一代俊杰。"

颍川的邯郸淳、繁钦,陈留的路粹,沛国的丁仪、丁廙,弘农的杨修,河内的荀纬等,也都很有文采,但都不在这七子之列。

应场的弟弟应璩,应璩的儿子应贞,都以文章名重一时。应璩官至侍中。

应贞在魏元帝咸熙年间当过参相国军事，是相国司马炎的高级幕僚。

阮瑀的儿子阮籍，才华超迈，文辞艳逸。但倜傥放浪，不受拘束，为人恬淡寡欲，以庄周为楷模。官至步兵校尉。

当时谯郡还有个嵇康，文辞壮丽，好言老庄，而且崇尚奇节，仗义勇为，好抱不平。到魏元帝曹奂时，因犯事被杀。

魏明帝曹叡时，下邳县桓威，身为孤儿，家境贫寒，但十八岁就写成《浑舆经》。虽然依照的是道家的传统学说，却也很有自己的见解。曾做过魏王时齐国的门下书佐、司徒署吏，后来当了安成令。

吴质，济阴郡人。以文才被文帝曹丕所看重，官至四品振威将军，授予都督河北诸军事之职。因功被封为列侯。

卫觊，字伯儒，河东郡安邑县人。年少早成，以才学著称当世。曹操征召他为司空掾属，授予茂陵令、尚书郎之职。

曹操征讨袁绍的时候，刘表给袁绍当后援，关中的各路将领又都保持中立。益州牧刘璋和刘表素有嫌隙，卫觊以治书侍御史的身份出使益州，让刘璋发兵以牵制刘表的军队。到长安时，因道路不通，卫觊进不了城，于是就留下来镇守关中。

当时各地有很多还乡的老百姓，关中诸将纷纷把他们招纳来做自己的私兵。卫觊就写信给荀彧说："关中是个丰腴富饶的地方，前些时候因为兵荒马乱，百姓流亡到荆州的有十万余户，听说老家已经安定下来，这些人都盼望着早日返回家乡。可是回来的人却找不到活儿干，各路将领便竞相招纳他们作为自己的私兵。因为各郡县的力量不足，无法和他们抗争，所以各路将领的势力就一天天强大起来。一旦有什么风吹草动，这些军队就成了后患。盐，是国家的宝物，自战乱以来管理、发放散乱。如今应该像从前那样设专人监卖，再拿赚到的钱买些牛，如果有归来的百姓，就把牛供给他们，鼓励他们辛勤耕作，积累粮食，以使关中重新富裕起来。远方的百姓听说了这些事，也一定会日夜兼程，争先恐后地赶回来。再派司隶校尉留治关中作为主将，那么就可以逐渐削弱各路将领的势力，使地方官府的力量日益强盛、老百姓的生活富裕起来，这可是强本弱敌的好事啊！"

荀彧把卫觊的建议报告给曹操。曹操采纳了他的意见，开始派谒者仆射监督盐官，派司隶校尉管治弘农（古函谷关一带）。等到关中各地照此执行之后，曹操就把卫觊召了回来，把他提升为尚书。魏国建立以后，卫觊被任命为侍中,和王粲一起主持各项典章制度的修订。文帝曹丕即位后,重新被任命为尚书,封阳吉亭侯。

明帝曹叡即位,卫觊被晋封为阆乡侯,食邑三百户。卫觊向明帝进言说:"九章刑律是从古时候流传下来的,断定刑罚的标准、概念很微妙,很不容易把握。因此主管一方的官员,都应该明了法律。刑法,乃是国家最重要最宝贵的一项制度,但是人们心目中却很轻视它;执掌刑法的官员,乃是掌握老百姓生死哀荣的重要人物,但是选用出来的人被授予的官职往往很低下。国家政治的弊端,未必不是由此产生的。因此请您下令设置刑律博士,让他们向有关的官员教授刑律方面的知识。"这件事不久就正式施行了。

当时老百姓的生活十分困苦,还要没完没了地服劳役,卫觊就上疏给明帝说:"要想让一个人改变性情,是很难强迫办到的。做臣子的能给君主提意见已经很不容易了,而做君主的要能接受意见就更难了。况且人们追求的是富贵显荣,厌恶的是贫贱死亡,但是这四种境况,都是由君主控制掌握的。君主喜欢谁谁就会富贵显荣,君主厌恶谁谁就会贫贱死亡;喜欢来自顺从君主的旨意,厌恶来自违背君主的意志。因此做臣子的都争着顺君旨而避免逆君意,除了那些肯于破家为国、杀身成君的忠臣良将,谁敢顶撞君主,触犯忌讳,提意见建议,阐释一家之言呢?请陛下您留心观察,那么我说的这种情况您就可以看清楚了。如今发议论的大都爱说悦耳的话,他们说起政治教化来,就把陛下比作尧舜,说起征战杀伐来,就把孙、刘比作貍鼠。臣下认为这样是不对的。想当初汉文帝时,诸侯强大,贾谊尚且恐惧得气喘吁吁,认为到了最危急的时候,何况现在天下三分,群臣尽力,各为其主。那些来归降的,也不愿意说是舍邪就正,都自称是迫于急困。这种状况,和当初六国分治,实在是没什么区别啊。当今千里之内少见人烟,百姓们饥寒交迫,困苦不堪,陛下要是再不留意,国家就会凋敝败落,一蹶而不可复振。礼规定,天子所用的器具一定要有金玉的装饰,饮食的菜肴一定要有八珍等佳味,遇到荒年或战乱,就应该减除菜肴和装饰。奢俭的程度,一定要看社会是丰饶还是贫困。武皇帝在世的时候,后宫里吃饭时只能有一种带肉的菜,衣服不用锦绣,褥垫不加花边,器物不涂丹漆,因此能够平定天下,遗福子孙。这些都是陛下亲眼见过的啊。当前应该做的事,就是君臣上下,一起筹谋计划,统计核查国库里的物资,量入为出。深刻思考领会勾践资养百姓的办法,犹恐不及,何况尚方(主造皇室所用刀剑及玩赏器物的官署)所造的金银器物,数量和品种不断增加,工人们不停地劳作,奢靡的风气一天比一天强烈,国库里的财富一天比一天枯竭。从前汉武帝相信并寻求神仙之道,说是服食天上降下的甘露就能长生不老,因此就树立承露盘承接甘露。陛下通达圣明,每每嘲笑这事做得没道理。汉武帝有求于甘露,尚且被人指责不该树立承露盘,陛下不求甘露却空设承露盘,不能增添好处反而要花费很大的工夫,您实在应该好好考虑考虑以作出裁决。"卫觊经历过汉、魏两朝,时常向皇帝进献忠言,一概像上面说的那样。

卫觊曾受命主管国史资料及撰述工作,还写成了《魏官仪》,总共撰写了几十篇文章。他还喜好古文、鸟篆、隶书,样样都很精通。建安末年的尚书右丞河南潘勖,文帝时的散骑常侍河内王象,也和卫觊一同以文章显扬一时。卫觊死后,谥号为敬侯。他的儿子卫瓘继承了他的职位。魏元帝咸熙年间,卫瓘还当过镇西将军。

刘廙,字恭嗣,南阳郡安众县人。十岁时,在课堂里游戏,颍川的名士司马德操抚摸着他的头说:"小孩子,小孩子,'有道德就懂义理',难道你自己不知道吗?"

刘廙的兄长刘望之,当时很有名气,荆州牧刘表征召他为从事。他有两个朋友,都因谗毁的罪名被刘表杀害。他就以政见不合为理由弃官回家了。刘廙对他说:"从前赵简子杀犊犫、铎鸣,孔子物伤其类,回车而返。如今兄长既然不能仿效柳下惠同声相应,就应该学习范蠡迁移到偏远的地方,坐在那儿白白地等死就危险了,那可不行!"刘望之不听从他的劝告,不久就被刘表杀害了。

刘廙很恐惧,急忙逃奔扬州,归附了曹操。曹操聘任他为丞相府的属官,后转任五官将文学。曹丕很器重他,让他交接、起草文书。刘廙上书回答说:"臣当初以为尊卑有序,是礼所规定的普通原则。因此固守着一般的礼节,不敢轻易下笔。接到您的任命,深深懂得了辛劳谦和的本意,并不看重有什么特殊的高贵出身,而倚重的是清廉的有识之士,郭隗不被燕昭王轻视,献九九小术的人不被齐桓公忽略,那么乐毅那样的人才自然会到来,霸业因此也就会成就。损失一个普通人的节操,建立壮伟的业绩,臣下虽然愚钝,又怎么敢推辞呢?"魏国刚建立时,刘廙被授予黄门侍郎之职。

曹操在长安时,打算亲自带兵征蜀,刘廙上疏说:"圣人不因为自己睿智而轻视普通人,王者不因为人的身份高低决定是否采纳他的意见。因此,能够功成名就千载流芳的人,必定会以近察远,比独断专行的人考虑得周详,又必定会不耻下问,博采众长。皮带和弓弦虽然都是不会说话的物品,但古代的圣贤却能用来警醒、纠正自己。臣下虽然才智不足,但是愿意把自己比作皮带和弓弦。从前乐毅能够以弱小的燕国打败强大的齐国,却不能以轻兵平定即墨,原因在于自强者虽然弱小但是必然坚不可摧,自溃者虽然貌似强大却必然会一败涂地。自从您起兵以来,三十余年,没有打不败的对手,没有制不服的强敌。如今,以全国的军队和常胜的军威,面对着凭借天险的吴国孙权和拒不服从的蜀国刘备。想那边远地区的大臣,比不上冀州的一个小卒,孙权刘备的家当,也比不上袁绍当时的基业,但是袁绍已经灭亡,而孙权、刘备却尚未被消灭,并非是咱们的力量不如从前了,只不过是因为自强者和自溃者的形势地位转换了,因此,当年周文王伐崇侯虎时,三次没攻下来,于是就退归原地,修养德性,最后终于把崇侯虎制服了。当初秦国还是诸侯国的时候,战无不胜,征无不服,等到统一了天下,秦王当上了皇帝,秦国却被百姓们的一阵大声疾呼摧毁了。这就是对外施用强力,对内不爱护体恤百姓的结果。臣下担心吴、蜀边寇的力量虽然比不上从前的六国,但是却不乏出类拔萃的人才,征伐他们会不会重蹈秦国的覆辙,这是不能不认真思考的。天下的事有重大的得益,就会有重大的损失:形势对我有利而我又能认真努力,这就可以有重大收获;形势对我不利而我还要认真努力,这就会有重大的失败。当今之计,不如研究判断周围的危险程度。选择要害的地方据而守之,再挑选天下的甲士,随着各方的情况变化而不断更换驻守。这样,您就可以高枕在大殿之内,潜心思考安邦治国的大计,鼓励农桑,厉行节约,这样整治十年之后,那么就一定会国富民安了。”曹操听了走到刘廙面前回答说:“不但当君主的应该了解臣子,当臣子的也应该了解君主。如今你想要让我坐在这儿空行周文王的德政;恐怕是没有看对人啊。”

魏讽谋反,刘廙的弟弟刘伟受到魏讽的牵连,按律应当连刘廙一起杀掉。曹操下令说:“叔向不因其弟羊舌虎犯罪而受牵连,这是古时候的制度。”于是赦免了刘廙不再问罪,而且把他提升为丞相仓曹属。刘廙上疏道谢说:“臣下所犯的罪理应祸灭宗族,幸亏遇到天地之间的神灵,碰上时气带来的好运,承蒙殿下使我全家幸免于焦烂;又提升我的官职,就像寒灰之上复燃起烟火,已枯之木重长出鲜花。万物不知道怎样才能感谢生养它的天地,儿子不知道怎样才能报答生养他的父母。臣下可以拼死为您效力,却实在难以用语言来表达对您的谢意。”

刘廙共撰写了几十篇文章,此外还和丁仪共同论述过刑礼,这些著作都流传于世。文帝曹丕即王位以后,他被授予侍中之职,赐封为关内侯。死于文帝黄初二年(221)。刘廙没有儿子,文帝就让他弟弟的儿子刘阜继承了他的爵位。

刘劭,字孔才,广平邯郸人。建安时作为谋士来到许都。赶上太史向献帝报告说:"今年正月初一将有日食。"刘劭当时正在尚书令荀彧的住所,在座的有几十人,听到这消息后,有的说应该停止岁首的朝庙祭祀,有的说应该废除各地官员进京的朝会。刘劭说:"梓慎、裨灶都是古代优秀的太史,精通历史,善观天象,但是他们在占卜吉凶的时候,也犯过不能准确推测天时的错误。《礼记》说:诸侯们按顺序朝见天子,到了宫门却不能举行完朝见的仪式,这只能有四个原因:日食、太庙着火、后宫有丧事、雨水打湿朝服衣冠不整。而日食列在第一位。但是圣人传下来的制度不因为变异而废止朝礼的也有几种原因,或者因为灾祸消除、转移,或者因为推测有误。"荀彧觉得他说得有道理,于是命令朝会像从前一样按时举行,当天也没有发生日食。

经御史大夫郗虑推荐,刘劭以后当了太子舍人,后又调任掌管图书经籍的秘书郎。黄初年间,他先后担任了在曹丕左右处理政务的尚书郎和规谏过失、以备顾问的散骑侍郎。他曾受命汇集五经群书,分门别类,编纂成《皇览》。明帝即位后,他又出任陈留太守,治理有序,教化有方,百姓称颂。后又被授予骑都尉之职,与议郎庾嶷、荀诜等制定法令条规,编写《新律》十八篇,撰写了《律略论》。晋升为散骑常侍。

当时传闻公孙渊接受了孙权授予他的燕王称号,谋臣们纷纷提议派兵去讨伐他。刘劭则认为:"当初袁尚弟兄俩归降公孙渊的父亲公孙康,公孙康将他们斩了,并把首级送给朝廷,这事表明了公孙渊祖上对朝廷的忠心。再说现在听说的这件事是真是假,还没调查清楚。古时候圣贤求取未开化的地方,只修德政而不事征伐,是怕给老百姓增加负担。因此对公孙渊理应表示宽大为怀,使他有所自新。"后来,公孙渊果然斩杀了孙权派去的张弥等使臣,并把他们的首级送给了朝廷。

刘劭曾经写了一篇《赵都赋》,颇得明帝的赞赏,下令让他再写《许都赋》《洛都赋》。当时魏国对外频兴军旅,对内大兴土木,建造宫室,刘劭曾经写了两篇赋,文内都含着对君主委婉曲折的劝谏。

青龙年间(233—237),吴国的兵马围攻合肥,当时魏军将士都在分批休假,征东将军满宠写来报告请求中军调拨兵马支援,并急召休假将士,以集中兵力抗击敌军。刘劭在议论军情时认为:"敌人刚刚攻到,用心专一,士气旺盛,满宠带着少数兵将在阵地上御敌,倘若这时候出击,不一定能打胜仗。满宠只要边坚守边等待援军,就不会有什么损失。我看可以派五千步兵,三千精骑,先于大军出发,大张旗鼓,虚张声势。等到了合肥,再拉大行军队伍的距离,增添旗帜和战鼓,耀武扬威进逼城下,等到把敌军引出来后,就断其归路,绝其粮道。敌军听说魏国大军杀到,已经切断了自己的后路,定会因惊惧而慌忙逃走,这样,不用作战敌军自然就会败走。"曹叡采纳了他的建议。等到魏军逼近合肥,吴军果然退兵回去了。

当时皇帝曾下诏广求贤才。散骑侍郎夏侯惠推荐刘劭说:"臣看常侍刘劭,为人忠诚敦厚,办事周到合乎礼仪,所作所为,都可以找出依据和源流,因此不论群臣的官职大小,才能殊异,都可以找出相同之处把他和自己两相比较,作出评价。也正因为这样,品质诚实的人佩服他的平和端正,不尚名利的人敬慕他的清淡退让,精通文史哲学的人称赞他的推断详密,思想深刻的人知道他的邃密厚重,文才出众的人喜爱他的论述撰著,通晓法度的人推崇他的治略精要,足智多谋的人赞赏他的精思周密,总观这些评论,都是取自己所擅长的和他的某些才能相比较的结果。臣下曾经多次倾听他的清淡,阅读他的著述,时间越久佩服的感觉就越加深长,实在是国家不可多得的人才。臣下认为像他这样的人应该协助处理军国大事,参谋于帏幄之中,国家一定会日益兴盛。这可不是世俗中所能经常遇到的啊。恳请陛下垂爱,使刘劭能得到您的欢心和信赖,把自己的才华都展现在您的面前,那样,贤德的声音就会经常传送到您的身边,您的光耀也会日渐辉煌。"

景初年间(237—239),明帝诏令刘劭负责制订考察官吏功过善恶的标准——《都官考课》。刘劭完成任务以后上疏说:"考核百官,是国家政治的大事,但是历朝历代都未能实施,大都因为典章制度缺而未补,因此官员的好坏和才能的高低互相混淆而无法分辨。现在陛下以圣贤的宏图大略,哀怜国家纲常的弛颓,忧虑于心,诏令于外。臣下承蒙皇恩,得以进行这项开创性的工作,制订了《都官考课》七十二条,又写了一篇《说略》。臣下才识浅薄,实在不足以弘扬您的旨意,编写制订好这篇典章制度。"

刘劭还认为应该制订礼乐制度,以移风易俗,于是就写了《乐论》十四篇,写完了还没来得及呈上去,明帝就死了,于是这事便没有施行。

齐王曹芳时,刘劭执讲经学,赐爵关内侯。他总共撰写了《法论》《人物志》之类的著作百余篇。死后,被追赠为光禄勋。他的儿子刘琳继承了他的爵位。

与刘劭同时代的东海郡缪袭也很有才学,著述颇多,官至尚书,光禄勋。

缪袭的好友山阳郡仲长统,汉末时当过尚书郎,四十岁就去世了。著有《昌言》。他写的词也很值得欣赏、体会。

散骑常侍陈留的苏林,光禄大夫京兆的韦诞,乐安太守谯国的夏侯惠,陈郡太守任城的孙该,郎中令河东的杜挚等也写了不少文赋,颇传于世。

傅嘏,字兰石,北地郡泥阳县人,傅介子的后代。伯父傅巽,黄初年中做过侍中尚书。傅嘏二十来岁就已远近闻名,司空陈群征聘他为自己的僚属。当时散骑常侍刘劭正在制订《都官考课》,事情传到了三公的府里,傅嘏就对此举提出异议说:"我听说帝王之制宏大广远,圣人之道玄奥深邃,倘若不具备这样的才能,则道不虚行,神明就会把它寄托在人的身上。等到国家的政治制度有所亏颓而且连年荒废,就会言路堵塞,六典混乱。这是为什么呢?因为圣人之道弘远而众人的才能无法希求。刘劭的考课之论,虽然想要寻求前代考核官吏进退升降的条文,但是这些制度条文大都已经缺亡散失了。现在流传下来的有关礼的记载,只有周典,讲的是外封侯伯以安定边藩,内立各司以完善六职,土地有一定的税贡,官员有一定的准则,百官各司其职,百姓各安其业,因此考核的成绩便于管理比较,而官员的进退升降也易于贯彻执行。我们魏国继百王,承秦汉,众多的制度无不整理采纳。自建安到现在,拨乱反正,奠基开国,扫除凶逆,平定遗寇,军政要事,日不暇给。等到开始治理国家时,权力和刑法并用,文武百官军国通任,因时因事,随机应变。由于事务繁多复杂,而有些概念、意义又有所改变,因此要把古代的典章制度施用于今日,就很难行得通了。所以这样的原因在于,制度的建立应该考虑国家的长治久安,或许并不贴切于近日;法规的建立应依据当时的情况,有些并不足以流传后世。建立官位,调整职务,管治百姓,清理财物,这是立本;调查考核官员,纠正改善旧的规章;这是治末。本还没建而先建末,治国大略还未完备而先行考课,只怕不容易评判贤愚,区分明暗吧。从前先王选拔人才,一律先根据他在本地的品质行为,再让他在学校里讲解道德,行为端正称为贤才,道德高尚称为能士。然后由乡人把贤才、能士推荐给先王,先王接纳他们后,再根据他们的才能分配职务。这就是先王招收人才的标准和过程。当今国内的人才纷至京城,没有乡人的举荐,选拔贤才的职能,就由吏部专门负责,按照品德则实际才能未必具备,授予官职的高低也未必和他的德行相符,这样就难以人尽其才。综述国家的制度,内容广泛,意义深广,实在很难论说周详啊。"

正始初年,傅嘏被授予尚书郎的职位,后又调任黄门侍郎。当时曹爽主持国政,何晏为吏部尚书,傅嘏对曹爽的弟弟曹羲说:"何晏外表恬静清淡,但是内心险恶机巧,贪图个人的利益,不考虑立身行事的根本。我恐怕他一定会先迷惑你们兄弟两个,那时仁人贤士将会疏远你们,而朝政也就会渐渐败坏衰微了。"何晏等人因此便与傅嘏不和,因为一点儿小事就把他的官职罢免了。后又被征召为荥阳太守,他未去就职,太傅司马懿就把他请去担任从事中郎。曹爽被诛杀后,傅嘏被任命为内掌帝都、外统京畿的河南尹,后又调任尚书。

傅嘏始终认为:"从秦皇开始废除分封,设官分职,不同于古代的制度。汉、魏沿袭秦制,一直到了今天。但是儒生学士,都想把三代的礼制交错综合起来,然而礼是宏大而久远的,不一定适合今天的形势,制度也常常和具体事务相违背,以至名实不符,因此历代都不能达到大治的原因,都由此而生。很想大力改定官制,依据古代正本清源,但是如今正值帝室多难,未能实施。"

当时魏国正在计划伐吴,三次征求献策各不相同。齐王下诏让傅嘏谈谈看法,傅嘏回答说:"想当年夫差凌齐胜晋,威加四方,最终还是引祸姑苏;齐闵兼土拓境,辟地千里,最终还是自遭颠覆。有起始不一定便有善终,这是古代的明证啊。孙权自从破关羽夺荆州之后,志得意满,穷凶极恶,因此宣文侯极力筹划宏图大举的办法。如今孙权已死,把儿子托付给诸葛恪。假如他能够矫正孙权的苛暴,减除吴国的虐政,使老百姓免遭困苦,得到新政策的实惠,又能内外一齐考虑,避免覆舟之险,虽然不能保证吴国能永远保持完好,也足以在长江以南延长寿命了。现在朝里议论纷纷,有的说要泛舟径渡,横行于长江以南,有的说要四路并进,攻击吴国的城垒;有的说要大猎于疆场,寻找敌人的破绽伺机而动。诚然,这些都是破敌的常用办法。但是自从治兵以来,几次证明我军的力量尚且不足。吴国作为我们的仇敌,已经近六十年了,他们伪立君臣,但还能够患难与共,元帅新丧以后,他们上下忧危,把战船排列在重要的渡口,凭借险要坚守城池。因此像泛舟渡江,横行于长江以南那样的计划,是很难实行的。只有在边境上一边大规模屯田一边进军的办法,还有可能行得通。军队在百姓外围,敌人抢不到百姓的财物;坐吃历年积存的粮食,不用派很多兵士去运送;乘机出击,不劳远征——这些都是军事上的当务之急。从前樊哙愿意带十万大军横行匈奴,季布当面指出他的短处。如今有人想越长江,入险境,攻下敌人的巢穴,这很像从前樊哙想做的事啊。不如严明法令,训练士卒,制订万无一失的计划以抵御敌兵,必然会立于不败之地。"

后来吴国大将诸葛恪破东关后,乘胜宣称要杀向青州、徐州,魏国匆忙备战。傅嘏参议时认为:"淮海并不是敌军敢于轻易行进的路径,当年孙权派兵入海,兵船遇浪沉溺,没有几个人能够幸存,诸葛恪怎么敢把众多将士的性命寄托给海水,以图侥幸呢?诸葛恪不过是要派素习水军的偏将,带领小部分军队从海路上溯淮水,做出进攻的样子给青、徐的守军看,以迷惑、牵制魏军,他自己却可能纠合大军进攻淮南。"后来诸葛恪果然带兵夺取新城,未能攻克便撤退了。

傅嘏时常谈论才能与性格的同异关系,钟会把它们收集起来并有所评定。齐王嘉平末年,傅嘏被赐予关内侯的爵位。高贵乡公曹髦即位,他又被晋封为武乡亭侯。曹髦正元二年春,毌丘俭、文钦作乱,有人认为司马师不宜亲自带兵征剿,派太尉去就行了,只有傅嘏和王肃竭力劝说,司马师于是带兵前往,让傅嘏担任尚书仆射,守护京城。后来毌丘俭、文钦之乱被平定,就有他出谋划策的功劳在里面。等到司马师去世,傅嘏与司马昭直接回到洛阳,司马昭便让他辅佐朝政。这事被记录在《钟会传》里,钟会因此而扬扬自得,傅嘏便劝告他说:"你的志向大于你的才能,功业难以成就,难道不应该谨慎些吗!"

傅嘏因功又被晋封为阳乡侯,增加食邑六百户,和从前的加起来总共有一千二百户。这年傅嘏去世,终年四十七岁,被追赠为太常,谥号元侯。他的儿子傅祗继承了他的爵位。元帝曹奂时,因为傅嘏对前朝功勋卓著,改封傅祗为泾原子。

评: 从前魏文帝、陈王曹植二人贵为公子,都博好文采,一时同声相应,才士并出,只有王粲等建安七子最为出色。王粲身为常伯官吏,主持创立一代规章法律,不同一般,但他在恬淡冲虚、守志不屈方面,还不能像徐干那样精粹。卫觊也因为通晓古代的典故,所以帮助当时的君主建立制度规章。刘劭精通古籍,文质周洽。刘廙以清鉴知名,傅嘏靠才能显名。

卷二十二　魏书二十二

桓二陈徐卫卢传第二十二

桓阶,字伯绪,长沙郡临湘县人。曾当过郡守的功曹史。太守孙坚举荐他为孝廉,后被朝廷任命为尚书郎。

桓阶因父亲去世而返乡奔丧,正赶上孙坚在攻打刘表时战死。桓阶便冒着生命危险前去拜见刘表,请求为孙坚送葬。刘表被他的义气所感动,就让他带走了孙坚的尸首、灵柩。

后来,曹操与袁绍在官渡相持不下,刘表带领荆州的人马全力策应袁绍。桓阶见到这种情况,就劝说太守张羡道:"不论为什么事情,采取什么行动,只要不是以礼义为根本,就没有不失败的。因为明白这个道理,所以从前齐桓公就率领诸侯尊崇周天子,晋文公就逐杀太叔带收留周襄王,以后又帮助周襄王复了位。如今袁绍违背这个道理,而刘表又紧随其后,他们走的都是自取其祸的路啊。您可一定要明大义,辨是非,保全福运,远离灾祸,决不能和他们同流合污!"张羡问:"但是咱们现在又该何去何从呢?"桓阶说:"眼下曹操的力量虽然很弱,但他是仗义起兵,挽救朝廷的危亡,奉王命讨伐罪臣,天下人谁敢不服? 如今您若能把四郡的力量联合起来,保住三江,等待曹操的大军。到时候里应外合,难道这不是一条出路吗?"张羡说:"好!"于是把长沙和周围三郡的人马都动员起来抗拒刘表,又派出使者前去谒见曹操,曹操十分高兴。时值袁、曹之间的战事接连不断,曹军一直未能南下,而刘表却加紧攻击张羡,张羡病死,长沙城被攻破,桓阶只得自己躲藏起来。过了很久,刘表又征召他为从事祭酒,还打算把妻子的妹妹蔡氏嫁给他。桓阶推说自己已经有了老婆,拒不接受,接着又称病辞官告退了。

曹操平定荆州以后,听说桓阶曾经为张羡出谋划策,认定他是个奇才,就征聘他做丞相掾主簿,在丞相府典领文书,参与机要。后又调任赵郡太守。

魏国初建,桓阶任虎贲中郎将、侍中。当时尚未确定太子,而临淄侯曹植很受曹操的宠爱。桓阶就在曹操面前屡次陈述曹丕德操优良,年纪又比曹植大,适宜立为太子。不论在大庭广众之下,还是在单独召见的时候,桓阶都是这样劝说曹操,从始至终态度十分恳切。其时,大臣毛玠、徐奕因为刚直忠正,不纳私党,被西曹掾丁仪视为眼中钉,丁仪就多次在曹操面前说他俩的坏话,全仗着桓阶在一旁劝解、周全。桓阶奖顺助成,匡救忠良,大都如此。

桓阶以后又升任尚书,协助曹操处理军政要事,还主管着选拔人才的事务。当时曹仁被关羽围困,曹操派徐晃前去援救,打了很久也没能把曹仁解救出来。曹操打算亲自领兵南征,以救援曹仁,就把自己的想法跟大臣们讲了,问这样办行不行。大臣们都回答说:“您要是不赶紧去,这场战事必败无疑。”唯独桓阶说:“大王您认为曹仁等能不能完全由自己判断形势、处理战事?”曹操回答:“能。”桓阶又问:“大王是不是怕他和徐晃不尽心尽力?”曹操回答:“不是。”桓阶再问:“那您为什么还要亲自前往呢?”曹操说:“我只是担心敌军人马众多,恐怕徐晃等形势不利。”桓阶说:“眼下曹仁等身处重围之中而能拼死守城毫无二心的原因,正是因为他们所处的境地和您距离遥远。人常说,居万死之地,必有死争之心。如今他们内有死争之心,外有强将援救,大王如果统率大军按兵不动,从容向敌兵显示我军的余力,哪儿还用得着担心失败而亲自前往呢?”曹操觉得他说得有道理,就统率大军驻守在摩陂。没过多久,敌军就被打退了。

文帝曹丕即位后,桓阶又被升为尚书令,成为直接对曹丕负责总揽一切政令的首脑,事实上即成为宰相,封高乡亭侯,加侍中。他病了以后,曹丕亲自去看望,对他说:“我刚刚把我自己未成年的儿子和国家的命运寄托给你,你可要保重和努力啊!”后又晋封桓阶为安乐乡侯,食邑六百户,还把他的三个儿子都赐封为关内侯。因为桓祐是桓阶的嗣子,所以没有封侯,但是当桓祐病故之后,曹丕也追赠他为关内侯。后桓阶病势沉重,曹丕又派使者传诏拜他为太常。桓阶死后,曹丕伤心得直流眼泪,谥封他为贞侯。桓阶的儿子桓嘉继承了他的爵位,桓阶的弟弟桓纂被任命为散骑侍郎,也被赐封为关内侯。桓嘉还娶了升迁亭公主为妻。齐王曹芳时,桓嘉以乐安太守之职领兵和东吴大战于东关兵败而亡,被谥封为壮侯。其子桓翊继承了他的爵位。

　　陈群,字长文,颍川郡许昌县人。祖父陈寔,父亲陈纪,叔父陈谌,都久负盛名。当陈群还是小孩子的时候,陈寔就觉得他很奇特,经常对族人父老说:"这孩子必定会振兴我们陈氏宗族。"鲁国的孔融才高意广,生性倨傲,年纪在陈纪、陈群之间,他先和陈纪是好朋友,以后又和陈群交往甚密,于是便把陈纪视为长辈,陈群由此声名显扬。

　　刘备任豫州刺史的时候,征聘陈群做辅佐自己的别驾从事。当时陶谦刚刚病死,徐州的佐吏便准备迎接刘备主持徐州的政务,刘备自己也很想去,陈群便劝刘备说:"眼下袁术的力量还很强大,如果现在就东取徐州,一定会与袁术发生争斗。要是吕布乘机袭击我军的后方,那时即使将军得了徐州,事情也一定不会有圆满的结局。"刘备不听他的劝告,就带着人马东进,和袁术杀得难解难分,吕布果然乘机袭取了下邳,然后又派兵支援袁术,把刘备打得落花流水,刘备这时候才悔恨当初没听陈群的劝告。陈群后又被举荐为茂才,授柘县县令,他没有去就职便跟随陈纪一起到徐州避难。值曹兵大破吕布,曹操就征聘陈群为司空西曹掾属。

　　当时,有人推荐乐安的王模、下邳的周逵,曹操便征召他俩到朝里做官。陈群把征召的教令原封不动退还给曹操,认为这两个人品德不好,早晚会闹出乱子。曹操不听。以后王模、周逵果然都因为犯法作乱而被杀,曹操为此还向陈群道了歉。后来,陈群也曾推荐过广陵的陈矫和丹阳的戴乾,都被曹操所起用。以后吴人叛乱,戴乾忠义赴死,陈矫也成了名臣,世人因此都称赞陈群慧眼识人。

　　陈群后来又先后被任命为萧县、赞县、长平县的县令。父亲去世后,他辞官回乡,奔丧守孝。后来以司徒掾的身份在官吏考试中被列为优等,被举荐担任了执掌律令的治书侍御史,后又转任参与相府军事谋议的参丞相军事。魏国建立以后,升任主管奏劾不法官员的御史中丞。

　　当时曹操正和大臣们一起商议是否有必要恢复肉刑(对罪犯斩断肢体或割裂肌肤的刑罚),就下令说:"从哪儿才能找到一位明晓事理、通达古今的君子,让他来评论评论这件事呢!从前陈鸿胪(即陈群的父亲陈纪,献帝时曾任大鸿胪)认为死刑可以有助于树立起君王的仁德恩惠,说的就是这方面的事。御史中丞,你能陈述一下你父亲的观点主张吗?"陈群回答说:"臣下的父亲认为汉朝废除肉刑而增加鞭打、杖击,本意是出于仁恻之心,想减轻对犯人的刑罚,但没想到死去的人却越来越多。正所谓名义上减轻而实际上却加重了。

因为名义上减轻了刑罚,老百姓便容易犯罪;实际上加重了刑罚,老百姓便容易受到伤害。《尚书》说:'惟敬五刑,以成三德(只有敬畏、慎用墨、劓、刖、宫、大辟五种刑罚,才能养成刚、柔、正直这三种德行)'。《周易》上也记载着割鼻、断足、砍脚趾的刑法,这些都是用来辅助政教、惩治邪恶的。况且杀人偿命,也合乎古代的制度;对于把人打伤或者毁坏别人的身体,只是剃去头发圈住脖颈干活服役,就不合道理了。如果沿用古刑,把奸淫者关入蚕室受宫刑(残割男子的生殖器或破坏女子的生殖机能),使偷盗者受刖刑(断足),那么就永远不会发生淫乱盗窃一类的坏事了。据说古代适用五刑的犯罪行为有三千多种,虽然不能全部恢复,但是像奸淫者下蚕室,偷盗者刖其足这样的刑罚,由于奸淫、偷盗正是时下常有的祸患,因此应该首先施行。按照汉朝法律,对于罪大恶极的犯人应该斩首,这是仁义也不能顾及的。但是对于其他刚够死刑、可杀可不杀的犯人,就可以施以肉刑。这样,所受之刑与所犯之罪就可以相抵了。如今以鞭打、杖击处死的刑法代替肉刑,实在是只重视人的肢体而轻视人的性命啊。"当时钟繇和陈群的意见相同,王朗及其他一些参与讨论的大臣却大都认为此法不可施行。曹操对钟、陈二人的看法深为赞同,只是因为战事连绵,又顾及众人的议论,故此暂且将此事搁置一旁。

以后陈群又转任侍从天子左右的侍中,兼主管选拔举荐的丞相东西曹掾。他在朝里对人对事不存成见,素重名分,从不以不正之道施加于人。曹丕在东宫当太子的时候,就对他深为敬重,待他像朋友一样,还常常借用孔子的话赞叹陈群说:"自从我有了颜回,学生们和我的关系便更加亲密了。"

等到曹丕做了魏王,就封陈群为昌武亭侯,并提升他为尚书。九品官人法(即九品中正制),就是他在任职期间制订的。曹丕即天子位后,陈群又被调任尚书仆射,加侍中,后又晋升为尚书令,晋爵为颍乡侯。曹丕征伐孙权到了广陵后,便让陈群兼任中领军,掌管京师禁卫军。曹丕返回,又授权陈群都督水军。曹丕回到许昌,再拜陈群为镇军大将军,兼任中护军,录尚书事,总揽朝政,其地位仅次于三公。曹丕病重,陈群与曹真、司马懿等一起接受遗诏辅佐朝政。明帝曹叡即位后,晋封陈群为颍阴侯,增加食邑五百户,加上以前所封的共有一千三百户,并特许他和征东大将军曹休、中军大将军曹真、抚军大将军司马懿一起开建府署,自己征召属官。没过多久,又提升他为位列三公的司空,仍录尚书事,总揽朝政。

那时,明帝曹叡刚开始临政,陈群便上疏说:"《诗经》上说'仪刑文王,万邦作孚'，又说'刑于寡妻,至于兄弟,以御于家邦',都是讲效法先贤、以身作则的重要。道德的传施和教化的普及,一定要从身边开始由近及远,才能最终广布于天下。从灵帝亡故、董卓进京开始,天下大乱,干戈不止,老百姓不懂得先王之教的本意,我怕王教已衰败得很厉害了。陛下如今应该承继魏国的兴盛,肩负起太、高二祖开创的基业。现在天下人都向往着美好的政治局面,只要能够崇尚德治,布施仁化,体恤黎民,那百姓可就太幸运了。此外,当臣子的人云亦云,随声附和,是非混淆,互相包庇,乃是国家的大患。如果大臣们彼此不和睦,就会产生对立的党派;如果有对立的党派,对文武官员的好坏评价就会失去标准和根据;如果评价好坏没有标准和根据,就会良莠不分,真假难辨。对这种现象,陛下不能不深加防备,及时采取措施,以断绝其源流。"

明帝太和年间,中军大将军曹真上表曹叡,打算分兵几路从斜谷入蜀,征伐蜀国。陈群认为:"太祖当年到阳平关攻打张鲁,事先曾收割了大量豆麦以充实军粮,可尚未打败张鲁,粮食还是不够吃了。如今出兵伐蜀本没有什么原因,而且斜谷地势险峻,难以进退,运输粮草肯定会受到抄掠堵截,如果多留人马看守要路,又可能损失不少士兵。这些都不能不深思熟虑啊。"曹叡听从了他的意见。可是曹真接着又上表请求从子午道进兵伐蜀,陈群再次陈述列举了出兵的种种不利因素,并且谈了如果真的出兵,自己对军事调度等方面的看法。曹叡下诏把陈群的建议批转给曹真,本意是与曹真商议是否出兵,曹真却把诏书作为根据,紧接着就点兵出发了。当时正赶上连日大雨,陈群又提出应该诏令曹真返回,曹叡接受了他的建议。

曹叡的女儿曹淑去世,被追赠平原懿公主。陈群上疏说:"人的寿命长短都是由命运决定的,生死存亡自有定分。因此圣人们制定礼仪时,或抑止或极尽,以求其中。孔子父母合葬的防墓不整治,不装饰,很俭朴;延陵季子的长子死在从齐国返回途中,就安葬于嬴县、博城之间,有不归之魂。所以说,圣人的一举一动都合乎天地之道,因此能够流传千古;大德之人的一举一动都不超越法则,因此成为万世师表。公主死时年仅八岁,因此按照礼的规定,还不具备大办丧事的资格,况且又不是周年满月,如果用成年人的礼仪给她送葬,再多做些丧服,让满朝文武都穿上,一天到晚守灵痛哭,这可是自古以来从来没有过的事呀。而且听说陛下还要亲自视察陵寝,亲自路祭于庭,升柩于车。希望陛下能抑止割舍这些无益有损的事情,一切送葬事宜但凭大臣们安排,不必御驾亲临,这是国家最大的希望了。听说陛下的车驾要到摩陂,实际上要到许昌,您和太后宫中的上下人等,全都跟着一起东行,朝里的大小官员,没有不感到惊讶奇怪的。有的说您想要东行避灾,有的说您打算找个合适的地方迁建宫殿,还有的不知道您到底为了什么。臣下认为,吉凶有命,祸福由人,即使迁徙求安,也不会有什么益处。倘若一定要迁移躲避,那么好好修缮一下京城西北的金墉城,或者孟津的别宫,都可以暂时留住,这样也可以免除两宫上下露宿原野、耽误春耕农忙的弊病。再说,如果吴、蜀两国的敌人听到您要东行的消息,就会认为您是自取败势,因而加强对魏国的袭扰,那时咱们的麻烦可就多得数都数不过来了。况且,善士贤人应该能够承担盛衰,直面安危,秉执道义,笃信天命,并非搬迁其家以求安宁,周围的人也会受到他们的影响和感化,消除恐惧的心理。何况陛下乃是万国之主,您平静天下就会安定,您躁动天下就会纷乱,您的一行一止一动一静,怎么能够稍有不慎呢?"曹叡没有听从他的劝告。

明帝青龙年间(233—237),朝廷大兴土木,营建宫室,以致百姓们耽误了农时。陈群上疏说:"大禹继承了唐、虞的盛世,却仍然不看重修建宫室,厌恶豪华的衣服,何况当今自灵帝死后,天下大乱,老百姓的数量已经非常少了,比起汉文帝、汉景帝时,现在的户口超不过那时的一个大郡。再加上边境战事频仍,将士劳苦,如果再遇到旱涝灾害,国家的忧患可就深重了。况且吴国、蜀国尚未消灭,国家还很不安定,应该乘他们还没有兴师进攻,加紧训练军队,鼓励农耕,做好准备,严阵以待。现在陛下舍弃这些当务之急,反而先建宫室,臣下恐怕老百姓会日渐困乏,将来拿什么来抵抗敌兵呢? 当初刘备从成都来到白水,驿站内建造了许多接待过客的房舍,征用耗费了不少劳役,太祖就认为他是在劳民。如今,中原地区像这样耗费劳力,正是吴国和蜀国所希望的,这可是关系到国家安危的要事,希望陛下能好好考虑考虑这件事。"

明帝曹叡回答说:"灭吴、蜀与建宫室,也可以一起进行,一起完成。灭吴、蜀后,罢兵守成,怎么可以再征用劳役呢? 你是司空,和当年建未央宫的萧何一样,自然有建造宫室的职责呀。"

陈群又说:"从前汉高祖刘邦最后只和项羽争夺天下,项羽灭亡后,宫室都被大火烧毁了,因此萧何才修建了武库和谷仓,这些都是急切需要的设施,可汉高祖看到这些建筑造得很壮丽,仍然气冲冲地责备萧何不该把它们造得过分豪华。如今吴、蜀尚未平定,实在不应该大兴土木。人想要做件事或者想要得到某种东西,没有找不到借口和辩解之词的。何况您是天子,没有谁敢于违抗您的意志。如果以前您打算拆毁武库,就可以说不能不拆毁它;如果以后您打算再修复它,又可以说不能不修复它。如果您一定要做,固然不会屈从于臣下的言辞,但是如果您突然回心转意,也并非是臣下的力量所能达到的。当初汉明帝想修筑德阳殿,钟离意极力劝阻;汉明帝就听从了他的意见,可后来还是动工修建了,宫殿建成后,明帝对大臣们说了这样一句话:'要是钟离尚书还在,这座德阳殿也就盖不成了。'所以说,当帝王的怎么会惧怕一个臣子,其实都是为了老百姓啊。现在臣下无法让陛下留意倾听我的意见,比起钟离意来,我可差得太远了!"曹叡于是在修建宫室时有所减省。

当初太祖在世时,刘廙因为受到弟弟刘伟参与魏讽谋反一事的株连,本应受到诛杀。陈群把这件事报告给太祖,太祖说:"刘廙是一代名臣,我也正想要赦免他。"于是诏令将刘廙官复原职。刘廙由衷地感谢陈群的恩德,可陈群说:"议论如何量刑乃是为了国家,并非为了私人;况且赦免你的决定本是出自英明之主,我又知道什么呢?"陈群心胸博大,从不骄矜自傲,始终都是如此。

明帝青龙四年(236),陈群去世,被谥封为靖侯。他的儿子陈泰继承了他的爵位。明帝追思陈群的功德,将他的食邑分开一部分,又封了他的一个儿子为列侯。

陈泰,字玄伯。明帝青龙年间(233—237),被任命为散骑侍郎。齐王曹芳时,升为游击将军,官居并州刺史,加振威将军,曹芳又授权他兼任了主护南匈奴的护匈奴中郎将,在任期间,他能采取怀柔政策安抚百姓,施惠于民,因此在当地非常有威望。京师的达官显贵有很多人寄金银珠宝给他,请他代买奴婢,陈泰把这些财宝统统挂在墙上,连封缄也不开启,直到他被征召为尚书回到京师后,又全部归还给他们。

齐王曹芳嘉平初年(249),陈泰代替郭淮担任雍州刺史,加奋威将军。西蜀大将姜维率军依傍麹山修筑了两座城池,派牙门将句安、李歆等据守,并聚集了羌胡人质等敌寇以进逼魏国各郡。征西将军郭淮就和陈泰商量如何抵御敌军,陈泰说:"麹城虽然坚固,但是远离西蜀,道路险峻,粮食只能长途运输;羌胡的人质们害怕为姜维服劳役,也一定不会长久配合。如今只要我们围而取之,兵不血刃就能够夺取麹城。西蜀虽然可能发来救兵,但山道险阻,也不会很快到来。"郭淮听从了陈泰的计策,让陈泰率领讨蜀护军徐质、南安太守邓艾等进兵围困麹城,切断运粮的道路及城外的水源。句安等人挑战,也不许应战。城里的蜀军将士日渐困窘,只好把一个人的口粮分给几个人,把积雪融化后当饮用水，以拖延时日。姜维果然亲自领兵前来救援，出牛头山后，和陈泰两军相对。陈泰对手下说："兵法贵在不用打仗就能让人屈服，如今只要我们切断牛头山的通道，使姜维没有了退路，就能把他擒获了。"于是下令全军各自坚守阵地不许出战，又派使者报告郭淮，说自己打算南渡白水然后沿河向东，请郭淮带兵赶赴牛头山，堵截姜维的归路，这样不仅能直取句安、李歆，连姜维也可能一并围歼。郭淮认为他的计策很巧妙，马上率军出动，一直进发到洮水附近，扎下了营寨。姜维很恐惧，仓皇逃遁，句安、李歆等见自己孤立无援，只好全部投降了。

郭淮死后，陈泰代替他担任了征西将军，有权都督雍州、凉州各地的军事行动。两年以后，雍州刺史王经禀告陈泰，说姜维、夏侯霸企图分三路进攻祁山、石营、金城，请求进兵为翅，再派凉州兵马赶至枹罕，讨蜀护军奔赴祁山。陈泰推测蜀军的兵力无论如何不能分成三路，而且兵势历来忌讳分散，凉州的兵马也不宜越境，于是通报王经说："审察敌人的确实消息，明了确定探明敌人的真实去向，我军必须东西势合然后才能进兵。"

当时姜维等已将数万人马派到枹罕，赶赴狄道。陈泰急令王经进兵屯驻狄道，等蜀军赶到，再据情计议破敌之策。陈泰自己则领兵直奔陈仓。正值王经统率的军队在故关和敌军作战失利，又轻率地渡过洮水，陈泰认为王经不能坚守狄道，必生他变，赶忙派出五营军队前去支援，自己带领大军随后接应。王经渡洮水后，又被姜维打得大败，只剩下一万余人逃回来死守狄道，其余的都已四散奔逃。姜维乘胜包围狄道，连连发起进攻。陈泰的兵马已经到了上邦，一面分兵把守要地，一面继续日夜进兵。邓艾、胡奋、王祕的军队也先后赶到，陈泰当下即与邓艾、王祕等分为三军，推进到陇西。邓艾等人认为："王经的数万精兵大败于洮水以西，敌兵士气大振，这样的乘胜之兵已然势不可当，而将军以乌合之众，继败军之后，士气低落，军威不振，陇山以西已经面临倾荡的危险了。古人说：'蝮蛇螫手，壮士解其腕。'《孙子》里也有'兵有所不击，地有所不守'的说法，讲的都是小有所失而大有所全的道理。如今陇西之害超过蝮蛇，狄道之地难以固守，而姜维的兵马锋芒锐利，正该有所回避，不如割险自保，静观其变，等待时机，然后再图进兵，救援狄道，这才是可行之计啊。"陈泰说："姜维轻兵深入，正要和我军在平原旷野争锋，以求速战速决。王经本当凭借高壁深垒，挫其锐气，可他偏要出战，结果使敌人的计谋得逞，大败而回，被姜维围困在狄道城中。倘若姜维攻克狄道，乘胜向东进兵，占据栎阳，得到足够的粮食,再收罗降兵,招纳羌、胡,然后东争关中、陇右,进逼陇西、南安、天水、广魏四郡,这可是我们决不能容许的。而姜维要是被挫败在狄道城下,锐气消失,力量衰竭,那时攻守易势。主客不同,还怕消灭不了蜀军?兵书上说:'攻城用的战车等都需要三个月时间才能制成。'而这些都不是轻兵远入或姜维的阴谋诡计所能仓促办到的。眼下姜维孤军深入,粮草不继,正是我军速进破敌的大好时机,所谓迅雷不及掩耳,势在必然。洮水在外围环绕,姜维等被围在内部,如今只要我们占据制高点和有利地势,扼制住敌人的要害部位,蜀军一定会不战而逃。对敌寇不能姑息放纵,对狄道之围也要树立不久就能解救的信心,诸位怎么能说出'解腕''不守'的话来?"

陈泰述说自己的见解后,就带领人马越过首阳县高城岭,一路悄然急行,当天夜里赶到狄道城东南的高山上,然后点燃起一堆堆烽火,又下令士兵鼓角齐鸣。狄道城里的将士一见救兵到了,个个精神振奋。姜维起初还以为当官的来救部下肯定要把各方人马聚集以后才能发兵,此刻忽然听说魏军已经杀到,便认为发生了意外的变化或是敌军早有预谋,于是全军上下都很震惊和恐慌。魏军进发陇西,一路上山道深险,陈泰料定敌军必然会在途中设伏,于是伪装成从南路进兵的模样,姜维果然派兵埋伏了三天,结果魏军秘密行军,终于躲过了蜀军的埋伏。姜维于是带兵绕过山峰追杀过来,两军经过一番争斗,姜维败退返回营地。这时,凉州的魏军已从金城关赶到沃干阪,陈泰和王经秘密约定日期,计划一同攻击姜维兵马返回的通道。姜维等人听说了这个消息,慌忙逃遁,狄道城中的将士终于被解救出来。王经慨叹道:"粮食供应不足十天,出击方向不合时机,险些全城覆灭呀!"陈泰一面慰劳将士,一面调度人马,派人驻守险关要隘,并且加紧整修城垒,然后自己带兵返回,仍屯驻上邽。

当初,陈泰听到王经被围困的消息后,认为魏军将士向来团结一心,只要王经带领部下齐心协力坚守城池,姜维不可能很快攻下狄道。于是,他一面将情况和部署上报洛阳,一面立即率军西进,昼夜兼程,赶奔狄道。朝廷接到陈泰的报告后,召集大臣们商议军情,大家认为王经如果被打败,狄道城很难自保。倘若姜维切断通往凉州的道路,兼并陇西、南安、天水、广魏四郡,占据关中和陇山以西的险要之处,就肯定能够消灭王经的部队而夺取陇右。因此应该立即征召四方兵马,集合大军前去攻讨。大将军司马昭说:"当年诸葛亮就常有这种志向,但是最终也没有实现。此事关系重大,必须要有深谋远虑,这可不是姜维的才智所能办到的。而且狄道城也不会那么快就被他攻破,只是城内粮食短缺,甚为急迫,因此,只有像征西将军陈泰那样迅速救援,才是上策。"

陈泰每每因为某个地方有事,就虚张声势,扰动天下,因此自己只简明扼要地将真实情况上报朝廷。驿书不过六百里,和平常的公务邮件一样。司马昭据此对荀颧说:"玄伯一向沉着勇敢,多谋善断,肩负一方的重任,解救将被攻陷的城池,又不请求朝廷增兵,而且在表章里把情况讲得很轻淡,看来肯定有办法平定敌寇。作为都督大将,都应该像他这样啊!"

后来朝廷征召陈泰为尚书右仆射,主管选举事宜,加侍中、光禄大夫。值吴国大将孙峻出兵淮河、泗水。朝廷任命陈泰为镇军将军,有权都督指挥淮河以北的各项军事行动,又诏令徐州监军以下均受陈泰节制调度。孙峻退兵后,魏军班师回朝,陈泰转任尚书左仆射。征东大将军诸葛诞在寿春叛乱,司马昭亲自率领朝廷大军屯驻丘头;又让陈泰总督随行的尚书台(时司马昭挟持少帝曹髦与太后共同出征,尚书台随行)。

司马师、司马昭都把陈泰当作好朋友来对待,沛国的武陔因此也和陈泰十分友善。有一次司马昭问武陔:"玄伯和他父亲陈群司空相比怎么样?"武陔回答:"通达儒雅,渊博练畅,以天下教化为己任,玄伯不如其父;但严明纲纪,简捷精干,立功立事,则超过了他的父亲。"

陈泰先后因功增加食邑两千六百户,子弟中一人被赐封为亭侯,二人被赐封为关内侯。元帝曹奂景元元年(260)陈泰去世,被追赠为司空,谥封穆侯。其子陈恂继承了他的爵位。陈恂死后,没有子嗣,就由他的弟弟陈温继承了爵位。元帝咸熙年间(264—265),设置公、侯、伯、子、男五等爵位,因为陈泰功著前朝,又改封陈温为慎子。

陈矫,字季弼,广陵东阳人。因避乱来到江东及东城。先后辞谢了孙策和袁术的征聘,回到了本郡。太守陈登请他担任功曹,然后派他去许都,对他说:"许都现在有许多人在议论我,对待我很不公平,请你替我相机观察了解一下,回来告诉我,也希望能得到你的指教。"陈矫从许都返回后,对陈登说:"我听到不少议论,都说您有些骄傲自大。"陈登说:"要论家门雍容肃穆,有德有行,我敬佩陈元方兄弟;要论渊清玉洁,有礼有法,我敬佩华子鱼;要论洁身自好,疾恶如仇,有识有义,我敬佩赵元达;要论博闻强记,奇逸超卓,我敬佩孔文举;要论雄姿杰出,有王霸之略,我敬佩刘玄德。我对这些人如此敬重,哪谈得上骄傲自大! 其余的诸位都是平平常常,也值得一提吗?"陈登就是这样高雅宽宏,但他却由衷地像朋友一样地敬重陈矫。

孙权围困文陵郡的匡奇，陈登命陈矫去向曹操求救，陈矫对曹操说道："鄙郡虽然地域狭小，但却是个地理形势很重要的地方，如若能得到您的救援，使鄙郡成为您的外藩，那么东吴的阴谋就会遭到挫败，徐州的百姓才会得到永久的安宁，同时也能使您的声威远震，仁爱流传，令还没有顺服的国家望风归附，崇仰您的仁德，增加您的威望，这可是关系到您成就王业的大事啊！"曹操认为陈矫是个奇才，便想挽留他，可陈矫推辞道："我的家乡正处在危难之中，我只想到处奔走告急，纵然收不到从前申包胥哭秦庭的效果，又怎敢忘却当年弘演舍身救国的忠义呢？"曹操于是派军队前去救援。吴军听到消息后全部撤走，陈登派人设置了很多埋伏，并亲自领兵追杀，大破吴军。

曹操征召陈矫为司空掾属，此后他又先后被任命为相县县令，征南长史，彭城、乐陵太守，魏郡西部都尉。曲周有个百姓因为父亲得了病，就用耕牛来祈祷，把牛杀死后又用绳子悬挂在街市上。陈矫知道后说："这是个孝子啊。"于是赦免了他宰杀耕牛的罪过。

不久，陈矫升任魏郡太守。当时魏郡的牢房里囚禁着上千的罪犯，已经有好几年了。陈矫认为：周朝有三典之制，汉代有约法三章，如今只重视从重判罚的作用，却忽视了长久拘押众犯的祸患，可以说是失之偏颇了。于是陈矫亲自审阅了所有犯人的罪状，该关的关，该放的放，一时间全部处理完毕。

大军东征，陈矫进相府担任了丞相长史，大军回师后，重任魏郡太守，后转为西曹属。曹操征伐汉中，陈矫从行，返回后被授予尚书之职。还没到达邺城任所，曹操在洛阳逝世，大臣们拘泥于常礼，认为太子即位，必须要有皇帝的诏命。陈矫说："魏王亡故于邺城之外，天下人惶恐不安。太子曹丕应尽快节哀即位，以抚慰远近各地的官民的期望。况且魏王的爱子又在旁边，倘若兄弟之间发生事变，那国家可就危险了。"于是当即配齐应有的官员，备好典礼的用品，一天之内，全都安排妥当。第二天一早，便以王后的命令让太子曹丕即位，并大赦天下。文帝曹丕评价陈矫说："陈季弼在紧要关头和重大问题面前，能够深明大义，胆略过人，确实是一代俊杰！"曹丕称帝以后，便转派陈矫掌管吏部，封他为高陵亭侯，并提升他做了尚书令，总揽一切政务。

明帝曹叡即位后，陈矫又被晋爵为东乡侯，食邑六百户。一次，明帝的车驾来到尚书令的府门，陈矫跪伏于地问明帝道："陛下来这儿有什么事吗？"明帝说："我想批阅一下你经办的那些文书案卷。"陈矫说："这些都是臣下职责以内的事务,并不适宜您亲自办理。要是陛下认为我不称职,请您现在就罢免臣下的官职。陛下请回去吧。"明帝很惭愧,让人把车掉过头去回宫了。陈矫的为人就是如此骨鲠忠直。

后来陈矫又被任命为侍中、光禄大夫,最后升任司徒,位列三公。明帝景初元年,陈矫去世,谥号为贞侯。

陈矫之子陈本继承了其父的爵位,历任郡守、九卿,在职期间,都能提纲挈领,顾全大局。陈本很有领导才干,善于使部下尽职尽责,自己则很少过问琐碎细小的事务。他没有研习过法律,而做廷尉声名比司马岐等还好,而且文理精练。陈本后来升任镇北将军,有权都督黄河以北各项军事行动。陈本死后,他的儿子陈粲继承了他的爵位。陈本的弟弟陈骞在元帝曹奂咸熙年间曾任车骑将军。

当初,陈矫担任广陵郡功曹时,曾在出使途中路过泰山。泰山太守东郡人薛悌觉得他很奇特,就和他结为好友。他曾经和陈矫开玩笑说:"你这个小小郡吏竟和我这个二千石的大官交了朋友,就像邻国的君主屈尊陪着臣下出游,不是也挺好吗!"薛悌后来也先后担任过魏郡太守和尚书令,都是接替陈矫的职务。

徐宣,字宝坚,广陵郡海西县人。因避乱来到江东,后来又推辞掉孙策的任命,重返本郡。他和陈矫都有治理国家的才能,二人齐名却没有什么私交,然而同样都受到太守陈登的器重,和陈登齐心协力效忠于曹操。海西、淮浦两县的乡民作乱,都尉卫弥、县令梁习深夜逃到徐宣的家里,徐宣派人秘密把他们送走,使他们幸免于难。曹操派督军扈质前来讨贼,扈质却以兵力不足为由,拒不进兵。徐宣暗地里找到扈质,责备他不该按兵不动,并为他提供了敌军的情况,扈质这才进兵打败了乱贼。曹操征召他为司空掾属,又任命他为东缗、发干的县令,后被提升为齐郡太守,以后又到京城任门下督,不久便跟随曹操到了寿春。值马超作乱,大军西征,曹操对属下官员说:"现在应该远征马超,但此地也尚未安定,需要一位清正无私有大德的人统兵镇守。"于是任命徐宣为左护军,留下来统领诸军。大军返回后,徐宣被任命为丞相东曹掾,后又出任魏郡太守。

曹操在洛阳逝世,群臣都到大殿哀悼,这时有人提议应该更换各城的守将和主官,一律任用曹操老家沛、谯一带的人。徐宣厉声说道:"如今四方统一,人怀忠孝,何必非用沛、谯人不可?再说这样做,还会冷落了那些始终追随护卫先王的将士之心。"曹丕听了这话,赞叹道:"这就是人们常说的那种社稷之臣啊!"

曹丕做了皇帝以后,徐宣被任命为御史中丞,赐爵关内侯,升为城门校尉。一个月以后,又升任司隶校尉,转散骑常侍。徐宣随从曹丕去广陵,大军乘船,风浪骤起,曹丕的船直往回倒,徐宣在后面的船上又担心又着急,驱船凌波踏浪前来护卫,群臣没有比他先到的。曹丕被他的勇敢豪壮所感动,提升他为尚书。

明帝曹叡即位,封徐宣为津阳亭侯,食邑二百户。中领军桓范推荐徐宣说:"臣下听说帝王用人,根据不同的情况任用不同的人才:争夺天下的时候,以是否有谋略做先决条件;平定天下以后,以是否忠义做首要标准。因此晋文公采用舅犯的计策败楚人于城濮,却优先奖励了批评舅犯之策是'竭泽而渔'的雍季;高祖刘邦生前重用足智多谋的陈平,临死却把善后的事托付给周勃。我看尚书徐宣,品行忠厚,秉性亮直,清雅独立,不拘世俗,且刚劲坚强,有扶保社稷的大节,历任州郡主官,在位时都很称职。如今朝廷仆射之职空缺,我觉得这是个责任重大的关键职位,没有比徐宣更适宜的人了。"曹叡于是任命徐宣为左仆射,当了尚书令的副手,以后又被任命为侍中、光禄大夫。

一次,曹叡要去许昌,命徐宣留在京城总理政务。曹叡返回后,主管文书的官员把奏章等呈递上来,曹叡说道:"难道我处理和左仆射处理有什么不同吗?"竟看也不看一眼。主管制作皇室兵器玩物的尚方令犯了过错,徐宣上疏给曹叡,说给尚方令的判罚太重了,又劝阻曹叡不要大建宫殿穷尽民力,曹叡都亲笔下诏嘉许并采纳了他的意见。

徐宣说:"七十岁就该举行'悬车'辞官家居的仪式,我今年已经六十八岁,可以离开了。"于是以身体有病为由,坚决请求辞去官职,曹叡却始终没有批准。

明帝曹叡青龙四年(236),徐宣去世。临死时嘱咐家人,入殓时给他穿上布衣粗巾平常衣服就可以了。曹叡下诏说:"徐宣内直外方,历任三朝,公正无私,高风亮节,有托孤寄命的节操,可以说是国之柱石。我屡次想提升他主管尚书台,还没来得及上任,可惜他就撒手离去了!现追赠他为车骑将军,用对待公爵一样的礼节安葬他。"又谥封他为贞侯。其子徐钦继承了他的爵位。

卫臻,字公振,陈留郡襄邑县人。其父卫兹,节操高尚,曾拒绝三公的征召。曹操初次到陈留,卫兹就说:"平天下者,必是此人。"曹操也觉得卫兹很奇特,好几次去他那里商议大事。后来卫兹跟随曹操讨伐董卓,战死在荥阳。曹操每次路过陈留,必定派使者前去祭扫他的陵墓。

夏侯惇当陈留太守的时候,举荐卫臻担任计吏。一次,夏侯惇带着夫人出席宴会,卫臻认为这是末世才有的败俗之举,不合正礼。夏侯惇大怒,把他抓了起来,没过多久又把他放了。后来卫臻做了汉朝的黄门侍郎。东郡朱越谋反,供认卫臻参与其事。曹操下令说:"我和你父共同举事,对你格外提拔重用。开始听到朱越的供词时,我就坚决不相信,等收到荀令君的书信,那上面把你的忠诚写得更明白了。"值曹操奉诏为献帝到魏聘娶贵人,他借此上表让卫臻留下来担任参丞相军事。为追念其父卫兹的功勋,又赐封卫臻为关内侯,转任户曹掾。曹丕即王位后,任命卫臻为散骑常侍。等到当了皇帝,曹丕又封卫臻为安国亭侯。那时候群臣异口同声颂扬魏国的功德,好多人贬损前朝,唯独卫臻深明禅让相授的礼义,称赞汉室的美德。文帝曹丕几次看着卫臻说:"天下的珍宝,应该和山阳共同享用。"于是升卫臻为尚书,转侍中、吏部尚书。

曹丕要亲赴广陵,让卫臻做中领军,陪同前往。征东大将军曹休给曹丕送来奏章,说得到了吴军降将的口供,称"孙权已经来到濡须口"。卫臻说:"孙权虽然有长江作为依靠,却也不敢和我军抗衡,这一定是敌军因害怕而散布的谣言。"待详细审问降将后,才知道果然是吴军守将制造的谣言。

明帝曹叡即位,卫臻被晋封为康乡侯,后转为右仆射,主管选拔举荐人才,仍像从前一样加封为侍中。中护军蒋济曾写信给卫臻说:"汉高祖拜亡虏韩信为大将,周武王提升渔父姜尚为太师,出身微贱的寻常百姓,包括那些喂马的、做饭的,都可以当上王公大臣,何必一定要墨守成规,先考试然后再任用呢?"卫臻回答:"古人凭借智慧量才而用,也必须经过考核实绩才能决定罢免还是升迁;如今你说的就如同要求周朝的成王、康王战于牧野,汉代的文帝、景帝斩断白蛇,这种喜好不合常理的行为一旦开了先河,天下人就会趋赴而至了。"

诸葛亮进犯天水,卫臻向明帝建议说:"应该派一支奇兵急赴散关,断绝蜀军粮道。"明帝就任命卫臻为征蜀将军,都督指挥这次军事行动,刚到长安,诸葛亮就退兵了。卫臻回到洛阳后,继续担任原来的职务,又加封为光禄大夫。

当时,明帝正热衷于修建宫殿,卫臻曾好几次恳切地规劝。等到殿中监擅自拘留了兰台令史,卫臻又把这事报告了明帝。明帝下诏说:"宫殿盖不成,我已经收了心了,你怎么又管起这事来了?"卫臻上疏说:"古代制定处理官员的法规,并不是因为厌恶他们办事不勤勉,实际上是因为他们办的事情收益小而害处大。臣每每观察这类事情,大多如此。因此我恐怕将来各职司会逐渐越职,以至犯了大罪。"

诸葛亮又兵出斜谷,魏国同时还接到征南将军报告说:"吴国的朱然也领兵过了荆城。"卫臻说:"朱然是东吴的一员骁将,一定听孙权的,这次只不过是牵制征南将军罢了。"没过多久,孙权果然召朱然进驻居巢,然后进攻合肥。明帝打算亲自东征,卫臻说:"孙权外表上响应诸葛亮,其实内心只是想在一旁观望。况且合肥城池坚固,不足为虑。陛下用不着御驾亲征,也好节省大军出征的费用。"等明帝到了寻阳,孙权果然撤退了。

幽州刺史毌丘俭上疏明帝说:"陛下即位以来,还没有什么值得书写记载的业绩。眼下吴、蜀倚仗着地势险要,也不是短时间就能平定的,不如姑且用国中闲置的兵力,前去克定辽东。"卫臻对明帝说:"毌丘俭所说的都是战国时代使用的琐屑的计谋,并非成王业者应该做的大事。东吴连年举兵,犯乱边境,而我国仍旧按兵不动,休养将士,没有寻找机会讨伐他们,实在是因为老百姓疲惫劳累的缘故。况且辽东的头领公孙渊从小生长在海上,对辽东的统治已经延续了三代,他们对外安抚少数民族,对内整修武备习练战阵,而毌丘俭却想用一部分军队长驱直入,一蹴而就,他的设想也太狂妄了。"以后毌丘俭草率出兵果然失利。

后来,卫臻升任司空、司徒。齐王曹芳正始年间(240—249),卫臻晋爵为长垣侯,食邑一千户,他的一个儿子被赐封为列侯。

当初,太祖曹操好长一段时间不立太子,但心里却很看重临淄侯曹植。丁仪等人是曹植的亲信羽翼,他们也劝卫臻依附曹植,但卫臻深明大义,拒绝了他们的劝告。文帝曹丕即位以后,东海王曹霖很受宠信。曹丕曾问卫臻说:"你看平原侯这人怎么样?"卫臻只称赞曹丕圣明,对平原侯却始终不加评论。曹爽辅政时,让夏侯玄宣旨,想派卫臻入朝担任尚书令,另外替自己的弟弟向卫臻家求婚,卫臻都没有答应,并且一再坚决请求辞官让位。于是曹爽代皇帝下诏说:"当年干木退职,还能义压强秦;留侯休养,仍旧不忘楚事。你辞官之后,如果有什么好的建议和设想、谋略,希望能够不吝赐教。"于是赏赐给他一座宅院,赐位特进,每年的俸禄如同太尉、司徒、司空。卫臻死后,被追赠为太尉,谥封敬侯。其子卫烈继承了他的爵位。元帝曹奂咸熙年间(264—265),曾官居光禄勋。

卢毓,字子家,涿郡涿县人。其父卢植,在世时很有名气。卢毓十岁就成了孤儿,后来遇上本州战乱,两个哥哥也死于非命。当时正逢袁绍和公孙瓒交战,幽州冀州一片饥荒,卢毓就担负起抚养寡嫂孤侄的责任,他的学问和品德受到大家的称赞。曹丕当五官中郎将时,就征召他做了门下的属官,后来崔琰又举荐他当了冀州主簿。

　　当时天下草创,不少士人逃往外地,因此,对逃亡的人刑罚很重,倘若有人犯了罪,就会株连他的老婆和孩子。有个人被判处了死刑,他的妻子白氏,刚嫁到他家没几天,还没和丈夫见过面,大理寺就报请将她一并处死并陈尸于街市。卢毓驳斥这件事说:"大凡女子之情,因为和丈夫相处才产生恩爱,因为成了妇人才重视和丈夫的情义。因此《诗经》上才说'未见君子,我心伤悲;亦既见止,我心则夷';《礼记》上才有'未庙见之妇而死,归葬女氏之党,以未成妇也'。如今白氏生有未曾和丈夫见面的悲哀,死有未成妇人的痛苦,可执掌刑法的人还想把她处以极刑,真要这样的话,那么如果白氏和丈夫已经行合卺之礼,又应当给她加什么罪呢?况且《礼记》上还有句话叫作'附从轻',说的就是依附于他人的罪责,以轻刑为好。再说《尚书》上也说过:'与其杀不辜,宁失不经',恐怕对白氏的判罚的确是太重了。如果因为白氏已经接受了夫家的聘礼,进了丈夫的家门,至多给她判几年刑也就可以了,处死实在是太过分了。"太祖曹操听了这番话,赞许道:"卢毓说得有道理,而且能够引经据典阐述自己的意见,真让我感叹不已。"由于这件事,曹操便任命他为丞相法曹议令史,后又转任西曹议令史。

　　魏国建立以后,卢毓被任命为吏部郎。曹丕登基后,卢毓升任黄门侍郎,后又出任济阴相和梁、谯二郡太守。因为谯郡是曹氏的故乡,因此曹丕下令大批移民,到谯郡屯田。然而这里土地贫瘠,百姓穷困,卢毓怜悯人民,就上表给曹丕,请求把百姓迁徙到土地肥沃的梁郡。没想到这个建议很不合乎曹丕的心意,曹丕虽然批准了卢毓的请求,心里却恨恨不已,于是把卢毓降了职,让他担任了管理移民的睢阳典农校尉。卢毓一心利民,亲自到乡村视察,为老百姓挑选宅地和好田,百姓们非常信赖他。以后,卢毓升任安平、广平太守,所到之处,老百姓都得到了实惠和教化。明帝曹叡青龙二年(234),卢毓入朝担任侍中。先前,散骑常侍刘劭受诏制定律条,未能成功。卢毓上疏论述古今科律的宗旨,认为法律只应当有一种正确的解释,不宜有两种不同的定义,使奸吏得以有隙可乘,宽容罪情。赶上侍中高堂隆屡次因修建宫室的事情恳切地劝谏明帝,明帝很不高兴,卢毓就进言说:"臣下听说'君明则臣直',古代圣明的帝王唯恐听不到臣子指出自己的过错,因此设立了敢谏之鼓。作为近臣就要尽力规劝君王,这正是臣等不如高堂隆的地方啊。高堂隆虽然表面上有些狂直,但陛下还是应该宽容原谅他。"卢毓在担任侍中职务的三年时间里,和明帝多次发生过辩驳和争论。明帝下诏说:"量才而用,因才授职,这是贤明的君主也难以完全做到的事,必须有良臣辅佐,才能保证官员能够适当地升降和替换。侍中卢毓,禀性贞固,心平体正,可以说是一个不懈于位的有功之臣。因此我任命卢毓从现在起担任吏部尚书。"又让卢毓自己挑选一个合适的人代替他原来的职务,说:"能够像你一样才好。"于是卢毓就推荐了常侍郑冲。明帝说:"郑文和,我自己已经很了解他了,你可以再举荐我没有听说过的人。"卢毓又推荐了阮武、孙邕,明帝于是任用了孙邕。

在此之前,诸葛诞、邓飏等远近驰名,有人讽嘲他们是一些"四聪八达"的人,明帝对他们也很厌恶。当时朝廷正在推选执掌机要的中书郎,明帝就下诏说:"能不能得到这个人选,全在卢毓了。选举不要只取有名气的人,名声就像画地作饼,中看不中吃啊。"卢毓回答说:"凭名气不足以罗致奇才,但可以得到常士。常士敬服教化,仰慕善美,然后才可以成名,因此不应该厌恶他们。愚臣既不足以识别出奇才异人,又主张依照名声按照常规安排职务,但其后应当对他们进行考察和检验。古代奏陈、论述的时候凭语言,评功时就要经过考试。如今考核成绩的制度已经荒废,决定一个人进退升降依据的却是别人对他的毁誉,因此真伪混杂,虚实难辨。"明帝接受了他的意见,当即下令制订考核官员的考课法。

当时正值司徒的职位空缺,卢毓就推荐了有才德而隐居不仕的管宁,但明帝并没有任用他。明帝又问还有谁能胜任这一职务,卢毓答道:"敦厚高尚,要属太中大夫韩暨;亮直清明,要属司隶校尉崔林;忠贞纯正,要属太常常林。"于是明帝选用了韩暨。卢毓对人的评价和举荐,总是先说他的性情品德,然后才说他的才能。黄门侍郎李丰曾经为此询问过卢毓,卢毓说:"才能是为了用来成就善事,因此大才成就大的善事,小才成就小的善事。如今有些被人称作有才能的人,却并不能办成善事,正是因为他的才能并没有对准目标和方向。"李丰等人对他的见解都很佩服。

齐王曹芳即位后,卢毓被赐爵关内侯。当时曹爽掌管大权,想要培植他的党羽,于是调任卢毓为仆射,让侍中何晏取代卢毓原来的职位。不久,又把卢毓逐出内阁担任廷尉。司隶毕轨甚至妄奏要罢免他的官职。大臣们纷纷打抱不平,于是又让卢毓当了光禄勋。曹爽等人被收监后,太傅司马懿命卢毓行使司隶校尉的职权,审理曹爽等人的案件。以后又重新任命他做吏部尚书,加奉车都尉,封高乐亭侯,后又转任仆射,主管选举事宜,加光禄大夫。

高贵乡公曹髦即位后,晋封卢毓为大梁乡侯,又封他的一个儿子为列侯。毌丘俭叛乱,大将军司马师出征,命卢毓在朝廷里执掌大权,加任侍中。正元三年(256),卢毓因病辞官。后被提升为司空,他又一再推举骠骑将军王昶、光禄大夫王观、司隶校尉王祥。曹髦下诏命使者当面授予卢毓印绶,晋封他为容城侯,食邑二千三百户。

甘露二年(257),卢毓逝世,谥封成侯。他的孙子卢藩继承了他的爵位。卢毓的两个儿子名叫卢钦、卢珽,元帝曹奂咸熙年间(264—265),卢钦官居尚书,卢珽曾任泰山太守。

评:桓阶预见成败,才高当世;陈群凡有举动都合乎名义,有清流雅望;陈泰雄才大略,精明强干,能够继承先辈的遗业。魏代天下大事都由尚书台统一管理,重内轻外,所以八座尚书就是古代所说的六卿的位置。陈矫、徐宣、卫臻、卢毓久居此位,陈、徐二人处理疑难刚强果断,为人正直。卫、卢二人清理朝政、规劝帝王,都能胜任自己的职务。

卷二十三　魏书二十三

和常杨杜赵裴传第二十三

　　和洽,字阳士,汝南郡西平县人。曾被当地吏民举荐为孝廉,并受到大将军的征召,但都被他谢绝了。袁绍在冀州的时候,曾派使者前去迎接汝南的士大夫,唯独和洽认为:"冀州土地平坦开阔,百姓富足强壮,且四面可以应敌,以致各地英雄豪杰必欲取之而后快。袁绍凭借着这种优势,虽然能够逐渐强大起来,但是当今天下群雄并起,他也未必能够得到圆满的结局。荆州刘表虽然没有什么远大的志向,却能爱护百姓,爱惜人才,再加上土地险阻,山平民弱,是个容易依靠的地方。"于是与亲朋故旧一同南下归附了刘表,刘表以上宾之礼对待他们,和洽说:"我之所以不去投奔袁绍,是为了避开那个是非之地。昏世之主,是不能够轻易接近的,时间一长就会临近险境,因为必然会有奸谗小人混杂在朝廷之中挑拨离间。"于是南渡武陵。

　　曹操平定荆州后,征聘和洽为丞相掾属。当时毛玠、崔琰对人的评价都以是否忠正、清廉为标准,他们对于人才的选用也着重看他是否节俭。和洽说:"天下重要的事情,是把合适的职位授予合适的人才,但是不能以是否节俭做首要的标准。俭素过度,对于自己修身处事自然可以,但是以此来检验评价人和事,就可能失之偏颇。如今朝廷里议论人的时候,看到有的官员穿件新衣服、坐辆好马车,就说他不清廉;看到当长官的经过自己的营署,衣服破旧,仪容不整,就说他很廉洁。以至士大夫们故意弄脏了衣服,把好车子、好穿戴都藏起来,朝廷的大臣们,甚至有的自己带着水壶、食物来到官署。要说树立政教,看待俗务,都贵在中庸,才能被人接受、继承,如今却崇尚一切令人难堪的行为以检验高下,即使勉强为之,早晚也一定会感到疲惫不堪。古代大的教化,必须顺通人情,凡是过激过异的行为,就容易隐藏着虚伪。"

　　魏国建立后,和洽官居侍中。有人举报毛玠诽谤诋毁曹操,曹操把近臣都召来,十分震怒。和洽说毛玠行为举止一向很本分,请求查明此事的真实情况。下朝以后,曹操说:"今天报告这事的人说毛玠不但诽谤我,还为崔琰抱怨。这种有损君臣恩义,妄为死友怨叹的行为,几乎是不可忍受的。当年萧何、曹参和高祖刘邦都出于微贱,却能屡建功勋,高祖每次身处逆境的时候,二人仍能恭顺相随,为臣之道才更加彰明,因此能够名传后世。你替毛玠请求查实此事,我所以不听,就是想以后慢慢再考验他。"和洽回答说:"如果真像举报者说的那样,那么毛玠的罪过深重,实在是天地不容。臣下并非敢为毛玠强词夺理以至歪曲、忘却君臣伦理,只是因为毛玠在群臣之中出类拔萃,受到您特殊的提拔,以至官居显赫,位在首职,历年蒙宠,而且他的为人刚直忠正,为众人所惧惮,似乎不可能做出这样的事情。然而人情难保,重要的是应当通过调查,验证事实。如今您怀着蒙受污垢的仁德,不忍心将其按理明察,更容易使曲直不分,是非不明。"曹操说:"我之所以不同意调查,是想使毛玠和举报者双方都得到保全。"和洽说:"如果毛玠真有谤上的言论,就应当处死陈尸于市朝,如果毛玠没有这回事,举报者就犯了诬陷大臣以误主听的罪行,二者若不加以核查,臣下心中不安。"曹操说:"眼下正有军事行动,怎么可以听了几句话就随便考察人?从前狐射姑在朝堂上刺杀阳处父,就是对为君者的告诫。"

　　曹操打败张鲁,和洽建议,应该选择适当的时候撤军移军,以节省布防守卫的费用。曹操没有采纳,以后竟移民出汉中。和洽后来又担任过郎中令。曹丕称帝后,任命他为光禄勋,封安城亭侯。明帝曹叡即位后,晋封他为西陵乡侯,食邑二百户。

　　明帝太和年间(227—232),散骑常侍高堂隆奏告说:"时风不至,而有休止废弃之气,一定有不勤于职位而失去天道常规的事情。"明帝于是下诏谦虚地引咎自责,并广泛征求意见。和洽认为:"现在人少,耕种的人更少,只吃不种的却很多。国家以百姓为根本,百姓以粮食为性命。如果荒废一时的农耕,就可能失去养活性命的根基。因此先王毅然排除其他烦杂事务,专门治理农耕。自春夏以来,百姓们疲困于劳役,农业有所荒废,不少人饥饿难当。时风不至,未必不是由此而产生;解决的办法,莫过于节俭。太祖建立宏业以后,除保证供给军队士兵及封赏的费用外,官吏士人资食丰足,仓府之中谷帛充盈,这都是因为太祖从不装饰无用的宫殿,免去用于浮华享乐的费用。如今最要紧的,固然在于停止或减省繁重的劳役和其他多余的杂务,以补充军队的储备,但边境的守卫防御,也应该早做准备。了解、推断敌人的虚实,养精蓄锐,算必胜之策,明攻取之谋,详细询问听取众人的意见以求取最恰当的策略,倘若不早定策略,轻敌弱小,屡次举兵却起不了什么作用,所谓'悦武无震',这可是古人曾经警告过的呀。"

和洽以后又转任主管宗庙礼仪兼掌选试人才的太常,他清贫守约,以至于卖掉田宅生活才能勉强自给。明帝听到这种情况,就加赐给他一些谷帛。和洽死后,谥封为简侯。其子和离继承了他的爵位。和离的弟弟和迺很有才干,官至廷尉、吏部尚书。

和洽同郡有个叫许混的人,是许劭的儿子,清明纯正,很有鉴识人才的能力,明帝时曾当过尚书。

常林,字伯槐,河内郡温县人。七岁时,父亲的一个朋友登门造访,问常林:"伯先在不在家?你怎么见了我也不致礼?"常林说:"虽说应该尊敬客人,但是你当着我的面直呼我父亲的名字,我为什么还要拜你呢?"于是大家对他都赞不绝口。

太守王匡起兵讨伐董卓时,派一些门生在他们所属的县里寻找官员和百姓的过失,一旦发现,立即关押,然后追究判定罪责让他们用钱或粮食来赎罪,如果延误期限就要灭其宗族,以树立威严。常林的叔父因为打了客人几巴掌,被王匡的门生告了一状,王匡大怒,就把他关进牢房问罪。整个常氏家族非常惶恐,不知道要责罚他们多少钱粮,生怕救不出常林的叔父。常林就去找王匡的同乡胡母彪说:"王府君凭着文武高才,到我们这个郡来当太守,鄙郡外河而内山,土地宽广,百姓富足,又有很多贤能的人才,可以任他选用。如今主上年幼,贼臣董卓虎踞京师,整个华夏为之震怒,正是各地雄才为国奋起出力的时候。但是如果想要诛天下之贼,扶王室之微,使天下的智者望风归附、纷纷响应,共同平定暴乱,除了天时、地利外,还要靠人和,如果这条也具备了,那么还有什么样的征伐不能取胜呢?但是如果对百姓没有恩德,任用的又不是适当的人才,那么将自取灭亡,哪儿还顾得上匡扶朝廷、树立功名啊!您说是不是这个道理?"接着常林就把叔父被关押的情况述说了一遍。胡母彪听了以后,立即写信责备王匡,王匡就把常林的叔父给放了。常林迁到上党避乱,在山中耕种。当时正逢旱灾蝗灾,当地只有常林家获得丰收,于是他把周围的邻居都叫来,把自己的粮食整升整斗地分给他们。常林住的地方紧挨着已故河间太守陈延家的围墙。陈、冯二姓,都是官宦旧族。张杨企图霸占这两家的妇女和财产,常林就为陈、冯两家出谋划策,虽然被围困了六十多天,但是终于保全了两家的性命和财产。

并州刺史高干上表举荐常林为骑都尉,常林没有接受任命。后刺史梁习又举荐州内的名士常林以及杨俊、王凌、王象、荀纬,太祖曹操都任命他们当了一县之长。常林任南和县令,因治理得卓有成效,被提升为博陵太守、幽州刺史,所到之处,政绩斐然。文帝曹丕官居五官中郎将时,常林担任功曹。太祖曹操西征时,田银、苏伯乘机反叛朝廷,幽州、冀州动荡不安。曹丕想亲自带兵去讨伐他们,常林说:"从前我先在博陵任职,后来又在幽州主事,对于贼寇的情况,是可以猜测推断的。北方的官吏百姓,喜好和平安定,厌恶战乱,受教化已久,安分守己的占绝大多数。田银、苏伯乃乌合之众,就像犬羊相聚在一起,阴谋虽大却才智不足,成不了什么大祸患。如今我军主力远离京师,外面又有强敌,将军在此坐镇天下,如轻易出兵远征,即使取胜也算不上大智大勇。"曹丕听从了他的劝告,便派手下将官前去讨伐,一到那里就把叛军消灭了。

常林以后出任平原太守、魏郡东部都尉,后又回京师担任丞相府的东曹。魏国建立以后,被授予尚书之职。曹丕称帝后,他被提升为少府,被封为乐阳亭侯,后又转任大司农。明帝曹叡即位后,常林被晋封高阳乡侯,升光禄勋、太常。

司马懿因为常林是同乡中德高望重的长辈,每每遇到他也要跪拜见礼。有人就对常林说:"司马公地位高,权力大,你应该阻止他向你行跪拜之礼。"常林说:"司马公自己愿意诚恳地叙行长幼之礼,以此为年轻人树立榜样。地位高贵并不是我所惧怕的,对我跪拜也并不需要我来制止。"说话的那人恭敬而局促不安地走了。当时朝臣们都认为常林节操清峻,想要公推他列入三公,但常林却推说自己病得很重,谢绝了。以后他又被授予光禄大夫之职。八十三岁那年,常林去世,被追赠为骠骑将军,朝廷像对待公爵那样为他举行了葬礼,谥号为贞侯。其子常峕继承了他的爵位,官至泰山太守,因触犯刑律而被诛杀。常峕的弟弟常静便继承了常林的爵位。

杨俊,字季才,河内郡获嘉县人。曾受教于陈留的边让,边让很器重他,认为他是个奇才。杨俊因为兵乱四起,而河内郡又处于四通八达的要冲,迟早会成为战场,便扶老携幼来到京、密一带的大山里,同行的共有一百余家。杨俊热心救济贫困人家,和他们不分彼此,共通有无。宗族中有六户人家被掠去做奴仆,杨俊拿出全部家财把他们都赎了回来。

司马懿十六七岁时,和杨俊相遇,杨俊说:"这可不是个平平常常的人。"司马朗很早就有了名声,但对他的族兄司马芝,大家却不太了解。只有杨俊说道:"司马芝虽然以往的声望不及司马朗,但实际才能却比司马朗更优秀。"后来杨俊转到并州避乱。本郡有个王象,少小孤贫,给人家当仆役,十七八岁时,主人让他放羊他却偷偷地读书,因此被主人用木棍痛打一顿。杨俊赞赏他的潜质,当即把他赎出来带回家中,替他娶了媳妇成了家,然后就和他分别了。

曹操最初任命杨俊为曲梁县长,后又进京担任丞相掾属,被举荐为茂才后,又出任安陵县令,升南阳太守。在任期间,他宣扬德教,建立学校,受到官员和百姓的称赞。后升任征南军师。魏国建立后,杨俊调任中尉,负责治安。曹操征伐汉中,魏讽在邺谋反,杨俊到任所弹劾自己的失职之罪。刚被免罪,他便给太子曹丕写信要求辞去官职。曹丕很生气,说:"杨中尉说走就走,为人未免太故作高深了吧!"于是将杨俊降为平原太守。曹丕称帝后,他又重任南阳太守。当时王象已经担任散骑常侍,他向曹丕举荐杨俊说:"臣下认为南阳太守杨俊,秉性纯粹,忠肃宽宏,诚以待民,仁而待物,提携后进,惠训不倦,外宽内直,仁而有断。从最初准备出仕开始,历任数职,所到之处,均能垂布教化。再任南阳太守以后,又能为朝廷广施恩德,以至远近之民和曾反对他的人,都能归附于他。如今他的守境之内清静安定,已无处施展他的才智,应该让他返回朝廷,在您身边尽力。"

杨俊从少年到成年,始终以遵从和弘扬人伦为己任。同郡的审固、陈留的卫恂原来都是当兵的出身,经过杨俊的提拔奖掖,都成了优秀人才,审固历任郡守,卫恂也当过御史和县令。杨俊为人明鉴仗义,大多如此。

当初,临淄侯曹植和杨俊的关系很友善。太祖曹操尚未确定太子的时候,曾经为此秘密地探问各个职司府署。杨俊虽然把曹丕和曹植相提并论,说他们各有所长,但是因为他把曹植说得也很美好,曹丕因此便常常怨恨他。黄初三年(222),曹丕的车驾到了宛城,因为街市上没有准备足够的礼乐迎接圣驾,曹丕大怒,便把杨俊收监下狱。尚书仆射司马懿,常侍王象、荀纬都为杨俊求情,以至叩头流出血来,曹丕却始终不肯答应。杨俊说:"我已经知罪了。"于是自杀身亡。众人都为他的死感到冤屈和悲痛。

杜袭,字子绪,颍川郡定陵县人。曾祖父杜安,祖父杜根,都是当年闻名于世的人物。杜袭到荆州避乱,刘表用上宾的礼节招待他。同郡的繁钦好几次对刘表说他是奇才,杜袭便对繁钦说:"我所以和你都来投奔荆州刘表的原因,只为能够藏身不显,相机而动,怎么能把刘牧当作平定乱世的主公,而规劝长者归附于他呢?你如果发现能人却不去投奔,就和我不是同类人。我这就和你绝交!"繁钦慨然说道:"那就请你看着办吧。"杜袭于是又南行到了长沙。

建安初年(196),太祖曹操迎接天子迁都许昌。此时杜袭也逃回家乡,曹操便任命他为西鄂县长。西鄂靠近魏国的南部边境,常有敌寇纵横袭扰。当时西鄂的长官就把百姓都聚拢起来以保卫城池,不能进行正常的农业生产,致使田园荒芜,百姓穷困,仓储空虚。杜袭知道要为老百姓做些好事才能体现朝廷的恩德。为使他们摆脱困境,就让年老体弱的百姓分散到城外去耕田种地,留下青壮年坚守城池。官员和百姓们都很高兴。不久,荆州派出一万人马前来攻城,杜袭就把城内官员、百姓中担任守城任务的五十多个人全召集在一起,和他们立盟起誓,又允许这些人的亲戚中如有要求出城自保的可以随意调出,于是这五十多人全都跪在地下叩头,情愿拼死守城。杜袭便亲自拿着守城的弓箭和礌石,率领大家勠力抗敌。官员、百姓感恩戴德,都豁出命来参加战斗,临阵斩杀了数百敌兵,而杜袭这边也死了三十多人,剩下的十八个人也全都身负重伤,贼寇这才得以入城。杜袭又带领受伤的官员、百姓突围出城,几乎全部战死,却没有一个人反叛投降。杜袭把散失的百姓收拢到一处,转移到摩陂扎下营寨。鄂西的官员、百姓听到消息纷纷赶来,就像回到自己的家里一样。

司隶钟繇上表请求任命杜袭为议郎参军事,荀彧也出面举荐杜袭,曹操便任命杜袭为丞相军祭酒。魏国建立后,杜袭担任侍中,和王粲、和洽一起供职。王粲强识博闻,因此曹操游览出入的时候,大多让他在车右陪乘,至于敬重的程度却仿佛不如对和洽和杜袭。杜袭曾被曹操单独召见,一直谈到半夜。王粲生性急躁好动,站起来对和洽说:"真不知道曹公对杜袭说些什么?"和洽笑着回答说:"天下的事怎么能够尽善尽美?你作为曹公的读书顾问就可以了,何必如此怏怏不欢,难道你想把杜袭的那份差事也兼任过来吗?"

后来杜袭兼领丞相长史,跟随曹操到汉中去讨伐张鲁。曹操回京后,拜杜袭为驸马都尉,留在汉中都督军事。经过他的安抚开导,老百姓中自愿从汉中迁往洛阳、邺城的,共有八万余口。

夏侯渊被刘备杀死,军队失去了主帅,将士们大惊失色。杜袭与张郃、郭淮纠集散乱人马,调整军事部署,暂时推张郃为都督,以统一军心,三军将士于是安定下来。太祖曹操要东还洛阳,准备挑选、任命一个留府长史以镇守长安,主管此事的官员挑选的人大多不合适,曹操便下令说:"放着好马不骑,何必匆匆忙忙到别处去寻找?"于是便亲自任命杜袭为留府长史,驻守关中。

当时将军许攸拥有大量私兵,不肯归附曹操,而且说了不少轻慢的话。曹操大怒,一开始想去讨伐许攸。大臣们多数建议:"可以招抚许攸,共讨强敌。"曹操把刀横放在膝盖上,脸色阴沉不肯听从。杜袭走进来也要提建议,曹操迎面先对他说道:"我的主意已定,你不必再说了。"杜袭说:"假如殿下的主意正确,臣下正可以帮您完成;假如殿下的主意不正确,即使定下了也应该修改。殿下阻止我,不许我说话,为什么不能等我把话说完呢?"曹操说:"许攸怠慢轻侮我,你看应该如何处置?"杜袭说:"殿下认为许攸是个什么样的人?"曹操说:"是个凡人。"杜袭说:"只有贤人才能知道贤人,只有圣人才能知道圣人。许攸是个凡人,他怎么能知道非凡的人呢?如今豺狼挡路却要先除去狐狸,别人将会指责、嘲笑您避强攻弱,以致进兵称不上英勇,退兵称不上仁慈。臣下听说有千钧力量的弓弩不去射杀小小的家鼠,有万石容积的大钟不用草茎撞击出声,如今区区一个许攸,哪用得着劳动殿下的神武大驾呢?"曹操说:"有理。"于是派人前去厚抚许攸,许攸当即归附了曹操。

当时夏侯尚受到太子曹丕的宠信,两人关系非常亲密。杜袭说夏侯尚不是个有益的朋友,不值得特殊优待,并把这事报告了曹操。曹丕起初很不高兴,后来有了追思和反省。这件事已经载入《夏侯尚传》。

杜袭为人处世以柔取胜,不当面抵触,都像前面说的那样。曹丕做了魏王以后,封杜袭为关内侯。称帝以后,又任命杜袭为督军粮御史,封武平亭侯,后又任命杜袭为督军粮执法,并让他入朝当了尚书。明帝曹叡即位后,杜袭被晋封为平阳乡侯。诸葛亮出秦川,大将军曹真都督各路人马拒抗蜀军,提升杜袭为大将军军师,又把杜袭的食邑分出一百户来给他的哥哥杜基,封杜基为关内侯。曹真死后,司马懿代替了他的职务,杜袭仍然担任军师,并增加食邑三百户,和从前的加在一起总共五百五十户。以后杜袭因患病被征召回朝,拜太中大夫。死后,追赠为少府,谥号定侯。其子杜会继承了他的爵位。

赵俨,字伯然,颍川郡阳翟县人。因避乱来到荆州,与杜袭、繁钦共同生活,合为一家。曹操一开始迎接献帝迁都许昌时,赵俨就对繁钦说:"曹操应时顺世,必能匡济华夏,我知道我的归处了。"

建安二年(197),赵俨二十七岁时,扶老携幼去投奔曹操,曹操任命他为朗陵县长。县内有许多强横狡诈不守法纪之徒,为害乡民,无所忌惮。赵俨就把其中闹得最凶的歹徒抓起来关进监牢,立案审查后,证明都够得上定死罪。赵俨把他们关起来后,不久又上表郡守,请求把这些人都放了,从此恩威并著。当时袁绍举兵南侵,派使者引诱招收豫州各郡,各郡大都同意听从他的调遣。只有阳安郡不为所动,但都尉李通又急于向老百姓按户收税。赵俨面见李通说:"如今天下动荡不安,各郡先后反叛,有心归附朝廷的地方再要征收户税绵绢,恐怕会引起一些人的怨恨。况且远近都有忧患危险,这些都不能不考虑呀。"李通说:"袁绍和大将军曹操相持不下,军情紧急,左右郡县又先后背叛。假如我们再不征收户税绵绢运送给朝廷,那些爱探听消息的人一定会说我们是在看风头,有什么别的企图。"赵俨说:"事情也正如您考虑的那样,然而还是应当权衡轻重,稍稍暂缓征税,我愿意帮您解决这个难题。"于是就写了封信给荀彧说:"现在阳安郡应该把征收的绵绢送往朝廷,但是道路艰难,多有险阻,必然招致敌寇的袭扰。眼下百姓穷困,周围邻近的郡县一同反叛,我们阳安郡也很容易被倾覆,这可是关系一方安危的紧要关头啊。况且本郡百姓执守忠节,虽处险境依然不生二心。对微小的善事也一定要有所奖赏,那么心怀忠义的人就会受到勉励。善于治理国家的人,一定要藏富于民。我们觉得朝廷应该垂怜抚慰本郡的百姓,将已经征收的绵绢全部退还给他们。"荀彧答复说:"我即刻将此事上报曹公,公文下发你郡,将绵绢全数退还百姓。"阳安郡的官员、百姓听到这个消息,上上下下,欢天喜地,郡内于是人心安定。

以后赵俨入朝任司空掾属主簿。当时于禁屯驻颍阴,乐进屯驻阳翟,张辽屯驻长社,各位将军负勇任气,谁也不服谁,多不愿协作共事。于是曹操便派赵俨一并参与这三个地方的军务。每每开导劝谕,三位将军于是渐渐互相亲近和睦起来。

曹操征讨荆州,派赵俨兼任章陵太守,并提升他为都督护军,监领于禁、张辽、张郃、朱灵、李典、路招、冯楷七路人马。后又担任丞相主簿,调任扶风太守。曹操把原来在韩遂、马超手下当兵的五千多人迁调出来,派平难将军殷署等督领指挥,派赵俨为关中护军,统率各军。其间羌兵多次前来侵扰,赵俨率殷署等一直追到新平,大破羌敌。有个被招募来屯田的外地农民吕并自称将军,聚集党羽抢占了陈仓,赵俨又率领殷署等对他们发起进攻,贼寇当即就被消灭了。

当时朝廷下书传令给赵俨,命他派一千二百名士兵前往汉中协助驻守,赵俨便让殷署负责监督护送他们。被选中的士兵一下子要和自己的妻儿老小分别,个个愁容满面。殷署带兵出发刚走了一天,赵俨担心士兵有变,就亲自追到斜谷口,挨个慰劳士兵,又再三叮嘱告诫殷署,然后才返回借宿在雍州刺史张既的家里。

殷署带兵又往前走了四十里,士兵果然叛乱,殷署一时间也不知去向,吉凶未卜。而跟随赵俨一起来的一百五十名步兵、骑兵,又都和叛乱士兵同在一个军营里共过事,有的还是姻亲。知道这个消息后,各个惊慌失色,披上铠甲,拿上兵器,自己也无法平静下来。赵俨打算追上去平定叛乱,但张既等认为:"如今本营士兵也不安稳,你一个人去了也没有用处,还是先探听一下消息再说。"赵俨说:"我虽然也怀疑本营的士兵和叛乱者同谋,一听说出发的士兵叛乱,也会跟着叛乱。可还有些士兵不愿叛乱却又拿不定主意,应该趁他们犹豫不决时,赶快去安抚。况且作为他们的主帅,既然不能安定叛乱,就是身受祸难,那也是命该如此呀。"于是毅然前往。

走了三十里后,赵俨让士兵停止前进,放马休息,然后把所有跟随他来的人都叫到一起,向他们论说成败,晓以利害,恳切地安慰鼓励他们。士兵们异口同声、慷慨激昂地说:"生死都愿意跟随护军,绝没有二心!"赵俨带兵继续前进,来到先行的各营,让主将各自召集检束部属,将聚集叛乱的八百余人,分开散布在原野里,只把其中带头叛乱的罪魁祸首抓起来治罪,其余一概不问。各郡县听到这个消息,也把收押的逃兵都放了,于是这些人也都互相跟随着回营归降。

赵俨秘密地向朝廷报告:"宜派大将前来我营,再请派朝廷旧兵镇守关中。"曹操接到报告,便派将军刘柱带领二千人前来支援赵俨,并让他们一到营地就把原来的士兵送往汉中,不料走漏了消息,各营士兵又惊又怕,怎么安抚也不成。赵俨就对众将说:"咱们这里朝廷的旧兵本来就少,东面的援兵又不能很快赶到,因此各营不少士兵正在图谋叛乱,假如真的发生叛乱,灾祸就难以预料了。应该乘他们犹豫不决时,及早解决。"于是当众宣布要留下一千名温良厚道的新兵镇守关中,其余全部派往汉中。赵俨又去见有关的主管官员,把各营士兵的花名册按姓名籍贯等重新分类排列,使他们有所区别。批准留下来的士兵放了心,便一心一意听从赵俨的指挥。那些应该前往汉中的士兵也不敢轻举妄动,赵俨在一天之内便把他们全部送走上路,又将留下来的一千人稀稀拉拉地分布在各个营中。等朝廷援兵十天后从东面赶来,赵俨才又胁迫催逼着把留下来的一千士兵也一起送往汉中,陆续加起来总计有两万余人。

关羽将征南将军曹仁包围在樊城，赵俨以议郎的身份南行去参与曹仁的军事行动，和平寇将军徐晃领兵一同前往。到达樊城后，关羽把曹仁围困得更加牢固，其他地方的救兵也尚未赶到。徐晃率领的人马不足以解樊城之围，而众将又催促徐晃赶快出兵救援。赵俨就对众将说："如今敌寇把樊城围困得异常牢固，比积水还要严密。我军步卒势单力薄，而曹仁又被隔断不能同力破敌，仓促出兵救援对内对外都很不利。目前不如命前军进逼包围圈，暗地里派间谍通报曹仁，使他知道城外救兵已到，以此来激励将士。算来北路援军不过十天也会赶到，城内兵将在这段时间内足以据城坚守。然后里应外合，一齐发起攻击，敌寇一定会被打退。如果受到救援迟缓的责难，我愿为各军承担责任。"众将都很赞成，于是一面挖掘地道，一面用弓箭把书信射入城中通报曹仁，几次互通消息后，北路援军也赶到了城下，各军合兵一处，大战关羽。关羽的兵马被打退后，蜀军的舟船仍占据着沔水，樊城与襄阳的水路被隔断不能通行，而孙权又乘机袭取了关羽的辎重，关羽听到消息后，当即从南路返回。曹仁召集众将商议军情，大家都说："如今关羽处境危急，一定会惊慌失措，追击后定能将他活捉。"赵俨说："孙权趁关羽连续作战处境困难，想要偷偷地断了关羽的后路，又顾虑关羽回兵救援，怕我军乘他们两军疲惫之机采取行动，因此和我们合作，愿为我们效力，而实际上暂在一旁随机应变，以观胜败。如今关羽已然成为孤军，更应该留下他作为孙权的心腹之患，如果穷追不舍，孙权就会改变想法，怕关羽被打败后我军将攻击东吴，他就会为我军制造麻烦。我想魏王此时也一定在为此事而深深忧虑。"曹仁于是暂缓追击。曹操听说关羽败走，唯恐众将追赶，果然急忙派人传令给曹仁，就像赵俨所策划的那样。

文帝曹丕即王位后，赵俨官居侍中，不久，曹丕任命他为驸马都尉，兼任河东太守、典农中郎将。文帝黄初三年（222）赐爵关内侯。孙权侵犯边境，征东大将军曹休统率五州大军防御抵抗，征召赵俨为军师。孙权率众退兵后，大军返回，赵俨被封为宜土亭侯，转为度支中郎将，升尚书。后赵俨跟随曹丕征伐东吴，到达广陵后，重新留任征东军师。明帝曹叡即位，晋封赵俨为都乡侯，食邑六百户，监荆州诸军事。正赶上赵俨患病，未能成行，便重又担任尚书，监豫州诸军事，后又转任大司马军师，入朝担任大司农。齐王曹芳即位，授权赵俨监雍州、凉州诸军事，后转任征蜀将军，又转任征西将军，都督指挥雍、凉各军。正始四年（243），赵俨因年老多病请求返回京师。于是被征召为骠骑将军，升任司空。死后，谥封穆侯。其子赵亭继承了他的爵位。

当初，赵俨与同郡的辛毗、陈群、杜袭一同知名于世，人称"辛、陈、杜、赵"。

裴潜，字文行，河东郡闻喜县人。因避乱来到荆州，刘表待如上宾。裴潜私下里对和他亲近的王粲、司马芝说："刘牧不是霸王之才，又要以周文王自居，不要多长时间就会被打败。"于是南行到了长沙。曹操平定荆州后，任命他为参丞相军事，后出京历任三县县令，又回京任仓曹属。曹操曾问他说："从前你和刘备都在荆州，你认为刘备的才略如何？"裴潜说："如果让他盘踞中原，只能生乱而不能治乱；如果让他乘机守住险要之地，足以成为一方之主。"

当时代郡大乱，曹操便任命裴潜为代郡太守。乌丸王及其首领总共三个人，都自称单于，专权统制代郡的政务。前任太守不能行使权力。曹操便想授权让裴潜带领精兵前去镇压讨伐。裴潜推辞说："代郡人口众多，稍有行动便能聚集上万兵马。单于自知放肆横行日久，自己心里也不安宁。如今多带兵马前去，他们一定会因害怕而拒绝我军入境，兵马带少了他们又不放在眼里。依我看应该用计谋解决问题，而不能用军队来威迫。"于是只身乘车前往代郡。单于又惊又喜，裴潜用平静和缓的言语安抚他，单于和他的部下都摘下帽子，屈膝下拜，以额触地，全部归还了前后几次掠夺的妇女、器械和财物。裴潜按律诛杀了代郡与单于内外勾结的高官郝温、郭端等十余人，北方边境地区大为震惊，老百姓心归汉室。

裴潜在代郡做了三年太守后，回朝任丞相理曹掾。曹操称赞褒奖了裴潜治理代郡的功劳，裴潜说："我对百姓虽然宽宏，但对胡人却很严峻。如今谋臣们一定认为我于理过严，于事过宽。其实胡人一向骄横恣肆，管治过宽必然导致松弛散漫，既然松弛散漫又只能把他们绳之以法，这就是诉讼纷争所以产生的原因。从现在的形势判断，代郡一定还会发生叛乱。"听完这番话，曹操十分后悔不该这么快就让裴潜回来。几十天以后，果然又传来三个单于造反的消息。曹操只得派鄢陵侯曹彰为骁骑将军，前去征伐他们。

以后裴潜出京担任沛国相，调任兖州刺史。曹操途经摩陂，对兖州整齐的军阵赞叹不绝，特地加以赏赐。曹丕称帝后，裴潜入朝任散骑常侍，又出京任魏郡、颖川典农中郎将，掌管屯田地区的农业生产、民政和田租，他不断向朝廷举荐人才，从此农官的仕途逐渐宽广通达起来。后调任荆州刺史，赐爵关内侯。明帝曹叡即位后，裴潜入朝担任尚书。后出任河南尹，转任太尉军师、大司农，封清阳亭侯，食邑二百户。后又入朝任尚书令，进言庄正，量才任官，甄别人才能名实并重，制定判断官府事务的条文一百五十多条。后因父亲去世辞官守孝，拜光禄大夫。正始五年(244),裴潜去世,追赠为太常,谥号为贞侯。其子裴秀继承了他的爵位。裴潜临死留下遗言,命家人为他办丧事一定要节俭,因此墓中只置备了一个座位和几件瓦器,其余一无所有。

元帝曹奂咸熙年间(264—265),裴秀曾任尚书仆射。

评:和洽清廉平和,条理分明;常林学业精纯,节操坚贞;杨俊弘扬人伦,讲求仁义;杜袭温和平正,明识大体;赵俨刚毅正直,宽严有度;裴潜精明干练,富有恒心,都是一代的美士。至于说常林能够放弃三公的职位,以大夫之位告老还乡,更值得赞美!

卷二十四　魏书二十四

韩崔高孙王传第二十四

　　韩暨,字公至,南阳郡堵阳县人。同县豪贵陈茂,诬陷韩暨的父兄,几乎让他们受到极刑处罚。韩暨表面上不提这件事情,受雇于人做劳役以积累资金,暗地里结交敢死之士,于是追喊搜寻擒杀了陈茂,用他的人头祭奠父亲的坟墓,从此而显名。被荐举为孝廉,又被司空征召,都不应命。于是改变姓名,隐居避乱在鲁阳山中。山民纠合在一起,准备做盗贼。韩暨拿出自己的家财送给他们牛酒之类的礼物,请来他们的首领,给他讲清利害关系。山民于是解散,最终也没有为害作乱。为了躲避袁术的征召,韩暨迁居到山都县的山中。荆州牧刘表以礼来征召,于是韩暨又往南逃跑,居住在孱陵县界内,所到之处都受人敬爱,但刘表却非常恨他。韩暨惧怕了,于是从命,担任了宜城县长。

　　太祖曹操平定了荆州,韩暨被征召为丞相士曹属。后被选为乐陵太守,又调任为监冶谒者(监督管理冶铸的官)。以前冶铸,都是用马来推引鼓风吹炭的工具,每次将炭点燃吹旺,都要用一百匹马;改用人来推引,又太费人力;韩暨于是凭借着水流来推引,这种方法的效率是前两种方法的三倍。在职七年,国内所用的兵器械具都很充实。太祖曹操下令褒奖,加授他为司金都尉,地位仅次九卿。文帝曹丕继位后,封他为宜城亭侯。黄初七年(226),又升为太常,进封南乡亭侯,食邑二百户。

　　当时曹丕刚迁都洛阳,法令礼俗还不完备,而宗庙和祖先牌位都还在邺城旧都。韩暨上奏章请求迎接邺城四庙中的先祖牌位,建立洛阳庙,四季祭祀,亲奉祭品。他崇奉宣明正礼,废除不合礼制的祭祀,于礼法多有匡正。在位八年,因为疾病而退位。景初二年(238)春,魏明帝下诏书说:“太中大夫韩暨,修身浴德,志向气节高洁,年过八十,坚守道义更加坚定,真可以说是纯朴敦厚,越老而越发勤勉。因此授予他司徒的职位。"夏四月韩暨去世,遗嘱指令入殓时只穿平时的衣服,用土掩埋即可。追谥为恭侯。儿子韩肇继承爵位。韩肇去世后,他的儿子韩邦继承爵位。

崔林,字德儒,清河郡东武城人。年轻时成器较晚,宗族的人对他都不看重,只有堂兄崔琰很赏识他。太祖曹操平定了冀州,征召任命他为邬县县长,崔林贫穷无车马,步行去就任。曹操征讨壶关,询问哪位官员最有德政,并州刺史张陟推举崔林,于是提拔崔林为冀州主簿,又调任署别驾、丞相掾属。魏国建立后,又逐渐提升为御史中丞。

魏文帝登基后,崔林被任命为尚书,出任幽州刺史。北中郎将吴质统领黄河以北的军事力量,涿郡太守王雄对崔林的副官说:"吴质中郎将,是皇上所亲近和重用的显贵大臣,持节统领军事,州郡官吏无不奉上书信向他致敬,而崔林一开始就不与他联系。如果吴质以不整治边塞的罪名来杀你,崔林又怎能来保护你呢?"副官将这番话告诉了崔林,崔林说:"我把脱离幽州刺史这个官职,看得如同脱鞋一样,怎能牵累你呢?幽州与胡虏(边塞少数民族)接壤,应该以平和宁静的方法来治理,扰乱他们就会使他们生出叛逆之心,徒然地给国家造成北方边塞的顾虑和忧患,在这个问题上放心不下。"在崔林任职期间,胡虏没有兴兵叛乱。但崔林还是因为不与上司联系,降为河间太守,议论的人都为崔林抱不平。

崔林被任命为大鸿胪。龟兹王派侍子来朝见。朝廷嘉奖他们远道而来,褒赏给龟兹王非常厚重的礼物。其余各国都派侍子来朝见,来往使节络绎不绝。崔林担心这些派遣使者来的国家并不是真心归顺,只是想暂时取得魏国的庇护以对付胡虏,因此才互通使节,求得魏国封的印绶,而朝廷派人护送使者,一路上保卫护送,所受的损失更多。动用人力、花费钱财来干这些无益之事,被夷狄胡人所取笑,这是过去就忧虑的事情。于是写信告诉敦煌郡,并记载前代给予诸国赏赐或丰厚或略薄的旧事,使这件事有个常规。魏明帝即位后,赐给崔林关内侯的爵位,又转授光禄勋、司隶校尉。所属各郡都免除不守法度的官员,整肃有错误的官员。崔林为政看重诚信,识大体,所以他离职后,部属官员每每怀念他。

散骑常侍刘劭作《考课论》,魏明帝诏令下达给各级官吏。崔林议论说:"考察《周官》中关于考验官吏成绩的内容,条文已经很完备了,自周康王以后,就逐渐地衰落,这就是为什么考验官吏成绩的法令,因人而生效,因人而失效。到了汉末，难道是因为官吏的组织法规不健全而招致失败的吗？现今的军队，有的鄙陋，有的仓促，准备了法令条规，在内外申明，但又增减无常，本来就难于一致。而且，万目不张时，应当举其纲，众毛不整时，应当抖振衣领。皋陶（传说舜之臣，掌刑狱之事）在虞做官，伊尹在殷为臣，不仁的人都远远地离去。三皇五帝未必一致，而各有政治的清明与纷乱。《易经》上说：'天下的道理都是容易而简明的。'太祖根据情况制定法令，到今天还在使用，也不怕别人说他不效法古人。我认为如今的法令制度，不能说是简略、不精密，只在于坚持如一地去执行而不要放弃。如果朝中大臣都能像仲山甫（周宣王时卿士）一样承担重任，即使有一百条法令，又有谁敢不恭敬职守？"

景初元年（237），司徒、司空的位置都空缺，散骑侍郎孟康推荐崔林，奏道："所谓宰相，是天下人所仰望效仿的对象，实在应该寻求秉忠办事、行为端正、品德高尚、主持正义，足以成为全国表率的人来担任。我暗中观察司隶校尉崔林，秉性正直，胸怀宽广。论他的长处比之于古代贤人，忠直不阿与史鱼（春秋时卫国的大夫，以正直敢谏著名）为同类，清廉俭朴、坚守法约则与季文（春秋时鲁国大夫，以俭约著称）匹敌。任州郡的长官，所在的州郡都得到治理，出任地方官时，管区内和敬整齐，实在是台辅（三公宰相之位）的杰出人选，衮职（三公之职）的良才。"于是崔林第二年为司空，被封为安阳亭侯，食邑六百户。三公被封为列侯，是从崔林开始的。不久，又晋封为安阳乡侯。

鲁国相上书说："汉朝过去立孔子庙，褒成侯（孔子后代的封号皆为褒成侯）一年四季崇奉祭祀，学校行礼仪，必定祭祀先师（指孔子），由王家提供谷物等祭祀品，春秋两季举行大祭仪式。如今宗圣侯崇奉祭祀，没有祭祀的礼仪，应该给予祭祀用的牲畜祭品，让高级官吏去敬奉祭祀，将孔子尊奉为贵神。"魏明帝命令司马、司空、司徒三公之府讨论这件事情。博士傅祇认为，按照《春秋传》上所说享受祭祀的礼仪和制度的要求，孔子是符合享受祭祀的条件的。宗圣侯是想承续已经断绝禄位的世家，彰明孔子的盛德而已。至于显扬孔子的学说，崇敬孔子完美的德行，就应该依鲁国相上书中所说的那样去做。崔林认为："宗圣侯也是按照王命祭祀的，不能说是没有王命。周武王加封黄帝、尧、舜的后代，设立三恪（封前代三个王朝的子孙，给以王侯名号，称为三恪），夏禹、商汤之世，没有给当时的三皇后代封王侯名号，又特意命令没有专职的散官去祭祀。如今周公以上，一直到三皇，忽略而不祭祀，而礼仪也还记载在《周礼》之中。现在唯独祭祀孔子，是由于时代相近的缘故。以一个大夫的后代,享受没有极限的祭祀,礼仪上超过了七代的帝王,道义上也超过了商汤、周武,可以说是崇敬光大、报答恩德了,不需要让不是他后代的人再祭祀了。"

魏明帝又配分给崔林食邑,封他的一个儿子为列侯。正始五年(244)崔林去世,追谥为孝侯。儿子崔述继承爵位。

高柔,字文惠,陈留郡圉县人。父亲高靖,曾任蜀郡都尉。高柔留在家乡,对同乡人说:"如今英雄并起,陈留是个四面受敌之地。曹将军虽然占据了兖州,但他本来就有夺取天下的图谋,不可能安守而不行动。而张邈太守首先在陈留郡得到了自己的利益,我唯恐灾变就要在最近发生,想与各位一起出去躲避。"众人都认为张邈与曹操关系很好,高柔又年轻,不把他的话当回事。高柔的堂兄高干,是袁绍的外甥,在黄河以北召高柔去,高柔带着族人跟从了他。此时适逢高靖在西州去世,奔丧的道路很艰险,兵寇纵横,而高柔冒着艰险到蜀地去迎丧,一路上历尽磨难,三年后才回来。

太祖曹操平定袁氏,任命高柔为菅县县长。县里的人都听说过高柔的大名,有几个行为不正的县吏,都躲避起来。高柔教导说:"过去郗吉当政时,官吏曾经有过失,他都能够容忍。何况如今这几个官吏,对我并没有什么过失,召他们回来复职。"这几个县吏回来后,都激励自己改过,成为好的县吏。高干已经投降曹操,不久又在并州反叛。高柔自己投归曹操,曹操想借故杀掉他,就任命他为刺奸令史。高柔执法公允得当,官司中没有滞留的案件,曹操又征召他为丞相仓曹属。曹操准备派钟繇等人去讨伐张鲁,高柔进行规谏,认为现在仓促派遣大军,西边有韩遂、马超,他们会以为这是冲着自己来的,将会互相煽动叛逆,应该先招抚三辅地区,这些地方平定后,汉中地区就可传檄而定。钟繇入函谷关,韩遂、马超果然反叛了。

魏国刚建立,高柔任尚书郎。转任丞相理曹掾,曹操下令说:"说到治理和安定社会的教化,应该以礼义为首位;治理乱世的施政措施,以刑罚为先导。所以舜流放四个凶族,任命皋陶为卿士;汉高祖消除秦代苛刻的刑法,让萧何制定法律。丞相理曹掾高柔见识高明,公平恰当,深明法令典章,勤勉谨慎吧!"演奏军乐的官员宋金等人在合肥逃跑。按照旧法,军队出征而军士逃跑,要将他的妻儿老小投在狱中拷问至死。曹操担心这样还是不能制止逃亡,更加重了刑罚。宋金的母亲、妻子和两个弟弟都被抓到官府,主管官员奏请将他们全部杀掉。高柔陈述说:"士卒逃离军队,实在是可恨,然而我听说这些人中常有后悔的。我认为就应该宽恕他的妻儿老小,一来可以使这些逃贼心中不安宁,二来也可以引诱他们产生回返的心思。先前的处罚,已经断绝了他们回返的愿望,而再次加重刑罚,我唯恐如今在军中的兵士,看见一个人逃跑,处罚株连全家,就会带着全家一起逃跑,使得不能再杀他们。这种重刑并不是制止逃跑,而是助长了逃跑。"曹操说:"对!"立即停止处罚,不杀宋金的家人,蒙恩而活下来的人很多。

高柔被任命为颍川太守,后又回到洛阳任法曹掾。此时设置了校事官,卢洪、赵达等人听命伺察群臣微小过失,监察众官员,高柔规谏曹操说:"任命官员,分配职守,让他们各自有主管的事务。如今设置校事,这不是领导信任下面官员的做法。而且赵达等人屡屡以自己的憎爱擅自作威作福,应该检验惩治他们。"曹操说:"你对赵达等人的了解恐怕还不如我。要能够侦视揭发而且辨别众官所做的事情,派贤人君子去承担这项工作,那就不可能做到。过去叔孙通任用很多盗贼,是很有道理的。"赵达等人后来贪求财利的事情被发觉,曹操杀了他们以向高柔道歉。

魏文帝曹丕登基后,任命高柔为治书侍御史,赐给关内侯的爵位,又转职加授治书执法。民间屡屡有诽谤的谣言,文帝非常痛恨,一有传谣言的人就杀,奖赏告发的人。高柔上疏说:"如今传谣言的就杀,告发的人就奖赏,这既使有过失错误的人没有改正自新的道路,又将使凶残狡诈之徒相互诬陷欺骗的恶习逐渐地滋长,实在不是用来消除奸伪、减少诉讼的正大光明的治国之道。过去周公作诰命,称颂殷代有功德,全然不顾小人的怨言。在汉代时,太宗刘盈也修改了制裁诽谤谣言的法令。我认为应该修改制裁诽谤谣言、奖赏告发的法令,以隆盛上天养育万物的仁德。"文帝没有马上听从,而相互诬告的人越来越多。文帝于是下诏书命令说:"有敢于告发别人诽谤的人,以他所告发人的罪名给他治罪。"于是诬告的现象就消除了。校事刘慈等人,在黄初年间最初的几年中,检举了官吏民众中邪恶不正有罪行的人以万计,高柔都请求分清虚实再进行惩罚,其余犯法不重的人,不过罚款而已。黄初四年(223),高柔升迁为廷尉。

魏国初建时,三公没有什么事务,又很少处理朝政。高柔上疏说:"天地因为四季而有收获,国家元首因为有大臣辅助而振兴政治;成汤倚仗伊尹的辅佐,周文王、周武王依靠周公、姜子牙的力量,到了汉初,萧何、曹参两人一起以国家元勋的身份相继成为刘邦倚重的相国,这都是明王圣主在上任用贤臣,贤相良臣在下尽力辅助的事例。如今三公都是国家的栋梁，为民众所瞻仰，而将三公置之一边，不让他们执掌国政，各自安闲地保养高尚的志节，很少有进言献策的，这实在不是朝廷崇奉任用大臣的原意，也不是大臣辅佐人君、尽职尽责的办法。古时候国家有疑难问题，官员们总是按一定秩序，在一处讨论解决。从今以后，朝廷中有疑难的问题以及刑罚大事，应该经常咨询探问三公。三公在每月的初一、十五上朝日子之外，还可以特别请进朝中，议论国家政事的得失，广泛地讲清事实，也许能够有益于启发帝王，弘扬国家的教化。"文帝赞许并采纳了他的建议。

文帝因为过去的旧怨，想违法地杀掉治书执法鲍勋，而高柔坚持己见，不听从文帝的诏命。文帝非常愤怒，召高柔到尚书台。派遣使者秉承皇帝的旨意到廷尉府，让人将鲍勋拷打至死，鲍勋死后才遣送高柔回自己的官府。

魏明帝即位后，封高柔为延寿亭侯。此时博士都从师受业，高柔上疏说："我听说遵循先王之道、重视学术，是圣人宏大的训诲；褒扬礼乐典章、崇奉儒学，是帝王明晓的道理。汉末国家倾颓，礼乐典章被破坏，雄争虎斗，以战争为日常事务，致使文人学士不受重视。太祖曹操刚兴起时，忧患的就是这些事情，在治理乱世的时候，让各郡县一起设立教学之官。高祖曹丕即位后，就进一步发展这一事业，恢复兴建学校，每州都设有考核制度，于是天下的学士，再次受到正规的学校教育，重新实行祭祀的各种礼仪。现在陛下执掌国政，能够发挥您的智慧，推行伟大的计划，将先帝的法度发扬光大，即使是夏启、周成王的继承前业，也实在是无法超过您。然而现在博士都通晓经术、修整品行，国内精选人才，而升迁官员又限定不超过县长一级，恐怕这不是用来崇奉显扬儒术，鞭策激励懈怠懒惰的方法。孔子说：'提拔好的有才能的来教诲，没有才能的就加以勉励。'所以楚国礼待申公，文人学士锐意进取；汉代尊重卓茂，士大夫们竞相仰慕。我认为所谓博士，是将道义集于自身，以儒家的六经为宗旨，应该根据他们学业和品行的优劣，分别对待，要不拘常规来安排官职。尊崇伦理道德的教化，用以勉励学者，弘扬教化。"魏明帝采纳了他的建议。

后来魏明帝大建宫殿，百姓劳役繁重；又大选美女，充塞后宫；而后宫的皇子连连夭折，还没有继承人。高柔上疏说："吴、蜀这两个敌人奸诈狡猾，暗中偷偷地讲兵习武，谋划挑动战事，并没有想束手停止。我们应该召集训练将士，修缮整治兵器铠甲，做好一切准备来等待他们。而近来修造宫殿，上上下下不胜劳役之苦，如果让吴、蜀了解了虚实，就会一起谋划，合并势力，再次一同来拼死,实在不能轻视啊。过去汉文帝悯惜资财,不营造小小的台榭供自己娱乐;霍去病忧虑匈奴的祸害,没有闲暇来考虑修建府第的事情。何况如今所损失的并不只是百两黄金这样的小费用,所忧虑的也并不只是北狄这样的小祸害呀! 可以简单地装修已建好的宫殿,用来举行朝会和宴会。请修造者回去,从事农业生产。等吴、蜀平定了,还可以逐渐地修造。过去轩辕因为有二十五个儿子,帝位才能传之久远,周王室因为有四十个姬姓诸侯国,所以周朝的年代很长。陛下聪慧贤达,深究事物的义理和人的本性,而近来皇子接连夭折,又没有感应生儿子的祥兆。百官们的心情,无不抑郁悲伤。按照《周礼》上所说,作为天子,后妃以下有一百二十人,嫔嫱已经很多了。我听说如今后宫后妃嫔嫱的数目,或许已经超过了这个数目,皇上后嗣的不昌盛,恐怕就是由于这个原因。我认为可以好好地选择美女,以满足妃嫔的数目,把其余的全部送回家。育精养神,专心静气地生养皇子。这样的话,子孙众多的征兆就会来临。”魏明帝答复说:“我知道你忠诚老实,内心牵挂着王室,常常能够直言无隐;其他事也已知道了。”

当时禁止去天子苑囿中狩猎的法令非常严厉。宜阳县典农刘龟私下在禁区内射兔,功曹张京将此事告诉了校事。魏明帝隐匿了张京的名字,把刘龟抓来投在狱中。高柔上表请求魏明帝说出告发者的名字,明帝大怒说:“刘龟应该处死,他竟敢在我的禁地狩猎。将刘龟送到廷尉处,廷尉就应该拷问他,为什么还要说出告发者的名字,难道我是胡乱抓他的吗?”高柔说:“廷尉,是天下最讲求公平的官吏,怎么能够以皇上的喜怒来毁坏法律呢?”再一次上奏表,言辞深明恳切。明帝醒悟了,说出了张京的名字。高柔立即回去审讯,刘龟、张京两人各当其罪。

当时的制度规定,官吏遇上丧事的,一百天后都要开始工作。有个司徒吏叫解弘的遇上了父亲去世,后来军队有行动,命令他前去,他却以生病为由推辞不去。明帝下诏书愤怒地说:“你又不是曾参和闵损(二人皆为孔子弟子,以有孝著称),为什么要说因为哀痛过度而身体有病呢?”催促赶紧抓获解弘,要将他拷打至死。高柔见解弘身体非常虚弱,确实有病,就上奏表陈述这件事,认为应该宽恕解弘。明帝于是下诏说:“解弘真是孝子啊,宽恕他吧。”

当初,公孙渊的哥哥公孙晃,被他的叔父公孙恭派到京城做人质,起先公孙渊还没有反叛,公孙晃几次向魏明帝陈述了他想反叛的情况。等到公孙渊阴谋叛逆时,魏明帝不忍心在街市斩杀公孙晃,想把他投在狱中杀死。高柔上疏说:"《尚书》中说:'用惩处来讨伐他的罪行,用德行来表彰他的善举',这是帝王制度清明公正的法则。公孙晃及其妻儿与叛逆者是同类,实在是应该斩首示众,以免留下后患。而我私下听说公孙晃先前几次主动回来,陈述公孙渊准备叛逆的情况,虽然是叛逆者的同族,深究初意,还是可以宽恕的。说到孔子解脱司马牛的忧愁,祁奚解脱叔向的过失,在过去是优美高尚的义节。我认为公孙晃如果确实陈述过公孙渊的情况,就应该宽恕他的死罪,如果没有陈述过,就应该在街市当众斩首。现在进不发布赦免他的命令,退又不公布他的罪行,关押在监狱中,让他自杀,周围观察此事的国家,有的就会对这种举动产生疑惑。"明帝不听,最终还是派人送给公孙晃及其妻儿黄金的粉末,让他们吞饮自杀,赐给棺木、衣服,在自己家中入殓殡葬。

此时,在禁地宰杀鹿的人都要被处死,财产没收充公,有能够发觉并且告发的人,给予丰厚的赏赐。高柔上疏说:"圣明的帝王治理国家,无不发展农业,节俭用度,积蓄资财。农业发展了则粮食囤积,用度节俭则资财蓄存,蓄存资财囤积粮食而依然存在忧患的思虑,这是从来没有的事情。在古代,一个农夫不耕作,就有人因他而受饥;一个妇女不纺织,就有人因为她而挨冻。最近以来,百姓们要服众多的徭役,种田的人已经减少,加上近来又有了狩猎的禁令,群鹿侵害作恶,残食秧苗,处处为害,损失已无法估量。百姓虽然设障防备,但力量有限,无法抵挡。以至于荥阳周围几百里,年成不好颗粒无收,百姓的命运,实在令人同情。如今天下生财之道很少,而因为麋鹿受损失的又很多。一旦发生战争,或者遇上凶年的灾祸,将没有办法对付。陛下应该察览先代圣明君主所想、所惦念的是什么,怜悯耕种劳作的艰难,放宽百姓们耕种的范围,让他们得以抓捕麋鹿,这样就消除了禁地,那么百姓们得到长久的利益,也无不欢欣鼓舞。"

不久,护军营士窦礼出营后没有回来。军营里以为他逃走,上表说要追捕他,收他的妻子盈和儿女为官家奴婢。盈接连到州府,呼冤为自己申诉,没有人来察看过问。于是她又申诉到廷尉处。高柔问道:"你凭什么知道你丈夫不会逃跑?"盈流泪回答说:"我丈夫年少时就独特超群,与众不同,奉养一个老太太,当作母亲,侍奉恭谨孝顺,又怜爱儿女,抚慰看顾从不远离,他不是轻薄狡诈不顾家室的人。"高柔又问道:"你丈夫与别人有怨仇吗?"回答说:"我丈夫很善良,与别人没有怨仇。"又问道:"你丈夫与别人在钱财上没有互助交往吗?"回答说:"曾经借钱给同营军士焦子文,让他还,一直没还。"这时焦子文正好因为一件小事被关在监狱中,高柔于是去见焦子文,问他所犯的罪行。焦子文回答完后,高柔又问道:"你是不是曾经向人借钱了?"焦子文说:"我觉得自己贫困,从一开始就不敢向人借钱物。"高柔看到焦子文脸色都变了,就说:"你过去就借过窦礼的钱,怎么能说没有?"焦子文对这件事情败露很惊讶,应对语无伦次。高柔说:"你已经杀了窦礼,乘现在的机会赶紧承认服罪。"焦子文于是叩头请罪,坦白自首了杀害窦礼的经过以及埋藏尸体的地方。高柔便派遣吏卒衙役,按照焦子文所说的地点掘地寻找,立刻找到了窦礼的尸体。明帝下诏书恢复盈母子为平民,向全国发布告,以窦礼的事情为戒。

高柔在廷尉官位上二十三年,转任为太常,十几天后又升为司空,后来又改任司徒。太傅司马懿上奏请求免除曹爽的大将军职务,皇太后诏令征召高柔假节执行大将军的事务,占据曹爽的军营。司马懿对高柔说:"你成为周勃了。"曹爽被杀后,高柔晋封为万岁乡侯。高贵乡公曹髦即位后,晋封为安国侯,转任太尉。常道乡公曹奂即位后,增加高柔的食邑与以前的合并共为四千户,前后封他的两个儿子为亭侯。景元四年(263),高柔九十岁时去世,追谥元侯。孙子高浑继承爵位。咸熙年间(264—265),开始设五等爵位,因为高柔等人在前朝有卓著的功勋,改封高浑为昌陆子。

孙礼,字德达,涿郡容城县人。太祖曹操平定幽州后,征召孙礼为司空军谋掾。当初丧乱时,孙礼与母亲走失,同郡人马台找到了孙礼的母亲,孙礼便把家财全部给了马台。马台后来犯法应当被处死,孙礼私下引导马台,让他越狱去陈说罪行,马台越狱后就说:"我没有逃跑的想法。"直接来到刺奸主簿温恢处投案陈说罪行。温恢赞许他们的行为,将这些情况如实向曹操汇报,各给他们降罪一等,免除死刑。

后来孙礼被提拔为河间郡丞,不久又升为荥阳都尉。鲁国的山中有几百个贼寇,凭借险要的地势,扰民作害;于是调任孙礼为鲁国相。孙礼到任后,拿出官府的钱财和谷物,发动官吏和百姓,悬赏要贼寇的脑袋,招纳投降的人,再让他们回去刺探情况,鲁国不久就恢复了太平。历任山阳、平原、平昌、琅邪诸郡太守。跟从大司马曹休在夹石征讨东吴军队,孙礼劝谏曹休不能深入作战,曹休不听从而战败。任为阳平郡太守,又入朝廷任尚书。

魏明帝刚开始修建宫殿时,节气不调和,全国粮食歉收。孙礼力争,免除百姓的劳役,明帝下诏书说:"恭敬地采纳正直的进言,迅速遣送百姓去从事农业劳动。"此时李惠是修建宫殿的监工,他又上奏表要求将修建宫殿的百姓再留一月，等宫殿完成再说。孙礼直接来到修建工地，不再上奏表请示，口称明帝已下诏书免去百姓的劳役，让他们回去，明帝认为孙礼的意图很不寻常，所以没有责罚他。

明帝在大石山狩猎，有一只虎跑到明帝的车子旁，孙礼便扔掉鞭子下马，想挥剑斩杀老虎，明帝下令让他上马。明帝临死之时，任命曹爽为大将军，还应该有良将来辅佐，又让曹爽在病床边接受遗诏，任命孙礼为大将军长史，加授散骑常侍。孙礼为人诚信磊落，正直不屈，曹爽认为他来辅佐自己多有不利，就让孙礼改任扬州刺史，加授伏波将军，赐给关内侯的爵位。东吴大将全琮率领几万军队侵犯骚扰，此时州里的兵士有的在休假，有的已派遣出去，留下来的没有多少人。孙礼亲自率领卫兵抵御，在芍陂与全琮交战，从早晨打到晚上，将士死伤过半。孙礼在兵刃中冲锋陷阵，战马多次被刺伤，他依然手执战鼓，奋不顾身，敌人于是退兵。皇上下诏书慰劳，赏赐绢七百匹。孙礼为死于这场战事的将士们举行祭祀，集众举哀悼念，他抑制不住心中的哀伤，失声痛哭，又把绢全部分给战死将士的家人，没有给自己留下一点。

孙礼被征召任命为少府，出任荆州刺史，转任冀州牧。太傅司马懿对孙礼说："如今清河、平原二郡为地界已争执了八年，更换了两任刺史，还是没有能解决；就像春秋时虞国和芮国争夺地界由周文王来决断一样，应该政令美善完满，公正分明。"孙礼说："诉讼者以荒废的冢墓为凭证，听讼者以先辈长老为证据，而又不可能对先辈长老加以刑罚，冢墓也有的为了靠近高敞之地而迁走，有的是为了避开仇敌而迁走，都不足为凭证。如今所听说的这些事情，即使是皋陶也将很为难。如果想要了结这场争端，应当凭借商汤当初分封平原的地图来决断。又何必要推论古代询问过去，来增加诉讼的证据。过去周成王用桐叶与叔虞开玩笑，周公就把唐封给了叔虞。如今地图藏在朝廷的仓库中，可以根据它来决断，难道还要等到了州郡才解决吗？"司马懿说："对啊，应当去辨别地图。"孙礼来到藏地图的仓库，根据地图争执的土地应该属于平原郡。而曹爽相信清河郡所说的，就下文书说："地图不能用，应当检验一下虚实异同。"孙礼上疏说："管仲是霸王的佐相，他的才能度量也很小，还能够夺取伯氏骈邑封地，使他终身没有怨言。我身为冀州牧，敬捧着圣朝明晰的地图，来验别二郡土地的分界，郡界确实以王翁河为界限；而鄃县却以马丹候为凭据，欺骗说以鸣犊河为界限。虚假作伪的诉讼，会迷惑和扰乱朝廷。我听说众口铄金，会不辨真假；浮石沉木，则是非颠倒；三人成虎，则流言可以耸动视听；慈母扔掉她的织布梭,说明传闻可以动摇原来的信心。如今平原、清河争界八年,之所以一下就得到解决,是因为有能解释分析的书和能够判断情况的地图,可以拿来研究考察,以取得证据,纠正疑误。平原在两河之间,沿河向东上流,其间有爵隄,爵隄在高唐西南,而二郡所争之地却在高唐西北。两地相距二十多里,真可说是令人慨叹惋惜,哭笑不得。根据分析与地图情况的判断而上奏表,而鄃县却拒不接受诏令,这是我软弱而不能胜任,我还有什么脸面再居位食禄而不理事。"于是立即束好腰带穿上鞋子,驾车等待解职离任。曹爽看了孙礼上的奏表,大怒,弹劾孙礼对上司心怀不满,判处五年徒刑。孙礼在家一年,很多人为他上言说好话,于是又被任命为城门校尉。当时匈奴王刘靖军队壮大,势力强盛,而鲜卑族又屡屡侵扰边境,于是任命孙礼为并州刺史,加授振武将军,让他持节行使护匈奴中郎将的职权。孙礼去见太傅司马懿,脸上有怨怨的神色,一言不发。司马懿说:"你得到了并州,觉得少吗?怨怒的理由是因为以前划分郡界而受到不公正的处分吗?如今将要远别,为什么不高兴啊!"孙礼说:"为何您说得如此乖巧轻微啊!我虽然没有什么德行,难道还能把官位和往事放在心上吗?本来我认为您能向伊尹、姜太公的行为看齐,辅助魏室,向上回报明帝的重托,在下建立万代不灭的功勋。如今国家却处于危难之中,天下动荡不安,这就是我所以不高兴的原因啊!"于是痛哭流涕。司马懿说:"暂且止住,我已忍无可忍。"曹爽被诛杀后,孙礼入朝廷任为司隶校尉,凡是到过的州郡,都有威信。升任为司空,封大利亭侯,食邑一百户。孙礼与卢毓是同郡人,又是同辈,而相互关系不和睦,为人虽然互有长处和短处,但名声和官位大体上相同。嘉平二年(250)孙礼去世,追谥为景侯。孙子孙元继承爵位。

王观,字伟台,东郡廪丘县人。年轻时孤单贫贱,却能磨砺志向。太祖曹操征召他为丞相文学掾,出任为高唐、阳泉、酂、任诸县县令,所仕之处都得到治理。文帝曹丕登基后,入朝廷任尚书郎、廷尉监,出任南阳、涿郡太守。涿郡北面与鲜卑疆界相接,屡屡有贼寇骚扰,王观命令边境居民十家以上屯居一处,在高处修建哨所。当时有的人不愿这么去做。王观于是故意派遣吏卒,让他们去帮助这些人家,不约定期限,只要把交代的事情做完了就各自回来。于是吏卒和百姓相互协作,不用监督,自相勉励。十几天之内,一下子全部完成了。防御有了准备,贼寇掠夺的事也就没有了。明帝即位后,下诏书视各郡县事务的多少把各郡县分成剧、中、平三等。主事者想把涿郡列为中或平,王观说:"涿郡靠近敌人,经常有敌人侵犯,为什么说它不能列为剧呢?"主事者说:

"如果把涿郡列为外剧郡，恐怕太守要有儿子作为人质。"王观说："说到做官的人，应该一切为了百姓。如今列在外剧，那么在服劳役、征户税方面就要下降削减。难道能为了我个人的利益而有负于一郡百姓吗？"于是涿郡被列为外剧郡，后来王观送自己的儿子到邺城去做人质。此时王观身边就只有一个幼小的儿子了。他的公正无私之心就是如此。王观修身自好，清静素朴，以俭朴为下面的官吏作出表率。下属官员学习他的作风，无不勉励自己。

魏明帝到许昌，征召王观为治书侍御史，主管行台狱。当时明帝多有仓促之举，喜怒不定，而王观却不阿谀逢迎。太尉司马懿奏请王观为从事中郎，升为尚书，又出任为河南尹，转任少府。大将军曹爽让材官张达削减国家建筑房屋的材料，挪来作为自己的私用物品，王观听说后，全部造册后将财物没收入官。少府统管三尚方（官名，掌管供应制造帝王所用器物，分为中、左、右三尚方）御府内藏的供玩赏的宝物，曹爽等人奢侈放纵，多次想求取，但又惧于王观守法严正，于是王观被调任为太仆。司马懿杀了曹爽，派王观行使中领军的职权，占据曹爽弟弟曹羲的军营，赐给他关内侯的爵位。重新任命他为尚书，加授驸马都尉。高贵乡公曹髦即位后，封王观中乡亭侯。不久，加授光禄大夫，转任为右仆射。常道乡公曹奂即位后，晋封为阳乡侯，增加食邑一千户，加上以前所封的合计二千五百户。升任司空，王观坚决推辞，皇上没有答应，派人到他家去授予官职。上任几天，皇上送给他印绶，王观立即坐车回到自己的住宅。王观在家里去世，遗嘱指令只要有一个能把自己身躯放进去的棺材就行了，不设宝物祭器，坟墓上不封土不植树。追谥肃侯。儿子王恬继承爵位。咸熙年间，设立五等爵位，因为王观在前朝功勋卓著，改封王恬为胶东子。

评：韩暨在野时静居幽隐，以德行感化众人，出来任职后，以胜任职守而受到普遍称赞；崔林简朴，有见识和能力；高柔深明法令和义理；孙礼刚强果敢而又高傲凌厉；王观高洁正直清廉，品行高洁。他们都能够做到三公。韩暨年过八十，还出任司徒；高柔以朝廷元老的身份位列司徒，保全官职二十多年，与徐邈、常林比较起来，这点上要稍逊一筹吧。

卷二十五　魏书二十五

辛毗杨阜高堂隆传第二十五

　　辛毗,字佐治,颍川阳翟人。他的祖上于建武年中从陇西东迁而来。辛毗和哥哥辛评追随袁绍。曹操任司空时,征聘辛毗,而辛毗没有应从。后来,袁尚在平原进攻他的哥哥袁谭,袁谭派辛毗找到曹操求和。曹操正要征讨荆州,军队驻扎在西平。辛毗见到曹操,转达了袁谭的意图,曹操十分高兴。过了几天,曹操转变了想法先平定荆州,让袁谭、袁尚相互猜忌。几天以后,曹操设宴款待,辛毗见曹操脸色不对,知道有些变故,于是把这些情形告诉了郭嘉。郭嘉又转告给曹操。曹操问辛毗:"袁谭可信吗? 袁尚一定能被打败吗?"辛毗回答说:"有识见的人不必问信与诈的问题,只需论其形势就够了。袁氏兄弟相互攻战,现在的问题不是说他人可以乘虚而入,而是应合并青冀二州为一体,那样就可以乘势平定天下。而今袁谭向您求救,其势可想而知。袁尚见袁谭困顿,却不能攻取,说明袁尚的势力也近衰竭。对外进攻不利,内部谋臣不和,互相杀伐,兄弟之间火并,一国分为两个领地。连年战争,士兵铠甲里生了虱子,加之遇上旱灾和蝗灾。饥荒临头,国库没有一点粮食,行军打仗,士兵身上也无干粮,真是上有天灾,下有人祸。不管是智者还是愚者,谁见了这种情形,都知道他们会土崩瓦解。这是上天要袁尚灭亡呵! 兵法称,没有粮食,即使有坚固的城堡和精锐的武装,也不能取胜。而今若攻打邺城,袁尚不回师解救,他自己就守不住;若回师解救,则袁谭又紧跟其后。以您的声威,迎击穷困疲惫的敌人,就好像秋风吹落叶一样容易。上天把袁尚这块肥肉赐给您,您不食取,反而却要攻打荆州。荆州富饶安乐,国内未有危险的变故。仲虺曾说:'攻取乱亡之地。'而今二袁不考虑未来,而是自相残杀,这就是所谓'乱';居住城里的人、行军在外的人都没有粮食,这就是所谓'亡'。二袁朝不虑夕,人心惶惶,这时不去安抚,还想等待来年。来年如果收成好了,他们也自知面临死亡,从此改邪归正,修行道德,您就会失去用兵的机会了。而今您应顺应袁谭的请求而给予安抚,这对您来说是最有利可图的事了。再说,四方的寇贼,没有超过河北的了。若河北之地能平抚下来,那么六军必然强盛,天下必然震恐。"曹操首肯道:"说得对。"于是同意袁谭的请求,屯兵黎阳。第二年攻打邺城,大获全胜。曹操上表荐辛毗为议郎。

过了一段时间,曹操派遣都护曹洪平定下辩,让辛毗和曹休当参谋,并下令说:"从前汉高祖刘邦贪财好色,幸亏有张良、陈平随时劝谏,得以挽回不少过失。而今辛毗、曹休佐辅的任务不轻呵!"大军回还后,辛毗任丞相长史。

魏文帝曹丕即位,任辛毗为侍中,赐以关内侯的爵位。当时朝议修改正朔问题。辛毗认为,曹魏遵循的是舜、禹禅让的传统,顺乎天意,大得民心。至于商汤、周武,靠武力打下天下,因此才面临着改正朔问题。孔子说:"依据夏朝的时辰。"《左氏传》说:"夏朝的历法合乎正统的天数(正月一日为一年之首)",何必要向相反方向修改呢?曹丕认为说得对,就听从了辛毗的意见。

曹丕想把冀州的十万户人家迁移到河南,用以充实其地。当时连年蝗灾,百姓饥饿困顿。在这种情况下,群臣认为移民不妥。但是曹丕仍坚持己见。辛毗与朝臣都要求拜见皇帝。曹丕知道他们又要来劝谏,就神情严肃地召见了他们。群臣反倒都不敢说话了。辛毗说:"陛下要移居士民,这个想法是怎么产生的呢?曹丕说:"难道你认为我的移民政策不对吗?"辛毗说:"确实不对。"曹丕说:"我不跟你讨论此事。"辛毗说:"您并不认为我是无能的,所以把我置于您的身边,专管出谋划策,又怎么能不跟我共议此事呢?我所说的绝不是为了个人私利,是为国家着想的呵。您为什么对臣下发那么大的火呢?"曹丕置之不理,站起来要进内屋。辛毗跟着走,又拉着曹丕的衣袖。曹丕用力甩开辛毗的手,不再回头,一怒进了里屋。过了很久,曹丕才出来,说:"辛毗,你抓我衣服为什么这么急切呢?"辛毗说:"如果大举移民,既失去民心,又没有粮食来供给他们。"曹丕于是决定只迁移五万人家。辛毗曾跟随曹丕射杀山鸡。曹丕说:"射山鸡是件令人快乐的事。"辛毗说:"射山鸡于您倒是十分快乐,可是我们大臣却感到很苦。"曹丕默然不语。以后就很少出来打猎了。

上军大将军曹真在江陵征伐朱然,辛毗任军师,班师后,辛毗被封为广平亭侯。曹丕想调动大军讨伐东吴,辛毗劝谏说:"吴楚等地的人,很难驾驭。以道德取胜,他们自然臣服;如果道德衰败,他们自然叛离。这种情况并不始自今日,古人就把他们视为心腹大患。而今陛下拥有天下,那些不对你致敬的人,能长久地存在下去吗? 从前南越尉佗称帝,公孙述号称天子,结果时间不长,要么臣服,要么被杀。为什么呢? 违背大道,所以不会长久保全。如有大德,没有谁不心悦诚服的。而今天下刚刚有所平定,土地空旷,人口稀少。一般情况下,如果要出军讨伐,朝廷必须事先制定克敌制胜的谋略,就这样,到出兵时还是要战战兢兢,生怕考虑不周,而今连这个起码的工作都未办理,我认为,实在无法取胜。先帝不止一次兴师动众,但每次只是打到江边就返回。而今,军队并没有比过去增多,但还要出师,是不易取胜的。今天的上策应当是,依照范蠡的办法,休养生息,让百姓安居乐业;依照管仲的成法,治理国事;再效法赵充国的屯田办法,申明孔子的安抚远方的政策。如果这样,十来年以后,现在的强壮之人,那时还不太老;儿童也已长大,到时又都可以参战,百万居民,都知道正义,官兵都知道为国奋战。这时用兵,则无往而不胜了。"曹丕说:"按照你的意思,难道还要把敌人留给我们的子孙去消灭吗?"辛毗回答说:"以前,周文王把商纣留给周武王消灭,他是深知时势的。如果时势不行,是可以容忍一时的。"曹丕不听,还是率众伐吴,结果到了江边,就返回了。

魏明帝即位,封辛毗为颍乡侯,食邑三百户,当时中书监刘放、中书令孙资极得明帝的宠信,专断朝政。诸大臣都想办法和他们二人套近乎,只有辛毗不与他们二人往来。辛毗的儿子辛敞劝道:"而今刘、孙主管朝政,众人巴结唯恐不及。您还是稍稍有所屈尊,和光同尘,要不然他们一定该诽谤您了。"辛毗严肃地说:"当今皇帝虽然说不上聪明,可也不是个昏庸顽劣之辈。我立身行道,自有自己的标准。就算是我与刘、孙二人不和,顶多不让我做三公而已,还能有什么危害! 哪有大丈夫为了三公的头衔而摧毁自己的气节呢?"冗从仆射毕轨上表说:"尚书仆射王思是很勤奋精明的旧臣,但是他的亮节计谋比不上辛毗,应让辛毗取代王思的职位。"明帝为此事询问刘放、孙资。二人说:"陛下任用王思,就是因为看中了他的实干精神,不看中虚名。辛毗确实有高风亮节,但性情刚直专断,陛下应慎重考虑。"结果没有起用辛毗为尚书仆射,而是出任卫尉。

明帝大修宫殿,百姓劳苦。辛毗上疏劝谏道:"我听说诸葛亮讲武治军,孙权到辽东买马,看他们的意思,好像是要扩充实力。随时做好准备,以防不测,这是古来就称道的善政。而今大兴土木,加之连年粮食歉收。《诗经·大雅》有这样的诗句:'劳民伤财,危及小康之民。如能安抚京城的士民,四方之民也就平息了。'愿陛下多为国家着想。"明帝回答说："东吴、西蜀还未消灭，这里则大兴土木，正可以给那些为邀取名誉而敢于直谏的人提供机会。帝王的首都，应当让老百姓分担责任，共同修筑，省得后世再劳民伤财。这是萧何为汉朝国都规划的基本策略，而今你是朝中重臣，应当理解这个意思。"明帝又想削平北芒山，在上面建造高台楼观，站在那里可以望见孟津。辛毗上谏说："天地有其本来的品性，该高的让它高，该低的让它低，而今反其道行之，既不符合天理，又劳民伤财，民众苦不堪言。再说，如果大河泛滥，洪水为害，丘陵都夷为平川，还怎么防御它呢？"明帝这才罢手。

　　青龙二年（234），诸葛亮率军出击渭南。在此之前，大将军司马懿反复请求出兵与诸葛亮作战，明帝不允许。这年怕阻止不了司马懿，于是任命辛毗为司马懿的军师。全军肃然，没有人敢违抗命令。诸葛亮死。辛毗还朝，又任卫尉。死后，谥号为肃侯。儿子辛敞继承爵位，咸熙年间（264—265）辛敞为河内太守。

　　杨阜，字义山，天水冀县人。任州从事时，为凉州牧韦端所派，到了许昌，被任命为安定长史。自许昌回来，关右各位将领问他袁绍和曹操谁会胜利，他说："袁公宽缓，但办事不果断，虽有计谋，由于不果断，所以没有威信，而且常常失败。现在虽然势力强大，但终究不会成就大事业。曹公雄才大略，做事决断，法律严明，兵强马壮，能任用常人想不到的各种人才，使他们各尽其能，所以一定能成就大事业。"他并不想任长史官，就辞职了。韦端又征召他为太仆。韦端之子韦康任刺史，又征召他为别驾。后被举荐为孝廉，在丞相府供职。州里上表把他留在州里参谋军事。

　　马超在渭南战败后，逃到边塞胡人那里，曹操追剿到安定，苏伯又在河间反叛，曹操要率军东还。这时，杨阜正作为使节在曹营，对曹操说："马超有韩信、黥布的勇猛，极得羌、胡等少数民族的拥戴，西部边境的人都敬畏他。如果您的大军回师后，不做严密的准备，陇上诸郡恐怕就不再是国家的地方了。"曹操深表赞同，但是曹操的军队撤离得很仓促，没有来得及做周密的布置。马超便率各部胡人首领带兵攻击陇上诸郡，各郡都纷纷响应，只有冀城一郡坚持固守。马超集中陇右的全部兵力，张鲁又派大将杨昂协助马超，有万余人攻城。杨阜率领官员和宗族子弟中能打仗的千余人，又让堂弟杨岳在城上修筑偃月营，与马超苦战。从正月到八月，死守城关，救兵不至。州里派别驾阎温沿水路逃出求援，结果被马超杀害。刺史、太守大惊失色，开始考虑向马超投降。

杨阜流泪劝谏说:"我率父兄子弟以节义相鼓励,死守不降,田单死守,还没有如此坚固呢!而今放弃马上就要建立的功名,给自己蒙上不义的罪名。我愿意以死相守。"于是号啕大哭。刺史、太守最终还是派人求降,打开城门让马超进来。马超进城,把杨岳抓起来,又让杨昂杀死刺史和太守。

杨阜内心怀着复仇的志向,只是一时找不到机会。不久,杨阜告假,请求埋葬亡妻。杨阜的外兄姜叙屯兵历城。杨阜从小在姜叙家长大。他见到姜叙和姜叙的母亲之后,叙说了冀城陷落的经过,悲泣不已。姜叙说:"何以如此悲恸呢?"杨阜说:"守城而又守不住,君长已死而不能同命,我还有什么脸活着呢? 马超背叛父辈,背叛国家,烧杀将士。这何止是我个人怕受人指责,全州士大夫都要蒙受耻辱。您带兵专管一方却没有讨杀贼逆之心,这正是史书上所说的'赵盾弑其君'的情况。马超虽强,但不讲信义,部下矛盾很多,所以很容易打败他。"姜叙的母亲很感慨,敦促姜叙听从杨阜的劝说。定下计谋后,又与同乡姜隐、赵昂、尹奉、姚琼、孔信,武都人李俊、王灵等联络结盟,共同讨伐马超。又派堂弟谟到冀城告诉杨岳内情,并联络了安定的梁宽,南安的赵衢、庞恭等。盟誓以后,于建安十七年(212)九月,杨阜和姜叙在卤城起兵。马超闻讯后亲自率军出去。赵衢、庞恭等救出杨岳,关闭冀城大门,抓住马超妻子和孩子。马超袭击历城,抓住了姜叙的母亲。姜叙的母亲骂道:"你是个背叛父亲的逆子,你是杀害君长的叛贼,天地不容,还不早死,还有什么脸见人。"马超大怒,杀死姜叙的母亲。杨阜与马超作战,五处受伤,宗族兄弟死了七人。马超南逃,投奔张鲁。

陇右平定,曹操封赏讨伐马超的功臣,封为侯者有十一人。杨阜为关内侯。杨阜辞让说:"我杨阜没有保护好州君性命,他们死后,我也没有尽节报效。在道义上我应被罢黜,在法律上我应被诛杀。马超又没被杀死。我实不该再受爵禄。"曹操说:"你与群贤臣共创大功,西部百姓至今挂在嘴边,以为美谈。子贡辞让封赏,孔子认为不妥。你尽心报国可嘉。姜叙的母亲劝姜叙早日起兵,实在是明智之举。杨敞的妻子也不过如此。贤能啊! 贤能啊! 有良史记录忠义,是不会忘记你们的节义的。"

曹操征讨汉中,任杨阜为益州刺史。回洛阳后,被任命为金城太守,还未去赴任,又被转任为武都太守。武都临近西蜀,杨阜请求依据龚遂的老办法,仅仅采取安抚政策。这时刘备派张飞、马超等从沮道逼近下辩,氐族雷定等七个部落响应马超。曹操派都护曹洪抗击马超,一举击退马超的进犯。曹洪大摆酒宴,让歌女穿着很薄的衣服踏鼓,在场的人大笑。杨阜严厉斥责曹洪说:"男女有别,这是国家的大节,怎么能在大庭广众面前让女人裸露形体! 即使夏桀、商纣的败乱,也没有比这更厉害的了!"于是愤然辞出。曹洪马上下令女伎停演,又请杨阜还座。在场的无不肃然起敬。

刘备攻取汉中,逼近下辩。曹操考虑到武都距敌人太近,想把人民迁移到内地,但又怕当地官兵眷恋故土。杨阜很有威望,顺利地迁移了官兵百姓,让他们居在京兆、扶风、天水等界内,多达万余户。治所移到小槐里,百姓扶老携幼随行。杨阜做太守仅抓大事,下面的人也不忍心欺骗他。魏文帝曹丕问侍中刘晔等人:"武都太守是什么样的人呢?"大家都一致称赞他是有才有德的人。还未来得及任用,曹丕就死了。在郡职待了十几年,才被召任为城门校尉。

杨阜经常看见魏明帝戴着绣帽、穿着半袖的缥绫衣服。他就问明帝:"这是根据什么礼仪而穿的衣服呢?"明帝默然不答,但是后来不按礼法穿朝服就不敢再见杨阜。迁任将作大匠。魏明帝大兴土木,选美女以充后宫,还不断出宫到处巡猎。这年秋天,一场大雨,加上罕见的雷电,竟劈死很多鸟雀。杨阜上书说:"我听说圣明君主在位,群臣都敢直言不讳。唐尧、虞舜都是圣明的君主。他们公开地叫群臣挑毛病,征听劝谏;大禹多创功业,而自己的宫室却很窄小;成汤遭遇上旱灾,把责任归在自己身上;周文王用礼法感化妻子,汉文帝崇尚节俭,身着粗布衣服。所有这些,都是能听取好的建议,为子孙后代考虑的举动。臣下愿陛下能奉行武皇帝开拓的伟业,恪守文皇帝始终如一的传统,向古代圣贤的善政看齐,总观末代帝王放荡亡国的恶政。所谓善政,就是指崇尚节俭,重视百姓的生产;所谓恶政,就是指随心所欲,任意而为。臣下愿陛下细心考察古代治世所以明达,古代末世所以衰弱以至灭亡的历史原因,对于近代如汉末的巨大变故有所省览,就可以引起警惕了。假使汉桓帝和汉灵帝不废弃汉高祖的法则以及文帝、景帝的恭俭品节,那么即使我太祖曹操再英明伟大,也就没有施展才能的机会了。而陛下哪还有机会位居帝王呢? 当今吴、蜀还未平定,在外还有大军,愿您行动时要三思而后行,进宫出宫要慎重。根据古代的成败来作为治理朝政的借鉴,说起来容易,但确实关系到成败大事。刚刚下过大雨,暴死的生灵很多。雷电如此厉害,以至杀死鸟雀。天地神明,把帝王作为它的儿子。凡是政治有所失当的,它就会降灾谴责。应该克制反省自己,这是圣人的教导。愿陛下在事情还没有产生以前就早做思考,在事情初露端倪时就谨慎对待。效法汉孝文帝让汉惠帝的后宫佳丽出去嫁人的办法，把刚选进的美女放出宫去。不久前征调入宫的小女孩，我听说不太听话，应该做长远打算。修建宫室和制作器物，一定要本着节约的原则。《尚书》说：'九族和睦，万国也就协和了。'凡事应考虑周全，拿出妥善的办法，精心计划，以便节省费用。如果能平定吴、蜀，则君民乐。如此以往，祖先也会欢心，尧舜恐怕还得妒忌呢！今后应布信义于天下，安抚百姓，用以昭示边远之人。"当时雍丘王曹植怨言深重，认为各藩王之间，隔绝太甚，所以杨阜又上书，略陈九族亲戚的大义。魏明帝下诏回报杨阜说："看过密表，先是陈述古代明王圣主业绩，用以讽刺暗政，言辞切直，心地坦诚。我退思补过，将有所匡正，会悉心周全考虑的。看到你的苦言忠告，我特别赞许。"

杨阜后来迁任少府。这时大司马曹真率兵伐蜀，因遇到大雨，不得前进。杨阜上疏说："从前周文王时有赤乌出现，是种好的征兆，但他忧虑得到了黄昏时分还顾不上吃饭。武王伐纣时，有白鱼跳进船里，君臣都为之变色。行动时有吉祥征兆出现，他们还忧虑不已，更何况有灾异情况，怎能不恐惧呢？而今吴、蜀未平，而天灾不断，陛下应当深加反省，专精应答，侧席而坐，用以昭示德行，对内则崇尚节俭。大军刚刚出发就遇上大雨，被阻隔停留在艰险的崇山峻岭之中，已经有很多天了。转运粮草很艰苦，费用特多，如果不能提供后继，一定事与愿违。《左传》说：'见可而进，知难而退，军之善政也。'徒然将大军在山谷中困着，进退不得，这不是用兵的道理。武王见白鱼跳船而还师，殷商最终还是被灭掉，因为武王知道天意。而今年歉收，百姓饥苦，应发布告示，减少宫廷中食物和衣服的花销，技巧珍玩之物，都可以免除掉。从前邵信臣生活在天下无事的时代，但还是奏表，要求减省多余的食物。而今军用不足，更应节俭。"明帝下诏让各路大军班师。

后来皇帝下诏，让大臣议论哪些政治措施不便于民。杨阜认为："好的政治在于任用贤人，使国家振兴的根本在于发展农业。如果放着贤人不用，只用自己的亲信，这是最坏的政治。如果大兴土木，修建宽敞的宫殿，高高的台榭，妨害人民正常的生产活动，这是最伤害农业生产的。那些工匠不务正业，而是竞作奇巧，以迎合皇帝的私欲，这是最为危害国家的根本的。孔子说：'苛政猛于虎。'当今官吏不论是文雅的还是粗俗的，治理国家的时候都不了解统治的基本原则，只是喜好烦琐和严厉，这是最为乱民的办法了。当务之急是要根除上文提到的'忘治、害农、伤本、乱民'的四个弊端，昭示于公卿百官与各州郡及藩国,推举贤良方正、朴实敦厚的士子,这是求取贤人的一个重要办法。"

杨阜又上疏要求让那些受到冷落的宫人出宫,于是召集御府吏问后宫人数。御府吏恪守过去法令说:"这是秘密,不能泄露。"杨阜大怒,对这个官吏处以杖打一百的惩罚,并训斥说:"国家从不把九卿排除在国家机密之外,难道还让小吏知道什么秘密,而不让九卿知道吗?"明帝闻讯后更加敬畏杨阜了。

明帝的爱女曹淑未成年就死了。明帝哀痛不已,追封她为平原公主,在洛阳专为她修庙,把她埋葬在南陵。明帝要亲自送丧,杨阜上疏说:"文皇帝、武宣皇后死时,陛下都未送葬,因为是以国家为重,以备有变。为什么为一个小孩去送葬呢?"明帝没有听从。

明帝在许昌建造新宫,又在洛阳修建宫殿观阁,杨阜上疏说:"尧居茅屋而天下安居,禹住在低矮的宫里而百姓乐业。古代圣帝明王,没有人为自己建造高大华丽的宫殿而劳民伤财的。夏桀修筑璇室、象廊,商纣建造倾宫、鹿台,结果弄得亡国。楚灵王因为修筑章华台,结果身受其祸;秦始皇营造阿房宫,结果殃及儿子,天下背叛,帝位仅传到二世就亡国了。凡是不顾惜老百姓,只图自己痛快的人没有不自取灭亡的。陛下应当效法尧、舜、禹、商汤、文王、武王,吸取夏桀、殷纣、楚灵王、秦始皇的教训。高高在上,当修德行。要谨慎地守护王位,才能继承祖业。否则,巍巍皇权,是很容易丧失的。不早晚警惕,抚恤臣民,仍自我逸乐,崇尚华丽的宫室,则必有颠覆危亡的灾祸。《周易·丰卦》说:‘盖起大屋,遮蔽家人,从外望进去,好像没人。’大王应以天下为家,说大屋无人,这是灾祸的征兆。而今吴、蜀二贼联合,危害国家,十万大军,东西奔走,边境没有一天安逸的日子。农民不能从事生产,面有饥色。陛下不忧虑这些大事,而是大兴土木,没有停止的时候。如果国亡而我们大臣都能活下来,我也就不说什么了。但是君主为首领,大臣为肢体,存亡一体,生死与共。《孝经》说:‘天子只要有敢于直谏的大臣,只要七人,那么即使他治国不当,也不会失去天下的。’我虽然愚笨怯弱,我又怎么敢忘记大臣的本分呢? 言语不切直,就不能感动陛下。如果陛下不听我们的劝告,恐怕祖先打下的天下会败亡的。假如让我身死,而能对国家有所补益,那么,我虽死犹生。我这是在敲着棺材劝谏,等待杀戮。"明帝为他的忠言而感动,亲笔写诏书作答。每当朝廷会议大事,杨阜总是侃侃而谈,以天下为己任,反复谏争,明帝不听,于是他反复乞求辞职,未得允许。杨阜死的时候,家里没有多余的财产。孙子杨豹继嗣。

高堂隆,字升平,泰山平阳人,鲁国高堂生的后代。少年时为诸生,泰山太守薛悌任命他为督邮。郡里的督军和薛悌争论，直呼薛悌名而训斥他。高堂隆按剑怒斥督军说："从前鲁定公受到侮辱，孔子登上高阶；赵王弹奏秦筝，蔺相如奉盆缶让秦王演奏。当着臣下面而直称君名，按礼义该声讨你。"督军大惊失色，薛悌也赶紧制止。后来，高堂隆辞职，到济南避难。

建安十八年(213)，曹操任命他为丞相军议掾，后来当过历城侯曹徽的文学(官名)，转而为曹徽藩国的国相。曹操死时，曹徽不哀痛，反而四处游猎。高堂隆严厉劝谏，尽到了辅佐侯王的职责。黄初年间(220—226)，任堂阳长，后为平原王曹叡太傅。曹叡即位，即魏明帝，任命高堂隆为给事中，博士，驸马都尉。明帝刚登基，群臣认为应大摆筵宴。高堂隆说："唐尧、虞舜有极静之哀，殷高宗有不言的哀思，因此德行深厚，光被四海。"认为不宜大摆筵宴。明帝敬重地采纳了他的意见。后任陈留太守。牧民酉牧，七十多岁，有品行，推荐为计曹掾，明帝赏识他，特别又任命为郎中，以为显宠。后高堂隆任散骑常侍，被赐关内侯。

青龙年间(233—237)，大兴土木，取回长安大钟。高堂隆上疏说："从前周景王不遵从文王和武王的德行，不理会周公旦的制度，既铸造了大钱，又建造大钟。单穆公劝谏也不听，泠州鸠批评也不理，迷途不知返，周朝国运因此而衰弱，这些都记录在史，作为永久的借鉴。但是，今天一些小人，喜欢叙说秦汉的奢侈靡丽的生活，用以迷惑您，求取大钟这样的亡国之器，劳民费时，有伤于德政，这是自取亡国，并不是振兴礼乐，确保神明降福的途径。"这天，明帝巡视上方，高堂隆与卞兰从行。明帝把高堂隆的奏章交给卞兰，想为难高堂隆，说："兴衰在于政治，跟音乐有什么关系，政治之退化，怎么能是钟的罪过呢？"高堂隆说："礼和乐是政治生活的大事。所以箫韶演奏九次以后，凤凰飞来；雷鼓六变，天神下降，政治所以稳定，刑法得以实施。这是和顺的最好例证。新声弥漫，商辛殒命；大钟铸成，周景王衰败，都起因于此，怎么能和政治的兴衰不相关联呢？您的一举一动都要记载在史书中，这是历来的规则，如果您的行为不合常道，怎么向后人作出表率呢？圣王愿意听取下人批评他的缺点，这是劝规补过的正途；忠臣愿意尽心尽职，所以才能为了君王而奋不顾身地劝谏。"明帝认为他说得有理。

后迁任侍中，还兼领太史令。崇华殿遭火灾，明帝下诏问高堂隆："这是什么灾祸呢？按礼节，该有祈禳之义吗？"高堂隆说："所有的灾祸，都是向人们展示诫告。只有修行礼义与品德，才能战胜灾祸。《易传》说：'上不节俭，下边也不会节俭,所以大火会烧掉房室。'又说:'如果君王大修高台,天火作灾。'这是因为君长只知道修缮宫室,不知道百姓的困苦,所以上天应之以干旱,火灾从高殿而起。上天提出鉴戒,让灾异告诉陛下;陛下应该尊崇人道,爱惜民力,以应答天意。从前,太戊时桑谷生在朝堂,武丁时,雊雉落在鼎器上。他们都视之为灾异,所以感到了恐惧,进而修养道德。三年以后,远方的部落也来朝贡,所以称他们为中宗、高宗。这是前代明鉴。今考古书,凡是灾异发生,都通过燃烧宫室为鉴戒。但今天所以要修宫室,那是因为后宫人数太多的缘故呵!应当把那些有才德的人留下来,按照周朝的制度,其余的都应放出去。这也就是祖己之所以要训导高宗,而高宗之所以流誉久远的根本原因。"明帝又问高堂隆:"我听说汉武帝时,柏梁台发生火灾,武帝大修宫殿来镇灾,这是为什么呢?"高堂隆说:"我听说西汉柏梁台火灾之后,越国有巫者出个主意,应修建宫室抑制它,所以修建了建章宫,以抑制火灾。这是因为夷越的巫者造成的,绝不是出于圣贤的训导。《五行志》说:'柏梁台火灾,其后有江充巫惑卫太子事发生。'如果按照《五行志》的记载,越国巫者劝汉武帝修建章宫以压火灾,并没有起作用。孔子说:'灾异按类与人们的行为相感应,人神相感,用以惩戒君主。'因此圣贤往往见灾异发生就躬身自责,修养道德。当今应停止民役。宫室制度,应从俭约为好,只要能抵御风雨,能讲求礼仪就行了。清扫一下灾祸发生的地方,不再于此地建造宫殿,莲莆、嘉禾一定会生长此地,用来报答陛下虔诚恭谨的品德。怎么能让百姓疲劳,让国库空竭呢!这样做,并不会使天降祥瑞,也不会让外人心服啊!"明帝于是修复崇华殿,当时郡国出现了九龙,又改名九龙殿。

开始建造陵霄阙的时候,有喜鹊在上面筑窝,明帝问高堂隆是什么缘故。高堂隆说:"《诗经》说:'喜鹊筑窝,鸠鸟居住'。现在兴建宫室,盖陵霄阙,喜鹊筑窝,这是宫室未盖成,陛下不能居住的征兆。天意说,宫室未盖成,将会有异姓人住进去,这是上天在劝诫您呢!天道是大公无私的,只是和善人相亲,不能不深有防备,不能不深刻反思。夏、商末世,帝王都是继位的,但他们不恭敬地听取上天的明训,只听信诡言,随心所欲,不修明德,所以很快就亡国了。太戊、武丁看见灾异而感到恐惧,赶紧听从上天的劝诫,所以迅速兴盛壮大。当今如果停止各种劳役,崇尚节俭,广施德政,行为举止要遵循帝王的礼法,剪除天下大患为民兴利,那么,你就可以成为继三皇五帝之后的伟大的帝王,殷王转祸为福又怎么能与您相比呢?臣下作为您的心腹,如果能辅佐皇帝,保全国家,即使身死族灭,我还是把这视为自己的再生之年。我岂能惧怕惹祸招灾,就不闻不问,让陛下听不到切至的忠劝呢?"听了这话,明帝为之动容。

这年,有彗星在房、心、尾三宿间显得特别明亮。高堂隆上疏说:"凡是帝王迁都立城,都首先确定天地社稷的位置,并恭敬侍奉它。凡建宫室,首先应是宗庙,其次车马库和粮仓,最后才是宫殿。而今,圜丘、方泽、南北郊、明堂、社稷、神位等都还未确定下来,宗庙的制度也没有按礼仪实施,却修缮殿堂,让官员放弃日常业务,农民放弃农耕。外边的人都说,后宫所需费用,与兴兵军费大体相当,民不堪命,都含怨怒。《尚书》说:'天聪明,是因为万民聪明,天明敬畏,则因为万民也知道威仪。'轿夫作颂,上天赐予五种福事,百姓怨怒,则天降六种凶事威恐,是说上天的赏奖与惩罚,随从民心,顺应民意。因此,临朝当政,首先应该安抚民众,然后遵从古代的教化,成为帝王、百官以及广大百姓共同遵从的准则,从古至今,无不如此。以不加砍削的柞木为梁,建造低矮的宫室,唐尧、虞舜、大禹因此能垂范后世;修筑玉台琼室,夏癸、商辛因此冒犯上天。今天的宫室规格,早已违背礼仪制度,而且还要兴建九龙殿,华丽装饰又超过以前所建的宫殿。彗星在房、心、尾三宿间发光,进犯帝王星宿而旁及紫微星,这是上天宠爱陛下,向您发出劝诫的征象,始终都滞留在尊位,殷勤郑重,想要感动陛下,这是慈父般恳切备至的训诫呵。应当按照孝子的礼节,明告天下,垂范后世,不应疏忽,冒犯天意。"

当时国家多有征伐之事,刑法峻苛。高堂隆上疏说:"开拓疆域,继承帝统,一定得等明哲之君才能实行;辅佐皇帝,匡正阙失,一定必须有贤良之臣才能实现。这样就可以天下太平,万民安定。凡移风易俗,倡明教化,为的是使四海同风,向内臣服,讲究道德,让那些少数民族企慕道义,这不是那些俗吏所能做到的。而今的官吏只知探究刑书,不求治国大道,因此,虽然屡用严刑但是没有实效,世风颓弊而无从敦促改变。当务之急应当是推行礼乐,崇叙明堂,修三雍、大射、养老,营建郊庙,尊重儒士,推举隐逸之人,制定各种礼仪,修改正朔,变换朝服颜色,提倡孝悌之道,崇尚节俭,然后准备礼仪,实行封禅制度。把功劳归于上天和大地,让雅颂之声传遍天地之间,让后人知道本朝的教化。这才是最好的政治,这才是不朽的盛事呢!如此而来,四海之内,都可以不必动用兵力,揖让而治,还有什么可忧虑的呢?不想法纠正根本,而只是动些末节,就好像抽丝,只能是一团糟:应当让群臣文士都通儒术,恢复礼仪,使之成为法则。"高堂隆还认为,修改正朔,变换朝服颜色,改换徽号,变动器械,这是自古以来的帝王为了新人耳目,改弦易辙的基本办法。所以要在三春称王,以便使三统明达。于是又敦促修改旧服。明帝听从他的建议,将青龙五年(237)春三月改为景初元年孟夏四月,朝服尚黄色,宗庙祭品尚白色,按地正建丑,以农历十二月为正月。

后迁升光禄勋。明帝大肆修筑宫殿,雕饰观阁,凿取太行山的石英,开采谷城的文石,在芳林园建起景阳山,在太极殿北筑起昭阳殿。又铸造黄龙、凤凰等奇伟的野兽,用以装饰金墉殿、陵云台和陵霄阙。动用了各行各业多达上万人,公卿大臣至学生,没有谁不为此出力。明帝也亲自掘土作为表率。但是,辽东不朝贡。悼皇后死,天下大雨不绝,冀州发水,漂没百姓财物。高堂隆上疏劝谏,言辞急切:

天地间最大的品德是生,圣人最大的宝物是位。怎么才能守住权位呢?用仁。怎么才能聚集天下之人呢?用财。士民是国家的宝物,谷物衣服又是士民的命根。没有好的年成谷物不会丰收,没有劳力投入其中,衣物也不可能制造完成。因此帝王常常亲自耕地,用以劝导农民种庄稼,种桑树养蚕,才能织衣服。因此要上告天庭,用来报告自己的虔诚和措施。伊唐时代,厄运四起,洪水滔天,派鲧去治水,没有成效,于是又推举大禹,随山砍树木,前后经历了二十二年。灾异之严重,没有再超过此时的,而百姓劳作之勤苦的年月,也没有比这更长久的了。而尧、舜君臣,平安统治而已。大禹治水,设立九州,官员和平民,功臣和普通官吏都有不同的等级,君子小人各有服饰。而今并没有大禹时那么危急,却动用了公卿大夫与民众一起从事土木兴建工作,四边邻国知道了,名声实在不好。如果载入史册,更不会流芳千古。因此,有国有家的人,近则取之于身边,远则取之于物,温馨养育,所以说:"圣贤君子,是民的父母。"而今上下劳苦,疾病流行。年成又不好,饥饿备至,连年关都过不去,应当抚恤下民,来解救他们的困顿。

我查阅了古书的记载,天人之际,没有不发生感应的。因此古代圣贤,都敬畏上天的神明,遵循阴阳的规律,兢兢业业,唯恐有所违失。然后依此治理,国家才能兴旺,德行与天神相符;发生灾异后,应当有所惧怕,赶紧修养德行,这样做才能延长国运。至于末世,那些昏庸的君主,不遵守先王的轨则,不采纳良臣的忠告,随心所欲,疏忽劝诫的作用,则很快就会遭受灾祸,以至于亡国。

天道显著,不必细说。再表人道,六情五性,人所共有,嗜欲、廉贞,各居其一。如果这些本性兴动于内心,必然相互矛盾。如果欲望很强,而意志薄弱,则情性纵横,禁而不止。精诚不能制服,就会放纵无极。情性的本愿,必然是追求美好。而追求美好,没有人力财力不行,没有谷物绵帛也不能。如果情性过强,则人不堪其驱使,也无法满足其物质方面的要求。劳苦、欲求同时发生,灾祸也该来临了。因此不割断情欲,就无法供其需求。孔子说:"人无远虑,必有近忧。"由此来看,礼义的制定,并不是拘泥自己,而是远离灾害而振兴国家的根本大法。

而今吴、蜀两个敌国,绝不是地小人寡的小贼。它们占据天险,拥兵众多,各自称帝,想和魏国一争高低。如果有人来报告说,孙权、刘备都讲究道德修养,主张节俭,减省租赋,不沉湎于玩乐,尊重长者,遵守礼则。陛下听后,难道不会对其警惕,并不希望他们如此吗?因为他们这样做,就很难征伐,这不是国家的忧患吗?如果来人说,孙权、刘备邪恶无道,奢侈无度,劳民伤财,敛聚民命,百姓吁嗟,日甚一日。陛下听后,难道不会勃然大怒,想要讨伐逆贼,解救百姓吗?再者,难道不会庆幸敌人疲弊而容易伐讨吗?如果是这样,换位来思考,这里的道理实在不难明了。

秦始皇不修筑道德的根基,却修筑阿房之宫;不忧虑祸起萧墙,却修建万里长城。当时的君臣所以这样做,也都是想创立万世功业,让子子孙孙长有天下。谁能想到在一个早晨,匹夫一呼应者如云,天下顿时倾覆。所以我认为,如果前代君主知道他们的所作所为会导致败亡,他们也就不会这样做了。因此亡国的君主总认为亡不了,但终究还是灭亡;圣贤的君主总怕亡国,但终究不会亡国。从前的汉文帝可谓贤主,躬行约俭,惠及下民,而贾谊启发他,认为天下即将倾覆,可为痛哭的事有一,可为流泪的事有二,可为长叹息的事有三。更何况今天下凋敝,百姓没有任何储备,国家也没有够吃一年的积蓄。强敌在外,边境大军屯聚,而国内却大兴土木,州郡不宁。如果出现敌人入侵的紧急情况,我担心天下有变,结果不堪设想呵。

再说,将吏的俸禄已逐渐折减,与过去相比,不过五分之一而已。凡已去职者不再供给官粮,不应缴纳的财物也比过去增加一半。这说明现在官府财政收入应比过去为多,但是供给正常使用的费用却比过去少了三分之二。而花销用度还是每每不足,征收牛肉这样的小税,前前后后也进行过多次,反而推之,这些费用,都有其出处呵。俸禄赏赐用的谷物和衣物,是君主用以让官吏和人民尽忠尽节的基本手段,而今连这点手段都废而不用,无异于不让吏民出力效命了。既得到这些吏民,却又失掉他们,人们怎能没有怨言呢!《周礼》说,大府掌管九赋之财,以便分配使用,入有其分,出有其所,彼此不相矛盾,都能满足其用。满足各自的费用之后,才用多余的财产,供君王玩乐。如天子用财,必须征询大臣。而今陛下与同在朝廷治理天下的人,不是三司九列,就是台阁近臣,都是心腹之人,应当无所忌讳。如果看见财物的增减而不敢陈述,从命奔走,唯恐不及,这只是具体理事之臣,不是耿直之臣。从前李斯教导秦二世说:"作为皇帝而不敢放肆,天下就好像是监狱一样。"二世遵循此言,结果亡国。李斯也遭灭族之灾。因此司马迁认为李斯不能正直劝谏,所以告诫后世。

明帝得到奏疏阅读后,对中书监、中书令说:"看了高堂隆的奏书,我感到畏惧不已。"

高堂隆病得很重,口述奏书说:

曾子有病,孟敬子去看望他。曾子说:"鸟快死的时候,它的鸣叫很凄哀;人快死的时候,他的言语很和善。"臣下患病,一天比一天严重,恐怕不久人世。我最担心的是自己的一腔忠言没有完全倾吐出来。臣下的赤诚,自然不敢与曾子相比,但是还希望陛下稍稍听我几句善言。如果能焕然纠正过去的误谬,振作精神考虑未来的事业,让天人感应,四方人民知道企慕道义,则麟、凤、龟、龙等四灵就会来献珍宝,玉衡(即浑天仪)就会显示吉祥。那样的话,就可以超越三皇五帝,何止是谨守家业而已。

我常常痛感世间的君主,他们常常想效法尧、舜、汤、武的治绩,却在实际上重蹈桀、纣、幽、厉的覆辙,他们无不嘲笑末世昏乱亡国的君主,却在行动上不遵循虞、夏、殷、周的正则。可悲啊!像这样的所作所为,要想求得好的政绩,就好像上树捕鱼,烧水制冰,事与愿违,那是明摆着的事。考察一下三代所以占有天下的道理,无非是圣贤相承,统治数百年,致使普天之下莫非王土,莫非王臣,万国安宁,九州整齐划一。鹿台的金银和巨桥的粮食,竟没有什么用场,照旧统治天下,这是什么气派!夏桀、商纣之徒，靠着自己的勇气，拒谏饰非，崇尚谄谀，兴建宫殿楼阁，喜好歌舞淫乐，作靡靡之音，沉溺于桑间濮上的曲调之中。上天不哀怜他们，眷然回顾，国土变为废墟，人民沦为奴隶。商纣的首级悬于太白之旗，夏桀败亡被流放到鸣条之地。商汤、周武登上天子宝座。难道他们是非凡之人吗？只是圣明君王的后代。六国之时，天下大乱，秦国兼并六国后，不修养道德，却建构阿房之宫，修筑长城，好大喜功，威服四夷，天下震恐。路上行人不敢说话，只能以目示意。他们以为根深叶茂，帝业永存万世，怎能想到二世而亡呢？近世汉武帝秉承文帝、景帝的家业，抗御外侵，大修宫殿，十多年间，天下喧嚣。于是听信越国巫者胡言，竟触怒上天，修建建章宫来镇巫，千门万户，终于导致江充蛊惑太子的变故，以至于宫室乖离，父子相残。所造成的危害，影响数朝。

臣下观察，在黄初之际，上天已降下劝诫，有奇怪的飞禽，在燕窝里长大，口爪和胸都是赤红色，这是魏室发生变异的征兆，应当谨防内部的乱臣贼子。可精选诸王，让他们掌管国事和兵权，镇抚皇畿，辅佐王室。从前周平王东迁，依靠晋、郑；吕后作乱，朱虚侯刘章予以平定。这些都是前代的经验教训。上天公正无私，只与有德之人相亲。百姓如果感恩戴德，国运就会长久；如果怨声载道，就会将国祚传给能人。由此看来，所谓天下，绝不是陛下一人之天下，而是天下人的天下。臣下重病在身，气力渐消。已离开朝廷，返回故里。如果命归黄泉，魂魄有知，一定报效陛下知遇之恩。

明帝下诏说："其廉洁直追伯夷，其正直超过史鱼，忠心耿耿，怎么能小病未愈就归回故里呢？从前邴吉有好的德性，结果病好，而且长寿。贡禹信守节义，虽然病很重，但还是得以痊愈。愿注意饮食，专心养病，自珍自爱。"高堂隆死后，家人遵照遗嘱，入殓时给他穿的只是一般的服装，简单地埋葬了他。

起初，在太和年间（227—233），中护军蒋济上疏说："应依照古礼封禅。"皇帝下诏说："听了蒋济的话，使我汗流浃背。"这事就放下了。过了几年，又议论起此事，明帝让高堂隆修撰礼仪。听说高堂隆死了以后，明帝叹息说："上天不想让我成就封禅事，高堂隆丢下我先死了。"高堂隆的儿子高琛继承爵位。

起初，在景初年间（237—239），明帝认为苏林、秦静等都老了，担心没有人能继承他们的学业，于是下诏说："从前先圣死了以后，他们的遗言和教导，都在六艺中保留下来。六艺之中,礼最为重要,是一刻也不能离开我们日常生活的。末世风俗,违背根本,由来已久。所以闵子讥讽原伯不学无术,荀卿把秦世的焚书坑儒视为最可耻的事。儒学被废弃后,良好的社会风气还怎能恢复呢?而今宿生巨儒,都年事已高,传统遗教,谁来继承?从前伏生将老的时候,汉文帝让晁错继承其学;《谷梁传》研习的人越来越少,汉宣帝命蔡千秋为郎中户,又选十人随其学习。选有才能且能理解经义的三十人,随光禄勋高堂隆、散骑常侍苏林、博士秦静学习四经三礼。老师负责考试。夏侯胜说过:'士人不通经术是最大的毛病;如果能通经术,取官位如同拔地上的小草一样容易'。而今学者能精通经术,那么爵禄荣宠,自然而来,应该互相勉励呵!"不几年,高堂隆等相继死去,学经的事也就废弃了。

起初,任城栈潜在曹操时代历任县令,曾督守邺城。当时曹丕为太子,沉溺打猎,早出晚归。栈潜劝谏说:"王公设置险阻,目的是保卫国家,都城禁卫,用来保卫王城。《诗经·大雅》说:'宗室弟子居于城中,要保护城不被毁坏'。又说:'如果宗室不能深谋远虑,我则进行劝谏。'如果耽溺于游猎,早出晚归,为了一日纵游的娱乐,忘记无边无尽的危害因素,我很不能理解。"曹丕很不高兴,但以后游猎次数倒是减少了。黄初年间(220—226),曹丕想把郭贵嫔立为皇后,栈潜又上疏劝谏。这些情形记载在《后妃传》里。明帝时,劳役繁多,帝王的亲戚也都疏远了。栈潜上疏说:"天下有众多百姓,上天树立君主用以领导民众,哺育众生,因此被四方包围不能叫天子,分裂疆域不能称诸侯。从三皇开始到唐尧虞舜,都主张在天下施行宽宏大量的政策,用德行治理天下,百姓依赖这样的天子。三王既已有所衰微,降及两汉,开明政治日益见少,丧乱日益增多。从此之后,天下就不安定了。太祖曹操聪明威武,平定暴乱,恢复正统,创立帝业。文帝曹丕受天承命,开拓皇业,在位七年,兢兢业业。陛下圣明,继承大业,应当让天下太平,百姓安息。因为吴、蜀逆贼尚未被平定,因此我们派征夫戍边,四方边境战事不断,旌旗到处高悬。六军不得安宁,水陆交通,从不停息。百姓丢弃自己的事业,国家每天耗费千金。再大兴土木,动用劳工,数以万计;徂来等地的松树,山谷之间都已砍光;各类奇石在黄河、淮水上运输。疆域之内,都是王土,让它们提供槁秸桱粟等物,用以充实苑囿,使林莽更盛,鹿兔更多。这样做实在危害农民,土地荒芜,疫病流行,民众心碎,以致损伤和气,颗粒无收。我听说文王立丰都,开始并不急迫,让百姓自愿而来,没有几日就完成了。灵沼、灵囿,百姓一起享用。而今宫室极高,雕饰极妙。

忘记了有虞的总期,想往殷辛的华丽宫室,禁地有千里之大,华丽和阿房宫差不多,百役云集于乾溪。臣下担心民力用尽,不再忍受如此繁重的劳役了。从前秦王依据殽函天险,平定诸侯,自以为德高三皇,功盖五帝。想永传帝位,但到了二世就灭亡了。这是因为枝干已折,根本已被拔出去了。圣王统治天下,应修养道德,使天下和睦。朝廷有良臣,则功业可建;如天下和睦,则安危同忧。根深才能叶茂,虽然经历盛衰不同时期,内外都有辅佐之臣。从前周成王年幼,未能亲政,周、吕、召、毕等人并在左右辅佐。而今有无卫侯、康叔这样人来监护,置在身边,分陕所任,又没有周公、召公这样的人,加之还没有册立太子,没有天子继位之备,都是急迫的大事。愿陛下留心疆域,永保王位,则四海感到幸运。"后来任燕地中尉,因病未接受任命,后死去。

评:辛毗、杨阜,刚直公正,高风亮节,敢于直谏,仅次于汲黯。高堂隆学业修明,有志匡正君失,每有变异,陈述己见,诚恳动人。确实是忠臣呵!但是他要求修改正朔,要求曹魏以虞舜时代为典范,又有些意气用事、缺乏变通了。

卷二十六　魏书二十六

满田牵郭传第二十六

满宠,字伯宁,山阳昌邑人。十八岁时任郡中督邮。当时在郡内有李朔等人,各自拥有自己的武装,侵害百姓。太守派遣满宠纠察此事。李朔等人前来请罪,不再侵扰百姓。其后满宠为高平令,县内有个叫张苞的人,身为郡中督邮,贪赃枉法,收取贿赂,扰乱政事。满宠趁他来到专为官吏住的客舍时,率部下突然将他逮捕,历数他的犯罪事实,当日在监狱中将他拷打至死。嗣后自己也辞职回到家乡。

魏武帝曹操在兖州,征召满宠为从事。曹操为大将军时,又任满宠为西曹属,后任许县县令。当时曹操堂弟曹洪因为是曹氏宗室,身份很高贵。他有个宾客在许县数次犯法,满宠依法惩办了此人。曹洪给满宠写信求情,满宠置之不理。曹洪又上告到曹操处。曹操将许县主事的官吏召来。满宠知道曹操有意要放掉这人,于是迅速将此人处决。曹操高兴地说:"身当其事负责处理公务的人,难道不应当像这样做吗?"原太尉杨彪被关在县属监狱里。尚书令荀彧、少府孔融等人都曾叮嘱过满宠:"只需审问就行,不要拷打。"满宠谁也不理,照旧依法严审拷讯。过了几天,满宠请求拜见曹操,说:"拷讯杨彪,没有发现罪证。对该杀的人首先要公布其罪证。此人海内闻名,如果证据不足而杀了他,必使百姓大失所望。愿您再三考虑,万勿匆忙行事。"曹操当日就放了杨彪。起初,荀彧、孔融等听说拷打了杨彪,都大为震怒,但后来听说满宠处理此事的结果,对满宠更加友善了。

当时,袁绍在河朔势力强大。汝南是袁绍的家乡,袁氏很多门徒宾客都在汝南诸县拥兵自守。为此,曹操感到忧心忡忡,委派满宠任汝南太守。满宠招募了约五百人,攻下二十多个营垒。又设计引诱那些没有投降的首领,在席间杀死十余人,一时叛乱都被平定。收民二万余户,获兵二千余人,命令他们归田耕作。

建安十三年(208),满宠随曹操征讨荆州。大军回师后,曹操命令满宠代理奋威将军,屯兵当阳。孙权不断侵扰东部边境,曹操又召满宠为汝南太守,并赐给他关内侯的爵位。关羽包围襄阳,满宠协助征南将军曹仁屯兵樊城,迎击关羽。左将军于禁等军因为大雨连绵,汉水上涨而被关羽消灭。关羽猛攻樊城。樊城城墙常常被大水冲得崩塌,众人都大惊失色。有人对曹仁说:"今日所面临的危机,不是靠我们的能力所能解决的。现在趁关羽大兵包围之势未成,赶紧在夜里乘小船弃城而逃,虽然失去樊城,却可以保全性命。"满宠说:"山水来去迅猛,希望它不会持续很久。听说关羽已派遣部下集结于郏县。自许县以南,老百姓人心惶惶。关羽所以不敢再推进一步,他是怕我军攻击他的后部。如果现在弃城逃跑,洪河以南的领土,会为关羽所有,不再属于我们。愿阁下再坚持一下。"曹仁说:"对。"满宠淹死自己的白马,与军士一起盟誓。正好这时徐晃率援兵赶来,满宠奋力冲杀,立下战功,关羽只得退却。满宠被封为安昌亭侯。

魏文帝曹丕即位,迁满宠为扬武将军。他在江陵打败东吴军队,因功又被封伏波将军,屯兵新野。大军讨伐东吴,至精湖,满宠率诸军在前,与敌兵隔水相对。满宠命令手下将领:"今夜风很急,敌人一定会来烧军营,应做好准备。"各路军队都提高了警惕。到半夜。果然有十来股敌兵来烧军营。满宠率兵乘其不备击溃敌兵,因此晋封南乡侯。黄初三年(222),满宠被授予符节和斧钺。黄初五年(224),被任命为前将军。魏明帝曹叡即位,又晋封满宠为昌邑侯。太和二年(228),满宠任豫州刺史。太和三年(229)春,投降的人说,东吴正处于紧急战备状态,扬言要到江北来打猎,孙权要亲自出马。满宠估计敌人一定要袭击西阳,于是也加紧备战。孙权闻讯后,只得退还。那年秋,派曹休从门庐江南到合肥,派满宠向夏口。满宠上疏言道:"曹休虽然聪明果敢,但很少用兵。今所行线路,背后是湖,旁边是长江,容易前进,却极难退却。这样的路是兵家所忌的洼地呵!如果进入无强口,应该做好充分准备。"满宠的上疏没有通报,曹休就深入到无强口。而敌兵果然在无强口断了去夹石的路,拦截了曹休的退路。曹休苦战不利,步步退却,正好朱灵等从后面拦截敌兵,与敌人相遇,敌人惊恐而逃,曹休军得以生还。这一年曹休死去。满宠以前将军职代理都督扬州诸军事。汝南士兵和民众仰慕爱戴满宠,扶老携幼,要随满宠一起走,无法阻止。护军上表要求剿杀首领。魏明帝让满宠带走亲信的部下一千人,其余的就不再管了。太和四年(230),满宠为征东将军。这年冬,孙权声称要到合肥。满宠上表要求召集兖州、豫州兵力。后来两州兵力云集,敌兵不久就退还了。朝廷命满宠就此撤兵。满宠认为敌兵大举退还,恐怕不是他们的本意。他们一定是假装退却来麻痹我们,等我们撤军后,好乘虚而入。于是上表要求不要撤兵。过了十来天,孙权果然率兵前来攻打合肥城,数日不下,只好撤军而还。太和五年(231),东吴将领孙布派人到扬州求降,说:"因为道远不能亲自前来致意,请派兵前来迎接。"扬州刺史王凌将孙布信传到满宠手里,请求派兵马前去迎接。满宠认为此中必有奸诈,不派兵马,替王凌写信给孙布说:"你认识到了错误,想脱离灾祸归顺我们,离开暴政,改走正道,其志甚可嘉奖。今希望我们派兵迎接你们,但想来想去,兵少则不能保卫你们,兵多则又容易泄露机密。暂且设密计以成全你的志向,临时再商讨办法。"正好这时满宠被召入朝,临行前他命令留府长史:"如果王凌想要前往迎接,不要给他派兵。"王凌因为不能从满宠那里索得兵马,于是就派遣督将率步兵骑兵七百人前往迎接孙布。孙布在夜里突然袭击,督将逃走,七百人死伤大半。当初,满宠与王凌共事不和,王凌的同党诋毁满宠年老力衰,言行荒谬,不合事理。因此魏明帝才召满宠入朝。满宠到京城后,身体康健。魏明帝见状,又要求满宠回到原职去。满宠不止一次上表,要求留在京城。魏明帝下诏说:"从前廉颇为向使者表示自己身体健康,仍可带兵打仗,一顿吃掉斗米、十斤肉。马援六十二岁时仍请兵战斗,据马鞍顾视,以示可用。今你未老而自谓已老,为什么与廉颇、马援这么不同呢?要想法保卫边境,为国效力啊。"

太和六年(232),东吴大将陆逊移兵庐江,很多人认为应赶快救援,满宠说:"庐江虽小,但是将领勇猛,兵士精锐,能坚守一段时间。再说,敌军弃船深入二百里,后方空虚,正宜诱其深入,乘机击败他们。应当听之任之,让其推进,让他们连逃跑都来不及。"整肃军队开往杨宜口。敌兵听说大兵东下,当夜逃走了。当时,孙权每年都有进攻之计。青龙元年(233),满宠上疏说:"合肥城南面对着江靠近巢湖,北面远接寿春,敌兵围攻合肥,得以依恃水势。官兵救援,应当先攻破其军队主力,然后才能解围。敌军前往包围十分容易,而援军救急则十分困难。应当转移城内的兵力向西三十里,那里有奇险可以依赖,再加上城兵固守,这是将敌兵引到地面上来而断其退路的上计。"护军将军蒋济则以为:"如此做是向敌人示弱,而且看见敌人的烟火就毁坏自己的城池,这是敌人未攻而自己先破坏城池的做法。如果情形真是到了这个地步,则敌兵必然肆无忌惮地掠夺,我兵则必然以淮北为守了。"因此明帝没有同意满宠的意见。满宠又上表说:"孙子说,所谓兵者,其实就是诡变之道。本来有能力,但却显示给敌兵贫弱而不能,予以小利使敌兵骄傲,叫敌人觉得我们害怕了。这就是所谓形与实不必相符的道理。孙子又说:'善于诱引敌人的办法是设假象。'今敌兵没有来到之前,移兵城外,内布精兵,这是设假象而诱敌深入之道。诱敌兵远离水路,见势而动,则外能御敌,内能生福。"尚书赵咨以为满宠的计谋更符合实际,于是皇帝下诏照此办理。这一年,孙权亲自率兵,欲包围新城,但因为此城离水路太远,在水上停留二十天不敢下船。满宠对各位将领说:"孙权得知我移兵城外,一定在众人中夸下海口。现在前来展示其实力,邀取功名。虽然他不敢再推进,但一定会上岸来炫耀一下兵力,以示其兵力有余。"于是在合肥城的隐蔽处埋伏步兵骑兵六千人,等待敌兵自投罗网。孙权果然上岸耀武扬威,满宠部署的伏兵突然冲过来猛击敌兵,杀死了数百个敌人。有一些落水淹死的。青龙二年(234),孙权亲自统率十万大军来到合肥新城。满宠招募勇猛之士数十人,折松枝做成火炬,又灌上麻油,顺风放火,烧掉敌兵的作战器械,又射死孙权的侄子孙泰。敌兵只好撤退。青龙三年(235)春天,孙权派兵率数千家到江北屯田。这年八月,满宠认为,田里的庄稼将要收割,男女老少,布满田野。而屯卫的士兵离城有数百里远,可乘其不备,突然袭击。于是派遣长吏率兵沿江东下,摧毁各个屯兵营,焚烧许多谷物后撤回,皇帝下诏嘉奖满宠,同时将所获的东西都赏赐给将士。

景初二年(238),朝廷因为满宠年老而召他回京城,授以太尉官职。满宠不积蓄家产,所以家无余财。皇帝下诏说:"阁下领兵在外,一心在公,有季孙行父和祭遵的风范,赐田十顷,谷五百斛,钱二十万,以表彰你清忠俭约的高尚节操。"满宠前后增加的封邑有九千六百户,子孙二人封为亭侯。正始三年(242)卒,谥封景侯。儿子满伟继承爵位。满伟以风格度量知名于世,官做到卫尉。

田豫,字国让,渔阳雍奴人。刘备投奔公孙瓒时,田豫尚年幼,自己投奔刘备。刘备很器重他。刘备为豫州刺史时,田豫因为母亲年老,请求回家。刘备哭泣着与他分别,说:"很遗憾不能和你共创大业了。"

公孙瓒让田豫任东州县令。公孙瓒的将领王门背叛了他,并替袁绍率兵万余人前来进攻。当时人心惶惶,很多人主张投降。田豫登上城门对王门说:

"公孙瓒对你不薄,可你还是弃他而去。也许你是迫不得已的;但是现在你却为虎作伥,才知你是一个乱臣贼子。那些略有智能的人,守城不靠武器的精备。我既然已接受守城的任务,你为什么还不猛攻呢?"王门很惭愧,只好撤退。公孙瓒知道田豫有权谋,但并没有任用他。公孙瓒失败后,鲜于辅为众人推举,代理太守的职权。鲜于辅很欣赏田豫,任命他为长史。当时群雄并起,鲜于辅不知追随哪一位为好。田豫劝他说:"最终能平定天下的人一定是曹操。应赶快归附他,这样才免除后祸。"鲜于辅听从了他的计策,得到曹操的任用。曹操又任命田豫为丞相军谋掾,担任颍阴、朗陵县令,又转升为弋阳太守。所到之处,政绩颇佳。

鄢陵侯曹彰征伐代郡,任命田豫为相。行军驻扎在易县以北,敌人骑兵埋伏在那里,向部队发起进攻。军内顿时骚乱起来,不知怎么办才好。田豫根据地形,把战车排成圜阵,弓箭手在阵内拉弓以待,又设精兵守卫在车间的空隙处以防不测。敌兵攻不进来,只好撤退。田豫追击,打败敌兵,又乘胜追杀,平定代郡,这都是田豫的计策。

后迁任为南阳太守。此前,郡内有个叫侯音的人反叛,有几千人聚在山中做强盗,是郡中的一大祸患。前任太守抓住了其中的五百多人,上书朝廷要求处死他们。田豫逐一查验了这些人,给予安慰,让他们改过自新,打开枷锁,放了他们。这些囚犯十分感动,叩头表示愿意效力,并互相转告。一时间,聚集的强盗都散了伙,郡内平静下来。田豫把这些情况上报朝廷,曹操十分欣赏。

魏文帝曹丕初年,北边少数民族日益强盛,进犯边境,于是任命田豫持节护乌丸校尉,牵招、解俊并护鲜卑。从高柳以东、濊貊以西,鲜卑有几十个部落,比能、弥加、素利各霸一方。他们又互相盟誓,不允许用马和中原进行贸易。田豫认为各个少数民族团结一心对中原不利,于是设计离间,让他们之间产生仇恨,互相进攻。素利首先违背誓约,出售一千匹马给官府。比能为此而进攻素利。素利向田豫求救。田豫又怕他们相互兼并,为害更甚,应当讨伐首恶,鼓励行善之人,以便向少数民族昭示中原讲求信义。于是率领精锐部队,深入敌后,胡人众多,前后包围,断绝了退路。田豫继续进军,在离敌营十余里的地方安营扎寨,收聚了好多牛马粪,把它们点燃,自己率兵从旁路撤走。敌人见烟火不息,以为田豫还在,等田豫他们走了十几里,敌人才发现,于是又派兵追赶,直至马城,把马城围困得如同铁桶一般。田豫秘密布置,让司马高举战旗,击鼓,率步兵从南门出击。敌人都被吸引过去。田豫率领精兵强将从北门冲出,鼓声四起,两头夹击,出其不意,将敌人的包围冲散,他们丢下武器马匹,撒腿而逃。田豫率兵追杀了二十多里,尸横遍野。又乌丸王骨进狂傲不恭。田豫出塞巡视,只带了百余名骑手进入骨进营地。骨进拜迎时,田豫命令手下人斩杀骨进,当众公布他的罪状。骨进部下全都吓得不敢动。田豫把骨进的弟弟推举出来做了乌丸王。从此胡人非常害怕田豫。山贼高艾,有几千人马,常常抢掠烧杀,成为幽州和冀州的公害。田豫诱使鲜卑首领素利斩杀了高艾,将其首级传送到京城。

田豫被封为长乐亭侯。他任校尉有九年之久,抗御少数民族部落的反叛,经常采取控制少数民族之间的兼并,同时使用离间计挑拨关系的方法削弱他们的实力。凡是那些为胡人谋利而对魏国构成威胁的人,田豫都能设下计谋,使其阴谋破产,并让他们不得安宁。很多事情还未做完,可是幽州刺史王雄的追随者想让王雄任乌丸校尉,于是诋毁田豫,说他在边境无事生非。于是田豫又被任命为汝南太守,加殄夷将军封号。

太和末年(233),公孙渊在辽东反叛。朝廷想派人领兵征讨,一时又找不出合适人选。中领军杨暨推荐田豫,于是任命田豫以汝南太守职都督青州诸军事,持朝廷符节,前往征讨。这时,东吴派人与公孙渊相勾结。魏明帝曹叡认为敌人众多,又要渡海打仗,于是下诏让田豫停止进军。田豫认为敌船将要返回,加之天晚风急,敌人害怕风浪,漂到东边又无岸,肯定会在成山靠岸的。而成山没有藏船的地方,只能沿海岸停泊。他巡察山势,堵住险要路段,列兵把守。于是进入成山,登上汉武旧观。敌船返回,无路可逃,果然遇上狂风,很多船都触礁沉没,敌兵随波爬到岸上,魏军抓获了很多俘虏。起初,很多将领都嘲笑田豫在这块空地等待敌人。等敌人被击败后,他们又都争相出谋划策,请求追到海上去截取船只。田豫担心那些无路可走的敌兵会决一死战,不同意他们的意见。起初,田豫以汝南太守身份都督青州诸军事,青州刺史程喜很不服气。在制定军事方针时,两人常常有分歧。程喜知道明帝喜欢珠宝,于是秘密奏表说:"田豫虽创立战功,但是纪律松弛,俘获了很多兵器、珠宝,都散在众人之手而不上缴官府。"因此田豫的战功没有得到朝廷的表彰。

后来,孙权率军,号称十万,进攻新城。征东将军满宠想率大军前去解救。田豫说:"敌人大举进攻,显然不是为小利而来,而是想借进攻新城作为幌子,诱使我大军出战。应当让他们攻城,杀杀他们的锐气,不应当与他们正面交锋。城池攻不下来,敌人就会感到疲惫,乘此机会反击敌人,一定会大胜。如果敌人能预见此计,他们就不会攻城,而是自动撤走。如果我们进军,正好中了他们的计。大军动向,要叫对方琢磨不透,不应当听任敌人调动。"田豫上疏说明想法,明帝同意他的意见。敌人只好退走。后来,敌人又来进攻,田豫迎面出去,敌人又退走。突然在夜里军营大乱,说:"敌人又来了。"田豫仍躺着不动,命令部下:"有敢动摇军心者必杀。"很快,发现根本没有军情。

景初末年(239),增加田豫食邑三百户,加上以前的五百户,共八百户。正始初年(240),升迁为持节护匈奴中郎将,加振威将军封号,任并州刺史。外域的少数民族久闻田豫的威名,相继前来进贡。州郡内社会治安良好,百姓十分感念他。后又升为卫尉,他反复乞求逊位,太傅司马懿认为田豫精力还充沛,给他写信,他没有答应。田豫又写信给司马懿说:"年过七十而仍占据官位,就好像钟鸣漏尽而仍在夜里行走,是要伤害人的。"于是坚决辞职,后征拜为太中大夫,俸禄与九卿相同。死时八十二岁。他的儿子彭祖继承爵位。

田豫清俭约素,凡朝廷的赏赐都分给部下。每当少数民族在私下赠予东西时,都记录在册,收进官府,不放在家里。家里常常清贫。即使那些与田豫不同的人,也都钦佩田豫高尚的节操。嘉平六年(254),朝廷下诏表彰田豫,赐给他们家钱粮。这些情况,在《徐邈传》中有记载。

牵招,字子经,安平观津人。十多岁时跟同县乐隐求学。后来,乐隐在车骑将军何苗幕下任长史,牵招跟随他以便结束学业。这时京城大乱,何苗、乐隐被杀。牵招和乐隐另一学生史路一起冒着生命危险,将老师乐隐的尸首收殓起来,送回家里安葬。路上遇强盗抢劫,史路等人都逃跑了。强盗想劈开棺材取钉,牵招含泪求情,感动了强盗,竟然放走了他。牵招由此而知名。

冀州牧袁绍征召牵招为督军从事,并兼任乌丸突骑。袁绍的亲信违反命令,牵招先斩后奏。袁绍很欣赏他办事果断,没有追究此事。袁绍死后,又追随袁绍之子袁尚。建安九年(204),魏太祖曹操包围邺城。袁尚派牵招到上党去督办军粮,还未回来,袁尚就败逃到中山。当时袁尚外兄高干任并州刺史。牵招认为,并州地势极好,左边有恒山作为天险,右边有大河可以固守,又拥兵五万,北边有强大的胡兵,所以他劝高干把袁尚迎过来,联合起来应付时变。高干不愿意这样做,而且还想设计害死牵招。牵招知情后,暗自逃去。因为距袁尚太远,于是向东逃奔曹操。曹操自任冀州牧,征如牵招为从事。

曹操想征伐袁谭,但是柳城乌丸想出兵协助袁谭。曹操认为,牵招曾经任过乌丸突骑,于是派他到了柳城。这时正值峭王严备待战,准备了五千骑兵援助袁谭。同时,辽东太守公孙康自称是平州牧,派韩忠带着单于的印绶来到峭王营,想授以官爵。峭王召集人马大会,韩忠也在场。峭王问牵招:"从前,袁绍说他受天子之命,任命我为单于;而今曹操也说受天子之命任我为真单于。同时,辽东太守又拿着印绶来。这样看来,谁该是正宗呢?"牵招回答说:"从前袁绍承天子命令,可以有所封拜;但后来发生变故,天子命令曹公取而代之,他说上疏朝廷,拜您为真单于,是正宗。辽东是下属部,哪有权称封拜呢?"韩忠说:"我们辽东在大海的东边,拥兵百万,又有扶余、濊貊的支持。当今之势是强者为王,曹操有什么资格自称正宗呢?"牵招斥责韩忠说:"曹公允恭明哲,拥戴天子,讨伐叛兵,安抚各地,使得四海安宁。你们的君臣不过靠着边远天险,违抗王命,还想擅权封拜。给国家丢脸、应当被杀的,怎么还敢诋毁曹公呢?"便抓住韩忠头往墙上撞,拔刀要杀了他。峭王惊恐万状,光着脚赶紧拖住牵招,请求放了韩忠一命,身边的人也都吓得不知所措。牵招退回座位上,向峭王陈述利弊得失及成败之理。在场的人都离开座位,跪下来聆听。峭王谢绝了辽东的使者,从此罢兵,不再援助袁谭。

曹操在南皮消灭了袁谭,任牵招为军谋掾,随从征讨乌丸。到了柳城,任护乌丸校尉。回到邺城,辽东把袁尚的首级送来,悬挂在马市。牵招见状,悲感万分,在首级下设祭坛。曹操为牵招的义气所感动,推举他为茂才。随曹军平定汉中。曹操回来后,留下牵招任中护军。平定汉中后,回到邺城任平虏校尉,率兵都督青州、徐州诸军事。击败东莱叛兵,杀死首领,东部疆域得以平静。

魏文帝曹丕即位,派牵招为持节护鲜卑校尉,屯兵昌平。当时,边地居民多流散在山间河谷,还有逃入鲜卑部落的,达几千人。牵招发布告示,劝说人们回心转意。建义中郎将公孙集等率部下归附,让他们回到本郡。又对鲜卑素利、弥加等部落十余万人加以安抚,让他们在边塞安顿。

魏国大军要讨伐东吴,将牵招召回,回来后,大军又撤销出征计划,于是任牵招为右中郎将,出任雁门太守。此郡地处边境,虽有官兵把守,但常有掠抢之事发生,牵招把当地人召集起来,教他们如何备战,又上表要求乌丸五百余家出赋租,准备鞍马,派遣他们深入侦察。敌人每有进犯,就派兵迎击,只要他们敢来,就打败他们。因此,官兵百姓胆气大振,四野日渐安宁。他又用离间计,让敌人相互猜忌。鲜卑首领步度根、泄归泥等与轲比能有矛盾,于是他们率三万多家来到郡里,请求归附。牵招下令还击轲比能,杀死了轲比能之弟苴罗侯。轲比能与乌丸归义侯王同、王寄等,结下怨仇。因此,牵招又亲自出马,率领泄归泥等讨伐轲比能,在云中故郡打败轲比能。牵招又与河西鲜卑等十余万家相联系,整治陉北故城上馆城,在此屯戍兵马,威震内外,远近胡人都心悦诚服。那些叛亡的人,家属都不敢窝藏他们,把他们交送出来。于是远近安宁,盗贼再也没有出现过。牵招又挑选有才识的人,送他们到太学读书,然后叫他们再回故里,传授他人。几年间,学校如雨后春笋般兴盛起来。郡治设在广武,井水又咸又苦,当地人推车挑担,到很远的河边挑水,往返七里。牵招勘察地形,根据山势,开凿河渠,引水入城,百姓大受益处。

魏明帝即位,赐牵招为关内侯。太和二年(228),护乌丸校尉田豫出塞,在原马邑城被轲比能所包围,向牵招求救。牵招整兵待发,但并州官吏根据通例禁止牵招出兵。牵招认为持节的大将被包围,情况危急,不能再拘泥所谓吏议而见死不救。于是上表朝廷,随即出发。又发布羽檄,纵论形势,说他们要从西北偷袭敌人老窝,然后东行,与敌人交锋。羽檄发布后,田豫的军队跃跃欲试。又向敌人要塞发布檄文,敌人顿感恐惧,纷纷离散。大军到了原来的平城,敌人即崩溃而逃。轲比能又云集骑兵来到原来的平州塞北。牵招又秘密行军突袭,砍下很多敌人的脑袋。牵招认为西蜀敌将诸葛亮多次出击,而轲比能人很狡猾,他们一定会有勾结,于是上表请求有所预防。很多人认为他们彼此相距遥远,都不相信此说。诸葛亮在祁山时,果然派人和轲比能联系。轲比能来到原来的北地石城,与诸葛亮的军队互相接应。皇帝命牵招率兵出讨。当时轲比能正回到漠南,牵招和并州刺史毕轨商议道:"胡人迁移不定,如果派兵远追,恐难以赶上。如果偷袭,山险路远。军需供应不上,也难以秘密进行。可以让军队守住新兴、雁门两个关口,再出兵屯守陉北,对外可以起镇抚作用,对内可以派兵种田,储蓄粮食。等秋冬之际,粮足马肥,纠合各路兵力,乘机攻讨,必然全胜。"还未能施行,牵招就病死了。

牵招在郡里任职有十二年之久,威名远扬。他治理边郡,功名仅次于田豫,老百姓很感念他。渔阳傅容在雁门也有名望,功继牵招,在辽东又创立军功等。

牵招的儿子牵嘉继承爵位。次子牵弘,与父亲相近,勇猛果断,任陇西太守,随邓艾讨伐西蜀,创立军功。咸熙年间(264—265)任振威护军。牵嘉与晋司徒李胤同母,死得很早。

郭淮,字伯济,太原阳曲人。建安年间(196—220)被推举为孝廉,任平原府丞。曹丕为五官将,任郭淮为门下贼曹,又转任为丞相兵曹议令史,随曹军征伐汉中。曹操回洛阳后,留下征西将军夏侯渊抵御刘备,任郭淮为司马。夏侯渊与刘备作战,郭淮有病未出。夏侯渊被杀,军中大惊,郭淮收集散兵,推举荡寇将军张郃为军主,各部军营才安定下来。第二天,刘备想渡汉水进攻。各位将领认为敌我双方军力悬殊,刘备会乘胜而击,于是都想依汉水布阵来阻击刘备。郭淮说:"这是向敌人示弱,不能击败敌人,不是上策。不如从岸边撤离,在远处设阵,诱使敌人前来,等他们渡过河中央再发起进攻,一定可以打败刘备。"排列好战阵,刘备疑心重重,不敢强渡。郭淮部署军队,坚决死守,没有一点撤退的意愿,此事上报以后,曹操很赞许,任张郃为持节都督,又以郭淮为司马。曹丕即位后,赐郭淮为关内侯,转为镇西长史以及征羌护军,协护左将军张郃、冠军将军杨秋讨伐山盗郑甘及卢水叛乱的胡人,大获全胜,关中开始安定,百姓得以安居乐业。

黄初元年(220),郭淮奉命前来祝贺曹丕登基,在路上得病,所以迟了一些。等到群臣欢会时,曹丕严肃地说:"从前大禹在涂山召会诸侯,防风氏来晚了,结果被杀。而今普天同庆,但你却来迟,为什么?"郭淮答道:"我听说五帝首先用德来开导臣民。夏后时朝政衰败,才开始用刑。而今我生逢唐虞盛世,因此知道自己不会遭受防风氏那样的杀戮。"曹丕听了很高兴,升任郭淮为代理雍州刺史,封为射阳亭侯,五年后授以实职。安定羌将领辟蹄反叛,郭淮击败他们。每当羌、胡有人来降,郭淮总是让人询问他们的亲戚情况,比如男女多少、年岁长幼等。等见到他们,已略知他们的心意,关怀备至,人们都称他为神明的官吏。

太和二年(228),西蜀丞相诸葛亮率兵出祁山,派将军马谡守街亭,高详守列柳城。张郃攻街亭,郭淮攻列柳城,均获胜利。在枹罕击败陇西名羌唐蹄,于是郭淮被加封建威将军。太和五年(231),西蜀出卤城。当时,陇西缺粮。一些人主张从关中运送。郭淮恩威并施,让羌、胡人出粮食以满足军需。郭淮又转为扬武将军。青龙二年(234),诸葛亮出斜谷,在兰坑处屯田。当时司马懿屯兵渭南。郭淮估计诸葛亮一定会争夺北原,主张先占领。很多人不以为然。郭淮说:"如果诸葛亮跨过渭水登上北原,就可以连兵北山,断绝陇道,惊吓臣民和胡人,这是对国家安宁的最大威胁。"司马懿同意这种观点,于是让郭淮屯兵北原。战壕未修成,蜀军压境,郭淮奋力回击。过了几天,诸葛亮率大军向西行,诸将领都认为诸葛亮想攻西围。只有郭淮一人认为,这是诸葛亮虚张声势西行,是要让魏军大举回应,而他一定会进攻阳遂。那天夜里,蜀军果然进攻阳遂。因为城中有防备,所以没攻下来。

正始元年(240),蜀将姜维出兵陇西。郭淮进军,追至强中。姜维撤退后,郭淮又攻讨羌族迷当等部,安抚氐族人,迁移三千多部落到关中地区。转任左将军。凉州休屠胡人梁元碧等率部落二千多家归附雍州。郭淮奏请让这些人居住在安定郡的高平,为了保障他们的安全,其后设置西州都尉。郭淮又被任命为前将军。

正始五年(244),夏侯玄伐蜀,郭淮率军为前锋。郭淮估计形势对己不利,就撤军出走,所以损失不大。回师后明帝授郭淮持符节。正始八年(247),陇西、南安、金城、西平诸羌饿何、烧戈、伐同、蛾遮塞等联合起来反叛,包围城镇,南招蜀兵协助。凉州名胡治无戴也举兵反叛。讨蜀护军夏侯霸率诸军屯兵为翅。郭淮刚到狄道,很多人认为应当首先讨平枹罕,这样对内则平定恶羌,对外则可以挫败西蜀的计谋。郭淮估计姜维一定会进攻夏侯霸,于是进入沨中,转兵向南,接迎夏侯霸。姜维果然进攻为翅,正好郭淮军队抵达,姜维逃去。进而郭淮讨伐诸叛羌,杀死饿何、烧戈,投降的人有几万。正始九年(248),蛾遮塞等屯兵河关、白土故城,依据河险抵抗。郭淮假装从上游出兵,但秘密派兵从下游渡河,占据白土城,发动进攻,大破敌兵。治无戴包围武威,家属留在西海。郭淮率军逼近西海,想偷袭军队家属,正好治无戴又率兵折回,两军在龙夷之北相遇,治无戴失败后逃走。令居土匪在石头山西边活动猖獗,常截断道路,追杀王使。郭淮追讨,大胜。姜维出兵石营,向强川,西迎治无戴。留下阴平太守廖化在成重山修筑城堡,收取诸羌散兵作为人质。郭维想兵分两路,诸位将领认为,姜维向西联结强大的胡兵,廖化则守据天险,如果兵分两路,势必削弱兵力,前进无法牵制姜维,后退又攻不下廖化所守之城,不如集中兵力一起向西开拔,在胡、蜀两军接上关系之前,各个包围,这是上策。郭维说:"今派兵攻打廖化,可以出其不意,姜维肯定要有所顾忌。等姜维赶回来。廖化已被平定,而且可以使姜维疲于奔命。姜维的军队不向西接应胡人,胡人自然会撤离。这才是一举两全的上策。"于是派夏侯霸等在沓中等地追剿姜维,自己则率大军强攻廖化。姜维果然奔命回师来营救廖化,正如郭维所预料的那样。郭维被封为都乡侯。

嘉平元年(249),升征西将军,都督雍州、凉州诸军事。这年,与雍州刺史陈泰合计,在为翅迫使蜀牙门将句安等投降。嘉平二年(250),皇帝下诏:"以前在汉川战役中,全军差点覆没。郭淮临危不惧,军功记在史册。在关右三十多年,外征敌寇,内抚臣民。近年以来,摧折廖化,生擒句安,功绩卓著,我特别嘉赏他:任郭淮为车骑将军,仪同三司,持节、都督一如既往。"晋封郭淮为阳曲侯,食邑二千七百八十户,又分出三百户给他的一个儿子,封为亭侯。正元二年(255),郭淮死,朝廷追赠他为大将军,谥号为贞侯。儿子郭统继承爵位。郭统官至荆州刺史。死后。郭统的儿子郭正继承爵位。咸熙年间(264—265),设五等爵位,因为郭淮功著前朝,故改封其为汾阳子。

评:满宠立志刚毅,有勇有谋;田豫居身清白,规略明练;牵招秉义壮烈,功绩卓著;郭淮计谋精确缜密,名声传遍秦、雍。田豫的官位只是小州的官吏,牵招只做到郡守,实在是没有充分发挥他们的作用啊!

卷二十七　魏书二十七

徐胡二王传第二十七

　　徐邈,字景山,燕国蓟县人。曹操平河朔,任徐邈为丞相军谋掾。让他尝试做奉高县令,后来进洛阳任东曹议令史。魏国初建时,任尚书郎。当时法令禁酒,但徐邈常私下痛饮以至于大醉。校事赵达询问政事,徐邈自称"中圣人"。赵达把这话传给了曹操,曹操大怒。度辽将军鲜于辅劝说道:"平常喝醉酒的人称清酒为圣人,浊酒为贤人。徐邈性情谨慎,这不过是一时醉话罢了。"结果没有被判刑。后来任陇西太守,转任南安太守。魏文帝曹丕即位后,历任谯相、平阳、安平太守,颍川典农中郎将,所到之处,都留下好的名声,被赐予关内侯爵位。文帝巡视许昌,问徐邈说:"还充任中圣人吗?"徐邈回答说:"从前子反在谷阳喝醉酒,夜里逃跑;御叔饮酒被罚以重赋。臣的嗜好和这二人相同,不能自禁,所以时常喝酒。但常常因此而得到赏识。"文帝大笑,对身边的人说:"果然名不虚传。"转任抚军大将军军师。

　　魏明帝认为凉州离内地很远,直接和西蜀接壤,就任命徐邈为凉州刺史,并持有朝廷符节任护羌校尉。到任后,正赶上诸葛亮率兵出祁山,陇右三郡相继反叛。徐邈派遣参军以及金城太守等部讨伐南安叛贼,一举攻破。河右地区少雨,常因无粮苦恼。徐邈上疏修武威、酒泉盐池,用以收藏敌人的粮食,又开凿水渠,招募贫民租种土地,使得家家丰足,仓库盈满。又支取州中军费的部分余额,用来交换金帛犬马,供给中原人消费。同时逐步收缴民间私人武器,统一保管,然后宣讲仁义,建立学校,禁止厚葬,限制过度的祭祀,进善抑恶,社会风尚大为改观,百姓心悦诚服。与西域的交往,远方少数民族的进贡,这些都是徐邈的功绩。后因讨伐反叛的羌人柯吾有功,被封为都亭侯,食邑三百户,加建威将军封号。徐邈和羌、胡打交道,对于小的过失从不过问,但如果他们犯了大罪,先通报部帅,让他们知道,然后斩首以示世人。因此人们都信服和敬畏他。凡是朝廷赏赐给他的东西,都分给将士,从不收入自家,自己的妻子儿女却常常衣食不足。天子听了很赞赏,随时给他家里提供衣食等物。他惩治邪恶,洗刷冤屈,一州之内,秩序井然。

正始元年(240),回洛阳任大司农,转任司隶校尉,群僚也都很敬畏他。因公事离职。后又为光禄大夫,几年后升任司空。徐邈感叹说:"三公是论道的官位,没有合适的人就空缺,怎么能让我这又老又病的人去担任呢?"于是坚持辞让。嘉平元年(249),他七十八岁,在家中去世,其时为大夫,按公礼埋葬,谥封为穆侯。他的儿子徐武继承爵位。嘉平六年(254),朝廷追思清节之士,下诏说:"显示贤能,表彰品德,圣王历来重视;推举善人,引导后学,孔子也很赞美。已故司空徐邈、征东将军胡质、卫尉田豫都在前朝任职,历任四代,率兵出讨,辅佐朝政,忠心为公,忧国忘私,不营家产,身死之后,家无余财,我特别嘉赏他们:赐给徐邈等人家属粮食二千斛,钱三十万,特此告示天下。"徐邈同郡的韩观字曼游,有器识和才干,与徐邈齐名,而在孙礼、卢毓之先,为豫州刺史,政绩很好,死在官任上。卢钦著书,称赞徐邈说:"徐公志气高远,品行高洁,才博气猛。他的政治措施每当施行时,高而不狷,洁而不介,博而守约,猛而能宽。圣人以清为难,而徐公以清为易。"有人问卢钦:"徐公在武帝曹操时代,人们认为他通达,自从任凉州刺史,回到京城后,人们又认为他特别,这是为什么呢?"卢钦回答说:"以前毛孝先、崔季珪等主事,尊崇清素之士,当时都改换车服,用来猎取高名。而徐公仍一如既往,所以人们认为他通达。近来天下崇尚奢靡,竞相效仿,而徐公仍不为所动,不随波逐流,所以往日的通达,就变成今日的特别了。这是因为世人总是随波逐流,变化无常,而徐公秉性高洁,持之以恒。"

胡质,字文德,楚国寿春人。少年时即与蒋济、朱绩齐名,在江淮之间很有影响,在州郡做官。蒋济任别驾,出使见魏太祖曹操。曹操问:"胡敏是年长之人,该有子孙了吧?"蒋济说:"有个儿子叫胡质,思考大问题不如父亲,但处理细密事情超过父亲。"于是曹操召任胡质为顿丘县令。县里有个叫郭政的人与堂妹通奸,杀死妹夫程他。郡吏冯谅被关在监狱做证人。郭政和堂妹忍受拷打赖罪,冯谅忍受不了,于是只好诬陷自己,反倒要追究他的罪责。胡质到官,细致勘察情色,追究根底,重新定罪,无不称服。

后为丞相东曹仪令史,州里请他任治中。将军张辽与其护军武周有矛盾。

张辽见到刺史，请胡质出任幕僚，胡质托病不就。张辽对胡质说："我有心任命你做官，为什么辜负我的厚意呢？"胡质说："古人相交，看他索取很多但仍相信他不贪，看他临阵逃脱而仍相信他不怯。听说流言也不相信，这样的交情才可以长久呢！武周身为雅洁之士，以前您对他赞不绝口，而今只为一点小事，就酿成矛盾。何况我胡质才薄，怎么能始终得到您的信任呢？因此我不愿意就职。"张辽受到感动，重与武周和好。

曹操召任胡质为丞相属。黄初中，转任吏部郎、常山太守，迁任东莞。卢显为人所杀，胡质说："这个人似乎没有仇人，只有一个年轻的妻子，因为这而死吗？"于是逐一召见与卢显相来往的人。问到书吏李若，神情有变，于是胡质追究到底，李若只得自首，受到惩罚。每当胡质得到赏赐，都分给众人，从不收藏家中。在郡任职九年，吏民安居，将士听命。

又迁任荆州刺史，加振威将军封号，赐爵关内侯。东吴大将朱然包围樊城，胡质率轻兵出击。很多人认为，敌众我寡，不能追击。胡质说："樊城地势低下，兵力又少，所以应当进军给予外援，不这样做，樊城就危险了。"于是率兵赶赴樊城，城中军民这才安定下来。又迁任征东将军，持节都督青州、徐州诸军事，大面积种植粮食，有够吃好几年的储备。设置东征台，一面派兵租种，一面派兵守卫，又与诸郡通渠，准备船只，严阵以待来犯之敌。海边比较平静。

胡质性情深沉，好深思，不以自己的标准衡量他人，因此得到人们的爱戴。嘉平二年(250)死，家无余财，只有皇帝所赐衣物和书箱而已。军师把这些报告给朝廷，追封他为阳陵亭侯，食邑百户，谥封贞侯。他的儿子胡威继承爵位。嘉平六年(254)，皇帝下诏书褒扬胡质清俭的行为，赐给他们家钱财和粮食，这些事记载在《徐邈传》中。胡威在咸熙中官至徐州太守，有非凡的政绩，历任三个郡的太守，政绩都很好。死于安定郡。

王昶，字文舒，太原晋阳人。少年时与同郡的王凌知名于当地。王凌年长，王昶把他当作兄长看待。魏文帝曹丕未即位前，王昶为太子文学；曹丕即位以后，王昶升任散骑侍郎，为洛阳典农。当时洛阳树木成林。王昶以他的勤劳为百姓作了表率，开垦了很多荒地。后任兖州刺史。魏明帝曹叡即位，加封扬烈将军，赐爵关内侯。王昶虽然在外地做官，可一心关心朝廷政治。他认为曹魏继承秦、汉的许多弊端，法制苛刻而又琐碎，很少修改国家大典以正先王的风范。在这种情况下，要想希望政治开明，国家强盛，是不可能的。于是撰著《治论》，依照古代制度，取其可施用于今天的有关条项，写了二十多篇。又著《兵书》十来篇,探讨以奇制胜的战术,青龙年间上奏朝廷。

他为兄弟的孩子和自己的孩子取名字,都依据谦虚和诚实,用以显示他的志趣。所以他兄弟的孩子,一个叫王默,字处静,一个叫王沈,字处道。他自己的孩子,一个叫王浑,字玄冲,一个叫王深,字道冲。他又写信劝诫他们说:

作为晚辈,最重要的事情是有实际本领,有高尚道德,让父母脸上有光。实际本领,高尚道德,父母荣光,这三件事谁都明白其中的价值,可还是有人身败名裂,殃及家族,致使全家覆灭,这是为什么呢?这是因为他们家的传统不是正道。讲究孝敬仁义,这是诸事中最重要的。依照它来立身行事,这是一生的根本所在。讲究孝敬,宗族内部才会相安无事;讲究仁义,邻里之间才会相互尊重。这样做,修行就是不错的了,名声自然会传到外边去。人如果不注意品行修养,背本逐末,崇尚浮华,以至结党营私,那么就会被人视为虚伪,甚至酿成无数矛盾。不要崇尚浮华,不要结党营私,其中的道理,昭然著明,但是仍有很多人重蹈覆辙,追求浮华,这都是因为受到名与利的诱惑使然。当然,富贵声名,谁不愿意占有呢?但是君子却可以得到而不要,这是为什么呢?因为他们厌恶不由正道求取名利。人生最大的祸患是只知进而不知退,只知追求情欲,不知满足,所以才会有困辱之累、悔吝之咎。常言道:"如果不知足,得到的也会失去。"所以人要知足,就会满足。纵览古今成败吉凶,那些追名逐利、欲壑难填的人,没有谁能保持家世不衰、自己不毁灭的。我希望你们立身要严谨,遵从儒家的教义,信奉道家的言论,所以给你们起名叫玄默冲虚,要使你们看到自己的名字,时刻不忘它们的含义,不要违背它。古代时,盘子上有铭文,几杖上有诫文,为的是低头抬头都能看见它们,用来节制自己。更何况是自己的名字,难道不该随时劝诫自己吗?一般来说,事物成长快,其消亡也快,其生长慢,就会有好的结果。清晨开花的草,到晚上就该零落了;而松柏青翠,严冬不衰枯。因此真正的君子不愿意自己速成,而望大器晚成。像范匄看不起秦客而武子用杖击范匄,折其委笄,那是因为武子厌恶范匄看不起人。人有点善意,很少有不自夸的,有点能耐的很少有不自傲的。自夸就会看不起人,自傲就会盛气凌人。看不起人的人,人们也看不起他;盛气凌人的人,人们也不把他放在眼里。所以晋国杀死郤锜、郤犨、郤至三人而百姓毫不同情;王叔与人争权夺利,为周朝罪人。这不正是他们以为自己比别人强，自夸自傲，咎由自取吗？所以君子不称赞自己，不是为了谦让，而是讨厌处处显示胜过别人。能屈己才能伸，能让人才叫得，示弱才是真强，如果这样，才会万事遂心。毁坏别人声誉，是坏事的根源，是招致灾难的机缘。因此圣人特别谨慎。孔子说过："我对于别人，少誉少毁。如果有所褒誉，一定要有根据。"又说："子贡爱讥评别人。难道他就够好了吗？我却没有这闲工夫（去议论别人）。"像孔子这样的圣人，还如此谨慎，更何况像我们的庸庸之人怎么能肆意毁誉别人呢？

从前，伏波将军马援告诫他的侄子说："听见关于别人的不好的传闻，只当这人是自己的父母，虽然听到了，却不能传出去。"这个告诫真是细心到极点了。别人如果诋毁自己，应当躬身反思。如果自己确有值得别人诋毁的言行，别人的诋毁就是恰当的。如果自己没有什么过错，那么别人的诋毁就没有什么根据。如果人家批评得对，就不要埋怨别人，如果别人批评得不对，又不会危害你自己，何必反唇相讥呢？而且，听见别人诋毁自己就发怒，把恶名再推到别人身上，那么人家就会越发诋毁你，还不如沉默寡言，退而修养自己为好。谚语说："救人于严寒，不如多加些皮裘；停止别人的诽谤，不如自己修养道德。"这话是很对的。如果和那些搬弄是非的人，特别是凶狠险毒的人打交道，距离近都危险，更何况和他们当面辨明是非，那就更加危险了。那些虚伪的人，言论没有任何根基，不依据道义，行为不遵从自己的言论，其浮浅是很容易识别的，可惜世人多被他们所迷惑，不愿意认真鉴别一下他们的言行。近世的人如济阴魏讽、山阳曹伟都因为醉心邪恶败坏风俗而被处死，他们迷惑世人，扶持奸逆，煽动年轻人作乱。虽然他们被杀，但是他们的恶劣作风，污染世风，影响深远，要谨慎呵！

至于那些甘心于山林隐逸的人，像伯夷、叔齐之类的人，宁可饿死首阳山，还有像介子推等，宁可烧死在绵山也不愿出仕，虽然他们的言行可以对那贪欲之徒有所警诫，风俗可以为之改变，但是真正的圣人是不会像他们这样去做的，我也不愿意你们去效法。你们的先辈，世代做官，崇尚仁义，为人谨慎，讲究孝悌之道，广泛向友人学习，我和同事交往，虽各有不同，但都会从不同的人那学到一些东西。颍川郭奕，为人通达，聪敏，有知识。可是他的为人稍有不足，轻视富贵，固然可嘉，但也有些过分，如果他得到自以为不错的人,就十分敬重,高山仰止;如果他不认为是能人,就不把他们放在眼里,把他们视为小草。我因为和他相知,所以和他来往密切,但不希望你们像他这样做。北海徐干,不求名誉,不求财富,淡泊处世,追求道德修养。即使他有所褒贬,也都假托古人之口说出,而对当世则从不评论是非。我很敬重他,希望你们向他学习。东平的刘祯,有出众的才能,真诚有节度,且有大志,然而他的性情和行动不均衡,很少有约束和顾忌,得和失足可以互相弥补。我很喜欢他、看重他,但不愿你们企慕他。乐安任嘏,完全遵循古道,内心敏锐,而外表宽恕,推逊恭让,居处不避开污浊的凹地,平时好像胆怯,却能见义勇为,在朝忘身。我把他视为好友而推重他,愿你们以他为榜样。如果你们能引而申之,触类而推,你们就可以从我所推举的人物中得到启发了。至于用钱应以家族作为首先考虑的对象,施舍一定要注意周济那些急需的人,出入乡里朝廷一定要慰问老人,议论时不要贬低别人,做官时要尽忠尽节,用人交友一定要诚实,处世一定不要骄淫,贫贱时不可自暴自弃,进与退要想到是否合适,凡做事要三思而后行。如果这样做了,我就没有什么忧虑的了。

青龙四年(236),皇帝下诏说:"现在准备招揽人才,凡是有才有智,能深谋远虑,料远若近,视昧而察,运筹计策,办事小心,清修密静,孜孜不倦,一心为公的人,不管年龄多大,不管出身贵贱,卿校以上各选举一人。"太尉司马懿推举王昶应选。正始中,在徐州任职,被封为武观亭侯,迁升征南将军,持节都督荆州、豫州诸军事。王昶认为,国家总会有人,但是战争未必总是胜利,地势险峻是不变的,但是守备之势不能长久不变。而今屯兵宛城,离襄阳三百多里,各军营分散驻屯,船在宣池,有紧急情况,都来不及调动。于是上表请求把当地政府所在地迁到新野,在二州内练习水兵,开垦农田,积蓄粮食。

嘉平初年(249),太傅司马懿杀死曹爽之后,向大臣询问政治得失。王昶陈述了五条治国方略。第一,崇尚道统,鼓励学业,抑制浮华,让学生们入学,修建学校。第二,设立考试制度,考试是个标准,没有一定标准而想衡量曲直是不可能的,没有考试制度而或降或升某人,空论是否有才能,也是没有根基的。第三,让官吏任职的时间长一些,有政绩的升官赐爵。第四,省减官员的实际收入,让他们知道廉耻,不要和老百姓争利。第五,杜绝奢侈,倡导节俭,使各个官员服饰有别,上下有序,储备粮棉,让人们返璞归真。皇帝下诏褒扬王昶,让王昶修撰百官考试的程序。王昶认为,唐尧、虞舜时代虽然有升、降官吏的公文,但是如何考核官吏的方法未流传下来。周朝的制度虽有冢宰的职位,根据群僚的政绩给予赏罚,但是没有如何比较确定的标准。因此,圣主实应明白如何任用贤人,略举任贤黜劣的办法,把这个工作委托给贤达之人,让他统管此事,任用某人,是否贤能,可以知其大概。他的议论,大致就这些。

嘉平二年(250),王昶又上奏说:"孙权放逐贤良大臣,内部纷争,可以乘机制服吴、蜀。白帝与夷陵之间的地带,黔、巫、秭归、房陵等地都在江北,民众与新城郡多所接触,可以袭取此地。"于是朝廷派新城太守州泰袭取巫、秭归、房陵,荆州刺史王基逼向夷陵,王昶逼向江陵。在两岸用竹索作桥,渡水袭击敌军。敌人逃到南岸,又开凿七条道路来进攻。王昶让弓箭同时发射,东吴大将施绩在夜里逃进江陵城。王昶派兵追杀数百人。他想把敌人引到平旷的地段,与之交战。于是派五军列队沿大道撤军,让敌人看见撤军而感到高兴。同时又派人骑马挑着缴获的战利品在城的四周向敌人展示,以激怒敌人。埋设伏兵,等待袭击敌人。施绩果然派兵追杀大军,王昶出兵与之决战,结果大胜。施绩逃跑,他手下大将钟离茂、许旻被杀。缴获敌人的铠甲、旗、鼓、珍宝、武器无数,班师而还。王基、州泰都立下了战功。于是王昶被任命为征南大将军,仪同三司,晋封京陵侯。毌丘俭、文钦反叛,王昶率兵抵抗有功,赐封他的两个儿子为亭侯、关内侯。他晋升为骠骑将军。诸葛诞反叛,王昶占据夹石,逼近江陵,牵制着施绩、全熙,使他们不敢轻举妄动。诸葛诞被杀后,皇帝下诏说:"从前孙膑救赵,直逼大梁。西部兵力大举前进,也成就了东征的大势。"为王昶增邑千户,加上以前所封,共四千七百户,又升至司空,照旧持节都督诸军。死于甘露四年(259),谥封穆侯。他的儿子王浑继承爵位,咸熙年中任越骑校尉。

王基,字伯舆,东莱曲城人。少年丧父,与叔父王翁住在一起。王翁精心抚养,王基也以孝顺著称。十七岁这年,郡里征召他为府吏,他待了一段时间觉得不太合意,又辞职,进入琅邪界内游学。黄初年间(220—226),各地荐举孝廉,他被任命为郎中。当时,青州刚刚平定,刺史王凌特意上奏章,请任命王基出任别驾,后朝廷召他为秘书郎,王凌再次请求让他回青州任职。不久,司徒王朗征召王基,王凌不放。王朗上疏弹劾王凌说:"凡是地方臣僚有优秀的,应把他们提升到郡府,郡府有优秀臣僚,应举荐到朝廷,因此古代有侯伯贡士的礼节。而今州郡取宿卫的大臣,留朝廷大臣不放,真没听说过。"王凌还是不放。王凌所以得到青州士人的称赞,主要还由于王基的辅佐协作。大将军司马懿征召王基,还未到任,又被任命为中书侍郎。

魏明帝大兴土木修建宫室,百姓劳苦,王基上疏说:"我听说古人把人民比作水,说:'水所以载舟,亦所以覆舟。'因此,居于民上的天子,不能不随时戒惧。百姓安逸,一切事情都好办;如果他们生活很苦,他们就会想到作难。因此,先王的居处都很简朴,为的是防止祸患发生。从前颜渊说,东野子善于驾驭马匹,马用尽气力,但他仍驱赶不止,因此知道他将失败。而今劳役辛苦,男女分离,旷怨顿生。希望陛下能深思东野子之弊,留心舟和水的比喻,让那些还未力竭的马匹休息一下,让那些还未困顿到极点的百姓省些劳役。从前汉代打下天下,到汉孝文帝时,只有同姓的诸侯,因此,贾谊深感忧虑说:'下边是堆积着的柴火,又点火,而在上边睡觉,还自以为很安全。'而今敌人并未消灭,猛将拥兵,集聚起来难以应敌,长久下去,帝位难以传给后代。在此盛明之世,不专心致志地消除祸患,如果子孙再不争气,国家就危险了。如果贾谊再生,一定比过去更加忧虑。"

散骑常侍王肃撰著群经传解,又论定朝仪,常常修改郑玄的旧说。王基则依据郑玄之说与王肃争论。后任安平太守,因公去职。大将军曹爽请他出任从事中郎,后出洛阳为安丰太守。郡界临接吴国,王基治理州郡,十分清严,颇有威惠,又防备森严,敌人不敢进犯,被加封讨寇将军封号。东吴曾在建业集中大军,声称要攻打扬州。刺史诸葛诞让王基谋划。王基说:"以前孙权屡次进犯合肥,到了江夏,其后全琮出击庐江,朱然进犯襄阳,但都未得逞,只得退回,而今陆逊等老将已死,孙权也年老,内部没有能臣贤嗣,军中又缺乏英明军师。孙权想要亲自率兵出击,又怕内部生乱,各种矛盾一齐爆发,导致崩溃;若派将领率兵,则老将差不多死光了,新将他又不信任。他不过是想借此安排好亲信,以攻为守而已。"后来,孙权没有领兵出击。当时国内由曹爽专权,风化大坏。王基撰《时要论》来讥讽时事。因为得病离任回到都城,被征召为河南尹,还没有赴任,曹爽被杀,因为王基曾经是曹爽的下属,也照例罢免。

这年又出任尚书,出洛阳任荆州刺史,加扬烈将军封号,随征南将军王昶讨伐东吴。王基在夷陵率领一路兵马袭击步协,步协紧闭城门固守。王基假装摆出进攻的架势,其实则分兵袭取雄父粮仓,缴获粮食三十余万斛,抓获安北将军谭正,接纳投降的敌人有数千人,把这些降民安置到夷陵县。王基被赐爵关内侯。王基又上表劝王昶将江夏作为政府所在地,逼近夏口,从此,敌人就不敢轻易渡江了。他申明礼仪制度,整顿军队秩序,恢复学校教学,南方士人无不称赞。当时朝廷商议准备大举伐吴,下诏命王基商量如何进攻。王基说:"如果出兵而不能打胜,不仅威风丧尽,而且还耗费财用,因此出兵必须准备周全才行。如果不准备开通河道,聚积粮食,修建战船,即使陈兵江北,也不会形成必渡之势。今江陵有沮水、漳水,灌溉良田数以千亩。安陆左右也有沃野良田。如果水陆并以农业为主,准备充分的储备,然后才能率大军攻向江陵、夷陵,分据夏口,沿沮水、漳水运输粮食。敌人知道我有坚强的装备和充足的储备,能长久占优势则依据天险顽固坚守的信念必然变得沮丧,弃暗投明的人会越来越多。这时再联合东吴的少数民族从其内部攻击,大军在外部征讨,则夏口以上各据点一定可以攻下来,长江之外的州郡也就都守不住了。如此一来,吴、蜀的交通断绝,两国不能联合,东吴也就成为瓮中之鳖了。不这样的话,这时出兵未必有利。"于是朝廷打消了出兵的念头。

司马师刚统领大权,王基上书劝诫说:"天下很大,政事很杂,您不能不兢兢业业,夜以继日。如果志尚淳正,就不会滋生各种邪念;如果心地纯净,就不会感到众事嘈杂。深思熟虑,教令就不会烦杂;重用贤良,远近就都会臣服。因此,要使远方少数民族和谐一心,全在于阁下如何行动;要使民众平定,也全在于您如何用心。许允、傅嘏、袁侃、崔赞等都是正直之士,有端直的品质,没有流变的坏心,可以任用他们。"司马师接受了王基的忠告。

高贵乡公即皇帝位,进封王基为常乐亭侯。毌丘俭、文钦反叛,朝廷任命王基为行监军,持符节,统领许昌军队,正好与司马师的军队在许昌会合。司马师问王基:"您看毌丘俭等会怎么样呢?"王基说:"淮南叛乱,不是当地吏民作乱,而是受到毌丘俭的威胁,怕眼前被杀,所以随大流罢了。如果大兵压境,他们必然土崩瓦解。毌丘俭、文钦的尸首不久就会悬挂在军门。"司马师说:"说得好。"于是派王基打先锋。很多人认为,毌丘俭、文钦勇猛,很难与他们争胜。朝廷下诏让王基停止进军。王基认为:"毌丘俭等军队完全可以长驱直入,但其仍不进军,说明已露出诈伪的马脚,民众已心有所疑。我们在这时不赶紧声张威势,以孚民望,反而停军不前,修筑高垒,无异于显示我们的怯懦,这决不合用兵的道理。如果他们抢劫民众,将州郡兵士家属也抓来当兵,当地官兵就更加离心离德。为毌丘俭所威胁的人,觉得自己罪责深重,不敢再逃出。这里是乌合之众聚集之地,士兵并无战斗力,却可能成为奸宄之辈得势的温床。如果东吴军队趁机出兵,那淮南大片国土就该被敌人占据了。此后,谯、沛、汝、豫等地就日益危险,这是最大的失策。应快速占据南顿,南顿有大粮仓,足够军队吃上四十天的。死保城关,造成先声夺人的气势,这是平定叛贼的首要措施。"王基反复请战,朝廷这才让他占据灅水。到了以后,王基又上书说:"兵贵神速,不能拖延。而今外有强敌,内有叛臣,如果再不当机立断,将来会发生什么样的变化就难以预知了。很多人认为指挥军队应持重一些,持重当然是对的,但是停军不进就错了。持重绝不是指按兵不动呵!如果能进军,就不可战胜。而今占据城关,壁垒森严,那边积蓄的粮食提供给敌人,而我们却要远道运粮,这是大错的呵!"司马师想等各路军到齐后再发兵,还是不听王基的劝谏。王基又说:"将军在外,君主的命令可以不接受。敌人得城,敌人得利;我得城,对我有利。这才叫争城,进军南顿城!"于是挥师占据南顿。毌丘俭等从项地发兵也想争夺南顿,走了十来里,听说王基已捷足先登,又退回项地,当时兖州刺史邓艾屯兵乐嘉,毌丘俭派文钦率兵袭击邓艾。王基知道他们已分散了兵力,就率兵攻项地,毌丘俭失败。文钦等平定后,王基任镇南将军,都督豫州诸军事,任豫州刺史,晋封安乐乡侯。他上疏要求分自己的封邑二百户给叔父的儿子王乔,并求赐王乔关内侯,用来报答叔父的养育之恩。朝廷特许。

诸葛诞反叛,王基以豫州刺史身份行镇东将军的职权,都督扬州、豫州诸军事。当时大军在项地,认为敌兵精良,让王基驻军修垒。王基反复上书请求讨伐。这时东吴派朱异来援救诸葛诞,驻扎安城。王基奉诏要他率军转移占据北山。王基对诸位将领说:"而今城垒已经很坚固了,兵马也都聚集在此,只需精修守备,等待敌人就是了,如果再移兵戍守险地,会使兵马处于涣散状态。再聪明的人也不能收拾这个局面了。"于是在适当的时候又上疏说:"今天我们与敌人相峙,应岿然不动。如果转移坚守险要之地则人心摇荡,破坏既成的局势。各路军队各自据守深沟高垒,人心安定,不能动摇,这是统领军队的基本要领。"报上奏表后,朝廷同意了他的请求。大将军司马昭屯兵丘头,分部围守,各有所统。王基都督城东城南二十六军,司马昭命军吏深入镇南将军部界,传令不得出兵。城中粮食吃尽,敌人昼夜攻垒,王基据城死守。进而反击,大破敌军。攻下寿春后,司马昭写信给王基说:"当初议者云云,要求移兵的人极多。当时我没有临阵,也听信他们的议论。将军阁下深悉利害,意志坚定,力排众议,以至上违诏命,终于战胜敌人。古人所叙述的战事,也没有超过这次战事的。"司马昭想派将领率精锐部队深入战区,招迎唐咨子弟,乘此机会可以造成颠覆东吴的局势。王基劝谏说:"以前诸葛恪乘着东关的胜利,调动江左的兵力,包围新城。城没有攻下来,自己却死伤过半。姜维借洮上胜利之势,轻兵深入,军粮供应不上,结果大军在上邽覆没。每当大捷之后,上下轻敌。轻敌则考虑困难不深入。而今敌人刚刚在外吃了败仗,内患又未平息。因此,目前他们正戒备森严。再说,连年作战,人有归家之志。今俘获十万降兵,又杀了诸葛诞这个罪人,自从汉末有战事以来,还没有如今天这样大获全胜的局面呢!武皇帝曹操在官渡大败袁绍,自以为创获已多,不再追剿,是惧怕受挫败。"司马昭听后于是罢兵。因为淮南地区刚刚平定,朝廷命王基为征东将军,都督扬州诸军事,晋封东武侯。王基上疏辞让,把功劳归给参谋和辅佐的下属。于是长史、司马等七人都得以封侯。

这年,王基母亲死。朝廷下诏对丧事保密,把王基父亲王豹的遗骨迁到洛阳与王基母亲合葬,追赠王豹为北海太守。甘露四年(259),王基为征南将军,都督荆州诸军事。常道乡公即皇帝位,为王基增加食邑千户,加上以前的共五千七百户。前后又分封其二子为亭侯、关内侯。

景元二年(261),襄阳太守上表说吴贼邓由要求投降。王基接受命令,要在此时出兵东吴。王基怀疑其中有诈,于是派驿使快速向朝廷陈述情状,又说:"嘉平以来,内乱不断。当务之急。是如何使国家安定,百姓安宁,不应轻易兴师动众,求利于外。"司马昭回信说:"和我共事的人,多是曲意逢迎,很少有人能与我明白地讲述事实真相。阁下诚恳忠爱,常常有所规劝,就照着您所说的办理。"后来,邓由果然没有来投降。

这年,王基死,追赠司空,谥封为景侯。他的儿子王徽继承爵位,早死。咸熙年间(264—265),设五等爵位,因为王基功著前朝,改封王基的孙子王廙为侯。而把东武郡其余的城邑封给王基的另一儿子,赐爵关内侯。晋朝建立以后,皇帝下诏说:"已故司空王基功勋卓著,治身清素,不营私产,久在重任,家无私财。真可谓身死之后,品行更加显露,完全可以激励世俗之人。可赐给他家两个奴婢。"

评: 徐邈高尚通达,胡质品格纯粹,王昶开创大业,深知法度,王基学业扎实,行动坚定,他们都能统领一方,功绩卓著,称得上国家的良臣,为一代俊杰之士。

卷二十八　魏书二十八

王毋丘诸葛邓钟传第二十八

　　王凌,字彦云,太原祁县人。叔父王允,为汉朝司徒,主持刺杀董卓。董卓部将李傕、郭汜等为董卓报仇,在长安杀了王允全家。王凌和哥哥王晨当时年龄很小,翻城墙逃跑了。逃回到乡里后,王凌被荐举为孝廉,任发干县长。不久升至中山太守,在两地都有政绩,曹操征召他为丞相掾属。

　　曹丕即位,任命王凌为散骑常侍,出洛阳任兖州刺史,和张辽一起到广陵讨伐孙权。到江边,夜里刮起大风,孙吴大将吕范等部的船只漂浮到了北岸。王凌和诸官兵迎头痛击,斩杀敌人首领,缴获敌人船只,立下战功,被封为宜城亭侯,加建武将军封号,转任青州刺史。由于汉末大乱,海滨等地社会秩序很坏。王凌加以治理,赏善罚恶,使当地秩序井然,百姓无不交口称誉。后随从曹休征伐东吴,在夹石与敌军相遇,曹休军队失利,王凌拼死突围,使曹休幸免于难。又转任扬州、豫州刺史,颇得军民的欢心。刚到豫州时,表彰当地先贤的后代,征召没有出名的俊才,各有指教,影响极好。起初,王凌和司马朗、贾逵的关系极好,等他到了兖州、豫州任上后,又承继和发扬了他们在任时留下的好名声。正始初年,王凌任征东将军,假节都督扬州诸军事。正始二年,东吴大将全琮统数万人进攻芍陂。王凌率诸军迎战,奋战数日,敌人退走。王凌晋封南乡侯,食邑一千三百五十户,又迁车骑将军、仪同三司。

　　当时,王凌的外甥令狐愚颇有才能,任兖州刺史,屯兵平阿,舅与外甥并握兵权,独掌淮南重任。王凌又升官至司空。司马懿杀死曹爽后,任命王凌为太尉。王凌、令狐愚秘密商议说:齐王曹芳受别人牵制,不适宜再任皇帝,应当迎立年长而又才的楚王曹彪继位,建都在许昌。嘉平元年(249)九月,令狐愚派部将张式到白马,与曹彪建立联系。王凌又派舍人劳精到洛阳,对儿子王广说了他们的打算。王广说："废立皇帝这是大事,不要酿祸。"这年十一月,令狐愚又派张式到曹彪封地,还未到张式回来,令狐愚就死了。嘉平二年(250),荧惑(火星)出现在南斗星的位置上,王凌说："斗中有星,可能该出现一位突然显贵的人物。"嘉平三年(251)春,东吴军队云集涂水。王凌想借此机会发兵废掉皇帝,迎立新君,于是严密部署军队,上疏要求讨伐入侵之敌。朝廷没有答应。这时王凌举兵废帝的心情愈益迫切,于是派部将杨弘把他打算废齐王立楚王的想法告诉兖州刺史黄华。黄华、杨弘联名把此事报告给太傅司马懿。司马懿率中军沿水路讨伐王凌,先下赦令,赦免王凌之罪,又派尚书王广去见王凌,写信劝告他,大军悄悄逼近百尺。王凌自知大势已去,于是乘船一人出来迎接司马懿,派部下王彧谢罪,交出印绶、节钺。大军至丘头,王凌让人把自己双手反绑站在水中。司马懿奉命让主簿解开王凌的绑绳,召见王凌,给予安慰,又还给王凌印绶、节钺,又派兵马六百把王凌送回京城。王凌走到项地,饮毒药自杀。司马懿至寿春,张式等人自首。这件事至此得到最终处理。曹彪被赐死,凡与此事有关的人物都灭其三族。朝议认为《春秋》之义,齐崔杼、郑归生都被追杀,开棺陈尸,并记载在史书上。王凌、令狐愚的罪责也应按照旧典去处理。于是挖开王凌、令狐愚的坟墓,打开棺材,在邻近街市暴尸三日。又将其印绶、朝服一起烧掉。有亲友将尸首掩埋。晋升杨弘、黄华为乡侯。王广有志于学业品德的修养,因此事株连,被杀时只有四十多岁。

　　毌丘俭,字仲恭,河东闻喜县人。其父毌丘兴,黄初年中任武威太守,讨伐叛逆,安抚四边,开通河右,功名颇著,仅次于金城太守苏则。因为讨伐张进及胡人的叛乱立下军功,被封为高阳乡侯,入洛阳升任将作大匠。毌丘俭承袭父亲的爵号,任平原侯文学。魏明帝即位,毌丘俭为尚书郎,羽林监。因为是太子的旧僚,所以受到器重。出任洛阳典农。当时向农民征劳力以修筑宫室,毌丘俭上疏说："依愚臣之见,天下应最先消灭的是吴、蜀二贼,最应办理的事是丰衣足食。如果二贼不被消灭,老百姓饥寒交迫,即使宫室再美,还是没有益处的。"迁升为荆州刺史。青龙年间(233—237),明帝打算讨伐辽东,因为毌丘俭有谋略和才干,把他调任为幽州刺史,加封度辽将军,持节,护乌丸校尉。他率幽州诸军到了襄平,屯兵辽隧。右北平乌丸单于寇娄敦、辽西乌丸都督率众王护留等人,以前追随袁尚逃奔辽东,这时率众五千多人投降。寇娄敦派弟弟阿罗槃等上朝进贡。朝廷加封前来的首领二十多人为侯、王等爵,又赐给车马锦缎等物。公孙渊出兵迎战,被毌丘俭打败,退败回去。第二年,皇帝派太尉司马懿统领中军及毌丘俭等部数万人讨伐公孙渊,平定了辽东。毌丘俭立有战功,被封为安邑侯,食邑三千九百户。

正始年间(240—249),毌丘俭认为高句丽不断进犯边境,于是率领大军从玄菟出击。高句丽王宫率兵二万,进军沸流水上游。两军在梁口交战,宫被打败。毌丘俭收整阵容,登上丸都,血腥屠城,杀死了数以千计的人。高句丽官吏得来反复劝谏宫,宫不听劝告。得来感叹说:“此地马上就要长满蓬蒿了。”于是绝食而死。全国都很感念他。毌丘俭下令部下不许损坏他的坟墓,不砍伐周围的树木。得来的妻子儿子,都予释放。宫自己带着妻子儿子逃窜。毌丘俭班师而还。正始六年(245),又讨伐宫,宫逃到买沟。毌丘俭派玄菟太守王颀追讨,超过沃沮有一千多里,直至肃慎氏南界,刻石纪功,凡丸都之山,不耐之城,都留下石刻。所捕获、杀戮的有八千多人。论功受赏,封侯的就有百余人。穿山修渠,引水灌溉,百姓受益不浅。

毌丘俭升为左将军,持节都督豫州诸军事,任豫州刺史,转任镇南将军。诸葛诞在东关作战失利,朝廷下令让诸葛诞和毌丘俭职位对换。诸葛诞为镇南将军,都督豫州诸军事。毌丘俭为镇东将军,都督扬州诸军事。东吴太傅诸葛恪包围合肥新城,毌丘俭与文钦联合抵抗。太尉司马孚统领中军从东部解围,诸葛恪只得撤退。

当初,毌丘俭和夏侯玄、李丰关系极好。扬州刺史、前将军文钦,是曹爽同邑之人,勇猛果断,数立战功,喜欢虚报俘虏人数,以获取宠赏,但朝廷往往不给。因此文钦怨恨一天比一天重。毌丘俭出于计谋,对文钦很好,两人关系融洽。文钦也知感戴,忠心不二。正元二年(255)正月,天上出现数十丈长的彗星,跨过西北天空,从吴、楚分界处开始。毌丘俭、文钦十分高兴,认为这是吉祥的征候,于是假借皇太后的名义,下诏历数大将军司马师的罪状,发布天下,举兵反叛,胁迫淮南将守及百姓都进入寿春城,在城西设坛,对天发誓,歃血为盟,把老弱者留下来守城。毌丘俭、文钦统率五六万大军渡过淮河,向西到达项地。毌丘俭守城,文钦在城外保护。

大将军司马师统率大军出讨,另外派诸葛诞率豫州各路军队从安风津逼近寿春,征东将军胡遵率青州、徐州的军队从谯、宋之间出击,以断绝毌丘俭的退路。大将军司马师率兵驻扎汝阳,派监军王基率前锋诸军据守南顿来等待毌丘俭的部队。司马师下令各路军队都坚守阵地,不要正面交战。毌丘俭、文钦等前进不能战斗,后退到寿春又怕遭到袭击,前后无路,无计可施。淮南将士,家乡都在北边,众心涣散,相继投降。只有淮南新近归属的当地农民愿意为他们打仗。大将军司马师派兖州刺史邓艾统率泰山的各路军队有几万人到乐嘉,装作不堪一击,用以诱使毌丘俭、文钦出击。大将军司马师很快率军从洙地来到。文钦不知是计,果然在夜里想要袭击邓艾。等天亮,见兵马强盛,才撤回军队。司马懿派骁骑将军率领追击,大破文钦,文钦逃走了。这天,毌丘俭听说文钦战败,恐惧之下夜里撤兵,人心涣散。等到了慎县,毌丘俭身边的士兵逐渐离去。毌丘俭和小弟秀及孙重三人藏在水边的草中。安风津都尉的部属张属射杀了毌丘俭,将其首级传报京都。张属被封为侯。毌丘秀、毌丘重二人逃入吴国。被毌丘俭、文钦所胁迫的许多将士都投降了。

毌丘俭的儿子毌丘甸任治书侍御史。起初,他得知毌丘俭将要谋反,于是私下让家属逃向新安灵山上。后被攻下来,毌丘俭的三族被诛灭。

文钦逃到东吴,吴任命文钦为都护、假节、镇北大将军、幽州牧、谯侯。

诸葛诞,字公休,琅邪阳都人,是诸葛丰的后代。起初以尚书郎为荥阳县令,后进洛阳任吏部郎。凡是别人有所嘱托,向他推荐人才,他都把嘱托的话公开出来,然后才任用被推荐之人。至于用人的得失,则依照公议,给予褒奖或贬损。正因为如此,群僚向他推荐人才都很谨慎。累迁为御史中丞、尚书,与夏侯玄、邓飏等人关系很好,在朝廷颇有名声,京都尽人皆知。有人告发说,诸葛诞、邓飏等人崇尚浮华,喜好虚名,此风不可助长。魏明帝便不喜欢诸葛诞,罢免了他的官。魏明帝死,正始初年(240),夏侯玄等仍在官掌权,又推举诸葛诞重任御史中丞、尚书,并任扬州刺史,加封昭武将军。

王凌阴谋废帝,太傅司马懿暗中派兵东伐,任诸葛诞为镇东将军,持节都督扬州诸军事,封为山阳亭侯。东吴诸葛恪在东关起兵进犯,朝廷派诸葛诞统率大军征讨,失利,退还。改任镇南将军。

后来,毌丘俭、文钦反叛,派人来找诸葛诞,让他招收豫州士民参与反叛。诸葛诞将毌丘俭、文钦派来的人杀死,并将毌丘俭、文钦的阴谋公布于天下,让人们知道他们的叛逆行为。大将军司马师东征,派诸葛诞都督豫州诸军,渡安风津逼向寿春。毌丘俭、文钦被打败,因为诸葛诞已先抵达寿春。寿春城中有十余万人,听说毌丘俭、文钦失败,都害怕被杀,于是纷纷弃城而逃,流亡到山间河泽,或逃窜到东吴。朝廷认为诸葛诞在淮南任职长久,于是又任命他为镇东大将军、仪同三司,都督扬州。东吴大将孙峻、吕据、留赞等听说淮南已乱,正好文钦前往,于是派文钦率领众将直奔寿春。当时诸葛诞已率军抵达寿春,无法攻城,于是退走。诸葛诞派手下大将蒋班追击,将留赞杀死,将其首级传送京都,又没收其印节。诸葛诞被封为高平侯,食邑三千五百户,又转为征东大将军。

诸葛诞与夏侯玄、邓飏等关系不同寻常,又见王凌、毌丘俭等先后被灭族,感到恐惧不安,于是散财以笼络人心,厚养心腹以及扬州侠士几千人,为自己效命。甘露元年(256)冬,东吴打算进攻徐塭。朝廷知道诸葛诞所统领的兵力足以抵御外侵之兵,但他还是请求朝廷派十万人守寿春。又求沿淮河修筑城池以备迎敌,其实是想保住淮南之地。朝廷也约略知道诸葛诞对朝廷已起疑心,但考虑诸葛诞是旧臣,想把他召回来再说。甘露二年(257)五月,征召诸葛诞为司空。诸葛诞接到诏书,更加恐惧,于是举兵反叛,召集各路军队,攻击扬州刺史乐綝,并杀死他。又聚集淮南淮北十余万官兵,扬州新归属的四五万人,储足了一年的粮食,闭城死守。又派长史吴纲领着小儿子诸葛靓到东吴,请求援助。吴人得信大喜,派将领全怿、全端、唐咨、王祚等人,率兵三万,秘密与文钦一起来接应诸葛诞。又任诸葛诞为左都护、假节、大司徒、骠骑将军、青州牧、寿春侯。这时,镇南将军王基刚到,率领诸军包围寿春。还没形成合围时,唐咨、文钦从城东北,凭借此险要山势,率众冲进城中。

六月,大军东征,抵达项地。大将军司马昭率领二十六万大军,临近淮河征讨。司马昭屯兵于丘头,派王基及安东将军陈骞等四面合围,将城包围了两重,开挖堑壕、修筑堡垒。又派监军石苞、兖州刺史州泰等人,率精锐部队为机动部队,以便防备东吴部队进攻。文钦等几度想冲出包围,都被击退。吴将朱异又派重兵接应诸葛诞,渡过黎浆水。州泰等人在此迎战,多次打退东吴军队的进攻。孙綝因为朱异出师不利,一怒杀了朱异。城中粮食渐渐减少,外援又不到,无依无靠。将军蒋班、焦彝都是诸葛诞的亲信部下,这时也弃舍诸葛诞,出城向司马昭投降。司马昭又使反间计,竟诱使全怿等人率众一千多人打开城门投降。城中震恐,不知所措。

甘露三年(258)正月,诸葛诞、文钦、唐咨等制造了许多进攻的武器,连续五六天,不分昼夜,强行从南面突围。包围的军队从高处用发石车发射石块、用火箭烧毁攻城器具,箭石如雨,尸首蔽野,血流满堑壕。诸葛诞等人只能又退进城去。城内粮食日益短缺,出城投降的人已达数万,文钦想把北方人全都驱赶出去,以便节省粮食,与东吴人一起坚守。诸葛诞不接受这个意见,因此两人产生隔阂。文钦本来与诸葛诞就有矛盾,只是因为特殊情况而聚合,事情越是紧急就越不相信对方。文钦见诸葛诞谋划诸事而不满,于是诸葛诞杀掉了文钦。文钦的儿子文鸯、文虎在小城中领兵,听说父亲被杀,率众赶赴现场,而他们的部下不听使唤。于是文鸯、文虎只好独自逃出城去,投奔司马昭。军中官兵要求杀死这兄弟二人。司马昭下令说:"文钦之罪不容诛戮,他的儿子也应杀死。但是文鸯、文虎是在走投无路的情况下投降的,目前城池还未攻下,如果杀了他们俩,那无异于坚定了城中官兵死守的决心。"于是赦免了文鸯、文虎,又让他们率领几百名骑兵到城外巡回呼喊:"文钦的儿子都没有被杀,其他人还怕什么呢?"又表奏任文鸯、文虎为将军,赐给关内侯的爵位。城内既喜且忧。又因为城中兵士日益饥饿、劳顿,诸葛诞、唐咨等人又无计可施,所以司马昭亲自督阵,四面出击,同时击鼓登城,而城内竟无人敢于抵抗。诸葛诞穷途末路,骑马率部下从小城门突围。大将军司马昭的司马胡奋率兵迎击,杀死诸葛诞,将首级传到洛阳,灭其三族。诸葛诞部下有数百人,不投降的都被杀了。他们说:"为诸葛公而死,死而无憾。"他如此得人心,可见一斑。唐咨、王祚及诸将都把自己反绑投降,俘虏吴兵万余人,缴获的武器和军用品堆积如山。

当初魏国大军包围寿春的时候,很多人都想尽早强行攻城。司马昭认为:"城守坚固,强攻伤亡必然很大,如果再有外兵夹击,则内外受敌,这是很危险的。而今三个叛将相聚在被重重包围的孤城中,上天提供机遇,也许能将他们同时消灭。我们应当细心策划,可置敌于死地。"诸葛诞在甘露二年五月反叛,三年二月被杀。六军围城,挖深沟、筑高台,而诸葛诞困守孤城,竟不用强攻而自破。等到攻破寿春,很多人又认为淮南仍是叛逆之地,东吴士兵的家室在江南,不能放纵,应当全部活埋。大将军司马昭认为,古来用兵之道,以保全国民为上策,杀死罪魁祸首就行了。凡东吴士兵可以回家,以此向东吴展示魏国的宽宏大量。所以魏军没有杀死一个俘虏,而且把靠近三河的郡县腾出来安顿他们。

唐咨本来是利城人。黄初年间(220—226),利城郡反叛,叛贼杀死太守徐箕,推举唐咨为首。魏文帝派兵征讨,唐咨逃到海上,绕道到了东吴。官至左将军,封侯、持节。诸葛诞、文钦被杀,唐咨也被活捉。三个叛将都被杀或被抓,天下称快。朝廷拜唐咨为安远将军,其余诸将都予任命,吴国人心悦诚服。东吴感念魏国的做法,也没有诛戮他们的家属。淮南的将士吏民,为诸葛诞所胁迫造反的,只杀首恶,其余赦免。还让文鸯、文虎兄弟收殓文钦的尸首,提供车马,归葬祖坟。

邓艾,字士载,义阳棘阳县人。从小就失去父亲。魏武帝攻破荆州后,他也迁移到汝南,为当地农民放牛。十二岁这年,邓艾随着母亲来到颍川,读到故太丘长陈寔的碑文,其中有两句话:"做的文章成为世人所推崇的典范,做人的准则为士大夫所效法。"邓艾深受感动,于是自己取名叫"范",字士则。后来因为他的宗族亲戚中已有叫此名字的,所以改作今名。后来任都尉学士,因为有口吃的毛病,不适宜做文书,于是为稻田守丛草吏。同郡父老因为他家很穷都很可怜邓艾,常常资助他。邓艾起初也不致谢。每当他看到高山大湖,就指手画脚,认为军营该安在何处等,别人常常嘲笑他。后来任典农纲纪、上计吏。因去朝廷办事得以结识太尉司马懿。司马懿认为邓艾很不一般,于是召他为自己的属官,迁任尚书郎。

当时朝廷想大面积开垦田地,积蓄粮食,为消灭敌人做准备,于是派遣邓艾到陈、项等县以东直到寿春巡行视察。邓艾认为:"土地肥沃,可惜水少,不能够充分利用土地。应当开挖河渠,引水灌溉,广积军粮,又开通漕运的水路。"于是写作《济河论》来阐明他的道理。又认为:"从前平定黄巾之乱,为此而屯兵开田,在许都积蓄了许多粮食,目的在于控制天下。而今三面已平定,唯有淮河以南尚有战事,每当大军南征,仅用于运输的兵力就占去一半,耗费颇巨,劳役繁重。陈、蔡之间,土地肥沃,可以减省许昌周围的稻田,引水东下。而今淮河以北屯兵二万人,淮河以南屯兵三万人,按十分之二的比例轮休,常有四万人,又种田又戍守。风调雨顺时,收成常常是西部的三倍多。扣除兵民的费用,每年用五百万斛作为军资。六七年间,可以在淮上积蓄三千万斛粮食。这些粮食够十万军民吃上五年。凭着这些积蓄进攻东吴,可谓无往而不胜呵!"司马懿认为邓艾说得对,于是照他所说那样实施。正始二年(241),开凿拓宽漕渠,每当东南有战事发生,曹魏大军往往可以乘船而下,到达江、淮之间,这是因为积蓄充足而无水害。这是邓艾所建立的功劳。

后来出洛阳为征西将军夏侯玄参谋军事,升为南安太守。嘉平元年(249),与征西将军郭淮一起抵御西蜀偏将军姜维的进犯。姜维败退后,郭淮向西袭击羌地。邓艾说:"敌兵撤离不远,也许很快就能反扑过来,应当分兵行动,以免发生意外。"于是邓艾留下来,屯兵白水之北。三天以后。姜维派遣廖化从白水之南向邓艾营地逼近。邓艾对诸位将领说:"姜维突然反扑回来,我军人少,按照常理,他们应渡河而不必设桥。这是姜维想使廖化来牵制我军,不让我们动兵。姜维一定会从东边袭击洮城。"洮城在白水以北,离邓艾兵营有六十里。邓艾当即派兵于夜晚直接驻守洮城,姜维果然渡河偷袭洮城。幸亏邓艾事先占据了洮城,敌人的阴谋没有得逞。为此邓艾被赐爵关内侯,并加封讨寇将军,后迁升城阳太守。

当时并州右贤王刘豹为右部帅,兵力合并,实为最强。邓艾上疏朝廷说:"戎狄有野兽之心,不讲道义。他们一强大起来就侵略中原,一旦衰弱,就顺附朝廷。正因为如此,周宣王时,有猃狁南侵,逼近周都之事;汉初时,汉高祖刘邦被匈奴冒顿单于的四十万大军包围在平城东南的白登。每当匈奴强盛,前代历朝都认为这是最大的忧患。当单于远居塞外时,朝廷对于匈奴单于及其部属,均不能直接控制。诱导单于前来,叫他归顺,因此才能使羌夷失去统帅,群龙无首。因为单于居于内地,就使得周围诸少数民族部落得以安顺。而今南单于虽然留于都城,但其与部属日益疏远。与此同时,右贤王刘豹居守域外,部落兵力极为强大,对朝廷构成威胁,这是我们不能不有所防备的。听说刘豹手下有人叛变,应当就势将其割成两个国家,以便削弱刘豹的势力。建安初,右贤王去卑侍卫汉献帝,拒收李傕、郭汜,车驾还洛阳,然后归国。他的功绩在前代颇为显赫,但是他的后代未能继承他的遗业,应当给他们加封显号,让他们居守雁门,远离国土,以此削弱敌势,让他们企慕先辈功勋,为国效命。这是保卫边疆的长远之计。"又说:"凡羌胡与汉民同居一处的,应当渐渐将他们分离,使居编民之外,得以尊崇分辨廉耻的教义,堵塞犯法作乱者的路径。"大将军司马师刚刚辅佐朝政,邓艾的计谋他多有接受。后邓艾升为汝南太守。到那以后,首先寻找从前接济自己的那位官吏的父亲,听说那人早就死了,于是派人加以祭祀,并赠予他的老母厚礼。又荐举他的儿子,托付给当地的计吏。邓艾在职期间,开辟荒野,军民丰衣足食。

诸葛恪包围合肥新城,没有攻下来,只得撤退。邓艾对司马师说:"孙权已死,旧大臣不归顺新朝。东吴著名的宗族大姓都有自己的地方武装,凭借武力,依仗权势,完全可以独霸一方。诸葛恪刚刚把持朝政,国内没有众望所归的君主,他不考虑如何安抚上下,以便稳定政权,却对外频繁用武,虐待自己的人民,以全国的军力攻打合肥这座坚固的城池。死者不下数万,大败而归,这是诸葛恪取祸败亡的末日。从前,伍子胥、吴起、商鞅、乐毅都曾得到各自国家君主的重用,君主死,他们自己也就末日临头了。更何况诸葛恪的才能远远不能和上述四位贤能之士相比。但是他又不慎重考虑隐伏的巨大危险,其自取败亡,为期已经不远了。"诸葛恪回去后,果然被杀。邓艾又升迁兖州刺史,加封振威将军。他又上书言道:"一个国家最急迫的事情不外有二,一是农业,一是战备。国家富裕了,军备才能强盛;军备强盛,才能战无不胜。而农业,是取得胜利的根本。孔子说过,'粮食丰足,兵力才能丰足。'粮食的重要性实在兵力之上。如果朝廷不设奖鼓励,那么下面百姓则不会用劲地去积储财富。今应设立奖赏,鼓励人们广积粮食,这样,就使得游说奔波及华而不实的风气得以杜绝。"

魏高贵乡公曹髦即皇帝位,晋封邓艾为方城亭侯。毌丘俭反叛,派遣能快步疾走的人送信,想迷惑众人耳目。邓艾杀死信使,绕道进军,先到乐嘉城,制作浮桥。司马师赶到,于是占据此地。文钦以后至之故,被大军击败于城下。邓艾又乘胜追击,打到丘头。文钦逃奔到东吴。东吴大将军孙峻等率领大军,号称十万,将要渡江。镇东将军诸葛诞派遣邓艾据守肥阳。邓艾认为此地距敌兵还很远,不是要害之地,于是移兵至附亭,派遣泰山太守诸葛绪等在黎浆与敌兵交战,击退了敌人。这一年,邓艾被任命为长水校尉。又因为追击文钦有功,被封为方城乡侯,代理安西将军职。雍州刺史王经被围困于狄道,邓艾前往解围。西蜀大将姜维退守在钟提,朝廷任命邓艾为安西将军,持节领护东羌校尉。当时很多人认为姜维已用尽力气,不会再出击了。邓艾说:"洮西的失败,可谓不小,军心溃败,仓库空虚,老百姓流离失所,几乎一败涂地。现在来看,敌人有乘胜追击的势头,而我方实虚弱不堪,这是第一原因。敌人上上下下彼此十分熟悉,兵器锐利。而我方将领换了,士兵大多是新补充的,武装器械也都陈旧,这是第二个原因,敌人乘船行进,而我们靠步行,敌逸我劳,这是第三个原因。狄道、陇西、南安、祁山,各自都有守备的兵力,他们专心固守一城,而我方则一分为四,这是第四个原因。从南安、陇西,要征用羌人的粮食,如果向祁山进军,麦浪千里,很容易搞到粮食,这是第五个原因。敌人也有狡诈的计谋,他们一定会来进攻的。"很快,姜维果然向祁山进犯。听说邓艾已有所准备,于是撤回董亭,直逼南安。邓艾在武城山据守,与姜维争夺险要地形。姜维未能得手,当天夜里,渡过渭水,向东进发,沿着山路,来到上邽。邓艾在段谷这个地方与姜维展开战斗,大败姜维。甘露元年(256),皇帝下诏说:"逆贼姜维连年进犯,国民和胡人都很骚动,整个西部不得安宁。邓艾策划有方,英勇顽强,斩杀敌人将领十余人,敌兵数以千计。在巴蜀等地展示了国威,向西蜀显扬了武力。今任命邓艾为镇西将军,都督陇右诸军事,晋封邓侯。再分五百户,给他的儿子邓忠,封邓忠为亭侯。"甘露二年(257),邓艾又在长城抵御姜维,姜维退还,邓艾升任征西将军,前后封邑增加到六千六百户。景元三年(262),又在侯和这个地方攻破姜维。姜维退到沓中固守。景元四年(263)秋,朝廷下令各路大军伐蜀,由大将军司马昭总领指挥,让邓艾与姜维保持接触,用以牵制其兵力,雍州刺史诸葛绪截击姜维,让他无法撤退。邓艾派天水太守王颀等部直接进攻姜维兵营,陇西太守牵弘等在前面截击,金城太守杨欣等到甘松。姜维听说钟会诸军已进入汉中,便率兵撤退。杨欣等跟踪追至强川口,与姜维大战,姜维败逃。听说雍州刺史诸葛绪已经拦截道路,屯兵桥头,于是姜维从孔函谷向北,想从雍州刺史诸葛绪统领的部队后面逃出。诸葛绪闻讯,退还三十里。姜维向北走了三十余里,听说诸葛绪已退还,于是又想从桥头冲过去,诸葛绪赶紧奔桥头拦截,可惜晚了一天,姜维得以逃脱,向东逃去,守在剑阁。钟会进攻姜维,没有攻下来。邓艾上疏说:"现在敌兵大受挫折,应乘胜追击。从阴平沿小路,经汉德阳亭,奔赴涪县,出剑阁西有百余里,距成都三百余里,派精悍的部队直接攻击敌人的心脏。姜维虽死守剑阁,但在这种情形下,他一定得引兵救援涪县。此时,钟会正好乘虚而入。如果姜维死守剑阁而不救涪县,那么,涪县兵力极少。兵法说道:'攻其不备,出其不意。'今进攻其空虚之地,一定能打败敌人。"

这年十月,邓艾自阴平行走七百余里,全是无人之地,凿山开路,架设栈道,山高谷深,十分艰险,加之运粮十分困难,几乎到了断粮的地步。邓艾用毛毡裹住身体,推转而下。众将士都攀木缘崖,一个一个前进。首先来到江由县,西蜀守将马邈投降。西蜀卫将军诸葛瞻从涪县退还绵竹,排列战阵,等着阻击邓艾。邓艾派遣自己的儿子邓忠等率兵从右边包抄,司马官师纂等率兵从左边包抄,但二人出击均告失利,退回来说:"敌人固守,很难击破。"邓艾大怒道:"生死存亡之际,全在此一举,还说什么可与不可!"大骂邓忠和师纂,要斩首示众。二人又率兵再战,大败敌兵,斩下诸葛瞻及尚书张遵等人的首级,进军至雒县。刘禅派使者拿着皇帝的大印与书信,来到邓艾兵营,宣布投降。

邓艾率兵进驻成都,刘禅率太子及王侯群臣六十余人两手反绑,把棺材装在车上,表示其罪当死,来到军门。邓艾解开绳索,烧掉棺材,把这些人安抚下来,没有杀死他们。同时他又整饬军容军纪,没有发生抢掠之事,对于降臣,使其重操旧业。巴蜀百姓都称赞邓艾。又依邓禹旧制,命刘禅代理骠骑大将军,太子为奉车都尉,诸王为驸马都尉。巴蜀旧官都根据情况任命为新官,或成为邓艾的部属。又任命师纂为益州刺史,陇西太守牵弘等统管巴蜀各郡,又在绵竹堆积敌人尸首,封土成高冢,以炫耀战功,叫作京观。魏国士卒死于战事者,也与巴蜀兵共同埋葬。邓艾颇为自负,居功自傲,对蜀地士大夫说:"诸位幸亏遇上我,所以才有今日。如果遇上像吴汉这样的人,你们早被杀掉了。"又说:"姜维不过是昙花一现的英雄,与我相遇,所以穷途末路。"有识见的人听了此话无不嘲笑他。

十二月,皇帝下诏说:"邓艾张扬武力,振奋国威,深入敌人腹地,斩将拔旗,消灭敌首,使得伪称帝王的人延颈就戮,通缉多年的罪人,一朝之间就给平定了。打仗不超过预定的时间,战斗很快结束,席卷西部,平定巴蜀。即使白起攻破强大的楚国,韩信奋力打败强劲的赵国,吴汉擒捉公孙述,周亚夫平定七国之乱,若论功绩,他们都不能与邓艾相比。因此而册封邓艾为太尉,增加封邑二万户。封其两个儿子为亭侯,各得封邑千户。"邓艾对司马昭说:"兵家讲究先树立声威,而后才真正以实力进攻。今凭借平定西蜀的声威,乘势伐吴,正是席卷天下的有利时机。但是大举用兵之后,将士都已感到十分疲劳,不能轻易动兵,暂且缓缓再说。先留陇右兵二万人,巴蜀兵二万人,煮盐炼铁,为军事和农业做准备,同时建造舟船,事先准备日后沿江讨伐东吴的事宜。做完此事后,布告天下,让东吴知道他们所面临的局势,明白利害关系,吴国一定归顺,这样,就不用征讨而可以平定东吴了。而今应当厚待刘禅,以便招致吴景帝孙休归顺;安抚士卒平民用以招致远方的人。如果将刘禅送到京城,东吴的人认为这是软禁流放,这对于劝他们归化之事实在不利。应当暂且留下刘禅,等待明年秋冬,到时东吴也完全可以平定了,可以封刘禅为扶风王,赐给他资财,派人服侍,让他享受。郡内有董卓坞作为他的宫室。封赐他的儿子为公侯,分郡中一县为食邑,用以显示归顺朝廷所获得的恩宠。设置广陵、城阳为王国,以待吴主孙休投降。那样,东吴就会畏惧威德,望风归顺了。"司马昭派监军卫瓘告诉邓艾说:"此事应上报,不宜马上实行。"于是邓艾又说:"我受命征讨,有皇帝的符策。敌首既然已经投降,应当按照旧制予以官职,以便安抚他们,这是符合时宜的。而今蜀国全部归顺,我们的疆域已到了最南端,东边与吴会接壤,应当早日平定。如果等待朝廷命令,往返道路,耗费不少日月。《春秋》有这样的话,大夫出守外地,如果遇有保卫国家、有利国家的事,专断是可以的。而今东吴未平,地势与巴蜀相连,不应当拘泥于常法而失去时机。《孙子兵法》说道:'前进不是为了名誉,后退不怕罪责。'我邓艾虽没有古贤人的风范,但还是不想自我避嫌以损害国家的利益。"钟会、胡烈、师纂等都说邓艾狂悖忤逆,有反叛的征兆。皇帝下诏书将邓艾囚禁起来,用囚车押送京城。

邓艾父子被囚禁后,钟会到成都,先送走邓艾,然后反叛。钟会死后,邓艾部下将士追上邓艾的囚车,将他接回。卫瓘派田续等讨截邓艾,在绵竹县西相遇,杀死邓艾。邓艾的儿子邓忠也同时被杀。其余的儿子均在洛阳,也被杀。邓艾的妻子及孙子被流放到西域。

当初,邓艾将伐西蜀时,梦见自己坐在山上,山上有流水。他问殄虏护军爰邵:"按《易经》的卦辞,山上有水叫《蹇》。《蹇》繇说,'《蹇》有利西南,不利东北'。孔子说,'《蹇》利西南,往往有战功;不利东北,往往穷途末路'。前去讨伐西蜀必胜,难道自己回不来吗?"邓艾若有所失,闷闷不乐。

泰始元年(265),晋朝建立。皇帝下诏说:"从前太尉王凌阴谋废齐王,而齐王竟不能保持帝位。征西将军邓艾,居功自傲,失去品节,应处死刑。但下达诏书之日,邓艾遣散众人,束手受罪,与那些贪生作恶的人,确有不同。今大赦可以还城。如果没有子孙的可以为之立嗣,使祭祀之礼不绝。"泰始三年(267),议郎段灼上疏为邓艾鸣冤:"邓艾忠心耿耿,至今仍背负叛逆的罪名,平定巴蜀却遭受灭族的罪。我实在为他伤悼。可惜呵!竟说邓艾是反叛,邓艾性情刚直,冒犯众人,不能和朋友处好关系,所以没有人替他申冤。我敢说邓艾并不是谋反。从前,姜维有垄断陇右的志向。邓艾治理当地,守备严密,积蓄粮食,训练兵力。那时正值干旱,邓艾推行区种之法,身穿粗衣,手拿工具,率领将士垦田。上行下效,大家都尽力耕田。邓艾持着符节,守卫边疆,统辖万余人,而仍身体力行,做下层士兵所做的活计,如果不是忠心尽节,谁能这样做呢?所以落门、段谷的两次战役,邓艾以少胜多,击败强敌。先帝知道邓艾可以委以重任,所以每次作战前常召他在朝廷制定战胜敌人的策略,并任命他为重将。邓艾接受任务后,经常把马蹄包裹起来,把车钩牢,以防止滑跌,然后率军冲入战场,壮志凌云,将士乘胜追击,迫使刘禅及众大臣反绑双手俯首称臣,屈膝投降。邓艾功成名就,本应书之史书,流传千古。七十岁的老人,反叛图什么呢?邓艾确实是凭恃圣上养育的恩德,从未想到受到怀疑,假装用朝廷圣旨,依照旧制行事,其实是为了保卫国家。虽然与一般常理有所违背,但也与大义相吻合。邓艾矫命承制,固属有罪,但推原其用心,还是可以原谅的。钟会嫉妒邓艾的威名,捏造罪名,忠心耿耿而受到杀害,一心为国而受到怀疑,首级悬挂于马市,儿子受到株连。看见这种情状的人无不流涕,听到这桩悲剧的人无不叹息。陛下即位,发扬光大宽宏的气度。捐弃前嫌,被杀害的人家,也应予以录用。从前，秦国百姓同情白起无罪被杀，吴国人伤悼伍子胥蒙冤而死，都为他们立祠庙。现在天下百姓都为邓艾的冤死痛心疾首，也是这种情形。我认为，邓艾身首异地，葬在田野，官家应当为他收尸，归还他的田产住宅。因为邓艾有平定巴蜀的功业，应当封赐他的孙子，盖棺后给予谥号，让死者无所遗恨。这样使九泉之下的冤魂得以赦免，后世人也认为朝廷有信有义。埋葬一人而使天下钦慕朝廷的德行，埋葬一魂而使天下归顺其心。这样做并不费多少力却能取悦天下人心。"泰始九年（273），皇帝下诏说："邓艾创立功勋，束手受罪而不逃脱处罚，他的子孙也沦为奴隶，我常常同情他们。可任命他的嫡孙邓朗为郎中。"

邓艾在西部的险要之地修筑了城堡。泰始年间（265—274），羌敌叛乱，数次杀死刺史，凉州通道断绝。那些活下来的官兵百姓，全得益于邓艾修筑的城堡。

邓艾同郡南阳有个叫州泰的同辈人，也喜欢创立功业，善于用兵打仗。官做到征虏将军、假节都督江南诸军事。景元二年（261）死，朝廷追赠他为卫将军，谥封壮侯。

钟会，字士季，颍川长社人。太傅钟繇的幼子。少年时聪敏异常。中护军蒋济著书，认为"观察某人的瞳仁，完全可以知其为人"。钟会五岁时，钟繇带着他去见蒋济，蒋济认为钟会很不一般，说："这个孩子不同寻常。"等钟会长大后，多才多艺，博学多闻，尤其精通玄学。夜以继日地研读，声誉很高。正始年间（240—248），出任秘书郎一职，升尚书中书侍郎。高贵乡公曹髦即位，赐封钟会为关内侯。

毌丘俭反叛时，大将军司马师率兵东征，钟会随从，掌管机密事宜，卫将军司马昭为大军的后继部队。司马师在许昌死后，司马昭统率六军。钟会于军帐中出谋划策。当时君主从宫中发出诏书给尚书傅嘏，认为东南刚刚稳定，暂且留下卫将军司马昭屯兵许昌，以便于里应外合，命令傅嘏率各路军队返回洛阳。钟会与傅嘏密谋，让傅嘏上表，同时和卫将军一起出发，退到雒水南屯兵驻守。从此，朝廷封司马昭为大将军，辅佐朝政，钟会升任黄门侍郎，被封为东武亭侯，食邑三百户。

甘露二年（257），任命诸葛诞为司空。当时钟会在家守丧，估计诸葛诞一定不会听从任命，于是驰马报告司马昭。司马昭认为事已至此，不再追改。等诸葛诞反叛，皇帝住在项县。司马昭至寿春，钟会再次从行。

　　起初，东吴大将全琮，与孙权联姻，是朝中重臣。全琮的儿子全怿，孙子全静，从侄全端、全翩、全缉等都率兵来解救诸葛诞。全怿哥哥的儿子全辉、全仪留在建业，和家里人争吵，携老母及家丁数十人家渡江归附司马昭。钟会设计，秘密替全辉、全仪写信，派遣全辉、全仪的亲信拿着信到城内报告全怿等，说东吴的人对全怿等不能将诸葛诞等寿春的部队从包围中解救出来，感到很愤怒，要将各位将领的家属全杀死，所以他们才渡江投奔司马昭。全怿等感到畏惧，只得将其所管辖的东城门打开，出来投降。这些人都受到礼遇恩宠。从此城中的诸葛诞开始背离东吴。攻破寿春，钟会出谋划策最多，因此日益得到司马昭的宠信。当时人将他比作张良。大军撤还后，升为太仆，坚决辞让不就。后以中郎官在大将军府任记室，为司马昭的心腹。因为讨伐诸葛诞有功，钟会被封为陈侯，反复辞让。皇帝下诏说："钟会参与军事，出谋划策，料敌制胜，有贡献谋略的功绩，但不受封赏，言辞意旨，恳切诚实，前后屡次推让封赏，志向不能改变。那些居功不傲的人，古来为人尊重。现还是尊重钟会的志向，成全他的美德。"升迁为司隶校尉，虽在外任，但朝廷大小事，官吏任免权，钟会无不插手。嵇康等人被杀，都是钟会出的计谋。

　　司马昭认为，西蜀大将姜维不断侵扰边境，料想他们国土狭小，百姓疲惫，财力将尽，想派大兵讨伐西蜀。钟会也认为西蜀可以攻取，于是预先共同策划谋略，勘察地形，纵论形势。景元三年（262）冬天，朝廷任命钟会为镇西将军，都督关中诸军事，司马昭下令青州、徐州、兖州、豫州、荆州、扬州等地建造战船，又命令唐咨建造航海用的大船，为讨伐东吴做准备。景元四年（263）秋天，朝廷命令邓艾、诸葛绪各统率三万多人。邓艾向甘松、沓中等地牵制姜维，诸葛绪向武街、桥头等地断截姜维的退路。钟会统率十余万人，分别从斜谷、骆谷等地深入。先派牙门将许仪在军前修路，钟会率大军随后，过桥时，因为桥有漏处，马腿陷了进去。钟会为此杀死了许仪。许仪是许褚的儿子，为朝廷立下过汗马功劳，但都不能获得原谅。各路军队听到消息，无不惊恐畏惧。西蜀命令各个防守据点都不要交战，退回到汉、乐二城固守。魏兵太守刘钦向子午谷移兵，各路军沿着几条道齐头并进，来到汉中。西蜀监军王含固守乐城，护军蒋斌戍守汉城，各领兵五千。钟会派护军荀恺、前将军李辅各自统率万余兵马。荀恺包围汉城，李辅包围乐城，钟会率兵一直深入，西出阳安口，派人扫祭诸葛亮的坟墓，同时让护军胡烈等率军打前阵，攻破关城，获得仓库中的粮食。姜维从沓中撤回，行至阴平，纠集兵力，想杀回关城，还未到达，听说关城已经

陷落,于是退向白水,与西蜀将领张翼、廖化一起联合守卫剑阁抵御钟会。钟会作告蜀中官兵父老书说:

从前汉代国命衰微,国家分崩离析,老百姓处于水深火热中。太祖武皇帝曹操拨乱反正,拯救濒临颓危的百姓,恢复天下安宁。高祖文皇帝曹丕顺应天意,顺乎民心,登基称帝。烈祖明皇帝伟业重光,拓展功绩。但我疆域之外,有与我不同的政权和风俗,那里的天地百姓没有沐浴到浩荡的皇恩德泽。这是三位圣祖甚感遗憾的事。而今皇帝宽宏大量,要继承发扬前代的业绩;辅佐大臣忠心耿耿,效力皇室,安排政事,流惠百姓,所以各地得以调和一致。对那些少数民族施以圣德,他们都来归顺。可怜你们巴蜀士众,难道你们不是人民吗?同情这里的人民,服役终身,无休无止。因此命令六军,奉行天意,惩罚大逆不道之徒。征西将军、雍州刺史、镇西将军等率五路大军,齐头并进。古代行军,以仁义作为根本,以仁义治理军队。帝王的军队,有征无战。所以,虞舜修文教,有苗臣服;周武王灭掉商朝,分散鹿台的资财,打开巨桥的仓库,表彰商朝贤臣。而今镇西将军奉命征讨,统率大军,解救老百姓的生命,并不是炫耀武力好大喜功,以光大当朝的政绩。所以在此为你们大略陈述一下安危,请敬听善意的劝告。

益州先主刘备以雄才大略,兴兵原野,在冀州、徐州等地受到挫折,被袁绍、吕布所迫胁,我太祖曹操为他解围,彼此结下情好。不料中途变卦,与太祖离心离德。诸葛孔明还是规守秦川,而姜伯约则不断出兵陇右,滋扰我边境,侵害我氐羌民众。当时国家事情太多,没有来得及讨伐。而今边境安宁,国内无事,积蓄力量,等待时机,集合众兵,集中朝一个方向进攻。至于巴蜀不过有一个州的兵力,分散守卫,难以抵御帝王之师。在段谷、侯和,蜀军已受重创,是很难抵御我军强大攻势的。近年来,巴蜀不曾太平,征夫连年作战,疲惫不堪,是很难抵挡我万众一心的军队的。这些你们是能亲眼目睹的。蜀国的丞相陈壮被秦捉拿,公孙述被吴汉所杀。九州的险要地区,并不是某一姓氏统治者能长久占据的。这些事你们也听说过。聪明的人能预见没有成为现实的危险,睿智的人能够防止灾祸的发生。因此微子离开商朝,做了周朝的宾客;陈平背离项羽,为汉朝立下功劳。你们苟且偷安,如同饮鸩毒一样。难道你们真的只知吃蜀国俸禄而不能有所变通吗？而今朝廷给他们提供生路，宰辅实怀有宽恕的恩德，先降者则施以恩惠，后降者则遭杀戮。从前东吴将领孙壹率众人起义，里应外合，结果他得到高官，颇得重用。文钦、唐咨为国家大害，背叛其主，大逆不道，做了敌人的首领。唐咨在困顿被捉，文钦的两个儿子投降，都被封为公侯、将军。唐咨还参与国家重要事务。孙壹等困顿时归顺朝廷，皇帝还是给予宠信。更何况巴蜀的那些能见机行事的贤者呢？如能明察成效，效法微子，学习陈平的做法，那么你们的福分会和他们一样，也会造福后人。天下百姓，安居乐业，农田不荒废，市场照样繁荣，远离危险，永享大福，这不是一件美事吗？如果苟且偷安于一时，迷途不返，大兵压境之际，玉石俱碎，到那时再后悔就晚了。请你们仔细考虑利害关系，自求多福，并请相互转告，使众人明白我们的态度。

邓艾追剿姜维直至阴平，挑选精锐的士兵，想从汉德阳进入江由、左儋道，到达绵竹，趋近成都，与诸葛绪一起前行。诸葛绪本来受命拦截姜维，朝廷并没有让他向西进发，于是进军白水，与钟会会师。钟会派遣田章等人率军从剑阁西面直出江由。行军不到百十里，田章首先攻破西蜀伏兵三个营垒，邓艾让田章为前锋，长驱直入。钟会与诸葛绪的部队直奔剑阁。钟会想独占军权，向朝廷告密，说诸葛绪畏缩不敢前进，于是将诸葛绪押进囚车运回京城。军队都由钟会统领，进攻剑阁，没有攻下来，只得撤退。西蜀的军队占据天险地形死守。邓艾遂率军到绵竹，经过激烈战斗，斩杀诸葛瞻。姜维等听说诸葛瞻已被打败，率领部下向东到巴西郡。钟会于是率兵到达涪县，同时派遣胡烈、田续、庞会等追赶姜维。邓艾率兵逼向成都，刘禅向邓艾投降，又派人命令姜维放下武器，向钟会投降。姜维行至广汉郪县，下令手下将士放下武器，将自己的符节送给胡烈，又从东道向钟会投降。钟会上疏说："姜维、张翼、廖化、董厥等不顾一切地逃跑，想奔向成都。我于是派遣司马夏侯咸、护军胡烈等部，经过剑阁，出新都、大渡等地，拦截敌人的去路，参军爰彭、将军句安等在后追击，参军皇甫闿、将军王买等从涪县南攻击敌人的腹部。我则占据涪县为东西两路派援。姜维等统领步兵、骑兵四五万人，拥有精良装备，塞满川谷数百里向西移兵。我命令夏侯咸、皇甫闿等分开几路，各占据有利地形，张开网罗，南边堵住逃往吴地的去路，西边堵住撤回成都的退路，北面断绝各条小路，从四面包围姜维，使他无路可走，无地可藏。我又发布告示，指示给他们生还之路。敌人知道气数已尽,只得解甲投诚,收缴印绶上万,武器和战利品堆积如山。从前虞舜挥舞干戚,有苗氏臣服;武王伐纣,陈师牧野,纣兵都反戈以击。有征讨之势而不必动用武力,保全敌兵为上策,攻破敌兵为下策,这是帝王的伟大业绩。保全一国为上策,破坏一国为下策,这是用兵的道理。陛下怀有圣德,堪与圣王比美,宰辅则忠心辅佑,贤德如同周公旦。陛下哺育百姓,讨伐不义之徒,落后地区钦慕风化,无不心悦诚服。王师出兵,时机已到,兵不血刃,万里同风,各地齐心。我等奉命下诏,宣扬王道,恢复政治,安抚将士,免去他们的租赋和劳役,以道德和法规,为他们移风易俗。百姓欢欣鼓舞,安居乐业。"钟会下令禁止将士抢掠,礼贤下士,用以安抚蜀地官吏,和姜维的关系保持得很好。十二月,朝廷下诏书说:"钟会摧枯拉朽,所向无敌,控制各城,布下天罗地网,蜀国大将,束手投降。考虑问题缜密周全,所以战无不胜。被歼之敌,有一万人左右,全胜而归,有征无战。平定安抚西蜀,使得边疆和平无事。封钟会为司徒,并封县侯,封邑万户。封他的两个儿子为亭侯,封邑各一千户。"

钟会怀有阴谋,因为邓艾受朝廷圣旨,专断行事,于是秘密告状,说邓艾要反叛。于是朝廷下令用囚车关押邓艾,送回京城。司马昭怕邓艾不服从命令,命令钟会进军成都,监军卫瓘打前站,拿着司马昭亲笔书写的命令通告邓艾部下,邓艾的军队都放下武器,于是将邓艾押进囚车。钟会最怕的是邓艾。邓艾被捕后,钟会马上赶到成都,统率大军,威震西蜀。自以为功名天下无比,不愿再屈居人下,加之猛将精兵都控制在手中,于是举兵反叛。他想派姜维等统率西蜀将兵出斜谷,自己统率大军随从在后。到了长安以后,下令骑兵走陆道,步兵走水道,顺着渭河水入黄河,估计五天就可以抵达孟津,与骑兵在洛阳会师,一朝可以拥有天下。钟会得到司马昭的信,说:"我担心邓艾不服命令,今派遣中护军贾充率步兵和骑兵万余人入斜谷,屯兵乐城。我亲自率十万大军屯兵长安。我们不久就可以相见了。"钟会看完信后,大惊失色地对亲信说:"仅仅抓获邓艾,司马昭知道我一人完全可以胜任,这次来的军队如此众多,一定发现我有反叛之心,我们应当迅速出发。如果顺利,可以得天下;如果不顺,退回西蜀,还可以学刘备偏安一隅。自从淮南之战以来,我从未失策,已远近闻名。在我这样功高名盛的情况下,我哪能有好的归宿呢?"钟会在甘露五年(260)正月十五日来到成都。第二天,召请护军、郡守、牙门骑督以上的将士以及西蜀的旧官,在蜀国朝堂为魏明帝郭皇后发丧,并假借皇太后遗命,让钟会起兵废掉司马昭,并将假诏书展示给前来的人,让他们表示意见,并把诸将议论表示同意的话写在版上，作为凭证，委派亲信率领各路军队。他所请来的各位官吏都被关在益州各官府中，城门、屋门都关得牢牢的，派兵严加看守。钟会部下帐下督丘建原来属于胡烈旧属，胡烈把他推荐给司马昭。钟会召他跟随自己征蜀，对他很器重。丘建同情胡烈被独关一室，对钟会说，应派一名亲信为胡烈端饭倒水，诸牙门将也应按例配备一员侍从。胡烈编造谎言告诉亲信侍从，又给儿子写信，说："丘建秘密传递消息说，钟会已挖好大坑，准备了几千根白棒，想请所有其他部队的兵士，给他们戴上白帕（一种帽子），并授以散将官，然后一个个用棍棒打死，埋在坑中。"很多牙门将的亲兵都传说此事，一夜之间，众牙门都知道这个消息了。有人对钟会说："应把牙门骑督以上的官吏全都杀死。"钟会犹豫不决。十八日中午，胡烈部下与胡烈的儿子出门敲鼓，其他各路将士不约而同都出来击鼓，也没有人统领，争先恐后地涌向城门。当时刚给姜维铠甲兵器，说外面有喧扰之声，好像着火了。过了不久，说有士兵涌向城门。钟会很惊讶，问姜维："这些兵看来想要捣乱，怎么办？"姜维说："只有杀掉他们。"钟会派兵把关押在屋内的牙门郡守全部杀死。这时屋内有人拿着桌子顶门。士兵撞门，还是不能打开。过了片刻，门外有人架梯登上城门，有的烧屋子，秩序混乱不堪，箭如雨下。那些还没有被杀的牙门、郡守冲出屋子，与其部下会合，姜维领着钟会左冲右杀，杀死五六人，经过一番格斗，姜维被杀，众人又一拥而上，杀死钟会。那年，钟会四十岁。当时将士死伤好几百人。

当初，邓艾为太尉，钟会为司徒，两人都持节、都督诸军事，结果都未被朝廷处死，而在内讧中丧生。钟会兄钟毓景元四年死，钟会竟然不知不问。钟毓的儿子钟邕也与钟会一同被杀。钟会的侄子钟毅、钟峻、钟辿等被捕入狱，应论死罪。司马昭代表皇帝下诏说："钟峻等祖父钟繇，在曹操、曹丕、曹叡三朝任三公，辅佐先王，创立功勋，在祖庙中有其牌位。其父钟毓，历任京官、外职，颇有政绩。从前楚国顾念子文的功绩，不把他的后代赶尽杀绝。晋国念及赵衰、赵盾的忠贞，而不使赵家绝后。因为钟会、钟邕的罪孽而断尽钟繇的子孙，我深表同情。因此，可以赦免钟峻、钟辿兄弟，有官爵的维持原状，但钟毅及钟邕的子孙应伏法。"也有人说，因为钟毓曾向司马昭告密，说钟会会使用权术，不可授予专断的大权，因此司马昭才赦免了钟峻兄弟。

当初，司马昭想派钟会伐蜀，西曹属邵悌求见，说："现在派遣钟会率十万大军伐蜀，我认为，钟会是单身汉，没有家室子弟留京做人质，不如派其他人去。"司马昭笑着说:"我难道连这个道理都不知道吗? 西蜀为我国大患,百姓不得安息。我今讨伐,易如反掌,而众人都说不能讨伐西蜀。如果人心胆怯,则智慧与英勇都不复存在。智慧和勇敢都没有,却强迫他们去战斗,那只会被敌人打败。只是钟会与我想到一起,今派遣他伐蜀,一定能平定西蜀。至于平蜀之后,即便就像你所顾虑的那样,但是他钟会哪能一下子就成事呢? 不要和败军之将谈论勇敢,不要和亡国的士大夫谈论救亡存国,这是因为他们吓破了胆。如果蜀国灭后,活下来的人一定惊恐万状,他们再也不敢奢望恢复旧国了。至于内地的将士都愿意早日回到家乡,不会愿意和钟会一起反叛。如果钟会作恶,他只有自取灭亡。你不要顾虑,但要保密。"等到钟会告密说邓艾要反叛,司马昭要率兵西行,邵悌又说:"钟会统率的兵力比邓艾多五六倍,只需下命令叫钟会抓住邓艾就行,阁下不必亲自远征。"司马昭说:"你难道忘了前时说过的话了吗? 又为什么说我不该前行呢? 虽然如此,但是我们这里所商量的话千万不要泄露。我应当凭信义对待别人,只要别人不辜负我。我怎么能在他人之前生疑心呢? 近日贾充问我:'很怀疑钟会吗?'我说:'如果今天派遣你外出,难道我也怀疑你吗?'贾充也没有什么话了。等我到了长安,事情就该解决了。"等司马昭到了长安,果然钟会已死,诚如所料。

钟会曾认为《易经》没有互体,论述才性异同。钟会死后,从他家获得一部书,共有二十篇,名叫《道论》,实际所论却是法家刑名之学,文章像是钟会写的。当初,钟会二十岁时与山阳县的王弼齐名。王弼好谈论儒道,有才分,好辩论,注过《易经》《老子》,做过尚书郎,二十多岁就死了。

评:王凌品格和气节很高尚,毌丘俭才识出众,诸葛诞威严刚毅,钟会精通策略,各以才华闻名,当上大官,可惜心力高远而志节迂曲,没有考虑到灾难的迅速降临,以致被夷灭三族,他们难道还不够糊涂吗? 邓艾秉性强悍,立功立名,可惜不懂得如何防患,以致灾祸很快来临。他能深知远敌诸葛恪,却看不见自己身边的危险。古人说:眼睛能看见毫毛一样细微的东西,却看不见自己的睫毛,邓艾大概就是这种人。

卷二十九　魏书二十九

方技传第二十九

　　华佗,字元化,沛国谯县人。又叫旉。在徐州求学,精通几部经书。沛国相陈珪举荐他做了孝廉。太尉黄琬征召他做官,他没有去。他通晓养生之术。当时人认为他年龄已近百岁,但容貌仍很年轻。又精通各种药方。治病时,配药不过几种。也十分熟悉剂量,一抓即得,不必再称。煮熟饮用,交代一下注意事项。病人吃完药就感到好多了,如需要灸,不过灼一二处穴位,每一次不过七八壮,病也就治好了。如需要针,也不过一二处,下针时说:"扎针后涨麻的感觉应当传导到身体某处,如到,请说。"病人说:"已到。"华佗马上拔针,病也马上就好。如果腹内长肿瘤,针灸、药物不能治,须动手术的,他便让病人先喝麻沸散,很快病人就麻醉过去,什么都不知道了,于是动刀破腹割取。如果肠子有毛病,便切开肠子清洗,然后敷上膏药,缝好伤口,四五日就能见好,不痛,病人自己也不觉得,一个月左右,就能痊愈了。

　　原甘陵相的夫人怀孕六个月,腹部痛得厉害。华佗诊脉,说:"胎儿已死了。"又派人用手摸胎儿的位置,如在左边则是男胎,在右边则是女胎。那人说:"胎位在左。"于是让孕妇吃打胎药,果然打下一男胎。这位夫人腹痛就好了。

　　县里的官吏尹世四肢不舒服,口中干渴,不愿意听见人声,小便困难。华佗说:"试着做些熟热食,如能出汗,病就好了;如不出汗,三天后就没救了。"这人赶紧做热食吃,可惜仍不出汗。华佗说:"五脏的生气已断,当哭泣而死。"后果然如华佗所料。

　　府吏兒寻、李延一起找华佗看病,二人都是头痛,身体发热,病状相同。华佗说:"兒寻应当通导,李延应当发汗。"有人不解为什么二人治法不同。华佗说:"兒寻外实,李延内实,所以治疗方法不同。"随即给两人开不同的药,第二天两人的病都好了。

盐渎县的严昕与几个人一起等候华佗,华佗到了以后,对严昕说:"您身体感到不舒服吗?"严昕说:"和平常一样。"华佗说:"从您的面部上看,您得了急病,不要多喝酒。"严昕他们坐了一会儿告辞,走了几里远,严昕突然头晕,从车上掉下来。人们扶着他回到家中,隔夜而死。

督邮顿子献得的病已差不多治好,找华佗诊脉,华佗说:"身体还虚,没有完全恢复,别累着,如和妻子同房会发病而死的。临死时会吐着舌头有几寸长。"妻子听说顿子献病好,从百里之外来探视他,当夜留宿同房,三天之后他就发病了,结果完全像华佗预言的那样。

督邮徐毅得病,华佗前往探视。徐毅对华佗说:"昨天让医官刘租扎中脘穴,扎完后,咳嗽得相当厉害,无法躺卧。"华佗说:"他未能扎在中脘穴,误伤中肝。您的饭量会一天天减少,五天以后就没救了。"后来果真如华佗所言。

东阳县陈叔山的小男孩两岁得病,腹泻哭啼,日见消瘦无力。求华佗诊病,华佗说:"他母亲怀他的时候,阳气内养,乳中虚冷。这孩子得了母寒,所以不容易好。"华佗开了四副女宛丸,十天就把病治好了。

彭城夫人夜里去厕所,被毒虫蜇伤,痛得厉害,没法入睡。华佗让她把手放在温水中,终于可以使她入睡。旁人反复给她换水,使水保持温度,第二天肿就消了。

军吏梅平得病,回家休养。他家在广陵。未走二百里,到一个亲戚家借宿。过了一会儿,华佗偶然来到这里,主人求华佗给梅平诊病,华佗对梅平说:"您要是早点找我看病,还不至于如此严重。今病情已重,赶紧回去和家人相见,五天后就该有生命危险了。"梅平赶紧回到家中,果真像华佗预计的那样。

华佗在路上行走,看见一人吃东西咽不下去,知道食管有毛病。他的家属正拉着他去找大夫。华佗听见他的呻吟声,停下来前去探视,对家人说:"前面道边卖饼的人家,有蒜末加上醋,买三升喝下去,病就好了。"病人家属按华佗的说法去做,立即从病人嘴里吐出一条蛇(一种寄生虫)。他们把蛇悬挂在车边,想前往拜访华佗。华佗还未回来。孩子们在门前玩,迎面看见来人,相互说:"车边挂着蛇的病人,想必是遇见我们的公公了。"那位病人进屋坐,见华佗屋的北墙上悬挂着十几条这样的蛇。

又有一个郡守得病,华佗认为这个人必须大怒才能去病,于是接受他很多财物,却不去治病,不久就离开他而远去,同时还留下一封信大骂郡守。这个郡守果然大怒,命令人们去追杀华佗。郡守的儿子知道此中缘由,嘱咐手下人不要去追。郡守愤怒已极,吐出几升黑血,随即病也就好了。

又有一个士大夫自感不适,华佗说:"您病很深,得开腹治疗。但是您的寿命也不过再有十年。您的病一时不会要您的命,忍病十年,您的寿命也该差不多了,不必特地剖腹了。"这个士大夫忍不住痛痒,一定要求华佗去除病根。华佗于是为他动了手术,随即病症就消失了,但十年后这人真的死了。

广陵太守陈登得病,心中烦闷,面色发红,不思饮食。华佗诊脉说:"您的胃中有好几升虫子,已结成肿烂的毒疮,是多吃生鱼造成的。"随即制成二升汤药,先服一升,过一会儿全都喝尽。等了片刻,吐出三升多虫子,红头,躯体会动,半身是生鱼丝。陈登的病马上就好了。华佗说:"这种病三年后还会复发,遇上好的大夫才能治好。"三年后果然复发,可惜这时华佗不在,不治而死。

曹操听说后,征召华佗,经常在左右服侍,曹操患有头风病,发病时,心中慌乱,眼冒金星,华佗扎膈俞穴,立刻就能治好。

李将军妻子病得很厉害,求华佗诊脉,华佗说:"怀孕时伤着,但胎儿未坠。"将军说:"听说伤着孕妇,胎儿已下来了。"华佗说:"根据诊脉,胎儿没掉。"将军不信华佗的话。华佗离去后,妻子的病渐渐好转。但是百余天后又复发了,只得又把华佗召来。华佗说:"诊脉仍与前次一样,腹中有胎,而且是双胞胎。一胎儿先生,孕妇会出很多血。后一胎儿不会自生,孕妇也感觉不出来,旁人也意识不到,所以不再考虑接生了,所以这个胎儿没能生下来。胎儿已死,血脉不再营养胎儿,使胎儿枯死贴连母背,所以孕妇感到后背痛。今给开汤药,再扎一针,这个死胎一定能出来。"汤药已喝,针也扎过,孕妇疼痛难忍,急于要把胎儿生出来。华佗说:"这个死胎早就枯萎,不会自己生出来,应当由旁人给予助产。"后来果然生下一个男胎,手脚都全,但肤色发黑,长一尺左右。

华佗的绝技,都像上面所说的。然而他本想作为士人,后来把行医当作职业,常常后悔。曹操亲自处理国家大事,得了重病,让华佗诊治。华佗说:"这种病不是短时间能治好的,应长期治疗,可以延寿。"华佗离开家乡已经很久了,思乡心切,因此说:"刚才得到家信,想要回家看看。"回到家里后,借口妻子病重,好几次请假不愿回来。曹操反复写信,又派官吏催促,华佗仍不上路,他觉得自己有专长,厌恶为人役使。曹操大怒,又派人前去探视。如果华佗的妻子确实有病,赐给小豆四十斛,并放宽假日;如果华佗撒谎,就把他抓起来。结果华佗被关押起来,让他认罪。荀彧为华佗求情说:"华佗自怀绝技,能解救人命,应当宽容赦免他。"曹操说:"不怕。难道像华佗之辈,天下会没有吗?"竟要将华佗拷打至死。华佗临死时,拿出一卷书递给看管监狱的人,说:"这书可以教你怎么救活人。"狱吏害怕受到牵连,不敢接受。华佗也不勉强,一把火把书烧了。华佗死后,曹操头风病没法去除。曹操说:"只有华佗能治好我的病。那小子想要凭借给我治病的机会抬高自己。就是我不杀了他,他也不会给我去除病根的。"后来他的爱子仓舒病重,曹操感叹说:"我后悔杀了华佗,结果使得我儿子枉死。"

起初,军中小吏李成咳嗽十分厉害,以致无法入眠,不时吐脓血。他求华佗诊断。华佗说:"您的毛病是肠中腐烂,已成毒疮。您咳吐出来的东西,不是出自肺部。给您开两钱散剂,将吐出二升的脓血,其后赶紧调养,一个月就见效,然后小心保重,一年便可以恢复健康。十八岁时会小有复发,服用此药,就会好转的。如果不吃此药,便会有生命危险。"于是又给李成两钱散剂。过了五六年,亲戚中有个人得了与李成相同的病,对李成说:"你现在还很健康,我快要死了。你怎能忍心收藏你的药,眼见我去死呢? 先借给我,等我病好了,为你再到华佗那儿去要。"李成把药交给了他。后因事到谯县,正值华佗被抓起来,他也没有忍心去求药。十八岁这年,李成果然发病,无药可服,结果病死。

广陵县吴普、彭城县樊阿都追随华佗学医。吴普遵照华佗的办法治病,效果很好。华佗对吴普说:"人体需要不断运动,但一定不能过度。人体运动,食物中的养分能得到消化,血脉通畅,所以不会得病,就好像门总是开关,门枢不会腐烂。因此古代长寿的人以导引的方法健身,模仿熊攀枝悬挂的动作,模仿鸱鸟回顾的样子,牵引肢体,使各个关节得以运动,从而保持青春不老。我有一套养生之术,叫五禽之戏,一叫虎戏、二叫鹿戏、三叫熊戏、四叫猿戏、五叫鸟戏,也可以去病,使动作敏捷。如身体感到不适,可以做一禽之戏,全身会微微出汗,再敷上粉,身体就会感到轻便,食欲也大增。"吴普认真练习,活到九十岁,还耳聪目明,牙齿完整坚利。樊阿擅长扎针。凡懂医道的人都说后背和前胸不能乱下针,即使下针也不过四分,而樊阿下针后背,可深入一二寸,而在肚脐沿腹线上至剑突处的任脉经穴,他竟可以下针五六寸,病者都能痊愈。樊阿向华佗寻求可以食用的有利健康的方子,华佗给了他一方漆叶青黏散。漆叶末一升,青黏末十四两,说坚持服用可以去掉三种体内寄生虫,对五脏有利,使身体轻健,头发乌黑。樊阿听从华佗的话,活了百余岁。漆叶到处都有,青黏生长在丰县、沛县、彭城、朝歌等地。

杜夔,字公良,河南人。因为懂得音律,当了雅乐郎官。中平五年(188),得病辞职,州郡、司徒礼聘他,因为天下太乱,他奔赴荆州。荆州牧刘表下令让他和孟曜主持创作帝王郊庙朝会所用的雅乐。音乐准备好以后,刘表想在宫廷内欣赏,杜夔劝诫道:"今将军名义上是为皇帝准备雅乐,而在宫廷内欣赏,恐怕不可以吧!"刘表听了杜夔的话,就不再要求在宫廷赏乐了。后来,刘表的儿子刘琮向曹操投降,曹操让杜夔任军谋祭酒,在太乐手下任职,并命令杜夔创作雅乐。

杜夔精通音乐,聪明过人,各种乐器,无所不能,只有唱歌跳舞不是他的特长。当时散郎邓静、尹齐擅长唱雅乐,歌师尹胡也能唱宗庙郊祀的乐曲,舞师冯肃、服养知晓以前的各种舞蹈。杜夔主管此事,深入研究,对前代经书中曲目,知之甚详,近代掌故也多方收集,教授子弟,制作乐器,恢复、继承前代的古乐,这些事都是从杜夔开始的。

黄初年间(220—226),杜夔任太乐令,协律都尉。汉铸钟的工匠柴玉手很灵巧,很多乐器都是他制造的,当时的达官贵人都很看重他。杜夔命令柴玉铸铜钟,声韵清浊,与古法不合,杜夔命令他反复制作。柴玉感到厌烦,说杜夔任意指挥,所以也常常反驳不听杜夔的意见。两人的官司打到曹操那儿。曹操把各个钟取来,让人敲试,然后知道杜夔确实精通,而柴玉多误。于是惩罚柴玉和他的儿子们,让他们去养马。魏文帝曹丕很喜欢柴玉,又下令杜夔和左𬴊等当着众宾客吹笙弹琴,杜夔很不愿意。因此,曹丕也感到不满。后来因为其他事而把杜夔拘囚起来,让左𬴊等人去跟杜夔学习。杜夔自称自己所学的都是雅乐,这是做官的资本,还是表示不满。于是被罢免,死去。

杜夔的弟子有河南邵登、张泰、桑馥,各个都官至太乐丞。下邳县陈颃任司律中郎将。自汉代左延年始,他们虽然擅长音乐,但大都喜欢郑国的俗乐,真正能保存继承古乐的人,杜夔为天下第一。

朱建平,沛国人,擅长于相面术,在民间多所验证。魏太祖曹操为魏公时,召任朱建平做郎官。魏文帝曹丕任五官将时,一次,召集三十多位宾客,他在座上问朱建平自己能活多大,又让朱建平给各位宾客相面。朱建平说:"将军能活八十岁。四十岁时会有个小的危险,请用心保护自己。"又对夏侯威说:

"您四十九岁时能任一州之长,而会有危险。如能躲过这个危险,可以活到七十,而且能成为宰辅。"又对应璩说:"您六十二岁能任常伯,但也会遇见危险。在您六十一岁时,您能见到一条白狗,而这条狗别人见不到。"又对曹彪说:"您据守藩国,五十七岁这年当为兵所困,应有预防。"

起初,颖川的荀攸、钟繇与朱建平关系很好。荀攸先故去,孩子很小。钟繇帮助荀攸料理家事。他想把荀攸的妾嫁出去,给人写信说:"我和荀攸曾经让朱建平相面。朱建平说:'荀攸虽然年少,但是他的后事得托付给钟君。'我当时不以为然,遂戏弄说:'只是把你的妾阿骛嫁出就是了。'没想到荀攸真的早死,当时的戏言竟变成真的了!今天想把阿骛嫁出去,让她找个好人家。追想朱建平的神妙,令人惊叹。就是古代相人名家唐举、许负也不能与之相比。"

黄初七年(226),魏文帝曹丕四十岁时,病得很重,对左右的亲信、家人说:"朱建平说我能活八十,是昼夜加起来计算的。我的命数该到尽头了。"果真不久就死了。夏侯威任兖州刺史,四十九岁这年的十二月上旬,得了重病,想到朱建平的预言,自觉得必死无疑。于是预先写下遗书,并预备了一些后事,都很简单。到该月下旬病情好转,后竟快要痊愈。三十日傍晚,请府吏准备酒食,说:"我的灾难就要平复了。明天鸡鸣,我就该五十岁了。朱建平的预言说我四十九岁有灾厄,看来就要躲过去了。"夏侯威在酒席散了之后,突然发病,半夜病死。应璩六十一岁任侍中,到官府,看见一条白狗。他问别人,都说没看见。于是应璩赶紧与友人聚会,并四处游历,返回故里,饮宴娱乐。过了一年,正是六十三岁死去。曹彪被封为楚王。五十七岁时因与王凌合谋反叛而被杀。类似这样的预言,无不应验。因为很多,不能一一列举,只能大概地记述几件事而已。只有给司空王昶、征北将军程喜、中领军王肃相面略有误差。王肃六十二岁这年得病很重,很多医生看了都认为治不好。王肃的夫人问王肃有什么遗言,王肃说:"朱建平给我相面,说我能活过七十,位至三公,而今都未兑现,有什么忧虑的呢?"但王肃却真的死了。

朱建平还善于相马。魏文帝曹丕要外出,取过一匹马来骑。朱建平在道上看见说:"看这匹马的样子,今天必死。"曹丕正要上马,马讨厌衣服上的香气,惊恐地咬曹丕的膝盖,曹丕大怒,当即把马杀死。朱建平在黄初年间(220—226)死去。

周宣,字孔和,乐安人。在郡里做官。太守杨沛做梦,有人对他说:"八月一日曹公会来,授予你手杖,给你药酒喝。"杨沛叫周宣占卜。这时黄巾起义开始了。周宣说:"手杖是为病弱之人预备的,药也是为人治病的。八月一日,叛贼一定被击败。"到这一天,黄巾军果然被打败。

后来,东平的刘桢梦见一蛇生了四只脚,在门中打洞而居。他让周宣占卜,周宣说:"这是为国家做梦,不关你一人一家的事,应当杀死那些做了贼的女子。"不久,果然有女子郑、姜等人因为参与反叛而被杀。这是因为蛇象征着女子。而脚不应是蛇所具有的,所以这些反叛女子被杀。

魏文帝曹丕问周宣:"我梦见宫殿上两片瓦掉下来,化为双鸳鸯。这是什么征兆呢?"周宣说:"后宫恐怕会有人突然死去。"曹丕说:"我欺骗你呢。"周宣说:"做梦这件事,是意念中的事,如果能形之于言,便可以占卜吉凶。"话还未说完,黄门令来报告说,后宫发生内讧,彼此残杀。过了不久,曹丕又问周宣:"我昨天梦见一股青气拔地升天。"周宣说:"天下恐怕会有一个高贵女子冤死。"当时,曹丕已派人赐给甄皇后诏书,欲令其死,听了周宣的话很后悔,又派人去追赶使者,可惜来不及了。曹丕又问周宣:"我做梦摩挲铜钱花纹,想叫它们磨灭,但是越磨越亮。这是为什么?"周宣感到怅然,没有回答。曹丕再一次追问,周宣说:"这是您家庭内部的事。您意有所为,但是皇太后不愿意。这就是为什么纹路越磨越亮的缘故。"当时,曹丕想给曹植判罪,但是皇太后坚决不同意,所以只是给曹植贬爵。曹丕任命周宣做中郎,为太史下属。

有人问周宣:"我昨夜梦见一条小狗,是什么征兆?"周宣说:"您要得到美味佳肴了。"不久,他出去办事,果然遇上一顿美餐。后来他又问周宣:"我昨夜又梦见小狗,是什么意思?"周宣说:"你恐怕要从车上掉下来,折断脚脖子。应当小心。"不久,果然应验。后来这人又问周宣:"我昨夜又梦见小狗,是什么原因?"周宣说:"您家要失火,应小心保护。"不久果然着火了。后来这人对周宣说:"我三四天所说的梦,都不是梦,不过是想试试您的占术,为什么都灵验了呢?"周宣说:"这是有神灵在敦促您说话,所以和真梦差不多。"他又问周宣:"我说三次梦见小狗,为什么每次占卜不同?"周宣说:"狗是祭神之物,所以您第一次梦见它,会得到好吃的。祭祀完了以后,小狗要被车辗死,所以您会从车上掉下来摔断脚。小狗被辗死后,一定要用柳条筐装起来,所以您最后一个梦与失火有关。"周宣占梦,大都类此,十有八九都能言中。当时人把他和朱建平的相面术相提并论。其余的事不再叙述。他是在魏明帝末年死去的。

管辂,字公明,平原人。相貌又粗又丑,没有一点威武仪容,好喝酒,好开玩笑,不论对谁都如此。因此当地人都很喜欢他,但并不尊重他。

管辂的父亲在利漕做官。当地居民郭恩兄弟三人都得了瘸脚病疾，让管辂算算命。管辂说："卦中说您家有坟，其中有个女的是冤死鬼，不是您的伯母，而是叔母。从前生活困顿，有人觊觎她的几升米，推她推入井中。她入水后还挣扎了一会儿。井上的人又推下一块大石头，把您叔母砸死，孤魂冤痛，向上天控诉。"听了这话，郭恩哭泣着认了罪。

广平刘奉林的妻子病得很厉害，已买好棺材准备后事。当时是正月，让管辂算卦。管辂算完后说："她的命数是八月辛卯日的中午才结束。"刘奉林不信，但他妻子的病竟然渐渐好转。到秋天发病而死，果然像管辂所说的那样。

管辂去看望安平太守王基。王基叫他算卦，管辂说："会有一卑贱的女人生下一个男孩，刚落地就能行走，走入锅灶中自死。又床上会有一条大蛇，叼着笔，全家人可去看它，它很快就会离去。又有乌鸦飞到室中，与燕子咬斗，燕子死，乌鸦飞去。这是三件怪事。"王基大惊，忙问吉凶。管辂说："只因为您的家住得远，所以有鬼作怪。小男孩生下来会走，不是他自己能走，而是宋无忌的妖术驱使他走入灶中。大蛇叼笔，只是老书佐。乌燕相斗，只是老铃下。今卦上只有现象，没说凶事，知道不是灾难的象征，不必担心。"后来果然没事。

当时信都县令家的女眷们无故恐惧，相继得病，让管辂算卦。管辂说："您家北屋西头有两个死男人，一个拿矛，一个拿弓箭，头在壁内，脚在壁外。拿矛的人管刺头，所以女眷头痛得抬不起来。拿弓箭的人管射胸腹部，所以女眷心痛肚子痛吃不下饭。他们白天到处游历，晚上来给人捣乱，使女眷惊恐。"于是县令派人挖走尸骨，家中女眷的病都好了。

清河王经辞官回家，管辂去看他。王经说："近来有一怪事，我很不喜欢它，请你算卦。"算完卦，管辂说："吉卦，不是怪事。在您家的房前，晚上有一束流光，像燕子一样飞入您怀中，还能发出小声，您感到不安，解开衣服好像余光还在，于是招呼您妻子来看。"王经大笑说："和你说的一模一样。"管辂说："吉祥，这是升官的征兆，会很快实现。"不久，王经升为江夏太守。

管辂又到郭恩家，有只飞鸠在房梁上悲鸣。管辂说："会有一个老人从东方来，带着一头猪和一壶酒。主人虽然欢喜，但会有小事故发生。"第二天果然有客人来，一如所占。郭恩叫客人少喝酒、少吃肉，小心防火。但射野鸡时，箭头射中树枝，反弹回来，伤了一个小女孩的手，流血，把小女孩吓得够呛。

管辂去安德县令刘长仁家，有只喜鹊飞到他家屋顶，叫声很急。管辂说："喜鹊说，东北边有个女人昨天晚上杀死丈夫，会牵涉西邻人家。时间不会超过傍晚,就会有人告状。"果然到黄昏时,东北边同村的人来告状,说邻居的女子亲手杀死丈夫,还声称不是她杀,而是西邻有人和她丈夫不和,结果杀了她丈夫。

管辂到列人县典农王弘直家,见有三尺多高的飘风,从天上飞下,在庭中回转。稍停又起,刮了好半天才停止。王弘直问管辂是什么征兆。管辂说:"东方会有马吏到来,做父亲的要为儿子哭丧。"第二天胶东官吏到,王弘直的儿子果然死了。王弘直问管辂是怎么回事。管辂说:"这一天是乙卯日,是长子的征候。树木在申时飘落,斗建申,申破寅,这是死丧的征候。中午而起风,是马的征候。化成各种纹彩,是官吏的征候。申未为虎,虎为大人,是父亲的征候。"有公野鸡飞到王弘直家的铃柱头上,王弘直甚感不安,让管辂算卦。管辂说:"到五月一定升官。"当时是三月,到了五月,王弘直果然升为勃海太守。

馆陶县令诸葛原升任新兴太守,管辂前往送行。客人都到了。诸葛原亲自取下燕子蛋、蜂窝和蜘蛛等物放在容器中,让客人猜射。卦成,管辂说:"第一物,含气就变,在房梁上居住,雄雌不同,翅膀舒展,这是燕子蛋。第二物,它的窝倒悬,门窗极多,蕴藏精华但同时又有毒,秋天出液,这是蜂窝。第三物,长足吐丝,靠网捕捉猎物,在晚上最有利,这是蜘蛛。"在座的人无不又惊又喜。

管辂的族兄孝国住在斥丘。管辂去看他,正好有两个客人在。二人离开后,管辂对孝国说:"这两个人的天庭和口耳之间有凶气,要发生变故,他们的魂灵都不消停,要流泊海外,尸骨还家。用不了多久两人会一起死掉。"后过了十来天,二人喝醉酒乘牛车回家,牛受惊后转翻入漳河中,都被淹死了。

在那时,管辂的邻里,外门不关,没有发生偷盗的。清河太守华表,召任管辂做文学掾。安平赵孔曜向冀州刺史裴徽推荐管辂说:"管辂性情宽厚,与世无争,能仰观天文,神妙如同甘公、石申一样;能精通《周易》,与季主相同。而今您研幽探微,留心方术,应当让管辂顺时并用,以发挥其才干。"裴徽召任管辂为文学从事,特别器重。后来政府迁至钜鹿,管辂升任治中别驾。

起初响应州里的征召,管辂和弟弟季儒同乘一车到武城西,自己算了一卦,以占卜吉凶,对弟弟说:"我们会在城里看见三只狸。如果是这样,我们就会显名。"他们刚到河西故城的墙角,正好看见三只狸蹲在城边。兄弟二人大喜。正始九年(248)当上了秀才。

十二月二十八日,吏部尚书何晏宴请管辂,当时邓飏也在何晏家做客。何晏对管辂说:"听说您算卦神妙,请试卜一卦,看看我的官位会不会到三公。"又问:"近日连续几次梦见十几只苍蝇落在鼻子上,怎么挥赶都不肯飞走,这是什么征候?"管辂说:"飞鸮,是天下的贱鸟,它们在林间吃桑葚,则鸣唱怀念善人的好音,何况我心非草木,怎么敢不尽忠言。从前有八元、八凯为虞舜效力,尽忠尽职;周公辅佐成王,常常夜以继日,所以能平抚各地,举国安宁。这些都是遵循正道,顺应天意,不是卜筮所能宣明的。而今您权重位高,势如雷电,但真正能感念您的德行的人很少,很多人是惧怕您,除非您小心翼翼,多行仁义。鼻子,属艮,这是天庭中的高山。若高而不危,才能长守富贵。而今青蝇臭恶都云集其上了。位高之人,跌得也狠。不能不考虑物极必反、盛极必衰的道理。所以山在地上叫'谦',雷在天上叫'壮'。谦,意味着拿多余的一方,补充给缺少的一方;壮,意味着非礼之事不做。天下没有损己利人而不得到众人爱戴的事,也没有为非作歹而不败亡的事。愿您追步文王六爻的意旨,想想孔子象象的含义。这样就可以做官到三公,青蝇也可驱散了。"邓飏说:"这是老生常谈。"管辂回答说:"老书生看见不读书的人,常谈的人看见不谈的人。"何晏说:"过了年要再见您。"管辂回到家里,把自己说过的话告诉给舅舅,舅舅责怪他说话太直。管辂说:"和死人说话,有什么可怕的呢?"舅舅大怒,骂管辂狂悖。这年朝会,西北起大风,尘土飞扬,遮天蔽日。过十来天,听说何晏、邓飏都被杀,舅舅这才服气。

管辂看望魏郡太守钟毓,共同讨论《周易》。管辂说:"卜筮可以知道您的生死之日。"钟毓让他占卜生日,非常准确。钟毓大惊说:"您太可怕了。我的死日托付给天,可不敢托付给您。"于是不敢再算。钟毓问管辂:"天下会太平吗?"管辂说:"而今四九天飞,利见大人,神武升建,王道文明。怎么能忧虑不平呢?"钟毓并不理解管辂的话。不久,曹爽等被杀,钟毓才醒悟过来。

平原太守刘邠把印囊和山鸡毛装在容器中让管辂卜筮猜测,管辂说:"内方外圆,五色成文,含宝守信,出则有章,这是印囊。高山险峻,有鸟红身,羽翼黄色,鸣叫不错过早晨,这是山鸡毛。"刘邠说:"这里的官府,连日出怪事,叫人恐惧,是什么原因?"管辂说:"或许因为汉末大乱,兵马不息,血流成河,浸染山陵,所以黄昏时出现许多怪形。您道德高尚,上天保佑,愿安抚百姓,顺应天意。"

清河县令徐季龙派人打猎,让管辂算算能打到什么猎物。管辂说:"会获小兽,又不是吃的飞禽,虽有爪子,但并不尖利,虽皮毛有光彩,但并不鲜亮,不是虎,不是山鸡,而是狸。"猎人晚上回来,果然如管辂所言。徐季龙把十三种东西装在箱子里,让管辂猜。管辂说:"箱子里装了十三种东西。"然后先猜出鸡蛋,又说出蚕蛹,后逐一道出。只是把梳子说成了枇杷。

管辂随军西行,路过毌丘俭墓,靠着树哀叹不已,情绪低沉。别人问是什么缘故,管辂说:"林木虽然繁茂,但不会长久;碑诔虽然很美,但是没有后人看守。玄武藏头,苍龙无足,白虎衔尸,朱雀悲鸣,四危已备,法当灭族。不过二年,就会应验。"果真不出所料。后来管辂休假,去看望清河倪太守。当时大旱,太守问管辂什么时候下雨。管辂说:"今晚会下大雨。"当时正是烈日炎炎,看不出雨迹,府僚都在场,没有人相信管辂的话。到半夜,乌云四起,风带雨来。于是倪太守宴请管辂,共为欢乐。

正元二年(255),弟弟管辰对管辂说:"大将军对你很好,你期望自己富贵吗?"管辂长叹道:"我对自己有充分了解。上天赐给我聪明才智,却不让我长寿。恐怕四十七八岁,看不见女儿出嫁、儿子娶媳妇我就要死了。如果能闯过来,想做洛阳县令,一定会使当地风俗淳美,路不拾遗。但恐怕要到太山去治理鬼,不能治理活人了。怎么办呢!"管辰请哥哥解释缘由,管辂说:"我额头上无生骨,眼睛里无守精,鼻子上无梁柱,脚下无根,背部无三甲,腹部无三壬。这些都是不能长寿的征兆。我的本命年是寅年,又在月食之夜出生。天命有自己的运行规律,不能回避,只是人多有不知罢了。我一生给数百个快死的人占卜过,基本上没有差错。"这年八月,任少府丞。第二年二月死,享年四十八岁。

评:华佗的医术,杜夔的声乐,朱建平的相面术,周宣的占梦术,管辂的卜筮术,确实都玄妙巧极,非同寻常。从前司马迁为扁鹊、仓公、日者作传,为的是广泛采录异闻,以表彰奇事。所以这里也存录了一些。

卷三十　魏书三十

乌丸鲜卑东夷传第三十

　　《尚书·尧典》说:"蛮夷侵扰中原。"《诗经·小雅·六月》说:"猃狁极有势力。"他们对中原的侵害为时久远。秦汉以来,匈奴一直在边境侵扰。汉武帝虽平定四方少数民族的叛乱,如东边平定东越、南越、朝鲜,西部讨伐贰师、大宛,打通邛筰、夜郎的通道,但这些边远地区远离王畿,对中原没有什么重大威胁,而匈奴距王畿最近,它的骑兵向南部侵犯,则我三边受敌。因此汉朝屡次派遣卫青、霍去病等统率大军北伐,追赶单于,占领其富饶平广的田地。其后匈奴开始保卫自己的疆地,自称藩国,逐渐衰弱下去。建安年间(196—220),呼厨泉南单于入朝廷,留为内侍,右贤王统领匈奴。其时匈奴臣服,比西汉时还听话。但是乌丸、鲜卑逐渐又强盛起来。又因为汉末大乱,国内正值多事之秋,没有功夫讨伐外来入侵者,因此,他们竟侵占控制了漠南之地,攻陷城市,烧杀抢掠,北边也受到困扰。等到袁绍控制河北,安抚三郡乌丸,尊宠其名,实际收并了他们的精锐骑兵。其后袁尚、袁熙逃奔蹋顿。蹋顿崇尚武功,边境年长的人都把他比作冒顿。蹋顿仗着自己远离王室,所以敢于接受袁尚、袁熙这样的亡命之徒,在少数民族之中称霸争雄。魏太祖曹操率众北伐,出其不意,只用一战,就平定了边乱,各个少数民族无不震恐。于是曹操又统领乌丸的兵力平抚各地,从此边地居民得以安居乐业。后来鲜卑头领轲比能又控制各少数民族部落,占领匈奴固有地盘。从云中、五原以东直至辽河,都是鲜卑的领地。他们不止一次侵犯边地,幽州、并州两地深受其害。魏文帝初,田豫为护乌丸校尉,被鲜卑轲比能部包围在马城。魏明帝时,并州刺史毕轨出军攻击轲比能时也失利。青龙年间,皇帝听从王雄的建议,派遣剑客刺杀了轲比能。嗣后鲜卑部落成了一盘散沙,互相攻伐。稍强一点的远远逃离,势力弱的只好向朝廷投降。从那以后,边境略微安静下来。虽然还不时发生抢劫的事,但已不能形成众人反叛的气候了。乌丸、鲜卑,古代称他们叫东胡。他们的习俗、历史,汉代历史书籍已经备载,因此,这里只是叙述汉末魏初以来的情况,以便于提供历史借鉴,应付他们的变动。

汉末,辽西乌丸首领丘力居,统领五千余部落。上谷乌丸首领难楼,统领九千余部落。他们各自称王。又有辽东属国乌丸首领苏仆延,统领千余部落,自称峭王。右北平乌丸首领乌延,统领八百余部落,自称汗鲁王,他们都有谋有勇。中山太守张纯背叛逃到丘力居部落中,自号称天安定王,为三郡乌丸元帅,侵略青州、徐州、幽州、冀州,烧杀抢掠。汉灵帝末年,派刘虞为幽州首领。刘虞悬赏杀死了张纯,北方才平定下来。后来,丘力居死,他的儿子楼班年龄小,从子蹋顿武略出众,于是继承王位,统领三个乌丸部落,部下都听从他的指挥。袁绍和公孙瓒多次争斗,但不能决出胜负。蹋顿派使者到袁绍处求和亲,帮助袁绍攻打公孙瓒,结果大胜。袁绍假托君命,发布诏敕,赐给蹋顿、峭王、汗鲁王印绶,任命他们为单于。

后来楼班长大了,峭王率领其部下推举楼班为单于,蹋顿为大王。蹋顿善于出谋划策。广阳人阎柔,从小在乌丸、鲜卑部落中长大,得到当地人的信任和尊重。阎柔依靠鲜卑的力量,杀死乌丸校尉邢举,自己取代之。袁绍安抚阎柔,北部边境得以平安无事。后来袁尚失败,逃奔蹋顿,凭借蹋顿势力,又夺回冀州。这时魏太祖曹操正扫平河北,阎柔率鲜卑、乌丸归附其下。曹操任命阎柔为校尉,还持有汉朝符节,以广宁作为县治所在地。建安十一年,曹操亲自在柳城征伐蹋顿,秘密行军,未走百余里,被敌军发现。袁尚和蹋顿在凡城展开了阻击战,兵马极强。曹操登上高处,遥望敌人阵地动向,按兵不动。等敌兵稍有移动,于是率兵攻破敌方阵地,并斩杀蹋顿,死尸遍野。速附丸、楼班、乌延等逃奔辽东,辽东把他们杀死,把首级送来。其余的人都投降了。对于幽州、并州等地阎柔统率的万余乌丸兵力,曹操把他们均迁居到中原地区,率领他们的部落参与征战,从此三郡乌丸的骑兵在天下闻名了。

鲜卑步度根即位后,部下人数有所减少。他的兄弟扶罗韩也为首领,扩充了实力,拥兵几万人。建安年间,魏太祖曹操平定幽州,步度根和轲比能等通过乌丸校尉阎柔,向朝廷上贡。后来代郡乌丸能臣氐等反叛,祈求归附扶罗韩。扶罗韩统率万余骑兵前往迎接。到了桑乾县,能臣氐等人商议说,扶罗韩部队威禁宽缓,恐不能成就事业。于是另外派人向轲比能送信。轲比能马上派遣上万骑兵前来迎接,并与能臣氏一起对天盟誓。轲比能于是在宴会上杀死扶罗韩。扶罗韩的儿子泄归泥及众部下都归依轲比能。因为考虑到自己杀死了泄归泥的父亲,轲比能对泄归泥特别友善。步度根因此埋怨轲比能。魏文帝曹丕即位后,任田豫为乌丸校尉,持节卫护鲜卑,屯兵昌平。步度根派人向朝廷献马,朝廷任步度根为王。后来步度根不断地与轲比能相互进攻,其势力日益衰弱,只得率领部下万余人死保太原、雁门郡。步度根又派人对泄归泥说:"你父亲被轲比能所杀,你不想法替父报仇,反而归依仇人。他今天虽然待你不薄,其实那是想日后杀死你的计谋。还不如归向我方,我和你是骨肉至亲,怎么能和仇人相同呢?"从那以后,泄归泥率其部下逃奔步度根。轲比能想派兵追赶,可是没有追上。到了黄初五年,步度根到朝廷上贡,得到朝廷的重赏。从此他更是一心守卫边疆,不再侵害中原。而轲比能的势力却越来越大。魏明帝即位,急于想要缓和少数民族各部落的矛盾,以平息战争,笼络控制这两大势力。至青龙元年,轲比能诱使步度根彼此和亲。于是步度根率领泄归泥及部下都依附轲比能,抢掠并州,烧杀百姓。皇帝派遣骁骑将军秦朗前往征讨,泄归泥率众背叛轲比能,向秦朗投降。朝廷任命他为归义王,并赐给他幢麾、曲盖、鼓吹,使居并州。步度根则为轲比能所杀。

　　轲比能本来是鲜卑一个小部落的人,因为勇敢,执法公平,不贪财物,所以众人推举他为首领。因为这个部落靠近边塞,自从袁绍占据河北,中原人有很多逃奔轲比能。轲比能教会他们使用兵器,同时也学到不少文化。所以他统率部下,模拟仿效中原。出去打猎,高举军旗,以击鼓作为进退的口令。建安年间(196—220),通过阎柔向朝廷进贡。曹操西征关中,田银在河间反叛。轲比能率三千骑兵随阎柔击败田银。后来代郡乌丸反叛,轲比能也随之为虎作伥。曹操任鄢陵侯曹彰作为骁骑将军,率兵北征,大败轲比能。轲比能由此逃出塞外。后来他又向朝廷进贡。延康初年(220),轲比能派人向朝廷献马。魏文帝曹丕任轲比能为附义王。黄初二年(221),轲比能将住在鲜卑的五百余家魏国人遣出,让他们回到代郡居住。黄初三年(222),轲比能率部落三千余骑兵,驱赶牛马七万余口与中原通商,并派遣七千余家魏国人居住在上谷。后来轲比能与东部鲜卑首领素利及步度根三部互相争斗。田豫为乌丸校尉,促使他们之间关系改善。黄初五年(224),轲比能再次侵犯素利。田豫率轻骑牵制了轲比能的后部,轲比能派部将琐奴抵御田豫,田豫出击,击退琐奴。轲比能因此怀有二心,并给辅国将军鲜于辅写信说:"少数民族不识文字,故校尉阎柔为我向天子保举。我与素利为仇,往年派兵攻讨,但是田豫却协助素利。我在阵地上派琐奴前往,听说您来,马上撤回军队。步度根处处掠抢,又杀死我弟弟,反诬蔑我为强盗。我们落后,不知礼义,但我们接受天子印绶,牛马尚且知道水草为美,何况我还有人心。将军应替我向天子讲明情况。"鲜于辅得到书信后,上报朝廷,皇帝又派田豫招纳安慰。轲比能的势力因此更强盛,统领十余万人。每得财物,他都平均分配,当着众人面处理完毕,从不私贪,所以部下愿意为他效死力。其余部落的首领都很敬畏他。但是他的势力还是赶不上檀石槐。

太和二年(228),田豫派遣翻译官夏舍到轲比能女婿郁筑鞬部落,夏舍为郁筑鞬所杀。这年秋天,田豫统率西部鲜卑蒲头、泄归泥出塞讨伐郁筑鞬,大获全胜。还兵至马城,轲比能亲率三万兵力,把田豫困围七天。上谷太守阎志,是阎柔的弟弟,历来为鲜卑人所信任。阎志前往解释劝说,才为田豫解了围。后来幽州刺史王雄并任校尉,对鲜卑实行安抚信任政策。轲比能数次入塞,到幽州进贡。青龙元年(233),轲比能诱使步度根归附,让他背叛并州刺史,并和他结亲。又率兵万余人在陉北迎接他的家口资产。并州刺史毕轨派苏尚、董弼等部阻击,轲比能派兵在楼烦与苏尚会战,在战斗中杀死苏尚、董弼。青龙三年(235),王雄派勇士刺死轲比能,换立轲比能的弟弟为王。

素利、弥加、厥机都是部落首领,在辽西、右北平和渔阳塞外。因距中原道远,起初没有侵扰边境。但是他们的兵力比轲比能多。建安年间,他们通过阎柔,也向朝廷进贡,并互通商业。曹操为表示宠信,分别任命他们为王。厥机死,又立他的儿子沙末汗为亲汉王。延康初年(220),他们又派使者献马。魏文帝立素利、弥加为归义王。素利和轲比能相互改击。太和二年(228),素利死。他的儿子年幼,以其弟成律归为王,统领部落。

《尚书·禹贡》说:"东边至海,西边达到流沙。"四海之内,服事天子,于此可见其梗概了。但是一些边远地区,通过辗转翻译,才能懂他们的语言,车马难及,很少有人知道那里的风土民俗。自从虞舜以至周朝,西边地区曾进贡白环,东部肃慎氏也进贡楛矢石砮。他们走了很长时间才到朝廷,其距离之远可想而知。汉代派遣张骞出使西域,探究黄河源头,经过许多国家,并设置都护府统治各地。这样,才知道西域的事,吏官才能记载得很详细。魏国兴盛后,西域各国虽然不能都来朝贡,但其中一些大国如龟兹、于阗、康居、乌孙、疏勒、月氏、鄯善、车师等每年都要朝拜进贡,与汉代情形大体相近。公孙渊继承祖父三代的领域,统治辽东。皇帝考虑其地辽远,遂将海外的事务均交他管理,与东部少数民族隔断,不能和中原有来往。景初年间,朝廷兴师动众,杀死公孙渊,收复乐浪、带方等郡,而后边远地区无不震恐,东部少数民族也都俯首称臣。其后,高句丽背叛。朝廷又派兵讨伐,深入异域,跨过乌丸、骨都,经过沃沮,又穿越肃慎领域,直到海滨。老人说有相貌非凡的人近日出现。于是天子军队采集各地法俗,大小加以区别,各有封号,可以详加记载。虽然这些是少数民族地区,但传统的礼仪还存留一些。中原王朝有些失传的礼仪,在边远地区寻求,都还信而可征。因此编纂各国史实,标明其异同,以便于补充前代历史不完备的地方。

夫余在长城的北边,离玄菟有千余里。南边是高句丽,东部是挹娄,西部是鲜卑,北部是弱水。其地方圆约二千里,八万户人家。当地土著有宫室、仓库、监狱。这个部落多山陵湖泊,在东部少数民族地区,地势最平坦开阔。土地肥沃,可以种植五谷,但不宜种植果树。这里的人长得高大魁伟,性情勇敢,为人谨厚,不粗鲁掠抢。国家有君主,官职都用牲畜之名,有马加、牛加、猪加、狗加、大使、大使者、使者。这个部落有大户豪族,名下的众人都是奴仆。各个加级官吏出使各地,成为地方官吏,大的主管数千家,小的数百家。饮食时用俎、豆这些过去中原祭祀时所用的器具,吃前有会同、拜爵、洗爵、揖让升降等仪式。在殷历正月举行祭天活动,国中召开大会,连日欢庆节日,载歌载舞,这就叫作迎鼓。每年这个时候不审判犯人,同时还赦免犯人。在国内,穿衣服崇尚白色的,成为国色。有白布大袖。身穿袍子、袴子,脚穿兽皮鞋子。出使国外,一般都穿锦绣衣服,首领加饰狐狸、狄白和黑貂的裘,用金银装饰帽子。出使做翻译的人传达信息,都跪下来,双手扶地,小声说话。用刑很严,有死刑,犯人家属都沦为奴仆。偷盗罪是处以十二倍惩罚。男女淫乱,妇人妒忌,都是死罪。特别憎恶妒忌,杀死她们后,还要把尸首摆在其国南山上,直至腐烂。女方家想要回尸首,必须交出牛马来换。哥哥死后,弟弟可以娶嫂为妻。这个习俗与匈奴相同。这个国家特别善于饲养牲畜。多出名马、赤玉、貂狄、美珠。珠子大的像酸枣。其兵器主要是弓、箭、刀、矛。每家都有铠仗。国内的老人一代一代叙说自己的"亡人"。其城边栏栅是圆形的,就像监狱。不论男女老少,在路上行走,总是歌声不断,不分白天黑夜。当战事发生时,通常要祭天,杀死牛,观察其蹄,用以占卜吉凶。牛蹄崩开表明是凶,牛蹄合拢表明是吉。有敌情时,各个加长各自为战,其管辖百姓供给饮食。如加长死,夏天用冰冻起来,要杀人殉葬,多者达数百人。往往隆重发丧,往往有外棺而无内棺。

夫余本来划属玄菟。汉末时,公孙度向东部扩张,威震东部少数民族。夫余王尉仇台于是改为归属辽东。当时高句丽、鲜卑都很强盛。公孙度考虑到夫余被夹在这两个强国中间,于是把宗女嫁给尉仇台。尉仇台死后,简位居继位。正妻没有生子,有庶生的儿子叫麻余。位居死后,众加长共立麻余继位。牛加兄的儿子叫位居,是大使,轻财好施,得到国人的拥戴。每年都派使者到京城进贡。正始年间(240—249),幽州刺史毌丘俭讨伐高句丽,派遣玄菟太守王颀来到夫余,位居派大加远道相迎,供给军需。其季父牛加怀有二心,于是位居杀死季父及其儿子,没收其财产,并派使者将其簿敛送到官府。按照夫余的旧俗,如遇天灾,粮食减产,都要把罪过推给诸王,有的说这个王该替换了,也有的说这个王甚至该杀了。麻余死时,他的儿子依虑才六岁,继承王位。汉代的时候,夫余王用玉匣埋葬,常把玉匣预备着放在玄菟郡,如大王死,就去郡里取回玉匣。公孙渊被杀,玄菟郡的仓库里还有一具玉匣。而今夫余仓库里还有玉璧、珪、瓒等历代的宝物,世世代代相传以为国宝。老人们说这些是祖先恩赐于后人的。他们的印章上写有“濊王之印”。其国故城叫濊城,本属濊貊之地。夫余统占其中的地盘,自称“亡人”,是有道理的。

高句丽在辽东以东约一千里,南边与朝鲜、濊貊,东边与沃沮,北边与夫余相接壤。在丸都立都,方圆二千里,户籍三万户。其地多高山深谷,没有平原和沼泽。当地人随山谷而居,饮食山涧之水。土地贫瘠,虽然苦力耕作,也不能自给自足。当地风俗是崇尚节食,但喜欢盖屋子,并在居室左右盖大屋,祭祀鬼神、灵星、祖先与国运。当地人性情凶猛,喜欢抢掠。这个国家有国王,官吏有相加、对卢、沛者、古雏加、主簿、优台丞、使者、皂衣先人等,有尊卑等级的区别。东部少数民族的语言多是夫余语的分支,因此,口语、书面语与夫余语很多地方相同。但其性情、服饰与夫余有很多不同。原来有五个部族,即:涓奴部、绝奴部、顺奴部、灌奴部、桂娄部。起初,涓奴部称王,后来这个部族逐渐衰弱,而今是桂娄部取而代之。汉代时,朝廷赐给这个部族鼓吹和艺人,他们常常从玄菟郡得到朝服等物。后来他们逐渐骄奢恣肆,不再亲自到玄菟郡,而是在东部边境筑起一个小城门,把朝服等物放在这里,每年朝会时取走它们。今天当地人还称这个城叫帻沟溇。沟溇,是高句丽的名城。这里设置官吏的规则是,有对卢官,就不再设沛者官,有沛者官就不设对卢官。国王宗族中的大加,都叫古雏加。涓奴部原来是一国之主,而今虽然不再称王,但仍为首领,所以也叫古雏加,也可以设立宗庙,祭祀灵星及社稷。绝奴部历来与王族通婚,所以也叫古雏加。各个大加官下也都有自己的使者,皂衣先人,他们都要在国王那里备案。如果是卿大夫的部属,朝会起坐,不能和国王的部属同列。这个国家的上层人士不必劳作,这些人有万余口,他们的部属家仆供给他们衣食。当地土著喜欢歌舞,各个部落每当夜幕降临,常常是男女群聚,相互唱歌嬉戏。国郡没有大仓库,每家都有小仓库,叫桴京。当地人好清洁,擅长酿造。跪拜时伸一脚,这一点与夫余不同。走路很快。在十月祭天,国家大会叫东盟。每当这个大会,人们多穿锦绣衣服,并用金银装饰。大加、主簿头戴围巾,但像头巾却又没有飘带。小加戴折风,形状像帽子。这个国家东部有个巨大的洞穴,叫隧穴。十月国中召集大会,迎接隧神,在国东部祭祀,并在神座上放置木隧。没有监狱。凡遇犯罪事,众人加以评议,然后杀死罪犯,并将其妻子孩子贬为奴婢。当地的婚姻风俗是,双方订婚后,女家在屋后盖个小屋,叫婿屋。女婿在晚上来到女家门外,跪拜乞求和女孩同宿,要这样一而再、再而三地恳求,女方父母才让女孩到小屋中和女婿同宿。积蓄钱财,等生下的儿女长大后,让妇人回娘家。当地风俗放荡。男女结婚后,便开始慢慢做送终之衣。发丧多很隆重,金银财宝都要陪葬。坟墓用石头填封,然后种植松柏。当地马很小,登山便捷。当地人很有劲、好斗,沃沮,东濊都依附他们。又有小水貊。高句丽立国,依傍大水而居。西安平县北有小河,南流入海,高句丽的旁支依傍小河而立国,所以叫小水貊。当地盛产名弓,又叫貊弓。

王莽最初派遣高句丽的兵力讨伐胡人,高句丽不愿出兵,但王莽强迫派遣。于是高句丽中很多人逃出塞外,成了强盗。辽西大尹田谭追杀这些人,被这些人所杀。高句丽的州、郡、县都把罪过归于高句丽侯骓。严尤奏表说:"貊人犯法,不应归罪于骓,应当安抚他们。而今给他们定了大罪,恐怕会逼迫他们反叛。"王莽不听劝告,下诏要求严尤讨伐。严尤诱使高句丽侯骓期会,至而杀死侯骓,并将侯骓的头颅传送到长安。王莽很高兴,向天下发布告示,将高句丽改名为下句丽。那时高句丽为侯国。汉光武帝八年(32),国王派人向朝廷进贡,开始称王。

在汉殇帝和汉安帝年间,句丽王宫不断侵扰辽东,遂将其归属玄菟郡。辽东太守蔡风、玄菟太守姚光把宫视为二郡的大害,于是派兵讨伐。宫假装投降请和,二郡兵力不再前进。宫借机秘密派遣军队进攻玄菟郡,焚烧候城,进入辽东城，残杀官兵百姓。后来宫又侵犯辽东。蔡风派小部队追讨，结果被宫打败。

宫死后，他的儿子伯固继位。汉顺帝、汉桓帝时，伯固又侵犯辽东、新安、居乡等地，同时又进攻西安平，在路上杀死带方县令，抢走乐浪太守的妻子和孩子。汉灵帝建宁二年（169），玄菟太守耿临出兵讨伐，斩获数百人的首级。伯固投降，其地归属辽东。熹平年间（172—177），伯固乞求归附玄菟郡。公孙度在东部沿海称雄时，伯固派遣大加优居、主簿然人等协助公孙度击讨富山叛贼，大获全胜。

伯固死，有两个儿子，长子叫拔奇，次子叫伊夷模。拔奇无德无才，当地人拥立伊夷模做了国王。自伯固时起，句丽就不断侵扰辽东，又接纳了逃亡的胡人五百多家。建安年间（196—220），公孙康出军进攻句丽，攻破城邑。拔奇埋怨国人，自己为长子却不能继承王位，于是和涓奴部加官各自统领部属三万余人向公孙康投降，还住沸流水。投降的胡人这时也背叛了伊夷模。伊夷模只得换地，另外开辟新国，就是今天所在的地址。拔奇移向辽东，他的儿子留在句丽国，今古雏加骏位居就是拔奇留守的儿子。后来他们又进犯玄菟，玄菟和辽东联合起来，大败句丽。

伊夷模没有儿子，与灌奴部通奸，生子叫位宫。伊夷模死后，位宫继承王位。他的曾祖也叫宫。据说宫刚出生就能睁开眼睛四顾，当地人不喜欢他。等宫长大后，果然凶虐，烧杀抢掠，国家日渐衰落。而今的国王位宫刚出生也能睁开眼睛环顾。当地人认为他像乃祖，所以给他取名叫位宫。位宫勇武有力，善骑马，会射猎。景初二年（238），太尉司马懿率军讨伐公孙渊，位宫派主簿大加统领数千人应战。正始三年（242），位宫侵犯西安平。详情见《毌丘俭传》。

东沃沮在高句丽盖马大山的东边，濒临大海。其地形是东北狭小，西南漫长，有千余里。其北部与挹娄、夫余，南部与濊貊相接壤。有五千余户人家，没有大君主，世世代代以部落而居，各有首领。当地语言与句丽大体相同，有时又小有差异。汉代初年，燕国逃亡的人卫满统治朝鲜，当时沃沮归附其下。汉武帝元封二年，讨伐朝鲜，杀死卫满的孙子右渠，把其领地一分为四，把沃沮城变为玄菟郡。后来他们又受到夷貊的侵略，于是把郡治迁到高句丽西北。这就是今天所说的玄菟郡治的故址。沃沮后又归属乐浪。汉王朝认为此地辽阔，在单单大岭的东部，又设置东部都尉，以不耐城作为政府所在地，统领七个县，当时沃沮也在其中。汉建武六年（30），减省边郡，于是废都尉。各以县中的渠帅作为县侯。不耐、华丽、沃沮等县都是侯国。少数民族部落互相攻讨，唯有不耐濊侯至今还设置有功曹、主簿等官，都是濊人担任。沃沮各个部落的首领，都自称三老，这是原来县国的旧制。因为是小国，处在大国之间，所以向句丽国称臣。高句丽又在沃沮国中设置大人，作为使者，使其统领各地，又派大加统一管理税收等事。沃沮还要从千里之外挑担向高句丽进贡，如貊布、鱼、盐及海中食物。此外，还要供奉美女作为高句丽的婢妾，而高句丽对沃沮像奴仆一样对待。

当地土地肥沃，背山向海，适宜生长粮食。当地人性情劲直勇敢，缺少牛马，于是就拿着长矛作战。食住服饰与高句丽相近。其葬俗是，做大木棺椁，有十余丈长，开一头做门户。刚死的人都假装埋起来，只覆盖上薄薄的一层土，让尸首烂尽，仅取骨架装在棺椁中。好几家共用一个棺椁，用木头刻成死者的形象，与椁中死人数目相同。又有瓦𨰻，装上大米，悬挂在棺椁的门户边上。

毌丘俭讨伐高句丽，句丽王宫逃奔沃沮。毌丘俭于是又挥师进讨沃沮，攻破沃沮城邑。斩获三千多首级。宫又逃奔北沃沮。北沃沮又叫置沟娄，离南沃沮约八百里，风俗方面，南北相同，与挹娄比邻。挹娄人喜欢乘船抢掠，北沃沮人很惧怕他们。夏天常在山上的深洞里守备，冬天冰封，船道不通，才回到村里居住。王颀另派兵追讨宫，直抵其东部边境。他问老人们："东部海边还有人吗？"老人们说，国内有人乘船捕鱼，遇风，在海上漂泊十来日，到了一个岛上，那里有人，语言不通。当地风俗常常在七月份挑选童女沉海。又说，还有一个岛国，都是女的，没有男的。又说有一件布衣，从海里浮出来，样式和中原的衣服差不多，两袖长三丈多。又发现一个破船，随波漂到海边。里面有一人，脖子上又长了一张脸，把他活捉，却听不懂他的话，他绝食而死。这个国家在沃沮东边的大海中。

挹娄在夫余东北部一千多里，濒临大海。其南部与北沃沮接壤，不知其北部到何处。地形多山，人形与夫余相近，但言语和夫余、句丽不同。生产五谷杂粮，有牛、马、麻布。当地人性情勇猛，颇有膂力。没有大君长，各个部落有首领。居住在深山洞穴之中，大户人家往往住在深洞中，有九节梯子。当地人往往以梯子节数多为好。气候要比夫余寒冷得多。当地人好养猪，吃猪肉，穿猪皮。冬天用猪油涂身，有好几分厚，以防风寒。夏天裸体，只用小块布把前后遮起来。当地人不讲卫生，厕所修建在中间，人却在边上住。弓有四尺长，力大如弩。箭用楛木制造，有尺八寸长。箭头是青石做的。这是古代肃慎氏的国度。善于射箭，射人都击中眼睛。箭头有毒，被击中的人无不死。当地出产赤玉、好貂，就是今天所谓挹娄貂，自汉代以来，挹娄一直向夫余称臣。夫余收租税很重，于是他们在魏黄初年间反叛。夫余虽然反复讨伐，但是因为挹娄尽管人少，但出没山险，邻国人都惧怕他们的弓箭，所以不能制服他们。因此，挹娄便开始乘船抢掠，邻国深以为患。东部少数民族饮食类都使用俎豆这些器具，只有挹娄不用。他们的风俗是最没有秩序的。

濊，南边与辰韩，北边与高句丽、沃沮接壤，东边临海，今天朝鲜以东都是它们的领地。有二万户人家。从前，箕子到了朝鲜以后，作八条之教来教化他们。他们夜不闭户，治安很好。从那以后有四十余世，朝鲜侯准称王，不服中央管辖。陈胜起义，天下反秦。燕、齐、赵等地居民逃难到了朝鲜，有好几万人。燕人卫满联合当地部落，终于在当地称王。汉武帝消灭朝鲜，将其地一分为四。从那以后，汉人和胡人逐渐有了分别。其地没有国王，官吏有侯邑君、三老，统管百姓。当地老人说自己与高句丽同宗。当地人性情诚实，少嗜欲，知廉耻。语言风俗与高句丽大体相同，但衣服不同。男女衣服都有曲领。男子衣服上还用数寸大的银花作为装饰。自单单大岭以西归属乐浪，领东共有七县，都尉统管，都是濊地的人。后来减省都尉官。各封他们的首领为侯。今天的不耐濊就是他们的后代。汉代末叶归属高句丽。当地风俗是倚重山川，山川各有分部，不能随便进入。同姓不通婚，多忌讳。凡疾病有死人的情况下，都要抛弃老房子，另起新居。产麻布，蚕桑作绵。当地人还多知晓天象，能预知天气及收成。不认为珠玉是宝，常在十月祭祀天，昼夜饮酒歌舞，他们管这叫舞天。又把虎奉为神。凡是部落间发生争斗事，都要处以惩罚，罚以牲口、牛、马等，叫责祸。凡杀人者处以死刑抵命。很少有盗贼。他们的长矛有三丈长，有的竟是好几个人拿着一支矛。擅长陆地战斗。乐浪的檀弓就产于此地。海上出产班鱼皮，林中多文豹，又产果下马，汉桓帝时曾向朝廷进贡过此马。

正始六年（245），乐浪太守刘茂、带方太守弓遵因为领东濊归属句丽，起兵讨伐。不耐侯等投降。正始八年（247），他们到朝廷进贡。朝廷下诏封他为不耐濊王。当地人杂居汉人中间。四季都要到郡衙拜谒。每当二郡有军事调动，都供给军需，朝廷对待他们同内地居民一样。

韩，在带方的南边，东西都是海，南边与日本相接。方圆四千里。有三个宗支,即马韩、辰韩和弁韩。辰韩,就是古代的辰国。马韩在西部。当地土著种庄稼,养蚕桑,织绵布。各有首领,最高的叫臣智,其次是邑借。散居在山海之间,没有固定的城镇。有五十多个小国,像爰襄国、牟水国、桑外国、小石索国、大石索国、优休牟涿国、臣濆沽国、伯济国、速卢不斯国、日华国、古诞者国、古离国、怒蓝国、月支国、咨离牟卢国、素谓乾国、古爰国、莫卢国、卑离国、占离卑国、臣衅国、支侵国、狗卢国、卑弥国、监奚卑离国、古蒲国、致利鞠国、冉路国、儿林国、驷卢国、内卑离国、感奚国、万卢国、辟卑离国、臼斯乌旦国、一离国、不弥国、支半国、狗素国、捷卢国、牟卢卑离国、臣苏涂国、莫卢国、古腊国、临素半国、臣云新国、如来卑离国、楚山涂卑离国、一难国、狗奚国、不云国、不斯濆邪国、爰池国、乾马国、楚离国等。大的国家有一万多户,小国几千户。总共有十余万户。辰王以月支国作为政府所在地。臣智有的加优呼臣云遣支报安邪踧支濆臣离儿不例拘邪秦支廉的称号。其官吏分魏率善、邑君、归义侯、中郎将、都尉、伯长等。

侯准僭号称王后,被燕国逃亡之人卫满所攻破,他率领左右随从逃入海岛,居韩地,自称韩王。其后灭绝。今天的韩人还有祭祀他们的。汉代时归属乐浪郡,每年四个季节都要朝拜。

汉桓帝、汉灵帝末年,韩濊日益强盛,郡县不能控制。当地人多流入韩国。建安年间(196—220),公孙康将屯有县以南的荒地划分出来,叫带方郡,派遣公孙模、张敞等人收集各地流民,起兵讨伐韩濊,原先的居民才稍稍离开一些。其后倭、韩归属带方郡。景初年间(237—239),魏明帝秘密派遣带方太守刘昕、乐浪太守鲜于嗣跨海平定二郡,韩国各臣智赐给邑君印绶。其次赐予邑长。当地风俗讲究服饰。属下到郡里拜谒,都穿戴好衣帽。自佩印绶到赐衣帽有一千多人。部从事吴林认为乐浪本来管辖韩国,将辰韩割分成八个国家归属乐浪,各地译使传达音讯难免有出入,臣智激怒韩国,于是攻带方郡崎离营。当时带方太守弓遵、乐浪郡太守刘茂起兵讨伐,弓遵战死,但二郡还是灭掉了韩国。

其地风俗没有纲纪。国家虽有首领,但各个部落杂居,不能统一管理指挥。无跪拜的礼节。居住在草屋土室中,像坟头一样,窗户在上部,全家都住在一起,不分男女老少。其葬俗是有外棺,无内棺。不会骑牛马,牛马或送人成陪葬。把璎珠视为宝物,有的缝在衣服上作为装饰,有的当作项链或是耳坠,不把金银锦绣视为宝物。当地人性情强勇,头发盘卷头上,穿布袍、兽皮鞋。每当国中有劳役之事,或官府让他们筑城,勇敢健壮的年轻人都用大绳子穿过大皮子作兜,又用一丈长的木锸铲土,整天呼喊出力,仿佛感觉不到痛。既用来鼓励劳动,又把这些看作是用力气的表现。常在五月播种之后,祭祀鬼神,聚在一起,载歌载舞,昼夜痛饮。他们跳的舞有数十人参加,以脚踏地,以手相应,节奏很像铎舞。十月收割完毕,还要照例庆贺。他们迷信鬼神,每部落都选一人主管祭祀天神,这个人叫天君。每个国各有别邑,叫苏涂。竖立大木头,悬上铃鼓,敬事鬼神。一些逃亡到这里的人都不愿回去,好做贼。当地人立苏涂的含义,就像浮屠,以劝善戒恶。在北部靠近郡治的几个国家稍微知道一些礼俗,而远离郡治的人就像是囚徒奴仆相聚一样没有秩序。没有什么珍宝。野兽飞禽草木与中国差不多。出产大栗,像梨一样大。出产细尾鸡,尾巴有五尺多长。男子很多都文身。还有个地方叫州胡,位于马韩西边的海岛上,那里的人身材短小,语言与韩国不同。像鲜卑一样不留头发,但穿韦衣,喜欢养牛和猪。他们的衣服有上身没下身,好像裸体似的,乘船往来,与韩国通商。辰韩在马韩的东部,据活着的老人们说,他们的祖先是为逃避秦朝的赋役来到韩国的。马韩把东边地界划给他们,有城栅。他们语言和马韩不同。把国叫邦,弓叫弧,贼叫寇,行酒叫行觞。彼此以徒相称,好像秦代的人,不仅仅是燕齐的后代。称乐浪人为阿残。东部少数民族管我们叫阿,认为乐浪人是中国人的残余。今天还有叫秦韩的。开始有六个国,后来逐渐分为十二个国家。

弁辰也有十二个国,又有一些小城邑,都有自己的首领,大的叫臣智,其次叫险侧,再次有樊濊、杀奚、邑借等等。有已柢国、不斯国、弁辰弥离弥冻国、弁辰接涂国、勤耆国、难弥离弥冻国、弁辰半路国、弁辰乐奴国、军弥国、弁辰弥乌邪马国、如湛国、弁辰甘路国、户路国、州鲜国、弁辰狗邪国、弁辰走漕马国、弁辰安邪国、弁辰渎卢国、斯卢国、优由国。弁、辰韩合计共有二十四国,大国有四五千家,小国有六七百家,总共有四五万户。其中十二国属于辰王。辰王常常由马韩人担任,代代相传。辰王不能自立为王。辰王所控土地肥美,宜于种五谷和稻米,他们懂得种桑养蚕,会织缣布,知道用牛、马来驾车骑乘。嫁娶的礼俗,男女有别。用大鸟的羽毛送葬死人,其意思是要让死者可以飞走。生产铁,韩、濊、日本三个国家都在弁辰这里得到铁。各个市场上买东西也都用铁,就像中国用钱一样,又用来供二郡使用。风俗喜欢歌舞和饮酒。有乐器瑟,形状有些像筑,弹起来也有曲调声音。小孩一出生,就用石头压小孩的脑袋,想使头变扁。男人和女人都像日本人一样,也喜欢文身。习惯步行作战,像说"诺"一样。

此国本来也以男子为王,有七八十年,日本动乱,各方相互攻伐多年,于是共同立一女子为王,名叫卑弥呼,信奉鬼神,能迷惑大众,年已成人,没有丈夫,有一个弟弟帮助治理国家。自从当上女王后,很少有人见到她。有一千个女婢服侍她,只有一个男子送饮食,出入传送话语。住的宫殿高楼,城墙栅栏严密围绕、经常有人拿着兵器守卫。

女王国往东渡海一千多里,又有国,都是日本人种。又有侏儒国在南面,人只有三四尺高,离女王国四千多里。又有裸国、黑齿国在其东南,船行一年才能到达。验证问寻倭地,都在海中洲岛之上,众岛或者相连或者不连,周围可达五千多里。

景初二年(238)六月,日本国女王派遣大夫难升米等人到带方郡守拜会,请求见皇帝进贡,太守刘夏派官员护送他们到京都。这年十二月,下诏书回复日本国女王:"回信亲魏倭王卑弥呼:带方郡太守刘夏派使臣送来你的大夫难升米,副使都市牛利,听从你的命令献上的男人四个、女人六个,花布二匹二丈,已经收到。你处在遥远的地方,还派遣使者进贡,这是你的忠孝之心,我很同情你。现在封你为亲魏倭王,使用金印紫绶,封好了让带方太守授予你。安抚民族,努力孝顺。你的使者难升米、牛利远道而来,路途辛苦,现在任命难升米为率善中郎将,牛利为率善校尉,授予银印青绶,引见慰问赏赐后遣回。现在用红丝交龙锦五匹、红丝绉粟毛织品五张、大红色布五十匹、浅红色布五十匹,酬答你进贡的礼品。又专门赐给你青红地句文锦三匹、细花纹毛织品五张、白绢五十匹、金八两、五尺刀二口、铜镜一百枚、真珠和铅丹各五十斤,都装封好交给难升米、牛利,他们回去后你检点接受。都可以向你国中的人展示,让他们知道国家同情你,所以郑重地赐给你这些珍贵的物品。"

正始元年(240),太守弓遵派遣建忠校尉梯儁等人带着诏书、印绶到日本国,授予日本王,并赐给金、帛、锦毛织品、刀、铜镜、彩色丝织品等,日本王因此上表答谢魏王的赏赐。正始四年(243),日本王又派遣大夫伊声耆、掖邪狗等八人作为使臣,献上奴隶、日本锦、青红色绢、绵衣、帛布、丹木、豾、短弓箭等。掖邪狗等见魏王被授予率善中郎将之印绶。正始六年(245),下诏赐日本国难米升黄幢,让带方郡授给。正始八年(247),太守王顾到任。日本国女王卑弥呼与狗奴国男王卑弥弓呼平素不和,派日本国载斯、乌越等到带方郡说明互相攻击的状况。派遣塞曹掾史张政等人带着诏书、黄幢,授予难升米,作檄文告之。卑弥呼已死,陵墓很大,直径有一百多步,殉葬的奴婢有一百多人。重新立男王,国中不服,互相诛杀,当时杀死一千多人。又立卑弥呼同宗女壹与为女王,仅有十三岁,国中才安定下来。张政用檄文告知壹与女王,壹与派遣大夫率善中郎将掖邪狗等二十人送张政等回国,设台献贡,送上男女奴隶三十人,白珠五千颗,青大句珠二枚,不同纹饰杂锦二十匹。

评:《史记》《汉书》著录朝鲜、两越,《东京杂记》撰录西羌。魏时匈奴已经衰落,更有乌丸、鲜卑,以至于东夷,派遣译官往来,记述交往的过程,也很不平常很难得啊!

三国志 全译

（晋）陈寿 撰　金古生 等 译

（下）

人民出版社

卷三十一　蜀书一

刘二牧传第一

　　刘焉,字君郎,江夏郡竟陵县人,是西汉鲁恭王的后裔。东汉章帝元和年间(84—86),迁封竟陵,属宗族的旁出支脉。刘焉年轻时曾在州郡做官,因宗室身份被授予中郎之职,后又因为老师祝恬守丧辞去官职。刘焉退居阳城山研究学问,招徒授课,被举为贤良方正,征召到司徒府,后曾历任洛阳县令、冀州刺史、南阳太守、宗正、太常等职。刘焉看到汉灵帝朝政衰败,王室多有变故,于是向朝廷建议说:"刺史太守行贿买官,残害百姓,以致天下众叛亲离。现在应选择一些为官清廉的朝臣官员去担任各州郡长官,以安定天下。"刘焉自请充任交趾郡守,想借此躲避世乱。尚未商定成行,侍中广汉人董扶私下对刘焉说:"京城行将大乱,益州一带有天子之气。"刘焉闻听此言,便想改赴益州任职。恰逢益州刺史郄俭横征暴敛,百姓怨言鼎沸,并州刺史张壹、凉州刺史耿鄙被当地乱民杀死,刘焉终于如愿。刘焉出任监军使者,兼任益州牧,被封为阳城侯,受命逮捕郄俭治罪;董扶也请求出任蜀郡西部附属国的都尉,赶上太仓令巴西郡人赵韪被免官,也追随刘焉而去。

　　此时益州叛贼马相、赵祗等在绵竹县自称黄巾,召集为劳役所苦的百姓,一两天中就得到数千人,他们先杀死绵竹县令李升,官吏百姓纷纷归服,马相等纠合万余人马,攻破雒县,接着又进攻益州杀死郄俭,以后又转入蜀郡、犍为,在一月之中连破三郡。马相自称天子,追附者数以万计。益州从事贾龙率家兵数百人,在犍为郡东界收拢官吏百姓,得到千余人马,进攻马相等人,数日后马相兵败退走,益州界内得以平安。贾龙选派官员士卒迎接刘焉。刘焉将治所迁至绵竹,安抚招纳离叛之人,十分宽厚优惠,暗中图谋不轨。张鲁的母亲先以五斗米道发迹,又稍有姿色,常往来于刘焉家中,因此刘焉便派张鲁做了督义司马,驻守汉中。张鲁切断山道,杀死了汉朝使臣,刘焉上书朝廷说五斗米贼众截断栈道,无法通行,又借故将益州豪强王咸、李权等十余人杀死,借严法树立威名。犍为郡太守任岐以及贾龙因此举兵反攻刘焉,刘焉将二人击败杀死。

刘焉割据称霸的念头越来越强烈,为此制作了千余辆车驾乘具。荆州牧刘表上奏朝廷说刘焉有似昔日子夏在西河,有怀疑诘难圣人的言论。这时刘焉之子刘范为左中郎将,刘诞为治书御史,刘璋为奉车都尉,都随汉献帝在长安,只有三子别部司马刘瑁一向跟随刘焉。献帝派刘璋去告诫刘焉,刘焉却将刘璋留下不放。这时征西将军马腾在郿地拥兵谋反,刘焉、刘范与马腾串通,领兵袭击长安。刘范图谋败露,逃亡槐里,马腾兵败,退回凉州,刘范随后被杀。刘诞也被抓获处死。河南人议郎庞义因与刘焉有婚姻之亲,派人将刘焉的几个孙子送入蜀地。这时赶上刘焉的城府被天火烧毁,所造车驾也全部被毁,大火殃及四周民房。刘焉将治所迁往成都,他既痛心亲子被杀,又为天灾所惊,终于于兴平元年(194)因背部毒疮发作而死。益州官员赵韪等人贪图刘璋温厚仁和,一同上表求封刘璋为益州刺史,于是朝廷便下诏封刘璋为监军使者,兼任益州牧。刘璋任命赵韪为征东中郎将,让他率军攻打刘表。

刘璋,字季玉,他继承刘焉之位后,张鲁逐渐变得骄傲放纵,不肯向他归顺,刘璋杀死张鲁的母亲和弟弟,两人遂变为仇敌。刘璋数次派遣庞义等人去攻打张鲁,结果都被张鲁击败。由于张鲁的兵力大多集中在巴西郡,刘璋便任命庞义为巴西太守,让他领兵抵御张鲁。以后庞义与刘璋关系破裂,赵韪举兵反叛刘璋,兵败被杀,都是因刘璋不能明辨是非,轻信他人之言所致。刘璋听说曹操远征荆州,平定汉中,便派河内人阴溥向曹操表示归顺之意。曹操加封刘璋为振威将军,刘璋之兄刘瑁为平寇将军。刘瑁得癫狂病死去。刘璋又派别驾从事蜀郡人张肃向曹操送去了三百名蜀地老兵以及其他皇家杂物,曹操封张肃为广汉太守。刘璋再派别驾张松去拜见曹操,这时曹操已平定荆州,赶走刘备,因此就没再对张松加以任用,张松因此十分不满。此时正逢曹军在赤壁失利,加上瘟疫盛行军中死伤众多。张松返回,大肆诋毁曹操,并劝刘璋自动断绝与曹操的关系,他对刘璋说:"刘豫州是您的宗室近亲,可以与他结交联盟。"刘璋听从了张松之言,派法正与刘备结盟,不久又命令法正和孟达向刘备送去兵卒数千,帮助刘备抵御曹军,法正归还成都。以后张松又劝说刘璋道:"现在州中将领庞义、李异等人都居功自傲,心怀异志,如得不到刘豫州帮助,益州将外受强敌攻击,内遭乱民骚扰,必会自取失败。"益州主簿黄权向刘璋陈说迎请刘备的危害,广汉人从事王累将自己倒挂在州门之上向刘璋进谏,但都被刘璋拒绝。刘璋整治处所供养刘备,刘备进入益州境内如同返回故里。刘备先到了江州,又由垫江北上到了涪县,距离成都仅三百六十里,这年是汉献帝建安十六年(211)。刘璋率领步骑兵三万余人,车驾幔帐,精光耀日,前去与刘备相会;刘备所率将士陆续到来,双方设宴欢饮百余日。刘璋供给资助刘备,让他去讨伐张鲁,两人随后分别。

第二年,刘备到达葭萌,移兵向南进攻刘璋,一路连连得胜。建安十九年(214),刘备进兵成都,将成都围困数十日。当时成都还有精兵三万,粮草物资也足够一年之用,城中官员百姓士气高昂,都想与刘备决一死战。刘璋说:"我父子在益州二十多年,没能为百姓带来安乐恩惠。百姓攻战三年,尸骨遍野,都因为我刘璋一人之故,我怎能心安啊!"于是便下令开城投降,部下没有不流眼泪的。刘备将刘璋迁往南郡公安县,并将其财物和从前佩戴的振威将军的印绶归还给他。以后孙权杀死关羽,夺回荆州,又任命刘璋做了益州牧,让他驻守秭归。刘璋死后,南中豪强雍闿占据益州郡反叛,归附东吴。孙权又任命刘璋之子刘阐为益州刺史,驻守在交、益两州的交界处。蜀丞相诸葛亮平定南方,刘阐逃到东吴,官居御史中丞。刘璋长子刘循最初娶庞羲之女为妻,刘备平定蜀地后,庞羲做了左将军司马,刘璋当时与庞羲一同推荐挽留刘循,刘备将刘循封为奉车中郎将。因此刘璋两个儿子的后人,分别居住在吴、蜀两国。

评:从前魏豹听了许负的话,就把薄姬收纳在房中,刘歆看到图谶上的文字,便改换了自己的名字,即使如此他们也没能逃过一难,而长期动摇于两个君主之间。这说明神明的佑助和天命是不可强求和妄想的,它必然会应验。然而刘焉听了董扶的话就一心想着益州,听了相面人的话就主动与吴氏联姻,接着又私自制作皇帝的车仗服饰,图谋窃取王位,实在是利令智昏到了极点。刘璋才智平庸,却割据一方,扰乱天下,最后因受别人觊觎而遭侵伐,是自然而然之事。被刘备夺去益州,并没有什么不幸。

卷三十二　蜀书二

先主传第二

先主姓刘,名备,字玄德,涿郡涿县人,是汉景帝之子中山靖王刘胜的后人。刘胜之子刘贞,元狩六年(前117)被封为涿州市陆城亭侯,后在宗庙祭祀中献助祭金不合规格,因而触犯律令被削去爵位,于是就在那里安了家。先主祖父刘雄,父亲刘弘,都在州郡做过官。刘雄举孝廉,官做到东郡范县县令。

先主少年失去父亲,与母亲靠贩草鞋织苇席为生。他家庭院东南角篱笆墙边长有一棵桑树,大树枝叶繁茂,远远望去,状如车盖,往来之人都认为它长得奇异,有的人预言这家将出贵人。先主小时与族中小孩在树下玩耍,说:“我长大了要乘坐这个羽葆盖车。”叔父刘子敬训斥他说:“你不要胡说,这可是灭门之罪!”先主长到十五岁,母亲命他外出游学,先主与同族刘德然、辽西人公孙瓒一同事奉原九江太守同郡人卢植。刘德然的父亲刘元起常常资助先主,将他和刘德然一样看待。刘元起的妻子说:“我们不是一家人,哪能总这样待他?”刘元起说:“我族中有这个孩子,他不是个普通之人。”公孙瓒与先主交情很深,他年纪稍大,先主以兄长之礼待他。先主不太喜欢读书,而喜欢狗马、音乐和华美衣饰。他身高七尺五寸,双手过膝,回头能看到自己的耳轮。先主平常少言寡语,对下人很好,喜怒不形于色。他喜欢结交豪侠之士,许多少年争相归附他。中山国巨商张世平、苏双积累有千金家财,他们贩马来往于涿郡一带,见到先主,认为他是个非凡之人,便赠给他许多钱财,先主于是便用这笔钱财组织起一支队伍。

汉灵帝末年,黄巾起义,各州郡纷纷组织义兵,先主率其部属跟从校尉邹靖讨伐黄巾军有功,被任命为安喜县尉。督邮因公事到县里来,先主上门求见,不给通报,先主闯入,将他捆起,责打了二百杖,将印绶解下系在他脖子上,又将他绑在拴马桩上,然后弃官逃走。不久,大将军何进派都尉毌丘毅到丹杨招兵,先主与他同行,到下邳后遇上盗贼,先主奋力战斗,立下军功,被任命为下密县丞。不久又放弃了这一官职。以后又做高唐县尉,升为县令。高唐被盗贼攻破,先主投奔中郎将公孙瓒。公孙瓒上表朝廷举荐他为别部司马,让他与青州刺史田楷一同抗击冀州牧袁绍。先主多次立下战功,朝廷让他代理平原县令,后又兼任平原相。本郡人刘平一向看不起先主,以受他管辖为耻,派刺客向先主行刺,刺客不忍下手,他将此事通报先主,然后离去。先主就是这样深得人心。

袁绍进攻公孙瓒,先主与田楷向东驻兵齐地。曹公征讨徐州,徐州牧陶谦派人向田楷告急,田楷与先主一同领兵救援。当时先主自己有千余兵卒,还有一些幽州、乌丸各部族的骑兵,另外还有数千拉夫抓来的饥民。到了徐州,陶谦又调拨了四千丹杨兵给先主,先主于是离开田楷归附陶谦。陶谦上表举荐先主为豫州刺史,驻扎小沛。陶谦病重,对州别驾麋竺说:“只有刘备能安定本州。”陶谦死后,麋竺率州人迎请先主,先主不肯接受。下邳人陈登对先主说:“现在汉朝衰颓,天下动乱,建功立业,就在今日。徐州殷实富饶,人口百万,想要委屈您执掌权柄。”先主说:“袁公路近在寿春,其家四代出了五位公卿,是天下人心所归,您将徐州交付给他。”陈登说:“袁公路骄横自负,不是治理国家的人才。现在我们想为您募集步、骑兵十万,这样上可以扶助朝廷,济世安民,成就春秋五霸的功业,下可以割据称雄,功垂青史。如果您不肯答应我们,我陈登也就不敢再听从您的主意了。”北海相孔融也劝说先主道:“袁公路难道是一个忧国忘家的人吗?他不过是坟土中的一把枯骨,实在不值一提。现在的形势是:百姓拥戴贤能之主,上天将徐州赐给您,你若不肯接受,将来可就后悔莫及了。”先主于是接管了徐州。袁术前来攻打先主,先主率军在盱眙、淮阴间展开抵抗。曹公上表举荐先主为镇东将军,并封爵为宜城亭侯,这年是汉献帝建安元年(196)。先主与袁术相持一月多,吕布乘虚袭击下邳,下邳守将曹豹反叛,乘机归附吕布。吕布抓获先主的妻子和儿子,先主撤军驻扎海西。杨奉、韩暹骚扰徐州、扬州一带,先主拦击,将他们全部消灭。先主向吕布请求和解,吕布放还其妻子和儿子。先主派关羽镇守下邳。

先主回到小沛,又召集了万余兵马。吕布心中恼恨,亲率兵马攻打先主,先主兵败,归附了曹公。曹公厚待先主,任命他为豫州牧。先主准备到小沛召集失散的士卒,曹公向他提供军粮,增补兵员,派他向东攻打吕布。吕布派部将高顺迎战,曹公派夏侯惇前来救援,夏侯惇救援未成,被高顺击败,高顺又俘获了先主的妻子儿女,将他们送交给吕布。曹公亲自起兵东征,帮助先主将吕布包围在下邳,活捉了吕布。先主重新迎回妻子和儿子,随曹公返归许县。曹公上表举荐先主为左将军,对他更加敬重,出则同乘一车,坐则同在一席。袁术想经过徐州往北去袁绍那里,曹公派先主督率朱灵、路招去迎击,袁术未到袁绍那里,就病死在路上了。

先主出兵之前,汉献帝的丈人、车骑将军董承接受了献帝写在衣带上的密诏,让先主主持诛杀曹公。先主还未发难。一次,曹公闲谈时对先主说:"现在天下英雄,只有您和我曹操两人而已。袁本初这些人,根本不值一提。"先主正在吃饭,闻听曹公此言,惊得连筷勺都掉在了地上。于是先主便和董承以及长水校尉种辑,将军吴子兰、王子服等人进行了密谋。适逢先主被派出征,未能动手。此后此事败露,董承等人都被处死。

先主占据下邳。朱灵等人退还,先主于是杀死了徐州刺史车胄,留下关羽镇守下邳,自己回到小沛。东海国昌霸反叛,各郡县纷纷背叛曹公,归顺先主,人数有几万人。先主派孙乾去与袁绍结盟,曹公派刘岱、王忠前来攻打,没有成功。建安五年(200),曹公亲自率军向东进攻先主,先主战败。曹公将先主的兵马全部收编,俘获了先主的妻子和儿子,并生擒了关羽,然后归去。

先主逃到青州。青州刺史袁谭,曾被先主举荐过秀才,率步骑兵前来迎接先主。先主随袁谭来到平原县,袁谭派信使飞报父亲袁绍,袁绍派部将沿途迎接,自己则出城二百里,与先主相会。先主在袁绍那里驻留一月后,渐渐有被打散的士卒前来集中。曹公与袁绍在官渡摆开阵势,汝南郡黄巾首领刘辟等人反叛曹公,投靠袁绍,袁绍派先主和刘辟等人去进攻许县。关羽逃归先主。曹公派部将曹仁攻打先主,先主将兵马归还袁绍,心中想离开袁绍,于是便劝说袁绍向南与荆州牧刘表结盟。袁绍派先主率本部兵马再赴汝南,与盗贼龚都等人会合,人数有数千人。曹公派蔡阳前来攻打,先主杀死了蔡阳。

曹公击败袁绍后,又从南面进攻先主。先主派麋竺、孙乾去向刘表报信联络,刘表亲自出城迎接,以上宾之礼相待先主,给先主补充兵员,让他驻扎新野。荆州归附先主的豪杰之士日益增多,刘表心中起疑,对先主暗中加以防备。刘表派先主到博望县去抗击夏侯惇、于禁。过了一段时间,先主设下伏兵,有一天烧毁营寨,假装逃跑,夏侯惇等人率军追击,被伏兵打败。

建安十二年(207),曹公向北远征乌丸,先主劝刘表乘虚袭击许县,刘表不听。后来曹公南征刘表,正逢刘表死去,其子刘琮继掌权柄,刘琮派使节向曹公请求投降。先主驻扎樊城,没料到曹军会突然攻来,曹军攻到宛城,他才得到这一消息,于是便率领兵马撤离樊城。路过襄阳,诸葛亮劝说先主进攻刘琮,夺取荆州。先主说:"我不忍心啊!"于是停下马招呼刘琮,刘琮吓得站不起身。刘琮的下属以及荆州人有很多归附了先主。等到了当阳市,追随先主的人已有十多万,粮草物资装了几千辆车,每日只能行进十余里。先主另派关羽率数百艘船走水路,让他在江陵与自己会合。有人对先主说:"应当急速行进,保住江陵,现在我们的人虽然很多,但能披甲作战的人却很少,如果曹公的大军追来,我们怎么对付呢?"先主说:"要成就大业,必须以取得天下人心为根本,现在人们都归附我而来,我怎忍抛下他们而去!"

曹公因江陵囤有大批军用物资,害怕先主抢先占据,于是便放弃了粮草辎重,轻装急行赶到襄阳。听说先主已经过去了,曹公亲率五千精锐骑兵急速追击,一日一夜行进三百余里,终于在当阳市的长坂追上了先主。先主丢下妻子和儿子,与诸葛亮、张飞、赵云等数十人乘马逃走,曹公夺取了大批人马辎重。先主抄近路直奔汉津,恰好与关羽的船队相逢,得以渡过沔水,半道又与刘表长子、江夏太守刘琦所率的万余人马相遇,与刘琦一同到了夏口。先主派诸葛亮去和孙权联络结盟,孙权派周瑜、程普率水军数万,和先主会合,与曹公在赤壁展开大战,将曹公击败,烧毁了曹军的渡船。先主与吴军水陆并进,一直追击到南郡,当时正赶上瘟疫流行,曹军死伤众多,曹公只好撤兵返回。

先主上表朝廷,请封刘琦为荆州刺史,又出兵征讨南方四郡。武陵太守金旋、长沙太守韩玄、桂阳太守赵范、零陵太守刘度纷纷投降。庐江郡雷绪率部属数万人归附。刘琦病死,属下共推先主为荆州牧,治所设置在公安县。孙权对先主渐渐产生了畏惧之心,他将妹妹嫁给先主,以巩固双方关系。先主到京口去见孙权,两人相处十分和睦。孙权派人告诉先主说想联兵进攻蜀郡,有人建议先答应孙权,东吴无法跨越荆州来占据蜀郡,这样一来蜀郡自然就是先主的了。荆州主簿殷观献计说:"如果为东吴充当先锋,那么向前未必能攻下蜀郡,后退就会被东吴吞掉,这样就危险了。眼下只可口头答应攻蜀,同时说我们刚刚攻取了几个郡,难以再举师动众,这样东吴肯定不敢越过我们独自去攻取蜀郡。如此有进有退,我们就可以坐收吴、蜀双方的好处。"先主听从了殷观之计,孙权果然打消了进攻蜀郡的念头。先主将殷观提升为别驾从事。

建安十六年(211),益州牧刘璋听说曹公将派钟繇等人向汉中进攻张鲁,心中十分害怕。别驾从事蜀郡人张松劝说刘璋道：“曹公兵强马壮，天下无敌，如果他攻下汉中，利用张鲁的物资粮草来攻取蜀地，那谁能抵御他呢？”刘璋说：“我也是为此事担忧，只是毫无办法”。张松说：“刘豫州是您的同宗，又是曹公的仇敌，他善于用兵，若请他来攻打张鲁，张鲁必会大败无疑。张鲁失败，益州的实力就会增强，这样就是曹公亲自前来，他也无能为力了。”刘璋称是，于是他便派法正率四千人去迎请先主，前后赠送的礼物数以万计。法正乘机向先主陈述了夺取益州的方略。先主留下诸葛亮、关羽等人镇守荆州，自己率步兵数万人进入益州。到了涪县，刘璋亲自出城来迎，两人相见十分高兴。张松让法正禀告先主，等到谋士庞统进献计谋时，便可在相会处袭击刘璋。先主说：“这是大事，不能操之过急。”刘璋推举先主代理大司马，兼任司隶校尉；先主也推举刘璋代理镇西大将军，兼任益州牧。刘璋给先主增补兵员，让他去攻打张鲁，又令他督管白水关一带的兵马。先主聚集各军人马共有三万多人，车甲兵械粮草也很多。这年，刘璋回到成都。先主北上赶到葭萌，没有立即出兵进攻张鲁，而是停在当地广施恩德，收拢人心。

第二年，曹公出兵进攻孙权，孙权请求先主救援。先主派使者告诉刘璋说：“曹公攻打东吴，他们十分危急。孙氏与我本是唇齿相依，而且眼下曹将乐进正在青泥与关羽相持不下，现在如不前去救援关羽，乐进必会大获全胜，他如转道进攻益州，其忧患可比张鲁大得多。张鲁不过是个割据一方的贼寇，不足多虑。”于是向刘璋请求，想让他再拨出一万兵马并提供大军的粮草物资，刘璋只答应增派四千人，其他东西也只提供一半。张松给先主和法正写信说：“现在大事眼看就要成功，怎么能弃它而去呢？”张松之兄广汉太守张肃，害怕惹祸拖累自己，便向刘璋报告，揭破了张松的密谋。于是刘璋逮捕并处死了张松，从此他们之间结下了仇怨。刘璋下令守关将领不要再将文书送达先主。先主大怒，将刘璋派在白水关的督军招来，指责其无礼，将他处死。又令黄忠、卓膺率兵向刘璋进攻。先主自己领兵直奔白水关内，将益州将领和士卒的妻儿老小扣押为人质，然后率军与黄忠、卓膺等进入涪县，占据了县城。刘璋派刘璝、冷苞、张任、邓贤等人到涪县抵抗先主，都被击败，只好退守绵竹。刘璋又派李严督管绵竹的兵马，李严却率军投降了先主。先主的兵力更加强大，他分派各将平定下属的郡县，诸葛亮、张飞、赵云等人领兵溯江而上，平定了白帝、江州、江阳，只留下关羽镇守荆州。先主进军包围雒县；当时刘璋之子刘循守县城，被围攻了将近一年。

建安十九年(214)夏,雒县县城被攻克,先主进兵包围成都,刘璋出城投降。蜀郡物产丰饶,百姓安乐,先主大摆筵席犒赏士卒,将蜀城中的金银分赐给将士,将谷物、布帛归还原主。先主兼任益州牧,诸葛亮为辅佐大臣,法正为谋士,关羽、张飞、马超等为武将,许靖、麋竺、简雍为宾客和朋友。至于董和、黄权、李严等人,他们本来是刘璋任用的官员,吴壹、费观等人与刘璋有婚姻之亲,彭羕曾被刘璋排挤,刘巴也曾遭刘璋忌恨,对这些人,先主都一视同仁,把他们置于显要的职位上,让他们充分发挥自己的才能。有志之士,无不竞相勉励,尽效忠心。

建安二十年(215),孙权因先主已取得益州,派使者前来致意,想将荆州收回。先主说:"等我取得凉州后,就把荆州交还给你们。"孙权心中恼怒,于是便派吕蒙袭击夺取长沙、零陵、桂阳三郡。这年,曹公平定汉中,张鲁逃向巴西。先主闻讯,与孙权和解结盟,将荆州的江夏、长沙、桂阳划给东吴,南郡、零陵、武陵归属蜀,然后领兵回到江州。先主派黄权率军迎接张鲁,但张鲁已投降了曹公。曹公派夏侯渊、张郃屯驻汉中,曹军多次进犯骚扰巴西郡界。先主命令张飞领兵进驻宕渠,与张郃在瓦口一带交战,击败张郃等人,张郃收兵回南郑,先主也回到了成都。

建安二十三年(218),先主率众将进兵汉中。同时分别派将军吴兰、雷铜等人进入武都郡,这两支人马都被曹军消灭了。先主驻兵在阳平关,与夏侯渊、张郃相持对抗。

建安二十四年(219)春,先主自阳平关向南渡过沔水,沿着山脚逐渐向前推进,在定军、兴势两山扎下营盘。夏侯渊率军前来抢夺这一要地。先主命令黄忠利用山势,居高临下,击鼓呐喊向夏侯渊发起攻击,将其兵马杀败,并斩杀了夏侯渊和曹公所委任的益州刺史赵颙等人。曹公率领大军从长安向南进攻。先主预测说:"曹公虽然亲自前来,也无能为力,我们一定能够占领汉川。"等到曹公到来,先主集结军队,凭借险要地形与敌人对峙,始终不与曹公正面交战,曹军攻打一月没能取胜,军中开小差的士卒却日益增多。到了夏天,曹公果然撤军北还,于是先主占有了汉中。先主派刘封、孟达、李平等人赶赴上庸进攻申耽。

秋,群臣拥立先主为汉中王,并上表汉献帝说:"平西将军都亭侯臣马超、左将军长史兼镇军将军臣许靖、营司马臣庞羲、议曹从事中郎军议中郎将臣射援、军师将军臣诸葛亮、荡寇将军汉寿亭侯臣关羽、征虏将军新亭侯臣张飞、征西将军臣黄忠、镇远将军臣赖恭、扬武将军臣法正、兴业将军臣李严等一百二十人上奏说：古代唐尧最为圣明，而朝廷中仍有四个凶族，周成王既仁且贤，诸侯中还有四国作乱，高后临朝听政，而有诸吕窃取君权，汉昭帝年幼继位，即有上官桀阴谋反叛，他们都凭借世代受到恩宠，借机篡夺了国家大权，穷凶极恶，使国家蒙受了危难。假如没有大舜、周公、朱虚侯刘章和博陆侯霍光，就不能将这些人流放和讨伐拘拿，使动荡的国家安定。如今陛下以伟岸的身姿和圣人般品德君临天下，却遭遇到了困厄不幸，先是董卓作乱，使国都重地动荡不宁，接着又有曹操引出祸端，窃取了国家权柄；皇后太子被杀害被毒死，天下被扰乱，百姓被摧残，财物被毁坏。现在又使陛下长期蒙受劳碌风尘和忧愁困顿，被迫困居于空城许县。宗庙无人祭祀，群臣百姓无君主统治，曹操阻断君命，阴谋篡夺皇权。左将军兼司隶校尉、豫荆益三州州牧宜城亭侯刘备，接受朝廷爵位俸禄，一心想为汉室尽力，为国难献身。窥破曹操谋篡先兆，勃然震怒，愤然而起，与车骑将军董承密谋准备诛杀曹操，使国家重新得以平定，京都重新得以安宁。由于董承行事不够机密，才使曹操得以保全性命继续作恶，残害天下。臣等常常担心汉室有阎乐杀害秦二世、王莽废孺子婴那样的祸患，日夜不安，战战兢兢，连口粗气都不敢出。过去《虞书》中记载，说要厚待自己的亲族；周朝借鉴夏、商代，分封建立了同姓诸侯国；《诗经》宣扬了这一义理，历时久远悠长。汉朝初创之时，割土分封，尊崇王室，使其子弟建立了王国，最后终于凭借他们挫败了诸吕的叛乱，成就了太宗文帝的大业。臣等以为刘备是皇族后裔，汉室重臣，他一心顾念国家，想着消除叛乱。自从在汉中击败曹操，天下英雄豪杰纷纷响应追随，但他的爵位不高，也没有被赐予九锡，因此难以使他镇卫国家社稷，难以使他的功德流传万世。臣等奉诏在外，无法接受朝廷的命令，也断绝了对陛下的礼仪。从前河西太守梁统等人在汉室中兴时，因被山河阻隔，无法接受朝廷的命令，几位郡守地位一样高，权力一样大，彼此不能统率，于是众人便推举窦融为元帅，最后终于建立了功业，挫败了隗嚣的叛乱。现在国家的危难比隗嚣割据陇西，公孙述割据川蜀更加严重，曹操对外兼并天下，对内残害百官群臣，朝廷面临内乱之危，王室宗亲不肯协力抗御曹操，实在令人寒心。臣等擅自依据原来的典章制度，封刘备为汉中王，授官大司马，督察统率六军，准备联络同盟，扫灭叛贼。以汉中、巴、蜀、广汉、犍为等郡的土地建立封国，按照汉初诸侯王的先例设置官府任命人员。这种因事变通的办法，如对国家社稷有利，专权行事也是可以接受的。等将来功业建成、国家稳定后,臣等将退而承担假托诏命之罪,虽死无怨。"于是便在沔阳设立坛场,让军队和百姓排列整齐,由群臣陪位,宣读了奏章,将王冠进献给先主。

先主上表汉献帝说:"臣以备位充数之才,担负起上将的重任,奉旨在外,督察统率三军,却不能扫除贼寇,扶持王室,致使陛下的智明教化长期衰微,国家动荡不得安宁,为此臣常忧虑愁苦,辗转难眠,痛心疾首。从前董卓首先制造了祸乱,此后乱国奸贼四处横行,残害天下。凭借陛下圣明的品德和威严,人、神都响应相助,或者有忠勇义士奋力征讨,或者有上天降祸惩罚他们,群凶纷纷灭亡,如同冰消雪化。只有曹操一人,一直未能除掉,他篡夺国家大权,肆意扰乱天下。臣过去曾与车骑将军董承商议讨伐曹操,但因机密泄露,董承遭到杀害,臣流离失所,忠义之心没能实现,反而使曹操穷凶极恶地干了许多坏事,皇后被他杀害,皇子被他毒死。臣虽召集人马组织联盟,一心想着努力报效王室,但因臣秉性怯懦缺乏武威,历经多年也未能成功。臣常恐突然死去而辜负了国家的隆恩,连睡梦中都在叹息,白天黑夜戒惧难安,不敢稍有懈怠。现在臣的属下认为,从前《虞书》上所说的厚待亲族,用贤明之士来努力辅佐君王治理国家,这一义理曾经上古五帝增删改动,至今仍久传不衰。周朝借鉴了夏、商二代的经验,分封了许多同姓国家,以后汉室中兴也确实依赖了晋、郑二国的辅佐。汉高祖创立汉朝时,尊崇王室子弟,设立了九个王国,最终因此诛灭了诸吕的叛乱,安定了国家社稷。现在曹操厌恶仇视忠直之士,像他这样的人确实不少,他包藏祸心、篡权窃国的迹象已暴露无遗。如今宗室衰微,帝族中无人占据重要的权位,臣的同僚下属参照古代旧制,依凭权宜之计,尊臣为大司马、汉中王。臣再三反省,觉得接受了国家厚恩,身负着一方重任,虽出了力却没有见到成效,现在臣官职爵位已经过头,不宜再空居高位,以招致人们更多的指责非议。同僚下属以大义逼迫臣称王,臣退而想到当前贼寇未灭,国难不停,王室将被倾覆,国家社稷将被毁灭,这些都成了臣忧虑自责而求以死报国的负担。如果凭据时事采取灵活变通的措施,能安定皇朝,臣即使赴汤蹈火也在所不辞,又怎敢循规蹈矩无所作为,以致使将来后悔呢。因而只好顺从众人的建议,接受印玺,以提高国家的声威。我抬头想着获得的爵位名号,位高而宠厚;低头思考着怎样报效国家,忧虑深重而感责任重大,心中惊惧,呼吸急促,如身处万丈深谷之中。臣将尽心尽力,向朝廷进献自己的忠诚,努力勉励六军将士,督率天下义勇之士,顺应天时,扫灭凶恶的贼寇,安定国家社稷,以报答陛下万之分一的恩德。谨拜上奏章,并派驿使交还原来授予的左将军、宜亭侯的印绶。"随后先主返回,将治所安置在成都。提拔魏延为都督,命他镇守汉中。这时关羽率兵进攻曹将曹仁,在樊城生擒了于禁。不久孙权袭击并杀害了关羽,夺取了荆州。

建安二十五年(220),魏文帝曹丕称帝,改年号为黄初。有人传闻献帝被害,于是先主穿起丧服为献帝发丧,并为献帝追加谥号为"孝愍皇帝"。此后各地纷纷报告说当地出现祥瑞,每日每月都有类似消息传来。原议郎阳泉侯刘豹,青衣侯向举,偏将军张裔、黄权,大司马属殷纯,益州别驾从事赵莋,治中从事杨洪,从事祭酒何宗,议曹从事杜琼,劝学从事张爽、尹默、谯周等上奏道:"臣听说《河图》《洛书》,五经谶、纬,都是经孔子阐明经文而流传于后世的。根据《洛书甄曜度》所说:'尚赤的第三个人主出现,国家才能昌盛繁荣,经历数代遇到一个名叫备的人应该登基称帝。'《洛书宝号命》说:'天命和帝王之道德认定应该有一个名叫备的人称帝,以皇帝正统的身份执掌皇权,保证成功不会失败。'《洛书录运期》说:'九侯七杰争相使百姓用人头骨烧火做饭,道路上人们踩着纵横散乱的人头,让谁来主天下呢?一个名字中有玄字的人即将到来。'《孝经钩命决录》说:'天帝已多次会见了刘备。'臣的父亲去世前曾说西南多次出现黄气,它直立数丈,见到它已有数年,时时祥瑞的云气从北斗星下来与黄气呼应,这是一种不寻常的吉祥征兆。建安二十二年(217),又多次有瑞气像旗帜一样由西向东从天空中央飘过,《河图》《洛书》说:'将有天子在那些地方出现。'再加上那年太白、荧惑、填星常常跟随岁星移动。汉朝初兴时,五星追随岁星,岁星主掌'义',义属西方,高祖皇帝凭借汉中夺取天下,汉中正处在义所属的西方,因此汉朝常以岁星的行踪作为占验皇帝的根据。现在将有圣明的君主出现在西方益州,使汉室得以中兴。当时献帝还在许县,所以臣等不敢将此话说出。近来荧惑又与岁星相聚,出现在胃、昴、毕三星之间,昴毕是天体的中枢,《星经》说:'帝星出现在这一位置,所有的邪恶都将被消灭。'您的名字已经在谶、纬中得到预见,推求应验的日期,像这样人事与天降符命相合的运数还有许多。臣听说圣明的君王起于天象出现之前,而天命也不会违逆其意愿,起于天象之后而顺应天时,就能顺承天命而生,与神灵相融洽。希望大王能顺应天时,顺从民心,迅速登临皇位,以安定天下。"

太傅许靖、安汉将军麋竺、军师将军诸葛亮、太常赖恭、光禄勋黄柱、少府王谋等上奏章说:"曹丕篡位弑君,毁灭汉室,窃取国家权柄,胁迫忠良之士,残酷无道,致使天怨人怒,人们都期望刘氏重新执掌皇位。现在国家无主,天下人心惶惶，无所敬仰。群臣先后有八百人上书，向您讲述了祥瑞的征兆，图、谶也有明确的应验。最近武阳县赤水河有黄龙出现，过了九天才消失。《孝经援神契》说：'品德达到极高境界就会有黄龙出现'，龙是君王的象征。《易·乾》九五有'飞龙在天'之语，大王应当乘龙升天，登临帝位。还有从前关羽包围樊城、襄阳，襄阳百姓张嘉、王休献出玉玺，玉玺落入汉水，潜伏于深水之中，光辉闪耀，神奇的光彩照亮天空。汉，本是高祖皇帝兴起平定天下所定的国号，大王承袭先帝英范，也从汉中兴起。如今天子玉玺的神光已经预先出现，它出现于襄阳汉水的下游，说明大王是高祖一脉的继承者，将天子之位授予大王，上天瑞祥的征兆与人事相应，这不是人力所能做到的。过去周朝有白鱼、赤鸟的吉兆出现，人们都称说吉祥。高祖、世祖二帝受命于天，《河图》《洛书》都预先加以记载，作为应验证明。如今上天降下吉兆，儒士才子纷纷发现了《河图》《洛书》的秘密，还有孔子审定的图谶释义，所有的征兆都具有了。大王是孝景皇帝之子中山靖王的后裔，嫡系庶出已相传百代，天地降福，姿容伟岸，神明英武集于一身，仁义恩德广布天下，礼贤下士，因而博得天下人的爱戴拥护。考察探究《灵图》，阐释发挥谶、纬，神明显示的名字已十分明显。应当登临皇位，继承二祖大业，接续宗庙位次，天下百姓将会感到十分荣幸。臣等谨与博士许慈、议郎孟光，制定登基的拜礼仪式，选择吉日良辰，向您奉献上至尊的称号。"先主在成都武担山之南即位登基。祭告天地说："建安二十六年（221）四月初六日，皇帝刘备恭敬地奉上黑色公畜祭品，向天地神灵宣告：汉朝获得天下，万代相传。昔日王莽篡取君位，光武皇帝勃然震怒，将他诛灭，国家才重新得以平安。现在曹操依仗武力，残忍嗜杀，他谋害皇后太子，罪恶滔天，天理难容。曹操之子曹丕继承了其父的凶残悖逆，公然篡权窃位。群臣将士认为国家即将毁灭，刘备应当起来加以修复，继承高祖、世祖的大业，替天行道。刘备考虑自己德行鄙陋，实在惧怕承当不起这一大任。征询国百姓和外面蛮夷部落首领的意见，他们都说：'上天的命令不能不加以答复，祖宗的基业不能长久废弃，天下不能没有君主。'全国仰赖的只有刘备一人。刘备不敢违背天命，又怕汉朝的皇位中断，于是谨慎地选择吉日良辰，与百官登上祭坛，接受了皇帝的印玺。举行祭祀，将即位登基二事向天地神灵宣告，望神赐福于汉朝，使天下永得安宁！"

章武元年（221）夏四月，大赦天下，更改年号。任命诸葛亮为丞相，许靖为司徒。设置百官，建造宗庙，合祭高皇帝以下的列祖列宗。五月，立吴氏为皇后，儿子刘禅为皇太子。六月,封儿子刘永为鲁王,刘理为梁王。车骑将军张飞被手下部将杀害。当初,先主对孙权袭击杀害关羽一事十分恼恨,准备东征,秋七月,便率领各军讨伐东吴。孙权派使者送信请求和解,先主盛怒之下,拒不答应。吴将陆议、李异、刘阿等人领兵驻屯巫县、秭归,吴班、冯习在巫县攻破李异等人,领军进驻秭归,武陵五溪的蛮夷部落派使者前来,请求派军队安定地方。

章武二年(222)春正月,先主率军返回秭归,将军吴班、陈式率水军驻屯夷陵,在长江东西两岸扎营。二月,先主率领众将从秭归进军五溪,翻山越岭,在夷道县的猇亭扎下营寨,从很山打通至武陵的道路,先主派侍中马良安抚五溪的蛮夷各部,各部纷纷响应先主。镇北将军黄权督率江北各军,与吴军在夷陵交战。夏六月,在距秭归十余里之处出现了黄气,宽有几十丈。此后十几天,陆议在猇亭将先主的军队打得大败,将军冯习、张南等人阵亡。先主从猇亭退还秭归,收拢被打散的士卒,丢弃船只,从陆路撤回到鱼复县,将鱼复县改为永安县。吴国派将军李异、刘阿追击先主的军队,吴军驻扎南山。秋八月,先主撤军回到巫县。司徒许靖去世。冬十月,下诏书给丞相诸葛亮,命他在成都营修冬、夏二祭的祭坛。孙权听说先主驻屯白帝城,十分害怕,派来使者求和。先主应允,派太中大夫宗玮前去谈和,然后回来报告。冬十二月,汉嘉郡太守黄元闻听先主生病,抗命发兵防守。

章武三年(223)春二月,丞相诸葛亮从成都赶到永安,三月,黄元进兵攻打临邛县。先主派将军陈曶讨伐黄元,黄元兵败,顺长江下逃,被他的亲兵抓起,押送成都后处斩。先主病危,把辅佐扶立太子之事委托给丞相诸葛亮,尚书令李严协助诸葛亮。夏四月二十四日,先主在永安宫去世,享年六十三岁。

诸葛亮上奏后主说:"已故皇帝仁慈有德,泽被无边,上天未赐吉祥,以致重病卧床不起,于本月二十四日突然逝世,群臣与嫔妃号啕痛哭,如同父母去世。回首再看遗诏,国事交由太子执掌。服丧期间,仪表举止要得当,百官哀悼,满三日后除去丧服,入葬之日,要按照葬礼行事,各郡太守,各郡国国相、都尉、县令县长,三日后脱去丧服。臣诸葛亮亲自接受先主告诫,敬畏先主的神灵,不敢有违遗命。臣请求宣布执行。"五月,灵柩从永安县运回成都,追加谥号为昭烈皇帝。秋八月,在惠陵入葬。

评:先主气度恢宏,坚毅果断,性情宽厚,善于知人又礼贤下士,有汉高祖刘邦的风度,有英雄豪杰的器量。至于把整个国家和辅佐太子的大事委托给诸葛亮,却毫不相疑,君臣实在都是正直无私到了极点,堪称古今最好的楷模。只是权谋机变不如魏武帝曹操,因而疆土版图也比较狭小。然而百折不挠,始终不甘居于曹公之下,也是因为他揣摩到曹公的气量一定不会容忍于他,并不光是为了争名夺利,也是为了避免受害,如此而已。

卷三十三 蜀书三

后主传第三

后主名禅,字公嗣,是先主刘备的儿子。汉献帝建安二十四年(220),先主做了汉中王,将后主立为王太子。等到先主即皇帝位,册封后主说:"章武元年(221)五月十二日,皇帝诏曰:'太子刘禅,我遭逢汉室大难,奸臣窃权篡位,国家无人掌管,有识之士与文武百官认为上天已向我下达了继承汉朝的指令,我因而继承了帝位。现在册封刘禅为皇太子,继承王室,安邦定国。特委派使持节丞相诸葛亮授予印绶,望太子敬听师傅教导,每行一事都要符合爱亲友、尊君王、敬长者这三种美德,不可不努力啊!'"章武三年(223)夏四月,先主在永安宫逝世。五月,后主在成都继位称帝,当时他只有十七岁。尊封先皇后为皇太后,大赦天下,改换年号。这一年是魏文帝黄初四年。

后主建兴元年(223)夏,牂牁郡太守朱褒占据本郡谋反。在此之前,益州郡有一个豪强世族雍闿反叛,他将太守张裔放逐到东吴,占据本郡,拒不归顺。越巂夷王高定也同时反叛。这年,后主册立张氏为皇后。派尚书郎邓芝出使吴国,加强两国友好关系,吴王孙权与蜀国和睦相亲,互致问候,这年两国开始友好往来。

二年(224)春,致力发展农耕,关闭国门,使百姓休养生息。

三年(225)春三月,丞相诸葛亮出征讨伐南方四郡,四郡都被平定。将益州郡改为建宁郡,将建宁、永昌二郡分割合并为云南郡,又将建宁、牂牁二郡分割合并为兴古郡。十二月,诸葛亮回到成都。

四年(226)春,都护李严从永安县归还驻扎江州,在江州兴工修筑大城。

五年(227)春,丞相诸葛亮出成都领兵驻扎汉中,在沔水之北的阳平、石马一带扎下营盘。

六年(228)春,诸葛亮出兵攻打祁山,未能取胜。冬,再次兵出大散关,包围陈仓县,粮草用完后撤还。魏国将军王双率兵追击诸葛亮,诸葛亮领军交战,将魏军击败,斩杀了王双,随后归还汉中。

七年(229)春,诸葛亮派陈式攻打武都、阴平,将两郡攻克平定。冬天,诸葛亮将官署军营迁往南山下的平原地带,修筑了汉、乐二城。这一年,孙权在东吴称帝,他与蜀国订立盟约,一同平分天下。

八年(230)秋,魏派司马懿从西城、张郃从子午谷、曹真从斜谷出兵,准备攻打汉中。蜀丞相诸葛亮在城固、赤坂一带迎战,因大雨断绝道路,曹真等人都被迫撤军返回。这一年,蜀将魏延在阳溪击败魏国雍州刺史郭淮。迁封鲁王刘永为甘陵王,梁王刘理为安平王,原因是因为鲁、梁两王封地靠近吴国边境。

九年(231)春二月,诸葛亮再次出兵围攻祁山,开始用木牛运送粮草。魏将司马懿、张郃救援祁山。夏六月,诸葛亮粮草用完后撤兵,张郃领兵追击到青封,与诸葛亮交战,被箭射死。秋八月,都护李平被废为庶民,迁往梓潼郡。

十年(232),诸葛亮在黄沙休整军队,鼓励耕种,在制作流马木牛完毕后,开始训练士兵,讲授军事。

十一年(237)冬,诸葛亮下令各军送运粮米,集中在斜谷口,在斜谷建立粮仓。这年,南方夷人刘胄反叛,蜀将马忠将其攻破平定。

十二年(234)春二月,诸葛亮从斜谷出兵,开始用流马运粮。秋八月,诸葛亮在渭滨逝世。征西大将军魏延与丞相长史杨仪因争夺权势不和,领兵互相攻打,魏延兵败逃走;杨仪斩杀魏延,率各路兵马返回成都。大赦天下,任命左将军吴壹为车骑将军,假节镇守汉中。任命丞相留府长史蒋琬为尚书令,总领国家政事。

十三年(235)春正月,中军师杨仪被贬为庶民,迁往汉嘉郡。夏四月,提升蒋琬为将军。

十四年(236)夏四月,后主前往湔县,登上观阪,观看汶水水流,十天后返回成都。将武都氐族首领苻健和氐族百姓四百多户迁往广都。

十五年(237)夏四月,皇后张氏去世。

后主延熙元年(238)春正月,立前皇后之妹为皇后。大赦天下,更改年号。立儿子刘璿为皇太子,儿子刘瑶为安定王。冬十一月,大将军蒋琬领军出成都驻屯汉中。

二年（239）春三月，提升蒋琬为大司马。

三年（240），任命张嶷为越嶲郡太守，令他平定越嶲叛乱。

四年（241）冬十月，尚书令费祎来到汉中，和蒋琬商议军政事宜，年底返回成都。

五年（242）春正月，监军姜维督率一部兵马，从汉中南返驻屯涪县。

六年（243）冬十月，大司马蒋琬从汉中返回，住在涪县。十二月，大赦天下。任命尚书令费祎为大将军。

七年（244）闰月，魏国大将军曹爽、夏侯玄等率军逼近汉中，蜀镇北大将军王平在兴势山拒敌，遭到围困，大将军费祎督率各军前去救援，魏军退走。夏四月，安平王刘理去世。九月，费祎返回成都。

八年（245）秋八月，皇太后去世。十二月，大将军费祎来到汉中，加强防务。

九年（246）夏六月，费祎返回成都。秋，大赦天下，十一月，大司马蒋琬去世。

十年（247），凉州胡人首领白虎文、治无戴率众归降，卫将军姜维前去迎接安抚，安排他们驻扎繁县。这年，汶山平康一带的夷人反叛，姜维前去讨伐，将他们击败平定。

十一年（248）夏五月，大将军费祎出兵驻扎汉中。秋天，涪陵附属国的夷人反叛，车骑将军邓芝前去讨伐，将他们一一击败。

十二年（249）春正月，魏国处死大将军曹爽等人，右将军夏侯霸前来投降。夏四月，大赦天下。秋天，卫将军姜维出兵攻打雍州，不胜而归。蜀将句安、李韶投降魏国。

十三年（250），姜维再次出兵西平郡，不胜而归。

十四年（251），大将军费祎回到成都。冬，又北上驻扎汉寿县。大赦天下。

十五年（252），吴王孙权去世。后主立其子刘琮为西河王。

十六年（253）春正月，大将军费祎在汉寿县被魏国降将杀害。夏四月，卫将军姜维再次率军围攻南安郡，不胜而归。

十七年（254）春正月，姜维返回成都。大赦天下。夏六月，姜维再次率军出击陇西郡。冬天，下令将狄道、河关、临洮三县百姓迁移到绵竹、繁县一带居住。

十八年（255）春，姜维回到成都。夏，再次率军出击狄道县，与魏国雍州刺史王经在洮西作战,将王经打得大败。王经退守狄道城,姜维后撤驻扎钟题。

十九年(256)春,提升姜维为大将军,执掌全国军队。姜维与镇西将军胡济约定在上邽县相会,胡济失约未来。秋八月,姜维在上邽被魏国大将军邓艾击败。姜维撤军回到成都。这年,后主立其子刘瓒为新平王。大赦天下。

二十年(257),姜维闻听魏国大将军诸葛诞占据寿春反叛魏国,再次率军出骆谷,到达芒水。这年蜀国大赦天下。

后主景耀元年(258),姜维回到成都。史官说天上有瑞星出现,于是大赦天下,更改年号。宦官黄皓开始把持朝政。吴国大将军孙綝废掉吴主孙亮,改立琅邪王孙休为君。

二年(259)夏六月,后主立其子刘谌为北地王,刘恂为新兴王,刘虔为上党王。

三年(260)秋九月,为已故将军关羽、张飞、马超、庞统、黄忠追加谥号。

四年(261)春三月,为已故将军赵云追加谥号。冬十月,大赦天下。

五年(262)春正月,西河王刘琮去世。这年,姜维再次率军出侯和,结果被邓艾击败,姜维后撤驻扎沓中。

六年(263)夏,魏国大举兴兵,命令征西将军邓艾、镇西将军钟会、雍州刺史诸葛绪分几路进攻蜀国。后主于是派左右车骑将军张翼、廖化,辅国大将军董厥等人前去抗击。大赦天下,更改年号为炎兴。冬天,邓艾在绵竹击败了蜀卫将军诸葛瞻。于是后主接受了光禄大夫谯周的主张,投降了邓艾,上疏说:"身遭长江、汉水阻隔,相逢山高水远,依凭川蜀一个狭小的角落,负隅顽抗,违背时运,冒犯天威,随着光阴流逝,渐渐与京师隔绝。每每忆及黄初年中,魏文皇帝派虎牙将军鲜于辅前来宣诏,言辞诚恳亲切,申明三善之恩,广开归顺之门,大义光明显赫,而我因品行鄙劣,懦弱不明事理,贪图上辈所留下的微功,勉强抗拒多年,不服国家教化。天威震怒,人鬼归顺降服,恐惧天朝大军,神威所到之处,怎敢不洗心革面,顺从听命!随即下令众将抛弃兵刃,解下盔甲,官府国库毫无损坏。百姓排列于郊野,丰饶的粮食留在田亩之中,以等待赐予恩惠,保全百姓苍生的性命。俯伏思想,大魏国广布恩德,施行圣人教化,更有伊尹、周公那样的贤相忠臣辅佐,仁厚宽容,恩泽无所不在。谨派属下侍中张绍、光禄大夫谯周、驸马都尉邓良上交印绶,请示命令,表明降服诚意,恭敬地献上一片忠心。存亡生死,全凭将军裁决。不久我将用车装载着自己的棺材前去请罪,因而这里就不再一一细说了。"这一天,北地王刘谌因哀伤国家灭亡,先杀死妻子儿女，随后自尽。张绍、邓良在雒县与邓艾相逢，邓艾见到后主的投降书，十分高兴，当即回信答复，派张绍、马良先回成都。邓艾来到成都城北，后主把自己捆绑，用车装着棺材来到魏国军营门前。邓艾替他解下绑绳，烧毁了棺材，请他入营相见。邓艾秉承魏国皇帝旨意，拜后主为骠骑将军。守城众将在接到后主敕命后，纷纷归降邓艾。邓艾让后主仍居住在原来的宫中，自己亲自前去拜访。邓艾后因越权任意行事，于第二年春天被拘捕。钟会从涪城来到成都，作乱谋反。钟会死后，驻扎蜀地的军士四处抢劫财物，人员死伤众多，几天后才恢复安定。

后主全家向东迁移，来到洛阳，魏国皇帝册封他道："景元五年（264）三月二十七日，皇帝临朝，派太常嘉赐封刘禅为安乐县公。刘禅上前听我宣封：统治国家，以安宁和乐为大；执掌天下，以太平和顺为上。庇护抚育众生，这是做君主的法则，顺应接受天命，这就是《周易》里'坤元'的含义。上下往来通畅然后万物就能调和融洽，众多的物类就能获得治理。从前汉室丧失纲纪，天下震荡混乱。我太祖皇帝承受天命，开创大魏，救助天下，因上应天命，下顺民意，终于拥有了华夏大地。当时你父亲刘备借着中原群雄龙争虎斗、国家动乱之机，凭借路途险远，占据了川蜀之地，致使西部边陲脱离朝廷，与中原隔绝。从此开始，双方战火不息，黎民百姓无法保全性命，如此将近六十年。我长久思念我祖上的遗志，一心想安抚平定天下，使域内统一，于是整治军队，对梁、益二州进行武力征服。你品德高尚，气度宽广，深明大义，不怕屈身归降，而以爱护百姓、保全国家为贵，适应时机，迷途知返，信约守义，诚心归顺，使自己得享千秋万世的美名，岂不是明智之举！我赏赐你永享优厚的俸禄，以考察征询前世的治乱经验，赐封土地，命你建立藩国，遵奉先代的典章制度，赏赐给你祭祀用的黑色公畜，以白茅包土，你要永做我大魏的藩屏辅臣，敬重吧！你要恭敬地听从我的命令，扩展自己的仁德之心，以完成你的伟大功业。"后主得到有万户人的封地，又被赐给绢帛万匹、奴仆婢女一百多名，其他物品与此相当。后代子孙担任都尉和被封侯的有五十多人。尚书令樊建、侍中张绍、光禄大夫谯周、秘书令郤正、殿中督张通都被封为列侯。晋武帝泰始七年（271），后主在洛阳去世。

评：后主任用贤相诸葛亮，自己就是一个奉礼守职的君主；被奸佞宦官蛊惑，就变成了一个昏庸的皇帝，书传说："白色的生丝是不确定的，就看人们怎样印染它了",确实如此啊！按照礼仪,国君继位应在本年过后改换年号,而后主在先主去世的章武三年,才将年号改为建兴元年,用古人的礼仪来考察,它显然有违于君主继位之礼。另外,国家不设置史官,国事无人记录,因而君臣做事多有遗漏,灾害与异常现象的发生,都没被记载下来。诸葛亮虽然精通国家政务,但在这类事情上,还是有考虑不周之处。然而他历经十二年,却不轻易更换年号,屡屡兴兵征伐,却不随便赦免天下,也的确是超凡卓越之人。自从诸葛亮去世,这一制度渐渐受到损坏,它的成败优劣已是十分明显了。

卷三十四　蜀书四

二主妃子传第四

　　先主甘皇后,沛县人。先主到豫州,住在小沛,在那里娶甘皇后为妾。先主几次失去正妻,甘皇后常常主掌家庭之事。跟随先主到荆州,生下后主。逢曹公兵马来攻,在当阳长坂追上先主,先主因情势危急,抛下甘皇后与后主逃走,甘皇后与后主幸得赵云保护,才免于遇难。甘皇后去世后,被葬在南郡。章武二年(222),被追谥为皇思夫人,准备迁移安葬蜀地,灵柩尚未运到,先主就去世了。丞相诸葛亮上奏后主说:"皇思夫人修行仁慈,为人和顺谨慎。已去世的先皇帝过去身居上将之职,是皇思夫人与嫔妃配合,才将陛下养育长大,而皇思夫人却不幸早逝。先皇帝生前恩义深重,他思念皇思夫人灵柩远在异地,专门派人前去迎娶迁葬。正逢先皇帝去世,如今皇思夫人灵柩已经运到,梓棺停放道上,园陵墓地即将建成,安葬之日已经不远了。臣于是和太常赖恭等人商议:《礼记》说,'实行仁爱要从父母双亲开始,这是教百姓孝顺;崇尚恭敬要从长子做起,这是教百姓和顺'。这就是不忘父母双亲生下自己。《春秋》的意义,母亲因子女而显贵。过去高祖皇帝为太子皇昭灵夫人追加尊号为昭灵皇后,孝和皇帝改葬他的母亲梁贵人,追加尊号为恭怀皇后,孝愍皇帝也改葬了他的母亲王夫人,加尊号为灵怀皇后。现在皇思夫人也应当追加尊号,以便慰藉她九泉之下的思念。臣与赖恭等人查考谥法,宜追加谥号为昭烈皇后。《诗经》说:'生不能同室居住,死也得同穴入葬。'因而昭烈皇后应与去世的先皇帝合葬一处。臣请太尉到宗庙将此事告知祖先,颁布天下,葬礼仪式待准备完毕后另奏。"后主同意。

　　先主穆皇后,陈留县人。她的兄长吴壹少年丧父,从前吴壹的父亲与刘焉甚有交情,因此吴壹便全家随刘焉入蜀。刘焉心怀异志,他听相面的人为穆皇后相面后说她将大富大贵。当时他的儿子刘瑁正跟随在他身边,于是刘焉便让儿子娶了穆皇后。刘瑁死后,穆皇后守寡在家。先主平定益州后,孙夫人返回东吴,众下属劝先主聘娶穆皇后。先主因自己与刘瑁是同族,心中犹豫,法正劝说道:"说到亲疏远近,比起晋文公与子圉的关系,哪个更近呢?"于是先主便娶穆皇后为夫人。建安二十四年(219),被立为汉中王王后。先主章武元年(221)夏五月,册封穆皇后说:"我承受上天之命,执掌皇位,君临天下。现在立汉中王王后为皇后,特派使持节丞相诸葛亮授予皇后玉玺印绶,执掌王室事务,成为天下之母,皇后要恭敬小心啊!"建兴元年(223)五月,后主继承皇位,尊封穆皇后为皇太后,称其宫室为长乐宫。吴壹官至车骑将军,爵封县侯。延熙八年(245),穆皇后去世,与先主合葬在惠陵。

后主敬哀皇后,是车骑将军张飞的长女。章武元年(221),立为太子妃,建兴元年(223),立为皇后,建兴十五年(237)去世,葬在南陵。

后主张皇后,是前敬哀皇后的妹妹。建兴十五年(237),入宫为贵人。延熙元年(238)春正月,册封说:"我继承皇位,君临天下,执掌国家社稷。今立贵人为皇后,特派行丞相事左将军向朗授予玉玺印绶,努力整治宫内事务,恭敬严肃地履行祭祀职责,皇后要恭敬小心啊!"咸熙元年(264),随后主迁往洛阳。

刘永,字公寿,先主之子,后主的异母庶出兄弟。先主章武元年(221)六月,派司徒许靖立刘永为鲁王,册封说:"皇子刘永,接受这白茅包裹的青土。我承继帝王的世系,执掌国家大业,遵循古代的典章礼法,为你建立藩国,将你分封到东方的土地,包括龟山、蒙山,世世代代为国家藩屏辅翼。呜呼,恭敬地接受我的命令!想那鲁国,一次变更就走上了圣人之道,风俗教化至今犹存。人们注重道德修养,美好的品德世代相传。你要尽心地遵奉礼法,安抚你的臣民,按照礼仪正确地履行祭祀职责,千万要警惕啊!"建兴八年(230),改封为甘陵王。最初,刘永憎恶宦官黄皓,黄皓得到后主信任把持朝政后,向后主进谗言离间刘永,于是后主便逐渐与刘永疏远,以至刘永竟有十几年没能朝见后主。魏元帝咸熙元年(264),刘永东迁到洛阳,被任命为奉车都尉,封爵为乡侯。

刘理,字奉孝,也是后主的庶出兄弟,与刘永不同母。章武元年(221)六月,派司徒许靖立刘理为梁王,册封说:"皇子刘理,我继承汉朝帝王的世系,顺应天命,遵循典章法度,为你在东方建立国家,作为我蜀汉的藩屏辅翼。想那梁国,邻近我汉朝都城,百姓亲近教化,易于用礼法来引导。此去你要进献全部忠心,安抚保护百姓,使你的国家永保存在。谨慎地执掌你的藩王权位吧!"后主建兴八年(230),改封刘理为安平王。延熙七年(242),刘理去世,被追加谥号为悼王。刘理之子哀王刘胤继承王位,延熙十九年(256)去世。刘胤之子殇王刘承继承王位,延熙二十年(257)去世。景耀四年(261),后主颁发诏书说:"安平王是先帝分封的王位,三代人都不幸早逝,王位继承人断绝,我因此十分悲伤哀痛。今特命武邑侯刘辑继承王位。"刘辑是刘理的儿子,魏元帝咸熙元年(264),东迁到洛阳,授官奉车都尉,封爵为乡侯。

后主太子刘璿,字文衡。刘璿的母亲王贵人,本是敬哀皇后的侍女。延熙元年(238)正月被册封说:"从前的帝王,继承王位,选立太子,作为国家的副君,这是古今的一般方式。今立刘璿为太子,以发扬光大祖宗的神威,特命使行丞相事左将军向朗持节授予印绶。你要努力完善自己美好的品性,严守道义,研习探究典章礼法,吸取众家之长,以帮助形成自己的德政,怎能不努力遵循并自我勉励呢?"当时刘璿才十五岁。景耀六年(263)冬天,蜀汉灭亡。魏元帝咸熙元年(264)正月,钟会在成都反叛作乱,刘璿被乱军杀害。

评:《周易》说有了夫妇然后才能有父子,人伦的开端,恩情的深厚,没有超过它的。因此将以上内容记录,以完备一国的国家体制。

卷三十五　蜀书五

诸葛亮传第五

　　诸葛亮,字孔明,琅邪郡阳都县人,是汉朝司隶校尉诸葛丰的后人。父亲诸葛珪,字君贡,汉朝末年曾任太山郡郡丞。诸葛亮少年丧父,叔父诸葛玄被袁术委任为豫章郡太守,诸葛玄带着诸葛亮和诸葛亮的弟弟诸葛均前去上任。赶上东汉朝廷改派朱皓代替诸葛玄。诸葛玄一向与荆州牧刘表交情很好,于是便前去投奔刘表。诸葛玄去世,诸葛亮寄住隆中,亲自耕种田地,他喜欢吟诵《梁父吟》这首忧伤乱世的古代歌谣。诸葛亮身高八尺,他常常把自己与古代贤相管仲、名将乐毅相比,当时一般人都不以为然。只有博陵郡的崔州平、颍川郡的徐庶元直与诸葛亮有交情,认为他确实具有这样的才能。

　　当时刘备正领兵驻扎新野县。徐庶去见刘备,刘备对他十分器重,徐庶对刘备说:"诸葛孔明这个人,是'卧龙'啊!将军愿不愿见见他呢?"刘备说:"你陪他一起来吧。"徐庶说:"此人只能您到他那里拜访,不能随便将他招来。将军应该屈尊去看望他才是。"于是刘备便去拜访诸葛亮,一共去了三次,才得以相见。刘备屏退左右随从,对诸葛亮说:"汉朝政权日渐衰败,奸臣窃取了大权,皇帝遭难逃奔,蒙受风尘之苦。我高估了自己的德行和力量,想在天下人那里伸张正义,但终因我缺乏智谋本领,因而遭到挫折,直到今日这种地步。但我原先的志向并未泯灭,您看我该怎么办才好呢?"诸葛亮答道:"自从董卓作乱以来,天下豪杰纷纷起而反抗,割据州郡的人数不胜数。曹操与袁绍相比,名望低微,兵力弱小,然而曹操却能战胜袁绍,由弱变强,这不仅是时机有利,而且还在于人的谋略。现在曹操已拥有上百万人的军队,挟持着皇帝,以皇帝的名义来号令诸侯,已实在无法与他争强斗胜。孙权占据江东,已经历了三代,那里地势险要,百姓归附,有才干的人都愿为他效力,因此只能联络他作为外援,不能打主意吞并他。荆州北面有汉、沔二水作为凭借,南面有直到南海的丰富资源可以利用,向东与吴郡、会稽郡相连,向西进通巴、蜀,这是兵家必争的战略要地,可是它的主人却守不住,这大概是上天特意拿它来资助将军,将军是否有夺取荆州的打算呢? 益州地理形势险要,有千里肥沃土地,物产丰富,从前汉高祖就是凭借它成就帝业的。刘璋昏庸懦弱,张鲁在北边又对他加以威胁,尽管百姓丰裕,国家富足,但他却不知道爱惜保护。有智谋才干的人,都希望找到一个贤明的君主。将军既是汉朝皇室的后裔,以信义闻名天下,又能广泛地招揽四方英雄,盼望贤才如饥似渴,如能占据荆、益二州,守住险要的地方,向西与戎族各部和好,南面安抚好夷越各族,对外与孙权结盟,对内改革政治。一旦天下形势发生变化,就派一员上将率领荆州军队向宛县、洛阳一带进军,将军则亲自率领益州的大军出兵秦川,百姓谁敢不用篮盛着干粮,用壶盛着酒浆来欢迎将军呢? 如果真能这样,那么称霸的大业就可以成功,汉王朝就可以得到复兴。”刘备说:“好!”从此与诸葛亮的情谊越来越深厚。关羽、张飞等人对此不高兴,刘备向他们解释说:“我有了孔明,就像鱼儿有了水一样。请你们不要再多说了。”关羽、张飞这才停止了议论。

刘表的长子刘琦也十分器重诸葛亮。刘表听信后妻的话,喜欢小儿子刘琮,不喜欢刘琦。刘琦常常想向诸葛亮请教保全自己的办法,诸葛亮总是加以拒绝,没有替他出谋划策。一次,刘琦领着诸葛亮游览后园,一同登上高楼,饮酒中间,刘琦让人将楼梯搬走,乘机对诸葛亮说:“如今上不着天,下不着地,话从您口中说出,只进入我耳朵中,可以说一说了吧?”诸葛亮说:“您没看到晋公子申生留在都城内遭到谋害,重耳逃亡在外却获得安全吗?”刘琦心中顿时省悟,于是便暗中策划离开襄阳。恰逢江夏太守黄祖死去,刘琦终于得以脱身,做了江夏太守。不久刘表去世,刘琮闻听曹操前来攻打,连忙派使者向曹操请求投降归顺。刘备在樊城闻听此讯,连忙率领部队和百姓向南行进,诸葛亮与徐庶随行,刘备被曹操追上击败,曹军俘获了徐庶的母亲。徐庶辞别刘备,他指着自己的胸口说:“我本来想和将军一块谋划王霸大业,是凭这颗心。现在我失去了年迈的母亲,心头已经大乱,留下来对您的事业也不会有什么帮助,我请求你允许我告别。”于是就到曹操那里去了。

刘备到了夏口,诸葛亮对他说:“形势危急,请您下令让我去向孙权求救。”这时孙权正率军驻扎柴桑,在一旁观望曹、刘战局的胜败。诸葛亮劝说孙权道:“天下大乱,将军起兵占据江东,刘豫州也在汉水以南召集兵马,与曹操一同争夺天下。现在曹操消除大乱,基本上平定了北方的局势,接着又南下攻取了荆州,军威震动天下。致使英雄无用武之地,所以刘豫州才逃到这里。请将军根据自己的力量来安排对策。如能用江东的军队来与中原的曹军相抗,就应早早与曹操断绝关系;假如无力抵抗,何不放下武器、捆起盔甲,向曹操投降称臣呢? 现在将军表面上服从曹操,内心却犹豫不决,另有打算,情势危急却不能当机立断,大祸很快就要临头!"孙权说:"假如真像你所说的那样,刘豫州为何不投降曹操呢?"诸葛亮说:"田横只不过是一个齐国的壮士,尚且知道坚守节操,不肯屈辱投降,何况刘豫州是汉朝皇族的后人,他雄才大略,超过世人,人们仰慕拥戴他,如同河流奔向大海。如果功业不能成功,那是天意,但又怎能再做他曹操的下属呢?"孙权听完勃然大怒说:"我不能拿整个东吴土地和十万军队去受别人摆布控制,我的决心已经下定! 除了刘豫州外没人能抵挡曹操,可是刘豫州最近刚打了败仗,他怎能抵挡住这么强大的敌人呢?"诸葛亮说:"刘豫州虽在长坂被击败,但现在陆续归队的士卒以及关羽的水军加起来,仍有精兵上万人;刘琦集合起的江夏兵卒也不下万人。曹操的军队远道而来,疲惫不堪,听说他们用轻骑追赶刘豫州,一日一夜行进了三百多里,这就是人们所说的'强弓发出的箭到了射程终了,连鲁地出产的薄绢都不能穿透',因此兵法上忌讳这种做法,说这样'必会使主将遭到挫败'。而且北方的人不习惯水战,另外荆州百姓归附曹操,也只是被兵势所逼迫,并不是心甘情愿的。现在将军如果真能派出勇将统率几万兵马,和刘豫州协力同心,就一定能打败曹军。曹军一败,必然退回北方,这样一来,荆州、东吴的势力就会变得强大,三分天下的局面也就形成了。成功与失败的关键,就在今日。"孙权大喜,当即派周瑜、程普、鲁肃等人率领水军三万人,随诸葛亮赶到刘备那里,合力抗击曹操。曹操在赤壁被打得大败,领兵撤回邺城。刘备于是乘机占据了江南各郡,任命诸葛亮为军师中郎将,派他督率零陵、桂阳、长沙三郡,征调那里的赋税,来补充军需物资。

　　汉献帝建安十六年(211),益州牧刘璋派法正来迎接刘备,让他去攻打张鲁。诸葛亮与关羽镇守荆州。以后刘备从葭萌返回,攻打刘璋,诸葛亮与张飞、赵云等人率军沿长江逆流而上,分别平定了沿江各郡县,然后与刘备一同包围了成都。成都平定后,刘备任命诸葛亮为军师将军,并代理左将军府的事务。刘备外出时,诸葛亮常常留下镇守成都,粮食、军备都很充足。建安二十六年(221),众部下劝刘备自称帝号,刘备不答应,诸葛亮劝刘备说:"从前,吴汉、耿弇等人最初劝世祖光武皇帝称帝,世祖也不肯答应,先后推让了四次,看到这种情景,耿纯进言说:'天下的英雄们对您十分敬仰,希望追随您得到自己想得到的东西,您如不听从大家的建议,大家就会离开您另投新主,不用再跟着您了。'世祖觉得耿纯的话说得很在理,于是便答应了众人的要求。如今曹丕篡夺了汉朝皇位,天下无主,您是皇室刘氏的后代,继承汉室世序执掌大位,是应该的。士大夫们长期追随您,辛辛苦苦,也是希望像耿纯说的那样,想在辅佐您的过程中,建立一些微小的功劳罢了。"刘备于是便即位称帝,任命诸葛亮为丞相,说:"家室遭遇不幸,我恭敬地继承了皇位,一定要小心谨慎,不敢贪图平安日子,一心想全力使百姓安定下来,又怕他们得不到安抚。唉!诸葛丞相你要详尽地体察我的心愿,不倦地辅佐我克服缺点,协助我布施天子的恩德福泽,以便使日月的光辉普照天下,你要努力啊!"诸葛亮以丞相的身份总理尚书台事务,并被授予"假节"之权,张飞死后,诸葛亮又兼任司隶校尉。

章武三年(223)春,刘备在永安病危,他把诸葛亮从成都招来,向诸葛亮托付后事。刘备对诸葛亮说:"你的才干胜过曹丕十倍,一定能安邦定国,完成统一天下的大业,如果太子刘禅值得辅佐,就辅佐他,如果他没有才能,您就取而代之。"诸葛亮流泪说道:"我愿竭尽全力辅佐太子,献出自己的忠诚与节操,一直到死。"刘备又下诏告诫刘禅说:"你与诸葛丞相共掌国事,一定要像侍奉父亲一样侍奉他。"后主建兴元年(223),刘禅封诸葛亮为武乡侯,成立丞相府署,让诸葛亮自选僚属,全权处理国家军政事务。不久,又让诸葛亮兼任益州牧,政事无论大小,全由诸葛亮一人裁决。当时,南方几郡同时发生了叛乱,因新遭国丧,诸葛亮不便立即出兵镇压,暂且派遣使者访问吴国,加强与吴国的友好亲善,两国遂结为盟国。

建兴三年(225)春,诸葛亮率军南征,到了秋天,南方的叛乱被彻底平定。军需费用都从这些新平定的郡县征收,国家因此而富强。于是诸葛亮整顿训练军队,等待时机出兵伐魏。建兴五年(227),诸葛亮统率各军,北上驻扎汉中,临出发前,他向后主刘禅上奏疏说:

先帝开创帝业未完成一半,就中途去世了。现在魏、蜀、吴三国鼎立,我蜀汉人力、物力困乏,确实到了生死存亡的危急时刻。然而宫中侍卫皇帝的近臣毫不懈怠,忠诚的将士在前方舍生忘死,这是为了追念先帝在世时对他们的厚恩,并想以此来报答陛下啊!陛下确实应该广开言路,听取各方意见，以发扬光大先帝留下的美德，振奋志士们的勇气，不应过分轻视自己，说话失去原则，以致阻塞臣下尽忠劝谏的道路。宫廷和官府，都是一个整体，赏罚褒贬不应有什么不同。如果有作恶犯法或为善尽忠的，应该交给主管官员确定对他们的处罚与奖赏，以表示陛下的公正严明，不应该有偏见和私心，使官内、官外的法度有所不同。

侍中、侍郎郭攸之、费祎、董允等都是诚实忠良之人，他们的志向、思想都十分忠贞纯洁，因此先帝将他们选择出来留给陛下任用。臣认为宫廷中的事情，无论大小，都可以和他们商量，然后再去实施，这样一定能补救欠缺和疏漏，收到集思广益的效果。将军向宠性情和善公正，精通军事，以前经过试用，先帝称赞他是个有才干的人，因此大家商议推举他担任中部督。臣认为军中之事，都应先与他商议，这样一定能使军队内部和睦，军力配备得当。亲近贤臣，疏远小人，这是前汉得以兴盛的重要原因；亲近小人，疏远贤臣，这是后汉所以衰败的原因。先帝生前常常与臣谈论这些事，没有一次不深深叹息而为桓、灵二帝感到痛心的。侍中郭攸之、费祎，尚书陈震，长史张裔，参军蒋琬，这些人都是忠贞可靠、能以死守节的贤臣，希望陛下能亲近他们，信任他们，这样，汉室的兴盛就指日可待了。

臣本是平民，在南阳亲自耕种土地，一心希望在乱世中苟且保全性命，并不想在诸侯那里做官扬名。先帝不嫌臣卑贱鄙陋，亲自屈驾前往，三次到茅庐中去访问臣，向臣询问天下大事。臣因此十分感激，于是便答应为先帝奔走效劳。后来遇上军事失利，臣在兵败之时承当了重任，在危难之际接受了命令，从那时到现在已有二十一年了。先帝了解臣做事谨慎，所以在临终前将复兴汉室的大事托付给臣。自从接受命令以来，臣日夜忧愁叹息，唯恐托付给我的事做得没有成效，以致损害先帝的知人之明。因而在五月渡过泸水，深入到荒凉之地作战。如今南方各郡已经平定，兵器盔甲已准备充足，应该鼓励督率全军，向北平定中原，竭尽自己平庸的才能，铲除奸险凶恶的敌人，复兴汉室，使国都能够迁回洛阳。这就是臣用来报答先帝，并向陛下效忠所应尽的职责。

至于权衡事情的轻重得失，向陛下进献忠言，则是郭攸之、费祎、董允的责任。希望陛下能将讨伐奸贼、复兴汉室的任务交付给臣，如果做不出成效，就请治臣的罪，以告先帝的在天之灵。如果听不到劝勉陛下发扬圣德的忠言,那就应责怪郭攸之、费祎、董允等人怠慢失职,指出他们的过错。陛下也应当多加考虑,向群臣征询治国的好方法,识别采纳正确的意见,牢牢记取先帝遗诏中的话,这样臣就受恩很多,十分感激了。现在臣就要远离陛下了,写这篇奏表的时候,已是泪如雨下,不知道自己说的是否得当。

于是,诸葛亮率军出发,在沔阳扎下营寨。

建兴六年(228)春,诸葛亮扬言要经斜谷道攻取郿县,并派赵云、邓芝率军为疑兵,占据箕谷,在那里虚张声势,魏国大将军曹真率兵前来抗击。诸葛亮则亲率大军进攻祁山,队伍整齐,赏罚分明,号令明确,南安、天水、安定三郡反叛魏国,归顺诸葛亮,震惊了整个关中地区。魏明帝曹叡亲自西行坐镇长安,命令张郃率军抵御诸葛亮,诸葛亮派马谡督率各军在前厂与张郃战于街亭。由于马谡违背了诸葛亮的作战部署,作战行动不得当,被张郃打得大败,失了街亭。诸葛亮迁移西县百姓一千多户,退回汉中,处死了马谡,向大家承认错误,并向后主上奏疏说:"臣以微弱的才能,担任了不能胜任的职务,亲自秉承皇帝的命令以激励三军,却不能按照规章,严明法纪,面临大事不能慎重考虑,致使发生了街亭违背军令的错误和箕谷戒备不严的过失,责任都在于臣用人不当。臣既无知人之明,考虑问题也有许多糊涂之处,按照《春秋》军事失利责罚主帅的先例,失职的过错应当由臣来承担。臣请求降职三级,以惩罚臣的过错。"于是改任诸葛亮为右将军,代理丞相职务,总管全国军政事一如从前。

建兴六年(228)冬,诸葛亮再次出兵散关,围攻陈仓,魏将曹真率兵抵抗诸葛亮,诸葛亮粮草用尽后返回汉中。魏将王双率骑兵追击诸葛亮,诸葛亮与王双交战,将魏军打败,并将王双本人斩杀。

建兴七年(229),诸葛亮派陈式攻打武都、阴平二郡。魏国雍州刺史郭淮率兵准备进攻陈式,诸葛亮亲自领兵出征来到建威,郭淮被迫撤回雍州,诸葛亮遂平定武都、阴平二郡。后主刘禅下诏册封诸葛亮说:"街亭之战,主要错误是由马谡造成的,而您引罪自责代人受过,深深贬低压抑自己。我当时难以违背您的心愿,同意了您自贬三级的请求。您前年率兵展示军威,斩杀了魏将王双;今年又再次出征,迫使郭淮逃走,安抚了氐、羌各部落,收复了武都、阴平二郡,威风震慑了凶狠狂暴的敌人,功勋昭著。现在天下还未平定,元凶首恶尚未去除,您肩负着重大的责任,主持国家军政大事,却长期压抑贬低自己,这对发扬光大先帝的伟大事业是不利的。现在恢复您的丞相职务,请您不要推辞。”

建兴九年(231),诸葛亮再次兵出祁山,用木牛作为运输工具,后因粮草用尽撤军。这次与魏将作战,用箭将张郃射死。

建兴十二年(234)春,诸葛亮统率全部蜀军从斜谷出祁山,用流马作为运输工具,占据了武功县的五丈原,与魏国司马懿在渭河以南对垒相持。诸葛亮常常担心粮草接济不上,使自己的志愿得不到实现,于是下令分出一部分部队就地开垦荒地,作为长期驻扎的基础。垦荒部队交杂居住在渭水河边的百姓中间,当地生活安乐,垦荒的士卒也不谋求私利。双方相持一百多天。这年八月,诸葛亮染病,在军中去世,年仅五十四岁。等到蜀军撤走,司马懿逐一巡视了蜀军留下的营地,说道:“诸葛亮真是天下的奇才啊!”

诸葛亮留下遗言,命人将自己葬在汉中的定军山,要依着山势修建坟墓,墓穴只要容纳下棺材就行,入殓时穿上平时的衣服,不必用其他物品殉葬。

后主颁布诏告祭奠诸葛亮说:“您天生具有文、武兼备的才干,英明多智而又忠厚诚实,接受先帝托孤遗命,尽心竭力地辅佐着我,使衰微将近灭绝的汉室得以保存和兴盛,一心想平定天下的战乱。于是整治军队,年年出征讨伐敌人,英武震惊天下,军威镇服四方,将为蜀汉建立伟大的功绩,其功勋可与殷商的伊尹、西周的周公相媲美。为何如此不幸,在您从事的大业即将成功之时,您却染病去世了! 我为您的逝世哀痛悲伤,肝心欲裂。推崇您的品德,评定您的功勋,依据生前事迹为您追封谥号,以便使您的美名传扬天下,载入史册,永远被人铭记。现在特派使持节左中郎将杜琼,赠给您丞相武乡侯的印绶,给您追加谥号为忠武侯。您的英魂如果有知的话,也会感到光荣。唉,多么令人悲痛,多么令人悲痛!”

当初,诸葛亮曾向后主表明心愿,说:“臣在成都有桑树八百棵,薄田十五顷,家属子弟的衣食费用已比较宽裕。臣任职在外,没有别的花费安排,随身的衣服伙食全靠国家供给,不用再置别的产业,来增加自己的家财。等到了臣撒手死去时,一定不让家中有多余的物品,让外面有多余的财产,使自己辜负陛下的恩宠。”到了去世时,果然与从前说得一样。

诸葛亮天生长于巧思,他曾改进能够连续射出箭矢的弓弩装置,作为运输工具的木牛流马也是根据他的主意造成的;他推广演绎的兵法战策,制作的八阵图,都很得要领。他留下的议论、教令、书信、奏章都很值得一读,另编为《诸葛氏集》。

景耀六年(263)春,刘禅下诏令在沔阳为诸葛亮建立祠庙。这年秋天,魏国镇西将军钟会领兵攻蜀,来到汉川后,他曾前去祭扫诸葛亮的祠庙,并严令军中士卒,不许他们在诸葛亮的墓葬附近养马砍柴。诸葛亮的弟弟诸葛均,在蜀国做官做到长水校尉。诸葛亮之子诸葛瞻,继承了父亲的爵位。

《诸葛氏集目录》

开府作牧第一	权制第二
南征第三	北出第四
计算第五	训厉第六
综核上第七	综核下第八
杂言上第九	杂言下第十
贵和第十一	兵要第十二
传运第十三	与孙权书第十四
与诸葛瑾书第十五	与孟达书第十六
废李平第十七	法检上第十八
法检下第十九	科令上第二十
科令下第二十一	军令上第二十二
军令中第二十三	军令下第二十四

以上共二十四篇,总共有十万四千一百一十二字。

臣陈寿等人上奏说:

臣从前担任佐著作郎时,侍中兼中书监济北侯荀勖、中书令关内侯和峤上奏陛下,让臣审订原蜀汉丞相诸葛亮的言论、政令等著作史料。诸葛亮辅佐垂危的蜀国,凭借地形险阻,拒不归服,然而我大晋仍旧保留整理了他的言论著作,以美好的言行得不到记录为耻,这实在是我大晋光明磊落的最高恩德,恩惠遍及天下,无处不在,连过去的敌人都不例外,自古以来,还没有谁能与我大晋相比。臣将诸葛亮著作中内容重复的删去,将同类的归在一起,共整理出二十四篇,篇名如上。

诸葛亮年轻时就显露出了超群的才华,有英武雄健的气概,他身高八尺,相貌堂堂,当时的人如崔州平、徐庶等都十分看重他。因遭逢汉朝末年的动乱,诸葛亮随叔父诸葛玄到荆州避难,他亲自耕作在郊野,不求闻名显达。当时左将军刘备认为诸葛亮有奇才，于是三次前往诸葛亮的茅庐去拜访他；诸葛亮也深感刘备雄姿英发，才德盖世，于是向刘备推心置腹地倾诉了自己的忠诚，与刘备深深结交。到了魏武帝曹操南下讨伐荆州、刘琮献出荆州投降，刘备处境变得十分艰难，兵力单薄，连一个立足之处都没有。诸葛亮当时年仅二十七岁，他向刘备献上奇特的计谋，亲自出使去拜见孙权，向东吴求援。孙权本来就十分钦服刘备，这时见诸葛亮谈吐不凡，对他很是敬重，当即派兵三万去援助刘备。刘备借助东吴军队，与魏武帝曹操展开作战，将曹军打得大败，接着他又利用这一有利时机，打了不少胜仗，平定了长江以南的全部地区。以后刘备又向西夺取了益州。益州平定后，诸葛亮被任命为军师将军。刘备称帝，诸葛亮被拜为丞相，授权总管尚书台的政务。等到刘备去世，继位的嫡子刘禅年纪幼小，才智平庸，因而政事无论大小，都由诸葛亮一人裁决独断。他对外与东吴结盟，内部平定了南中各郡，制定了法律制度，整顿了军队。他使木牛流马这一类机械装置达到了极其精妙的程度。他法令严明，赏罚决不失信，作恶的人没有不受惩罚的，为善的人没有不被表彰的，最后终于达到了官吏不敢违法乱纪，人们纷纷要求上进，道不拾遗、强不欺弱的程度，社会秩序十分安定。

当时，诸葛亮的一贯志向是：前进一步要像昂首天外的龙马，像雄视远方的猛虎，一举扫清天下，统一中国；后退一步也要割据边疆，使蜀国的敌人魏国震荡不安。他又深深感到，在自己去世后，蜀国将无人能像自己那样，进军北伐中原，与强大的魏国抗衡，因此他年年用兵不停，屡屡炫耀武力。但诸葛亮的才干长于训练军队，在应用谋略、出奇制胜方面却有所短缺，他治理国家的能力远远高于军事指挥才能。然而与他对敌作战的，却不乏当世杰出的人才，加上双方力量过于悬殊，他本应采取守势，却不顾实际条件贸然进攻，因而虽然连年兴师动众，他也未能取得成功。过去萧何举荐韩信，管仲举荐王子城父，都是因为思量自己的才干长于治国，未能同时兼有军事指挥才能的缘故。诸葛亮的政治才干，或许能与管仲、萧何匹敌相当；只可惜他当时没有王子城父、韩信那样的名将，因而才使自己的事业趋于衰落，统一国家的理想未能实现。大晋继承魏国，统一天下，是天命所归，这不是他用人的智慧可以竞争的。

魏明帝青龙二年（234）春天，诸葛亮率军出武功县，他派出部分士卒开荒屯田,作为长久驻扎当地的基础。这年秋天,诸葛亮因病去世,百姓追忆怀念他,把他的事迹作为日常谈话的资料。到了现在,梁州、益州人民追述赞叹他的话好像仍在耳边回响,即使是《甘棠》颂扬召公,郑国人歌颂子产,也无法与现在的情形相比。孟轲曾说:"用最终使百姓享受安乐的原则和方法来役使百姓,百姓即使劳苦也不会口出怨言;用最终使百姓得以生存的原则和方法来杀人,那人即使被杀死也不会心存怨恨。"的确如此啊! 有的评论者认为诸葛亮的文辞不够华美,而论述又过于详尽啰唆。臣却私下认为皋陶是人们公认的大贤,周公是人们公认的圣人,然而考察《尚书》中的记载,发现他们也是很不同的,其中《皋陶谟》记载皋陶的话简略而又典雅,《周公诰》记载周公的话繁复而又详尽。为什么会这样呢? 这是由于皋陶是在和圣君舜、禹交谈,而周公却是在和下属们一起发誓的缘故。诸葛亮谈话的对象都是普通的将士百姓,所以他的文辞意旨不能追求深奥,必须浅显易懂。然而他的著作文字,都是其经历事情和处理具体事务的经验之谈,他的公正真诚的精神,也从字里行间流露了出来,因此,通过这些文章可以了解他的思想见解,对当今世事也会有所补益。

陛下遵循效仿古代圣贤,胸怀坦荡,无所忌讳,即使是敌国肆意诬蔑中伤的言论,也全部保留存录下来,不加改动删除,毫不讳避,以宣扬宽宏通达、殊途同归的道理。臣小心地录写了这些文章论著,上交给著作省。臣心中万分恐惧,向皇帝一再叩头拜礼,冒犯天威,该当死罪。

晋武帝泰始十年(274)二月一日,平阳侯相臣陈寿敬上

诸葛乔,字伯松,是诸葛亮的哥哥诸葛瑾的次子,原来字仲慎。他和他的哥哥诸葛恪在当时都很有名望。谈论者认为诸葛乔的才干不如他的哥哥,但性情品格却超过诸葛恪。最初,诸葛亮没有儿子,请求诸葛瑾将诸葛乔过继给自己,诸葛瑾请示孙权后,让诸葛乔来到蜀国,诸葛亮将诸葛乔当作自己的嫡亲儿子,所以为他改了字。诸葛乔被授官为驸马都尉,随诸葛亮到了汉中,诸葛乔于后主建兴六年(228)去世,年仅二十五岁。诸葛乔之子诸葛攀,官做到代理护军、翊武将军,也不幸很早就去世了。后来诸葛恪在东吴被杀,子孙都被灭尽,而诸葛亮这时已有了自己的后人,因此诸葛攀又返回东吴成了诸葛瑾的后代。

诸葛瞻,字思远。后主建兴十二年(234),诸葛亮出兵武功县,他在给哥哥

诸葛瑾的信中说:"诸葛瞻如今已经八岁,十分聪明可爱,只是嫌他过早成熟,恐怕将来难成大器。"诸葛瞻十七岁时,娶公主为妻,被授官为骑都尉。第二年担任羽林中郎将,以后不断升迁,先后担任射声校尉、侍中、尚书仆射,加衔为军师将军。诸葛瞻精通书法绘画,记忆力很强。蜀国人怀念诸葛亮,也都喜欢诸葛瞻才思敏捷。每当朝廷颁布一项好的政令,尽管不是诸葛瞻建议倡导,百姓们仍会互相传告,说:"这是葛侯所做的。"因此诸葛瞻的美名受到过分渲染,常常与实际情况不符。后主景耀四年(261),诸葛瞻担任了代理都护并任卫将军,与辅国大将军南乡侯董厥共同执掌尚书台政务。景耀六年(263)冬天,魏国征西将军邓艾率兵攻打蜀国,从阴平郡经过景谷道附近山地进入蜀界。诸葛瞻督率各军赶到涪县扎营,蜀军先头部队战败,诸葛瞻被迫后撤,驻扎绵竹。邓艾派人送信,向诸葛瞻劝降说:"你如肯投降,我一定上表朝廷保你做琅邪王。"诸葛瞻大怒,处死了邓艾的使者,与邓艾展开战斗,蜀军大败,诸葛瞻战死,死时年仅三十七岁。诸葛瞻所率蜀军溃败,邓艾长驱直入来到成都。诸葛瞻长子诸葛尚,同诸葛瞻同时战死。次子诸葛京与诸葛攀之子诸葛显等人在魏元帝咸熙元年(264)一同迁往内地的河东郡。

董厥,在诸葛亮做丞相时任丞相府令史,诸葛亮称赞他说:"董令史是位贤能之士,我经常和他交谈,感到他思考问题十分周密慎重,举止也很得当。"后来董厥调任主簿。诸葛亮去世后,董厥逐步升迁为尚书仆射,代替陈祗担任尚书令,后来又升为辅国的大将军、平台事,原尚书令一职由义阳人樊建担任。后主延熙十四年(251),樊建以校尉身份出使吴国,正赶上孙权病重,没有亲自接见樊建。事后,孙权向诸葛恪说:"樊建与宗预相比怎么样?"诸葛恪答道:"樊建才干见识不如宗预,但情操高雅超过宗预。"以后樊建担任侍中,代理尚书令一职。自从诸葛瞻、董厥、樊建执掌国事以来,姜维常常在外地作战,宦官黄皓乘机窃取玩弄大权,朝中大臣都一味迁就,没人出来纠正这一弊端,而只有樊建一人坚持不与黄皓往来结交。蜀国被攻破的第二年春天,董厥、樊建奉命到了魏都洛阳,一同担任了相国参军,到了秋天又一同兼任了散骑常侍,受命出使蜀地慰问当地军民。

评:诸葛亮担任丞相期间,安抚百姓,昭明礼法,约束官吏,依据具体情况制定适当的政策法令。他以诚待人,做事公道:凡精忠为国、济世安民的人,即使是他个人的仇敌也要加以奖赏;玩忽职守、触犯国法的人,即使是他的亲属朋友也要加以责罚；坦白自首、勇于自新的人，即使罪行很重也要从宽发落；巧言令色、文过饰非的人，即使罪行轻微也要加以严惩。为善无论多么轻微也定要奖励，作恶无论多么细小也定要惩罚。他精通各项事务，善于找到问题的要害与关键，他讲求名实相符、言行一致，对于那些虚伪狡诈之人决不录用。诸葛亮因此在整个蜀国赢得了普遍的敬畏和爱戴，施行的刑法政令虽很严厉，却没有人怨恨他，这是因为他做事公正和劝勉告诫明确的缘故。诸葛亮可以说是一个精通治国之道的良才，堪和管仲、萧何这类杰出的政治家相匹敌，然而他连年用兵，却未能最终获得成功，这大概是因为随机应变的军事谋略不是他的专长的缘故吧！

卷三十六　蜀书六

关张马黄赵传第六

关羽,字云长,原来字长生,河东郡解县人。汉灵帝末年逃亡到涿郡。刘备在家乡召集兵马,关羽和张飞担任了他的护卫。刘备做平原相时,让关羽、张飞担任了别部司马,分管属下军兵。刘备与关、张二人连睡觉都在同一张床上,亲如手足兄弟。关、张二人在大庭广众之下,整日侍立在刘备身旁,追随刘备作战对敌,从不躲避艰难险阻。后来刘备袭击、杀死了徐州刺史车胄,让关羽领兵镇守下邳城,代理太守职务,自己则率军回到小沛。

汉献帝建安五年(200),曹操东征徐州,刘备投奔袁绍。曹操生擒关羽后返回,他任命关羽做了偏将军,对他以礼相待,赏赐十分优厚。袁绍派大将颜良在白马县进攻东郡太守刘延,曹操派部将张辽和关羽为先锋攻打颜良。关羽远远看见颜良的帅旗车盖,拍马上前,在万马军中将颜良杀死,割下其首级返回,袁绍的部将没人能够阻挡,于是袁绍对白马县的围困被解除。曹操随即上奏朝廷,封关羽为汉寿亭侯。最初,曹操十分佩服关羽的勇猛气概,后来察言观色,发现关羽没有久留之意,便对张辽说:"凭着你和关羽的交情,你设法去问问他。"不久,张辽果然向关羽问起此事,关羽感慨地说:"我也深知曹公待我十分优厚,但我深受刘将军的厚恩,曾发誓与他同生共死,我决不会背叛他。我最终是不能留在此处的,我一定要等立下大功,报答了曹公的恩遇后再离去。"张辽将关羽的话告诉了曹操,曹操对他的义气十分敬服。等到关羽斩杀颜良,曹操知道他一定会离开自己而去,对他更是重加赏赐。关羽将曹操赏赐的物品全部封存,留下书信向曹操告辞,然后赶往袁绍军中投奔刘备。曹操身边的人想将他追回,曹操说:"大家各为其主,不要追了。"

以后关羽追随刘备依附了刘表,刘表死后,曹操平定了荆州。刘备从樊城准备南渡长江,另派关羽统率船只数百艘走水路,约定在江陵会师。曹操追击刘备到了当阳的长坂,刘备走小路逃到汉津渡,恰好与关羽的船队相遇,两军会合,一起赶到了夏口。孙权派兵协助刘备抗击曹操,曹操兵败,撤回北方。刘备乘胜占据了江南各郡,然后封拜有战功的部将,任命关羽为襄阳太守、荡寇将军,让他领兵驻扎江北。刘备西进平定了益州,授权关羽督掌荆州事务。关羽听说马超前来归降刘备,因他从前与马超并不相识,于是便写信给诸葛亮,询问马超的人品才干可与谁相比。诸葛亮知道关羽心高气傲、不甘居于人下,回信答复说:"马超文武兼备,勇猛过人,的确是当世一位杰出的人才,是英布、彭越一类的人物,可与张飞并驾齐驱,一争高低,但不及美髯公超凡出众,卓尔不群。"关羽长有一副漂亮的胡须,所以诸葛亮称他为美髯公。关羽看了诸葛亮的回信,十分高兴,把它交给宾客幕僚传看阅读。

关羽曾被乱箭射中,箭头贯穿左臂,后来伤口虽然愈合,但每逢阴雨天气,臂骨常常疼痛。医生说:"箭头有毒,毒素已渗入骨中,需要重新剖开臂部上的伤口,刮去臂骨上的毒素,才能除去这一病患。"关羽于是便伸出手臂,让医生为他切开。当时恰逢关羽邀请众将对坐饮酒,他的臂部鲜血淋漓,流满了接在下面的盘子,关羽却切肉把酒,和大家一起欢饮谈笑,与平常没什么两样。

建安二十四年(219),刘备被拥立为汉中王后,关羽被任命为前将军,并被授予了符节和斧钺。这一年,关羽率兵在樊城攻打曹仁,曹操派部将于禁率军救援曹仁。到了秋季,樊城一带下起连绵大雨,汉水泛滥,于禁统率的兵马被全部淹没。于禁投降关羽,关羽又斩杀了魏将庞德。梁、郏、陆浑三县的地方豪强有的远远地接受了关羽的印信号令,成为关羽指挥下的一股武装,关羽的威名震动了中原。迫于形势,曹操提议迁离许都以避开关羽的威胁,司马懿和蒋济则认为,关羽获胜,孙权一定不会高兴。应当派人去劝说孙权,让他从后面偷袭关羽,并答应事成后将江南土地割让,分封给孙权,这样一来,关羽对樊城的围困也就自然解除了。曹操听从了二人的建议。从前孙权曾派使者为自己的儿子向关羽的女儿求婚,关羽辱骂来使,不答应这门亲事,孙权为此十分恼恨。另外南郡太守麋芳镇守江陵,蜀将傅士仁率兵驻扎公安,两人一向怨恨关羽轻视自己。自从关羽领兵出征,一直由麋芳、傅士仁提供粮草军需,两人不肯全力救援关羽。关羽放出话说"回去后一定要惩处他们",麋芳、傅士仁都惊恐不安。于是孙权暗中对麋芳、傅士仁进行了诱降,二人派人去迎接孙权。而这时曹操又派徐晃来救援曹仁,关羽攻不下樊城,只得领兵退还。孙权占据了江陵，将关羽及其部属的妻儿老小全部俘获，关羽所率军队因此溃散。孙权派遣部将迎击关羽，在临沮将关羽和关羽之子关平杀死。

关羽死后被追谥为壮缪侯。儿子关兴继承了关羽的爵位。关兴，字安国，少年时就有美名，丞相诸葛亮对他十分器重，认为他是一个超凡之人。关兴在二十岁时担任了侍中、中监军，几年后不幸去世。儿子关统继承爵位，娶公主为妻，官做到虎贲中郎将。关统去世后，因没有儿子，由关兴的庶子关彝延续所封爵位。

张飞，字益德，涿郡人，年轻时与关羽一同事奉刘备。关羽比张飞大几岁，张飞将关羽当作兄长对待。刘备跟从曹操打败吕布后，随曹操返回许都，曹操任命张飞为中郎将。以后，刘备离开曹操投靠袁绍、刘表。刘表死后，曹操进兵荆州，刘备被迫向江南逃奔。曹操率兵追击刘备，急行一日一夜，在当阳的长坂追上刘备。刘备听说曹操突然赶来，自己抛下妻子儿女逃走，命令张飞率领二十名骑兵断后。张飞占据河岸，拆毁河桥，手执长矛，怒目圆睁，大叫道："我是张益德，谁敢与我决一死战！"敌方无人敢靠近，因而刘备等人才得以逃脱。刘备平定江南各郡后，任命张飞为宜都太守、征虏将军，封爵为新亭侯。以后张飞又被调往南郡。

刘备进入益州，北上抗击张鲁，又回兵进攻刘璋，张飞与诸葛亮等人沿长江逆流而上，分兵平定沿途各郡县。张飞到了江州，击败了刘璋的部将巴郡太守严颜，并将严颜活捉。张飞怒斥严颜说："我大军来到，你为何不早早投降，竟敢领兵顽抗？"严颜说："你们无故兴兵，侵夺我益州，我益州只有断头的将军，没有投降的将军。"张飞大怒，命令身旁的兵卒将严颜拉出去砍头，严颜面不改色，说道："砍头就砍头，何必发怒？"张飞敬佩严颜的勇气，下令将他释放，并把他作为客人对待。张飞一路取胜，在成都与刘备会师。

刘备平定益州后，赏赐诸葛亮、法正、张飞和关羽每人黄金五百斤，白银一千斤，铜钱五千万，锦缎一千匹，对其余将士也给予了数量不等的赏赐，同时任命张飞兼任巴西太守。

曹操打败了张鲁，将夏侯渊、张郃留下镇守汉中。张郃独率几支兵马南下巴西郡，准备将那里的百姓迁往汉中。张郃进兵宕渠、蒙头、荡石，在那里与张飞相持了五十多天。张飞统率精兵一万多人，从其他道路将张郃军队截断，展开战斗。山路狭窄，前后队无法呼应救援，张郃遂被张飞打败。张郃丢弃马匹，攀登山崖，只带着十几名部下从小道逃走。张郃领兵返回南郑，巴西郡得以安宁。刘备被拥立为汉中王后，任命张飞担任右将军，并赐予其"假节"的称号。先帝章武元年（221），张飞晋升为车骑将军，兼任司隶校尉，晋封爵位为西乡侯。册封说："我接续汉室帝王世序，继承高祖皇帝开创的大业，扫除残敌，平定祸乱，但至今尚未使天下大治。现在贼寇作乱，百姓蒙受苦难，怀恋汉朝的志士，伸长脖子像鹤一样盼望着国家的中兴。我因此心中十分忧愁，坐不安席，食不甘味，整肃军队，发布誓词，准备遵奉天意惩罚乱国奸贼。由于你忠诚坚毅，如卫护周宣王的名臣召虎，名震远近，因而现在特地宣布为你晋升官职、爵位，授权你兼掌京城和附近郡县。望你协助弘扬君王恩威，以仁德来安抚百姓，以刑威来讨伐叛逆，满足我的心愿。《诗》中不是讲过：'不要侵害百姓，不要急躁冒进，一切都要遵循周王朝的礼法准则。去成就你的伟大功业，我会因此为你赐福。'不可不努力啊！"

当初，张飞雄猛威武，仅次于关羽，魏国谋臣程昱等人都夸赞关羽、张飞有万夫不当的勇气和威力。关羽对待下级士卒很友善，对上层士大夫阶层很傲慢；而张飞却敬重地位名望较高的人，对下面的士卒百姓不爱护。刘备常常告诫张飞："你运用刑法过度，又常常鞭打手下武士，还把这些人安排在身旁，你这是自取祸害啊！"张飞听了仍不悔改。刘备攻打东吴，张飞按照命令，准备率一万兵马，从阆中出兵赶赴江州与刘备会合。临行前，张飞帐下部将张达、范强杀害了张飞，带着他的首级，顺流而下投奔孙权，张飞军中的营都督上表报告刘备，刘备听说张飞的营都督有表上奏，惊叹说："唉！张飞死了！"于是追谥张飞为桓侯。张飞的长子张苞早丧。次子张绍继承了爵位，官做到侍中、尚书仆射。张苞之子张遵担任尚书，随诸葛瞻驻绵竹，在与邓艾作战时战死。

马超，字孟起，扶风郡茂陵县人。父亲马腾，灵帝末年在西州与边章、韩遂等人一同举兵起事。灵帝初平三年（192），韩遂、马腾率兵到了长安。东汉朝廷任命韩遂为镇西将军，让他领兵返回金城，任命马腾为征西将军，派他驻扎郿县。后来马腾率军袭击长安，兵败逃走，撤回到凉州。当时司隶校尉钟繇镇守关中，他派人给韩遂、马腾去信，向他们陈说利害关系。马腾派马超跟随钟繇到平阳讨伐郭援、高干，马超部将庞德亲手将郭援杀死。以后马腾与韩遂失和，马腾请求调回到京城一带。朝廷于是便将马腾召回，让他担任了卫尉，同时任命马超为偏将军，封爵都亭侯，命他统领马腾的兵马。

马超既已取得统兵大权，于是便与韩遂联合，又与杨秋、李堪、成宜等人结盟，一同进兵到了潼关。曹操与韩遂、马超各带少量人马，举行会谈，马超自负身强力壮,暗中想突然冲上前去活捉曹操,曹操身边的勇将许褚瞪眼怒视马超,马超这才没敢轻举妄动。曹操听用贾诩的计谋,设法离间马超、韩遂,使他们互相猜疑,终于将他们打得大败。马超逃奔西戎部落,曹操追击到安定,正赶上北边又发生战事,曹操于是领兵东还。杨阜劝说曹操道:"马超像韩信、季布一样勇猛,又甚得西北羌、胡各族拥戴,大军东还,如不对他严加防范,恐怕陇上各郡就不再是我们的了。"后来马超果然率戎族各部兵马袭击陇上郡县,陇上各郡县纷纷响应马超,马超杀死凉州刺史韦康,占据翼城,收编了韦康的兵马。马超自称征西将军,兼任并州牧,督掌凉州的军事征伐大权。韦康的旧部杨阜、姜叙、梁宽、赵衢等人,一同密谋,准备进攻马超。杨阜、姜叙先在卤城发难,马超出兵攻打,未能攻下;梁宽、赵衢乘机关闭冀城大门,马超无法再进入。马超进退两难,于是便逃向汉中,投靠了张鲁。张鲁胸无大志,不值得与他共谋大事,马超因此心中抑郁不乐,他听说刘备在成都包围了刘璋,便向刘备写密信请求归降。

刘备派人迎接马超,马超领兵直接来到成都城下。城中军民惊恐不安,刘璋随即投降。刘备任命马超为平西将军,督管临沮,保持其原都亭侯爵位。刘备做汉中王后,任命马超为左将军,并授予他"假节"称号。章武元年(221),晋升为骠骑将军,兼任凉州牧,晋爵为斄乡侯,册封说:"我以微小的恩德,得以继承皇位,接掌国家社稷。曹操父子作乱天下,世上到处都留下了他们的罪行,我因此悲伤忧愁,痛心疾首。天下百姓怨恨曹操父子,盼望恢复汉室统治,以至连氐、羌、獯鬻等四边异族都因敬慕大义而纷纷归服。由于你以信义闻名北部边地,威望、武力都十分显赫,因而决定将凉州托付给你,虎踞雄视,兼管北边的辽阔土地,以消除当地百姓的疾苦。望你能明确宣扬王朝教化,招抚安定四方远近,慎重地施行赏赐刑罚,以加深巩固汉朝的赐福,酬报天下苍生百姓。"马超于章武二年(222)去世,年仅四十七岁。临去世前,马超上书奏请刘备道:"臣家门亲族二百多口人,几乎全被曹操杀害,只有一个堂弟马岱,应当让他来执掌臣业已衰败的宗族家庙祭祀,深深托付陛下,其他就没有什么可说了。"刘备下令追谥马超为威侯,由儿子马承继承爵位。马岱官做到平北将军,被晋爵为陈仓侯。马超的女儿许配给了安平王刘理。

黄忠,字汉升,南阳郡人。曾被刘表任命为中郎将,与刘表的侄子刘磐共同镇守长沙郡的攸县。到曹操攻占荆州时,黄忠受命代理行使副将军之职,仍留在原来任所,下属于长沙太守韩玄。刘备平定南方各郡,黄忠于是归顺了刘备,后又跟随刘备入蜀。黄忠在葭萌接受任命,回攻刘璋,常常身先士卒,冲锋陷阵,勇猛坚毅为三军之首。益州平定后,被任命为讨虏将军。建安二十四年(219),黄忠率军在汉中定军山攻击夏侯渊。夏侯渊所率军队均为精锐,黄忠勉励督率士卒,奋力向前推进,金鼓振天,呐喊声响彻山谷,只一战就将夏侯渊杀死,夏侯渊所率军队被打得大败。黄忠被晋升为征西将军。这一年,刘备晋位为汉中王,想起用黄忠为后将军,诸葛亮劝说刘备道:"黄忠的名望一向无法与关羽、马超相比,如今却要让他们平起平坐。马超、张飞现在附近,他们都亲眼看到黄忠的战功,还可以向他们解释说明;关羽远在荆州,他知道此事一定会不高兴,能不能取消这一任命呢?"刘备说:"我自会向他解释此事。"黄忠于是取得了与关羽等人相同的官位,并被封爵为关内侯。第二年,黄忠去世,被追谥为刚侯。儿子黄叙,少年早丧,没有后人。

赵云,字子龙,常山真定县人。原是公孙瓒的部下,公孙瓒派刘备帮助田楷抗击袁绍,赵云随同前去,为刘备掌管骑兵。到了刘备在当阳长坂被曹操追击、抛下妻儿向南逃跑时,赵云身抱刘备的幼子,即后主刘禅,保护着甘夫人,即后主的母亲,奋力拼杀,才使他们母子俩幸免于难。以后赵云被提迁为牙门将军。刘备率军入蜀,赵云受命留守荆州。

刘备以葭萌县回攻刘璋,召诸葛亮前去。诸葛亮率领赵云、张飞等人沿长江逆流西进,平定沿途郡县。到了江州,诸葛亮分派赵云率一部兵马从岷江直上江阳。赵云与诸葛亮在成都会师。刘备平定成都,任命赵云为翊军将军。后主建兴元年(223),赵云担任了中护军、征南将军,封爵为永昌亭侯,后又升迁为镇东将军。建兴五年(227),随诸葛亮驻守汉中。第二年,诸葛亮出兵攻魏,扬言要从斜谷进兵,魏将曹真闻讯,急忙调派大军抵挡。诸葛亮命赵云与邓芝前去抗击斜谷之敌,自己则率军攻向祁山。赵云、邓芝以弱小的兵力抗击强敌,终于在箕谷受挫,但他们随后立即整束兵马,进行固守,这才避免了一场惨败。军队退回汉中,赵云被贬为镇军将军。

赵云于建兴七年(229)去世,死后被追谥为顺平侯。

最初,刘备在世时,只有法正一人被追谥。后主时,诸葛亮因功德盖世,蒋琬、费祎因曾担负全国军政重任,也受到追谥;陈祗深受后主宠信,死后也得到这一特殊恩典,夏侯霸曾叛魏归服蜀汉,因而得到追谥。至此关羽、张飞、马超、庞统、黄忠和赵云才得到追谥,当时的舆论认为这是十分荣耀的事。赵云之子赵统继承爵位,官做到虎贲中郎将,督行领军。次子赵广,任牙门将,跟随姜维驻守沓中,在与魏军作战时阵亡。

　　评:关羽、张飞都被人称赞有万夫不当之勇,是当世的勇猛武将。关羽立功报效曹操,张飞仗义释放严颜,都具有国士的风度器量。然而关羽刚愎而自负,张飞性情暴躁,对下级缺乏恩惠,两人最终因自己的短处而失败丧命,也实在是事理的必然。马超拥兵自重,凭仗一己之勇,致使全族被灭,可惜啊!人如能因困厄而得到安宁,不也远远胜过他吗?黄忠、赵云强壮勇猛,都是刘备得力的武臣,大概算是灌婴、滕公一类的人物吧。

卷三十七　蜀书七

庞统法正传第七

庞统,字士元,襄阳郡人。少年时为人纯朴,不露锋芒,当时没有人了解他的人品才干。颍川郡名士司马徽,性情高雅,有知人之明。庞统二十岁时前去拜访司马徽,司马徽在树上采摘桑叶,就让庞统坐在树下,两人的谈话从白天一直进行到夜晚。司马徽对庞统的学识才干十分惊异,盛赞他是南方各州郡文士中的第一流人物,从此,庞统的名声渐渐变得显赫起来。后来庞统被本地郡守任命为功曹。庞统生性重视人伦道德,对抚育子女、赡养老人之类的事情很是勤勉尽心。每当他夸赞别人之时,常常言过其实,当时的人感到奇怪,向他询问。庞统答道:"如今天下大乱,雅正之道衰微,好人少见,坏人极多。要想使好的风尚盛行,使人们的道德感与事业心增强,不把值得夸赞的人说得更完美一些,他们的名声就不足以使人仰慕效仿,无法仰慕效仿,那么做善事的人就会更少。现在举荐十个人,即使其中有五个人因不够格而被淘汰,还可以得到一半。通过这些人可以推广礼仪教化,使那些有志做善事的人自我勉励,这样不是很好吗?"

东吴大将周瑜协助刘备夺取荆州,自己借此兼任了南郡太守。周瑜去世,庞统扶送他的灵柩到了东吴。东吴许多人都听说过庞统的大名,等到庞统告辞西归时,人们便齐聚在昌门,为他送行,陆绩、顾劭、全琮也都特地赶来。庞统说:"陆先生可说是表面像驽马,实际却有余力;顾先生可说是表面像驽牛,但却能够身负重任到达远方。"又对全琮说:"您乐善好施,敬慕美名,很像汝南的樊子昭。虽然智力才气比较一般,但也可以算是一时的优秀人才。"陆绩、顾劭对庞统说:"等将来国家太平安定了,再和您一同品评天下的名人才士。"与庞统深深结交,然后送他离去。

刘备兼任荆州牧后,庞统以州从事身份代理耒阳县令,因在任上不理政务,被免除官职。东吴将领鲁肃去信对刘备说:"庞士元不是一个治理百里大的小县的人才,只有让他担任治中、别驾之类的官职,才能使他施展才学抱负。"诸葛亮也向刘备说过类似的话,于是刘备召见了庞统,和他深谈一番,十分器重他,当即任命他担任了治中从事。刘备对庞统的信任与亲密程度仅次于诸葛亮,庞统于是便和诸葛亮一同担任了军师中郎将。诸葛亮留下镇守荆州。庞统随从刘备入蜀。

益州牧刘璋和刘备在涪城会晤,庞统献计说:"趁今天这次会面机会,可将刘璋抓住,这样将军不用劳师动众,便可轻而易举地占据益州。"刘备说:"刚进入别国地盘,还没有建立起恩德与威信,这种事眼下还不能做。"刘璋返回成都后,刘备承担了替刘璋北上讨伐汉中张鲁的使命,这时庞统又劝刘备说:"偷偷选派精兵强将,日夜兼程,抄小路袭击成都;刘璋没有领兵作战的才能,又向来缺乏防守戒备,我们大军突然袭到,一举便可平定成都,这是上策。杨怀、高沛都是刘璋手下能征惯战的名将,他们依仗手中强大的兵力,驻守在白水关,听说两人曾几次写信劝说刘璋,要刘璋将您打发回荆州。将军到达白水关之前,先派人去通知他们,就说荆州形势危急,准备赶回去救援,同时下令士卒整理行装,外表做出要撤回的样子。杨怀、高沛二人既敬服将军的威名,又对您要离开益州一事感到高兴,估计他们一定会轻装前来拜见将军,我们可乘此机会将他们捉拿,然后进兵收编其军队,掉头攻打成都,这是中策。退回白帝城,联络荆州兵马,将他们调来,然后慢慢设法占领益州,这是下策。如果犹豫不决,长期滞留此地,我们将陷于严重的困境之中,不能再长久拖延了。"刘备接受了庞统的中策,随即杀死杨怀、高沛,转攻成都,沿途郡县纷纷被攻克。刘备在涪城大会将士,摆酒奏乐,他对庞统说:"今日的聚会,真可说是十分快乐的了。"庞统说:"攻打别人的国家却认为是件乐事,这可不是仁义之师所能干的。"刘备已经喝醉,大怒说:"周武王讨伐殷纣王时,前面唱歌,后面跳舞,难道就不是仁义之师吗?你的话说得很不得当,应该赶快给我退席出去。"庞统迟疑地退了下去。刚过一会儿,刘备就感到后悔了,忙派人请庞统回来。庞统回到原位,既不理睬刘备,也不道歉,只管像原来那样吃喝。刘备问他道:"刚才的谈论,究竟是谁的过错?"庞统答道:"咱们君臣都有错。"刘备听了放声大笑,席上的欢快热闹气氛仍像开始时那样。

刘备进兵包围雒县,庞统率军攻城,被乱箭射死,死时年仅三十六岁。刘备十分痛心惋惜,一提起此事就要流下眼泪。庞统的父亲被任命为议郎,后又升任谏议大夫,丞相诸葛亮亲自为他主持了授官仪式。追封庞统爵位为关内侯,追谥为靖侯。庞统之子庞宏,字巨师,为人刚正率直,喜爱品评议论人物,因看不起得宠的尚书令陈祗,遭到陈祗压制排挤,最后死在涪陵太守任上。庞统的弟弟庞林,以荆州治中从事、镇北将军参军身份随镇北将军黄权攻打吴国,遇上蜀国兵败,和黄权一同投降魏国,被魏国封为列侯,官做到钜鹿太守。

法正,字孝直,扶风郡郿县人。祖父法真,是一位有清白节操和高尚名声的人。汉献帝建安初年,天下发生饥荒,法正与同郡人孟达一同来到蜀地,依附于刘璋,过了很久,法正才被任命为新都县令,后来他被召回成都,担任了代理军议校尉一职。他既不受重用,又遭到了侨居蜀地的同郡县人的诽谤,说他品行不好,法正感到很不得志。益州别驾张松与法正交情很好,张松考虑到跟随刘璋很难有所作为,常常在私下暗自叹息。张松到荆州拜见曹操归来后,劝说刘璋与曹操断绝关系,和刘备结盟。刘璋问:"谁可以充当使者?"张松于是就举荐了法正,法正推让了一番,最后不得已才接受命令前往荆州。法正出使归来,向张松夸赞刘备有雄才大略,两人私下秘密商定,决心一同拥戴刘备,只是一时找不到适当的机会。后来刘璋听说曹操要派兵将进攻汉中的张鲁,心中很是担心,张松于是便乘机劝说刘璋,说应当迎请刘备入蜀,让刘备来讨伐张鲁。刘璋同意,再次让法正受命出使荆州。法正先向刘备转告了刘璋的意图,然后私下向刘备献计说:"凭着将军的英才,应当利用刘璋害怕曹操的懦弱心理,赶快出兵;张松是州里很得力的人才,可以让他在成都作为内应;然后将军就可以借助于益州的富庶和天府之国的险要地势,以这样优越的条件来成就复兴汉室的大业,实在是易如反掌。"刘备赞同法正的主意,于是率军沿长江逆流而上,向西进兵,与刘璋相会于涪城。随后刘备先北上到葭萌,接着就掉头南返,向刘璋发起了进攻。

郑度劝说刘璋道:"刘备率孤军袭击我们,兵卒不满一万,百姓还没有完全归服于他,他们缺乏军用物资,完全依靠从民间征集来的那点粮草。对付他们的最好策略是把巴西、梓潼两地的百姓全部迁往涪水以西,将那儿地里和粮仓里的粮食全部烧掉,修筑高垒,深挖壕沟,以逸待劳,等待他们到来。他们来到这里向我们挑战,我们坚守不出,时间一长,他们的物资供给就会断绝,不出一百天,他们必会自行退走。趁他们撤退之机,我们再发兵攻击,这样就可以将他们一一擒住。"刘备听到这个消息,对郑度十分恼恨,问法正应该怎样对付。

法正说："刘璋终究不会听用郑度的计谋,将军不必担忧。"刘璋果然如法正说的那样,对他的下属说："我只听说过抗击敌人来保护百姓,还没听说过迁移百姓来逃避敌人。"于是罢免了郑度,不听他的计谋。

　　等到刘备的军队包围了雒城,法正给刘璋写信说："我法正禀性缺乏才智,如今左将军与您的友好盟约受到破坏损害,我担心您身边的人不明真相,势必会将所有过错都归咎于我一人身上,使我终生蒙受耻辱,也使您连累受辱,因此才失身流落在外,不敢回去复命。我怕您讨厌我的话语声音,所以这期间就没有向您写信汇报,回想起您旧日的知遇之恩,我常常翘首远望,感到十分悲伤惆怅。然而,我还是要想把事情的前后经过说清楚,向您表白一下我的心迹,自始至终我都没有隐瞒真情,有的地方没有表白清楚,那是因为我的愚笨和缺乏策略,我的诚意没能把您打动,于是就导致了今天这种局面。现在国事已很危急,大祸就要临头,虽然我流落在外,开口说话只能增加您对我的憎恨与抱怨,我还是要把心中的话全部说出来,以尽自己的忠心。您的心愿,我很了解,实际上就是要谨慎小心,不愿轻易地得罪左将军,而最终到了目前这种局面,是因为您身边的人不明白英雄处事的道理,以为可以违背信义誓约,凭意气任意行事,这些人长期以来一味追求顺耳悦目,阿谀奉承,趋炎附势成风,是因为他们缺乏远虑,缺乏为国分忧的谋略。事变发生后,他们又不能正确地估量双方力量的强弱形势,以为左将军孤军远道而来,缺乏粮草储备,想要以多击少,使战局长期僵持下去。而事实上,左将军从白水关到这里,沿途郡县被纷纷攻破,行宫与其他兵营日渐孤立衰落。雒下虽有一万兵卒,但都是败阵逃回之人、破军之将,如想凭此争一时的胜利,那么兵将势力实在不相当,想通过长期相持来消耗左将军的粮草也行不通,如今左将军的兵营已得到巩固,粮草也积存了不少,而将军您的土地却日渐减少,百姓日益贫困,敌对者越来越多,供应军队的军需物资被远远隔开。以我的愚见看来,到最后粮草物资率先枯竭、无法长久坚持的一定是将军这方。即使照目前这样坚守相持,将军都胜算不多,何况现在张飞已率领几万兵马平定了巴东,进入了犍为郡界,并分别夺取了资中、德阳,正兵分三路向前推进,您如何抵挡得了?原先为将军出谋划策的人,坚持说左将军是孤军远来,缺乏粮草,运送也来不及,而且兵力薄弱,没有后援。如今往荆州的道路已被打通,左将军的军队比原来多出几十倍,另外还有东吴派来的孙权的弟弟以及李异、甘宁做后援。比较主客双方形势,如果想以土地广大来取胜,那么对方现在已经全部占领了巴东、广汉、犍为也大半被平定,巴西郡又再次不属于将军所有了。计算起来益州所能依仗的也只有蜀郡,而蜀郡已经被破坏,三分之二的土地已经丧失,官员百姓疲惫不堪,每十户人家就有八户想起事作乱。如果敌人离得远,百姓忍受不了长途运送军需的劳役,敌人近了,他们就会纷纷投降。广汉郡各县情形,就是明显的例子。还有鱼复县与白水关,它们实在是关系到益州成败祸福的门户关口,如今两门都被打开,坚固的城池被纷纷攻克,各路军队都被击败,兵将损失将尽,而对方几路并进,已攻下了益州的中心地区,而您只能困守成都、雒城二地,胜败存亡的局势已是十分明显了。这只是大致情况,是其中比较明显外露的,至于其他曲折隐微的情状道理,就难以用语言表达清楚了。像我法正这样的愚蠢之人尚且知道此事行不通,何况将军身旁聪明多智的谋士,他们岂能不明白事态的必然结局? 如果靠短时苟且侥幸,乞求容身,一献媚邀宠,不做长远打算,不肯尽心献上好的计策,那也罢了。如果事情艰难,形势紧迫,这些人就会为自己各谋生路,保全家族门户,反复无常,与现在的打算肯定不一样,不会为将军尽忠死难,而将军家门还得受到来自他们的忧患。我虽蒙受了不忠的诽谤,然而我内心却认为自己并没有辜负您的恩德,顾念君臣的名分义务,我实在是痛心疾首。左将军出于国家的根本利益,举兵前来,旧情仍在,对您并没有什么敌意,我认为您可以考虑改变策略,以便保全您的家族。"建安十九年(215),刘备进兵包围成都,刘璋的蜀郡太守许靖准备越城投降,因事情暴露未能成功。刘璋因益州马上就要陷落,所以没有处置许靖。刘璋投降后,刘备因此看不起许靖,不肯重用他。法正劝刘备说:"天下有许多有虚名而无真实才干的人,许靖就是这样。然而如今主公刚刚开创大业,天下之人又不能一户一户地去说明,许靖的虚名传遍天下,如果对他礼数不周,天下的人就会因此说主公轻视贤才。应该对他加以敬重,以便向远近之人显示,您是在追慕效仿从前燕昭王厚待郭隗之事。"刘备于是便厚待重用许靖。任命法正做了蜀郡太守、扬武将军,在外统领都城及附近地区,在内则是刘备的主要谋臣。他行事偏激,一顿饭的恩德也要报答,小小的怨忿也要报复,曾擅自处死过几个毁谤过他的人。有人对诸葛亮说:"法正在蜀郡恣意横行,您应该禀告主公,对他的作威作福的行为加以抑制约束。"诸葛亮答道:"主公从前在公安,害怕北面曹操的强盛,担心东面孙权的威胁,近处又惧怕孙夫人在身边生变,在那个时候,真是进退两难,法正辅佐帮助主公,使他得以展翅高飞不再受人钳制,现在怎么能禁止法正,使他不能按自己的意志行事呢?"最初,孙权将妹妹许配给刘备,孙权的妹妹才思敏捷,性情刚猛,大有她几位兄长的气度,一百多名侍婢都持刀站立在她身旁,刘备每次到她那里,心中都惊惧不安。诸葛亮又知道刘备很喜爱法正,因而才讲了这些话。

建安二十二年(217),法正劝说刘备道:"曹操一战就迫使张鲁投降,平定了汉中,他没有乘这一有利形势攻取巴、蜀,却留下夏侯渊、张郃镇守当地,自己领军北还,这并不是他的智谋不够,力量不足,而是内部有忧患逼迫他这样做的缘故。现在估量夏侯渊和张郃的才干谋略,不比我国将帅高出多少,假如我们发兵讨伐,一定会取得成功。取胜之后,我们可以大力鼓励农桑,积蓄粮食,寻找可乘之机出兵,这样上可以消灭敌人,辅佐安定汉朝王室,中可以蚕食吞并雍、凉二州,开拓疆土,下可以固守关口要塞,作长久割据的打算。这大概是上天有意要帮助我们,时机不可错过啊!"刘备赞同法正的计策,于是便率众将领兵进入汉中,法正也跟随前往。

建安二十四年(219),刘备从阳平关南渡沔水,沿着山势逐渐向前推进,在定军、兴势两山扎下营寨。夏侯渊领兵来争夺这个地方。法正说:"可以出击了。"刘备命令黄忠居高临下,擂鼓呐喊向夏侯渊发出攻击,将夏侯渊的军队击败,并将夏侯渊等人斩首。曹操领兵西征乌丸,听到是法正出的计策,说:"我本来就知道刘备不可能有这样的计谋,一定是有人教他的。"

刘备被拥立为汉中王,任命法正做了尚书令、护军将军。第二年法正去世,死时年仅四十五岁。刘备为法正一连几日痛哭流涕。法正被追谥为翼侯。法正之子法邈被赐爵为关内侯,官做到奉车都尉、汉阳太守。

诸葛亮与法正虽然志趣不同,但都能以大义为重,彼此取长补短。诸葛亮常常对法正的智慧和谋略感到惊奇。刘备称帝后,准备东征孙权为关羽报仇雪耻。许多大臣劝刘备不可贸然行事,刘备一概不听。先主章武二年(222),蜀军战败,后退驻扎白帝城。诸葛亮感叹说:"法孝直如果在世,一定能够劝阻主上,使他不匆忙向东吴进兵;即使向东吴进兵,也不会遭到如此惨败。"

评:庞统平素喜欢各种人才,经学谋略,在当时的荆、楚一带可称为高才俊士。法正善于预见事情的成败趋势,有奇谋妙策,但不以品德纯洁被人称颂。与魏国的群臣相比,庞统与荀彧不相上下,法正大概算是程昱、郭嘉一类的人物吧。

卷三十八　蜀书八

许糜孙简伊秦传第八

　　许靖,字文休,汝南郡平舆县人。年轻时与堂弟许劭一同成名,都有喜爱品评各类人才的名声,但私下感情却不融洽。许劭担任本郡功曹,排斥许靖,使他得不到收录叙用,许靖只得用马为人磨粮来养活自己。颍川人刘翊担任汝南太守,举荐许靖做了计吏,负责选拔孝廉,以后又任尚书郎,掌管官员的选拔录用。汉灵帝死后,董卓掌政,任命汉阳人周毖为吏部尚书,让他和许靖一同商议,举拔、贬斥天下官员,淘汰昏庸腐败官吏,提拔怀才失意之人。提拔颍川人荀爽、韩融、陈纪等人担任了公、卿、郡守,任命尚书韩馥为冀州牧,侍中刘岱为兖州刺史,颍川人张咨为南阳太守,陈留人孔伷为豫州刺史,东郡人张邈为陈留太守,许靖则被提升为巴郡太守,他未去上任,被改任御史中丞。韩馥等人到任后,纷纷发兵反攻京城,想要杀掉董卓。董卓怒斥周毖说:"你们都说要选拔品行高尚之人,我听从了你们的计策,不想违背天下人心。而你们录用的这些人,刚一到任就返过头来进攻我,我董卓为何要起用这些忘恩负义之人!"下令将周毖带出,在外面处死。许靖的堂兄许玚担任陈相,又与孔伷合谋攻打董卓,许靖害怕被董卓杀害,逃走投靠了孔伷。孔伷死后,又投靠了扬州刺史陈祎。陈祎死后,吴郡都尉许贡、会稽太守王朗一向与许靖交情甚好,因而前来保护许靖。许靖收养安顿亲属乡邻,经营买卖来接济他们,完全出于一片仁厚之心。

　　孙策东渡长江,人们纷纷出走交州躲避战乱,许靖自己坐在江岸边,先让船将随行人员载走,近亲远族都出发后,自己才随后跟去,当时看到这一情景的人都赞叹不已。到了交趾郡,交趾太守士燮对许靖十分敬重,并盛情款待了他们。陈国人袁徽与许靖一同寄身交州,他向尚书令荀彧写信说:"许靖才华出众,智计谋略足以参与国家大事。自从流落交州以来,他与众人在一起,每当有危急忧患,他总是先人后己,与亲族内外的人同受饥寒,他对待同类之人,仁义宽厚,都很有成效,只是无法一一列举罢了。"钜鹿人张翔奉王命出使交州,他想凭借权势征召许靖,与许靖订立誓约,许靖拒不答应。许靖给曹操写信说:

时事艰难,祸乱交加,我因愚钝怯懦,苟且偷生,被迫逃亡蛮夷之地。一别十年,来往礼数断绝。过去在会稽郡,得到您的书信,信中言辞诚恳亲密,旧约难忘。迫于当时袁术抗拒王命,颠覆宗室,煽动反叛,四方道路堵塞隔绝,我虽心向北方,却没法动身上路。正礼军队撤退,袁术兵马进入,会稽遭到颠覆,景兴失去依靠,三江五湖,全部落入敌人之手。面对当时的艰难困厄,无法向上报告。于是便和袁沛、邓子孝等人渡过大海,南下到了交州。沿途经过东瓯、闽、越各国,行程万里,看不到汉朝国土。一路漂泊于风浪之中,粮食断绝,只得以草充饥,不断有人饿死,一大半人死在途中。渡过南海后,与兼任郡守的儿孝德相见,知道您忠义奋发,整顿军队,向西迎回皇上,巡察中岳嵩山。得到这一喜讯,我心中又悲又喜,当即便与袁沛以及徐元贤重新整理行装,准备北上荆州。赶上苍梧郡各县夷、越部落反叛,州府被攻破,道路又被隔断,徐元贤遭到杀害,全家老少也一同被杀。我们随后沿着河岸行走五千余里,不幸又遇上瘟疫,伯母丧命,随从人员也纷纷被传染,从他们到他们的妻子儿女,一时死伤将尽。人们相互帮助扶持,来到交趾郡,计算路上被敌兵杀害和病死的人数,十成只留下一二成。百姓的艰难,辛苦的程度,实在难以一一述说。害怕最终倒在异乡,永远成为逃亡罪人,我忧心忡忡,寝食难安。想要依附朝见天子的使节,使自己得到救助,返回朝廷,老死故乡,不幸通向荆州的水陆道路不通,交州的来往驿使也长久断绝。想北上益州,又有严厉的关卡拦阻,原来汉朝的官员大吏,一概不许进入。从前曾让交趾太守士燮深切地托付益州兄弟,我也曾亲自给他们写信,言辞诚恳痛切,然而又是石沉大海,没有回音。虽然仰望思慕朝廷恩泽,顾盼殷切,却无法插翅飞越万里!

知道皇帝公允明哲,显耀地授予您征伐军事大权,反叛谋逆之人,大多被讨伐诛杀,想奋力竞逐的一心归服,顺从王命的殊途同归。另外张子云过去在京城,志在辅佐王室,现在虽身临蛮夷之地,不能参与朝政,但也是国家的屏藩,您的外援。如果荆、楚平定,王室恩泽流布南方,您只要下声命令,劝他归服,让他能借道从荆州出来,如不能这样,我将把他介绍给益州的兄弟,让他们接纳他。假如上天能给予足够的时光,人事能迟缓祸患的降临,使我返回朝廷,解除逃亡的罪责,即使丧身九泉之下,我也将无所遗恨!如果时局艰难,国事不利,人的命运变化不定,使我在死前不能返回,我将永远身负罪责,葬身在蛮夷之乡!

过去齐太公吕望辅佐周朝,持黄钺执掌征伐之权,博陆侯霍光辅佐汉室,执虎贲担负护驾之责。现在您扶危济困,力挽狂澜,作为国家的柱石,兼负有吕望和霍光二人的重任,五侯九伯,都属您管辖,从古到今,作为臣子的尊贵还没有一个人能超过您。爵位高贵忧虑就深,俸禄丰厚责任就重,您担负着爵高者的重任,身处职权重大的位置,一言出口,就决定了对别人的赏罚,意念所到,就关系到天下的祸福。行事符合道义,国家就能得到安宁,行事不合道义,天下就会离散大乱。国家的安危,百姓的命运,都决定于您一人之手。从华夏中原到夷越各族,都敬慕仰望着您。您承担如此重任,怎能不认真深刻地察看古籍史书中所记载的国家兴盛衰亡以及人们荣辱得失的原因,放弃旧时的恩怨,宽厚地对待百官,考察各种优秀人才,选拔贤能之士担任官职。如果真是贤德之辈,就是自己私人的仇敌也要举荐录用;如果行为不端,即使是自己的亲人也不能授官给他。使国家得到安宁,使苍生百姓得到救援,等大功告成,人们会将您的业绩谱写入音乐,把您的功勋铭刻于钟鼎,愿您加倍努力。为了国家,望您自尊自重;为了百姓,望您自洁自爱。

张翔恼恨许靖不为自己所用,搜出许靖寄给曹操的信笺,将它们全部扔入水中。

后来刘璋派使者来征召许靖,许靖去了蜀郡,刘璋任命许靖为巴郡、广汉太守。南阳人宋仲子在荆州给蜀郡太守王商写信说:"许文休潇洒奇伟,有盖世之才,您应当把他作为楷模和指导者。"建安十六年(211),许靖调任蜀郡。十九年(214),刘备攻克蜀地,任命许靖为左将军长史。刘备做汉中王,许靖被拜为太傅。等到刘备即位称帝,册封许靖说:"我得以执掌帝业,君临天下,日夜惶恐不安,担心不能平定国家。百姓互不亲善,不崇敬仁义礼智信五德,你身为司徒,要谨慎地布施五常之教,使它得以弘扬光大。你要自勉努力啊!望你不倦怠地执掌国家的政教风化,使我满意。"

许靖虽年过七十,依然喜爱各种人才,教育并提拔引荐年轻才士,每日清谈不倦。丞相诸葛亮等人的授职仪式都是由他来主持的。许靖于先主章武二年(222)去世,儿子许钦在许靖去世前就先死去了。许钦之子许游,景耀年间(258—262)担任尚书。许靖最初以兄长之礼侍奉颍川人陈纪,与陈郡的袁涣、平原国的华歆、东海郡的王朗等人也很有交情,华歆、王朗以及陈纪之子陈群,在曹魏初年曾担任三公和辅助大臣,他们都给许靖写信,陈述旧日友情,情义十分诚恳真挚,因文字较多,这里不再载录。

麋竺,字子仲,东海郡朐县人。前辈世代经商,家中奴仆上万,财产丰厚。后来徐州牧陶谦征召他为别驾从事。陶谦死后,麋竺奉陶谦遗命,前去小沛迎请刘备。建安元年(196),吕布乘刘备出兵抗拒袁术时,袭击下邳,俘虏了刘备的妻子和儿子。刘备率军转移广陵郡西海县,麋竺于是便将妹妹献给刘备做夫人,并献上奴仆两千多人,以及许多金银财产,帮助刘备筹集军需费用。刘备当时非常困苦窘迫,凭借这笔财富才得以重新振作。后来曹操上表举荐麋竺为嬴郡太守,麋竺之弟麋芳为彭城相,两人后来都辞去了官职,追随刘备转战周旋。刘备打算南下荆州,派遣麋竺先去与刘表通报,任命麋竺担任左将军从事中郎。益州平定后,麋竺被任命为安汉将军,位次在军师将军之上。麋竺雍容华贵,敦厚优雅,但不以才干谋略见长。因此刘备只是以上宾之礼对待他,不曾让他统率兵马,然而赏赐丰厚,宠信备至,没人能与他相比。

麋芳担任南郡太守,与关羽共事,但私人感情不和,麋芳反叛帮助孙权,袭击关羽,关羽因此兵败身亡。以后麋竺反绑双手向刘备请罪,刘备对他好言劝慰,因兄弟犯罪,与他无关,像以前一样尊重他,麋竺因惭愧和气愤而生病,一年后死去。儿子麋威,官做到虎贲中郎将,麋威之子麋照,曾任虎骑监。麋家从麋竺到麋照,都熟习弓马,善于骑射。

孙乾,字公祐,北海郡人。刘备兼任徐州牧,孙乾被征召为州从事。刘备反叛曹操,曾派孙乾前去与袁绍联络,刘备准备南下荆州,孙乾又与麋竺一同出使去见刘表,每次都能准确地依照刘备的意旨行事,不辱使命。以后刘表给袁尚写信,谈到他们兄弟纷争之事,说:"每次与左将军刘备以及孙公祐一道谈论此事,没有一次不痛心疾首,彼此感伤不已。"刘表就是如此看重孙乾。刘备平定益州,孙乾由从事中郎升为秉忠将军,受到的礼遇仅次于麋竺,与简雍相同。不久,孙乾去世。

简雍,字宪和,涿郡人。年轻时与刘备很有交情,随从刘备转战周旋。刘备到荆州后,简雍与麋竺、孙乾一同担任从事中郎,常作为能言善辩的说客,往来出使各地。刘备进入益州,刘璋见到简雍,十分喜欢他。以后刘备围困成都,曾派简雍前去劝说刘璋,刘璋于是便与简雍坐着一辆车,出城投降。刘备任命简雍为昭德将军。简雍悠闲自得,高谈阔论,性情倨傲,行为放纵,在刘备面前,也是伸足而坐,身体歪斜,对礼仪规定满不在乎,只管自己坐得舒服。与诸葛亮以下的人在一起,他常常自占一张坐榻,枕着脖子,躺着与众人说话,没有谁能使他屈身附就。一次因天气干旱粮食歉收而禁酒,酿酒的要受刑罚。吏役在一户人家搜出了酿酒工具,执法者准备让这户人家与酿酒者同受处罚。简雍与刘备一道游玩,看到一对男女在走路,对刘备说:"那两人要做出淫乱之事,为什么不把他们抓起来呢?"刘备问他道:"你怎么知道?"简雍答道:"他们都有淫乱的工具,与有酿酒工具想酿酒的人不是一样吗?"刘备哈哈大笑,于是便释放了那户有酿酒工具的人。简雍的滑稽风趣,大都像上面所说的这样。

伊籍,字机伯,山阳郡人。年轻时依附同乡镇南将军刘表。刘备到荆州后,伊籍常与刘备来往,想依托刘备。刘表去世,伊籍于是便随刘备南渡长江,后又追随刘备进入益州。益州平定后,被任命为左将军从事中郎,所受礼遇仅次于简雍、孙乾等人。刘备派他出使东吴,孙权听说他有才善辩,想要用言辞折辱他。伊籍刚入殿行礼,孙权说:"侍奉无道之君很辛苦吗?"伊籍当即答道:"一拜一起,谈不上什么辛苦。"伊籍的机变敏捷,大都与此类似,孙权对此十分惊异。以后伊籍被提升为昭文将军,与诸葛亮、法正、刘巴、李严一同制订了《蜀科》;《蜀科》中的典章律令都出自这五人之手。

秦宓,字子敕,广汉郡绵竹人。年轻时就很有才学,州郡多次征召,他总是托病不去。秦宓上书奏请州牧刘焉,举荐儒士任定祖说:"过去百里奚、蹇叔以垂暮之年为秦国制定国策,甘罗、子奇在童稚之年立下功勋,因而《尚书》赞美高寿老人,《易经》称颂颜渊,可知选拔人才、录用贤能不能拘于年纪的长幼大小,这是十分明显的。很久以来,国家选拔人才,一般总是注重年轻才士而忽略有德望的老人,舆论对此评价不一,肯定与否定各占一半,这是太平年间的悠闲漫步,不是战乱时代的急需。要扶危济困,平定祸乱,修养自身,安定他人,就应当卓绝出众,一反流俗所为,震动邻国四方,上顺承天意,下符合民心,如果天道人际相和为一,自己问心无愧,那么即使遭逢祸乱,又有什么可忧愁、恐惧的呢?过去楚国叶公好龙,神龙真就降临,喜欢假龙都能感动上天,何况喜欢真的呢？现有儒士任安，仁义正直，美名远扬，如果能使他得到选拔录用，全州士人百姓都会服气。过去商汤选拔伊尹，使不仁义的人远远逃避，何武举荐二龚，双双扬名史册，因而贪图寻常高度而忽略万仞高山，乐享眼前美饰而忘却天下名声，这实在都是古往今来需要慎重处置的事情。您想凿石取玉，剖蚌取珠，如今随侯珠、和氏璧光彩照人，如同明亮的太阳，您还有什么可犹豫怀疑的呢？我深知白昼不用掌灯秉烛，太阳自有其光明，但还是想把自己不明智的情感见解倾吐出来。"

刘璋执掌益州时，秦宓的同郡王商任治中从事，他给秦宓写信说："贫贱困苦，什么时候可以了结这样的一生呢？卞和抱玉向世人炫耀，你应该来一趟，与州牧相见。"秦宓回信说："过去尧厚待许由，恩遇不可说不宏大，然而许由却洗耳颍水之滨，拒不接受征召；楚王聘请庄周，礼数不可说不隆重，然而庄周却手持钓竿不屑一顾。《易经》说：'坚强啊，他的意志不可改变'，又有什么可炫耀的呢？况且凭现在国君的贤明，你作为贤良的辅臣，不在此时献上萧何、张良的谋略，实在不能称为'智'。我能顶着烈日在田野耕种，诵读颜渊的箪食瓢饮，歌咏原宪的蓬门陋巷，安贫乐道，时时漫步在山林水泽，与长沮、桀溺为伍，听玄猿悲声长叫，看仙鹤在潭泽上啼鸣，以安身存命为乐，无忧无虑为福，抛弃空虚的名望，中止不灵验的龟兆，使知道我的人日渐减少，这正是我所珍惜向往的。眼下正是我得志的日子，有什么困苦贫贱可哀叹的呢！"以后王商为严君平、李弘修建柯庙，秦宓给他写信说："我因病躲避世外，知道您为严君平、李弘修建祠庙，可称是对同道者的厚待与勉励。观看严君平的文章，冠绝天下，许由、伯夷的超俗品格，简直像高山一样不可动摇，即使没有扬雄的赞叹，也会名闻世间。如果李仲元不遇上《法言》，名声必会沦落湮没，这是因为他的文章缺乏斑斓文采的缘故，可以说他是一个依附他人而成就名望的人。而扬雄则潜心著书立说，有补益于当世，出淤泥而不染，行事以圣人先师为榜样，今日天下的人们，仍然在诵读他的文章言论。国中有此人，足以向四方夸耀，可奇怪的是您却本末倒置，不为他建立祠庙。蜀地原本没有学者文士，文翁派司马相如到东方去学习七经，回来教导官员百姓，以此蜀地的学术才可和齐、鲁相比肩。因此《地里志》说：'文翁倡导教化，司马相如是老师。'汉室获得才士，在那时最为繁盛；董仲舒这些人，不精通封禅之礼，司马相如为封禅制订了礼仪。能够制订礼仪，创制音乐，移风易俗，不是以礼仪节度人们而对当世有所补益吗？虽有卓王孙一事拖累，但就像孔子推崇齐桓公的霸业，公羊高赞美叔术的谦让,我也赞许司马相如的教化,应该为他修建祠庙,并赶快写定铭文。"

从前,李权曾向秦宓借《战国策》,秦宓说:"战国合纵连横,离叛攻杀,读它做什么?"李权说:"孔子、严君平汇集众书,写成《春秋》和《老子指归》,因而海以能汇合众流为阔大,君子以能博闻强记为宏大。"秦宓答复他说:"书籍除了正史和周朝文献,孔子不采纳;道法除了崇尚虚无自然的,严君平不推演,海因受到泥沙淤积,每年都要清除荡涤,君子虽然主张博闻强记,但不符合礼仪的却不能观看。《战国策》充斥着张仪、苏秦的谋略权术,宣扬杀害别人以保全自己,这是圣人经典所憎恶的。因而孔子发愤写作《春秋》,堂堂正正,符合圣贤大道,又制订《孝经》,广泛地宣扬陈说道德节操。防微杜渐,对不好的事情要预先加以制止,因此老子主张要在事情发生之前消除它的祸患,的确如此啊!商汤是位大圣人,却因看到郊野之鱼就有了沉溺打猎的过失;鲁定公是贤明君主,却因观看了美人歌舞就荒废了朝政,像这样的人和事,简直是数不胜数。道家的道法说:'不要见到你所想要的东西,使你的心怀不受到惑乱。'因此天地正而守一,日月正而光明,它的正直有如箭矢,这正是君子应该实行效仿的。《洪范》记载灾异现象,往往从人的言行外貌中引发出来,与战国的奸诈权谋有何相干呢?"

有的人对秦宓说:"你想把自己比作巢父、许由和商山四皓,那为什么还要宣扬自己的文采辞藻,表现自己的奇瑰才能呢?"秦宓答道:"我的文章无法充分地表达我的言辞,言辞无法充分地表达我的旨意,有什么文采辞藻可宣扬呢!过去孔子三次拜见哀公,写成《三朝记》七篇,这是因为他对有些事不能保持沉默。接舆边行边歌唱,评论者认为这是光彩的诗篇;渔父咏诵浩渺的流水,贤士们认为这是闪光的辞章。老虎生来就有斑斓的花纹,凤凰生来就有彩色的羽毛,难道是它们用色彩来粉饰自己吗?这是天生如此。《河图》《洛书》因文采而兴盛,圣人六经因文采而兴起,君子以礼乐教化为美德,文采辞藻又有什么妨害!以我之愚笨,都以革子成反对文采的过失为耻,何况那些比我贤明的人呢!"

刘备平定益州后,广汉太守夏侯纂迎请秦宓出任师友祭酒,让他担任佐吏之长,尊称为仲父。秦宓假托有病,躺在家中不出,夏侯纂领着功曹古朴、主簿王普,带上酒食到秦宓家宴饮交谈,秦宓仍像原来那样躺在床上。夏侯纂说:"说到你们益州养生的酒肴食器,的确远远地超过了别的地方,不知文人才士比其他州郡怎样?"古朴答道:"从西汉以来,益州才士的爵位官职也许不如其他州的人那么高,但说到著书立说被当世之人效法学习,却绝不比其他州差。严君平读黄、老写下了《老子指归》,扬雄读《易》写下了《太玄》,读《论语》写下了《法言》,司马相如为汉武帝起草封禅的诏告文章,这是今日天下人人尽知的。"夏侯纂说:"仲父怎么样?"秦宓用笏板拍打着自己的面颊,说:"请您不要认为我的话不够谦虚,让我为您说一说本州的源流始末。蜀地有山名叫汶阜,长江从山中流出,天帝使它得到昌盛,神灵使它得到福佑,因此有肥沃的千里田野。江、河、淮、济四水,长江名列榜首,这是其一。大禹出生于石纽,就是现在的汶山郡。过去唐尧遭受水患,鲧没有将水治好,大禹疏通长江,清理黄河,使它们向东流入大海,为民除去了祸患,自从有人类以来功劳没有超过他的,这是其二。天帝通过房、心、参、伐等星宿的星象,来决断实行政令,参、伐二星正与地下的益州对应,三皇乘坐车马出谷口的地方,就是现在的斜谷。这就是本州的始末由来,你平心而论,它比天下其他州郡怎样?"夏侯纂迟疑半晌,无言以对。

益州征召秦宓为从事祭酒。刘备即位称帝后,准备东征孙吴,秦宓劝阻说天时不当,一定难以取胜,因此获罪,被下狱囚禁,以后被赦免释放。后主建兴二年(224),丞相诸葛亮兼任益州牧,提拔秦宓出任别驾,不久又任命他为左中郎将、长水校尉。吴国派使者张温前来问候修好,文武百官前去为他钱行。众人都已聚齐,唯有秦宓未到,诸葛亮几次派人催他,张温问道:"他是什么人?"诸葛亮答道:"益州的学者才士。"等秦宓到后,张温问他:"你学习吗?"秦宓说:"五尺高的孩童都学习,你何必轻视人!"张温又问道:"天有头吗?"秦宓说:"有头。"张温问:"在什么地方?"秦宓说:"在西方。《诗经》说:'于是眷恋地向西望',从这句话推论,头在西方。"张温问:"天有耳朵吗?"秦宓说:"天高高在上却能听到下界的声音,《诗经》说:'鹤鸣叫于水泽之中,声音被上天听见。'如果上天没有耳朵,用什么来听它呢?"张温问:"天有脚吗?"秦宓说:"有。《诗经》说:'上天的步履是那么艰难,那人已不可靠。'如果上天没有脚,怎么行走呢?"张温问:"天有姓吗?"秦宓说:"有姓。"张温问:"姓什么?"秦宓说:"姓刘。"张温问:"你怎么知道的?"秦宓答道:"当今天子姓刘,因此我知道天姓刘。"张温问:"太阳诞生在东方吗?"秦宓说:"虽在东方诞生,却最终沉落于西方。"一问一答,有如山中回音应声而出,张温因此对秦宓十分敬佩。秦宓的文才辩才,大多都像这样。后来秦宓被提升为大司农,建兴四年(226)去世。最初秦宓看到记载帝王世系的文献典籍,五帝都出于同一部族,秦宓从根本上指出了这一记录的错误。另外他论证皇帝王霸饲养神龙的传说,都很有道理。谯周年轻时曾多次拜访请教秦宓,将秦宓的言论记录在《春秋然否论》中,因文字较多,这里不再转载。

评:许靖一向名声显赫,既因忠厚受人称赞,又喜爱各类人才,有爱才之名,虽然行事举动未必都得当正确,但正像蒋济评论的:"总体上说是位能担当起朝廷重任的大才。"麋竺、孙乾、简雍、伊籍都雍容风雅,长于清谈议论,被当时之人敬重。秦宓最初羡慕隐士君子的高洁,但实际上却没有弃世退隐。然而他善于应对交涉,文辞壮美,也可称得上是当时的一位才士。

卷三十九　蜀书九

董刘马陈董吕传第九

　　董和,字幼宰,南郡枝江人,他的祖先是巴郡江州人。汉代末年,董和率领宗族西迁,益州牧刘璋封他为牛鞞、江原县长,成都县令等官。蜀地非常富足,当时奢侈之风盛行,经商的人家穿的如同公侯,吃的是玉脂琼浆。每有婚嫁丧娶之事,则大肆铺张,几乎倾尽家财来办理。董和以节俭为大家作出表率,穿粗布衣服,吃素,防止出现衣饰超过公侯的情况,以这样的做法为法则。于是,当地的奢侈之风大大改变,人们都畏惧他而不敢冒犯。县里的一些豪强害怕董和的严法,便说服刘璋调董和为巴东属国都尉。不想县中吏员和民众数千人,扶老携幼,挽留董和,刘璋只好让他再留任二年,然后转为益州太守,到任后,仍同以前一样清贫节俭。他和周围少数民族打交道时,总是推心置腹,以诚相待,所以南方少数民族的人都爱戴他,信任他。

　　刘备平定蜀地后,征召董和为掌军中郎将,与军师将军诸葛亮并署左将军大司马府事,出谋划策,共为欢乐之交。自从董和居官食禄以来,在外治理边疆少数民族聚居的地区,在内参与军机要事,二十多年,临终时家中竟无值一石粮的私财。诸葛亮后来做丞相,告诫部下说:"参加朝廷工作,就是要集中众人的智慧和忠心。如果拘泥于区区小事,就会难以相互通报情况,对各项工作造成损失。能够互通情况,就如同抛弃弊端而获得珠玉。然而人心经常苦于不能穷尽这些小事,只有徐庶处理这类问题不糊涂。又有董和来到朝中任职七年,遇到不周之处,哪怕往返多次,也能来相告。如果能做到徐庶的十分之一,像董和那样勤勤恳恳,忠于国家,那么我的过失就可以少多了!"又说:"过去我初交崔州平,屡屡听到他对我的得失做出的评价,后来与徐庶相交,经常听到他的启发教诲。先与董和共事,他总是言无不尽,后与胡济共事,常能听到他的进谏之言;我虽然性格鄙陋固执,不能完全采纳他们的意见,但和这四个人始终相交得很好,这足以说明他们是不怀疑直言的好处的。"诸葛亮就是这样深切地怀念董和。

刘巴,字子初,零陵烝阳人。小时候就很有名,荆州牧刘表连续几次请他做官,以及举他为秀才,他都没有答应。刘表死后,曹操征讨荆州。刘备投奔江南,荆、楚一带很多士人都跟随其后,而刘巴却北投曹操。曹操封他为掾,让他招降并接纳长沙、零陵、桂阳等地。正赶上刘备已经占领了这三个地方,刘巴不能返回交差,只好远至交趾,刘备深以为憾。

刘巴又从交趾到蜀地。不久刘备取得益州,刘巴连忙请罪,刘备不加责备。而诸葛亮几次推荐他,刘备就封他为左将军西曹掾。建安二十四年(219),刘备称汉中王,刘巴为尚书,后又代替法正为尚书令。他为人清贫节俭,不治产业,又自以为并不是一开始就归附刘备的人,害怕受到猜疑,所以总是恭敬小心,默默无言,退无私交,不是公事不说话。刘备称帝时,昭告于皇天上帝后土神祇,所有的文诰策命,都是刘巴的手笔。章武二年(222)去世。死后,魏国尚书仆射陈群在给丞相诸葛亮的信中,问询刘巴的情况,称"刘君子初",十分敬重。

马良,字季常,襄阳宜城人。兄弟五人,都有才名,乡里为他们编了谚语说:"马氏五常,白眉最良。"因马良眉中有白毛,所以他们这样叫他。刘备兼任荆州牧后,便召他为从事。等刘备入蜀,诸葛亮也跟从前往。马良留守荆州,写信给诸葛亮说:"听说我们已攻下雒城,这是上天的福佑。尊兄把握良机,成就功业,供职于光灿之国,您的智慧之光已经显现。能够灵活地运用思维,审事明断,对于简明的人才来说,是恰逢其时。如果能高瞻远瞩,德通宇宙,使时人能集中精力聆听其高论,服从他的道理,能以高妙的音乐,纠正郑、卫那些粗俗之声,有利于各项事业,而不是起干扰作用,这才是音乐的极致,伯牙和师旷的境界。我虽然不是钟子期,却也不能不为之拍手叫好!"刘备封马良为左将军。

后来马良被派遣出使东吴,他对诸葛亮说:"今天接受君主的命令,协调两国的关系,希望您能向孙权将军介绍我的情况。"诸葛亮说:"那就请您自己来起草这份文件吧。"马良便动笔写道:"本国君特派官员马良前往继续搞好两国关系,以发扬光大昆吾、豕韦(夏时部落同盟)的同盟友谊。此人是吉士,曾在荆楚做过官,很少有轻率鲁莽的行为,而有周到全面的美德,希望能屈尊接纳相处,以使他完成使命。"孙权见信后非常恭敬地对待他。

刘备称帝后,封马良为侍中。东征讨伐东吴时,派马良到武陵招纳五溪(今湘黔交界一带)少数民族,这些少数民族领袖都得到封号,十分满意。后来刘备兵败夷陵,马良也遇害身亡。刘备封马良的儿子马秉为骑都尉。

马良的弟弟马谡,字幼常,以荆州从事的身份跟随刘备入蜀,任过绵竹、成都县令和越巂太守。马谡才气、胸襟超过一般人,喜欢谈论兵法军计。丞相诸葛亮对他十分器重,另眼相看。刘备临终前对诸葛亮说道:"马谡这个人言过其实,不可大用,先生要多加小心!"诸葛亮对此话还不大以为然,任命马谡为参军,经常通宵达旦地和马谡谈论兵法。

建兴六年(228),诸葛亮出兵祁山。当时朝中很多人都认为应当让老将魏延、吴壹等任先锋,而诸葛亮却不顾众人意见,提拔马谡担任先锋,统领大军在前。当他在街亭与魏将张郃交战时,被张郃打败,士兵四处离散。诸葛亮进军没有根据地,只好退还汉中。马谡因此被捕下狱,处以死刑,诸葛亮为他惋惜流泪。马良死时三十六岁,马谡死时三十九岁。

陈震,字孝起,南阳人。刘备任荆州牧后,任命他为从事,按察诸郡,随刘备入蜀。蜀地平定后,任蜀郡北部都尉,因郡改名,又改任汶山太守,转任犍为太守。建兴三年(225),回成都被任命为尚书,后升为尚书令,奉命出使东吴。建兴七年(229),孙权称帝,蜀国任命陈震为卫尉,去东吴祝贺孙权登皇位。诸葛亮在给哥哥诸葛瑾的信中说:"孝起忠义纯朴,老而弥坚,在赞美称述两国关系、使众人欢乐和睦这方面更有可贵的才能。"陈震在进入东吴国界给守关官员的公文中说:"吴国和蜀国,互有驿使往来,冠盖相望,共结同盟之好,友谊日益加深。尊敬的东吴国君应当保持皇位,焚柴祭祀以告天帝,接受符命,开辟国土,使天下人响应他,各有所归。在这种情况下,大家同心协力讨伐叛贼,那么什么样的敌人不能消灭? 我们蜀国君臣,对此十分欣慰。我陈震没有才能,能够充当使节,奉命搞好两国关系,来到国界我十分高兴,到这里如同到家一样。春秋时晋国献子到鲁国,犯了人家的忌讳,受到《春秋》的讥讽。如果我有类似的事情,希望你们务必加以提醒,使我这个使者能顺利完成任务。今天我就要张开旌节(古代使者符节),公布于众,向众人发誓。像顺流而下的小船那样,贵国有些什么与我国不同的典章制度,很担心有所冒犯,希望能及时提醒,告诉我应当怎么做。"陈震到了武昌后,孙权和他升坛歃血立盟,并划分二家势力范围:将徐、豫、幽、青州属东吴,以并、凉、冀、兖州属蜀国,至于司州所辖土地,则以函谷关为界,二家均分。陈震回国后,封城阳亭侯。建兴九年(231),李平因诬告诸葛亮而被废为平民,诸葛亮在给长史蒋琬、侍中董允的信中说:"从前孝起临去吴国前,曾告诉我李平肚子里多有巧诈,乡里人都认为他不能接近。我以为对这种巧诈的人不去惹他就是了,没想到他竟像苏秦和张仪那样出尔反尔,出人意料。这事应该让孝起知道。"建兴十三年(235),陈震去世。儿子陈济承袭侯位。

董允,字休昭,是掌军中郎将董和的儿子。刘备立太子时,董允被选为舍人,升洗马。后主承袭帝位后,又升为黄门侍郎。丞相诸葛亮将北征中原住在汉中时,担心后主年轻,分不清好坏,认为董允公正无私,襟怀坦白,想让他担任宫中辅佐的职务。便上疏说:"侍中郭攸之、费祎,侍郎董允等,都是先帝选拔出来留给陛下的重臣,至于斟酌可否,尽忠进言,都是他们的职责。我认为宫中的事情,不分大小,全都向他们咨询,一定能堵塞漏洞,并有所改进。如果没有忠厚善良的语言,那么就杀掉董允等人以惩戒他们的怠慢。"诸葛亮不久就请任命费祎为参军,董允升为侍中,领虎贲中郎将,统领御中亲兵。郭攸之性格平常就很和顺,只不过挂名而已。向皇上进言的任务,几乎全由董允包下了。董允处理问题为了防患于未然,竭尽匡救之理。后主经常想选择美女来补充后宫,董允认为自古以来天子的后妃数不能超过十二名,今天嫔嫱人数已够,不应再增加了,始终坚持不让。后主更加惧怕他了。尚书令蒋琬任益州刺史时,上疏让位给费祎和董允,又表彰"董允在宫内任职多年,辅佐王室,应当赐给他爵位和封邑来嘉奖他的功劳"。董允坚持推辞不接受。后主渐渐长大,喜欢宦官黄皓。黄皓便玩弄手段,打算往上爬。董允经常对上则批评皇帝,对下则斥责黄皓。黄皓害怕董允,不敢胡作非为。董允在世时,黄皓官位不过黄门丞。

一次,董允和尚书令费祎、中典军胡济等人约好游宴,车马已经备好,恰巧郎中襄阳董恢前来请教董允。董恢年轻而官小,见董允准备出门,待了一会儿便起身告辞,董允不让他走,说:"本来所以要出门,是想跟朋友们游玩闲谈,现在您能屈尊来访,刚刚要开始展开宏论,舍弃这样的谈话,而到那里去喝酒,那太不像话了。"于是下令解开车马。费祎等人也只好停车不去了。他坚持正道、礼贤下士都像上面说的一样。延熙六年(243),加封辅国将军。七年(244),以侍中守尚书令,作为大将军费祎副手。延熙九年(246)去世。

陈祗接替董允为侍中,和黄皓相互勾结,里外串通,黄皓开始参与政事。

陈祗死后,黄皓由黄门令升为中常侍、奉车都尉,玩弄权术,终于使国家灭亡。蜀国人无不追念董允。邓艾进到蜀国时,听说黄皓奸佞阴险,便抓住他关起来,准备杀掉,因黄皓用重金贿赂邓艾左右的人,竟然免死。

陈祗,字奉宗,汝南人,许靖哥哥的外孙。小时候失去父亲,在许靖家长大。二十岁时就很有名,不久被任命为选曹郎,矜持严厉,相貌威武。擅长很多技艺,包括一些旁门左道,费祎特别看重他,所以破格让他接替董允任侍中。吕乂死后,陈祗又以侍中守尚书令,加封镇军将军。大将军姜维虽然职位在陈祗之上,但因他经常在外带兵打仗,朝中事情过问就少多了。陈祗又对上逢迎皇上所好,对下勾结宦官,以至深受皇帝的信任和喜爱,权力竟大于姜维。他死于景耀元年(258),后主悲痛惋惜,说话时痛哭流涕,还下诏书说:"陈祗在他一生任职中,以轻柔温和为准则,处理问题有条不紊,和顺忠义有利诸事,所以政绩公允英明。而他的生命却很短,为此我表示深深的哀悼。如果说还有纪念他、与他交流的办法,那就是死后给他追加美好的谥号,谥为'忠侯'。"赐封他儿子陈粲为关内侯,提升次子陈裕为黄门侍郎。自从陈祗得宠,后主便日益追恨董允,说董允自高自大,目中无人。这全是陈祗阿谀谄媚皇上,黄皓挑拨离间所造成的。董允的孙子董宏,为晋代巴西太守。

吕乂,字季阳,南阳人。父亲吕常,送原先的将军刘焉入蜀,因道路阻塞,不能返回中原。吕乂从小失去父亲,喜欢读书弹琴。当初,刘备占领益州时,设置盐府校尉一职,管理食盐和冶铁的财政收入,后来校尉王连请吕乂及南阳杜祺、南乡刘干等人并任典曹都尉。吕乂又升任新都、绵竹县令。他心地善良,爱民如子,百姓无不称赞,在一州各城中首屈一指。又升为巴西太守,丞相诸葛亮连年出兵作战,征调诸郡人力物力,许多地方都不出兵,吕乂招募士兵五千人交给诸葛亮,他对这些人进行慰问,讲清道理,又严格监督检查,五千人竟没有逃走的。吕乂又升为汉中太守,兼领督农,负责供给军需粮草。诸葛亮死后,吕乂又升为广汉、蜀郡太守。蜀郡为国都所在地,户口众多,在诸葛亮死后,士兵开小差的很多,又有人冒领这些人的空额口粮,种种奸巧伎俩纷纷出现。吕乂到任后,开展防范禁止的工作,他循循善诱,晓之以理,几年之间,那些自愿离开蜀郡的人竟回来一万多。后来吕乂入宫为尚书,接替董允任尚书令,公事都能及时得到处理,门内没有停留的宾客。吕乂先后在朝内朝外任职,他自己生活俭朴,谦虚少言,为政简明而不烦琐,以清静和能干著称;但他用法过于严厉,又刻意求深,喜欢用文官和俗吏,所以虽然居官高位,在各郡县的名声却不大好。延熙十四年（251）去世。儿子吕辰，景耀年间（258—263）为成都令。吕辰的弟弟吕雅，官任谒者。吕雅清厉而有文才，著有《格论》十五篇。

杜祺历任郡守、监军、大将军司马，刘干官至巴西太守，都和吕乂关系很好，当时也都很有名，但在节俭朴素、安分守法的方面，不如吕乂。

评：董和具有羔羊般的纯洁，刘巴则有清俭的节操，马良忠贞诚实，可称为好官，陈震忠义纯朴，愈老愈诚笃，董允匡正国主的过失，能义形于色，都是蜀国大臣中的优秀人物。吕乂在郡做官时很受人推崇，入朝后则受到些贬低，也是黄霸、薛宣一类的人物。

卷四十　蜀书十

刘彭廖李刘魏杨传第十

　　刘封,本来是罗侯寇氏的儿子,长沙刘氏的外甥。刘备到荆州后,因为当时没有儿子,就把刘封收为养子。到刘备入蜀时,自葭萌进攻刘璋。当时刘封二十多岁,有武艺,力气过人,带兵和诸葛亮、张飞等一起沿江西上,攻无不克。益州攻下后,任刘封为副军中郎将。

　　当初,刘璋派遣扶风孟达为法正的副手,各带兵两千人,让他们迎接刘备,刘备就让孟达统领这四千人,留守驻扎江陵。蜀地被平定后,任命孟达为宜都太守。建安二十四年(219),命令孟达从秭归向北攻打房陵,房陵太守蒯祺被孟达的士兵杀死。孟达准备进攻上庸,刘备暗自担心孟达一个人难以胜任,就派刘封从汉中顺沔水而下统领孟达的部队,与孟达在上庸会合。上庸太守申耽举兵投降,把妻子孩子及宗族送到成都为人质。刘备任命申耽为征北将军,仍然享受上庸太守、员乡侯的爵位,任命申耽的弟弟申仪为建信将军、西城太守,升刘封为副军将军。自从关羽围攻樊城、襄阳以来,曾连续呼叫刘封和孟达,让他们发兵相助。刘封和孟达以自己的郡地刚刚平定,不能轻举妄动为理由推辞,拒绝关羽的命令。等关羽兵败被杀后,刘备对二人十分痛恨。加上刘封和孟达火气很大,相互争斗,关系不和,刘封不久抢夺了孟达的仪仗乐队。孟达既害怕自己的罪过,又对刘封气愤不过,于是就上表向刘备告辞,率领自己的部属投降魏国。魏文帝曹丕喜欢孟达的才能和容貌,任命他为散骑常侍、建武将军,封平阳亭侯。将房陵、上庸、西城三郡合为新城郡,任命孟达为新城太守。又派遣征南将军夏侯尚、右将军徐晃与孟达共同袭击刘封。孟达写信给刘封说:

　　古人有言："疏不间亲，新不加旧。"这就是说上面英明公正，下面也就正直无私，那些谗言欺骗行为也就行不通了。如果有人欺君骗权，那么即便是贤明的父亲，慈爱的亲人，也会让立功的忠臣要遭受祸殃，即使孝子非常仁和也要受难，像文种、商鞅、白起、孝己、伯奇等人都属于这种情况。其所以如此，并不是骨肉间容易分离，亲人间愿意结怨。有的是因为恩爱之情转移给别人了，有的是因为小人挑拨离间，即使是忠臣和孝子也不能改变君王和父亲的主意。因为，形势和利益在起作用，以至于把亲人变成了仇敌，何况那些不是亲人的关系呢？所以像申生、卫伋、御寇、楚建等人都具备继位的气质，应当继承正位，却还落得如此下场。今天你和汉中王刘备，不过是道路上相逢之人，从情分上说并非骨肉关系，却让你掌握大权；从情义上说并非君臣关系，却把你处于上位。出征则有副官的威严，闲居则有副军的官号，远近闻名。自从立阿斗为太子以来，有见识的人都为之感到寒心。如果当年申生听从了子舆的话，那他一定会像太伯那样成为自谋天下的君王；卫伋如果听信弟弟的计谋，也不会受到吹嘘父亲的讥讽。而且齐桓公出奔，进而成为五霸之一；晋文公跳墙逃跑，终于能恢复王位。这类事自古以来就有，并非只有今天才有。

　　智慧贵在能够免去灾祸，聪明人应当平日就不糊涂，我猜测刘备是思维多为内向，而疑心却总表现在外；思维内向则会固执，疑心在外则容易恐惧，祸乱的兴起，没有不是由废立的事情所引发。在这些问题上，人们的人情恩怨，不能不表达出来，所以恐怕刘备左右一定有人以这种恩怨之情向他起离间作用。然而一旦疑心产生怨恨，它的发作就如同脚踏上机关一样一触即发。今天你带兵在外，还可以暂时避开这些是非；如果我的大兵前进，你失去根据地而回到朝内，我不免暗自为你担心。过去微子离开殷国，智果告别宗族，都避开了他们原先所在国家和家族所受到的灾难，都是属于这种情况。今天你抛弃父母而给人家做干儿子，这是不合礼教的；知道祸害要来而还待着不动，这是不明智的；见到正义的东西不跟从还去怀疑它，这是不义的。你自称是大丈夫，符合这三条，又贵在什么地方呢？以你的才能，弃蜀东来，继承你们罗侯氏的家族，也不算是背叛亲族；北面侍奉君王，来维持纲常，也不算抛弃旧主；这样虽然会令刘备发怒，却还够不上作乱，又可以免掉自己的危险和死亡，也不算徒劳之举。加上魏文帝新登皇位，虚心待下，用德行来感化远方的人，如果你能幡然悔悟,不但可以与我平起平坐,接受三百户的赐封,不但继续统治罗侯国,更可以深入扩大国土,成为首次受封的君王。魏文帝的大军,战鼓震响,要收复宛、邓二地,如果这二地拿不下来,永不退军。你应当对此早定良策。《易经》上说:"利见大人。"《诗经》也说:"自求多福。"应当按这些话去做。今天你应当三思而行,不要像狐突那样闭门不出而被杀害。

刘封不听从孟达的劝告。申仪叛变刘封,刘封兵败逃回成都。申耽又投降魏国,魏国任命申耽为怀集将军,迁居南阳,申仪被任命为魏兴太守,封真乡侯,屯兵洵口。刘封回到成都后,刘备先是责怪他欺凌孟达,又批评他不救关羽。诸葛亮认为刘封性格刚毅猛烈,改朝换代之后还是难以制服,就劝刘备除掉他。于是就赐刘封死,让他自尽。刘封感叹:"遗憾的是没听孟达的劝告!"刘备为他流泪。孟达本来字子敬,因为要避刘备叔父刘敬的讳,改为子度。

彭羕,字永年,广汉人。身长八尺,容貌十分魁伟。性格骄傲,目空一切,只是敬重同郡人秦子敕,把他推荐给太守许靖说:"过去高宗梦见傅说,周文王求用吕尚,到了汉高祖,还收纳郦食其这样的平民,这是帝王发展帝业、维护统治、积累功德的手段。今天您考察古代帝王的法规,真诚地执行神灵旨意,效法公刘的德行,推行周召伯那样的惠政,像《诗·周颂·清庙》歌颂周文王那样歌颂您的诗篇从现在就要开始产生了,对您的褒贬和评价也要从现在开始了,但是您的羽翼尚未丰满。我发现了一位有才的隐士绵竹人秦宓,他服膺仲山甫的德行,又履行了隽不疑的直率,穿着以乱麻为絮的袍子,在山泉异石中吟诗咏文,他休息在仁义的坦途,恬淡在浩然正气的境界,高风亮节,真诚不渝,虽然是古人隐士,也挥舞曲柄旗表示轻蔑。如果您能招收这个人,必然会有忠于王室的美名,丰功厚利,建立功勋,然后功劳被记在王府之中,名声传扬到后世,不也是美事吗?"

彭羕在州中做官,不过是书佐之类的小官,后来又被人诽谤,状告到州牧刘璋那里,刘璋就把他剃了光头,让他做苦役。正碰上刘备入蜀,沿江北上。彭羕想游说刘备,就前去见庞统。庞统和彭羕没什么交情,又赶上当时有客人,没来得及接待他,彭羕就自己直接到庞统的床上躺下,对庞统说:"等你的客人走了我要好好地和你谈谈。"庞统等客人走后,就来到彭羕面前,彭羕先是跟庞统要吃的,然后再和他说话,于是就留在那里过夜,次日又谈了一天。庞统非常喜欢他,而法正以前就很了解彭羕,就一起向刘备推荐。刘备也对他另眼相待,多次让彭羕在军中传达军事命令,还指导诸将兵法。刘备对他的工作非常满意,他的地位也越来越高。成都平定后,刘备就任益州牧,提拔彭羕为治中从事。彭羕白手起家,短短时间之内,竟位在州人之上,不免有些得意忘形,沾沾自喜于自己地位的日益变化。诸葛亮虽然表面上对彭羕很热情,但内心却对他不以为然,曾屡次秘密向刘备进言,说彭羕这个人野心较大,难说他以后会做些什么。刘备既然敬重信任诸葛亮,加上通过自己对彭羕的观察,也感觉这个人有些散漫,就让他改任江阳太守。

彭羕听说自己要到远方任职,心里很不高兴,便去见马超。马超对他说:"先生您的才力过人,主公对您也非常器重,说您可以与诸葛亮、法正相提并论,怎么能让您到外边小郡任职,大材小用呢?"彭羕说:"那老家伙荒唐无理,还有什么可说的!"又对马超说:"您为外官,我为内官,天下没有什么平定不了的。"马超长久在外,归顺蜀国后常心怀畏惧之感,听到彭羕的话大惊失色,默不作声。等彭羕走后,马超便将彭羕的话写下呈报,于是彭羕便被逮捕关在狱中。

彭羕在狱中写信给诸葛亮说:"我过去曾和各路诸侯打过交道,认为曹操残暴狂虐,孙权缺乏正义,刘璋又昏庸孱弱,唯有主公刘备有王霸的资质,可以和他开创霸业治理天下,所以才转变思想,意欲有一番作为。正赶上主公向西进入蜀地,我因为法正的夸奖和推荐,庞统在其中所起的作用,能够在葭萌与主公相见,我们相对而谈,或者谈论治理国家的机务,或者探讨霸王之业的道理,筹划夺取益州的计策。主公对此事原已考虑清楚,就赞同我的意见,兴兵进攻成都,夺取益州。我过去在州里的时候不免做些平庸之事,我也经常担忧因此获罪。值得庆幸的是,我赶上了风云变幻、兵戈四起的战争环境,找到了自己爱戴的主公,志向得以抒发,名声得以显露,从一个普通平民当上了朝廷大臣,窃居于才臣当中。主公将爱子之情分及于我,这样的恩泽又有谁能超过我呢?我一时狂妄,自己找死,可称为不忠不义的鬼啊!我们祖先有句话说,左手掌握了天下蓝图,右手却自刎咽喉,傻子也不能这么做。况且我又很能分清麦子和豆子呢!之所以有些怨言,是我不自量力,我轻率地认为自己为主公开创天下事业,所以才有了关于江阳的那些谈论,实际上我没有理解主公的意图,心里激动,所以多喝了几杯,脱口说了个'老'字。这是我的浅薄和愚昧所致,主公实际上并不老。况且开创帝业,并不在老少,周文王活到九十岁,也没有衰老的迹象。我对不起慈父般的主公,实在是罪该万死。至于'内外'的说法,是想让马超在北州立功,全力为主公效力,共同讨伐曹操罢了,哪里还敢有别的想法呢?马超说的是对的,但是他没有理解我的真实意思,太让人痛心了。以前我经常和庞统一起发誓,希望能跟在您的后面,全力投身于主公的事业,追求古人的名声,争取青史留名。庞统不幸而死,我也身败得祸。我是自我毁灭,还能怨谁呢?您是当代的伊尹和吕尚,应当善于为主公出谋划策,帮助他完成他的大业。天地神灵都会看到您的功劳,这是不用再说的!衷心希望您能了解我的想法和心愿。愿您努力奋斗,多多保重!"彭羕还是被杀死了,时年三十七岁。

廖立,字公渊,武陵临沅人。刘备任荆州牧时,任他为从事,不到三十岁时,又提升为长沙太守。刘备入蜀后,诸葛亮镇守荆州一带,孙权派人与诸葛亮搞好关系,便问诸葛亮蜀国士人中有谁和他一起治理国家,诸葛亮回答:"庞统、廖立,都是楚地的良好人才,他们能够和我一起治理国家。"建安二十年(215),孙权派吕蒙暗中袭击南方三郡,廖立脱身逃出,自己回到刘备那里,刘备平常很赏识、了解他,所以也没有过多责备他,让他做巴郡太守。二十四年(219),刘备自立为汉中王,授廖立为侍中。后主继位后,升为长水校尉。

廖立的本意,认为自己的才能名声应当是诸葛亮第二,但实际上名次总在李严等人以下,所以心里时常快快不满。后来丞相掾李邵、蒋琬等人来到,廖立为他们献计说:"军队应当远出,你们几位又擅长这些。过去主公不取汉中,而去和吴人争夺南方三郡,结果被吴人夺去了三郡,白白让军士受累,徒劳而还。失掉汉中后,又让夏侯渊、张郃深入巴地,几乎丢失一个州。后来到了汉中,又使关羽死后连骨头都收不回来,上庸一战惨败,白白丢掉一个地方。这是关羽倚仗自己勇猛的名声,带兵无方,主观臆断所致,所以前后几次损兵不少。像向朗、文恭这些人都是平庸之人。文恭任治中一职毫无章法;向朗过去信奉马良兄弟,说他们是圣人,现在他当了长史,总是以和稀泥著称。中郎郭演长,只是个跟别人跑的人,不能和他共谋大事,却当上了侍中。当今为平弱之世,要任用这三个人,的确是不怎么样的。王连不过流俗之人,一旦聚敛贪狠起来,会使百姓叫苦不迭,以致闹到今天的样子。"李邵、蒋琬把这些话都告诉了诸葛亮。诸葛亮写了一份奏章,列举廖立的罪状说:"长水校尉廖立,自高自大,评价广大朝士,公然说国家不能任用贤达之人而任用平庸之吏,又说统领万人的人都是些浑小子;还诽谤先帝,诋毁群臣。当有人说国家军队简练,建制分明时,廖立竟然傲慢地举头望着屋顶,勃然变色,斥责那人说:'这有什么可说的!'像这样的情况不可胜数。一只坏羊搅乱一群羊,都能造成危害,况且廖立就任高位,中层人物以下谁能分辨他的真伪呢?"于是把他废为平民,流放到汶山郡。廖立便老老实实地带着一家人在那里自耕自用,听到诸葛亮去世的消息,他垂泪感叹说:"我们国家就要被异族统治了!"后来监军姜维率领部队经过汶山,前去看望廖立,说他意气不减当年,言谈自若。廖立终于老死在流放地,妻子孩子返回蜀地。

李严,字正方,南阳人。年轻时为郡中的专职吏员,以才干著称。荆州牧刘表让他到郡中各县任职。曹操进入荆州时,李严为秭归县令,于是便西奔蜀地,刘璋授他为成都县令。又以能干著称。建安十八年(213),封李严为护军,在绵竹抵抗刘备。李严率领众人投降刘备,刘备任命他为裨将军。成都平定后,又封为犍为太守、兴业将军。二十三年(218),有盗贼马秦、高胜等人在郪地起兵,合聚部队共数万人,到达资中县。当时刘备在汉中,李严不需要另外发兵,只带领郡中士兵五千人前去讨伐,砍下马秦、高胜二人的脑袋。其余的人都四处逃散,回家当百姓去了。又有一次越嶲的少数民族首领高定派兵围困新道县,李严迅速出兵援救,贼人都大败而逃。又升他为辅汉将军,仍然统属过去的郡域。章武二年(222),刘备调李严到永安宫,任命他为尚书令。三年(223),刘备病重,李严和诸葛亮同时接受遗诏辅佐少主;以李严为中都护,统管内外军事,留下镇守永安。建兴元年(223),被封为都乡侯,假节,加光禄勋。四年(226),转为前将军,因诸葛亮准备出兵汉中,李严应当负责后方事务,便移到江州办公,留下护军陈到驻守永安,都归李严统属。李严在给孟达的信中说:"我和孔明同时接受先主的遗嘱,责任重大,忧虑甚多,总想得到好的同事。"诸葛亮在给孟达的信中也说:"处理公务如行云流水,迅速解决疑难问题,正是正方的性格。"他就是这样受到尊敬和重用。八年(230),升为骠骑将军。因曹真准备三路进逼汉川,诸葛亮命令李严带领二万人赶赴汉中。诸葛亮又上奏提升李严的儿子李丰为江州都督督军,负责李严遗留的事务。诸葛亮因第二年要出兵,便命令李严以中都护署府事。李严改名为平。

九年(231)春,诸葛亮出兵祁山,李平负责督运粮草。夏秋之际,正值阴雨天气,粮食运输跟不上,李平便派遣参军狐忠、督军成藩传话,让诸葛亮撤军,诸葛亮接到信便退兵。李平听说军退,又假装惊讶,说:"军粮富足,为什么要撤军呢?"用意是解脱自己办粮不力的责任,显出诸葛亮延误战机的错误。又上奏后主,说:"军队是假装撤退,用以引诱敌人与其决战。"诸葛亮便出具李平的前后书疏手迹，李平的错误和前后矛盾一下子暴露出来。李平理屈词穷，只好低头认罪。于是诸葛亮上奏告李平说："自从先帝去世后，李平的心思总用在家庭琐事，好搞些小恩小惠，只想平平稳稳地求名，不去忧虑国家大事。当我北征外出时，希望让他带兵来镇守汉中，李平再三推辞，没有来的意思，反而却想把五郡合并起来，自己做巴州刺史。去年我打算西征，想让他主管汉中，李平却说司马懿在魏国那边应聘做了大官。我知道李平的鄙陋心理，他是想在我临行前逼我给他一点好处，所以我推举他的儿子李丰主管江州，给他这样破格的待遇，是为了解决暂时的困难。李平上任后，我把大小事情都委托给他，广大朝臣都奇怪我为什么对李平这么好。这正是因为国家大事未定，汉室危亡，与其批评他的短处，不如多表扬他几句。我本以为李平不过是为了得到些荣誉和利益而已，没想到他的心已经颠倒成这个样子。如果再让他留任下去，必将导致国家的祸败。本人愚昧，说多了徒增愧疚。"于是废李平为平民，流放到梓潼郡。十二年（234），李平听说诸葛亮死了，也发病而死。李平以前总希望诸葛亮会再次起用他，而以后的人不会再用他，所以激愤而死。李丰官做到朱提太守。

刘琰，字威硕，鲁国人。刘备在豫州时，征召他为从事，因他与刘备同姓，又风流潇洒，善于谈论，所以刘备对他非常优厚，让他跟随自己转战各地，常常作为自己的宾客。刘备取得益州后，让刘琰做固陵太守。后主继位后，封他为都乡侯，朝中排位总在李严之下，任卫尉中军师后将军，迁本骑将军。但他不参与国家政事，只是带着一千多名士兵，跟着丞相诸葛亮高谈阔论而已。衣食住行非常奢侈，有数十名侍婢，都能演唱演奏音乐，又教每个人都诵读《鲁灵光殿赋》。建兴十年（232），与前任军师魏延不和，说话毫无根据，受到诸葛亮的责备。刘琰写信认罪说："我的本性空虚，本来就不大注意检点自己，加上又有贪酒的毛病，自跟从先帝以来，发出种种奇谈怪论，几乎危及朝廷命运。多蒙您看在我一心为国的份上，原谅我身上的种种缺点毛病，提携帮助，还让我得到这么高的地位以至今日。我这个人散漫糊涂，说话常有错误，您宽容大度，希望不要和我计较，让我身体完整，保全性命。我一定谨慎从事，改过自新，并向神灵发誓。如果不能继续为国效力，那我就没脸活下去了。"于是诸葛亮让他回到成都，官位照旧。

刘琰从此失魂落魄，精神恍惚。十二年（234）正月，刘琰的妻子胡氏入宫给太后贺喜，太后下令让胡氏多住几天，结果住了一个多月才回来。胡氏长得很漂亮,刘琰竟怀疑她入宫期间与后主有私情。便喊了很多士兵来拷打胡氏,甚至用鞋去打她的脸,然后又将她休弃送回娘家。胡氏便上朝告发刘琰的所作所为,刘琰被捕入狱。官衙批语中说:"士兵不是打老婆的人,脸面不是鞋踏之地。"刘琰竟因此被处以死刑。从此以后,便不许大臣的妻子女儿进宫行贺礼。

魏延,字文长,义阳人。带领私人武装跟随刘备入蜀,屡建战功,任牙门将军。刘备自立汉中王时,迁往成都,需要一位重要将领来镇守汉川,大家都以为一定是张飞,张飞心里也以为非自己不可。刘备却提拔魏延为督汉中镇远将军,领汉中太守,全军上下无不惊讶。刘备大宴群臣,问魏延说:"今天对你委以重任,你有些什么打算?"魏延回答说:"如果曹操带领天下的兵马而来,请允许我为您抗击他;如果是偏将带领十万人而来,请允许我为您把他们吃掉。"刘备连声叫好,众人也感到他的话十分豪迈。刘备称帝后,他又升为镇北将军。建兴元年(223),被封为都亭侯。五年(227),诸葛亮驻军汉中,让魏延为督前部,领丞相司马、凉州刺史,八年(230),让魏延向西进入羌中,魏国后将军费瑶、雍州刺史郭淮与魏延在阳溪交战,魏延大胜郭淮等人,又迁为前军师征西大将军,假节,晋封南郑侯。

魏延每次跟诸葛亮出兵,都想请求带一万兵马,与诸葛亮兵分两路,在潼关会师,像从前的韩信那样,诸葛亮总是制止而不允许。魏延常以为是诸葛亮胆怯,叹息遗憾自己的才能不能尽其所用。魏延善于养兵,自己也勇猛过人,加上性格矜持高傲,当时很多人对他都敬而远之。只有杨仪对他不宽容,魏延对此十分恼火,两人关系势同水火。十二年(234),诸葛亮出兵北谷口,魏延为先锋。他距诸葛亮营地十里扎寨,夜里魏延梦见头上长角,便问以占梦闻名的赵直,赵直骗他说:"麒麟有角而不必用它,这是不战而敌人要自破的征兆。"退下后却告诉别人说:"'角'这个字,刀下加用;头上用刀,是很可怕的凶相。"

秋天,诸葛亮病重,便秘密地与长史杨仪、司马费祎、护军姜维等筹划他死后退军的安排,让魏延断后,姜维次之;如果魏延不听从命令,便让军队弃他不顾,自己行动。诸葛亮病逝后,秘不发丧,杨仪命费祎前去探听魏延的口气。魏延说:"丞相虽然死了,我不是还在么。府中的家属和官员可照常安排丧事,我当然要带领部队去打击敌人,怎么能因一个人的死而耽误国家大事呢?况且我魏延是什么人,难道能听杨仪的指派,做断后的将领吗?"便要和费祎一起做留下行动的安排,让费祎写文告并和自己联名,告诉下面诸位将领。费祎骗他说:"还是让我回去把您的意见跟杨长史说一下,长史是文官,不懂军事,一定不会反对您的意见。"费祎出门后便飞马而去,魏延马上就后悔了,追他已来不及。魏延派人去观察杨仪那边的动静,才知道他们完全准备按照诸葛亮的遗嘱,各个兵营依次引兵撤退。魏延一听大怒,趁杨仪还未行动,便率领自己的部队直接先向南返,经过的地方把房屋道路都加以破坏。魏延、杨仪各自都上表告对方叛变,一天之内,文书都到朝中。后主拿此事来问侍中董允、留府长史蒋琬,这两个人都保举杨仪而怀疑魏延。杨仪等人劈山开路,昼夜兼程,还是在魏延后到达。魏延先到,占据南谷口,派兵袭击杨仪等人,杨仪等命令何平在前抗击魏延。何平叱责魏延先到的举动说:"丞相刚去世,尸骨未寒,你们这些人竟敢如此作为!"魏延手下的士兵知道魏延无理,便不听他的命令,部队全都散去。魏延只是和他的儿子等几个人逃往汉中。杨仪派马岱追杀魏延,马岱砍下魏延的脑袋交给杨仪,杨仪起身用脚踩着魏延的脑袋说:"平庸的奴才!还能干坏事吗?"于是杀掉魏延的三族。当时,蒋琬率领保护宫廷的宿卫诸营北行,走了数十里,魏延被杀的消息传来,又返回。当初魏延不去北方投降魏国而向南返回,只是为了杀掉杨仪等人。平日诸位将领多有不和,当时时论也以为一定是由魏延接替诸葛亮。魏延也自以为如此,他不是想背叛蜀国。

杨仪,字威公,襄阳人。建安年间,在荆州刺史傅群手下任主簿,背叛傅群去投奔襄阳太守关羽。关羽任命他为功曹,又派他为使者西行去见刘备。刘备和他谈论国家军事计策,政治得失,非常喜欢他,便任命他为左将军兵曹掾。到刘备为汉中王时,又提升他为尚书。刘备称帝后,东征吴国,杨仪与尚书令刘巴不和,便被改任遥署弘农太守。建兴三年(225),丞相诸葛亮任命他为参军,主管丞相府事,准备南行。五年(227),跟随诸葛亮到汉中。八年(230),升为长史,加绥军将军。诸葛亮几次出兵,杨仪总是帮他制造规划,筹备粮草,做事不用过多地思考,一会儿就干脆利索地处理完毕。军中的制度,都由杨仪来安排检查。诸葛亮深深爱惜杨仪的才干、凭借魏延的勇武,常恨他们两人不和,但不忍心偏废他们任何一方。十二年(234),杨仪跟随诸葛亮出兵屯驻谷口。诸葛亮病逝于沙场。杨仪带领部队返回,又讨伐杀掉了魏延,自以为功劳很大,应当接替诸葛亮执政,于是让都尉赵正用《周易》来卜筮,得到的卦为"家人",便默然而不高兴。而诸葛亮生前的密令中,认为杨仪的性格急躁狭隘,有意让蒋琬担当重任,蒋琬便当上了尚书令、益州刺史。杨仪到京城后,被任命为中军师,没有部属,只是自己方便行事而已。

当初,杨仪任刘备手下尚书时,蒋琬为尚书郎,后来虽然都任丞相参军长史,但杨仪每次随行,承担军中繁重的工作,自以为资历比蒋琬老,才能也超过他,于是脸上经常露出怨愤的表情,还经常大声斥责别人。人们都害怕他出言不逊,不敢跟他来往,只有后军师费祎前去慰劳看望他。杨仪对费祎发泄不满,说了许多以前的事,又对费祎说:"以前丞相去世的时候,如果我带兵迎合魏延,所得到的地位哪至于像今天这样!令人追悔莫及。"费祎便秘密地把这些话向上汇报。十三年(235),杨仪被废为平民,流放到汉嘉郡。杨仪到了流放地后,再次上书诽谤,语气措辞激烈,于是朝廷派人到郡中捉拿他。杨仪自杀,他的妻子孩子回到蜀地。

评:刘封处在是非嫌疑之地,而他考虑防范的能力不足以保护自己。彭羕、廖立凭借才力得到提拔,李严以干练而升官,魏延以勇猛任职,杨仪以所任的官职知名,刘琰是前朝的官吏,都很受重用。看看他们的举动,了解他们的为人,他们的灾祸,全都是由自己造成的。

卷四十一　蜀书十一

霍王向张杨费传第十一

霍峻,字仲邈,南郡枝江人。哥哥霍笃,曾在乡里召集了家族武装数百人。霍笃死后,荆州牧刘表就让霍峻继续领导这支部队。刘表死后,霍峻带领部队投归刘备,刘备任他为中郎将。刘备从葭萌南返袭击刘璋,留霍峻镇守葭萌城。张鲁派遣将领杨帛引诱霍峻,请求共同守城,霍说:"你们可以得到我的头,却得不到这座城。"于是杨帛便退去。后来刘璋的将领扶禁、向存等人率领一万多人由阆水而上,围攻霍峻,攻了一年,也没有攻下。霍峻城中兵力才几百人。乘敌人松懈的机会,选拔精锐的勇士出击,大败敌人,当即砍下了向存的脑袋。刘备平定蜀国,嘉奖霍峻的功劳,于是分广汉为梓潼郡,任霍峻为梓潼太守、裨将军。在任三年,四十岁便去世了,还葬于成都。刘备甚为哀悼惋惜,下诏给诸葛亮说:"霍峻是位良臣,加上有功于国家,我要亲自祭奠。"于是刘备率领广大朝臣前去吊丧,还在墓地留宿,当时人们都为霍峻感到光荣。

霍峻之子霍弋,字绍先,刘备末年任太子舍人。后主即位后,任谒者。丞相诸葛亮北驻汉中,请他任记室,让他和自己的儿子诸葛乔一起周游各处。诸葛亮死后,霍弋任黄门侍郎。后主立太子刘璿,任命霍弋为中庶子,刘璿喜欢骑马射箭,出入没有节制。霍弋引经据典,尽心规劝,尽到了教育扶持的责任。后来任参军庲降屯副贰都督,又转任护军,管辖事务照旧。当时永昌县的少数民族倚仗天险不称臣,经常进行骚扰,于是派霍弋兼任永昌太守,率领一部分军队讨伐他们,终于杀了他们的首领,捣毁了他们的村落,永昌郡界便安宁下来。升任监军翊军将军,兼任建宁太守,回来后统管南郡的事情。景耀六年(263),晋号安南将军。这一年,蜀国并入魏国。霍弋和巴东领军襄阳罗宪各自保全一方,率部投降魏国,二人都仍任前职,宠爱和优待有增无减。

王连,字文仪,南阳人。刘璋时期入蜀地,任梓潼县令。刘备在葭萌起兵,向南进军,直取益州,王连紧闭城门,拒不投降,刘备觉得这人很讲义气,就不再逼攻了。到成都平定后,任命王连为什邡县令,转任广都,在所治地区很有政绩。升为司盐校尉,管理食盐金属事务,获利很多,有利于国家开支,于是又选取了一些优秀人才作为自己的部属,像吕乂、杜祺、刘干等人,后来全都做了大官,均始自王连的提拔。又升为蜀郡太守、兴业将军,照旧领导盐务公事。建兴元年(223),被任命为屯骑校尉,兼任丞相长史,封平阳亭侯。当时南方各郡都不向蜀称臣,诸葛亮准备自己前去征讨,王连进谏,认为"这些不毛之地,瘟疫之乡,不值得您这位全国人都指望依赖的人冒险而行"。诸葛亮考虑诸位将领的才能不如自己,一定要去,但王连的谏言也更加恳切,所以停留了很长时间。后来王连死了。儿子王山继承爵位,官做到江阳太守。

向朗,字巨达,襄阳宜城人。荆州牧刘表任命他为临沮县长。刘表死后,他归顺刘备。刘备平定江南,让向朗督察秭归、夷道、巫山、夷陵四县的军政民事。蜀地平定后,任向朗为巴西太守,不久又转任牂柯太守,又迁职房陵。后主即位后,为步兵校尉,接替王连兼任丞相长史。丞相诸葛亮南征,向朗留下处理后方事务。五年(227),跟随诸葛亮到汉中。向朗平常和马谡关系很好,马谡逃亡后,向朗知情不举,诸葛亮很生气,罢了他的官,让他回成都。很多年后,任光禄勋。诸葛亮死后任左将军,追论过去的功劳,封显明亭侯,赐位特进。当初,向朗年轻时虽然涉猎文学,但公务繁忙时他能自我约束,无暇顾及,所以以做官的才能著称。自从被撤掉长史的职务后,悠闲无事地生活将近三十年,于是便孜孜不倦地潜心研究典籍。年过八十后,仍然还亲自校书,刊定谬误,他的藏书在当时是最多的。开门接待客人,对青年人循循善诱,只谈论古书文义,不涉及时政,这在当时也很著名。上至掌权的人,下至小孩子,都很敬重他。延熙十年(242)去世。儿子向条继承侯位,景耀年间(258—263)为御史中丞。

向朗哥哥的儿子向宠,刘备在世时任牙门将。秭归一战失利,只有向宠的军营保存最完整。建兴元年(223)封都亭侯,后来任中部督,管理守护宫廷的兵马。诸葛亮北行前,向后主启奏说:"将军向宠,性格稳妥温和,通晓军事,过去的试用,已经说明了这一点,先帝也称赞他能干,所以公众一致推举他为中部督。我认为军中之事都可向他咨询,一定能使军中和睦,好坏各得其所。"升任中领军。延熙三年(240),在征讨汉嘉少数民族地区时,向宠遇害身亡。他的弟弟向充,历任射声校尉、尚书。

张裔,字君嗣,蜀郡成都人。研究《公羊春秋》,广博地涉猎《史记》《汉书》。汝南许靖入蜀后,认为张裔干练敏捷,可与中原地区的钟繇相比。刘璋在蜀时期,举孝廉,任鱼复县长,回郡后任州署从事,兼任帐下司马。张飞自荆州由垫江进入蜀地,刘璋交给张裔部队,让他在德阳陌下抗击张飞,结果兵败回到成都。作为刘璋的使节去见刘备,刘备答应他一定尊敬刘璋,安抚刘璋的部下。张裔回去后,便打开城门欢迎刘备,刘备任命张裔为巴郡太守,回成都后为司金中郎将,负责制造兵器农具。

在此以前,益州郡人杀死太守正昂,有个叫雍闿的老人在南方一带名声威望很高,便派人四处周旋,还远远地到孙权那里求情。不想朝廷竟让张裔当了益州太守,就要去上任。雍闿便别别扭扭地不服气,借鬼教鼓动人说:"张府君就像葫芦一样。外面虽然光亮而里面却很粗糙,不值得杀他,命你们把他绑起来送到吴国。"于是就把张裔送给了孙权。

值刘备去世,诸葛亮派邓芝出使到吴国,诸葛亮让邓芝谈话间可向孙权提出请求放还张裔。张裔到吴国几年,被流放隐居,孙权根本就不知道这个人,所以就答应邓芝放还张裔。张裔临走前,孙权招他见面,问他说:"蜀国卓氏的寡妇,竟和司马相如私奔,贵国的风俗怎么成了这个样子?"张裔回答说:"我认为卓氏的寡妇,还是比朱买臣的妻子贤惠。"孙权又问他:"你回去后,必然要为蜀国效力,再也不会像农民那样待在小巷里,那么将用什么来报答我呢?"张裔又回答说:"我负罪回国,将由朝廷安排我的命运。如果能够侥幸保住脑袋,那么我五十八岁以前是父母给的生命,从今往后是大王您赏赐的生命。"孙权谈笑风生,有欣赏张裔才能的意思。张裔出了孙权宫门后,十分后悔自己没能装傻,便迅速上船、加倍快行。孙权果然派人追他,张裔已经进入永安界几十里,追的人已经追不上了。

到了蜀国后,丞相诸葛亮任命他为参军,署府事,又兼任益州治中从事。诸葛亮出兵驻扎汉中,张裔以射声校尉兼任留府长史,经常称赞道:"丞相赏赐不遗漏关系远的人,责罚又不宽容关系近的人,不能无功得到官爵,又不能因富贵权势而免掉应受的刑罚,这就是聪明人和糊涂人都舍身为公的原因。"第二年,北上去见诸葛亮汇报和询问有关事务,送他的人数以百计,车马都堵满了路,张裔回来后在给自己父母的信中说:"前些天临行前,昼夜接待宾客,得不到休息,人们敬重的是丞相长史这个官衔,儿子张君嗣附在这个官衔上,所以把我累得要死。"他就是这样谈吐诙谐,反应敏捷。年轻时与犍为人杨恭关系很好,杨恭死得很早,留下的孩子没有几岁,张裔就把他的家属接在自己家中,分屋居住,侍奉杨恭的母亲就像自己的母亲一样。杨恭的儿子长大后,又为他们娶妻子,购买田宅产业,让他们自立门户。抚恤老友的家属,帮助救济衰落的家族,十分讲义气。加封辅汉将军,照旧兼任长史。建兴八年(230)去世。儿子张毣袭位,历任三个郡的郡守和监军。张毣的弟弟张郁,任太子中庶子。

杨洪,字季休,犍为武阳人。刘璋时期曾在很多郡任职。刘备平定蜀地,太守李严任命他为功曹,李严准备在别的郡中盖房子,杨洪反复进谏而不被采纳,于是辞去功曹职务,请求退居。李严打算把他推荐到州里,任蜀部从事。刘备争夺汉中,送急信要求发兵支援。军师将军诸葛亮拿这事来问杨洪,杨洪说:"汉中是益州的咽喉,是我们存亡的要害所在,如果没有汉中就没有蜀国,这是家门口的灾祸。今天的事情,男人应当参战,女子应当参加运输,发兵的事还有什么可疑虑的?"当时蜀郡太守法正跟随刘备北行,诸葛亮便上奏让杨洪代理蜀郡太守,各项事务办得都很有条理,于是让他正式任职。不久,又转为益州治中从事。

刘备称帝后,征讨吴国被击败,回来住在永安。汉嘉太守黄元,因诸葛亮向来不喜欢他,听说刘备有病,担心以后会有祸患,便举兵造反,烧毁临邛城。当时诸葛亮东行探望刘备病情,成都单薄空虚,所以黄元更加肆无忌惮。杨洪便启奏太子,派遣他的亲兵,让将军陈曶、郑绰讨伐黄元。诸位大臣的意见认为黄元如果不能围困成都,就会由越巂而占据南中。杨洪说:"黄元历来性格凶残暴虐,不讲信用,怎么会这么做呢?他不过要沿水路东下。希望主上平安,当然他就会被捉拿处死;如果主公不幸去世,他只会投奔东吴求活罢了。命令陈曶、郑绰只在南安峡口堵截便可以抓到他。"陈曶和郑绰按照杨洪的话去做,果然活捉了黄元。杨洪于建兴元年(223)被赐爵关内侯,又为蜀郡太守、忠节将军,后来为越骑校尉,依然统辖旧郡。

五年(227),丞相诸葛亮北上驻军汉中,打算任用张裔为留府长史,问杨洪怎么样,杨洪回答说:"张裔天姿聪明敏锐,擅长治理繁杂事务,才能的确可以胜任,但他的性情不大稳重,恐怕不能让他独自就任,不如让向朗留下。向朗性格中虚伪的成分较少,张裔跟着您,发挥他的才能,对此事来说是两全其美。"当初,张裔和杨洪年轻时关系很好。张裔流放在吴,杨洪到张裔家属所在的郡视察,张裔的儿子张郁在郡中当吏员,因为一点小过失而受处罚,丝毫也不给予原谅包庇。张裔后来在外地听说这件事,感到十分不满,与杨洪的友情便冷淡下来。等杨洪见诸葛亮出兵后，便到了张裔那里，原原本本地把自己跟诸葛亮说的话告诉了张裔。张裔对他说："你如真想留下我，诸葛亮也不能阻止。"当时有人怀疑杨洪的意思是自己想做长史，也有人怀疑杨洪知道张裔对自己不满，不愿让张裔身处要职，管理后方事务。后来张裔和司盐校尉岑述关系不好，以至相互仇恨。诸葛亮在给张裔的信中说："过去你在陌下的时候，用兵失败，我心里为你担忧，已经到了吃饭觉不出滋味的地步；后来你又流亡到南海，我也为你感到悲哀和感叹，以至于睡觉都不能安宁；到你投奔先帝以后，我对你委以重任，共同为王室而尽力，我自己认为和你可称为古代的'石交'。作为'石交'，就要帮助朋友除掉仇敌，割下自己的骨肉来说明自己的诚心，也不能足以表达这种心愿，况且我只是有意于岑述，而你就不能忍受了吗？"评论的人从这些话看出杨洪是没有私心的。

杨洪年轻时不钻研学问，但是却忠心耿耿，心地坦荡，忧虑公家事务就像自己的私事一样，侍奉继母十分孝顺。六年（228）在任上去世。起初杨洪在李严手下当功曹，李严还没到犍为而杨洪却已经做了蜀郡太守。杨洪又接纳自己门下书佐何祗，这人有才能计谋，让他做郡吏，几年后便当上广汉太守，而杨洪也还任蜀郡太守。因此，西南一带人们都对诸葛亮人尽其用的做法心悦诚服。

费诗，字公举，犍为南安人。刘璋时任绵竹县令，刘备攻打绵竹时，费诗首先举城投降。成都平定后，刘备兼任益州牧，任命费诗为督军从事，出任牂牁太守，又回成都任州前部司马。刘备当上了汉中王，派遣费诗去任命关羽为前将军，关羽听说黄忠为后将军，生气地说："大丈夫终究不和老兵同列！"不肯接受任命。费诗对他说："那些创立帝王事业的人，决不能只用一个人。过去萧何、曹参与汉高祖刘邦从小就是朋友，而陈平、韩信都是因逃亡而后来的，论其朝中排列，韩信居于最上，没听说萧何、曹参因此而有怨言。今天汉王因一时的功劳，对黄忠施加恩宠，但是内心里难道是把你们二人同等看待吗！并且汉王与您如同一体，休戚与共，福祸同当，我认为您不应当计较官号的高下、爵禄的多少。我不过是一个使臣，奉命而行的人，您若不受封，我就这样回去了，只是对您的举动感到惋惜，恐怕您将来要后悔！"关羽十分感动，省悟后，立即接受了这一任命。

后来群臣都议论要推举汉中王刘备称帝，费诗上疏说："殿下因为曹操父子逼迫汉帝篡夺权位，所以才风尘万里，召集军民，准备讨伐奸贼。今天大敌没有消灭,却自己先称帝,恐怕人们心中会对您的动机有所怀疑。过去汉高祖和楚霸王约好,先消灭秦国的人为帝王,等到了平定咸阳,擒获子婴时,还仍然相互推让,况且今天殿下还没出门庭,便准备自立呢!愚臣的确不希望殿下接受群臣的意见。"因此而违背了刘备的意思,被降职为永昌从事。建兴三年(235),跟随诸葛亮南行,回来时到汉阳县,投降过来的李鸿来拜见诸葛亮,诸葛亮接见他时,蒋琬和费诗在座。李鸿说:"在孟达那里时,碰见王冲从南边来,说过去孟达去留的问题上,您对他切齿痛恨,准备杀死他的妻子和孩子,幸亏先主不听您的意见。孟达说:'诸葛亮了解其中的原因始末,最终不会那么做。'完全不信王冲的话,他相信和仰仗您,没有三心二意。"诸葛亮对蒋琬和费诗说:"回到成都还是应当写封信给孟达让他知道这些情况。"费诗进言说:"孟达这个家伙,过去跟从刘璋就不忠,后来又背叛先帝,这种反复无常的人,怎么值得给他写信呢!"诸葛亮默然不答。诸葛亮想引诱孟达为外援,最后还是给孟达写信说:"往年南征,年底才回来,不久前和李鸿在汉阳相会,得知一些你的消息,慨然感叹,才算明白你平生的志向,难道只是徒有虚荣,善于变易吗!孟达呀,那时确实是刘封欺负你,破坏了先帝宽容部下的名声。加上李鸿说王冲编造瞎话,说你能够体谅我的用心,不听王冲的挑唆。寻思你已表明的言语,追忆平生的友好,依依向东遥望,所以写给你这封信。"孟达接到诸葛亮的信后,几次往来书信,准备背叛魏国。魏国派遣司马懿征讨他,很快消灭、杀掉了他。诸葛亮也因为孟达没有坦诚之心,所以也不去救。蒋琬执政后,任命费诗为谏议大夫,后来费诗在家中去世。

王冲是广汉人,为牙门将,是江州督李严的部下。因被李严忌恨,害怕获罪而投降魏国。魏国任命他为乐陵太守。

评:霍峻坚守孤城而不被攻下,王连忠贞不移,向朗好学不倦,张裔机智灵敏,杨洪忠心耿耿,费诗仗义执言,都有值得纪念的地方。以刘备的广招贤士,诸葛亮的执政有方,像费诗这样口吐直言,尚且还被降职处理,更何况那些平庸的后人呢?

卷四十二 蜀书十二

杜周杜许孟来尹李谯郤传第十二

杜微,字国辅,梓潼郡涪县人。年轻时在广汉人任安门下学习。刘璋征召他为从事,因病而离官。等到先主平定蜀地后,杜微常常装作耳聋,在家中不出来。建兴二年(224),丞相诸葛亮兼任益州牧,选拔和任命的官吏都是有德望的故老。以秦宓做别驾、五梁做功曹、杜微做主簿。杜微坚决推辞不就,最后用车子把他拉来。到官府以后,诸葛亮接见了他,杜微向诸葛亮表示歉意。诸葛亮因为他耳聋听不见,在座上用笔与他交谈说:"闻听您的品行,盼望见到您已有很长时间了,但清水和浊水不能相混,无缘相见请教。王元泰、李伯仁、王文仪、杨季休、丁君干、李永南兄弟、文仲宝等常赞叹您的高尚志向,但一直未能见面。我学识疏浅,掌管益州,德行浅而责任重,为此苦苦忧虑。后主今年十八岁,天性仁爱、聪明,爱惜有德行的人,礼贤下士。现在天下的人渴念汉王室,我想同您一起顺应天意民心,辅佐英明之主,以建立兴复汉室的功劳,勋业载于史册。原以为贤人和愚人不能共事,所以相互隔绝,您守护自己的功劳而已,没有想到您受委屈前来。"杜微称年老多病,请求辞官归家。诸葛亮又给他写道:"曹丕弑君篡位,自立为皇帝,这就像土塑的龙、草扎的狗,徒有其名而已。我想与各位贤士以正义之道消灭他这个邪恶、诡诈之徒。可是您却没有什么教诲,便要请求还归山野。曹丕又大肆征召劳役,准备攻打吴国和蜀国。现在曹丕国内不安,我想先不出兵边境而致力于发展农业,使人民得到休养生息,积蓄物资。并且积极备战,等待魏国受到挫折的时候,然后出兵讨伐。可以使兵士不战斗、百姓不受劳苦而平定天下。您只以您的德行、名望辅佐朝廷,不让您负责军事,您何必急急忙忙就要回去哪!"诸葛亮就是这样敬重杜微。任命杜微为谏议大夫,满足他的志向和要求。

五梁,字德山,犍为郡南安县人。以儒学和节操被人称许。从议郎升为谏议大夫、五官中郎将。

周群,字仲直,巴西郡阆中人。父周舒,字叔布。年轻时拜广汉人杨厚为师学习术数。名望仅亚于董扶和任安。多次被征召,终没有应召。当时有人问他:"《春秋谶》中说'代汉者,当涂高',这是指什么?"周舒说:"当涂高是魏国的意思。"乡里的学者私下传扬他的话。周群年轻时从父学习,专心于王侯事业。在庭院中造了一座小楼,家中富有,有很多奴仆。他常常令家奴轮流在楼上值班,看哪里发生自然灾异。刚一发现云气,就马上告诉他。他亲自上楼观看,不管是早晨还是夜里。所以凡有气象和节令的变化,他都能发现。因此,他的预言往往都很灵。益州牧刘璋征召他为师友从事。先主平定蜀后,让他代理儒林校尉。先主要和曹操争夺汉中,询问周群,周群回答说:"能得到地,得不到人。如果分派军队进攻的话,一定不会顺利,应该谨慎行事。"这时州后部司马蜀郡人张裕也通晓占候术,而且天才超过周群。他劝谏先主道:"不能与曹操争夺汉中,出兵一定不会顺利。"先主最后没有听他的劝告。果然得了汉中地盘而没有得到人民,派去的将军吴兰、雷铜等人进入武都后都死在那里没能生还。这一切都像周群意料的那样。于是荐举周群为茂才。

张裕又曾私下对人说:"庚子年,天下当改朝换代,刘家的皇位到头了。先主得益州的九年之后,壬寅、癸卯年之间就会失去益州。"有人秘密把这话告诉了先主。当初,先主和刘璋在涪县相见时,张裕是刘璋的从事,陪同在座。张裕胡子很多,先主嘲笑他说:"过去我住在涿州时,姓毛的特别多,东西南北住的都姓毛。涿州县令说:'各家姓毛的环绕涿州居住。'"张裕马上回答说:"过去有个人做上党郡潞县长,升为涿县令,辞官回家后,当时有人给他写信,欲潞县长则不能称呼涿县令,欲称呼涿县令而不能称呼潞县长。于是题名为"潞涿君。"先主没有胡子,所以张裕用这话反唇相讥。先主常常恨他对自己不恭顺,加上恨他泄露机密,便宣布张裕所劝谏的争汉中一事的话没有应验,把他投进牢狱,要杀他。诸葛亮上表请求饶恕他。先主回答说:"芳草、兰花生在房门口,不得不铲除。"于是张裕被杀。后来曹丕登上皇位,先主之死,都和张裕所说的时间相合。他又通晓相术,每当拿镜子看自己的面相,自知将来要被杀死,常常把镜子摔到地上。

周群死后,他的儿子周巨很好地继承了他的占验之术。

杜琼,字伯瑜,蜀郡成都人。年轻时从任安学习,深入地探究任安的技艺。

刘璋统治时征辟他为从事。先主平定益州,兼益州牧。任命杜琼为议曹从事。后主即位,任命他为谏议大夫,升为左中郎将、大鸿胪、太常。他的性格静默少言,关门不接宾客,自守节操,不问世事。蒋琬、费祎等人都很器重他。杜琼虽然学问精深,但从不对天象的吉凶议论什么。后辈学者如学问渊博的谯周常常问他术数的道理。杜琼说:“想要明白这种技艺很难,应当亲自观察,仅看他的表面,是不能让人相信的。经过早晨、夜晚劳作的苦痛,然后才能获得知识。知道后又怕泄露天机,这样就不如不知道天意。所以我不再观察天象了。”谯周便问道:“过去周征君认为当涂高是指魏,他说得对吗?”杜琼说:“魏是宫阙的名字。面对大道,高高耸立。这是圣人取意象征的说法。”又问谯周说:“难道有什么怪异的地方吗?”谯周说:“不知道。”杜琼又说:“古代官职都不命名为曹。自从汉以来,官都命名为曹,吏命名为属曹,卒命名为侍曹。这大概是天意吧。”杜琼活到八十多岁,延熙十三年(250)逝世。著有《韩诗章句》十多万言。他不把自己的学问教给他的儿子,所以他的谶纬学问没有继承的人。谯周根据杜琼的话,触类旁通,光大了他的说法。他说:“《春秋传》中记载说,晋穆侯给太子命名为仇,仇的弟弟起名为成师。师服曾说:‘国君给儿子起名,有多么奇异啊! 好的配偶叫妃,不好的配偶叫仇。现在晋穆侯给他的儿子起名为仇,仇的弟弟起名为成师。这就兆示要发生叛乱,不是哥哥要被废了吗?’后来果然像师服预言的那样。汉灵帝给他两个儿子起名为史侯和董侯。二子即位后,都被免为诸侯,和师服所说的很相似。先主名为备,训释为具。后主刘禅,训解为授。如果解释为刘氏已具备了,应当给予别人。这要比晋穆侯和汉灵帝给儿子起的名字还要不祥。”后来宦官黄皓在宫中弄权。景耀五年(262),宫中的大树无故折断,谯周非常担忧,没有人可与交谈,便在柱子上写道:“众而大、期之会,具而授、苦何复?”意思是说曹的意思是众,魏的意思是大。众而且大,天下的人要聚集在一起。具备而且授予,怎么还能即位为皇呢? 蜀亡后,都认为谯周的话应验了。谯周说:“这虽然是我推断的,然而也有所因袭,不过把杜琼的说法光大了而已,并没有什么神秘的灵感和异于常人的地方。”

许慈,字仁笃,南阳人。从师于刘熙,精通郑玄的经学,研究《易》《尚书》《三礼》《毛诗》《论语》。建安年中,与许靖等人一起从交州来到蜀。当时还有个魏郡人胡潜,字公兴的,不知道他从什么地方来到益州。胡潜的学问虽然并不渊博,但他卓越出众,有很强的记忆力,先辈的法令、礼俗的规则和丧事五服的规定都了如指掌,信手拈来。先主平定蜀后,蜀地方历代受死丧祸乱的破坏,学问之事久已荒废。于是聚集法典图籍等重要文献,淘汰各种学说。许慈和胡潜都是学士,和孟光、来敏等共同管文献典籍。这时正是百业草创之际,凡事常常有不同的看法。许慈和胡潜互相争胜,攻击争执,以至声色俱厉。书籍从不互通有无。有时大打出手,撕扭在一起。他们夸耀自己,妒忌别人,达到了这种程度。先主怜悯他们这种情形,会集百官,让倡女扮作他们二人,模仿他们相互控告的情形。喝酒奏乐,以此来开心。开始相互口角,最后刀杖相攻。先主想用这种方法感悟他们。胡潜先死,许慈在后主的时候逐渐升到大长秋。去世后,他的儿子许勋继承他的事业,也做了博士。

孟光,字孝裕,河南洛阳人。汉朝太尉孟郁同族人。汉灵帝的末年官为讲部吏。汉献帝迁都长安,他便逃到蜀。刘焉父子以宾客的礼节对待他。他博识多知,对历史非常了解,无书不读。尤其专心于《史记》《汉书》和《东观汉记》。特别擅长于汉朝的典章制度。喜欢《公羊春秋》而非难左丘明。与来敏常常就此二传争论不休,孟光常常大声吵嚷。先主平定益州后,任命他为议郎。和许慈等人一起掌管法令礼俗。后主即位,孟光做符节令、屯骑校尉、长乐少府,升为大司农。延熙九年(246)的秋天,颁布大赦令,孟光在众人面前责问费祎说:"大赦天下,是偏向一方的办法,不是贤明之世所应该运用的。衰败困厄到极点,万不得已,然后可以暂且用一下罢了。现在皇上仁爱贤明,百官都很胜任,有什么意外的危险,致命的紧急,而多次施予特殊的恩惠给那些为非作歹的人呢?何况现在强盗猖狂,却原宥那些有罪的人,这样既违背自然时序,又违反人心。我已老朽,不了解治国的根本。我以为这种方法不能维持长久。难道你处在宰相之高位,人们期望你的就是这种德行吗?"费祎只是毕恭毕敬道歉而已。孟光指摘时弊,往往都是这样一针见血。所以秉政的重臣,很不喜欢他。他的爵位得不到升迁。每当直言极谏之时无所顾忌,被当时的人所怨恨。太常广汉人镡承、光禄勋河东人裴儁等人,年岁、资历都在孟光之后,但却登上高位,官位处在孟光的前面。其原因就在于孟光的直言。

后辈文士秘书郎郤正多次咨询孟光,孟光问郤正太子学什么、读什么、性情怎样,喜欢什么;郤正回答说:"侍候双亲很虔恭,早晚都不马虎,有古代世子风范。接待百官,一举一动都合乎仁和恕的标准。"孟光说:"像您所说的世子的好处,是普通的家庭都具备的。我现在要问的是他的权变谋略、智慧和气度如何。"郤正说:"做世子的原则,在于继承君父的志向,使双亲欢乐,不能妄为。

况且聪明和气度藏在心中，权变智谋到一定时候才能发挥出来。这些东西的有无，能事先准备吗？"孟光明白郤正说话慎重适宜，不是随便乱讲。便说："我好说实话，无所回避，常评说利弊，为人们怨恨。我知道您也不太喜欢听我的话，然而我的话有道理。现在天下还没有平定，智谋是最需要东西。智谋虽然来自天赋，但也可以通过努力而获得。这就是为什么世子读书不能像我们努力去增加知识以备咨询，像博士那样研究讲习策问以求爵位的道理。应该学习最需要的东西。"郤正非常同意他的看法。后来孟光因事而免官，去世时年已九十多岁。

来敏，字敬达，义阳新野人。来歙的后人。父来艳，为汉朝的司空。汉末大乱，来敏跟随姐夫投奔到荆州。他的姐夫黄琬是刘璋祖母之侄。所以刘璋派人迎接黄琬的妻子，来敏便和他姐姐一同入蜀。常常是刘璋的客人，涉猎典籍，精通《左氏春秋》。尤精于《仓颉篇》和《尔雅》的训诂学。喜欢校正古书文字。先主平定益州，让来敏代理典学校尉。等到立太子后，他任家令。后主即位，他任虎贲中郎将。丞相诸葛亮驻守汉中，请他去做祭酒、辅军将军，因事而被免职。诸葛亮死后，来敏返回成都任大长秋，又被免官。后来连续升迁，任光禄大夫，又因过错被免官。前后多次被削职，都因为他说话没有节制，行动违反常理。当时孟光也因为没有保守好机密，不合时宜地议论朝政，然而他的情形还比来敏要严重。二人都是宿儒而被人们尊重。来敏出身于荆楚有名的士族，又是东宫的老臣，受到特别优待，所以被贬之后又被起用。后来让他做执慎将军，想要以责任的重大让他约束自己。他活到九十七岁，景耀年中去世。其子来忠，也博览经学书籍，有来敏的风范。他与尚书向充等人都能协同帮助大将军姜维。姜维很欣赏他，用他做参军。

尹默，字思潜，梓潼涪县人。益州这个地方的学者都崇尚今文经学，而不喜欢章节和句读分析的古文经学，尹默知道他们的学问不深，于是远游到荆州，向司马操和宋仲子学习古文经学。精通经史，尤专心研究《左氏春秋》。从刘歆到郑众、贾逵父子、陈元、服虔的注解，他都能不看书本诵读讲解。先主平定益州，兼益州牧，任用尹默做劝学从事，等到立了太子，又任命他为仆射。教授后主《左氏传》，后主即位，任命他为谏议大夫。丞相诸葛亮驻守汉中，请他做祭酒。诸葛亮死后，他返回成都，被任命为太中大夫，后去世。他的儿子尹宗继承父业，曾做博士。

李𫍲，字钦仲，梓潼郡涪县人。父亲李仁，字德贤。他和同县的尹默一起到荆州,拜司马徽、宋忠等人为师学习。李谡完全继承了父业。又在尹默那里学习经义名理。五经、诸子无不广泛地阅读,加上他又喜好技艺、算术、卜数、医药、弓弩、精巧的器具,对这些都进行了深入的研究。开始做州郡的书佐、尚书令史。延熙元年(238),后主立太子,李谡被任命为庶子,升为仆射,调任中散大夫、右中郎将,仍然伺候太子,太子因为他知识广博,特别喜欢他。然而他为人轻佻,好嘲讽戏弄别人,所以人们不敬重他。著有古文的《易》《尚书》《毛诗》《三礼》《左氏传》《太玄》《指归》诸书。他的书以贾逵、司马德操的学说为标准,与郑玄的学说不同。他和王肃并不相识,王肃并没有见到他的著作,然而他们的见解多相同。李谡于景耀年中去世,当时又有汉中人陈述,字申伯,也知识渊博,著有《释问》七篇,《益州耆旧传》和《益州耆旧志》,曾历任三个郡的太守。

谯周,字允南,巴西郡西充国人。他的父亲谯岍,字荣始。研究《尚书》,兼通诸经书和河图谶纬之书。州和郡征召他做官,他都不理睬。州里到他的住所任命他为师友从事。谯周幼年丧父,与寡母一起生活。成人后,笃志好学,酷爱古代文化。家里虽很贫穷,但他不治产业。诵读典籍,怡然自乐,废寝忘食。深入研究六经,尤其擅长写书札。又十分熟悉天文,但对此不十分留意。诸子文章不是十分喜好的,都不去浏览。身高八尺,外表衣饰打扮简朴,本性诚实,毫无矫饰。没有随机而发的舌辩之才,然而却很渊博聪敏。

建兴年间(223—237),丞相诸葛亮兼任益州牧。任命谯周为劝学从事。诸葛亮死于魏国境内,谯周在家闻听消息,马上前去奔丧。不久便有诏书禁止前往,只有谯周因为走得很快才得以到达。大将军蒋琬兼任刺史,谯周被升为典学从事,主管州中的学者。

后主立太子,任命谯周做仆射,后调任为家令。这时,后主常常微服游玩,增加供奉音乐的人员。谯周上疏劝谏说:"过去王莽败亡后,豪杰四起,占领州郡,想要篡位。这时贤才和智士选择自己所要归附的人,未必看他势力大小,只看他德行厚薄。这时的淮阳王刘玄、公孙述及其他拥有众多人马的人,都放纵情欲,而不愿修养德行,游猎吃喝,不怜惜人民和物资。世祖光武帝刘秀刚进入河北,冯异等人便劝说光武帝道:'应该做别人做不到的事。'于是致力于审理冤狱,节约饮食和花费,凡行事遵守法度,所以北州百姓歌颂他,名声传播四方。这时邓禹从南阳来归附光武帝。吴汉、寇恂没见过世祖,闻听世祖的德行,便用计占领了渔阳和上谷,派骑兵到广阿迎接光武帝。思慕世祖风采和德行而前来的还有邳肜、耿纯、刘植等人,以至于抱病带着棺木和身背婴儿前来的人,不可胜数。所以能够由弱小而变为强大。杀王郎,消灭铜马军,挫败赤眉军,而成就了帝王大业。到了洛阳后,曾经要便装出行,车马已经赶了出来,铫期谏道:'天下还没有安定,我的确不希望您经常便服出行。'光武帝马上命令把车赶了回来。到征讨隗嚣的时候,颍川的强盗起来反叛,世祖回到洛阳,只派寇恂前去平息。寇恂说:'颍川的强盗知道您远征,所以那些奸险狡猾的人起来反叛,他们不知道您已返回洛阳,恐怕不能马上投降。陛下亲自率兵前去,颍川强盗必然马上投降。'光武帝于是前往颍川,完全如寇恂所说的那样。因此,不是什么紧急的事情,想要便服外出也不敢,至有紧急的事情,想要安静下来也不能,所以帝王都是这样来修养自己的道德。所以《传》中说:'百姓不是白白地来依附的',的确是把德行看得最为重要。现在汉王朝遭受厄运,天下三足鼎立,正是雄武明哲之士渴盼明主之时。陛下天性至孝,居丧超过三年,每谈及必流泪,就是曾参和闵子骞也赶不上您。敬爱贤士任用有才能的人,使其各尽所能,功超过成康之治。所以国内团结统一,大官小民同心协力,其功德说也说不尽。但我对您还有更大的希望,希望您能做大多数人做不到的事情。拉大而且重的东西,担心的是力量太少;克服大的困难,担心的是好的办法不多。奉祀宗庙,不仅是为了求得幸福和保护,是教育百姓尊敬长辈。至于四季的祭祀,有时没有亲临,却时常从宫中出去游玩观赏池苑,我虽愚顽,内心非常不安。有忧心的事和责任在身的人,没有工夫去寻求欢乐。先帝的愿望,父辈的遗业尚未完成,这的确不是享乐的时候,希望您减少乐官。后宫建造设施,只应维护先帝时的规模,以节俭来教育后代子孙。"谯周又升为中散大夫,仍侍奉太子。

这时军队频频出战,百姓劳苦疲惫。谯周和尚书令陈祗讨论此事的利弊,回家后写了篇文章,名为《仇国论》。文中说:"因余之国是个小国,而肇建之国是个大国。它们一起争夺天下,成为仇敌。因余之国有个叫高贤卿的人,向伏愚子请教说:'现在国家的政事还没有落实,上官下民为此而操心。过去的时候,有人能以弱胜强,他用的是什么办法?'伏愚子说:'我听说,大而且没有什么困难的国家往往不去努力,而且有困难的国家往往想把事情办好,经常松懈不努力就会发生动乱,想把事情办好则太平,这是永恒的规律。所以周文王爱护人民,以少胜多;勾践抚恤百姓,以弱而胜强。这就是往古之人以弱胜强的办法。'高贤卿说:'过去项羽强大而刘邦弱小,二人经常争斗,没有宁息的时候。项羽和刘邦约定以鸿沟作为双方的分界线,都想收兵使人民得到休养生息。张良却认为百姓的心意稳定之后,就很难使他们动摇了。于是带兵追击项羽,终于消灭了项羽。难道非要按照文王的办法办事吗?肇建之国现在正陷入困境,我想乘其困难的机会攻陷它的边境,使它更加困难,最后消灭它。'伏愚子说:'在殷商和西周的时候,王侯世代受尊敬,群臣的位置长久不变,人民习惯专心于拥戴国君。根深的东西很难拔出,坚固的东西难以移动。这个时候,就是汉高祖持剑策马也不能取得天下。在秦国罢去列国诸侯,全国分成三十六郡,郡置太守的制度颁布后,百姓不堪役使,天下土崩瓦解。有的一年变换一个国君,有的一个月换一个诸侯。鸟惊兽骇,不知所措,这时各豪强起来争夺天下,虎裂土而狼分地。行动快的得到的就多,后来的就要被吞并。现在我们和肇建之国都世袭王位,不是秦末混乱的时候,而是六国纷争的形势。所以可以做文王,却做不了汉高祖。百姓疲惫劳苦就是动乱的预兆。在上者傲慢,在下的人强暴,那么必然土崩瓦解。谚语说:与其数次射不中,不如看准后再发箭。所以聪明的人不为很小的好处而抬眼,也不会因为似是而非的东西而举步。时机到了再行动,合于天命然后可以成功。所以成汤和周武王,不用第二次出战就取得了胜利,其成功的原因就是不使人民太劳苦和审时度势。如果穷兵黩武,必然土崩瓦解,这样下去,倘遇到危难,虽然是有智谋的人也没有什么好办法。至于变幻无穷,如入无人之境,横渡飞奔,超越高山深谷,不用船渡过黄河到孟津,我是愚蠢的人,这我的确办不到。'"

后来谯周升为光禄大夫,官位仅次于九卿。谯周虽然不参与政事,然而以儒者的品行受到尊重。后主常就大事向他咨询,谯周则引经据典给以答复。后来一些好奇的人也向他请教一些疑难问题。

景耀六年(263)冬,魏大将军邓艾占领江由,长驱而入。然而蜀国原以为敌人不能马上攻来,不做守城的准备。等到听说邓艾已进入阴平,百姓骚动,都四散而逃,禁止不住。后主召集群臣讨论时局,没人想出什么办法。有的人认为蜀国和吴国是友好的国家,可以投奔吴国。有的认为南中的七郡,高山陡崖,容易守卫,可以南奔。谯周认为:"自古以来,没有依附于别的国家而做天子的。现在如果投奔吴国,一定要向吴国臣服才可以,而且国家的政治和自然界一样,大的可以吞并小的,这是必然的规律。这样看来,魏国可以吞并吴国,而吴国却不能吞并魏国,这是很明白的事,与其向小国的称臣,何如向大国称臣,与其遭受第二次屈辱,不如受一次屈辱。再说如果投奔南中,就应该早做准备,才能办到。现在大敌当前,灭亡在即,底下的人没有一个可以保证不变心的。恐怕刚一出发,就要发生不测,还能等到你到南中吗!"有人反击谯周说:"现在邓艾不远了,如果他不接受你的投降怎么办?"谯周说:"现在东吴还没有被魏国消灭,形势所趋,他不得不受降,受降以后不得不给以礼遇。如果陛下降魏,魏国不封您土地爵位,我请求亲自到魏国首都,用古人的道义替您争得这些。"众人没有能驳倒谯周的意见的。

后主仍想入南中,谯周上疏说:"有人说陛下因北方魏国军队深入蜀国,有想到南中的想法,我为此不安。因为什么呢?南方是偏远的少数民族居住的地方,平时没有供给我们什么物力和人力,还要反叛。自从丞相诸葛亮南征以后,刀兵相逼,没有办法才归附了。这之后,交纳官税,我们用来供应部队,因此和他们结成了仇怨。这些人是使国家发生灾祸的人。现在因为无路可走而想投奔他们,恐怕他们又要反叛,这是第一点。北方魏国军队攻来,不仅是取蜀一地,如果南奔,他们必然乘我们败势马上来追赶我们,这是第二点。如果南奔,对外得抵御魏国军队,内部需要供应衣服和车马。费用增加,又没有其他的地方可以取得钱财,这样必然大大地耗费各少数民族的财物,他们会更快反叛,这是第三点。过去王郎假冒太子,在邯郸称帝。这时世祖正在信都,受王郎的威逼,想要放弃信都、和成二郡而返回关中。邳肜劝道:'你西还关中,那么王郎的势力就形成了,和成和信都的人民不肯捐弃父母而把他们留在城中,又不能背弃城的新主人王郎,而为您当兵,他们背叛您是必然的。'世祖听从了他的意见,于是攻破了邯郸。现在北方魏国的军队逼来,陛下南下,恐怕邳肜当年的话又要应验于今天吧,这是第四点。愿陛下早下主意,投降魏国,可以获得封地和爵位。如果真南奔,山穷水尽再投降,那么灾祸就更大了。《易》中说:'亢'这个字,是指只知道前进,却不知道退守;只知道生存,而不知道死亡;只知道进取,却不知道丧失,知道进退存亡而不失其正当,难道只有圣人才能够如此吗?说的就是圣人知天命而不敢苟且,这是一定的。所以尧和舜因为自己的儿子没有才能,知道天意要把天下授予别人,于是寻找要接受天下的人。儿子虽然不贤,灾祸还没有萌芽,而把政权授给天意所钟的人,难道灾祸还能来吗!所以微子以纣王的庶兄弟的身份,却捆缚上自己,嘴中含着玉投降了周武王。难道他乐意这样吗?不得已而已。"于是后主听从了谯周的建议。刘氏没有受到危害,蜀国也因此没有受到兵火,这些都是谯周的主意。

这时晋文王司马昭为魏国的相国。因为谯周的功劳,封他为阳城亭侯。

又下诏书征召谯周。谯周出发到汉中,因病不能前行。咸熙二年(265),巴郡人文立从洛阳回到蜀去拜访谯周。谯周谈话之间,在木版上写道:"典午忽兮,月酉没兮。"典午说的是司马,月酉是八月,至八月晋文王果然死去。西晋建国后,多次下诏书给当地官府,让他们发送谯周。谯周于是抱病上车出发上洛阳。泰始三年(268)到了洛阳,因为病没有好,派人前去任命他为骑都尉。谯周自己陈说没有功劳而受封,请求允许退回封给爵位和土地,皇帝没有允许。

泰始五年(270),我(陈寿)曾做本郡的中正,政事办完后,请求辞官返家。去和谯周告别,谯周和我说:"过去孔子活到七十二岁,刘向、扬雄活到七十一岁才死,我今年七十岁,或许可以活到七十二岁孔子的年龄,但活到扬雄、刘向的年龄是完全可能的。恐怕不出后年,我必然要长逝,不能再相见了。"我怀疑谯周以术数而知道这些,借此话表达出来。泰始六年(271)秋任命谯周为散骑常侍,因病重而没有就职。这年冬天谯周去世。他的著述,有《法训》《五经论》《古史考》等书,共一百余篇。他有三个儿子,谯熙、谯贤和谯同。最小的儿子谯同喜欢他父亲的事业,也有忠厚质朴的品行。被荐举为孝廉,任命为锡县令、东宫洗马,征召做官,没有应召。

郤正,字令先,河南偃师人。祖父郤俭,汉灵帝末年任益州刺史,被盗贼杀害。恰逢汉末大乱,所以郤正的父亲郤揖便留在蜀地。郤揖做将军孟达的管都督,跟随孟达投降了魏国,做中书令史。郤正的原名是纂,年幼时父死母嫁,茕茕孑立,安于贫困,好学不倦。博览古代典籍,二十岁就能写出很好的文章。入宫做秘书史、调为令史,后升迁为秘书郎,一直做到秘书令。本性不慕荣利,尤其酷爱文章,从司马相如、王褒、扬雄、傅毅、班固、张衡、蔡邕的文和赋,到当代的优秀的书和论,凡是益州有的,都百方寻访搜求,大部分都曾读过。他在宫中任职,和宦官黄皓住为比邻,长期相处达三十年之久。黄皓从卑微到显贵,掌有大权,威势逼人。郤正既不被黄皓喜欢,也没有引起他的憎恨,所以官位虽没有超过六百石,但他却没有遭到什么灾祸。

他学习先辈儒者,借文章表达自己的心意,命名为《释讥》,这篇文章是继崔骃《达旨》后的又一篇同类的文章,文章说:

有人讥讽我说:"以前代的记载我们知道,事业和时机相联系,名位和功劳不可分。然而名声和事业是前哲首先要做的事情。所以创立国家的制度和规范,不乘一定的时机是办不到的;要想声名得到流传,不靠功劳也是办不到的。名位须凭功劳才显赫,事业要等待时机才能成功。身死而名声随之而亡,这是有道德的人引以为耻辱的事情。通达知命的人探求自然和社会的规律,钻研它深奥、微妙的道理,观察自然现象,分析人类社会历史的兴衰。有辩才的人到处游说,聪明的人寻找合适的机会,有智谋的人制定策略,而武士则振奋其威武。风云际会,变化莫测,审时度势,取得人们的支持,小事忍让,大事显身手,公而忘私,有权略,不能只见尺的弯而不见寻的直,最终成就辉煌的事业。现在天下三足鼎立,阳刚正义没有得到伸张,四海之内,遭受祸难,感叹道义的沦落,怜悯人民受颠沛之苦。这正是圣贤拯救人间、仁人志士建立功勋的时候。您以高超的才能,美好的品行,博闻赅洽,用心于道术,没有什么远处达不到,无幽而不显。您奋不顾身,掌管国家机密,出入宫廷,是国家的喉舌。朝中做官二十七年,有入朝而没有出朝。探究古今真伪,考察时政得失,虽然有时献一策、进一言,尽自己的职责,为自己没有白吃国家的俸禄而宽慰。但未能竭尽忠心,披肝沥胆,救民于水火,使我们这些卑微的小人物也闻听您的大名。为何不放慢速度,掉转车头,改换道路,使您的车马安然轻松,任意行走呢?纵马向前,审时制宜,看水的深浅而决定涉过去的办法,寻求光明的大道前行;播种兰草使世界芳香,帮助我们这些人开拓学业,这不也是很光荣的事业吗?"

我听后叹息说:"啊!难道有这样说的吗!人心的不同,就和人的面貌一样。你虽然十分光好,姣美又艳丽,但管窥蠡测,保守自己的成见,对你就不可以谈及辽阔大地的界线,也不能说明万事万物的要义。"

有人仰面扬眉,不假思索地说:"这话怎么讲?这话怎么讲?"

我回答说:"虞舜警惕当面赞成自己的人,孔子不喜欢取悦自己的人,这二位说的话,也是我心中所想的。我将就你提出的问题给以论述和解释。在过去的鸿荒时代,民智未开,世界开始创造的时代,三皇接受上天的赐予,五帝应验祥瑞的征兆。到了夏、商之际,遵循前人的典章制度。姬周衰微,礼崩乐坏,称霸者人们都来归附。嬴皇苛政惨毒,兼并天下,于是风起云涌,奸诈遍地,邪恶横行,巧诈萌生。有的人掩藏起对仇敌的仇恨,有的人以不正当的手段获取荣利,有的人运用阴谋诡计要挟主人,有的人靠自己的技能而抬高身份。背弃正义而崇尚邪恶,抛却正直而接近谗佞,对人没有永恒的忠心,节义不能长久的保持。所以商鞅建立的法规失去作用,邪恶也就产生了;李斯的法律失败,奸诈也就成长起来了;吕不韦的势力大了,就要灭族;韩非的理论树立起来了,他也就被杀了。这都是什么原因哪?利益可以使心动,荣宠可以使人羡慕,赫赫的龙形图纹,华美的车马和服饰,想侥幸、苟且地获得就高兴得辗转反侧,淫邪使其迷乱、恣意妄为。车还没起动,铃声还没响,就已身死辕下,还没进到院中,房子就已梁柱倾覆。上天收回其灵魂,大地夺去了他的福寿,人们去悼念他,鬼砍掉了他的头。刚刚走上高冈,而最终死于深谷,早晨容光焕发,晚上已成死鬼。所以贤人君子,深图而远虑,畏惧罪责,因而超脱尘世,隐居,安于贫贱,像泥中拖着尾巴的乌龟,也不要浊世的好名声。这样的人岂是轻视君主,不关心百姓,不理时务!《易》对人们的行动有预测和警告,《诗》中有平和、恭敬的咏叹。

"自从我大汉王朝应天时,顺民意,政治昌明,光明得像春天。俯察地理,仰观天文,传布皇帝的恩泽以哺育人民,传播教化使风俗纯正,君臣尽责,各守其职。皇上有从谏如流的宽阔胸怀,臣下有扶正和补救的职责,官吏没有虚华不实的荣宠,百姓有某一方面好的品行,勤勉的修养品德,崇尚忠义。然而世界的发展有高潮也有低潮,事物有兴盛和败落,有声响也有静寂,有光明也有阴暗,繁盛的春天被萧索的秋天接替,阴冷的冬季被春天战胜。太阳消逝,月亮升空,月亮的光晕消失,太阳又升起。孝冲皇帝和孝质皇帝其年不永;汉桓帝和汉灵帝时,刘氏衰微,英雄云集,豪杰并起。家家有不同的看法,人人怀有不同的计策,所以合纵连横的游说之士忽然披露胸襟,奸诈的人暂时鼓弄喉舌。

"今天天纲已被废弃,德望在西蜀树立,光大祖先宏伟的威仪,把爵位赐予官吏,提倡五教,移风易俗,修养九德,救济百姓,四时恭敬地祭祀宗庙,辅佐皇帝使其接近王道。虽然割据的天下还没统一,假冒的君主没有分辨出来,但圣人给后代留下训诫说:公平合理才不致使一些人贫穷,有过必改,颜回有这样的仁德。国家政务料理得头绪分明,冉有、子路曾这样治理国家。鹰奋扬、鹜腾飞,这是伊尹、吕尚曾创建的事业。总括群贤智谋,听取薛公的上中下三计,运用张良、陈平的秘密计策,努力地前行,为国事而操劳,皇帝提拔才能还来不及,哪有暇顾及杂乱污秽的地方的枯竹哪!

"我没有才能,在朝中有二十多年,献身王朝,全凭自己的一片忠心。

喜好大海的广阔和深厚,赞叹嵩山的高耸,听说孔子赞扬子夏的仁德,感受到乡校对自己的益处。像平仲那样调和鼎鼐,它的作用是增加香味而去掉不好气味,我愚昧昏庸的话中,时时也有可采纳的意见。就像人们可以在市间中考察到政治的得失,游戏的儿童在田边的吟咏,或许也可以增加国家的福分和祥瑞。尽力规谏,如果采纳了,是自己的昏庸无知符合了皇上的高明见解,进一步自己的意见得到灵验。如果自己的意见不被采纳,这是自己应尽的义务,退下来守着自己愚蠢的想法而已。进和退听凭天数,不骄傲也不欺骗,顺性而为,乐天知命,我有什么悔恨呢?这就是我为什么进朝几十年而没有出朝的原因,有官位却好像没有一样。猗狭的屈原认为众人皆醉而我独醒,渔父却要在混浊的世界上随波逐流,柳下惠的自甘屈辱是多么腐臭的想法,伯夷和叔齐的怨恨之情又是多么褊狭。建议备受纳了不认为有所得,建议不合主人之意也不认为有所失。有所得不马上停止,有所失也不悲伤,不能因自己的喜好而轩轾事物的高低和前后,不沽名钓誉以获利禄,不推辞过错而担心被黜退。有什么责备需要解释?又有什么给我的俸禄值得可惜的呢?何方可排?又有何直可入呢?我二十七年居朝官而未出,本来有我一贯坚持的道理。

　　"如今朝中的贤士如山积,英杰群集,像小鱼游于大海,小鸟落在邓林中,鸟飞去了不显得少,鱼游来了也不显得多。太阳在唐虞的时代幽暗下来,阴精月亮在商代应验,禹在阳盱向上天请求帮助而洪水停息了,成汤在桑林这个地方祈祷而甘霖降落人间。人的行动有自身的规律,开启和停塞都有一定的时间。先师给我留下训诫,要不怨不尤,听凭命运的安排,严格地约束自己,我有什么可说的呢?词穷而又路尽,我将要回归我的本色,整理先人流传下来的三坟五典,寻绎孔子留下的伟大思想,甩精微的语言来表达深远的道理,以先人为楷模,遵循先人制定的规则,赞赏叔胁的优游自得,羡慕疏氏的归老故乡,收住脚步而归田园,白发人弄扁舟于江湖,身处方丈之室而自乐,远避这个世界的祸难。但我的心还未安稳,担心晚年的路泥泞难行,仍要激励自己发愤,敞开自己的胸怀而发誓。过去九方皋善于观察马的内在精华,秦牙善于观察马的外形,薛烛以善鉴宝剑而知名,瓠梁以善歌而蜚声,孟尝君的门客以鸡鸣狗盗的本领而救了他,楚将子发手下善偷的人保卫了国家,韩哀靠赶车而驰名,卢敖翱翔于玄阙,若士飞身而进入云中。我的确没有他们的本领,只好默然自守而已。"

景耀六年(263),后主听从谯周的计策,派使者向邓艾投降,降书就是郤正写的。次年正月,钟会在成都反叛,后主东迁洛阳。在这混乱仓促之中,蜀国的大臣没有跟随保护后主的,只有郤正和殿中督汝南人张通,舍弃妻子和子女,只身跟随后主,侍候他到洛阳。后主靠郤正的引导,事事合宜,没有什么缺失。后主感慨叹息,悔恨了解郤正太晚了。当时人们都赞扬郤正,赐给关内侯的爵位。泰始年中,被任命为安阳县令,升为巴西太守。泰始八年(273),皇帝的诏书中说:"郤正过去在成都的时候,困苦中能以义节自守,不违背忠心。到升官可以用的时候,又尽心于政务,很有政绩,任命他为巴西太守。"咸宁四年(278)辞世,他的著述,包括诗歌、论赞辞赋等有一百多篇。

评:杜微修身养性,隐居沉静,不为当世国君所役使,差不多有伯夷和商山四皓的操行。周群占卜天象令人信服。杜琼沉默少言,谨慎细密,这些都是儒生中出类拔萃者。许慈、孟光、来敏、李譔知识渊博,尹默精通《左氏春秋》,虽然不以德行为世称许,但却是一代的学者。谯周语言深刻,是一代大儒,有董仲舒和扬雄的气度。郤正文辞华美,有张衡和蔡邕的文才,加上他的美好品行,是值得有道德的人学习的。这二人的事迹在晋朝少而在蜀国多,所以载于此篇。

卷四十三　蜀书十三

黄李吕马王张传第十三

　　黄权,字公衡,巴西郡阆中人。年轻时做巴西郡官吏,益州牧刘璋征召他去做主簿。这时别驾张松向刘璋建议,应该邀请刘备,让他去讨伐张鲁。黄权劝谏道:"左将军刘备有骁勇善战的名声,现在请他来,如像对待部下那样对待他,则不能满足他的要求,想象对待宾客那样对待他,那么一国不能容下两位国君。如果客人像泰山一样安稳,那么主人就会有累卵之危了。现在只可以关闭国境,等待时局稳定下来。"刘璋没有听从黄权的劝说,最终还是邀请先主讨伐张鲁,把黄权派往外地做广汉郡守。到先主攻取益州后,将帅分别占领郡县,各郡县望风归附。黄权关闭城门,坚守城池,直到看到刘璋投降,才向先主投降,先主让黄权代理偏将军。曹操打败张鲁,张鲁逃到巴中。黄权对先主说:"如果失去汉中,那么巴东、巴西和巴郡就会受到威胁,这是割去蜀国的大腿和胳膊啊。"因此,先主任用黄权做护军,率领各位将领去迎张鲁。张鲁这时已经返回南郑,投降了曹操。然而刘备终于打败了杜濩、朴胡,杀了夏侯渊,占据了汉中,这都是出于黄权的计谋。

　　先主做汉中王后,仍兼益州牧,任用黄权做治中从事。等到即皇帝位,要东伐吴国。黄权劝谏道:"吴人剽悍而善战。而且我们的水兵又是顺流而下,这样容易进攻,难于退却。我请求您允许我作为先驱去试探敌人的虚实,陛下应该在后面坐镇。"先主没有听从他的建议。任命黄权做镇北将军,督率江北的军队防御魏军,先主在江南指挥战斗。后来,吴国大将陆逊冲破了蜀国军队的包围,江南的部队被打败,先主只好撤退。然而返蜀道路已被陆逊隔断,黄权没有办法返回,便率领他的部下投降了魏国。官吏依法行事,向先主报告说已收捕了黄权的妻子儿女。先主说:"是我辜负了黄权,而黄权并没有辜负我。"对待他还和当初一样。

魏文帝对黄权说:"你背弃叛逆而效命于顺应天意的人,是想要仿效陈平和韩信吗?"黄权回答说:"我受到刘备特殊的优待,又不能投降吴国,回蜀的道路又被隔断,所以归顺了魏国。况且败军之将,免于一死就很幸运了,还有什么可以羡慕古人的!"文帝很赞赏他,任命他为镇南将军,封为育阳侯,加官侍中。让他陪同坐同一辆车。蜀国来投降的人说蜀国已经杀了黄权的家属,黄权知道这是谎言,没有马上发丧。后来得到了准确的消息,果然像黄权想的那样,没有杀他的家人。先主病逝的消息传来,魏国群臣相互庆贺,而黄权则没有一点欢容。魏文帝发现黄权很有气量,想试探他一下,派自己的亲信去通知他说皇帝要召见他。他未到之前,催促他的人一个接一个,骑马的使者往来奔驰于道路之上,黄权的部下都胆战心惊,而黄权举止自若。后来黄权兼任益州刺史,又调任河南尹。魏国大将军司马懿很器重黄权,问黄权说:"像你这样的人你们蜀国有多少?"黄权笑答道:"没想到您对我这样看重!"司马懿在给诸葛亮的信中说:"黄公衡是豪爽的人,无论什么时候谈起您,对您的赞叹不离口。"景初三年(239),蜀延熙二年(239),黄权升为车骑将军、仪同三司。第二年去世,谥封景侯。其子黄邕继侯位,黄邕无子,绝嗣。

黄权留在蜀国的儿子黄崇,在蜀中做尚书郎。跟随诸葛瞻抵抗邓艾,出兵到了涪县,诸葛瞻在此盘桓不前。黄崇多次劝他应该迅速占领险要地势,不让敌人进入平川。诸葛瞻犹豫不定,没有采纳他的意见,黄崇为诸葛瞻的失策痛哭流涕。等到邓艾长驱而入,诸葛瞻退到绵竹的时候,黄崇统率并激励战士与敌人决一死战,在战斗中牺牲。

李恢,字德昂,建宁郡俞元县人。做郡中的督邮。他的姑夫爨习做建伶县令,违反了律法,李恢因爨习的事而被免去官职。太守董和认为爨习是当地的大姓,所以平息了这件事而保留了李恢的官职。后来推荐他到州中。还没有到益州,听说先主从葭萌关南下攻打刘璋。李恢知道刘璋必然失败,先主一定能成功。于是托名为建宁郡的使者,北上去见先主,在绵竹相遇,先主很赏识他。李恢跟随先主到了雒城,先主派遣他到汉中去结交马超,马超后来归附了先主。成都平定后,先主兼任益州牧,用李恢做功曹书佐主簿。后来被投降的俘虏诬告有谋反行为,官吏拘捕了他,送交先主发落。先主知道他并没有谋反,又升迁他为别驾从事。章武元年(221),庲降都督邓方逝世,先主向李恢说:"谁可以替代邓方?"李恢回答说:"人的才能,各有短长。所以孔子说:'用人要随其材器而使用他。'而且圣明的君主在上,则做臣子的应该尽力。所以先零战役的时候,赵充国说:'别人都不如我。'我不自量力,愿陛下明察。"先主笑道:"我的本意,也就是你。"于是让他担任庲降都督,授予他使符节兼任交州刺史,治所设在平夷县。

先主去世后,高定在越嶲不受管辖,雍闿跋扈于建宁,朱褒在牂柯反叛。丞相诸葛亮南征,先从越嶲进军。李恢按照行军路线向建宁进军。各个县纠合起来,把李恢包围在昆明。这时李恢的人少而敌人多,又加上没有听到诸葛亮的消息。他派人假意对南人说:"官军的粮没有了,计划撤退。我们离开家乡很久了,今天才得以返回家乡。假如不能返回北面去了,我们想要和你们同谋,所以以诚相告。"南人信了他们的话,包围也就松懈了。李恢乘机派兵出击,击败了敌人,追赶败军,向南到了槃江,向东到了牂柯,和诸葛亮部队的声势相呼应。南方平定之后,李恢因多次立功,封为汉兴亭侯,加官为安汉将军。后来军队返回后,南方的少数民族又反叛,杀害守边的将领。李恢亲自前去征讨,消灭叛贼,把少数民族的首领迁到成都。从叟和濮等少数民族中征收耕牛、战马、金、银、犀、革,供应军需,当时这些费用没有缺乏过。

建兴七年(229),交州归属了吴国,因此解除了李恢的交州刺史,仍兼建宁太守。回到建宁郡居住,后又迁居汉中郡。建兴九年(231)去世。其子李遗继承侯爵。李恢弟弟的儿子李球,做羽林右部督,随诸葛瞻抵抗邓艾,临阵授命,牺牲在绵竹战场上。

吕凯,字季平,永昌郡不韦县人,做郡中的五官掾功曹。这时雍闿等人听说先主在永安去世,变得越来越骄横。都护李严在给雍闿一封写满了六张纸的信中,向他说明归顺和反叛的利害。雍闿的回信只有一张纸,写道:"听说天无二日,一国不容二主。现在天下三分鼎立,有三个不同的历法,所以处在远处的人很惶恐,不知归向哪一方。"他就是如此桀骜不驯。雍闿投降了吴国,吴国在遥远的东边任命他做永昌太守。永昌在益州郡的西部,而且道路阻塞,和蜀郡相隔绝,郡的太守又调换了人。吕凯和府丞、蜀郡人王伉统率并激励官吏和百姓,关闭四境,抵抗雍闿。雍闿几次给永昌的吕凯发去檄文,在檄文中劝诱吕凯。吕凯回答他的檄文说:"上天降下死亡和混乱,奸雄乘机叛乱。天下的人切齿痛恨,万国为之悲哀伤悼。臣民无论大小,没有不想竭尽心力,肝脑涂地,解除困难。将军您世代受汉朝的恩惠,我以为您应该聚集您的人马、率先行动。上可以报效国家,下可以不辜负先人,把功劳写在史册上,千载留名。

但谁能想到您却向东吴俯首称臣,背本而就末呢?过去舜勤勉地为百姓服务,死在苍梧,史书赞美他,流芳千古。葬在江南,多么令人悲伤。周文王和武王受命于天,到成王大功告成;先帝建立汉朝,海内想望其风采。官吏聪明,上天降下安康。可是将军您却不看盛衰的记载,成败的征兆。就像火在草原上燃烧,人在冰河上行走,一旦火灭冰消,您还依靠什么呢?以前将军您的父亲雍侯,虽然和汉结怨,但却被赐给了爵位和土地。窦融知道东汉的兴起而归顺了世祖,他们都流名后世,世世代代歌颂他们的伟业。现在丞相诸葛亮英才出众,明察事物于未然。受临终托孤的重任,辅佐蜀汉,和众人相处没有什么忌讳,记录你的功劳而不纠缠过错。将军您如果能够转变主意,改弦更张,不难追踪古人,永昌这块土地哪够您管理的?听说楚国对周朝不恭敬,齐桓公去责问他们;夫差和晋人争夺封号,晋人没有争长辈。何况向假冒的国君臣服,谁肯去归顺呢?尊古人的风义,不和边境的人交往,所以我们之间有来没往。重新接到您的檄文,发愤忘食写了以上一些话,大致地表述一下我的想法。请将军您仔细地考虑。"吕凯的威武和恩惠在郡中很有名,郡中的人很信任他,因此他才能保全他的名节。

等到丞相诸葛亮南征,讨伐雍闿的时候。讨伐大军还在路上,雍闿就被高定的兵士杀了。诸葛亮到了南方,向后主上表说:"永昌郡的官吏吕凯、府丞王伉等人,十多年来在边远的地方对朝廷忠心不二。雍闿在东南方面威逼他,而吕凯却坚守节操,不与他们交往。我没有想到永昌人的风俗是这样的敦厚、诚实!"于是任命吕凯做云南太守,封为阳迁亭侯。恰在这时吕凯被叛乱的南方少数民族杀害。其子吕祥继承爵位。王伉也被封为亭侯,任命为永昌太守。

马忠,字德信,巴西郡阆中人。幼时生活在外祖母家。姓狐,名笃。后来才恢复父姓,改名为忠。当郡中的官吏,建安末年被荐举为孝廉,任命为汉昌县长。先主东征东吴,在猇亭失败。巴西郡太守阎芝派遣五千多名各县的士兵来补充兵源,派马忠送往前线。这时先主已返回到永安,看到马忠和他交谈。交谈后和尚书令刘巴说:"我虽然失去了黄权却得到一个狐笃,这是世上不缺乏贤人哪!"建兴元年(223),丞相诸葛亮成立府署,任用马忠做门下督。建兴三年(226),诸葛亮南征,任命马忠为牂牁太守。郡丞朱褒反叛,叛乱之后,马忠安抚百姓,赈济贫困,在百姓中很有威信和恩惠。建兴八年(231),被征召为丞相参军,帮助长史蒋琬管理留府事宜,又兼州治中从事。第二年,诸葛亮出兵祁山,马忠到汉中在丞相的军营中,参谋军事。汉中的军队返回后,督察将军张嶷等人征讨汶山郡的叛羌。建兴十一年（234），南方少数民族的首领刘胄反叛，骚扰附近的郡县。朝廷征召庲降都督张翼返回，以马忠代替张翼。马忠斩了刘胄，平定了南方，加官为监军奋威将军，封为博阳亭侯。当初，建宁郡叛匪杀了太守正昂，又把太守张裔抓去送给东吴。原来的都督常年住在南夷县，到马忠任都督时才把治所移到味县，和少数民族住在一起。越巂郡也久已失去控制，马忠率领太守张嶷恢复了越巂郡。因此朝廷又派人来加马忠为安南将军，晋封为彭乡亭侯。延熙五年（242）回到朝中，因为去汉中见大司马蒋琬传达圣上的诏书而被加官任命为镇南将军。延熙七年（244）春，大将军费祎抵御北面魏国的军队，留马忠在成都，做平尚书事。费祎返回成都，马忠便返回到南方。延熙十二年（249）去世。其子马修继承爵位。

　　马忠为人宽宏有度量、诙谐，遇事大笑而已，愤怒不形于色。然而办事有决断，恩威并施，所以少数民族都很敬畏和爱戴他。他去世后，少数民族的人都前来吊丧，伤心痛哭，十分哀伤。并给他立庙祭祀，至今祠庙仍在。

　　张表是当时的名士，清雅的名望超过马忠。阎宇很早就表现出有办事能力，做事精心、勤勉。他们是继马忠之后很有才能的人，但他们的威信和功绩，都赶不上马忠。

　　王平，字子均，巴西郡宕渠人。在外祖母何氏家中长大，后来恢复原来的王姓。随杜濩、朴胡一起到洛阳，代理校尉之职。随曹操出征汉中，在汉中投降了先主，被任命为牙门将、裨将军。建兴六年（228）做参军马谡手下的先锋。马谡舍弃水源把部队布置在山上，部队的布置调度混乱。王平多次规劝他，而马谡不能听取他的意见，结果大败于街亭。兵士四散，只有王平率领的一千人，鸣鼓坚守阵地。魏国将领张郃怀疑有伏兵，不敢靠近。于是王平慢慢地集合各营寨中剩下的人马，率领将士返回。丞相诸葛亮杀了马谡和将军张休、李盛，剥夺了将军黄袭等人的兵权，而王平却受到特别的尊敬，升为参军。统领五部兵兼管营屯事宜，被提升为讨寇将军，封为亭侯。建兴九年（231），诸葛亮包围祁山，王平另率一支部队守南部的营地。魏国大将司马懿进攻诸葛亮，张郃进攻王平。王平坚守不动摇，张郃最后没有攻下。建兴十二年（234），诸葛亮死于武功，部队退出汉中。魏延途中反叛，第一仗就失败身死，这都是王平的功劳。升为后典军、安汉将军。副车骑将军吴壹驻守汉中，王平又兼任汉中太守。建兴十五年（237）又晋封他为安汉侯，代替吴壹督率汉中人马。延熙元年（238），大将军蒋琬驻守在沔阳，王平又做前护军,掌管蒋琬府中事宜。延熙六年(243),蒋琬返回,驻守在涪县,任命王平做前监军、镇北大将军,统领汉中军队。

延熙七年(244)春,魏国大将军曹爽率步兵和骑兵十余万人进攻汉川。前锋已经到了骆谷,这时汉中的蜀国守军不到三万,诸将惊恐万状。有的人说:"现在的兵力不足以抵抗敌人,只好守汉、乐二城。遇见敌人让他们进来,用不了多久,涪县的援军就会到达。"王平说:"情况不像你说的那样,汉中离涪县有近千里的路程,敌人如果得了关口,便种下祸根。现在应该首先派刘护军和杜参军去占领兴势,王平做后援。如果敌人分兵向黄金进攻,王平率人去迎击他们。用不了多久,涪县的部队就会到达,这才是上策。"护军刘敏和王平的意见一致,马上执行。涪县的各支部队和大将军费祎都从成都相继赶到,魏军撤回,正如王平计策中所预言的那样。这时邓芝在东、马忠在南、王平在北部,都名声卓著。

王平生长在部队中,不会写字。他所识的不过十几个字,而口授别人写成的书信,却都很有内容。让别人读《史记》和《汉书》中的纪传给他听,他都能了解书的内容,论说起来并不失原意的中心内容。遵守法纪,说话从不戏谑。从早到晚,终日正襟危坐,风度并不像一位武将。然而他心地狭隘、多疑,常自己看不起自己,并因此受到伤害。延熙十一年(248)去世。其子王训继承爵位。

当初,王平同郡的汉昌人句扶忠诚、勇敢、宽厚,多次立有战功。功名和爵位仅次于王平,官做到左将军,被封为宕渠侯。

张嶷,字伯岐,巴郡南充国人。二十岁做县功曹。先主平定益州的时候,山中强盗攻伐南充国,县长弃家而逃。张嶷冒着敌人的刀剑带着县长夫人逃出县城,夫人因此免去一死。从此他有了名声,州中征召他任从事。这时巴郡的士人龚禄、姚伷都是官位二千石的大官,在社会上很有声望,这些人与张嶷都是朋友。建兴五年(227),丞相诸葛亮驻扎在北部的汉中郡。广汉和绵竹的山贼张慕等人劫掠军用物资、抢劫官吏百姓,张嶷以都尉的身份带兵讨伐他们。张嶷估计他们的队伍散乱,难以靠战斗擒获他们。于是佯装与山贼和亲,约定日期摆酒宴相会。待他们酒醉之后,张嶷亲自率自己的部下冲入,便斩下了张慕等五十几人的首级,把他们的头目一网打尽。追歼剩下的人,十天之内这一带便清静、安宁了。后来得病,病得很重,家里平时很穷困。广汉郡太守蜀郡人何祗,有豁达宽厚的名声。张嶷平素与他并没交往,竟自己坐车到何祗住处,托他为自己治病。何祗尽自己的财力为他治病,几年后他的病完全好了,他就这样崇尚道义。被任命为牙门将,在马忠手下,去北部的汶山讨伐叛乱的羌人,到南部平息四郡少数民族叛乱,常常有出谋划策、摧敌陷阵的功劳。建兴十四年(236),武都氐王苻健要求归降。派遣将军张尉去迎接他们,过了约定的日期还没有到。大将军蒋琬为此忧心忡忡,张嶷估计说:"苻健请求归附很真诚,一定不会发生意外。平素听说苻健的弟弟很狡诈,而且胡人不能一起归附,恐怕有叛变情况发生,所以半路停留。"过了几日,消息传来,苻健的弟弟果然带四百户人家投奔魏国,只有苻健来归降。

当初,越嶲郡自从丞相诸葛亮讨伐高定之后,叟夷的少数民族,几次反叛,杀死太守龚禄、焦璜。所以太守不敢到郡中任职,只住在安定县,离郡府所在八百多里,这个郡徒有其名而已。当时人们想要恢复对这个郡的控制,于是朝廷便任命张嶷为越嶲郡太守。张嶷带领他的人去越嶲郡,以恩惠和信义来教导这些少数民族。他们很信服,都来归降。北部边境的捉马族骁勇、劲健,不受管制。张嶷前往征讨他们,活捉其头领魏狼,又释放了他,警告晓谕他回去招安其他的人。张嶷上表请封魏狼为邑侯,部族的三千多户都留住在本地,服国家的徭役。其他部族闻知,都渐渐地降服了。张嶷因有功劳,被赐予关内侯的爵位。

苏祁县县邑的头领冬逢和冬逢的弟弟隗渠等投降后又反叛。张嶷杀了冬逢,他的妻子是旄牛王的女儿,张嶷从策略的角度出发原谅了她,而隗渠则逃入了西部的边境。隗渠性情勇猛、凶残,各部族都很惧怕他。他派两个亲信来向张嶷诈降,实际是刺探情报。张嶷发觉后,对二人许以重赏,让他们做了自己的间谍。二人于是合谋杀了隗渠。隗渠被杀,各个部族也就平静下来了。另有斯都族头领李求承,曾亲手杀了原越嶲郡太守龚禄,张嶷招募人抓住了他,历数其犯过的罪恶,将他斩首。

起初,张嶷因郡治的外城城墙和房舍都毁坏了,另造了一个小城堡。在这个地方任职,三年后迁回原来的城中重新修建城墙。少数民族的男女都来出力。

定莋、台登、卑水三县离郡所在地三百公里,过去出产盐、铁和漆,却被边疆的少数民族长期占有,享受它的收益。张嶷率领他的部下夺了过来,在那里建立了官署。张嶷到了定莋,定莋的少数民族首领狼岑和樊木王舅,很受少数民族信任。他们对张嶷到定莋侵夺自己的利益非常不满,不来拜见张嶷。张嶷派十几个壮士径直把他俩抓了来,鞭打之后杀了他们,把尸体送还给他们的部落,对其部落的赏赐很丰厚,并宣布狼岑的罪恶,说:"不要妄想叛乱,叛乱就消灭你们。"部落的人都反绑双手,前来请求原谅。张嶷杀牛设宴招待他们,并且重新申明对他们的恩信,于是便获得了盐铁,物资得以丰富。

汉嘉郡边界上的旄牛部族有四千多户,头领狼路想要为其姑夫冬逢报仇,派他的叔父离带冬逢手下的人去观察形势。张嶷派自己的亲近送牛和酒来犒劳赏赐离的人,又让离去见冬逢的妻子,说明张嶷的意图。离既受了赏赐又见到了他的姐姐,姐弟欢喜。于是率领他们的人马来拜见张嶷,张嶷给予他们丰厚的赏赐和优待,让他们回去。旄牛族从此再没有惹什么麻烦。

郡中过去有条道路,经过旄牛族居住的地方到成都,既平坦路途又短。自从旄牛族人阻绝道路,这条路不能通行已有一百年了,改由安上去往成都,道路既险又远。张嶷派左右送财物赐给狼路,又让狼路的姑姑传达自己的意思。狼路于是率领兄弟妻子和子女都来见张嶷,张嶷与他发誓立盟,开通了旧道。去成都千里之遥,道路通畅,还恢复了古老的邮亭驿站。张嶷奏请封狼路为旄牛昫毗王,派使节带狼路朝见皇上,进献贡品。后主加封张嶷为抚戎将军,仍兼任郡太守。

张嶷始见费祎作为大将军,无所不爱,对待新归附过来的人过于信赖,就去信劝诫他说:"过去岑彭率部队、来歙假节钺征讨公孙述,却都被刺客暗杀。现在大将军官任很高并且握有大权,应该借鉴前面已发生的事情,多少有些警觉。"后来费祎果然被魏国投降过来的人郭修杀害。

吴国太傅诸葛恪刚打败魏国军队,就大肆动兵,图谋进攻。侍中诸葛瞻是蜀丞相诸葛亮的儿子,诸葛恪的堂弟。张嶷在给他的信中说:"东吴主人孙权刚刚死去,即位的皇帝年少体弱。太傅承担有先帝托孤的重任,这做起来是很不容易的事情。就连成王的叔叔周公这样有才能的人,还有管叔和蔡叔散布流言终至叛乱。霍光受遗诏辅政,还有燕王旦、盖长公主和上官桀叛乱的阴谋。因为成王和汉昭帝的英明,才免除这场灾难。过去曾闻听东吴主孙权杀生赏罚,不信任下面的人。现在又在将死的时候,突然召见太傅,以后事相托付,确实值得三思。加上吴地和楚地人性格急躁易怒,这太史公都记载了,而太傅却离开少主,亲自领兵进入敌国境内,恐怕不是好的办法,更不是长远之计。虽然东吴的法纪严明,上下和睦,但百有一失,就不是聪明人的计谋。用古代的事情来看今天,今天就和古代一样。您如果不向太傅提出忠告,谁还能把自己心中的话说给他听呢！退军扩大农耕,极力地给百姓以恩惠,几年之内,东吴西蜀一起行动,这确实不能说是晚,希望您考虑并采纳我的意见。"诸葛恪最后就因为伐魏之事而被灭族。张嶷的见识大多都像这件事一样。

张嶷在越嶲郡中任太守十五年,邦国之内安定肃穆,他屡次请求返回京城,于是被调回成都。少数民族的百姓恋恋不舍,扶着他坐的车子哭泣。经过旄牛邑,邑君背负幼儿迎接他,以至跟随着车把他送到蜀郡的边界,他们的头领一起随同张嶷去朝见进贡的有一百多人。张嶷到成都,被任命为荡寇将军。他慷慨壮烈,士人都很敬重他;却放荡而少礼节,人们也因此而指责他。这一年是延熙十七年(254)。魏国狄道县长李简来密信要求归降蜀国,卫将军姜维率领张嶷等人靠李简的帮助从陇西出发,到了狄道,李简率城中的官吏和老百姓都出来迎接蜀军。两军阵前张嶷与魏将徐质交锋,死于战场,而他所杀死杀伤的敌人极多。死后,蜀国封他的长子张瑛为西乡侯,次子张护雄承袭了他的爵位。南方越嶲郡的少数民族听说张嶷的死讯,没有不落泪的,为张嶷建庙,在一年四季和遭受水灾旱灾时都按时祭祀他。

评:黄权气量很大而又善于思考,李恢公正而勤奋工作,吕凯坚守节操不可屈服,马忠忠驯而又刚毅,王平忠诚勇敢而且严肃,张嶷见识高明,办事果断。他们几个人都以自己的长处而扬名、发迹,是因为遇到了好的时机。

卷四十四　蜀书十四

蒋琬费祎姜维传第十四

蒋琬,字公琰,零陵郡湘乡人。二十岁时与他的表弟泉陵县人刘敏一起成为知名人士。蒋琬以州书佐的身份随先主入蜀,升为广都县长,先主有一次外出视察时,突然来到广都县,看见蒋琬众事不管,喝得大醉。先主大怒,要治罪惩办他,军师将军诸葛亮求情说:"蒋琬,是国家的栋梁人才,他的才能不在于治理一个百里范围的小县。他办事以安定百姓为本,不把做表面文章放在首位,希望主公再三考察他。"先主一向敬重诸葛亮,才没有治他的罪,匆忙之中只免了他的官。蒋琬被究查之后,夜里梦见一个牛头挂在门前,流血满地。蒋琬心中非常厌恶这个梦,叫来占梦的赵直问他吉凶,赵直说:"若说见血这件事,是事物分明的意思,牛角和鼻子放在一起是'公'字的形象。你的地位必能达三公,这是大吉的征兆。"不久,被提升为什邡县令。先主做了汉中王之后,蒋琬入宫做尚书郎。建兴元年(223),丞相诸葛亮成立丞相府署,征召蒋琬为东曹掾。被荐举为茂才,蒋琬坚持让给刘邕、阴化、庞延、廖淳。诸葛亮在教令之中回答蒋琬道:"想您离却家乡故田,而为百姓奔忙。百姓既内心不安,又确实会使远近之人不理解您。所以您应该显示您因功而被举荐,以表明此次铨选的清贵和慎重。"后升为参军。诸葛亮多次带兵外出征战,蒋琬总是以足够的粮饷和足够的兵力供给前方。诸葛亮常说:"公琰以他的忠心和正直来寄托报国的志向,他是辅佐我完成统一事业的人啊!"给后主上密表说:"我若不在,后事应托付给蒋琬。"

诸葛亮死后,后主以蒋琬做尚书令,很快又加官都护将军、假节兼益州刺史。又升为大将军,录尚书事,封为安阳亭侯。当时诸葛亮刚去世,远近的人都忧心忡忡。蒋琬才智出类拔萃,处群臣之首,既无悲戚流露,又没有喜悦的声色,神态举止,一如往日。由这件事情众人心中渐渐佩服他。延熙元年(238),下诏书命蒋琬说:"盗寇没有消灭,曹叡骄横凶恶。辽东三郡人民惨遭暴虐,于是联合起来,与魏分裂。曹叡大举兴兵,相互攻打。过去秦国的灭亡,是由陈胜、吴广首先发难。今天魏国有辽东三郡之变,这是天赐良机。您准备出征,统率各路军队屯驻在汉中郡,等待吴国的行动,东西构成犄角之势,伺机进攻。"又命令蒋琬成立府署。第二年又在府中加官为大司马。

东曹掾杨戏平素待人简慢,蒋琬与他谈话,杨戏有时不理不应。有的人想要在蒋琬面前陷害他,说:"您与杨戏说话,他不理不睬,杨戏不尊敬上级,太傲慢了吧!"蒋琬说:"人的心性不同,与人的容貌一样千差万别,表面赞同,而背后非议,这是古人的告诫。杨戏想要赞成我呢,却不是他的本心,想要不赞成,又暴露了我的错误,所以他默然不语,这表现出他的诚实。"又如督农官杨敏曾诬蔑蒋琬说:"做事糊里糊涂,的确不如前人。"有人把这话告诉了蒋琬,主事的人请求允许他们推究此事治杨敏的罪。蒋琬说:"我的确不如前人,他没有什么可以推究的。"主事人再次陈说,而蒋琬不去追究。主事的人则请求蒋琬下令去问杨敏他糊里糊涂的情状。蒋琬说:"如果不如前人,那么做事不合理,做事不合理,那么就稀里糊涂。还有什么可问的。"后来杨敏犯罪关在狱中,大家以为杨敏必死无疑。而蒋琬并无偏见,杨敏得以免去重罪。他的爱憎好恶合于道理,都像这样。

蒋琬认为诸葛亮几次出兵秦川,因为道路险恶,运输艰难,最终没有什么成果。不如从水路东下,于是造了很多战舰,想要从汉水和沔水攻击魏国的魏兴和上庸。恰逢蒋琬旧病连续发作,没有及时去做这件事。而大家都议论认为如果不能成功,退路艰难,这不是好的计策。于是派尚书令费祎和中监军姜维去告诉蒋琬上述见解。蒋琬接受命令,在给后主的奏疏中说:"消灭曹魏势力,平息叛乱,这是为臣我的职责。自从臣奉命到汉中,已经六年了。我本已很愚蠢,又加上患病,规划方略没有成功,昼夜忧虑不安。现在魏国据有九州,根深蒂固,清除他们很不容易。如果东吴西蜀联合,首尾形成犄角之势,虽然不能迅速取得成功,姑且可以分割蚕食魏国,先消灭它的羽翼。然而吴国约定的出兵的时间一再推迟,几次不能成功,左右为难,为此而寝食不安。每与费祎商量此事,都认为凉州胡人居住的地方是北方的边塞要地,进可攻,退可守,敌人很重视这个地方。况且羌族和胡人十分思念汉朝,又因为过去偏军进入过羌地、郭淮失败逃走。考虑得失,我们认为凉州这件事情是最重要的,应该用姜维做凉州刺史。如果姜维出征,与敌相持在河右,我则率师作为姜维的常备后援。现在涪县水陆交通四通八达,可以应急。如果东北一带有情况,奔赴前去并不难。"因此蒋琬就返回住在涪县。病情加剧,延熙九年(246)死去,谥号为"恭"。

其子蒋斌继承爵位,任绥武将军、汉城护军。魏大将军钟会到汉城,给蒋斌信说:"巴蜀贤人、智者、文臣武将太多了。至于您和诸葛思远,与他们相比像草木一样,我们都是同类的人。敬爱父母,古今称道。到西蜀来,想要瞻仰尊父大人的墓地,祭扫坟墓,进行祭祀以表敬意。希望告诉我坟墓的位置。"蒋斌回信说:"得知您引我为知己,我愿与您做气味相投的人,不能拒绝来信的要求。先父当年患病,死于涪县,占卜说那是一块风水好的地方,于是就在那里埋葬了。知道您来西蜀,竟要屈驾瞻仰墓地以致敬意。颜回把孔子看作自己的父亲,这是颜回的仁德。您就有这样的品德,得知您的命令非常感伤,更增加了对您的思念。"钟会得到蒋斌的回信,赞赏他的美意。等到了涪县,像给蒋斌信中所写那样祭扫了坟墓。

后主投降邓艾,蒋斌降于住在涪县的钟会,钟会以朋友之礼相待。跟随钟会到了成都,为乱兵所杀。蒋斌的弟弟蒋显为太子仆射,钟会也很爱惜他的才能学识。蒋显与蒋斌一起死于乱兵。

刘敏,官为蜀国的左护军、扬威将军,和镇北大将军王平一起镇守汉中郡。魏国派遣大将军曹爽攻打蜀国的时候,商讨的人中有人认为只可以坚守,而不能出战,敌人必然自己引退。而刘敏则以为男女百姓满布四野,粮食都在地里。如果听任敌人深入,则一切都完了。于是率自己的部队和王平在兴势抵抗敌人。遍布旗帜,连绵百余里。恰好大将军费祎从成都赶到,魏军只好撤兵。刘敏因有功而被封为云亭侯。

费祎,字文伟,江夏郡鄳县人。幼时丧父,依靠族父伯仁生活。伯仁的姑姑是益州牧刘璋的母亲,刘璋派人接伯仁,伯仁带着费祎进蜀求学。恰逢先主平定了蜀郡,费祎便留在益州。他和当时的汝南人许叔龙、南郡人董允齐名。这时许靖的儿子死了,董允费祎想一道去参加葬礼。董允向他父亲董和说要一辆车子,董和就派了后面开门的鹿车给他用。董允有不愿坐这车子的意思,而费祎却首先上车了。等到了葬地,诸葛亮等其他显贵的人物都到了,车马装饰很华美,董允下车后脸色很不好看,而费祎却神态泰然自若。赶车的人回来后,董和向他询问他儿子的表现,知道了他们两个的不同表现,便对董允说:

"我常常认为你和费祎的才气差不多少,今天我全明白了。"

先主立刘禅为太子,费祎和董允都是舍人,升为庶子。后主即位后,费祎做黄门侍郎。丞相诸葛亮南征返回,百官都到数十里外去迎接他。这些人年龄和官位都比费祎高,而诸葛亮却特许费祎和他坐同一辆车。这件事使大家对他都刮目相待。诸葛亮考虑到刚从南方回来,所以任命费祎为昭信校尉出使东吴。孙权性格幽默,诙谐戏谑,没有什么拘束。诸葛恪、羊衜都渊博、果断、善辩。辩论、诘难纷至沓来,费祎词语和顺,义旨笃实,据理对他们的诘难给予回答,终究没有被他们难倒。孙权非常器重他,对费祎说:"您是天下有淑德的人,必当成为蜀国的辅佐大臣,恐怕再不能常来我们吴国了。"回到蜀国后升为侍中。诸葛亮驻守汉中,请费祎做参军。因为奉命出使办事符合皇帝的旨意,常常到吴国去。建兴八年(230),调任中护军,后来又做司马。这时军师魏延和杨仪相互憎恨,每次坐在一起便相互争吵,魏延有时还举刀向他比画,而杨仪涕泪横流。费祎常常坐在他们中间劝说、开导,辨别是非。因而在诸葛亮活着的时候,魏延、杨仪都各自发挥了他们才能,这都是费祎的扶助补救的功劳。诸葛亮死后,费祎做后军师。不久,代替蒋琬做尚书令。蒋琬从汉中返回到涪县,费祎升为大将军,录尚书事。

延熙七年(244),魏国军队驻扎兴势,后主假费祎节钺,率军前去御敌。光禄大夫来敏到费祎住处送别,要求和他一起下围棋。这时情报纷纷而来,人马披挂,做好了出发的准备。费祎和来敏专心下棋,脸色没有一点不安和厌倦的神色。来敏说:"我这只不过试探您而已。您真是让人放心的人,一定能打退敌人。"费祎到了前线,敌人便撤退了。被封为成乡侯。蒋琬执意要让出他在州中的官职,费祎又兼任益州刺史。费祎主持国政,其功业和名望与蒋琬不相上下。延熙十一年(248),出京驻守汉中。自蒋琬到费祎,虽然自身在外,但京中的奖赏刑罚,都事先咨询他们,由他们决断,然后才施行。他们受后主的推重和信任到如此程度。后来在延熙十四年(251)夏天,费祎返回成都。成都会看云气的人说都城中没有宰相的位置,因而他冬天又前往北方驻扎汉寿。延熙十五年(252),后主命令费祎成立府署。延熙十六年(253)岁首大宴会,魏国投降过来的人郭修也在座。费祎畅饮,喝醉后被郭修杀死。谥封为敬侯,其子费承继承爵位,做黄门侍郎。费承的弟弟费恭娶公主为妻。费祎的长女嫁给太子刘璿为妃。

姜维,字伯约,天水郡冀州人。幼年丧父,与寡母一起生活。喜好郑玄的经学。刚做官时是天水郡的上计掾,后来州里又征召他为从事。其父姜冏曾是天水郡的功曹,正赶上羌、戎族叛乱,挺身护卫郡太守,死在战场,因此赐姜维官中郎、天水郡参军。建兴六年(228),丞相诸葛亮出师祁山。此时,天水郡太守外出巡视,姜维和功曹梁绪、主簿尹赏、主记梁虔等人一同随行。闻听蜀军将要到了,各县都起来响应。太守怀疑姜维等随行的人都怀有二心,因此趁夜晚跑到上邽。姜维等发觉太守离去,追赶不及,追到上邽城门下,城门已关闭,太守不收留他们。姜维一行又一同返回冀州,冀州同样也不收留他们,于是姜维等人到了诸葛亮那里。正赶上马谡在街亭战败,诸葛亮带领西县一千余家和姜维等人收兵返回。因此姜维就与老母失散了。诸葛亮征召姜维做仓曹掾,加官奉义将军,封当阳亭侯。当时他年仅二十七岁。诸葛亮在给留府长史张裔和参军蒋琬的信中说:"姜伯约对自己的职事忠心勤奋,思虑问题细密周详,考察他的德行,即使李绍和马良也不如他。姜维这个人的确是凉州的名士。"又说:"应先交给他五六千禁中的虎步兵,姜伯约在军事方面非常勤勉,有胆量和义气,精通用兵之道。此人忠心于大汉,又才力过人。把军事全部交给他,应派他到朝中,朝见汉主。"后来姜维升为中监军、征西将军。

建兴十二年(234),诸葛亮死,姜维回到成都。做右监军、辅汉将军,统率各路军队,又增封他为平襄侯。延熙元年(238)跟随大将军蒋琬驻扎汉中郡;蒋琬升为大司马后,姜维任司马。多次率领一部分军队向西进军。延熙六年(243)升为镇西将军,兼凉州刺史。延熙十年(247)升为卫将军,和大将军费祎一起任录尚书事。这一年,汶山平康县夷人叛乱,姜维率军平息了反叛。又出兵陇西、南安和金城的边界,在洮西与魏国大将军郭淮、夏侯霸交战。胡人头领治无戴等人带领整个部落投降姜维。姜维带领他们返回并且很好地安排他们。延熙十二年(249)假节,又从西平郡出战,不胜而还。姜维自己以为熟悉西地习俗,加上对自己的才能和武力很有信心,要联合各羌人和胡人部落作为羽翼,认为这样可以把陇地以西的地方截断而占有它。姜维常想大举兴兵,而费祎经常限制他,不听从他的计谋,给他的兵士不过一万人。

延熙十六年(253),费祎被刺客杀害。这年夏天,姜维率领数万人从石营出兵,包围南安。魏国雍州刺史陈泰到洛门解围,姜维因粮尽而退兵。第二年,加官为督中外军事。又从陇西出兵,代理狄道县长李简全城投降。领兵前进又包围襄武县,与魏国将领徐质交锋,斩首破敌,魏军败退。姜维乘胜前进,降伏了很多敌人。迁徙河间、狄道和临洮三县老百姓后回到汉中。延熙十八年(255)又与车骑将军夏侯霸一起从狄道出兵,在洮西大败魏国雍州刺史王经。王经的部队死亡数万人。王经退守狄道城，姜维部队包围了狄道城。魏征西将军陈泰带领军队前来解围，姜维退到钟题驻扎。

延熙十九年（256）春，姜维于驻地营中被任命为大将军。于是又整顿人马与镇西大将军胡济约定会师于上邽，胡济失约，至期未到，所以姜维被魏国大将邓艾在段谷击败。士卒四散，死者很多。因此大家怨恨、指责姜维。而陇以西地区也骚动不宁，姜维引咎自责，自己请求贬官削爵。降为后将军，行大将军事。

延熙二十年（257），魏国征东大将军诸葛诞在淮南反叛，魏国分派关中的一部分军队东下淮南，姜维想要乘敌人空虚向秦川进攻。于是又一次率领数万人从骆谷出击，径直杀向沈岭。这时长城所堆积的粮食很多而守兵很少，闻听姜维要到了，都非常惶恐。魏大将军司马望带兵抵御姜维，邓艾也从陇右出兵驻军于长城。在渭水边坚守营寨。姜维几次挑战，司马望和邓艾都置之不理。景耀元年（258），姜维听到诸葛诞兵败的消息，才回到了成都。重被任命为大将军。

当初，先主刘备留魏延镇守汉中，办法都是重兵坚守各个营寨来防御外敌。敌人若来进攻，使他们越不过防御工事。一直到兴势战役，王平抵抗曹爽，都袭用这种办法。姜维认为交错防守各个营寨，虽然合乎《周易》"重门"之义，只可以防御，却不可以获得更大的利益。不如知道敌兵来到，各营寨都收兵积聚粮食，退守汉城和乐城，使敌人进入不了平原，并且以镇守层层关隘来抵御来敌。有敌来犯时，让游击部队伺机攻击敌人。敌人攻关不克，城外四野又没有粮食，从千里之外运粮，敌人自然疲乏。退却的时候，各城中兵士一齐出动，与游击部队并力而战，这是消灭敌人的好办法。于是命令督汉中的胡济退守汉寿县，将军王含退守乐城，护军蒋斌守汉城。又在西安、建威、武卫、石门、武城、建昌、临远等地建立防御工事。

景耀五年（262），姜维率军从侯和出战，被邓艾打败，退还沓中。姜维本来是托身别国，流寓他乡，连年的征战没有建立功勋，而宦官黄皓在朝廷玩弄权术，右大将军阎宇又和黄皓勾结在一起。黄皓阴谋废掉姜维，以阎宇取而代之，姜维也怀疑黄皓，自己感到恐惧，所以没有返回成都。上表给后主说："听说钟会在关中练兵，想要图谋进攻蜀国。应该派遣张翼和廖化监督各路军马，分别守卫阳安关口和阴平桥头，以防患于未然。"黄皓崇信鬼神巫术，说敌人最终不会来犯，劝说后主停止了这次军事计划，而大臣们却不知道这件事情。等到钟会要向骆谷进攻,邓艾快要进入沓中的时候,才派遣右车骑廖化到沓中援助姜维,派左车骑张翼、辅国大将军董厥等往阳安关口作为各边防营寨的外援。等到军队出发到阴平,听说魏国将领诸葛绪进攻建威,所以驻扎下来等待敌人。一个多月后,姜维被邓艾打败,退后驻扎阴平。钟会攻打包围了汉、乐二城,另派将领攻打关口。蒋舒打开城门投降,傅佥战死。钟会攻打乐城,攻不下。闻听阳安关口已经攻下,便率领部队长驱直入。张翼和董厥刚到汉寿,姜维也舍弃阴平退到这里,与张翼和董厥相会,都退保剑阁来抵抗钟会。钟会给姜维的信中说:"公侯您文武全才,有超世之谋略,功业成就于巴蜀和汉中,名扬华夏,远近没有不推崇您的。在过往的日子里,我们同朝共同沐浴魏国的教化,吴季札和郑子产的友谊可以用来说明我们的关系。"姜维拒不回信,布置部队,守卫险要。钟会攻不下,粮食运输道途遥远,便计划撤兵。

这时邓艾从阴平由景谷小路进入蜀境,在绵竹打败诸葛瞻。后主向邓艾投降,于是邓艾进驻成都。姜维等人一开始听说诸葛瞻战败,又有人传说后主准备死守成都,又有人传说后主要东入吴国,还有人说后主要向南到建宁。根据这种情况,姜维退兵由广汉市到郪县,在途中来查明虚实。不久后主下令,姜维才放下武器脱下铠甲,到涪县钟会的军前投降。将士们闻听后,内心郁愤,拔刀砍石。

钟会优待姜维等人,暂时把印号节盖都还给姜维。钟会同姜维出则同乘一个车子,坐则同坐一个席子。钟会对长史杜预说:"以姜伯约来比中原的名士,就是诸葛诞、夏侯玄也赶不上姜维。"钟会构陷邓艾后,邓艾被押在囚车中遣回魏都。钟会带着姜维等人到了成都,自称益州牧,反叛魏国。钟会要给姜维五万人,作为部队的前驱。魏国的将士群情愤怒,杀死钟会和姜维。姜维的妻子和子女都被杀。郤正写了一篇文章论述姜维说:"姜伯约身居上将的显位,处在群臣之首。住宅简陋,没有多余的财产。侧室中没有侍妾,后庭没有音乐的娱乐,衣服仅求够用,车马仅求具备,饮食节俭、不奢侈。又不过分俭朴,公家供给的费用,随时用尽,不留积蓄。观察他这样做的原因,并不是为了感发、激励贪浊的人抑制情欲,限制自己。只是满足现有条件,而不多求。人们谈论古今人物,常常赞扬成功者而贬低失败者,赞扬高位的人而贬抑小人物。都以为姜维错投蜀国,最后身死家被灭,因此而贬抑他,而不去仔细分辨,这同《春秋》褒贬人物的义旨是不相符的。像姜维这样好学不倦,清廉朴素,应该是一代之楷模了。"

　　当年和姜维一起来到蜀国的人中，梁绪官做到大鸿胪，尹赏官做到执金吾，梁虔官做到大长秋，在蜀国灭亡以前，他们就死了。

　　评：蒋琬端正、整肃而又威重，费祎宽容而博爱。他们都承袭诸葛亮的成规，因循而不加以改动，所以边境安宁，国家和人民同心合力。然而他们并没有掌握治理小国的方法，并没有明白清静无为的道理。姜维稍微具有些文才武略，立志建立功名，但不体恤百姓，穷兵黩武，决策不当，终至于殒命。老子说："治理大国，就像烹小鱼一样。"何况蜀国蕞尔小国，怎么可以经常扰动百姓呢？

卷四十五　蜀书十五

邓张宗杨传第十五

　　邓芝,字伯苗,义阳郡新野县人。他是汉司徒邓禹的后人。汉朝末年进入蜀地,并没有人了解和重用他。当时益州从事张裕善于相面,邓芝前去让他相面。张裕对邓芝说:"您年过七十岁之后,官位可以达到大将军,并被封侯。"邓芝听说巴西太守庞羲好养士,便前去依附他。先主平定益州,邓芝做郫县的粮仓管理人员。先主出外巡视到了郫县,和邓芝交谈,对他的才能感到非常惊奇,提拔为郫县县令,又升为广汉太守。凡是他做过官的地方太平清静,很有政绩。以后入朝做尚书。

　　先主在永安去世。在这之前,吴王孙权请求两国讲和,先主多次派遣宋玮、费祎等人回访。丞相诸葛亮深恐孙权听说先主去世,而对蜀国有什么阴谋,不知怎么办好。邓芝拜见诸葛亮说:"现在后主年幼,刚刚即位,应该派使节出使吴国重新和吴国修好。"诸葛亮说:"我考虑很长时间了,没有合适的人。今天我才得到一个合适的人选。"邓芝问这个人是谁,诸葛亮说:"就是使君您哪!"于是派邓芝去和孙权建立友好的关系。孙权果然心中狐疑,拿不定主意,没有及时会见邓芝。邓芝自己要求见孙权说:"我今天来也是为吴国而来,不仅仅是为我们蜀国。"孙权于是接见他,对他说:"我的确想与蜀国和亲,但恐怕幼主年幼,国家小而外有强敌相逼,被魏国欺凌,不能保全自己,因此而心中犹豫。"邓芝对他说:"吴国和蜀国有四个州的土地,大王您是当世著名的英才,诸葛亮也是一代杰出的人物。蜀国有重重的险阻,防御坚固,吴国也有吴淞江、钱塘江、浦阳江这三江的阻隔。这两个长处加起来,两国唇齿相依,进可以并吞天下,退可以鼎足而三分,这是很自然的事情。大王您现在如果投靠魏国的话,魏国必然首先想让您去朝拜,再次就想让太子进朝去做人质。如果不听从命令,他们就会找借口来讨伐您。那样蜀国也必然顺流而下见机而行事。这样的话,江南的江山就不会再是大王您的了。"孙权沉默良久说:"你的话是对的。"于是便和魏绝交,与蜀联合。派张温回访蜀国,蜀国又派邓芝前往吴国。孙权对邓芝说:"如果有一天天下太平了,二主分治天下,不也是很令人高兴的事吗?"邓芝回答说:"天无二日,地无二主。如果吞并了魏国之后,大王您也不知道天命把天下许给谁。为君的各自去光大自己的德行,为臣的各自尽自己的忠心,做将领的拿着鼓槌击鼓,只能说竞争才刚刚开始。"孙权大笑说:"您竟如此诚实。"孙权在给诸葛亮的信中说:"丁厷浮艳,阴险不诚实,使两国和好的只有邓芝一人。"诸葛亮驻守在汉中的时候,任用邓芝作中监军、扬武将军。诸葛亮死后,邓芝升为前军师、前将军,兼兖州刺史,封为阳武亭侯。不久又做江州都督。孙权多次和邓芝互致问候,孙权的馈赠都很丰厚。延熙六年(243)就地被提升为车骑将军,后又加以假节的称号。延熙十一年(248),涪陵属国有人杀死都尉反叛,邓芝率军征伐,很快斩杀其首领,百姓安居。延熙十四年(251)逝世。

邓芝作大将军二十余年,赏罚分明,抚爱兵士。衣食都靠公家的供给,生活朴素、节俭。他终生不积累私人财产,家属也不免受饥寒。去世的时候家里没有什么多余的财产。他性格坚强、质朴。他不掩饰自己的意气,因而和官吏们的关系很不和谐,对当时的人他很少敬重谁,只器重姜维一人。儿子邓良,承袭他的爵位。景耀年中做尚书应选郎,入晋后做广汉太守。

张翼,字伯恭,犍为郡武阳人。他的高祖父张浩曾做过司空,曾祖父张纳做过广陵太守,都很知名。先主平定益州,兼益州牧,张翼做书佐。建安末年,推举为考廉,做江阳县长,又调为涪陵县令,升为梓潼郡太守,又曾任广汉和蜀郡太守。建兴九年(231),做庲降都督、绥南中郎将。张翼执法严厉,因而得不到当地少数民族的欢心。头领刘胄带人作乱,张翼带兵去讨伐,还没有打败刘胄,被征召回朝。他手下的人都认为应该马上快马返回朝中请罪。张翼说:"不是这样,我是因为这些少数民族造反镇压不力、不称职而被召回的。但是代替我的人还没有来,我刚刚到战场,应该积聚军粮、做消灭敌人的准备,怎么可以因被撤职而耽误公家的大事呢?"于是仍统领部队,没有懈怠。等到代替他的人来了才出发离职。后来的马忠靠他的准备才消灭了刘胄,丞相诸葛亮听说这件事后表扬了张翼。诸葛亮从武功出兵作战,任用张翼做前军都督,兼任扶风太守。诸葛亮死后,任命他做前领军。追论他征讨刘胄的功劳,赐给他关内侯的爵位。延熙元年(238),入朝做尚书,逐渐升迁为建威都督并假节。晋封为都亭侯,被任命为征西大将军。延熙十八年,和卫将军姜维一起返回成都。姜维要再次出兵,只有张翼在朝廷上向皇帝谏诤。认为国家小而人民劳苦,不宜于频繁出征。姜维没有听从他的意见,带领张翼等人出征,提升张翼为镇南大将军。姜维到狄道大败魏国雍州刺史王经,王经的部队战死于洮水的有一万多人。张翼对姜维说:"可以停止了,不宜再向前进攻了,如果继续进攻可能葬送已取得的功劳。"姜维大怒说:"你这是画蛇添足。"姜维终于把王经包围在狄道,但没有攻破城池。自从张翼提出异议以来,姜维心中很讨厌张翼,但常常带着他一起出征,张翼也不得已而跟随他。景耀二年(259)升为左车骑将军,兼冀州刺史。景耀六年(263),和姜维共守剑阁,后来一起向在涪县的钟会投降。第二年的正月,跟钟会一起到了成都,被乱兵杀害。

宗预,字德艳,南阳郡安众县人。建安年中,随张飞入蜀。建兴初年(223),丞相诸葛亮任命他做主簿,升为参军右中郎将。诸葛亮死后,吴国怕魏国乘蜀国失去重臣攻取蜀国,往巴丘增加一万多守兵。一方面想作为蜀国的救援部队,一方面可以同魏国分割蜀国的土地。蜀国听说这件事,也增加了永安的守兵,以防不测。宗预身负使命出使吴国。孙权问宗预说:"东吴和西蜀是一家,却听说你们西蜀增加白帝的守兵,这是为什么?"宗预说:"我认为东吴增加巴丘的守兵,西蜀才增加了白帝的守兵,这都是事情和形势的必然。这不值您去过问它。"孙权大笑,赞赏他的直率,对他特别喜爱,宗预在东吴所受的尊重仅次于邓芝、费祎。升为侍中,调为尚书。延熙十年(247),做屯骑校尉。这时车骑将军邓芝从江州返回,来朝见天子。对宗预说:"《周礼》中说'六十岁不出外打仗',面您才刚刚带兵外出打仗,这是为什么?"宗预回答说:"您已经七十岁了,仍带兵打仗,我六十岁却为什么不能从戎呢?"邓芝非常傲慢,从大将军费祎到群臣众官都回避他,只有宗预却不屈服于他。宗预又出访东吴,返回时孙权抓着宗预的手流着泪和宗预说:"您每次都身负使命来结二国之好,现在您年纪大了,我也老了,恐怕咱们再不能相见了。"赠送给宗预一斛大珠子,让他返回了蜀国。升任后将军,都督永安,在永安接受任命当上了征西大将军,被赐予关内侯的爵位,景耀元年,因病被召回成都。后升任镇军大将军,兼兖州刺史。这时都护诸葛瞻刚刚统领朝政,廖化来看望宗预,想和宗预一起去拜见诸葛瞻。宗预说:"我已年过七十,这已超过我希望的年龄了,现在只少一死,有什么求年少的后辈而劳碌我小心地去登门拜访呢!"他终究没去。

廖化,字元俭,原名淳,襄阳人,是前将军关羽的主簿。关羽失败后,投奔吴国。想要归附先主,便诈死,当时的人都相信他已经死了,因而他得以带着老母昼夜西行,正逢先主东征吴国,在秭归相遇。先主非常高兴,任用廖化做宜都太守。先主死后,做丞相参军。后又做广武都督,逐渐升至右车骑将军,假节兼任并州刺史,被封为中乡侯。以果敢、刚烈见称,官位和张翼相等,而在宗预之上。咸熙元年(264)春,廖化和宗预都内迁到洛阳,途中病死。

杨戏,字文然,犍为郡武阳人。年轻时和巴西郡程祁(字公弘),巴郡人杨汰(字季儒),蜀郡人张表(字伯达),都知名于当世。杨戏常常推重程祁,认为他是这群人中的佼佼者。丞相诸葛亮对他非常赏识。杨戏在他二十几岁时,从州的书佐升为督军从事,掌管刑狱。执法办案,解决疑难问题,人们都认为他处理很公平。诸葛亮征召他为相府主簿。诸葛亮死后,做尚书右选部郎。刺史蒋琬请他做治中从事史。蒋琬做大将军,建立府署,又征召杨戏做东曹掾。升为南中郎参军,又为庲降都督的副官,兼建宁太守。因病被召回成都,朝廷任命他为护军监军。出朝兼任梓潼太守,入朝任射声校尉。他任职的地方政声清静简约而不烦苛。延熙二十年(257),跟随大将军姜维出兵到芒水,杨戏内心不服姜维,酒后谈笑中,说了傲慢不尊敬的话。姜维外表宽容而内心嫉妒,不能忍受杨戏的轻慢。部队返回后,官吏逢迎他的旨意弹劾杨戏,杨戏被免为庶人。后来在景耀四年(261)去世。

杨戏的性格傲慢而疏略,从不向人说些甜言蜜语,与人交往从不阿谀逢迎,他的书信命令等文字很少有写满一张纸的。然而对自己的故人旧友有很深的感情,对他们忠诚而且宽厚。他和巴西郡的韩严、黎韬从儿童时就很要好。后来韩严因病而不被任用,黎韬因没有品行而被罢官,杨戏帮助他们经营和料理生活,恩好如初。当时还有人说谯周没有济世的才能,很少有人尊敬他。只有杨戏器重他,经常赞赏说:"我们这些后辈,终究不如这个大个子。"有识见的人因此事而尊敬杨戏。

张表庄严有风度,开始名声和官位和杨戏相当,后来做到尚书,督庲降后将军,先于杨戏逝世。程祁和杨汰都早逝。

杨戏在延熙四年(241)写成《季汉辅臣赞》,其中所歌颂、记述的人,现在大部分都载于《蜀书》,我都记述在前面了。延熙四年以后(254)去世的,则不予追记,所以有些人应该加以记述而不在《季汉辅臣赞》中。其中杨戏对其有赞而没有作传的人,我都在他的赞下面作了传注,可以粗略地了解他们生平事迹。

从前文王修养德行，武王建立基业。承受天命主宰人世的帝王立身行道，不仅仅是为一时，而是为了开创世代相传的基业，使它光大于来世。自从中汉末年，朝纲弛废。地方豪强并起，劳役繁重，人民涂炭，这是先帝感慨而为之忧虑的。最初在燕、代便仁声卓著，行到齐、鲁美名传扬，在荆、郢建立事业，君臣同心团结，和吴国联合，无论贤愚都想望风采。在巴蜀振备武风则万里清肃，出兵庸、汉则窃国大盗收敛了他们的罪恶行为。所以能够承继高祖开创的事业，恢复皇汉的宗祀。然而奸凶残暴，上天还没有惩罚他们。就像武王在孟津还师，还须在鸣条再战。人的生命有限，与世长辞。虽然现在天下归于一统，万国南北一家，当时俊杰的辅佐和拥戴，是有德行的明主招徕来的，英才济济，人才可观。于是一并记述他们的业绩，传于后世。其辞是：

高祖的后代，遍于四方。有一人中山靖王之后，人间灵气所钟。顺天应时，英才降生。豪杰奋起，飞龙腾跃。始于燕、代，占据豫、荆。吴、越凭赖，望风而请求联盟，据有巴蜀之地，占领庸汉。乾坤重整，宗庙得到祭祀，继承先人事业，传播他们美好的德行。华夏人民思念您的美德，有西伯一样的好名声，造福来世，世代相同。——赞昭烈皇帝

忠武侯英俊、杰出，献策于隆中，联合吴国、会通巴蜀，保存命世之主。受遗命而主持国政，修武齐文，广布德行教化，理财，移风易俗。贤人愚者都争先效命，奋不顾身。国内安定，人民生息，四面边境安宁。亲临敌境，显示威武，致力攻击魏国，可惜出师未捷。——赞诸葛亮

许司徒高洁的品行，征询、臧否，评述人物的流品，名声响亮。——赞许司徒

关羽、张飞雄健勇武，献身于挽救汉室、辅佐先主，雄壮、勇猛。护卫左右，翻飞迅疾，救主于危难，辅佐先主建立宏业，可比韩信、耿纯，并有名声、德行。交接无礼小人，为奸诈所欺；可惜大意失算，为国捐躯。——赞关云长、张翼德

骠骑将军奋起，连横合纵，在三秦起事，占据河、潼。一宗献身汉室，俱为武将，而功劳不同，敌人乘其疏漏，使其家破而军亡，违反道德，托凤而攀龙。——赞马孟起

翼侯有良谋,料世之兴衰,归顺先主,教诲、咨询,精思、筹划,观察敏锐而能把握其要点。——赞法孝直

军师高尚的道德,儒雅风度,归顺明主,忠心发于胸臆,正为此道义,而亡身报德。——赞庞士元

将军老当益壮,冲锋陷阵,不畏艰难,建立功业,当时的将才。——赞黄汉升

掌军中郎将有清约的节操,亢直、公平,直言劝谏,人民思念他的刚直。——赞董幼宰

安远将军有高远志向,美好的操行,刚烈的性格,轻财、果敢、雄壮,临难而不迷惑,以少御多,保卫远方的国土。——赞邓孔山

孔山名方,南郡人。任荆州从事时,跟随先主入蜀。蜀地平定后,做犍为属国都尉。因改换郡名,为朱提太守。选为安远将军、庲降都督,治所在南昌县。章武二年(222)去世。其事迹失考,所以没有作传。

振威将军有才干,叹息其文才武略,当官理事,强毅干练,轻财好施,有仁义也知进退。——赞费宾伯

宾伯名观,江夏郡鄳人。刘璋的母亲是费观的族姑。刘璋把女儿嫁给费观。建安十八年(214)做李严的参军,先主平定益州后,任为裨将军。后为巴郡太守、江州都督。建兴元年(223)封为都亭侯,加官振威将军。费观为人善于交往,都护李严很高傲,护军辅匡等人年纪、官位和李严差不多,而李严却不与他们来往。费观小李严二十多岁,却和李严亲密得像平辈人一样。三十七岁时去世。事迹失考,所以没有立传。

屯骑校尉忠于旧主,固节不移,归顺先主,尽心谋划,军资所恃,由他办理、补充。——赞王文仪

尚书清洁高尚,整饬己身,抗志存义,研读典籍、文章,高卓的风范,上追古人。——赞刘子初

安汉将军有雍容的风度,嫁妹、待以上宾,受到礼遇,可以称作循臣。——赞麋子仲

少府谨慎,大鸿胪劝进,谏议大夫隐逸,儒林校尉善天文,传布教化,俱为儒林领袖。——赞王元泰、何彦英、杜辅国、周仲直

王元泰名谋,汉嘉人。其容貌和举止不凡,有操行。刘璋时,做巴郡太守,返朝后做治中从事。先主平定益州,兼益州牧,任用他做别驾。先主为汉中王,任用荆楚故老零陵人赖恭做太常,南阳人黄柱为光禄勋,王谋做少府。建兴初年(223)赐给关内侯的爵位,后来代替赖恭做太常。赖恭、黄柱、王谋事迹俱失考,所以没有作传。赖恭的儿子赖厷,做丞相西曹令史,随诸葛亮到汉中。早逝。诸葛亮很惋惜,在给留府长史参军张裔、蒋琬的信中说:"失去了令史赖厷,掾属杨颙去世,这些对朝廷的损失太大了。"杨颙也是荆州人。后来大将军蒋琬问张休说:"汉嘉前辈人中有王元泰,谁能继承他?"张休回答说:"说到王元泰,益州都没有能继承他的人,更何况我们汉嘉郡了!"他就是这样被推重。

何彦英名宗,蜀郡郫县人。跟广汉人任安学习,精深地研究任安的本领,和杜琼同一老师而名声却超过他。刘璋统治时做犍为太守,先主平定益州,兼州牧,征召他做从事祭酒。后来援引图谶劝先主即位,先主即位后,提升他做大鸿胪。建兴年中去世。事迹失考,所以没有作传。其子何双,字汉偶。滑稽、诙谐,有淳于髡和东方朔的风范。做双柏县长,早亡。

车骑将军高尚、劲健,正因其泛爱,故能以弱胜强,而不陷入困境。——赞吴子远

子远名壹,陈留人。随刘焉入蜀。刘璋统治时做中郎将,带兵在涪县抵抗先主,后来投降先主。先主平定益州,任用吴壹做护军讨逆将军。先主娶吴壹之妹做夫人。章武元年(221)为关中都督。建兴八年(230)和魏延进入南安界,挫败魏将费瑶。封为亭侯又晋封为高阳乡侯,升为左将军。建兴十二年(234)诸葛亮去世,用吴壹统领汉中部队,作车骑将军,假节,兼雍州刺史,晋封为济阳侯。建兴十五年(237)去世。事迹失考,故不作传。吴壹族弟吴班,字元雄。大将军何进属官吴匡之子。以豪侠著名,官位和吴壹不相上下。先主时做领军,后主时,逐渐升至骠骑将军,假节,封为绵竹侯。

安汉将军主管南方,奋力攻敌于故乡,剪除芜秽,严肃法纪,广泛迁徙

蛮、濮首领,国用充足。——赞李德昂

辅汉将军聪明,既机敏又仁爱,因失言而远虑,言谈亲密,赞扬丞相的美德,辅佐王业。——赞张君嗣

镇北将军聪敏,筹划有方,为军先驱攘除芜秽,任用于偏远的东吴,可惜其最初之志向,流落他国。——赞黄公衡

越骑校尉忠心,砥砺品行而自重,任职于朝内外,念公而忘私。——赞杨季休。

征南将军厚朴、庄重;征西将军忠心、克敌制胜,统领军队选用良士,是刚烈的猛将。——赞赵子龙、陈叔至

叔至名到,汝南人。从豫州开始跟随先主,名位仅次于赵云,都以忠诚、勇敢而著称。建兴初年(223),官至永安都督、征西将军,封为亭侯。

镇南将军壮健、刚强;监军后将军笃厚,一起参与军事,他们都被封侯。——赞辅元弼、刘南和

辅元弼名匡,襄阳人。跟随先主入蜀。益州平定后,做巴郡太守。建兴年中,调任镇南,做右将军,封为中乡侯。

刘南和名邕,义阳人。随先主入蜀,益州平定后,做江阳太守。建兴年中,逐渐升为监军后将军,赐予关内侯爵位。后去世,其子刘式继承爵位。最小的儿子刘武,有文才,和樊建齐名,官做到尚书。

大司农有才能,撰述诚信的文章,华丽而有条理,斐然成章。——赞秦子敕

正方受先主遗命,辅佐后主,不亲临前线,造此异端,斥逐为民,辅佐重任不能完成。——赞李正方

文长刚强而粗豪,临危难而受遗命,挫敌,防御魏军,保卫国境,与杨仪不协和,不顾节操而反叛,痛恨结局而叹息其初始,这都由他天性决定。——赞魏文长

威公猬狭,异于众人,闲时行事合理,受到逼迫则伤害和侵凌,舍顺利而入凶险,这是《大易》中的话。——赞杨威公

季常诚实,文经勤勉,士元规劝,处仁免官,孔休、文祥有才能、品质善良。人才济济,楚地的兰花和芳草。——赞马季常、卫文经、韩士元、张处仁、殷孔休、习文祥。

文经、士元事迹、籍贯失考。处仁,原名存,南阳人。以荆州从事身份随先主入蜀,到了雒县,任命他做广汉太守。张存平素不服庞统,庞统中箭阵亡后,先主对其夸奖和惋惜。张存说:"庞统虽然竭尽忠心,其死令人惋惜,然而有伤雅正。"先主怒道:"庞统杀身成仁,难道做错了吗?"张存被免官。不久,病死。事迹不可考,所以没有作传。

孔休名观,做荆州主簿、别驾从事。见《先主传》。不知其籍贯。文祥名祯,襄阳人。随先主入蜀,历任雒县和郫县令及广汉太守。事迹失考。其子孔忠,官做到尚书郎。

国山美好的品行,永南精思,盛衡、承伯俱是贤才,孙德果断、迅猛,伟南笃厚、守常,德绪、义强有壮志,刚强。人才济济,都是蜀国的贤德。——赞王国山、李永南、马盛衡、马承伯、李孙德、李伟南、龚德绪、王义强

国山名甫,广汉郡郪县人。好评述人物流品。刘璋时,做州的书佐。先主平定益州后,做绵竹令,又回州里做荆州议曹从事。随先主征讨吴国,在秭归被打败,遇害。其子王祐有父亲的风范,官做到尚书右选郎。

李永南名邵,广汉郡郪县人。先主平定益州后,做州书佐部从事。建兴元年(223),丞相诸葛亮征辟他做西曹掾。诸葛亮南征,留李邵做治中从事。他就在这一年去世。

马盛衡名勋,马承伯名齐,都是巴西郡阆中人。马勋在刘璋统治时做州书佐,先主平定益州,征召他做左将军属,后调任州别驾从事,去世。马齐是太守张飞的功曹,张飞把他推荐给先主,做尚书郎。建兴年中,做从事丞相掾,升为广汉太守,又做张飞的参军。诸葛亮去世后,做尚书。马勋和马齐都以才干自荐而被任用,州中的同党信任他,而没由姚伷推荐。姚伷字子绪,也是阆中人。先主平定益州后,做功曹书佐。建兴元年(223)做广汉太守。丞相诸葛亮驻守汉中,征召他做副官。能举荐文才武将,诸葛亮称赞他说:"忠于国家为国造福的人功劳没有比推荐人才再大的了。推荐人才的人都专心于自己喜好的人,

现在姚伷却能刚柔并济，以满足对文、武的需要，可以称得上博雅了，愿各位副官能仿效他，不辜负国家的希望。"升为参军。诸葛亮死后，逐渐升为尚书仆射。当时人佩服他的真诚、笃厚。延熙五年（242）去世，在作赞之后。

李孙德名福，梓潼郡涪县人。先主平定益州后，做书佐、西充国长和成都令。建兴元年（223）任巴西太守，为江州督、扬武将军。入朝做尚书仆射，封为平阳亭侯。延熙初年，大将军蒋琬出征汉中，李福做前监军兼司马。后去世。

李伟南名朝。永南兄，一开始当郡功曹。被荐举为孝廉，任临邛县令，入朝任别驾从事。随先主东征吴国，章武二年（222）在永安去世。

龚德绪名禄，巴西郡安汉人。先主平定益州，任郡中的从事牙门将。建兴三年（225）任越嶲太守，随丞相诸葛亮南征，调为益州太守。将要南行时，遇害身亡。

　　休元轻寇，不审时度势而被害；文进奋勇，同受颠沛之苦，患难与共，精神伟大。——赞冯休元、张文进

冯休元名习，南郡人。随先主入蜀。先主东征吴国，他任领军，统率诸军，大败于猇亭。

张文进名南。也是从荆州跟随先主入蜀。领兵跟随先主东征，和冯习一起牺牲。当时还有义阳人傅肜，先主退军，他断后抵抗敌人，兵士死尽，吴国将领劝傅肜投降，傅肜骂道："吴狗！汉将军怎么能投降你们。"于是战死。任命他的儿子傅佥做左中郎，后做关中都督。景耀六年（263），临阵牺牲，人们赞扬其父子的奕世忠义。

　　江阳太守刚烈，立名节，遇敌交战，不屈不挠，单枪匹马，死于战场。——赞程季然

程季然名畿，巴西郡阆中人。刘璋时做汉昌县长。县里有賨族人，本性刚猛，过去高祖用他们平定关中。巴西太守庞羲认为天下很乱，郡中应该有武装，召集一些人做私人武装。有人向刘璋进谗言，说庞羲想要反叛，刘璋心中怀疑。庞羲听说后很害怕，想要谋求自保。派程季然的儿子程郁宣布命令，召集兵士自卫。程畿告知程郁说："郡中召集部曲，本来并不是反叛，虽然有谗

言,而关键在于尽诚心。如果一定因为害怕,便有异心,这不是我想要听到的。"并命令程郁说:"我受州牧的恩惠,应当给州牧尽节。你做郡中的官吏,应该给太守效力,这是不得已而有异心。"庞羲使人告诉程畿说:"你的儿子在郡中做官,不听从太守,那就会祸及家中。"程畿说:"过去乐羊做将领,吃他儿子肉煮的羹。不是父子无恩情,都是为了义。今天即使他把我儿子煮成羹,我也一定要喝。"庞羲知道程畿肯定不能为自己服务,殷切地问刘璋表示歉意,因而才没有引来什么灾祸。刘璋听说这件事,提升程畿做江阳太守。先主兼益州牧,征召他做从事祭酒。后随先主征吴,遇吴国大军战败,逆流而上向蜀国撤退。有人告诉他说:"后面的追兵已到,解开船悄悄溜去,才能免于一死。"程畿说:"我在军中,从没有见敌兵而逃跑,何况跟随先主出征而陷入困境了。"后面追兵赶上了程畿坐的船,程畿手持戟与敌人格斗。敌人的船有些翻沉的。后来大批的敌人赶上,一起向他进攻,他被杀死。

公弘这个后生晚辈,卓绝、特出,可惜他二十岁就夭折,没有展示才能。——赞程公弘

公弘名祁,程季然的儿子。

古代出逃的臣,因受到威逼,与官吏有仇怨、不顾大德。没有什么挽救的办法,背弃成功走向败亡,自绝于人,被两个国家耻笑。——赞糜芳、士仁、郝普、潘濬

糜芳,字子方,东海人,任南郡太守。士仁,字君义,广阳人。做将军,驻扎公安,归关羽管辖,与关羽不和,叛投孙权。郝普,字子太,义阳人。先主从荆州入蜀,任郝普做零陵太守,被吴将吕蒙欺骗,开城向吕蒙投降。潘濬,字承明,武陵人。先主入蜀,命他做荆州治中,掌管荆州事情。也和关羽不和,孙权攻袭关羽,于是投降吴国。郝普官做到廷尉,潘濬官做到太常,被封侯。

评:邓芝坚贞、刚直,临官忘家,张翼敢反驳姜维,宗预不怕孙权的严厉,都有可称赞的地方。杨戏放任不羁,意在出众,然而智慧和器量有不够的地方,几乎因此而引来灾祸。

卷四十六　吴书一

孙破虏讨逆传第一

　　孙坚,字文台,吴郡富春人,大概是孙武的后代。年轻时曾经做过县吏。十七岁那年,他与父亲一同坐船到钱塘去。正好碰上海盗胡玉等人从匏里上岸,抢劫了商人的财物后在岸上分赃。这时,来往的行人因为害怕都不敢走动,过往的船只也不敢再往前行。孙坚便对他的父亲说:"这些强盗完全可以捉拿,请让我去做这件事情。"他的父亲说:"这件事可不是你能干得了的。"孙坚没有听父亲的劝告,拿着刀就上了岸。他用手东指西指,好像正在指挥几部分人去包围强盗的样子。那些海盗见到这种情形,以为是官兵来抓自己了,吓得赶紧扔掉抢来的财物四处逃散。孙坚紧追上去,斩下一个强盗的脑袋才回来。他的父亲对此大为惊讶。从这以后,孙坚的名声大振,州府也召他为假尉(非正式的武官)。熹平元年(172),会稽郡的贼人许昌与他的儿子许韶,煽动起好几个县的几万民众在句章起义,自称阳明皇帝。当时,孙坚以郡司马的身份招募了精兵勇士一千多人,与州郡合作共同讨伐许昌,并且消灭了他。刺史臧旻上奏皇上,罗列了孙坚的功绩。皇上下诏书任命孙坚为盐渎丞,几年后改任盱眙县丞,后来又改任下邳县丞。

　　中平元年(184),黄巾军首领张角在魏郡起义,他假托自己有神灵保佑,在青、徐、幽、冀、荆、扬、兖、豫八州以所谓太平道来教化民众,而在暗中却相互串联。张角还将他所教授的徒众分为三十六方,大方有万余人,小方也有六七千人,自称黄天泰平。三月初五,三十六方一起举行起义,天下民众纷纷响应,焚烧郡县府衙,斩杀官吏。汉灵帝派遣车骑将军皇甫嵩、中郎将朱儁领兵征讨。朱儁上奏章给皇上,请求皇上委任孙坚为佐军司马。孙坚从下邳丞升任为佐军司马后,一直跟随他的许多青年都自愿跟他去从军战斗。孙坚又招募了一些商人的钱财和淮河、泗水一带的精兵一千多名,与朱儁并肩奋力攻打黄巾军,所向无敌。汝、颍两地的黄巾军战斗失利,逃到宛城,尽力守城。孙坚身先士卒,第一个登城,众兵士蜂拥而上,大破黄巾军。朱儁将孙坚的这些行为奏明皇上,孙坚被任命为别部司马。

边章、韩遂在凉州作乱,中郎将董卓抵御讨伐不见成效。中平三年(186),派司空张温代理车骑将军职权,向西讨伐边章等人。张温上表请求让孙坚参与军事行动,驻扎长安。张温用诏书召董卓,董卓过了很久才来见张温。张温责问董卓,董卓应答很不客气。孙坚这时也在座,他向前对张温耳语道:"董卓不怕自己有罪,还这么狂妄地说大话,应该以不按时应召前来的罪名,依照军法斩掉他。"张温说:"董卓一向在陇、蜀一带有威名,今日如果杀掉他,我们西行讨伐就没有依靠了。"孙坚说:"你亲率王兵,威震天下,为什么要依赖董卓?听董卓今日所言,他并不想听从你,轻上无礼,这是第一条罪状。边章、韩遂胡作非为已经有一年了,应当及时前去讨伐他们,然而董卓却说不可,败坏士气,蛊惑将士,这是第二条罪状。董卓接受任命而又无功绩,召他前来又如此迟缓,而且还狂妄自傲,这是第三条罪状。古代的名将临阵带兵依靠军纪来治理军队,没有不果断地斩处罪人来显示威严的,因此才有穰苴斩庄贾,魏绛斩杨干的事。现在您对董卓留情,不立即加以诛杀,这样的话,军威就要有所亏损。"张温还是不忍心执行军法,于是就说:"你先回去,否则董卓会怀疑的。"孙坚因此起身出去。边章、韩遂听说大兵正朝凉州进发,底下的徒众纷纷离散,都请求投降。军队回来后,朝廷议事的大臣们认为军队并没有与敌寇交战,不能记功赏奖,然而他们听说孙坚曾陈列董卓三条罪状,力劝张温斩他的事后,无不叹息。任命孙坚为议郎。这时,长沙的贼寇区星自称将军,拥有徒众一万余人,攻围长沙城邑,于是朝廷任命孙坚为长沙太守。孙坚到长沙郡亲自率领将士,设计并实施进攻的计划,用了不到一月的时间,就攻破了区星等叛贼。周朝、郭石也率徒众在零陵、桂阳起事,与区星呼应。于是孙坚又越境讨伐,使三郡全部安定下来。汉朝廷根据孙坚前后所立下的功绩,封他为乌程侯。

汉灵帝死后,董卓操纵朝政,在京城横行霸道。各州郡都兴起义兵,要讨伐董卓。孙坚亦举兵响应。荆州刺史王叡平时对待孙坚很无礼,孙坚过荆州时便杀了他。等到了南阳,队伍已发展到了几万人。南阳太守张咨听说孙坚率军来到,泰然自若。孙坚以牛酒向张咨献礼,张咨第二日也回访酬答孙坚。

酒喝得酣畅时,长沙主簿进来告诉孙坚说:"先前已有文书给南阳太守,而如今却是道路未曾修整,军用银粮也不备足,请逮捕他追问到底是怎么回事。"张咨非常恐惧,想离开,但兵士布阵四周不能出去。过了不一会儿,长沙主簿又进来告诉孙坚说:"南阳太守故意拖延义兵,使得义兵不能及时讨伐贼寇,请逮捕他,按军法从事。"就把张咨拖到军门外斩首。南阳郡中震惊万分,义兵所提要求统统都得到了满足。进兵来到鲁阳,与袁术相见。袁术上表推荐孙坚为破虏将军,兼豫州刺史。于是孙坚就在鲁阳城治理军队。在要进军讨伐董卓时,孙坚派长史公仇称为从事官,率领兵士回州督办军粮。孙坚在城东门外装饰了帐幔,设酒宴给公仇称饯行,诸将领和下属都会聚在一起。董卓这时派遣步兵和骑兵几万人来迎击孙坚,有几十个轻骑兵先来到了。孙坚正饮酒谈笑,听到这个消息,命令部队整顿军阵,不得擅自妄动。后面的骑兵渐渐地多起来了,孙坚才慢慢地离座,带领下属进入城内,对左右说:"刚才我所以不立即起身离座,是怕兵士拥挤混乱,诸位不能进得城来。"董卓的骑兵见孙坚的兵士非常威严整齐,不敢攻城,就退兵了。孙坚移兵驻扎梁郡东面,受到了董卓军队的猛烈攻击,孙坚与几十个骑兵突围而去。孙坚常戴红色的包头巾,这时便脱下头巾让亲近的将领祖茂戴上。董卓的骑兵争着追逐祖茂,所以孙坚从小道得以逃脱。祖茂被追得走投无路,就下马,把头巾放在坟墓间的烧柱上,自己隐伏在草丛中。董卓的骑兵看见头巾,便将烧柱包围了好几层,等到走近看时,才知道只是根柱子,就离去了。孙坚再次收拢会集自己的军队,在阳人这个地方与董卓交战,大破董卓的军队,杀掉了董卓的部将华雄等人。这时,有人在孙坚与袁术之间挑拨是非,袁术对孙坚起了疑心,便不给他运送军粮。阳人离鲁阳有一百多里,孙坚骑马连夜去见袁术,他在地上画图与袁术争论,说:"我之所以这样献身不顾,上为国家讨伐逆贼,下也是为报将军家门的私仇,我与董卓并没有什么刻骨仇恨,而将军现在却听信小人挑拨之言,居然还怀疑我!"袁术一下子对孙坚恭敬起来,局促不安,立即调发了军粮。孙坚便返回了驻扎地。董卓害怕孙坚的猛壮,就派将军李傕等人来和孙坚求和亲,让孙坚列出要任刺史和郡守的子弟们,答应上表任用他们。孙坚说:"董卓逆天无道,荡覆王室,如今要不扫平他三族,示众全国,我死不瞑目,难道还能与他和亲吗?"再次进军大谷关,一直到距离洛阳九十里的地方。董卓立即迁都向西入函谷关,焚烧了雒邑。孙坚于是进兵来到雒县,修复了诸皇陵,填塞董卓掠夺财宝时挖掘的坟墓。做完了这些以后,便率军回返。依然驻扎鲁阳。

初平三年(192),袁术派孙坚出征荆州,攻打刘表。刘表派遣黄祖在樊、邓两地之间迎战孙坚。孙坚击败了黄祖,一直渡过汉水追击,于是包围了襄阳。孙坚单身一人骑马上了岘山,被黄祖的军士用箭射死。孙坚的侄子孙贲,率领将士来投奔袁术,袁术上表推荐孙贲为豫州刺史。

孙坚有四个儿子,为孙策、孙权、孙翊、孙匡。孙权称帝后,追谥孙坚为武烈皇帝。

孙策,字伯符。孙坚当初兴义兵时,孙策带着母亲迁居舒县,与周瑜结为好友,招纳会聚了许多士大夫,江、淮之间的人都投奔他。孙坚死后,孙策将他葬在曲阿。自己渡江居住在江都。

徐州牧陶谦非常忌恨孙策。孙策的舅舅吴景,此时正任丹杨太守,孙策于是带着母亲迁居曲阿,与吕范、孙河一起投靠吴景,凭借着吴景,招募了几百人。兴平元年(194),跟从袁术。袁术认为孙策非同一般,便将孙坚的军队交还孙策。太傅马日磾执持符节安抚关东,在寿春以礼仪征召孙策,上表任命他为怀义校尉,袁术的大将乔蕤、张勋都倾心敬重他。袁术时常叹息说:"如果我有像孙策这样的儿子,即使死了,又有什么可遗憾的!"孙策有个骑兵犯了罪,逃进了袁术的军营,隐藏在马厩中,孙策派人杀了他,过后,又来向袁术赔礼请罪。袁术说:"兵士叛变,应当共同处罚他,又有什么可请罪的呢?"从此军中更加敬畏孙策。袁术当初答应让孙策任九江太守,过后又改用丹杨人陈纪。后来袁术准备攻打徐州,向庐江太守陆康求援三万斛米,陆康不给,袁术大怒。孙策以前曾求见过陆康,陆康不见,只让自己的主簿接待他,孙策因此时常怀恨在心。袁术派孙策攻打陆康,对他说:"先前我错用了陈纪,每每恨自己的本意未能实现。如今你如果能抓获陆康,庐江就真正为你所有了。"孙策攻打陆康,击败了他。袁术再次任用他以前的下属刘勋为庐江太守,孙策更加失望。先前,刘繇为扬州刺史,州府原来设在寿春。袁术已经占领了寿春,刘繇于是渡江以曲阿为州府。此时吴景还在丹杨,孙策的堂兄孙贲任丹杨都尉,刘繇来到后,把他们都赶走了。吴景、孙贲退到了历阳。刘繇派樊能、于麋往东驻扎在横江津,张英驻扎在当利口,用以抵御袁术。袁术任用自己以前的下属琅邪人惠衢为扬州刺史,又任用吴景为督军中郎将,与孙贲共同率兵攻打张英等人,一连几年都未能攻克。孙策于是请求袁术让自己去帮助吴景等人平定江东。袁术上表任命孙策为折冲校尉,并代理珍寇将军,兵士只有一千多,战马几十匹,宾客中愿意跟随的几百人。等到了历阳,兵众已发展到了五六千人。

孙策的母亲已先从曲阿迁居历阳,孙策又将母亲迁到阜陵,然后渡江转战,所向披靡,没有人敢与他交锋,而军令整肃,百姓们都依附他。

孙策为人喜好修饰容貌,喜欢谈笑,性格豁达开朗,善于用人,所以兵士百姓对待他,没有不尽心尽力的,都愿意为他去死。刘繇放弃军队自己逃走了,各州郡的太守也都放弃城池逃跑。吴郡人严白虎等各率一万多人,驻扎集聚在各地。吴景等人想先击破严白虎,然后再到会稽。孙策说:"严白虎这些盗贼,没有什么大志,凭这点就足能擒获他们。"于是领兵渡浙江,占据会稽,屠城东冶后,才攻破了严白虎等盗贼。重新任命安置长吏,孙策自己兼任会稽太守,又以吴景为丹杨太守,以孙贲为豫章太守;分豫章为庐陵郡,以孙贲的弟弟孙辅为庐陵太守,丹杨人朱治为吴郡太守,彭城人张昭,广陵人张纮、秦松、陈端等为谋主。此时袁术擅自封号称帝,孙策写信谴责并与他绝交。曹操上表荐举孙策为讨逆将军,封为吴侯。后来袁术死了,长史杨弘、大将张勋等人率领自己的部下想投靠孙策,庐江太守刘勋半路拦截攻击将他们全部俘虏,并收缴了他们的珍宝后回返。孙策听说后,假装与刘勋结为盟友。刘勋得到了袁术的军队,此时豫章上缭的宗族有一万余家在江东,孙策劝刘勋去攻取。刘勋出兵后,孙策率领轻装的军队一夜间攻占了庐江,刘勋的军队全部投降,刘勋只带着几百个部下去投归曹操。此时袁绍的势力正强大,而孙策又吞并了江东,曹操正与袁绍争雄,无力顾及江东,就想安抚孙策。于是以弟弟的女儿许配孙策的小弟孙匡,又为儿子曹彰娶了孙贲的女儿,用礼节征召孙策的弟弟孙权、孙翊,又让扬州刺史严象举荐孙权为秀才。

建安五年(200),曹操与袁绍在官渡相持不下,孙策暗地里想袭击许昌,迎回汉献帝,便秘密治理军队,部署诸将领。还没行动,他就被过去吴郡太守许贡的门客所杀害。先前,孙策杀了许贡,许贡的小儿子与门客隐匿在长江边。孙策单枪匹马外出,突然与许贡门客相遇,门客击伤了他。伤势很重,孙策就请求张昭等人说:"中原正在大乱,以我们吴、越之兵众,三江之坚固,就足以观其成败,相机而动。你们要好好帮助我的弟弟!"又招呼孙权,将印绶交给他,对他说:"率领江东之兵众,决战于两阵之间,与天下争衡,你不如我;举贤任能,让他们各尽其心,用以保卫江东,我不如你。"到夜里孙策便死了,这一年他二十六岁。

孙权称帝后,追谥孙策为长沙桓王,封他的儿子孙绍为吴侯,后改封上虞侯。孙绍死后,他的儿子孙奉继承爵位。孙皓执政时,传言说孙奉将做皇帝,孙奉被杀。

　　评：孙坚勇猛刚毅，从贫贱中发迹，力劝张温杀董卓，然而却未能成帝王，有忠壮之烈。孙策英气与才能兼备，勇猛刚强举世无双，览奇取异，志向在凌驾华夏。然而两人都轻率急躁，以致丧命。可是割据江东，本是孙策立下的基业，但孙权对他尊崇并不够，子孙所享也只到侯爵，于情义来说，也太刻薄了。

卷四十七　吴书二

吴主传第二

孙权,字仲谋,他哥哥孙策平定江东诸郡时,他年仅十五岁,就被任命为阳羡县长。曾被郡里举荐为孝廉,州里推举为茂才,并且代理奉义校尉。汉朝因为孙策远在江东还依然尽臣子的职责,交纳贡物,就派遣使者刘琬赐给他爵位和官服。刘琬对人说:"我看孙家兄弟虽然都才华出众,深明事理,但都富贵不终,寿命不长,只有老二孙权,体态魁伟,相貌奇特,不同于凡人,有大贵的表象,寿命又是最长的,你们以后可以验证我说的这些话。"建安四年(199),孙权跟从孙策征讨庐江太守刘勋。刘勋被打败后,又进军沙羡征讨黄祖。

建安五年(200),孙策去世,把军国大事托付给孙权,孙权痛哭不止。孙策的长史张昭对孙权说:"孝廉,这难道是哭泣的时候吗? 再说古时周公立的丧礼就连他儿子伯禽也没遵守,并不是他违逆父训,只是由于当时的形势不能按丧礼办事。况且现在奸诈违法的人竞相角逐争斗,豺狼当道,你却要抒发个人的悲痛,顾念丧礼,这就像打开门户招引盗贼一样,这种行为不能算作仁。"于是改换孙权所穿的丧服,扶他上马,外出巡视军队。这时,孙权只占据会稽、吴郡、丹杨、豫章、庐陵五郡,而这五郡的边远险要地方还未完全归从,并且天下的英雄豪杰散布在各州郡,作客寄寓的士人往往以个人的安危决定去留,君臣之间还没有建立起牢固的关系。张昭、周瑜等人认为可以与孙权一起成就大事业,所以都甘愿服事他。曹操上表奏封孙权为讨虏将军,兼任会稽太守,驻扎吴郡,派使丞到会稽郡处理日常事务。孙权以太师太傅之礼对待张昭,而周瑜、程普、吕范等人都被任命为将军。广招有才能的人,以礼征聘有名望的士人,鲁肃、诸葛瑾等人这时才做了他的谋士。分别部署诸将,镇压并安抚山越族,讨伐那些不服从命令的人。

建安七年(202),孙权的母亲吴氏去世。

建安八年(203),孙权向西讨伐黄祖,击败了他的水军,只有城池还未能攻克。而这时山越的贼寇又开始叛乱了。孙权撤兵经过豫章,派吕范平定鄱阳,程普讨伐乐安,太史慈统领海昏,韩当、周泰、吕蒙都做了难以治理的各县的县令或县长。

建安九年(204),孙权的弟弟丹杨太守孙翊被部下杀害,孙权任命堂兄孙瑜接替孙翊的丹阳太守职位。

建安十年(205),孙权派贺齐讨伐上饶,分置建平县。

建安十二年(207),孙权西征黄祖,掳掠了他的官吏与百姓而返。

建安十三年(208)春,孙权再次征讨黄祖。黄祖先派水军抗击,都尉吕蒙打败了黄祖军队的先锋,凌统、董袭等人又用全部精兵攻打,终于攻破了城池。黄祖脱身逃跑,骑士冯则追上他砍下他的脑袋,俘虏了黄祖的部属男女几万人。这一年,孙权派贺齐讨伐黟县和歙县,分歙县为始新、新定、犁阳、休阳县,以六县设置新都郡。荆州刺史刘表死后,鲁肃请命去慰问刘表的两个儿子,借机观察荆州的变化。鲁肃还没有到荆州,曹操已率军来到荆州境内,刘表的小儿子刘琮率众投降。刘备准备南渡长江,鲁肃与他相见,向他转达了孙权的打算和计划,并向他陈说了成败的道理。刘备进驻夏口,派诸葛亮去拜见孙权,孙权派周瑜、程普等人率军行动,配合刘备。这时,曹操刚得到刘表的人马,军容壮大,气势很盛,孙权的谋士们都感到畏惧,大多劝孙权迎降曹操,只有周瑜、鲁肃坚持抗击曹军的主张,意见正好与孙权相同。周瑜、程普任左右都督,各自率军一万多人,与刘备一起进军,在赤壁与曹军遭遇,大败曹操的军队。曹操烧毁了来不及撤走的船只,领兵撤退,士兵们饥饿难当,再加上瘟疫流行,死了一大半。刘备、周瑜等人又追击到南郡,曹操于是撤军北还,留下曹仁、徐晃在江陵,派乐进镇守襄阳。这时甘宁在夷陵,被曹仁的部队包围,孙权便用了吕蒙的计策,留下凌统抵御曹仁,用其中的一半兵力解救甘宁,吴军胜利返回。孙权亲自率军包围合肥,派张昭攻打九江郡的当涂县。张昭进兵不利,孙权攻打合肥城一个多月也未能攻克。曹操从荆州回来,派张喜率领骑兵奔赴合肥援助,还没到达合肥,孙权便撤退了。

建安十四年(209),周瑜和曹仁相互对峙了一年多,杀伤的兵士很多。曹仁弃城而逃。孙权就任命周瑜为南郡太守。刘备上表奏封孙权代理车骑将军,兼任徐州牧。刘备兼任荆州牧,驻扎公安。

建安十五年（210），孙权分豫章郡设置鄱阳郡；分长沙郡设置汉昌郡，任命鲁肃为太守，驻扎陆口。

建安十六年（211），孙权迁治所到秣陵。第二年，修筑石头城，改秣陵为建业。听到曹操将要向南来侵犯，就修筑了濡须坞。

建安十八年（213）正月，曹操攻打濡须坞，孙权与他相持了一个多月。曹操看见孙权的军队，感叹他们军容严整，于是就撤退了。起初，曹操担心长江北岸的郡县被孙权夺取，下令让百姓往内地迁移。百姓们反而自相惊扰，从庐江、九江、蕲春、广陵一带东渡长江的有十多万户，长江西岸因此空虚，合肥以南只有皖城稍微完整一些。建安十九年（214）。五月，孙权征讨皖城。四、五月间，攻克了皖城，俘获了庐江太守朱光及参军董和，以及男女百姓数万人。这一年，刘备平定了蜀地。孙权认为刘备已得到益州，就派诸葛瑾去向刘备讨回荆州各郡。刘备不答应，说：“我正在图谋凉州，凉州如果平定，就把荆州全部归还给吴国。”孙权说：“这是借而不还，还想用这些空话来拖延时间。”于是就设置了荆州南部三郡的太守，结果关羽把他们全部赶走。孙权大怒，就派吕蒙指挥鲜于丹、徐忠、孙规等人的军队二万余人，攻取长沙、零陵、桂阳三郡，派鲁肃率军一万驻扎巴丘，用以防御关羽。孙权驻陆口，做各路军队的总指挥。吕蒙率兵一到，长沙、桂阳二郡都归服了，只有零陵太守郝普不愿投降。正好刘备来到公安，派关羽率军三万进兵益阳，孙权就召回吕蒙等人，让他们援助鲁肃。吕蒙派人诱降郝普，郝普投降了，三郡的将领和太守便全部得到了，于是领兵回返。孙权和孙皎、潘璋、鲁肃的军队一同进兵，在益阳抗击关羽。还未曾交战，适逢曹操进攻汉中，刘备害怕失去益州，便派使丞向孙权求和。孙权派诸葛瑾回复刘备，答应重新结为盟友。于是双方分荆州、长沙、江夏、桂阳以东地区归属孙权管辖，南郡、零陵、武陵以西地区归属刘备管辖。刘备返回去后，曹操已撤退了。孙权从陆口返回，就征讨合肥。未能攻克，撤军而回。士兵全部上路后，孙权与凌统、甘宁等人却在逍遥津北面被魏将张辽所袭击，凌统等人拼死保护孙权，孙权骑骏马冲过津桥才得以逃脱。

建安二十一年（216）冬，曹操驻军居巢，于是又攻打濡须坞。

建安二十二年（217）春，孙权命令都尉徐详拜访曹操，请求归降。曹操派使者回复孙权，同意和好，立誓重新结为姻亲。

建安二十三年（218）十月，孙权将要去吴郡，亲自骑马在庱亭射虎。他的马被虎咬伤，孙权掷出双戟刺虎，虎受伤后退。常从张世又用戈击打虎，捉获了老虎。

建安二十四年(219),关羽在襄阳包围了曹仁,曹操派左将军于禁去援救。正巧汉水暴涨,关羽用水军俘虏了于禁的全部步骑兵三万多人,押送到了江陵。只有襄阳城未能攻克。孙权内心畏惧关羽,对外又想以讨伐关羽来作为投靠曹操的功劳,就写信给曹操,请求讨伐关羽来效力。曹操想让关羽与孙权相互争斗,就让驿站传递孙权的信给曹仁,让曹仁用弓箭将信射出城外让关羽看。关羽看信后犹豫不决,并不撤围。闰十月,孙权征讨关羽,先派吕蒙袭击公安,俘虏守将士仁。吕蒙到南郡,南郡太守麋芳献城投降。吕蒙占据江陵,抚恤当地的老弱士兵和百姓,释放被囚禁的于禁等人。陆逊又攻占了宜都郡,得到了秭归、枝江、夷道,回师驻扎夷陵,守卫峡口以防御蜀军的进攻。关羽返回当阳,向西退保麦城。孙权派人诱降他。关羽假装投降,在城楼上树旗帜和草人迷惑孙权,自己乘机逃跑,兵士们都散离了,只有十几个骑兵跟随他。孙权先派朱然、潘璋在必经之路阻截他。十二月,潘璋的司马马忠在章乡抓获了关羽和他的儿子关平,以及都督赵累等人,孙权于是平定了荆州。这年流行瘟疫,孙权免除了荆州百姓的全部租税。曹操表奏孙权为骠骑将军,假节,兼任荆州牧,封南昌侯。孙权派校尉梁寓向汉廷敬奉贡品,又让王惇购买马匹,送原来俘虏的朱光等人返回北方。

建安二十五年(220)春正月,曹操去世。太子曹丕接替曹操做了丞相和魏王,改年号为延康。秋,魏将梅敷派张俭来求见孙权,请求安抚接纳。南阳郡的阴、酂、筑阳、山都、中庐五县的五千多户老百姓前来归附孙权。冬,魏的继位之王曹丕称帝,改元为黄初。黄初二年(221)四月,刘备在蜀称帝。孙权从公安迁都鄂城,改名为武昌,以武昌、下雉、寻阳、阳新、柴桑、沙羡六县设置武昌郡。五月,建业喜降大雨。八月,修筑武昌城,并下令给诸将说:"生存时不忘灭亡,安逸时一定要思虑危险,这是古代有益的教训。过去,隽不疑是汉代的名臣,在太平的日子里还刀剑不离身,这是君子对于武备不能松懈的原因。何况我们现在正处在与魏、蜀接壤的地方,跟豺狼一般凶狠的敌人打交道,而怎么能够轻率而不考虑到突然的事变呢? 近来我听说诸将出入时,都崇尚谦虚简约,不随身带侍从和兵器,这不是周全考虑爱护自身的行为。保全自己而留名后世,使君主和家人安心,这与崇尚谦虚简约相比,哪一种能使自己处于危险和受辱的境地呢? 应该深深地警戒,务必从大处着想,这才和我的想法相同。"自从魏文帝曹丕即位后,孙权派使者去请求做魏国的藩属,并送于禁等人回去。十一月，曹丕册封孙权的文书上说："圣明君主的法度，是根据德行设立不同的爵位，以功劳制定不同的俸禄；功劳大的俸禄就丰厚，德行高的礼遇就隆重。所以周公有辅佐的功勋，姜太公有灭殷商的功业，因此一同受到分封土地的礼遇和得到整套礼器的赏赐，这是为了表彰大的功勋，使贤明的大臣有别一般的人。近世，汉高祖称帝时，也把肥沃的土地分封给八个异姓的臣，让他们做诸侯，这是前代的美事，也是后世帝王最好的借鉴。我以无德承受天命而变革汉室的皇统，统治全国，执掌大政，想向先代圣明的君主看齐，处理政务思考问题常常通宵达旦。您的天性忠诚聪明，上天让您降世辅佐帝王，深深地明白天命的归宿，透彻地理解国家兴亡的道理，从遥远的地方派遣使者渡过潜水、汉水，来求见我。听到消息后立即归服我，上疏要做我魏朝的藩属，并交纳丝绸等南方的贡物，把我的将领全部送回，忠诚肃敬发自于内心，诚恳显露在外表，信义铭刻在金石之上，道义覆盖在山河之上，我非常赞赏。现在封您为吴王，派遣使持节太常卿高平侯贞，授予您印玺、绶带、册封文书、金虎符第一到第五枚、左竹使符第一到第十枚，任命您以大将军、使持节的身份监督交州，兼任荆州牧，赐给您用白茅草包着的青土，接受颂扬我的命令，治理东部中国。送上过去骠骑将军的印玺、绶带、符节和册封文书。现在又加赏给您九锡之礼，请您敬听下面的命令。因为您安定了东南，治理好了长江以南地区，老百姓安居乐业，没有人怀有叛逆之心，所以赏给您大兵车两辆，枣红色公马八匹。因为您努力理财，鼓励农民从事生产，仓库盈满，所以赏给您绣着龙的礼帽和礼服，并配上一双红色的鞋子。因为您用德政教化人民，使礼教盛行，所以赏给您一套钟磬乐器。因为您倡导良好的社会风习，以恩义安抚了百越夷民，所以赏给您有红色大门的房子居住。因为您运用才干和谋略，任用贤良方正之士，所以赏给您'纳陛'，以便登殿理事。因为您忠诚勇猛，清除了邪恶，所以赏给您'虎贲'卫士一百人。因为您振威势于远方，宣扬武力于荆州以南，消灭了奸恶之人，使罪人罪有应得，所以赏给您铡刀、铜钺各一具。因为您以文治团结内部，以武力昭示信义于外，所以赏给您红色的弓一张，红色的箭一百支，黑色的弓十张，黑色的箭一千支。因为您以忠顺为做人的原则，把恭敬俭让作为美好的品德，所以赏给您美酒一罐，并配上玉制的酒勺。敬重吧，我谨向您宣扬先王的典章，以服从我的命令，努力辅佐我治理国家，以便永久地完成您的显赫的功业！"这一年，刘备率军前来讨伐孙权，到了巫山、秭归，就派使者去诱降武陵的夷民部落，授给他们印信，答应给他们封赏。于是各县及五溪一带的百姓都反吴降蜀。孙权任命陆逊为都督,率领朱然、潘璋等人来抵抗。派遣都尉赵咨出使魏国。魏文帝曹丕问赵咨:"吴王是个怎么样的君主?"赵咨回答说:"他聪明仁爱又有智慧,是个有雄才大略的君主。"曹丕问具体怎么解释,赵咨又回答说:"从凡人中起用鲁肃,是他的聪明;在一般兵士中提拔吕蒙,是他的明智;俘获了于禁而不杀,是他的仁爱;攻取荆州而兵器不沾一滴血,是他的智慧;占据三州虎视天下,是他的雄壮;屈身向陛下称臣,是他的谋略。"魏文帝想封孙权的长子孙登为侯,孙权以孙登年幼为理由,上书辞谢,重新派遣西曹掾沈珩前去表示感谢,并献上地方的贡物,又自己立孙登为吴王太子。

黄武元年(222)春正月,陆逊的部将宋谦等人攻打蜀国的五个兵营,都攻破了,并杀了守将。三月,鄱阳传说黄龙出现。蜀军分别占据了险要地区,前后设兵营五十多个,陆逊根据情况用兵抵抗,从正月到闰六月,彻底打败了蜀军,在战场上所杀和放下武器投降的士兵有几万人。刘备逃跑,仅免身死。

当初,孙权假托归服魏国,但不是真心实意。魏国就派侍中辛毗、尚书桓阶前往东吴与孙权结盟立誓,并征召孙权的儿子去做人质,孙权辞让不接受。秋九月,魏国就命令曹休、张辽、臧霸出兵洞口,曹仁出兵濡须坞,曹真、夏侯尚、张郃、徐晃包围南郡。孙权派吕范等人率领五支军队,用水军抵御曹休等人,诸葛瑾、潘璋、杨粲等人援救南郡,朱桓以濡须督的身份抗击曹仁。当时扬、越夷民大多还没有平定,内患还没有消除,所以孙权恭敬地向魏文帝上书,请求允许改正自己的错误,书中说:"如果我的罪行难以除去,又被赦免,我理当奉还土地和人民,请求寄身在交州,了却余生。"魏文帝回复说:"您生在天下大乱之际,本来就有纵横驰骋天下的大志,却降低身份侍奉魏国,而享有现在的封赏。从您被册封为吴王以来,奉献的贡品摆满了道路。讨伐刘备的功业,魏国是仰仗着您才取得成功。如果人做事反复无常,古人也以为是可耻的。我与您君臣的名分已经确定,难道会乐于使军队劳苦远征江汉吗?朝廷的议论,做君主的也不能独断专行,三公上表奏报您的错误过失,都是有根有据的。我因为不贤明,虽有曾母投杼的疑虑,但还是希望大臣们所说的话都是不真实的,并以此为国家的幸事。所以我先派使者去犒劳您,又派遣尚书、侍中来跟您继续重温先前的誓言,并来与您商定送太子去做人质一事。您却借口推辞,不想让太子前去,议论的大臣们都觉得很奇怪。又让前都尉浩周劝你送太子来,这实际上是大臣们共同谋定的计划,以此来试探您的诚意如何,您果真借口推辞了,对外援引隗嚣送儿子给光武帝做人质却终于背叛的事例,对内比喻窦融虽不送儿子做人质却能做到忠守不渝。世道和时间不同了,人就会有不同的打算。浩周回来后,口中陈说,指手画脚地为您说情,越发让议事的大臣们表示了对您的诸多疑虑,您所谓始终侍奉魏国的保证,没有任何依据,所以我就勉强同意了大臣们的观点,现在看了您所上的表,诚恳而深刻,内心非常感慨,以至伤感动容。当日我即下诏书,命令各路军队只能深挖战壕,高筑壁垒,不能轻举妄动。如果您一定要表现出忠义和忠诚,来解除大家对您的疑虑,孙登早上来到魏国京都做人质,晚上我就下令让军队撤回。我这些话的诚意,就如同长江一样不可改变。"孙权于是改了年号,沿着长江防御。冬十一月,起了大风,吕范等部队的兵士被淹死了几千人,其余的军队就撤回了江南。曹休派臧霸率轻便的战船五百艘、敢死队一万人偷袭徐陵,烧掉了攻城的战车,杀掉了几千人。将军全琮、徐盛追杀魏将尹卢,斩杀俘获了几百人。十二月,孙权派太中大夫郑泉在白帝城拜访刘备,蜀、吴两国又开始恢复关系。然而孙权与魏文帝之间还互相有使者往来,到第二年才正式断绝了关系。这一年,孙权改夷陵为西陵。

　　黄武二年(223)春正月,曹真拨出一部分军队占据了江陵中州。这个月,孙权在江夏山筑城。改正了四分历,使用乾象历。三月,曹仁派将军常彫等人,率兵五千,乘坐油船,早晨渡到濡须坞附近的江心小岛。曹仁的儿子曹泰领兵猛攻朱桓,朱桓用兵抵抗,派将军严圭等人击败了常彫等人。这一月,魏军全部撤退。夏四月,孙权的大臣们劝他立即称帝,孙权没有答应。刘备死于白帝城。五月,曲阿一带进言喜降大雨。先前,戏口守将晋宗杀掉了将军王直,率领兵众逃奔投降魏国,魏国任用他为蕲春太守,屡次侵犯东吴边境。六月,孙权命令将军贺齐率领麋芳、刘邵等人袭击蕲春,刘邵等人活捉了晋宗。十一月,蜀国派中郎将邓芝来东吴访问。

　　黄武三年(224)夏,孙权派辅义中郎将张温访问蜀国。八月,大赦犯死罪的囚犯。九月,魏文帝出巡广陵,望着长江,叹息说:"长江那边有能人守备,不能谋取啊!"于是回返。

　　黄武四年(225)夏五月,丞相孙邵去世。六月,任命太常顾雍为丞相。皖口一带传言树木长了连理枝。冬十二月,鄱阳贼寇彭绮自称将军,攻陷了几个县,有兵士几万人。这年连续发生地震。

　　黄武五年(226)春,孙权下令说:"战争已经打了很多年了,百姓们离开了农田,不能从事农业生产,父子夫妇之间,也不能够相互体贴抚恤,我很同情他们。如今北方的敌人已经退缩逃窜,中原以外的地区已经没有战争了,因而下命令给各州郡,对百姓采取宽容安息的政策。"这时陆逊因为驻守的地方缺粮,上表情求孙权让诸将领广开农田。孙权回复说:"非常好。现在我们父子亲自接受一份农田,用给我驾车的八斗牛去拉四张犁耕种,虽然赶不上古代圣贤君主,我也想与大家同等地劳动。"秋七月,孙权听说魏文帝曹丕去世,就征讨江夏郡,包围了石阳,没能攻取,撤兵回返。苍梧郡传言说出现了凤凰。孙权分三郡的险恶之地为十个县,设置东安郡,任命全琮为太守,去平定讨伐山越族的叛乱。冬十月,陆逊上表向孙权陈说该办的事情,劝孙权施恩德,减轻刑罚,放宽田赋,停止征收户税。又说:"忠诚之言,不能全部陈说;只求容身苟且的小人,经常用功利的主张向您进谏。"孙权回复说:"说到法令的设置,是想用来阻恶防邪,防患于未然,怎么可能不设置刑罚以威服小人呢? 这是先有法令制约,然后才依法制裁,不想有人犯罪罢了。你认为刑罚太重,我又何尝把刑罚作为有利的东西,只是不得已才这样去做罢了。现在据你的意思,应当重新询问商议一下,务必使法令切实可行。而且亲近的大臣应尽力提出规劝的意见,亲属也应提出补察得失的建议,用以纠正君主的过失,并表明自己的忠实信义。《尚书》上说:'我有过失,你必须纠正我;不要我错了,你也跟着顺从。'我难道不愿意听取忠实诚恳的话来弥补自己的欠缺吗? 而你却说'不敢全部陈说',又怎能算是忠实诚恳的规劝呢? 如果地位低下的臣民中,有可采纳的意见,难道也因人废言而不采纳吗? 如果是谄媚讨好的行为,我虽然愚昧,但也能识别清楚。至于征发户税的问题,只是因为天下还没有平定,事业必须靠大家的支持才能成功。如果只是守住江东,推行宽容的政策,兵力自然足够,多收户税有什么用;只是固守江东,不求进取,才是真正的浅陋。如果不预先征收户税,恐怕临时征用就不那么容易了。我和你名分虽然不同,但忧喜实在是一样的。来表中说,你不敢与众人一样苟安容身以求免祸,这确实是我真心希望你所做的。"于是孙权便下令主管官吏写好全部的法令条款,派郎中褚逢去送给陆逊和诸葛瑾过目,感到有什么不妥当的地方,让他们增删修改。这一年,孙权分交州地方设置广州,不久又撤销广州,仍为交州。

黄武六年(227)春正月,诸将俘获彭绮。闰十二月,韩当的儿子韩琮率领兵士投降了魏国。

黄武七年(228)春三月,孙权封儿子孙虑为建昌侯。撤销了东安郡。夏五月,鄱阳太守周鲂假装背叛东吴,引诱魏将曹休。秋八月,孙权来到皖口,派将军陆逊指挥诸将在石亭打败了曹休。吴国大司马吕范去世。这一年,孙权将合浦郡改名为珠官郡。

黄龙元年(229)春,公卿大臣和各主管长官都劝孙权正式称帝。夏四月,夏口、武昌都传言出现黄龙、凤凰。十三日,孙权在南郊正式登基为帝,这天大赦,改年号。追谥父亲破虏将军孙坚为武烈皇帝,母亲吴氏为武烈皇后,哥哥讨逆将军孙策为长沙桓王,立吴王太子孙登为皇太子。将军官吏都晋爵加赏。当初,汉献帝兴平年间,吴中一带有童谣说:"黄金车,斑斓耳,闿昌门,出天子。"五月,孙权派校尉张刚、管笃去辽东。六月,蜀国派卫尉陈震来庆贺孙权登上帝位。孙权就与蜀国使者商议分天下,豫、青、徐、幽四州属于吴;兖、冀、并、凉四州属于蜀;司州的土地,以函谷关为界,分别属于吴、蜀两国。制定盟书说:"天降祸乱,汉室的皇统失去了正常的秩序,叛逆之臣借机篡取了国家大权,这种情况从董卓开始,到曹操结束,他们穷凶极恶,天下作乱,致使中国四分五裂,普天下失去纲纪,人民痛苦和怨恨,没有止境。到曹操的儿子曹丕擅权,倒行逆施,屡次作恶,篡夺了皇位。到了曹叡这个微不足道的小丑,重蹈曹丕的恶迹,倚仗兵力窃据汉室的疆土,至今未能伏法就诛。过去共工作乱而被尧帝兴师问罪,三苗违犯法度而被虞舜征讨。如今消灭曹叡,擒拿他的党徒,若不是蜀汉和吴国,还有谁能承担? 讨伐凶恶,消除残暴,一定要声讨他的罪行,应该先分割他的领土,夺取他的土地,让百姓和士人的思想有所依附和统一。所以《春秋》中记载晋文公讨伐卫国,首先是把他的土地分给宋国人,就是这个道理。而且古代建立伟大的功业,一定要先结盟立誓,所以,《周礼》中就有主管盟约及其礼仪的官职,《尚书》中就有'诰''誓'一类的文章,蜀汉和吴国,虽然信义出于内心,但是分割魏国的土地,还是应当立盟约的。诸葛亮丞相的德行和声望远近闻名,他辅助拥戴本国皇帝,在外主持军国大事,道义诚信感动了天地,再一次缔结盟约,加深诚意来信守誓言,使东吴和西蜀的人民都能了解两国结盟的大事。所以立祭坛杀牲,明确地告知神明,再歃血把盟书放在牲上,把副本藏在天府。上天虽高,也能听取下情,神灵的威力,也能帮助诚心的实现。司慎、司盟和诸位神灵,无不光临受祭。从今日蜀、吴结盟之后,将齐心合力,共同讨伐魏贼,济危助难,有祸同当,有庆同贺,好恶相同,没有二心。如果有人危害蜀国,那么吴国就讨伐他;如果有人危害吴国,那么蜀国就讨伐他。各自守卫好自己的封土,互相间不能侵犯。盟约延续到后代,始终如一。凡是各项盟约,都按照盟书记载的原则办理。诚信的语言不华丽,实在是出于彼此的友好。如果要背弃盟约,必将首先招致灾祸;如果有二心要反叛,制造不和,就是亵渎了天命,神明的上帝就会讨伐他、督察他,山川的诸神就会举发他、诛灭他,使他丧失民众,帝位不得久长。神灵啊,请明察吧!"秋九月,孙权迁都建业,就住在原来的府第里不再建筑新的宫殿,征召上大将军陆逊辅佐太子孙登,掌管迁都后武昌的遗留事宜。

黄龙二年(230)春正月,魏国修筑合肥新城。孙权下诏设立都讲祭酒,用以教育几个儿子。派遣将军卫温、诸葛直率领穿铠甲的兵士一万人航行海上寻求夷洲(今台湾)和亶洲。亶洲在海上,老年人传说秦始皇派遣方士徐福率童男童女几千人去海上,寻找蓬莱仙山和仙药,定居在亶洲没有回来。世代相传现在已有几万户人家,亶洲的百姓,时常有到会稽一带买卖布匹的,会稽东部地区的百姓航海,也有遇到大风漂流到亶洲的。亶洲非常遥远,卫温等人终究没能到那儿,只带了几千夷洲人回来。

黄龙三年(231)春二月,孙权派太常潘濬率兵五万征讨武陵的少数民族。卫温、诸葛直都因违背命令无功而被下狱诛杀。夏,有野蚕作茧如鸡蛋一样大。由拳县的野稻自然生长,于是改由拳县为禾兴县。中郎将孙布假装投降以引诱魏将王凌,王凌率兵迎接孙布。冬十月,孙权率大兵潜伏在阜陵等候王凌,王凌发觉后逃走。会稽郡南始平县传说有嘉禾生长。十二月二十九日,发布大赦的命令,改第二年为嘉禾元年。

嘉禾元年(232)春正月,建昌侯孙虑去世。三月,孙权派将军周贺、校尉裴潜由海路到辽东。秋九月,魏将田豫半路拦截,在成山斩杀了周贺。冬十月,魏国辽东太守公孙渊派校尉宿舒、阆中令孙综向孙权称藩属,并进献貂皮和骏马。孙权非常高兴,加封公孙渊爵位。

嘉禾二年(233)春正月,孙权下诏书说:"我以不德,开始接受上天赋予的重大使命,时刻小心谨慎,就连睡觉的时间也没有。想平定世上的祸乱,救济百姓,上报答神灵,下慰人民的厚望。因而诚心诚意,勤苦地招揽俊杰人才,将与他们通力合作,共同平定天下。如果能同心协力,我将与他们共存亡。现在使持节督都幽州军事、兼任青州牧的辽东太守、燕王公孙渊,长期被曹魏逼迫,远隔在一方,虽然他尽忠朝廷,但却没得到应有的待遇。现在他顺应天命,从遥远的地方派遣两个使者前来,显示了自己的忠心诚恳,奏章中也表达了深厚的情谊,我得到这样的表章,还能有什么喜悦能超过它呢? 即使是商汤得到伊尹、周文王得到吕望、光武帝未平定天下而先得河右,跟今天的心情相比,又怎么能超过呢？普天下统一，从此事业就成功了。《尚书》不是说过吗，'君主一人有了可庆贺的事情，亿万臣民便会因此得到幸福'。我要大赦天下，给罪犯以悔过自新的机会，命令下达到州郡，让百姓们都知道。专门下诏书给燕国，让他们奉旨传扬我的恩德，让普天下民众都知道这件可庆贺的事情。"三月，送宿舒、孙综回辽东，并派太常张弥、执金吾许晏、将军贺达等人率兵万人，携带金银财宝珍奇异物，还有"九锡"的全部礼品，由海路送给公孙渊。满朝大臣，从丞相顾雍到以下的人都规劝孙权，以为公孙渊的归服并不可信，对他的恩宠礼遇太过分了，只派一般官吏和几百兵士护送宿舒、孙综回去就可以了，孙权最终没听规劝。后来，公孙渊果然杀了张弥等人，把他们的头送到魏国，没收了他们的兵器和物品。孙权大怒，想亲自征讨公孙渊，尚书仆射薛综等人极力劝谏，孙权才作罢。这一年，孙权向合肥新城进军，派将军全琮征讨六安，都未能攻取，撤军回返。

嘉禾三年（234）春正月，孙权下诏书说："战争长期不停，百姓苦于沉重的赋税徭役，年成有时也歉收。要放宽各种拖欠的租税，不要再催促征收。"夏五月，孙权派陆逊、诸葛瑾等人率兵驻扎江夏、沔口，孙韶、张承等人进军广陵、淮阳，孙权率大兵包围合肥新城。这时，蜀丞相诸葛亮率兵出武功，孙权认为魏明帝不可能率军到南方打仗，但是，魏明帝却派兵援助司马懿抵御诸葛亮，自己率水军东征。魏明帝还没到寿春，孙权就退兵回返，孙韶也停止进攻广陵。秋八月，孙权任命诸葛恪为丹杨太守，讨伐山越。九月初一，落霜冻坏稻谷。冬十一月，太常潘濬平定武陵的少数民族，战争结束后，返回武昌。孙权下诏书恢复曲阿为云阳，丹徒为武进。庐陵的贼寇李桓、罗厉等人开始叛乱。

嘉禾四年（235）夏，孙权派吕岱讨伐李桓等人。秋七月，有冰雹。魏国使者请求用马换取珠宝、翡翠、玳瑁，孙权说："这些都是我不用的东西，却能换取战马，我们何必不让他交换呢？"

嘉禾五年（236）春，孙权铸造大钱，一枚抵五百小钱。下诏让官吏百姓交纳铜，按交铜的多少给钱。还设立了禁止私铸货币的法律条文。二月，武昌传言礼宾殿降雨。辅吴将军张昭去世。中郎将吾粲抓获了李桓，将军唐咨抓获了罗厉等人。从去年十一月开始就不下雨，直到今年夏天。冬十月，彗星在东方出现。鄱阳贼寇彭旦等人作乱。

嘉禾六年（237）春正月，孙权下诏书说："儿子守孝三年，这是天下通行的制度,也是人的情绪极度哀痛的表示;贤明的人会舍弃个人的哀情而来服从国家的大礼,不贤明的人才勉力去服从个人的哀情。天下太平,圣贤之道通畅;上下无事,君子就不会去剥夺人之常情,因此三年丧期不会去打扰孝子的家门。至于有国事时,就要减少丧礼来顺从国事,戴丧也要来处理国事。所以圣人制订法令,有礼制而不按时宜变通就没法施行,遇到丧事而不奔丧并非古礼,但应顺从事宜,以国家大义为重而舍个人的哀情。以前特地设置条例,官吏在职的,遇到丧事,必须办理交代职事,有明知故犯的,虽然被治罪,但公务也还是被荒废了。现在正是国家多事多难的时候,凡在职的官吏,应该各自为国尽忠,先公后私,而不要死板地沿袭旧的丧礼,这是没有什么意义的。朝廷内外的大臣,请重新商议此事,务必让这方面的法令合情合理,详细地制订出条例。"顾谭提议,认为:"为奔丧立法,轻了则不能禁止孝子奔丧的私情,重了则离职奔丧本不是死罪,如果增设严刑,违背规定而去奔丧的一定会很少。如果偶有违法的,加重对他的处罚从感情上说于心不忍,减轻处罚则法令废弛不能施行。我认为官吏在远方任职,假如有丧而不通知,他一定不会知道。在选择接替他的人选期间,如果有传递消息给他的,一定处以死刑,这就使官吏没有怠忽职守的负担,孝子也不会犯严重的罪行。"将军胡综提议,认为:"丧事的礼仪虽有典章法度,如果不顺从时宜,也是行不通的。现在正当战争期间,因此处理军政与一般国事应有所区别,如官吏遇到丧事,明知有法令条例,却公然触犯,假如只是考虑孝子不去奔丧的耻辱,而不考虑做臣子犯法的罪责,这就是条例禁令本来太轻所造成的。大臣们以忠义为国,以孝道立家,忠孝怎能兼顾呢? 所以要做忠臣就不能做孝子。应该制订出法令条文,用死刑来告诫臣子,如果有故意违犯法令的,有罪就决不能赦免。用死刑来制止臣子犯死罪,处置一个人,那以后这种行为就一定会绝迹。"丞相顾雍奏请孙权同意违法奔丧按死刑处置。这以后吴县县令孟宗违法奔母亲丧,事后在武昌自己拘禁自己听候惩罚。陆逊向孙权陈述孟宗的平时行为,并借机为之求情,孙权于是给孟宗减刑一等,并申明下不为例,由此违法奔丧的事就绝迹了。二月,陆逊讨伐彭旦等人,当年,把他们都打败了。十月,派卫将军全琮袭击六安,没有攻克。诸葛恪平定山越的叛乱后,向北驻扎庐江郡。

赤乌元年(238)春,孙权铸造了一枚抵一千枚小钱的大钱。夏,吕岱讨伐庐陵贼寇,完事后,返回陆口。秋八月,武昌传言出现麒麟。有关官吏上奏说麒麟是天下太平的象征,应该改年号。孙权下诏书说:"近来红色乌鸦聚集在殿前,我亲眼所见。如果神灵以为是吉祥的事,那改年号就用赤乌吧。"群臣奏请说:"过去周武王伐纣,有红乌鸦的吉祥征召,君臣们见到了它,于是就拥有了天下,圣人在书策上记载得最为详尽,认为像近来的这件事已经很吉祥了,何况又是亲自明明白白地看见的。"于是就改了年号。步夫人去世,追赠为皇后。当初,孙权信任校事吕壹,吕壹本性苛刻残忍,执法严酷。太子孙登屡次进谏劝说,孙权都不采纳,大臣们于是都不敢再说了。后来吕壹奸邪的罪恶被揭露,依法处死,孙权承认了自己的错误,而且责备了自己,又派中书郎袁礼向诸位大将致歉,借机也询问政事应该有什么改变。袁礼回来,孙权又下诏书责备诸葛瑾、步骘、朱然、吕岱等人说:"袁礼回来,说已与子瑜、子山、义封、定公见了面,并征询了对时事先后的意见,每个人都以不主管民事为借口,不肯陈述自己的意见,全部推给伯言和承明两人。伯言、承明见了袁礼,伤心流泪而言辞悲切凄恻,以至还怀着恐惧的心理,有不自安的表现。我听说这些后,十分失望,心里觉得非常奇怪。这是什么原因呢?我以为圣人不可能没有过失的言行,只因聪明人能自己省察罢了。人的行为举止,怎么能够正确适中呢?自以为是而拒绝别人的意见,是轻率而不自觉造成的,所以各位有猜疑责难罢了。要不,怎么竟然会到这种地步呢?从我起兵至今五十年来,服役纳税全部出自百姓。天下还未平定,敌人还存在,士兵民众非常辛苦,我确实是很清楚的。然而有劳于百姓,这实在是事不得已呀!与诸位共事,从少到长,头发都花白了,可以说内心与行为相互间都是非常清楚不过了,从公私两方面考虑,足以能相互信任。你们把意见说完,直率地规劝我,这是我有望于你们的;指出我的不足,弥补我的过失,也是我所期望的。从前,卫武公年迈志壮,勤恳地寻求辅佐的大臣,每每独自叹息责备自己。而且,普通的平民相交,也以情分和志趣相投者为友,还不因处于艰难困苦之中而变心。如今诸君与我共事,虽有君臣的名分存在,但实际上可以说骨肉至亲也不过如此。喜怒哀乐,我们都要共同享受和承担。忠诚就不要隐瞒真情,智慧就不要留下疑虑,对是非的看法其实是一致的,你们难道还能安闲自在、无动于衷吗?我们如同同舟共渡,谁还跟谁相互推诿呢?齐桓公是诸侯中的霸主,他有善行,管仲没有不赞叹的,而有过错管仲又未尝不规劝,规劝而不采纳,就规劝不止。如今我明白自己没有齐桓公的德行,但你们规劝的话不说出来,却心怀着猜疑和责难。以此看来,我跟齐桓公相比好多了,不知你们与管仲相比怎么样呀?久不相见,对这些事应当觉得好笑。共同建立帝王大业,使天下统一,应当还有谁呢?凡事应当有所改进和变革的,我都乐于听到不同意见,用以补充我做得不够的地方。"

赤乌二年(239)春三月,孙权派使者羊衜、郑胄,将军孙怡到辽东,袭击魏守将张持、高虑等人,俘获了不少男女人口。零陵郡上言说喜降大雨。夏五月,修筑沙羡城。冬十月,将军蒋秘向南讨伐夷族的叛乱者。蒋秘部下的都督廖式杀了临贺太守严纲等人,自称平南将军,与他弟弟廖潜共同进攻零陵、桂阳郡,并干扰惊动了交州、苍梧、郁林各郡,拥有兵众几万人。孙权派遣将军吕岱、唐咨讨伐他们,用了一年多时间将他们全部打败。

赤乌三年(240)春三月,孙权下诏说:"君主没有百姓就不能在位,百姓没有五谷就不能生存。最近以来,百姓的赋税徭役很多,年成又遇水旱灾害,粮食歉收,而官吏有的品行不良,侵占百姓务农的时间,以至造成饥荒困苦。从今以后,督军郡守要严谨地检察非法行为,在农桑重要时节,以服役的事侵扰百姓的人,要向我检举报告。"夏四月,大赦天下,下诏命令各郡县整治城郭,修筑望楼,挖通护城河,用来防备盗贼。十一月,百姓饥荒,孙权下诏命令打开粮仓来赈济贫穷的百姓。

赤乌四年(241)春正月,天降大雪,平地雪深三尺,鸟兽死了大半。夏四月,孙权派遣卫将军全琮夺取淮南,决开芍陂,烧掉安城的粮仓,收掳了那里的百姓。威北将军诸葛恪攻打六安。全琮与魏将王凌在芍陂交战,中郎将秦晃等十多人战死。车骑将军朱然围攻樊城,大将军诸葛瑾攻取柤中。五月,太子孙登去世。这一月,魏国太傅司马懿解救樊城。六月,军队撤回。闰月,大将军诸葛瑾去世。秋八月,陆逊修筑邾县城墙。

赤乌五年(242)春正月,孙权立儿子孙和为太子,大赦天下,改禾兴县为嘉兴县。百官上奏请求册立皇后和四王,孙权下诏说:"现在天下还没有平定,百姓劳苦,况且有功的人有的还没有录用,饥寒的人还没有得到抚恤,滥割土地来使子弟富裕,提高爵位来宠幸妃妾,我不能同意。还是放弃这个建议吧。"三月,海盐县传言有黄龙出现。夏四月,禁止进献御用物品,减少皇帝的膳食供应。秋七月,派遣将军聂友、校尉陆凯率兵三万讨伐珠崖、儋耳。这一年,瘟疫大流行,主管官员又上奏请求册立皇后和诸王。八月,孙权立儿子孙霸为鲁王。

赤乌六年(243)春正月,新都传说有白虎出现。诸葛恪出征六安,攻破魏将谢顺的营地,收掳了那里的百姓。冬十一月,丞相顾雍去世。十二月,扶南王范蘇派遣使者进献歌舞艺人和当地特产。这一年,司马懿率军进入舒县,诸葛恪从皖城迁移到柴桑。

赤乌七年(244)春正月,以上大将军陆逊为丞相。秋,宛陵传说有嘉禾生长。这一年,步骘、朱然等各上疏说:"从蜀国而来的人,都说蜀国要背叛盟约与魏国交往,制造了许多舟船,修治城郭。而且蒋琬驻守汉中,听说司马懿向南进兵,他不出兵乘虚夹击敌人,反而放弃汉中,撤兵靠近成都。事情已经很明显了,没有什么可以再怀疑的,应当为此做好准备。"孙权推测蜀国不会这样,他说:"我对待蜀国不薄,派人访问,进献特产,结盟立誓,没有对不起他们的地方,怎么会到这样的地步呢? 再说司马懿不久前领兵入舒县,十来天就退回去了,蜀国在万里之外,怎么知道事情紧急而马上出兵呢? 以前魏国准备进兵汉川,我们这里刚开始戒备,也没有出兵的行动,正好听到魏国退回去就停止行动了,蜀国难道也可以因此对我们有怀疑吗? 而且,人家治理国家,舟船城郭,怎么能不修缮保护呢? 现在我们这里训练军队,难道也想用来抵御蜀国吗? 别人的话很不可信,我可以为大家举家来担保这件事。"蜀国终究没有那种谋划,正如孙权所分析的那样。

赤乌八年(245)春二月,丞相陆逊去世。夏,雷电击中了皇宫的门柱,又击中了南津大桥的桥梁。茶陵县洪水漫溢,冲走居民二百多家。秋七月,将军马茂等人图谋叛逆,被诛灭三族。八月,大赦天下。派遣校尉陈勋带领屯田及服役的兵士三万人开凿句容中路运河,从小其至云阳西城,沟通商业城市,建造粮仓。

赤乌九年(246)春二月,车骑将军朱然征讨魏国的柤中,斩杀及俘获一千多人。夏四月,武昌传说天降甘露。秋九月,孙权以骠骑将军步骘为丞相,车骑将军朱然为左大司马,卫将军全琮为右大司马,镇南将军吕岱为上大将军,威北将军诸葛恪为大将军。

赤乌十年(247)春正月,右大司马全琮去世。二月,孙权到南宫。三月,改建太初宫,诸将及州郡官员都参加义务劳动。夏五月,丞相步骘去世。冬十月,赦免死刑犯。

赤乌十一年(248年)春正月,朱然修筑江陵城。二月,地震频繁。三月,太初宫改建完毕。夏四月,下冰雹,云阳传说黄龙出现。五月,鄱阳传说有白虎但不伤人。孙权下诏说:"古代圣王积累德行善事,修养自身实行仁道,因而才占有天下,所以吉祥的征兆就来应验,这是用来表彰高尚的品德的。我凭着不聪明的资质,怎么能达到这样的地步呢?《尚书》上说:'虽然已经很完善了,但不要自以为美。'公卿百官,还是努力完成自己的职责,以便纠正那些不足的事。"

赤乌十二年(249)春三月,左大司马朱然去世。四月,有两只乌鸦叼着喜鹊掉落在东宫。九日,骠骑将军朱据兼任丞相,烧喜鹊以祭神。

赤乌十三年(250)夏五月,夏至这天,火星入南六星的区域,秋七月,火星又经过北斗星的第二颗星向东方运行。八月,丹杨、句容以及故鄣、宁国的一些山崩塌,洪水泛滥。孙权下诏免去拖欠的赋税,借给百姓种子粮。孙权废太子孙和,让他居住在故鄣。鲁王孙霸被赐死。冬十月,魏将文钦假意叛变来引诱朱异,孙权派吕据到朱异那儿以便迎接文钦。朱异等人都很谨慎持重,文钦不敢进兵。十一月,孙权立儿子孙亮为太子,派兵十万修筑堂邑的涂塘坝,来淹没往北的道路。十二月,魏大将军王昶围攻南郡,荆州刺史王基进攻西陵,孙权派遣将军戴烈、陆凯前往抵御,王昶、王基都领兵退回。这一年,神人授予天书,告知要更改年号,册立皇后。

太元元年(251)夏五月,立皇后潘氏,大赦天下,改年号。当初,临海郡罗阳县有神人,自称叫王表。他周旋于民间,语言饮食,跟常人没有差别,但却看不见他的形体。他还有一个婢女,名叫纺绩。这一月,孙权派遣中书郎李崇带着辅国将军、罗阳王的印绶迎接王表。王表跟随李崇一起出来,与李崇以及所经过地方的郡守县令谈论,李崇等人不能驳难改变他的意见。经过的山川,总是派婢女向那里的神人报告。秋七月,李崇与王表到达。孙权在苍龙门外给他修建了宅第,多次让身边的大臣送酒食去。王表预言一些水旱小事,往往都能应验。秋八月初一,大风猛刮,长江大海浪涌水溢,平地水深八尺,吴郡高陵的松柏全都被拔起,郡城的南门被大风吹落。冬十一月,大赦天下,孙权祭祀南郊返回后,生病卧床。十二月,用驿使传书召大将军诸葛恪回来,授为太子太傅。又下诏减省徭役,减免赋税,除去百姓感到痛苦的事情。

太元二年(252)春正月,孙权立原来的太子孙和为南阳王,居住长沙;儿子孙奋为齐王,居住武昌;儿子孙休为琅邪王,居住虎林。二月,大赦天下,改年号为神凤。皇后潘氏去世。各位将军和官吏多次到王表那儿去请求赐福,王表逃走。夏四月,孙权去世,时年七十一岁,加谥号为大皇帝。七月,安葬于蒋陵。

　　评：孙权屈身忍辱，任用有才能的人，尊崇有计谋之士，有勾践那样的奇才，是英雄中的俊杰。所以能独自占据江南，成就鼎足对峙的大业。然而生性多猜疑妒忌，杀戮不手软，到了晚年，就更加厉害。至于听信谗言，断绝善行，废黜太子，杀害子嗣，难道就是所谓"传下安定天下的谋略，以便使敬事的子孙平安"（见《诗经·大雅·文王有声》）吗？他的后代衰落，终于造成国家覆亡，未必不因此而致。

卷四十八　吴书三

三嗣主传第三

　　孙亮,字子明,是孙权的小儿子。孙权年岁已高,而孙亮年纪最小,因而孙权对他尤为关心。孙亮的姐姐全公主曾经诬陷过太子孙和及他的母亲,心中一直不安,因而想依赖孙权对孙亮的喜爱,与孙亮搭上关系,她多次称赞全尚的女儿,劝孙权给孙亮纳娶此女。赤乌十三年(250),太子孙和被废,孙权于是册立孙亮为太子,以全氏为太子妃。

　　太元元年(251)夏,孙亮的母亲潘氏被册立为皇后。冬天,孙权重病卧床,征召大将军诸葛恪为太子太傅,会稽太守滕胤为太常,一起受诏辅佐太子。第二年四月,孙权去世。太子孙亮登基称帝,大赦天下,更改年号。这一年,是魏国的嘉平四年(252)。

　　建兴元年(252)闰月,任命诸葛恪为皇帝的太傅,滕胤为卫将军兼尚书事,上大将军吕岱为大司马,在位的文武官员都晋升爵位分给赏赐,闲散的官员加一等级。冬十月,太傅诸葛恪率兵堵截巢湖水,修筑东兴城,派将军全端守卫西城,都尉留略守卫东城。十二月初,大风雷电,魏国派将军诸葛诞、胡遵等人率骑兵步兵七万人围攻东兴,将军王昶攻打南郡,毌丘俭向武昌进军。十日,诸葛恪派重兵迎击敌军。十四日,大军到达东兴,投入战斗,大破魏军,斩杀了魏将韩综、桓嘉等人。这一月,雷雨大作,武昌端门因雷电起火,改建端门后,内殿又因雷电而起火。

　　建兴二年(253)春正月初二,册立皇后全氏,大赦天下。六日,魏将王昶等人都撤兵退回。二月,吴国大军自东兴撤回,孙亮大加封赏。三月,诸葛恪率军讨伐魏国。夏四月,围攻新城,瘟疫流行,兵士死亡过半。秋八月,诸葛恪领兵回返。冬十月,祭祀祖庙。武卫将军孙峻埋伏士兵在殿堂里杀死诸葛恪。

孙亮大赦天下。任用孙峻为丞相,封富春侯。十一月,有五只大鸟在春申出现,第二年改年号为五凤。

五凤元年(254)夏,发大水。秋,吴侯英谋划刺杀孙峻,被孙峻发觉后,吴侯英自杀。冬十一月,星星充塞于牛宿和斗宿间。

五凤二年(255)春正月,魏国镇东大将军毌丘俭、前将军文钦率淮南的军队从西面入侵,双方在乐嘉交战。闰月九日,孙峻以及骠骑将军吕据、左将军留赞率兵袭击寿春,军队到达东兴,就听说文钦等人已经战败。十九日,军队进发到橐皋,文钦到孙峻处投降,淮南所剩的几万兵士来投奔。魏将诸葛诞进入寿春,孙峻领兵退回。二月,与魏国将军曹珍在高亭遭遇,双方交战,曹珍战败。留赞在菰陂被诸葛诞的别将蒋班打败,留赞及将军孙楞、蒋修等人都被杀害。三月,派镇南将军朱异袭击安丰,未能取胜。秋七月,将军孙仪、张怡、林恂等人谋划杀死孙峻,事情败露后,孙仪自杀,林恂等人被处死。阳羡县离里山的大石头自己直立起来。派卫尉冯朝修筑广陵城,任命将军吴穰为广陵太守,留略为东海太守。这一年大旱。十二月,修建太庙。派冯朝为监军使者,督察徐州的各项军事。发生饥荒,士兵怨恨叛逃。

太平元年(256)春二月初一,建业发生火灾,孙峻采用征北大将军文钦的计策,准备征讨魏国。八月,先派遣文钦及骠骑将军吕据、车骑将军刘纂、镇南将军朱异、前将军唐咨的军队从江都进入淮河、泗水一带。九月十四日,孙峻去世。孙亮任命孙峻的堂弟偏将军孙綝为侍中、武卫将军,兼管里外各项军事事务,招吕据等人返回。吕据听说由孙綝接替孙峻,非常恼怒。十六日,大司马吕岱去世。十九日,启明星经过南斗星。吕据、文钦、唐咨等上表荐举卫将军滕胤为丞相,孙綝没有听从。三十日,改任滕胤为大司马,接替吕岱驻守武昌。吕据领兵返回,准备讨伐孙綝。孙綝派遣使者持皇帝的诏书告谕文钦、唐咨等人,让他们捕拿吕据。冬十月四日,孙綝派遣孙宪和丁奉、施宽等人率领水军在江都迎击吕据,派将军刘丞指挥步兵和骑兵进攻滕胤。滕胤兵败被处死,并被夷灭三族。六日,孙亮大赦天下,更改年号。八日,在新州抓获吕据。十一月,孙亮用孙綝为大将军,假节,封为永宁侯。孙宪与将军王惇策划谋杀孙綝,事情败露后,孙綝杀掉了王惇,逼迫孙宪自杀。十二月,派五官中郎将刁玄到蜀国去告知吴国内乱的情况。

太平二年(257)春二月十三日,大雨雷电。十四日,下大雪,十分寒冷。孙亮以长沙郡东部为湘东郡,西部为衡阳郡,会稽郡东部为临海郡,豫章郡东部为临川郡。夏四月,孙亮来到正殿,大赦天下,开始亲自处理政务。孙綝上表奏报的事情,多被孙亮诘难责问。孙亮又征召士兵子弟十八岁以下、十五岁以上的,得到三千多人,选大将子弟年轻有勇有力的做他们的将领。孙亮说:"我建立这支军队,是要与它一起成长。"日日在皇家园林里操练。

五月,魏国征东大将军诸葛诞用淮南的军队来保卫寿春城,派遣将军朱成来向吴国上疏称臣,又派儿子诸葛靓、长史吴纲和各位官员子弟为人质。六月,孙亮派文钦、唐咨、全端等人率步兵骑兵三万援救诸葛诞。朱异从虎林领兵袭击夏口,夏口都督孙壹投奔魏国。秋七月,孙綝率兵解救寿春,驻扎镬里,朱异从夏口到来,孙綝派他为前都督,与丁奉等人率领甲士五万给寿春解围。八月,会稽南部造反,杀死了都尉。鄱阳、新都的百姓叛乱,廷尉丁密、步兵校尉郑胄、将军钟离牧领兵征讨。朱异因兵士缺乏粮食引兵撤退,孙綝大怒,九月初一,在镬里杀了朱异。三日,孙綝从镬里回到建业。十六日,孙亮大赦天下。十一月,全绪的儿子全祎、全仪带着母亲投奔魏国。十二月,全端和全怿等人从寿春城出去拜见司马昭。

太平三年(258)春正月,诸葛诞杀掉了文钦。三月,司马昭攻克寿春,诸葛诞和左右随从战死,将吏以下人员全部投降。秋七月,孙亮封原来的齐王孙奋为章安侯。下诏给州郡砍伐修建宫殿的木材。自八月以来天阴沉而不下雨有四十多天。孙亮因为孙綝专横跋扈,与太常全尚、将军刘丞策划谋杀孙綝。九月十二六日,孙亮带兵抓获全尚,派弟弟孙恩在苍龙门外攻杀刘丞,召集大臣们在宫门会齐,废黜孙亮为会稽王,当时孙亮十六岁。

孙休,字子烈,是孙权的第六个儿子。十三岁时,跟随中书郎射慈、郎中盛冲学习。太元二年(252)正月,封为琅邪王,居住在虎林。四月,孙权去世,孙休的弟弟孙亮继承皇统,诸葛恪主持政事,不愿让诸王居住在长江边征战之地,把孙休迁到丹杨郡。丹杨太守李衡多次借故侵扰孙休,孙休上书请求迁往别的郡,孙亮下诏让他迁往会稽郡。过了几年,孙休梦见自己乘龙上天,回头看不到龙尾,醒来后感到非常奇怪。孙亮被废黜,二十七日,孙綝派宗正孙楷与中书郎董朝来迎接孙休。孙休听到后起先有所疑虑,孙楷与董朝具体陈述了孙綝等人所以要奉迎孙休的本意,停留了一天两夜,于是出发。十月十七日,到了曲阿,有老人拦住孙休叩头说:"事情拖久了就会发生变化,天下人都向往期待您,希望陛下尽快前行。"孙休认为老人说得对,这一天就赶到了布塞亭。武卫将军孙恩代理丞相的事务,领着文武百官用皇帝乘坐的御车在永昌亭迎接孙休,修筑宫室,用置有兵器的帷帐作为便殿,设置御座。十八日,孙休到达,望见便殿就停住了,让孙楷先去见孙恩。孙楷返回后,孙休乘坐皇帝的车辇前行,群臣再拜称臣。孙休登上便殿,谦逊地没有走近御座,只停在东厢。户曹尚书向前走近台阶宣读颂扬的奏文,丞相捧着玉玺和符契。孙休三次推让,群臣三次请求。孙休说:"将相诸侯全都推举我,我不敢不接受玉玺符契。"群臣按等级秩序给孙休导引车驾,孙休乘上帝辇,百官陪侍,孙綝率领一千兵士在近郊迎接,在道路旁边下拜,孙休下车回拜。当天孙权登上正殿,大赦天下,更改年号。这一年是魏国的甘露三年(258)。

永安元年(258)冬十月二十一日,孙休下诏说:"褒扬有德之士,赏赐有功之臣,是古今通行的大义。请以大将军孙綝为丞相、荆州牧,增加五个县的封地。武卫将军孙恩为御史大夫、卫将军、中军督,封县侯。威远将军孙据为右将军,封县侯。偏将军孙干为杂号将军,封亭侯。长水校尉张布辅导勤劳,以张布为辅义将军,封永康侯。董朝亲自奉迎我即位,封为乡侯。"又下诏说:"丹杨太守李衡,因往事与我结下的怨仇,绑缚自己到主管的部门。古人有射钩斩祛的事情(用齐桓公和管仲及晋公子重耳的故事,说明消除旧仇,不记怨恨,见《左传·僖公二十四年》和《僖公五年》),我处在君位才为君王,我让李衡返回郡里,不必再让他心存疑虑。"二十八日,封孙皓为乌程侯,孙皓的弟弟孙德为钱塘侯,孙谦为永安侯。

十一月三日,大风翻来覆去地刮,迷雾几天不散。孙綝一门五个侯爵都掌管着皇帝的禁卫军,权倾吴主,他有所陈述,孙休都只是恭敬对待而不敢违背,于是孙綝更加放肆。孙休担心孙綝的心意有所变化,于是屡屡给予赏赐。五日,下诏说:"大将军忠诚发自内心,首先提出大计来安定社稷,朝廷内外的文武百官,都赞成他的意见,一同有功劳。过去霍光(西汉功臣)决定大计,百官同心,也没有超过如今这种情况。赶快按照前几天与大将军商议定下的参加告庙仪式(有事告诉祖庙的仪式)的人员名单,按照惯例应该加给爵位的,都尽快办理。"七日,又下诏说:"大将军执掌内外诸多军事,事情的头绪烦多,请加授卫将军、御史大夫孙恩为侍中,与大将军分别审察管理各种事务。"二十一日,又下诏说:"低级官员家,有五人中三人都在为公家做事的,父兄在都城,子弟还要供给郡县官吏,交纳了规定的税米后,军队出征又要跟着去,以至于家中事务无法处理,我很同情他们。那些一家五人有三人为公家做事的,任凭那家父亲兄长决定想留下谁,让他们留一人在家,免除他应交纳的税米,军队出征也不用跟着去。"又说:"诸将领官吏在永昌亭迎接陪侍的都加官一级。"不久,孙休听说孙綝有叛逆阴谋,就暗中与张布商议策划。十二月八日举行腊祭,百官朝贺,大臣们登上大殿,孙休命令武士绑缚孙綝,当日就处死了他。九日,下诏让左将军张布讨伐奸臣,加授张布为中军督,封张布的弟弟张惇为都亭侯,授予兵士三百人,张惇的弟弟张恂为校尉。

孙休下诏说:"古时候建立国家,教育和学习是首先要做的事,这是用来导引世风陶冶性情,为时代培养人才啊!自建兴年间以来,时事多有变故,官吏和百姓多以眼前利益做事,抛弃本业,趋近末业,不遵循古人的道德。人们崇尚的思想不敦厚,就会伤风败俗。要按古制来设立学馆,立五经博士,考核和录取应选的人才,给予他们优惠和俸禄,要招收现有官吏之中以及将领官员的子弟有志向、品行好的,各自让他们从事学业。一年后考试,分出他们的品第,给予职位的赏赐。使见到他们的人为他们的荣耀而高兴,听到他们的人羡慕他们的声誉,以便敦促王道的教化,兴盛美好的风俗。"

永安二年(259)春正月,有大雷电。三月,完备了九卿官制,孙休下诏说:"我凭着寡薄的德行,委身托于王公之上,心中日夜不安,废寝忘食。现在想要限止武备,修明文教,以推崇深广的教化。推崇教化的方法,应当从士人和百姓的供给着手,必须致力于加强农桑。《管子》上说:'仓库充实,百姓就懂得礼节;衣食充足,百姓就知道荣辱。'如果一个男人不耕种,就有人因为他受到饥饿;一个妇女不纺织,就有人因为她经受寒冷;饥寒交迫而百姓不为非作歹,从来就没有这样的事情。最近几年以来,州郡的官吏百姓以及各军营的兵士,大多离开了农桑这个本业,都驾船于长江,上上下下做买卖,良田逐渐荒芜,现存的谷物日益减少,要想求得国家安宁,怎么可能呢?也是由于租税过重,农人利薄,才使情况变成这样的吧!现在准备广泛推行农业,减轻百姓的赋税,区别劳力的强弱,务必使租税协调均等,公家和私人各得其所,使家家丰足,足以供养家中老幼。那么百姓就会爱惜自身,重视生命,不再触犯法令,这之后刑罚就可以不用,风俗就可以整顿。凭着群臣百官的忠实贤明,如果能尽心于时务,虽然太古时代隆盛的教化,还不可能马上达到,但汉文帝时候的升平景象,也许可以达到了。达到了,则君臣一起享受荣华,达不到则招致损失和凌辱,怎么能够从从容容地得过且过呢?诸位公卿尚书,可以共同商议考虑,务必选取方便和完善的方法。农桑之事正要开始,不可误了农时。事情决定后立即施行,这才符合我的心意。"

永安三年(260)春三月,西陵传说出现红乌鸦。秋天,采用都尉严密的建议,修浦里塘。会稽郡谣传会稽王孙亮将要回来做天子,而孙亮的宫人上告,说孙亮让巫师祈祷,有凶恶的祷词。主管的官员把这件事报告了孙休,孙亮又被贬黜为候官侯,遣送到封地。半路上孙亮自杀,护送的人都判罪处死。孙休分出会稽都南部为建安郡,分宜都郡设置建平郡。

永安四年(261)五月,大雨,河流和泉水涌涨。秋天八月,孙休派遣光禄大夫周奕、石伟巡视民风,察看将领官吏的清浊、百姓的疾苦,孙休作晋升和贬退官员的诏书。九月,布山传言出现白龙。这一年,安吴的百姓陈焦死后埋葬,六天后又复生,破土自己出来。

永安五年(262)春二月,白虎门北楼被烧。秋七月,始新传言出现黄龙。八月三十日,大雨雷电,河流和泉水涌涨。十六日,册立皇后朱氏。十九日,册立儿子孙𩅦为太子,大赦天下。冬十月,孙休以卫将军濮阳兴为丞相,廷尉丁密、光禄勋孟宗为左右御史大夫。孙休因为丞相濮阳兴及左将军张布过去对自己有恩,就把重要事务委托给他们。张布掌管宫内官署,濮阳兴参与军国大事。孙休一心攻读典籍,想把百家之言全部读完,他尤其喜好射野鸡,春夏之间经常晨出晚归,只有这时才放下书本。孙休想与博士祭酒韦曜、博士盛冲讨论各种学问和技能。韦曜、盛冲向来耿直,张布担心他们会成为孙休的近臣,揭发自己的阴私和过失,让他不能独断专行,就胡乱地对孙休花言巧语,以便阻止孙休和他们两人接近。孙休回答说:"我涉猎学问,各种书籍都看过一遍,所见也不少;那些明君昏主,奸臣贼子,古今贤愚成败的事,没有不看到的。现在韦曜等人入宫,我只是想跟他们讨论书文罢了,并不是为了跟从韦曜等人重新学习,即使是重新学习,又有什么损失?你只是担心韦曜等人说出臣下奸邪作乱的事,因此不想让他们进入宫廷。像这样的事,我自己早已知道,不须韦曜等人告诉然后才了解。这些都没有什么损害,你的心里只是有所忌讳罢了。"张布得到这些诏告后向孙休表示歉意,再次陈述,说担心孙休读书会妨碍政事。孙休回答说:"读书的事情,只怕读书人自己不好,读书人自己要好的话就没有什么坏处。这无所谓对不对,而你认为不应该,是因为我竭力涉及罢了。政务学业,它们的性质各有不同,不会互相妨碍的。没有想到你如今居官任事,就对我做这样的事,实在是不可取。"张布奉上奏章磕头请罪,孙休回答说:"姑且互相开导罢了,何至于磕头呢?像你这样忠诚,远近都知道。你以往的事令我感动,这就是你今日能够这么显赫的原因。《诗经》中说:'没有最初的开始,就不能够有结果。'善终实在是很难的,希望你能善终。"当初孙休为琅邪王时,张布是他身边的将领,向来被孙休信任爱惜,到了孙休登基,就给予很多恩宠和厚遇,张布于是专擅国家大权,做了许多无礼的事,自己疑虑自己的缺点和短处,担心韦曜、盛冲说出来,所以特别害怕和忌讳。孙休虽然知道张布的这种意思,心中不悦,但更担心张布怀疑畏惧而生变故,竟然就依了张布的意思,停止了自己讲论学问的行动,不再让盛冲等人入宫了。这一年孙休派察战(吴国官名)到交趾征调孔雀和大猪。

永安六年(263)夏四月,泉陵传言黄龙出现。五月,交趾郡的官吏吕兴等人反叛,杀了太守孙谞。孙谞起初征调郡里的手工工匠一千多人送到建业,而察战到达后,百姓们担心再被征调,所以吕兴等人借此煽动士兵和百姓,招抚和诱使各夷族部落一起造反。十月,蜀国因为魏国要来征讨而告知吴国。二十一日,建业的石头小城失火,烧去西南部一百八十丈内的建筑。二十二日,孙休派遣大将军丁奉督率各路军队向魏国的寿春进军,将军留平另外到南郡去见施绩,商量军队的进攻方向。将军丁封、孙异到沔中,一起援救蜀国。蜀国君主刘禅投降魏国。消息传到后,援救作罢。吕兴杀掉孙谞后,派使者到魏国,请求任太守及领兵。丞相濮阳兴建议选取屯田的一万人作为军队。孙休分武陵郡的一部分设置天门郡。

永安七年(264)春正月,孙休大赦天下。二月,镇军将军陆抗、抚军将军步协、征西将军留平、建平太守盛曼,率军围攻蜀国的巴东守将罗宪。四月,魏国将领新附督王稚从海路到句章,掠取官吏、资财以及男女百姓二百多人。将军孙越截回一船,得到三十多人。秋七月,海盗攻破海盐,杀死司盐校尉骆秀。孙休派中书郎刘川发兵到庐陵。豫章百姓张节等人作乱,人数达一万多。魏国派将军胡烈领步兵骑兵二万侵犯西陵,以援救罗宪,陆抗等人带领军队撤退。孙休分出交州的一部分设立广州。二十四日,大赦天下。二十五日,孙休去世,时年三十岁,追谥为景皇帝。

孙皓,字元宗,是孙权的孙子,孙和的儿子,又名彭祖,字皓宗。孙休登基时,封孙皓为乌程侯,遣送到封地。西湖人景养给孙皓看相,说他将要大贵,孙皓暗中高兴而不敢泄露出去。孙休去世,那时蜀国刚刚灭亡,而交趾又叛离吴国,国内震动,人人担忧,十分希望有一位英明的君主。左典军万彧过去任乌程县令,与孙皓关系很好,他称赞孙皓聪明有才,决断有识,可以跟长沙桓王孙策相比,再加上好学,遵守法度,因此多次向丞相濮阳兴、左将军张布进言。濮阳兴和张布劝说孙休的妃子太后朱氏，想让孙皓来继承帝位。朱氏说："我只是个孤寡妇人，哪里知道社稷的大事，只要吴国不亡，宗庙有依靠就可以了。"于是就迎来孙皓立为皇帝，当时孙皓二十三岁，更改年号，大赦天下。这一年，是魏国的咸熙元年（264）。

元兴元年（264）八月，以上大将军施绩、大将军丁奉为左右大司马，张布为骠骑将军，加授侍中，所有官员都升级加赏，跟过去完全一样。九月，孙皓贬太后为景皇后，追谥父亲孙和为文皇帝，尊奉母亲何氏为太后。十月，封孙休的太子孙霎为豫章王，二儿子为汝南王，三儿子为梁王，四儿子为陈王，立皇后滕氏。孙皓得志后，粗暴骄横，多忌讳，好酒色，大小官员都感失望。濮阳兴、张布心中也很后悔。有人把这事告诉了孙皓，十一月，孙皓诛杀濮阳兴和张布。十二月，孙休葬于定陵。孙皓封皇后的父亲滕牧为高密侯，舅舅何洪等三人都封为侯。这一年，魏国设置交趾为有太守的郡。晋文帝当时任魏国的相国，他派遣原来吴国寿春城的降将徐绍、孙彧带着使命书信，陈说事情形势的利害，来向孙皓说明。

甘露元年（265）三月，孙皓派使者随徐绍、孙彧去魏国并给司马昭回信说："知道您以高过世人的才华，处在相国的任上，有影响引导皇帝的功劳，勤苦至极。我以不高的德行，顺次承继了皇统，想与贤良之士一起救助纷乱的世道，但是由于阻隔而没有这个缘分。您的美意真实而显著，深沉而执着。现派遣光禄大夫纪陟、五官中郎将弘璆来宣明我至诚的心意。"徐绍来到濡须，孙皓又把他召回来杀了，把他的家属迁徙到建安，起因是有人报告徐绍称赞了中原的缘故。夏四月，蒋陵传说降了甘露，于是改年号，大赦天下。秋七月，孙皓逼杀景皇后朱氏，她没有死在正殿，丧事也只是在宫廷园林的小屋中办理，众人都知道景皇后的死因不是因为疾病，没有不痛切的。孙皓又送孙休的四个儿子到吴郡的小城，不久又追杀了两个大的。九月，孙皓听从西陵都督步阐的表奏，迁都到武昌，御史大夫丁固、右将军诸葛靓镇守建业。纪陟、弘璆到达洛阳，适逢晋文帝去世，十一月，才被遣送回吴。孙皓到了武昌，又大赦天下。以零陵郡的南部为始安郡，桂阳郡的南部为始兴郡。十二月，晋司马氏接受曹魏的禅让，西晋政权建立。

宝鼎元年（266）正月，孙皓派遣大鸿胪张俨、五官中郎将丁忠吊唁晋文帝。等到回国时，张俨于途中病死。丁忠对孙皓说："北方防守作战的器具不完备，可以袭击而取得弋阳。"孙皓询问群臣，镇西大将军陆凯说："军队是不得已才用的,何况三国鼎立以来,互相反复入侵征伐,没有一年安定。现在强敌新近才吞并巴蜀,具有两个国家的实力,而对方派遣使者来求和,打算停止征战劳役,我们不能认为对方是求援于我们。现在敌人的势力正处于强大的时候,而想侥幸求胜,我看不到这样做的好处。"车骑将军刘纂说:"天生知、勇、仁、信、忠五才,谁能去掉军戎兵革之事?欺诈者互相争胜,历来如此啊!如果对方有空子,怎么能放弃呢?应该派遣间谍,去观察对方的情况。"孙皓暗中采纳了刘纂的意见,因为蜀国刚被平定,因而没有行动,然而最后还是自己放弃了。八月,到处传说找到大鼎,孙皓于是更改年号,大赦天下。以陆凯为左丞相,常侍万彧为右丞相。冬十月,永安作乱的山贼施但等人聚众数千人,劫持孙皓的庶弟永安侯孙谦从乌程出发,取走孙和陵上的乐器和曲柄伞盖。等到达建业时,人数已达到一万多人。丁固、诸葛靓在牛屯迎击他们,双方大战,施但等战败逃走。救出孙谦,孙谦自杀。孙皓从会稽郡中分出一部分设置东阳郡,从吴郡、丹杨郡中分出吴兴郡,以零陵郡北部为邵陵郡。十二月,孙皓重新以建业为国都,卫将军滕牧留镇武昌。

宝鼎二年(267)春,大赦天下。右丞相万彧到上游镇守巴丘。夏六月,修建显明宫,冬十二月,孙皓移居显明宫。这一年,从豫章、庐陵、长沙三郡分出安成郡。

宝鼎三年(268)春二月,以左右御史大夫丁固、孟仁为司徒和司空。秋九月孙皓出兵东关,丁奉到达合肥。这一年,派遣交州刺史刘俊、前部督修则等人入晋境袭击交趾,被晋将毛炅等击溃,刘俊、修则等都战死,兵士溃散回到合浦。

建衡元年(269)春正月,孙皓册立儿子孙谨为太子,又封了淮阳王和东平王。冬十月,改年号,大赦天下。十一月,左丞相陆凯去世。孙皓派遣监军虞氾、威南将军薛珝、苍梧太守陶璜由荆州出发,监军李勖、督军徐存从建安海路出发,都到合浦攻击交趾。

建衡二年(270)春,万彧回到建业。李勖因建安海路不畅通,杀了做向导的将领冯斐,领兵返回。三月,因雷电起火烧掉一万多户人家,死了七百人。夏四月,左大司马施绩去世。殿中列将何定说:"少府李勖枉杀冯斐,擅自撤兵退回。"李勖、徐存以及他们的家属都一起被处死。秋九月,何定领兵五千逆水而上到夏口狩猎。都督孙秀投奔晋国。这一年大赦天下。

建衡三年(271)春,正月最后一天,孙皓领着许多人从华里出发,孙皓的母亲及姬妾都同行,东观令华覈等人据理力争,这才返回。这一年,虞汜、陶璜攻破交趾,抓获并斩杀了晋国的守将,九真、日南都收回归属吴国。孙皓大赦天下,从交趾郡中分出新昌郡。诸将攻破扶严,设置武平郡,以武昌都督范慎为太尉。右大司马丁奉、司空孟仁去世。西苑传说有凤凰栖息,于是更改下一年年号。

凤凰元年(272)秋八月,征召西陵都督步阐。步阐不回应,据守城池投降晋国。孙皓派乐乡都督陆抗围攻步阐,步阐的军队全部投降。步阐及同谋数十人都被诛灭三族。孙皓大赦天下。这一年右丞相万彧遭到孙皓谴责后忧郁而死,子弟被迁徙到庐陵。何定邪恶污秽的事暴露并被上报,处死刑。孙皓认为何定的恶行很像张布,追改何定的名字为何布。

凤凰二年(273)春三月,孙皓以陆抗为大司马。司徒丁固去世。秋九月,改封淮阳王为鲁王,东平王为齐王,又封陈留、章陵等九王,一共有十一位王,每一位王授给兵士三千。大赦天下。孙皓的爱妾有时派人到集市上抢夺百姓财物,司市中郎将陈声素来是孙皓宠幸的臣子,他依仗孙皓的宠幸,对抢夺的人绳之以法。妾以此向孙皓诉苦,孙皓大怒,借其他事烧红锯子割断陈声的头,把他的尸体丢到四望山下。这一年,太尉范慎去世。

凤凰三年(274),会稽郡谣传章安侯孙奋将要做天子。临海太守奚熙给会稽太守郭诞写信批评国政。郭诞只报告了奚熙的信,不报告谣言,被遣送到建安造船。孙皓派三郡都督何植收拿奚熙,奚熙动用军队自卫,截断海路,奚熙的部下杀死奚熙,并把他的脑袋送到建业,孙皓诛灭了奚熙三族。秋七月,派遣使者二十五人分别到各州郡,查出逃亡的叛乱者。大司马陆抗去世。自更改年号到这年,连年瘟疫流行。分郁林郡为桂林郡。

天册元年(275),吴郡传说从地下挖出一块银子,长一尺,宽三分,上刻有年月等字,于是大赦天下,更改年号。

天玺元年(276),吴郡传说临平湖自汉末以来被杂草堵塞,现在又自行开通了。老年人传说,这座湖一堵塞,天下就大乱,一开通,天下就太平。又在湖边得到一个石头匣子,里面有一块小石头,是青白色的,长四寸,宽二寸多,上刻有皇帝等字,于是更改年号,大赦天下。会稽太守车浚、湘东太守张咏不交纳赋税,就地斩首,并把首级送往各郡巡回示众。秋八月,京下督孙楷向晋国投降。鄱阳郡传说历阳的山石纹理组成了文字,共有二十个字,即"楚九州渚,吴九州都,扬州士,作天子,四世治,太平始"。又吴兴郡阳羡县山上有一块空心石,长十多丈,名叫石室,当地官员上表认为是大吉祥。孙皓于是派兼任司徒董朝、兼任太常周处到阳羡县,把那座山封为国山,更改下一年的年号,大赦天下,来与石头上的文字协合。

天纪元年(277)夏,夏口都督孙慎出兵江夏、汝南,烧毁民居,掳掠百姓。当初,孙皓车夫的儿子张俶多次诬陷别人,屡次升迁为司直中郎将,封侯,深受爱宠,这一年,他做的邪恶事情被暴露上报,服罪处死。

天纪二年(278)秋七月,孙皓册立成纪、宣威等十一位王,每位王授兵三千,大赦天下。

天纪三年(279)夏,郭马造反。郭马原是合浦太守修允的亲兵首领。修允转任桂林太守,因生病而住在广州,先派郭马领五百兵士到桂林郡安抚各夷族。修允死后,所属亲兵应当分派给人,郭马等人都是几代旧军人,不愿分离。孙皓此时又核查落实广州户数人口,郭马与亲兵将领何典、王族、吴述、殷兴等人恐吓惊动士兵和百姓,把人聚合起来,攻杀广州都督虞授。郭马自称都督交趾、广州二州诸军事,为安南将军,殷兴为广州隶史,吴述为南海太守。何典进攻苍梧,王族进攻始兴。八月,孙皓以军师张悌为丞相,牛渚都督何植为司徒。执金吾滕循为司空,还未正式授予官职,就转封镇南将军,假节任广州牧,率领一万军队从东路去讨伐郭马,在始兴与王族遭遇,军队无法前进。郭马斩杀南海太守刘略,驱逐广州刺史徐旗。孙皓又派徐陵督陶濬率领七千人从西路征讨郭马,命交州牧陶璜属下军队及合浦、郁林等郡军队与东西两路军队一起攻击郭马。

有鬼目菜生在工匠黄耇家,它依附攀缘枣树,长一丈多,茎半径四寸,叶厚三分。又有买菜生在工匠吴平家,高四尺,叶厚三分,像枇杷形状,顶宽一尺八寸,下面的茎半径五寸,两边生绿叶。宫廷图书馆的官员查考画图,把鬼目菜称作芝草,买菜称作平虑草,孙皓于是以黄耇为侍芝郎,吴平为平虑郎,都授予银印及青色绶带。

冬,晋国命镇东大将军司马伷向涂中进军,安东将军王浑、扬州刺史周浚向牛渚进军,建威将军王戎向武昌进军,平南将军胡奋向夏口进军,镇南将军杜预向江陵进军,龙骧将军王濬、广武将军唐彬领兵乘船沿长江东下,太尉贾充为大都督,统筹安排进攻的重要地点,让他们都处在晋军的威势之中。陶濬到达武昌,听到北方晋军大举出兵,便停下驻扎不再前进。

当初,孙皓每次宴会群臣,没有一次不命令群臣喝醉的。他设置了黄门郎十人,特地不给他们酒喝,让他们整天站着侍候,作为检查群臣过失的官员。宴会结束后,让每人都奏上大臣们的过失,眼神不敬的,说错了话的,没有不检举的。大的过失立即施加严刑,小的过失就作为罪过。后宫已有数千女子,然而孙皓却仍然不断地选拔民间女子,又把急流的水引入宫内,遇有不合意的宫女,处死后让尸体顺水漂走。或者剥去人的面皮,或者挖去人的眼睛。岑昏奸诈阿谀,受到宠幸,显贵发达,官位高至九卿,他好兴动劳役,官吏百姓都深受其苦害。因此上下离心,没有人为孙皓尽力,这是因为积恶已到极点,百姓已不能再忍受他的驱使的缘故。

天纪四年(280)春,孙皓立中山、代等十一位王,大赦天下。王濬、唐彬所到之处,吴军都土崩瓦解,没有能抵抗的人。杜预又斩杀江陵都督伍延,王浑再斩丞相张悌、丹杨太守沈莹等人,所到之处,每战必胜。

三月九日,宫中亲近的几百人向孙皓磕头请求斩杀岑昏,孙皓惊慌地允许了。

十一日,陶濬从武昌返回,孙皓立即接见他,问水军情况。陶濬回答说:"蜀地的船只都很小,现在如能得到三万兵士,乘大船作战,自然足以击溃敌人。"于是集合军队,授予陶濬符节与斧钺。第二天就将出发,夜里士兵即全部逃走。而王濬顺流而下即将到达,司马伷、王浑都已接近吴境。孙皓采用光禄勋薛莹、中书令胡冲等人的意见,分别派使者送信给王濬、司马伷、王浑说:"过去汉室失去了皇统,九州分裂,我的先辈凭借时机,夺取了江南,于是分隔山河,与魏国冲突和隔绝。现在大晋皇帝登基,德行覆盖四海。我昏聩顽劣,苟且偷安,不知天命。到了现在,烦劳大军,横盖田野,列队道路,很远地来到长江之上,使我举国震动惶恐,苟延残喘,时日不多。我斗胆仰仗天朝的包容广阔、光明盛大,谨派私署太常张夔等送上所佩带的印玺和绶带,交付我的身体请求保全性命,希望能信任接纳,以便拯救百姓。"

十五日,王濬最先到达,于是接受了孙皓的投降,给他解去缚着的绳子,焚掉棺材,邀请相见。司马伷因为孙皓把印玺和绶带交给了自己,就派人遣送孙皓。孙皓举家西迁,于太康元年(280)五月初一到达京城。四月二十八日,皇帝下诏说:"孙皓困窘无路,归顺投降,前次诏书允许他不死,现在孙皓垂手到来,我心里还是怜悯他,赐给他归命侯的称号,再给衣服车辆,田三十顷,每年给谷米五千斛,钱五十万,绢五百匹,丝绵五百斤。"孙皓的太子孙瑾被任命为中郎,各个儿子曾被封为王的,都被任命为郎中。太康五年(284),孙皓死于洛阳。

评：孙亮年幼而没有贤明的人来辅佐国政，继承帝位而中途被废，这是必然的趋势。孙休因为过去的友爱和恩惠，任用濮阳兴和张布，没能选拔进用良才而改弦更张，虽然善良为本，喜好学问，而对于救治乱世有什么益处呢？又让已被废黜的孙亮不得好死，兄弟之间的情义太淡薄了。孙皓滥施刑罚，被处死、流放、贬黜的人恐怕不可胜数。所以群臣和下属人人恐惧，全都天天心存侥幸，朝不谋夕。沉迷天象，巫师竞相招来祥瑞，他把这些事看作是当务之急。过去舜和禹亲自耕作，已经具有至圣的德行，仍然或与大臣们折箭起誓说，我有过失你们帮助，或拜受正当的言论，常常觉得自己有还没做到的地方。何况孙皓凶狠顽劣，肆行残暴，忠心劝谏的人被诛杀，进谗阿谀的人被晋升，虐待他的百姓，极端荒淫奢侈，真该身首分离，来向百姓谢罪。既然承受了不死的诏令，又加给归命侯的优待，这难道不是浩荡无边的恩惠、过于宽厚的恩泽吗？

卷四十九　吴书四

刘繇太史慈士燮传第四

　　刘繇,字正礼,东莱郡牟平县人。齐孝王的小儿子被封为牟平侯,他的子孙都住在那里。刘繇的伯父刘宠,是汉朝的太尉。刘繇的哥哥刘岱,字公山,历任侍中、兖州刺史。

　　刘繇十九岁时,叔父刘韪被强盗劫去做人质,刘繇把他抢夺回来,因此显名。他被荐举为孝廉,做郎中,任下邑县长。当时郡守要把自己的亲戚托付给他,刘繇于是弃官而去。州里征召他为济南部丞,济南相是中常侍的儿子,贪婪污秽,不循法规,刘繇上表要求免去他的官。平原人陶丘洪推举刘繇,想要让州里荐举他为茂才。刺史说:前年才推举他哥哥公山,怎么又要推举正礼呢? 陶丘洪说:"如果明使君您先用了公山,然后又提拔正礼,正所谓在千里长途上驾驭着两匹如龙的骏马飞奔驰骋,不也是可以的吗?"正好朝廷征召他为司空掾,任命他为侍御史,刘繇不肯接受。他在淮浦躲避战乱时,皇帝下诏书任命他为扬州刺史。当时袁术在淮南,刘繇对袁术很畏惧,不敢到扬州上任。准备往南渡过长江,吴景、孙贲把他迎到曲阿安置下来。袁术图谋叛逆,自己当皇帝,攻克了许多郡县。刘繇派遣樊能、张英驻扎在长江边以防御袁术,因吴景、孙贲是袁术授职任用的,刘繇就逼迫驱逐了他们。于是袁术就自己设置了扬州刺史,与吴景、孙贲等人合力攻打张英、樊能等,用了一年多时间都未能攻克。汉廷又命令加授刘繇为扬州牧、振武将军,领兵几万人。孙策东渡长江,攻破张英、樊能等,刘繇奔往丹徒,于是逆江而上,往南想保住豫章,驻扎彭泽。笮融先到豫章,杀了太守朱皓,进入豫章郡住下来。刘繇进军讨伐笮融,被笮融击溃。刘繇又再召集所属各县的人马,打败了笮融。笮融逃进山,被百姓所杀。刘繇不久病死,时年四十二岁。

筰融是丹杨人,当初聚集了几百人的队伍,去依附徐州牧陶谦。陶谦让他督理广陵、彭城的水漕运。他放纵自己,擅自杀戮,安坐不动,截取三郡的运输物资归入自己。于是他大肆修建佛寺,用铜做佛像,用黄金涂身,给佛像穿上锦绣彩色衣服,垂挂九层铜盘,下面修建了重楼阁道,可容纳三千多人,全部让他们诵读佛经,让郡内以及别郡喜好佛教的人都来听经受道,再用其他的方法来招人,这样远近前后到的人有五千多家。每遇浴佛节,就设置了许多酒饭,在路边摆上酒席,绵延几十里,百姓来观看和就食的将近万人,所花费用以亿万计。曹操进攻陶谦时,徐州一带发生骚动。筰融率领男女一万人、马三千匹逃到广陵,广陵太守赵昱用招待宾客的礼节来接待他。起先,彭城相薛礼被陶谦逼迫,驻扎秣陵。筰融贿赂了广陵的军队,乘酒酣之际杀了赵昱,放纵士兵大肆掠夺,满载而去。经过秣陵时杀了薛礼,然后又杀了朱皓。

后来孙策往西讨伐江夏,回来时路过豫章,收殓并用车载回刘繇的尸骨,很好地对待他的家属。王朗在给孙策的信上说:"刘繇过去刚到扬州时,处境不顺利,实在是依赖您家的人为他奔走,因而能渡过长江有地方就任,有处身安定的地方,入境的礼节,感激的情分,结交的意愿,始终存在。后来由于对袁术的疑虑,关系就渐渐变得不太和谐了,把同盟变成了仇敌。追究他的本心,实在不是愿意这样的。安定下来以后,他常常想改变已经形成的现状,重新恢复过去的友好关系。一旦两方分离,未能表示诚恳的心意,他就突然去世了,真是伤心遗憾!知道您以忠厚来鞭策薄情,以恩德来报答怨恨,收殓骸骨,抚养遗孤,哀悼亡灵,同情生者,抛弃以往的猜疑,保护托付的孤儿,实在是恩义深切,情分厚重,名声美好,真情敦厚啊!过去鲁国人虽然对齐国有仇怨,但齐孝公死了,鲁人仍然去吊唁,《春秋》里称赞了这件事,称之为得礼,这确实是好的史官应该记载的、乡校(古代乡间学校,也可聚会议政)也应该赞叹的事情。刘繇的大儿子,很有志向和节操,想必有不同于常人的地方。您声威隆盛,颁行法典,如果对他施以恩惠,不也是很好吗?!"

刘繇的大儿子刘基,字敬舆,十四岁时,为刘繇服丧,完全合乎礼节,刘繇原来属下的官员的馈赠,他一概不收。刘基姿态仪容都很美好,孙权非常喜爱敬重他。孙权任骠骑将军,就征召刘基为东曹掾,任命他为辅义校尉、建忠中郎将。孙权为吴国君主,升任刘基为大农令。曾经有一次孙权举行酒宴,骑都尉虞翻酒醉冒犯不敬,孙权怒气冲冲想杀了他,由于刘基极力劝谏,虞翻才得以免死。又曾经有一次酷暑时孙权在船上举行酒宴,于船的楼台上遇上雷雨,孙权用伞遮盖自己，又命令遮盖刘基，其余的人都得不到这种优待。刘基被孙权厚爱就是如此。被升作郎中令。孙权称帝后，又改任他为光禄勋，兼职分管尚书事务。四十九岁时去世。后来孙权的儿子孙霸娶了刘基的女儿，赐给宅第一处，一年四季都有恩赐，与全家、张家平列。刘基的两个弟弟刘铄、刘尚都是骑都尉。

太史慈，字子义，东莱郡黄县人。年少时好学，在郡里任奏曹史。适逢郡府和州府有矛盾，没有是非曲直，先上报的就得利，这时州里的奏章已送走，郡太守担心自己落后，便寻求可以委派的人。太史慈此时二十一岁，被郡守挑选上，出发上路，日夜兼程，抵达洛阳，到了公车（官署名，接待臣民上奏）门口，见到州里的小官正要请求通报。太史慈问道："你要通报奏章吗？"小官说："是的。"太史慈又问："奏章在何处？"小官说："在车上。"太史慈再问："奏章的签署该不会有什么错误吧？ 拿来看看。"小官一点都不知道他是东莱人，就为他拿来了奏章。太史慈已先在怀里藏好了刀，夺过奏章就把它砍坏了。小官急得蹦跳着大叫："有人砍坏了我的奏章！"太史慈把他带到车子中间，对他说：假如你不把奏章给我，我也无法砍坏它，现在这样，我们两人的吉凶祸福就一样了，我不会独自因此获罪。还不如不要出声，我们一起逃跑，可以用生存来与死亡交换，不会一起受到死刑的处罚。小官说："你为郡里弄坏了我的奏章，已经达到了自己的目的，还要逃跑干什么？"太史慈回答说："当初受郡里派遣，只是来看奏章送上去了没有，我算计得太过分了，这才把奏章弄坏了。现在回去，也担心因此被谴责迁怒，所以想和你一起逃走。"小官认为太史慈的话很对，当天就与他一起逃走了。太史慈与小官一起出了城后，借机又悄悄跑回来送上了郡里的奏章。州里听到后，改派另一个小官去送奏章，主管官员因两份奏章有抵触矛盾之处而不再受理，州里理短受害。太史慈因此而出名，而却被州里所痛恨。他担心受到祸害，于是就躲避到了辽东。

北海相孔融听到这件事后认为太史慈是个奇才，多次派人问候太史慈的母亲，并送去馈赠的物品。

当时孔融因为黄巾军烧杀抢掠，出兵驻扎都昌，被强盗管亥包围。太史慈从辽东回来，母亲对他说："你与孔融没有见过面，从你走之后，他对我一直很体恤，十分殷勤，超过了故交老友，现在他被强盗所包围，你应当赶去帮助。"太史慈停留了三天，就一个人步行来到了都昌。当时包围得还不太严密，太史慈等到夜里，乘人不备，进去见到孔融。于是请求孔融给他派兵出去砍杀强盗。

孔融不听,想等待外面的援兵来解救,可是一直没有来人,而包围却一天比一天紧迫。孔融想向平原相刘备告急,城里的人无法能够出去,太史慈主动请求去平原。孔融说:"现在强盗的包围很严密,大家都说出不去,你的决心虽然很大,但恐怕实在是太难了吧?"太史慈说:"过去您倾心善待我的母亲,老母亲感激恩遇,让我来奔赴解救您的危急,她本来就认为我有可取之处,来了必定有益。现在大家都说不行,如果我也说不行,难道这就是您爱护照顾的道义,老母亲让我来的目的吗? 事情已经很危急,希望您不要再犹豫。"孔融这才同意。太史慈于是收拾好行装,很早就吃了饭,等到天明,带上箭袋拿起弓弩上马,两名骑兵跟随在后,各做一个靶子拿在手上,打开城门径直出去。外面包围的人都大为惊骇,步兵、骑兵错杂冲出。太史慈骑着马来到城下的壕沟内,插好所拿的两个靶子,然后出壕沟射靶,射完后,径直又进入城门。第二天早晨又像这样,包围的人有的站起,有的趴卧着,太史慈又插好靶,射完后又入城去了。第三天早晨又像这样,包围的人就没有再站起来,太史慈于是用鞭抽马直向包围圈冲去。等到强盗们醒悟过来,太史慈已冲了过去,又射死了好几人,都是应弦而倒,所以没有敢追的人。于是太史慈到了平原,劝刘备说:"我是东莱的小民百姓,与孔融并不是骨肉至亲,也不是同乡,只是因为互相仰慕名声,志向相投而友好,有分灾难共患难的情义。现在管亥暴乱,孔融被围困,孤单困窘没有救援,危在旦夕。因为您有仁义的名声,能救别人的危急,所以孔融十分思慕,引颈盼望,仰仗于您,才派我冒白刃,突重围,从万死之中将自己托付于您,只有您才能救活他。"刘备严肃地回答说:"孔融知道这世间还有刘备啊!"立即派精兵三千跟随太史慈去救孔融。强盗听说救兵已到,撤掉包围逃散而去。孔融得到解救后,越发认为太史慈是个奇才,也就更看重他,说:"您是我年少的朋友。"事情完了之后,太史慈回去告知母亲,母亲说:"我很高兴你能报答孔融。"

扬州刺史刘繇和太史慈是同郡人,太史慈从辽东回来未能与他相见,不久渡过长江到曲阿见到了刘繇,还没有离去,适逢孙策率军到达。有人劝刘繇可以让太史慈做大将军,刘繇说:"我如果任用太史慈,许劭不是就要讥笑我了吗?"只派太史慈去侦察孙策兵马的多少。当时太史慈只带着一个骑兵与孙策遭遇,而骑马跟随孙策的有十三人,都是韩当、宋谦、黄盖一流的将领。太史慈便冲上去,直对孙策。孙策刺太史慈的马,夺走了太史慈插在背后的手戟,太史慈也得到了孙策的头盔。正好此时双方的步兵、骑兵都赶来了,于是就各自罢手散开。

太史慈本当与刘繇一起逃往豫章,可是他却悄悄地来到了芜湖,逃入山中,自称丹杨太守。这时,孙策已平定了宣城以东地区,只有泾县以西的六个县不归服。太史慈于是进驻泾县,设立屯府,大批山越夷民来归附。孙策亲自率兵攻打,太史慈被抓获。孙策立即给他松绑,握住他的手说:"还记得在神亭的时候吗? 如果你当时抓到我会说什么?"太史慈说:"很难说我会说什么。"孙策大笑说:"如今的天下大事,我当与你共同处理。"当即任命太史慈为门下督,回到吴郡又授给他兵员,任为折冲中郎将。后来刘繇在豫章亡故,部下一万多人没有归属,孙策命太史慈去安抚他们。左右的人都说:"太史慈一定向北去不回来了。"孙策说:"太史慈除了我,还能归附谁?"孙策在昌门给太史慈饯行,握住他的手问:"什么时候能回来?"太史慈回答说:"不超过六十天。"果然如期返回。

刘表的侄子刘磐非常骁勇,多次侵犯艾县、西安各县。孙策于是分出海昏、建昌周围六县,派太史慈为建昌都尉,治所设在海昏,并且率领诸将防御刘磐。刘磐于是不见了踪迹,不再侵犯各县。

太史慈身高七尺七寸,胡须很美,手臂很长,善于射箭,箭无虚发。曾经跟随孙策征讨麻屯和保屯的贼寇。贼兵在军营里的缘楼上詈骂,手扶在楼的梁上。太史慈张弓射去,箭穿透那人的手钉在梁上。包围的兵士上万人没有不叫好的。箭法就是如此之妙。曹操听到太史慈的名声,就给他送来书信,用小箱子封着,打开看里面并没有书信,只是装了中药当归。孙权掌权以后,因为太史慈能制服刘磐,于是委任他管理南方的事务。建安十一年(206),太史慈去世,时年四十一岁。儿子太史享,官至越骑校尉。

士燮,字威彦,苍梧郡广信人。他的祖上本是鲁国汶阳人,到王莽作乱时,躲避到了交州。经过六代到了士燮的父亲士赐,汉桓帝时为日南太守。士燮年少时游学于京城,随颍川人刘子奇学习,研究《左氏春秋》。后被荐举为孝廉,补为尚书郎,因公事被免去官职。父亲士赐去世后,士燮被推举为茂才,被任命为巫县县令,又升任交趾太守。

士燮的弟弟士壹,起先任郡里的督邮。刺史丁宫被征召返回京都,士壹随行侍候一路勤勉恭敬,丁宫为之感动,临别时说:"我如果做了三公,理当征召你。"后来丁宫担任司徒,就征召士壹。等士壹到达,丁宫已被免职,黄琬接替他为司徒,也对士壹以礼相待。董卓作乱,士壹逃回故乡。交州刺史朱符被少数民族强盗所杀,州郡混乱不堪。士燮于是上表奏请让士壹兼任合浦太守,二弟徐闻县令士䴢兼任九真太守,士䴢的弟弟士武兼任南海太守。

士燮性格宽厚,谦虚下士,中原士人到他那里依附避难的数以百计。他专心研究《春秋》,给它做注解。陈国人袁徽给尚书令荀彧的信中说:"交趾士燮学问优秀广博,又通晓政事的管理,处在大乱之中,能够保全一郡,二十多年疆界无事,百姓没有失去谋生之业,寄居的人都蒙受他的好处。即使是窦融保全河西,又怎么能超过他呢?处理政事有余暇,他就研究书传,尤其对《春秋左氏传》钻研到了简练精微的程度,我多次询问传中的许多疑问,他都能举出师说,解说得很细密。对《尚书》他也兼通古今文,对《尚书》的大义也了解得详细完备。他听说京都古文学派和今文学派,各持已见,争执不休,现在就想分条列出《左氏春秋》和《尚书》的正确意义上奏。"士燮就是这样被人称赞。

士燮兄弟一起担任郡守,强有力地掌管一州,虽偏在万里之外,威望和尊贵却至高无上。出入鸣响钟磬,仪仗备具,笳箫鼓吹,车骑满道,士族人夹在车马两旁烧香的常常有几十个。妻妾都乘坐有车盖和帷幕的车子,子弟都有跟随的士兵骑士,尊贵显要,正当其时,各地蛮夷都震动归服,尉他(即赵佗,秦汉之际为南越王)也不足以超过他们。士武先因病去世。

朱符死后,汉室派张津为交州刺史,张津后来又被部将区景所杀,而荆州牧刘表派遣零陵人赖恭代替张津。这时苍梧太守史璜去世,刘表又派遣吴巨代替他,与赖恭一起到达。汉室听到张津死了,就赐给士燮有印封记号的书信说:"交州是个与内地隔绝的地区,南靠江海,皇上的恩典不能宣达,臣下的意见受到阻隔,我知道逆贼刘表又派赖恭窥视南边的土地,现在任士燮为绥南中郎将,督察七郡,仍像以前一样兼任交趾太守。"后来士燮派官吏张旻到京都奉献贡品,此时正值天下大乱,道路断绝,而士燮没有旷废进贡的职责,皇帝特意再次下诏任他为安远将军,封龙度亭侯。

后来吴巨与赖恭失和,吴巨起兵驱逐赖恭,赖恭逃回零陵。建安十五年(210),孙权派步骘为交州刺史。步骘到达后,士燮率领兄弟接受节制调度。而吴巨怀有异心,步骘把他杀了。孙权加授士燮为左将军。建安末年,士燮遣送儿子士廞去做人质,孙权任命士廞为武昌太守,士燮、士壹在南方的几个儿子,都被任命为中郎将。士燮又诱导益州的大姓雍闿等人,率领郡中百姓在遥远的地方向东依附孙权。孙权越发嘉奖士燮,升他为卫将军,封龙编侯,升士壹为偏将军,封都乡侯。士燮常常派使者去拜见孙权,进献各种香料、细纹葛布,总是数以千计,明珠、大贝、琉璃、翡翠、玳瑁、犀角、象牙之类的珍品,还有奇异果品,像香蕉、椰子、龙眼之类,没有一年不送到。士壹当时进贡骏马几百匹。孙权就下诏书,厚加恩赐,用来回报抚慰他们。士燮在郡四十多年,黄武五年(226),九十岁时去世。

孙权认为交趾偏远,于是分合浦以北为广州,用吕岱为刺史;交趾以南为交州,戴良为刺史。又派遣陈时替代士燮为交趾太守。吕岱留在南海,戴良与陈时一起前行到达合浦。士燮的儿子士徽自任为交趾太守,派宗族军队来抵抗戴良。戴良留在合浦。交趾人桓邻,是士燮推荐的官吏,他叩头劝说士徽派人去迎接戴良,士徽很愤怒,就用鞭子把桓邻打死了。桓邻的哥哥桓治和儿子桓发又集合宗族的军队攻击士徽,士徽闭门筑城防守,桓治等人攻打了几月未能攻克,于是订约和亲,各自退兵回去。吕岱领诏要诛杀士徽,从广州领兵昼夜奔驰而来,经过合浦,与戴良一起前行。士壹的儿子中郎将士匡与吕岱有旧交情,吕岱任命士匡为师友从事,先写信到交趾,说明利害,又派士匡去见士徽,劝说他服罪,虽然失去郡守之职,但保证他没有别的忧虑。吕岱紧跟士匡之后到达,士徽以及哥哥士祗、弟弟士干、士颂等六人,脱去上衣,裸露身体奉迎吕岱。吕岱谢过后让他们重新穿上衣服,往前走到了郡府。第二天一早就设置好帐幕,请士徽兄弟依次进入,宾客满座。吕岱站起身,怀抱符节宣读诏书,列数士徽的罪过,左右随从于是反绑士徽等人推出帐幕,当即全部处死,通过驿站把首级传送到武昌。士壹、士䵋、士匡因后来出来参与平叛,孙权赦免了他们的罪过,把他们以及士燮做人质的儿子士廞,都贬为平民。几年后,士壹、士䵋违法被处死。士廞病死,没有儿子,妻子寡居,孙权下诏让她居住在地方的官府中,每月供给俸米,赐钱四十万。

评:刘繇珍惜名声,磨炼品行,喜好评论人物,至于在战乱时占据万里疆土,这不是他的长处。太史慈信义笃诚刚烈,有古人的风范。士燮驻守南越,优游终老,至于儿子不慎,给自己造成死罪,这是庸才依赖险阻而贪图富贵,才使事情变成这样的。

卷五十　吴书五

妃嫔传第五

　　孙坚的吴夫人，是吴主孙权的母亲。本是吴郡人，迁居钱塘。早年失去父母，与弟吴景住在一起。孙坚听说她才貌双全，就想娶她。吴氏亲戚都嫌孙坚轻佻狡诈，予以回绝，孙坚对此非常惭愧和怨恨。吴夫人对亲戚说："为何要为怜惜一个女子而招致灾祸呢？如果我找不到好丈夫，那是命中注定。"于是就许婚嫁给了孙坚，生了四个儿子一个女儿。

　　吴景常跟随孙坚，征伐有功，被任命为骑都尉。袁术上表荐举吴景任丹杨太守，讨伐过去的太守周昕，于是占据了丹杨郡。孙策与吕范、孙河投靠吴景，率兵共同讨伐泾县山贼祖郎，祖郎败阵逃走。适逢吴景被刘繇所逼迫，又回北方依附袁术，袁术任命他为督军中郎将，与孙贲共同在横江讨伐樊能、于麋，又在秣陵攻打笮融、薛礼。这时，孙策在牛渚受伤，降贼又重新反叛了，吴景便去攻讨，将他们全部擒获。又跟随孙策讨伐刘繇，刘繇逃到了豫章。孙策派吴景、孙贲去寿春告知袁术。袁术正与刘备争夺徐州，就任命吴景为广陵太守。袁术后来自称帝号，孙策写信告诫他，袁术不听，孙策便断绝了长江渡口，与袁术互不相通。派人告知了吴景，吴景立即放弃广陵郡东归，孙策又任命吴景为丹杨太守。汉朝廷派议郎王诵肩负使命南行，上表荐举吴景为扬武将军，仍旧兼任丹杨太守。

　　等到孙权少年统领大业，吴夫人辅助他治理军国，作用非常大。建安七年（202），吴夫人临去世前，召见张昭等人，嘱咐后事，与孙坚合葬高陵。

　　建安八年（203），吴景死于官任，他的儿子吴奋被任命为将带兵，封新亭侯。吴奋死后，他的儿子吴安继承爵位，吴安因被认定鲁王孙霸同党而被处死。吴奋的弟弟吴祺继承爵位封都亭侯。死后，儿子吴纂继承，吴纂的妻子就是滕胤的女儿,滕胤被杀后,她也受株连遇害。

孙权的谢夫人,是会稽山阴人。父亲谢煚,是汉朝的尚书令、徐县县令。孙权的母亲吴夫人,将她聘来作为孙权的妃,受幸得宠。后来孙权又纳了姑母的孙女徐氏,想让谢夫人位置排在徐氏之下,谢夫人不肯,从此失宠,去世较早。后十几年,她的弟弟谢承被任命为五官郎中,逐渐升迁为长沙东部都尉、武陵太守,撰写《后汉书》一百多卷。

孙权的徐夫人,是吴郡富春县人。祖父徐真,与孙权父亲孙坚关系很好,孙坚将妹妹嫁给徐真,生子徐琨。徐琨年少时即在州郡做官,汉末大乱时,舍弃官职,跟随孙坚征伐有功,被任命为偏将军。孙坚死后,跟随孙策在横江讨伐樊能、于麋,在当利口攻击张英。因船只不够,徐琨便想驻军安营来寻求船只。徐琨的母亲这时正在军中,她对徐琨说:"恐怕州里会派水兵来抵御,这已是很不利的了,怎么能够驻扎呢? 应该砍伐芦苇做排筏,辅助船队渡军。"徐琨把这些情况报告给孙策,孙策立即开始行动,军队全部渡过了江,于是打败了张英,打跑了笮融、刘繇,奠定了大业。孙策上表荐举徐琨任丹杨太守,正巧吴景此时放弃广陵东来,只能再任命他为丹杨太守,而让徐琨任督军中郎将,率领军队。跟从孙策打败庐江太守李术,被封为广德侯,升迁平虏将军。后又跟从孙策讨伐黄祖,被飞箭射死。

徐琨生徐夫人,起初嫁给同郡人陆尚。陆尚死后,孙权正以讨虏将军的身份在吴郡,就纳她为妃,让她像母亲一样抚养儿子孙登。后来孙权迁移别处,因为徐夫人妒忌他人,便把她留在吴郡。过了十多年,孙权已为吴王,很快又称帝,孙登被立为太子,群臣请求立徐夫人为皇后,孙权有意立步氏为后,最终没有答应这个请求。后来徐夫人病死。她的哥哥徐矫,继承了父亲徐琨的侯位,讨伐平定了山越,任偏将军,比徐夫人去世得早,没有儿子。弟弟徐祚继承封号,也以战功做到了芜湖都督、平魏将军。

孙权的步夫人,是临淮郡淮阴人,与丞相步骘是同一宗族。汉末,她的母亲要带她迁徙庐江,庐江被孙策攻破后,又东渡长江,她因容颜美丽得到了孙权的宠爱,纳为后妃,在妃子中,孙权最宠爱她。生了两个女儿,大女儿叫鲁班,字大虎,先许配周瑜之子周循,后又许配全琮;小女儿叫鲁育,字小虎,先许配朱据,而又许配刘纂。

步夫人生性不妒忌他人,对孙权多有促进,所以长久地受到孙权的宠爱。孙权为王以及称帝后,内心很想立步夫人为皇后,而群臣商议的都是徐氏,孙权违背自己心愿十多年。然而宫内都称步氏为皇后,亲属上疏时也都称中宫(皇后代称)。到步夫人去世后,大臣们根据孙权的心意,请求追封步夫人皇后尊号,于是追赐印玺、绶带,册封命令说:"赤乌元年(238)闰月初一,皇帝说:呜呼皇后! 只有皇后辅佐天命,与我一起承受天地。日夜虔诚恭敬,跟我同样辛苦。具有端正良好的教养,从不失却礼仪。对人宽容而又慈惠,有贤淑美好的德行。臣民期望,远近归心。我因为战乱没有平定,天下没有统一;也因为皇后高尚的品行,她自己常常谦虚推让,因此当时没有授予名号。我也以为皇后一定享年久长,永远跟我亲身对答,称扬天赐的福佑。没想到突然之间,寿命已终。我悔恨本意没有及早表露,哀伤皇后的去世,没有尽享天赐的福分。哀悼之至,痛心疾首。现在派使持节丞相醴陵亭侯顾雍,捧着册书授予尊后,与仙逝的皇后一起受祭。魂魄如有灵知,一定会为这宠爱和荣耀而欣慰。呜呼哀哉!"步夫人被安葬在蒋陵。

孙权的王夫人,是琅邪人。因选妃入宫,黄武年间得到宠爱,生孙和,受宠爱仅次于步夫人。步夫人去世后,孙和被立为太子,孙权准备立王夫人为皇后。而全公主(即步夫人大女儿鲁班)一直憎恶王夫人,逐渐对她进行诬陷诋毁。到了孙权生重病时,全公主说她显得很高兴,因此孙权狠狠地责骂了她,她因此忧郁而死。孙和的儿子孙皓登基后,追封王夫人为懿皇后,夫人的三个弟弟都被封为侯。

孙权的王夫人,是南阳人,因选妃入宫,于嘉禾年间(232—237)得宠幸,生儿子孙休。等到孙和被立为太子后,孙和的母亲地位也就显贵,诸姬妃当年受爱宠的,都让她们搬出都城。王夫人到了公安,去世后就安葬在那儿。孙休即位后,派使者追尊她为敬怀皇后,改葬敬陵。王氏家族没有后人,封同母弟弟王文雍为亭侯。

孙权的潘夫人,是会稽郡句章人。父亲曾做小官,因犯罪而被处死。潘夫人与姐姐一起被送到织室(掌管皇宫织造的官府),孙权见了觉得她很不同一般,就招来纳进后宫。得到宠幸而有身孕,曾梦见有人授给自己一个龙头,自己跪拜而承受,于是生下孙亮。赤乌十三年(256),孙亮被立为太子,夫人请求允许自己的姐姐出嫁,孙权答应了。第二年,立夫人为皇后。本性阴险毒辣而又巧于谄媚,自进宫到去世,多次诬陷加害袁夫人等多人。孙权生病时,她派人问中书令孙弘,向他请教当年吕后专制的故事。她侍候孙权十分疲劳,因为虚弱而病倒,宫女们等到她昏睡后,一起把她勒死,托词说她是暴病而死。后来事情泄露,因此而被处死的有六七人。孙权不久去世,潘夫人与他合葬在蒋陵。孙亮即位,任命潘夫人的姐夫谭绍为骑都尉,授予兵权。孙亮被废黜后,谭绍及其家属被送往原籍庐陵。

孙亮的全夫人是全尚的女儿。叔祖母全公主很喜爱她,每次进见都与她一起去。等到潘夫人母子受到宠爱,全公主自认为与孙和的母亲有矛盾,于是劝孙权为潘氏的儿子孙亮纳全夫人,孙亮于是被立为太子。全夫人立为皇后,孙亮任用全尚为城门校尉,封都亭侯,代替滕胤为太常和卫将军,晋封永平侯,录尚书事。这时全氏家族封侯的有五人,全部主管军事,其余的为侍郎、骑都尉,护卫左右,自东吴兴起以来,外戚贵盛没有能及上全氏家族的。等到魏国大将军诸葛诞进献寿春,归附东吴时,全怿、全端、全祎、全仪都乘此机会投降魏国,全熙因泄露计谋而被杀,从此全氏家族开始衰弱。适逢孙綝废黜孙亮,贬他为会稽王,后又被贬为候官侯,全夫人随他到封国,定居在候官,全尚将家属迁徙到零陵郡,被追杀。

孙休的朱夫人,是朱据的女儿,孙休的姐姐朱公主所生。赤乌末年,孙权为孙休纳朱氏为妃。孙休被封为琅邪王,朱夫人随他居住丹杨。建兴年间,孙峻专擅朝政,王公家族都视他为祸患。全尚的妻子就是孙峻的姐姐,所以只有全公主帮助孙峻。当初,孙和为太子时,全公主诬陷加害王夫人,想废除孙和的太子身份,策立鲁王,朱公主不同意,因此有了怨恨。五凤年间(254—256),孙仪谋杀孙峻,事情发觉后被处死。全公主因此说朱公主与孙仪是同谋,孙峻枉杀了朱公主。孙休惧怕,让朱夫人回建业,执手哭泣而别。到了建业,孙峻又把她送还孙休。太平年间(256—258),孙亮知道了朱公主是被全公主所加害的,就问朱公主的死因,全公主害怕地说:"我实在不知道,这都是朱据的两个儿子朱熊、朱损对孙峻陈述的。"孙亮就杀了朱熊、朱损。朱损的妻子是孙峻的妹妹,孙綝因此更加忌恨孙亮,于是废了孙亮,立孙休。永安五年(262),孙休册立朱夫人为皇后,孙休去世,群臣尊称朱夫人为皇太后。孙皓即位刚一个多月,就把她贬为景皇后,居住安定宫。甘露元年(265)七月,被逼而死,与孙休合葬定陵。

孙和的何姬,是丹杨郡句容人。父亲何遂,原先是骑士。孙权曾经巡游诸军营,何姬在路边观看,孙权见她长得不同一般,就命令宦官把她召入宫中,赐给儿子孙和。后来生了儿子,孙权大喜,给孩子起名叫彭祖,就是孙皓。太子孙和被废黜后,为南阳王,居住在长沙郡。孙亮即位,孙峻辅佐国政。孙峻一直讨好全公主,全公主与孙和的母亲有仇怨,于是劝孙峻将孙和迁徙到新都居住,派使者赐死他,正妃张氏也自杀了。何姬说:"如果都跟着去死,谁来抚养孤儿?"于是抚育孙皓和他的三个弟弟。孙皓即位后,追尊孙和为昭献皇帝,何姬为昭献皇后,居于升平宫,一个多月后,晋封为皇太后。又册封何氏的弟弟何洪为永平侯,何蒋为溧阳侯,何植为宣城侯。何洪去世,他的儿子何邈继承爵位,任武陵监军,后被晋国所杀。何植官至大司徒。吴末昏乱,何氏骄妄而不守本分,子弟们横行霸道,百姓们都视为祸患。所以民间讹传说:"皓久死,立者何氏子。"

　　孙皓的滕夫人,是原来的太常滕胤的族女。滕胤被灭族后,夫人的父亲滕牧,因为与滕胤关系疏远而被迁徙到边远的地区。孙休即位后,大赦,一家才得以回返,孙休任命滕牧为五官中郎。孙皓被封为乌程侯后,纳滕牧女儿为妃。孙皓即位后,滕夫人被册立为皇后,滕牧被封为高密侯,任卫将军,总领尚书事务。后来朝中大臣认为滕牧是贵戚,常常推举他去向皇帝劝谏力争。滕夫人所受的宠幸渐渐丧失,孙皓对她也逐渐不满意,孙皓的母亲何氏常常左右着他的行为。太史说,对于国运历数来说,皇后不能更换。孙皓崇信巫师,所以滕夫人没有被废,常年供养在升平宫。滕牧被徙居苍梧郡,虽然没有被剥夺爵位,其实也就是被流放,于是在前往苍梧郡的路上忧郁而死。皇后宫中的官员,只是凑数而已,滕夫人仍像以前一样接受朝贺和上表上疏。而孙皓后宫中许多受宠的妃嫔,却都佩戴着皇后的印玺。天纪四年(280),滕夫人跟随孙皓迁到了洛阳。

　　评:《易经》中说:"能够治理好家,就可以平定天下。"《诗经》中说:"用礼法对待妻子,以至于兄弟,推而广之,才能治理国家。"这些话真是非常正确!远观齐桓公,近察孙权,都有着有识之士的明察,英雄豪杰的志向,可是却嫡庶不分,内宫错乱,贻笑古今,殃及后代。由此说来,只有以道德礼义为中心,公平一致为主导,然后才能够免除这些弊病啊!

卷五十一　吴书六

宗室传第六

孙静，字幼台，是孙坚的三弟。孙坚刚开始举事时，孙静集合乡里以及宗族子弟五六百人作为保障，大家全都归附他。孙策攻破刘繇，安定各县，进攻会稽，派人请孙静，孙静带着家属与孙策在钱塘相会。此时，太守王朗在固陵抵御孙策，孙策几次渡水作战，都没有取胜。孙静劝孙策说："王朗依据险固的城墙来防守，很难马上攻破。往南距离此地几十里就是查渎，是通往会稽的重要道路，应该从那条道路攻进城去，这就是所谓的攻其不备、出其不意。我将自己率领兵士作为大军的先遣，一定能把对方打败。"孙策说："好。"于是在军队中下了一道蒙蔽对方的假命令说："近来连日下雨，饮水浑浊，兵士喝了大多腹痛，命令赶快备办瓦缸几百口澄清饮水。"到了黄昏，又罗列了火堆来迷惑王朗，于是就分兵在夜里奔往查渎道，袭击高迁屯。王朗大惊，派遣原来的丹杨太守周昕等人领兵前往交战。孙策打败了周昕等人，杀了他们，平定了会稽。孙策上表任命孙静为奋武将军，准备授予他重要的职务，孙静眷恋家乡宗族，不乐意出外做官，就请求留在家乡镇守。孙策答应了。孙权掌权后，就把孙静升为昭义中郎将，孙静终老于家乡。他有五个儿子，是孙暠、孙瑜、孙皎、孙奂、孙谦。孙暠有三个儿子，是孙绰、孙超、孙恭。孙超为偏将军。孙恭生孙峻，孙绰生孙綝。

孙瑜，字仲异，以恭义校尉的身份开始领兵。此时门客和众将大多是长江以西的人，孙瑜虚心地安抚大家，得到大家的信任。建安九年（204），孙瑜兼任丹杨太守，众人归附他，兵力达到一万多人。他被加授绥远将军。建安十一年（206），与周瑜一起讨伐麻屯和保屯，取得了胜利。后来跟从孙权在濡须抵御曹操。孙权想交战，孙瑜劝孙权稳固防守，孙权没有听从，军队果然没有取得胜利。后来孙瑜升为奋威将军,仍旧兼任丹杨太守,从溧阳迁到牛渚驻扎。孙瑜用永安人饶助为襄安县长,无锡人颜连为居巢县长,让他们招纳庐江的两个郡,都得到了对方投降和归附的人。济阳人马普笃学好古,孙瑜以隆重的礼节待他,让两个郡府中的将领官吏子弟几百人跟他学习,于是设立了学馆,讲课练习。此时诸位将领都只专门从事军务,而孙瑜却喜好典籍,虽然身在军旅,诵读之声却仍然不绝。建安二十年(215),孙瑜三十九岁时去世。孙瑜有五个儿子,即孙弥、孙熙、孙耀、孙曼、孙纮。孙曼官至将军,被封侯。

孙皎,字叔朗,起初被任命为护军都尉,领兵两千多人。此时曹操多次出兵濡须,孙皎常常赶赴抵御,号称精锐。后来升为都护征虏将军,代替程普都督夏口。黄盖和哥哥孙瑜去世后,孙皎又合并了他们的军队。皇上赐给沙羡、云杜、南新、竟陵作为他的封地,让他自己选官吏。孙皎轻财物善施舍,善于交结朋友,与诸葛瑾交情最深。他委任庐江人刘靖处理得失之事,江夏人李允处理众人之事,广陵人吴硕、河南人张梁处理军旅之事,对他们倾心相待,大家没有不尽力的。孙皎曾经派遣兵士伺机抓获魏国的守边将领和官吏以及美女来送给自己,然后又让这些人更换衣服,送他们回去,下令说:"现在所要讨伐的是曹氏,他的百姓有什么罪?从今以后,不许攻击魏国老弱的百姓。"因此江淮一带归附他的人很多。孙皎曾经因为小事与甘宁斗气,有人去劝说甘宁,甘宁说:"人臣和皇子同例,征虏将军虽然是公子,但怎么能够专断侮辱人呢?!我遇到的是贤明的君主,只当尽力效劳,以报答君主,实在不能屈从歪理啊!"孙权听到了这件事,写信责备孙皎说:"自从我跟北方为敌,已经十年了,开始与北方相持时,你年龄还小,现在已将近三十岁了。孔子说'三十而立',不只是说学习五经。授给你精兵,托付你大任,在千里之外统率诸将,是想让你同楚国任用昭奚恤那样,扬威于北方边疆,不是平白无故让你放纵个人意志的。近来听说你与甘宁饮酒,借酒发挥,侵犯了他,他请求归属吕蒙管辖。甘宁这个人虽然粗鲁豪放,有不尽如人意的时候,然而他大体上是一位大丈夫。我亲近他的原因,不是偏爱他。我亲近爱护他,而你却疏远憎恶他,你所做的常常与我相违背,这样难道可以长久吗?坐着的时候恭敬,出行的时候轻车简从,就可以面对百姓;爱护别人,宽容大度,就可以得到众人的拥护。这两个方面尚且不懂得,怎么能够率领军队在远方抵御敌人、解救危难呢?你行将长大,特地授给你重任,上有远方瞻望期待,下有亲兵朝夕相随,怎么可以任意大发脾气呢?人谁无过,贵在能改正,你应该记住以前的过失,深切地责问自己。现在特意麻烦诸葛子瑜再次宣示我的心意。面对着这封信我很难过,心里悲伤,眼泪下落。"孙皎得到书信后,上疏表示谢罪,于是和甘宁结下了很深的友情。后来吕蒙将要袭击南郡,孙权想让孙皎和吕蒙分别做左右部大都督。吕蒙劝告孙权说:"如果至尊您认为征虏将军可以,就应该用他;认为我可以,就应该用我。过去周瑜、程普分别为左右部都督,一起进攻江陵,虽然事情由周瑜决定,但程普自恃自己是久经沙场的将领,而且都是都督,于是两人不和睦,几乎坏了国家的大事,这是对眼前事情的警告啊!"孙权这才醒悟,向吕蒙道歉说:"让你做大都督,命孙皎为后续。"抓获关羽,平定荆州,孙皎出了大力。建安二十四年(219),孙皎去世。孙权追记了他的功劳,封他的儿子孙胤为丹杨侯。孙胤去世,没有儿子。孙胤的弟弟孙晞继承了他的爵位,统领军队,后有罪自杀,封地取消。孙胤的另外几个弟弟孙咨、孙弥、孙仪都做了将军,被封侯。孙咨担任羽林军都督,孙仪担任无难军都督,孙咨为滕胤所杀,孙仪为孙峻所害。

孙奂,字季明,哥哥孙皎去世后,他就接替孙皎统领军队,以扬武中郎将的身份兼任江夏太守。在任职的一年里,遵循孙皎过去的行迹,很有礼节地对待刘靖、李允、吴硕、张梁以及江夏人闾举等,对他们的好建议都一并采纳。孙奂不善于说话而善于处理公务,军队和百姓都称赞他。黄武五年(226),孙权进攻石阳,孙奂以当地主人的身份,派部将鲜于丹带领五千人先截断淮河的水路,自己率领吴硕、张梁等五千人为大军的前锋,迫使高城投降,得到了投降的三个将领。大军撤兵回返,孙权下诏让孙奂的部队在前面停下,车驾经过孙奂的军队时,孙权见阵容整齐,感叹说:"我当初担心他迟钝,现在看他治理军队,诸将很少能有赶上他的,我没有什么可担心的了。"任命他为扬威将军,封为沙羡侯。吴硕、张梁都被任命为裨将军,赐爵为关内侯。孙奂也喜欢读书人,又命令亲兵子弟都读书学习,后来这些人在朝廷做官的有几十个。嘉禾四年(235),孙奂四十岁时去世。儿子孙承继承了爵位,以昭武中郎将的身份接替孙奂统兵,兼任郡守。赤乌六年(243)孙承去世,没有儿子,孙权封孙承的庶弟孙壹承续为孙奂的后人,继承侯位,做将军。孙峻诛杀诸葛恪的时候,孙壹与全熙、施绩攻击诸葛恪的弟弟、公安都督诸葛融,诸葛融自杀。孙壹从镇南将军升为镇军将军,假节都督夏口。等到孙綝诛杀滕胤、吕据,滕胤、吕据都是孙壹的妹夫,孙壹的弟弟孙封又知道滕胤、吕据的谋划,孙封自杀。孙綝派朱异暗中袭击孙壹,朱异到了武昌,孙壹知道他来攻打自己,就率亲兵一千多人带着滕胤的妻子过江投奔魏国。魏国任孙壹为车骑将军,仪同三司,封为吴侯,把过去君主曹芳的贵人邢氏嫁给他。邢氏外表美丽而内心妒忌，下人不堪忍受驱使，于是把孙壹和邢氏一起杀了。孙壹入魏三年后死去。

孙贲，字伯阳，父亲孙羌字圣台，是孙坚的孪生哥哥。孙贲很早就失去了父母，弟弟孙辅那时还是个婴儿，孙贲自己哺育弟弟，对他有很深的友爱之情。孙贲做过郡里的督邮和县长。孙坚在长沙兴起义兵，孙贲抛弃官职跟随征战。孙坚去世后，孙贲代孙坚率领军队，扶送孙坚的灵柩。后来袁术迁徙寿春，孙贲又去依附他。袁术的堂兄袁绍用会稽人周昂为九江太守，袁绍与袁术不和，袁术派孙贲在阴陵打败了周昂。袁术上表让孙贲兼领豫州刺史，又转任丹杨都尉，代理征虏将军，讨伐平定了山越。后来孙贲被扬州刺史刘繇逼迫驱逐，就带领军队回历阳驻扎。不久，袁术又派遣孙贲和吴景一起攻打樊能、张英等人，未能攻克。等到孙策东渡长江，援助孙贲、吴景打败了樊能、张英等人，于是就进兵攻击刘繇。刘繇逃到了豫章。孙策派孙贲、吴景回寿春报告袁术，正值袁术自称帝号，任命设置百官，袁术任命孙贲为九江太守。孙贲未去就任，抛弃妻儿返回长江以南。那时孙策已平定吴郡、会稽两郡，孙贲与孙策征讨庐江太守刘勋、江夏太守黄祖。军队返回，听说刘繇已病死，就过去平定了豫章，孙策上表让孙贲兼任太守，后来又封都亭侯。建安十三年（208），汉室使者刘隐奉诏授予孙贲征虏将军的称号，仍旧兼任豫章太守。在任十一年去世。儿子孙邻继承爵位。

孙邻九岁时，代理豫章太守，晋封都乡侯。在郡将近二十年，讨伐平定叛贼，政事有条有理，成绩斐然。后被召回武昌，任绕帐督。当时太常潘濬执掌荆州事务，重安县长陈留人舒燮有罪下狱，潘濬曾经与舒燮失和，想置他于死地。议论的人多为舒燮说情，潘濬还是不放过他。孙邻对潘濬说："舒伯膺（舒燮的伯父）兄弟争死（译者注：伯膺亲友曾被人斩杀，其弟仲膺为他报怨仇。事情被发觉后，兄弟争着去死，后来都免祸），天下人都认为他们很有义气，传为美谈，仲膺（舒燮父）往日又有事奉我国的心意。现在你杀了他的后代，如果天下一统，君王北上，中原士人一定要问起仲膺继承人的情况，回答的人说是潘濬杀了舒燮，你拿这件事情怎么办呢？"潘濬立即打消了杀舒燮的意图，舒燮因此而得救。孙邻升任夏口和沔中都督、威远将军，在居所任职。赤乌十二年（249）去世。儿子孙苗继承爵位。孙苗的弟弟孙旅和叔父孙安、孙熙、孙绩，都依次任职。

孙辅，字国仪，是孙贲的弟弟，以扬武校尉的身份辅佐孙策平定三郡。孙策讨伐丹杨七县时，派孙辅往西驻扎历阳以抵御袁术，并召集劝诱留下的百姓，纠合失散的兵士。又跟从孙策讨伐陵阳，活捉祖郎等人。孙策向西袭击庐江太守刘勋，孙辅跟随参战，他身先士卒，立下战功。孙策任命孙辅为庐陵太守，安抚平定所属的城镇，分别设置官员。后孙辅又升任平南将军，假节兼任交州刺史。他派遣使者与曹操暗通，事发后，孙权把他囚禁起来，数年后死去。他的儿子孙兴、孙昭、孙伟、孙昕，都一一任官职。

孙翊，字叔弼，是孙权的弟弟，他骁勇凶悍，果敢刚烈，有他哥哥孙策的风范。太守朱治推举他为孝廉，被司空征召。建安八年（203），以偏将军的身份兼任丹杨太守，时年二十岁。后来突然被随从边鸿所杀，边鸿也立即被处死。

他儿子孙松任射声校尉，封都乡侯。黄龙三年（231）死去。蜀国丞相诸葛亮在给哥哥诸葛瑾的信中说："你已经承受了东吴厚重的待遇，恩惠也延及子弟。再说子乔（孙松的字）是很优秀的人才，我为他的不幸悲痛。见到他送给我的器物，感慨流泪。"诸葛亮就是这样哀悼孙松的。这件事是由诸葛亮的养子诸葛乔陈述的，所以就这样记载下来。

孙匡，字季佐，是孙翊的弟弟。被荐举为孝廉和茂才，还没有被任用，就去世了，年龄只有二十多岁。他的儿子孙泰，是曹操的外甥，任长水校尉。嘉禾三年（234），跟随孙权围攻新城，中流矢而死。孙泰的儿子孙秀任前将军、夏口都督。孙秀是皇室至亲，在外掌握兵权，孙皓很难放心。建衡二年（270），孙皓派何定带领五千人到夏口狩猎，在此之前，民间都传说孙秀将要被谋害，而何定远道来狩猎，孙秀于是惊慌，夜里带着妻子和亲兵数百人投奔了晋国。晋国任用孙秀为骠骑将军、仪同三司，封为会稽公。

孙韶，字公礼。他的伯父孙河，字伯海，本姓俞，也是吴郡人。孙策喜爱他，赐他姓孙，把他列名于孙氏家庭之中。后来做了将军，驻扎京城县。

当初，孙权杀了吴郡太守盛宪，盛宪的老朋友孝廉妫览、戴员逃入山中隐藏起来，孙翊做丹杨太守时，对他们以礼相待，使他们都来归附。妫览为大都督领兵，戴员为郡丞。等到孙翊遇害，孙河飞马疾驰奔赴宛陵，指责怒恕妫览和戴员，认为他们没能尽到职责，致使邪恶的事件得以发生。妫览、戴员两人商议说："孙河跟孙翊关系疏远，还这样谴责我们，若是讨虏将军孙权来了，我们就没有再活下去的可能了。"于是杀掉孙河，派人往北迎接扬州刺史刘馥，让他出兵历阳，他们以丹杨来响应。适逢此时孙翊的部下徐元、孙高、傅婴等人杀了妫览、戴员。

孙韶十七岁时，聚集了孙河留剩下来的兵士，修缮整治京城县，建起了瞭望敌情的高台，修理作战器具来防御敌人。孙权听说丹杨作乱，从椒丘回来，路过平定了丹杨，率领军队返回东吴。夜里到达京城扎营，他试着进攻京城想惊吓孙韶。京城的士兵都登上城墙，传递军令，防备警戒，喧声动敌，用箭频频射城外的人。孙权派人让他们知道真情，这才停止。第二天，孙权见了孙韶，对他很器重，立即任他为承烈校尉，统领孙河的军队，以曲阿、丹徒两县作为他的封地，自己设置官员，一切都像孙河以前那样。后来孙韶做了广陵太守、偏将军。孙权为吴王后，升孙韶为扬威将军，封建德侯。孙权称帝后，孙韶被任命为镇北将军。孙韶做边防将领几十年，一直善待养护兵士，兵士都拼死效力。常常致力于警戒边界，派人深入敌后侦察，先知道情况而为之做好准备，所以很少打败仗，青、徐、汝、沛等地百姓多来归附。淮南屯驻在长江边窥伺的军队，都撤兵远迁了，徐、泗、江、淮一带，没有屯兵住人的地方有几百里。自从孙权西征，都城迁回武昌，孙韶已有十几年没有进见了。孙权把都城又迁回到建业，孙韶这才得以朝见。孙权问起青州、徐州的各个军营的要害之处，远近人马的多少，魏国将领的姓名，孙韶都全部记得，有问必答。孙韶身高八尺，仪容相貌俊雅。孙权高兴地说："我很长时间没有见到公礼，没有想到他这么有长进。"任命他兼任荆州牧、假节。赤乌四年（241），孙韶去世。儿子孙越继承爵位，官至右将军。孙越的哥哥孙楷是武卫大将军，封临成侯，代理孙越做京下督。孙楷的弟弟孙异官至领军将军、孙奕官至宗正卿，孙恢官至武陵太守。天玺元年（276），征召孙楷为宫下镇骠骑将军。当初，永安的贼人施但等劫持孙楷的弟弟孙谦，袭击建安，有人向孙皓报告孙楷犹豫不决，不立即赶赴征讨，孙皓多次派人责问孙楷，孙楷常忧虑恐惧，而现在突然被征召，很是奇怪，于是带着妻儿亲兵数百人归附晋国，晋国任用他为车骑将军，被封为丹杨侯。

孙桓，字叔武，是孙河的儿子。二十五岁时，被任命为安东中郎将，跟陆逊一起抗击刘备。刘备军队很多，满山遍野，挤满山谷，孙桓挥刀拼命，跟陆逊齐心合力，刘备终于败走。孙桓又截断了上夔门的道路，断绝了蜀军后退的要道。刘备爬山越险，才得以逃脱，他愤愤地叹息着说："我过去初到京城，孙桓还是一个小孩，然而今天竟逼迫我到了如此地步！"孙桓因功被任命为建武将军，封丹徒侯，到下游都督牛渚，修筑横江坞，就在这时去世。

　　评：亲人之间的恩义，是古今的伦常。宗族子弟能连城卫国，这是诗人所称赞的。何况这些孙氏子孙，有的辅佐初兴的基业，有的镇守国家的边疆，能够胜任他们所担负的重任，没有辱没他们的荣耀啊！所以我详尽地记载下这些。

卷五十二　吴书七

张顾诸葛步传第七

　　张昭,字子布,彭城人。他从小喜欢学习,擅长隶书,跟随白侯子安学习《左氏春秋》,博览群书,和琅邪人赵昱、东海人王朗同时出名,关系友好。成年后被考察举荐为孝廉,没有就任,与王朗在一起讨论过去君主避讳的事情,州里的才士陈琳等人都很赞赏他。刺史陶谦推举他为茂才,他不应召,陶谦认为他轻视自己,就把他抓了起来。赵昱竭尽全力营救,他才得以免灾。汉末天下大乱,徐州一带的士人百姓多到扬州一带避难,张昭也一同南渡长江。孙策创立基业,任命张昭为长史、抚军中郎将,与他一起登堂拜见老母,如同关系非常密切的同辈老友,军政大事全部托付给张昭。张昭常常收到北方士大夫的书信,他们都把功劳单独归于张昭。张昭想匿而不宣则担心有私情之嫌,呈报上去则又担心不妥当,进退两难,很是不安。孙策听说后,非常高兴,笑着说:“从前管仲任齐相,人家开口仲父,闭口仲父,而齐桓公依然被争霸天下的人尊崇,如今张子布很贤能,我能够重用他,他的功名成就难道不归功于我吗?”

　　孙策临终前,把弟弟孙权托付给张昭。张昭率领群僚拥戴孙权为主公并辅佐他。给汉室上了奏章,给所属各县发布了公文,命令朝廷内外的将校武官,让他们各自忠于职守。孙权因为悲痛伤感而没有处理政事,张昭对他说:“作为继承人,重要的是能够继承先辈的遗业,使之兴隆昌盛,以成就伟大的功业。当今天下动荡,群盗满山,您怎么能卧床哀伤,放纵普通人的感情呢?”于是张昭亲自扶孙权上马,列队而出,这样才使人们在心里感到有了依托。张昭又任孙权的长史,接受的任务和过去一样。后来刘备上表任命孙权兼任车骑将军,张昭为军师。孙权每次打猎,常骑马射虎,老虎曾经猛冲过来抓住他的马鞍。张昭神色大变,他上前对孙权说:“将军您何必要这样做? 作为君主的责任，是能够驾驭英雄，驱使群贤，难道能说他只是一个在原野上奔驰追逐，与猛兽较量勇力的人吗？如果一旦有意外，被天下人耻笑，又怎么办呢？"孙权向张昭表示歉意说："我年轻，考虑事情不深远，这件事让我很惭愧。"然而孙权仍然不能放弃这种癖好，就做了一辆射虎车，在车上开了方孔，孔洞上没有挡板，让一个人给他驾车，他自己在车里从方孔往外射箭。经常有离群的野兽，动辄冲撞车辆，而孙权常常用手击打野兽为乐。张昭竭力劝说，他却常常笑而不答。魏黄初二年（221），魏国派使者邢贞任命孙权为吴王。邢贞入宫门时不下车。张昭对邢贞说："礼节没有不恭敬这一条，所以刑法也没有不施行这一说。你胆敢妄自尊大，难道是认为江南人少势弱，连一把行刑的小刀也没有吗？"邢贞急忙下车。又任命张昭为绥远将军，封由拳侯。孙权在武昌时，面对钓台，饮酒大醉，他让人用水泼酒群臣说："今天痛饮只有醉倒在台上，才可罢休。"张昭神情严肃，一言不发，起身走到外面，在车里坐着。孙权派人把他叫回来，对他说："只是为了大家在一起作乐罢了，您为什么生气呢？"张昭回答说："从前殷纣王把酒糟堆成山，美酒盛满池，通宵达旦长饮，当时也认为是作乐，并不认为是坏事啊！"孙权沉默不语，面露愧色，马上就结束了酒宴。起初，孙权决定设置丞相，大家倾向于张昭担任此职。孙权说："当今天下多事，执掌统理工作的人责任重大，职位并不是用来优待人的东西。"后来丞相孙邵去世，百官又推举张昭。孙权说："我哪里是对子布吝啬呢？丞相的事务繁杂，而他这个人性情刚烈，他说的话不被采纳，就会产生怨恨诘难，这样做对他没有好处。"于是任用了顾雍。

孙权称帝后，张昭因为年老多病，就把官位以及所统领的部队归还孙权。孙权改任他为辅吴将军，地位仅次于三公，又改封为娄侯，食邑一万户。张昭在家闲居无事，就著述《春秋左氏传解》和《论语注》。孙权曾经问卫尉严畯说："你还记得小时候熟读的书吗？"严畯就背诵了《孝经》的"仲尼居"一节。张昭说："严畯是个浅陋的书生，我请求为陛下背诵。"于是背诵了"君子之事上"一章，众人都认为张昭知道在君主面前应该背诵什么。

张昭每次上朝，言谈的语气雄壮严厉，神色大义凛然。他曾经因为直言而违逆了孙权的意旨，一段时间内不被召见。后来蜀国使者到来，称颂蜀国的德行高尚，而群臣却没有人能够应对，孙权感叹说："假如张公在座，那个使者不待别人让他折服，自己就会丧气，哪里再敢自我吹嘘呢？"第二天，孙权派宫中使臣去慰问张昭，并趁势请见张昭。张昭离开席位向孙权赔罪，孙权跪着阻止了他。张昭坐定后,抬头说:"从前太后、桓王不把老臣托付给陛下,而把陛下托付给老臣,因此我想竭忠尽节,来报答厚恩,使我在死去之后,有可让后人称道的地方。但我的识见思虑很肤浅,违背了陛下圣明的意旨,自己料想死了之后,尸骸将永远抛弃在沟壑之中,没想到又蒙受召见,得以在朝廷侍奉陛下。然而我这颗愚陋的心是用来服侍国家的,我的志向也在于忠贞不渝、死而后已。至于让我改变思想,以求眼前的尊荣,得到陛下的欢心,这是我所不能做的。"孙权向张昭表示了歉意。

孙权因为公孙渊向吴国称藩,就派张弥、许晏到辽东任命公孙渊为燕王,张昭劝谏说:"公孙渊背叛魏国,害怕受到讨伐,才远道来向我们求援,这并不是他本来的意愿。如果公孙渊改变意图,想向魏国表明心迹,两位使者就回不来了,这不是要被天下人所取笑吗?"孙权与他反复争论,而张昭更加坚持自己的意见,孙权无法忍受,手按着刀愤怒地说:"吴国的官员士人入宫则向我拜见,出宫则向您行礼,我对您的敬重,也算到了顶点,而您屡次在大庭广众驳斥我,我常常担心我会做出失策的事情来。"张昭久久地盯着孙权说:"我虽然知道我的话不会被采纳,但我每每竭尽愚忠的原因,确实是因为太后临终前,把我叫到床前留下诏书,那遗诏中命令我的话语总是在我耳边回响。"说着,他泪流满面。孙权把刀扔在地上,与张昭相对而泣。然而孙权最终还是派张弥、许晏去了辽东。张昭恨自己的话不被采用,称病不再上朝。孙权也恼恨他,用泥土堵住他家的门,张昭又在里面用土把门封死。公孙渊果然杀了张弥和许晏。孙权多次慰问张昭向他赔罪,张昭坚决不起床。孙权外出路过张昭家门喊他相见,他以病重推托。孙权放火烧他家的大门,想用这个办法恐吓他,而张昭又把内室的门关闭。孙权让人灭了火,站在门外很久,张昭的几个儿子一起把张昭搀扶起来,孙权用车把他带回宫里,深深地责备了自己。张昭不得已,从此又恢复了朝见。

张昭的外表端庄严肃,有威风,孙权常说:"我和张公谈话,不敢随便乱说。"整个国家的人都敬畏他。嘉禾五年(236),张昭八十一岁时去世。留下遗嘱,让后人用一幅缣布给他束发,用不上色的棺材,以平常穿的衣服装殓。孙权身穿丧服亲临吊唁,谥为文侯。长子张承已经被封侯,由小儿子张休继承爵位。

张昭弟弟的儿子张奋二十岁时,制造了攻城用的大攻车,被步骘所推荐。张昭不满意地说:"你年纪还小,为什么要投身于军队呢?"张奋回答说:"从前鲁国的童子汪踦死于国难,齐国的子奇能治理东阿,我的确没什么本事,至于年龄却不算小了。"他终于领兵做了将军,接连建立功勋,官做到半州都督,被封为乐乡亭侯。

张承,字仲嗣,从小就以才学知名,和诸葛瑾、步骘、严畯相处很好。孙权任骠骑将军时,征召他为西曹掾,出任长沙西部都尉。讨伐平定了山越的贼寇,他得到精兵一万五千人。后来任濡须都督、奋威将军,封都乡侯,统率部队五千人。张承为人坚强壮毅,忠诚正直,能够识别人物,从孤苦寒微的少年中提拔了彭城的蔡款和南阳的谢景,后来都成了国家的杰出人才,蔡款官做到卫尉,谢景为豫章太守。另外诸葛恪年轻时,众人都称道他的杰出才华,张承却说最终使诸葛氏败落的就是诸葛恪。他勤奋进取,对朋友忠厚,凡属于好学而可以成才的贤者,他没有不登门拜访的。赤乌七年(244)去世,享年六十七岁,谥为定侯。儿子张震继承爵位。当初,张承的妻子死了,张昭想为他求娶诸葛瑾的女儿,张承因为与诸葛瑾彼此往来有交情,对这事感到很为难。孙权听说后就劝说他,于是他就成了诸葛瑾的女婿。生了个女儿,孙权给儿子孙和娶了她。孙权多次告诫孙和对张承要恭敬,用女婿应持的礼节来对待张承。张震在诸葛恪被害时也死了。

张休,字叔嗣,刚成年便与诸葛恪、顾谭等人一起成为太子孙登的僚友,他负责把《汉书》传授给孙登。从中庶子改任右弼都尉。孙权经常出游打猎,到天黑才返回,张休上书劝诫,孙权认为他说得非常正确,便拿给张昭看。孙登去世后,张休做了侍中,任羽林都督,兼管三典军的事务,升任扬武将军。因被鲁王孙霸的党羽所谗毁,和顾谭、顾承一起因芍陂论功之事,张休、顾承和典军陈恂互通私情,弄虚作假,增加自己的功劳,都被流放到交州。中书令孙弘奸诈阴险,张休一向恨他,孙弘便趁此机会诬陷诽谤,因而朝廷下诏书赐张休一死,这年他四十一岁。

顾雍,字元叹,吴郡吴县人。蔡伯喈从朔方返回后,曾来到吴郡躲避仇人,顾雍跟他学习琴书。州郡都上表推荐他。成年后任合肥县长,以后转任娄县、曲阿、上虞等地,都有政绩。孙权兼任会稽太守时,没到郡府就任,而是任用顾雍为郡臣,代理太守的职务。讨伐消除寇贼,使郡内稳定平静,百姓官吏都归服他。几年后,顾雍入朝任左司马。孙权为吴王后,顾雍逐渐升任大理奉常,兼任尚书令,封阳遂乡侯。封侯后,顾雍返回官邸,家里人都不知道,后来才听说此事,感到惊奇。

黄武四年（225），顾雍到吴郡迎回母亲。母亲来到后，孙权光临庆贺，亲自在厅堂向他母亲行拜礼，朝廷大臣全来聚会，后来太子又前来庆贺。顾雍为人不喝酒，寡言少语，举止行为适时得当。孙权曾经感叹地说："顾君要么不说，一说就一定有道理。"到了饮酒宴会欢乐之时，左右的人都担心酒后言行有失而顾雍一定会看见，因此不敢放纵尽情。孙权也说："顾公在座，让人不乐。"他就是如此让人畏惧。这一年，顾雍改任太常，又加封为醴陵侯，接替孙邵任丞相，兼管尚书事务。他所选用的文武官员都是按他们各自的才能来安排，心里没有厚薄之分。他经常到民间察访征询意见，如有政务所应采用的，就秘密地呈报。如果被采纳，就归功于主上，如果不被采纳，就永远不泄露。孙权因此很看重他。然而他在朝廷上有所陈述和建议，言辞态度虽然恭顺，但所坚持的立场原则却是正直的。孙权曾经询问朝政的得失，张昭趁机把他收集到的意见都陈述出来，认为法令太烦琐，刑罚过重，应当有所削减。孙权听了没有回答，回头问顾雍说："您认为怎么样？"顾雍回答说："我所了解的情况，和张昭所陈述的一样。"因此孙权这才审议狱讼的法令，并减轻刑罚。过了一段时间，吕壹、秦博任中书，主管审核各官府及州郡呈报的文书。吕壹等人因此逐渐独揽权势，专行赏罚，于是开始建立官府卖酒、关隘征税的制度，他们检举人的罪行，细微小事也往上呈报，再加重案情进行诋毁，诬蔑诽谤大臣，排挤陷害无辜，顾雍等人都曾被他们检举告发，并因此遭受谴责。后来吕壹邪恶的罪行被披露，被廷尉收押。顾雍前去审理此案，吕壹以囚犯的身份见顾雍，顾雍却和颜悦色，问他的诉讼情况，临走时，又对吕壹说："你心里大概还想说点什么吧？"吕壹只是叩头，无话可说。当时尚书郎怀叙当面咒骂羞辱吕壹，顾雍指责他说："官府有明确的法令，何必这样！"顾雍任丞相十九年，享年七十六岁，赤乌六年（243）去世。起初他的病势轻微时，孙权派医官赵泉给他看病，然后任命他的小儿子顾济为骑都尉。顾雍听到这个任命后，悲哀地说："赵泉善于识别生死，我的病肯定不会好了，所以皇上想让我亲眼看到顾济被任命。"孙权身穿丧服亲临吊唁，谥为肃侯。顾雍的长子顾邵早逝，次子顾裕身患重病，小儿子顾济继承爵位，但顾济没有后代，因而顾氏断了后嗣。永安元年（258），孙休下诏说："原丞相顾雍，品德高尚，忠诚贤良，以礼义来辅佐国政，但他的侯爵后继无人，我非常怜悯同情他。就以顾雍的次子顾裕继承爵位为醴陵侯，以表彰顾雍过去的功勋。"

顾邵，字孝则，博览经传，喜好品评辨别人物。年轻时和舅舅陆绩齐名，而陆逊、张敦、卜静等人都不如他。从州郡里的好学有才之士到四方的杰出人士，都与他往来相见，有的发些议论就离去，有的结下深厚情谊而惜别，名声流传，远近称赞。孙权把孙策的女儿嫁给了他。二十七岁时，离家出任豫章太守。顾邵一下车就去祭祀前代贤人徐孺子的墓，并优待他的后代；同时又禁止那些胡乱奉祀不合礼仪的祭奠行为。手下的小官吏凡资质好的，就让他们去学习，从中选择成绩突出的，提拔安排在重要的职位上，他推举有善行的人施教，因而使教令广泛地推行，民众都被感化了。起初，钱塘人丁谞出于行伍、阳羡人张秉生为贫民，乌程人吴粲、云阳人殷礼起于低贱，顾邵都提拔并亲近他们，给他们树立声誉。张秉遇到父母的丧事，顾邵亲自穿上丧服束上麻带吊唁。顾邵将要到豫章去时，已经快要上路出发了，正值张秉生病，当时送行的人数以百计，顾邵向宾客们解释说："张仲节生病，苦于不能来送别，我也为不能见到他而遗憾，暂且让我回去与他辞别，诸位请稍稍等一会儿。"他对下面贤士的关注，处处施惠，都像这样。丁谞官做到典军中郎，张秉是云阳太守，殷礼是零陵太守，吴粲是太子少傅。世人都认为顾邵知人善任。在郡任职五年，死在任上，有儿子顾谭和顾承。

顾谭，字子默，成年后与诸葛恪等人成为太子四友，从中庶子改任辅正都尉。赤乌年间，他替代诸葛恪任左节度。每次审阅账簿，未曾用过算筹，只是屈指心算，就把其中的疑点错误全部找了出来，下面的官员因此很佩服他。加官奉车都尉。薛综任选曹尚书时，坚持要把这个职位推让给顾谭，他说："顾谭思虑精细，行事周密，贯通道义，知晓微情，才华照人，德孚众望，实在不是我所能赶得上的。"后来顾谭终于替代了薛综。祖父顾雍去世几个月后，他就被任为太常，接替顾雍兼管尚书事务。当时，鲁王孙霸很受恩宠，与太子孙和抗衡，顾谭上书说："我听说有国有家的人，必须要明确嫡庶的正统，区别尊卑的礼节，使高下有差别，等级有距离，这样的话，骨肉之间的恩情就产生了，非分的企图就断绝了。从前贾谊陈述治理和安抚的方针，论述诸侯的形势，认为诸侯的权势重了，即使亲近也一定有悖逆名节的弊端；权势轻了，即使疏远也一定有保全自身的福运。所以淮南王是汉文帝的亲弟弟，却没能永久享有封国，失之于权势重了；吴芮是外姓臣子，却把长沙王的福运传给了后代，得之于权势轻了。从前汉文帝让慎夫人与皇后同席，袁盎撤去了慎夫人的座位，汉文帝面露怒色，等到袁盎向他说明尊卑的礼仪、戚夫人成为'人彘'的教训后，汉文帝的怒气全消了，慎夫人也省悟了。现在我所说这些，并非因为我有什么偏向，确实是想使太子安定而又有利于鲁王啊!"由于这件事,孙霸和顾谭有了嫌隙。长公主的丈夫是卫将军全琮,他们的儿子全寄当时是孙霸的宾客,全寄向来行为不正,是顾谭所不容纳的人。在这之前,顾谭的弟弟顾承与张休一起往北征讨寿春,全琮当时任大都督,与魏国将领王凌在芍陂交战,战事不利,魏国军队乘胜消灭了五营将秦晃的部队,张休、顾承奋力还击,终于使魏国的军队停止进攻。当时全琮的儿子全绪、全端也同时任将官,他们趁敌军停止进攻的机会,就进军攻打他们,王凌的军队因而撤退。论功行赏的时候,认为使敌人停止进攻的功劳大,使敌人撤退的功劳小,因此,张休、顾承同时被任为杂号将军,全绪、全端只是偏将而已。全寄父子更加忌恨,共同构织罪名陷害顾谭。顾谭因而获罪被流放到交州,他幽居而发愤,撰写了《新言》二十篇,其中的《知难篇》恐怕就是用来哀伤悲叹自己的。他被流放两年,四十二岁时,在交趾去世。

顾承,字子直,嘉禾年间(232—238)与舅舅一起按礼仪被征召。孙权赐给丞相顾雍的信说:"您的孙子子直,有宽容乐善的美名,直到与他相见,才知道他的宽容乐善超过了传闻,我为您表彰他。"于是任命顾承为骑都尉,统领羽林军。后来任吴郡西部都尉,和诸葛恪等人共同平定了山越,各得精兵八千人,回师驻守在章阬。又被任命为昭义中郎将,入朝任侍中。芍陂战役后,被任命为奋威将军,外出兼任京下督。几年后,与哥哥顾谭及张休等人一起被流放交州,三十七岁时去世。

诸葛瑾,字子瑜,琅邪郡阳都人。汉末到江东避乱。正值孙策去世,孙权的姐夫曲阿人弘咨见到诸葛瑾,认为他非同一般,就把他推荐给孙权,和鲁肃等人一同被当作宾客来接待。后来任孙权的长史,又转任中司马。建安二十年(215),孙权派遣诸葛瑾出使蜀国与刘备互通友好。他和弟弟诸葛亮都是因公事会晤才见面,公事结束,他们没有私下见过面。

他与孙权谈话或进行劝谏讽喻,从来不急切直言,只是稍微显示倾向,大略道出意图,如果与孙权的心意不合,便放弃这个内容而转入其他话题,慢慢地再借其他事情从头开始,用对同类事物的看法来求得孙权的理解,这样,孙权的思想往往也就通了。吴郡太守朱治,是举荐孙权为孝廉的将领,孙权曾有埋怨他的地方,但由于平时一直对他很敬重,很难亲自诘问责备他,因而心中愤愤不平,无法排解。诸葛瑾揣摩知道了其中的缘故,却又不敢公开说出来,就请求自己用孙权的意思来询问自己。于是他就在孙权面前写信,广泛地论述事物的常理,趁机用自己的思想迂回地推测分析孙权的想法。写完后,他把信呈交给孙权看,孙权很高兴,笑着说:"我思想上的疙瘩被你解开了。颜渊的恩德,是使人们更加亲爱,难道说的就是这个吗?"孙权又责怪校尉殷模,给他定的罪名令人意外。很多大臣为殷模说情,孙权更加愤怒,他与众人反复争辩,只有诸葛瑾沉默不语。孙权说:"子瑜为什么不说话?"诸葛瑾离开座位说:"我和殷模等人,都遭受了故土沦陷、生灵灭绝的灾难。抛弃了祖坟,扶老携幼,披荆斩棘,来归顺圣明的教化,在流亡的贱奴中,蒙受主公养育成全的福分,却不能自我督促砥砺,以报答万分之一的恩德,以至于使殷模辜负了恩惠,自己陷入罪恶之中。我认罪尚且来不及,实在不敢再说什么了。"孙权听了他的话,也很伤感,说:"我特为您赦免他。"

后来诸葛瑾参加讨伐关羽的战斗,封为宣城侯,以绥南将军的身份接替吕蒙兼任南郡太守,驻扎公安。刘备向东讨伐吴国,吴王孙权要求和解,诸葛瑾给刘备写信说:"我突然间听说您的大军从白帝城向这里进发,有人担心您的议事大臣会认为吴王侵夺了这个州,杀害了关羽,怨恨很深,祸患很大,不应当答应和解,这样的见解只是从小处用心,未从大处着眼,请让我为陛下分析一下这件事情的轻重及其大小。陛下如果能抑制威势,减少愤怒,姑且省察一下我的意见,主意就可以马下定下来,不必再向各位大臣征询意见了。陛下认为同关羽的亲近程度能比得上与汉朝先帝的关系吗?荆州的大小能与整个天下相比吗?对曹操和孙权都应该仇恨,谁应当为先,谁应当为后?如果省察权衡这其中的道理,作出决定就易如反掌。"当时有人说诸葛瑾另派亲信与刘备通报消息,孙权说:"我和子瑜有生死不渝的誓言,子瑜不会背弃我,就像我不会背弃子瑜一样。"黄武元年(222),诸葛瑾升任左将军,督察公安,授予符节,被封为宛陵侯。

虞翻因为狂放率直而被流放,只有诸葛瑾屡次为他说情。虞翻给他亲友的信中说:"诸葛子瑜敦厚仁义,效法苍天救活生灵,近来承蒙他公正执言,想为我保住名分。无奈我积怨甚多,罪孽深重,深为陛下所忌恨,虽有祁奚那样的人救助,但我却没有羊舌氏那样的德行,难有解脱的希望。"

诸葛瑾这个人雍容俊雅,思虑有度,当时的人们都佩服他的弘深俊雅。孙权也很看重他,重大的事情都要征询他的意见。还个别征询诸葛瑾说:"最近得到陆伯言呈报的表章,认为曹丕已死,受尽痛苦祸乱的百姓,应当一看见我们的旌旗就会瓦解,然而他们却更加安静了。听说新主曹叡全部选用忠诚贤良的大臣,宽缓刑罚,布施恩惠,减轻赋税劳役,以取悦民心,对我们的祸患比曹操时候更大了。我认为不是这样。曹操的行为,恐怕只有杀戮攻伐算是小小的过失,说到他离间别人骨肉之亲,只能算是残酷罢了。至于他驾驭将领的本领,则是自古少有。曹丕和曹操相比,是绝对比不上的。如今曹叡比不上曹丕,就像曹丕不如曹操一样:他之所以极力推崇小恩小惠,必然是因为他父亲刚死,自己觉得能力薄弱,担心困苦百姓的服从有朝一日会崩溃,所以他勉强委屈自己来求得民心,想用这个办法来稳定自己的地位罢了,哪里是逐步走向兴隆呢? 听说他任用了陈长文、曹子丹这类人,这类人有的是文人书生,有的是皇亲国戚,哪能驾驭雄才虎将来制服天下呢? 威势权柄不集中,国家的事情就会不协调而错乱,就像以前的张耳、陈余,他们并非不想和睦,涉及权势,就自相残杀,这是事物的情理使他们这样。另外陈长文这类人,过去之所以能遵守善道,是因为曹操箍着他们头,他们害怕曹操的威严,所以尽心尽意,不敢为非作歹而已。到了曹丕继承父业,年岁已经很大,他步曹操的后尘,施加给他们恩惠,因此他们还能感恩戴德。如今曹叡年幼力弱,只能随人摆布,陈长文、曹子丹这些人一定会因此弄巧作态,结党营私,各人辅助各人依附的势力。这种情况下,奸邪谗佞会一起发生,互相陷害仇视,以至于彼此憎恶势不两立。这样下去,群臣争权夺利,君主年幼无法控制,他们的失败还会长久吗? 所以知道他们必定失败的缘故,是因为从古到今,哪有四五个人把持法令权柄而不离心离德并转而互相攻击争斗的呢? 强者必然欺凌弱者,弱者必然寻求外援,这实在是国家祸乱败亡的规律。子瑜,你只管仔细听着,伯言通常善于谋划,恐怕在这件事上稍有些不周全。”

孙权称帝后,任命诸葛瑾为大将军、左都护,兼任豫州牧。到了吕壹被处死,孙权还有诏书责备诸葛瑾等人,这些话记载在孙权传里。诸葛瑾马上根据具体情况给予回答,言辞恭顺,道理正确。诸葛瑾的儿子诸葛恪当时名声很盛,孙权很器重他,但诸葛瑾却常常嫌弃他,说他不是保全家业的儿子,并每每为此忧虑。赤乌四年(241),诸葛瑾六十八岁时去世,留下遗言说用不饰色的棺木,用平时穿的衣服装殓,丧事从简从省。诸葛恪这时已经封侯,所以他的弟弟诸葛融继承了爵位,并代理军队职务驻守公安,他的部属官兵都亲近依附他。边境上如果没有战事,秋天和冬天他就狩猎习武,春天和夏天就邀请宾客举行盛宴,休假的官兵,有的人不远千里来参加。每次聚会他总是逐一询问客人,让他们各自说说自己的技能,然后就合并榻床,连接座席,选择相应的对手,有的人博弈,有的人参加撎捕,还有投壶弓弹,都分门别类。这时甘果不断送上,清酒慢慢斟饮。诸葛融来往观看,终日不知疲倦。诸葛融的父亲和哥哥都很质朴,虽然在军旅中,穿着都不华丽。而诸葛融则身穿锦绣衣服,偏偏追求奢侈绮丽的打扮。孙权去世后,他升任奋威将军,后来诸葛恪征讨淮南,授予诸葛融符节,让他率领军队进入沔水一带,攻击西边的敌军。诸葛恪被处死后,孙峻派无难督施宽召集施绩、孙壹、全熙等人去拘捕诸葛融。诸葛融突然听说官兵来到,惊恐犹豫,拿不定主意,官兵包围城池后,他喝毒药自杀,他的三个儿子全被处死。

步骘,字子山,临淮郡淮阴人。世道混乱,他来到江东避难,孤身一人,生活穷困。与广陵人卫旌同岁,相处很好,一起靠种瓜来养活自己。白天劳动四肢,夜里诵读经传。

会稽人焦征羌是郡里的豪族,他的门客放纵无礼。步骘和卫旌在他的地盘谋生,担心被他们侵扰,就一起拿着名帖带着瓜,来献给焦征羌。焦征羌正在内屋睡觉,步骘和卫旌等候多时,卫旌想扔下东西离开,步骘阻止他说:"我们来的原因,就是怕他的势力强;现在我们放弃努力离去,想以此表示清高,结果只会与他结下怨仇。"过了很久,焦征羌开窗看见他们,他自己身靠几案坐在帷帐中,叫人在地上铺了席子,让步骘、卫旌坐在窗外,卫旌更加感到耻辱,而步骘言辞神色镇定自若。焦征羌吃饭,自己享用大食案,上面堆满了美味佳肴,却用小盘盛饭给步骘、卫旌,只有蔬菜下饭而已。卫旌吃不下,步骘则拼命吃饭直到饱了才告辞出来。卫旌生气地对步骘说:"你怎么能忍受这种耻辱?"步骘说:"我们贫穷低贱,所以主人用贫穷低贱的礼节对待我们,本来就是应该的,这有什么可耻辱的呢?"

孙权为讨虏将军时,征召步骘任主记,任命他为海盐县长,不久又召他为车骑将军东曹掾。建安十五年(210),步骘外出兼任鄱阳太守。年内又改任交州刺史、立武中郎将,统领武射吏一千人,即刻取路向南行进。第二年,补授任命使持节、征南中郎将。刘表安置的苍梧太守吴巨暗怀忌心,表面归附,内心背离。步骘隐藏真心,安抚引诱吴巨,请吴巨来相见,趁机将他斩首示众,由此步骘声威大振。士燮兄弟相继接受王命,南方疆土的归顺,就从这时候开始。益州的富豪雍闿等人杀了蜀国设置的太守正昂,与士燮通报,要求归顺吴国。步骘秉承主公旨意派使者宣示圣恩,安抚接纳,由此步骘被加授为平戎将军,封广信侯。

延康元年(220),孙权派遣吕岱接替步骘,步骘则率领交州义士一万人进军长沙。正好刘备向东而下,武陵的蛮夷蠢蠢欲动,孙权于是命步骘向北进军益阳。刘备遭到惨败后,零陵、桂阳等郡仍然骚扰不宁,处处阻截军队,步骘辗转追逐征讨,把这几个郡都平定了。黄武二年(226),步骘升任右将军左护军,改封为临湘侯。黄武五年(226)假节,移兵驻守沤口。

孙权称帝后,任命步骘为骠骑将军,兼任冀州牧。这一年,他都督西陵,代替陆逊镇抚南北两处边境,不久因为冀州在蜀国名分下,被解除了冀州牧的职务。当时孙权的太子孙登驻守武昌,他对人仁慈,喜好善行,在给步骘的信中说:"所谓贤人君子,就是用来兴隆宏大的教化,辅佐治理重大事务的人。我的天性愚昧浅陋,不通晓道理,虽然确实爱慕并想尽心于完美的德行,致情于贤能的君子,但是说到远近的才学之士,其先后次第怎样才能相宜,我的想法恐怕与实际相差太远,因为我未能详尽了解他们的情况。经传里说:'爱慕他,能不让他劳苦吗?忠于他,能不对他教诲吗?'这句话说的意思,难道不是我对贤人君子所寄予的希望吗?"步骘为此把当时在荆州境内任职的诸葛瑾、陆逊、朱然、程普、潘濬、裴玄、夏侯承、卫旌、李肃、周条、石干等十一人列出来,辨别分析他们的品行业绩,借机上书鼓励孙登说:"我听说君主不亲理小事,百官和各主管部门各自负起自己的职责。所以虞舜任用九个贤人,而他自己却没有什么耗费心力的地方,只是弹奏五弦琴,吟咏南风诗,不下殿堂而天下就能得到治理。齐桓公任用管仲,他自己披头散发乘车游玩,然而不仅使齐国得到治理,又造就了九合诸侯、一匡天下的大业。近世汉高祖引取三个豪杰而使帝业兴隆,楚霸王失去英雄而使前功尽弃。汲黯在朝,淮南王就不敢阴谋生事;郅都守边防,匈奴人就销声匿迹。所以贤人所在的地方,可以御敌于千里之外,他们真正是国家的栋梁英才,也是王朝兴衰的根源。如今天下,圣王的教化还未覆盖到汉水以北,黄河二洛水两岸还有僭位悖逆的恶行,这实在是招揽英雄、选拔俊杰、任用贤能的时机。希望英明的太子对此留心重视,那么天下的人就很庆幸了。"

后来中书吕壹负责审查文书,被他检举告发的人很多。步骘上疏说:"我听说各位典校挑剔细微,吹毛求疵,扩大案情,加重诬告,动不动就想陷害他人,来达到自己作威作福的目的。无罪无辜的人横遭大刑,因此使得人们在天地之间局促不安,无不战战兢兢。从前的狱官,都是唯贤是任,所以皋陶任狱官,吕侯领布赎刑之法,张释之、于定国当廷尉,百姓没有被冤枉的,吉祥太平的国运,实在是由此兴盛的。现在这班小臣,行为与古人迥异,断狱要靠行贿来进行,草菅人命,而又把责任推给上面,为国家招致怨恨。只要有一个人悲叹,王道就受到亏损,真是太可恨了! 有德行的人对处罚都很谨慎,有才智的人都会考虑刑罚的轻重,这是经传典籍中所赞美的。从今以后蔽狱(掩蔽案情真相,使罪人不得自由)之事,属于都城内的就应当征询顾雍,属于武昌的就应当征询陆逊、潘濬。公平专一,务必得到真情,我倘若有神人之明见,那么即使受到惩罚,又有什么可遗憾的呢?”又说:“天子以天为父,以地为母,所以宫室百官,总是效法天上的各个星宿。如果实施政策法令,能够敬顺时节,任用官员能得到适宜的人选,那么阴阳之气就会协调,七星就会遵循正常的轨道运行。至于现在,官吏缺员很多,即使已经任用的大臣,又不给予信任,这样天地怎么能不产生异常的变化呢? 所以连年的干旱,正是阳气太盛的征兆。另外嘉禾六年(273)五月十四日,赤乌二年(239)正月初一和二十七日,都发生了地震。地属于阴类,是臣子的象征,阴气盛所以地震,这是臣子专擅朝政的缘故。凡天地产生异变,都是用来警醒君主的,不能不深思它的意义啊!”又说:“丞相顾雍、上大将军陆逊、太常潘濬,他们忧虑深沉,责任重大,志在竭尽忠诚,他们日夜兢兢业业,寝食不安,一心考虑要使国家安定,百姓殷实,制定长治久安的政策策略,可以说得上是心腹骨干,国家的栋梁之臣。应当给他们每个人都委以重任! 不让其他官员监督他们主管的工作,要求他们做出成效,考察他们工作的得失和优劣。这三个大臣,他们的思虑只是有顾及不到之处而已,哪里敢独揽威权欺骗背负陛下呢?”又说:“悬赏以表彰善行,设刑以威慑奸佞,任用贤能之人,审查明确法律刑名,那么什么功业不能成就? 什么事情不能办好? 什么消息不能听到? 什么现象不能看到? 如果辖区百里的郡守都得到合适的人选,共同规划治理,这样,各种政务怎么能不兴盛呢? 我私下听说各县都有编外的备用人员,官吏多了民众就烦扰,社会风气也因此败坏。只是小人们有了接受君命的机会,并不努力奉行公事,而是作威作福,他们没有扩大天子的视听,反而成为百姓的祸害,我认为这样的官员可以一律罢免。”孙权听了步骘的劝谏,也醒悟了,终于处死了吕壹。步骘先后为举荐屈居下位的贤能,援救开脱遭受灾难的无辜,上疏几十次,孙权虽然不能全部接受,但还是经常采纳他的意见,多次蒙受他的帮助而得到补益。

赤乌九年(246),步骘替代陆逊做了丞相,他仍然教诲门生,手不释卷,穿戴和居处就像读书人一样。然而他家里妻妾的服饰则过分华丽,因而颇被人讯消。他在西陵二十年,邻近的敌人都敬畏他的威严和信义。他的性情宽宏大量,很得人心,内心的喜怒从不在脸上表现出来,所以内外人士对他肃然起敬。

赤乌十年(247),步骘去世。儿子步协继承爵位,统领步骘旧部,加授抚军将军。步协去世后,他的儿子步玑继承爵位。步协的弟弟步阐继承父业任西陵督,加授昭武将军,封为西亭侯。凤凰元年(272),又征召任为绕帐督。步阐几代都住在西陵,突然间接到征召的命令,自以为要丢失职务,又担心有谗言陷害,于是就在西陵城投降晋国,派步玑和弟弟步璿到洛阳去任职。晋国任用步阐为都督西陵诸军事、卫将军、仪同三司,加授侍中,授予假节兼任交州牧,封为宜都公;步玑为监江陵诸军事、左将军,加授散骑常侍,兼任庐陵太守,改封为江陵侯;步璿为给事中、宣威将军,封为都乡侯。晋国命令车骑将军羊祜、荆州刺史杨肇前去援救步阐。孙皓派陆抗向西进军,羊祜等人退军。陆抗攻陷西陵城,斩杀步阐等人,步氏家族泯灭,只有步璿继承后嗣。

颍川人周昭著书赞扬步骘和严畯等人说:"古今贤能的士大夫之所以败坏名声、毁灭自己、丧失家业、危害国家,其中的原因不止一个,但归纳其大致的规律,总结其常见的祸患,不过是四方面的原因而已。急于议论是其一,争名夺利是其二,重视朋党是其三,力求速决是其四。急于议论就会伤害他人,争名夺利就会破坏友情,重视朋党就会蒙蔽君主,力求速决就会丧失道义。这四方面因素不消除,没有人能保全自己。当代的君子能够保全自己的,也屡屡可见,哪里只限于古人呢!不过要衡量其中最突出的,莫若顾豫章、诸葛使君、步丞相、严卫尉、张奋威表现得最完美。《论语》说'孔子很善于有步骤地诱导学生',又说'要成全别人的好事,不促成别人的坏事',顾豫章就具备了这样的美德。'远远望去庄严可畏,向他靠近温和可亲,听他说话严厉不敬',诸葛使君就体现了这种特点。'庄严而安静,有威仪而不凶猛',步丞相显示了这种风貌。学习不追求利禄,思想不贪图横财,严卫尉、张奋威发扬了这种精神。这五位君子,虽然德行的确有差别,地位也有轻重的不同,但在举止行为、进退取舍的大操行上,从不犯上述四种毛病,他们坚守的原则是一致的。先前丁谞是孤儿而被任用,吾粲也出于牧童,顾豫章发挥他们的长处,使他们的地位与陆氏、全氏并列,因此,如果贤士没有被幽闭屈才,社会风俗就会淳厚。诸葛使君、步丞相、严卫尉三位君子,过去同以平民的身份互相友善,许多议论的人据此逐一排列他们的优劣次序。起初,先是严卫尉,其次是步丞相,而后才是诸葛使君。后来他们共同事奉英明的君主,筹划管理国家的事务,由于他们出身和处事的才能有不同之处,因此先后的名次必然与最初的次序相反,这是世间普通人根据他们所受待遇的厚薄来评定的。至于三位君子的情谊友好,始终没有受到损害,这难道不是古人相交的风气吗? 另外鲁肃先前率领一万兵马,屯兵据守陆口,这是当时的美差,无论是有能力还是没有能力的人,谁不向往这个职务呢? 鲁肃去世后,严卫尉被选中接替鲁肃,但他自认为不具备将帅的才干,执意推辞,终于没有接任。后来他登上九卿之列(卫尉是九卿之一),又改任尚书令,掌管八个文职部门,荣耀不足以自夸,俸禄不足以自给。至于那二位君子,都位居上将,极尽富贵。严卫尉既没有争夺名利的欲念,二位君子也不适当推荐,各自坚守自己的志向,保全自己的名誉。孔子说:'君子庄重而不争执,合群而不结党。'这三位君子都具有这种风范。另外张奋威的名声,也应该在三位君子的行列。他担当一方的戍卫,接受上将的职守,与诸葛使君、步丞相没有两样。然而参与国事,评议功劳,确实有先后的差别,所以爵位的尊荣程度便有所不同。而张奋威顺从随和地处在这个地位上,作判断时能明白爵位上下的次序,心中没有丧失道义的欲念,做事没有自大而失去节制的要求。每次上朝,举止都遵循礼仪,言辞诚恳,一言一行无不想到尽忠。张叔嗣虽然亲近显贵,言语中也忧虑他的失败;蔡文至虽然疏远低贱,谈话中也很赞赏他的贤能。他的女儿许配给太子,接受聘礼就像吊唁一样难受,奔赴君命时,又意气昂扬,确实是个忠厚纯一的人物;而事业的成败得失,往往像他所考虑的一样,可以说他是个坚守道义而又见机而动、喜欢古代风尚的贤士。至于治理国家,统率军队,在驰骋疆场时,建立霸王的功业,这五个人还算不上有过人的本领。至于他们精诚地实行道义,对所追求的目标不苟且获取,无论升迁贬黜都保全自己的名声品行,远远地超脱于世俗之上,确实是有所师承。所以我概括地评议他们的事迹,以示后来的君子。"周昭这个人字恭远,和韦曜、薛莹、华覈一起撰述《吴书》,后来任中书郎,因犯法入狱,华覈上表救他,孙权不答应,于是被处死。

评: 张昭接受遗诏辅佐君主,建立了功勋,他忠诚方正,从不为己,却因为严厉而被他人畏惧,因为清高而被君主疏远,既没有担任宰相,也没有升为师保(辅助帝王的官),只好赋闲在家,养老而已。由此可知孙权不如孙策。顾雍依仗平时所学的知识,又以智慧来运用它,所以能登上最尊荣的地位。诸葛瑾、步骘均以道德为规范、以法度为准则,在当世被器重。张秉、顾邵尊重长者,喜欢人才。周昭的评论,对他们的称赞都很完美,所以我详细地摘录在文章中。顾谭上书进谏和接纳贤才都以公家利益为重,有忠贞的节操;张休、顾承修炼自己的意志,都希望做些好事。喜欢谗言害人的人攻击他们,使他们被流放到南疆,很令人哀伤啊!

卷五十三　吴书八

张严程阚薛传第八

张纮,字子纲,广陵人,曾游学京都,后又返回本郡,被举荐为茂才,官府征召,他都不去就职,躲避战乱来到江东。孙策创立基业时,张纮便委身投靠了孙策。孙策任命他为正议校尉,跟随讨伐丹杨。孙策亲临战斗阵地,张纮劝说道:"主将是制定谋划策略的人,三军维系命运的依托,不应轻率,亲自与区区小寇对阵。希望您珍重上天授予您的资质,符合天下的期望,不要使国内上下的人为您的安危恐惧不安。"建安四年(199),孙策派张纮到许昌皇宫奉献奏章,被留在那里任侍御史。少府孔融等人都和他亲近友善。曹操听说孙策去世,想借治丧的机会讨伐吴国,张纮对他进行规劝,认为趁别人的丧事而进攻,不符合传统的道义,倘若进攻不胜,反而使两国结下仇怨,抛弃了往日的盟好,不如借此机会厚待吴国。曹操听从了他的劝告,立即上表荐孙权为讨虏将军,兼任会稽太守,曹操想让张纮劝说引导孙权来归附,便让张纮出任会稽东部都尉。

后来孙权任张纮为长史,跟随自己征讨合肥。孙权率领轻装骑兵准备前去突击敌人,张纮规劝说:"兵器是不祥的凶器,战争是危险的事情。现在您依仗旺盛雄壮的气势,忽视强大凶暴的敌人,三军将士无不感到寒心。虽然斩杀敌军将领,拔取敌军旗帜,威震疆场,但这本是偏将的任务,不是主帅所应该干的。希望您克制孟贲、夏育般的勇猛鲁莽,胸怀建立霸业的大计。"孙权接受张纮的建议而停止行动。回师后第二年,孙权准备再次出兵,张纮又规劝说:"自古以来帝王就是承受天命的君主,虽有皇灵在上面辅佑,文德教化在下面传扬,也要依赖武功来昭示功勋。然而武功贵在伺机而动,然后才能建立威势。现在您正遭遇汉代四百年的厄运,有扶助危难的功业,应暂且隐伏偃息军队,广泛开展农耕,任用贤能之士,务必崇尚宽厚和仁惠的政策,顺应天命来施行诛罚,这样就能够不用辛劳而能使天下平定。"于是孙权便停止行动不再出兵,张纮提议应当离开吴郡在秣陵建都,孙权听从了。孙权让张纮回吴郡接来家眷,半路上张纮病逝。临死前,留给儿子张靖遗书说:"自古以来,有国有家的人,都想整治德政来配合兴隆的盛世,至于他们的治理,多半没有理想的结果。并不是没有忠臣贤才辅佐,也不是不懂得治国的根本,而是因为君主不能克制自己的好恶之情,不肯采用他人的意见罢了。人的常情总是怕难近易,喜好相同的意见而厌恶不同的意见,这与治理政事的法则正好相反。《左传》中说:'要学好就如登山般不容易,要学坏就如山崩一样迅速',说的就是学好的困难。君主继承几代相传的基业,凭借天然的势力,掌握着权柄的威信,习惯于做容易的事,听相同的意见,无须向他人索取什么;而忠臣心怀难于进用的治国方法,说出逆耳的劝谏之语,两者不能相合,不也是理所当然的事吗?不合就会有隔阂,诡辩者就会乘虚而入,君主为小小的忠诚所迷惑,贪恋小人的恩爱,这样就使贤愚混杂,长幼失去次序,这些情况产生的原因,就是人情扰乱了正常的社会关系。所以圣明的君主感悟到这个道理,如饥似渴地寻求贤能之士,接受劝谏不知满足,克制情感,减少私欲,用道义来割舍恩爱。上面没有偏颇错误的任命,下面就没有想入非非的企图。您应加以三思,忍受耻辱,掩藏锋芒,来完成仁义覆盖天下的大业。"张纮去世这年六十岁。孙权看了他的遗书流泪不止。

张纮所作的诗赋铭诔有十几篇。他的儿子张玄,官做到南郡太守、尚书。张玄的儿子张尚,孙皓在位时任侍郎,因说话辩论巧妙敏捷而被孙皓赏识,提拔为侍中、中书令。孙皓让张尚弹琴,张尚回答说:"我从来就不会。"孙皓下令让他学。后来在宴会上言谈之间谈到琴音的精妙时,张尚随口说道:晋平公让师旷弹奏清幽的角音,师旷说:"我们的国君德行浅薄,没有资格听这种琴音。"孙皓心里认为张尚用这事来比况自己,很不高兴。后来又累积了其他事情把张尚关进监狱,追究起来都用这件事诘问他,又把他遣送到建安去造船。过了很久,又在建安把张尚处死。

起初,张纮的同郡人秦松(字文表)、陈端(字子正),与张纮一起被孙策所优待,参与谋划大事。他们两人早已去世。

严畯,字曼才,彭城人。他从小酷爱学习,通晓《诗经》《尚书》和《三礼》,又喜好《说文解字》。在江东躲避祸乱,与诸葛瑾、步骘齐名并且关系友好。严峻性情朴直淳厚,对于有才能的人,能以良好的道义直诚告诫,目的是想对他们的进步和发展有所补益。张昭把他推荐给孙权,孙权任命他为骑都尉、从事中郎。到横江将军鲁肃去世时,孙权让严畯接替鲁肃,督率一万人的军队,镇守陆口。众人都为他高兴,但他自己却一再坚决地推辞,说:"我只是个书生,不熟悉军事,不具有这种才能而占据这个位置,罪过和悔恨必将随之而来。"说这话时,他的情绪很激昂,以至于流泪。孙权便听从了他的意见。世人赞扬他能根据实情而辞让的精神。孙权为吴王以及称帝后,严畯曾任卫尉,出使到蜀国,蜀国丞相诸葛亮十分喜欢他。严畯不积蓄俸禄和赏赐,财物都分送给亲友故旧,家用经常不够。广陵人刘颖与严畯有交情,刘颖在家精研学问,孙权得知后便征召他,他称病不就职。他弟弟刘略任零陵太守,死在官任上,刘颖前往奔丧,孙权知道他是装病,急忙传令收捕并审讯他。严畯连忙赶去告诉了刘颖此事,让他马上回来向孙权认罪。孙权大怒,免去严畯的官职,而刘颖却得以免罪。过了一段时间,孙权又任命严畯为尚书令,而后严畯便去世了。

严畯著有《孝经传》《潮水论》,又与裴玄、张承评论管仲、季路,都流传在世。裴玄字彦黄,下邳人,也有学问品行,官做到太中大夫。他问儿子裴钦齐桓公、晋文公、晋夷公、晋惠公四人的优劣,裴钦的见解,与裴玄有异有同,各自都有文采和条理。裴钦与太子孙登交往相处,孙登也称道他的文采。

程秉,字德枢,汝南郡南顿人。他曾事奉过郑玄,后来躲避祸乱来到交州,与刘熙考究讨论经典要旨,终于精通五经。士燮任命他为长史,孙权听说他是著名的儒士,便以礼征召他,程秉到后,被任为太子太傅。黄武四年(225),孙权为太子孙登娶周瑜的女儿为妻,程秉兼任太常,到吴郡迎接妃子。孙权亲自来到程秉船上,可见他受到的深厚礼遇。回来后,程秉从容地向孙登进言说:"婚姻是人际伦常的开始,是帝王教化的基础,因此圣明的君主都重视它,用来给民众作表率,影响教育天下,所以《诗经》赞美《关雎》,把它列为首篇。希望太子在闺房中尊崇礼仪教化,保存《诗经·周南》所咏唱的美德,那么道义教化兴隆于上,而颂扬之声就会产生于下。"孙登笑着说:"扶助发扬我的优点,纠正制止我的缺点,正是我有赖于太傅的。"

程秉病死在官任上。著有《周易摘》《尚书驳》《论语弼》,共计三万多字。他任太子太傅时,率更令(官名)河南人徵崇也专心好学,建立了好品行。

阚泽,字德润,会稽郡山阴人。家里世代都是农民,阚泽喜好学习,当时家里贫穷没有资财,便常常受雇替别人抄书,以此换来纸笔给自己用,抄完书,他也将书全部诵读完了。他追记老师讲论,研习深究,遍览群书,又通晓历法天文,因此名声显扬。考察后被推举为孝廉,提拔为钱塘县长,又升任郴县令。孙权任骠骑将军时,征召他补任西曹掾;到孙权称帝号后,又任命他为尚书。嘉禾年间,阚泽任中书令,加授侍中。赤乌五年(242),任太子太傅,仍旧兼任中书令。

阚泽认为解释儒家经典的文章太多,很难得以全部应用,便斟酌推敲各家之说,节选《三礼》的文字和各家的注释去教授两宫王子,拟定了出入和同宾客会见的礼仪,又著有《乾象历注》来纠正历法的误差。每当朝廷有重要会议,遇到经典中有疑难之处,就总是去征询阚泽的意见。因为他对儒学的辛勤研究,被封为都乡侯。他的性情谦虚恭敬,忠厚慎重,宫廷官府的小官,招呼他提问对答,他都施以平等的礼节。有人非议他的短处,他从未用言语反击,表情就显示出自己有不足的样子,逐渐地非议之声便没有了。孙权曾问他:"书传诗赋,哪一篇说得上优秀?"阚泽想用治乱的道理开导孙权,就趁机回答说贾谊的《过秦论》最好,孙权便阅读了这篇文章。当初,由于吕壹的奸邪罪行被揭露上报,主管部门彻底追究,严加惩治,奏请对他处以极刑,有人认为应施用火烧车裂之刑,以使首恶昭彰。孙权因此征询阚泽的意见,阚泽说:"盛隆清平的社会,不应再有这种刑法。"孙权听从了。另外,各官署都存在一些弊端,孙权想增加法律条令,来约束控制臣下,阚泽每次都说"应当按照礼仪和法律来处理"。他平和而正直的个性就是这样。赤乌六年(243)冬天阚泽去世,孙权痛惜哀悼,几天吃不下饭。

阚泽的同州前辈丹杨人唐固,也修养自身,积累学问,被称为儒者。著有《国语》《公羊传》《谷梁传》等书的注释,常有几十人听他讲授学问。孙权为吴王时,任唐固为议郎,从陆逊、张温、骆统等人开始,都拜他为师。黄武四年(225)任尚书仆射,后去世。

薛综,字敬文,沛郡竹邑人。小时候跟随同族人到交州避难,跟从刘熙学习。士燮依附孙权后,征召薛综为五官中郎将,任合浦、交趾太守。当时交州刚刚被开发,刺史吕岱率领大军讨伐,薛综和他一起行动,渡海向南征讨,一直到了九真。完成任务后回到京都,兼任谒者仆射。蜀国使者张奉在孙权面前拆开尚书阚泽的姓名来嘲弄阚泽,阚泽回答不了。薛综起座巡行斟酒,利用劝酒的机会对张奉说:"蜀是什么? 有犬为独,无犬为蜀,苟字为身,横生眼目,一条虫子,钻入其腹。"张奉说:"不再拆一拆你们的吴字吗?"薛综应声说道:"无口为天,有口为吴。君临天下,天子之都。"这时在座众人欣喜欢笑,而张奉却无言以对。薛综的思维敏捷,都像这般。

吕岱从交州被征召出来,薛综担心吕岱的继任者不是合适的人选,就上书说:"从前帝舜巡视南方,死在苍梧。秦朝设置了桂林、南海、象郡。既然如此,那么这四郡归属中国,乃是由来已久。赵佗在番禺起家,安抚降伏百越的君主,这就是珠官以南的地区。汉武帝诛杀吕嘉,开辟九郡,设置交趾刺史来镇抚监管这个地方。这里山长水远,风俗习惯不统一,语言各异,要通过多重翻译才能沟通,百姓如同禽兽,长幼没有等级差别,绾一撮发髻,光着脚,头上扎着带子,衣襟左衽,官员的设置,即使有也如同没有一样。从那以后,大量流放了中原地区的罪犯杂居在他们中间,逐渐使他们学习写字,粗通汉语,又派驿传往来,让他们看到礼仪教化。到后来锡光为交趾太守,任延为九真太守,才教他们耕种田地,让他们戴帽穿鞋;为他们设置媒官,他们才开始懂得聘娶的道理;又建立学校,用经典的思想教导他们。从这以后,四百多年,各任太守大都像他们一样。我先前刚客居到这里时,珠崖一带除州县治所有正式嫁娶外,别的地方全是等到八月份自认门户,百姓聚集相会时,男女之间寻求自相适合的人便结为夫妻,父母不能阻止。交趾的麊泠、九真的都庞二县,都是哥哥死了弟弟娶嫂子,社会以此为习俗,地方官员放任自流,不能禁止限制。日南郡男女裸体,不以为是羞耻。由此可见,他们可说是野兽,只不过有一张脸面罢了。然而这里土地广大,人口众多,地势险阻,山林凶恶,容易利用这些条件作乱,难以使这里的人顺利治理。县里官吏统治着他们,向他们宣示法令,以威势使他们镇服,农户的租赋,要酌情设置办理,重要的是让他们送来远方的珍珠宝玉、香药、象牙、犀角、玳瑁、珊瑚、琉璃、鹦鹉、翡翠、孔雀这类奇特的物产,充实完备珍贵玩物的收藏,不必仰仗他们交纳赋税来帮助中原地区。然而在几千里之外,地方官员的选择,多数没有精细的考察。汉朝时法令宽缓,这些官员大多恣意妄为,所以反而屡屡违犯法令。珠崖的衰败,起因就在于地方官员看见当地人头发漂亮,强行剪取做成假发。到我所见的,就有如下这些事实。南海人黄盖任日南太守,一下车就因供给不丰盛,把主簿打死,而自己被驱逐。九真太守儋萌做东给岳父周京设宴,把大官一起请来,饮酒作乐,奏起了音乐,功曹番歆起来要同周京一起舞蹈,周京不肯起身,番歆还是强逼,儋萌一怒之下,用木杖击打番歆,把他打死在郡府内。番歆的弟弟番苗率众攻打郡府,用毒箭射儋萌,儋萌中箭而死。交趾太守士燮派兵来讨伐,始终没能取胜。

还有原刺史会稽人朱符,多把同乡如虞褒、刘彦等人分任为长官,侵害虐待百姓,向百姓强收赋税,捕一条黄鱼就要收一斛稻子,百姓怨恨反叛,与山越贼寇一起行动,攻犯州郡。朱符逃往海上,流离而死。再如南阳人张津,与荆州牧刘表有怨仇,自己兵力弱小而敌人强大,年年兴师出兵,众将领都很厌烦,去留任意随便。张津稍加约束整顿,但他威严气势不足,被部下凌辱,最终被杀。还有零陵人赖恭,在前辈中,他性情仁厚谨慎,但不识时务。刘表又派长沙人吴巨任苍梧太守,吴巨是一介武夫,轻率剽悍,不被赖恭所信服,便相互怨恨,吴巨赶走了赖恭,赖恭便向步骘求援。这时张津的旧将夷廖、钱博的党羽还很多,步骘一一锄灭惩治,社会秩序和国家法纪才稳定下来,却又碰上朝廷把他调走。吕岱来到后,发生了士氏的叛乱。他率领越地大军向南出征,讨伐平定之时,改设地方长官,宣示天子的法令,威势覆盖万里,大小地方都承受教化。由此说来,平定安抚边疆,实在应有称职的人选。州牧郡守的担任者,都应是清廉能干的人,而在荒僻边远之地,官吏的选择就更是关系到百姓祸福的关键。如今交州虽然名义上已经大致平定,但还有高凉的惯匪存在;而南海、苍梧、郁林、珠官四郡的边界还没有安定,依然有贼寇作乱,已成为叛乱逃亡者的专门聚集地。倘若吕岱不再南去任职,那么新任刺史应该选择精细谨慎,能够控制八郡,具有策略智谋,能逐渐地用浸染的方式治理高凉的人担任,给予他威势尊荣,以及权力地位,责令他治理得卓有成效,这样才有希望弥补因吕岱调走而留下的缺憾。如果只是平庸的人才,墨守成规,没有奇谋妙略,那么坏人就会一日多于一日,日久天长,必成祸害。所以,国家的安危,就在于所任用的人,这一点不可不省察。我私下担心朝廷忽视了交州刺史的选任,所以冒昧地竭尽我的忠心,来广开陛下圣明的思谋。"

黄龙三年(231),建昌侯孙虑任镇军大将军,驻扎半州,任命薛综为长史,对外掌管各种政事,在内传授经传典籍。孙虑去世后,薛综入朝任贼曹尚书,升任尚书仆射。当时,公孙渊投降后又叛变,孙权大怒,想亲自出征讨伐。薛综上书劝谏说:"帝王是万邦之元首,天下所维系命运的人。因此居所就要重设门户、敲击木桥以防备意外;出行便以清除道路、控制车马的速度来形成威严的气势,这样做的目的是为了保存万全的福运,镇抚四海的民心。从前孔子憎恶时事,托言要乘桴浮于海,季由为此而兴高采烈,孔子以才能没有可取之处拒绝了他。汉元帝想乘楼船,薛广德请求刎颈用血来染车驾。为什么呢?水火是最危险的东西,不是帝王所应涉足的。谚语说:'千金贵重的孩子,不坐在堂屋的屋檐下。'何况是大国的君主呢？现在辽东戎貊小国，没有险固的城池和防御的办法，武器不锋利，军队如犬羊一般没有纪律，前去必能获胜，的确像圣明的诏书所说的那样。但是，那个地方寒冷贫瘠，谷物不能生长，百姓习惯骑马，迁移往来没有规律。突然听到大军来临，自认无法抗敌，便会像鸟兽惊动，驱马远远奔驰逃散，一个人一匹马都不可能看见，即便获得无人的空地，守卫它也毫无用处，这是不可出兵行动的原因之一。另外，浩渺的海水动荡不已，还有成山岛造成的险阻，海上航行变化不定，狂风恶浪难以避免，突然之间，人员和船只就会遇到异乎寻常的情况。即使有尧舜的德行，可智谋无法施展；有孟贲、夏育般的勇猛，力量也无法用上。这是不可出兵行动的原因之二。再加上浓雾在天上蒙覆，咸水在下面蒸发，很容易生脚气病，转而互相传染，凡航海的人，很少不得此病的，这是不能出兵行动的原因之三。上天降生神圣的天子，往往用祥瑞的征兆来显示，必然平定祸乱使百姓得到康乐。如今吉祥的征兆一日比一日集中，海内平定，叛逆凶暴之敌的灭亡，就近在眼前。中原一旦平定，辽东叛敌自会败亡，我们只需拱手等待而已。现在却要违背必然的规律，去寻求至危的险阻，忽视九州的安定，发泄一时的愤怒，这既不是国家的重大决策，又是创业以来未曾有过的事情，这正是群臣百官所以侧身叹息，食不甘味、寝不安席的原因。希望陛下克制雷霆般的威势，忍耐赫然发作的愤怒，凭借坐上乘桥（山行所用之车）那样的安全，远离如履薄冰的危险，那么臣子便可仰仗您的福佑，天下百姓也会感到十分幸运。"当时群臣多有劝谏，孙权便没有出征。

黄龙三年（231）正月二十二日，孙权告诫命令薛综祭祖的赞辞不能用一般的套话，薛综接受诏命，仓促间拟就文章的主要内容，言语诚信，文采灿烂。孙权说："再增加首尾两段，使赞辞凑满三个部分。"薛综又写出两段祝词，文辞都很新颖，众人都称好。赤乌三年（240），薛综转任选曹尚书。赤乌五年（242），任太子少傅，兼任选曹尚书的职务不变。赤乌六年（243）春，薛综去世。他所撰写的诗赋诗文共有几万字，名为《私载》，又考定《五宗图述》《二京解》，都流传在世。

薛综的儿子薛珝，官做到威南将军，出征交趾回师时，于途中病死。薛综的儿子薛莹，字道言，起初任秘府中书郎，孙休即位后，任散骑中常侍。几年后，因为有病而辞职。孙皓即位的初期，任左执法，升任选曹尚书，等到册立太子时，又兼任太子少傅。建衡三年（217），孙皓追思赞叹薛莹父亲薛综的遗文，又命令薛莹继续往下写。薛莹献诗说："从前我的祖先，曾在汉朝做官，盛世绵延不断，多有登上台观。到了先父薛综，遭遇时代灾难，刘氏失去权柄，国亡天下混乱。来到这方乐土，希望留在后嗣，上天启发其心，奔往东南依归。起初流离失所，被困蛮夷边陲。大皇开创基业，恩德远远施及。特别蒙受征召，拔他出于污泥，解下粗巾褐衣，接受职位符信。开始任职合浦，远在大海边隅，后来升迁京都，遂登机要中枢。枯木重新郁盛，继嗣恢复统系，微贱而得显贵。并非当初本愿。也思宠爱厚遇，心想适可而止。后又欣逢文皇，策立太子东宫。于是担任少傅，荣华越发兴隆。圣王继嗣英明，至德高尚谦恭，礼遇多方施加，真是优厚丰裕。可怜我父先臣，一心竭力尽忠，浩荡皇恩未报，离开人世告终。可叹臣子卑微，只有兄长小弟。幸得出生抚育，依赖薛综遗体。过庭已蒙训导，我等愚钝难启。先父事业不继，志在归隐耕种。哪想我朝圣明，恩泽流布充盈。追记先父功绩，怜他功业未竟，帮助提拔我等，赐以特殊优宠。薛珝乔在千里，奉命率军南征，旌旗军资齐备，金鼓齐鸣扬声。至于浅陋小臣，实在昏昧低能，既登先父职位，掌管人才选用，又任东宫少傅，承受先父荣耀，才能不及先父，羞惭有负圣恩。圣德广博美好，文雅最为珍贵，追悼已故大臣，希望存留后人。无奈愚昧后人，毫不类似先辈！瞻望先辈旧宠，欢顾我等愚钝，谁能忍受羞惭，小臣实是自取。昼夜辗转反侧，总在扪心自问，一门父子兄弟，世代蒙受皇恩，死应结草报答，生应发誓献身，即使化为灰烬，难报万中一分。"

这一年，何定建议凿穿圣溪来贯通长江、淮河，孙皓命令薛莹督率一万人前往，终因许多巨石阻碍，难以施工，停止这项工程而返回，出任武昌左部督。后来何定被处死，孙皓追究开凿圣溪一事，把薛莹送进监狱，又流放到广州。右国史华覈上书说："我听说三皇五帝都设有史官，叙录记载功业美德，使之流传万代。汉朝时的司马迁、班固都是名著一世的杰出人才，他们所撰写的史书精深美妙，与六经一起流传在世。大吴国承受天命，在南方建立起国家。大皇帝末年，命令太史令丁孚、郎中项峻开始撰写《吴书》。丁孚、项峻都没有史官的才能，他们所撰写的，都不值得作为史书予以记载。到少帝时，又让韦曜、周昭、薛莹、梁广和我五人，查访寻求历史往事，我们共同撰写的东西，已经具备了正式撰写史书的全部材料。周昭、梁广先死，韦曜辜负皇恩犯了罪，薛莹出任将领，又因过失而被流放，这本书的撰写工作便停止了，至今未能撰定启报。我才疏学浅，只能为薛莹等人做做笔记而已，倘若让我一人来写完，必定会走丁孚、项峻的老路，恐怕要漏失大皇帝的丰功伟绩，减损当今时代的兴盛善美。

薛莹不仅学识渊博,文笔更精妙,在同僚之中,他是第一流的。如今在职的官员,经学之士虽然不少,但论记叙写作的才能像薛莹这样的就很少了。因此我不辞烦劳地替国家惋惜他,实在是想让已近成功的《吴书》得以完成,使它能编列在前代史书的后面。章表呈报之后,我即使退任死去,也没有什么可再遗憾的了。"孙皓于是召回薛莹任为左国史。过了不久,薛莹的同郡人选曹尚书缪祎因固执己见,被小人们所攻击,被贬任衡阳太守。任职后,又想到自己是因为本职事务而受斥责,就上表承认错误。利用这个机会他顺路去拜访薛莹,却又被人上告,说缪祎不服罪,请了许多宾客在薛莹处聚会。于是缪祎被拘捕入狱,流放到桂阳,薛莹则被遣送回广州。薛莹还未到广州,朝廷便又召他回京都,让他复职。当时法令政务多有错误,采取的各项措施繁杂苛刻,薛莹常常上疏进献对国家有利的建议,争取减轻刑法减少劳役,来帮助和养育百姓。他的建议有的被采纳施行了。薛莹升任光禄勋。天纪四年(280),晋国军队征讨孙皓,孙皓向司马伷、王浑、王濬奉送书信请求投降,这封书信就是薛莹草拟的。薛莹到了洛阳以后,晋国皇帝特地先召见并奖励他,任命他为散骑常侍,回答问题处理事务都很有条理。晋太康三年(282),薛莹去世。他的著作有八篇,名为《新议》。

评:张纮言辞有条理,思想方正,是时代的英才,孙策待他仅次于张昭,确实是有道理的。严畯、程秉、阚泽,是一代儒学之士。至于严畯,推辞荣华帮助朋友,不也是有德望的人吗!薛综的学识堪称典范,是吴国优秀的大臣。到了薛莹继承父业,确实具有先父的遗风,然而在残酷暴虐的朝廷,屡屡登上显赫地位,君子对此也感到有疑问吧!

卷五十四　吴书九

周瑜鲁肃吕蒙传第九

周瑜,字公瑾,庐江郡舒县人。他的堂祖父周景,以及周景的儿子周忠,都做过汉朝的太尉。父亲周异,做过洛阳县令。

周瑜身材修长,体格健壮,容貌俊美。当初,孙坚举义兵讨伐董卓,把家迁到了舒县。孙坚的儿子孙策与周瑜同岁,两人的友情非常深厚。周瑜把大路南边的一所大宅院让给孙策居住,还常去后堂拜见孙策的母亲,各种生活用品也都互通有无,共同享用。周瑜的叔父周尚做丹杨太守,周瑜去看望他,恰巧碰上孙策将要东渡大江,到了厉阳,孙策写信告诉周瑜,周瑜领兵前来迎接孙策。孙策非常高兴地对周瑜说:“我能得到你,事业一定能成功了。”于是周瑜就跟随孙策去攻打横江、当利,都攻克了。接着又渡江进攻秣陵,打败了笮融、薛礼,转而又攻下了湖孰、江乘,进入曲阿,刘繇逃跑。这时孙策的军队已经发展壮大到了几万人,他对周瑜说:“我用这几万人马攻取吴郡和会稽两郡,平定山越,已经足够,你还是回去镇守丹杨吧。”周瑜就回到丹杨。过了不久,袁术派遣他的堂弟袁胤替代周尚任丹杨太守,于是周瑜和周尚都回到寿春。袁术想要任命周瑜为部将,但是周瑜认为袁术这个人最终不会有什么大作为,所以只请求担任居巢县长,目的是想借道回归江东,袁术同意了他的请求。周瑜便经居巢回到了吴郡。这一年是建安三年(198)。孙策亲自来迎接周瑜,并授予他建威中郎将的官职,当即调给他兵卒二千,骑兵五十。这时,周瑜才二十四岁,吴郡的人都称呼他为周郎。孙策因为周瑜恩德信义名震庐江,便派他驻守牛渚,后来又兼任春谷县长。不久,孙策又要攻取荆州,任命周瑜为中护军,兼任江夏太守。周瑜跟随孙策攻打皖县,也攻克了。当时得到桥公两个女儿,国色天香,有倾城之貌。孙策自己便娶了大桥,周瑜娶了小桥。接着又进军寻阳，打败了刘勋，征讨江夏郡，回兵时又平定了豫章、庐陵二郡。孙策留周瑜镇守巴丘。

建安五年（200），孙策去世，由孙权统领政务。周瑜领兵前来吊唁，便留在了吴郡，以中护军的身份与长史张昭一同掌管军政大事。建安十一年（206），他率领孙瑜等人征讨麻、保二屯，将这二屯的首领斩首，俘虏了一万多人，然后回兵驻守宫亭。刘表任命的江夏太守黄祖派遣部将邓龙带领几千人马攻入柴桑，周瑜追打讨伐，活捉了邓龙，并把他送到吴郡。建安十三年（208）春，孙权讨伐江夏郡，周瑜被任命为前部大督。

这年的九月，曹操攻入荆州，刘表的小儿子刘琮率众投降了曹操，曹操得到了他的水军，水军、步兵一下子发展到了几十万人，东吴的将士听到这消息都非常惊恐。于是孙权召集部下，询问商议对策。众部下都说："曹操本来就如豺虎般凶狠狡诈，如今又假借汉朝丞相的名义，挟制逼迫皇帝，以皇帝的名义来征服天下，动辄就说是朝廷的旨意，如今要是抗拒他，就是与皇帝对抗，这样做对我们更加不利。况且以将军您现在所处的形势来说，所能够抗拒曹操的，不过就是凭借长江天险。现在曹操已经完全占领了荆州，并把刘表训练有素的水军和上千艘战舰沿江摆开，他还有着精锐的步兵，能从水陆两路一起沿江东下，所谓的长江天险，曹操现在已经与我们共同占有了。而且，从实力上分析，敌我众寡悬殊，实在不能相提并论。因此，最好的计策不如去向他投降。"周瑜说："你们说的不对，曹操虽然假借汉朝丞相的名义，其实他是汉朝的奸贼。将军您神明威武而又具备雄才大略，依仗着父兄们的功业，割据江东，占地几千里，兵马精良，粮草充足，各路英雄豪杰们又都愿意建功立业，这正是您横行天下，为汉朝铲除奸邪祸害的时候。况且现在是曹操自己来送死，这样的话，难道还应该去投降他吗？请让我为您分析谋划一下：假使现在北方的局势已经完全稳定，曹操没有后顾之忧，他当然能和我们旷日持久地争夺疆土，但是否能够和我们在水战中争胜负呢？况且现在北方的局势并没有完全稳定，加上马超、韩遂还在函谷关西面威胁着曹操的后方，这是曹操的心头之患。而且曹操还放弃了北方军队善用骑兵的优势，依仗着缴获的战舰在水战中与我们吴越较量，这本来就不是他们的长处。目前又处于严寒季节，没有草料喂养军马，驱使中原的士兵来到南方江湖潮湿的地方打仗，必定会水土不服，疾病丛生。这四个方面，都是用兵之大忌，而曹操却全然不顾，一味蛮干。将军想要擒拿曹操，现在就是最好的时机。我请求率领精兵三万，进驻夏口，保证为将军打败曹操。"孙权说:"曹操这个老贼想废除汉室自立为帝,已经蓄谋已久了,他只是怕袁绍、袁术、吕布、刘表和我罢了,现在那几个人都已被他打败了,只有我还在,我和那老贼,势不两立。你刚才说应当去抗击他,与我的想法非常一致,这正是老天让你来帮助我呀!"这时,刘备被曹操打败,想向南撤退渡过大江,与鲁肃在当阳相遇,便一起商议对付曹操的计策,于是也进驻夏口,刘备委派诸葛亮去拜见孙权。孙权立即派周瑜、程普与刘备合力迎击曹操,两军在赤壁相遇。这时,曹操军中已有许多士卒染上疾病,刚一交战,曹军就败退了,退兵驻扎于长江北岸。周瑜等军队驻扎在南岸,两军对峙。周瑜的部将黄盖献计说:"如今敌众我寡,久战对我军不利。我观察到曹军的战舰都是首尾相接,连在一起,可以用火攻的办法烧毁战舰,逼迫他们逃跑。"周瑜采纳了他的建议,调来几十艘战舰,船内装满柴草,把油膏浇在柴草中间,用帷幕遮盖伪装,上面插上将军的大旗,先让黄盖写信给曹操,欺骗说要向他投降。又准备了一些轻便快疾的小船,分别系在大船后面,准备到时逃跑。一切准备完了,船队便依次向前驶去。曹军官兵都伸长脖子在北岸观看,指着船队说,黄盖投降来了。待到靠近曹军时,黄盖命令解开各条船只,同时点起火来。这时,风势迅猛,大火蔓延,烧到了岸上的曹军营寨,顷刻之间,浓烟滚滚,烟火冲天,曹军人马被烧死淹死的不计其数,曹军于是节节败退,只能去守备南郡。刘备和周瑜又合力追击,曹操只好留下曹仁等人驻守江陵城,自己则径自回北方去了。

周瑜和程普又进军南郡,中间隔着一条大江,与曹仁两军对垒。两军还没有交战,周瑜就派遣甘宁前去占据了夷陵。曹仁抽调出一部分步兵和骑兵去围攻甘宁。甘宁向周瑜告急。周瑜采用了吕蒙的计策,留下凌统镇守后方,他亲自和吕蒙一起到上游解救甘宁。甘宁的围困被解除后,周瑜的军队便渡江驻扎于北岸,约定日期与曹仁的军队大战。周瑜亲自骑马督战,被乱箭射中右胸,伤势非常严重,只好退回军营中。曹仁听到周瑜卧床不起的消息后,便率兵上阵,前来挑战。周瑜带伤到军营中巡察,鼓励将士的士气,因此曹仁只好退兵。

孙权委任周瑜为偏将军,兼任南郡太守。用下隽、汉昌、刘阳、州陵作为他的奉邑,驻守在江陵。刘备当时以左将军的身份兼任荆州牧,府治设在公安。刘备到京口拜见孙权时,周瑜上疏孙权说:"刘备以勇猛强悍的姿态,而又有关羽、张飞这样熊虎般的猛将,他一定不会长久屈服别人的支配。我认为现在最好的计策是让刘备迁移到吴郡,给他修建最豪华的宫室,多送给他一些美女和他所爱好的东西,满足他耳目感官享受,再把关羽和张飞分开,分别安置在不同的地方,让像我这样的人挟制他们,让他们与我们一起作战,我们就可以成就大业。如今只是一味地割让土地来资助他们,让这三个人聚在一起,又都在边界疆场,恐怕就像是蛟龙得到了云雨,终究不是水池中能够容纳得了的。"孙权因为曹操占据北方,应当广为招纳英雄人才,又唯恐刘备一时难以制服,所以没有采纳周瑜的建议。

当时,刘璋正任益州牧,北面张鲁经常侵扰掠夺,周瑜便来到京口拜见孙权,他说:"现在曹操刚刚战败,正担心自己内部发生变乱,不能和将军您对阵作战。请允许我和奋威将军孙瑜一起进取蜀地,取得蜀地后再吞并张鲁,然后让孙瑜留在那里坚守,以便与马超相互照应援助。等我回来再与将军占据襄阳进攻曹操,这样北方就有得到的希望了。"孙权同意了这个计划。周瑜回到江陵准备行装,然而却在路过巴丘时病逝了,年仅三十六岁。孙权穿上丧服哀悼,感动了所有的部下。当周瑜的灵柩运回吴郡时,孙权又亲自到芜湖迎接,举办丧事的所有费用,也全部予以供给。后来又颁布命令说:"已故周瑜、程普将军家的田客,都不能要求他们交纳税赋和服徭役。"当初周瑜被孙策作为好友相待,孙策的母亲又让孙权以兄长之礼尊奉他。那时候孙权的官职还是个将军,各位将领和宾客对他的礼节还很一般,而唯有周瑜首先对他十分尊敬,以对待君主的礼节待他。周瑜的性情开朗,气度宽宏,很能得人心,只是与程普不太和睦。

周瑜年少时曾精心钻研过音乐,即使在喝了许多酒之后,弹唱者有什么差错,他也肯定能听出来。听出来后就一定会回过头来看一看,所以当时有人编了歌谣说:"曲有误,周郎顾。"

周瑜有两个儿子一个女儿。女儿许配给太子孙登。儿子周循娶了公主,被任命为骑都尉,他有周瑜的风度气质,只是很年轻就去世了。周循的弟弟周胤,初任兴业都尉,娶皇室的姑娘为妻,领兵一千,驻扎公安。黄龙元年(229),封为都乡侯,后来因为犯罪而被迁徙到庐陵郡。赤乌二年(239),诸葛瑾、步骘联名上疏孙权说:"已故周瑜将军的儿子周胤,过去受到赞美和表扬,而被授予封号和官职,他不能在享受优厚待遇的同时,考虑为国家建功报效,而是放纵自己的各种欲望,招来罪罚。我们私下考虑到周瑜过去曾被主上您宠爱信任,在朝廷时是您的心腹重臣。出征时又是得力勇猛的将领,受命出去征讨,常常是亲临战场，忠心耿耿，视死如归，所以在乌林能够打败曹操，在郢都能赶跑曹仁，显扬国家的威力，宣耀主上的美德，整个华夏受到震动，愚昧的荆蛮也表示顺从，即使是周朝的方叔，汉朝的韩信、英布，也实在无法超过他。能够打败敌人解救国家于危难之中的大臣，自古以来的帝王没有对他们不敬重的，所以汉高祖在封爵的誓词中说：'纵使黄河细如衣带，泰山小如条石，封国的制度也将永存，一直传到子子孙孙。'他用丹砂书写誓词，又举行了隆重的盟誓仪式，将誓词藏在宗庙中，让它永远流传下去，要使功臣的后代，世世继承，不仅仅是子孙，而是要传到更久远的后代，报答和表彰臣下的功德，这样勤恳真诚到极点，目的是要劝诫垂训后人，以使为国献身建功的臣子，死而无悔。况且现在周瑜刚去世不久，而他的儿子周胤却已经被降为普通平民，这就更加令人痛心哀伤了。我们认为陛下处理政事英明恭谨，善于考察古史，能使灭绝的封爵重新复兴起来，因此我们为周胤求情，请求赦免他的罪过，归还他的军队，恢复他的爵位，使已经忘却鸣叫的公鸡，重新鸣叫起来，使负罪的臣子，能有一个报效立功的机会。"孙权回答说："我心腹的老功臣，与我同心协力共事的，周瑜是其中之一，对他我实在是忘不了。过去周胤年少，还没有功勋，平白无故地就掌握一支军队，封以爵位并被任为将领，就是因为追念周瑜的功绩而给予他的后代的。而周胤却依仗着这些，沉湎于酒色，为所欲为，前后几次告诫劝谕他，他还是依然如故，毫无改正。我和周瑜的友情就如同与你们二位一样，期望着周胤能有所成就的心情，怎么可能会有止境呢？只是由于周胤犯罪行为比较严重，不应该立刻还给他官爵，而是想让他经受一些艰苦，使他自己知罪改正。如今你们二位诚恳地援引汉高祖封爵时的誓词，我感到很惭愧，虽然功德不能与汉高祖相提并论，但还是想争取跟他做得差不多，这件事就是这样，所以没有听从你们的建议。因为周瑜的儿子，又有你们二位在中间说情，如果他能够改正的话，又有什么难办的呢？"诸葛瑾、步骘的奏章刚呈上去，朱然和全琮又上奏章来为周胤说情，孙权于是就同意了。恰在这时，周胤却因病去世了。

周瑜的侄子周峻，也因为周瑜立下的功绩而被任为偏将军，领兵一千。周峻死后，全琮上奏章请求孙权任命周峻的儿子周护为将领。孙权说："过去赶跑曹操，争取到荆州，都是周瑜的功劳，我不会忘记他的。最初听到周峻去世，我曾经想起用周护，但我听说周护的秉性及行为都很坏，用他做官等于在制造祸患，所以我就打消了这个念头。我怀念周瑜，难道会有止境吗？"

鲁肃，字子敬，临淮郡东城人。生下不久就失去了父亲，和祖母一起生活。

家庭富裕多财,他的性情爱好施舍。那时天下已经大乱,鲁肃不治理家事,大量散发家中钱财货物,标价出卖田土,尽力救济穷困之人,到处结交读书人,很得四下乡邻的欢心。

当时,周瑜正任居巢县长,他率领几百人有意去拜访鲁肃,并请求资助粮食。鲁肃家有两仓米,各三千斛,鲁肃用手指一仓就算给了周瑜,周瑜就更加知道他与众不同了,于是就与他亲近结交,友情就像公孙侨、季札一般。袁术听到他的名声,就任命他为东城县长。鲁肃见袁术没有什么法纪制度,不能够成就什么大事,就带领族中老弱亲属和有侠气的少年一百多人,往南来到居巢投奔周瑜。周瑜率兵东渡长江时,鲁肃与他同行,把家属留在曲阿。恰逢他的祖母去世,便将灵柩送回东城安葬。

刘子扬与鲁肃的交情很深,他写信给鲁肃说:"当今天下豪杰并起,以你的才能,尤其适宜在当今这种形势下发挥作用。你还是赶快回去接老母亲,不要滞留在东城。现今有个叫郑宝的人,在巢湖拥有兵众一万多人,他占据着富饶的地区,庐江郡的许多人都去投奔他,何况我们这些人呢?观察他的形势,还可集聚更多的人,时不可失,你应该尽快到他那儿去。"鲁肃答应了他的计划。安葬完祖母后返回曲阿,想要北行到巢湖。这时适逢周瑜把鲁肃的母亲接到吴郡,鲁肃便把自己想要投奔郑宝的计划告诉了周瑜。当时孙策已经去世,孙权还住在吴郡,周瑜对鲁肃说:"过去马援回答光武帝说:'当今时代,不仅君主可以选择臣下,臣下也同样可以选择君主。'现在东吴之主亲近信任有贤德有知识的人,接纳录用有奇才异能的人,况且我听说古代贤人神秘的论述,秉承天命替代刘氏政权的人,必定兴起在东南,用历数来推测形势,也得出终会在东南缔造出帝王基业的结果,这与天命是一致的,现在正是有识之士投奔依附有权势的人的时候。我才刚懂得这个道理,你根本不必把刘子扬的话放在心上。"鲁肃听从了周瑜的话。周瑜以鲁肃具备辅助君主治理国家的才能向孙权举荐了他,认为应当广为招致像鲁肃这样有才能的人,以成就帝王的功业,而不应该把他们放走。

孙权立即接见了鲁肃,谈话后,孙权对鲁肃非常欣赏。众宾客告退后,鲁肃也告辞出来,而孙权却单独挽留了他,两人合桌对饮起来。孙权与鲁肃秘密商议说:"当今汉朝廷如大厦将倾,岌岌可危,四方纷乱无序,我继承了父兄创立的基业,想建立齐桓公、晋文公那样的功业。你既然如此关心我,请问你将用什么计策来辅佐帮助我?"鲁肃回答说:"过去汉高祖想忠心耿耿地尊崇侍奉义帝而不得,这是因为项羽加害于义帝。如今的曹操,就像过去的项羽,将军您又怎么能做到像齐桓公、晋文公那样呢?我私下里估计,汉朝廷已不可能复兴,曹操也不可能一下子就被除掉。为将军考虑,只有占据江东以形成三足鼎立之势,再慢慢观察天下形势的变化。天下形势的格局就是如此,占据一方也不要嫌少。这是为什么呢?是因为现在北方实在是多有变故。您应该趁着北方多事而混乱的机会,除掉黄祖,讨伐刘表,占据长江南面的全部地方,然后称帝建号,以图进一步夺取天下,这就如同当初汉高祖建业一样。"孙权说:"我如今在一方尽力,只是希望辅佐汉朝廷罢了,你说的这些并不是我所能做到的。"张昭责怪鲁肃不够谦虚,多次诋毁他,说他年少而又粗疏无能,不能重用。然而孙权并没有把张昭的话放在心上,反而更加尊重鲁肃,并赐给鲁肃母亲衣服、帷帐及居处所用杂物,鲁肃家因此变得和原来一样富有。

刘表死后,鲁肃就劝说孙权说:"荆州与我们吴国接邻,顺水而去,可到达北方,外与长江、汉水相连,里面有山陵阻隔,就像金城一般坚固,还有万里肥沃的土地,士人和百姓殷实富足,如果能够占有这块地方,就有了建立帝王之业的基础。现在刘表刚刚死去,他的两个儿子一直就不和睦,军队中的众将领也因此分成了两派。加上刘备是天下豪杰人物,他与曹操有矛盾,寄寓在刘表那里,刘表嫉妒他的才能而不重用他。如果刘备与刘表的儿子刘琦、刘琮关系融洽,同心协力,我们就该安抚他们,与他们结盟;如果刘备与他们离心离德,我们就该做别的打算,以成就大事。我请求允许奉您的命令去向刘表的两个儿子吊唁,同时去慰劳他们军队中的将领,并且说服刘备去安抚刘表的部下,同心一意,共同对付曹操,刘备一定乐意去做这件事。这件事如果处理好了,天下就可以平定了。现在还不速去荆州,恐怕曹操就会赶在前面去了。"孙权立即派遣鲁肃前去。到了夏口,听说曹操已日夜兼程地向荆州进军。等他到了南郡,刘表的儿子刘琮已向曹操投降,刘备惊慌失措地逃跑,准备南渡长江。鲁肃直接去迎见刘备,到了当阳的长坂坡,与刘备会见,鲁肃向刘备详细地转达了孙权的意图,并陈述了江东吴国的强大稳固,劝刘备和孙权合作,共同对付曹操。刘备非常高兴。这时诸葛亮正跟随着刘备,鲁肃对诸葛亮说:"我是你哥哥诸葛瑾的朋友。"两人当即做了朋友。刘备于是到夏口驻扎,派遣诸葛亮出使拜见孙权,鲁肃也与他一起回吴国。

这时正逢孙权得到曹操将要东进的消息,就与将领们商议,众将领都劝孙权迎接曹操,归附于他,唯有鲁肃一言不发。孙权起身去更衣,鲁肃追到屋檐下,孙权知道他的意思,就握着他的手说:"你想说什么?"鲁肃回答说:"我刚才观察众人的议论,都是引将军走上错误的道路,这些人不足以和他们谋划大事。现在鲁肃我可以去迎降曹操,而将军您却不能。为什么这样说呢? 如果鲁肃我现在去迎降曹操,曹操会把我送回故乡,评定我的名气和地位,总还能做个下曹从事这类的小官,乘坐牛车,有随从的官吏,和士大夫们交游,慢慢升迁也少不了做州郡的长官。可是将军您要迎降曹操,会有什么结果呢? 希望将军早定大计,不要采纳众人的意见。"孙权叹息道:"这些人的主张,令我非常失望;现在你讲的这些深谋远虑的话,正与我的想法相同,这是上天把你赐给我呀!"

这时周瑜接受使命去了鄱阳,鲁肃劝孙权赶紧召回周瑜。于是任命周瑜为行事,让鲁肃担任赞军校尉,帮助谋划计策。曹操在赤壁大败逃走,鲁肃先返回吴郡,孙权请众将领去迎接他。鲁肃将入殿门拜见孙权,孙权起身行礼,问:"子敬,我扶鞍下马迎接你,足以表彰你的功绩了吧?"鲁肃小跑着向前说:"没有。"众将领听到这话,没有不惊讶的。等大家都坐下以后,鲁肃缓慢地举起马鞭说道:"我希望将军的武威恩德遍及四海,拥有九州,完成帝王的大业,再用迎接贤士贵宾的软轮小车来召我,这才算是显扬了我。"孙权听后,鼓掌欢笑。

后来刘备进京口拜见孙权,请求都督荆州,只有鲁肃劝孙权将荆州借给刘备,以共同抵御曹操。曹操听说孙权以荆州的土地资助刘备,当时他正在写信,震惊得笔都掉到了地上。

周瑜病危,上疏孙权说:"当今天下,正是混乱多事的时候,这是我内心日夜所忧虑的事,希望陛下先考虑还没有发生的事情,然后再考虑安逸享乐。现在既然已与曹操为敌,刘备又驻扎在很近的公安,边境附近的百姓还没有归附,应该有良将来压镇安抚才行。鲁肃的智谋才略足以胜任,我请求让他来替代我的职务。我死时,就没有再牵挂的事了。"于是孙权立即任命鲁肃为奋武校尉,代替周瑜统率军队。周瑜的四千多士卒,四个县的奉邑,都归属于鲁肃。孙权又任命程普兼任南郡太守。鲁肃起初驻扎江陵,以后又驻扎在长江下游的屯口,威望和恩德受到普遍赞扬,兵力增加到一万多人,于是孙权又任命他为汉昌郡太守、偏将军。建安十九年(214),鲁肃跟从孙权攻破皖城,又升迁为横江将军。

先前,益州牧刘璋法纪纲常废弛,周瑜、甘宁一同劝孙权攻取蜀地,孙权以此事询问刘备,刘备心中替自己考虑,于是假说道:"我与刘璋托名为皇族后代,希望凭借先人的英灵,以匡佐挽救汉室。如今刘璋得罪了您,我内心惊恐不安,您所说的攻取蜀地,并不是我所敢听说的,希望您宽恕刘璋的罪过。如果我的这个请求不被获准,刘备我当披散头发,归隐山林。"后来刘备向西进军图谋降伏刘璋,留下关羽镇守荆州,孙权听说此事后说:"狡猾的刘贼竟然敢使用奸诈之术!"待到关羽与鲁肃的辖区接邻,心生猜疑,互不信任,疆界也交错纷杂,多次发生矛盾,鲁肃也常以友好的态度来安抚。刘备已经平定了益州,孙权便要求他归还长沙、零陵、桂阳三郡,刘备不接受这个要求,孙权于是派吕蒙率军进攻夺取三郡。刘备听说后,亲自带兵回到公安,派遣关羽去争夺三郡。鲁肃驻兵于益阳,与关羽相对抗。鲁肃邀请关羽相见,进行谈判,各自所率兵马都留在百步之外,只请关羽和众将领单刀赴会。鲁肃责问数说关羽道:"我们国家诚心诚意地将土地借给你们,本是因为你们兵败远来,没有土地为依附的缘故。如今你们已经得到益州,既然没有奉还荆州之意,我们就只求你们归还三郡,而你们又不从命。"话还没有说完,在座的有一人就插话说:"说到土地,唯有德者才能占有,怎么能是某一家永久占有!"鲁肃大声地斥责他,言语脸色非常严厉。关羽拿刀站起身来对那个人说:"这些是国家的大事,你这个人又知道什么?"同时使眼色让那个人离去。刘备于是以湘水为界,分荆州的长沙、江夏、桂阳以东给孙权;南郡、零陵、武陵以西归刘备,因此两国罢兵。

鲁肃于建安二十二年(217)去世,死时四十六岁。孙权为他举办丧事,又亲自参加他的葬礼。诸葛亮也为鲁肃举行悼念仪式。孙权称帝,登临祭坛时,回头对公卿大臣们说:"过去鲁肃曾经对我说过称尊号的事,真可谓是明白天下大势呀!"

鲁肃的遗腹子鲁淑长大成人后,濡须督张承说,鲁淑最终能得到很高的地位。永安年间,鲁淑任昭武将军,封为都亭侯,又任武昌督。建衡年间,被授予假节的职权,升任为夏口督。他有才略有计谋,所辖地区纪律严明。凤凰三年(274)去世。儿子鲁睦承袭了爵位,率领军队。

吕蒙,字子明,汝南郡富陂县人。少年时南渡长江,依附姐夫邓当。邓当为孙策的部将,多次讨伐山越。吕蒙十五六岁时,暗中跟随邓当去袭击强盗,邓当回头看见吕蒙,大吃一惊,大声呵斥他,却不能阻止。回来后邓当将这件事告诉了吕蒙的母亲,他母亲非常生气,想处罚他,吕蒙说:"贫困卑下难以生活下去,万一要有功劳,就能得到富贵。再说,不入虎穴,怎得虎子呢?"他的母亲怜惜他的志向而饶了他。当时邓当部下的官吏认为吕蒙年纪小而轻视他，有的人说："吕蒙那小子能有什么作为呢？这是想拿肉来喂虎而已。"过些日子与吕蒙相见，又侮辱他。吕蒙非常愤怒，拔出刀就杀了那个小吏，杀完后吕蒙就逃跑了，逃到同乡郑长家里躲避起来。后来又出来到校尉袁雄那里投案自首，袁雄趁机为他向孙策求情，孙策召见吕蒙，觉得他很特别，便把他安置在自己左右。

几年后，邓当去世，张昭举荐吕蒙代替邓当领兵，任命为别部司马。孙权统领军政事务后，考虑到一些小将兵员小而费用不足，就想将这些部队合并。吕蒙暗中借贷，为士兵们做了大红色的衣服和绑腿，等到检阅的那天，吕蒙的部队队列整齐威武，令人惊讶，士兵人人都能操练，孙权见了非常高兴，于是就给吕蒙增加了兵员。吕蒙跟随孙权讨伐丹杨，每打一仗都立功，孙权提升他为平北都尉，兼任广德县长。

跟从孙权征讨黄祖，黄祖命令都督陈就率领水军出战迎击孙权。吕蒙率领前锋部队，亲手砍下了陈就的脑袋，将士们乘胜进攻黄祖的城池。黄祖听说陈就被杀了，就弃城逃跑，兵士们追击捉到了他。孙权说："这次战事的成功，是由于先捉住了陈就。"于是晋升吕蒙为横野中郎将，赏赐钱千万。

这一年，吕蒙又与周瑜、程普等人向西在乌林打败曹操，在南郡包围曹仁。益州将领袭肃率领部队前来归附东吴，周瑜上表建议将袭肃的部队交付给吕蒙，吕蒙盛称袭肃有胆略，且仰慕教化远来归附，从道义上讲，应该增加他的兵员，而不应该夺取他的兵员。孙权认为吕蒙说得很对，就把部队归还给了袭肃。周瑜派遣甘宁前去占领夷陵，曹仁分派一部分部队进攻甘宁，甘宁被围困，情况危急，便派遣使者请求救援。众将领认为兵力不足，不能再分兵去解救甘宁，吕蒙对周瑜、程普说："让凌公绩留守，我与你们同行，去解救甘宁，按这种形势，估计时间不会太久，我保证凌公绩能固守十天。"又建议周瑜分派三百人去用木柴阻断险要的道路，敌人逃跑时可得到他们的马匹。周瑜听从了吕蒙的建议。部队到了夷陵，当天就与曹仁交战，杀伤敌人过半。敌人夜里逃跑，行进中遇到用木柴阻塞的道路，都弃马徒步逃走。士兵急促追击，缴获马三百匹，用并起来的船只载回。于是将士们气势倍增，就渡江建立据点，进攻敌人，曹仁后退逃走，于是又占据了南郡，安抚平定了荆州。吕蒙回京后，被提升为偏将军，兼任寻阳县令。

鲁肃代替周瑜后，要去陆口，路过吕蒙的军营。鲁肃有些轻视吕蒙，有人就对鲁肃说:"吕将军功名日益显赫,不能用过去的眼光看待他,您应当去拜访他。"于是鲁肃就去拜访吕蒙。酒喝到酣畅时,吕蒙问鲁肃:"您受重任,与关羽邻接,将用什么计策谋略,以防止意想不到的事情发生呢?"鲁肃很随便地回答说:"根据当时情况,临时采取措施。"吕蒙说:"现在吴和蜀虽然联盟,但关羽实在是个如熊虎一样的将领,计策怎能不预先制订好呢?"因此给鲁肃策划了五条计策。鲁肃于是离开自己的席位走到吕蒙身边,拍着他的背说:"吕子明,我真没想到你的才能谋略竟达到了如此水平。"于是就去拜见吕蒙的母亲,与他结成朋友而别。

当时吕蒙的军营与成当、宋定、徐顾的军营相邻接,这三位将军战死之后,因为子弟幼弱,孙权想把他们的军队全部合并给吕蒙,吕蒙坚决推辞,并上书说,徐顾等将军都为国家的事情辛勤操劳,他们的子弟虽然还小,但不能废除他们的军权。一连上了三封书信,孙权才答应了。吕蒙于是又给这三位将军的子弟选择老师,让老师辅导教育他们,对于这些事情,他大都是这样尽心尽力的。

魏国派庐江人谢奇任蕲春典农都尉,在皖县垦种田地,多次侵犯边境。吕蒙派人去引诱他投降,他没有答应。吕蒙就寻找机会袭击他,谢奇于是就退缩回去了,他的部下孙子才、宋豪等人都扶老携幼,投降了吕蒙。后来吕蒙又跟随孙权在濡须抗击曹操,多次提出妙计,又劝孙权在濡须口两面建造堡坞,防御敌人的工作做得很精细,曹操攻占不下就退回去了。

曹操委派朱光为庐江太守,驻扎皖县,大力开垦稻田,又支使间谍引诱招降鄱阳贼兵的首领,让他们做内应。吕蒙说:"皖县的田地肥沃,如果稻米丰收,有了兵粮,他们的兵员一定会增加,这样几年下来,曹操的态度就会显露出来,应该早点除掉他们。"就详细地陈述了情况和意见。于是孙权亲自率兵征讨皖县,召见各位将领,询问用什么计策。吕蒙就推荐甘宁任升城督,在前线督攻,吕蒙率领精锐部队紧随其后。凌晨时分开始进攻,吕蒙亲自击鼓,士卒们兴奋异常,奋勇登城,到了吃早饭时,就攻破了皖县。这之后张辽进军到夹石,听说皖县城已被攻克,就退兵回去了。孙权嘉奖吕蒙的功劳,授予他庐江太守的职位,缴获的兵卒和车马都分给了他,另外又赐给他寻阳屯田客六百人,属官三十人。吕蒙回到寻阳,没到一年,庐陵的贼寇又起事了,诸将领征伐攻击没能擒获,孙权说:"鸷鸟上百只,也不如一只大鹏。"又命令吕蒙讨伐贼寇。吕蒙到了庐陵,杀掉了贼寇的首领,其余的人都被释放,恢复了他们平民的身份。

　　这时,刘备占有了荆州的全部土地,让关羽镇守荆州,孙权命令吕蒙领兵向西攻取长沙、零陵、桂阳三郡。吕蒙传递劝降的文书给长沙、桂阳二郡,二郡守将望风归降东吴,只有零陵太守郝普守城不降。刘备亲自从蜀郡来到公安,派遣关羽争夺这三个郡。当时孙权驻扎陆口,派遣鲁肃率领一万人驻扎益阳抗拒关羽,派人送快信给吕蒙,让他放弃零陵,急速返回益阳援助鲁肃。当初,吕蒙已经夺取平定了长沙郡,应当前往零陵郡,经过酃县时,南阳人邓玄之与他同车,邓玄之是郝普的老朋友,吕蒙想让他诱郝普投降。接到孙权的信后,吕蒙将来信秘而不宣,夜里召集手下将领,授以计谋,议定第二日早晨攻打零陵城,又对邓玄之说:"郝子太知道世间有忠义之事,也想这么去做,只是不知道现在的形势,左将军刘备在汉中,被夏侯渊所围困。关羽在南郡,现在尊贵的孙权也亲自到了南郡。近来攻破了樊城关羽的大本营,解救了酃县,关羽已被孙规打败,这都是最近发生的事,您是亲眼所见的。他们现在处境很困难,救命都来不及,难道还有余力再营救零陵吗?现在我们的士卒都很精锐,人人都想为国效劳,至尊孙权正调遣兵力,现在正在路上前进。如今子太的性命朝夕难保,而等待没有希望的援救,就像牛脚印积水中的鱼,还希望用长江、汉水的水来活命,其不可靠也是很明了的。子太如果能使士卒齐心,坚守孤城,还能延续些日子,以等待以后有所投靠,这也是可能的。现在我估算好兵力,考虑周密,用以攻城,过不了一天,就一定会破城,城破之后,自己身死,于事又有什么益处,而让满头白发的百岁老母被杀,难道不痛心吗?我猜想郝普得不到外面的消息,认为可以依靠外面的援助,所以才到了今天这个地步。您可以去见他,为他陈述这种利害关系。"邓玄之去见郝普,详细地叙述了吕蒙的意见,郝普由于惧怕而听从了。邓玄之先出城向吕蒙汇报,说明郝普随后就会来到。吕蒙预先告诉四位将领,各挑选一百人,等郝普一出城,立即进去守住城门。不一会儿郝普出了城,吕蒙迎上去执手问候,和他一起下船。寒暄完毕,取出孙权写的信给郝普看,拍手大笑。郝普看了信,这才知道刘备驻扎公安,关羽驻扎益阳,距离自己并不远,羞惭悔恨,恨不得钻到地下去。吕蒙留下孙皎,把后事委托给他,当天便率领军队赶赴益阳。刘备请求与孙权和好结盟,孙权于是归还了郝普等人,以湘水为界,把零陵郡还给了刘备。又以寻阳、阳新作为吕蒙的奉邑。

　　吕蒙率军回师,就去征讨合肥,撤军时,被张辽等人袭击,吕蒙与凌统以死来保卫孙权。后来曹操派大军攻击濡须，孙权任命吕蒙为都督，据守以前所建的堡坞，在上面设置一万把强弩，以抵御曹操。在曹操军队的前锋安营未稳之际，吕蒙便攻击并击败了他们，曹操率军退了回去。因此，孙权授予吕蒙左护军、虎威将军的官职。

鲁肃死后，吕蒙向西驻扎在陆口，孙权把鲁肃的军队一万多人全部归属吕蒙统率。又任他为汉昌太守，以下隽、刘阳、汉昌、州陵四县作为他的食邑。与关羽划分荆州分别治理，边境接壤，吕蒙知道关羽是个骁勇杰出的人物，有兼并东吴的野心，同时关羽所占的土地又处于东吴的上游，结盟和好、分土而治的形势很难持久。起初，鲁肃等人认为曹操还在，对双方都构成威胁，这样孙、刘才合作，共同对付曹操，互相不能背离抛弃。吕蒙于是秘密向孙权陈述计策说："让征虏将军孙皎守南郡，潘璋驻守白帝城，蒋钦率领游动兵力一万人，沿长江上下行动，随时可以应付敌人，吕蒙为国家前去占据襄阳，这样的话，怎么会担忧曹操的进攻，又有什么可依赖关羽的呢？而且关羽君臣，依仗他们自己的欺骗手段和武力，经常反复，不能够把他们当知心朋友对待。如今关羽所以不便向东出兵的原因，是因为至尊您的圣明，吕蒙等人还活着的缘故。现在不在我们正强壮时谋取他们，一旦我们死去，再想要贡献我们的力量，还能办得到吗？"孙权采纳了他的全部计策，又顺便和他商议起攻取徐州的问题，吕蒙回答说："如今曹操在黄河以北，新近打破了袁熙、袁尚等人，安抚平定了幽州、冀州，还没来得及顾及东面。徐州境内防守的兵士我听说还不是我们的对手，只要去进攻，自然可以攻克。然而徐州的地势，只通陆路，是骁勇的骑兵驰骋的地方，至尊您今日得到徐州，十天内曹操就会来争夺，虽然用七八万人来坚守它，还是免不了常常担忧。不如攻取关羽，占据全部长江流域，形势就会更加壮大。"孙权认为他的这些分析特别中肯。等到吕蒙代替鲁肃领兵，初到陆口驻扎，在表面上给予关羽的恩惠愈来愈厚重，似乎想与他建立更加友好的关系。

后来关羽讨伐魏国的樊城，留下部分兵力驻守公安、南郡。吕蒙上疏说："关羽讨伐樊城而多留防守的兵力，一定是害怕我谋取他后方的缘故。我时常生病，可以以治病为名，分一部分兵士和我一起回建业。关羽听说这消息后，就会撤掉防守公安、南郡的兵力，全部开赴襄阳。那时，我们的大军走水路，乘船昼夜逆流而上，乘他不备，袭取他的空虚所在，那么就可夺得南郡，关羽也就可以擒获了。"上完奏章以后，吕蒙假装病重，孙权就公开发布文书征召吕蒙回建业,秘密与他商议计策。关羽果真相信了,逐渐撤掉南郡的兵力开赴樊城。魏国派于禁救樊城,关羽全部俘虏了于禁等人,抓获了数万人马。又以缺粮为借口,擅自取用湘水上吴、蜀交界处吴国往来运输的粮食。孙权听到这个消息,就开始行动了,先派遣吕蒙在前面先行。吕蒙到了寻阳,将精兵全部埋伏在大船中,让人穿上白衣装作老百姓的样子摇橹驾船,船中坐的人都装成商人的样子,昼夜兼程,来到关羽设置在江边的哨所,将哨所中的兵士全部俘虏,因此,关羽没有听到吕蒙进军的消息。来到南郡,蜀将士仁和南郡太守糜芳都投降了。吕蒙进占了江陵城,逮捕了关羽和其他将士的全部家眷,对他们进行了安抚慰问,并约定纪律,不得干扰冒犯百姓,不能索要任何东西。吕蒙部下一个兵士,是汝南人,拿了居民家一个斗笠,用来覆盖铠甲,铠甲虽然是公家的,吕蒙依然认为他犯了军法,也不能够以同乡的关系而废除法令,于是流着泪杀了这个兵士。于是军中震惊,之后做到了路不拾遗。吕蒙经常让亲近的将士慰问抚恤老人,问他们缺少什么,生病的看病给药,饥寒的送给衣服粮食。关羽府中所藏的财宝,都封存起来,等待孙权来后处理。关羽在返回江陵的路途中,多次派人与吕蒙互通消息,吕蒙则很优厚地款待关羽的使者,让他们周游城中,到各家致意问候,或者让家人亲自给作战士兵们写信告知情况。关羽的使者返回后,将士们私下互相探询,都知道家中安然无恙,受到的待遇比以前更好,所以关羽的将士们都没有斗志。正巧孙权紧跟着来到了江陵,关羽知道自己势单力薄,就逃往麦城,再往西到了漳乡,众士兵都离开关羽投降孙权。孙权派遣朱然、潘璋堵住关羽必经的道路,把他们父子二人都抓获了,荆州于是被吕蒙平定下来。

孙权任命吕蒙为南郡太守,封为孱陵侯,赐钱一亿,黄金五百斤。吕蒙坚决不接受黄金和钱,孙权不答应。封爵令还没有颁发,适逢吕蒙的病发作了,孙权当时在公安,就把吕蒙接来,安置在自己住的内殿,用了各种药方给他治病,悬赏国内能治好吕蒙病的人,赏黄金一千斤。有时扎针治病,孙权为吕蒙的疼痛而难受,想经常去探望他的病情如何,又怕他过于劳累,常在墙壁上凿洞来看他,看到他稍微能吃点饭了,心中就感到高兴,对左右的人就有说有笑,如果吕蒙情况不好,就叹息不止,以致夜间睡不着觉。吕蒙病稍好一些,孙权就为此下令大赦天下,群臣都来庆贺。后来吕蒙病情加重,孙权亲自到病榻前探望,命令道士在夜晚的星辰下为吕蒙祈求延寿。四十二岁时,吕蒙死于内殿。当时孙权非常悲痛,为此减少宫中的音乐活动,饭吃得也少。吕蒙没死之前,把孙权赏赐给自己的金银珠宝全部交给府库收藏,命令主管的人在他死后全部上交,并嘱咐丧事务必简约。孙权听说了这些事情,更加悲哀而感动。

吕蒙年少时不学习经书典籍,每次陈述大事,常常口授其词由别人记录后作为上奏的文书。曾经因为自己部下的事被江夏太守蔡遗弹劾,吕蒙也无怨恨之意。豫章太守顾邵死后,孙权询问吕蒙用谁接替,吕蒙因而荐举蔡遗,认为他是胜任这个职务的好官吏,孙权笑着说:"你想当祁奚吗?"于是任用蔡遗。甘宁脾气粗暴好滥杀人,既常常使吕蒙不满意,又时常违背孙权的命令,孙权很生气,吕蒙多次为甘宁向孙权求情说:"天下还没有平定,甘宁这样的猛将很难得,应该宽容他。"孙权于是厚待甘宁,最后还是让他得到了重用。

吕蒙的儿子吕霸继承了爵位,又赐给守护坟墓的人三百家,免除租税的田地五十顷。吕霸死后,他的哥哥吕琮承袭了爵位。吕琮死后,他弟弟吕睦继承了爵位。

孙权与陆逊谈论周瑜、鲁肃和吕蒙时说:"周瑜勇猛刚烈,胆略过人,才能打败曹操,开拓荆州,真是难以找到接替他的人,只有你如今接续了他的功绩。周瑜过去邀请鲁肃到东吴,推荐给我,我和他饮酒谈话,他一开始就提出了统一天下建立帝王之业的谋略,这是第一件使人高兴的事。以后曹操因为得到刘琮降兵的势力,公开扬言要率领数十万人由水陆两路一起东下。我请了所有将领商议此事,询问如何对付此事,众将领都没有适当的计策来回答,张子布、文表两人都说应该写降书派遣使者迎接曹操,鲁肃立即予以反驳,认为不能这样做,劝我急速召回周瑜,委以重任,授给兵众,去迎击曹操,这是第二件让人高兴的事。况且他定下的计谋,策划的方略,远远超过了张仪、苏秦;后来他虽然劝我借给刘备荆州之地,是一大短处,但不足以损害他的两大长处。周公说对人不要求全责备,所以我也忘掉他的短处而敬重他的长处,常把他比为邓禹。吕蒙年少时,我只看到他不畏劳苦,果敢而且有胆量;到他长大以后,学问增长,思想开通,谋略奇异,可以说是仅次于周瑜,只是言谈议论,才气英发不如周瑜而已。图谋打胜关羽,超过了鲁肃。鲁肃在给我的回信中说:'帝王的兴起,必然要有驱逐排斥的敌人。关羽虽强,但可利用他为我们驱除祸患,不一定急着消灭他,所以,关羽不足以使人担忧。'这是鲁肃内心办不到,表面上又说大话罢了,我也宽恕了他,不随便加以责备。然而他统率军队,从没失去屯营,能做到令行禁止,辖区内没有荒于职守的官员,路不拾遗,他的法度也是很完善的。"

评：曹操利用汉朝丞相的地位，胁迫仗恃着天子而扫除群雄，刚平定荆州，又倚仗威势胁迫江东，那时议论他的东吴群臣也都对他心怀怯意，疑虑不定，但唯有周瑜、鲁肃提出了独特高明的见解，出于众人之上，实在是奇才啊！吕蒙勇猛而又有谋略，对军计有识见、有决断，智取郝普，活捉关羽，这是他计策中用得最妙的。起初轻率行动，随便杀人，后来终于能克制自己，有国士的气度，不仅仅只是一名武将而已！孙权的评论，对他们的优劣说得很公正恰当，所以载录于传中。

卷五十五　吴书十

程黄韩蒋周陈董甘凌徐潘丁传第十

　　程普,字德谋,右北平郡土垠人。起先做州郡小官,他外有容貌风姿,内具计谋策略,善于应答问题。跟随孙坚征伐,在宛县、邓州讨伐黄巾军,在阳人击败董卓,攻城野战,身上伤痕累累。

　　孙坚去世后,程普又在淮南跟随了孙策,跟他攻打庐江,攻克之后,回师一起东渡长江。孙策率军到横江、当利,击败张英、于麋等人,转而进攻秣陵、湖孰、句容、曲阿,程普都立有战功,孙策给他增加兵员二千,战马五十匹。又进军攻下了乌程、石木、波门、陵传、余杭等地,以程普立下的战功最多。孙策进入会稽后,任命程普为吴郡都尉,治所在钱塘。后来转任丹杨都尉,驻扎石城。又讨伐宣城、泾县、安吴、陵阳、春谷等地的贼寇,将他们全部击败。孙策曾经攻打祖郎,被敌人团团包围,程普与一个骑兵一起护卫孙策,驱马猛奔,大声疾呼,用长矛刺敌,敌人往两边分开,孙策乘机随着程普杀出重围。后来,程普被授予荡寇中郎将,兼任零陵太守,跟随孙策在寻阳讨伐刘勋,在沙羡攻打黄祖,回师后仍镇守石城。

　　孙策去世后,程普与张昭等人共同辅佐孙权,于是转战三郡之间,平定讨伐了各种不顺从的势力。又跟孙权出征江夏,回师经过豫章,另率军讨伐乐安。乐安平定后,代替太史慈驻防海昏,与周瑜同为左右都督,在乌林击败曹操,又进攻南郡,打跑了曹仁。程普被授为裨将军,兼任江夏太守,治所在沙羡,封邑四个县。

　　吴国首批将领中,程普年龄最大,当时人们都称他程公。程普天性喜好施舍给予,乐意结交士大夫。周瑜去世后,程普替代他兼任南郡太守。孙权把荆州分让给刘备,程普又回来兼任江夏太守,升为荡寇将军,不久去世。孙权称帝后,追论评定程普的功绩,封他的儿子程咨为亭侯。

黄盖,字公覆,零陵郡泉陵人。起初做郡里的小吏,被举荐为孝廉,征召进官府。孙坚兴举义军,黄盖跟随了他。孙坚往南击败了山贼,往北打跑了董卓之后,任命黄盖为别部司马。孙坚去世后,黄盖又跟随孙策和孙权,披甲转战,出生入死,攻陷城池。

一些山越人不服管束,或者有贼寇作乱的县,总是由黄盖去任县令。石城县的官吏,很难约束管理,黄盖便任命了两个掾吏(副官),分别主管各部门的事务。黄盖教导这两个人说:"我这县令没有什么才能,只是凭着打仗的军功当了官,并不是靠做了文官而被称举。如今贼寇还未平定,我有行军打仗的任务,把公文处理的事务全部委托给你们,你们应该监督管理好各个部门,纠正揭发错误。你们在自己所属的职权内,无论办理或应承什么事,如果有奸诈欺蒙的行为,我最终也不会用鞭子木杖来处罚,你们应各自尽心尽力,不要给别人做不好的表率。"刚开始,这两个掾吏都畏惧黄盖的威严,早晚恭奉职责。过了一段时间,因为黄盖不看公文,两个掾吏也就渐渐地荒疏了公务。黄盖也不满他们的松懈懒散,不时有所觉察,掌握了两个掾吏不奉公守法的几个事例。于是遍请县中官员,设酒宴招待,乘机拿出违纪事例责问。两个掾吏无话可说,都叩头认错,请求原谅。黄盖说:"以前已告诫过你们,我最终不会用刑具来惩罚你们,这不是骗你们的。"于是就把两个掾吏杀了。全县官员大为震惊,战栗不安。后来黄盖转任春谷县长、寻阳县令。凡是他所任职过的九个县,都平安稳定。又升任丹杨都尉,抑制豪强,扶助贫弱,使山越归附。

黄盖外表严肃刚毅,善于关怀照顾士兵的生活,每次征战,士兵们都奋勇当先。建安年间(196—220),黄盖跟随周瑜在赤壁抵御曹操,他建议用火攻战术,这段话记载在周瑜传中。任为武锋中郎将。武陵郡的蛮夷叛乱,攻取城镇后固守,孙权便让黄盖兼任武陵太守。当时,武陵郡的兵员只有五百人,黄盖认为自己的兵力抵御不住敌人的强攻,于是打开城门,让叛军人马进入一半后,才突然袭击他们,斩杀几百人,其余的都逃跑,全部返回各自的村落。黄盖诛杀了叛军的头领,一般随从者都予以赦免。从春天到夏天,叛乱全部平定,一些偏僻的地方如巴、醴、由、诞的县官都改变了归向和自己的品行,捧着礼物前来请求接见,于是武陵郡境内便清平安定了。后来长沙郡益阳市遭山贼攻打,黄盖又去平定讨伐。孙权加授他偏将军,病死在官任上。

黄盖任职处事有决断,做事从不拖延,吴国人都怀念他。到了孙权登上帝位,追认评定黄盖的功绩,赐给他儿子黄柄关内侯的爵位。

韩当,字义公,辽西郡令支人。因他熟谙弓箭骑马,力气很大,被孙坚宠爱,跟随孙坚转战征伐,屡遭危难,冲锋陷阵,擒杀敌人,任为别部司马。到了孙策东渡长江,韩当跟随他征战于三郡,升任先登校尉,孙策授予他兵员二千,战马五十匹。又随孙策征讨刘勋,打败黄祖,回师讨伐鄱阳,兼任乐安县长,山越人都畏惧服从。后来。韩当以中郎将的身份与周瑜等人抵御并打败曹操,又与吕蒙袭击攻取了南郡,升为偏将军,兼任永昌太守。宜都战役中,与陆逊、朱然等人在涿乡共同攻打蜀军,将蜀军打得大败,升为威烈将军,封都亭侯。曹真攻打南郡,韩当守卫南郡的东南面。他在外为将领,激励官兵同心固守,又敬重督司,遵奉法令,孙权很称赏他。黄武二年(223),封为石城侯,升昭武将军,兼任冠军太守,后又加授都督的名号。韩当率领敢死士(作战奋勇,敢于赴死之士)和解烦兵(战无不胜,能解危困的军队)一万人,讨伐丹杨的贼寇,打败了他们。适逢生病而死,他的儿子韩综继承爵位并统领军队。

那年,孙权征伐石阳,因韩综有父丧,令他防守武昌,但韩综为非作乱不守法度。孙权虽因他父亲韩当的缘故,不加责问,但韩综心怀恐惧,用车载了父亲的棺木,带着母亲、家眷及属下兵士几千人逃奔到魏国。魏国任他为将军,封广阳侯。韩综多次率军侵犯吴国边境,杀害百姓,孙权对他切齿痛恨。东兴战役中,韩综是魏军前锋,战败身死,诸葛恪斩下他的头,送到吴国的太庙,以此告慰孙权。

蒋钦,字公奕,九江郡寿春人。孙策袭击袁术时,蒋钦跟随供职。等到孙策东渡长江,蒋钦被任为别部司马并授给军队。与孙策转战征伐,平定三郡,又随从孙策平定了豫章郡。调任葛阳县尉,历任三县县长,讨伐平定了各县的贼寇,升任西部都尉。会稽郡冶山的贼寇吕合、秦狼等人作乱,蒋钦率军讨伐,于是活捉了吕合、秦狼,五县被平定,任命他为讨越中郎将,以经拘、昭阳两县作为封地。贺齐讨伐黟县贼寇时,蒋钦督率一万军队,与贺齐合力进剿,黟县贼寇被平定。蒋钦跟随孙权出征合肥,魏将张辽在逍遥津北面袭击孙权,蒋钦拼力死战,立下战功,升为荡寇将军,兼任濡须都督。后又被召回到国都,任为右将军,掌管诉讼事务。

孙权曾进入蒋钦家的后堂,见他母亲使用的是粗布帷帐和素色被子,妻妾穿的是一般布裙。孙权赞叹蒋钦处于富贵却能持守俭省,当即命令御守给他母亲制作锦被,改换帷帐,妻妾都穿上锦缎衣裳。

当初，蒋钦驻扎宣城时，曾讨伐豫章郡的贼寇。芜湖县令徐盛拘捕了蒋钦的一名屯守官，上表情求将他处死，孙权认为蒋钦正在外统兵，没有应允，徐盛由此自以为蒋钦对自己有了怨恨。曹操出兵濡须，蒋钦和吕蒙统领调配各军。徐盛常常唯恐蒋钦借机陷害自己，然而蒋钦却每每称赏他的优点。徐盛敬佩蒋钦的品德，议论的人也莫不赞美。

孙权讨伐关羽，蒋钦督率水军进入沔水，回师时，病死于途中。孙权身穿丧服哀悼，并将芜湖百姓二百户、田地二百顷，赐给蒋钦的妻子儿女。蒋钦的儿子蒋壹封为宣城侯，领兵抵御刘备有功，又回师奔赴南郡，与魏军交战，战死阵前。蒋壹没有儿子，弟弟蒋休受领军队，后来因犯罪失去职位。

周泰，字幼平，九江郡下蔡人。与蒋钦一起追随孙权，成为孙权的得力助手，他办事认真谨慎，多次立下战功。孙策进入会稽后，任命周泰为别部司马，授给兵员。孙权爱重周泰的为人，请求孙策把周泰调给自己。孙策征讨六县的山贼，孙权驻扎宣城，命令将士自力保卫自己，兵员不足一千，孙权心中还轻忽大意，也不修整防御工事，而山贼几千人却突然杀到。孙权刚骑上马，贼人锋锐的尖刀已从左右交叉刺来，有的还刺中了马鞍，众兵士没有人能镇定下来。只有周泰奋勇激昂，用身体拼力护卫孙权，胆量勇气过人，左右兵士也随着周泰并力与敌交战。贼人被打散后，周泰身上受了十二处伤，很久才苏醒过来。这天若是没有周泰，孙权的性命就很危险了。孙策深深感激周泰，补任他为春谷县长。后来周泰又跟随孙策进攻皖县，等到讨伐完江夏，回师经过豫章时，又补任为宜春县长，所任职县的赋税全归他享有。

周泰随同孙权讨伐黄祖，立下战功。以后与周瑜、程普在赤壁抵御曹操，在南郡攻打曹仁。荆州平定后，周泰率军驻扎岑县。曹操出兵濡须，周泰又前往迎击，曹操败退，周泰留下任濡须都督，授为平虏将军。当时，朱然、徐盛等人都在周泰的部队里，他们对周泰并不信服，孙权为此特地巡视到濡须坞，借此宴请众位将领，大家很是畅快欢乐。孙权亲自斟酒到周泰面前，叫周泰解开衣服，孙权用手指着他身上的伤痕，问他受伤的原因。周泰便回忆起以前战斗的情况来回答，答完后，孙权让他重新穿好衣服，欢宴通宵。第二天，孙权派人把自己常用的青丝头巾授予周泰。这时徐盛等人才信服周泰了。

后来，孙权击败关羽，打算进军谋取蜀国，任命周泰为汉中太守、奋威将军，封陵阳侯。周泰黄武年间去世。

周泰的儿子周邵以骑都尉的身份统领军队。曹仁出兵濡须，周邵作战有功,又跟随孙权打败曹休,升任裨将军,黄龙二年(230)去世。他弟弟周承统领军队并继承爵位。

陈武,字子烈,庐江郡松滋人。孙策在寿春时,陈武前往求见,当时年仅十八岁,身高七尺七寸,就跟随孙策东渡长江,征战有功,被授予别部司马。孙策打败刘勋,俘获许多庐江人,估计这些人都是精锐的兵士,便让陈武来统领,果然所向无敌。到了孙权掌管国事,转任陈武统领五校尉。陈武仁慈宽厚,乐于施予,很多同乡人、远方人都来依附他。他特别被孙权亲近厚爱,孙权多次去他家。因陈武多有功劳,被晋升为偏将军。建安二十年(215),陈武跟随孙权攻打合肥,奋不顾身,战死沙场。孙权哀痛他的死,亲自参加他的葬礼。

儿子陈修具有陈武的风范,十九岁时,孙权召见并奖励他,任命为别部司马,授予五百兵员。当时各部队的新兵多有叛逃的,而陈修因安抚兵士得当,他的部队没有逃走一人。孙权对此十分看重,升他为校尉。建安末年(220),追录功臣的后代,封陈修为都亭侯,任解烦兵都督。陈修黄龙元年(229)去世。

陈修的弟弟陈表,字文奥,是陈武的妾所生。陈表年轻时便有名声,与诸葛恪、顾谭、张休等人一起事奉太子,相互间亲和友善。尚书暨艳与陈表也很友好,以后暨艳犯罪,当时人人都设法保护自己,答应帮助的人很多,但真正站出来说话的人却很少,而陈表是仅有的不这样做的人,士人因此很敬重他。陈表跟从太子中庶子,被授为翼正都尉。他哥哥陈修死后,陈表的母亲不愿侍奉陈修的母亲,陈表对他母亲说:"我哥哥不幸早死,我总管家中事务,应当奉养嫡母。母亲若能为了我委屈一时之情,顺从嫡母的话,这就是我最大的愿望了。倘若母亲不能这样,就只好出去另外居住了。"陈表对道义的公正就是如此。从此两位母亲有所感悟,相互和睦。陈表以父亲战死沙场为理由,请求任用为统军将领,领兵五百人。陈表想让兵士们忠心效力,便一心一意地结交善待他们,兵士们也都爱戴依附他,乐于为他效命。当时军中出现了偷盗官方物品的人,人们怀疑是"无难士"施明。施明向来强壮剽悍,拘捕后对他的拷打极为惨毒,但他只求一死不说一句话,廷尉将这情况向上汇报。孙权认为陈表能得勇士们的信任,便下令把施明交给陈表处理,让陈表用自己的方法获得真实情况。陈表便打开了施明的枷锁并给他沐浴,换了他的衣服,大摆酒席,用饮酒的欢畅来诱导施明。施明于是自首服罪,一一交代出同党。陈表上书汇报。孙权认为陈表不是一般人,想保全他的名声,特为他赦免了施明,而把施明的同党全杀了。升陈表为无难军右都督,封都亭侯,以继承他父亲先前的爵位。

陈表上书全部辞让,请求将这些官职爵位传给陈修的儿子陈延,孙权没有同意。嘉禾三年(234),诸葛恪兼任丹杨太守,讨伐平定了山越人,孙权让陈表兼任新安都尉,与诸葛恪共同治理山越。当初,陈表曾受免除官方赋税二百家的赏赐,这二百家都在会稽郡新安县。陈表观察了这些人,都算得上是好兵士,于是上书辞让不受,请求让他们返回官府,以充实精兵的数量。孙权下诏说:"已故的陈武将军为国家立有战功,国家把这二百户人家赏赐给你是用来报答你父亲陈武将军的,你怎么能够推辞呢?"陈表于是回答说:"如今要消灭国家的奸贼仇敌,为我父亲报仇,应该以人为根本。只是让这些强健的人来做仆人,不是我的意愿。"他便把这些人全都安排取录来充实部队。当地官员以此上报,孙权十分赞赏他,下令郡县安排为官府服役的人家和贫民来补充他应获得的二百户赏赐。陈表在官任上三年,大量地招降纳取,得到兵士一万多人,情况紧急便率军出战。正逢鄱阳人吴遽等作乱,攻取城镇,所属各县动荡不安。陈表便率军越过自己管辖的地界去讨伐,吴遽因此被打败,便投降了。陆逊任命陈表为偏将军,晋封为都乡侯,往北驻扎章阬。陈表三十四岁去世。他的家财全用于供养士人,死的那天,他妻子儿女都站立在露天下,太子孙登为他们建起了屋宅。陈表的儿子陈敖十七岁时,任别部司马,授予兵员四百人。陈敖去世,陈修的儿子陈延重新做别部司马以替代陈敖。陈延的弟弟陈永,做了将军,封为侯。当初,施明感激陈表,自己改变品行做好事,终于成为英勇善战的将领,官位升到将军。

董袭,字元代,会稽郡余姚人。身高八尺,武力过人。孙策进入会稽郡时,董袭在高迁亭迎接,孙策一见便认为他很伟岸,就让他到自己属下专管盗贼的部门去做事。当时,山阴老贼黄龙罗、周勃纠集党徒几千人,孙策亲自率军出击讨伐,董袭亲手砍下了黄龙罗、周勃的头,回师后任为别部司马,授予兵员几千,又升任扬武都尉。董袭跟随孙策进攻皖县,又在寻阳征讨刘勋,到江夏讨伐黄祖。

孙策去世时,孙权还年轻,刚开始统管国事,太妃为此很忧虑,便接见了张昭和董袭等人,询问江东可否保证平安。董袭回答说:"江东的地理形势,有着山川的险固可凭借。而讨逆将军是贤明的州牧,他的恩德施于百姓。讨虏将军继承基业,上下都服从命令。张昭执掌大事,我等做他的助手。这正是我们具有地利人和的时候,绝对没有什么可忧虑的。"众人都认为董袭的话气势雄壮。

鄱阳郡贼寇彭虎等人有几万人马,董袭与凌统、步骘、蒋钦分头讨伐。董袭所向披靡,彭虎等望见董袭的军旗便逃散,十天之内贼寇便全部平定。董袭被任为威越校尉,升偏将军。

建安十三年(208),孙权征讨黄祖。黄祖将两条艨艟战船横在河中,从两旁守住沔口,并用棕榈大绳拴住大石墩来固定船只,船上有一千兵士,用弓弩交叉射击,飞箭如雨下,孙权的军队无法前进。董袭与凌统都是前锋,他们各带一百敢死士,每人身披两层铠甲,乘坐大船,冲入黄祖的船阵中。董袭亲手用刀砍断两根大绳,艨艟战船于是横移开去,孙权大军才能继续推进。黄祖打开城门逃走,兵士追上杀了他。第二天,孙权大开宴会,他举起酒杯对董袭说:"今日的宴会,是由于你的断绳之功。"

曹操出兵濡须,董袭跟随孙权奔赴那里,孙权让董袭统领五楼战船驻守濡须口。夜里突然刮起狂风,五楼战船倾翻。兵士们四散逃到了小船上,他们请求董袭出来。董袭发怒地说:"我接受了带领军队的重任,在这里防备敌人,为什么要抛弃战船离开呢?胆敢再劝我离船的人,一律处斩!"于是没有人再敢违犯他的命令。这一夜,战船沉没,董袭殉职。孙权换上丧服参加葬礼,供给他家人的东西十分丰厚。

甘宁,字兴霸,巴郡临江人。年轻时有气力,好交游行侠义,召集一批轻薄少年,做了他们的首领;他们成群结伙,手拿弓弩,背负箭羽,马带铃铛,百姓一听到铃声,便知是甘宁来了。别人与他相交,以至于他所在的城中官员,只有接待隆重优厚的他才结交欢娱;如果不这样,就放任他所带领的轻薄少年强夺别人的财产,在官吏中做了一些害人的事情,等到他猛然感到惭愧,已经过了二十余年。停止这种举动不抢劫之后,甘宁读了不少诸子之书,于是去依附刘表,就住在南阳。不被刘表晋升任用,后来又转而依附黄祖,黄祖还是把他当作一般人养着。

这样,甘宁就归附了吴国。周瑜、吕蒙共同推荐使他显达,孙权也看重他,待他同旧臣一样。甘宁献计说:"如今汉朝的国运日益衰微,曹操更加骄傲专横,终会成为篡夺帝位的盗贼。南荆的地域,山势便利,江河流通,实在是我们吴国西边的有利地势。我已观察到刘表,他考虑问题并不长远,儿子又很顽劣,不是能继承基业的人。主上应当尽早谋取,不能落在曹操的后面。图谋他的计划,第一步应该先拿下黄祖。黄祖如今年老,昏愦糊涂得很,资财粮食也都缺乏,身边的人又欺骗愚弄他,他一味地贪图钱财,从官吏兵士那儿克扣索取,官吏兵士心中怨恨,战船及各种作战器具破损而不加修理,农事耕种被荒疏,军队中没有训练有素的军人。主上现在如果前去,必定能够打败他。一旦打败黄祖军队,再击鼓向西进军,在西面占据楚关,势力更加扩大,就可以逐渐谋取巴蜀了。"孙权十分赞许他的意见。当时张昭在座诘难说:"吴国现今自身也很危殆,若是军队真的出征,恐怕必定要导致大乱。"甘宁对张昭说:"国家把萧何(西汉丞相)所承担的那样的重任交给您,您留驻防守而怕出乱子,您用什么来追慕古人呢?"孙权举起酒杯嘱咐甘宁说:"兴霸,今年出征讨伐,就如这杯酒,我决定把它交付给你。你只管勉力提出计谋策略,使我们能一定打败黄祖。那么这就是你立下的大功,又何必对张昭的话不满呢?"孙权于是向西进军,果然擒获了黄祖,俘虏了他的全部兵士。孙权便授予甘宁兵员,屯驻当口。

后来,甘宁又随周瑜在乌林抵抗击败了曹操,在南郡攻打曹仁,没能攻克,甘宁建议先直接进军攻取夷陵,他率军前往便拿下了这座城池,于是入城驻守。这时这手上只有几百兵士,加上刚俘虏的人员,也仅满一千人。曹仁便命令五六千人围攻甘宁。甘宁被攻打了好些天,敌人架设了高楼,从楼上将箭矢雨点般射进城中,兵士们都非常害怕,只有甘宁谈笑自如。他派人将情况报告周瑜,周瑜采用吕蒙的计策,率众将领给甘宁解了围。以后甘宁又随鲁肃镇守益阳,抵御关羽。关羽号称有三万人马,亲自挑选精锐兵士五千人,投物堵住益阳资水上游十多里的浅水地带,说要在夜里涉水渡河。鲁肃便与众将领商议此事。甘宁当时只有三百兵士,便说:"可否再给我增加五百兵士,我前去对付关羽,保证关羽一听见我咳嗽吐唾沫的声音,就不敢渡河,如他敢渡过河来,就是我的俘虏了。"鲁肃便挑选了一千兵士给甘宁,甘宁便连夜前往资水。关羽听说甘宁来了,就停下不再渡河,就地修建柴木营房,如今就把这个地方叫作关羽濑。孙权嘉奖甘宁的功劳,任他为西陵太守,兼任阳新、下雉两县县令。

后来甘宁随同孙权进攻皖县,为此升为城督(攻城大将)。甘宁手持练绳,亲自爬上城墙,作为兵士的先导,终于攻破了皖县城池,俘获了朱光。评议战功,吕蒙最大,甘宁第二,被任为折冲将军。

后来曹操出兵濡须,甘宁为前部督,受命出击砍杀敌人的前锋部队。孙权专门赏赐了米酒和很多菜肴,甘宁便将这些酒菜分赐给手下一百多人吃。吃完后,甘宁先用银碗斟酒,自己喝了两碗,接着便斟酒给他的都督。都督伏下身子,不肯马上接酒。甘宁拿过一把雪白的刀放在膝上,呵斥都督说:"你被主上所知遇,与我相比怎样? 我尚且不惜生命,你为什么独独怕死呢?"都督见甘宁脸色严厉,马上起身拜谢端酒,并给兵士们通通斟上一银碗酒。到了二更时,大家口里衔着竹枚,出击砍杀敌人。敌人惊骇动摇,于是败退。甘宁因此越发受人尊敬重视,孙权给他增加了二千兵员。

甘宁虽然鲁莽凶猛好冲杀,但性格开朗,心中具有谋略,轻视财物,敬重士人,能厚待英勇善战的人,这些人也乐意为他效命。建安二十年(215),他跟随孙权攻打合肥,正逢疾病流行,军队已全部撤出,只有车下虎士一千多人和吕蒙、蒋钦、凌统及甘宁,跟随孙权还在逍遥津的北边。魏将张辽察望后清楚了这一情况,立即率步、骑兵突然杀到。甘宁拉弓射敌,与凌统等人拼死战斗。甘宁厉声问鼓吹(主管军乐的官)为什么不吹奏军乐,豪壮之气刚毅坚决,孙权为此特别嘉奖他。

甘宁厨房中一个仆人曾有过错,他逃去找吕蒙。吕蒙怕甘宁把仆人杀了,所以没有马上送还。后来甘宁带着礼物来拜见吕蒙的母亲,吕蒙等到将要与甘宁进入后堂时,才送出那个仆人还给甘宁。甘宁答应吕蒙不杀仆人。过了一会儿,回到船上,甘宁将仆人绑在桑树上,亲自拉开弓箭射死了仆人。完事后,甘宁命令船上人再增加几根船缆,自己则脱下衣服躺在船上。吕蒙大怒,擂鼓集合士兵,要上船攻杀甘宁。甘宁听说这些后,故意躺着不起来。吕蒙的母亲光着脚出来劝吕蒙说:"主上待你如同骨肉,把军国大事托付给你,哪里有因为私怨而就想攻杀甘宁的道理?甘宁若是死了,纵然主上不责问,你作为臣下这么去做也是不合法的。"吕蒙向来非常孝顺,听了母亲的话,幡然醒悟,恨意顿释,他独自来到甘宁船上,笑着招呼甘宁说:"兴霸,老母正等您吃饭,快上岸吧!"甘宁流泪抽泣着说:"我对不起您。"便与吕蒙一起回去拜见吕蒙的母亲,十分欢畅地宴饮了一整天。

甘宁死后,孙权痛切惋惜他。甘宁的儿子甘瑰,因犯罪迁居会稽,不久便死了。

凌统,字公绩,吴郡余杭人。父亲凌操,轻佻侠义有胆量。孙策刚起兵时,凌操常常跟随征战,勇冠三军,出生入死。任永平县长时,他平定管理山贼人,奸诈狡猾之徒收敛了,升为破贼校尉。到了孙权统率军队,凌操便跟随他讨伐江夏。攻入夏口时,凌操首先登岸,打败敌人前锋部队,他驾上小船独自前进,身中流矢死亡。

凌统这时十五岁,周围有很多人称赞他,孙权也因凌操为国牺牲,授予他别部司马,代理破贼都尉,让他带领凌操旧部。后来跟随孙权攻打山贼,孙权攻取保屯后先期回师，剩下麻屯的一万敌人，让凌统与都督张异等人留下围攻，并限定进攻的日期。在此之前，凌统与都督陈勤一起饮酒，陈勤刚愎而纵任性情，他担任宴会的祭酒官，欺压满座的人，不按正常的规矩罚酒。凌统痛恨陈勤的欺侮轻慢，当面斥责他，并不再任用他。陈勤怒骂凌统及其凌统的父亲凌操，凌统流泪不作回答，众人因此结束饮酒离开。陈勤趁着酒劲凶狠胡闹，又在路上侮辱凌统。凌统忍无可忍，拔刀砍了陈勤。几天之后陈勤便死了，等到将要攻打麻屯的时候，凌统说："我不战死，无法赎我杀陈勤之罪。"便督率激励士卒，亲自迎着箭矢和石头冲杀，所攻打的一面，很快被瓦解，众将领乘胜进军，于是大获全胜。回师后，他将自己绑缚起来送到军正（军中执法官）那儿。孙权认为他的果敢和坚毅非常了不起，使他得以将功赎罪。

以后孙权再次征讨江夏，凌统为前锋，与他平日厚待的善战的士兵几十人共乘一条船，常常离开本部大军几十里。船进入右江，斩杀了黄祖的将领张硕，俘获全部敌船上的人。凌统回来向孙权汇报情况，孙权领军日夜兼行，水陆两路一起进发。当时吕蒙打败了敌人的水军，而凌统又率先攻占了城池，于是大获全胜。孙权任凌统为承烈都尉，与周瑜等人在乌林抵御并打败了曹操，继而又攻打曹仁，升为校尉。凌统虽身在军旅之中，但能够亲近结交贤明之士，轻视财物，看重道义，具有国士的风尚。

凌统又随孙权攻取了皖县，被任命为荡寇中郎将，兼任沛相。与吕蒙等人向西攻取了三郡，从益阳回师，又随孙权前往合肥，任右都督。这时，孙权开始撤军，先头部队已经出发，魏将张辽等人却突然杀到逍遥津北面。孙权派人想追回先头部队，但部队离开已很远，形势急迫已来不及赶回来相救，凌统率领亲兵三百人冲入敌人重围，保护孙权突围而去。此时敌人已毁坏了桥梁，桥的连接处只剩下两块木板，孙权驱马疾奔冲过桥，凌统又回返再战，手下人全部战死，他自己也身负创伤，但还杀死了几十个敌人，估计孙权已没有了危险，他才回来。但桥坏路断，凌统只好披甲悄悄行进。孙权回到船上后，看见凌统，十分惊喜。凌统痛惜自己的亲兵没有一个生还，悲伤得无法自持。孙权拉起袖子为凌统擦泪，对他说："公绩，死的人已经死了，倘使您活着，又为何要怕没有人呢？"便任命凌统为偏将军，加倍授给他本部兵员。

当时有人向孙权推荐同郡人盛暹，认为盛暹对付各种事情的能力，有超过凌统的地方，孙权说："只要让他像凌统这样就够了。"后来召盛暹夜里赶来，当时凌统已躺下，听说盛暹来了，提着衣服出门，拉着盛暹的手进屋。凌统爱才而不妒忌就是这样。

凌统认为山中还有许多强壮剽悍之人,可以恩威并施来诱降他们,孙权便命令他向东占领土地并讨伐山中那些人,又命令各所属城镇官员,凡是凌统所求助的都先给予满足再上报。凌统向来爱护兵士,兵士也都敬慕他。凌统得到精兵一万多人,经过他故乡所在的县,步入官府大门,看见官员们怀抱三片官笏,恭恭敬敬,尽到礼节,亲戚朋友,情意更加深厚。事情办完将要出发时,不巧因病去世,时年四十九岁。孙权听说这消息后,捶床坐起,悲哀得无法自制,几天都很少吃饭,一谈到凌统就泪流满面,令张承为他写了祭文和铭文。

凌统的两个儿子凌烈、凌封,年龄都才几岁,孙权将他们抚养在宫内,爱护相待就如同自己的几个儿子一样,每有宾客进见,便招呼他俩给客人看,说:"这是我的两个虎子。"到了他们八九岁时,让葛光教他们读书,十天让他们乘一次马。孙权追记凌统的战功,封凌烈为亭侯,归还他父亲过去的军队。后来凌烈犯罪,被免掉爵位和职务,凌封又继承爵位,统领军队。

徐盛,字文向,琅邪郡莒县人。遭逢战乱,客居吴地,以勇气闻名。孙权即位统领国事,任命徐盛为别部司马,授予兵员五百人,任柴桑县长,抵御黄祖。黄祖的儿子黄射,曾率几千人顺流而下攻打徐盛。徐盛当时的官兵还不满二百人,他们抵抗敌人进攻,杀伤黄射官兵一千多人。过后又打开城门出击,大败黄射。黄射于是完全绝了踪迹,不再来侵犯。孙权任徐盛为校尉和芜湖县令。徐盛又讨伐临城南山中的山越贼寇,立下战功,升中郎将,督领校兵。

曹操出兵濡须,徐盛跟随孙权去抵御他。魏国曾派大军出横江,徐盛与众将领一起奔赴讨伐。当时他们乘着艨艟战船,遇上迅疾的大风,船漂到敌方岸边,众将领都很恐惧,没有敢出船的,只有徐盛领兵上岸,突袭砍杀敌人,敌人败退逃跑。风停后徐盛便带兵返回,孙权十分看重他。

到了孙权向魏国称藩时,魏国派邢贞来授予孙权吴王的称号。孙权出都亭迎接邢贞,邢贞面有骄色,张昭对此已经恼怒,而徐盛则更为愤怒,他转头对同事们说:"我等不能奋勇献身,为国家夺取许昌、洛阳,攻占巴、蜀,却让我们的国君与邢贞盟誓,这不是很耻辱吗!"说完泪流满面。邢贞听说后,便对他的随从说:"江东将相如此忠勇,不是久居人下之辈。"

后来,徐盛升任建武将军,封为都亭侯,兼任庐江太守,孙权赐给临城县作为他的封地。刘备驻军西陵,徐盛攻占了他的许多营地,每次出击都立有战功。曹休出兵洞口,徐盛与吕范、全琮渡江抵御防守。遇上大风,船上兵士大多丧命,徐盛聚集残剩的兵士,同曹休隔江对峙。曹休命令将士上船进攻徐盛,徐盛以少量兵力抵抗大批敌军,敌军不能取胜,各自领兵退回。徐盛升任安东将军,封为芜湖侯。

后来,魏文帝大军出动,有渡江的企图,徐盛献计沿着建业城筑围墙,建藩篱,围墙上造假楼,江中停满战船。众将领认为这样做没有什么用处,徐盛不听,坚持这样做。魏文帝到了广陵,望见围墙十分吃惊,围墙绵延几百里,而江水又在不断地上涨,便领军退走了。众将领这才服气。

徐盛黄武年间(222—227)去世。儿子徐楷继承爵位,统领军队。

潘璋,字文珪,东郡发干县人。孙权为阳羡县长时,他才前往跟随孙权。潘璋生性放荡,喜欢喝酒,家中贫穷,爱赊酒喝,放债人上门讨债,他就说等我以后富贵了再还。孙权认为他不是一般人,十分喜爱他,便让他招募士兵,得到一百多人,于是让他做将领。潘璋讨伐山越贼寇立下战功,任别部司马。以后替吴地的大集市铲除恶人,盗贼便完全绝了踪迹,因此而闻名。升任豫章郡西安县长。刘表在荆州时,百姓屡次被侵扰,自从潘璋掌管此地事务,贼寇便不再入境侵犯。邻县建昌强盗兴起作乱,潘璋转而兼任建昌县令,加授武猛校尉,讨伐惩治恶民贼盗,一个月内便全部平定了骚乱,又召集了本地的散兵游勇,得到八百人,带领他们返回建业。

合肥战役中,魏将张辽突然杀到,众将领没有防备,陈武战死,宋谦、徐盛全部败逃,潘璋位置在后,便驱马前进,横过马头,斩了两个宋谦、徐盛军中的逃跑者,士兵便全都回头接战。孙权非常看重他,授予他偏将军,于是带领百校部队,屯兵半州。

孙权讨伐关羽时,潘璋与朱然截断关羽的退路。来到临沮,驻扎夹石。潘璋部下司马马忠活捉了关羽及其关羽的儿子关平、都督赵累等人。孙权随即分出宜都郡的巫县和秭归两个县作为固陵郡,任潘璋为太守、振威将军,封为溧阳侯。甘宁去世后,潘璋合并了他的部队。刘备出兵夷陵,潘璋与陆逊合力抵御他的进攻,潘璋的部下斩杀了刘备护军都尉冯习等人,杀死杀伤的敌人很多。孙权任命潘璋为平北将军、襄阳太守。

魏将夏侯尚等人围攻南郡,分出前锋部队三万人造浮桥,渡江到百里洲上,诸葛瑾、杨粲一起聚集部队前往救援,但不知向何处出击,而魏军却天天渡江不断。潘璋说:“魏军声势正盛,江水又浅,不能与他们交战。”便带领自己的人马,到魏军上游五十里处,砍伐几百万捆芦苇,扎成大筏,想放火顺流而下,烧毁浮桥。筏才扎好,正待水涨放筏,夏侯尚便领军退走了。潘璋到下游驻防陆口。孙权称帝后,任命潘璋为右将军。

潘璋为人鲁莽勇猛,军中禁令严明,喜好建功立业,带领的人马不过几千人,但所到之处常常如同有一万人马。征战驻扎,便设立军中市场,其他部队没有的东西,都靠他的军中市场补给充实。但他天性挥霍无度,晚年更加厉害,穿用都与位高者攀比,超越了本分。富有的将士,有的便被他杀死夺走了财物,屡次不遵奉法令。监察的官员将潘璋的违法行为举报上奏,孙权爱惜他的功劳总是原谅而不责问他。嘉禾三年(234),潘璋去世。儿子潘平因为品行不端被迁居会稽。潘璋妻子居住在建业,赐给田地房屋和免除赋役的佃户五十家。

丁奉,字承渊,庐江郡安丰人。年轻时因骁勇而做了军中小将,是甘宁、陆逊、潘璋等人的部下。多次随同他们征战,作战常常勇冠三军。每每斩杀敌将,拔取敌旗,身负创伤。逐渐升任到偏将军。孙亮登上帝位后,授予丁奉冠军将军,封为都亭侯。

魏国派遣诸葛诞、胡遵等人进攻东兴,诸葛恪率军抵御。众将领都说:"敌人听说太傅亲自到来,上岸后一定会逃走。"只有丁奉说:"不对。魏国动员了全国的力量,调集许昌、洛阳的全部军队大规模来进犯,一定有完整的计划,哪里会白白地就回去呢?不要指望敌人不来,而要有用来战胜敌人的方法和计划。"等诸葛恪上了岸,丁奉与将军唐咨、吕据、留赞等人,都从山而下,又溯江西上。丁奉说:"如今各军行动迟缓,倘若敌人占据有利地势,就难于与他们争胜负了。"便排开各军让他们让开船道,自己率部下三千人径直前进。当时正刮北风,丁奉扬帆两天就到达目的地,于是占据了徐塘。天寒下雪,敌军将领正摆酒举行盛宴。丁奉看见敌人先头部队兵员较少,就对部下们说:"获取封侯爵位和赏赐,就在今天了。"便让士兵解下铠甲,戴上头盔,手持短兵器。敌人放纵笑闹,对丁奉没有防备。丁奉让士兵肆意砍杀,大败敌人的先头部队。恰逢此时吕据等人到来,魏军于是溃败。丁奉升任灭寇将军,晋封为都乡侯。

魏将文钦来投降,朝廷让丁奉任虎威将军,随孙峻到寿春迎候文钦,与敌人的追赶部队在高亭作战。丁奉骑马执矛,冲入敌阵中,斩杀几百人,缴获了敌人的兵器。又晋封为安丰侯。

太平二年(257),魏国大将军诸葛诞占据寿春来向吴国投降,魏军因此围攻寿春。吴国派遣朱异、唐咨等人前往救援，又派丁奉与黎斐率军解围。丁奉首先到达，驻扎黎浆，拼力战斗立下战功，被授予左将军。

孙休登帝位后，同张布密谋，想杀掉孙綝。张布说："丁奉虽不能写字作文，但他的计谋策略却超过一般人，能够决断大事。"孙休召见丁奉并对他说："孙綝把持国家的权力，将要做出违反国法的事，我想和将军一起杀掉他。"丁奉回答说："丞相的兄弟朋友和同党很多，恐怕人人心里的想法都不同，不能突然杀他，可借腊祭之会，用陛下的卫兵来诛杀他。"孙休采纳了丁奉的计策，借腊祭之会请孙綝到来，丁奉与张布用眼神示意左右卫兵杀了孙綝。丁奉升任为大将军，加授左右都护。永安三年（260），丁奉假节兼领徐州牧。永安六年（263），魏军征伐蜀国，丁奉率领各军向寿春进发，做出援救蜀国的态势。蜀国被灭亡，军队又返回。

孙休去世，丁奉与丞相濮阳兴等人听从万彧的建议，共同迎立孙皓，升任为右大司马、左军师。宝鼎三年（268），孙皓命令丁奉与诸葛靓攻打合肥。丁奉写信给西晋大将石苞，与他勾结并离间他，石苞因此被召回。建衡元年（269），丁奉再次率军修治徐塘，又借机攻打西晋的谷阳。谷阳百姓知道后，后退离去，丁奉没有什么收获。孙皓因此很恼怒，杀了丁奉军中的向导。建衡三年（271），丁奉去世。丁奉因显贵有功，便逐渐骄傲自负，间或也有说他坏话的人，加上他以前出师不利的事情，孙皓便把他的家迁到了临川。丁奉的弟弟丁封，官至后将军，在丁奉之前去世。

评：这些将领，都是吴国的勇猛大臣，是孙氏家族所厚待的。就拿潘璋品行不端来说，孙权能忘掉他的过错而记住他的功业。孙氏能占据并守住东南，真是应该的啊！陈表是将门庶出，而与正出长子、贵胄名人比翼齐飞，不相上下，出类拔萃，不也值得赞美吗！

卷五十六　吴书十一

朱治朱然吕范朱桓传第十一

　　朱治,字君理,丹杨郡故鄣人。起初做县吏,后来被推举为孝廉,州府征召为从事,跟随孙坚征战讨伐。中平五年(188),朱治被授为司马,随孙坚讨伐长沙、零陵、桂阳三郡的贼寇周朝、苏马等人,立下战功,孙坚上表举荐他为行都尉。又随孙坚在阳人击败董卓,进入洛阳。孙坚再次上表请任朱治代理督军校尉,专门带领步兵和骑兵,从东面协助徐州牧陶谦征讨黄巾军。

　　适逢孙坚去世,朱治辅佐孙策,依附了袁术。后来了解到袁术政绩品德都不行,朱治就劝孙策回师平定江东。当时,太傅马日磾在寿春,征召朱治为掾史,升任吴郡都尉。这时,吴景已驻扎丹杨,而孙策又为袁术攻打庐江,因而刘繇怕被袁术、孙策吞并,于是就与孙策结下了怨恨。孙策的家族全在扬州,朱治便派人到曲阿迎接太妃(孙策母亲)和孙权兄弟们,一路侍奉供给、帮助护卫,很有恩情。朱治从钱塘出兵想进军到吴郡,吴郡太守许贡在由拳抵抗,朱治与他交战,大胜许贡。许贡南逃依附山越贼寇严白虎,朱治于是进入吴郡,兼任吴郡太守之职。孙策打跑了刘繇后,向东平定了会稽郡。

　　孙权十五岁时,朱治举荐他为孝廉。后来孙策去世,朱治与张昭等人共同尊崇事奉孙权。建安七年(202),孙权上表任朱治为吴郡太守,代理扶义将军,并分娄县、由拳、无锡、毗陵等地为朱治的封邑,可以自己设置官吏。朱治征讨山越,辅佐孙权平定了东南,俘获了黄巾军的残余将领陈败、万秉等人。黄武元年(222),朱治被封为毗陵侯,仍旧兼任吴郡太守。黄武二年(223),被授予安国将军,赐给金印和紫丝带,转封故鄣县为封邑。

　　孙权以前任上将,以及后来做了吴王,朱治每次进见,孙权常常亲自迎接,手拿笏板相互行礼,设宴款待,赠赐物品,恩惠特别隆重,以至于随行官吏都得以进献礼品私下相见，他受到的特殊待遇就是如此。

当初，孙权的弟弟孙翊，性情严厉急躁，喜怒都随心所欲，朱治屡次责备他，用道义来劝说开导他。孙权的堂兄豫章太守孙贲，他的女儿是曹操的儿媳，到了曹操攻取荆州，威势震动南方时，孙贲很害怕，打算让儿子去做人质。朱治听说后，请求拜见孙贲，为孙贲陈述安危的道理，孙贲因此停止了这种举动。

孙权常常赞叹朱治为国家的事情担忧操劳。朱治的品性俭省节约，虽然处于富贵之中，但车驾和官服只供办公事用。孙权认为他品德优秀异于常人。亲自下令督军御史掌管他封地的公文，朱治只收四个县的租税就行了。然而贵族子弟及吴郡四大家族大多在郡府任职，郡中官员常常以千数，朱治大致上几年一次调些人到吴王府中去办事，调遣了有几百人，一年四时都进献，孙权的回报也很优厚。这时，丹杨郡腹地常有奸贼作乱，朱治也因为自己逐渐年老，思恋故土，便自己上表请求屯驻故鄣，震慑安抚山越。到故鄣后，父老乡亲朋友无不上门求见，朱治把他们全请进家门，与他们一起宴饮，乡亲们都以此为荣。在故鄣住一年多，朱治又回到吴郡。黄武三年（224）朱治去世，在吴郡三十一年，享年六十九岁。

朱治的儿子朱才，一向任校尉并带领军队，继承父亲爵位后，升任偏将军。朱才的弟弟朱纪，孙权将孙策的女儿嫁给了他，也是以校尉的身份带领军队。朱纪的弟弟朱纬、朱万岁都很早就去世了。朱才的儿子朱琬继承爵位做了将领，官至镇西将军。

朱然，字义封，是朱治姐姐的儿子，本来姓施。当初，朱治没有儿子，朱然十三岁时，朱治便上报孙策，请求把朱然作为自己的继承人。孙策命令丹杨郡用羊和酒等礼物招来朱然。朱然到吴郡后，孙策很优待他，以礼相贺。

朱然曾与孙权同窗学习，结下了深情厚谊。到了孙权掌权，便让朱然做余姚县长，这时他才十九岁。后来升任山阴县令，加授折冲校尉，督察五个县。孙权认为他才能奇特，分出丹杨郡的一部分组成临川郡，让朱然任太守，授予兵员两千人。正逢山贼兴起，朱然出兵讨伐，一个月就平定了。曹操出兵濡须，朱然在大坞和三关屯守备，升任偏将军。建安二十四年（219），随大军征讨关羽，又与潘璋到临沮俘获了关羽，升任昭武将军，封为西安乡侯。

虎威将军吕蒙病重，孙权向吕蒙说："您如果一病不起，谁能够代替您？"吕蒙回答说："朱然的胆识操守绰绰有余，我认为可以任用他。"吕蒙去世后，孙权让朱然假节镇守江陵。黄武元年(222),刘备发兵进攻宜都,朱然率五千人与陆逊合力抵抗刘备。朱然另外攻打刘备的前锋部队,又截断了刘备的后路,刘备于是败逃。朱然被授予征北将军,封为永安侯。

魏国派曹真、夏侯尚、张郃等人进攻江陵,魏文帝曹丕亲自坐镇宛城,为进攻添威助声势,把军营连接起来包围了城池。孙权派将军孙盛统领一万人马在江洲上备防,建起围障,作为朱然的外援。张郃率兵渡江攻打孙盛,孙盛抵御不住,立即退却,张郃占据了州上的工事来防守,朱然里外的援救都断绝了。孙权派潘璋、杨粲等人去解围,但没有成功。这时,朱然城中兵士大多患了肿病,能作战的才有五千人。曹真等人堆土山,挖地道,筑高台,面对城墙射箭,箭矢如雨点一般密集,将士们都大惊失色,只有朱然安然镇定没有一丝恐惧,还在激励官兵,伺魏军间隙攻取了两座军营。魏军围攻朱然共六个月,还不退兵。江陵县令姚泰率兵在城北门驻防,见城外敌军人多,城中守军人少,粮食将尽,便与敌军勾结,商量作为内应。将要行动时事情暴露,朱然惩治处死了姚泰。夏侯尚等人不能取胜,就撤军退走了。从此,朱然威名震撼敌国,被改封为当阳侯。

黄武六年(227),孙权亲自率军攻打石阳,等到回师时,由潘璋断后。夜里出了错乱,敌军追击潘璋,潘璋抵御不住。朱然立即返回驻扎,抵御敌人进攻,让前边的船开得很远了,才慢慢启船出发。黄龙元年(229),朱然被授予车骑将军、右护军,兼任兖州牧。不久,因兖州分在蜀国境内,又解除了兖州牧职务。

嘉禾三年(234),孙权与蜀国约定日期大举进攻魏国,孙权亲自向新城进发,朱然与全琮各自接受命令,任左右督军。适逢官兵中疾病流行,所以尚未进攻就退兵了。

赤乌五年(242),征讨祖中,魏将蒲忠、胡质各率几千人,蒲忠在危险狭窄的地段拦截,企图断绝朱然的后路,胡质做蒲忠的后援。这时,朱然统领的官兵,先已四处派出,通知他们也来不及集合,朱然便率军营中现有的八百名士兵迎头冲杀过去。蒲忠出战不利,胡质等人也都退兵。赤乌九年(246),再次征讨祖中,魏将李兴等人听说朱然深入腹地,便率步兵和骑兵六千人截断朱然的后路,朱然夜里出兵迎战,部队得胜回返。在此之前,降将马茂心怀不轨,被发觉后处死,孙权十分痛恨他。朱然临出发前上疏说:"马茂这小人,胆敢辜负恩德。我今天承奉上天的威严,作战必胜,我想让我所俘获的,震惊远近,让战船充塞大江,使其值得一看,以消除君臣的愤恨。希望陛下记住我先说的话,再要求我后来达到的效果。"孙权当时压住朱然的奏表不让人知道。朱然报捷后,群臣向孙权祝贺,孙权才设宴奏乐,拿出朱然的奏表说:"此人先前有奏表,我认为他一定很难做到,现在果真如他所说的,他对事情可以说是看得很明白的。"孙权便派人任命朱然为左大司马、右军师。

朱然身高不到七尺,对人对事态度都很分明,品行美好纯净,他的才华只用在军事上,其他方面都显得很质朴。他终日恭敬谨慎,每每在战场上,面对危急而能勇敢镇定,尤其过人;虽然没有战事,他也每每早晚庄严击鼓,在军营中的士兵,全都整装列队,用这种方法来迷惑玩弄敌人,使敌人不知怎样防备,所以他一出兵就能立功成战。诸葛瑾的儿子诸葛融、步骘的儿子步协,虽然各自继承其父亲的职位,但孙权特别又让朱然做大都督,总领他们。再加上陆逊也死了,功臣名将活着的只有朱然,再没人能比得上他的权势了。朱然卧病两年,后来病情逐渐加重,孙权为此白天吃不下饭,夜里睡不着觉,派使者送的药品食物,排满了道路。朱然每次派人上表说明疾病情况,孙权就召见,亲自询问,进来赏赐酒菜,出去赠送布帛。自从创业的功臣生病,孙权最为关切的,吕蒙、凌统第一,朱然就算第二了。赤乌十二年(249),朱然六十八岁时去世,孙权穿丧服哀悼,为之伤感悲痛。朱然的儿子朱绩继承爵位。

朱绩,字公绪,因父亲的关系任郎官,后来任建忠都尉。朱绩的叔父朱才去世,朱绩统领他的军队,跟随太常潘濬讨伐五溪,凭着胆量和勇力而闻名。升为偏将军营下督,兼管惩治盗贼的事,他执法公正不偏。鲁王孙霸重视与朱绩交往,曾来到朱绩的公署,他靠近朱绩坐下,想与朱绩结为好友,朱绩从座位上下来站定,辞谢而不敢承受。朱然去世后,朱绩继承爵位,任平魏将军、乐乡都督。第二年,魏国征南将军王昶率军攻打江陵城,没有取胜而退兵。朱绩给奋威将军诸葛融写信说:"王昶远道而来,疲惫困乏,人马没有吃的,战斗力不足而退走,这是上天帮助我们啊!如今我去追击他们不足的兵力,你可率军作为我的后援,我要在前面打败他们,你在后面乘机而来,这哪里只是一人的功劳啊,我们应该同心协力,坚定不移。"诸葛融答应了朱绩。朱绩便领兵在纪南追上了王昶,纪南离江陵城有三十里地,朱绩先打了胜仗,而诸葛融却不进兵,朱绩后来失利了。孙权大大地嘉奖朱绩,非常愤怒地谴责诸葛融,诸葛融的哥哥大将军诸葛恪当时显贵位重,诸葛融才没有被撤职。当初,朱绩与诸葛恪、诸葛融兄弟不和,到这件事发生变故,造成的怨恨就更深了。建兴元年(252),

朱绩升任镇东将军。建兴二年(253)春,诸葛恪向新城进军,要求朱绩合力相助,却又把朱绩留在半州,让诸葛融兼任朱绩的职务。冬天,诸葛恪、诸葛融被杀害,朱绩又回到乐乡,被授予假节。太平二年(257),朱绩任骠骑将军。孙綝掌握朝政时,大臣们因疑忌而各生异心,朱绩担心吴国一定会乱,而中原魏国也必定会乘乱进攻,便秘密写信与蜀国结交,让蜀国做好兼并吴国的考虑。蜀国派右将军阎宇领兵五千人,增强白帝城的防守力量,以等待朱绩以后的消息。永安初年,朱绩升任上大将军、都护督,从巴丘上溯到达西陵。元兴元年(264),就在任所被授予大司马。当初,朱然为朱治守丧完后,请求恢复本姓,孙权不同意,朱绩在五凤年间(254—256)上表请求,恢复为施姓。建衡二年(270),朱绩去世。

吕范,字子衡,汝南郡细阳人。年轻时做过县官,容貌姿态俱佳。同县人刘氏,财富多,女儿貌美,吕范便向刘家求婚。刘女的母亲对吕范不满意,不想同意这门婚事,但刘氏说:"你看吕子衡难道是永远贫穷的人吗?"于是便让女儿与吕范成了婚。吕范后来躲避战乱来到寿春,孙策一见就觉得他很特异,不同凡响。吕范便亲近孙策,带领门客一百人归附了孙策。当时太妃(孙策母亲)住在江都,孙策派吕范去迎接她。徐州牧陶谦说吕范是来替袁术窥探情况的,便煽动县令拷打吕范,吕范的亲近门客和勇士们抢了吕范后回返。当时只有吕范与孙河常跟随在孙策左右,跋涉艰辛,不避危难,孙策也像对待自己家人一样对待他,常常与他进入后堂,在太妃面前饮酒欢宴。

吕范后来跟随孙策攻取了庐江,回师一齐东渡长江,到横江、当利打败张英、于麋,又攻占了小丹杨、湖孰,吕范兼任湖孰相。孙策平定了秣陵、曲阿,收容了笮融、刘繇的残余部队,给吕范增加兵员二千人,战马五十匹。后来吕范兼任宛陵县令,讨伐打败丹杨贼寇,回师吴郡,升任都督。

这时,下邳人陈瑀自称吴郡太守,住在海西,与豪强严白虎勾结。孙策亲自率军讨伐严白虎,又另派吕范和徐逸在海西攻打陈瑀,杀了他的大将陈牧。吕范又跟随孙策在陵阳攻打祖郎,在勇里攻打太史慈。七个县平稳安定了,吕范被任为征虏中郎将,出征江夏,回师又平定了鄱阳。

孙策去世,吕范到吴郡奔丧。后来孙权再次出征江夏,吕范与张昭留守吴郡。

曹操到了赤壁,吕范与周瑜等人一齐合力抵御并打败了曹操,被任为裨将军,兼任彭泽太守,以彭泽、柴桑、历阳为封邑。刘备到京城(今镇江界内)去见孙权,吕范秘密请求孙权扣留刘备。后来吕范升为平南将军,驻扎柴桑。

孙权讨伐关羽,经过吕范的官署,对他说:"以前早听从您的意见,现在就没有这样的劳苦了。如今我将去上游攻取关羽,您替我防守建业。"孙权打败关羽回来,以武昌为都城,任吕范为建威将军,封宛陵侯,兼任丹杨太守,治所在建业,统管扶州以下各县直至海边,换溧阳、怀安、宁国为他的封邑。

曹休、张辽、臧霸等人来进攻,吕范率领徐盛、全琮、孙韶等人,在洞口用水军抵御曹休等人。被升为前将军,假节,改封为南昌侯。当时遇上大风,船倾覆,人落水,淹死几千人,吕范撤回军队,任扬州牧。

吕范生性喜好威严的容貌举止,州里人如陆逊、全琮以及贵族公子,都注重举止修养,恭敬严肃,不敢轻佻放纵。吕范的居室服饰,在当时很奢侈浪费,但他勤勉从事,奉守法纪,所以孙权喜欢他忠诚,而不责怪他的奢侈。

当初,孙策让吕范主管财物账目,孙权当时还年轻,私下里有求于吕范,吕范必定向孙策禀报,不敢擅自答应给孙权财物,他当时以此事得到声望。孙权任阳羡县长时,有私用的财货,孙策有时要审查,功曹周谷就把孙权的花费分开写在账簿上,使孙策没有理由责问。孙权当时很喜欢周谷,到了他为吴王时,却认为吕范忠诚,特别信任他,认为周谷更换财簿,有欺骗行为,因而不任用他。

黄武七年(228),吕范升为大司马,印章绶带还没授予,便生病去世了。孙权穿着丧服哀悼,派人追赠印绶。到了孙权恢复建业为都城,经过吕范墓前喊道:"子衡!"边喊边流泪,用牛、羊、猪三牲来祭祀吕范。

吕范的大儿子早死,二儿子吕据继承爵位。吕据,字世议,因父亲的原因任为郎官,后来吕范卧病,吕据被任为副军校尉,辅佐兼管军事。吕范去世,吕据升任安军中郎将。他多次讨伐山越贼寇,不管多么偏僻险峻之地,只要进击都能取胜。跟随太常潘濬讨伐五溪,又立战功。朱然进攻樊城,吕据与朱异攻破樊城外围,回师后任偏将军,补任马闲右都督,升为越骑校尉。太元元年(251),起大风,江水上涨泛流,逐渐淹到城门,孙权派人观察水情,只看见吕据派人驾来大船防备水害。孙权嘉奖他,授予他荡魏将军。孙权卧病,让吕据做太子右都督。太子登上帝位,授予吕据右将军。魏国出兵东兴,吕据率军前往讨伐,立有战功。第二年,孙峻杀诸葛恪,升吕据为骠骑将军,兼管西宫事务。五凤二年(255),假节,与孙峻等人袭击寿春,回师时遇到魏将曹珍,在高亭打败了他。太平元年(256),吕据率军侵入魏国,尚未到达淮河,听说孙峻死了,让他的堂弟孙綝继任他的职位,吕据大怒,领兵回返,准备废除孙綝。孙綝听说这一情况,派中书捧着皇帝的诏书,命令文钦、刘纂、唐咨等人去攻打吕据,又派堂兄孙宪率都城的军队在江都抗击吕据,吕据手下人都劝他投降魏国,吕据却说:"做叛臣我感到羞耻。"于是自杀,孙綝诛灭了他的三族。

朱桓,字休穆,吴郡吴县人。孙权为将军时,朱桓在他幕府中供职,被任为余姚县长。他前往上任时遇上当地流行瘟疫,粮食缺乏,价格昂贵,朱桓分派好官吏去各地,同情关怀,送医给药,粥饭不断,士人和百姓都感激爱戴他。朱桓被升为荡寇校尉,授给兵员两千人,让他在吴郡、会稽二郡招募队伍。他纠集散兵游勇,一年之内,得到一万多人。后来丹杨、鄱阳的山贼蜂拥而起,攻陷城镇,杀死官长,到处屯兵聚集。朱桓率领诸将,东征西战,前往讨伐,全部平定。他逐渐被升为偏将军,封为新城亭侯。

后来朱桓代替周泰出任濡须都督。黄武元年(222),魏国派大司马曹仁率步兵和骑兵几万人向濡须进军。曹仁本打算用兵袭击攻取濡须口水州,却先放出风声说要向东攻打羡溪。朱桓分出官兵奔赴羡溪,出发后,突然得到曹仁已进军到离濡须只有七十里的报告。朱桓便派人追回去羡溪的部队,部队未到而曹仁大军已突然杀到。这时,朱桓手下以及所率兵士,只有五千人,众位将领表情惊恐,各自心中都很畏惧。朱桓告诉他们说:"凡两军交战,胜负取决于将领,不在兵士人数的多少。各位听说了曹仁指挥作战的才能,与我相比谁更高明?兵法所说来敌超过主人一倍的情况,是说双方都处在平原地带,没有城池可以据守,又说的是双方士兵的勇敢、胆怯是同等的缘故罢了。如今曹仁既不是智勇之士,再加上他的士兵很胆怯,又从千里之外步行而来,人马疲惫困乏,我与各部队共同占据高城,南边面对大江,北边背靠山陵,以逸待劳,作为主人来制住入侵的敌人,这是百战百胜的形势。即使曹丕亲自前来,尚且不值得忧虑,何况曹仁之辈呢!"朱桓便偃旗息鼓,向外表示自己兵力薄弱,以此诱骗曹仁来进攻。曹仁果然派他的儿子曹泰率军进攻濡须,又派将军常彫率领诸葛虔、王双等人,乘上涂油的战船另外袭击中州。中州是军中将领家属所在的地方。曹仁自己带领一万人留守橐皋,又作为曹泰等人的后援。朱桓部队的官兵攻打掳获了敌人的战船,另一部分又去攻打常彫等人,朱桓则亲自率军抵御曹泰,烧毁了敌军营,使他们败退,于是杀了常彫,活捉了王双,押送武昌,在阵地上斩杀和溺死的敌军有一千多人。孙权嘉奖朱桓的功劳,封他为嘉兴侯,升奋武将军,兼任彭城相。

黄武七年（228），鄱阳太守周鲂狡猾地诱骗魏国的大司马曹休，曹休率步兵和骑兵十万人到皖城迎接周鲂。这时候陆逊是元帅，全琮与朱桓为左右都督，各率三万人马袭击曹休。曹休知道自己被欺骗了，本应领兵退回，但他自恃人多兵众，决定拦住吴军打一仗。朱桓献计说："曹休本来是由于亲属关系才被任用的，并不是智勇双全的名将。现在交战他必定失败，失败必定逃跑，逃跑应从夹石、挂车经过，这两条路都险要狭窄，如果用一万兵士堵住这两条路，那么敌军便可全部消灭，而曹休也可活捉，我请求带上我的部队去截断他们的退路。倘若承蒙天威，能拿曹休来验证我的话，就可以乘胜长驱直入，进军攻取寿春，占有淮南，以图谋许昌、洛阳，这是极其难得的机会，不能够失去啊。"孙权先与陆逊商议，陆逊认为不行，所以朱桓的计策没有被采纳施行。

黄龙元年（229），朱桓被任为前将军，兼任青州牧，假节。嘉禾六年（237），魏国庐江主簿吕习请吴国派出大军前来，准备打开城门作为内应。朱桓与卫将军全琮一起率军前去。到达后，事情败露，部队应该回返。庐江城外有条溪水，离城有一里左右，宽三十多丈，深八九尺，浅的地方也有四五尺，各部整队渡水离去，朱桓自己断后。这时，庐江太守李膺正整顿军队，想等吴军各部渡到河中时，乘机逼近攻击。等到他看见朱桓的插有令旗的车在后面，终于不敢出动，他畏惧朱桓就到了如此地步。

这时，全琮任都督，孙权又命令偏将军胡综传达宣布他的诏令，让胡综参与军事。全琮因出兵无所收获，商议准备部署众将，搞一些偷袭行动。朱桓一向很高傲，他因此羞于见自己的部将，就去见全琮，问行动的目的，他激动发怒，与全琮争论。全琮想为自己开脱，就说："主上自己命令胡综为都督，胡综认为应该这样。"朱桓越发愤恨，回来后，就派人去叫胡综。胡综来到军营门前，朱桓出来迎接他，回头对手下人说："我要放开手脚干这件事，你们各自离去。"有一个人从旁边先出去，告诉胡综让他回去。朱桓出来，不见胡综，知道是手下人所干的，便把那人杀了。朱桓的一位副官上前规劝，也被刺死，于是朱桓假托狂病发作，到建业治病。孙权爱惜他的功劳才能，所以不给他治罪，让朱桓的儿子朱异统领军队，叫医生为他看病守护，几个月后又把朱桓派回中州。孙权亲自出来为朱桓送行，对他说："如今敌人还存在，天下还未统一，我应该与您共同安定天下，想让您率领五万人马独当一面，以图谋进取，想您的病没有复发吧。"朱桓说："上天授予陛下帝王的神圣风姿，正该统治天下，辱没您把重任交给我，以消灭凶恶叛逆之敌，我的病定会自己痊愈的。"

朱桓天性喜欢护短,耻于落在人后,每次与敌人交战,受到节制调度,不能自由行动,就发怒愤激。但他轻视财富看重道义,加上记忆力好,与别人见一面,几十年不会忘记,部队中有上万人,他们的妻子儿女他全都认得。他爱惜扶助官兵,赡养保护亲属,俸禄产业都与他们共同分享。等到朱桓重病时,全军忧虑悲伤。赤乌元年(238),朱桓六十二岁时去世。军中官兵,男女老少,无不痛哭思念他。他家里没有积余的财产,孙权便赏赐盐五千斛来接济丧事。朱桓的儿子朱异继承爵位。

朱异,字季文,因父亲的原因任郎官,后来被授予骑都尉,代替朱桓掌管军队。赤乌四年(241),跟随朱然进攻魏国樊城,献计攻破了樊城的外围,回师后授予偏将军。魏国庐江太守文钦设营驻扎六安,设置很多营寨在交通要道上,用以招募引诱叛逃的人,成了边境的祸害。朱异便亲率手下二千人,毁掉了文钦的七座营寨,杀死几百人,升为扬武将军。孙权与他谈论攻守战略,朱异的对答很合孙权心意。孙权对朱异的叔父骠骑将军朱据说:"我本来知道季文勇敢果断,见了他之后,觉得又超过我所听到的。"赤乌十三年(250),魏将文钦假装投降,秘密写信给朱异,想让朱异来迎接。朱异上表呈上文钦的信,陈述文钦的投降是假装的,不能够立即迎接他。孙权下诏说:"当今北方的土地尚未统一,文钦想要归顺,立刻迎接他。倘若怀疑他有诈,就应设计擒捉他,派出大部队来防备他就行了。"于是派遣吕据率领两万人马,与朱异合力进军,到了北方边界,文钦果然不投降。建兴元年(252),朱异升镇南将军。这一年,魏国派胡遵、诸葛诞等人出兵东兴,朱异率水军攻打浮桥,桥被毁掉,魏军大败。太平二年(257),假节,任大都督,救援被围困的寿春,未能成功。回师后,被孙綝陷害致死。

评:朱治、吕范因为是旧臣而被重用,朱然、朱桓因为勇猛刚烈而著称,吕据、朱异、施绩都有将领的才能,能继承先辈的遗业。像吕范、朱桓这样逾越君臣之礼而得以善终,至于吕据、朱异没有这样的过错,却反遭祸殃,这是因为他们所处的时代不一样。

卷五十七　吴书十二

虞陆张骆陆吾朱传第十二

虞翻,字仲翔,会稽郡余姚人。会稽太守王朗任用他为功曹。孙策征讨会稽时,虞翻正遭父丧,他披麻戴孝来到郡府门前,王朗想迎接他,他便脱下丧服进去拜见,劝王朗避开孙策。王朗未能采用他的建议,迎战孙策而遭到失败,就逃亡在海上。虞翻追随并保护王朗,逃到东部候官县,候官县长关闭城门不让他们进去,虞翻前往劝说他,然后才被放进城。王朗对虞翻说:"您有老母,可以回去了。"虞翻回来后,孙策又任命他为功曹,用朋友间的礼节来对待他,亲自到他家中拜访。

孙策喜欢骑马狩猎。虞翻劝谏说:"您动用乌合之众,驱使那些没有固定依附的士人,他们都拼死效力,即使是汉高祖也不如您。至于轻易地便装出行,随从官员就来不及整装,官兵们也会因此而苦恼。再说,统治人的人不庄重严肃就没有威势。所以白龙化为鱼,就会被豫且射中眼睛;白蛇放纵自己,就被刘季杀死,希望您稍加注意。"孙策说:"您的话是对的。但我不时思考些事,端坐忧闷,有禅谌(春秋时郑大夫,多谋)拟稿时的思虑,因此才出行。"

虞翻出任富春县长时,孙策去世,县中各位官员都想去奔丧。虞翻说:"我担心邻县山越或许会有奸贼作乱,我们远离城郭,必然会招致意外。"于是他留在任上,穿上丧服守丧。各县都仿效这种做法,因此都平安稳定。后来虞翻被州府推举为茂才,汉朝廷征召他为侍御史,曹操以司空身份征召他,他都不去任职。

虞翻给少府孔融写信,并将自己所著的《易注》送给他看。孔融回信说:"听说延陵精通音乐,又看了您对《周易》的研究,才知道东南地区的精美之处,并非只是会稽郡的竹箭。另外您的《易注》观察星云天象,通过气温考察命运,推究祸福的根源,都与玄妙莫测的事理相符合,可谓探索深奥道理、通晓万千事物的杰作。"会稽东部都尉张纮还给孔融写信说:"虞仲翔以前多被评论者所冒犯,但他资质卓越,越是雕琢磨砺,越是光彩夺目,任何冒犯都不足以损害他。"

孙权任命虞翻为骑都尉。虞翻多次冒犯孙权的尊严,规劝力争,孙权不可能高兴。虞翻天性不与世俗苟合,因而多被别人毁谤,终于因罪被流放丹杨泾县。吕蒙图谋攻取关羽,称病回到建业,他以虞翻兼通医术为由,请求让虞翻跟随自己,也是想以此使虞翻得以解脱。后来,吕蒙率领大军向西进发,南郡太守麋芳打开城门出来投降。吕蒙没有进占郡治城邑,而在沙滩上娱乐庆贺,虞翻对吕蒙说:"如今专心一意投降的只有麋将军一人,城里的人怎能全都识相,为什么不迅速进去控制这座城池呢?"吕蒙当即采纳了他的建议。当时城里确有人策划埋伏袭击的阴谋,幸亏虞翻的建议,阴谋才没有得逞。关羽被打败后,孙权让虞翻占卜关羽的命运,虞翻占得"兑"下"坎"上,这是"节"卦,九五爻变为"临"卦,虞翻说:"不出两日,关羽必然断头。"事实果然如虞翻所说。孙权说:"您不如伏羲,但可以和东方朔相比了。"

魏国将领于禁被关羽擒获,关押在城中,孙权入城后释放了他,并请求与他相见。后来有一天,孙权骑马出游,带着于禁和他并肩而行,虞翻呵斥于禁说:"你是投降的俘虏,怎么敢与我们的君主并驾齐驱呢?"说着他举鞭就想抽打于禁,孙权喝止了他。后来孙权在楼船上召集群臣宴饮,于禁听到音乐声流下了眼泪。虞翻又说:"你想用虚情假意来求得脱身吗?"孙权听后怅然不快。

孙权做了吴王后,在一次欢宴将要结束时,他亲自起身巡行斟酒,虞翻趴在地上装醉,不端酒杯。孙权离开后,他又坐了起来。孙权此时非常愤怒,举剑就要刺他,陪坐的人无不惊慌恐惧,只有大司农刘基起身抱住孙权劝解道:"大王因酒过三巡之后要杀有名望的人,即使虞翻有罪,但天下人又有谁知道他的罪过呢?况且大王因为能容纳贤士蓄养众人,所以四海之内都仰望大王的风采,如今一下子就要把这一切都抛弃,值得吗?"孙权说:"曹操尚且杀了孔融,虞翻又有什么可怜惜的?"刘基说:"曹操轻率地杀害了才德之士,天下人都非议他。大王亲自推行恩德仁义,想和尧、舜相媲美,怎么能自比曹操呢?"虞翻因此得以脱身。孙权也借此事命令手下人,从今以后,酒后说杀的,都不得杀。

虞翻曾经乘船出行,与麋芳相遇。麋芳船上人大多想让虞翻避开他们,在前面的人喊道："回避将军的船!"虞翻厉声说道："失去忠贞与诚信,凭什么事奉君主? 委弃了人家两座城池,还要口称将军,有道理吗?"麋芳关闭窗户不应声,并且迅速避开了虞翻。后来虞翻乘车出行,又经过麋芳的军营大门,营中军官关闭了营门,虞翻的车无法通过。虞翻又愤怒地说:"应该关门时却打开,应该开门时反而关上,难道做事应该是这样的吗?"麋芳听了这话,面有羞惭之色。

虞翻天性疏朗耿直,多次因为饮酒犯下过错。孙权与张昭谈到神仙问题,虞翻手指张昭说:"那些都是死人,而你却说是神仙,世上难道会有仙人吗?"孙权对虞翻积压的怒气已不止一次,他最终把虞翻流放到交州。虽然处在获罪流放的境地,但虞翻却依然讲学不倦,学生常常多达几百人。他还著有《老子》《论语》《国语》的注释,都流传于世。

起初,山阴人丁览、太末人徐陵,或处在县吏之中,或不为人们所了解,虞翻一见他们,就和他们很友好,最后他们都名声显赫。

虞翻在南方十几年,七十岁时去世。灵柩送回余姚祖坟安葬,妻子儿女也得以返回故里。

虞翻有十一个儿子,第四个儿子虞汜最有名。永安初年(258),他从选曹郎升任散骑中常侍,后来担任监军使者,讨伐扶严时,因病去世。虞汜的弟弟虞忠,任宜都太守;虞耸,任越骑校尉,屡次提升至廷尉,还任过湘东、河间太守;虞昺,任廷尉尚书、济阴太守。

陆绩,字公纪,吴郡吴县人。父亲陆康,汉朝末年任庐江太守。陆绩六岁时,在九江见到袁术。袁术拿出橘子招待他,他揣了三个在怀中,临走时,他跪拜告辞,橘子掉到地上。袁术对他说:"陆郎做客还要把橘子藏在怀里吗?"陆绩跪着回答说:"想带回去给母亲吃。"袁术对此大为惊奇。孙策在吴郡时,张昭、张纮、秦松是上宾,他们在一起谈及天下还未安定,必须用武力来平定天下。陆绩年纪小,坐在下席,他远远地大声说道:"从前管夷吾辅佐齐桓公,多次召集诸侯,一统天下,并不使用兵车。孔子说:远方的人不归顺服从,就要修养德行使他们来归顺。现在你们不努力研究用道义、恩德安抚并取得天下的方法,而只崇尚武力,我虽然年幼无知,心里也认为不合适。"张昭等人对他感到惊异。

陆绩外貌雄壮伟岸,博学多识,天文、历法、算术无不遍览。虞翻在耆宿中负有盛名,庞统是荆州有名的贤士,他们和陆绩的年龄相差很大,却都与陆绩友好。孙权执政后,征召陆绩为奏曹掾,他因说话耿直而被人忌惮。出任郁林太守,加官偏将军,授给兵员两千人。陆绩因为腿瘸,又志在治学,带兵打仗并不是他的志向。因此即使有战事,著述并不中断。他写作《浑天图》,注释《易经》,诠解《太玄》,都流传于世。他预知到自己的死期,就给自己作了挽词说:"汉朝志士吴郡人陆绩,年幼时笃爱《诗经》《尚书》,长大后研习《三礼》《周易》,奉命南征,不幸染上疾病,生命垂危,我遭逢的命运竟是寿数不久长,呜呼!悲叹的是我将要永绝人世!"又说:"从现在开始,六十年以后,天下将重新出现'车同轨,书同文'的一统局面,遗憾的是我已经看不到了。"陆绩三十二岁去世。他的长子陆宏,任会稽南部都尉;次子陆叡,任长水校尉。

张温,字惠恕,吴郡吴县人。他的父亲张允,因轻视财物重视贤士,名声显扬州郡,任孙权的东曹掾,不久去世。张温从小就修养节操,容貌奇异身体雄壮。孙权听说了他的情况,就询问朝中大臣说:"张温能与当今的谁相比?"大司农刘基说:"可以和全琮同等。"太常顾雍说:"刘基不了解张温的为人。张温在当今无人与他匹敌。"孙权说:"如果是这样,那张允就没有死。"他征召张温,请他来相见。张温的谈吐文雅、应声对答,都令旁观者钦佩敬慕,孙权也改变态度敬以厚礼相待。召见结束后出来,张昭握着张温的手说:"老夫把心意托付给您,您应该明白。"他被任命为议郎、选曹尚书,又升任太子太傅,很被信任重视。

张温三十二岁时,以辅义中郎将的身份出使蜀国。孙权对他说:"您本不该远出,我担心诸葛亮不了解我之所以要和曹氏往来的用意,所以委屈您出行。倘若山越的祸患都消除了,我们便会对曹丕大举进攻。做使者的道理,就是接受命令而不接受言辞。"张温回答说:"我在内没有亲信大臣那样的谋划,出行没有独自应对的才能,怕没有张孟播扬国君名誉的能力,又没有子产陈述大事的功效。然而诸葛亮见识透彻,精于计谋,他必定了解你神妙的思考和屈伸权宜之计,加上蒙受我朝如同天降的恩惠,我推知诸葛亮的心思,一定不会有什么猜疑。"张温来到蜀国,前往宫廷呈递表章说:"以前商汤王守丧却使殷商的福运再度复兴昌盛,周成王年幼却使周朝的德政兴隆以达到太平,他们的功勋覆盖天下,名声响彻海内。如今陛下凭借聪明的资质,与古代贤王等同,在贤良大臣的辅佐下执掌政务,又有众臣子倾心相助,远近的人们仰望您的风采,无不欢欣地来依赖。我们吴国勤勉思虑,施展力量,安定了江南,希望与有道义的君主一统天下,并且倾心于共同谋划统一行动,这种心愿就如河水东流绝无反顾。然而战事猛烈频繁，我们可供使役的兵力太少，因此只好忍受卑鄙逆理之徒强加给我们的耻辱，特派下臣张温通报情况，表达友好的情意。陛下推崇礼义，不应为此感到耻辱而轻忽我的请求。我从遥远的边境，到贵都的近郊，多次承蒙陛下的慰问迎接，恩惠的诏令不断发出，我由于受到如此荣耀而感到惶恐，又感到意外的惊奇和不安。谨此奉献我国君主给陛下的信函一封。"蜀国非常看重他的才能。张温回国后不久，就被派进豫章郡的部队出征作战，他对军事方面的功业没有追求。

　　孙权既暗恨张温赞美蜀国政治，又疑忌他的名声太显赫，百姓都被他所迷惑，担心他最终不能为自己所用，就考虑如何来攻击陷害他。正碰上暨艳事件发生，于是孙权借用这个机会把张温揭发了出来。暨艳，字子休，也是吴郡人，是张温把他引荐来的，被任用为选曹郎，官做到尚书。暨艳的性情清高正直而又严厉，喜欢发表清正的言论。他看到当时郎署内混浊杂乱，很多官员不称职，就想使良莠分开处理，贤愚区别使用。他弹劾百官，考核选拔三署官员，都是贬高就低，降下几个等级，还能继续在原来官位上任职的人连十分之一都不到。那些身居官位而又贪婪卑鄙、气节操守肮脏低下的人，都被贬为军中小吏，安置在军营的幕府中作为处治。这样一来，怨怒之声就多起来，诬陷毁谤的谗言也逐渐兴起蔓延，许多人竞相揭举暨艳和选曹郎徐彪专用私情，爱憎不出于公理。暨艳和徐彪都因此被定罪而自杀。张温向来与暨艳、徐彪志同道合，常有书信往来，互相问候拜访，于是也判他有罪。孙权把他拘禁在有关官署，下令说："从前我下令征召张温，并留下官位等待他，最终让他位居高官，超过了一些旧臣，哪里想到他如此凶恶，专生图谋不轨之心。以前暨艳的父亲和哥哥依附凶恶的叛贼，我没有忌讳，所以提拔任用他们，想观察暨艳到底如何表现。细察他的内心，他的真实面目果然暴露。而张温却和他结为生死之交，暨艳的所作所为，都发端于张温。他们互成表里，共为腹背，里外呼应，前后照顾，只要不是张温的党羽，暨艳就吹毛求疵，给他们制造一些虚妄的罪名。另外，先前我任命张温督察三郡，指挥那里的官员和残余的兵马，当时担心有战事发生，想让他迅速回来，所以授给他荣戟这些仪仗用品用来开路，以威势权力来勉励他。于是他就便到了豫章，呈表要求讨伐长年为非作歹的贼人，我相信并接受了他的请求，特地把绕帐兵、帐下兵、解烦兵五千人交给他。后来听说曹丕亲自出征淮河、泗水一带，所以我预先下令张温有紧急情况就立即出兵。而张温却把全部将领集中起来，部署在深山里，接受命令而又不赶赴战场。幸亏曹丕自己退兵了,不然的话,这件事情的后果难以设想!还有殷礼这个人,本来是因为他善于占筮而征召来的,但张温却先后几次请求要带他到蜀国,在别国大肆宣扬鼓吹他,为他夸口说大话。殷礼回来后,本应回到他的本职,可张温却让他主持尚书户曹郎的工作。这样的部署安排,全是张温自己的主意。张温还告诉贾原,说一定推荐您做御史,又告诉蒋康,说一定用您代替贾原,擅自用国家的恩典夸耀卖弄,为自己形成势力。考察衡量他的邪恶用心,可以说是无所不为。我不忍心让他暴尸街头,现在将他打发回老家,给他低级的小官职。呜呼张温,免你死罪就算是幸运的了。"

将军骆统上表为张温申辩说:"尊敬的陛下,上天生成您光辉的德行,神灵开启您圣明的思想,在天下招募才俊之士,在宫中安排贤德之臣。众多才学之士都已受到广大深厚的恩惠,张温则受到了最为隆重的待遇。然而张温自己招来处罚谪降,辜负了陛下给他的恩遇,想到他变成这样,实在令人悲叹痛心。不过,我在与他相互交往中,替国家观察打听过他,十分了解他的情况,所以在此详尽地陈述其中的道理。张温其实心中没有别的想法,他的行为也没有叛逆的迹象,只是年纪还轻,承担重任的资历还浅,就蒙受显赫的恩宠,发挥卓异优秀的才干,发表论定善恶的评说,提交褒贬是非的议案。在这种情况下,趋炎附势者垂涎他的恩宠,争名逐利者妒忌他的才干,沉默无为者非议他的评说,劣迹昭彰者忌讳他的议案,这是臣下应当详尽分辩,朝廷也应深究细察的因素。从前贾谊是极为忠诚的大臣,汉文帝也是非常英明的君主,然而周勃、灌婴的一句话,贾谊便被疏远放逐。为什么呢?是因为对他的嫉恨深重,也在于谗毁的方法狡诈。然而这也使得汉文帝的错误在天下传扬,过失在后代彰明,所以孔子说'做君主很难,做臣子也不容易'。张温虽然智慧比不上战国时合纵连横的策士,武功也不如勇猛的战将,但他弘雅的气质,优秀的品德,文章的华彩,论辩的周全,卓越超群,光辉耀世,世人没有能赶得上他的。所以,论张温的才华是令人惋惜的,谈他的罪过则是可以宽恕的。如果陛下克制威烈暴怒而赦免有德之士,宽宥贤才以促进国家大业,这必定成为圣明朝廷的美德,光耀四方的壮丽景观。国家对暨艳,没有把他纳入败类的行列,还把他视同子民,因此他首先被朱治所任用,接着被众人推举,这才能够在朝廷被任用,同时也为张温所结交。君臣间的道义,是道义中最重要的;好朋友间的交情,是交情中最轻微的。国家不嫌弃对暨艳行最重要的道义,那么张温也不嫌弃与暨艳有最轻微的交情。当时是世人宠爱暨艳在前,而张温私下亲近他在后。

凡一向作恶的人,放纵到山中险要之处,就会成为劲寇;将他们安排在平原上,
就能成为强健的兵士。所以张温的意思在于想获取一贯作恶的歹徒,以消除
劲寇的祸害,同时增加强健兵士的力量,只是他措施不当,功效与想法不相符
合。然而计算他派出的兵员,用许晏来相比,数量的多少,张温不低于他;用兵
的强弱,也不比许晏差;甚至进军的速度,他也不比许晏慢。所以他能赶在秋
冬相交之季,按警报的期限奔赴战场,并不敢忘恩而有懈怠偷懒。张温出使蜀
国,与蜀国共同称誉殷礼,虽然臣子不应有国外的私交,但有些情况也是情有
可原的。所谓国外的私交,说的是没有国君的命令而自己私下交往,这种私交
不是为了国事,而是暗中传递消息。如果是奉国君的命令出使,一方面联结了
两国国君的友好关系,同时利用这个机会叙谈个人的交情,这也是外交使臣的
一般道理。所以孔子出使邻国,便有私人相见的礼节;季札聘问诸夏,也有宴
饮畅谈的义举。古人说过,要了解这个国家的国君,就观察这个国家的使臣,
看到这个国家臣子的勤勉明察,就知道这个国家君主的显赫盛大。张温如果
称誉殷礼,能使对方也赞叹他,这实在是可以显示我朝大臣多有优秀之才,表
明派出的使者得当,因而能在异国显示了国家的美德,在他邦弘扬了国君的美
名。因为这个缘故,晋国赵文子到宋国订立盟约,向屈建称扬随会;楚国王孙
围出使晋国,向赵鞅赞誉左史。他们也是向别国的辅臣赞叹本国的大臣,经传
认为这是张扬国威而加以赞美,并不以为是与外人交结而予以指责。王靖这
个人,内不忧虑时政,外不关心战事,张温弹劾他并没有徇私,追究他也没有弄
假,从此便与王靖结下了大怨仇,这是张温尽心竭力、保全节操的明证。王靖
军队的势力,重要官员的才干,都胜过贾原和蒋康,张温尚且不容私情来向王
请求得到自身的安全,又怎么敢出卖国家恩典去拉拢贾原、蒋康呢? 再者,贾
原任职不勤勉,处事又不称职,张温多次用难看的脸色对待他,用严厉的声音
来指责他,如果张温真的想出卖国家恩典进行叛乱,那么不必去贪求贾原这样
的人。凡此种种,拿来与事实核对既不相合,向众人调查也无证据。我私下想
到,国君虽然有圣明贤哲的资质,非同寻常的智慧,但是凭借独自一人的力量,
统治亿万百姓,在深宫禁院,俯察国家四境,了解臣民的情势,寻求各种国事的
处理方法,还是不容易做到周全。所以应当倾听细察群臣的意见,以扩大明智
的功业。如今别人责难张温不遗余力,我肯定张温也如生死之交,所用言辞都
很机巧,意思也全都表达了出来,各自都说是为了国家利益,谁又会说是为了
个人利益呢? 一时间,是非曲直还难以立即辨别。然而凭借陛下的聪明睿智,

细察双方论辩的是非曲直,如果用心深入,思想集中,大小巨细都加以研究核实,那么事情的真相怎么可能疑而不明、混而不清呢? 张温并不亲近我,我也不偏爱他。从前的君子,都是抑制个人的怨恨,来扩大国君的视野。他们在前代卓越独立作出表率,我在后代也以抛弃这种行为为羞耻,所以就在今天抒发我多年的情怀,向陛下奉献我鄙陋的见解,实在是想尽心于圣明的朝廷,而并非对张温这个人有什么眷念之情。"孙权最终也没有采纳骆统的意见。

过了六年,张温因病去世。他的两个弟弟张祗和张白,也很有才能名望,和张温同时被废黜。

骆统,字公绪,会稽郡乌伤人。父亲骆俊官做到陈相,被袁术杀害。骆统的母亲改嫁,做了华歆的妾,骆统当时八岁,便和亲戚一起返回会稽。他的母亲送他,他拜辞母亲就上车,脸朝前不回头看,他母亲在后面哭泣流泪。赶车的人说:"夫人还在那儿呢!"骆统说:"我不想再增加母亲的思念,所以不回头看她。"他侍奉嫡母很恭敬。当时遇上饥荒,乡里以及远方来客大多生活贫困,骆统为帮助他们就减少了饮食。他姐姐仁爱有品行,守寡回到娘家,没有儿子,她看见骆统的样子很为他难过,多次追问骆统原因。骆统说:"士大夫们连糟糠还不够吃的,我哪有什么心思吃饱肚子!"他姐姐说:"真是这样,为什么不告诉我,而自己这样折磨自己呢?"于是她就把自己的粮食给了骆统,又把这事告诉了母亲,母亲也认为他很贤德,便叫人分发施舍粮食,骆统由此名声大振。

孙权以将军的身份兼任会稽太守,骆统这时二十岁,被孙权试用为乌程相,乌程百姓超过一万户,都赞叹骆统的仁爱治理。孙权嘉奖他,征召他为功曹,代理骑都尉,并把堂兄孙辅的女儿嫁给他。骆统用心在补救考察时政上,如果有什么见闻,他绝不会把晚上的事情留到天亮再说。他经常劝说孙权尊重并接纳贤能之士,勤勉探索时政的利弊;飨宴赏赐时,可以让每人分别进见,对他们嘘寒问暖,施以亲密的感情,启发诱导他们表露心迹,从中观察他们的志趣,使他们都感恩戴德,心怀想要报念的心意。孙权采纳了他的建议。后来他出任建忠中郎将,统领武射吏三千人。凌统死后,他又统领了凌统的军队。

这个时候,徭役繁多,再加上瘟疫流行,户口减少。骆统上疏说:"我听说统治国家的君主,以占据疆土为富强,以控制威权和赏罚为尊贵,以推行道德仁义为荣耀,以永垂不绝的胤嗣为福运。然而,财物要靠百姓生产,强盛要依赖百姓的力量,威权要凭借百姓的势力,福运要仰仗百姓来培养,道德要等待百姓来兴旺,仁义要通过百姓推行,这六方面的条件具备了,然后才能顺应天命蒙受福运,保佑宗族巩固国家。《尚书》说:'百姓没有国君就不可能相互安宁,国君没有百姓也无法开辟四方疆土。'推而言之,就是百姓因国君的治理而平安稳定,国君因百姓的帮助而得到成功,这是不能改变的规律。如今,强大的敌人尚未消灭,天下还没有安定,三军却有无尽的战事,江岸也有不懈的武备,赋税征调,这是一贯的法纪,加上灾祸瘟疫造成的死亡,郡县空虚,田野荒芜。听我所辖城邑的报告,百姓的户口逐渐减少,又大多是老弱病残,壮夫很少。听到这些情况的时候,我心急如焚。思寻其中的原因,主要是小百姓不明事理,他们既有安守故土不愿迁徙的习性,又因为先后外出当兵的人,活着生活困苦没有温饱,死了尸骸被弃不能返回家园,所以他们尤其眷恋故土,畏惧远行,把出门远行看成与去死一样可怕。每次征调劳役,贫穷人家负担沉重的人先被送去。那些稍有财产的人家,会把钱财全部拿出来行贿,不惜倾家荡产。轻率剽悍的人就逃进深山险恶之处,与盗匪为伍。百姓的生活困顿虚竭,饥饿哀号,忧愁烦躁,因为忧愁烦躁就不去从事生产,不从事生产就招致穷困,招致穷困活着就没有乐趣,所以口腹饿急了,奸邪之心就会萌动,叛逆的人也会多起来。又听说在民间,如果生活不能勉强自给的话,生下了儿子,很多人就不去抚养,就连那些屯田的士兵,因为贫穷,也有很多人抛弃儿子。上天生育了这些孩子,而父母却杀害了他们,这种情况我担心将会冒犯天地,撼动阴阳。况且陛下开创基业建立国家,这是没有穷尽的功业,强邻大敌不是一下子能消灭的,边疆的正常防守也不是个把月的事情,但军队和百姓却在不断减少,子孙得不到养育,这不是坚持长久的岁月最终取得成功的方法。国家有百姓,就如同水上有船,水停船就安稳,水动船就危险。百姓虽然愚昧却不可欺骗,虽然软弱却不可压迫,所以圣明的君主都重视百姓,因为国家的祸福是由他们所决定,所以君主要和百姓共兴衰,就要观察时事民情来制定政策。当今的地方官员,本是接近百姓的职位,但他们只以办事周到为能事,征收赋税超过目前国家的急需,很少再有用恩惠来治理、符合陛下向上天覆盖大地那样的仁义、勤勉体恤民情的恩德的人。官员的政务和百姓的习俗,越来越颓败,逐渐地衰微,这种形势不能再长久地维持下去。治病要在病情尚未恶化之时,除祸要在祸患尚未蔓延之际。希望陛下在日理万机的繁忙中,占用一点闲暇的时间,集中精力思考省察,弥补不足,计划周密,考虑长远,抚育剩余的百姓,增加百姓的财富,这样,我们的事业就能与日月同辉,与天地共存。我骆统这个最大的愿望如能实现,也足以死而不朽了。"孙权被骆统的这些话打动,因此特别重视他的意见。

由于骆统跟随陆逊在宜都打败蜀国军队,因而升任为偏将军。黄武初年(222),曹仁进攻濡须,派别将常雕等人袭击中洲,骆统与严圭共同抗击并打败了他们,骆统因而被封为新阳亭侯,后来又任濡须都督。他多次陈述有利于时政的见解,前后几十次上书,所说的都很有道理,因为文章太多,这里不能全部记载。尤其是他估计"招募"的方式在民间助长了邪恶,败坏了习俗,容易产生叛逆的思想,应当尽快取消这种方式,孙权与他反复争辩,最终还是按他的意见办了。黄武七年(228),骆统三十六岁时去世。

陆瑁,字子璋,是丞相陆逊的弟弟。从小就爱好学习,重视情义。陈国人陈融、陈留人濮阳逸、沛郡人蒋纂、广陵人袁迪等人,都是出身寒微而志向高远的人,都来找陆瑁交游相处,陆瑁往往拿出自己的珍品美味,与他们同甘共苦。以至于同郡人徐原,移居会稽,与他素不相识,临终前却留下遗言,要把自己的儿子托付给他。他给徐原建起坟墓,并收养了他的儿子。另外,陆瑁的叔父陆绩去世得早,两个儿子一个女儿都只有几岁就返回故里,陆瑁把他们接回来抚养,到他们长大后才分开。州郡征召举荐他,他都不去就职。

当时尚书暨艳非常热衷于褒贬评论人物,在选择议定三署官员时,很喜欢宣扬别人不光彩的过失,以显示自己的处罚得当。陆瑁写信给他说:"圣人总是嘉奖鼓励善良,怜惜同情愚昧,忘记别人的过失,牢记别人的功绩,以此来成就美好的教化。加上如今帝王的基业刚刚建立,将来还要一统天下,这正是汉高祖弃人之短用人之长的时代。如果让善和恶区分清楚,推崇汝颍人许邵、许靖(东汉人)兄弟每月初一品评议论人物的习俗,的确可以整肃习俗,昌明教化,但恐怕不容易实行。应当远则效法孔子的泛爱精神,中则学习郭泰的广泛助人,近则从有益于建设帝王大业的角度着眼。"暨艳没有按陆瑁说的那样去做,终于招致败亡。

嘉禾元年(232),朝廷用公车征召陆瑁,任命他为议郎、选曹尚书。孙权怨恨公孙渊的伪诈奸猾,反复无常,准备亲自去征伐他。陆瑁上疏劝谏说:"我听说英明的君主统治远方的夷族,只是笼络维持而已,不是长期守卫占据那些地方,所以古时制定国土政策,称这样的地方为'荒服',也就是说这样的地方没有常规而无法稳定,不能够长期占有。现在公孙渊无非是个东部蛮夷小丑,被远隔在海角,虽然徒有一副人的面孔,其实和禽兽没有什么区别。国家所以不惜财货遥远地施予他们,不是嘉奖他们的德行道义,其实是想诱导他们收敛欺诈的行为,以便谋取他们的马匹而已。公孙渊骄狂狡诈,依仗地处偏远而违背诏令,这是荒蛮之地的人的通常表现,哪里值得大惊小怪?从前汉朝各皇帝也曾意志坚决地从事安抚境外蛮夷的工作,派使者奔驰往来,散发财物,使汉朝的财物充满了西域,虽然这些蛮夷有时也恭敬从命,但那些使者被杀害,财物同时被侵吞的事情,不可胜数。现在陛下不能忍受愤愤的怒气,想越过大海,亲自踏上那荒僻之地,群臣议论,私下里都认为不妥。为什么呢?北方的敌人和我国接壤,如果有可乘之机,他们立刻就能进攻过来。我们所以要越海去谋取马匹,违背本意地礼遇公孙渊,就是为了拯救天下的大难,消除藏在心腹中的祸患,如果转而弃本逐末,舍近求远,因为气愤而改变计划,因为激怒而动用军队,这正是狡猾的敌人所愿意听到的消息,而不是我们大吴最好的策略。再说,兵家的策略,往往以劳碌来使对方疲惫,用安逸来等待对方,得失之间,清醒的一方得到的就会多。况且沓渚距离公孙渊路途还很远,如果现在到了敌方岸边,军队的力量就要分成三份,首先要派主力部队进取,其次要留下部队守卫船只,第三还要用一些部队运送粮草,出征的人即使很多,也很难全部用上;加上徒步背粮,经过长途跋涉,深入敌人腹地,而贼人的地方马多,他们随时都可以拦截。倘若公孙渊趁机使用阴谋,与北方的敌人关系不断,那么,我们出兵之时他们就会唇齿相依,互相帮助。如果他确实是独立行事没有依靠,也会因为畏惧而远远地逃走,恐怕很难一下子消灭。假如陛下的征伐大军滞留在北方的原野,而山越的贼寇又乘机叛乱,恐怕这不是绝对安全的长远谋略。"孙权没有同意他的建议。

陆瑁又上疏说:"说到战争,本是前代用来诛伐暴乱、威慑四夷的,然而这种事情都是在奸雄已经消除,天下太平,君主悠闲地坐在朝廷上,用议论大事之后剩余的时间谈谈罢了。至于中原混乱,九州交错的时候,大抵必须加深根基,巩固本体,爱护兵力,珍惜费用,努力使自己得到休息调养,来等待邻国敌人的漏洞,没有正处在这样的时期,反而去舍近求远,使军队疲惫的。从前尉佗叛逆,冒用尊号称帝,当时天下太平,百姓富裕,兵员的数量,粮食的储备,可以说是很多了。但汉文帝还是认为到边远地区征伐不容易,他虽然也大规模出兵,但只是告诫晓谕尉佗而已。如今凶残的敌人还未消灭,边境还不断有警报,在这种情况下,即使是蚩尤、鬼方那样的叛乱,也应当根据情况的缓急区别处理,不应当把公孙渊作为主要问题来考虑。希望陛下抑制威怒,停止出兵的计划,暂且稳定六军,潜心思索,冷静规划,以制定以后的谋划策略,这样,天下人就会非常幸运了。"孙权又一次看了陆瑁的上书,称赏他的言辞说理方直恳切,于是就不出兵了。

起初,陆瑁的同郡人闻人敏在京都很受优待,地位超过宗修,只有陆瑁不以为然,后来的事实果然如他所说的一样。

赤乌二年(239),陆瑁去世。他的儿子陆喜也涉猎文章典籍,喜好辨别评判人物,孙皓执政时任选曹尚书。

吾粲,字孔休,吴郡乌程人。孙河任县长时,吾粲是他手下的小吏,孙河很看重他。孙河后来做了将军,可以自己选拔地方官员,便上表任吾粲为曲阿丞,又升任长史,治理有名声业绩。吾粲虽然出身寒微,但他与同郡的陆逊、卜静等人并肩齐名。孙权任车骑将军时,征召吾粲为主簿,出任山阴县令,回来后任参军校尉。

黄武元年(222),吾粲与吕范、贺齐等人一起率领水军在洞口抗击魏将曹休。当时正值天刮大风,许多船只的缆绳断了,有的漂至岸边,被魏军获得;有的被风刮翻沉没水中,那些还存在的大船,落水的人攀附着两舷大声呼救,别的官兵都怕船会倾覆,都用戈矛刺击他们,不让他们上船。只有吾粲和黄渊让船上的人把落水者救上来,手下人认为船超载会破裂,吾粲说:"船破了,我们就应当一起去死!别人陷入困境,怎么能抛弃他们呢?"吾粲和黄渊救活的人有一百多。

回师后,吾粲升任会稽太守。他征召隐士谢谭任功曹,谢谭推说有病不就职,吾粲开导他说:"应龙因为能屈能伸被认为神奇,凤凰因为善于鸣叫方显珍贵,为什么一定要在天外隐藏形迹,在深渊潜伏鳞甲呢?"吾粲招募聚合许多人马,被任命为昭义中郎将,与吕岱讨伐平定了山越,又入朝任屯骑校尉、少府,后来升任太子太傅。遇到两宫的变故时,吾粲仗义执言,申明嫡庶的区别,想让鲁王孙霸出朝驻守夏口,又发遣杨竺,不让他留在京都。另外,吾粲还多次把消息告诉陆逊,陆逊当时驻守武昌,他也连续上表谏诤。由此吾粲遭孙霸、杨竺等人陷害,被关进监狱处死。

朱据,字子范,吴郡吴县人。他长得仪表堂堂,很有膂力,还善于论辩诘难。黄武初年(222),他被征召任命为五官郎中,补任侍御史。当时选曹尚书暨艳憎恶贪赃枉法之徒身居官位,想淘汰这些人。朱据认为天下还没有安定,应该将功抵过,忘掉他们的缺点而任用他们,推举清白之人以激励污浊者,这就足以阻止劝诫他们了,如果一下子把那些人全贬黜了,恐怕会有后患。暨艳不听从,终于败亡。

孙权忧虑将帅的才能,唉声叹气,发泄愤懑,心中非常怀念吕蒙和张温。他认为朱据文武兼备,可以继承吕蒙、张温的事业,由此便任命朱据为建义校尉,领兵驻扎湖孰。黄龙元年(229),孙权迁都建业,征召朱据,把公主嫁给他,并任命他为左将军,封为云阳侯。朱据为人谦虚,与士人多有交往,轻视财物,喜好施舍,俸禄赏赐虽多却常不够用。嘉禾年间(232—238),开始铸造大钱,一枚大钱可值五百小钱。后来朱据的部队应当接受三万缗,工匠王遂弄假贪污了其中的一部分。典校吕壹怀疑实际上是朱据贪取了,便拷问主管财物的人,这个人死在杖刑之下。朱据哀怜他的无辜,就用质地优良的棺木装殓了他。吕壹又上表说朱据的属官为朱据隐瞒,所以朱据厚葬这个属官。孙权多次责问朱据,朱据没有证据来表白自己,就坐在草垫上等待判罪。几个月后,典军吏刘助发觉了事情的真相,说钱是王遂贪污的,孙权十分感慨,他说:"朱据尚且被冤枉,何况一般的官员百姓呢?"于是就彻底追究吕壹的罪责,奖赏刘助一百万钱。

赤乌九年(246),朱据升任骠骑将军。遇到两宫结怨争斗,朱据拥护太子孙登,谈起此事言辞恳切周详,内心的正义感全在脸上表现出来,决心誓死保卫太子。于是被降为新都郡丞,还未到任,中书令孙弘就谗毁他,并趁孙权病在床上的机会,伪造诏书追赐他一死。朱据死时五十七岁。孙亮执政时,朱据的两个儿子朱熊、朱损各自又开始领兵,被全公主谗毁,都被处死。永安年间(258—264),朝廷追录朱据过去的功绩,让朱熊的儿子朱宣继承云阳侯的爵位,娶公主为妻。孙皓执政时,朱宣官做到骠骑将军。

评:虞翻有古代狂放耿直之士的风骨,本来就很难在乱世逃脱灾祸,但孙权不能容纳他,心胸也并不宽广。陆绩对于扬雄《太玄》的贡献,就如同左丘明对孔子《春秋》的贡献以及庄周对老聃《道德经》的贡献,凭着瑚琏(古代祭祀所用贵重器皿)般的大才,却去驻守南越,不也太戕害人才了吗?张温才华卓越,但他在智谋上不具备防守之术,因此招来祸患。骆统深明大义,言辞恳切,说理周详,可惜正值孙权闭塞而不开通之时。陆瑁忠诚仁义的规劝,君子十分称赏。吾粲、朱据遭受挫折困顿,因正直而丧生,可悲啊!

卷五十八　吴书十三

陆逊传第十三

陆逊,字伯言,吴郡吴县人。他原名叫议,世代都是江东的大族。陆逊小时候就死了父亲,跟随堂祖父庐江太守陆康到他的任所生活。袁术与陆康有仇,准备进攻陆康,陆康便让陆逊和亲属们回吴县。陆逊年龄比陆康的儿子陆绩大几岁,就替陆康管理家族事务。

孙权做将军时,陆逊二十一岁,便开始在孙权幕府任职,历任东曹令史和西曹令史,又出任海昌县屯田都尉,同时兼管县里的政务。县里连年遭受大旱,陆逊就打开官家粮仓救济贫民,鼓励并督促百姓种田养蚕,百姓因此得到很多好处。当时吴郡、会稽、丹杨有很多避乱隐藏在山林中的人,陆逊向孙权陈述当前所应该做的事,请求招募这些人。会稽郡山越贼人的大头目潘临,一直是这个地区的祸患,多年来官府都未能捕获他。陆逊让部下新招的兵士讨伐这些藏身于偏远险峻地区的贼寇,所到之处,贼寇无不降服,这时,他的部队已发展到两千多人。鄱阳郡的贼寇头目尤突作乱,陆逊又前往征讨,被授予定威校尉,军队驻扎利浦。

孙权将哥哥孙策的女儿许配给陆逊,多次征询他对时局的看法,陆逊建议说:"当今英雄豪杰各霸一方,相持不下,凶暴敌人正在窥伺时机,想吞并我们。要战胜敌人,平定祸乱,没有众多的人马是不能成功的。山越的贼寇与我们旧日就有怨恨,现在又依仗艰险偏远的地势,住在山中。我们的内乱还没有平定,就难以图谋远方的敌人,应该扩充队伍,从中挑选精锐的人手。"孙权采纳了他的建议,任命他为帐下右部督。适逢丹杨的匪首费栈接受了曹操的任命,煽动山越人作乱,为曹操做内应,孙权派陆逊去讨伐费栈。费栈的党羽很多,而陆逊前往讨伐的兵力很少,陆逊就增设了很多军旗,分散布置了战鼓、号角,夜里潜伏在山谷中,突然鼓角齐鸣,兵士们呐喊着冲入敌阵,费栈的人马一下子被攻破而四散逃跑。于是陆逊将东三郡的军队加以整编,身体强壮的继续当兵,羸弱的回到郡里安置,这样,得到了几万精锐兵士,旧有的祸患全部荡除干净,军队经过的地方,再也没有贼寇作乱,陆逊回师驻扎芜湖。

会稽太守淳于式上表奏陆逊违法征用人力,扰乱了所辖地区,使百姓愁苦不堪。陆逊后来到京都去,言谈之间称赏淳于式是个好官,孙权问道:"淳于式控告你而你却推举他,为什么呢?"陆逊回答说:"淳于式的心意是在于养民,所以告发我。如果我再诋毁他来混淆陛下的视听,这种风气不可助长啊!"孙权说:"这实在是诚心忠厚之人的行为,只是一般人做不到罢了。"

吕蒙托词有病要去建业,陆逊前去拜见他,问吕蒙道:"关羽屯驻我国边境,您怎么远离防区东下,以后不会有后顾之忧吗?"吕蒙回答说:"的确如你所说,但我病得很重。"陆逊说:"关羽自恃他的勇气,欺压别人。刚刚建立大功,意气骄横,志向狂妄,只顾向北进攻魏国,对我国不存戒心,如果他听说您病了,一定更不防备,现在我们出其不意地进攻他,定能够活捉并制服他。您见到主上,应好好计议策划。"吕蒙说:"关羽一向勇猛,本来就很难与他抗衡,而且他又占据了荆州,对百姓广施恩信,再加之他刚刚立有大功,胆量和威势越发大了起来,不容易谋取他。"吕蒙到了京都,孙权问他:"谁可以代替您呢?"吕蒙回答说:"陆逊思虑深远,有担当重任的才能,我看他的智谋筹划,最终可以承担击败关羽的重任,而且他还没有大的名声,不是关羽所忌怕的人,没有人再比他更合适的了;倘若任用他,应让他表面上隐藏真实意图,暗中观察有利形势,这样就能打败关羽。"孙权便召见陆逊,任命他为偏将军、右部督,代替吕蒙。

陆逊来到陆口,写信给关羽说:"以前承您观察对方的破绽,伺机行动,按一定的法则指挥军队,轻而易举便大获全胜,是何等的威风伟大!敌国吃败仗,利于我们的同盟,听到您胜利的喜讯,不觉击节叫好,想您乘着这个机会,完成席卷天下的大业,共同辅佐朝廷,维持纲纪。最近我凭着微小的才能,受命西来此地,我非常仰慕您的风采,想受到您善意的教诲。"又说:"于禁等人被您俘获,远近对您都钦佩赞叹,认为将军您的功勋一定能永世长存,即便是当年晋文公参与城濮之战的军队,淮阴侯韩信攻取赵国的谋略,也没能超过将军的功绩。听说徐晃等人有少量的骑兵驻扎,窥伺您的动向。曹操是个狡猾的敌人,他由于失败的愤恨就不会考虑危难,恐怕会暗中增兵,来达到他的目的。

虽说他的军队出征已久,战斗力不强,但还有一些勇猛强悍的将领。而且,人们在打了胜仗之后,往往会产生轻敌思想。古人依仗兵法,军队取胜后更加警惕,希望将军多方采取措施,来保全您独有的战功。我是一介书生,粗疏迟钝,被任命到这个岗位,深感力不胜任,我十分高兴与您为邻,对您的感望和德行非常钦佩,乐意向您倾诉肺腑之言,我所说的虽然不能合乎您的计谋,但仍然可以看出我的怀念之情。倘若承蒙您的关注,您会明察的。"关羽看了陆逊的信,内容有谦虚依附的意思,心里十分安定,不再有所戒备。陆逊把这些情况报告孙权,指出可以擒获关羽的关键所在。孙权于是悄悄派兵西上,任陆逊与吕蒙为先锋,迅速攻占了公安和南郡。陆逊率军长驱直入,兼任宜都太守,被授予抚边将军,封为华亭侯。刘备的宜都太守樊友弃城逃走,各城邑的长官及蛮夷头领都纷纷投降。陆逊请求发给金银铜印,来授给那些刚刚投降归附的人。这是建安二十四年(219)十一月的事。

陆逊派将军李异、谢旌等人率三千兵士,进攻蜀将詹晏和陈凤。李异统领水军,谢旌统领步兵,扼守险要关隘,很快打败詹晏等人,陈凤被擒投降。接着又进攻蜀国房陵太守邓辅和南乡太守郭睦,大败他们。秭归的豪门大族文布、邓凯等纠合蛮夷士兵几千人,投靠蜀汉。陆逊又部署谢旌攻破文布、邓凯的队伍。文布、邓凯逃脱,蜀国任命他们为将军。陆逊派人去引诱他们,文布率军又回来投降。陆逊前后斩杀、俘虏、招降的,总共有几万人。孙权任命他为右护军、镇西将军,进封娄侯。

当时,荆州士人刚刚归附吴国任官赋职,有的人还没有得到适当的安置,陆逊上疏说:"过去汉高祖受天之命,招揽优秀奇异的人才,光武帝中兴,大批杰出的人才都去归附,如果这些人可以兴隆道德教化,不必区分疏远亲近。如今荆州刚平定,那些有名望才德的人还没有显达,我恭敬诚恳地请求您普遍给予供养提拔的恩德,使他们都获得晋升的机会,然后天下人就会殷切盼望我们,都想来接受我们广大深远的教化。"孙权敬重地采纳了他的意见。

黄武元年(222),刘备亲率大军来到吴国西部边界,孙权任命陆逊为大都督,假节,率领朱然、潘璋、宋谦、韩当、徐盛、鲜于丹、孙桓等部队五万人马抵御刘备。刘备的军营从巫峡、建平,一直连接到夷陵边界,一共设立了几十个据点,以金银、锦缎、爵位的赏赐来引诱蛮夷,让将军冯习为大都督,张南为前锋,辅匡、赵融、廖淳、傅肜等人各任分支部队的都督,先派吴班带领几千人在平地上建营驻扎,想以此向吴军挑战。吴军各将领都想进攻吴班,陆逊说:"蜀军此举必有诈谋,暂且先观察一下吧。"刘备知道自己的计谋行不通,就带领八千名埋伏的士兵,从山谷中撤出。陆逊说:"我所以不听从各位要进攻吴班的原因,是因为揣测蜀军一定会有诈伪。"陆逊给孙权上疏说:"夷陵是军事要害地区,是我国的险要关口,虽然容易占取,但也容易再失去。失去夷陵,不仅只是损失一个郡的土地,主要是荆州就要令人担忧了。如今我们争夺此地,务必获得成功。刘备违背常理,不防守他的老巢,竟敢自己来送死。我虽然没有什么才能,但凭借陛下的声威,以顺讨逆,胜利就在眼前。回顾刘备前后带兵作战的情况,总是败多胜少,由此推论,他这次的进攻也不值得担忧。我起初担心他水陆并进,如今他却弃船而以步兵作战,处处联结军营,我观察他的军事部署,肯定没有什么别的变化。我希望陛下高枕无忧,不必挂念此事。"众将领都说:"进攻刘备应当在他刚开始发兵的时候,如今已让他深入吴境五六百里,相互对峙也已经七八个月,很多要害关口都被他们严密防守,这时进攻他们必定对我军不利。"陆逊说:"刘备是个狡诈的敌人,经历过的事情很多,他的军队刚集结时,他考虑精当周密,用心专一,不能轻易进犯他。如今他驻扎已有很长时间,没有占到我们的便宜,军队疲惫,士气颓丧,他也再想不出新的计策了。夹击敌人,围歼他们,正应当在现在这个时候。"陆逊先出兵进攻蜀军的一处营寨,失利了。众将领都说:"这是白白地损失兵力。"陆逊说:"我已经掌握了打败敌人的办法。"于是命令士兵每人各拿一把茅草,用火攻的办法攻破了敌军营寨。顷刻之间,便形成熊熊火势,陆逊便率领各军同时进攻,斩杀了张南、冯习及胡王沙摩柯等人,攻破敌军四十多处营寨。刘备的将领杜路、刘宁等人被打得走投无路,被迫请求投降。刘备登上马鞍山,周围布置军队防守。陆逊督促各军四面收缩进逼,蜀军土崩瓦解,死者以万计。刘备乘黑夜逃脱,只有驿站里的人自动挑了兵士扔下的铙钹、铠甲,在隘口放火焚烧,截断追兵的道路,刘备才得以逃入白帝城。他的船只兵器和水军步兵的物资,一下子损失殆尽,士兵的尸体随水漂流而下,拥塞在江中。刘备十分羞惭和愤恨,说:"我竟然被陆逊侮辱,这难道不是天意吗?"

当初,孙桓单独率一支部队在夷道进攻刘备的前锋部队,被刘备包围,他向陆逊求援。陆逊说:"不行。"众将领说:"安东将军孙桓是主上的同族,他被围困了,怎能不去救援呢?"陆逊说:"孙桓得到官兵的拥戴,城池坚固,粮食充足,没有什么可担忧的。等我的计谋得以施行,即使不去救他,他也会自然解围。"到了陆逊的计谋顺利实施之后,刘备果然奔逃溃散。孙桓后来见到陆逊说："以前我确实怨您不来相救,如今大局已定,才知道您的安排自有法度。"

正值抵御刘备的时候,众将军有的是孙策时的老将,有的是皇亲国戚,骄傲自负,各有所恃,互不服气,不听从指挥。陆逊手按剑柄说："刘备天下闻名,曹操对他都有所畏惧,如今他率军来到边界,这是我们强大的对手。诸位都深受国家恩惠,应当相互和睦,共同消灭这个敌人,向主上报答所受的国恩,但现在你们之间的关系不和顺,这不是我认为所应该做的事。我虽是一介书生,但接受了主上的委任。国家所以委屈诸位来服从我的指挥,是认为我还有一些长处可以称道,能忍辱负重的缘故。每个人各自承担自己的责任,怎么能再推辞呢!军令有常法,不能违犯。"等到打败刘备,所用的计策大都出自陆逊,众将才佩服他。孙权听说这些情况,说："您当初为什么不上奏众将不服从指挥约束呢?"陆逊回答说:"我承受了国家深厚的恩惠,所担负的重任超过了我的实际才能。再说这些将领有的是陛下的左右亲信,有的是得力的战将,有的是国家功臣,都是国家所应当依靠来共同奠定大业的人。我虽然愚笨懦弱,也暗自钦慕蔺相如、寇恂谦虚克己、不与同僚争高低的道义,以成就国家的大事。"孙权大笑称好,加授陆逊为辅国将军,兼任荆州牧,随即又改封为江陵侯。

刘备在白帝城住下后,徐盛、潘璋、宋谦等人争相上书孙权,都说必能擒获刘备,请求再出兵进攻他。孙权因此征询陆逊的意见,陆逊与朱然、骆统认为曹丕正大规模集结军队,表面托词说是帮助吴国讨伐刘备,实际上内里却怀有奸诈险恶的用心,因此应郑重决断,立即撤回军队。不久,魏军果然出动,吴国三面受敌。

不久,刘备病死,他的儿子刘禅继位,诸葛亮执掌国政,与孙权结盟通好。根据当时政务所应采取的行动,孙权就命令陆逊告知诸葛亮,并且刻了孙权的印玺,放在陆逊的官署。孙权每次给刘禅和诸葛亮写信,都让陆逊过目,语气轻重,内容恰当与否,就叫陆逊改定,然后孙权用印封好送走。

黄武七年(228),孙权让鄱阳太守周鲂诈骗魏国大司马曹休,曹休果然中计率军进入皖县。孙权便征召陆逊,赐给他黄钺,任命为大都督,迎战曹休。曹休发觉自己上当后,耻于被欺骗,自恃兵马众多而且精良,就同陆逊交战。陆逊自己率领中路军,让朱桓、全琮率领左右两翼部队,三路一齐进攻,果然冲击了曹休的伏兵,接着尽力驱赶他们,追击败逃的敌人一直到夹石,斩杀俘获一万多人,缴获牛、马、骡、驴车一万辆,军用物资和兵器抢掠净尽。曹休回去后,背上毒疮发作而死。陆逊整顿各军,经过武昌,孙权命令左右侍从用他的御伞遮护陆逊出入宫门，凡是赐给陆逊的东西，都是自己所用的上等珍品，当时没有人能同陆逊相比。后来陆逊被派回西陵防地。

黄龙元年（229），陆逊被任命为上大将军、右都护。这年，孙权向东巡视建业，留下太子、皇子及尚书等九卿在武昌，征召陆逊辅佐太子，并掌管荆州及豫章等三郡的事务，管理督察军国大事。当时，建昌侯孙虑在殿堂前建起一座斗鸭栏，搞得很精巧。陆逊严肃地对孙虑说："您应当勤奋观览经典增加自己的新知识，玩弄这些个东西干什么？"孙虑当时就拆毁了斗鸭栏。射声校尉孙松在公子中是孙权最亲近的，他放任士兵嬉戏逸乐，军纪松弛，陆逊当着他的面给他的手下官员以剃发的处罚。南阳人谢景对刘廙先刑法后礼法的论调很称赏，陆逊呵斥谢景说："礼法早于刑法已很久了，刘廙用琐屑的诡辩来歪曲先圣的教导，完全是错误的。您如今在东宫侍奉公子，应遵奉仁义，宣扬善音，像刘廙那种说法，就不必再讲了。"

陆逊虽在京城外任职，但心中却牵挂着国家大事，他上疏陈述对时事的看法说："我认为法令条例太严厉，下面触犯的人就多。近几年来，将领官吏犯罪，虽由于他们自己不谨慎，应当受到追究，然而天下还没有统一，应该谋求进取，稍有过错应给予宽免，以安定下面的情绪。而且当前要办的事情一天天多起来，才能是首先要考虑的，只要不是邪恶淫乱，处处都有恶习的人，没有犯无法容忍的罪过，我请求还是提拔重用他们，施展他们的才能为国效力。这就是圣明君主忘人过失，记人功劳，完成王业的原因。过去，汉高祖不计较陈平的过失，采用他的奇谋妙略，最终建立大汉朝，功垂千载。严刑酷法不是帝王创立大业的做法，只有惩罚没有宽恕，也不是安抚远方来人归附的宏大计划。"

孙权想派遣一支部队去攻取夷洲和珠崖，都来询问陆逊，陆逊上书说："我认为全国还没有平定，正需百姓的力量来成就当今的大事。如今用兵多年，人口损失减少，陛下忧劳思虑，废寝忘食，现在又要到远方谋取夷洲，来成就大业，我反复考虑，看不出这种举动的好处。不远万里去谋取疆土，风险难测，胜利难料，士卒换了环境不服水土，必定导致疾病流行。如今驱使军队去跋涉荒芜不毛之地，原想获益却损失更大，原想得利却反遭祸害。加之朱崖极为险要，那里的人没有开化就如同野兽，即使得到那里的人也不能帮助我们成就大事，没有那里的士兵也不会减少我军数量。江东现有的人力，已经足以图谋大事，只是应该积蓄力量然后再行动罢了。过去桓王孙策创立吴国基业时，兵员不足五百，就开创了大业。陛下承受天命，开拓平定了江南。我听说治理乱世讨伐叛逆,必须凭借军队的威力,农桑耕织,丰衣足食,是百姓的本业,然而战争没有停息,百姓就必然还有饥寒。我认为应当养育士卒百姓,少征他们的租赋,依靠民力取胜也就在于让他们同心协力,用道义来鼓励勇敢精神,那么黄河、渭水流域就可以平定,九州就可以统一了。"孙权依然去征讨夷洲,果然得不偿失。

当公孙渊背弃盟约之后,孙权想前往征讨,陆逊上疏说:"公孙渊凭借险要的地势,依仗坚固的防守,拘留我国特派的使节,也不肯进献名马,实在令人愤怒。蛮夷扰乱中原,他们没有受到王道的教化,像飞鸟一样窜到荒芜边远的地方,抗拒我国的军队,致使陛下如此震怒,竟然想要亲自乘小船越大海,不考虑危难而轻涉无法预料的凶险之地。当今天下纷乱如云,群雄如猛虎般争斗,英雄豪杰跃跃欲试呐喊呼叫,虎视眈眈。陛下凭神明威武的英姿,承受天命的安排,在乌林打败曹操,在西陵战胜刘备,在荆州擒获关羽,这三个敌人都是当代的英豪,却都被挫败了锋芒。圣明君王教化安抚之地,黎民百姓就如同万里大地上小草随风倒伏一样服从,这正是荡平中原,实现统一天下的时候。如今陛下不能忍耐小小的怨愤,而大发雷霆之怒,违背了古人不在屋檐下坐以防被落瓦砸伤的告诫,轻视了一国之君的贵重身份,这是我所迷惑不解的。我听说志行万里的人,不中途停步;谋取天下的人,不会因心怀琐屑小事而损害大局。强大的敌人正在我国的境内,边远地区还未归服朝廷,陛下乘船远征,必然给敌人以可乘之机,灾祸到了再忧虑,悔恨就来不及了。倘若让统一天下的大业能够及时成功,那么公孙渊不需讨伐自然降服;现在竟然舍不得遥远的辽东民众和名马,难道独独想抛弃江东原来就稳定的事业而不觉得可惜吗?我请求停止出兵以威势对付主要的敌人,尽早平定中原,留下功名光耀万代。"孙权采纳了他的意见。

嘉禾五年(236),孙权北征魏国,让陆逊和诸葛瑾攻打襄阳。陆逊派亲信韩扁带着奏表呈报孙权,返回时在沔中碰上敌人,敌人搜捕到韩扁。诸葛瑾听说后十分恐惧,写信给陆逊说:"主上的车驾已经返回,敌人抓到了韩扁,完全掌握了我方的虚实底细,而且江水已经干涸,应当赶快撤回。"陆逊没有答复,他正在督促人们种芜菁和豆子,与众将领弈棋,以射覆为游戏,就如平常一样。诸葛瑾说:"陆伯言多有智谋,他必定有办法。"就亲自前来会见陆逊。陆逊说:"敌人知道主上已经返回,没有什么可担忧的了,可以集中力量来对付我们。再者他们已经驻守要害地方,我军将士思想动摇,我们应当镇定自己以稳住军心,再施展灵活多变的计策,然后退兵。现在就表示要退兵,敌人将认为我们害怕,仍然要来进逼,这是必定失败的趋势啊!"于是与诸葛瑾秘密商定计谋,让诸葛瑾率领船队,陆逊率领全部兵马,向襄阳城发动进攻。敌人向来惧怕陆逊,便立即返回城里。诸葛瑾带着船队出现在江边,陆逊不慌不忙地整顿队伍,虚张声势,步行上了船,敌人不敢进犯。军队到了白围之后,陆逊假说要驻扎下来打猎,暗中却派将军周峻、张梁等人进攻江夏郡的新市、安陆、石阳县。石阳此时正是赶集热闹的时候,周峻等人突然杀到,人们都丢下货物逃进城里。城门被堵塞无法关闭,敌人便砍杀自己的民众,然后才得以把城门关上。吴军斩杀俘获一千多人。那些被活捉的人,都给予救护,不让士兵来侵扰欺辱。带家眷来投奔的,派人去多方料理照看。如果失去妻子儿女的就供给衣物、粮食,优厚慰劳,打发他们回家,有的人因此被感动倾慕,相携前来归附。邻近地区的人也归向陆逊,魏国江夏功曹赵濯、弋阳备将裴生以及夷人首领梅颐等人,都率领党羽来归附。陆逊拿出全部财物,周到地关怀照顾这些人。

魏国的江夏太守逯式,兼管当地军事,在吴国边境为害多端,但他与魏国老将文聘的儿子文休向来不和。陆逊得知这一情况,就假装给逯式回信说:"得到了你的来信,知道您态度恳切,听说您与文休久结仇怨,势不两立,准备来投诚归附,我便以秘密呈报的方式把您的来信上报朝廷,并集合人马迎接您。你应当暗中迅速整装待发,再告知来归附的确切时间。"陆逊将这封信放置在两国的边界上,逯式的士兵拾信后拿给逯式看,逯式惊惶恐惧,于是亲自送妻子儿女返回洛阳。从此,逯式属下的官兵都不再亲近依附他,他因此被罢免官职。

嘉禾六年(237),中郎将周祗请求在鄱阳郡招募兵士,孙权将此事下达征询陆逊的意见。陆逊认为此郡民众容易动乱,难以安分守己,不应该招募,不然的话,恐怕会使他们成为贼寇。但周祗坚持要求招募,郡民吴遽等人果然作乱,杀了周祗,并攻占了几个县城,豫章郡、庐陵郡的惯匪,一起响应吴遽叛乱。陆逊听说后,立即征讨并打败了他们,吴遽等人相继投降,陆逊挑得精兵八千多人,三郡平定。

当时,中书典校吕壹窃据要职,滥用权力,擅自作威作福。陆逊和太常潘濬对此都很忧虑,谈到这件事时以至于流泪。后来孙权杀了吕壹,并深深地责备了自己,自责的话记载在孙权传中。

这时,谢渊、谢厷等人各自陈述应办的事情,想为国家兴办一些有益的事业,改变某些政治措施,孙权将此事交付给陆逊审议。陆逊建议说:"国家以人民为根本,国家强盛取决于人民的力量,财力也出自人民。人民富足而国家贫弱,人民贫弱而国家强盛,从来未曾有过这样的事。所以治理国家的人,得到人民拥护就能治理好,失去人民支持就会混乱不堪。如果不让人民受益得利,却想让他们尽力效劳,实在是很难的。因此《诗经》上慨叹'君主的德政适宜于人民,适宜于官吏,就会得到上天赐予的幸福'。请求陛下将圣明的恩德施给百姓,来安定和赈济百姓,几年之间,国家的财力稍稍丰裕了,然后再考虑其他问题。"

赤乌七年(224),陆逊替代顾雍担任丞相,孙权的诏书上说:"我不修德行,顺应天命,登上皇帝大位,天下还没有统一,犯法作乱之人充塞道路。我朝夕忧虑恐惧,顾不上睡觉。只有您天资聪明,美德显著,担负上将的重任,辅助国家清除灾难。有盖世功劳的人,必定受到巨大的荣耀,兼具文才武略的人,必定要担负国家的重任。过去,伊尹使商汤兴盛,吕尚辅佐了周朝,如今朝廷内外的大事,您一人实际上都肩负了。现在以您为丞相,我派遣使持节太常傅常授予您印绶。你应当发扬光大高尚的美德,建立美好的功业,恭敬地执行命令,安抚平定天下。呜呼!总管三公之职,训导群臣百僚,能不严肃认真吗?您努力吧!您原任的荆州牧、右都护、武昌留守之职照常如故。"

在此之前,太子和鲁王两宫并立,朝廷内外的官职,大多派遣子弟担任。全琮把这种情况报告了陆逊,陆逊认为,这些子弟如果真有才能,不愁得不到任用,不应当私自请托为官,以求得功名利禄;如果这些人确实不行,给他们官职最终只能带来祸患。况且听说两宫势力相当,子弟们对两宫定会不同对待,各成帮派,这是古人最忌讳的事情。全琮的儿子全寄,果然奉承依附鲁王,轻率地同鲁王结交。陆逊写信给全琮说:"您不效法金日磾(西汉人,杀死自己行为不轨的儿子),而是庇护您儿子阿寄,最终会给您家族招来祸害。"全琮不接受陆逊的意见,反而与陆逊结下了仇怨。等到太子孙和有不安于位、将被罢黜的议论后,陆逊上疏陈述说:"太子是皇位的正统继承人,地位应如同磐石般稳固,鲁王是藩臣,应该在荣宠和待遇上与太子有等级差别,两人各得其所,上下才能获得安宁。我恳切地向陛下叩头流血陈述我的意见。"他多次上疏,并请求来京都,想亲口与孙权论说嫡庶的区别,以纠正得失。孙权不听从他的意见,而陆逊的外甥顾谭、顾承、姚信,都因为亲附太子,无辜地被流放。太子太傅吾粲因多次与陆逊有书信相来而获罪,被关进监狱致死。孙权多次派宫中使者责备陆逊,陆逊悲愤痛恨而死,时年六十三岁,他死后,家中没有多余的财物。

当初,暨艳曾大造营建府第的舆论,陆逊告诫他,认为必定会招来祸患。他又对诸葛恪说:"地位在我之上的,我一定侍奉他让他同我一起升迁;地位在我之下的,我也要帮助扶持他。我看你盛气侵凌上级,心中蔑视下属,这不是巩固德行的起码做法啊!"广陵人杨竺年轻时就获得了好名声,而陆逊却认为他最终会遭祸败亡,劝他哥哥杨穆同他分开,另立门户。他的先见之明达到了这样的地步。陆逊的长子陆延早逝,二儿子陆抗继承爵位。孙休在位时,追封陆逊为昭侯。

陆抗,字幼节,是孙策的外孙。陆逊死时,他二十岁,被任命为建武校尉,带领陆逊的士兵五千人。给父亲送葬东归,并到京都向孙权谢恩。孙权把杨竺控告陆逊的二十件事拿来责问陆抗,禁绝宾客与他往来,宫中宦官当面盘问,陆抗不假思索,对每件事都做出有条有理的答复,孙权心中的疑惑才渐渐消除。赤乌九年(246),陆抗升任立节中郎将,与诸葛恪换防到柴桑驻扎。陆抗临走时,把城墙全部改修好,房屋也做了修缮,住宅周围的桑树果木,不许随意毁坏。诸葛恪进入军营,一切都整齐如新。而诸葛恪在柴桑的旧军营,毁坏却很严重,诸葛恪因此感到很惭愧。太元元年(251),陆抗到京都治病,病好该回去时,孙权流着泪与他告别,对他说:"我以前听信谗言,对你父亲在君臣大义上不笃厚,因此亏待了你。我前面所责问你的那些材料,已付之一炬,不让人再看见。"建兴元年(252),陆抗被任命为奋威将军。太平二年(257),魏将诸葛诞献寿春城来投降吴国。陆抗被任命为柴桑督,前往寿春,打败魏国牙门将偏将军,升任征北将军。永安二年(259),任命陆抗为镇军将军,西陵都督,总管自关羽濑到白帝城的各地军事。永安三年(260),授予假节的职权。孙皓即位后,加授镇军大将军,兼任益州牧。建衡二年(271),大司马施绩去世,陆抗被任命为总管信陵、西陵、夷道、乐乡、公安等地军务的都督,治所设在乐乡。

陆抗听说朝廷政令多有失误,深为忧虑,于是上疏说:"我听说君主品德声望相等的,民众多的国家就会胜过民众少的,武力相等的,国家安定的一方就会制服国家混乱的一方,这大概就是六国被强秦吞并、西楚霸王被汉高祖打败的原因吧。如今敌国占据控制四方边境,不仅仅只是关西这块地方;割据九州,难道只是占领鸿沟以西的土地而已?我国外无盟国的援助,国内也不像西楚那样的强大,各方面的政务都不景气,百姓也不安定。而议论者所仗恃的理由，只不过是有大江高山阻隔、围绕着我国的疆域，这本是守卫国家最后所考虑的事情，不是明智者最先需要考虑的。我常常追忆战国时各国存亡的迹象，近看汉朝灭亡的征兆，用典籍来考证，以行事来检验，半夜抚着枕头无法入睡，面对饭菜忘了进餐。从前匈奴没有消灭，霍去病推辞了汉武帝为他建造的府第；汉朝的治国之道不完美，贾谊为之悲哀哭泣。何况我出生于王室，世代蒙受荣耀的宠幸，个人的穷达毁誉，与国家休戚相关，生死离合，在道义上都没有苟且马虎，我早晚忧虑，想到这些心中就十分难过。侍奉君主的道义在于犯颜直谏而不欺瞒，做臣下的节操不是卑躬屈膝而是以身殉节，我郑重地陈述当前应做的时务十七条如左。"这十七条已失去原本，所以这里没有记载。

当时何定玩弄权柄，宦官干预朝政，陆抗上疏说："我听说创建国家、继承家业，不能任用小人，安于小人的谗言，任用奸邪之人，《尧典》里对此就有过告诫，因此诗人才为此写诗怨恨讽刺，孔子也为之而叹息。从春秋以来，直到秦汉，各朝代灭亡的征兆，没有一个不是从这点开始的。那些小人不懂得治国的道理，见识浅薄，即使他们竭力保全节操，也不能胜任，何况他们奸诈之心一向就多，爱憎之情变化无常呢？如果怕失去他们，那就没有不可以用的人了。如今要是委任他们担当朝中重臣，授予他们独断专行的权威，还希望出现和乐的盛世之音，清明朗正的社会风气，那是不可能的。现在任职的官员，具有特殊才能的虽少，然而他们有的是王室贵族的后代，自小就接受道德教化的浸染，有的人廉洁刻苦，他们的素质才能值得任用，自然可以根据他们的才能授予官职，用他们来抑制、黜退那些小人，这样社会风气才能纯净，各项政务才能没有污点。"

凤凰元年（272），西陵督步阐以所据城池发动叛乱，派人去向晋国投降。陆抗听说后，日夜部署各军，命令将军左奕、吾彦、蔡贡等人直接奔赴西陵，下令各军营再修筑坚固的围墙，从赤溪到故市，对内用来围困步阐，对外用来防御敌人侵犯，陆抗日夜催促督责，就像敌人已经来到，兵士们都很感疲惫困苦。众将领都劝阻陆抗说："现在以三军的精锐，迅速进攻步阐，等到晋国的援军到来，步阐一定能够被攻克。何必要筑围墙，让兵士和百姓疲苦不堪呢？"陆抗说："西陵城所处地势险要坚固，粮食又很充足，而且所修缮的防御工事和用于防御的器械，都是我以前规划安排的。现在我们转身去攻打他，不能马上攻克，且北方的援兵一定会到来，敌人来了我们没有防备，里外受敌兵夹攻，又如何来抵御他们呢？"众将领都主张攻打步阐，陆抗总是不同意。宜都太守雷谭讲得很恳切,陆抗想使众将信服,便听任他们去攻打了一次。进攻果然不利,于是防御用的围墙才得以完成。晋国的车骑将军羊祜率军向江陵进发,众将领都认为陆抗不应该率军西上,陆抗说:"江陵城池坚固,兵员又充足,没有什么可担忧的。假如敌人攻占了江陵,也一定防守不住,我们受的损失很小。如果让西陵与敌人勾结起来,那么南山的众夷人都将骚动起来,那么我忧虑的事,就很难说了。我宁愿放弃江陵而奔赴西陵,何况江陵还很坚固呢?"当初,江陵地势平旷,道路通畅,陆抗下令江陵督张咸修造一条大堤坝拦水,浸灌淹没平原中心,借以阻止敌人进攻和内部叛乱。羊祜想利用大坝拦住的水浮船运粮,扬言说要毁掉大坝来让步兵通过。陆抗听说后,让张咸立即毁掉大坝,众将领都感困惑不解,多次劝说,陆抗都不听从。羊祜来到当阳,听说大坝已毁,就改船运为车运,耗费了大量的工夫和精力。晋国的巴东监军徐胤率水军到建平,荆州刺史杨肇来到西陵。陆抗命令张咸固守江陵城;公安督孔遵巡视江南岸抵御羊祜;水军督留虑、镇西将军朱琬抵御徐胤;陆抗亲率三军,凭借围墙对抗杨肇。吴国将军朱齐、营都督俞赞逃降杨肇。陆抗说:"俞赞是军中的老官,是知道我军虚实底细的人。我常常担心夷兵素不精练,如果敌军进攻围墙的话,必定从这里下手。"随即连夜撤掉夷兵,都用老将来替代。第二天,杨肇果然进攻以前夷兵的防守处,陆抗下令反击,箭矢石块如雨,杨肇兵士伤亡累累。杨肇到达西陵一个多月,无计可施,连夜逃跑。陆抗想追击他,但又担心步阐积蓄力量在要害处伺机进军,军队不够分配,于是只击鼓告诫将士,做出将要追击的样子。杨肇的军队恐惧骚动,全部抛下铠甲争相逃走,陆抗派轻装的部队在后面追赶,杨肇军队大败,羊祜等人也率军退走。陆抗于是攻占了西陵城,杀了步阐和他的亲属以及他部下的将领官吏,自将官以下,请求赦免的人有几万。陆抗修治了西陵城墙和防御工事,东临乐乡,他脸上没有骄矜之色,谦虚如常,所以深得将士们的拥护爱戴。

陆抗被加授都护,听说武昌左部督薛莹受惩下狱,陆抗上疏说:"才德出众的人,是国家的瑰宝,社会的宝贵财富,各种政务因为有他们而具条理次序,四方人才也因为有他们而得以皆有美德。以前的大司农楼玄、散骑中常侍王蕃、少府李勖,都是当代优异特殊之才,一时有才干的著名人物,他们开始蒙受主上给予的荣宠,在各种官职上行事都合乎礼法,其后不久都被诛杀,有的被灭族绝嗣,无后人为祖先祭祀,有的被抛弃到荒远之地。《周礼》上有赦免贤人过失的刑法,《春秋》中有宽恕善人的道理。《尚书》上说:'与其杀死无辜,宁可违背成规陈法而犯错误。'王藩等人罪名还没确定,就被处以死刑,他们心怀忠义,却身遭极刑,难道不令人痛心吗!况且受刑死去,本来已无知觉,竟然还要焚尸扬灰,或抛尸水中,这恐怕不是先王的法典,或许就是甫侯(周穆王的大臣)立法时所要警戒避免的。因此,百姓哀痛惊恐,官吏和民众一齐忧伤。王藩、李勖已死,后悔也来不及了,我恳切地希望陛下赦免楼玄,放他出狱。最近我又听说薛莹被捕,薛莹的父亲薛综曾让先帝接受他的意见,辅佐过文皇帝,到了薛莹继承父业,注意修养品行操守,如今他所犯的罪,属于可以宽恕的过失。我担心主管官员不知事情的原委,如果再杀了他,就更加使百姓失望,请求陛下施恩,原谅赦免薛莹的罪过。怜悯犯人,使刑法清明,那么天下就会欢欣庆幸了。"

当时军队频繁出征,百姓疲惫困苦,陆抗上疏说:"我听说《周易》很重视顺应时势,《左传》中赞美窥伺时机而进攻,所以夏朝罪孽很多商汤才出兵讨伐,商纣王荒淫暴虐周武王才授予斧钺兴兵征讨。如果时机不到,那么商汤王宁肯被夏桀囚禁于玉台而忧伤惊恐,周武王也宁可在孟津撤军而不轻举妄动。如今不致力于富国强兵,努力农耕,储备粮食,让文武大臣的才能施展运用,各衙门公署不玩忽职守,明确升降官职的规定来激励各级官吏,慎重地对待刑罚和奖赏以表明提倡什么、禁止什么,以道德来教育各部门的官员,用仁义来安抚百姓,然后顺应天命,趁着大好时机,席卷天下。而如今听任武将舍身为名,无休止地出兵打仗,动不动就耗费数以万计的钱财,士兵疲惫憔悴,敌人并没有因此衰败,而我们却已困乏不堪了。现在只去争夺做帝王的资格,而被小利障目,这是臣子所玩弄的邪恶手段,而不是为国家着想的好办法。过去齐国和鲁国交战三次,鲁国胜了两次而不久就灭亡了。为什么呢?因为两国的实力强弱不同。何况如今用兵打仗所得到的战果,还补偿不了损失呢!而且,依仗兵力,没有民众支持,这在古代已有明鉴,实在应该暂停出兵进取的计划,来积蓄军民的力量,等待时机,这样的话,大概就不会有悔恨了。"

凤凰二年(273)春,陆抗在驻地被授予大司马、荆州牧。凤凰三年(274)夏,陆抗患病,他上疏说:"西陵和建平,是国家边防的屏障,地处长江下游,受到魏、蜀两面的威胁夹持。倘若敌人船只顺流而下,船行千里,其速如风驰电掣,顷刻就会到来,无法依靠别处的援军来解救危急。这是国家安危的关键,不只是边境被侵犯的小患。我父亲陆逊以前在西部边界上书陈述过意见,认为西陵是国家的西大门,虽说容易防守,也还是容易失去。倘若西陵失守,不只是失去一郡之地盘,而且连荆州也不属吴国所有了。如果西陵有不测,应倾尽全国兵力去争夺。我过去驻守西陵,得以知道父亲陆逊的事迹,他开始曾请求带三万精兵,但主管军务的官员按照常规,不肯派遣那么多军队前往。步阐叛乱后,兵力更被损耗。如今我统辖千里之地,四面受敌,对外要抵御强敌,对内要安抚各蛮夷部落,可手下现有兵员才八万人,而羸弱凋敝的情况已经存在很久了,很难应付事变。我认为诸王子年纪尚幼,还没有管理过国事,应该设置傅相,辅导教育他们,使他们贤能,不必动用兵马来妨碍重要事务。宫中的宦官,设立了私自确定招募名额的制度,兵民怨恨服役,纷纷逃奔宦官门下。请求特别下诏,认真考察挑选,一律重新安排应募人员,将多余的人遣出王宫,以补充常常受到敌人侵犯的边界的兵员,使我的部队能补足八万人,精简事务,赏罚有信,即便韩信、白起再生,也无法施展他们的巧计。如果军队不增加兵员,宫中制度不改变,而想成就大事,我深为此忧虑。我死之后,请求陛下以西部边境为重。希望陛下考虑我的意见,那么我就将死而不朽了。”

这年秋天,陆抗去世,他儿子陆晏继承爵位。陆晏和他的弟弟陆景、陆玄、陆机、陆云,分别带领陆抗的军队。陆晏任裨将军、夷道监。天纪四年(280),晋军进攻吴国,晋龙骧将军王濬顺江东下,所到之处攻无不克,最终吴国的形势就如同陆抗生前所忧虑的一样。

陆景,字士仁,因为娶了公主而被任命为骑都尉,封毗陵侯,带领陆抗的军队后,又任命为偏将军、中夏督,他勤勉好学,著书几十篇。二月五日,陆晏被王濬的分支部队所杀。二月六日,陆景也遇害,当时只有三十一岁。陆景的妻子是孙皓的亲妹妹,与陆景都是张承的外孙。

评: 刘备被天下人称为英雄,当时的人都畏惧他,陆逊年轻时,威势声名并不显著,却打败了刘备,没有什么不如愿的。我既惊奇陆逊的谋略,又赞叹孙权的慧眼识才,这就是他所以能成就大业的原因啊!陆逊忠诚真挚,为国忧虑以至身死,可算是国家的栋梁之臣了。陆抗忠正诚信,谋划干练,很有他父亲的风采,世代被人赞美,具有一切应有的美德,只是比陆逊的气魄稍差一点,可说是能继承先辈事业的人了。

卷五十九　吴书十四

吴主五子传第十四

　　孙登，字子高，是孙权的长子。魏国在黄初二年（221），任命孙权为吴王，又任命孙登为东中郎将，封为万户侯。孙登推辞爵位没有接受。这一年，立孙登为太子，给他选择安排老师，精选一些才德优异之士，作为他的宾客朋友。于是诸葛恪、张休、顾谭、陈表等人被选入东宫，陪孙登研读诗书，外出跟着骑马射箭。孙权想让孙登读《汉书》，熟悉了解近代的事情，因为张昭对《汉书》的研究有师承的根基，就重新请托他，让张休跟张昭学习，回来再传授孙登。孙登接待下属，只是简单地行使平民间的礼节，与诸葛恪、张休、顾谭等人有时同坐一辆车，有时共床而卧。太傅张温对孙权说："中庶子这个官职与太子最亲密，太子随时提问他就要随时回答，应该选用有杰出德行的人。"孙权于是便任用陈表等人做中庶子。后来又因为中庶子的礼节过于拘束，又让他们头戴裹巾陪坐。黄龙元年（229），孙权称帝，立孙登为皇太子，任命诸葛恪为左辅，张休为右弼，顾谭为辅正，陈表为翼正都尉，这就是所谓的四友。谢景、范慎、刁玄、羊衜等人都为宾客。这样，太子东宫便号称人才济济。

　　孙权迁都建业，征召上大将军陆逊辅佐孙登镇守武昌，兼理官府中遗留的事务。孙登有时出外狩猎，本应走小路近道，但他常常远避良田，不去践踏庄稼，到了休息的地方，也是选择空闲的场所。他就是这样不想烦扰百姓。他曾骑马出行，有一颗弹丸从旁边飞过，左右侍卫便去寻找那射弹丸的人。正巧有个人手上握着弹弓，身上还带着弹丸，大家都认为就是这个人射的弹丸，但这人不承认，随从者便想打他，孙登不允许，派人找来那颗弹丸，和这人身上携带的弹丸比较，两者不一样，就把这人放了。还有一次，孙登丢失了盛水的金马盂，查出了偷窃者，原来就是手下人。孙登不忍心重罚他，就把他叫来责备了一通,遣送他回家永不复用,并命令身边人不要张扬此事。后来他弟弟孙虑去世,孙权为此降旨朝臣减少饮食。孙登昼夜兼程,来到赖乡,亲自通报。孙权立刻召见他。孙登见孙权在悲伤哭泣,就劝说道:"孙虑一病不起,这本是天命啊!如今北方之地尚未统一,四海之内都在翘首盼望,上天授命陛下,陛下却按照下界百姓的想法,减少朝廷大臣的饮食,这已经超出了礼制的要求,我私下忧虑不安。"孙权采纳了他的意见,为此增加饮食。孙登住了十几天,孙权准备让他西回武昌驻地,他恳切地为自己求情,认为长久离别未能早晚侍奉父母,从做儿子的道义说,是有缺憾的,又陈述了陆逊的忠诚勤勉,没有什么可顾虑,孙权就把他留了下来。嘉禾三年(234),孙权出征新城,让孙登留守建业,总管朝廷事务。那年粮食歉收,盗贼很多,孙登便明确制定有关法令条律来防范,完全掌握了制止奸邪行为的关键。

起初,孙登的生母地位低贱,徐夫人对他从小就有养育之恩。后来徐夫人因为妒忌被废黜,安置在吴郡,而步夫人最得宠。步夫人有赏赐,孙登不敢推辞,只是恭受而已。徐夫人派人来赐给他的衣服,他必定沐浴之后才穿上。孙登将被册立为太子,他推辞说:"本原确立,道义才能产生,要立太子,应该先立王后。"孙权问:"你的母亲在哪儿?"孙登回答说:"在吴郡。"孙权沉默不语。

孙登立为太子共二十一年,三十三岁去世。临终前,他上疏说:"我因无功,缠上重病,自知生命微弱,恐怕终究要殒命。我并不惋惜自己,只是想到将要离开父母,埋葬土中,永远不能再进奉仰望宫禁,不能朝拜陛下王后,生对国家没有用处,死后还留给陛下深深的忧伤,因此悲凄才郁结在心头。我听说死生有命,生命的长短在于天意,周晋、颜回都是大智大谋的人才,尚且夭折,何况我愚昧鄙陋,年寿已超过他们,活着是国家的继嗣,死后还享有尊荣,对于我来说,得到的已经很多了,还有什么可悲伤遗憾的呢?当今天下大事还未定局,散落各地的寇贼还没有讨伐,天下人翘首以待,把命运系于陛下身上。处境危险的人希望平安,处境动乱的人盼望治理。希望陛下彻底忘弃我这个人,割舍平民般的情感,修炼黄老之术,专心保养精神,增加美味佳肴,广开神圣英明的思虑,来奠定万古不朽的功业。那么,天下百姓就有幸得到仰赖,我也死而无憾了。皇子孙和仁义孝顺、聪明智慧,道德品行清明丰茂,应及早安排立为太子,以维系百姓的希望。诸葛恪才能练达,学识渊博,应器重任用他来辅佐时政。张休、顾谭、谢景,都是通达机敏有见识决断的人,在朝廷内应该用为亲近的心腹,在朝廷外也可以成为得力的猛将。范慎、华融勇武过人,气节雄壮,有国士的风采。羊衜论辩敏捷,有独自应对的能力。刁玄宽宏大量,他的志向是实践道统的真义。裴钦博闻强记,他的文采值得取用。蒋修、虞翻志向气节明朗。凡此各位大臣,有的适宜任朝臣,有的能够担任将帅,他们都通晓时政,明悉法令,坚守信用道义,有不可改变的志向。这都是由于陛下像日月那样光辉照耀,给我选拔安置了这样的官员,使我能与他们一起治理政事,因而我才详尽完备地了解了他们的情怀,并冒昧地呈报陛下。我深切地思考,当今境外多有忧虑,战事不断,应当激励六军,以谋求进取。军队是由民众组成的,而民众则以财货为宝。我私下听说各郡县有不少地方荒芜残败,百姓物资奇缺,生活困苦,奸邪祸乱萌生,因此法令频繁增加,刑罚更加苛刻。我听说治理政事要顺从民意,法律条令要根据时事而变化,陛下实在应该与将相大臣认真地选择合乎时宜的政策,广泛采纳众人的意见,宽缓刑法,减轻赋税,适当地取消一些劳役,以顺应百姓的愿望。陆逊对时政忠诚勤勉,献身忧国,尽心为公,有不谋私利的节操。诸葛瑾、步骘、朱然、全琮、朱据、吕岱、吾粲、阚泽、严畯、张承、孙怡忠贞为国,通晓明达治国的根本。可以让他们陈述当前所应做的事情,除掉苛刻烦琐的政策,爱护养育兵马,安抚慰藉百姓。那么,五年以后,十年之内,远方的人来归顺,近处的人尽心效力,兵器不染鲜血,而天下大局就可确定了。我听说‘鸟之将死,其鸣也哀;人之将死,其言也善’,所以子囊临终前,留下遗言对时政提出告诫,君子认为他忠诚,何况我孙登,难道还会闭口无言吗?希望陛下留意听取采纳我的意见,如果能这样,即便是我死的那一天,也就像我出生的那一年。”在他气绝之后,章表才呈报上去,孙权越发悲伤感动,一说话就流泪。这一年是赤乌四年(241),谢景当时任豫章太守,他无法克制悲哀的心情,竟放弃职守前来奔丧,又上表弹劾自己。孙权说:“你曾跟随太子治理政事,与其他官员的情况不同。”便派亲近的使者去慰劳他,允许他恢复原来的职务,并派遣他返回豫章郡。追谥孙登为宣太子。

孙登的儿子孙璠、孙希都早已去世,二儿子孙英被封为吴侯。五凤元年(254),孙英因大将军孙峻专权,企图谋杀孙峻,事情败露后自杀,封地被取消。

谢景,字叔发,南阳郡宛县人。在郡守的职位上有政绩,官吏百姓都称颂他,认为前有顾劭,其后就是谢景。几年后,他死在任上。

孙虑,字子智,是孙登的弟弟。从小就机敏聪慧有才学,孙权器重喜爱他。黄武七年(228)被封为建昌侯。过了两年,丞相顾雍等人上奏孙权认为孙虑天性聪慧、处事通达,才识日日增新,比之于近代的汉朝,应当给他晋爵称王,孙权不同意。过了一段时间，尚书仆射存上疏说："帝王的兴盛，无不褒扬推崇至亲骨肉，以使各位后妃增添光彩，所以鲁国、卫国在周朝，受到的恩宠超过所有的诸侯，汉高祖时的五王，他们的封地列在汉朝本土，就是用来作为中央朝廷的屏障，让他们镇守护卫国家。建昌侯孙虑天性聪慧，兼具文才武略，根据古代典章制度，应当正定名号。陛下谦让，不肯按旧章程办事，群臣大小，都因此忧愁叹息。当今奸贼猖獗，战争不止，作为君主的心腹亲信，只有亲属和贤士。我常与丞相顾雍等人商议，都认为孙虑应该任镇军大将军，交给他一方面的职责，以光耀宏大的事业。"孙权这才同意。于是授予孙虑假节，让他开建官府，治所在半州。孙虑凭借皇子的尊贵地位，年纪又很轻，远近的人都担心他不能专心于政务。他就职处事时，遵循奉行法度，恭敬接纳师友，超过了众人的期望。嘉禾元年（232），孙虑二十岁时去世。没有儿子，封邑取消。

　　孙和，字子孝，是孙虑的弟弟。他小时候因为母亲王氏被孙权宠幸而受孙权喜爱，十四岁时，就为他安排了宫廷侍卫，让中书令阚泽向他传授经传典籍。他喜好学习，礼贤下士，颇为人们所称道。赤乌五年（242），孙和被立为太子，当时他十九岁。阚泽任太傅，薛综任少傅，蔡颖、张纯、封俌、严维等人日常一直陪同跟随他。

　　当时，司法官吏大多用条律和控告文书来问罪，孙和认为奸猾虚妄的人，将利用此事掺杂个人私情，从而产生作恶为祸的念头，这种风气不可助长，明确表示应当杜绝。都督刘宝状告中庶子丁晏，丁晏也状告刘宝，孙和对丁晏说："文武官员主事的，能有几人？因为矛盾而相互攻击，都企图危害对方，这怎么能有福运呢？"于是他对双方进行了劝解，使他们以忠厚的态度交往。他经常说当代的才学之士应探讨研习学问，操练熟悉武功，以胜任当世的事务，只知交游下棋而妨碍事业，不能算是进取。后来群臣出席他的宴会，谈到了下棋，孙和认为这只能妨碍事务浪费时光，毫无用处，损耗精神，思虑费尽最终一无所成，不是用来推进德行、致力功业、积累功绩的行为。而且有志之士都爱惜光阴珍视精力，君子的最大企望，就是功德崇高如大山，行为光明如日月，并以不能列入这种等级为耻辱。天地永恒，而人位于天地间，因而就有人生短促如白驹过隙的说法。人很快就会老，青春荣华也一去不返。总之，人所忧虑的，就在于人的欲望所不能杜绝的那些东西，如果真能杜绝无益的欲念来坚定地走道德仁义的途径，放弃并非急迫的事情以致力于功业的基础，对于人的名声品行，难道不是一件好事吗？当然，出于人的欲念考虑，还不能完全没有嬉戏娱乐,而嬉戏娱乐的爱好,也应在于饮酒欢宴、弹琴读书、射箭骑马之间,为什么一定要去下棋,然后才能感到欢乐呢?于是他让陪坐者中的几个人各自写论文来批评下棋的行为。因此中庶子韦曜就回去写了一篇论文上奏,孙和出示给宾客们看。当时蔡颖喜欢下棋,在他官署中任职的很多人都跟他学棋,所以孙和用这个办法来规劝他。

在这以后,王夫人和全公主有了矛盾。孙权曾经病卧床上,孙和在太庙里祭祀,孙和妃子的叔父张休的住处离太庙很近,就邀请孙和去他家做客。全公主派人暗中监视,趁机对孙权告发说太子不在太庙里,专门到妃子家去谋划事情,又说王夫人看到皇上卧床不起,脸上有高兴的神色。孙权因此发怒。王夫人忧愁而死,而孙和所受的宠信也逐渐减少,他很害怕自己被废黜。鲁王孙霸谋取太子之位的欲望更加强烈。陆逊、吾粲、顾谭等人多次陈述嫡庶应有等级区分的道义,指出太子之位按情理不能被剥夺。全寄、杨竺是孙霸的党羽,他们对陆逊等人的谗毁诬陷一天比一天厉害。吾粲终于被关进监狱处死,顾谭被流放到交州。孙权犹豫了好几年,后来终于把孙和软禁起来。这样,骠骑将军朱据、尚书仆射屈晃便带领众将官用泥涂抹在头上,并把自己捆绑起来,接连几天来到宫门外为孙和求情。孙权登上白爵观观看,非常厌恶他们,斥责朱据、屈晃等人是无故闹事。孙权打算废黜孙和册立孙亮,无难督陈正、五营督陈象上书,引述晋献公杀申生立奚齐而招致晋国大乱的事实进行劝谏,另外,朱据、屈晃也固执地劝谏不止,孙权大怒,将陈正、陈象满门抄斩,把朱据、屈晃拖到大殿里,杖打一百,最终还是把孙和流放到故鄣,群臣因劝谏诛罚流放之事而获罪的多达几十人。人们都为他们感到冤枉。

太元二年(252)正月,孙权封孙和为南阳王,派遣他到长沙。四月,孙权去世,诸葛恪掌握朝政。诸葛恪就是孙和妃子张氏的舅舅。张氏让宦官陈迁到建业上疏中宫皇后,并对诸葛恪致以问候。陈迁临离建业时,诸葛恪对他说:"替我转告妃子,到时我一定让她超过其他人。"这话多少被泄露出去一些。另外诸葛恪还有迁都的想法,派人修治武昌的宫殿,民间则有人说他想迎立孙和。到诸葛恪被杀,孙峻借此剥夺了孙和的印玺绶带,流放新都,又派使者赐他一死。孙和与张氏告别,张氏说:"无论吉凶,我都一定跟随着你,终归不能一人活在世上。"她也自杀了。举国上下都为此悲伤。

孙休即位后,封孙和的儿子孙皓为乌程侯,从新都迁到乌程封邑。孙休去世,孙皓即位,当年就追谥父亲孙和为文皇帝,改葬明陵,安置守护陵园的住户二百家,设立令、丞来奉守。第二年正月,又划分吴郡、丹杨的九个县为吴兴郡,以乌程为郡治,设置太守,四季按时祭祀明陵。有关官员进言说,应该在京城建庙。宝鼎二年(267)七月,孙皓让试任的大匠(官名)薛珝营建寝堂,命名为清庙。十二月,派试任丞相孟仁、太常姚信等人配备官员及中军步兵骑兵两千人,用灵车法驾往东到明陵迎奉神灵。孙皓召见孟仁,亲自在庭下拜送。灵车将要到来时,派丞相陆凯敬奉三牲在近郊祭祀,孙皓在金城外露宿。第二天,在东门外仰望拜迎灵车。第三天,在清庙拜谒神灵。荐牲祭礼,涕泣呜咽,悲哀伤感。到了第七天,已经祭祀三次,祭祀的舞蹈、音乐昼夜不停地演奏。有关官员进言说:"祭祀不要太频,太频就不庄重了,应该以礼义来控制感情。"祭祀活动这才停止。

　　孙霸,字子威,是孙和的弟弟。孙和为太子时,孙霸是鲁王,他所受的宠爱优厚特殊,与孙和没有区别。不久,孙和孙霸不和的消息传到孙权耳中,孙权便禁止他们与外界往来,借此让他们专心学习。督军使者羊衜上书说:"我听说古时占有天下的人,都先明确区别嫡庶的名分,赐给子弟爵位和封地,令其建立邦国,这是为了让他们尊重祖宗,成为国家的屏障。东宫太子、西宫鲁王接受的名号,天下都称道合乎时宜,这是我们大吴国兴盛的基础。前不久听说二宫一起被禁绝与宾客往来,远近之人都感到惊讶,大小官员也很失望。我私下从下面的议论中,听取收集了众人的意见,都认为二宫智慧通达,英才俊茂,从他们确定名分建立称号,到现在已经三年了,高尚的德行在国内昭著,美好的名声在国外远扬,连西边和北方这两个角落,也早已敬服他们的名望。众人都认为陛下应当顺应远近人们归顺德政的愿望,尽量让二宫延请四方的宾客,使别国听到他们的名声后,都想来做他们的臣仆。如今陛下既没有注意到这方面,反而颁布诏令,减少他们的侍卫,拒绝他们的宾客,使四方的敬意再也不能通达二宫,虽然这是陛下崇尚古代的道义,想使二宫专心致志地学习,不再考虑观察听取细小的事宜,期望他们温习历史的经验,熟知广博的事物,但这并不是臣下翘首企盼的最大愿望。有人认为颁布这个诏令是因为二宫不遵守典章制度,这正是我坐卧不宁的原因。即使实际情形就如同人们所猜疑的那样,也应该予以补救考察,细细加以斟酌,不使远近的人们得以听信这些流言蜚语。我担心猜疑积累多了会发展成为毁谤,天长日久就会散布四方,而西边和北方这两个角落(指蜀国和魏国),离我国不远,流言蜚语很容易传过去。一旦传过去,舆论必将产生,他们将认为二宫有背叛的罪行,不知陛下该如何解释?倘若无法使别国释疑,那么也无法使国内的人释疑。国内百姓心存疑惑,国外敌人大兴毁谤,这样,是不可能发展宏伟的事业,保卫神圣的国土的。希望陛下及早颁发宽厚的诏令,使二宫同过去一样,与宾客以礼相待,相互交往,那么,天地便会清平,天下都会感到非常幸运了。”

当时,全寄、吴安、孙奇、杨竺等人暗地里共同投靠孙霸,企图危害太子孙和。他们进行诬陷诽谤后,太子因此败落,孙霸也被赐死。杨竺的尸体被抛入江中,他的哥哥杨穆因多次劝诫他,得以免受极刑,但还是被流放到南方的州郡。孙霸被赐死后,又处死全寄、吴安、孙奇等人,都是因为他们勾结孙霸陷害孙和。

孙霸有两个儿子,孙基和孙壹。五凤年间(254—256),孙亮封孙基为吴侯,孙壹为宛陵侯。孙基在宫内事奉孙亮,太平二年(257),因偷骑御马,被拘捕进监狱。孙亮问侍中刁玄说:“偷骑御马定什么罪?”刁玄回答说:“按法律应处死。不过鲁王死得早,希望陛下哀怜宽恕他。”孙亮说:“法律是天下人应当共同遵守的,怎么能因为疼爱亲人的缘故就有所偏袒呢?应当想个可以使他免罪的办法,怎么能以追念死去的亲人作为理由呢?”刁玄说:“以前赦免罪犯有大赦、小赦之分,有的是全国范围的赦免,也有的是千里之内或五百里之内的赦免,听凭君主的意思来划定范围施行。”孙亮说:“能通晓人意的不正是您吗?”于是下令赦免宫中犯罪者,孙基因此得以免死。孙皓即位后,追究孙和与孙霸以前的旧怨,废除孙基、孙壹的爵位封地,把他们和他们的祖母谢姬一起流放到会稽郡的乌伤。

孙奋,字子扬,是孙霸的弟弟,他的母亲叫仲姬。太元二年(252),孙奋被立为齐王,居住武昌。孙权去世后,太傅诸葛恪不想让诸王处于长江沿岸的军事要地,就把孙奋迁到豫章郡。孙奋十分气愤,不服从命令,又多次超越法度行事。诸葛恪上笺书规劝说:“帝王的尊贵,与天的地位相同,因此帝王以天下为家,以父兄为臣,四海之内,所有人都是臣仆。仇人有善行,不能不推举,亲人有劣迹,不得不处治;以此承受天命,治理万物,先为国家着想,后为自己打算,这是圣人建立法度,百世不变的道理。以前汉朝刚建立时,多把子弟封为藩王,到了他们势力太强盛,总是干出一些不法的事情,上则危害国家利益,下则骨肉自相残杀,后代以此为借鉴,认为这是最大的忌讳。自从汉光武帝以来,对诸王有了规定,只能在宫内自娱自乐,不得接触百姓、干预政事,与他们交往的人,都有严格的限制,因此才得以平安,各自都能保护自己的福运。这便是前代得失成败的验证。近有袁绍、刘表各占有土地,土地并非狭小,人员并非虚弱,但因为嫡庶不分,因此断绝了自己的宗庙祭祀。这是天下无论智者、愚者共同叹息痛心的事情。大行皇帝(指孙权)借鉴古代,观察今天,防范遏止事态的发展,这是出于对千秋功业的考虑。因此他在卧床不起时,派遣诸王各自及早返回封邑,诏令策命十分恳切,科律法令非常严格,他所借鉴命令的内容,无所不至,确实是想对上安定宗庙,对下保全诸王,使帝业百代相承续,没有危害国家的后患。大王应当上想周代太伯顺从父亲意愿的故事,中想河间献王刘德、东海王刘强恭敬的礼节,下则应当节制骄狂横行荒谬杂乱的行为,并以此为警诫。但我听说大王不久前来到武昌以后,多次违犯诏令,不遵守法度,擅自调动众将官士兵修治维护宫室。另外侍从中有罪行的人,本应当向上呈报,作为公事交给有关部门处理,而您却擅自私下杀掉,把事情弄得不明不白。大司马吕岱亲自接受了先帝的诏令,辅导大王,您却不接受采纳他的意见,使他心怀忧虑恐惧。华锜是先帝亲近的大臣,忠厚善良正直,他所陈述的道理,您应当采用,而您听了却恼怒华锜,说出了要捆缚拘捕他的话。还有中书杨融,亲自接受诏令,您本应对他恭敬严肃,而您却说:'正是我不服从禁令,你能把我怎么样?'听到这话时,大小官员都很惊讶,没有谁不感到寒心的。俗话说:'以明镜可以照出形貌,以古事可以知道今情。'大王应深深以鲁王为教训,改变自己的行为,小心谨慎,尽心恭敬朝廷,这样就没有什么要求办不到的了。倘若抛弃先帝的法令教诲,心怀轻忽傲慢的想法,那么臣下宁肯辜负大王,也不敢辜负先帝的遗诏,宁肯被大王所怨恨,又怎敢忘掉尊贵的君主的威严,而使诏令在藩臣中不能实行呢?这是古今正确的道义,也是大王应该观照了解的。福运的降临有一定的根源,灾祸的降临也是有过程的。在灾祸发展的过程中不忧虑,将来的结果是无法不后悔的。假如鲁王早早采纳忠直的建议,心怀恐惧的思虑,那么他就会享有无穷无尽的福运,怎么会有灭亡的灾祸呢?良药苦口,只有病人才认为它甘甜;忠言逆耳,只有通达事理的人才能接受。如今我等苦口婆心想替大王把危险消除在萌芽状态,以扩大福运吉祥的基础,因此不自觉地就说了出来,希望能引起您三思。"

孙奋得到笺书后十分害怕,于是移居南昌。但他游玩射猎更频繁,官员部属都无法忍受他的差使。到诸葛恪被杀时,孙奋到下游住在芜湖,打算到建业观察事态的变化。傅相谢慈等人劝谏孙奋,孙奋却杀了他们。他因此被判罪废黜为平民,流放到章安县。太平三年(259),被封为章安侯。

建衡二年（270），孙皓的左夫人王氏去世。孙皓悲伤思念过度，早晚对着灵柩哭泣，几个月不出门，因此民间有人说孙皓死了，谣传孙奋与上虞侯孙奉二人中必有一人要即位。孙奋的母亲仲姬的坟墓在豫章，豫章太守张俊猜测此事或许是真的，就去扫墓。孙皓听到此事，车裂了张俊，夷灭三族，诛杀了孙奋和他的五个儿子，取消了他的封邑。

评：孙登心里所想，足以成就丰美的德行。孙虑、孙和都有追求美善的姿态，能按制度严格要求和磨砺自己，但他们二人或短命夭折，或不得好死，可悲啊！孙霸以庶子的身份而侵犯嫡子；孙奋不遵守法度，本来就走上了自取灭亡的道路。不过孙奋被诛灭，却是因为遭到了飞来横祸。

卷六十　吴书十五

贺全吕周钟离传第十五

　　贺齐,字公苗,会稽郡山阴人。年轻时为郡吏,任过剡县县长。县吏中有个叫斯从的,轻薄放荡无所不为,贺齐想惩治他,但县府主簿劝说道:"斯从家是剡县的豪门大族,山越人都归附他们,如果你今天惩治了他,那么明天他的党羽就会来进犯。"贺齐听后怒不可遏,当即斩杀了斯从。斯从的族人和党羽便相互纠集联合,聚集了千余人,举兵攻伐县城。贺齐率领众县官和百姓,打开城门突击攻敌,大获全胜,从此威震山越。此后太末、丰浦县的恶民造反,贺齐又转任太末县长,惩治恶徒,扶助良民,一个月便全部平定了骚乱。

　　建安元年(196),孙策来到会稽郡,考察选拔贺齐为孝廉。当时王朗逃到东冶,候官县长商升帮助王朗起兵作乱。孙策派永宁县长韩晏兼任南部都尉,率兵讨伐商升,让贺齐任永宁县长。韩晏被商升打败,贺齐又替代韩晏兼任南部都尉。商升惧怕贺齐的威名,便派人向贺齐请求订立盟约。贺齐借此表明了自己的立场,并为商升陈述了祸与福的利害关系,商升于是交出了官印,走出府邸请求投降。叛军将领张雅、詹强不愿商升投降,反而一起杀了商升,张雅自称无上将军,詹强自称为会稽太守。叛军人多势众,而贺齐兵少无法讨伐,便驻军休息。张雅与他女婿何雄为争权夺势而不和,贺齐便叫山越人借事由让他们双方结怨,致使他们相互猜忌对立,各自拥兵想图谋对方。贺齐于是趁机进军讨伐,一仗便大败张雅,詹强党羽震慑畏惧,詹强只能率众出来投降。

　　候官县平定后,建安、汉兴、南平等地又乱了起来,贺齐便进军建安,设立都尉府,这一年是建安八年(203)。郡府调集所辖县的五千军队,让各县县长带领本县军队,都受贺齐的调度指挥。贼寇洪明、洪进、苑御、吴免、华当等五人,率领各自的万户人马,兵营相连驻扎汉兴,吴五的六千户人马另驻大潭,邹临的六千户人马也另驻盖竹,联合向余汗出兵。贺齐率军讨伐汉兴,经过余汗。贺齐认为贼寇兵多而自己兵少,深入攻击没有后援,恐被贼兵截断后路,便命令松阳县长丁蕃留守余汗。丁蕃与贺齐本是邻近两县的县长,因此丁蕃认为受贺齐调动是个耻辱,便拒绝留守。贺齐便杀了丁蕃,将士大为震惊,没有人再不效命了。贺齐就分出一部分军队留守余汗,自己率军进攻洪明等人,接连打败他们,在战场上杀了洪明,吴免、华当、洪进、苑御全部投降。贺齐转而进攻盖竹,进军大潭;吴五和邹临又投降了。在讨伐中共斩首六千,有名的贼首全被擒获。贺齐又重新整治县城,选出士兵一万人,被授予平东校尉。建安十年(205),贺齐转而讨伐上饶,从上饶分出一部分地区设立建平县。

建安十三年(208),贺齐升任威武中郎将,率军讨伐丹阳、黟县和歙县。这时武强、叶乡、东阳、丰浦四乡的贼寇已先投降,贺齐上表将叶乡改为始新县。歙县贼寇金奇的一万户人马屯驻安勒山,毛甘的一万户人马屯驻乌聊山,黟县贼寇陈仆、祖山等二万户人马屯驻林历山。林历山四面峭壁耸立,高几十丈,山间小路危险狭窄,带着刀盾便无法通过;贼兵居高往下推石块,根本无法进攻。军队驻扎山下多日,将领军卒对此都很忧虑。贺齐亲自出行,观察地形地势,暗中又招募行动敏捷的兵士,为他们打造了铁弋,悄悄隐蔽在贼兵不防备的危险地方,用铁弋开凿开挖山壁形成可以攀缘的小道,夜里命令兵士偷偷爬上去,又垂下许多布带让下边的人再攀上去,一共上去了一百多人,四面分散布置,一起擂鼓吹号,贺齐又部署大部队在山下等待。贼兵夜里听到战鼓声四面响起,以为贺齐大军已全部打上山来,惊慌失措,不知该怎么办,防守险要路口的人也都逃回山上本部。贺齐大军因此攻上山来,大败陈仆等人,其余贼寇全都投降,总共斩杀敌人七千。贺齐又上表把歙县分为新定、黎阳、休阳、并县、黟县、歙县共六个县。孙权于是分出新都郡,贺齐任太守,在始新县设立郡府,又加授偏将军。

建安十六年(211),吴郡余杭人郎稚纠集宗族叛乱为贼,接着又有几千人加入进去。贺齐出兵讨伐,很快就大败郎稚,上表说分出余杭一部分设立临水县。贺齐受命回始新县郡府,等他将要启程回去时,孙权亲自出来为他饯行,奏乐舞蹈,赐给贺齐篷车骏马,结束宴席后让贺齐乘坐自己的车驾。贺齐推辞不敢坐,孙权就让左右扶贺齐上车,命令前面的吏卒兵骑,就像自己在郡中举行仪式那样。孙权望着仪仗队笑着说:"人应当努力,不积累艰难经历和具有勤奋精神,这种荣誉是不可以得到的。"等贺齐离开很远孙权才回去。

建安十八年(213),豫章郡东部人彭材、李玉、王海等人起来叛乱,聚众一万多。贺齐讨伐平定叛乱,杀了为首的贼寇,其余的全部投降归服。贺齐选择其中精锐强健的人加入自己的部队,差一些的就让他们成为县里的居民。贺齐升任奋武将军。

建安二十年(215),贺齐随孙权征伐合肥。当时城中守军出城突击,徐盛受伤丢了兵器,贺齐领兵抗击来敌,捡到了徐盛所丢失的兵器。

建安二十一年(216),鄱阳人尤突接受曹操授予的官印,成了贼寇,陵阳、始安、泾县都与他相呼应。贺齐与陆逊讨伐并打败了尤突,斩杀几千人,剩下的党羽被震慑而归服。丹阳郡三个县的贼寇都投降,从中选得精兵八千人。贺齐被授予安东将军,封为山阴侯,出兵镇守长江上游,督领扶州以上直到皖城地区。

黄武初年(222),魏国派曹休率军来攻打,贺齐因为路远而晚到,便驻扎在新市进行抵抗。正逢洞口各军遭遇大风,落水死亡的人有一半,将士们都大惊失色,幸亏贺齐的军队还没有渡水,这支军队才得以保全,众将领靠得它稳住了阵势。

贺齐天性十分喜好华美,尤其爱好军事,兵甲器械都极为精良,所乘的船雕镂彩饰,上有青色的篷盖和深红色的帷幔,桅杆桨橹及兵器上描着花卉瓜果的花纹,弓弩矢箭全用上好的材料制成,艨艟战船排列起来,远望就如山峰连绵。曹休等人对此很畏惧,便领军撤回。贺齐升任后将军,假节兼任徐州牧。

当初晋宗任戏口守将,率众叛变到了魏国,又被派回任蕲春太守,预谋袭击安乐,想攻占后作为向魏投降的保证。孙权对此感到耻辱和愤恨,借着军队刚停战,在六月盛夏时日,出其不意,下令贺齐率麋芳、鲜于丹等军袭击蕲春,于是活捉了晋宗。四年后贺齐去世,儿子贺达和弟弟贺景都有好名声,都是军中好将领。

全琮,字子璜,吴郡钱塘人。父亲全柔,汉灵帝时被举荐为孝廉,补任尚书郎右丞。董卓专权天下大乱时,全柔弃官回家,州府征召为别驾从事,皇上下诏就地授予他会稽东部都尉。孙策到吴郡后,全柔率先带领军队归附,孙策上表授予他为丹阳都尉。孙权任车骑将军时,让全柔做长史,又转任桂阳太守。全柔曾派全琮送几千斛米到吴郡,要他用米换回一些其他物品。全琮到吴郡后,将米全部散发用光,驾着空船回来。全柔大怒,全琮叩头说:"我自己认为要买的东西并不是急需要用的,而士大夫们又正处在困难危急之中,所以便用米周济他们,一时来不及向您报告。"全柔因此转而看重他。这时,中州士人躲避战乱来到南方,依附全琮生活的有几百人,全琮倾家供给周济他们,与他们共享用,于是他的名声远近显扬。以后,孙权任命全琮为奋威校尉,授予几千兵员,命令他讨伐山越。全琮借此机会又公开招募兵士,共得一万精兵,出兵驻扎牛渚,逐渐升任为偏将军。

建安二十四年(219),刘备的将领关羽围攻樊城、襄阳,全琮上表陈述用来打败关羽的计策,孙权这时已与吕蒙暗中商量好袭击关羽,他怕事情泄露,因而将全琮的奏表置放一边不做答复。等到擒获了关羽,孙权在公安置酒设宴,他看着全琮说:"您以前陈述的计策,我虽没有答复,但今天的胜利,也有您的一份功劳啊。"于是封全琮为阳华亭侯。

黄武元年(222),魏国用水军大举出兵洞口,孙权派吕范督率诸将抵御,双方的军营对峙相望。敌人多次用轻捷的战船来强攻,全琮一直身穿铠甲,手持兵器,不停地观察守备。不久,敌军几千人出兵江中,全琮击败了他们,斩杀敌将尹卢。孙权升任全琮为绥南将军,晋封钱塘侯。黄武四年(225),假节兼任九江太守。

黄武七年(228),孙权到皖城,派遣全琮与辅国将军陆逊进攻曹休,在石亭打败了他。这时,丹阳、吴郡、会稽的山民又成为贼寇作乱,攻陷三郡所辖县,孙权分出三郡的险要地区设置东安郡,全琮兼任太守。全琮到任后,赏罚分明,招纳诱引贼寇来投降归附,几年时间,就得到了一万多人。孙权征召全琮返回牛渚,撤销了东安郡。黄龙元年(229),全琮升任卫将军、左护军、徐州牧,娶公主为妻。

嘉禾二年(233),全琮率步、骑兵五万人征伐六安,六安百姓都纷纷逃散,众将领想分兵去追捕他们。全琮说:"乘人之危侥幸成功,行动不考虑周全,这不是国家的原则。如今分兵追捕百姓,得失各半,难道这可以说是周全的考虑吗?即使有所获,还是不足以使敌人衰弱,以符合国家的期望。如果再有兵士与敌人不期而遇,吃亏受损就不会小,与其招致罪责,我宁肯自己承受无所获的责任,而不敢为求功有负于国家。"

赤乌九年(246),全琮升任右大司马、左军师。他为人恭敬和顺,善于承顺别人脸色而接受规劝,言辞不曾严厉激切。当初,孙权将出兵围攻珠崖及夷洲,事先都询问全琮,全琮说:"以我圣朝的威势,打向哪里而不能胜利?然而远方异地,又被大海阻隔,水土中的毒气,自古就有,军队进入百姓出来,必定会生疾病,相互传染流行,前去作战的兵士恐怕就不能再回来,怎么可能取得很大收获呢?损失长江两岸的大量兵员,来希冀获得万分之一的小利,我对此心中不安。"孙权没有采纳他的意见。出兵一年,兵士生疾病染瘟疫死去的有十之八九,孙权深深地后悔。后来在言谈中说到这件事,全琮回答说:"在当时,群臣中有不加以劝谏的人,我认为他们不忠诚。"

全琮被孙权亲近重用后,他的家族子弟也一起受宠显贵。全琮受到的赏赐达到千金之多,然而他还是谦虚地结交士人,脸上从没有骄矜之色。赤乌十二年(249),全琮去世,儿子全怿继承爵位。后来又继承父业带领军队,在寿春救援诸葛诞时,出城投降了魏军,魏国任他为平东将军,封为临湘侯。全怿哥哥的儿子全祎、全仪、全静等人也投降了魏国,都任郡守,封为侯。

吕岱,字定公,广陵郡海陵人。做过郡县官员,躲避战乱南渡长江。孙权管理事务时,吕岱来到孙权幕府,出任吴县丞。孙权亲自审理各县仓库的储存和监狱关押犯人的情况,县令县丞都来拜见,吕岱处理事务的方法和答问,很合孙权的心意,便征召他到郡署为录事官,出任余姚县长,他招募精强健壮的汉子,共获得一千多人。会稽、东冶五县的贼寇吕合、秦狼等人作乱,孙权任吕岱为督军校尉,与将军蒋钦等人率军讨伐,于是活捉吕合、秦狼,五县叛乱被平定,吕岱被授予昭信中郎将。

建安二十年(215),吕岱督率孙茂等十位将领跟随孙权进攻长沙三郡。安成、攸县、永新、茶陵四县的县吏一起进入阴山城,联合抵抗吕岱。吕岱发兵进攻围寨,这些人立即投降,三郡于是平定。孙权留下吕岱镇守长沙。安成县长吴砀及中郎将袁龙等人与关羽暗中勾结,又叛吴作乱。吴砀占据攸县,袁龙占据醴陵。孙权派横江将军鲁肃进攻攸县,吴砀突围逃走。吕岱进攻醴陵,擒获斩杀了袁龙,升任庐陵太守。

延康元年(220),吕岱替代步骘任交州刺史。到了交州任上,高凉匪首钱博请求投降,吕岱便秉承皇上旨意,任钱博为高凉西部都尉。郁林夷族贼兵进攻围打郡县,吕岱讨伐打败了他们。这时,桂阳、浈阳贼寇王金在南海界内聚众,领头作乱为害,孙权又诏令吕岱讨伐,活捉了王金,押送到京都,斩杀俘获了贼兵有一万多人。吕岱升任安南将军、假节,封为都乡侯。

交趾太守士燮去世,孙权任命他的儿子士徽为安远将军,兼任九真太守,又任用校尉陈时替代士燮职务。吕岱上表孙权,分出海南三郡组成交州,任命将军戴良为刺史;海东四郡组成广州,吕岱自任刺史。孙权派戴良与陈时向南进入交州,但士徽不服从命令,出兵驻守海口抵御戴良等人的到来。吕岱于是上疏请求讨伐士徽的抗命之罪,督率三千人马星夜渡海进发。有人对吕岱说:"士徽凭借家族历代所受的恩宠,又被整个交州人所依附,不能轻视他。"吕岱说:"如今士徽虽有叛逆的计划,但还未曾料到我会突然杀到,倘若我让军队悄悄轻装疾进,攻其不备,就一定能打败他。如果我们滞留而不疾速进军,使他产生疑心,环城固守,再加之七郡的夷族蛮人,云集响应,那么即便有智谋的人在,又有谁能图谋他们呢?"于是继续进军,经过合浦时,又与戴良会合一起前进。士徽听说吕岱到来,果然大为惊恐,不知该怎么办,就率领兄弟六人赤裸上身出来迎接吕岱。吕岱杀了他们并将首级送回京都。士徽军中的大将甘醴、桓治等人率领官民进攻吕岱,吕岱率军奋力反击,大获全胜,晋封为番禺侯。于是解除广州设置,仍然恢复为以前的交州。吕岱平定交州后,又进军讨伐九真,斩杀俘获贼兵数以万计。又派从事向南宣传国家的教化,使得境外扶南、林邑、堂明诸国王,各自派使者来进贡。孙权嘉奖吕岱的功绩,晋升他为镇南将军。

黄龙三年(231),因南部区域清明稳定,孙权令吕岱回师屯驻长沙郡沤口。恰逢武陵蛮夷骚乱,吕岱与太常潘濬共同出兵讨伐并平定了骚乱。嘉禾三年(234),孙权命令吕岱率领潘璋的军队,屯驻陆口,后来又转驻蒲圻。嘉禾四年(235),庐陵贼寇李桓、路合,会稽郡东冶贼寇随春,南海贼寇罗厉等人同时起来作乱。孙权又下令吕岱督率刘纂、唐咨等人分别讨伐,随春立即先投降,吕岱任他为偏将军,让他继续带领自己原先的部队,于是随春成为将领行列中的一员。李桓、罗厉等人都被斩杀,首级送回京都。孙权诏令吕岱说:"罗厉冒险作乱,自己招来砍头之祸,李桓凶狠狡诈,反复无常,投降后又叛变。前后多次讨伐他,多年也未能将他擒获,如果不是阁下的韬略,谁能砍下他的头?您忠诚勇武的节操,在这件事上更加显著。首恶消灭后,大小贼寇都被震慑,其余小股党羽,全部杀掉。从今以后,国家将永远没有对南方的忧患,三郡安定,没有惴惴不安的惊恐,又获得罪犯来供给赋税徭役,真值得深深地赞叹。奖赏在一个月内颁行,这是国家的常规,是制度所适合的,请阁下考虑这件事情。"

潘濬去世,吕岱替代他处理荆州的公务文书,与陆逊一同在武昌,依旧督管蒲圻。不久,廖式作乱,进攻围困城镇,零陵、苍梧、郁林各郡骚乱不宁,吕岱上表主动请战,即刻出发,星夜兼程。孙权派人追授吕岱为交州牧,又派唐咨等众将领不断地增援,攻讨了一年,将廖式打败,斩杀了廖式和他委任的不合法官员如临贺太守费杨等人,以及他们的党羽,郡县全部平定后,吕岱又回到武昌。这时他已八十岁,但他的身体一向精力充沛,依然亲自处理国家政事。奋威将军张承写信给吕岱说:"过去周公、召公辅佐周天子,《周南》《召南》中有诗歌颂他们,如今阁下与陆逊就如同他们两人。忠诚勤奋在前,劳苦谦逊相让,功绩因审时适度而建立,教化与道义相符,君子赞叹您的高尚德行,百姓喜爱您的美好本质。加上公务文书众多,宾客终日来往,疲惫却不放下公事,劳累也不诉说疲倦,又加上懂得骑马,能自己跃上马背,不用从脚镫上跨踩,要像这样的话,阁下就胜过廉颇了,任何事情都何等畅快!《周易》上说,礼仪要恭敬,道德要隆盛,阁下怎么占尽了这些美质!"陆逊去世后,诸葛恪接替了陆逊的职位,孙权就分武昌为两部分,吕岱督领右部,区域从武昌上溯到蒲圻。吕岱升任上大将军,他的儿子吕凯被授予副军校尉,在蒲圻监察军队。孙亮继位后,授予吕岱大司马。

吕岱清明正直,奉公守法,他所在过的地方百姓都称道他。当初在交州时,多年未给家里钱,妻子儿子饥饿贫困。孙权听说后为之叹息,因此责备群臣说:"吕岱身在万里之外,为国家勤苦办事,家中如此困难,可我没能及早了解。你们这些辅佐我的人,责任哪里去了?"于是给吕岱加赏钱米布绢,每年都有一个固定的数目。

当初,吕岱与吴郡人徐原亲近友善,徐原慷慨而又有才能志向,吕岱知道他能成大器,便赏给他头巾和单衣,与他共同谈论国事,后来便举荐选拔了他,官做到侍御史。徐原性格忠厚直率,喜欢直言,吕岱有时有过失,徐原就加以规劝,又在众人面前公开议论这些事,有人将这情况告诉了吕岱,吕岱赞叹说:"这就是我看重德渊(徐原)的原因。"到徐原去世时,吕岱非常悲哀地为他痛哭,说:"德渊是我的益友,如今不幸去世,我又从哪里再听到责备我过失的话呢?"谈论这事的人都赞美他们之间的友情。

太平元年(256),吕岱九十六岁时去世,儿子吕凯继承爵位。吕岱留下遗言,殡葬用一般棺木,穿戴粗布头巾和衣服,送葬的规模,务必从俭节约,吕凯都遵奉他的遗言办理。

周鲂,字子鱼,吴郡阳羡人。从小喜欢学习,被选拔为孝廉,任宁国县长,又转任怀安县长。钱塘匪首彭式等人聚众为寇作乱,朝廷任周鲂为钱塘侯相,一个月之内,便斩杀了彭式和他的党羽,周鲂升任丹杨西部都尉。黄武年间(222—229),鄱阳匪首彭绮叛乱,攻陷鄱阳所属城池,于是朝廷任周鲂为鄱阳太守,与胡综合力进攻讨伐,于是活捉彭绮,押送到武昌,周鲂加任昭义校尉。周鲂受命暗中寻找山里以前各团伙的有名头目,魏国是知道这些人的,让他们去欺骗挑唆魏国大司马、扬州牧曹休。周鲂回答说,恐怕不能靠这些低贱的小头目来担当此事,事情或许还会被泄露出去,不能诱使曹休到来,他请求派自己的亲信送笺书七封来引诱曹休。

第一封说:"我由于千载难逢的机会,有幸得以做您的州民,但江河远隔,我的敬意没能表达出来,只能瞻望您的祥瑞风采,这实是上天所造成的。我心怀真诚,但身份低微,名身不显,即便怀有如饥似渴的仰慕之情,又凭什么来表明? 狐狸死时头朝向曾养育过它的山丘,人的感情也应眷恋本原,而我却被控制胁迫,想去拜谒又与礼不符。每每独自举首向西顾盼,未曾不日夜劳神哀叹,辗转反侧不能安眠。如今趁有空隙的时间,得以陈述我向来的愿望,如果不是神灵的启示,我怎么可能表示这番心意呢? 我非常仰慕您,所以不辞遥远来归顺。谨派我的亲信董岑、邵南等人托付我的归倾之心,奉上我的笺书、至于时事变故的详情,我另纸列述。希望您降下日月般的光辉,照耀远方百姓的方向,永远使归顺的人有所依赖。"

第二封说:"我远处偏僻角落,被江河分割,没有蒙受恩惠教化的抚育,因而在山谷之中,遥远地陈述胸怀,担心因为我与吴国的君臣大义,不能被信任接纳。凡人都有感奋激切之情,计策也往往根据情况的变化而产生,这是古今都相同的道理。我做官到东方,掌管一郡事务,最初的愿望已经实现,感念不忘,立志报答,永无二心。可哪里想到不久前我遭受肆意的谴责,灾祸就在眼前,比以卵击石还危险,向前进取有分散聚合、离开留下的选择,向后退缩便只有遭受诬陷屈死的灾祸,我虽然志向操守低微,但生死存亡都应保持同一节操,看到自己将死得不明不白,能不感到惆怅吗? 我冒昧地因循古人,因而才明白自己的归宿,恳切地献出自己的真情,吐露出自己的肺腑之言。请求您降下春天的甘霖,哀怜拯救我的危急,不再对我猜疑,拒绝我以身相托的效忠。此事一旦泄露,我将受到无法想象的惩罚,一则伤害了您仁慈的名声,损害了我的进取计划,二则杜绝了归向教化者的心意,希望您远察前代的经验,怜悯同情我,注意我的书信,迅速赐给我秘密的回音。我一定等候盼望您的举动,等待机会积极响应。"

第三封说:"我所接替的原太守广陵人王靖,先前也因郡内百姓作乱,而遭谴责,王靖竭力为自己辩解,但最终未能解脱,因此他订下秘密计划,准备归附北方，不幸事情败露，杀了他的全家老小。我既目睹了王靖事件，又看到东吴国君，一旦菲薄某人，就不再会厚待他了，虽然可能会暂时留用，但终究要被灭除。如今又叫我统管郡中大事，这是想责难我以后的成效、必定要杀我的表现。虽然我还能偷生苟活，但心里忧虑惶恐，焦躁不安，不知这生命，究竟在什么时候完结。人在世间，犹如白马飞越缝隙一般短暂，但还要常常感到危险恐惧，这样的滋味难道还能言说吗？我只能陈述我的心意，一心一意地竭尽我的忠衷，但又担心自己卑贱，不能被您采纳。一希望您稍微注意详察，考虑我所说的话。如今这郡中的百姓，虽然表面名义上说是已经降服，实际上却在山间草野之中窥伺时机，准备再次作乱，他们作乱时，我的生命也就结束了。东吴国君前不久暗中调遣众将，图谋向北力进军。吕范、孙韶等人进入淮河区域，全琮、朱桓奔赴合肥，诸葛瑾、步骘、朱然到了襄阳，陆议、潘璋等人讨伐梅敷。东吴君主自己率领中军杀到石阳，另派堂弟孙奂管理安陆城，修建粮仓，运送粮食物资，作为军事储备，又命令诸葛亮进军关西，长江沿岸众将不再有留下来的，只留下三千左右兵士驻守武昌罢了。倘若您率领一万兵马从皖南进军江岸，我便从这里率领激励官兵民众，作为内应。这一带的各州郡，前后叛逆起事，都是在接近成功时遭到失败，这是由于没有外部援助才造成的。如果北方军队来边境，传送文告到各城邑，那些思念北方的民众，谁不盼望呢？希望您上观天时，下察人事，其中再检验占卜的结果，那就足以证明我前面说的都不是虚假之辞。"

第四封说："我所派的董岑、邵南从小在我家长大，我亲近信任他们，就像对自己的儿子，因此专门让他们送去笺书，托他们陈述我的归降之意，这事只可意会，不可言传，我的骨肉至亲也没人知道这事。我又命令他们，到了州府一定要说明前来投降，想要北来的叛逃者得以传告这个消息。我定下此计，把它托付给上天，如果成功，就有保全生命的福分；消息不意泄露，就要遭受灭族的灾祸。我时常半夜仰望天空，向星辰发誓祈祷。只是我的真诚微不足道，又怎能感动上天，然而事情危急，我又孤单无依，只有向上天诉说了。派人前往之时，我像是活着，又像是死了，身形尚存而精神已亡，魂魄昏然恍惚。私下又担心您不能完全相信我的表白，那么董岑、邵南两人您可留下一个，作为以后的凭信。如果一旦笺书送到，您却赶他们回来，赶他们回来我只能解释说因为后悔背叛，所以回来自首。东吴君主有固定的法令，后悔背叛而回来的人，都按原来的罪行处理。如此，我两方面的道路都被堵塞，永无出头之日了。我保留生命向西仰望着您,眼泪随着笔墨一起落下。"

第五封说:"鄱阳的百姓,其实多数是愚昧而又剽悍之人,率领他们去作战,他们不会马上响应,号召他们来作乱,他们就会闻风而动,积极响应。如今他们虽然已经降服,但内中盘根错节的原来的关系并没有消除。栖身深山,潜藏草野,作乱之心依然存在。如今东吴君主图谋大规模出兵,全国的兵力都派出,长江沿岸兵力空虚,军营船坞的兵员大大减少,只有一些刺探情报的奸细而已。如果借此机会发动此地百姓,一下子就能够得手,但要依靠外部援助,内外相互配合,否则,就不可能成功。假如现在您从皖城的道路进军驻扎江边,我将从南面对岸的历口作为内应。如果没有直接到江边,可驻扎在百里洲上,使这里的百姓知道北方的军队就在本地,就能自己行动起来,这里的百姓并非苦于饥寒而情愿让军队入侵,而是苦于征伐,因而乐于归属北方,只是在穷困时起义,不能及时得到北方的呼应,很快就遭受灾祸罢了。如果让石阳和青州、徐州的军队首尾相连,牵制住东吴派去军队,让他们不能迅速退回,那就好上加好了。我生长在长江、淮河一带,在天下动荡的形势下长大,深知那一带作战的有利地势,所以能百战百胜,时机不会再来,所以冒昧地陈述我的肺腑之言。"

第六封说:"东吴君主对以前没有拔取石阳痛恨在心,现在他事后行动,自然大规模招募聚合新兵,并且让潘濬征发夷族百姓,人数很多,听说已预先订下作战方案,将把体弱的新兵安排在前面,精兵放在后面,攻城时,说要用弱兵来填壕沟,能即时攻下城池,虽然未必如此,但事情大致上也就是这样了。我私下里担心石阳城小,不能长久阻止进攻的军队,您应该迅速赶去救援,而且确实要快速机密。王靖的变故,其借鉴与教训的时间并不远。现在周舫我的归顺,成败不再由天决定,而正取决于您。如果根据以往的教训及时援救,那么大功必定告成;如果你的援救不及时,那么我将和王靖等人遭受同样灾难。以前鄱阳人彭绮举事时,听说您的军队在逢龙这个地方,此郡百姓老少都很欣喜,并想马上效力。如果能多留下一个月的时间,事情必定大获成功,遗憾的是您离去就像闪电一样迅速,东吴得以集中兵力专门讨伐彭绮,彭绮这才遭到失败。希望您仔细省察我的话。"

第七封说:"如今发动大事,如果没有爵位称号就无法鼓动人们,我请求你赐予将军和侯爵的印玺一百纽,郎将的印五十纽,校尉、都尉的印各二百纽,我能够借用这些东西授予各头领,以奖赏激励他们的士气,同时还请求赐予贵军的旗帜几十面,作为标志,让山越的官兵百姓都能看见,知道归向的选择已经决定,接应的援救部队已经布置妥当。另外,我们双方彼此投降叛逃的人每日每月都有,这件事迟早就会传出被人知道。现在我们计划的大事,应当严格保密,如果您看了我的笺书,请求倍加隐秘。我知道您的智谋有定数,防范的思虑一定很深远,我由于心怀忧虑,焦灼不安,禀报陈述事情累赘繁杂,请不要怪罪。"

周鲂又另写了一份秘密的章表上奏说:"如今北方有逃窜的贼寇,顽固地拒守着黄河、洛水,长久阻止我大军前往诛伐,独自占据北方土地,对此,我还不能拿出奇计,提出妙策,对上光大辅佐宏大的教化,对下奉献施展一些微薄的诚信,因此忧虑焦急的心情一直撞击着自己,夜里常常躺着而不能入睡。圣明我朝如上天一样覆盖大地,含育于其中的我竟没有什么功绩,辱没了朝廷所颁布的优厚命令,让我在前线把贼盗曹休引诱来,遗憾的是我未能按计划执行。又让我在本郡的范围内寻找山间被北方贼盗所熟知的头目,使他们与北方敌人勾结往来。我虔诚地考虑,高兴与不安交加,私下担心这种人不可能很快找到,即使找到了,只怕也不可信赖,还不如让我去诱骗曹休,对于计划来说更为妥善。这样我就得以把多年的抱负,正好用在千载难逢的一次机会上,因而我自督尽力,用尽愚顽的见识,撰写了笺书来诱骗曹休,内容另纸附上。我知道自己没有古人那样复杂的计谋,再加上仓促间献出事关重大的方略,我也感到惶恐不安,力不从心,担心由于自己的轻率鲁莽,辱没辜负了朝廷的特别恩典,因而事前就感到忧愁焦虑。我听说唐尧总是先请示上天,上天没有反对他的想法,他还要广泛征询下层百姓的意见,所以他能够成就伟大的功勋。如今朝廷英明的谋略,是要肯定地把曹休引入我们设下的圈套中,有神灵的帮助,圣人的规划,曹休必定自己送上门来,使六军可以一网打尽,让他们一个也不漏网,朝廷的威势就如同闪电一样传遍四海,天下人就会感到非常幸运,谨此呈上章表以报告,并且呈上笺书的草稿。我担心自己的浅薄狭隘,想起来便惶恐喘息。"周鲂的章表被答复准予施行。曹休果然相信周鲂,率领十万步兵骑兵,辎重车辆挤满道路,直接前来,进入皖城。周鲂也集合部队,随陆逊拦截曹休,曹休的军队如布帛被撕裂,像泥瓦被碎解,被斩杀俘获的人数以万计。

周鲂起初设立这个秘密计划时,不断有郎官奉诏令来诘问各种事情,周鲂就到州郡府门前,借此剃下头发表示认罪,所以曹休听到这个消息,就不再对周鲂有怀疑。作战胜利,军队凯旋,孙权召集众将大摆酒宴开怀畅饮,酒兴正浓,孙权对周鲂说:"您剃落头发,肩负道义,成就了我的大事,您的功名,应当记载在史册中。"他为周鲂加授裨将军,赐予关内侯的爵位。

匪首董嗣依仗险阻抢劫掠夺,豫章、临川二郡同时受到他的危害。吾粲、唐咨曾以三千兵马攻打他的防地,几个月都没有能攻克。周鲂上表情求停止进攻,以便看准机会再行事。周鲂派遣间谍,授给他们具体的办法,骗来董嗣并杀了他。董嗣的弟弟十分惶恐,就到武昌向陆逊投降,请求出山到平原生活,自己改恶为善,从此几个郡便不再有对贼盗的忧虑戒惧了。

周鲂任郡守职务十三年后去世,他奖励善人,惩罚恶徒,恩威并施。他的儿子周处也有文武才干,天纪年间(277—280)任东观令、无难督。

钟离牧,字子干,会稽郡山阴人,是汉朝鲁相钟离意的第七代孙。他年轻时迁居永兴,亲自开垦田地,种了二十多亩水稻。将要成熟时,县中有人按标记来认领稻田,钟离牧说:"本来就是因为土地荒芜,所以才把它开垦出来。"于是就把水稻给了那人。县长听说后招来那人关进监狱,打算依法制裁他。钟离牧为他求情。县长说:"您仰慕承宫(东汉人)的为人,可以自己去做仁义的事情,我是百姓的主事人,则应当用法令来约束百姓,怎能冒犯国家的法令来顺从您呢?"钟离牧说:"这里是郡界,由于您有心照顾,所以我才暂时住下来。如今为了一点稻米就杀了这个人,我还有什么心思再留下来呢?"于是他就回去整装,准备返回山阴,县长亲自去劝阻他,并为他释放了那个被关押的人。那人既惭愧又害怕,带领妻儿老小把所索取的稻子春了六十斛米,送还给钟离牧,钟离牧闭门不接受。那人把米送来放在路边,没有人去拿。钟离牧由此出了名。

赤乌五年(242),钟离牧从郎中补任为太子辅义都尉,又升任为南海太守。不久,又任丞相长史,转任司直,升中书令。正值建安、鄱阳、新都三郡的山越百姓作乱,朝廷派出钟离牧任监军使者,讨伐平定了骚乱。匪首黄乱、常俱等人交出他们的军队,以充实兵役使用。封为秦亭侯,被任命为越骑校尉。

永安六年(263),蜀国被魏国兼并,武陵郡五溪的夷族人与蜀国接壤,当时谈论此事的人都担心那些夷族人叛乱,朝廷便任命钟离牧为平魏将军,兼任武陵太守,他前往郡府就任。魏国派遣汉佳县长郭纯试任武陵太守,率领涪陵百姓进入蜀国的迁陵界内,驻扎赤沙,引诱招致各蛮夷部落的首领,这些首领中有的起来响应郭纯,郭纯又进攻酉阳县,郡中人人震惊担忧。钟离牧向府中官员说:"西蜀灭亡,我们的边境被侵犯,凭什么来抵御他们呢?"众人都回答说:

"如今这两个县山势险要,众蛮夷拥兵拒守,不能用军队去惊动骚扰他们,惊动骚扰了他们,众蛮夷就会互相勾结在一起。应当逐步地安抚他们,可派遣对他们有恩德信义的官员去宣扬教化,慰劳他们。"钟离牧说:"不对。境外的敌人入侵境内,欺骗诱惑百姓,应当趁他们根基不深的时候攻取他们,这是救火贵在迅速的情势。"他发出命令,迅速整装待发,掾史中有阻挠议论者就以军法处置。抚夷将军高尚劝钟离牧说:"从前潘太常督率五万兵马,然后才用这些兵马去讨伐五溪的蛮夷。当时蜀国刘氏与我们结盟友好,众蛮夷全都遵循教化。如今我们既无往日的外援,郭纯又已经占领了迁陵,而您却要以三千兵马深入敌区,我没有看到有什么好处。"钟离牧说:"特殊的事情,怎么能因循守旧呢?"他立即率领部下,日夜兼程,沿着山中险要之处行军,走了将近两千里地,追赶到边塞,杀了怀有异心的恶民首领一百多人,以及他们的党羽总共一千多人,郭纯等人四散而逃,五溪得以平定。钟离牧升任公安督、扬武将军,封为都乡侯,又转任濡须督。后来再次以前将军、假节的身份,兼任武陵太守,死在任上。他家里没有多余的财产,官民都很怀念他。儿子钟离祎继承爵位,接替他统领军队。

评: 山越蛮夷喜欢叛乱,难以安定却容易骚动,因此孙权没有精力抵御外侮,只好向魏国说些卑恭的话。上述各位大臣,都是能平定内乱,使国家保持安定清明的人才。吕岱对公事清廉恭谨;周鲂谋略诡诈,多有奇计;钟离牧遵循长者的规范;全琮有辅佐一朝的才能,他的地位也显赫一时,但他不能约束自己行为不端的儿子,所以遭到批评,名声也被败坏了。

卷六十一　吴书十六

潘濬陆凯传第十六

　　潘濬,字承明,武陵郡汉寿人。二十岁时跟随宋仲子学习。不到三十岁,荆州牧刘表征召他为本州江夏从事。当时沙羡县令贪污枉法,品行不修,潘濬按法令杀了他,全郡人都震惊害怕。后来他做湘乡县令,治理县务很有名声。刘备兼任荆州牧后,任潘濬为治中从事。刘备进入蜀地,留潘濬掌管荆州事务。

　　孙权杀了关羽,吞并了荆州土地,授予潘濬辅军中郎将,授给兵员。又升任奋威将军,封为常迁亭侯。孙权称帝后,任命潘濬为少府,晋封为刘阳侯。升任太常。五溪蛮夷叛乱,盘结聚集,孙权让潘濬假节,督率众军讨伐。有功者他一定行赏,而法令不容触犯,奖罚分明,斩杀俘虏的贼人,差不多要以万来计算。自此以后,众蛮夷的势力便衰弱下去,这一带得到了安宁平静。

　　在此以前,潘濬与陆逊同驻武昌,共同掌管留守事务,平叛后回来还是如此。这时校事吕壹操纵玩弄权柄,上奏审查丞相顾雍、左将军朱据等人,他们都被软禁起来。黄门侍郎谢厷在谈话之间问吕壹说:"顾公的事怎样了?"吕壹说:"不会好的。"谢厷又问:"如果顾公被罢免退位,谁将替代他?"吕壹没有回答,谢厷又问:"该不会是潘太常代替他吧?"吕壹沉吟很久说:"您说得比较接近了。"谢厷对他说:"潘太常常切齿痛恨您,只是相距遥远没有机会下手罢了。今日他若代替顾公,恐怕明日就会来打击您了。"吕壹十分恐惧,于是解除了对顾雍的审查和软禁。潘濬请求到建业朝见,想倾言极力劝说孙权。到了建业后,听说太子孙登已多次劝说而不被听从,潘濬便大请百官,想趁聚会时亲手杀掉吕壹,让自己来承担这一责任,替国家除去祸患。吕壹暗中知道了这一情况,称说有病不去赴会。潘濬每次进见,无不陈述吕壹的奸诈邪恶。从此,吕壹所受的恩宠渐渐减少，后来终于被杀。孙权承认过失责备自己，也因此责备了众大臣，责备的话记载在孙权传中。

赤乌二年（239），潘濬去世，儿子潘翥继承爵位。潘濬的女儿许配给建昌侯孙虑。

陆凯，字敬风，吴郡吴县人，是丞相陆逊同族兄弟的儿子。黄武初年（222），陆凯任永兴、诸暨县长，在任上有政绩，授予建武都尉，督领军队。他虽然统领军队，但手不离书本。喜欢扬雄的《太玄》，评论推衍其意义，用蓍草占卜便见应验。赤乌年间（238—251），任儋耳太守，讨伐朱崖，斩杀俘获贼寇，立有战功，升为建武校尉。五凤二年（255），在零陵郡讨伐山贼陈毖，斩杀陈毖告捷，被任为巴丘都督、偏将军，封为都乡侯，又转任武昌右都督。他与众将领共同奔赴寿春作战，回师后，接连升为荡魏、绥远将军。孙休登帝位后，升任陆凯为征北将军，假节兼任豫州牧。孙皓登帝位后，升任陆凯为镇西大将军，都督巴丘，兼任荆州牧，晋封为嘉兴侯。孙皓与晋国讲和，使者丁忠从北方回来，告知孙皓弋阳可以攻袭，陆凯劝阻制止，他劝说的话记载在孙皓传中。宝鼎元年（266），陆凯升为左丞相。

孙皓天性不喜欢别人注视自己，众大臣陪侍拜见，都不敢违背。陆凯劝孙皓说："君臣没有互不相识的道理，倘若突然发生意想不到的事，大臣们都不知要奔向哪里。"于是孙皓听从了陆凯的劝告，允许别人注视自己。

孙皓迁都武昌，扬州一带的百姓对逆流而上、供给武昌用度深感困苦，而且当时政事有许多谬误，百姓贫穷匮乏。陆凯上疏说：

我听说有道德的君主，用愉快的事情使百姓欢乐；没有道德的君主，用愉快的事情使自己高兴。使百姓欢乐的，那欢乐就会长久；而让自身高兴的，并不能得到快乐，而只会灭亡。百姓是国家的根本，的确应该重视他们的衣食生计，爱惜他们的生命。百姓平安，国君才能平安，百姓快乐，那么国君才能快乐。自近年以来，国君的威势被桀纣般的暴行所伤害，国君的圣明被奸诈的野心家搅得昏暗不堪，国君的恩惠被众多的奸诈之人所阻塞。这样，没有天灾而民众的生命已穷尽，无所作为而国家财政已空虚，惩罚无罪的人，奖赏无功的人，让国君谬误罪过，这样，上天也要为之兴妖作怪。但是，众多公卿大臣只是逢迎国君以求得宠爱，使民众贫困以求得自己的富有，把国君诱导到失去道义的境地，把政事败坏在放荡的风俗之中,我暗暗为之痛心疾首。如今与邻国交往友好,四方边境没有战事,应当致力于停息徭役、抚育士人的工作,充实国家库存,等待天降的好时机。然而却去倾覆动摇上天的心意,骚扰百姓,使民众不得安宁,大人孩子痛苦喊叫,这实在不是保卫国家养育民众的办法啊!

我所说吉凶主要在天意,就如同影子要靠形体才能显现,回音要靠发声才能听见一样,形体移动影子就移动,形体停止影子就停止,这种缘由运数有它内在关联之处,并不由言语来决定进退。以前秦朝所以失去天下,就因为奖赏轻而惩罚重,政教刑法错乱,民众的财力被君主的奢侈耗尽,君主的眼睛被美色迷惑,宏大的志向被财宝销蚀,奸邪大臣居位掌权,贤智者隐匿不出,百姓畏惧惊怕,天下为之困苦,因此便有巢倾国破的悲忧。汉朝所以强盛的原因,是国君身体力行,真实诚信,所以规劝接纳贤明,恩惠一直施加到普通樵夫身上,亲自延请隐居山林岩穴的贤士,广泛听取各方意见,多多进行考察,以此形成策略。这些都是前代事情的明确验证。

近来汉朝衰败,三国鼎足而立,曹氏政权失去了纲纪,晋国取代了它的统治;还有,益州地势险要,兵士众多,精良强大,闭上国门牢固防守,可保万代平安,可是刘禅的给予和夺取悖谬错乱,赏罚不公,君主肆意奢侈浪费,民力在没有紧急的情况下已被耗尽,因此被晋国所讨伐,君臣都被俘虏。这些都是眼前事情的明确验证。

我不明大道理,文辞不能很好地表达内容,智慧浅薄粗劣,并不再有什么奢望,只是自己替陛下珍视天下罢了。我珍重地奏上我的所见所闻,以及百姓被烦扰、刑法政教被搞得错乱无序的情况,希望陛下能停止无谓的事功,减少各种劳役,致力于宽容待民,取消苛政。

另外,武昌之地,实在是危险而贫瘠,并不是可以用来作为首都、安定国家、抚养民众的地方,居住在船上便会沉没漂荡,居住在高丘上又险峻异常,而且童谣也唱道:"宁饮建业水,不食武昌鱼;宁还建业死,不止武昌居。"我听说翼宿星发生了变化,火星也在作怪,童谣所说的,实出于上天的旨意,于是才用安居来与死比拟,很能申明天意,也能了解到民众所认为困苦的事情。

我听说国家仓库中没有三年的储备,便不能谓之国家,而如今我国没有一年的积蓄,这都是公卿臣相们的责任。然而众公卿的地位处于众人之上，优厚的爵禄延续到子孙，竟然都没有为国家舍生效力的节操，以及纠正挽救国君过失的办法，只是姑且给国君进献些小利，以便求得国君的欢心，时时残害百姓，却从不为国君谋划献计。自从孙弘创建义兵（不屯田耕种之兵）以来，农事耕种被废除，部队所在没有粮草财物的收入，又把一家父子分开服不同的劳役，官府供给一天天增多，而积蓄却日渐减少，民众有亲人离散的怨恨，国家也有仓储空虚的趋势，却没有人来关心体恤这种情况。民力困乏穷尽，只好卖儿卖女，而各种赋税征收仍很频繁，民众的疲惫日趋极限，他们所在的地方官吏，对此也不加以修改订正，加上有些监管，既不爱护民众，又一味地作威作福，所辖之地受到骚扰，百姓更是烦忧不堪，民众受到这两方面的困苦，财力又再耗损，这是没有益处而只有损害的统治。希望陛下全部除掉这类官吏，怜悯爱惜孤独弱小的民众，以此来安定抚慰百姓的心。这就好比是鱼鳖能免除深潭中毒螫的伤害，鸟兽能逃离罗网的捕捉一样，果能如此，四方的民众就会扶老携幼来归附了。这样，民众可以得到保护，先王传下的国家也就能长存下去了。

我听说沉溺于音乐会使人耳力不聪，沉溺于色彩会使人眼睛不明，这对于政事没有好处，而只有损于各种工作。过去先帝的时候，后宫嫔妃及织造女工，人数不到一百，却有积蓄的粮食，有富余的财货。先帝驾崩后，幼、景继位，不循先帝的遗迹，变得奢侈起来。我听说宫中的织造女工和闲坐无事的宫女，就有千人之多，计算她们所做的事情，不足以给国家增加财富，然而却坐吃官府供给的粮食，年年如此，这是没有好处的，希望陛下选出一些宫女给予嫁妆，把她们嫁给没有妻子的人。这样，对上顺应天帝的心愿，对下迎合地神的旨意，天下百姓就非常幸运了。

我听说殷汤王从商人中选拔士人，齐桓公从马车夫中选取官员，周武王从樵夫中选举辅佐大臣，大汉朝从奴仆中选用人才。圣明的国王君主凭贤能选拔士人，不拘泥于地位的卑贱，所以他们的功绩道德广泛传扬，名垂青史，这就在于他们不是追求外表而选取那些喜爱服饰、能言善语、容貌漂亮的人的缘故。我看见当今宫廷内受宠的臣子，没有资格处在他们的位置上，没有能力承担他们的责任，不能辅佐国家纠正时弊，他们结党营私，相互扶持，陷害忠良，遮蔽贤能。希望陛下精选文武百官，让他们各自勤奋做好工作，州牧、将军镇守边境地区，公卿、尚书致力于修养仁义和教义，对上辅佐陛下，对下拯救百姓，各自竭尽他们的忠诚，补正陛下万一出现的过失,那么就会出现歌颂时势安宁的歌曲,刑法搁置不用的清明之世就会出现,希望陛下注意考虑我的意见。

当时朝廷中的将军何定逢迎谄媚,奸诈机巧,受宠显赫,担任要职,陆凯当面斥责何定说:"你看前前后后事奉君主不忠诚,让国家政体倾覆混乱的人,有哪个是享尽天年而死的?你凭什么专门干逢迎谄媚的坏事,堵塞君王的视听?应该改正勉励自己。不这样的话,会看见你有无法预测的灾祸的。"何定为此非常恨陆凯,想要中伤陆凯,而陆凯始终没有在意,一心办理国家的事,正义之气见于言表,上表上疏都直指其事不作讳饰,忠诚恳切发自内心。

建衡元年(269),陆凯生重病,孙皓派中书令董朝询问他有什么要说的话,陆凯说:"何定不能重用,应授予他京都以外的职位,不应把国家大事托付给他。奚熙是个小官,却在浦里建起了自己的田园,想恢复严密的旧规模,也不能信任。姚信、楼玄、贺邵、张悌、郭逴、薛莹、滕修以及我的同族弟弟陆喜、陆抗,有的清白、忠诚、勤奋,有的资质才智卓越丰茂,都是国家的栋梁之材,朝廷的优秀辅佐大臣,希望陛下对他们着重考虑,以时事要务询问他们,让他们各自竭尽忠诚,补正陛下万一出现的过失。"不久陆凯就去世了,享年七十二岁。

儿子陆祎,起初任黄门侍郎,在京都外带领军队,被任命为偏将军。陆凯死后,陆祎入朝任太子中庶子。右国史华覈上表推荐陆祎说:"陆祎体质刚建,才干杰出,意志坚强,统率军队的才能,连鲁肃也超不过他。他被召回东下时,直接回返京都,经过武昌,一点都不回头顾望,武器装备,军用物资,全无所取。他在军事上果断刚毅,面对钱财能保持节操。夏口是敌人进攻我国的交通要道,应选名将去镇守保卫,我私下考虑,没有人再比陆祎更好的了。"

当初,孙皓常常怨恨陆凯屡屡冒犯违背自己的旨意,加上何定不止一次谗毁陆凯,但既因陆凯是重要的大臣,难于惩罚他,又因陆抗当时是大将处在边疆,所以考虑再三,还是容忍了。陆抗死后,孙皓终究将陆凯全家迁到建安。

有人曾说,宝鼎元年(266)十二月,陆凯与大司马丁奉、御史大夫丁固谋划,趁孙皓拜谒宗庙之时,打算废掉孙皓立孙休的儿子为帝。当时左将军留平领兵做先头部队,所以把这个计划悄悄告诉了留平,但留平拒绝而不允许执行这一计划,但发誓说决不泄密,因此他们的图谋没有结果。太史郎陈苗上奏孙皓说很长时间阴天不下雨,风气回转逆行,将会有人暗地谋划捣乱,孙皓深深地警惕戒惧。

　　我(陈寿)接连从荆州、扬州来的人那里得到陆凯劝谏孙皓二十件事的奏章,并广泛询问吴郡人,多数人说没有听到陆凯有这些奏表。再者,审看奏表中文辞十分耿直急切,恐怕不是孙皓所能容忍得了的。有人认为是陆凯把奏表藏在箱子里,不敢上奏,病倒时,孙皓派董朝来探视询问他想要说的话,陆凯便把奏表交给了董朝。个中虚实难以明了,所以不著录在书篇中,但是我欣赏他指责孙皓的过失,能成为后世的鉴戒,所以抄录在陆凯传的后边。

　　孙皓派亲信赵钦口传诏书回答陆凯前边的奏表说:"我的行动必定遵照先帝的遗训,有什么不公平的呢?你劝谏的事是不对的。再者,建业的皇宫建得不吉利,所以要避开它,西宫的房屋也已腐朽倒塌,应商议迁都,凭什么不能迁呢?"于是陆凯上疏说:

　　　　我私下看见陛下执政以来,阴阳不调,金木水火土五星失去正常的运行轨道,官吏不忠诚,坏人结党营私,这都是陛下不遵守先帝遗训所造成的。帝王的兴旺发达,是受命于天,以道德修养得来的,哪里在于宫室的好坏?而陛下不咨询辅佐的重臣,就决意驱遣行动,六军流散,悲困恐惧,逆犯天地神灵,天地就会降灾,儿童也就会唱出不吉利的歌谣。纵然陛下一人获得安宁,而百姓忧愁劳苦,又能用什么来统治呢?这是不遵守先帝遗训的第一条。

　　　　我听说统治国家以贤能之士为根本,夏桀杀了直言敢谏的关龙逢,商汤获得了伊尹的辅佐,灭亡了残暴的夏朝,这是前代的明白效验,今天的借鉴。中常侍王蕃品德美好,通情达理,在朝廷处事忠诚正直,这是国家的栋梁柱石,大吴国的关龙逢啊!但陛下愤恨他说话逆耳,厌恶他直言陈对,便在殿堂上杀了他,尸体暴露抛弃在外。一国之内都很伤心,有识之士也深为悲悼,都认为陛下是吴国夫差的再生。先帝亲近贤能的人,陛下却反其道而行之,这是陛下不遵先帝遗训的第二条。

　　　　我听说宰相是国家的台柱,不能不强盛有力,因此汉朝有萧何、曹参的辅佐,先帝有顾雍、步骘的相助。但万彧这个人才智微弱,平庸无能,以前是跟随在大户人家中的奴隶,现在一下子就超升步入皇宫,对他的恩惠已经很丰厚了,对他的才能也已经使用过分了,但陛下却爱他的琐细小才,不过问他有没有大志向,拿尊贵的辅佐之位来使他荣耀,超过了旧臣的待遇。贤良之士愤慨惋惜,智慧之士愤怒叹息,这是不遵守先帝遗训的

第三条。

先帝爱护民众胜过对婴孩的爱,民众没有妻子就把自己的妾嫁给他们,看见穿单衣的就把布帛送给他,死人骨骸没有收殓的就捡来埋了。但陛下所为却和先帝相反,这是不遵守先帝遗训的第四条。

从前桀纣的灭亡都是由妖妇引起,周幽王、周厉王的祸乱也出在奉迎谄媚的妾妇身上。先帝以此为鉴,把这些事作为自己的警诫,所以他的周围不安排淫邪的女色,后宫也没有多余的女人。如今陛下宫中有几万女子,不备齐女官,宫外有许多鳏夫,宫中女子也在哀叹自己的不幸。风雨倒逆吹泻,正是由此引起,这是不遵守先帝遗训的第五条。

先帝为国事忧虑辛劳,日理万机,仍然怕有什么过失。陛下继位以来,在后宫优游嬉闹,被女色迷惑,于是致使各种政事荒废,下属官员容纳奸诈之徒,这是不遵守先帝遗训的第六条。

先帝崇尚朴素生活,服饰不精细华丽,宫殿没有修建高台,物品不雕刻镂饰,所以国富民足,奸邪盗乱之人也不敢生事。但陛下征调州郡财物,搜刮净尽百姓的财力,地上盖着彩色的丝帛,宫中充满朱衣紫绶。这是不遵守先帝遗训的第七条。

先帝在外依靠顾雍、陆逊、朱然、张昭,在内亲近胡综、薛综,因此各种政事和乐,国内清明整肃。如今在外之人不能担当重任,在内掌事的又无能力,陈声、曹辅二人,本是才识短浅、器量狭小的小官,先帝弃而不用,但陛下却宠幸他们,这是不遵先帝遗训的第八条。

先帝每次举行宴会召见群臣时,都节制减少饮酒,臣下整日都没有因疏忽懈怠而造成的过失,百官众吏都能表达他们所要陈述的事情。但陛下却以臣下敬仰的尊重行为来拘束他们,用无节制的饮酒来使他们惧怕。酒是用来成就礼仪的,饮酒过分就会败坏德行,这与纣王长夜饮酒没有什么区别,这是不遵先帝遗训的第九条。

从前汉朝的桓、灵二帝,亲近宦官小人,大失民心。如今高通、詹廉、羊度都是宦官小人,可陛下却赏赐给他们尊贵的爵位,让他们执掌兵权。倘若长江两岸有了危难,敌人攻打过来,那么羊度等人的武略才能不能抵御侵侮这是很明显的事,这是不遵先帝遗训的第十条。

如今后宫女子已经非常多,但宦官们还在走州窜郡,出文告攫取百姓女子,有钱人家出钱就放过,无钱人家的女子就被带走,弄得怨声载道,母女永别,这是不遵先帝遗训的第十一条。

先帝在世时,也养育诸王太子,如果为他们选取了乳母,而乳母的丈夫又在服劳役,就赐给钱财,供给粮食,不时送乳母回家,看望自己的子女。如今就不是这样,夫妇活生生地离别,丈夫仍然要去服役,子女无人照料随后死去,这一家因此就成了无人空户,这是不遵守先帝遗训的第十二条。

先帝曾感叹说:"国家以民众为根本,而民众以食物为最重要的生存依据,服饰其次,这三者,我在心里时时记挂着。"如今就不是这样,农耕蚕桑都荒废了,这是不遵守先帝遗训的第十三条。

先帝选择官员,不拘泥于地位的卑贱,在乡间任用他们,在处理事务上检验他们,举荐的人不虚假,受任者处事也不越轨。如今就不是这样,虚浮不实者受重用,结党营私者被晋升。这是不遵先帝遗训的第十四条。

先帝的士兵,不让他们服别的劳役,让他们在春季只从事农耕,秋季只从事农收,长江两岸有了战事,便责令他们拼死效力。如今的士兵,让他们服各种差役,但官府却不供养他们,这是不遵先帝遗训的第十五条。

赏赐是用来鼓励人们立功的,惩罚是用来禁止邪恶的,赏罚不公正,那么士人民众就会涣散离心。如今长江岸边的将士,死了不被哀怜抚恤,辛劳不被赏赐,这是不遵先帝遗训的第十六条。

如今各地的监察官员,已经繁多杂乱,再加上朝廷的使者在其中扰乱,一个百姓便有十个官,百姓怎能忍受得了这样的现状?以前景皇帝时,交趾人叛乱,实在就是因为这类事情引起的,这是效法景皇帝的过失,是不遵先帝遗训的第十七条。

校事(密探)是官员民众的仇敌。先帝在位的末年,虽有吕壹、钱钦为害,但不久便被诛杀了,以此向百姓谢罪。如今又大规模地建立起校事部门,放纵他们告发举报,这是不遵守先帝遗训的第十八条。

先帝在位时,做官的人在位时间很长,然后考察他们的政绩决定升迁和罢免。如今各州县的官员,有的到职没有多久,便被征召转任,迎新送旧,官员们纷纷来往于道路上。劳民伤财,危害民众,在这方面最严重。这是不遵先帝遗训的第十九条。

先帝每次审查已作出判决的案件的报告,常常留心,重新仔细推究案情,所以狱中没有受冤枉的囚犯,按罪被杀的人无话可说,甘愿伏法。现在则违背了先帝的做法,这是不遵先帝遗训的第二十条。

如果我说的话可以被采纳,就把它收藏在掌管文书的官府;如果我说的话虚假不实,就惩治我的罪过。希望陛下重视。

陆胤,字敬宗,是陆凯的弟弟。起初任御史、尚书选曹郎,太子孙和听到他的名声,便用特殊的礼节来接待他。适逢全寄、杨竺等人迎合亲附鲁王孙霸,与孙和分庭争斗,暗中相互谗毁结怨,陆胤因此获罪被拘捕入狱,酷刑用尽,但始终没有改口。

后来陆胤任衡阳督军都尉。赤乌十一年(248),交趾、九真二郡的蛮夷贼人攻陷城镇,交州也骚动起来。朝廷任陆胤为交州刺史、安南校尉。陆胤进入南方地界,用恩惠诚信来告当地人,致力推行招安纳降,于是高凉贼寇黄吴等党羽三千多家都出来投降了。陆胤带领军队继续向南进发,又宣示自己的极端诚意,并赠给当地人钱财。贼首一百多人,民众五万多家,以及偏僻而不服管辖地方的人,无不叩头请罪,交州地区因此清平稳定了。陆胤被就地加授为安南将军。又率军讨伐苍梧郡建陵贼寇,打败了他们,前后共得到士兵八千多人,用来补充军事的需要。

永安元年(258),陆胤被征召为西陵督,封为都亭侯,后来转在虎林任职。中书丞华覈上表举荐陆胤说:"陆胤天性聪明,才智通达,品行端正,以前做过选曹官员,政绩可以被记载下来。后来到交州,奉命宣扬朝廷恩典,流散的民众归附,南方边远地区因此整肃清明。苍梧、南海每年都有暴风和瘴气的危害,暴风刮来便吹折树木,飞沙走石;瘴气产生则雾气郁结,飞鸟也不从此经过。自从陆胤来到交州上任,暴风、瘴气完全停息了,商人旅客平安行路,百姓没有疾病流行,田里庄稼丰收。州府面对大海,秋天海水特别咸,陆胤又让人积蓄海水晒成盐,民众得以用盐调味。恩惠之风吹覆,教化感动人神,于是凭借天子的威势,召集流散的百姓。到了陆胤接受诏书要离开交州时,民众感念他的恩德,因此忘却眷恋的故土,扶老携幼,心甘情愿像影子一样依附跟随他。民众没有二心,也就不须烦劳军队出征了。从来众将领召集民众,都用威势胁迫他们,没有像陆胤那样用恩德诚信来笼络的。他奉命在州府任职已有十多年了,交州是珍宝生产的地方,那儿的宾客也有着异域风俗,但陆胤的内室却没有涂脂抹粉、穿金戴珠的妻妾,家中也没有玟瑁、犀角、象牙这类珍宝,拿他与当今的臣子相比,实在难以多得。陆胤应该在京都捍卫朝廷,这样就可以唱起尧舜时代那种时势安宁的颂歌了。江岸驻守的责任不大,不能完全发挥他的才能;选任虎林都督,能胜任的人又很多。倘若召陆胤回京都,授予他高级官位,那么国家的大功业便会完全修治,各种政务也都会兴盛起来。"

陆胤去世,儿子陆式继承爵位,任柴桑都督、扬武将军。天策元年(275),陆式与堂兄陆祎一起被流放到建安。天纪二年(278),被召回建业,恢复将军职务和侯位。

评:潘濬公正清明,做事有决断;陆凯忠诚壮伟,质朴正直,都是志节气概直率刚强的人,有大丈夫的品格和业绩。陆胤自身廉洁,办事有效,闻名于南方,可说是个好州官了。

卷六十二　吴书十七

是仪胡综传第十七

是仪,字子羽,北海郡营陵人。他本姓"氏",起初做县吏,后在郡里做官,北海相孔融嘲弄是仪,说"氏"字是"民"字无上(大意可能是民无上则乱),可以改为"是",于是就改了姓。是仪后来依附刘繇,躲避战乱来到江东。刘繇军队被打败后,是仪迁徙到会稽。

孙权继位掌权,用文辞优美的诏书征召是仪,是仪来到后受到孙权亲近重用,掌管机要秘密事务,被授予骑都尉。

吕蒙图谋袭击关羽,孙权将此事询问是仪,是仪称道吕蒙的计谋,劝孙权听从他的建议。是仪随军征伐关羽,被授予忠义校尉。是仪陈述谢却,孙权下令说:"我虽不是春秋时的赵简子,你怎能不屈就自己做周舍那样的人呢?"

荆州平定后,孙权建都武昌,授予是仪裨将军,后来又封为都亭侯,任侍中。孙权打算再授予他兵员,是仪自认为不是统领军队的材料,坚决推辞不接受。黄武年间(222—229),孙权派是仪到皖城,在将军刘邵的军中任职,想诱骗曹休到来。曹休率军来到后,吴军打败了他,是仪升为偏将军,入朝总管尚书事务,在朝廷外总领众官,兼管诉讼事务,孙权又让他教众公子读书学习。

孙权东迁京都到建业,太子孙登留守武昌,孙权派是仪辅佐太子。孙登很敬重是仪,有事都先咨询他,然后才实施执行。是仪晋封为都乡侯。后来随孙登回建业,又被授予侍中、中执法,管理众官事务,仍旧兼任诉讼管理。典校郎吕壹诬告原江夏太守刁嘉毁谤国家政事,孙权大怒,拘捕刁嘉押送监狱,详细审问。当时,与此事有关系的人都害怕吕壹,都说听到过刁嘉毁谤朝政的话,唯独是仪说没有听到过。于是,是仪被不断审问了许多天,孙权又下诏令要严审,众臣都为此畏惧而不敢出声。是仪回答说:"现在刀锯已架在我脖子上,死到临头,我怎敢替刁嘉隐瞒,自取灭亡,成为不忠诚的鬼呢?!只是为了让陛下了解这种事的真实情况。"是仪根据实情一一回答,言辞依然不变。孙权便放了他,刁嘉也得以免罪。

蜀国丞相诸葛亮去世,孙权关心蜀国的情况,派是仪出使蜀国,申明坚决与蜀国结盟友好的态度。是仪奉命出使很称孙权心意,后来被授予尚书仆射。

南阳王孙和、鲁王孙霸刚刚策立,是仪带着本身的官职兼任鲁王傅。是仪不满意南、鲁二宫地址相近,就上疏说:"我个人认为鲁王孙霸天姿卓越有美德,还具备文才武略,如今适合他的,应该是让他去镇守四方,护卫辅助国家。宣扬美好道德,广泛辉耀声威,这是国家的优良传统,也是天下大众所仰望的。只是我言辞粗浅疏漏,不能完全表达自己的心意。我还认为南、鲁二宫也应有所贬抑,辨别上下的次序,明白教化的根本。"他连上了三四次奏书。作为鲁王傅是仪竭尽忠诚,动辄就加以规劝;事奉勤奋,与人交往恭敬。

是仪不经营家产,不接受别人所施舍的恩惠,房舍财物能供给日常生活就可以了。邻居家有建起大宅的,孙权出行正好看见,询问建起大宅的是谁,边上人回答说:"好像是是仪家。"孙权说:"是仪很节俭,一定不是他家。"一问果然是别人家。是仪就是这样被孙权了解和信任。

是仪穿戴不精细,饮食也很简单,但却一直救济赡养贫困的人,因而家中也没什么钱粮储蓄。孙权听说这些后,来到是仪家,要求看他家吃的饭菜,并亲自尝了,对此孙权深为叹息,立即给是仪增加俸禄,扩大他的田地住宅。是仪多次推辞谢绝,并因为受到这种恩惠而深感不安。

是仪常常善言举荐别人,从未说过别人的短处。孙权经常责备是仪不谈论政事,没有是非,是仪回答说:"圣明的君主在上,臣下谨守本职,只怕不称职,实在不敢用愚笨狭隘的见解来干扰陛下的视听。"

是仪事奉国事几十年,未曾有过失。吕壹多次告发将相大臣,有的人因罪被告发达四次之多,但他独独没有借口告发过是仪。孙权感叹说:"假如人人都像是仪那样,还到哪里去运用法令条律呢?"

是仪病倒时,留下遗嘱说,死后只用一般棺木,装殓时也只穿平时的衣服,务必俭省节约,他去世时八十一岁。

胡综,字伟则,汝南郡固始人。小时父亲去世,母亲带他避难到了江东。孙策兼任会稽太守时,胡综才十四岁,任门下循行,留在吴县与孙权一起读书。孙策去世后,孙权任讨虏将军,任命胡综为金曹从事,随军讨伐黄祖,授予鄂县县长职务。孙权为车骑将军时，首府建在京城(今镇江)，召令胡综回来，任书部，与是仪、徐详一起掌管军务与国政大事。刘备发兵到白帝城，孙权因现有兵员少，便让胡综到各县征兵，得到了六千人，建立解烦兵左右二部，徐详任左都督，胡综任右都督。吴将晋宗叛变归附魏国，魏国任他为蕲春太守，离长江仅几百里，多次侵犯吴国。孙权派胡综与贺齐轻装疾行突然袭击，活捉了晋宗，胡综被加任为建武中郎将。魏国授予孙权为吴王，封胡综、是仪、徐详为亭侯。

黄武八年(229)夏，黄龙出现在夏口，于是孙权称帝，借祥瑞现象改了年号。又制作了黄龙大牙旗，一直竖立在中军，各军进攻退守，都视黄龙大牙旗的指向而行动，孙权让胡综为此作一篇赋，说：

乾坤创立，天地人产生。天狼星显出星象，实是显现军队的精良。圣人观察自然法则，于是效仿谋划，开始制作器械，从而求得成功。黄帝、神农创立朝代，开拓奠定了皇家的基业，对上顺应上天的心意，对下消除了民众的灾难。高辛氏诛杀了共工，虞舜征伐叛乱的有苗部落，夏启在甘师讨伐倒行逆施的有扈氏，商汤王在鸣条打败了残暴的夏桀，周武王在牧野打败殷纣王，刘邦在垓下打败项羽，没有不是由战争才建立功业的。光明辉煌的大吴国，实在是由上天降德，治理神圣威武，唯取皇天法则。

从远古开始，黄帝、虞舜是开创皇业的祖先，经历五个朝代，传到现在。大吴适应时机顺从天命，在南方建立基业，将恢复古圣人的大道，在华夏改朝换代。于是依遵天命，创建军队，摹取太一的形象，设左、右、中、前、后五军将领，命令他们镇守战阵的开、休、生三门；行动迅疾就如同闪电，徐缓就像云彩，前进停止都有法度，简练而不繁杂。麒麟、凤凰、神龟、黄龙四灵旗陈列，黄龙牙旗处在最中央，旗的周围绘有日月图形，实际旗名叫太常，突出卓立，六军所望。仙人在上，观照四方，神灵驱使它，为了国家的吉祥。军队打算变化方向，黄龙旗便首先移动指向，金鼓并不鸣响，一切都在寂静中变化，隐蔽朦胧犹如神灵，可谓神秘奇妙。从前周武王讨伐纣王，赤乌显灵，于是作《牧誓》取得天下，如今大吴国，也遇上了黄龙口吐灵符的征兆。这一切都契合《河图》《洛书》的卦象说辞，动静与天道相符，上天赞美，人事和睦，神签上说一切皆吉祥。

蜀国听说孙权称帝，派遣使者来吴国重申以前的结盟友好。胡综撰写结盟的约章，文义很美，此文记载在孙权传中。

孙权东下建都建业，徐详、胡综一起任侍中，晋封为乡侯，兼任左右领军。这时，魏国投降的人中有的说，魏都督河北振威将军吴质很被魏朝廷猜疑，胡综于是为吴质伪作了投降书三封：

第一封说："国法废弛毁弃，天下分崩离析，百姓贫弱痛苦，士人离散逃亡，军队匪寇所到之处，城镇已没有居民，战火纷飞的场面，处处都有，从夏商周三代以来，天下大乱的极点，也没有像今天这样的。我吴质志节浅薄，处世无方，局限在所生活的土地上，不能展翅高飞，只能事奉曹氏，为他们带兵打仗，身在遥远的河朔，和天衢隔绝，虽然仰望风范思慕大义，想归顺天命，惭愧的是没有机会得以施展抱负。每当遇到去过吴国的人，我就暗中探听吴国的风情教化，敬知陛下与天地同德，与日月共明，神圣威武的英姿，得于自然，因而能推演上天的准则，传播万里，从长江以南，家家户户都蒙受恩泽。英雄豪杰，得道的士人，无不发自肺腑地歌颂，并以归顺为乐。今年六月末，敬闻在一个吉日里，黄龙腾起，陛下登基，恢复弘扬大道，整治国法，将使被遗弃的百姓，见到真正的君主。从前周武王伐殷纣，殷民倒戈；汉高祖诛杀项羽，四面楚歌。和如今的形势相比，均不可同日而语。我吴质无法抑制自己如昊天一样的最大愿望，谨派我所亲信的同郡人黄定恭敬出使奉上章表，并向陛下拜托叛降事宜。长途跋涉的求得上达陛下，想要陈述的内容，列在后面。"

第二封说："从前伊尹离开夏朝投奔商朝，陈平背弃西楚而归附汉朝，他们的功绩记载在史册，美名流传在后代。君主不认为他们是背叛者，而认为他们是懂得天命。我从前被曹氏所接纳，对外以君臣关系相依托，在内实际如同骨肉至亲，情义深长，只有聚合，不能分离，于是接受了统管一方的重任，让我统领黄河以北的军队。在这种时候，我的志向非常远大，发誓永远与曹氏同生死，共存亡，只担心建立不起功业，事业没有成就。到了曹氏文帝死后，幼主继位执政，谗言毁语愈加兴起。同僚们倚仗势力相互陷害，志趣不同的人用言语进行挑拨离间，而我天性简慢孤傲，向来不愿屈服他人，看那几个小人，目的确实是要压垮我，这当然也有我的过失。终于我被邪恶的议论所陷害，招致幼主的猜疑，诬蔑我想叛变。虽然了解真情的人担保说明了我的心意，但世道混乱，谗言兴盛，幼主对我依然心存疑忌，我常常担忧有一天会横遭无辜之祸，因而忧闷的内心痛苦之极，如履薄冰，如行火炭。从前乐毅在齐国为燕昭王立下功劳,燕惠王即位后,因猜疑而剥夺了他的官职,他只能离开燕国来到赵国,功业并没有因此而减损。他哪里想对燕国离心离德,只是担心功名不能再有建树,而且担心灾祸即将来临。先前我曾派魏郡人周光以做生意为名,带着我叛降的想法去南方,明确表达我的秘密计划。当时因时间仓促,不敢当即呈报章表,只让周光传递口信而已。我认为天下的最后归宿已经可以看出来了,上天旨意所在,除了吴国又有谁呢?这里的民众,都想成为陛下的臣仆,他们伸长脖颈踮起脚跟殷切盼望,只怕吴国军队来得太迟了。假使陛下降下圣恩,对我稍加信任接纳,我必定用黄河以北的土地迎候天子的大军,忠心赤诚,苍天白日明鉴。然而周光南下一年,却没有一点音讯,不知我的这番心意他最终上达了没有?我仰望南天,长声叹息,日日月月盼望,即便是春秋时代鲁国人盼望齐卿高奚敬仲,又怎能和我此时的心情相比呢?另外我如今所受的待遇日见淡薄,恶人谗毁的声音绵绵不断,我肯定会遭受这种谗言带来的灾祸,只是迟早的事情罢了。我私下揣度陛下没有垂示圣明的慰勉的原因,一定是认为我通达仁义之道,不会做这样的事,以为周光所转达的话,虚多实少,或者以为其中会有其他计谋,却不知我吴质遭到谗言而被猜疑,正恐惧会遭到大祸呢!—况且我吴质如果真有罪的那一天,必定会自己奔向鼎镬,捆绑自己,等待处治,这恐怕是为臣子所应该做的。如今我无罪,却横遭谗言毁谤,将有商鞅、白起被杀那样的灾祸降临。权衡形势,离开魏国也是应该的。死得没有体现道义,又为何不离开呢?乐毅的出奔,吴起的逃跑,君子都同情他们不被贤明君主礼遇,没有人非议他们的品行。希望陛下类推古代事例来比况今日的情况,不要再猜疑责怪我吴质了。或许陛下认为,作为臣子获罪,就应该像伍子胥那样献身,自己效力,不应当侥幸地借事获利。然而今天与古时的情形不同,南北相距遥远,又有江湖阻隔,如果自己不发动兵变,又怎能脱身免罪呢?因此我只能忘掉志士的节操,而考虑立功的道义。况且我又认为曹氏的继承人,并非天命所托,政治衰弱,刑法混乱,朝政大权被臣子篡夺,众将在外专权作威,各自为政,没有人同心同德,军队衰败耗损,库存空虚,国法废弛,君臣同样昏聩。我想陛下前后多次获得魏国的叛逃者,这些情况应该都听说了。兼并弱小攻击昏聩,应当顺应天时,眼下正是陛下进取的有利时机,因此,微不足道的我才敢奉献我的计划。现在如果将军队集聚淮水、泗水一带,占领下邳,荆州、扬州会闻风而动,起兵响应,我从黄河以北席卷南下,几方面的势力联成一体,根基就会永远坚固了。关西的军队被他们所守卫的地盘所牵制,青州、徐州的军队不敢撤离防守,许昌、洛阳所剩的兵力不足一万,谁又能到东方来与陛下争锋呢？这实在是千载难逢的一次机会,能不深思熟虑、细致地谋划吗？至于我驻守的地方,本来就盛产马,加以羌人、胡人经常在三四月间水草丰盛时赶马出来放牧,粗略估计目前的情况,可以获得三千多匹。陛下出兵,应当利用这个时间,多带些骑兵来配上马匹。以上所谈都是根据所掌握的情况预先制订的。大凡两军对垒,不能不摸清对方虚实,如今这里兵力确实虚弱,很容易就能战胜平定,陛下兴兵出动,响应的人一定很多。上天确定的伟大的事业,是使普天下统一;下令让我吴质建立非同寻常的功业,这是天意。如果我的建议不被采纳,这也是天意。希望陛下考虑,我不再多说了。"

第三封说:"以前许子远背叛袁氏,投靠曹氏,他的谋略计策,都被采纳接受了,于是打败袁军,奠定了曹氏的基业。假使曹氏不信任许子远,怀有疑心,犹豫不决,不下决心,那么如今的天下就归袁氏所有了。希望陛下考虑。我暗中听说边境上的将领阎浮、赵楫想归顺伟大的教化,但彼此来往商定不迅速,以致失败而亡。现在我一片忠心,遥远地献身陛下,如果再怀有疑心,不及时举兵行动,使我孤立无援,陷入绝境,遭受阎浮他们那样的大祸,只怕天下的英雄壮士想为吴国立功的人,就不敢再献身归顺陛下了。希望陛下考虑。苍天大地,也肯定听到了我的这番话。"这篇文章传布后,吴质已入朝任侍中了。

黄龙二年(230),青州人隐蕃归附吴国,他上书说:"我听说殷纣王专行无道,微子预先逃出;汉高祖宽仁英明,陈平率先投靠。我二十二岁,抛弃了我的封邑,归顺政治昌明的吴国,仰仗上天的神灵,得以平安到达。我来后已逗留多日,而主事者把我等同为一般投降的人,没有被精细地加以区别,使我的微言大义不能上达陛下。我感到郁闷,时常叹息,何时才能中止这种状况呢？谨此来到宫阙,跪拜上奏,希望能蒙受陛下召见。"孙权立即召他入宫,隐蕃回答问题,以及陈述对当世政务的看法,言谈很有见地。胡综当时陪坐,孙权问他隐蕃的议论如何,胡综回答说:"隐蕃呈上的章表,言语夸张犹如东方朔,巧言诡辩如同祢衡,而才能却不及他们。"孙权又问隐蕃能担任什么官职,胡综回答说:"不能让他去治理百姓,暂且用京都的小官职让他试试。"孙权因为隐蕃大谈刑法诉讼,就任他为廷尉监。左将军朱据、廷尉郝普都称赞隐蕃有辅佐君主的才干,郝普与他尤为亲近友善,常常为隐蕃的屈才而抱怨叹息。后来隐蕃阴谋叛乱,事情败露而被处死。郝普因为受到谴责而自杀。朱据被软禁,过了很长时间才被赦免。孙权任命胡综为偏将军,兼任左执法,管理诉讼事务。在孙权要攻打辽东这件事上,辅吴将军张昭因劝谏孙权言辞过于急切直率,孙权也大怒,在他们之间调和关系,使他们不存嫌怨,胡综起了很大的作用。

胡综天性嗜好喝酒,酒后狂呼大叫,放纵情怀,或是推拉酒杯,醉打手下人。孙权爱惜他的才干,没有责怪他。

从孙权执政以来,凡是各种文诰策命,给邻国的书信,大体上都是胡综拟写的。起初因为国内外事务繁多,专门制定了科律。重要官员遇到丧事,都不能离开职守去奔丧,但多次有人违犯律令。孙权为此担忧,让朝廷大臣议论解决的办法。胡综认为应制定法律条文,用极刑告示众人,只要在一人身上施行,以后必然会杜绝违法的现象,孙权采用了他的意见,从此违法奔丧的现象就杜绝了。

赤乌六年(243),胡综去世,他的儿子胡冲继承爵位。胡冲性情温和,有文才,天纪年间任中书令。

徐详,字子明,吴郡乌程人,在胡综之前去世。

评:是仪、徐详、胡综,都是孙权时期参与创立事业的人。是仪清明恭敬,忠贞素朴;徐详多次出使沟通君命;胡综既有文采,又具才干。他们都被孙权信任。用宏伟的大厦作比喻,他们恐怕都是橼木那样的辅助之材吧!

卷六十三　吴书十八

吴范刘惇赵达传第十八

　　吴范,字文则,会稽郡上虞人。因研究年岁节气的推算,懂得气候,而在郡中闻名。被推举为有道,来到京都,但当时天下大乱,他未被任用。正逢孙权在东南起兵,吴范便投奔孙权,为他办事,一有灾祸和吉祥的征兆,他就推算将要发生的事情,说出它们的情状,他的预言大多灵验,因此名声显扬。

　　起初,孙权在吴郡时,想讨伐黄祖,吴范说:"现在讨伐不太有利,不如明年进行。到了明年的戊子日,荆州的刘表也死了,国也灭亡了。"孙权不听从,就发兵征讨黄祖,最终没能打败他。第二年,又出兵攻打,军队来到了寻阳,吴范观看天象,就上船祝贺,催促军队加速前行,一仗就打败了黄祖,黄祖只能趁夜晚逃走。孙权怕抓不住他,吴范说:"他逃得不远,一定能活捉他。"到了五更时分,果然活捉了黄祖。刘表终究死了,荆州被吴、蜀分割。

　　到了壬辰年(212),吴范又报告说:"甲午年(214)刘备会取得益州。"后来吕岱从蜀地回来,在白帝城遇上了刘备部队,说刘备部队离散流落,死亡近半,占领益州一定不会成功。孙权因此向吴范诘难,吴范说:"我所说的是自然的规律,而吕岱所见的是人的行为。"刘备最终得到了蜀地。

　　孙权与吕蒙谋划进攻关羽,让亲近的大臣商量,很多人说不行。孙权拿这事问吴范,吴范说:"行。"后来关羽驻扎麦城,派人请求投降。孙权询问吴范说:"他终究会投降吗?"吴范说:"他有逃走的天象,说投降只是假话罢了。"孙权让潘璋在小路上拦截,侦察的人回来报告说关羽已经离开麦城。吴范说:"虽然离开了也会被抓住。"问他关羽被捉的时间,回答说:"明天中午。"孙权设立漏表滴漏来等待,到了中午没有消息传来,孙权问原因,吴范说:"时间还没有到正中午。"不久,有风掀动帷帐,吴范拍手说:"抓到关羽了。"不一会儿,外面欢呼万岁,说关羽被捉到了。

后来,孙权与魏国建立友好关系,吴范说:"拿天象来说,魏国是表面上与我们和好,实际上其中有图谋,应该防备他们。"刘备大规模驻军西陵,吴范又说:"以后会讲和成亲的。"事情最终都如他所说。他占卜的效验就是如此明白周详。

孙权任命吴范为骑都尉。兼任太史令,他多次咨询吴范,想知道他是如何判断的,吴范珍惜自己的占卜术,对孙权也保密,不把最重要的东西说给孙权听。孙权由此怨恨吴范。

当初,孙权任将军时,吴范曾说江南有帝王气象,在地支为亥和子的年份之间,将有大福大喜降临。孙权说:"倘若最终像你所说的那样,我封你为侯。"到了孙权成为吴王时,吴范陪宴,说:"以前在吴郡时,我曾说过会有今天这样的情况,大王还记得吗?"孙权回答说:"有这件事。"便叫左右侍者拿侯位的绶带给吴范戴上。吴范知道孙权想以此权当实践了以前的诺言,便用手推辞不接受。到后来评功劳给予封赏时,封吴范为都亭侯,诏令将要下达时,孙权愤恨吴范对自己的学问太吝啬,便在诏令中除掉了他的名字。

吴范为人刚烈直率,很喜欢自夸,但是与亲戚和老朋友交往有始有终。他一向与同乡魏滕友好,魏滕曾经犯罪,孙权大发雷霆,对他的处置很严厉,谁敢劝说便处死。吴范对魏滕说:"我与你一起死。"魏滕说:"你死了又没有好处,干吗去死?"吴范说:"哪里能想到这些而坐着看你去死呢?"吴范便剃光了头,自己绑缚自己来到宫门前,让侍从去禀报。侍从不敢,说:"说了必死,我不敢报告。"吴范说:"你有孩子吗?"侍从说:"有。"吴范说:"假使你为了我吴范去死,你的孩子我收养。"侍从说:"好吧。"便推门而入,他话未说完,孙权大怒,便想用戟刺死他。不一会儿他跑了出来,吴范趁机冲了进去,叩头以致流血,边说边流泪。过了很久,孙权的怒气消解了,才免了魏滕的死罪。魏滕见了吴范拜谢道:"父母能生我养我,但不能免除我一死;人生知己难逢,有你这样的人一个就足够了,何必要许多!"

黄武五年(226),吴范去世。他的大儿子在他之前已死,小儿子还幼小,这样他的职位便无人继承。孙权追念他,便招募三州中像吴范、赵达这样能够推知天文历法的人,欲封为千户侯,但最终一无所获。

刘惇,字子仁,平原人。遭遇战乱逃到外地避祸,旅居庐陵,在孙辅手下做事,因懂得天文通晓占卜在南方有名声。每次有水灾、旱灾、兵灾、他都先指出发生的时间、地点，没有不准的。孙辅对此十分惊异，任命刘惇为军师，部队的人全尊敬侍奉他，称他为神明。

建安年间（196—220），孙权驻军豫章，当时有星象变化，拿它问刘惇，刘惇说："灾难发生在丹杨郡。"孙权又问："结果怎样？"刘惇说："外客战胜主人，到某一天就会得到消息。"当时边鸿作乱，最终像刘惇所说的一样。

刘惇对各种方术都很精通，尤其精通太乙天道，能推算敷衍各种事情，并且穷尽其中的机要奥妙。他著书一百多篇，著名儒者刁玄称赞这些著作很奇妙。刘惇也十分珍视自己的方术，不把它们告诉别人，所以世人没有谁能够了解这些方术。

赵达，河南人。年轻时随汉朝侍中单甫学习，思考问题精细缜密，说东南方向有帝王的天象，可以去那里躲避战乱，所以从北方脱身出来，渡过长江。他研究"九宫"和"一算"的学问，探求其中精深微妙的道理，因此能适应时机立即获得成功，回答问题犹如神灵，以至于计算飞蝗数量，猜测隐藏的现象，无不灵验。有人诘问赵达说："飞动的东西本来是不可计算的，谁又能知道它是不是真有这么多，这恐怕是胡乱说的。"赵达让那人拿过几斗小豆，撒到席子上，赵达立即说出它们的数目，经检验后果然和赵达说的数目一致。他曾经去拜访朋友，朋友为他准备饭食。吃完饭，朋友对他说："仓促之中没有准备酒，又没有好菜，无法畅叙情怀，怎么办呢？"赵达便拿过盘中的一支筷子，反复横竖摆弄，便说："您的东墙角下面有美酒一斛，又有鹿肉三斤，干吗借口说没有呢？"当时在座的还有别的客人，心里知道了主人的情形，主人惭愧地说："因为您善于猜东西的有无，想试一下罢了，居然如此灵验。"于是拿出酒畅饮。还有一次，有人在竹简上写上了很大的数目，放在空仓里封起来，让赵达算仓库里有多少粮食，赵达算出了正确的数目，又说："仓库里只有虚数，没有实际内容。"他计算的精深微妙就像这样。

赵达珍爱自己的技艺，像阚泽、殷礼都是著名儒者贤士，亲自上门，恭敬地向他求教，但赵达却对他们保密，不肯告诉他们。太史丞公孙滕年轻时奉赵达为师，勤苦多年，赵达同意教他也有好几年了，但临到要告诉他时总是又打消了念头。公孙滕有一天带了酒菜来到赵达家，观察赵达的脸色，跪拜请求赵达传授，赵达说："我祖先获得此法，想要做帝王的师傅，但做官三代以来，只不过做到太史郎，实在不想再传下去了，况且此法微妙，前面乘后边除，'一算'的方法，就是父子也不相互告诉，但是因您特别爱好不倦，如今我要把真本事传授给您了。"饮酒几遍,赵达起身拿起两卷白色绢书,大小像手指一样,说:"应当抄写阅读这些书,就会自己悟解了,我久已不读这些书,已经不懂得了,如今想思考推敲一遍,几天后会把它给你的。"公孙滕按时前往,到了后,赵达假装找书,接着惊叫说书丢失了,并说:"昨天女婿来了,一定是他把书偷走了。"于是此书便亡佚了。

当初,孙权出兵讨伐,往往叫赵达推算,结果都如他所说的那样。孙权询问他方法,赵达始终不肯告诉,从此,孙权对他的恩宠便淡薄了,没有给赵达更高的俸禄爵位。

赵达常常笑着对那些星象风水家说:"应该回头在帐幕中推算,不出门就知道自然规律,你们反而白天黑夜在外面观望天象征兆,不是太困难吗?"他闲着无事,便推算自己的命运,于是叹道:"我推算出我的年寿于某年某月某日结束,我要死了。"赵达的妻子多次看见赵达推算的灵验,听了此说哭了起来。赵达想消除妻子的担心,又重新推算,说:"以前算的是错误的,还不会死。"后来,他果真在自己推算的那一天死了。孙权听说赵达有这方面的书,求之不得,就逮捕审问他的女儿,甚至打开棺材,还是一无所获,赵达的技艺就灭绝了。

评:上述三人的技艺都十分精深,他们运思奇妙,然而君子同样运用心智精神,却应该是在大的、长远的方面,因此,有见识的人,都舍去了上述三人的做法而采取后者。

卷六十四　吴书十九

诸葛滕二孙濮阳传第十九

诸葛恪,字元逊,是诸葛瑾的长子。从小就有名声。二十岁被任命为骑都尉,与顾谭、张休等人随侍太子孙登讲论先王之道和六艺,一起做太子的宾客。从中庶子转升为左辅都尉。

诸葛恪的父亲诸葛瑾脸长似驴,孙权大会群臣,叫人牵一头驴进来,用长标签贴在驴脸上,并在标签上题写了"诸葛子瑜"几个字。诸葛恪跪下说:"请给我一支笔增加两个字。"孙权同意并给了他笔。诸葛恪在标签下边接着写了"之驴"二字,在座的人看了都欢笑起来,于是孙权把驴赐给诸葛恪。有一天,孙权又见了诸葛恪,问道:"你父亲和你叔父谁强一些?"诸葛恪回答说:"我父亲强些。"孙权问其原因,他回答说:"我父亲知道该为谁做事,叔父却不知道,因此我父亲算起来是强些。"孙权又大笑起来。叫诸葛恪给大家依次敬酒,斟到张昭面前,张昭已有些醉意,不肯再饮,并对诸葛恪说:"这不是敬老的礼节。"孙权对诸葛恪说:"你能叫张公理屈词穷,那样他就只好饮下这杯酒了。"于是诸葛恪反驳张昭说:"从前太师姜尚九十岁时,还执旗持钺,仍然没有告老。如今带兵打仗的事,将军在后,饮酒吃饭的事,将军在前,怎么能说不敬老呢?"张昭终于无话可说,于是喝干了杯里的酒。后来蜀国的使者到来,群臣全来会见,孙权对使者说:"这位诸葛恪向来喜欢骑马,回去后告诉你们丞相,为他送一匹好马来。"诸葛恪听了孙权的话便跪拜致谢,孙权说:"马还没有送来,谢什么恩呢?"诸葛恪回答说:"蜀国是陛下外面的马房,今天下了恩诏,马是一定会送来的,我怎敢不谢恩呢?"诸葛恪的才思敏捷,都和上面所举很类似。孙权觉得他很不寻常,想安排具体的政事考察他,命令他代理节度之职。节度掌管军队的粮草,公文繁多,不是他所爱好的。

　　诸葛恪认为丹杨郡山高路险,百姓大多果敢强劲,虽然以前曾对此出兵进剿,但只得到一些边缘县的平民,其余的人居住在较远的深山中,不能全部抓到。他多次自己请求任丹杨官员去招引山越人出山,说用三年时间可以招募兵士四万人。大家认为丹杨地势艰险阻塞,又与吴郡、会稽、新都、鄱阳四郡接壤为邻,绵亘数千里,山谷万重,那些居住在偏僻的深山老林里的人,没有进过城邑,没有见过官长,他们都拿着兵器在野外活动,一生在山林里白头到死。逃犯、恶徒、惯匪都纠合在一起逃窜。山中又出产铜铁,他们自己制造兵器铠甲。习俗爱好武功,熟悉打仗,崇尚勇力,他们登山越险,穿过荆棘丛林,就像鱼游深渊、猿猴攀缘树木那样容易。他们不时窥伺可乘之机,出山骚扰抢掠,官府往往要用军队征伐,寻找他们躲藏的巢穴。他们打仗时就蜂拥而来,打败了就像鸟兽一样奔跃逃窜,从前代以来,一直不能控制他们,人们都认为制服他们是很难的事。诸葛恪的父亲诸葛瑾听说儿子主动要求招引山越人出山的事后,也认为事情最终不会成功,叹息道:"诸葛恪不能使我家兴旺,将要使我们遭灭族之祸。"诸葛恪又极力陈述他一定能成功的理由。孙权任命诸葛恪为抚越将军,兼任丹杨太守,又授予他执棨戟的仪仗队骑兵三百人。授官仪式完毕,命令诸葛恪准备好仪仗队,擂鼓吹号,引导回家,当时他三十二岁。

　　诸葛恪到郡府上任后,就致书给邻近四郡所属县的主要官员,让他们各自守住自己的地界,建立整顿军队,那些接受服从教化的平民,都让他们定居。于是部署众将领,分别守住险要关口,只修缮好防御工事,不和山越人交锋,等到粮食快成熟时,就派士兵收割,连种子也不留下。旧粮已经吃完,新庄稼又收不回来,百姓都已定居,山里一点粮食也进不去,这样山越人饥饿困顿,逐渐出山投降。诸葛恪又告诫下属说:"山越百姓改掉恶习接受教化,都应安抚慰问,迁到外县定居,不能嫌弃怀疑和拘捕他们。"臼阳县长胡伉得到投降的周遗,周遗过去是恶民,因困顿逼迫,暂时出山投降,内心却还图谋叛乱作恶。胡伉把他绑送到郡府。诸葛恪认为胡伉违背教令,便把他斩首巡行示众,并把这事写了表文上报朝廷。百姓听说胡伉因捉人犯罪被杀,知道官府只是想教山民出山罢了,便扶老携幼出了山。满一年后,获得的人数全如原来预计的那样,实现了得兵士四万人的计划。诸葛恪自己督领一万人,其余三万分给各将领。

　　孙权称道他的功劳,派尚书仆射薛综前往慰劳军队。薛综先写文书给诸葛恪等人说:"山越人依仗险要地势,不臣服已有几代了,对他们放松一点,就扰乱不止,逼急了就像狼一样逃窜。皇上发怒,命令将军向西进讨,在朝廷内授予神奇的计策,军队的威名震动四方。兵器上不染血迹,铠甲上不沾汗水,就做到首恶被斩,党徒归附正义,扫荡涤除深山密林里的凶寇,进献俘虏十万人。野外没有留下一个匪寇,城邑中也没有留下残余的奸人。既扫除了凶敌,又充实了兵员。杂草稗莠,都变为对人有益的草;魑魅魍魉,更变成了虎勇之士。虽然实在是朝廷的声威加于他们的缘故,也确实是元帅亲自率兵到达所造成的。即使《诗经》赞美俘获敌人,审讯祸首,《易经》庆贺杀掉罪魁,周朝的方叔、召伯虎,汉朝的卫青、霍去病,岂足以和将军的功劳相提并论?您的功绩超过古人,勋劳超过前代。主上欣喜,遥远地赞叹您的功劳。他感念《四牡》诗所表达的慰劳使者归来的遗典;思慕胜利归来告庙庆贺的旧礼制,所以派尚书省近侍官员,迎接将军,犒劳赏赐军队,以表彰您的伟大功绩,慰问辛勤劳苦的将士。"接着授予诸葛恪威北将军,封为都乡侯。诸葛恪请求在庐江、皖口种田驻兵,借此用轻兵袭击舒县,乘其不备获得百姓回来。又往远处派遣侦察人员,察看道路和险要之处,打算夺取寿春,孙权认为不行。

赤乌年间(238—251),魏国司马懿谋划攻打诸葛恪,孙权正打算发兵应战,观察星象气数的人认为出兵应战不利,于是让诸葛恪迁移到柴桑驻防。诸葛恪给丞相陆逊写信说:"杨敬叔讲述高雅的理论,认为当今有作为的人已所剩无几,坚守道德和事业的已经没有几个人,应当相互帮助,互相依存,对上兴盛国家大事,在下互相珍重爱惜。又厌恶世俗之人喜欢互相毁谤,使已有成就的人,半途有所损伤;将要进用的人,思想不痛快。我听到这些,喟然叹息,实在令人拍节激愤。我认为君子对一个人不能求全责备,孔子的门徒大约三千,其中特别突出的只有七十二人,至于子张、子路、子贡等七十人,有亚圣的德名,但是也各有所短,颛孙师偏激,仲由鲁莽,端木赐不安分守己,何况他们之下的人,缺点就更多了。而且孔子不因这几个人有缺点而不把他们当作朋友,不以人所短弃其所长。更何况现在选拔人才,应当比古代宽容,为什么呢?现在的形势错综复杂,而德才兼备的人又缺乏,国家各部门的官员,常常苦于没有人担任。如果性情不奸邪,志在贡献才力的人,便能奖励任用,让他们在本职工作中尽量发挥才能。如果大体上称职,个人生活作风有不足的地方,都应当宽容,不应该求全责备。并且对有才能的人不能一味从细小处苛刻要求,如果苛刻要求的话,那么古代的圣贤也不是完美无缺的,何况和他们相差甚远的人呢?所以说用道德彻底完善的标准来衡量人就困难,用普通的人标准衡量人就容易,这样贤明还是愚钝就可以知道了。自汉末以来,中原士大夫如许子将之辈,之所以不断毁谤非议,有时甚至引起祸端,追究其原因,并非为了深仇,只是因为没有用礼教的标准来要求自己,而专以公正的道理来责备别人。自己的行为不符合礼教,别人就不服;以不公正的标准来要求别人,别人也就不会接受。内心不佩服别人的行为,又受不了别人的责备,那么就不能不互相怨恨。互相怨恨的情绪一产生,小人就会有机会在中间钻空子。钻了空子,那么多次传播的谣言,日积月累的谗言,就会杂乱交错一起到来,即使让非常了解非常亲近的人听到这些话,也难以判断真假,何况是已经有了隔阂、本来就不明白事理的人呢? 所以,张耳、陈余到了互相残杀的地步,萧育、朱博不能友好到底,其原因就在这里。不放过别人的小过失,在细小的事情上互相责备,久而久之,家家户户就会互相埋怨,一国之内就不会有品德操行完美无缺的士人了。”诸葛恪知道陆逊听了谗言而猜疑自己,所以就多方面阐述这个道理并称道它的深刻含义。恰巧赶上陆逊去世,诸葛恪升任大将军,受假节称号,驻扎武昌,接替陆逊兼任荆州刺史。

过了一段时间,孙权生了病,而太子的年龄尚小,于是征召诸葛恪以大将军的身份兼任太子太傅,中书令孙弘兼任太子少傅,孙权病危时,召见诸葛恪、孙弘及太常滕胤、将军吕据、侍中孙峻,把后事托付给他们。

第二天,孙权便去世了。孙弘向来与诸葛恪不和,他害怕被诸葛恪惩治,便封锁孙权去世的消息,想假传皇帝的诏书除掉诸葛恪。孙峻把这个情况告诉了诸葛恪,诸葛恪请孙弘来商议事情,在座席上杀了他,于是发布孙权去世的消息,穿上丧服。给弟弟公安督诸葛融写信说:“本月十六日乙未,大行皇帝抛下万国,所有大小臣民,无不悲伤悼念。至于我们父子兄弟,都受到特殊的恩典,不只是凡庸的下属,所以悲恸异常,肝心都已碎裂。皇太子在丁酉日登基称帝,我的悲哀和喜悦交错在一起,不知所措。我身受临终遗命,辅助幼主,自己私下估量,才力不及博陆侯霍光,而受周公旦辅佐成王的托付,担心达不到霍光辅佐汉昭帝的成效,唯恐损害了先帝托付重任的英明,所以忧虑惭愧,惶惶不安,想了很多很多事。况且老百姓厌恶当权者,一有行动,就受到注视,什么时候才能改变这种状况呢? 现在我以愚笨的资质,处在保傅的高官位置上,困难多而智谋不足,任务重而谋略短浅,谁能成为我可以相互依靠的助手呢? 近代汉朝,燕王和盖长公主互相勾结,造成上官桀等人图谋杀害霍光的祸乱,现在我处于和那时差不多的境地,怎么敢安适犹豫呢? 弟弟所驻扎的地方,与贼寇的地界犬牙交错,现在应当整顿军需器械,鼓励将士,比平时要更加警戒防备,要不辞万死,不顾惜自己的生命,以报效朝廷,不辱没我们的先人。另外众将领防守各有自己的地界,要担心贼寇听到皇帝死去的消息,任意入侵。边境各官署,已经另发下约束的文书,所属各领兵将官,不得任意放弃自己的防守任务,直接赶来奔丧。虽然大家都怀有悲伤不已的心情,但是公义胜过私情,伯禽丧服未完就领兵出征,如果违背了公义,就不只是小过错了。以亲近的人做榜样,去纠正疏远的人,这是古人明确告诫的。"诸葛恪被改授太傅。于是裁除多余的军政官员,取消设置耳目视听之事,免除拖欠的赋税,取消关税,各项政事都注重给百姓以恩惠,百姓没有不高兴的。诸葛恪每次外出,百姓引颈相望,都想看看他的相貌。

当初,孙权于黄龙元年(229)迁都建业,黄龙二年(230)修筑东兴堤以阻挡巢湖水。后来征伐淮南郡,反而被湖内的敌兵船只打败,因此废堤不再修治。诸葛恪于建兴元年(252)十月在东兴征集人力,再次修筑大堤,左右两端依山各筑城一座,每城留下一千人,让全端、留略分别守卫两城,诸葛恪率军回建业。魏国因吴军进入自己的疆界,耻于受到侮辱,命令大将胡遵、诸葛诞等人率军七万人,想围攻两坞,图谋毁坏阻遏湖水的堤坝。诸葛恪发兵四万人,日夜兼程赶往救援。胡遵等人命令各部造浮桥渡过湖面,把军队放在堤上,分兵进攻两城。城建于高险的地方,仓促之间攻不下。诸葛恪派将军留赞、吕据、唐咨、丁奉等人为先头部队。当时天寒下雪,魏国众将领聚会饮酒,见留赞等人的兵少,解开并放下铠甲,不拿矛戟,只戴着头盔拿着刀和盾,解除戎装沿着堤岸嬉戏,并且大为嘲笑吴国兵少,不严格整顿军队。留赞等人的士兵一上岸,立即鼓噪呐喊,乱砍乱杀。魏军受到惊扰,四散逃跑,争着渡过浮桥,桥毁坏断裂,跌入水中,又自相践踏。乐安太守桓嘉等人同时被淹死,死了有几万人。过去叛变的将领韩综任魏国的前军监督,也被杀了。缴获车辆、牛马驴骡各几千,物资器材堆积如山,吴军整顿队伍,班师而回。朝廷晋封诸葛恪为阳都侯,加授荆州、扬州牧,管理督导内外各项军事,赐给黄金一百斤,马二百匹,缯布各一万匹。

诸葛恪于是有了轻敌的思想,刚在十二月战胜敌人,第二年春天,便又想出兵打仗。众大臣认为多次出兵征伐,将士疲劳,都一齐劝说诸葛恪,诸葛恪不听。中散大夫蒋延坚决劝谏,被强行扶出来。

诸葛恪于是就撰写了一篇文章晓谕众人说:"天下没有两个太阳,地上不能有两个皇帝。做皇帝的不从事兼并天下的事业而只想把帝位传给后世子孙的,古今都未曾有过。以前战国时代,各个诸侯都自己依仗着地广兵强,互相可以援助,说这样政权就可以一代一代传下去,别人不能危害他,于是就放纵自己的欲念,害怕劳苦,致使秦国得以渐渐强大,终于吞并了他们,这都是过去的事实。至于近代的有刘景升在荆州,拥有兵士十万人,财产粮食堆积如山,但他不及时趁曹操力量还很微弱的时候,与他尽力竞争,反而坐观他强大起来,吞灭了诸袁。北方全部平定之后,曹操率领三十万军队向荆州杀来,当时虽然有智慧的人,但却不能出谋划策,于是刘景升的儿子,反缚双臂请求投降,成为俘虏。凡敌对国家都想互相吞并,就像有仇的双方都想互相除掉对方一样。有仇敌而让他日益强大,祸患不在自己,就在后代身上,对此不能不做长远的打算啊!过去伍子胥说:'越国十年生养繁衍人口,十年教育训练,二十年后,吴国也许会战败而变成泥沼呀!'夫差依仗着吴国强大,听到这些话后不屑一顾,所以杀了伍子胥而没有防备越国的思想,以至于到快要战败时才知道悔恨,这难道还来得及吗?越国比吴国弱小,尚且是吴国的祸患,何况比越国强大的呢?过去秦国只占有函谷关以西的地方,尚且还以此作为根据地吞并了六国,现在贼寇全部得到了秦、赵、韩、魏、燕、齐六国九州之地,这些都是出人才产军马的地方。如今以魏国比较古代的秦国,土地比秦国多几倍;以吴国、蜀国和古代的六国相比,没有六国的一半大。然而今天之所以能抵抗魏国,只是因为曹操掌权时候的兵员,到现在已损耗完了,以后出生的人还未长大,正是敌人人少衰弱还未强盛之时。加上司马懿先杀了王凌,接着他自己也死了,他的儿子还小,就独自执掌大权,虽然有具谋略的人,但是不能得到任用。现在去征伐魏国,正是它遭厄运之时。圣人急切地紧抓住时机,说的就是今天这样的状况。如果顺从众人的想法,怀着苟且偷安的计划,以为长江天险可以世代保持,不考虑魏国的过去和现在,而以现在的状况轻视以后的变化,这正是我长长叹息的缘故啊!自古以来,都是以增加人口作为当务之急,现在贼方人口年年月月在增加,只是因为年龄还小,还不能够使用。如果再过十几年以后,魏国的人口一定会比今天多一倍,而我国驻扎强兵的地方,却都已空虚,看来唯有现在的军队可以定大事。如果不早早使用这些人,徒然端坐,使这些人白白衰老,又过十几年,大略要减少一半人力,而现在子弟的人数,到那时也不值得一提。如果贼方人口增加一倍,而我方兵力损失一半,即使让伊尹、管仲来谋划这件事,也不可能怎么样。如今不通晓长远打算的人,一定会认为我的这些话是迂阔而不切实际的。祸患没有来而预先忧虑,这本是众人所认为迂腐的事。等到祸患来了,然后屈膝下拜,即使是有智谋的人,也不可能想出办法了。这是古今的通病,不只是某一时的情况。过去吴国开始以为伍子胥迂腐,所以大难临头而没有办法解救。刘景升不能思虑十年以后的事,所以没有什么遗留给子孙。今天我诸葛恪连充数的大臣的才能也没有,而受大吴委给萧何、霍光一样的重任,智慧与众人相同,思想不能考虑深远,如果不在现在为国家开拓疆域,瞬息之间就会年老,那时仇敌更强大了,再想刎颈自杀以谢罪责,难道还能有什么补益吗?现在听说众人有的以为百姓尚且贫穷,想尽量让他们有暇休养生息,这是不知道忧虑大的危难,而只喜欢在小事情上勤勉。过去汉高祖幸运地已占有三秦之地,但他为什么不闭关守险,自己享受娱乐,却要出关攻打西楚,身上带着创伤,衣服盔甲上生了虮虱,将士们忍困受苦,难道是他喜爱打仗而忘记了安分吗?这是考虑敌我双方最终不能长久共存啊!每次读到荆邯劝说公孙述出兵攻取天下的谋略,近来又见到家叔父上表陈述与曹贼争夺天下的计策,没有一次不感慨叹息的。我整夜辗转反侧,所考虑的就是这些,所以分条陈述我愚昧的想法,送到诸位君子的身旁。若有一天我死了,志向计划不能实现,也想让后代人知道我忧虑的事,可在以后再谋求解决的办法。"众人都认为诸葛恪这篇文章是坚决要为自己的主张寻找说辞,然而却没有人敢再辩驳。

丹杨太守聂友向来与诸葛恪友好,他写信劝谏诸葛恪说:"大行皇帝本来就有遏制东关的计划,计划没有施行。现在您辅佐大业,完成先帝的遗志,若贼寇远道来自己送死,我方将士们依赖皇朝威德,献身效力,一旦建立非同寻常的功绩,这岂不是宗庙神灵和国家的福运吗!因此目前应当暂且按兵不动,养精蓄锐,观察到可乘之机再行动。如今乘着打了胜仗的形势,又想大量出兵,于天时不利,而勉强任意行事,我心里感到不安。"诸葛恪写了那篇文章后,又写信答复聂友说:"足下虽然讲了顺其自然的道理,然而却没有看到胜负存亡的大局。仔细读一读我这篇文章,就可以得到启发明白道理了。"于是诸葛恪违背众人意愿而出兵,大批征发各州郡的人马二十万,百姓骚动扰乱,他开始失去人心。

诸葛恪打算在淮南炫耀武力,驱赶百姓,众将领中有人提出疑问说:"现在率军深入,边界上的百姓,必定相率远逃,恐怕士兵劳苦而战功很少,不如只围困合肥新城。新城被围困,敌方救兵一定要来,等救兵来到再想办法打败他们,便能够大获全胜。"诸葛恪听取了这个建议,回军包围了新城。战斗持续了几个月,新城还没有攻下。士兵劳苦不堪,因天气酷热而饮用生水,患腹泻和脚气病的人有一大半,死伤者到处都是。各营军官天天报告病人很多,诸葛恪认为是假话,要杀汇报的人,从此没有人再敢报告了。诸葛恪内心认识到攻打新城是失策,但又耻于攻城不下,愤怒的神色表现在脸上。将军朱异有一些不同的看法,诸葛恪大发其怒,立刻剥夺了他的兵权。都尉蔡林多次陈述用兵之计,诸葛恪都不采纳,他就驱马投奔魏军去了。魏国知道吴国兵士疲劳多病,于是让援兵进军。诸葛恪率军撤退。兵士伤病者很多,一路上都是,有的困顿倒毙于坑沟之中,有的被俘虏,活着的愤恨不已,死去的更使人痛心,全军上下都呼天抢地。而诸葛恪却安然自若,外出在江中小洲上住了一月,想在浔阳建立田园,召他回去的诏书接连不断,才慢慢领兵回来。从此百姓对他失望,对他的怨恨情绪也产生了。

秋八月军队回到建业,他排列军队,由仪仗队引导着,回到大将军府。随即召见中书令孙嘿,厉声责问道:"你们怎么敢几次妄作诏书?"孙嘿惶恐惧怕辞谢出来,借生病回家。诸葛恪出征离开之后,选曹所奏准任命的令、长等各级官员,一律罢免重新任命。诸葛恪越发显示威严,经常怪罪他人,要进见他的人,无不诚惶诚恐。又改换了宫中警卫部队,用他所亲近的人来担任,还命令军队整装待发,准备向青州、徐州进军。

孙峻因为百姓对诸葛恪的怨恨和众人对诸葛恪的厌恶,就构陷诸葛恪想制造祸乱,他与孙亮商议,置酒请诸葛恪赴宴。诸葛恪将要觐见孙亮的头一天晚上,精神烦躁不安,整夜睡不着。天亮了起来洗漱,闻到水里有腥臭味,侍者递给他衣服,衣服也有臭味。诸葛恪对这种变故很奇怪,换了水又换了衣服,但臭味依然,他感到惆怅而不高兴。整装后快步走出来,狗咬住了他的衣服,诸葛恪说:"狗不想让我走吗?"回来又坐下,过了一会儿又起身,狗又咬住了他的衣服,诸葛恪让随从赶开狗,就登上了车。

当初,诸葛恪将要出征淮南时,有一个孝子穿着丧服走进内房,随从的人禀报了这件事,诸葛恪命令在外面审问那孝子,孝子说:"不自觉就进来了。"当时内外守卫者,都没有看见,众人都觉得很奇怪。在诸葛恪出征之后,他所坐厅堂的大梁中间断裂。从新城回来住在东兴,白虹出现他的船上,回来后拜祭蒋陵,白虹又环绕着他乘坐的车子。

到将要觐见时,停车在宫门外,孙峻已在帷帐内埋伏了兵士,担心诸葛恪不按时进来，事情泄露，孙峻便亲自出来见诸葛恪说："您的贵体如果不舒服，自然可以等以后再觐见，我会向主上详细禀告。"想以此试探诸葛恪。诸葛恪回答说："我应当自己撑着病体入宫。"散骑常侍张约、朱恩等人秘密写条子给诸葛恪说："今日的陈设不同于往常，怀疑有其他原因。"诸葛恪看了条子后省悟离去，还没走出宫殿大门，碰见太常滕胤，诸葛恪说："我突然腹痛，无法忍受，不能入宫上朝了。"滕胤不知孙峻的阴谋，对诸葛恪说："您自从出征回来后还没有朝见，今天主上设酒宴请您，您已经到了宫门口，应该尽量去觐见才是。"诸葛恪犹豫着又返回来。他带剑穿鞋上殿，拜谢了孙亮，回身坐下。斟上了酒，诸葛恪怀疑而没有喝，孙峻因而说："您的病还没有痊愈，应当带有常服的药酒，自己可以随时取用。"诸葛恪的心情于是才安定，另喝自己准备的酒。饮酒几轮后，孙亮回到内殿。孙峻起身上厕所，脱掉长衣，穿着短装，出来说："有诏书拘捕诸葛恪！"诸葛恪受惊起身，还没能拔出剑来，孙峻的刀已接连砍下。张约从旁边砍孙峻，伤了他的左手，孙峻随手砍张约，砍断了他的右臂。武装的卫士都跑上殿来，孙峻说："要抓的是诸葛恪，现在已经死了。"命令将刀剑入鞘，打扫干净地面又继续饮酒。

先前，有童谣唱道："诸葛恪，芦苇单衣篾钩落，于何相求成子阁。"成子阁的反语就是石子冈。建业城南有一个长长的丘陵，名叫石子冈，是埋葬死人的地方。钩落，就是装饰皮带的东西，民间叫它钩络带。诸葛恪果然被苇席裹了身体用竹篾束在腰上，被抛到了这石子冈上。

诸葛恪的长子诸葛绰，任骑都尉，因为与鲁王的事有牵连，孙权把他交给诸葛恪，让诸葛恪教育训导他，诸葛恪用鸩酒毒死了他。第二个儿子诸葛竦，任长水校尉。小儿子诸葛建，任步兵校尉。听到诸葛恪被杀的消息，用车子载着他们的母亲逃走。孙峻派骑督刘承在白都山追上并杀死了诸葛竦。诸葛建渡过长江，想往北投奔魏国，走了几十里地，被追兵抓获。诸葛恪的外甥都乡侯张震和常侍朱恩等人，都被夷灭三族。

当初，诸葛竦屡次劝谏诸葛恪，诸葛恪都不听从，因此他常常忧虑惧怕招致灾祸。诸葛恪死后，临淮人臧均上表情求收葬诸葛恪，说："臣听说响雷惊电，不会是一整天，大风猛刮，很少终日不停，然而还要接着飘云降雨，用以滋润万物。这样看来，天地发威不能整日整旬，帝王发怒，也不应任意恣情。我狂妄愚昧，不知忌讳，胆敢冒着破家灭身之罪，以请求君王降下恩泽。念及已故太傅诸葛恪能继承祖先所遗留的杰出功业，他的几位伯叔父遇到汉朝国运已尽,九州鼎立,分别依附魏、蜀、吴三方,都能忠实勤勉,兴隆帝王的事业。到了诸葛恪,生长在吴国,被吴主的教化所陶冶,致使名声英俊伟拔,服侍吴主几十年,没有萌生祸乱之心,先帝把伊尹、周公一样的重任托付给他,把日理万机的大事交付给他。诸葛恪生性素来刚愎自用,骄矜自负而盛气凌人,不能谨慎地维护国家政权,使国内和睦安定,为了建立功业,使军队长期辛劳在外,不到一年就出兵三次,使百姓兵士白白损耗,使府库所藏物资空竭,独自把持国家大权,罢免任用官吏由着自己意愿,凭借刑法威吓众人,大小官员都不敢出声。侍中武卫将军都乡侯孙峻和他一起接受先帝委托的诏命,看到他奸邪暴虐,一天甚于一天,担忧将使天下动荡不安,使国家政权倾覆危亡,于是奋起威怒,精诚贯通于上天,计谋思虑高于神明,智慧勇武百倍超过荆轲、聂政,亲自手执锋利的刀剑,诛杀诸葛恪于殿堂之上,功勋超过了汉代的朱虚侯和东牟侯。国家的大害,一下被除掉,用车装着他的首级巡回示众,六军欢喜跳跃,日月增辉,风尘平息,这实在是祖先的神灵在天上人间显示的征兆。现在诸葛恪父子三人的首级,悬挂在市中已有几天,观看的人有好几万,骂声汇积就如大风刮起。国家使用重刑,没有人不受到震动,男女老少,都看见了这种景象。人的情绪在观察事物时,都是乐极生悲,看到诸葛恪显贵兴盛,世上没有人能与他相比,身居三公宰相的地位,已有好多年,今日被诛杀灭族,和杀灭禽兽没有两样,看到这种情景,感情自然会起伏不平,能不感到悲伤吗?况且已经死去的人,与土壤同归一处,凿挖砍刺的刑罚,不可能再施加了。希望圣明的朝廷效法天地,发怒不过一旬,让他的乡人或者过去的部下和百姓,用一般兵士的服饰来收殓他,赐给他三寸厚的薄棺。从前项羽兵败自刎还得到殡葬的恩赐,韩信谋反被杀还获得收殓尸体的恩惠,这就使汉高祖显现了神明般的声誉。希望陛下笃行三皇的仁义,开启哀悯之心,让国家的恩泽也加到罪犯的尸骸上,使他们再次受到不尽的恩惠,以此宣扬到远方,惩戒劝勉天下之人,这难道不是一件很恢宏的大事吗?过去栾布违反汉高祖的诏令祭奠彭越,我曾私下里憎恨这种做法,不先请示主上,而独断专行恣意妄为,他没有被杀,实在是侥幸罢了。如今我不敢公开宣扬我的愚昧之情,以显露皇上的恩德,只好恭敬地写这份表文,冒昧陈述自己的想法,乞求圣明的朝廷哀怜省察。"这样孙亮、孙峻才允许诸葛恪过去的部下收殓埋葬他,他们就在石子冈找到了他的尸体。

当初,诸葛恪撤退回师时,聂友知道他将要败亡,写信给滕胤说:"当一个人强盛的时候,可以令山倒塌河改道,一旦失败处于困境时,人们对他的看法就会各式各样了。说到这里，使人悲叹。"诸葛恪被杀后，孙峻猜忌聂友，想调任他为郁林太守。聂友发病忧虑而死。聂友，字文悌，豫章人。

滕胤，字承嗣，北海郡剧县人。他的伯父滕耽、父亲滕胄，与刘繇是州里的世交，因为世道混乱，渡过长江依附刘繇。孙权任车骑将军时，任命滕耽为右司马，滕耽以宽容厚道著称，他去世早，没有后代。滕胄善于写文章，孙权用宾客的礼节接待他，军队和国家的文书，常常让他修改润色，不幸的是他也短命。孙权为吴王后，追忆过去的情谊，封滕胤为都亭侯。滕胤从小就有志节操守，容貌俊美。成年后娶公主为妻。三十岁时，他开始出任丹杨太守，又调任吴郡、会稽郡太守，所到之处都被人称扬。

太元元年（251），孙权生病卧床不起，滕胤来到京都，留下任太常，与诸葛恪等人一起接受孙权的遗诏辅佐国家政事。孙亮即位后，加官任卫将军。

诸葛恪将率领全部军队攻伐魏国，滕胤劝谏他说："您在先王去世新君继任之际，接受了像伊尹、霍光那样的重任，入朝安定国政，出征摧毁强大的敌人，名声响彻海内，天下人无不震动，百姓心中盼望得以依赖您而安宁。如今在大兴劳役之后，又出动军队征伐，百姓疲惫，国力损耗，远方别国的君主也有了防备，如果进攻夺取不了城池，野外作战没有收获，这样就会丧失以前的功劳而招致以后的责备。不如按兵不动，伺机而行。况且战争是重大的事情，这种事情要依靠众人才能成功，众人如果不高兴，您难道能独自安心吗？"

诸葛恪说："众人说不能出兵的原因，是他们都没有头脑，心怀苟且偷安的想法，而您又认为他们是对的，我还能指望什么呢？由于曹芳昏聩顽劣，魏国的政权控制在臣子手中，那里的臣民本来就有离德之心。现在我利用国家的力量，依仗着战胜者的威势，那么打到哪里不能取胜呢？"他任命滕胤为都下督，总管留守事务。滕胤白日接待宾客，夜里披阅文书，有时通宵不眠。

孙峻，字子远，是孙坚的弟弟孙静的曾孙。孙静生孙暠。孙暠生孙恭，孙恭曾任散骑侍郎。孙恭生孙峻。孙峻从小就熟知射箭骑马，精明刚毅，胆大果断。孙权在位末年，孙峻升任武卫都尉，任侍中。孙权临终前，他接受遗诏辅佐朝政，兼任武卫将军，按惯例主管宿卫军，封都乡侯。诸葛恪被诛杀之后，他升任丞相、大将军，督理朝廷内外各项军务，假节，晋封为富春侯。滕胤因自己是诸葛恪的儿子诸葛竦的岳父而辞职，孙峻说："鲧和禹罪过不相连累，滕侯您这是干什么？"孙峻与滕胤内里相处虽不融洽，但对外却互相包容。孙峻晋封滕胤的爵位为高密侯，两个人像以往一样共事。

　　孙峻向来没有显赫的声名,他骄矜阴险,过多施刑杀人,百姓怨声载道。他还奸淫宫女,和公主鲁班私通。五凤元年(254),吴侯孙英企图谋杀孙峻,孙英因事情败露被处死。

　　五凤二年(255),魏将毌丘俭、文钦率部众叛乱,与魏军在乐嘉作战,孙峻率领骠骑将军吕据、左将军留赞袭击寿春,正赶上文钦因战败而向吴军投降,吴军便回返。这一年,蜀国使者来访问,将军孙仪、张怡、林恂等人想借会见蜀国使者的机会杀死孙峻,事情败露,孙仪等人自杀,被处死的人有几十个,并株连到公主鲁育。

　　孙峻打算在广陵修筑城墙,朝中大臣知道那里无法修筑城墙,但因为害怕孙峻没有人敢说。只有滕胤劝阻他,孙峻不听,而这项工程最终也没有完成。

　　第二年,文钦劝说孙峻征伐魏国,孙峻派文钦与吕据、车骑将军刘纂、镇南将军朱异、前将军唐咨从江都进入淮河、泗水一带,图谋攻取青州和徐州。孙峻和滕胤来到石头城,就势为他们饯行,他带一百多部众进入吕据的军营,吕据指挥军队整齐肃穆,孙峻厌恶他,就推说心痛离去了,于是他梦见被诸葛恪击打,因恐惧发病而死,享年三十八岁,他把后事托付给了孙綝。

　　孙綝,字子通,和孙峻是同一祖父。孙綝的父亲孙绰任安民都尉。孙綝起初任偏将军,等孙峻死后,任侍中武卫将军,兼管朝廷内外各项军务,接替孙峻主持朝政。吕据听说后十分恐惧,与众部督将领联名,共同上表推荐滕胤任丞相,孙綝改任滕胤为大司马,接替吕岱驻守武昌。吕据领兵返回,派人通报滕胤,想共同废黜孙綝。孙綝听到这个消息,派堂兄孙虑领兵在江都迎击吕据,派宫中使者去命令文钦、刘纂、唐咨等人联合攻击吕据,派侍中左将军华融、中书丞丁晏告诉滕胤要攻取吕据,并劝谕滕胤应迅速离去。滕胤认为灾祸连及自己,就扣留华融、丁晏,部署部队来自卫,召见曲军杨崇、将军孙咨;把孙綝作乱的事告诉他们,迫使华融等人写信责难孙綝。孙綝不听,上表告发滕胤反叛,对将军刘丞许下封爵的诺言,让他率领骑兵急速攻打围困滕胤。滕胤又胁迫华融等人,让他们假造诏令征调部队,华融等人不顺从,滕胤便把他们都杀了。滕胤神色不变,谈笑自如。有人劝说滕胤领兵到苍龙山,将士们看到滕公出来,必定离开孙綝来投奔滕公。当时已经是半夜,滕胤仗着与吕据有约定,同时又很难发动部队突围,就下命令约束部下,说吕据已经在很近的路上了,所以他的部下都替他竭力拼死,没有逃离的人。这时刮起大风,将近拂晓,吕据没有到。孙綝的军队大规模会集,于是杀了滕胤和他的几十个将士,夷灭滕胤三族。

　　孙綝升为大将军，假节，封为永宁侯，他倚仗地位尊贵而非常傲慢，经常做无礼的事情。当初，孙峻的堂弟孙虑参与诛杀诸葛恪的阴谋，孙峻很厚待他，他官做到右将军、无难军督，授予符节与车盖，让他总管九官的事务。孙綝给孙虑的待遇比孙峻的时候要薄，孙虑很生气，与将军王惇企图谋杀孙綝。结果孙綝杀了王惇，孙虑服毒药而死。

　　魏国大将军诸葛诞占据寿春叛离魏国，他守护城池请求投降。吴国派文钦、唐咨、全端、全怿等人率领三万兵马前往救援。魏国镇南将军王基率军围攻诸葛诞，文钦等人突入重围进入城中。魏国把朝廷内外全部二十多万军队都调来增加对诸葛诞的包围。朱异率三万人马驻扎在安丰城，作为文钦的接应部队。魏国兖州刺史州泰在阳渊抗击朱异，朱异败退，被州泰追杀，死伤两千人。孙綝此时大规模出兵屯驻镬里，再派朱异率将军丁奉、黎斐等人的五万兵马攻打魏国，把辎重留在都陆。朱异驻军黎浆，派将军任度、张震等人招募壮士六千人，在驻地西面六里处架设浮桥在夜里渡过去，筑起半月形的营垒。但他们被魏国监军石苞和州泰攻破，军队撤退到高处。朱异又制作车厢围逼五木城。石苞、州泰攻打朱异，朱异又失败而归。魏国太山太守胡烈用五千奇兵从隐秘的小路偷袭朱异，把朱异的军备粮草全部烧光。孙綝授予三万兵马让朱异拼死作战，朱异不服从，孙綝在镬里杀了他，又派弟弟孙恩去援救，正碰上诸葛诞战败，便领军回返。孙綝既不能救出诸葛诞，又使部队遭到惨败，还亲自杀了著名将领，因而无人不怨恨他。

　　孙綝因为孙亮开始亲理政事，对自己多有责难，因此十分害怕。他回到建业，称说有病不能上朝，在朱雀桥南边修筑宫室，让弟弟威远将军孙据进入苍龙宿卫，弟弟武卫将军孙恩、偏将军孙干、长水校尉孙闿分别驻守各军营，想用这个办法来独揽朝政，巩固自己的地位。孙亮内心厌恶孙綝，就追查公主鲁育被杀的原委，责怪怨怒虎林督朱熊以及朱熊的弟弟外部督朱损没有纠正孙峻的错误，于是命令丁奉在虎林杀了朱熊，在建业杀了朱损。孙綝劝谏，孙亮不听从。孙亮于是与公主鲁班、太常全尚、将军刘承商量诛杀孙綝。孙亮的妃子是孙綝堂姐的女儿，她把这个谋划告诉了孙綝。孙綝率领部众连夜袭击全尚，派弟弟孙恩在苍龙门外杀了刘承，于是包围了皇宫。孙綝派光禄勋孟宗到宗庙祭告废黜孙亮，又召集众官员商议说："少帝荒淫昏乱，不能处于皇帝位上，奉祀宗庙，已经祭告先帝把他废黜了。诸位如有不同意的，就提出异议。"众人都很震惊,说:"只听将军的命令。"孙綝派中书郎李崇夺取孙亮的印玺缓带,把孙亮的罪状向各地颁布。尚书桓彝不肯署名,孙綝发怒杀了他。

典军施正劝孙綝征请琅邪王孙休继位,孙綝听从了他的建议,派宗正孙楷向孙休奉书信说:"我凭着浅薄的才能,被授予重任,却不能辅佐引导陛下。近几个月来,他多次任意行事,亲近刘承,悦迷女色,征调官民家中的妇女,选出美貌的留在宫中,挑选部队中十几岁以下的年轻人三千多个,在宫苑中习武练兵,夜以继日地大呼小叫,毁坏武库中的矛戟五千多支,用来做戏闹的器具。朱据是先帝的老臣,他的儿子朱熊、朱损都继承了父亲的基业,以忠诚道义自立。从前杀小公主,本是大公主开的头,皇上不重新查清事情的原委,就杀了朱熊和朱损。对他劝谏又不采纳,各位臣下无不惶恐自危。皇上在宫中制作小船三百多艘,用金银制成,工匠昼夜不断地干。太常全尚,几代蒙受恩泽,却不能督察自己的各亲属,所以全端等人弃城投奔了魏国。全尚地位超卓贵重,竟然没有一句话来劝谏陛下,却与敌人往来交结,派人传递国家的消息给敌国,恐怕他一定会危害国家。推究查考过去的典制,气运集中在大王您身上,所以我就在本月二十七日擒拿全尚,斩杀刘承,让皇上为会稽王,派孙楷奉迎大王继位。百官翘首盼望,夹道欢迎。"

孙綝派将军孙耽送孙亮去封国,流放全尚到零陵,把全公主迁居到豫章。孙綝越发志得意满,轻侮辱没百姓崇拜的神灵,竟然烧毁大桥头的伍子胥庙,又毁坏寺庙,斩杀道人。孙休即位后,他自称草莽臣,到宫殿上书说:"我私下自我反省,论才能不算是国家栋梁之材,只是由于是皇上近亲,地位才居于所有大臣之上。这样便损害了皇上名声,罪责昭彰,寻思推究罪过,日夜忧愁恐惧。我听说上天的意旨是辅助诚信,必定亲近有德行的人,因此周幽王和周厉王失去法度,周宣王则由衰微而复兴。陛下具有圣明的德行,因而继承了帝位,应当得到贤良的辅助,来协调和乐的局势。即使像唐尧那样伟大的君主,还要寻求后稷和契的辅佐,来协助英明神圣的德行。古人有言说:'施展能力就承担官职,没有能力就该辞职。'我虽然竭力施展自己的能力,但对各种政事没有什么补益,谨此呈上印玺缓带符节斧钺,退回故里,以给贤人让开道路。"孙休召见并安慰劝导他,又下诏书说:"我凭着寡薄的德行,在朝外驻守藩国,赶上这个机会,众位公卿士大夫找到我这个人,让我奉礼宗庙。我因此怅然,好像走在深渊薄冰上。大将军忠诚的计谋发自内心,匡扶危急,平定叛乱,使国家安宁康乐,功勋卓著。从前汉宣帝登基,霍光尊贵显赫,褒扬贤德,奖赏功劳,这是古今相通的道理。我任命大将军为丞相、荆州牧,食邑五个县。"孙恩任御史大夫、卫将军,孙据任右将军,都封为县侯。孙干为杂号将军,封为亭侯。孙闿也封为亭侯。孙綝一家五人封侯,都掌管禁卫军,权力超过君主,这是在吴国朝廷大臣中不曾有过的事情。

孙綝进献牛酒礼物给孙休,孙休不接受。他又转送给左将军张布,酒喝到兴头上,他口出怨言说:"当初废掉少帝时,许多人劝我自己做皇帝,我因陛下贤能英明,所以迎立他为帝。皇帝没有我就不可能即位。如今我奉献礼品却被拒绝,这样待我与一般大臣没有两样,我应当重新改变计划了。"张布把这话告诉孙休,孙休怀恨在心,他担心孙綝作乱,所以多次给予他赏赐,又再加升孙恩为保中,与孙綝分管审阅文书。有人告发孙綝怀恨在心,欺侮皇上,企图谋反,孙休把这个人抓起来交给孙綝,孙綝就把这个人杀了。从此孙休更加恐惧。他通过孟宗请求外出屯驻武昌,孙休答应了他的请求,命令孙綝督率的中营精兵一万多人,让他们全都跟着孙綝启程;孙綝拿走的武库中的兵器,也全让他们带走。将军魏邈劝孙休说:"孙綝居住在京都之外一定会叛乱。"武卫士施朔也告发说:"孙綝谋反已有迹象。"孙休秘密询问张布,张布和丁奉策划在腊祭聚会时杀了孙綝。

永安元年(258)十二月七日,建业内有流言说明天腊祭聚会时有变故,孙綝听到这话,心里不高兴。夜里狂风拔起树木,扬起飞沙,孙綝更加恐慌。八日举行腊祭聚会,孙綝推说有病。孙休极力让他起身,派出的使者有十多批,孙綝没有办法,准备入宫,手下人都阻止他。孙綝说:"国家多次有命令,不能推辞。可预先整顿好部队,让府中起火,借此我能迅速返回。"他于是入宫。不久府中火烧了起来,孙綝请求出宫回府。孙休说:"外面兵士本来很多,不值得烦劳丞相。"孙綝起身离开席位,丁奉和张布用眼神暗示手下人捆缚了他。孙綝叩头说:"我愿被流放到交州。"孙休说:"你为什么不流放滕胤、吕据?"孙綝又说:"我愿意沦为官府奴仆。"孙休说:"你为什么不让滕胤、吕据为奴仆?"于是杀了孙綝,拿着他的首级命令他的部众说:"所有和孙綝同谋的人都赦免。"放下兵器的有五千人。孙闿乘船想往北投降魏国,被追兵赶上杀掉。夷灭了孙綝的三族。掘出孙峻的棺木,拿走他的印玺绶带,砍毁棺木把尸体埋了,这是因为他杀害公主鲁育等人的缘故。

孙綝死时二十八岁。孙休认为自己和孙峻、孙綝同宗族是耻辱,专门从宗族的名册中取消了他们的名字,称他们为死峻、死綝。孙休还下诏令说:"诸葛恪、滕胤、吕据是在没有罪过的情况下被死峻、死绦兄弟残酷杀害的,真使人痛心,马上都给他们改葬,分别为他们祭奠。那些受诸葛恪等人连累而被流放远方的人,一律召回。"

濮阳兴,字子元,陈留人。父亲濮阳逸在汉朝末年躲避祸乱来到江东,官做到长沙太守。濮阳兴年轻时就有才士的名声,孙权时提拔他为上虞县令,逐渐升到尚书左曹,以五官中郎将的身份出使蜀国,回来后任会稽太守。当时琅邪王孙休居住在会稽,濮阳兴与他相交深厚。到孙休即位,就征召濮阳兴为太常卫将军、平军国事,封为外黄侯。

永安三年(260),都尉严密建议在丹杨兴修水田,筑浦里塘。孙休下令众官聚集一起商议此事,众人都认为费工太多而湖田不能保证成功,只有濮阳兴认为能够成功。于是召集众多士兵和百姓去兴建,工程的费用和付出的劳力不可胜数,士兵死的死,逃的逃,有的有干脆自杀了,百姓非常怨恨濮阳兴。

濮阳兴升为丞相,与孙休的宠臣左将军张布互相成为内外的援势,国内人大失所望。

永安七年(264)七月,孙休去世。左典军万彧一向与乌程侯孙皓友好,便劝濮阳兴和张布,于是濮阳兴和张布废黜了孙休的嫡子而迎立孙皓为帝。孙皓登基后,加任濮阳兴为侍郎,兼任青州牧。不久,万彧诬陷濮阳兴和张布追悔先前迎立孙皓为帝。这年十一月初一上朝时,孙皓乘机拘捕了濮阳兴和张布,流放广州,半路上又派人追杀了他们,并夷灭三族。

评:诸葛恪的才华气质以及处事的谋略,都为国人所称道,然而他骄横咨啬,即使像周公那样的辅佐贤臣都没有这种表现,何况像他这样远不如周公的人呢?他矜夸而且气势凌人,能不败亡吗?倘若他能亲身实行他给陆逊和弟弟诸葛融信中谈到的处世原则,那么以后就不至于悔恨,又怎么会有灾祸呢?滕胤努力修养士人的节操,循规蹈矩,然而在孙峻时期他还要保持自己的尊贵,这是他的境遇必定危险的缘由。孙峻、孙绦恶贯满盈,本来就不值一谈。濮阳兴身居宰相辅臣的地位,不思治理国家,却去协助张布行邪作恶,采纳万彧迎立孙皓的劝说,遭到诛灭也是理所当然的事。

卷六十五　吴书二十

王楼贺韦华传第二十

王蕃,字永元,庐江人。他博览群书,见识广泛,兼通历法和六艺。起初任尚书郎,后来辞官离任。孙休即位后,他和贺邵、薛莹、虞汜同为散骑中常侍,都加任驸马都尉。当时人们的评论认为他很清雅。朝廷派他出使蜀国,蜀国人称道他,回来后任夏口监军。

孙皓继位初年,王蕃入朝任常侍,与万彧官职相同。万彧和孙皓有交情,这个鄙俗的小人仗着与皇帝的关系侵侮王蕃,说王蕃自我轻贱。还有中书丞陈声,是孙皓的宠臣,也多次谗毁王蕃。王蕃气质清高坦诚,不能奉承别人脸色顺从别人心意,不会见风使舵,有时违逆了孙皓的意旨,时间长了就因此被责备。

甘露二年(266),丁忠出使晋国回来,孙皓举行盛大宴会招待群臣,王蕃饮酒大醉,当场跌倒在地。孙皓疑心王蕃不敬而不高兴,让人把他抬到外面去。过了一会儿,王蕃请求回来,酒依然没有全醒。王蕃的性情本有威严的气势,此时他的举止也坦然自若,孙皓大怒,喝令手下人在殿下斩杀他。卫将军滕牧、征西将军留平为他求情,没有获准。

丞相陆凯上疏说:"常侍王蕃内德美好,通达事理,懂得天道,了解万物,在朝廷处事,忠诚正直,是国家政权的柱石,大吴国的关龙逢啊!从前他事奉景帝,在景帝身边进言献谏,景帝钦佩赞许他,赞叹他与众不同。而陛下却恼恨他说话逆耳,厌恶他直言对答,把他杀死在殿堂上,尸骸暴露抛弃在外,国内人为他伤心,有识之士为他哀悼。"陆凯就是如此痛惜王蕃的。王蕃死时三十九岁,孙皓把他的家属流放到广州。王蕃的两个弟弟王著、王延都是杰出而有才能的人,郭马起兵反叛时,他们不替郭马做事,都被杀害。

楼玄,字承先,沛郡蕲县人。孙休时任监农御史。孙皓即位后,与王蕃、郭逴、万彧同为散骑中常侍,出任会稽太守,后来入朝任大司农。以前宫中主事的人本来是使用亲近的人来担任,万彧说在亲密熟知的人中,还应使用品行纯正的人。孙皓便下令有关部门寻找忠诚清白的人,来接受宫中官员的选拔,于是就任用楼玄为宫下镇禁中侯,主持宫中的事务。楼玄是副九卿宫中武装侍卫,他修正自身,统领部众,遵奉法令行事,应对恳切忠直,多次违逆孙皓的心意,渐渐地被孙皓责怪恼恨。后来有人诬告楼玄与贺邵相逢时,停车窃窃私语,又放声大笑,毁谤政事,于是被孙皓下诏责难,流放广州。

东观令华覈上书说:"我私下认为治理国家的法式,犹如治理家政。主管田间劳作的人,都应该是贤良诚信的人,还应该找一个人总理出家务的规章条目,为它制订一个总纲,这样家中各项事务才能得到治理。《论语》说:'无所作为就能使天下太平的人恐怕就是舜吧!他只是面向正南端正而坐罢了。'说的就是任用的人称职得当,所以自己就悠闲而安逸。如今海内尚未安定,天下多有变故,事情无论大小,都必定禀报上来,总是要经由陛下,使陛下圣明的思考受到劳损。陛下已经注意博通古代事情,总览穷极经典文籍,加上勤奋用心,喜好道术,随着季节炼养精气,应当得到空闲安静来放松精神,呼吸清新的空气,与自然共致无限。我日夜思考,众官之中,能承担重要的事务,足以委任信赖的人,没有人能胜过楼玄。楼玄清正忠诚,奉公守法,在当今时代特立突出,众人都敬服他的操守,无人和他争先攀比。凡清正的人就心里平正而性格直率,忠诚的人只有正确的大道才肯迈步。像楼玄这样的性情,可以始终保全如一,请求陛下宽恕楼玄以前的罪过,使他得以悔过自新,提拔他主持有关部门的事务,责成他以后的表现。如果按照官职选拔人才,根据能力安排职务,那么虞舜那种只需端正自己面南而坐的情形,眼前就可以得到。"孙皓忌恨楼玄的名声,又流放楼玄和他的儿子楼据,交付给交趾的将领张奕,让他们在战争中效力,暗中却又命令张奕杀掉他们。楼据到交趾后病死。楼玄一个人跟随张奕讨伐贼寇,他持刀步行,见了张奕就叩拜,张奕不忍心杀他。正好张奕突然去世,楼玄殡殓张奕时,在张奕的器具中发现了孙皓的敕书,他回去后就自杀了。

贺邵,字兴伯,会稽郡山阴人。孙休即位后,他从中郎担任散骑中常侍,出任吴郡太守。孙皓在位时,他入朝任左典军,又升为中书令,兼任太子太傅。

孙皓凶狠残暴,骄横自负,国家朝政大事日益衰败。贺邵上疏说:

古代圣明的君主,之所以能深处宫中而了解天下的情况,垂衣拱手坐在席上却能光耀八方极远之地,就是因为任用贤能的人啊！陛下凭着杰出的德行和美好的资质,继承了皇业,应当率先履行道义,恭敬奉守帝位,褒扬表彰贤能善良之人,以安定各项政务。近年以来,朝廷官位纷乱,真假混杂,上下有空职,文武有缺员,朝廷外没有势如山岳的守将,朝廷内没有拾遗补阙的贤臣。奸佞谄媚之徒鼓动翅膀,漫天飞舞,干犯玩弄朝廷的权威,偷名盗利,而忠诚善良的人们却被排挤贬降,诚实正直的大臣也遭谤毁残害。因此正直之士改变方正的操守,而庸俗的臣子苟且献媚,他们揣摩陛下的心意奉承恭维,各自追求眼前的目标,人人执持违反常理的评议,个个口吐歪曲道理的论说,于是使清澈的水流变得混浊,使忠直的臣子不敢说话。陛下身处九重云霄的高位,居于百重门阙的宫内,一言出口,风靡天下,命令颁布,人们如同影子一样紧紧跟随,亲近交合献媚取宠的臣子,每天听到的是顺合心意的话语,恐怕会认为这些人真的贤明,而且会认为天下已经太平。我心里感到不安的事,怎敢不上报陛下。

我听说振兴国家的君主乐意听到有人指责他的过失,荒淫昏聩的君主乐意听到对他的赞誉;乐意听到自己过失的君主,他的过失一天天减少而福运降临,乐意听到自己美名的君主,他的美名一天天损害而灾祸来到。因此古代的君主,以礼让进纳贤人,以虚怀寻求过失,以乘危奔命比喻帝位,以虎尾装饰作为警诫。至于陛下,加重刑罚以杜绝直言率语,废黜善人以拒绝谏诤的贤臣,不明毁谤赞誉的实际,沉沦迷恋宠臣的阿谀虚辞。从前殷高宗思念辅佐,梦寐以求得到贤明之士,而陛下寻求贤人似乎心不在焉,忽视贤人如同遗弃废物。原常侍王蕃对公事忠诚恭敬,才能胜任辅佐之职,却在他酒醉之时施以极刑。最近,鸿胪葛奚这个先帝的老臣,偶尔有些违逆,也不过是昏醉的话而已,酒过三巡之后,礼仪上也不再有忌讳,可陛下却大发雷霆,说他轻侮傲慢,让他饮下美酒中毒身亡。从此以后,国内人士感到伤心,朝廷大臣失去希望,做官的人把贬退看作幸运,朝内的人把外任视作福分,这实在不是用来保持光大宏伟的功业、兴隆道德教化的情势啊！

还有,何定本是供驱使的小人,地位还不如奴仆,自身没有丝毫的品行,能力没有鹰犬那样的作用,而陛下却喜欢他的奸佞谄媚,借给他威权,使他依仗宠幸肆无忌惮,擅自作威作福,口里决定国家的计议,手里玩弄国家的大权,对上亏损陛下日月般的光明,对下堵塞贤人君子的道路。凡小人要求进取,必定进献不正当的利益,何定无事随便发动劳役,征调长江沿岸的守卫部队去驱赶麋鹿,在山陵上布下罗网,砍伐树林,尽将全国野外的禽兽,驱集到重围之中,这种行为,对上没有补益时政的名分,对下却有损耗财力的浪费。士兵们疲于来往运送,人力在驱逐野兽中用尽,老弱病残饥寒交迫,大人孩子怨声载道。我私下观察天象的变化,近年以来,阴阳错乱,四季节令反常,日食地震,仲夏降霜,参检典籍,都是阴气侵凌阳气,是小人玩弄权势所招致的。我曾经披览经传,验证这些已经发生的现象,灾祸祥瑞都得到应验,我为之寒栗心惊。以前殷高宗修养自身的品德来消除灾祸的征兆,宋景帝崇尚德行来消退火星不祥的变化,希望陛下对上畏惧皇天告示的责备,对下追随高宗、景帝祛灾的办法,远察前代任用效能的功绩,近省当今荒谬用人的过失,整顿澄清朝廷的官位,鼓励推进杰出的人才,放逐驱退奸险的小人,抑制剥夺邪恶的势力,像前面提到的那种小人,一律不再任用,广泛引取滞留在下不得晋升的人才,容纳直言劝谏的言辞,谨慎地承受上天的旨意,恭敬地奉守祖先的事业,那么,宏大的教化就会像阳光一般普照大地,上天和民众的埋怨责备就会止息。

经传里说:"国家兴旺,是因为把民众视为赤子;国家灭亡,是因为把百姓当作草芥。"陛下以前隐藏神圣的光彩,在东方潜修德行,凭着超凡的睿智和卓茂的丰姿,如苍龙腾飞,顺应天命,四海的民众翘首仰望,八方的百姓拭目等待,认为周成王、周康王的教化必定会在眼前兴隆。可是陛下自继位以来,法令条禁变得苛刻,赋税征调日益繁杂,皇宫里的小人分布各州郡,肆意兴动劳役,竞相营求暴利,百姓遭受穿梭一般连续不断的困扰,民众疲于无止境地索求,老幼饥饿寒冷,家家面呈菜色,而州郡官长迫于畏惧担负罪责,便用严厉的法令和残酷的刑法,折磨百姓,求得供应。因此,民力难以承受,家家户户妻离子散,痛苦哀号之声,触动损伤了祥瑞之气。另外,长江沿岸的守卫部队,从远处考虑,应用来开拓国土,扩大疆域,从近处着眼,应用来驻守边境,防备战乱,应该对他们特别优待供养,以待有战事时使用。但现在征收他们的赋税,却如浓烟滚来,又像云雾聚集,使他们穿着不能蔽体的粗布衣服,吃饭有上顿没下顿,出击时要面对刀枪相见的危难,回来后又要承受无以为生的忧戚。因此,父子相互抛弃,叛逃者成群结队。希望陛下宽缓赋税,去除烦苛,赈济抚恤困顿贫乏之人,减少不急需的劳役,简约禁令法律,那么国内就会安居乐业,宏大的教化就能普及推广。百姓是国家的根本,食物是百姓的命脉,如今国家没有一年的储备,家庭没有数月的积蓄,而后宫之中闲坐白吃的就有一万多人。官里有离家空守的怨恨,官外有无端损耗的浪费,使国库被无用的事情用尽,使百姓因糟糠的不足而饥饿。

另外,北方的敌人虎视眈眈,窥视我国的盛衰,陛下不依仗自己的威严德行,却妄想敌人的不来侵犯,忽略四海的困顿贫乏,而又轻视敌人的不来发难,这实在不是谋求长期身居朝廷稳操胜券的措施。从前太皇帝身体力行,辛勤劳苦自己,在南方创立基业,割据江山,拓土万里,虽然蒙受了上天的相助,实际主要靠的是人的努力。留下的福分和皇位,传到陛下,陛下应当勉力崇尚德行操守,以光大先辈的功业,爱护民众抚养士人,保全先辈的法度,怎么能够忽略显扬祖辈的功勋、轻视难以得到的大业、忘掉天下的败乱不兴、王朝更迭兴衰的剧变呢?我听说吉凶变化无常,福祸由人决定,长江的险阻不能长久依赖,如果我们不去防守,敌人用一根芦苇就可渡过。从前秦国创建皇帝的称号,据守崤山、函谷关的险要,可是道德教化不修行,法令政治苛刻残酷,毒害殃及百姓,忠臣被堵住嘴巴,因此一个匹夫(指陈胜)大呼一声,国家便被倾覆灭亡。近来刘氏占据三关的险隘,坚守重山的固防,可说是金城石室、万代不灭的大业,但由于授任不以贤能为标准,一下子便丧权灭亡,君臣被缚,一起成为俘虏。这是当代的明显验证,眼前的醒目警诫。希望陛下远考前代的事迹,近鉴当世的变故,扩大基业,强固根本,割舍私情,顺从道义,那么像周成王、周康王那样的政治就会兴旺,而且圣明祖先留下的福运也会隆盛起来。

章表呈上以后,孙皓非常憎恨他。贺邵奉行公事,忠贞正直,孙皓的亲信都很怕他。于是他们便一起诬陷贺邵和楼玄谤毁国家政事,贺邵、楼玄二人都被诘问指责。楼玄被送往南方的广州,贺邵被原谅恢复原职。后来贺邵患了中风,口不能言,离职几个月,孙皓怀疑他是假托有病,就把他收捕关在酒库里,拷打上千下,贺邵始终没说一句话,最终被杀害,他的家属被流放到临海。孙皓同时下诏令诛杀楼玄的子孙,这一年是天册元年(275),贺邵四十九岁。

韦曜,字弘嗣,吴郡云阳人。从小好学,能写文章,任丞相的掾史,又授任为西安县令,回朝任尚书郎,又升为太子中庶子。

当时蔡颖也在东宫,他一向喜欢下棋,太子孙和认为下棋没有好处,就让韦曜来论证这个问题。韦曜的文章写道:

我听说君子把正当年华而不建立功名看成耻辱,痛恨离开人世而名声不扬,所以说学习如果不及时,恐怕就要失去机会。因此从古以来的有志之士,伤悼年岁的流逝,而又担心来不及建功立业,所以振奋精神,砥砺操守,早起晚睡,顾不上休息,经年累月的下功夫,像春秋时宁越那样勤学,如西汉董仲舒那样苦读,在道德仁义的潭水中受浸润,在学问技艺的领域优游停留。凭着文王的圣明、周公的才智,尚且还要夜以继日地辛劳,才能兴隆周王朝的道统,美名流传万代,何况对于一般的臣子,怎么可以止步不前呢?逐一观察古今建立功名的人,他们都有丰富而不同寻常的业绩,能亲身体验劳苦,勤勉尽心地思索,闲居不荒废学业,贫困不改变志向,因此卜式在耕田放牧时立下志愿,黄霸在狱中接受道义,他们最终有了荣耀显赫的福分,也因此成就了不朽的功名。所以仲山甫昼夜勤劳,吴汉不离官府,他们哪里有游嬉的惰性呢?

如今世上之人大多不努力研习经典技艺,喜欢下棋,抛弃事业,废寝忘食,白日耗尽,再燃蜡烛继续。当他们面对棋局交锋,胜负未分时,就聚精会神,专心一意,弄得精神劳累,身体疲倦,人事荒废而不整治,宾客来了无人接待,虽有太牢(牛羊猪)之类的美味佳肴,《韶》《夏》之类的动听音乐,也无暇去品评欣赏。至于有人用衣物来赌输赢,更改下棋的目的,变易行事的原则,就会使廉耻的思想松弛,忿戾的神色发作,然而他们的志向没有超出一个棋盘的大小,他们的追求也没有越过方格之间的距离,战胜对手没有封爵的奖赏,夺取地盘没有兼并土地的实惠。这种技艺不属于经典六艺,这种才能不能够治理国家;立身处世者不能借用下棋的技巧,征选人才者不能通过下棋的道路。向它寻求战术阵法,它不是孙武、吴起那些行家的理论;从它考究道义学问,它不是孔子门派的思想;以巧变欺诈作为手段,这不是忠信的事情;把拦劫杀掠作为名分,这不是仁义的思想。而且白白损耗时光,荒废事业,终究没有什么好处。这种游戏同设立木杆而击打它、安放石块而投掷它有什么区别呢?况且君子在家中要不辞辛劳奉养父母,在朝廷要竭尽生命效忠君王,遇到事务繁忙还要推迟吃饭,又怎么能沉迷耽延在下棋之中呢?承认这些道理是对的,那么孝顺友善的品行就会树立,坚贞纯正的名声就会显扬。

当今大吴承受天命,海内尚未平定,圣明的朝廷自强不息,致力于获得人才,勇敢而具谋略的人就接受武将的重任,学问渊博气度雍容的人就进入文职的官署,多方面的品行兼容并立,文臣武将并驾齐驱,广泛选拔优秀人才,表彰录用英雄俊杰,设立考核的科目,下达官爵的奖赏,这实在是个千载难遇的有利时机,百年难逢的良好际遇。当代的士人,应勉力思考最完美的道义,爱惜自己的功业和精力,以辅佐政治清明的时代,使自己的名字写进史册,授勋的策书保存在盟府,这才是君子最高的目标,当今最急切的事务。

再说,一块木头棋盘哪里比得上一方土地的封邑呢?三百颗干枯的棋子哪里比得上率领一万兵马的将领呢?绣有飞龙的礼服,金石丝竹的音乐,足以兼容棋局的乐趣并取代下棋的游戏了。假如世人转移下棋的精力用在诗书上,就会有颜回、闵损的志向;用在智谋上,就会有张良、陈平的思虑;用在生财上,就会有猗顿的财富;用在射箭骑马上,就会有将帅的才能。做到这样,那么功名就能建立而卑贱就会远离。

孙和被废黜后,韦曜任黄门侍郎。孙亮即位,诸葛恪辅佐朝政,上表任韦曜为太史令,撰述《吴书》,华覈、薛莹等人都参与了此项工作。孙休登基后,韦曜任中书郎、博士祭酒。孙休命令韦曜依照刘向的旧例,校核审定群书。又想请韦曜担任侍讲。而左将军张布是孙休宠幸的近臣,他做事有许多过错,害怕韦曜担任侍讲儒士,因为韦曜是个做事精明、意志坚定的人,他怕韦曜用古今事例来警诫孙休的思想,就坚决争辩,认为韦曜不能担任侍讲。孙休恼恨张布,这件事记载在《孙休传》里。然而韦曜最终还是被阻止,没能入宫。

孙皓即位后,韦曜被封为高陵亭侯,升任中书仆射,后来职位下降任侍中,长期兼任左国史。当时孙皓周围的人为迎合孙皓的意旨,多次说起祥瑞感应的事情。孙皓以此询问韦曜,韦曜回答说:"这只是别人家箱子里的东西罢了。"另外,孙皓想为父亲孙和在史书里写纪,而韦曜坚持认为孙和没有登帝位,应当把记载他事迹的文字定名为传。类似这样的事情不止一次,渐渐地韦曜为孙皓责怪恼怒。韦曜也更加担忧惊恐,自己提出由于年老体衰,请求辞去侍中、左国史两个官职,要求让他完成自己所写的书,把他所担任的工作另外交付他人,孙皓始终不答应。当时韦曜身患重病,服药护理,更加急迫地要求辞职。

孙皓每次设宴,没有一次不是一整天,座席中不管能不能饮酒都以七升为最低限量,即使自己不全部喝完,也都要强迫灌完够数。韦曜平时饮酒不超过两升,起先他被特殊礼遇时,孙皓常为他减少数量,有时暗中赐给他茶水代替酒,到了宠幸衰退时,反而强迫他喝酒,韦曜往往因饮酒不足限量而受责罚。另外孙皓在酒后让侍臣诘责侮辱朝廷大臣,把揭发指斥别人的隐私短处作为乐趣。此时如果谁要有过失,或者无意中冒犯了孙皓的避讳,就要被拘捕,甚至被处死。韦曜认为朝臣在公共场合相互毁伤,内心会滋生怨恨,使大家不能和睦一堂,这并不是好事情。因此他只是出示难题讯问经典的意义理论而已。孙皓认为韦曜不接受皇帝的诏命,有意不忠诚尽心,就把先后对他的嫌隙恼恨加在一起,收捕韦曜送进了监狱,这一年是凤凰二年(273)。

韦曜通过狱吏向孙皓上书表白说:"囚犯我身负恩典承蒙爱怜,没有人能比上,我竟没有丝毫贡献来报答陛下,辜负污辱了陛下的恩宠,自己陷入死罪之中。想到我将化为灰烬,永远被抛弃在黄泉之下,我的心情凄苦戚戚,私下里仍有所记挂,就冒犯禁令,向陛下呈报。我过去发现社会上流传有古代历法的注释,上面的记载有许多虚假而无根据的东西,和经传典籍的记录也有错杂乖谬之处。我探求考察经传记载,核对异同,又采用查询得来的材料,来写作《洞记》一书,从庖牺开始,一直到秦汉,共计三卷,还将从黄武年间开始写来,另外写作一卷,还未写成。另外我看刘熙所作的《释名》,确实有很多绝妙之处,但物类众多,难以详细考证,所以时常出现失误,而对爵位问题的解释,还有不确切的地方。我认为官爵问题是目前的当务之急,不应当出现错误。囚犯我便忘记自己极为卑微的身份,又写作《官职训》和《辩释名》各一卷,想呈献陛下。所作才完成,正赶上因为我的无礼,被囚禁狱中等待处治命令,泯灭之时,遗憾的是没有呈报陛下,谨此在临死之前将这些著作一一开列出来,请求陛下告诉秘府,让他们出外到我家选取,呈献宫内以报陛下。回顾所写的著作,我又担心由于自己的浅陋愚昧,不符合陛下的心意,心怀惶恐,屏气止息,请求陛下降予怜悯加以审阅。"

韦曜希望以此免除死罪,而孙皓却责怪他的章表上有污垢,所以又以此诘问韦曜。韦曜回答说:"囚犯我撰写这个章表,确实是想上呈陛下,因此唯恐有错误,反复检查阅读,不知不觉弄脏了。遭到诘问我胆战心惊,呼吸急促,结结巴巴说不出话来。谨此补加谢罪,叩头五百下,用两手抽打自己。"华覈接连上书援救韦曜说："韦曜幸运地碰上千载难逢的机会,特别蒙受皇上的怜爱赏识,凭着他的学问见识,得以担任史官之职,身穿官服在宫内侍奉,承旨应答皇上的询问。圣明的皇上仁爱宽厚,哀悼死者,追思远人,在迎神的时刻,垂泪敕封韦曜。韦曜愚昧无知,不能推广宣示陛下大舜般的美德,而是拘泥于史官的先例,使神圣的意旨不能表述,最高的德行不能彰显,实在是韦曜愚昧浅陋,犯下了该死的罪行。但我恭敬恳切地向陛下陈述我的愚见,我发现韦曜从小勤奋学习,虽然老了但仍然读书不倦,他探索融会经典的思想,温故而知新,以至于他心中所熟知的古今发生的重大事情,朝外的官员中,很少有人能超过他。从前李陵作为汉朝的大将,军队溃败后他没有返回,而是投降了匈奴,司马迁对此不加痛恨,反而替李陵到处说情,汉武帝因为司马迁具有贤良史官的才能,想让他完成所写的《史记》,就抑制自己没有施用极刑。书最终完成,流传千古。如今韦曜在吴国,也就是汉朝的史官司马迁啊！我先后看见有祥瑞的征兆显露,神灵的旨意和上天的感应,接连不断地出示,屡屡地被发现,统一天下的时间,大概不会太长久了。一统大业完成之后,应根据时代的需要,建立典章制度,三王互不因循礼仪体制,五帝互不沿袭礼乐制度,内容形式的选取途径不同,具体条文的增减体例有别,应当寻得韦曜这样的人依据古代的思想原则,对前代制度有所改定和创立。汉朝承续秦朝以后,就有叔孙通制定一个朝代的礼仪制度。韦曜的才能学识也是汉朝叔孙通的水平。另外《吴书》虽然已有了头绪,但前边的序言、结尾的赞评还未撰写。从前班固撰写的《汉书》文辞典雅,后来刘珍、刘毅等人写的《汉记》,远远不如班固,叙传部分尤其拙劣。如今《吴书》应当流传千古,按顺序编排进各史书中,让后代学者论次评定优劣,这就必须得到像韦曜那样优秀的人才,而我们也确实不能使这部不朽之作有缺漏。像我这样愚顽浅陋的人,实在不是这样的良才。韦曜年已七十,剩下的时间已经不多,希望陛下赦免他的头等大罪,让他终身为囚徒,成就著书的事业,使《吴书》永远昭示后人,流传百世。谨此奉表,叩头一百下。"孙皓没有准许华覈的请求,终于杀了韦曜,把他的家属流放到零陵。他的儿子韦隆,也有文采学问。

华覈,字永先,吴郡武进人。起初任上虞尉、典农都尉,因为有文采学问入朝任秘府郎,升任中书丞。

蜀国被魏国吞并后,华覈来到宫门前呈表上奏说:"不久前我听说敌人蚂蚁般聚集进军西蜀境域,西蜀境域地势艰险,按说应该不会出现意外。我又确切地听说陆抗的章表到了,得知成都没有守住,君臣离散流亡,国家倾覆。从前卫国被戎狄所灭而齐桓公使卫国得以继续存在。如今由于道路遥远,我们无法拯救帮助蜀国,失去了归附我们的土地,抛弃了进献贡品的国家。我一个草芥之人,私下尚且心怀不安,陛下圣明仁爱,恩泽抚慰施及远方,突然听到这样的消息,必然产生哀伤之情。我无法抑制忧伤怅惘的感情,谨此呈报章表以奏知陛下。"

孙皓即位后,华覈被封为徐陵亭侯。宝鼎二年(267),孙皓又营建新的宫殿,规模宏大,用珍珠美玉装饰,花费很多。这时正是盛夏季节,在这个季节动工,农耕和边防一起被荒废。华覈上疏劝谏道:

我听说汉文帝时代,天下安宁,秦朝百姓庆幸摆脱了残酷的暴政,归顺了宽厚仁爱的刘氏王朝。减少劳役精简法令,朝廷与民众重新开创了纪元,分封子弟为王侯以作为护卫汉室的屏障,这在当时看来,都认为如同泰山般一样稳固,可成为无穷的基业。至于贾谊,偏偏认为可为之痛哭流涕的事有三件,可为之长声叹息的事有六件,还说当今的形势就像抱火到堆积的柴草下面而人却躺在那上面睡觉,大火没有燃烧起来就认为是平安。以后发生的变化,都如他先前所说的那样。我虽下贱愚昧,不懂大道理,只是暗自用以前的事情来揣度今天的形势罢了。

贾谊预言之后又过了几年,众王侯的势力正好强盛,汉朝廷派去的傅相称说有病被免职退回,想凭这样的局面来治理国家,即使是唐尧虞舜那样的圣人也不可能使天下安定。如今强大的敌人占据九州的土地,控制了多数的民众,熟悉攻战的各种方法,利用军事胜利的既有形势,我们想要与中原敌人竞争吞并对方的计谋,这种情势就如同楚、汉两国的势不两立,他们可不仅仅是汉朝的众王侯如淮南王、济北王那样的小国而已。让贾谊想痛哭的局势,比起今天来还算和缓,抱火卧薪的比喻,对于今天来说,更为急迫。大皇帝看到前代的情况像那样,考察今天的形势像这样,所以广泛拓展农桑的工作,积蓄无法计量的储备,抚恤重复劳役的百姓,努力供养作战的官兵,因此官民感恩戴德,各自都想竭力效命。这样的福运还没降临,大皇帝就早早地离开了人世。从这以后,擅权的大臣垄断朝政,对上背弃天神的意旨,对下违背众人的计议,失去安定生存的根本,追求眼前暂时的利益,多次发动军队,府库储备耗尽,士兵劳苦,百姓贫困,没有一刻得到安宁。如今还活着的人，只是身负创伤的孑遗兵士，悲哀痛苦的残余百姓罢了。最终致使军用物资空匮，仓廪府库不满，布帛的赏赐不能兼顾寒暑，加上百姓失去本业，家家户户衣食不足。可是北方敌人却积蓄粮食抚养百姓，一心向东对付我们，不再有其他戒备。蜀国作为西边的藩属，地势险要牢固，加上继承了先主刘备的统治之法，按说他们的守备能够长久，却没有想到一下子就遭到倾覆败亡。唇亡齿寒，这是古人所担忧的事情。交州各郡，本是国家的南部领土，交趾、九真两郡已经沦陷，日南郡孤立危急，存亡难以保证，合浦以北地区，百姓全都动摇，借机连连躲避劳役，很多人叛变，因而防备守卫的人员减少，威势震慑变轻，常常担心喘息间又有变故。过去海盗窥伺东部的郡县，获得离心反叛的百姓，陆上海里不断行动，比往年更贪得无厌，没有一天不发生抢掠，如今我们前后有仇敌，首尾多祸患，这正是国家朝廷危难困苦的时候啊！实在应该停止修建新官的劳役，首先制定防备敌寇的计谋，努力从事垦荒种植的工作，作为救济饥饿困乏的措施。只怕农时季节将要过去，春耕生产为时过晚，一旦发生战争，军队的粮草装备都没能办好。倘若舍弃这些当务之急，却全力修建官室，突然发生意想不到的战争变故，这才放弃修建官室的劳役，去应付战争的急需，驱使怨恨痛苦的部众，奔赴白刃相见的战场，这就是强大的敌人可凭借作为资助的情势了。如果只是固守，旷日持久，那么军粮必定缺乏，不等交战，而参战的兵士已经困乏不堪了。

从前商朝太戊王的时代，桑树野谷生长在厅堂，群臣恐惧，因而修养德行，怪异现象于是消灭，殷商兴旺隆盛。火星运行到心宿的区域（宋国的分野），宋国认为是灾难，宋景公恭敬地听从瞽史的意见，火星就退回原来的位置，宋景公因此延长了寿命。凡自身修养德行就能感化异类，言从口出就能通达神明。我凭着愚笨闭塞的资质，错误地忝列官中官署，不能辅助陛下昭示仁义恩泽来感化神灵，对上对下都感到惭愧，无处投身。后退俯身思索，火星桑谷的异兆，是上天在告示二位君主。至于其他种种微小的怪异，是近处门庭小神制造的，在天地中验证，没有其他变化，而祥瑞的征兆却先后频频来临，明珠已经显露可见，神鸟白雀接着出现，这些万民的福分，确实是神灵显示引取出来，福分是以九州为宅，以天下为家，并不与编入户籍定居的百姓一同迁移。再说目前的官室，本是先帝营建的，他选择的土地立下的地基，并非不吉祥。还有，杨市的土地与皇官连接，如果浩大的工程完成，陛下迁移过去居住，在门前巡行的神灵，都应当跟着迁移，就恐怕长久下去未必胜过旧宫。屡屡迁移不行，留在旧宫又有忌讳，这正是我所以日夜担忧焦虑的原因。我仔细考察《礼记·月令》，夏末的月份，不可以兴动土木，不可以会盟诸侯，不可以兴师动众，举行重大的活动必定有大的灾难。如今虽然诸侯没有会集，但诸侯军队聚合到来与会集诸侯没有区别。六月戊己日，土星运行正俯临我们，既不能动土加以冒犯，又加之是农忙之月，农时不可错过。从前鲁隐公夏季在中丘修筑城池，《春秋》记载了这件事，留给后人作为鉴戒。如今修建宫室的目的本是作为千秋万代的宏伟基业，却冒犯了天地间最大的禁忌，沿袭了《春秋》所记载的错误行为，废弃了上天敬授的最大要务，我凭着愚陋的管见，私下不敢安心。

还有，我担心所征召的流散百姓，有的会不来，讨伐他们就要废弃劳役兴起战事，不讨伐他们，这种抗命的举动又会越来越滋生蔓延。如果他们全都来到，如此众多的人聚集一起，很少没有发生疾病的。况且人心安定思想就善良，人心困苦就要怨恨叛乱。长江南岸的精锐部队，是北方敌军难以对付的，所以他们想用十个士兵来对付我们一个士兵。天下尚未平定，应该深深地顾惜士兵。如果这座宫殿建成，死亡叛逃的人数是五千，那么北方军队的人数等于又增加了五万；如果死亡叛逃的人数达到一万，那么北方军队的人数就会翻倍增加到十万。病的人有可能死亡而损失，叛逃的又会去传递对朝廷不利的话，这正是强大的敌人所高兴的事情。如今敌我双方将在中原决战，以决定强弱，正在这个时候，对方人数增多而我方人数减少，加上辛劳疲困，这正是英雄智士深深忧虑的。

我听说古代的君王治理国家，如果没有三年的物资粮草储备，便认为这个国家不像国家。稳定安宁的时代尚且如此戒备，何况现在敌人强大而我们又轻视农业、忽略储备。如今虽然有些种植，但其中一部分田地被大水淹没，其余留存下来的田地还应当去耕耘收获，而地方官员害怕延误为修建宫室而征调的期限，地势高的各郡，让农民进入山林，尽力砍伐树木，废弃农耕时务，士人民众的妻子儿女瘦弱幼小，垦殖的土地不少，如果遇上水旱灾害就永远一无所获。州郡现存的粮食，应当留待有紧急情况时动用，而吃闲饭的众人，却还在依赖官府供给。如果上下空虚匮乏，水路运输又供应不上，北方敌人侵犯边疆时，即使让周公、召公再生，张良、陈平再次出来,也不能替陛下出谋划策挽救败势,这是很明白的事了。我听说国君英明那么大臣忠诚,君主聪慧那么臣子正直,因此我勤恳恭敬,冒昧地触犯陛下的天威,请求降下哀怜省察我的表文。

章表呈上,孙皓没有采纳。后来升任华覈为东观令,兼任右国史,华覈上书推辞,孙皓答复说:"得到章表。您因东观是儒士集中的官署,常常讲论考订文章经籍,汉朝时都是著名学者饱学儒士才担任那里的职务,请求改选英明贤能的人来担当。我知道了。不过我认为您深研精通古代典籍,博览群书见识广博,可说是喜欢礼乐笃信诗书的人。应当发挥您的文采,运用你的才学,光大赞颂当代的政事,以超越扬雄、班固、张衡、蔡邕这些人。奇异的人才会谦退,厚重的人才会看轻自己。您应当勉力尽职,以超过前代贤人,不要再说什么了。"

当时府库中没有储备,世上风习越发奢侈,华覈上疏说:

如今敌寇到处都是,征伐还没有结束,守国没有累年的储备,出战没有应敌的积蓄,这是统治国家的人应该深深忧虑的事情。财物粮食的产生,都出自百姓,抓紧农时致力农耕,是国家最急迫的大事。而京都的众官,所掌管的部门不同,各自向下征调劳役,不考虑民众的能力,总是规定近前的期限。地方官员害怕获罪,昼夜催逼百姓,放弃农田耕作之事,匆忙按日期赶赴集合地,限期被送到京都。有时征调来的人力积压不用,白白使百姓消耗精力耽误农时。到了秋收的月份,又督责百姓限期交纳,剥夺了他们播种的农时,却又索求他们当年的赋税,如有拖欠,就没收他们家中财物,所以家家户户陷于贫困,衣食不足。应当暂时停止各种劳役,专心从事农桑。古人说:一个男人不耕种,有人就要因他受饥饿;一个女人不纺织,有人就要因她受寒冷。因此古代君王治理国家,只致力于农业生产。战争兴起以来,已有近百年,农民荒废了农田的事务,女工停止了纺织的本业。由此推测,那么吃着粗食还要长期饥饿,穿着单衣却要践履冰霜的人,肯定不少了。我听说君主所要求于民众的有两件事,民众所企望于君主的有三件事。君主的两件事是:要求民众为君主辛劳,要求民众为君主去死。民众企望的三件事是:能给饥饿者饭吃,能让辛劳者休息,能对有功者赏赐。民众如果实践了君主的两个要求而君主却使民众的三个愿望落空,那么民众的怨恨之心就会产生,君主的功业也不能建立起来。如今国库不充实,民众辛劳,徭役繁多,君主对民众的两个要求已经完备,而民众的三个愿望却未获回报。况且饥饿者并不盼望美味佳肴然后才能吃饱,寒冷者并不期待狐裘貉皮然后才能穿暖。美味这个东西只是口味的猎奇,文绣这个东西只是身体的装饰。如今事务很多,徭役繁杂,民众贫困而世俗奢侈,各种工匠制作没有实用价值的器皿,妇女绣制鲜艳华丽的装饰。不从事纺织麻布的劳动,又都穿着绣着花纹的礼服,互相仿效,把没有华丽衣服看作耻辱。士兵和民众的家庭,犹跟着追逐世俗,家里无一担粮食的储备,而出外却有绫罗绸缎的服饰;至于富贾商贩家庭,再加上金银首饰,奢侈的程度更为严重。天下尚未平定,百姓不能自养,应当统一养民的本原,兴旺农耕纺织之业。可是现在却在浮华的事情上耗损精力,在奢侈的事情上荒废时日,上无尊卑等级的差别,下有耗财费力的损害。现在官员的家里,很少没有子女,多的三四个,少的一两个,即便一家只有一个女子,十万家就有十万女子,每人每年纺织一匹布帛,那么十万人就有十万匹了。假如四境之内同心努力,几年的时间里,布帛必定堆积起来。听任百姓采用五色,做他们穿用的衣服,只禁止绮丽彩绣这种无用的装饰。而且相貌漂亮的人不需要华丽的色彩来增加漂亮,身姿艳丽的人不需要绮丽的花纹来招人喜爱,五色的装饰,足够美的了。即使用尽粉黛,穿尽盛服,也未必没有丑妇;废弃华彩,去掉文绣,也未必没有美人。倘若确实如我所谈论的,有它无益去它无损的话,为什么舍不得放弃而不暂时禁止一下以充实官府仓库的急需呢?这是拯救匮乏的最大任务,富强国家的根本事业,假使管仲、晏婴再生,也无法改换这种办法。汉代的文帝和景帝是在天下太平的环境中继承皇位的,当时天下已经平定,四方没有变故,他们还尚且认为雕饰花纹妨害农事,锦衣刺绣损害女工,因而广开富强国家的获利之源,杜绝寒冷饥饿的本源。何况如今六合分崩离析,天下分割,豺狼充斥道路,军队不离边疆,铠甲不解腰带,这种情况下可以不广开生财之源,充实仓库的积蓄吗?

孙皓因华覈年老,就命令他草拟章表,想看看他的文思,华覈不敢接受。孙皓又命令他写篇文章,并站立着等他写完。华覈写的文章说:"可叹华覈小臣,草芥一般凡庸。值遇陛下器重,受恩特别盛隆。超身腐烂泥土,脱胎换骨朝中。光明灿烂皇宫,碧玉充斥庭中。掬起流淌清露,沐浴和煦南风。功效不见丝毫,亏缺如同山崇。陛下忍辱纳容,赐恩累累重重。劣质蒙受荣耀,劳命独得融融。欲报无尽恩惠,委身给予苍穹。圣恩如同雨注,怜赦我的罪尤。辱命起草对答,润泽浸及下愚。不敢违抗命令,生怕罪罚斩首。冒昧承受诏命,魂去形体尚留。"

华覈前后陈述对国家有利的事宜,以及推荐贤能之士,帮别人脱罪,呈报章表一百多次,对朝政都有补益,文章太多,这里就不全部记载了。天册元年(275),他因小过失被免职,几年后去世。韦曜和华覈论述政事的章表,都流传于世。

评:薛莹称道王蕃气度不凡,知识广博,通达事理;楼玄节操清白,才思文理条直通畅;贺邵砥砺志向,品行高尚纯洁,辅助国政,身居要职;韦曜好学知古,博览群书,有记述史实的才能。胡冲认为楼玄、贺邵、王蕃都是一代清高美好的人物,几乎没有优劣之分。如果一定要区分的话,那么楼玄应在前,贺邵其次。华覈的文赋才能,有超过韦曜的地方,但在典籍诰令方面却不及韦曜。我看华覈多次进献良策,希望竭尽自己的能力,可算是忠臣了。然而这几个人,处在没有希望的时代而有名望地位,为了坚持自己的原则而不怕死于非命,能够脱身免死就算很幸运了。

后 记

《〈三国志〉全译》是一个集体项目,初版 1992 年由红旗出版社以《〈三国志〉现代文版》为名出版,当时还加印了两次。2014 年 12 月 17 日,人民出版社常务副社长任超先生在整理自己图书时,发现了两部由他在首都发行所任经理时策划的图书,其一便是这部"今译"的《〈三国志〉现代文版》,派人专程送来,并在扉页上写道:"这本书是咱们友谊的见证。希望这本书能在 2015 年修订再版。一晃二十年过去了,时间过得太快了!"

任超兄充满感情的话让我回忆起当年做编辑的时光,那时没有经济指标考核的压力,心静,每天都能有时间看书,责编图书一心一意,搞古籍整理也踏踏实实,编了一些好书,也利用业余时间做些专业古籍整理工作。当时出版社自办发行能力还很薄弱,图书发行更多依赖于新华书店,忘记是何时何地和任超兄第一次见面了,但是一见如故,相识之后一起为出版社策划了很多书。还记得我在编辑部时影印的《香艳丛书》,这是人民文学出版社第一本在首都发行所征订的图书,第一版很快全部销售完,由此开始了两个单位的良好合作。合作的最后一套书是 2000 年由人民文学出版社牵头六家出版社联合出版的"百年百种优秀中国文学图书",这套书为 20 世纪中国文学做了比较全面的总结,当时产生很大影响,最多的销售达 20 多万册,可谓双效俱佳。任超兄去年在山东讲课时还提到这套书,说起我们的友谊和我们共同商定的销售协议和计划,这也是他离开首都发行所做的最后一个大单,之后他转身进入出版社,我们又在出版社同行的位置上相互切磋探讨。

任超兄的提议,我不得不慎重考虑,却也颇有顾虑:当年是集体项目,文风不尽统一,也不排除有误译错解之处,现在再版是否合适,此其一;其二,译者当年都是年轻学者,现在则有的是社科院学部委员,有的是大学著名教授,有的是出版社总编辑,有的在海外成名成家,有的人已经失去联系,尤其是我已经不记得哪位承担哪章的工作,他们也不可能再对自己当时的译文进行修订;

其三,我工作繁忙,难以抽出时间再全部修订一遍。由此一拖再拖,想不了了之。任超兄却不答应,每次见面都要提起,于是鼓足勇气,个人熬夜贪黑对全书又修订了一次,发现我们年轻时的旧译虽然由于学识不够时有舛误,但仍然有许多可取之处,那时的工作认真,字斟句酌,难能可贵,留下了很好的基础。我发现《魏书》卷三十最后一节"倭"不知当时为何没有翻译,可能是佶屈聱牙难以翻译,或者是编辑部觉得翻译得不够准确删掉了,已经不得而知。这次修订时想在网上看看别人的译文做参考,一查网上的白话版赫然就是我们当年的现代文版,不用其他证据,这一段我们书上没有,网上也没有,可谓明证。这些增强了我的信心,经过一年多的时间终于重新修订完毕,感觉没有辜负任超兄的厚爱。可以说这部书再版的意义在于既可以为读者提供一个可供阅读的版本,同时也见证了一段友谊,不仅是和任超兄,还有当年一起翻译的十多位作者的友谊。他们是伊松、于绍卿、跃进、李林、慕宁、田桂民、寇奉新、稼雨、孟昭臣、悦苓、罗越先、王乙、古蔺,由于版权登记手续的原因,难以一一对应并通知,故在此注明,以示不敢掠美。当然,书中还有的错误都是我的责任,已经和原译者无关。

特别值得一说的是,当年的现代文版是由南开大学著名历史学家刘泽华教授作序,那是崔胜洪兄读刘先生的博士生时代为请的序言,先生对学生晚辈的提携和厚爱有加,期望和鼓励殷殷,尽在文中。如今先生已经作古,不胜怀念!仍保留原序,感恩刘泽华先生,愿先生的在天之灵平安喜乐!

古籍整理是一项艰苦的工作,古文今译更是一件费力不讨好的事情,疏漏错误在所难免,还请方家读者指正。

金古生
2020 年元旦

责任编辑:贺　畅
责任校对:吴容华

图书在版编目(CIP)数据

《三国志》全译/(晋)陈寿 撰;金古生等 译. —北京:人民出版社,2020.5
　(2023.3 重印)
ISBN 978－7－01－021674－4

Ⅰ.①三…　Ⅱ.①陈…②金…　Ⅲ.①中国历史-三国时代-纪传体
　②《三国志》-译文　Ⅳ.①K236.042

中国版本图书馆 CIP 数据核字(2019)第 286676 号

《三国志》全译
SANGUOZHI QUANYI

(晋)陈寿　撰　金古生 等译

人民出版社 出版发行
(100706　北京市东城区隆福寺街 99 号)

环球东方(北京)印务有限公司印刷　新华书店经销

2020 年 5 月第 1 版　2023 年 3 月北京第 2 次印刷
开本:710 毫米×1000 毫米 1/16　印张:49
字数:800 千字

ISBN 978－7－01－021674－4　定价:197.00 元(全 2 册)

邮购地址 100706　北京市东城区隆福寺街 99 号
人民东方图书销售中心　电话 (010)65250042　65289539